… adeo etiam uenenorum uenena sunt
"tant il est vrai que les poisons eux-mêmes ont
leurs poisons"

Pline l'Ancien, *Histoire Naturelle*, 20.132

NICANDRE

ŒUVRES

LES ALEXIPHARMAQUES

LIEUX PARALLÈLES DU LIVRE XIII
DES IATRICA D'AÉTIUS

COLLECTION DES UNIVERSITÉS DE FRANCE

publiée sous le patronage de l'ASSOCIATION GUILLAUME BUDÉ

NICANDRE

ŒUVRES

TOME III

LES ALEXIPHARMAQUES

LIEUX PARALLÈLES DU LIVRE XIII
DES IATRICA D'AÉTIUS

TEXTE ÉTABLI ET TRADUIT

PAR

JEAN-MARIE JACQUES

Professeur émérite de l'Université Michel de Montaigne, Bordeaux III

PARIS

LES BELLES LETTRES

2007

Conformément aux statuts de l'Association Guillaume Budé, ce volume a été soumis à l'approbation de la commission technique, qui a chargé M. Francis Vian d'en faire la révision et d'en surveiller la correction en collaboration avec M. Jean-Marie Jacques.

© 2007. Société d'édition Les Belles Lettres
95 boulevard Raspail, 75006 Paris
www.lesbelleslettres.com

ISBN : 978-2-251-00541-6
ISSN : 0184-7155

AVANT-PROPOS

Avec la publication du tome III des Œuvres de Nicandre (Les Alexipharmaques) *s'achève aujourd'hui l'édition de ses poèmes iologiques, dont le premier volume, consacré aux* Thériaques *(tome II), a paru voilà tantôt cinq ans. Le tome I, qui contiendra les fragments, devrait paraître plus rapidement. En attendant son Intro-duction Générale, le lecteur pourra se reporter à un article de la* Revue des Études Anciennes *(109 [2007] 99-121) paru sous le titre «* Situation de Nicandre de Colophon *», où j'examine le problème chronologique posé par l'existence des deux Nicandre et tente de préci-ser la nature de leur œuvre. Il n'est pas impossible qu'une édition des Scholies aux* Thériaques *et aux* Alexi-pharmaques, *fondée sur des principes nouveaux, vienne par la suite compléter l'édifice.*

Le délai d'attente entre les tomes II et III a été plus long que prévu. Ce qui l'explique en partie, ce sont mes efforts pour aller plus loin, non seulement dans les notes philologiques et littéraires de la traduction, mais aussi dans le commentaire final des réalités médicales ; c'est surtout la publication en annexe des chapitres, restés inédits, dans lesquels Aétius, au livre XIII de ses Iatrica, *traite des poisons que Nicandre a chantés. Ceci dit, mon objectif n'a pas changé d'un poème à l'autre. Il n'est pas de donner aux dépens de Nicandre, dont l'enseignement comporte son lot d'erreurs, des leçons de zoologie, de botanique ou de pharmacologie. Même en botanique, sa contribution n'est pas négligeable, comme en témoigne le fait qu'on a donné son nom à une atropée, le Nicandra Physaloïdes, ornement de nos jardins. Mon but consiste essentiellement, sans négliger l'aspect littéraire des deux poèmes, à comprendre avec la plus grande rigueur ce que leur auteur a voulu dire au juste dans sa langue qui n'est pas toujours d'une clarté parfaite. Autrement dit, à préciser le plus exactement possible comment il se situe par rapport aux représentants anciens de la discipline médicale qui est la sienne. En attaquant de front les réalités scientifiques, au lieu de m'attacher principalement aux « beautés » poétiques, comme on le fait d'ordinaire, j'ai le sentiment d'avoir considéré les poèmes iologiques sous leur aspect le plus neuf et le plus important.*

Quand j'ai abordé les Alexipharmaques *dans les années 50, au début de ma carrière, j'avais adopté par provision la thèse officielle d'un Nicandre simple versificateur, n'ayant pas eu alors, à mon vif regret, le temps d'explorer à fond les écrits spécialisés grecs et latins, dont l'examen est indispensable pour l'interprétation des poèmes relevant de la même spécialité. Au fur et à mesure que j'avançais dans leur étude, j'étais amené à changer radicalement de position. Un tel revirement n'est pas sans exemple. Max Wellmann, après avoir tenté de démontrer le caractère apocryphe des* Εὐπόριστα *de Dioscoride (RE 5 [1903] 1140 s.), a argumenté par la suite en faveur de leur authenticité dans un mémoire intitulé* Die Schrift des Dioskurides Περὶ ἁπλῶν φαρμάκων *» (Berlin, Weidmann 1914) ; et, la même année, il les éditait en tant qu'œuvre authentiques au tome III de son Dioscoride, sans prévenir le lecteur de son changement d'opinion. Je voulais quant à moi éviter ce genre de palinodie tacite.*

Aujourd'hui, je puis l'affirmer, il n'est pas un détail du texte, où je n'aie été à même d'évoquer l'ensemble de la littérature parallèle, j'entends par là exclusivement la littérature iologique, dont l'apparat critique, à l'étage spécial des loca similia, *mentionne systématiquement les traités, même s'ils sont souvent répétitifs. Mais je ne me suis pas interdit pour autant de citer des auteurs anciens qui ont eu quelque chose à dire sur le sujet ; et même, j'ai extrait de certains toxicologues modernes d'hier et d'aujourd'hui des parallèles prouvant que l'enseignement de Nicandre repose sur des bases plus solides qu'on n'avait tendance à le penser. Au premier rang de ces témoins modernes, j'ai multiplié les références à Orfila, dont le* Traité des Poisons, *nourri de ses expériences et de ses observations personnelles, fait état également des cas d'empoisonnement analysés dans les ouvrages ou journaux médicaux. C'est un hommage que mérite celui qui passe à bon droit pour le père de la toxicologie moderne.*

Mon but n'a pas varié, ma méthode est restée la même. Là-dessus, je renvoie aux principes de l'édition qu'on trouvera énoncés à la fin de la Notice, tout en faisant observer que j'ai cru pouvoir me dispenser, dans la présentation des Alexipharmaques, *de répéter des remarques déjà faites dans la notice des* Thériaques. *Celle des* Alexipharmaques *est son complément naturel plutôt qu'elle ne constitue de nouveau une introduction indépendante à l'œuvre iologique de Nicandre et à ses problèmes.*

Dans la présentation du poème, si j'ai surtout insisté sur son aspect scientifique, ce n'est pas que je lui reconnaisse moins de valeur littéraire qu'aux Thériaques. *Il convient de défendre aussi les* Alexipharmaques *contre le dénigrement de certains modernes. Wilamowitz (Euripides : Herakles, n. au v. 1039), choqué par la métaphore du v. 165, condamnait en Nicandre « le poète grec ayant le plus mauvais goût ». A l'inverse, Scaliger manifestait son enthousiasme pour Nicandre en en faisant l'égal de Lucain (cf. Fabricius, Bibl. graeca, IV, 346, note e). La vérité, c'est que, même dans leurs parties techniques, les* Alexipharmaques *ne manquent pas de vers harmonieux. Nicandre n'est pas un simple versifica-*

teur mais un poète authentique, qui a su élever la médecine au rang de la poésie.

Il me reste l'agréable devoir de remercier tous ceux qui m'ont aidé à mener mon entreprise à son terme : Mario Geymonat, grâce auquel j'ai enfin pu prendre connaissance du manuscrit de Nicandre conservé à Moscou ; Geoffrey Arnott, qui m'a fait reproduire au British Museum l'exemplaire de l'édition Gorraeus des Alexipharmaques enrichie des notes manuscrites de Richard Bentley, qui de plus a vérifié sur ses photos de manuscrits les leçons d'Athénée que j'avais à citer et m'a fait partager sa science ornithologique à propos du κέπφος ; Colin Austin, qui m'a éclairé sur quelques points du vocabulaire de Sophron. Mon collègue et ami François Jouan a fait exécuter pour moi par les services de la Bibliothèque municipale de Caen une photocopie de l'édition Stephanus. A Marie-Hélène Marganne, professeur à l'Université de Liège, pour qui rien de ce qui touche à l'Égypte n'est étranger, je dois d'avoir connu le récit de Larrey relatif aux maux que firent subir aux soldats de Bonaparte des sangsues égyptiennes.

Ma reconnaissance va également à ceux qui m'ont adressé ou fait connaître des livres ou des articles intéressant mes recherches. Démétrios Béroutsos a continué de m'alimenter en renseignements bibliographiques. Constantin Oikonomakos a eu l'aimable attention de m'envoyer dès leur parution son édition critique des Alexipharmaques et le volume de prolégomènes qui l'accompagne. Constantin Spanoudakis et Claudio De Stefani ont eu la gentillesse de m'adresser des tirés à part de leurs publications relatives à Nicandre, aux Thériaques en particulier, trop tard malheureusement pour que j'aie pu les utiliser.

Comme par le passé, la Bibliothèque Universitaire de Bordeaux, m'a accordé les plus larges facilités et oublié en ma faveur les règles ordinaires du prêt ; j'en sais le plus grand gré à ses responsables, Joël Guérin, direc-

teur, et Gilles Labbé, conservateur chargé des littéra-
tures anciennes ; sans leur aide je n'aurais pu obtenir
tous les ouvrages dont j'avais besoin. J'exprime ma pro-
fonde reconnaissance à Jacques Jouanna, qui préside
aux destinées de la collection (série grecque), pour avoir,
au cours de l'impression, accédé à toutes mes demandes.
Alain-Philippe Segonds, directeur de la Société d'édition
« Les Belles Lettres », m'a de nouveau fait l'amitié de
relire les épreuves du présent volume : sous la conduite
de ce guide au regard infaillible, j'ai pu éviter bien des
faux pas. Enfin, je n'aurais garde d'oublier mon révi-
seur, Francis Vian, qui s'est acquitté de son rôle avec la
science qu'on lui connaît dans le domaine de la poésie
épique hellénistique et tardive. Mon manuscrit a égale-
ment fait l'objet d'une lecture attentive de la part de mon
ancien élève et ami Jacques Menaut, qui a amendé ma
traduction en plus d'un endroit. A mes réviseurs, officiel
et bénévoles, je tiens à exprimer ici ma plus vive grati-
tude : ils m'ont suggéré maintes corrections et améliora-
tions, qui rendront ce second volume un peu moins
imparfait.

Les Charmettes, 7 juillet 2007.

NOTICE

Nous ignorons la chronologie relative des *Alexiphar-maques* et des *Thériaques* de Nicandre. Ce sont les deux volets de la spécialité médicale que j'ai appelée *iologie*, du nom forgé par Otto Schneider[1] à partir du grec ἰός apparenté au latin *uirus* « venin, poison »[2] ; je l'applique à la science des poisons aussi bien qu'à celle des venins. Les deux poèmes sont complémentaires sur le plan des réalités scientifiques ; aussi est-il naturel de supposer qu'ils ont été composés à peu près en même temps. Ils ont de grandes ressemblances. Mais, ainsi que nous le verrons, ils offrent des différences à la fois de forme (choix des mots) et de fond (organisation de la matière). Pourtant, elles ne sont pas de nature à nous interdire de voir en eux l'œuvre d'un seul et même auteur, à savoir le médecin poète Nicandre, contemporain d'Attale III Philomètor (138-133), avec qui il a été en relation. J'en veux pour preuve l'hymne qu'il a écrit en son honneur. C'est notre meilleure source d'informations sur la vie de Nicandre, le Γένος servant de préface aux Scholies des *Thériaques*, qui nous l'a révélé, et il nous en a conservé cinq vers (fr. 104).

---

1. Dans ses *Nicandrea* ; cf. p. 181 ss. le chapitre intitulé *Apollodorus iologorum dux.*
2. Cf. H. Frisk, *GEW*, s.v. ἰός 3 ; A. Ernout-A. Meillet, *DELL*, s.v. uirus.

Le zèle d'Attale III pour
Nicandre et Attale III   l'étude des simples et de
leurs propriétés est un fait
notoire[3]. On sait que le dernier roi de Pergame cultivait
de ses propres mains, dans les jardins de son palais, les
plantes utiles et aussi les vénéneuses : entre autres,
l'Aconit et le Dorycnion, la Ciguë et la Jusquiame, qui
font l'objet de notices dans les *Alexipharmaques*. Au dire
de Justin, il lui est même arrivé de faire cadeau à ses
« amis » d'herbes comestibles infectées de sucs vénéneux[4]. Au sujet des recherches royales en botanique et en
pharmacologie, Galien a évoqué son « compatriote
Attale » en parlant de Mithridate VI Eupator (120-63). Si
l'on ne peut en conclure qu'Attale a fait, comme Mithridate, l'essai d'antidotes sur des condamnés à mort, il est
du moins certain qu'il a, lui aussi, expérimenté poisons et
contrepoisons[5]. Son exemple va de pair avec celui
d'Antiochos VIII Épiphane (125/121-96), féru d'iologie,
que cet Antiochos ait été ou non l'inventeur de la thériaque placée sous son invocation[6]. Le domaine iologique
n'était pas le seul terrain d'entente entre Nicandre et
Attale III. L'agriculture a été également pour Attale, avec
la pharmacologie, un centre d'intérêt scientifique[7]. Parmi

3. Gal. *simpl. med. fac.* 10.1 (12. 251.3 ss. Kühn) : « Notre ancien
souverain Attale a, on le voit, peu écrit, bien qu'il ait eu le plus grand
zèle pour acquérir de l'expérience en ce domaine ».

4. Justin 36. 4. 3 s. ; Plutarque, *Démétr.* 20.3 (voir Nicandre, t. II,
Notice, p. XIX, n. 24).

5. Gal. *ant.* 1.1 (14.3-7 K.) ὁ γάρ τοι Μιθριδάτης οὗτος, ὥσπερ
καὶ ὁ καθ' ἡμᾶς Ἄτταλος, ἔσπευσεν ἐμπειρίαν ἔχειν ἁπάντων
σχεδὸν τῶν ἁπλῶν φαρμάκων, ὅσα τοῖς ὀλεθρίοις ἀντιτέτακται,
πειράζων αὐτῶν τὰς δυνάμεις ἐπὶ πονηρῶν ἀνθρώπων, ὧν θάνατος κατέγνωστο, « Mithridate, comme notre Attale, s'est appliqué à
connaître d'expérience à peu près tous les simples qui combattent les
poisons, en essayant leurs vertus sur des scélérats condamnés à mort ».

6. Voir Nicandre, t. II, p. 308 s. (cf. p. XLVI-XLVIII).

7. Attale est inclus dans la liste d'auteurs ayant écrit sur l'agriculture : Varron, *R.R.* 1.1.8 (*Attalus Philometor*), d'où Columelle 1.1.8
(*Philometor et Attalus* ; supprimer : *et*), cf. Pline *NH* 18.22 (*Philome-*

les poèmes « épiques » (entendez : écrits en hexamètres dactyliques) que la tradition attribue à Nicandre, figurent les *Géorgiques*. Il nous en reste des fragments assez longs pour nous permettre d'observer leur parfaite conformité de style avec les poèmes iologiques. Est-ce pour plaire à Attale que Nicandre avait écrit cet autre poème didactique, dans lequel les plantes de jardin ont leur place ? La question mérite d'être posée. Enfin, bien qu'Attale n'ait pas publié le fruit de ses recherches, on connaît plusieurs médicaments composés qu'il avait sans doute mis au point, sinon inventés, car la littérature médicale les a transmis sous son nom[8]. D'après Suidas, Nicandre lui-même aurait donné une *Collection de cures* (᾽Ιάσεων συναγωγή) rédigée en vers épiques. Compte tenu des affinités constatées entre les deux hommes, et connaissant d'autre part la hantise du poison éprouvée par les souverains hellénistiques, qui l'ont utilisé à l'occasion contre leurs ennemis, — d'où la faveur dont jouissent, dans les cours hellénistiques, les pharmacologues spécialisés en iologie (c'est à cette époque, rappelons-le, que cette science a pris son essor) —, on se plaît à imaginer que le médecin iologue et poète courtisan Nicandre de Colophon a occupé, près du toxicologue couronné Attale III, la fonction de médecin privé, qui fut celle d'autres iologues aux côtés de leur souverain : on

tor, *Attalus* ; supprimer la virgule) ; sur cette liste voir O. Regenbogen, « Pinax », *RE* 20 (1950) 1454.44.

8. Son " emplâtre blanc au poivre blanc " (᾽Ατταλική) : Gal. *comp. med. gen.* 1.13 (13.414.16 K., cf. *ibid.* 446.1 τῆς ᾽Ατταλικῆς ἐμπλάστρου) ; Mantias (seconde moitié du IIe s. av. J.-C.) a donné en son honneur le même nom à un remède pour l'estomac (Asclépiade Pharmakion *ap.* Gal. *comp. med. loc.* 9.3 [13.162.15 K.]) ; cf. également le collyre appelé *Attalium*, auquel l'ophtalmologiste Théodotos (*ca.* 120-80 av. J.-C.) ajouta des ingrédients (Celse, *De medicina* 6.6.5B) ; etc. Attale, cité par Pline *NH* 1 ind. 14-15, 17-18, 28, 31, 33 *Attalo medico*. Témoignages sur Attale III et son œuvre médicale : M. Wellmann, *in* Susemihl (voir *infra* n. 170) 2 p. 415 n. 2 et Nicandre, t. II, *Notice*, p. XVIII s.

songe à Aristogénès de Cnide et Antigonos II Gonatas (*ca.* 277-239), à Andréas et Ptolémée IV Philopator (221-204), à Apollophane de Séleucie et Antiochos III le Grand (222-187)[9]. La tradition se maintient sous l'empire romain avec l'inventeur de la *Galènè*, antidote par excellence, l'archiâtre Andromachos l'Ancien, médecin privé de Néron (54-68), ainsi qu'avec Galien, bon connaisseur en antidotes, qui eut la charge de préparer la thériaque pour Marc-Aurèle (161-180), puis pour Septime Sévère (193-211)[10]. Et elle se perpétuera même à l'époque moderne, chez nous par exemple avec Orfila[11], prince des toxicologues et médecin privé du soupçonneux Louis XVIII.

I. — LES *ALEXIPHARMAQUES*, ŒUVRE SCIENTIFIQUE.

Nicandre ne s'est nullement borné dans les *Alexipharmaques*, non plus que dans les *Thériaques*, à versifier l'œuvre iologique du médecin Apollodore[12]. Son λόγος ἀλεξιφάρμακος, il l'a conçu en iologue et non pas en poète. S'il a donné à l'*éphèméron* le nom d'une des plus célèbres empoisonneuses de la mythologie, « Médée de Colchide », invoquée en cette qualité au même titre que Circé et Périmède par la magicienne de Théocrite, Simaitha, quand elle dévoile son intention d'utiliser le poison contre son amant infidèle, il ne le fait assurément pas

---

9. Pour les références, voir Nicandre, t. II, *Notice*, p. XVIII. J'ai corrigé les dates des règnes d'après W. Eder-J. Renger (éd.), *Herrscherchronologien der antiken Welt*, Der Neue Pauly, Supplemente, Bd.1, Stuttgart 2004.

10. Gal. *ant.* 1.13 (14.64.6 ; 65.8 K.).

11. C'est certainement Orfila que Balzac a en vue, quand il fait dire au baron Auguste de Maulincour qui se sait victime d'un empoisonnement : « J'attends ce matin le plus célèbre professeur de toxicologie pour connaître mon sort » (*Ferragus*, Bibliothèque de la Pléiade, t. 5, p. 860).

12. Voir Nicandre, *Œuvres*, tome II, *Notice*, p. XXXIII-XXXVII.

pour faire rêver le lecteur, à cause du lien particulier des femmes avec le poison. C'est un poison réel et non mythique dont il s'agit : la « Colchidienne » n'est là que comme une allusion transparente à un autre nom de l'ἐφήμερον, qui est sans doute un poison végétal, le Colchique[13], synonyme dûment enregistré dans le Catalogue des poisons (cf. *infra*, p. XXIII, l. 9).

Définitions   Dans son *Commentaire à Hippocrate*, *Épidémies VI*, après avoir donné le sens des mots grecs ἀλεξιφάρμακα, « remèdes combattant les poisons (δηλητήρια) », et θηριακά, « remèdes guérissant les morsures venimeuses »[14], Galien réfléchit sur la notion de *poison*. Faut-il faire entrer sous ce concept les « médicaments purgatifs » (τὰ καθαίροντα φάρμακα), voire les ἀλεξιφάρμακα et les θηριακά ? Car eux aussi sont capables de tuer, s'ils sont administrés en trop grande quantité. La frontière est mince entre poison et remède ; le même mot φάρμακον sert à les désigner, tout est affaire de dosage. « C'est, dit Galien, pour cette raison même que des médecins, je crois, appellent mortifères beaucoup de *pharmaques* ayant une utilité qui devient nécessaire en certaines circonstances, mais poisons (δηλητήρια) ceux qui, en aucun cas, ne portent en rien profit ni aux

---

13. Cf. Théocrite, 2.14-16 et *infra*, comm., n. 58 §(b). Euphorion, *Dionysos*, fr. 14 P. = 15 vGr., cite Polydamna d'Égypte et Médée de Kyta en Colchide à propos des poisons que la fille de Rhéa, Hèra, versa à son beau-fils Dionysos pour causer sa folie (βλαψίφρονα φάρμακα). Pour le lien des femmes avec le poison, qui persiste à travers les âges, cf., par exemple, pour le Moyen Âge, le répertoire de M. Demaules, *Tristan et Yseut*, Bibliothèque de la Pléiade, ss.vv. « empoisonnement », « médecine », « philtre », « mort », « amour », « fée ».

14. Gal. 17B 337.1-3 ; texte cité *in* : Nicandre, t. II, p. XIII n. 2. Rapprocher la définition des *antidotes* donnée par une scholie du ms O négligée par Geymonat ; elle se lit au fol. 147 recto : ὅτι ἀντίδοτα τὰ βοηθήματα καλεῖται, ὡς ἀντιπράττοντα διδόμενα τοῖς δηλητηρίοις οἷον ἀντιφάρμακα. Sur le sujet, cf. F. Skoda, *Désignation de l'antidote en grec ancien*, « Docente natura », p. 273-291.

malades, ni aux bien-portants. De fait, ni l'aconit, ni
l'hydrargyre, ni la litharge, ni le lièvre de mer, introduits
dans le corps, ne sont pour nous d'une quelconque utilité,
comme c'est le cas des autres, et ils sont nombreux, au
sujet desquels il a été question des propriétés de leur substance entière, qui sont utiles et nuisibles »[15]. On trouve
la même idée exprimée dans le fragment de Galien *Sur
ses propres doctrines* : « (On a vu dans le *Sur la vertu
des médicaments simples* ...) qu'il existe un autre genre
de médicaments agissant par la propriété de leur substance entière. J'ai montré que tels étaient les *phar-
maques* purgatifs et ceux qu'on appelle δηλητήρια, qui
diffèrent de ceux nommés simplement mortifères par le
fait que les δηλητήρια ne nous sont jamais d'aucune utilité, alors que les mortifères nous rendent en certains cas
de brefs services, si on les prend mélangés à des *phar-
maques* utiles. C'est ainsi, en tout cas, que nous nous ser-
vons du suc de pavot avantageusement »[16]. Les poisons
de Nicandre, on le voit, appartiennent aux deux catégories définies par Galien, θανάσιμα, qui peuvent avoir une
utilité, et δηλητήρια, qui n'en ont aucune. Mais il

15. Gal. *In Hippocratis librum* VI *Epidemiarum comm.*, 5 (17B
337.9-17 K.) : ἀλλὰ δι' αὐτὸ τοῦτό μοι δοκοῦσιν <οἱ> ἰατροὶ
θανάσιμα μὲν πολλὰ φάρμακα καλεῖν, ὧν ἀναγκαῖον ὄφελός τι
κατὰ καιροὺς γίνεται, δηλητήρια δὲ τὰ μηδέποτε μηδὲν ὀνοῦντα
μήτε νοσοῦντας ἀνθρώπους μήθ' ὑγιαίνοντας· οὔτε γὰρ ἀκόνιτον
οὔθ' ὑδράργυρος οὔτε λιθάργυρος οὔτε λαγωὸς θαλάττιος εἴσω
τοῦ σώματος λαμβανόμενος παρέχει τινὰ ἡμῖν ὠφέλειαν, ὥσπερ
καὶ τἄλλα πολλά, περὶ ὧν ἐν τοῖς κατὰ τὴν ἰδιότητα τῆς ὅλης
οὐσίας ὠφελοῦσί τε καὶ βλάπτουσιν εἴρηται.

16. Gal. *plac. propria*, fr. 8 (p. 433.58-68) ἐδείχθη (...) ἐν τοῖς
περὶ <τῆς> τῶν ἁπλῶν φαρμάκων δυνάμεως (...) ἕτερον δὲ γένος
εἶναι φαρμάκων κατὰ τὴν ἰδιότητα τῆς ὅλης οὐσίας ἐνερ-
γούντων. τοιαῦτα δ' ἐδείκνυον ὄντα τά τε καθαίροντα καὶ τὰ δηλητήρια καλούμενα, διαφέροντα τῶν ἁπλῶς θανασίμων ὀνομαζο-
μένων τῷ τὰ μὲν δηλητήρια μηδέποτ' ὠφελεῖν ἡμᾶς, τὰ δὲ
θανάσιμα φέρειν ὠφέλειαν ἔσθ' ὅτε βραχεῖαν λαμβανόμενα μετὰ
μίξεως ἐνίοτε χρησίμων τινῶν. οὕτω γοῦν καὶ τῷ τοῦ μήκωνος
ὀπῷ πρὸς ὠφέλειαν χρώμεθα.

convient aussitôt d'ajouter que les iologues n'entrent pas dans ces subtilités, qu'il valait pourtant la peine d'exposer : les titres de leurs traités montrent qu'ils emploient indifféremment δηλητήρια et θανάσιμα pour désigner les poisons, que ceux-ci puissent être ou non utiles à l'homme.

Le poème de Nicandre est le plus ancien spécimen grec conservé de traité sur les poisons, — leurs signes distinctifs, les moyens de guérir l'intoxication, et notamment les substances capables de combattre les principes morbifiques. Ce sont ces dernières (ἀλεξιφάρμακα) — le grec les appelle aussi ἀντιφάρμακα ou ἀντίδοτοι (cf. n. 14) — qui ont fourni le titre[17] de Nicandre, et non les poisons eux-mêmes (δηλητήρια, θανάσιμα φάρμακα), comme chez les auteurs qui l'ont précédé. Outre le *De Medicina* de Celse, les *Compositiones* de Scribonius Largus et les *Euporistes* de Dioscoride (appelés aussi Περὶ ἁπλῶν φαρμάκων), qui offrent des chapitres concernant les δηλητήρια, beaucoup de compilations médicales plus ou moins tardives ont traité le sujet : entre autres, Asclépiade Pharmakion, Épainétès, « Aelius Promotus », Oribase, Aétius d'Amida, Paul d'Égine, le Pseudo-Dioscoride et Théophane Nonnus[18].

Traités iologiques antérieurs En revanche, on ne sait pas grand-chose des traités antérieurs à Nicandre. Aussi bien les Scholies des *Alexipharmaques* sont-elles moins érudites que celles des *Thériaques*. Le seul traité ancien intitulé Περὶ θανασίμων qu'elles connais-

---

17. J'ai préféré traduire par « alexipharmaques » le titre choisi par Nicandre (cf. Th. *HP* 9.15.7, [Hp.] *Epist.* 10, fin), plutôt que par « contrepoisons » (Grévin) ou « antidotes », plus courants. Le mot « alexipharmaque » apparaît ailleurs que chez Ambroise Paré (V. 9), cité par Littré : cf. Balzac, *Ferragus*, Bibl. de la Pléiade, t. 5, p. 822 (sens figuré).

18. Pour les références, cf. le *Conspectus librorum* et voir Nicandre, t. II, *Notice*, p. XXI-XXV.

sent est celui d'Érasistrate. Elles citent l'opinion de ce
grand médecin sur l'efficacité du Lait de femme contre
l'Aconit[19]. Il s'agit en fait du titre partiel d'une œuvre
pharmacologique plus compréhensive, dont le Pseudo-
Dioscoride a cité la forme complète, Περὶ δυνάμεων
καὶ θανασίμων[20]. Que Straton, disciple d'Érasistrate,
avait lui aussi étudié les poisons, son avis sur la nature de
l'*Éphèméron* en est la preuve[21]. Il avait également parlé
de leur prophylaxie, à en croire Aétius, notre unique
témoin, qui cite sous son nom un remède prophylactique
universel : « Feuilles de rue, 20 ; noix, 2 ; figues sèches,
2 ; morceau de sel, 1. Donne à manger à jeun au préalable ; et aucun poison ne sera capable de nuire »[22]. Il est
probable qu'Andréas[23], auteur d'un Περὶ δακετῶν, et le
θηριακός Apollodore ont écrit des traités spécialisés sur
les δηλητήρια. L'absence de référence explicite nous
prive d'une preuve absolue. Andréas a dû évoquer les
propriétés du sang de la Salamandre (fr. 2) dans le Περὶ
δακετῶν, mais on ne voit pas bien où il aurait pu parler
de l'If comme il le fait (fr. 6), sinon dans un traité sur les
poisons. Son Νάρθηξ, en effet, ne lui offrait pas pour
cela un cadre approprié. Que, d'autre part, Apollodore ait

19. Érasistrate fr. 4, *in* : Nicandre, t. II, p. 293.
20. Érasistrate fr. 3 (a), *ibid.* Cf. Nicandre, t. II, *Notice*, p. XXXVII.
21. Fr. 8 (Nicandre, t. II, p. 297).
22. Aét. 13.48* *(deest cod.* D) : Στράτων δέ φησι κοινὸν βοήθημα παντὸς θανασίμου φαρμάκου προφυλακτικὸν τοῦτο (cod.
C : om. AB) · **πηγάνου φύλλα κ´** (B [*sic* Apollonius Mys, Orib.] :
η´ Α β´ C), **κάρυα βασιλικὰ β´, ἰσχάδας β´, ἁλὸς χονδρὸν α´. ταῦτα
νήστει προεσθίειν δίδου, καὶ ὑπ' οὐδενὸς ἀδικηθήσεται θανασίμου
φαρμάκου.** Cette recette se lit, à peu près dans les mêmes termes, dans
l'extrait d'Asclépiade Pharmakion *ap.* Gal. *ant.* 2.8 (14.146 s. K.),
après le titre Προφυλακτικὰ θανασίμων φαρμάκων 'Απολλωνίου
Μυός, d'où Orib. *Eun.* p. 431.2-5 Raeder. Sur la transmission
conjointe de Straton et d'Apollonios Mys, voir Nicandre, t. II,
p. XXXIX ; cette citation est à ajouter aux fragments de Straton sous le
n° 9, *ibid.* p. 297.
23. Σ *Al.* 537a = Andréas fr. 2 (*ibid.*, p. 300) ; 611a = fr. 6 (*ibid.*
p. 301). Cf. Nicandre, t. II, *Notice*, p. XLII.

écrit un Περὶ δηλητηρίων (ou θανασίμων), si le témoignage que Pline l'Ancien porte sur ce médecin à propos
des graines d'Ortie est ambigu[24], les références de Pline à
Apollodore sur le Toxicon et les Champignons, jointes à
celles des Scholies sur les Crapauds et la Litharge[25], en
sont des indices probants. Nous ne connaissons pas de lui
une autre œuvre dans laquelle il aurait pu s'exprimer sur
de tels sujets. Par contre, c'est sans doute dans le cadre
général de ses Θεραπεῖαι que Praxagoras avait exposé
ses opinions sur le Sang de Taureau, l'origine du nom du
poison Φαρικόν et l'efficacité des Roseaux contre
l'intoxication causée par le Crapaud[26]. Les Scholies des
Alexipharmaques ignorent l'existence du Περὶ θανασίμων φαρμάκων de Dioclès de Carystos. C'est Athénée
qui supplée à leur silence par un témoignage sur le nom
de la Marjolaine. Les deux synonymes dont Dioclès fait
état (Ath. 681b) se lisent dans les *Thériaques*, mais cette
plante est absente des *Alexipharmaques*[27]. Max Wellmann attribuait également à Dioclès l'opinion selon
laquelle le Crapaud a deux foies, dont l'un est l'antidote
de l'autre ; elle aurait convenu à un traité de ce genre,
mais cette idée repose sur une conjecture douteuse[28].

A. LES POISONS.

Tous les poisons décrits par Nicandre, qu'ils soient
d'origine végétale, animale ou minérale, se retrouvent, à

---

24. Apollodore fr. 16 (*ibid.*, p. 291) : voir la critique de ce témoignage, dans le comm. de *Th.* 880 (*ibid.* p. 251), et *infra*, comm. des *Al.*,
n. 46 §3 ; voir aussi *infra* p. LXIV s. Apollodore (fr. 16) considère les
venins aussi bien que les poisons ; la place de ce fragment dans son
Περὶ δηλητηρίων n'est donc pas assurée.

25. Apollodore fr. 11-14 (Nicandre, t. II, p. 289 s.).

26. Praxagoras fr. 1-3 (*ibid.*, p. 272).

27. Dioclès fr. 3 (*ibid.*, p. 270) ; pour les deux synonymes de la
Marjolaine, cf. *Th.* 575 (ἀμάρακος) et 617 (σαμψύχου).

28. Dioclès fr. 7 (*ibid.*, p. 271) : c'est à un inconnu, un « médecin » qu'il appelle Νεοκλῆς, qu'Élien (*NA* 17.15) attribue cette opinion, qui a des parallèles (cf. *infra*, comm. n. 64 §3b).

côté de quelques autres, chez les iologues qui sont venus
après lui, comme le montre la littérature parallèle. En ce
qui concerne les poisons et leurs antidotes, Nicandre n'a
nullement cherché à être exhaustif. J'aurai l'occasion d'y
revenir.

Les vingt-deux poisons des *Alexipharmaques* se réduisent à sept dans le chapitre iologique du *De Medicina* de
Celse : Cantharides, Ciguë, Jusquiame, Céruse, Sangsue,
Lait caillé, et Champignons[29]. Scribonius Largus a, en
moins, le Crapaud et l'If ; Asclépiade Pharmakion, le
Pharicon, la Salamandre, le Crapaud et l'If. Mais ils ont
en plus, Scribonius le Gypse (c. 182)[30], Asclépiade le
Gypse et le Psilôthron[31]. Aucun poison ne manque dans
les *Euporistes* de Dioscoride, qui offre, en plus, le Miel
d'Héraclée (*eup.* 2.142), le Psyllion ou Herbe-aux Puces
(149), la Chenille du Pin (157), le Gypse (165) et
l'Hydrargyre (168)[32]. Les iologues récents, Oribase,
Aétius, Paul d'Égine et le Pseudo-Dioscoride ont, quant à
eux, regroupé leurs poisons dans un catalogue[33] qu'il est
utile de comparer à la liste
Catalogue des poisons de Nicandre. En voici le
texte dans la version d'Ori-
base, avec des corrections et des suppléments tirés

29. *De medicina* 5.27.11-12 C.
30. *Compositiones* 179-199. Ils se présentent dans cet ordre :
Ciguë, suc de Pavot, Jusquiame, Gypse, Litharge, Céruse, Coriandre,
Lièvre marin, Salamandre, Aconit, Cantharides, *Buprestis*, Dorycnion,
Ixias, *Éphèméron*, Toxicum, Pharicum, Sang de Taureau, Lait caillé,
Champignons, Sangsue.
31. Ascl.Ph. *ap.* Gal. *antid.* p. 142.1-7 (Psilôthron, *i.e.* la Bryone),
11-13 (Gypse).
32. Diosc. *eup.* 2.138, 141-168. Ordre de succession : Sangsues,
Aconit, Miel d'Héraclée, Toxicon, Poisons de flèches, Ixias, Ciguë,
Coriandre, If, Psyllion, Pharicon, Pavot, *Éphèméron*, Dorycnion,
Strychnon manicon, Jusquiame, Cantharides, *Buprestis*, Chenille du
Pin, Salamandre, Lièvre marin, Crapaud, Sang de Taureau, Lait caillé,
Champignons, Gypse, Litharge, Céruse, Hydrargyre. A noter que le
Toxicon et les Poisons de flèches, d'une part, et, de l'autre, le Doryc-
nion et le Strychnon manicon font l'objet de chapitres distincts.
33. Catalogue abrégé chez Promotus (p. 64.5-10 Ihm).

d'Aétius, de Paul et du Pseudo-Dioscoride, et qui ont
Oribase comme source probable. Les additions peuvent
venir d'un état du texte d'Oribase moins abrégé[34].
J'indique en caractères gras les poisons figurant dans les
Alexipharmaques.

Περὶ δηλητηρίων :- Ζῷα μέν ἐστι φθαρτικὰ **κανθαρίς, βούπρηστις, σαλαμάνδρα**, πιτυοκάμπη, **λαγωὸς
θαλάσσιος, φρῦνος**, ἔλειος ἄφωνος βάτραχος, **βδέλλαι** <καταποθεῖσαι>· σπέρματα δὲ **ὑοσκύαμος, κώ-**
5 **νειον, κόριον**, μελάνθιον, ψύλλιον· ὀπίσματα δὲ **μηκώνειον**, θαψίας χυλός, ὀποκάρπασον, ἐλατήριον,
μανδραγόρου <χυλός>· ῥιζῶν· δὲ θαψία, **ἀκόνιτον**,
ἰξίας, ἐλλέβορος μέλας, ἀγαρικόν, **ἐφήμερον**, ὃ ἔνιοι
Κολχικὸν καλοῦσιν· †λαχάνων† δὲ **σμῖλαξ**, στρύχ-
10 νον μανικόν, ὃ καὶ **δορύκνιον** καλεῖται, ἥ τε σαρδώνιος <πόα>, εἶδος οὖσα βατραχίου, **μήκων** κερατῖτις,
<**Φαρικόν, τοξικόν**>, πήγανον ἄγριον, **μύκητες** · ἀπὸ
ζῴων <δὲ> **αἷμα ταύρου** ἔτι ἔνθερμον, **γάλα** ἐμπυ-
τιασθέν, τὸ ἐν Ἡρακλείᾳ μέλι · μεταλλικὰ δὲ γύψος,
15 **ψιμύθιον**, τίτανος, ἀρσενικόν, σανδαράχη, **λιθάργυρος**, <ἀδάρκη, μόλυβδος καὶ ἡ καλουμένη> ὑδράρ-
γυρος· τῶν δὲ συμφύλων ἡμῖν οἶνος ἀθρόως ἢ πολὺς
ἀπὸ βαλανείου ποθείς, οἶνος γλυκὺς ὁμοίως, ὕδωρ
ψυχρὸν ἀθρόως ἀπὸ βαλανείου <ἢ δρόμου> ποθέν[35].

34. Orib., *Ecl. Med.* 127 (p. 295 s. Raeder) ~ Aét *Iatrica*, 13.47 ;
PAeg. 5. 30 (p. 27 Heiberg) = PsD. *prooimion*, p. 14.2-15.5 Sprengel
+ chap. 34 (p. 40 s. Περὶ τῶν συμφύλων ἡμῖν).

35. Titulum περὶ δηλητηρίων habent Orib. Aet. : κατάλογος τῶν
ἁπλῶν δηλητηρίων PAeg. ‖ 2 s. λαγωὸς θαλάσσιος φρῦνος PsD. :
λ. θ. φ. ὁ καὶ PAeg. φρῦνος λαγωὸς θαλάσσιος Orib. Aet. (θ.λ.) ‖
4 καταποθεῖσαι addidi ex PAeg. PsD. ‖ σπέρματα δὲ Aet. (codd. BC)
Orib. σπέρματα Aet. (cod. A) σπερμάτων PAeg. PsD. deest Aet.
(D) ‖ 5 κόριον Orib. PsD. : om. Aet. (ABC, deest D) ‖ ὀπίσματα δὲ
Orib. : ὀπίσματα δὲ ταῦτα Aet. (D) ὀπίσματα Aet. (A) ὀποὶ δὲ Aet.
(B) ὀποὶ Aet. (C) ὀπισμάτων PsD. ‖ 7 μανδραγόρου χυλός Aet. (B) :
μανδραγόρας χυλός Aet. (A) μανδραγόρας Orib. PsD. καὶ μαν-
δραγόρου CD (qui ἐλατήριον post μανδραγόρου scr.) ‖ ῥιζῶν Orib.
Aet. (ABD) PAeg. PsD. : ῥίζαι Aet. (C) ‖ χαμαιλέων post δὲ add.
PAeg. PsD. ‖ 9 λαχάνων δὲ Aet. (ABD) : λαχάνων Orib. λάχανα

« Sur les poisons. — *Animaux* pouvant faire périr :
Cantharide, Enfle-bœuf, Salamandre, Chenille du Pin,
Lièvre de mer, Crapaud, Grenouille muette des marais,
Sangsues avalées. *Graines* : Jusquiame, Ciguë, Coriandre,
Nigelle, Herbe-aux-puces. *Sucs* extraits de plantes : suc
de Pavot, de Thapsia, Opokarpason, Concombre d'âne,
suc de Mandragore. Parmi les *racines* : Thapsia, Aconit,
Ixias, Ellébore noir, Agaric, *Éphèméron*, que certains
appellent Colchique. Parmi les †*légumes*† : If[36], Stramoine, qu'on appelle aussi Dorycnion, l'Herbe de Sar-
daigne, qui est une espèce de Renoncule, le Pavot cornu,
<le Pharicon, le Toxicon>, la Rue sauvage, les Champi-
gnons. D'origine *animale* : Sang de Taureau encore
chaud, Lait caillé, Miel d'Héraclée. Origine *minérale* :
Gypse, Céruse, Chaux, Orpiment, Réalgar, Litharge,
efflorescence saline sur les roseaux, Plomb et ladite
Hydrargyre. Parmi les substances qui nous sont *naturelles* : Vin bu en masse ou abondamment au sortir du
bain, Vin doux pris pareillement, Eau froide bue en
masse au sortir du bain ou d'une course. »

Ce catalogue est la liste la plus complète que nous
ayons des poisons de l'antiquité. Il comprend non seulement tous les poisons de Nicandre, mais encore ceux qui
s'y sont ajoutés par la suite, à la seule exception du Psilôthron d'Asclépiade Pharmakion.

Aet. (C) ἐρνωδῶν δὲ καὶ λαχάνων PAeg. ἐρνωδῶν δὲ καὶ ποῶν
PsD. ‖ 9 s. στρύχνον μανικόν Orib. Aet. (AD) PsD. : στρ. τὸ μαν.
PAeg. στρύχνος μανικός Aet. (BC) ‖ 10 Σαρδώνιος Orib. PAeg.
PsD. : Σαρδόνιος Aet. (BC) Σαρδάνιος Aet. (AD) ‖ 12 Φαρικόν,
τοξικόν addidi ex PAeg. PsD. : om. Orib. Aet. ‖ 13 δὲ addidi ex Aet.
PAeg. PsD. ‖ 16 ἀδάρκη, μόλυβδος καὶ ἡ καλουμένη addidi ex
PAeg. PsD. ‖ 19 ἦ δρόμου addidi ex Aet. (ABCD), cf. PsD. p. 41.2 s.
(post γλυκὺς οἶνος ποθείς) μάλιστα ἀπὸ βαλανείου ἦ δρόμων καὶ
τῶν εὐτόνων γυμνασίων.

36. Qu'il s'agit bien de l'If, malgré son classement, on le voit par
les synonymes donnés par Paul et le Pseudo-Dioscoride (cf. Aét.,
Annexe §22), en particulier son nom latin de *taxus*.

1) Notons d'abord que certains de ces poisons ont de quoi nous surprendre. Pour nous en tenir à ceux des *Alexipharmaques*, ce qui crée la surprise, ce n'est pas la présence parmi eux de la Sangsue (présence à première vue surprenante). Elle figure en effet dans tous les traités ou chapitres iologiques, y compris celui, très sommaire, de Celse : aussi bien, avalée par mégarde, elle est à l'origine de désordres qui risquent d'être mortels faute d'une rapide intervention ; c'est donc bien un δηλητήριον[37].

2) On sait que les poisons n'affectent pas invariablement toutes les espèces animales. Galien cite par exemple la Ciguë qui nourrit les moineaux (ψάρους), l'Ellébore les cailles (ὀρτύγων) alors que ces plantes tuent les hommes ou les mettent à mal[38]. Mais, pour ce qui est du Sang de Taureau, du Lait qui caille dans l'estomac, du Lièvre marin, qui s'identifie à l'inoffensive Aplysie, de la Coriandre, qui est un condiment utile, toutes substances qui ont passé pour des poisons mortels dans l'antiquité et même au-delà[39], ils ne sont tels que dans l'imaginaire des anciens.

3) D'autre part, le Catalogue classe ***Classement*** les δηλητήρια d'après leur origine ***des poisons*** (animaux, végétaux, poisons animaux, minéraux) ; et, pour les végétaux, il distingue la partie délétère (graines, sucs, racines)[40], utile précision dont Nicandre se dispense à l'occasion. Parmi les auteurs qui nous ont fait connaître ce catalogue, et qui, au demeurant, sont assez complets

37. Voir ci-dessous le commentaire, n. 53 §b.
38. Galien, *Thériaque à Pison* 4 (14.227.12-14 K.).
39. Maïmonide, qui a corrigé beaucoup d'erreurs des anciens, croit encore à la toxicité du Sang de Taureau (voir le commentaire, n. 29 §1) ; de même, longtemps après lui, Mercurialis 86.
40. La rubrique « légumes » (l. 9), la mieux attestée, ainsi que les alternatives, « plantes fragiles et légumes », « plantes fragiles et herbes » pose un problème. Les plantes rangées sous cette rubrique ne permettent pas de le résoudre.

pour autoriser la comparaison (ce n'est pas le cas d'Oribase, dont nous ne possédons que des extraits pour cette partie de son œuvre), le seul qui suive le même ordre dans son exposé est Paul d'Égine. Les deux autres s'en écartent, sauf dans les tout premiers chapitres concernant les poisons animaux, où ils le respectent approximativement, Aétius plus que le Pseudo-Dioscoride.

4) D'autres principes de classement étaient possibles. Par exemple, d'après la nature du poison et de son action[41], selon qu'il s'agit d'une substance réfrigérante (Ciguë, Suc de Pavot, Champignons[42]), échauffante (Euphorbe, Orpiment, Coriandre[43]), ou corrosive (Lièvre de mer, Enfle-bœuf, Cantharide[44]), ou encore septique et

41. Sur les poisons *réfrigérants*, voir Gal. *simpl. med. fac.* 3.18 (11.596.10-12 K.) τὰ φύσει ψυχρὰ φάρμακα, τὰ δηλητήρια καλούμενα, κώνειον καὶ μήκων καὶ ὑοσκυάμου σπέρμα καὶ μανδραγόρας καὶ ὅσα ἄλλα τοιαῦτα (F. Schulze, p. v, y voit les narcotiques) ; *ibid.* 11.864.3 K. (δορυκνίδιον), il classe dans la même catégorie le δορύκνιον. Sur les poisons *échauffants*, qui tuent par *corrosion* ou *putréfaction*, *ibid.* 3.22 (607.14-608.2 K.) τὰ δ'... ἤτοι κατὰ διάβρωσιν ἢ κατὰ σῆψιν ἀναιροῦντα εὐλόγως ὑπείληπται τῷ γένει δηλητήρια τῆς ἀνθρώπου συστάσεως ὑπάρχειν, οὐχ ὥσπερ τὰ ψύχοντα τῷ ποσῷ μόνον. ταῦτα μὲν γὰρ καὶ νικᾶταί ποτε καὶ τροφὴ γίγνεται τοῦ ζῴου, τὰ δὲ σηπόμενα κἂν ἐλάχιστα τοῖς ὄγκοις ληφθῇ, πάντως διαφθείρεται, τῷ σήπεσθαι μὲν ἅπαντα τὰ σηπτά, (608) θερμαινόμενά τε καὶ ὑγραινόμενα, θερμὸν δὲ εἶναι καὶ ὑγρὸν τὸ αἷμα ; les poisons *échauffants* agissent, non par leur *quantité*, mais par leur *nature*. Même principe de classement chez Dioscoride parlant de poisons qui tuent par *ulcération* (*m.m.* 5.6.4 ; cf. Pline cité *infra* n. 87 *quae exulcerando nocent*), ou par *refroidissement* (κατὰ ψῦξιν), à propos de la Ciguë (*m.m.* 4.78.1 [240.3]), ou par *suffocation* (κατὰ πνιγμόν), à propos de l'*Éphèmeron* et des Champignons (244.12).

42. Cf. comm. n. 16ᵃ §d, 49 §6c, 56 §3α.

43. Pour l'Euphorbe, cf. Diosc. *m.m.* 3.82 (p. 98.18 W.), Gal. *simpl. med. fac.* 6.5.24 (11.879.6 K.) ; pour l'Orpiment (ἀρρενικόν/ἀρσενικόν), cf. Gal. *simpl. med. fac.* 12.212.6 K. ; pour la Coriandre, les avis étaient partagés (cf. le commentaire, n. 14 §c).

44. Cf. Gal. *ibid.* 12.269.1-3 K. : καὶ πρὸς τὰ κατὰ διάβρωσιν ἀναιροῦντα θανάσιμα φάρμακα προτραπῆναι διδόναι τὸ γάλα (*sc.* μοι δοκοῦσιν οἱ ἰατροί) καθάπερ ὅ τε θαλάττιος λαγωὸς ἀναιρεῖ καὶ ἡ κανθαρίς.

putréfiante (Aconit, Toxicon[45]). C'est ainsi que Maïmonide divise encore les poisons en deux classes, les chauds et les froids, les premiers déterminant la fièvre, les seconds la sensation d'un froid vif. Plus près de nous au XVIe siècle, Mercurialis traite successivement des poisons froids, à propos du suc de Pavot (lib. 2, c. 7), et des poisons chauds, dont il donne pour types l'Euphorbe (c. 8) et l'Orpiment (c. 9), puis des poisons putréfiants, en particulier de l'Aconit (c. 10), enfin du Gypse et de la Céruse, qui sont de nature sèche (c. 11), et des Champignons, de nature humide et froide (c. 12). Orfila, quant à lui, répartit les poisons en quatre classes principales : irritants ou corrosifs (par exemple les Cantharides), narcotiques (Opium, Jusquiame), narcotico-âcres (Aconit, Colchique, Ciguë), septiques (catégorie dans laquelle il fait entrer les venins). On ignore sur quel principe scientifique repose l'ordre de succession des poisons chez Scribonius Largus, Dioscoride (*Euporistes*) et Asclépiade Pharmakion ; tout au plus peut-on noter parfois chez eux le rapprochement de poisons analogues, Litharge et Céruse (Scribonius, Dioscoride), Sang de Taureau et Lait caillé (Dioscoride, Asclépiade). L'organisation de la matière chez Nicandre (nous y reviendrons) semble répondre à des préoccupations d'un autre ordre.

Les notices iologiques Qu'il s'agisse des poisons ou des venins, les notices iologiques, lorsqu'elles sont complètes, comprennent trois parties. En premier lieu, elles précisent quelques-unes des caractéristiques de l'animal venimeux ou du produit vénéneux qui a causé l'intoxication. Elles décrivent en second lieu les symptômes qu'entraînent la morsure ou piqûre de l'un, ou bien l'absorption de l'autre. Enfin, une troisième partie indique les moyens de guérir le mal, antidotes ou thérapeutiques particulières ; elle est suivie, à l'occasion, par

---

45. Cf. comm. n. 22 §b2α (p. 135).

un pronostic. Les notices sont parfois écourtées. Dans le *De medicina* de Celse, les *Euporistes* de Dioscoride et le *Cinquième Mnason* des *Affections internes* d'Asclépiade Pharmakion[46], elles se réduisent à la thérapie. Les témoignages sur le plus ancien des iologues, Apollodore, suggèrent déjà, chez celui-ci, des notices tripartites, dont le schéma est formellement attesté par un fragment de l'Érasistratéen Straton[47]. Nicandre, dans ses *Thériaques*, au lieu de donner pour chaque venimeux une thérapie spécifique propose deux thérapies globales (488-714, 837-914) à la suite des deux grands développements consacrés aux Serpents (157-487), puis aux autres Venimeux (715-836), et qui se bornent pour chacun de ces ἰοβόλα aux deux premières parties de la notice habituelle (caractérisation du Venimeux et symptomatologie de l'envenimation). Mais, dans les *Alexipharmaques*, il s'en tient au schéma tripartite.

Composition des poisons   Dans la première partie de ses notices relatives aux poisons, Nicandre se contente d'indiquer, à l'occasion, les caractères permettant d'identifier le breuvage empoisonné, sans jamais donner la moindre indication sur sa préparation. On note la même réserve chez les iologues récents, qui parlent quasi exclusivement des « poisons simples ». C'est ce que Paul d'Égine souligne dans le titre de son Catalogue[48]. Si d'aventure certains de leurs δηλητήρια sont des poisons composés[49],

---

46. Sur le titre de l'œuvre d'où Gal. *ant.* 2.7 a extrait les chapitres iologiques d'Asclépiade (cité de manière corrompue, *ibid.* p. 135.11 et 137.4, cf. C. Fabricius, *Galens Exzerpte aus älteren Pharmakologen*, Berlin 1972, p. 194 et 248.

47. Cf. Nicandre, t. II, p. xxxv. Straton, fr. 6 (*ibid.* p. 296 s.), rapproché des fr. 1-7 du même auteur, exclusivement thérapiques, montre que ses notices considéraient également le signalement des Venimeux et les symptômes d'envenimation.

48. Voir ci-dessus n. 35, la note critique au titre.

49. La question se pose, par exemple, au sujet de l'*Éphèméron* : cf. Straton fr. 8 (Nicandre, t. II, p. 297) et voir *infra* le commentaire, n. 23 §2a (p. 137).

ils se gardent bien de préciser leur composition. Il s'agit
là, semble-t-il, d'un sujet tabou. Lorsque Paul passe des
venins aux poisons, il dit en propres termes qu'il « laisse
volontairement de côté les poisons *composés* (σύν-
θετα) ». « Certains auteurs, ajoute-t-il, ont exposé la
composition des substances destructives complexes, mais
un tel exposé est capable de nuire plutôt que de rendre
service aux lecteurs » — opinion que l'auteur du Περὶ
εὐπορίστων attribué à Galien et imité par Oribase précise en ces termes : « Ce genre de traité offre à ceux qui
ont de mauvais desseins une occasion de mal faire »[50].
De telles remarques sont une allusion évidente aux propos de Galien, qui font suite à sa citation des chapitres
d'Asclépiade Pharmakion concernant les ἁπλᾶ δηλητήρια. C'est peut-être Galien, et non pas Asclépiade, qui
s'exprime ici en son propre nom, lorsqu'il dénonce la
nocivité des traités qui ont pour objet la composition des
poisons[51]. Car ils ne contribuent nullement à la découverte des antidotes, pour laquelle l'étude des poisons
simples est suffisante ; en revanche, ils donnent aux scélérats l'occasion de mal faire. Galien vitupère les auteurs
qui ont développé en vers la σύνθεσις φαρμάκων, entre
autres « Orphée[52] surnommé le Θεολόγος, Oros de

50. PAeg. 5.27 (p. 25.26-28 H.) : καὶ γὰρ ποικίλων τινὲς ἀναιρετικῶν φαρμάκων ἐξέθεντο συνθέσεις βλάπτειν μᾶλλον ἤπερ
ὠφελεῖν τοὺς ἀναγινώσκοντας δυναμένων ; cf. Gal. [*eup.*] 1.17
(387.17 s. K.) παρέχοι γὰρ ἂν ἡ τοιαύτη πραγματεία ἀφορμὴν
κακίας τοῖς κακουργεῖν βουλομένοις ~ Orib. *Eunap.* 3.63 (430.19
s. R.) παράσχοι γὰρ ἂν ἡ τοιαύτη διδασκαλία τοῖς μοχθηροῖς
ἀφορμὴν κακουργίας.

51. Gal. *ant.* 2.7 (144.12-145.17 K.). Fabricius (voir *supra* n. 46),
p. 198, assigne à Asclépiade l'ensemble des c.7-9 (14.138.7-155.9 K.),
à l'exclusion de l'« antidote aux cent ingrédients », qui lui vient
d'Andromachos le Jeune. Mais il considère seulement comme « très
hautement vraisemblable » (p. 203) l'idée que Galien a emprunté à
Asclépiade la citation d'Héliodoros.

52. Fr. 322 Kern ; il fait partie d'un ensemble de témoignages
botanico-médicaux placés sous l'invocation d'Orphée, réunis par O.
Kern sous le titre Περὶ φυτῶν βοτανῶν ἰατρικῆς (fr. 319-331 K.) ;
voir K. Ziegler, « Orphische Dichtung », *RE* 18 (1942) 1416, §42.

Mendès le Jeune[53] et Aratos[54] ». Il s'en prend tout particulièrement à l'hypocrisie du poète tragique athénien
Héliodoros, dont il cite sept hexamètres extraits de ses
Ἀπολυτικὰ πρὸς Νικόμαχον, dans lesquels il jure ses
grands dieux de la pureté de ses intentions[55]. Les iologues
antérieurs à Nicandre ont-ils abordé le thème de la *composition* (σύνθεσις) ou de la *préparation* (σκευασία)
des poisons ? Cela est fort douteux. Si Apollodore[56] a
noté la façon dont les empoisonneurs dissimulaient le
breuvage à la Litharge, cela ne veut pas dire qu'il ait
traité généralement de la préparation des poisons, comme
semble le croire Otto Schneider dans son commentaire de
ce fragment, mais seulement qu'il lui est arrivé de mettre
en garde contre des aliments où peut se cacher le poison.
C'est de la même façon que, au début de leurs notices,
Nicandre et les iologues postérieurs mettent en évidence,
afin de prévenir des confusions fatales, les ressemblances
des boissons toxiques avec des produits naturels, du point
de vue de l'aspect, de la couleur, de l'odeur et du goût
(voir *infra* n. 57). Ces ressemblances aident à cerner les

---

53. Médecin, connu comme étant l'inventeur d'un remède appelé
ἐννεαφάρμακον (Aét. 15.27). Son poème sur les poisons n'est pas
autrement attesté.

54. Ce poème pharmacologique inconnu par ailleurs entrait avec
d'autres poèmes médicaux dans les Ἰατρικά (ou Ἰατρικαὶ δυνάμεις)
attestés par diverses sources : voir J. Martin, *Histoire du texte des Phénomènes d'Aratos*, Paris, 178-180 ; W. Ludwig, « Aratos Nr. 6 », *RE*
Suppl. 10 (1965) 28.

55. Gal. *ant.* 145.11-17 K.. Ce fragment a été édité par U. Cats
Bussemaker, *Poet. buc. et did.*, p. 90. Sur cet obscur Héliodoros,
d'époque incertaine, cf. Fabricius 203 ; TrGF, vol. 1, fr. 209. E. Diehl,
« Heliodoros Nr. 10 », *RE* 8 (1912) 15.58 a conjecturé qu'il donnait à
son destinataire, dans les Ἀπολυτικά, les moyens de se délivrer de ses
maux par un suicide sans douleur.

56. Fr. 14 (Nicandre, t. II, p. 290) : « Apollodore et ses disciples
disent qu'on donne (le poison de la Litharge) dans une soupe aux len-
tilles, aux petits pois ou aux graines de mauve (μετὰ φακοῦ ἢ πισίου
ἢ πλακοῦντος), parce qu'il passe ainsi inaperçu à cause de la similitude des couleurs ».

caractéristiques du breuvage vénéneux, qui se réduisent parfois au simple énoncé d'une qualité, par exemple, pour celui de l'Aconit, son amertume[57].

Sous quelle forme Tout ce que nous trouvons sur la préparation du poison, *ils sont administrés* chez Nicandre et ses successeurs, se résume au fait qu'il se présente le plus souvent sous la forme d'un breuvage auquel il est mélangé[58]. Théophraste en dit plus sur la σκευασία de la boisson de Ciguë, lorsqu'il évoque les deux méthodes utilisées au cours des temps pour préparer ses graines avant de les ajouter à de l'eau[59]. Hormis le cas particulier de la Sangsue, qui n'est pas un δηλητήριον ordinaire servant à composer un breuvage toxique, et compte non tenu des poisons pour lesquels la question de savoir comment ils sont pris ne se pose pas, du moins en principe (Sang de Taureau, Lait qui se caille dans l'estomac, Champignons et peut-être Jusquiame[60], dont on peut prendre les graines en aliment aussi bien qu'en boisson), les poisons de Nicandre sont presque tous pris sous forme de boisson. C'est ce qu'il indique le plus souvent par un substantif (ποτόν *vel sim.*), dont dépend un nom au génitif, ou, exceptionnellement, un adjectif désignant le poison (279 ἰξιόεν … πῶμα) ; ou bien par un verbe (πίνω *vel sim.*), ou encore par un détail descriptif suggérant que l'on a affaire à un liquide[61]. Les seuls poisons qui font

57. Nicandre note parfois le *goût*, l'*aspect*, l'*odeur* des breuvages vénéneux ; voir *infra* p. CVIII et, pour les passages qui y sont cités, les notes du comm. *ad loca* pour la littérature parallèle.

58. Cf. 74 s. αἰγλήεντος … πόσιν ἐχθρήν | κιρναμένην ὀλοοῦ ψιμυθίου.

59. Th. *HP* 9.16.9 ; voir *infra* le comm. n. 16ᵃ §a (p. 112).

60. Cf. 415 s. κορέσκοι | νηδύν ; mais cf. PAeg. 5.39 (51.5 H.) ὑοσκύαμος δὲ ποθεὶς ἢ βρωθείς.

61. Ποτόν : voir la n. au v. 461 ; πόσις : 74, 335, 397, 465 ; πῶμα : 186, 279 ; πίνω : 434 ; verbe synonyme : 255 (ἐπισχομένοιο) ; verbe ou détail impliquant un poison liquide : 251 (δευομένου), 176 (comparaison du Dorycnion avec le lait).

exception à la règle sont, sinon l'If (μάρψαις, au v. 611, est ambigu), du moins la Litharge, dont la notice ne contient aucun élément de nature à nous renseigner à ce sujet[62]. Le concept de « boisson » est si bien lié pour nous à notre mot « poison », dont il explique l'étymologie (lat. *potio*, " potion/poison "), que nous ne sommes pas surpris de voir Dioscoride employer le verbe πίνω à propos des Champignons, quoiqu'on les mange plutôt qu'on ne les boit[63].

Leurs modes d'action et symptômes principaux Les poisons ont une action qui dépend de leur nature (cf. Gal. *simpl. med. fac.* 3.18-22 [11.596-608 K.], Mercurialis 48 ss. ; voir *supra* p. XXVI s.). Par exemple, le « refroidissement des extrémités » est un des effets des poisons *réfrigérants*, les ψυχρὰ φάρμακα qui agissent κατὰ ψῦξιν, tels que le suc de Pavot (*Al.* 434 s.) et la Ciguë (192). Ceux qui agissent κατὰ διάβρωσιν (Gal. *ibid.* 599.2), ou κατὰ ἕλκωσιν, les poisons *corrosifs*, peuvent, selon leur degré de concentration, produire une sensation de morsure sur les lèvres, ou attaquer le cardia, le milieu du ventre ou la vessie : voyez la Cantharide (119-122) et l'Enfle-bœuf (338-340). Il y a les poisons qui tuent par *suffocation* (κατὰ πνιγμόν), comme le Sang de Taureau (316) et le Lait (365), qui se coagulent dans l'estomac, ou les Champignons (521), ou encore ceux qui tuent κατὰ σῆψιν, comme le Toxicon, qui a un pouvoir *putréfiant* (245-248). Un symptôme récurrent, qui caractérise des poisons de nature différente, est l'égarement d'esprit, le délire, une aliénation mentale qui peut prendre diverses formes. Le Toxicon en offre un exemple saisissant avec la physionomie bestiale du patient et la

---

62. Ce n'est pas le cas de la littérature parallèle : cf. *e.g.* Aétius, Annexe §21, l. 1 λιθάργυρος δὲ ποθεῖσα ; §22, l. 1 s. σμῖλαξ δὲ … l... ποθεῖσα.

63. Diosc. *m.m.* 1.56.4 (52.28 s. W.) : δίδοται (*sc.* ἰρίνου στύψις) καὶ τοῖς κώνειον ἢ μύκητας ἢ κόριον πεπωκόσιν.

description de ses cris inhumains (212-223). Les cris
modulés semblables au chant des Bacchantes et le flot de
propos vulgaires (159-161), seul symptôme retenu par
Nicandre, manifestent la démence des victimes de la
Coriandre, poison *échauffant*[64]. La Cantharide n'est pas
en reste, elle qui les prive de leur humanité : leur esprit
s'égare et s'émiette comme les duvets d'un chardon
(124-127). Les victimes de l'Ixias, prises de rage, se
scient la langue (282-284). Citons encore le Pharicon
(400 ἤνυσε ... ἄφρονας) et la Salamandre (543 φρένες
ἀμβλύνονται), sinon la Ciguë[65]. Autant de poisons qui
altèrent la raison, φάρμακα βλαψίφρονα. Quand on voit
l'insistance avec laquelle Nicandre décrit les effets neurologiques des poisons, quand d'autre part on constate
leur absence dans sa notice sur la Jusquiame, la boisson
qui rend fou, on ne peut que conclure à une omission
accidentelle (cf. p. CXX). Un autre effet marquant des poisons est une gêne des mouvements (Céruse, 85 s.) pouvant donner une démarche chancelante (Aconit, 33 ; Pharicon, 400), voire aller jusqu'à la paralysie des membres
inférieurs et contraindre à ramper sur les mains (Ciguë,
190) ou à marcher à quatre pattes (Salamandre, 543).
Urines bloquées (*Buprestis*, 340 ; Litharge, 599) ou raré-
fiées (Lièvre marin, 479), enflure des chevilles (Lièvre,
477), des membres (Crapaud sonore, 571 ; Litharge, 599
s.) ou du ventre (*Buprestis*, 340 ss.), respiration gênée
(Ciguë, 190 s. ; suc de Pavot, 439 s. ; Crapaud sonore,
571 s.) ou obstruée (Sang de Taureau, 316 s. ; Lait, 365 ;
Champignons, 522 ; If, 614 s.), tremblement (Salamandre, 541), convulsions (Sang de Taureau, 317 s.),
douleurs de vessie (Cantharide, 122 ; *Buprestis*, 340),
tout cela compose un tableau impressionnant. Les symp-

64. Les avis des anciens étaient partagés sur ce point ; cf. comm. n.
14 §c (p. 106).
65. La Ciguë aurait un effet semblable, si l'interprétation des v.
188 (νύκτα ... σκοτόεσσαν) par L. Lewin était correcte ; cf. comm.
n. 16[b] §1(b), p. 114.

tômes les plus fréquents sont, bien sûr, ceux qui affectent l'appareil digestif dans son ensemble, à commencer par la bouche : contraction des muqueuses buccales (Aconit, 16 s. ; Céruse, 78 s.), irritation des lèvres (Cantharide, 119 ; *Éphèméron*, 250 s.), enflure des lèvres et de la langue (Toxicon, 209 s.), inflammation et rugosité de la langue (Ixias, 281 s. ; Salamandre, 540), sécheresse de langue et de gosier (Céruse, 79 s.), aridité de bouche (Dorycnion, 384), hoquet (Aconit,18 ; Dorycnion, 378 ; Crapaud muet, 580 s.), nausées (Céruse, 83 ; Lièvre de mer, 482), cardialgie : (Aconit,19 ; Cantharide, 120 ; *Buprestis*, 338 s. ; Dorycnion,379 ; Crapaud muet, 581), douleur de diaphragme (Cantharide, 122 s.), lourdeur d'estomac (*Éphèméron*, 255 ; Litharge, 595), désordre intestinal accompagné de flatulences et comparé à la dysenterie (Dorycnion, 382) ou à l'*iléus* (Litharge, 595-598). L'action des poisons peut être lente ou rapide. On ignore quel était celui que Philippe V de Macédoine fit administrer à Aratos de Sicyone, mais il tuait lentement, avec des effets comparables à ceux d'une maladie banale (Plut., *Vie d'Aratos*, 52.2-4). Nicandre précise une fois la rapidité d'action du poison, en l'occurrence celle du Pharicon, qui peut tuer « en un seul jour » (400 s.), ou bien il la suggère implicitement lorsqu'il note les effets foudroyants du Sang de Taureau (313), et peut-être du Lait qui se caille dans l'estomac (365).

Questions de vocabulaire anatomique — Chez Nicandre et d'autres auteurs, le vocabulaire de l'anatomie comporte son lot d'ambiguïtés, comme d'autres vocabulaires, notamment celui de la botanique, où deux mots différents peuvent nommer la même plante (par exemple, πήγανον et ῥυτή, *Al.* 413 et 306, la " Rue "), mais où à l'inverse un seul et même mot représenter deux réalités distinctes (*Al.* 527 ῥάφανος, synonyme de κράμβη, « Chou », peut être aussi l'équivalent de ῥαφανίς, « Raifort », cf. 430). La littérature parallèle n'est pas une aide superflue si l'on veut essayer de les résoudre. Les problèmes se posent relativement aux parties du corps attaquées par les poisons, et surtout à propos de l'estomac, du cardia, du ventre et des intestins. Aristote a deux termes pour désigner l'*œsophage* : στόμαχος et οἰσοφάγος. Il appelle du terme κοιλία la « cavité » du corps contenant l'*estomac et les intestins*, et, avec la précision de l'adverbe (ἡ κάτω κοιλία), l'*intestin*. Sans qualification, le mot, chez lui, veut souvent dire « estomac »[66]. Il applique γαστήρ, « ventre », à sa partie externe à partir du nombril. Parmi ces vocables, ceux qui figurent chez Nicandre ont changé de signification. Soit γαστήρ. Son sens oscille entre le *ventre*, mais vu de l'intérieur, et l'*estomac*. Le contexte des v. 140 ~ 295, 322 rend la première acception indubitable. La seconde apparaît aussi clairement, d'une part, aux v. 123, 315, 364, où les deux expressions κύτος et τευχέι γαστρός désignent la *cavité stomacale*, de l'autre, au v. 595 (γαστρί) où le premier symptôme de la Litharge affecte l'*estomac*, comme le garantit un parallèle d'Oribase[67]. Partout ailleurs, γαστρός est complément du singulier στόμα (ou des pluriels de même valeur, στόματα, στόμια) définissant avec lui un terme anatomique, à savoir la *bouche de l'estomac*, entendez : son orifice supérieur, notre *cardia*, par opposition à l'orifice inférieur ou *pylore* (la πύλη de Nicandre, *Al.* 24, 138)[68]. En plus de Nicandre, Galien (à la suite du texte cité *Test.* 21 s.) mentionne (§11 s.) deux autres « anciens » (οἱ παλαιοί),

---

66. Cf. *HA* 493a 8 (στόμαχος) et 494b 19 (οἰσοφάγος), où Aristote donne le sens de cette dernière appellation. P. Louis traduit κοιλία (*HA* 489a 2) par *ventre*, Camus, plus exactement, par *ventricule et intestins* (on sait que *ventricule* est le nom ancien de l'*estomac*) ; pour κοιλία *estomac*, voir e.g. *ibid.* 495b 24.

67. *Eclogae medicamentorum*, p. 297.22 s. (cf. comm. n. 68 §1).

68. Dans ce contexte, Nicandre n'emploie jamais l'expression τεῦχος γαστρός, d'où le bien-fondé de la conjecture de O. Schneider au v. 21 τεύχεος | ἐπιδορπίου. Sur tout le passage, voir les n. de la traduction aux v. 19-22 (– στομάχοιο).

Thucydide (2.49.3) et Hippocrate (*Epid.* 2.2.1), qui ont eux aussi utilisé καρδία au sens de *cardia*[69], acception absente chez Aristote, courante dans les *Thériaques* (299, 338, 731), mais qui ne se rencontre qu'au v. 21 des *Alexipharmaques* (κραδίην). C'est à ce mot que font allusion les verbes καρδιόωντα (581) et ἐπικαρδιόωντα (19), appliqués aux malades souffrant de *cardialgie*[70]. Ailleurs, chez Nicandre, κραδίη (cf. *Al.* 212) est un équivalent de ἦτορ (*Al.* 282) et désigne le *cœur*, siège de l'intelligence[71]. Érotien et Galien nous apprennent que les anciens donnaient aussi le nom de στόμαχος au *cardia*[72]. Chez Nicandre, στόμαχος fait problème : le mot signifie-t-il « œsophage » (Aristote, sens ancien) ou « estomac » (sens récent) ? Le second est plus probable[73]. Les deux seules références nicandréennes des *Alexipharmaques* (22, 255) sont peut-être les plus anciennes de ce sens. Nous avons vu Nicandre prendre γαστήρ au sens de « ventre ». Il utilise de plus en ce sens, exception faite

69. C'est-à-dire *orifice supérieur* de l'estomac et non *poche stomacale*, comme les Égyptiens entendent leur mot *ro-ib* « ouverture du cœur » (cf. Lefebvre 29, 124). Voir la n. aux v. 19-22.

70. Gal. *plac.* 2.8.7 (158.17 s.), avant le témoignage cité, et pour expliquer la *cardialgie*, précise l'homonymie entre le cœur organe et le *cardia*. Après avoir cité Thucydide et Hippocrate (§11-12), il continue ainsi au §13 (p. 160.1 s.) : ἅπαντες οὗτοι δηλοῦσιν ἐναργῶς τὸ στόμα τῆς γαστρὸς ὀνομάζεσθαι καρδίαν, ὥστε ταύτης μὲν τῆς καρδίας εἴη ἄν τι πάθος ἡ καρδιαλγία), mal provoqué par les liquides acides qui excitent et mordent le *cardia* (*ibid.* l. 6 s. ὑπὸ δριμέων ὑγρῶν ἐρεθίζηται καὶ ἀναδάκνηται). Même enseignement chez Érotien (κ 4 [47.14-18 N.]) καρδιώσσειν · καρδίαν ἐκάλουν οἱ παλαιοὶ καὶ τὸ τῆς γαστρὸς στόμα, ὃν καὶ στόμαχον κοινῶς καλοῦμεν. καρδιώττειν οὖν καὶ καρδιαλγεῖν λέγεται τὸ μετὰ ναυτίας καὶ ὀδύνης ἀνιᾶσθαι τὸν στόμαχον. καὶ καρδιωγμὸς ἐντεῦθεν ἀντὶ τοῦ ὁ τοῦ στομάχου δηγμός.

71. Voir les notes à ces vers.

72. Pour Galien, cf. *Method. medendi* 12.3 (820.16 s. K.) στόμα τῆς γαστρός, ὃ δὴ καὶ στόμαχον ὀνομάζουσι, et son propre usage, *Ars* p. 340.15 s. Boudon δῆξις δὲ γαστρὸς (*estomac*) ἢ κατὰ τὸν στόμαχον.

73. Cf. les notes et le commentaire, *ad locc.*

de sa valeur particulière de *moëlle* (272), le vocable poétique νηδύς, employé seize fois par Hippocrate. Νηδύς, comme κοιλία, se rapporte à toutes les cavités du corps, au *ventre* (*Al.* 25, 121, 259, 285, 341, 367)[74] aussi bien qu'à l'*estomac* (89, où il s'agit de faire vomir le malade, cf. *Th.* 253, où ἀπήρυγε impose ce sens). Nicandre applique le pluriel νηδυίων aux intestins (381)[75]. Le v. 123 offre un morceau d'anatomie intéressant quand l'endroit du sternum appelé χόνδρος (appendice xiphoïde)[76], qui n'a pas d'équivalent dans la littérature parallèle, lui sert à localiser certaines des douleurs que provoque la Cantharide. Citons enfin deux autres exemples de mots recouvrant deux réalités différentes. Φάρυξ/φάρυγξ, qui s'applique au canal aérifère du *pharynx* (191 = 615) aussi bien qu'au conduit alimentaire du *gosier* (66, 363, cf. 191 n.) ; πύλη (22, 138), qui désigne le *pylore*, mais πύλαι (507) la *gorge* (*fauces*), alors que le mot s'applique au *hile* du foie dans les *Thériaques* (561).

B. LA THÉRAPIE.

Absence de généralités La structure des notices iologiques n'est pas la seule différence qui oppose les *Alexipharmaques* aux *Thériaques*. Dans les *Thériaques*, la thérapie fait l'objet d'un traitement global, à la suite de chacun des deux grands développements relatifs, d'une part, aux Serpents, et, d'autre part, aux autres Venimeux (cf. *supra* p. XXVIII). Entre la dédicace et la grande partie herpétologique, Nicandre, après avoir rappelé l'origine des Venimeux, formule un certain nombre de préceptes concer-

---

74. Aux v. 63, 416, le mot est employé au sens large.

75. Pour γαστήρ et νηδύς employés indifféremment en ce sens dans la poésie tardive, cf. la n. au v. 259.

76. Les Scholies (123c) expliquent faussement : τοῦ στομάχου ἔντερον, d'où Eutecnius (62.15) : ἔστι δὲ ἔντερον ὁ χόνδρος.

nant les moyens prophylactiques capables de les mettre
en fuite, et prodigue une série de conseils relatifs aux
temps et lieux de tous les dangers (21-156) ; et, à la fin
du poème, après la thérapie des Venimeux autres que les
Serpents, il envisage quelques procédés thérapeutiques
spéciaux (915-933), et il termine avec la recette d'une
panacée contre tous les Venimeux (934-956), véritable
apogée de l'exposé, anticipation des grands antidotes de
l'avenir, le *Mithridateion* et la *Galènè*, médicaments
composés à ingrédients multiples et d'indication univer-
selle. Rien de tel dans les *Alexipharmaques* : pas de prescriptions générales, ni au début ni à la fin du poème, relativement à la prophylaxie et aux remèdes communs à
tous les δηλητήρια, comme c'est le cas dans les traités
iologiques récents[77], comme ce l'était sans doute également chez les prédécesseurs de Nicandre[78], car il s'agit
en fait de chapitres inhérents au sujet. Entre la dédicace
et la signature des *Alexipharmaques*, l'exposé se borne
strictement à dérouler la série des vingt-deux notices
consacrées aux poisons qu'il a choisi de traiter.

Voilà. Le poison a été absorbé depuis
Les mesures peu ; il se trouve encore dans le tube
à prendre digestif. C'est la meilleure hypothèse,
que Nicandre et ses confrères ont eu à
envisager. Dans une telle circonstance, « il faut, dit
Orfila[79], débarrasser le malade de la substance vénéneuse
qui n'aurait point encore agi ; car si elle continue d'exercer son action sur le canal digestif, les accidens seront
singulièrement aggravés. Or, il y a deux moyens d'empê-

---

77. Orib. *ecl.* 127, p. 296.16 ss. (Remèdes communs, Signes de
l'empoisonnement), après le catalogue des poisons ; Aét. 13.48 (Prophylaxie)-49 (Signes)-50 (Remèdes communs), après le catalogue ;
PAeg. 5.28 (Prophylaxie)-29 (Thérapie commune), avant le catalogue,
cf. PsD. *prooimion*, p. 6-15 Sprengel.

78. Voir *supra*, p. xx (et n. 22), le remède prophylactique de Straton.

79. Dans les « considérations générales » de son *Traité des poisons*, t. I, p. 21.

cher l'action des poisons sur le canal digestif : le premier consiste à les faire rejeter par haut et par bas ; le second a pour objet de les neutraliser de manière à ce qu'ils n'exercent plus aucune action sur nos tissus ». On comprend par là que les deux types de remèdes mentionnés dans les notices iologiques sont : 1) les évacuants (émétiques et clystères), en accord avec le premier but défini par Orfila, 2) les contrepoisons ou antidotes, répondant au second. En effet, l'antidote est une substance « susceptible de se combiner avec le poison », qu'il soit liquide ou solide, au milieu des sucs gastriques ou intestinaux, et, par la prompte action qu'elle exerce sur lui, de le « dépouiller de toutes ses propriétés délétères »[80].

Émétiques et clystères Les iologues récents insistent sur le fait que le vomissement et, éventuellement, le lavement constituent les premiers actes du traitement. Ces deux actions thérapeutiques, qui sont l'expression du bon sens, peuvent remonter fort haut. La première est attestée déjà chez Hippocrate[81]. Aétius, fait souvent du vomissement et du clystère le préalable à la thérapie, avant de passer à l'énumération des substances médicamenteuses ; et l'Huile sous différentes formes (pure, mélangée à de l'eau ; huile d'Iris, etc.) joue chez lui un rôle primordial dans les émétiques[82]. Tous ces éléments apparaissent chez Nicandre, qui note parfois incidemment l'importance que revêt l'évacuation du poison quand les aliments qui en sont souillés sont dans l'estomac, à la porte duquel

80. Orfila, *op. cit.*, p. 24.
81. Hp. *Epid.* 7.102 (5.454 L.) ; voir le comm. n. 57 (début).
82. *Vomissement et clystère* jumelés : *Annexe* §1 (Aconit), l. 14 ; §5 (Ciguë), l. 6 s. ; §7 (*Éphèméron*), l. 9 s. ; §12 (Dorycnion), l. 12 ; §15 (Pavot), l. 17 s. ; §3 (Cantharides), l. 27 s. (les substances énumérées auparavant sont autant d'émétiques). *Vomissement seul* : §4 (Coriandre), l. 5 ; §6 (Toxicon), l. 11 ; §16 (Lièvre marin), l. 15 ; §19 (Salamandre), l. 14 ; §20b (Crapaud), l. 9 ; §21 (Litharge), l. 7. *Clystère seul* : §18 (Champignons), l. 19. Pour l'Huile, cf. §2 (Céruse), l. 8 s.

(c'est-à-dire au pylore) ils attendent non encore digérés : 66 παναεργέα δόρπον ~ 138 ἔτ' ἄπεπτα πύλῃ μεμιασμένα δόρπα, cf. 485. Il faut donc agir vite (138 ἐμμαπέως, cf. 456, 463 αἶψα). Le vomissement s'accompagne à l'occasion d'un lavement. Dans la thérapie de la Ciguë, ces deux actes médicaux sont les premiers mentionnés (195-197) Ce n'est pas le cas pour celle des Cantharides (137-140) ; encore faut-il noter, que le *kykéon* peut fort bien, comme les boissons qui suivent, induire le vomissement, à cause de son abondance (129 ἐμπλήδην). Parfois, le vomissement est évoqué seul, soit au début de la thérapie (Toxicon, 224-226 ; Lièvre de mer, 483-485 ; Crapaud muet, 584 s.), soit dans le courant de la notice (Aconit, 66 ; Pavot, 458, mais les boissons qui précèdent peuvent avoir ce but), soit au début et à la fin (Céruse, 87-89 et 111), ce qui souligne son importance. Il en va de même pour le clystère (Lait caillé, 367 στεγανὴν δ' ὑποσύρεο νηδύν) ; Nicandre ne donne pas la composition du clystère impliqué par cette expression[83] ; ailleurs, il s'agit de Lait de Brebis (Cantharides, 139). Ou pour les mêmes substances que les émétiques : Huile ou Vin pur (195-197). Émétiques les plus fréquents : l'Huile de plusieurs variétés d'Olive (87 s.)[84], et diverses boissons grasses (cf. *infra* p. L s.). Citons encore deux vomitifs comme l'Ellébore noir et la Scammonée (484 s.), ainsi que deux substances répugnantes relevant de la *Dreckapotheke* (voir *infra* p. LII), la lie de Vin et la fiente de Poule carbonisées, propres à faire vomir (534 s.). Le Vin peut être administré de force (225) et le vomissement aidé de la main, ou d'une plume ou d'un tortis de papyrus recourbé en remonte-gosier (137, 226 s., 535 s., cf.

---

83. Elle ne l'est pas non plus dans les passages parallèles, cf. comm. n. 37 §1b (p. 168).

84. L'Huile de Roses et d'Iris, aux v. 452 et 455, est peut-être employée comme vomitif (cf. 459) ; sur l'utilisation de l'Huile d'Olive contre les poisons, cf. Diosc. *m.m.* 1.30.2 (p. 34.8 W.) δίδοται (*sc.* τὸ ἔλαιον) δὲ καὶ πρὸς τὰ θανάσιμα συνεχῶς πινόμενον καὶ ἐξεμούμενον.

362 s.). Les boissons prises à dose massive[85], y compris le Lait pur ou mélangé à divers ingrédients, ont pour but avoué ou implicite de faire évacuer le poison par le haut.

Quelques antidotes : Parmi les boissons qui viennent d'être citées, certaines ont un statut spécial : elles ne servent pas seulement d'émétiques en effet, elles agissent encore en qualité d'antidotes. C'est le cas du Lait, de l'Huile et du Vin, c'est aussi celui du Vinaigre et de l'Oxymel, pour nous limiter à quelques-unes des plus importantes.

Lait ; Le Lait frais (139, *al*.), ou qui commence à se coaguler (311), Lait de Vache le plus souvent, mais aussi Lait de Brebis (139), d'Ânesse (486), voire de femme (65, 356-359), est en boisson, soit pur (90, 141, 262, 423, 486), soit comme excipient (64, 424), soit encore mélangé à du Vin (352, 385 s.), un remède de plein droit. Si l'on ajoute les cas où il agit en émétique ou en clystère, on le retrouve dans la thérapie de maints poisons (neuf sur vingt-deux) : Aconit (64 s.), Céruse (90 s.), Cantharides (141), *Éphèméron* (262 s.), Ixias/Chaméléon noir (310 s.), Enfle-Bœuf (352), Dorycnion (385), Jusquiame (423), Lièvre de mer (Lait d'Ânesse, 486). Il est recommandé, au témoignage de Galien, contre les poisons corrosifs, qui tuent κατὰ διάβρωσιν (*simpl. med. fac.* 12. 268 s. ; cf. *supra* p. XXVI, n. 44).

Huile ; A sa vertu vomitive, l'Huile d'Olive ajoute un pouvoir curatif. Nicandre la conseille notamment comme excipient du Fenugrec (426). Elle joue chez lui le même rôle avec les noyaux du Perséa (98) ou les racines de Silphium (204). Nicandre vante tout particulièrement la grande efficacité de

---

85. La grande quantité du liquide à ingurgiter peut être indiquée par un adj. (584 ἀφυσγετόν) ou un adv. (483 ἅλις, cf. 129 ἐμπλήδην), ou un verbe tel que πίμπλημι (444), κορέω (137, 195), κορέσκω (360, 225), ou un substantif (88, 584 δεπάεσσιν ; voir la n. au v. 88).

l'ἔλαιον ἰρίνεον : dans la thérapie des Cantharides, il recommande d'en imprégner les herbes médicinales, car « elle guérit bien la maladie » (155 s. ὀργάζων λίπεϊ ῥοδέῳ θρόνα· πολλάκι χραίνοις | ἰρινέῳ, τό τε πολλὸν ἐπαλθέα νοῦσον ἔτευξεν). Il la cite pareillement en alternative à l'Huile de Roses aux v. 241 (thérapie du Toxicon) et 455 (du Pavot). Opinion favorable partagée par ceux qui donnent l'Huile d'Iris contre la Ciguë, les Champignons ou la Coriandre, évidemment pour la même raison[86]. Dioscoride attribue un pouvoir curatif analogue à l'Huile de Coings contre les Cantharides, les « Buprestes », et la Chenille du Pin, Pline l'Ancien à l'Huile de Myrte avec les mêmes indications[87]. Ce qu'il est important de noter, c'est que le but de cette utilisation d'une huile spéciale reste de guérir et non de faire vomir. Un cas d'usage externe : 460, chiffons imprégnés d'Huile tiède, après l'avoir été de Vin, et servant à frictionner le corps contre les effets du Pavot.

Vin ; Qu'il s'agisse de vin *paillet*[88] (44 κιρρός), de vin ordinaire (οἶνος, οἴνη, οἰνάς, νέκταρ), de vin doux (γλυκύς, γλυκύ, γλεῦκος) ou de vin cuit (σίραιον, cf.153), le vin se taille la part du lion. Hormis un cas d'usage externe (460, cf. *supra*), on le rencontre, en usage interne, une ou plusieurs fois dans la thérapie de l'Aconit (45, 58, 71), de la Céruse (94, 113), de la Cantharide (142), de la Coriandre (162, 178, 179), de la Ciguë (195, 198, 202), du Toxicon (225), de l'Ixias (299), de l'Enfle-bœuf (347), du Lait caillé (367, 372), du Dorycnion (386), du Pavot (444), des Crapauds sonore (574) et muet (584, 589), de la Litharge (608), de

---

86. Diosc. *m.m.* 1.56.4 (texte cité plus haut, n. 63).

87. Diosc. *m.m.* 1.45.2 (44.17 s.) πίνεται (*sc.* τὸ ἔλαιον) δὲ καὶ πρὸς κανθαρίδας, βουπρήστεις, πιτυοκάμπην ; cf. Plin. *NH* 23.87 *aduersatur cantharidi, bupresti aliisque malis medicamentis quae exulcerando nocent*. Erreur de Pline sur leur source commune Sextius Niger (cf. *infra* n. 92) ?

88. Il tient le milieu entre le *blanc* et le *noir* et a en conséquence des qualités moyennes : Diosc. *m.m.* 5.6.2 (p. 5 s.).

l'If (613). Il apparaît dans les deux fonctions émétique et curative, parfois difficiles à distinguer. Dans le premier cas, mais non exclusivement (cf. 613), il est administré en doses massives (195, 225, 584 ; 113 ?). Dans le second, ordinaire ou doux (pour le vin doux, voir 142, 179, 299, 386, mais aussi 58 μελιανθέος οἴνης, 444 γλυκόεντι ποτῷ, 574 ἡδέϊ ... οἴνῃ), il sert souvent d'excipient à des produits tels que la Chaux vive (43), la Présure (68), ou la Poix (574), ainsi qu'à diverses substances végétales (58, 71, 94, 142, 299, 372, 589, 608). Il peut aussi être donné pur à des fins curatives (162 [Vin de Pramnos particulièrement recommandé], 198, 613).

Vinaigre, Oxycrat, Oxymel Le Vinaigre (ὄξος, βάμμα), avec ses variantes, Oxycrat et Oxymel (ὀξύκρατον, ὀξύμελι, βάμμα σίμβλων), apparaît lui aussi jusqu'à deux ou trois fois dans certaines thérapies, mais ses indications sont beaucoup moins nombreuses que celles du Vin : elles se limitent à l'Aconit, au Sang de Taureau, au Lait qui caille dans l'estomac, au Pharicon, aux Sangsues et aux Champignons. Nicandre prescrit le Vinaigre en boisson, soit pur, entre deux doses de Vin doux, contre le Lait caillé (366) ; soit étendu d'eau (Oxycrat) contre les Sangsues (511) ou le Sang de Taureau (320 s. ?)[89], ou mélangé avec du Miel (ὀξύμελι) pour accueillir dans cette mixture les lavures métalliques (fer, or, argent), contre les effets de l'Aconit (49 ἐν βάμματι σίμβλων)[90] ; plus souvent, pour imprégner des substances végétales ou d'autres produits, ainsi les graines de Chou contre le Sang de Taureau (330), les feuilles de Menthe contre le Lait caillé (375), la racine du Pyrèthre, le Natron, etc., contre les Champignons (531 ss.) ; ou encore comme excipient : avec de la cendre de sarments

89. Les v. 320 s. correspondent bien à la définition de l'Oxycrat, mais, au v. 319, Nicandre enjoint de faire macérer dans le Vinaigre des Figues sauvages.
90. Voir la note à ce vers et le commentaire, n. 5 §3a (p. 74 s.).

contre les Champignons (531), avec le suc de Silphium, qu'on y fait fondre, contre le Lait caillé (369). A noter son usage externe en emplâtre contre le Pharicon (414). Nicandre fait un usage exceptionnel de l'Oxycrat et de l'Oxymel, à la différence de la littérature parallèle qui les utilise très souvent comme excipients[91].

Dioscoride et Pline Sur ces quatre antidotes de base, il n'est pas sans intérêt de confronter Nicandre avec le traité pharmacologique le plus important du Ier siècle de notre ère, le *De matiera medica* de Dioscoride, et avec son reflet, l'*Histoire Naturelle* de Pline l'Ancien. En dépit des différences de Pline et de Dioscoride, l'utilisation médicale des substances végétales, animales et autres, chez Pline, présente, par rapport à Dioscoride, des ressemblances qui s'expliquent probablement par l'utilisation d'une source commune[92]. On sait d'autre part que leur dette à l'égard de Nicandre ne se limite pas aux passages de son œuvre qu'ils citent expressément.

1) Le *Lait*, surtout celui de Vache, est doté du statut d'antidote dans la *Matière médicale* de Dioscoride et dans l'*Histoire naturelle* de Pline l'Ancien. « Le lait frais, écrit Dioscoride[93], fait bon effet aussi contre les morsures et les inflammations dues à des poisons comme la cantharide, ou la chenille du pin, ou l'enfle-bœuf, ou la salamandre, ou la jusquiame, ou le dorycnion, ou l'aconit, ou l'*éphèméron* … ». Au paragraphe suivant, il ajoute que le Lait de Femme, « efficace, si on le tète, contre les

---

91. Voir là-dessus le commentaire (*passim*), qui précise ce point dans les cas où Nicandre, ce qui est très fréquent, reste muet sur l'excipient à utiliser.

92. Cf. M. Wellmann, « Sextius Niger, eine Quellenuntersuchung zu Dioscorides », *Hermes* 24 (1889) 530-569.

93. Cf. Diosc. *m.m.* 2.70.5 : (p. 144 s.) ποιεῖ δὲ τὸ πρόσφατον γάλα καὶ πρὸς τοὺς ἀπὸ τῶν θανασίμων φαρμάκων δηγμοὺς καὶ πυρώσεις, ὡς κανθαρίδος ἢ πιτυοκάμπης ἢ βουπρήστεως ἢ σαλαμάνδρας ἢ ὑοσκυάμου ἢ δορυκνίου ἢ ἀκονίτου ἢ ἐφημέρου. Πρὸς δὲ τοῦτο μάλιστα τὸ βόειον συμφέρει, ἰδίως ἁρμόζον.

douleurs d'estomac et la consomption, convient aussi pour combattre la boisson préparée avec le lièvre de mer »[94]. Pline a des *indications* plus nombreuses dans les passages parallèles. Concernant le Lait de Vache ou de Brebis, « le meilleur contre les érosions intestinales », il écrit[95] : « tiré de frais ... on le donne cru pour les morsures de serpents, ou si l'on a absorbé la chenille du pin, l'enfle-bœuf, ou bu les breuvages empoisonnés par les cantharides ou la salamandre : on administre particulièrement du lait de vache à ceux qui ont bu du colchique (= *éphèméron*), de la ciguë, du dorycnion ou du lièvre marin, de même que du lait d'ânesse contre le gypse, la céruse, le soufre et le vif-argent (voisin de la litharge) ». Plus loin, revenant sur le Lait d'Ânesse, il précise[96] : « (bu frais ou tiédi peu après la traite), il annule l'action des poisons, notamment si l'on a bu de la jusquiame, du gui[97], de la ciguë, du lièvre marin, de l'opocarpathum, de ...[98], du dorycnion, et il combat même l'effet nocif du lait caillé (dans l'estomac) ». Toutes les *indications* de Nicandre se retrouvent chez Dioscoride (où, différence notable, le Lait de Femme remplace le Lait d'Ânesse contre le Lièvre marin), mais à la condition de considérer non seulement la *Matière Médicale* mais aussi les *Euporistes*, et elles se retrouvent également chez Pline, les-

94. *Ibid.* §6, p. 145.12-14 : τὸ δὲ τῆς γυναικὸς γάλα γλυκύτατόν ἐστι καὶ τροφιμώτατον. ὠφελεῖ δὲ θηλαζόμενον στομάχου δῆξιν καὶ φθίσιν, ἁρμόζει καὶ πρὸς λαγωοῦ θαλασσίου πόσιν.

95. Pl. *NH* 28.128 : *recens ... infunditur ...crudum et propter serpentium ictus potisve pityocampis, bupresti, cantharidum | (129) aut salamandrae venenis, privatim bubulum <i>is qui Colchicum biberint aut cicutam aut dorycnium aut leporem marinum, sicut asininum contra gypsum et cerussam et sulpur et argentum vivum.*

96. Pline, *NH* 28.158 : *asinino lacte poto venena restinguntur, peculiariter si hyoscyamum potum sit aut viscum aut cicuta aut lepus marinus aut opocarpathum aut †carice (carie, tarice)† aut dorycnium et si coagulum alicui nocuerit.*

97. Pline le confond avec l'Ixias, cf. comm. n. 28 §B.

98. Le mot altéré a été corrigé en Céruse (admis par Ernout) ou Pharicon (par Littré).

quels ajoutent, Dioscoride, la Chenille du Pin, la Salamandre et les Champignons[99], Pline, le Vif-argent, voisin
de la Litharge, et le Lait qui caille dans l'estomac[100]
(outre certains poisons négligés par Nicandre mais enre-
gistrés dans le Catalogue, comme le Gypse ou l'Opocarpathum). Au total, on le voit, Dioscoride et Pline partagent avec Nicandre et les iologues le dangereux préjugé,
répandu encore de nos jours, qui hausse le Lait au rang
d'antidote quasi universel[101].

2) A cause de sa vertu émolliente et échauffante,
l'*Huile*, selon Dioscoride, est capable d'« émousser les
effets des pharmaques ulcérants ; et on la donne aussi,
bue à doses répétées et revomie, contre les poisons »[102].
Dioscoride ne dit pas lesquels, ce qui peut signifier : tous
les poisons. C'est bien ainsi que l'entend Pline[103], qui,
tout en soulignant que « l'Huile amortit tous les poisons », la dit efficace « principalement contre la céruse
et le gypse ; en boisson dans de l'eau miellée ou une
décoction de figues sèches, contre le suc de pavot ; dans
de l'eau, contre les cantharides, la *buprestis*, les salamandres, les chenilles du pin ; seule et revomie, contre
tous les poisons susnommés ». Parmi les préparations à

---

99. Pour la Céruse et l'Ixias/Chaméléon noir, le Lait est mentionné
seulement dans les *Euporistes* (Céruse : 2.167 [316.17] ; Chaméléon
noir : 2.145 [311.3, excipient du Tragorigan, et non remède indépendant comme chez Nic. *Al.* 310]). Pour les Champignons, le fait est présenté comme un on-dit (ἱστοροῦσί τινες), *m.m.* 2.70.6 (Lait de
Chienne ayant mis bas pour la première fois).

100. *NH* 28.128, 158.

101. Cf. F. Bodin-C.F. Cheinisse, *Les Poisons*, « L'Univers des
Connaissances », Paris, Hachette, 1970, p. 9 s.

102. Diosc. *m.m.* 1.30.2 (p. 34.7-9) : ἔστι δὲ … ἀμβλῦνόν τε τὰς
τῶν ἑλκούντων φαρμάκων δυνάμεις· δίδοται δὲ καὶ πρὸς τὰ θανάσιμα συνεχῶς πινόμενον καὶ ἐξεμούμενον.

103. *NH* 23.80 : *venena omnia hebetat, praecipue psimithi et
gypsi, in aqua mulsa aut ficorum siccarum decocto potum contra
meconium, ex aqua contra cantharidas, buprestim, salamandra\<s\>,
pityocampas, per se \<p\>otum redditumque vomitionibus contra omnia
supra dicta.*

base d'Huile ayant des propriétés iologiques, Dioscoride ne dit rien de l'Huile rosat (ἔλαιον ῥόδινον). Il cite seulement deux de ces préparations : d'une part, l'Huile d'Iris (ἰρίνεον), alternative au ῥόδινον appréciée de Nicandre, de l'autre, le μήλινον, l'Huile de Coings, absente des *Alexipharmaques*, auxquelles il attribue les mêmes propriétés — à la première, contre la Ciguë, les Champignons et la Coriandre, à la seconde, contre les Cantharides, la *Buprestis* et la Chenille du Pin[104]. Si l'Huile d'Iris sert à Nicandre contre la Ciguë (*Al.* 203), c'est elle aussi qu'il utilise contre les Cantharides (156), et, à défaut d'Huile rosat, contre le Toxicon (241) et le suc de Pavot (455). Pline[105] mentionne l'huile de Myrte comme « un antidote de la cantharide, de la *buprestis* et des autres poisons corrosifs ». Il fait de l'Huile de Baumier « bue dans du Lait un antidote de l'Aconit »[106].

3) Toute espèce de *Vin* a, selon Dioscoride[107], y compris le *doux* (*m.m.* p. 6.15, 17 γλυκύς, γλεῦκος), et le cuit (l.17 σίραιος), « un pouvoir astringent ; il avive le pouls, il est bon contre tous les poisons qui tuent par ulcération, bu avec de l'huile et vomi, et, en outre, contre le suc de pavot, le pharicon, le toxicon, la ciguë et le lait qui a caillé (dans l'estomac) ». Dioscoride s'est borné à citer ici nommément quelques poisons seulement, mais ceux qu'il a commencé par évoquer d'une façon générale

104. Μήλινον : *m.m.* 1.45.2 (p. 44.17 s.) : πίνεται δὲ καὶ πρὸς κανθαρίδας, βουπρήστεις, πιτυοκάμπην ; ἰρίνεον : 1.52.4 (p. 52.28 s.) : δίδοται καὶ τοῖς κώνειον ἢ μύκητας ἢ κόριον πεπωκόσιν.

105. *NH* 23.87 : *adversatur* (sc. myrteum oleum) *cantharidi, buprestI aliisque malis medicamentis, quae exulcerando nocent*. Pline (*ibid.* §88) reconnaît les mêmes effets à l'huile de Cyprès.

106. NH 23.92 : *adversatur* (sc. balsaminum oleum) *aconito ex lacte potum* ; cf. Nic. *Al.* 64 s.

107. Diosc. *m.m.* 5.6.4 (p. 6 s.) : στυπτικὸς δὲ πᾶς ἐστι, σφυγμῶν ἀνακλητικός, ποιῶν πρὸς πάντα τὰ θανάσιμα, ὅσα κατὰ ἕλκωσιν ἀναιρεῖ, πινόμενος σὺν ἐλαίῳ καὶ ἐξεμούμενος, καὶ πρὸς μηκώνιον δὲ καὶ φαρικὸν καὶ τοξικὸν καὶ κώνειον καὶ γάλα θρομβωθέν.

s'y ajoutent. Il reconnaît, comme Pline, à tout vin *pur* bu en quantité suffisante une vertu commune contre divers poisons : Ciguë, Coriandre, Ixias, Pharicon, suc de Pavot, Litharge, If, Aconit, Champignons[108]. De son côté, Pline mentionne les Ciguës, la Coriandre, l'Aconit, le Gui (entendez : l'Ixias), le suc de Pavot, le Vif-argent (~ Litharge), les Champignons, à quoi il joint divers serpents et insectes venimeux[109]. Toutes les *indications* précisées par Dioscoride sont présentes dans les *Alexipharmaques*, sauf le Pharicon et les Champignons, pour lesquels les *Euporistes*[110] confirment la *Matière Médicale*. En outre, Pline voit dans le Moût, principalement dans le noir, un « antidote contre les cantharides et de même contre les serpents, surtout l'hémorrhoïs et la salamandre », ainsi qu'un moyen « particulièrement efficace de lutter contre l'enfle-boeuf, et, pris dans l'huile, puis vomi, contre le suc de pavot, le lait coagulé, la ciguë, le toxicon et le dorycnion »[111]. Il répète, en les abrégeant, les mêmes *indications* en ce qui concerne la *sapa*, qui est un moût cuit jusqu'à réduction des deux tiers[112].

108. Diosc. *m.m.* 5.6.10 (p. 8 s.) : ἱκανῶς δὲ ποθεὶς βοηθεῖ (*sc.* ἀμιγὴς οἶνος καὶ ἀκέραιος) τοῖς κώνειον ἢ κόριον ἢ ἰξίαν ἢ φαρικὸν ἢ μηκώνιον ἢ λιθάργυρον ἢ σμίλακα ἢ ἀκόνιτον ἢ μύκητας εἰληφόσι.

109. *NH* 23.43 : *merum quidem remedio est contra cicutas, coriandrum, aconita, viscum, meconium, argentum vivum, apes, vespas, crabrones, phalangia, serpentium scorpionumque ictus contraque omnia quae refrigerando nocent, privatim contra haemorrhoidas, presteras, fungos*, etc. Toujours la confusion du Gui et de l'Ixias (cf. *supra* n. 97). Pour le plur. *aconita*, cf. comm. n. 4 §5 (p. 71).

110. Pharicon : *eup.* 2.150 (311.20) ἄκρατος πολύς ; Champignons : *ib.* 164 (316.2 s.) ἄκρατος πινόμενος.

111. *NH* 23.29 *cantharidum naturae adversatur, item serpentibus, maxime haemorrhoidi et salamandrae.* | (30) ... *privatim contra buprestim valet* (sc. mustum), *contra meconium, lactis coagulationem, cicutam, toxica, dorycnium, ex oleo potum redditumque vomitionibus.* Pour le plur. *toxica* au sens du sing., cf. comm. n. 18 (p. 123).

112. *NH* 23.62 : *usus* (sc. sapae) *contra cantharidas, buprestim, pinorum erucas quas pityocampas vocant, salamandras, contra mordentia venenata.*

4) Pline, s'il parle en détail des vertus thériaques du *Vinaigre*, mentionne son action sur les δηλητήρια seulement dans le cas de l'absorption d'une Sangsue[113]. Outre son action contre les Venimeux, appliqué chaud sur les morsures de ceux qui ont un pouvoir réfrigérant, froid pour ceux qui ont une action échauffante, Dioscoride signale ses effets bénéfiques contre divers poisons, s'il est bu chaud, puis vomi : principalement contre les breuvages où entrent le suc de Pavot, l'Aconit, la Ciguë, ainsi que contre la coagulation du Sang et du Lait dans l'estomac ; selon lui, il combat aussi, additionné de Sel, les Champignons, l'Ixias, l'If, et il n'oublie pas les Sangsues[114]. Hormis l'addition du suc de Pavot de la part de Dioscoride, on notera l'accord substantiel de celui-ci avec Nicandre (plus précis dans les modes d'emploi). Dioscoride (*Matière Médicale*) et Pline (*Histoire Naturelle*) vantent tous les deux l'efficacité de l'*Oxymel* contre le venin du Seps et le poison du suc de Pavot et de l'Ixias[115].

On pourra, si on le désire, poursuivre cette confrontation grâce au commentaire, dans lequel je me suis fait une règle de citer le plus complètement possible les passages parallèles des deux auteurs, qui appellent la compa-

113. *NH* 23.55 : *medetur pota hirudine* (cf. *Al.* 511), *item ...scorpionum ictibus, scolopendrarum, muris aranei contraque omnium aculeatorum venena et pruritus, item contra multipedae morsum calidum in spongea* (...).

114. Diosc. *m.m.* 5.13.2 s. (p. 15.14-20) : πρός τε θηρίων δήγματα ὅσα ψύχει κατάντλημα θερμόν (*sc.* παρηγορεῖ), ψυχρὸν δὲ τοῖς πυροῦσι τῶν ἰοβόλων. ποιεῖ καὶ πρὸς τὰ θανάσιμα πινόμενον θερμὸν καὶ ἐξεμούμενον, μάλιστα πρὸς μηκωνίου καὶ ἀκονίτου καὶ κωνείου πόσιν, καὶ αἵματος καὶ γάλακτος θρόμβωσιν ἐν κοιλίᾳ, πρός τε μύκητας καὶ ἰξίαν καὶ σμίλακα σὺν ἁλσί, βδέλλας τε καταποθείσας καταρροφούμενον ἀποβάλλει.

115. Diosc. *m.m.* 5.14 (16.4-6) : ἀρήγει δὲ καὶ τοῖς ὑπὸ ἐχίδνης τῆς καλουμένης σηπὸς δηχθεῖσι καὶ τοῖς μηκώνιον ἢ ἰξίαν πιοῦσιν ; cf. Pline, *NH* 23.61 *profuisse tamen fatetur* (sc. Asclepiades) *contra serpentes quas sepas vocant et contra meconium ac viscum* (Pline confond une fois de plus l'Ixias et le Gui, cf. *supra* n. 97).

raison avec Nicandre. Ceux que j'ai cités ci-dessus me semblent prouver suffisamment que, sur le plan de la thérapie, Nicandre est la plupart du temps en phase avec ce qu'il y a de meilleur dans la littérature pharmacologique.

Antidotes communs aux poisons et aux venins : Les antidotes iologiques quelle que soit leur origine, ont souvent une action ambivalente, à la fois contre les venins et contre les poisons. C'est ce que l'on a pu déjà constater chez Dioscoride et chez Pline à propos de l'Oxymel[116], chez Dioscoride à propos du Vinaigre[117], chez Pline[118] en ce qui concerne le Lait, le Vin, le Moût et la *sapa*. On pourra d'un simple coup d'œil en parcourant l'Index repérer un grand nombre de substances médicamenteuses communes aux *Thériaques* et aux *Alexipharmaques*.

Pour illustrer cette ambivalence, prenons, l'exemple des remèdes d'origine animale cités à la fois dans les *Alexipharmaques* et dans les *Thériaques*. On a pu

l'exemple des drogues animales ; mesurer précédemment toute l'importance d'un produit d'origine animale comme le Lait, employé pur ou en excipient. Comme le Vin (227, 585) ou l'Huile (89, 196), ou tel remède végétal (485) — Ellébore, Scammonée —, il peut servir à induire l'évacuation du poison par le haut (66). D'autres remèdes d'origine animale sont utilisés dans le même but, en particulier des bouillons de viandes diverses agissant à la manière de l'Huile. C'est ainsi que Nicandre, pour lutter contre les effets de l'Enfle-bœuf, enjoint au médecin de gorger son patient d'« une grasse boisson tiède » (361) afin de le faire vomir, sans préciser laquelle. Ailleurs, il apporte les précisions utiles : contre

---

116. Voir ci-dessus n. 115.
117. Cf. n. 114, 126.
118. Voir les n. 95, 109, 111, 112, 118.

l'Aconit, c'est « une moelleuse boisson »[119] faite avec un poulet bouilli qu'il recommande, ou avec « les chairs fraîches d'un bœuf craquant de graisse » (59-63) ; contre les Cantharides, c'est un bouillon de tête de Porc gras, d'Agneau ou de Chevrette, ou bien encore celui d'une Oie, obtenu à feu vif (133-136) ; contre le Toxicon ou poison de flèches, il propose une variante de la même recette, avec un Oison (228 s.). Dans la thérapie du Dorycnion, en alternative à un bouillon de « poule grasse » pris en boisson, il conseille, en aliment, « la chair opulente autour du bréchet », ainsi que divers fruits de mer (387-396). Il prescrit également, comme antidote au poison à base de Salamandre, de faire manger « les chairs d'un porc craquant de graisse », mais cette fois, après les avoir fait bouillir avec les membres d'une tortue marine » ou terrestre, ou bien encore des Grenouilles cuites avec des racines de Panicaut (556a-566). La chair de la Grenouille « bouillie ou rôtie » est aussi le remède qu'il préconise contre le Crapaud sonore (573 s.). Autres substances animales : les Œufs de Poule battus avec l'écume de mer contre la Coriandre (165 s.) ; les Œufs de Tortue bouillis à feu vif avec de la Résine, du Miel et la racine de la Férule galbanifère contre la Salamandre (554-556) ; la Présure en boisson, réputée capable de dissoudre les caillots du Lait qui caille dans l'estomac (373) — il ne précise pas laquelle, mais, c'est sans importance, car, selon Dioscoride, il s'agit là d'une propriété de n'importe quelle présure[120] — ; en revanche, dans la thérapie de l'Aconit (67 s.), il mentionne la présure de Lièvre et de Faon de Biche ; dans celle du Sang de Taureau (324 s.), la Présure de Chevreuil, de Faon, de Chevreau et de Lièvre. Citons encore le testicule du Castor contre l'Ixias/Chaméléon (307) ; — Dioscoride parle lui

---

119. Je lis au v. 59 μυλόεν τι (... ποτόν) au lieu du solécisme μυλόεντα.

120. Diosc. *m.m.* 2.75 (p. 151.6 s.).

aussi du testicule[121], d'autres du Castoréum[122], qui met en
cause les glandes préputiales et non plus le testicule.
Mention est faite du Miel[123], on l'a vu, dans la thérapie
de la Salamandre. Ce produit de l'industrie animale
figure aussi en bonne place dans celle de l'Aconit (71),
des Cantharides (144), du Lait qui caille dans l'estomac
(374 s.), et du Pavot (445). Enfin, deux remèdes animaux
appellent l'attention : d'une part, la fiente de Poule —
Nicandre la recommande contre les Champignons (535)
en concurrence avec la lie de Vin —, remède caractéristique de la *heilsame Dreckapotheke*, la « pharmacopée
excrémentielle », en faveur dans la médecine de l'Égypte
ancienne[124], à laquelle sacrifie parfois la médecine
grecque, même s'il s'agit de remèdes internes ; d'autre
part, la rate du Crapaud sonore contre l'intoxication dont

---

121. *Ibid.* 2.24 (p. 129.11).

122. Y compris Dioscoride dans les *Euporistes* 2.145 (p. 310.19
καστόριον, cf. 311.2) ; Scribonius Largus, *Compositiones*, c. 192
(p. 89.22 Sconocchia *castorei*) ; Aét. 13.73 (καστορίου), *al.* ; cf.
Pline *NH* 32.31.

123. Nicandre l'appelle « labeur des abeilles » (71, 144), à
l'exemple d'Hésiode (voir *infra* p. XCVI), ou « travaux des abeilles »
(554 ἔργα μελίσσης, cf. 445).

124. L'expression allemande citée figure à la fin du XVIIe s. dans le
titre de l'ouvrage de Christian Franz Paullini, dont l'édition la plus
complète date de 1714 : K.F. Paullini, *Heilsame Dreck-Apotheke*, wie
nehmlich mit Koth und Urin die meisten Krankheiten und Schäden
glücklich geheilt werden (…), Stuttgart 1847. Pour la *Dreckapotheke*
dans la médecine égyptienne, cf. G. Lefebvre, *Essai sur la médecine
égyptienne de l'époque pharaonique*, Paris 1956, en particulier p. 73
(chiures de mouches), 76 (excréments desséchés d'enfant), dans des
remèdes externes. Les crottes de Chèvre sont employées en emplâtre
dans les *Thériaques* (932). Autre emprunt notable à la pharmacopée de
l'Égypte (cf. Lefebvre 38), le Natron (λίτρον/νίτρον : 337, 532, *Th.*
942), carbonate hydraté naturel de sodium ou de potassium, abondant
en bordure des lagunes égyptiennes (cf. R. Halleux, *Les Alchimistes
grecs*, t. I, C.U.F, 1981, p. 223, s.v. νίτρον) ; *natron* ou *natrum* (arabe
nathroun) est une traduction préférable à *nitre*, qui, à l'époque
moderne, désigne le *salpêtre*.

il est la cause — remède qui relève d'un genre particulier, en faveur dans la médecine iologique[125].

Mais, auparavant, passons en revue les drogues animales des *Thériaques*. Elles mettent en cause les mêmes animaux, mais elles offrent quelques variantes par rapport à celles des *Alexipharmaques*. Lorsqu'il s'agit des mêmes animaux, les parties utilisées peuvent différer. On retrouve les Grenouilles bouillies (*Th.* 620 s.), le testicule du Castor (565), la Présure de Lièvre, de Chevreuil ou de Faon de Biche (577 s.). La Poule fournit cette fois sa cervelle (557 s.), la Tortue marine son sang (700 s.), qui, mélangé au Cumin et à la présure de Lièvre, fait l'objet d'une longue recette (700-713). Nouveaux animaux : outre l'estomac (579) et la bourse séminale (586) du Cerf, qui, comme le Chevreuil, est l'ennemi juré des Serpents (141-144), l'Hippopotame (566), dont le testicule constitue une alternative à celui du Castor ; le Crabe fluviatile (*Thelphousa fluviatilis* L.), qui entre, ainsi que la Présure de Lièvre et maints autres ingrédients, dans la composition de la panacée finale (950) ; le Sanglier (lobe de son foie, 559-561) ; la Belette domestique vidée et desséchée (689-699), au sujet de laquelle Dioscoride précise qu'elle constitue non seulement un remède souverain contre les Serpents, mais encore un excellent antidote contre le Toxicon[126] — nouvelle preuve de l'ambivalence de la pharmacopée iologique. On notera que Nicandre ne s'est pas laissé impressionner par une critique d'Érasistrate contre les médicaments rares[127], pouvant viser Praxagoras de Cos quand celui-ci conseille, avant Nicandre, le sang de la Tortue de mer ou le testicule de l'Hippopotame[128].

---

125. Voir ci-dessous, p. LIV s.

126. Diosc. *m.m.* 2.25 (130.8-10) παντὸς ἑρπετοῦ ἐνεργέστατόν ἐστι βοήθημα ποθεῖσα μετ' οἴνου δραχμῶν δυεῖν πλῆθος καὶ τοξικοῦ ἀντιφάρμακον ὁμοίως λημφθεῖσα ; cf. comm. n. 20 §5 (p. 131).

127. Érasistrate fr. 5 (Nicandre, tome II, p. 293).

128. Fr. 104 Steckerl = Caelius Aurelianus, *tard. pass.* 1.133 s.

<table>
<tr><td>deux remèdes animaux
« sympathiques »</td><td>De quelque nature qu'elle soit, la matière médicale qui apparaît dans les antidotes des Alexipharmaques</td></tr>
</table>

n'a pas des indications exclusivement iologiques. A l'exception d'une seule, la rate du Crapaud sonore (575), efficace contre son propre venin[129]. On sait que deux poisons peuvent s'entre-détruire. L'histoire du mari jaloux empoisonné par sa femme est bien connue : elle lui donne à boire du Toxicon, et, pour être plus sûre d'atteindre son but, elle lui fait prendre, en plus, de la Litharge, mais le deuxième poison sert d'antidote au premier[130]. Pline l'Ancien donne l'exemple du suc de la Rue, poison s'il est pris à trop forte dose, mais dont le suc de la Ciguë neutralise l'effet, ce qui lui fait dire que « les poisons eux-mêmes ont leurs poisons »[131]. La rate du Crapaud entre dans la grande catégorie des remèdes agissant au nom du principe de sympathie, d'après lequel le mal est guéri par ce qui l'a causé. Elle a un parallèle dans les *Thériaques*, où Nicandre conseille de prendre, en boisson dans du Vin, le foie ou la tête du Serpent venimeux contre les effets de sa propre morsure (622-624). Ces exemples d'un animal vénéneux ou venimeux constituant son propre remède ne sont pas isolés dans la littérature iologique. Asclépiade Pharmakion et Aétius prescrivent, après Dioscoride, les pattes et les ailes des Cantharides, bues dans du vin doux, ou écrasées dans du miel, comme antidote au breuvage vénéneux qu'on prépare avec cet insecte[132]. Entre autres

---

(p. 508.20-32 Bendz, en particulier l. 31 s. … *siue uirilibus hippopotami aut testudinis sanguine* …) ; voir Nicandre, tome II, *Notice*, p. XXIX.

129. Cf. comm. n. 64 §3b (p. 237).

130. Ausone, *Épigrammes*, 10.

131. *NH* 20.132. Pour le texte, voir l'épigraphe de ce volume.

132. Diosc. *eup.* 2.156 (p. 313.9-11) φασὶν δέ τινες ὅτι τὰ πτέρα καὶ οἱ πόδες τῶν κανθαρίδων πινόμενα ἐν γλυκεῖ ἀντιφάρμακόν

exemples analogues, Galien cite celui des φαλαγ-
γιόδηκτοι : les « victimes des Phalanges » peuvent
subir des morsures mortelles, mais on s'en guérit en
buvant ces Araignées venimeuses pilées dans du Vin[133].
En ce qui concerne la rate du Crapaud, Nicandre ne
donne pas le mode d'emploi ; mais il fournit cette précision au sujet du foie et de la tête du Serpent venimeux,
remèdes à sa propre morsure : celui-là est à boire dans
du vin ordinaire, celle-ci dans de l'eau ou un peu de vin.
Il y a là un paradoxe apparent qui s'explique de la même
façon que l'utilisation des chairs de la Vipère dans la
préparation de la *Galènè*. Une substance douée de
« vertu destructrice » (φθοροποιὸς δύναμις) peut la
perdre lorsqu'elle entre en composition avec d'autres
ingrédients. Dans un médicament composé, en effet, ce
qui est à considérer, c'est, non pas la δύναμις de chaque
ingrédient pris séparément, mais la propriété de l'ensemble. Si le Vin mêlé à des Venimeux, note Galien, est
à lui seul capable de neutraliser les maux qu'ils causent,
comment pourrait-on redouter les Vipères de la *Galènè*,
dont elles constituent l'originalité, lorsqu' Andromachos
l'Ancien a combiné tant de substances excellentes pour
composer sa thériaque[134] ? Avec la rate du Crapaud
sonore, nous avons un remède sympathique au premier
degré. La même notice fait état d'un remède sympa-

ἐστιν, d'où Aét. 13.51 ἀντιπαθῶς δὲ βοηθεῖ τούτοις (*sc.* τοῖς κανθαρίδας εἰληφόσιν) ὡς οὐδὲν ἕτερον τῶν κανθαρίδων τὰ πτέρα
καὶ οἱ πόδες μετὰ γλυκέος πινόμενα ; cf. Asclépiade Pharmakion,
ap. Gal. *ant.* 2.7 (14.141.16 s. K.) σὺν μέλιτι τρίψας (*sc.* τὰ πτέρα
καὶ τοὺς πόδας) ἐκλείχειν δίδου, Plin. *NH* 11.118 *uenenum hoc*
(sc. cantharides) *remedia secum habet : alae medentur, quibus demp-
tis letale est.* Voir le commentaire des *Thér.* 622 (n. 66 §b).
    133. Gal., *Thériaque à Pison* 10 (14.248.15-17 K.).
    134. *Ibid.* p. 244 ss., en particulier 248.18-249.4 εἰ γὰρ καὶ μόνος
ὁ οἶνος μιχθεὶς τοῖς θηρίοις τὸν ἀπ' αὐτῶν τῶν θηρίων κίνδυνον
ἐκφεύγειν ποιεῖ, δηλονότι καὶ ἡ θηριακὴ ἐκ τοσούτων καὶ
τοιούτων τὴν σκευασίαν ἔχουσα παιώνιόν τι φάρμακον μᾶλλον,
ἀλλ' οὐκ ἀναιρετικὸν τῶν ἀνθρώπων γίνεται.

thique au second degré, la racine des Roseaux qui poussent dans son étang familier (*Al.* 588-590)[135].

Remèdes négligés par Nicandre

Comme il en est pour le nombre des poisons étudiés et pour les symptômes d'intoxication[136], les thérapies de Nicandre sont loin d'apporter chaque fois tous les antidotes. La littérature parallèle permettrait d'allonger leur liste de façon substantielle. Nicandre n'a pas prétendu offrir une somme iologique. Il y a certes des lacunes accidentelles dans son œuvre, mais le caractère incomplet de son enseignement ne doit pas, toutes les fois qu'on le constate, nous amener à supposer.que le texte original a subi des amputations[137]. Faute d'avoir reconnu que l'œuvre est sélective, on s'est efforcé, à différentes époques, de la compléter d'antidotes plus ou moins réputés dont l'absence étonnait, soit au moyen d'une interpolation, soit par le biais d'une explication controuvée. Une scholie dans laquelle on est tenté de voir la main de Jean Tzetzès, et dont l'âge récent est révélé par l'*hapax* νεράντζιον, doit probablement son origine à la volonté d'introduire au v. 533, dans la notice sur les Champignons, un antidote prophylactique bien connu[138], le Μηδικὸν μῆλον, appelé aussi κίτριον, et cela malgré le témoignage de la littérature parallèle qui l'ignore pareillement, en dépit de la meilleure tradition manuscrite, et bien que la présence de cet antidote soit totalement incongrue dans son contexte[139]. C'est de la même façon que s'explique l'addition avouée des v. 616-

135. Cf. comm. n. 66 §3 (p. 240).

136. Voir *supra* p. XXII ; *infra* p. LX.

137. C'était la tendance d'Olivieri dans ses *Osservazioni sui Theriaka e sugli Alexipharmaka di Nicandro*.

138. Voir ci-dessous, p. CXVII ; il est cité comme tel par Oribase, *ecl.* 127 (296.13 κίτρια), dans son chap. sur les δηλητήρια. Sur la synonymιε Μηδικὸν μῆλον = κίτριον, cf. la glose du ms D (= Σ 533f), que Geymonat a rapportée par erreur à σίνηπι.

139. Cf. comm. n. 57 §B4b (p. 222 s.).

628 à l'original. Le seul but de cette interpolation, posté-
rieure à Eutecnius, était le désir de mentionner un remède
négligé par Nicandre dans sa notice sur les Champignons,
mais attesté par Pline, quoique sous une autre forme, à
savoir le Myrte dont le jus obtenu avec les baies mûres
est ici recommandé. On ne peut songer un seul instant à
attribuer à Nicandre la paternité de ce complément mal-
adroit[140], commenté par les Scholies mais ignoré d'Eutecnius, dont la paraphrase, antérieure à la rédaction du corpus conservé, possède une autorité critique plus grande
sur ce point.

Les recettes : La formulation des recettes a été
exposée à propos des *Thériaques*[141].

Deux remarques seulement, limitées
aux *Alexipharmaques*, concernant la qualité des ingrédients et leur dosage. La plupart du temps, Nicandre ne
précise pas ce dernier, le laissant à la libre appréciation
du médecin traitant[142]. Ou bien il le fait

**dosage des
ingrédients ;** de manière approximative, quand il
prescrit une « poignée » de Chaux
vive (43 s.) ou une « demi-poignée de
feuilles de figuier, quelques-unes de pin-nain » (55 s.). Il
arrive alors qu'il indique le dosage relatif de l'excipient :
dans le premier cas, une cotyle de vin paillet (44 s.) est la
dose appropriée (μετρήδην), dans le second quatre
cyathes d'un vin miellé (58). Il lui arrive aussi de faire
allusion à la « quantité voulue » d'un produit (203 μετρηδόν), mais sans indiquer cette quantité. Rares sont les
cas où les ingrédients font l'objet d'un dosage précis :

---

140. J.-G. Schneider, suivi par F.S. Lehrs, l'insérait entre les v. 536
et 537, où il n'est certes pas plus satisfaisant. Voir le commentaire,
n. 71 (p. 249). L'interpolateur a imité le vocabulaire et certains procédés de Nicandre, mais il a des maladresses indignes de son modèle (cf.
n. aux v. 616-618). La défense que Magnelli[1] a tentée dernièrement de
cette interpolation manifeste n'est rien moins que convaincante.

141. Cf. Nicandre, tome II, p. LVI-LVIII.

142. Voir sur ce point le tome II, p. LVII s.

une obole de (racine) de Silphium *ou* la même quantité de son suc (308 s.) ; de sa racine et de son suc une livre en tout (329) ; quatre drachmes de terre de Samos (148 s.) ou le double de vin cuit (153) ; une obole de Poix de Genévrier (488) ; trois oboles de Natron (327) ; deux oboles de Myrrhe (601).

... *leur* νεότης

Quant aux ingrédients, une de leurs qualités, sur laquelle Nicandre insiste souvent, c'est leur fraîcheur, leur caractère de nouveauté, ce qui donne lieu à la fréquente répétition de l'épithète νέος et de ses composés, ou de l'adverbe νέον, et cela quelle que soit leur origine, Lait, Vin, Huile rosat, substances animales ou végétales. Pour le Lait, en l'absence d'une précision de ce genre, on doit comprendre ainsi l'invitation à traire l'animal concerné (90, 486, cf. 311 πηγνυμένου [*sc.* γάλακτος]... νεη- μέλκτῃ ἐνὶ πέλλῃ) ; mais elle peut figurer même dans ce cas (139, 262). Et, quand il s'agit de Lait de femme, le malade est invité à le téter au sein (356-359). Deux fois, au sujet du Vin, Nicandre enjoint de le donner « tel qu'il sort du pressoir » (168, cf. 299 νεοθλίπτῳ ... γλεύκει). Une fois, il recommande l'Huile rosat de fabrication nouvelle (452 ῥοδέοιο νέον θύος). Les chairs qui entrent dans la préparation des bouillons doivent également être fraîches, ainsi celles du bœuf (62 βοὸς νέα γέντα), et souvent, pour les remèdes, le choix se fixe sur de jeunes animaux : Poulet (60 ὄρνιθος στρουθοῖο κατοικάδος), Oison (228 χηνὸς νέον ὀρταλιχῆα), Faon de Biche (67, 324) ou Chevreau (325), Chevrette (135 νέης ... χιμαίρης), etc. Les remèdes végétaux répondent au même critère. Pour certains, Nicandre souligne qu'ils doivent être donnés verts, coupés ou cueillis depuis peu ; ainsi les branches de Vigne chargées de leurs feuilles (142 s. ἀμπελόεντα ... καυλέα ... | χλωρά, νέον ...κολούσας). Souvent, νέος ou un composé de même thème souligne l'état de fraîcheur requis, en opposition avec les produits à administrer secs :

rameau de Basilic sauvage (57 νέον ῥάδικα πολυκνήμοιο) en face du rameau sec d'Origan-aux-Ânes[143] (56),
« Pouliot nouveau odorant » (237 νέην δ' ὀσμήρεα
γληχώ), « peaux nouvelles » de la Châtaigne (268 νέα
τέρφῃ) ; « jeune épi florissant du Thym » (371 νέον
βρυόεντα θύμου στάχυν), feuillage de la Rue « dans sa
fleur nouvelle » (412 s. νεοθηλέα φυλλάδα ... Ι πηγάνου), « tête aux beaux cayeux de l'Ail nouveau » (432
εὐάγλις κώδεια νέου σκορόδοιο), « pleurs de la
Scammonée en sa jeune vigueur » (484 δάκρυ νεοβλάστοιο κάμωνος). Cette prime à la νεότης peut
rendre compte du fait que, parmi les parties utilisées de la
plante, la préférence est souvent accordée aux parties
jeunes, pousses et drageons[144], fleurs[145], fruits[146] et
graines[147], promesses de la plante nouvelle.

Originalité et influence de Nicandre

Au terme de cette étude, il
me reste à constater qu'elle
confirme pleinement les
conclusions des *Théria-*
ques en ce qui touche, d'une part, à l'influence que
Nicandre a exercée sur les iologues récents, et, de l'autre,
à l'indépendance qu'il a sauvegardée vis-à-vis de sa
source unique supposée, Apollodore, une indépendance
qui n'a rien à envier à celle des pharmacologues anciens.
Quelques exemples seulement. Ils suffiront, je l'espère, à
montrer que les *Alexipharmaques* apportent au dossier
des pièces nouvelles.

143. Ὀνίτιδος αὖον ὀρείης ; cf. *e.g.* 310 αὐαλέης (*codd.*) τραγοριγάνου, 354 αὐαλέας ... ἀχράδας, 427 αὐαλέον κνίδης σπόρον.
144. Βλαστά : 49 (Pin-nain), 372 (Ronce) ; βλάσται : 306
(Rue) ; βλαστήματα : 264 (Renouée) ; βλασταῖα : 609 (κύπρου
[Henné]... βλ. νεανθέα) ; πτορθεῖα : 267 (Ronce).
145. Cf. 305 πολίοιο ... ἀργέος ἄνθην. Voir la note suivante.
146. Les exemples sont nombreux ; particulièrement intéressant le
cas du Grenadier, au v. 610, où est décrite une étape intermédiaire
entre la fleur et le fruit.
147. Σπέρματα : 238 (Pommier) ; σπερμεῖα : 201 (Ortie) ; σπέραδος : 134 (Lin), 330 (Chou), 550 (Ortie), 604 (Ache).

Comme il a été dit à l'instant, exception faite des lacunes accidentelles en nombre très restreint, Nicandre, confronté avec les autres iologues, est loin d'offrir au sujet des poisons un enseignement complet. Pour prendre un seul exemple, il ne dit rien de la raucité de la voix ni de l'odeur de Coriandre que dégage le corps des victimes de ce breuvage. Mais en revanche que d'éléments qui n'appartiennent qu'à lui et dans les symptomatologies et dans les thérapies, les deux pièces maîtresses de l'enseignement iologique ! Entre autres symptômes particuliers à Nicandre, citons la douleur des mâchoires dans l'empoisonnement au Pharicon (398), ou l'assoupissement que provoque le breuvage à la Céruse (85), — somnolence liée à une sensation de froid, comme il le remarque également pour le suc de Pavot (434 s.). Doit-on voir dans de tels écarts par rapport à la « ligne » iologique des signes de fantaisie ou d'incompétence ? Nullement. Certains des symptômes propres à Nicandre, si la littérature parallèle les ignore, sont attestés en revanche, la chose est à noter, par des médecins modernes, par exemple Orfila et Bruneton. La démarche chancelante des buveurs d'Aconit, auxquels sont comparés les Silènes enivrés (30-34), la sensation de morsure sur les lèvres produite par le breuvage aux Cantharides (119 s.), le lien que Nicandre établit entre la douleur et les nausées dans la symptomatologie de la Céruse (82 s.), autant de symptômes propres à Nicandre dont on a confirmation dans les observations d'Orfila ou de Bruneton[148]. Les visions hallucinatoires générées par la Céruse (84), qui est un carbonate de Plomb, manquent elles aussi de parallèles iologiques ; mais les troubles de la vue et les hallucinations sont des symptômes bien connus du saturnisme.

---

148. Pour l'Aconit, cf. le commentaire, n. 3 §B5 (p. 67) ; pour les Cantharides, n. 11[b] §2a (p. 95) ; pour la Céruse, n. 8 §b2 (p. 83) et §d (p. 84). Voyez encore les vomissements de sang et les déjections alvines, symptômes de l'empoisonnement par l'*Éphèméron*/Colchique attestés par Orfila et Bruneton (n. 24 §2a, p. 140).

L'étude des notices thérapiques conduit aux mêmes constatations. Les exemples que je prendrai maintenant sont avant tout botaniques. Aussi bien les remèdes végétaux sont-ils les plus nombreux. En ce domaine, le médecin grec doit avoir les compétences reconnues au fameux médecin des *Mille et une nuit*, maître Dûbân. Celui-ci, non seulement, avait lu les « livres ... persans, byzantins, arabes et syriaques », mais encore il « avait une connaissance approfondie des livres grecs », et, surtout, il « était fort savant pour tout ce qui touchait les plantes, les herbes de tout genre, fraîches ou desséchées, dont il savait les effets bénéfiques ou maléfiques »[149]. Ici également, la littérature parallèle ajoute beaucoup à Nicandre. Mais, les plantes de sa pharmacopée, dont il oublie souvent d'indiquer les parties utiles, — les graines, « les fruits, les fleurs, les feuilles et les branches »[150] —, ces plantes, ou certains détails de leur présentation, n'apparaissent parfois que chez lui. Là où les autres iologues, pour une plante, citent simplement le phytonyme courant, Nicandre aime à la particulariser par une précision géographique ou/et mythologique, sans vouloir désigner par là une autre espèce. C'est ainsi que, contre la Ciguë, à côté du Laurier ordinaire, il mentionne celui de Tempè, qui fut le premier à couronner Apollon (198-200). Contre le Toxicon, il ne parle pas seulement des Coings, il évoque le Cognassier de Crète en se référant au héros Cydon (234 s.) ; outre le banal Cresson, il accueille la variété de Médie contre les Champignons, ou celle de Perse contre la Jusquiame (533, cf. 429). Il ne recommande pas n'importe quelle espèce de Poires contre l'Enfle-bœuf, mais celles des Poiriers *bacchè* ou *myrtas*

---

149. *Les Mille et Une Nuits*, trad. A. Miquel, Bibliothèque de la Pléiade, t. I p. 34 s.

150. Cf. *Branches* (καυλέα) : 142, 199 ; *feuilles* (φυλλάδα) : 92, 412, 428, (φύλλα) : 549 ; *fruit* (καρπός) : 275, 353, 489 ; *graines* (σπεράδος) : 134, 330, 550, 604, (σπέρματα) : 238, (σπερμεῖα) : 201 ; *fleur* (ἄνθη) : 305 ; fruit et fleur à la limite l'un de l'autre : 610.

(354 s.), et il fait de même pour les Pommes (sauvages et cultivées, 230-234) et les Grenades : à propos de ces dernières, il énumère les arbres de la variété vineuse, ceux de Crète et d'Égine, sans compter l'obscur Grenadier dit « Proménéen ». Même état de choses pour les produits d'origine végétale comme l'Huile, ou pour le Vin : il conseille contre la Coriandre le Vin Pramnien (163), contre la Céruse l'Huile de l'olive *prèmadia*, *orchas*, ou de l'*olive-myrte* (87 s.). De la plante, il n'utilise pas toujours, quand il la mentionne, la partie figurant dans la littérature parallèle : c'est la racine de la Férule galbanifère qu'il préconise contre la Salamandre, et non sa gomme (555). Naturellement, il est parfois le seul à citer un remède végétal dans une thérapie particulière : ainsi, le Basilic sauvage contre l'Aconit (57), les surgeons de la Ronce contre l'*Éphèméron* (267), les Figues sauvages dans du Vinaigre contre le Sang de Taureau (319-321), la racine de la Scammonée comme alternative à celle du Panicaut contre la Salamandre (565). Une fois, il désigne une herbe, sans doute une variété d'Origan, sous le nom d'*eucnèmon* qui n'est pas attesté ailleurs (372) ; ou bien il est seul, selon les Scholies, à qualifier la Germandrée-polion de *tueuse de rats* (305 μυοκτόνου), épithète mieux connue comme synonyme de l'Aconit (36). Autre remède d'origine végétale différent de la tradition : le Vin *paillet* excipient de la Chaux dans la thérapie de l'Aconit (44), le Vin de Pramnos (163) dans celle de la Coriandre, le Vin *doux*, au lieu du Vin ordinaire, contre le Sang de Taureau (328), ou encore mélangé avec de l'Absinthe contre l'Ixias/Chaméléon (298 s.).

Il existe aussi des variantes purement nicandréennes — de ces variantes telles qu'on en trouve chez la plupart des iologues vis-à-vis de leurs devanciers — dans les antidotes d'origine minérale et animale. Pour ces derniers, citons le Lait de Brebis en clystère contre les Cantharides (139 s.) : Dioscoride, Promotus et Aétius parlent de Lait sans plus ; la fiente de Poule *calcinée* (535) contre les

Champignons (d'autres la conseillent autrement).
Comme antidote minéral spécial aux *Alexipharmaques*, le
Sel gemme en solution pour chasser les Sangsues (518).
Citons enfin un procédé thérapeutique ignoré des autres
iologues, qui consiste à secouer ou gifler les buveurs de
la tisane au Pavot pour qu'ils puissent sortir de leur torpeur et vomir le poison (456 s.). Pour obtenir ce résultat
les autres iologues ne connaissent que les cris ; Nicandre
ne les a pas oubliés (457 ἐμβοόων).

Jusqu'à présent, j'ai opposé Nicandre à la tradition
iologique dans son ensemble, sans distinguer, sauf exception, entre ses représentants. Il est temps de confronter
maintenant quelques personnalités avec Nicandre, à commencer par Apollodore, qui passe pour l'initiateur de la
spécialité iologique. Comment Nicandre se situe-t-il par
rapport à lui en matière de poisons ? Pour répondre à
cette question, nous sommes moins bien armés que
lorsqu'il s'agissait des venins, car les témoignages
concernant le Περὶ δηλητηρίων d'Apollodore sont
moins nombreux, et il en est qui manquent de clarté.
Nous irons de ce qui paraît certain à ce qui est moins
assuré. Parmi les fragments d'Apollodore, il en est qui
n'ont laissé aucune trace chez Nicandre. Les iologues,
comme les botanistes, s'intéressent aux synonymes.
Nicandre cite ceux de l'Aconit (36-38) et fait allusion au
nom Colchique, synonyme d'*Éphèméron* (249 s.). Mais,
s'il donne un synonyme du Marrube (47), il n'a pas suivi
pour le Bugle (χαμαίπιτυς), dans les *Alexipharmaques*
(56, 548), l'exemple d'Apollodore (fr. 10)[151], pas plus
qu'il ne l'a fait dans *Thériaques* (841 s.). Même réserve
en ce qui concerne la présentation de la Litharge (fr.
14)[152], que Nicandre a identifiée par ses symptômes sans
décrire les caractéristiques extérieures de ce breuvage,

---

151. Nicandre, tome II, p. 289 ; à noter qu'il s'agit d'un fragment
du Περὶ θηρίων.
152. *Ibid.* p. 290. Cf. *supra* p. xxx (avec la n. 56).

comme il l'a fait pour d'autres breuvages vénéneux. Quand Nicandre est d'accord avec Apollodore sur un remède à employer, une plante par exemple, ils peuvent diverger quant à la partie à utiliser. Si (sauf erreur de Pline) ils recommandent bien tous les deux le *Chou* (et non le *Raifort*) contre les Champignons, c'est sa *tête* que prescrit Nicandre (527), et non pas le *suc* ou la *graine*, comme Apollodore (fr. 12)[153] — variante typique par laquelle un pharmacologue se démarque d'un prédécesseur. Ou bien, si l'antidote reste le même, c'est son indication qui a changé d'un auteur à l'autre. Contre la Salamandre, Nicandre préconise un mélange de Grenouilles bouillies et de racines de Panicaut (563 s.). C'est contre le Toxicon qu'Apollodore, dont l'avis est isolé, conseille ce remède : si Pline n'a pas commis de confusion, c'est un exemple parmi d'autres du fait que, à l'occasion, les iologues récents ont suivi Nicandre plutôt qu'Apollodore[154]. Sur l'efficacité de la graine d'Ortie contre la Jusquiame et la Salamandre, ils auraient un enseignement à peu de choses près identique, à en croire le double témoignage de Pline[155]. Mais, pour Nicandre, Pline donne comme *indications* de l'antidote mentionné, non seulement la Ciguë, ce qui est vrai (201), mais encore les Champignons et le Vif-argent (~ Litharge), ce qui est faux pour Nicandre et le reste de la littérature iologique ;

---

153. *Ibid.* p. 290. Voir le commentaire, p. 220 (n. 57 §B1[a]α).

154. Fr. 11, *ibid.* p. 289. Pour les références, cf. *infra* comm., p. 231 (n. 61 §B5a).

155. Apollodore fr. 16 (*ibid.* p. 291) ~ *Al.* 427 : Jusquiame ; 550, 558 : Salamandre. Pour le texte de Pline, voir les *Testimonia* au v. 201 ; pour la traduction et la critique de son témoignage, le commentaire des *Thériaques*, n. 110 §2 (et *infra* celui des *Al.*, p. 186, n. 46 §3). En ce qui est de la Salamandre, le parallèle comporte deux variantes : contre ce poison, N. préconise, d'une part, la graine d'Ortie *mélangée à de la farine d'ers* ; d'autre part, le bouillon de Tortue, non pas avec la graine d'Ortie, mais avec des chairs bouillies de Porc. Contre la Jusquiame, l'alternative à la graine (*Al.* 428 : feuilles à mâcher crues) est peut-être du fait de Nicandre.

en revanche, les *indications* antitoxiques qu'il attribue à Apollodore se retrouvent chez Nicandre ; d'où le soupçon de confusion chez Pline. Quoi qu'il en soit, l'ensemble de cette confrontation n'autorise pas à voir dans les *Alexipharmaques*, comme on le faisait couramment après O. Schneider, un Apollodore versifié.

Prenons maintenant les choses à l'autre bout de la chaîne, chez les iologues postérieurs à Nicandre. Il arrive qu'un symptôme décrit dans les *Alexipharmaques* n'ait de parallèle que chez un seul d'entre eux. Un exemple célèbre est celui des cris que pousse la victime du Toxicon, et qui ressemblent à ceux que profère un homme qui vient d'être décapité (*Al.* 215 s.). On le retrouve dans les *Compositiones* de Scribonius Largus[156] et nulle part ailleurs. L'auteur le plus riche en rencontres uniques du même type est assurément « Aelius Promotus ». C'est le seul qui voit dans les « lèvres », et non dans la « bouche », comme le disent les autres, le siège de l'irritation provoquée par l'*Éphèméron* (250 s.), et qui évoque à ce propos, comme le fait Nicandre, celle que cause le suc du Figuier[157]. Autres rencontres limitées aux deux auteurs : le vomissement de sang qui accompagne les douleurs d'estomac chez la victime de l'*Éphèméron*, comparé à l'eau du lavage des viandes (257 s.) — au lieu de ce symptôme, qui est confirmé par des médecins modernes, les autres parlent simplement d'inflammation stomacale[158] —, ou l'écume qui barbouille celle du Sang de Taureau au milieu de ses convulsions (318), ou encore la douleur de vessie qui affecte la victime de l'Enflebœuf (340)[159]. Ce n'est sans doute pas un hasard si, pour

---

156. Scrib.L. c. 194 (p. 90.10 s.). Autre parallèle limité à N. et Scribonius pour la thérapie, *Al.* 306 *pousses* de Rue (n. 28 §4) contre l'Ixias.

157. Voir le commentaire, n. 24 §1 (p. 139).

158. Cf. comm. n. 24 §2b1 (p. 141).

159. Cf. comm. n. 30 §4 (p. 156) et n. 33 §4 (p. 160). Voir de plus, pour les symptômes, le comm. *ad* 344-346, 385 s. ; pour la thérapie, comm. *ad* 445 s., 452-455, 511, 513, 530, 531, 534, 550-553, 555.

les torsions d'entrailles qui torturent celle du Dorycnion, Promotus est le seul à employer l'expression τηνε-σμώδης ἐπίτασις, laquelle ressemble fort au τεινεσ-μός[160] des *Alexipharmaques* (382). Dans ces rencontres remarquables avec Nicandre, la version longue d'Aétius rejoint souvent Promotus[161]. A vrai dire, la ressemblance est parfois si frappante entre Nicandre et Promotus que celui-ci semble paraphraser celui-là, comme c'est le cas dans son chapitre sur le Sang de Taureau en ce qui touche aux v. 316-318[162]. Autres passages de Promotus qui méritent d'être relevés : la symptomatologie du Pavot (443-464), celle de l'Ixias/Chaméléon, qui a l'air d'une paraphrase résumée des v. 282-290, et sa symptomatologie unique du Crapaud (au lieu des deux symptomatologies distinctes du θερόεις et du κωφός chez Nicandre), mais qui reproduit dans le même ordre les symptômes que leur attribue Nicandre[163]. Le soupçon se renforce lorsqu'on voit Promotus mentionner le Cresson de Médie contre les

160. Τηνεσμός est la leçon de la tradition. Cf. p. 173, n. 39 §3c.

161. Voir comm. p. 124 (n. 19 §2b, *ad* 221 : la *toux* que Promotus ajoute à N. [cf. *Al.* 81], mentionnée aussi par le seul Aétius) ; p. 127 (*ibid.* §4, *ad* 222 s. : œil torve et grincement de dents). Autres particularités nicandréennes attestées par Promotus et la version longue d'Aétius : 1) *Symptômes* : Pavot, 435 s. paupières, cf. n. 48 §3 ; 439, relâchement de la mâchoire, n. 48 §6 ; Lièvre marin, 475 s. chairs qui coulent (n. 51 §2, Scrib.L. partage avec eux cette remarque) ; 2) *Thérapie* : vrilles de la Vigne contre l'*Éphèméron* (266), n. 25 §4 ; bains chauds contre le Pavot (463 s.), n. 49 §5 (Promotus et Aétius seuls à préciser le but du traitement) ; foie du Crapaud (rate, *Al.* 575), n. 64 §2b. Seuls à conseiller un mélange de Vin et de Poix contre le Crapaud θερόεις (574), n. 64 §2 ; à sauvegarder le caractère sympathique du remède consistant dans les racines de Roseaux (588-591), n. 66 §3 ; seuls aussi pour la remarque selon laquelle le Toxicon est un poison composé, comm. p. 134 (*ad* 247 s., n. 22 §b). — Même en dehors de sa version longue, Aétius offre avec Nicandre des ressemblances remarquables (voir par exemple la symptomatologie de la Salamandre, 540-545, cf. comm. n. 59, début), qui s'étendent parfois à Promotus (cf. *e.g.* n. au v. 60 et comm. n. 5 §5a).

162. Cf. le comm. n. 30 §4.

163. Cf. le comm. n. 49 (remarque initiale), 27 §cd et 63 (début).

Champignons, et contre la Coriandre le Vin de Pramnos (*Al.* 163), antidotes particularisés caractéristiques de Nicandre, et qui n'appartiennent qu'à lui. Ou encore, toujours dans la thérapie de la Coriandre, lorsque les poussins prennent chez Promotus la place des œufs, prescription aberrante qui ne s'explique bien que dans l'hypothèse d'un contresens commis sur le sens de ἁπαλὴν ὠδῖνα au v. 165 des *Alexipharmaques*[164]. Déjà, Dioscoride, dont les *Euporistes* sont parfois seuls à offrir un parallèle avec Nicandre[165], donne parfois lui aussi l'impression qu'il le paraphrase. Chose curieuse, il arrive que, pour leur ressemblance avec Nicandre, Dioscoride et Promotus sont liés de telle sorte que le premier correspond à l'ordre de succession des symptômes (ou remèdes) dans les *Alexipharmaques*, le second à leur contenu : c'est le cas pour la thérapie de la Salamandre (546-566)[166]. L'un des parallèles les plus frappants des *Euporistes* est certainement la thérapie de l'Aconit, où les substances végétales se succèdent exactement comme dans les *Alexipharmaques*, et où certaines de ces substances ne sont attestées, en dehors de Nicandre, que chez Dioscoride[167]. Ce qui est sûr en tout cas, c'est qu'il n'y a plus à douter de l'influence de Nicandre sur les iologues récents, ainsi que je l'ai prouvé ailleurs par un exemple incontestable[168]

164. Voir le comm. p. 109 (n. 15 §3a).

165. Par exemple, le Lait de femme contre l'Aconit (64 s.), cf. le comm., p. 79 (n. 5 §6a) ; l'Huile d'Iris contre la Ciguë (203), n. 17 §B4a ; l'eau excipient des vrilles de la Vigne (266), n. 25 §4 (début) ; la résine de Térébinthe *ou* celle de Pin (300 s.), n. 28 §2 ; le Fenugrec et la façon de l'employer (424-426), n. 46 §2. Voir aussi *infra* n. 167.

166. Cf. comm. n. 61 §A (début) (p. 228). Chez Promotus également, l'ordre de succession des remèdes peut être semblable à ce qu'il est chez N. : *e.g.* les cinq premiers remèdes contre le Lièvre marin (483 ss.), n. 52 (remarque initiale) (p. 205) ; il en va de même pour les symptômes : *e.g.*, les trois premiers symptômes provoqués par la Céruse (78-80), n. 8 §a (remarque initiale) (p. 83).

167. Voir comm. n. 5 §2 (début) (p. 73). Parallèles uniques : feuilles du Figuier (55), du Polycnémon (57) et racines du Mûrier (69), cf. *ibid.* §4a, d (p. 75 s.) et §8 (fin) (p. 82).

168. Cf. Nicandre, tome II, commentaire, p. 265 ss. (n. 119).

II. — LES *ALEXIPHARMAQUES*, POÈME DIDACTIQUE.

Nicandre n'est ni le seul ni le premier qui ait été chez les anciens à la fois poète et médecin. La poésie médicale est dans la Grèce antique une branche de la poésie didactique possédant un statut particulier ; et, à l'intérieur de la poésie médicale, les deux poèmes conservés de Nicandre se distinguent par des traits particuliers. Avant de clore l'édition de ses poèmes iologiques, il n'est pas inutile, comme je l'ai fait pour leur contenu scientifique, d'examiner la place qui est la leur dans l'histoire de la poésie didactique, et plus proprement médicale[169].

Médecine et poésie
L'un des torts d'Otto Schneider, et des critiques qui l'ont suivi, c'est d'avoir fait du Nicandre iologue un poète didactique ordinaire, et, à partir de sa qualité supposée de versificateur d'une matière étrangère (une matière, soit dit en passant, qu'ils avaient à peu près totalement négligé d'étudier), d'avoir imaginé, pour les époques hellénistique et romaine, la conception d'une poésie de *tour de force*, considérée comme d'autant plus brillante que les sujets que l'on se proposait de vulgariser semblaient le moins convenir à un traitement poétique[170]. Les choses sont loin d'être aussi simples.

Le qualificatif " didactique " est une appellation assez floue. On l'a appliquée à des poètes grecs disparates. Mettons à part et en haut lieu Hésiode[171], qui, considéré comme le « père » de la poésie didactique, ne se laisse

---

169. Je résume ici ce que j'ai traité ailleurs plus en détail : voir Jacques[3] et « Situation de Nicandre de Colophon », *REA* 109 (2007) 99-121.

170. Voir, entre autres, F. Susemihl, *Geschichte der Griechischen Litteratur in der Alexandrinerzeit*, Leipzig 1891, 10. Capitel : « Das Lehrgedicht », 1 p. 284-309 (sur Nicandre, p.305) ; W. Kroll, « Lehrgedicht », *RE* 12 (1925) 1842-1857 (en particulier, 1851.20) ; Id., *Studien zum Verständnis der Römischen Literatur*, Stuttgart 1924, 186 ss.

171. Voir *infra* p. LXXIV.

pas enfermer dans une définition trop étroite. Parmi ces poètes, on trouve, à l'âge classique les philosophes Parménide, Empédocle, qu'annonce Xénophane. Au beau temps de l'hellénisme, Ératosthène, savant du premier ordre, initiateur d'une véritable poésie scientifique, a exposé dans son *Hermès*[172] ses vues sur l'univers à la faveur d'une fiction poétique. Et il ne faut pas oublier qu'il y a eu, à l'époque hellénistique précisément, et plus tard, des gens de métier qui, pour parler de leur activité, ont choisi le langage des vers.

A. CONSTRUCTION DU POEME DIDACTIQUE.

Car la poésie didactique n'est pas seulement affaire de profanes. On peut le vérifier dans différents domaines, dont la médecine[173]. Il a existé une poésie médicale que l'on peut faire remonter à Empédocle, une poésie que l'on doit à des médecins et non à des vulgarisateurs incompétents. Aristote, pour qui il n'existe pas de poésie authentique en dehors d'une action, racontée dans l'*épopée*, ou jouée dans le *drame*, tenait Empédocle non pas pour un ποιητής mais seulement un φυσιολόγος[174]. A cette réserve près, qui vaut pour l'ensemble de

---

172. Cf. J.U. Powell, *Collectanea Alexandrina*, Oxford 1925, p. 58-63, fr. 1-16 ; H. Lloyd-Jones-P. Parsons, *Supplementum Hellenisticum*, Berlin/New York 1983, fr. 397-398 ; H. Lloyd-Jones, *Supplementum Supplementi Hellenistici*, Berlin/New York 2005, fr. 397A.

173. Le legs poétique lié à ces domaines a été rassemblé jadis, au moins en partie, dans un volume de la Bibliothèque Didot, *Poetae Bucolici et Didactici*, ed. F.S. Lehrs, Fr. Dübner, U. Cats Bussemaker, A. Köchly, Paris 1851.

174. *Poétique* 1447b 16-18 καὶ γὰρ ἂν ἰατρικὸν ἢ φυσικόν τι διὰ τῶν μέτρων ἐκφέρωσιν, οὕτω καλεῖν εἰώθασιν · οὐδὲν δὲ κοινόν ἐστιν Ὁμήρῳ καὶ Ἐμπεδοκλεῖ πλὴν τὸ μέτρον · διὸ τὸν μὲν ποιητὴν δίκαιον καλεῖν, τὸν δὲ φυσιολόγον μᾶλλον ἢ ποιητήν « ceux qui exposent en vers une question touchant à la médecine ou à la nature reçoivent d'ordinaire le nom de poètes, mais Empédocle n'a rien de commun avec Homère si ce n'est le mètre ; l'un mérite d'être appelé poète, l'autre physiologue plutôt que poète ».

la poésie didactique, rien n'empêchait *a priori* de voir en
Nicandre un médecin poète. On était même fondé à le
faire si l'on tenait compte du fait que les traités iologiques de l'antiquité, tous ou presque tous[175], dont le souvenir s'est conservé, sont l'œuvre de médecins. Y compris ceux qui se présentent sous forme de poèmes, tels les
Θηριακά de Nouménios d'Héraclée, poème écrit en vers
épiques, ou les Ὀφιακά de l'obscur Pétrichos, peut-être
en distiques élégiaques, comme le poème homonyme de
Nicandre. Nouménios et Pétrichos ont choisi de s'exprimer en vers, Nouménios plus d'un siècle avant Nicandre,
et ils étaient médecins l'un et l'autre.

Les traités iologiques évoqués à l'instant sont des
exemples typiques de poésie médicale. Leurs auteurs ne
sont pas des médecins, poètes à leurs heures, à l'exemple
de Nicias de Milet, l'ami de Théocrite, qui cultiva l'épigramme. Ce sont des hommes qui ont mis leur talent poétique au service d'un enseignement médical, comme le
feront après eux Nicandre lui-même, Andromachos
l'Ancien et bien d'autres. Beaucoup de ces médecins
poètes ont disparu. Parfois, l'épigraphie nous en restitue
le souvenir grâce à des inscriptions métriques qui célèbrent leur double compétence avec la formule Μουσάων
θεράπων καὶ ἰητήρ « serviteur des Muses et médecin »[176]. C'est ainsi qu'une inscription de Rhodiapolis en
Lycie (IIᵉ s.) salue en Hérakléitos de Rhodes — on peut
en déduire sa qualité de poète épique — « l'Homère des
poèmes médicaux »[177].

---

175. Seule exception, le θηριακὸς λόγος de Juba.

176. W. Peek, *Griechische Vers-Inschriften* I (1955) : 445.1, cf.
2020.7 ποιητάν τε καὶ ἰητῆρα. Voir G. Pfohl, *Inschriften der Griechen* (Epigraphische Quellen zur Geschichte der antiken Medizin),
Darmstadt 1977, p. 16.

177. *Tituli Asiae Minoris* II 910.15 s. : ὃν ἀνέγραψαν ἰατρικῶν
ποιημάτων | Ὅμηρον εἶναι. Cf. L. Robert, *Opera Minora*, t. IV
p. 306 s.

Avantages de la forme poétique

Pourquoi ce choix de la poésie afin de dispenser un enseignement médical ? Galien, qui a parsemé son œuvre pharmacologique de nombreux poèmes ou extraits de poèmes médicaux[178], reconnaît à la forme poétique trois avantages pratiques pour le pharmacologue. Les deux avantages des recettes versifiées sur lesquels il insiste davantage sont :

1°) qu'elles se retiennent plus facilement ;

2°) que le dosage relatif des ingrédients (la συμμετρία) échappe aux erreurs de copie qui gâtent trop souvent leur mention en prose. Un certain Ménécratès avait tenté de pallier cet inconvénient en écrivant les chiffres en toutes lettres[179] ; mais, pour les dosages, rien de tel que la protection du mètre. Galien écrit[180] : « Puisque ce qui est versifié est facile à mémoriser et n'offre pas d'erreur dans la συμμετρία des ingrédients, il m'a semblé qu'il valait mieux transcrire ici les vers de Damocratès ». Et ceci encore[181], avant une citation du même Damocratès : « J'ai souvent dit que les recettes métriques offrent plus d'avantages que celles rédigées en prose, non seulement eu égard à la mémoire, mais aussi pour ce qui est de l'exactitude du dosage relatif de leurs ingrédients ». C'est pour les mêmes raisons que, ayant à exposer la préparation d'un onguent qui entre dans la composition de la *Galènè*, il cite une recette anonyme en hexamètres dactyliques[182].

---

178. Vingt citations en tout : une pour Andromachos l'Ancien, Philon de Tarse, Rufus d'Éphèse et Héliodoros d'Athènes respectivement, quatorze pour le seul Damocratès, sans compter les Anonymes.

179. Dans son traité intitulé *L'empereur hologramme des médicaments notables* (Αὐτοκράτωρ ὁλογράμματος ἀξιολόγων φαρμάκων) : cf. Galien, *ant.* 1.5 (14.31 s. K.).

180. *De antidotis* 2.15 (14.191.2-5 K.).

181. *De compositione medicamentorum per genera* 5.10 (13.820. 15-17 K.).

182. *De antidotis* 1.10 (14.52.5 K.).

3°) Aux deux avantages énoncés, il en ajoute un troisième, qui est que les vers résistent mieux que la prose aux tentatives de falsification. Avant de donner les quatre-vingt-sept distiques élégiaques de la *Galénè*[183], Galien remarque[184] : « Je félicite Andromachos lui aussi d'avoir, comme d'autres l'ont fait, utilisé les vers pour rédiger sa thériaque. De son côté, Damocratès a rédigé en vers tous les autres remèdes aussi, et il a eu raison. Car les individus sans scrupules ont ainsi le moins de chances de pouvoir les falsifier ».

Les iologues sont avant tout des pharmacologues, et ce genre de considérations utilitaires peut justifier, dans une certaine mesure, le choix du mode d'expression poétique fait par tels d'entre eux[185]. Maintenant, on notera que les réflexions de Galien privilégient exclusivement dans la poésie son aspect le plus extérieur, sa forme versifiée. C'est avec prédilection que Galien cite Servilius Damocratès, contemporain d'Andromachos l'Ancien, dont l'outil poétique, le trimètre iambique des Comiques, est l'instrument le mieux adapté à la *clarté* (σαφήνεια) ; c'est pourquoi Apollodore d'Athènes l'avait choisi pour rédiger ses *Chroniques*[186]. Damocratès est clair, mais ce n'est qu'un versificateur. D'autre part tous les poètes médecins n'ont pas cultivé la σαφήνεια. C'est précisément

---

183. P. Luccioni a étudié la question à propos d'Andromachos dans une communication présentée au Colloque « Rationnel et Irrationel dans la Médecine Antique », tenu à Saint-Étienne les 14 et 15 novembre 2002, sous le titre « Raisons de la Prose et du Mètre : Galien et la poésie didactique d'Andromachos l'Ancien » (Presses de l'Université de Saint-Étienne).

184. *De antidotis* 1.6 (14.32.5-9 K.).

185. Pour les indications de dosage dans les *Alexipharmaques*, cf. *supra* p. LVII.

186. Nous sommes renseignés à ce sujet par le témoignage du Pseudo-Skymnos dans sa *Périégèse* : " (Apollodore) a choisi d'exposer (son épitomé) dans le mètre comique *par désir de clarté* τῆς σαφηνείας χάριν, voyant qu'ainsi il serait aisé à retenir " (FGrHist 244 T 2).

Styles de la
poésie médicale

au point de vue de la *clarté* qu'on peut distinguer chez les poètes médecins deux grandes familles. Elles ont pour représentants :

1°) Les adeptes de la σαφήνεια, tels que Damocratès et ceux qui après lui ont utilisé le trimètre iambique, notamment le compilateur byzantin des *Préceptes de Santé* (Ὑγιεινὰ παραγγέλματα) et Michel Psellos, auteur de l'*Ouvrage médical en iambes* (Πόνημα ἰατρικὸν δι' ἰάμβων), œuvres de vulgarisation qui ne sont elles aussi que de la prose versifiée. Le trimètre iambique n'a pas le monopole de la *clarté*. Le distique élégiaque et l'hexamètre dactylique (*épos*), quoique plus élevés de style, ne lui sont pas incompatibles, comme le prouvent, d'une part, un ἐλεγεῖον tel que la thériaque dite d'Antiochos VIII[187], et, de l'autre, des ἔπη comme les *Theriaca* de Nouménios (IIIᵉ s. a.C.) et les *Iatrica* de Marcellus de Sidé (IIᵉ s.). Une épigramme loue « les grâces du langage (εὐεπίη) dont Phoibos Apollon a doté (Marcellus), lui qui, dans le mètre héroïque, a chanté les cures des maladies en quarante livres pleins de sagesse, dignes de Chiron »[188]. La centaine de vers qui nous restent de ce volumineux poème attestent leur σαφήνεια, sinon leur qualité poétique.

2°) Ceux qui n'ont pas répugné à l'obscurité, tels le poète *épique* Nicandre ou les trois poètes *élégiaques* que sont Philon de Tarse (Iᵉʳ s. a.C.) avec son Φιλώνειον (φάρμακον), Andromachos l'Ancien (Iᵉʳ s.) avec sa *Galènè* (imitée de Nicandre pour la langue et le style), Aglaïas de Byzance (Iᵉʳ s.) avec sa recette versifiée contre la cataracte. Il y a des degrés dans l'obscurité. Chez Philon, il s'agit d'un parti-pris. Son célèbre calmant, avant de préciser sa composition, a cette annonce : " Mon texte est écrit pour les esprits subtils : qui saura le com-

187. Voir Nicandre, tome II, p. 308 s.
188. *AP* 7. 158.

prendre aura en moi un présent non sans prix ; aller au-
devant des sots, je n'en ai nul désir "[189]. Moyennant
quoi, il pose, dans la συμμετρία, une véritable énigme
lycophronienne. Aglaïas a suivi la même voie, et le commentaire qui accompagne le texte dans le manuscrit qui
nous a transmis son remède n'est pas superflu[190]. Chez
Nicandre, l'obscurité est le résultat de ses options littéraires qui sont celles de la poésie hellénistique de haute
époque poussées jusqu'à leur paroxysme (voir *infra*
p. LXXXIX), mais elle ne pose pas, sauf exception, de problème impossible à résoudre avec l'aide de la littérature
grammaticale.

A qui s'adresse **Nicandre :**	C'est une constante immémo- riale de la poésie didactique, quelles que soient les civilisations

que l'on considère, celles du
Proche-Orient, d'Égypte et d'ailleurs, aussi bien que la
civilisation hellénique[191] : le poète, même s'il vise
l'ensemble des hommes, apparaît sous les traits d'un sage
qui communique le fruit de son expérience à quelques-uns.
Les plus anciens poèmes du genre, ceux de Sumer (IIIe
millénaire) et de l'Égypte (Moyen Empire), sont fidèles à
ce schéma : un père y donne des instructions à ses fils.
Dans les *Travaux et les Jours*, Hésiode, dont Nicandre se
recommande à l'égal d'Homère[192], s'adresse tour à tour à

189. *Supplementum Hellenisticum* (= *SH*) 690. 11 s. (ed. H. Lloyd-
Jones et P. Parsons, Berlin/New York 1983, p. 332) = Galien, *De compositione medicamentorum secundum locos* 9.4 (13.268.3 s. Kühn)
γέγραμμαι δὲ σοφοῖσι, μαθὼν δέ τις οὐ βραχύ μ' ἕξει | δῶρον, ἐς
ἀξυνέτους δ' οὐκ ἐπόθησα περᾶν.

190. *Paris. gr.* 2726 (ed. pr. : M. Sichel, « Poème grec inédit attribué au médecin Aglaïas », *Revue de Philologie, de Litt. et d'Hist. anc.*
2 [1847] 7-29 = *SH* [cf. n. 189] 18).

191. Cf. le chap. intitulé « Wisdom Literature » *in* : West, *Hesiodi
Opera et Dies*, 1978, p. 3-22.

192. Cf., à propos de l'origine des Venimeux, la référence,
d'ailleurs énigmatique, de Nicandre à Hésiode : *Th.* 8-12 = Hés.
fr. 367 Merkelbach-West (classé parmi les *spuria*).

son frère Persès et aux « rois mangeurs de présents », qui ont favorisé son frère contre lui. Même si Aratos n'a pas choisi d'interpeller un individu en particulier, c'est à une deuxième personne qu'il s'adresse dans les *Phénomènes*. Pour sa part, Nicandre a donné un nom à cette seconde personne : il a dédié ses deux poèmes iologiques, l'un au « plus glorieux de ses nombreux parents », Hermésianax (*Th.* 3), l'autre à son ami et à son hôte, Protagoras (*Al.* 3).

la dédicace ; Et, dans chacune de ses dédicaces, il se comporte en homme qui possède le savoir, en poète didactique omniscient. Mais, s'il a le savoir, il a du même coup le pouvoir. Comme Zeus, qui peut faire *aisément* une chose et son contraire[193], c'est *aisément* que Nicandre distribue son savoir, d'où, au début du prélude de chaque poème, la reprise de ῥεῖα pour qualifier le verbe exprimant la fonction du poète[194]. Le cercle des lecteurs de Nicandre ne se limite pas, bien sûr, à ses dédicataires, non plus que les auditeurs d'Hésiode au seul Persès et aux « rois » injustes. L'éloignement de Cyzique par rapport à Colophon est comme un symbole marquant chez Nicandre la volonté de s'adresser à tous les hellénophones. La succession de la concessive (*Al.* 1 ss.), qui note cet éloignement, et de la principale, où Nicandre proclame la facilité de sa tâche, peut surprendre. Mais il faut se garder d'atténuer cette incohérence apparente aux dépens du sens de ῥεῖα[195] : à côté de l'*aisance* du poète, possesseur du savoir, dans l'accomplissement de sa tâche, c'est le caractère universel de sa visée didactique qui est posé d'entrée de jeu, pour le bénéfice des lecteurs, même s'il n'insiste pas ici, comme il le fait au début des *Thériaques*, sur les conséquences pratiques de son poème.

---

193. Cf. Hésiode, *Trav*aux, 3-7.
194. *Th.* 1-4 ῥεῖά κέ τοι … ǀ … ǀ … ǀ ἔμπεδα φωνήσαιμι ~ *Al.* 4 s. ῥεῖά κέ τοι … ǀ αὐδήσαιμι.
195. Voir la note à la traduction du v. 4.

Est-il possible de préciser la qualité

...Protagoras   du dédicataire des *Alexipharma-*
médecin ?   *ques* ? De Protagoras nous ne

savons rien de plus que ce que nous
en disent Nicandre et les Scholies. Si Eutecnius ajoute,
dans l'*argument* de sa paraphrase, qu'il était médecin[196],
il s'agit peut-être d'une conjecture tirée du poème lui-
même. Elle a de quoi séduire, car les injonctions de
Nicandre, exprimées à la seconde personne du singulier,
visent la plupart du temps quelqu'un dont le rôle est de
soigner. C'est le cas pour les verbes impliquant un acte
médical, entre autres, « administrer, gaver » (πόροις,
φέροις, νείμειας, νέμε, κορέσαιο, ἆσαι, *vel sim.*),
« faire boire » (ἐμπίσαις) ou « prendre (un remède)
pour le donner (au malade) » (αἴνυσο) : ils engagent le
médecin. Ou bien, ce qui revient au même, la victime
apparaît comme sujet d'un verbe du sens de « boire,
manger, se gaver » (πίνοι, βρύκοι, δάσαιτο, κορέοιτο,
etc.) à la troisième personne[197]. Il y a des cas ambigus,
soit que le choix de la variante puisse être sujet à discussion, soit que le sens du verbe employé par Nicandre
prête à contestation[198]. Certains actes médicaux, comme
le vomissement induit, peuvent être le fait du médecin ou
du malade, ce qui ne facilite pas le choix des variantes[199].
Nicandre peut adopter tour à tour le point de vue de l'un
ou de l'autre, passant librement de la deuxième personne

---

196. Eut. 3.5 τὸ δὲ δεύτερον (*sc.* ποίημα) ἐπιγέγραπται Ἀλεξιφάρμακα, ὃ προσφωνεῖ Πρωταγόρᾳ, ἰατρῷ τινι τῶν ἐπ' αὐτοῦ.
On peut faire la même conjecture à propos d'Hermésianax pour des
raisons analogues : voir Nicandre, tome II, p. LXIX s.

197. Pour des exemples voir la n. au v. 486 (πίνοι).

198. Par exemple, si l'on adopte la variante δαμάσας au v. 111, et
non δαμασθείς, il s'agit du médecin et non du malade. Pour un verbe
de sens équivoque, cf. 58 χαδεῖν (voir la n. *ad loc.*). En revanche, le
sens de ἐμπίσαις me semble clair au v. 519 (cf. la note).

199. Ainsi, au v. 137, où T a βράσσοι (suj. : le malade, cf. 536
χεῖρα κατεμματέων ἐρύγοι), en face de βράσσοις (suj. : le médecin), leçon de ω, acte médical que ἐμμαπέως T (meilleur que ἐμματέων, leçon de ω) rend plus vraisemblable.

(médecin) à la troisième (malade) et vice-versa[200] ;
exceptionnellement, il interpelle les médecins avec une
deuxième personne du pluriel[201]. Mais cela ne va pas sans
un certain flottement : la deuxième personne joue parfois
le rôle de victime supposée, et non celui du médecin. Il
faut résister à la tentation de faire disparaître l'anomalie
en corrigeant *tous* les cas de ce genre[202].

Personalia   Quoi qu'il en soit de l'interprétation
à donner de la seconde personne
sujet des impératifs, optatifs ou infini-
tifs de prescription, ce qui est sûr, c'est que, à la fin du
poème comme au début, elle désigne Protagoras. Il est
arrivé à Hésiode de se laisser aller à des confidences sur
son histoire personnelle : c'est ainsi qu'il entretient son
public de ses origines familiales, de ses rapports avec son
frère, de son investiture poétique par la grâce des Muses,
de ses activités de rhapsode en Eubée[203]. Nicandre fournit
lui aussi à ses lecteurs, dans la dédicace de son poème,
des éléments biographiques complétés dans la *sphragis*,
laquelle nous apprend qu'il existait entre les deux amis,
le Colophonien et l'habitant de Cyzique, des relations
d'hospitalité. C'est un fait que suggère l'invitation du
premier au second, non seulement à se souvenir du
« poète[204] Nicandre », mais aussi à « respecter la loi de
Zeus Hospitalier » (629 s.).

200. Cf. 484 (νείμειας), 486 (γάλα πίνοι), 487 (τήξαις, voir n. *ad
loc.* : cet acte convient seulement au médecin), 489 (βρύκοι), 493
(θλίψαις).

201. V. 463 ἐπαιονάασθε (voir n. *ad loc.* : une seule exception
également dans les *Th.* 629).

202. Cf. la n. au v. 279 (χείλεσι).

203. Cf. *Travaux*, 633-640 (émigration de son père, venu de Kymè,
en Éolide, s'établir en Béotie, à Ascra, pour fuir la pauvreté) ; 27-
41(démêlés avec Persès à propos de l'héritage paternel) ; *Théogonie*,
22-34 (les Muses de l'Hélicon le consacrent poète) ; *Trav.* 650-659 (sa
participation à un concours de rhapsodes à Chalcis).

204. Nicandre dit : ὑμνοπόλοιο ; le mot n'est pas à prendre au
sens particulier d'*auteur d'hymnes*, ni, bien sûr, à mettre en relation
avec le fr. 104. C'est le terme dont se sert Empédocle pour désigner le
poète (fr. 146.1 D.-K.).

Comme lieu de son propre séjour (*Al.* 11), il mentionne
non pas Colophon mais Claros, ce que confirme la *sphragis* des *Thériaques* (957 s.). Claros, en Ionie, était, avec
Delphes et Délos, un des principaux oracles d'Apollon,
dépendant de Colophon, cité voisine de Claros[205]. De la
fin d'un poème au début de l'autre, les deux morceaux
s'appellent et se répondent. Dans la dédicace à Protagoras de Cyzique (*Al.* 6-11), sans doute médecin lui-même,
Nicandre oppose leurs patries, Cyzique, « sous le regard
de l'Ourse ombilicale », et Claros, où il fait « résidence
près des trépieds Clariens du Loin-Tirant ». Dans la
signature des *Thériaques*, où il prend congé de son dédicataire Hermésianax de Colophon, sans doute médecin
lui aussi, il évoque « la blanche bourgade de Claros »,
dans laquelle a grandi.

L'expression qu'utilise Nicandre pour indiquer sa
« résidence près des trépieds Clariens du Loin-Tirant »
fait clairement allusion à sa dignité de prêtre héréditaire
d'Apollon Clarien. Dionysios de Phasélis[206], qui nous
livre cette information, n'a certainement pas tiré du v. 11
l'idée que cette prêtrise était héréditaire. Ces références
répétées à Claros sont le signe du lien particulier entre
Nicandre et son dieu, on pourrait dire : un lien de
famille. Plus fort assurément que la relation existant entre
le dieu et Apollonios de Rhodes ; le fait que ce dernier
porte un nom théophore n'y est sans doute pas étranger[207]. Apollon est, assurément, pour son prêtre Nicandre

---

205. L'oracle appartient au territoire de Colophon : cf. *SIG* 1066
(époque d'Auguste).10 Κλάρια ἐν Κολοφῶνι (concours gymniques
de Claros). Apollon Clarien est appelé τῷ θεῷ τῷ ἐν Κολοφῶνι
(Aristid. *Or.* 25 p. 551) ; on dit aussi : ὁ ἐν Κλάρῳ θεός (Paus.
8.29.4), ou simplement : ὁ ἐν Κλάρῳ (Suid. ε 1380).

206. Νικάνδρου Γένος, dans : *Scholia in Theriaca*, p. 34.4-7
Crugnola. Il s'agit là d'un témoignage unique. Le *Genus*, qui est notre
meilleure source biographique sur Nicandre, peut remonter à Théon,
fils d'Artémidore, qui est peut-être aussi l'auteur de l' Ἀπολλωνίου
βίος (cf. K. Wendel, *AGGW* 3. Folge, Nr. 1, 1932, 113)

207. On a noté depuis longtemps l'importance du rôle d'Apollon

le dieu de la poésie, qui rend ses oracles en vers épiques. Mais c'est surtout le dieu de la médecine, qui tient à l'écart de son sanctuaire Clarien toute bête venimeuse ('Οφιακά, fr. 31) ; et qui, d'une manière plus générale, protège de tous les maux en sa qualité de dieu 'Αλεξί-κακός — deux traits caractéristiques qui nous incitent à penser que Claros est l'un des plus anciens sièges du culte d'Apollon[208].

Le poème lui-même complète des traits de la personnalité de Nicandre que la dédicace laissait entrevoir. La présentation de Cyzique, avec les chambres souterraines de Rhéa Lobrinè et le sanctuaire à mystères d'Attis (*Al.* 7 s.), ainsi que celle de Colophon centrée sur le sanctuaire oraculaire de Claros, révélaient d'emblée l'intérêt du prêtre d'Apollon pour les faits religieux. Dans la symptomatologie du Toxicon, Nicandre revient sur le culte de Rhéa-Cybèle quand il compare les cris de l'intoxiqué à l'aboiement terrifiant de la *kernophore*, lors de la procession qui marque le neuvième jour du mois (217-220). Et le dieu Apollon n'est pas oublié. Nicandre s'y réfère deux fois en relation avec deux arbres célèbres, le Laurier de Tempè, dont le feuillage fournit à Phoibos sa première couronne (198-200), et le Pin d'Alep, témoin du supplice de Marsyas, coupable d'avoir défié Phoibos (302-304). De même, dans les *Thériaques* (612-614), la mention du Tamaris entraîne l'évocation de l'oracle apollinien de Koropè, sans plus de nécessité.

Il y a là, relativement aux réalités **Ornements** médicales, des digressions. Qu'elles **poétiques** soient mythologiques, comme celles dont Apollon est l'objet, ou qu'elles portent sur d'autres sujets, ces digressions ont une fonction spéciale dans la construction du poème didactique.

dans les *Argonautiques* : un indice en est l'invocation du *prooimion* (1.1-4).

208. Cf. Nilsson 1.538-544 (en particulier 540) ; Adler, « Klarios », *RE* 11 (1921) 550.63.

Elles peuvent s'autoriser de l'exemple d'Hésiode, dans la partie des *Travaux* qu'il a consacrée aux préceptes agricoles. Il y a dépeint, avec leurs effets, le mois de Lènaion (504-535), le plus rude de l'hiver, ainsi que le plein été (582-596), deux vignettes qui reposent agréablement des instructions techniques. C'est une pratique qui deviendra courante à partir de l'époque hellénistique. Les théoriciens du poème didactique, qui a une longue histoire, n'ont pas manqué de lui faire un sort. « Le but du poème didactique », écrivait Marmontel[209], est d'instruire, son moyen est de plaire, et, s'il le peut, d'intéresser ». Et il faisait au poète obligation de l'agrémenter par les « charmes de l'expression et des ornements accessoires », et de l'animer par « divers mouvements de l'âme ». Voilà une assez bonne définition des procédés que nous admirons chez le Virgile des *Géorgiques*. Pour ce qui est des « mouvements de l'âme », la poésie médicale des Grecs, et celle de Nicandre en particulier, nous laisse sur notre faim. Mais Nicandre a recours aux ornements poétiques, dont, le plus souvent, il use avec discrétion. Les digressions mythologiques des *Alexipharmaques*[210] interviennent toujours dans la partie des notices consacrée à la thérapie. Les vers 30-34, où il décrit la course chancelante des Silènes enivrés sur les pentes du Nysa n'en sont pas une à proprement parler, étant pour Nicandre le moyen de préciser un effet de l'Aconit qui complète la symptomatologie (voir *infra* p. CIX). Celles qui figurent dans les neuf autres notices concernées se greffent sur la mention de remèdes d'origine et de forme diverses, par exemple végétaux dans le cas des références susdites à Phoibos. Elles s'y rattachent soit en apposition (130), soit par une proposition relative, et elles sont relativement modestes, oscillant de six vers pour la plus longue à un seul pour la plus courte[211].

209. *Éléments de Littérature*, art. « Didactique ».
210. Pour les *Thériaques*, voir tome II, *Notice*, p. LXXIX, n. 175.
211. Les voici par ordre de longueur décroissante, avec la mention

D'ordinaire, elles n'accaparent pas l'attention du lecteur au point de lui faire perdre le fil du développement. Une fois même, la mythologie se réduit à un nom propre[212]. La notice sur la Cantharide comporte deux digressions mythologiques, l'une sur la « mixture » (*cycéon*) par laquelle Démètèr rompit son jeûne (130-132), l'autre relative à la découverte de l'ocre de Samos (149-152).

Les descriptions de plantes ou d'animaux, les petits tableaux constituent un autre type d'ornement poétique. Les notices dépourvues du premier peuvent offrir le second : ainsi celles du Lièvre marin (470-473) et du Crapaud θερόεις (568 s., 576 s.), avec les traits caractéristiques des deux animaux, celle du Pavot qui, à partir de la mention de l'Abeille de l'Hymette, pose le thème de la *bougonia*. L'évocation de la ruche primitive (446-451) nous remet en mémoire les *Mélissourgica* qui lui étaient attribuées. La notice de la Sangsue s'ouvre sur deux vignettes tracées d'un crayon aussi léger que celui de Callimaque : l'homme buvant à même une rivière (496-500), ou celui qui, de nuit, s'abreuve à une cruche (501-504). Certaines notices ont des ornements des deux types : à leurs digressions mythologiques, celle concernant la Céruse ajoute le tableau de la traite au printemps (76 s.), celle relative au Toxicon la procession orgiastique du 9 du mois en l'honneur de Rhéa-Cybèle (217-220), celle sur la Cantharide la description de la plante

---

des notices qui les accueillent. Six vers : Persée et l'introduction du Perséa à Mycènes (*Céruse*, 100-105) ; cinq vers : les Silènes (*Aconit*, 30-34), découverte de la terre samienne (*Cantharide*, 148-152) ; quatre vers : Aphrodite et le Lis (*Pharicon*, 406-409), Hermès et la Tortue (*Salamandre*, 559-562) ; trois vers : Démètèr et le cycéon (*Cantharide*, 130-132), Marsyas et Apollon (*Ixias*, 302-304) ; deux vers : Apollon et le Laurier de Tempè (*Ciguë*, 198 s.), Mélicerte et l'Ache (*Litharge*, 605 s.) ; un vers : Prométhée et la Férule (*Éphèméron*, 273). [L'interpolateur a imité le procédé : Hèra et le Myrte (619-621)]. Les légendes utilisées sont souvent des *unica*.

212. V. 234 s. : « la plante fameuse du *farouche* Cydon ». Même problème posé par l'adectif βροτολοιγόν dans le contexte de *Th.* 703 (voir comm. n. 75 §1, p. 194).

scorpios (146 s.). La notice de la Coriandre n'a que le second type d'ornement, mais en surabondance : rompant avec sa discrétion ordinaire, Nicandre y accumule trois digressions égales aux plus longues du type mythologique : la chasse au κέπφος friand d'écume de mer (166-170), la lutte de la mer et du feu contre les vents, auxquels Poséidon les a asservis l'un et l'autre (172-177), enfin un tableau réussi des vendanges (180-185) ; au total, les digressions font le double (16 vers) de la thérapie (8 vers) dans laquelle elles s'insèrent.

Si, comme on l'a vu par les digressions mythologiques (cf. *supra* n. 211), Nicandre a joué des liens particuliers entre, d'une part, les dieux ou les héros, et, d'autre part, les plantes (Persée et le Perséa, Démètèr et le Pouliot, Apollon et le Laurier ainsi que le Pin, Cydon et le Cognassier, Médée et l'*Éphèméron*/Colchique, Prométhée et la Férule, Aphrodite et le Lis, Mélicerte et l'Ache), ou les éléments (Poséidon et la mer, les Nymphes Chésiades et la terre de Samos), ou les animaux (Démètèr et les Abeilles, Hermès et la Tortue), il a laissé de côté les rapports entre les poisons et le monde infernal, qu'il aurait pu développer à propos de l'If, un arbre consacré aux Érinyes et aux divinités chthoniennes[213]. Chez lui, on trouve seulement, avec l'évocation des « berges Achérontiennes » et du « gouffre d'Eubouleus » (14 s.), une brève allusion à l'origine de l'Aconit, né de la vomissure de Cerbère qu'Héraclès avait ramené des Enfers. Et il ne dit rien du rapport des femmes aux poisons (voir *supra* p. XVI s.).

---

213. Cf. Murr 129 ; voir Lucain 6.645 (les abords des cavernes de Pluton, où la terre se creuse en un gouffre, ombragée d'ifs impénétrables à Phébus), et Silius Italicus 13.595 s. *dextra uasta comas nemorosaque brachia fundit / taxus Cocyti rigua frondosior unda.* Sur les rapports des poisons et du monde infernal, cf. aussi le poison du Mont Circé en Italie ([Aristote], *Mirab. Auscult.* 78, 835b33-836a 6), proche de la rivière Titon (Philostephanos, FHG fr. 23, *ap.* Tz.Lyc. 1276), qui a p.ê., comme le Styx, une signification chthonienne (Gisinger, *RE* 20 [1941].110.7).

En étudiant l'aspect scientifique du *Composition :* poème, nous avons été conduits à noter la différence de structure qui le distingue des *Thériaques*, et nous avons constaté que, entre la dédicace et la *sphragis*, la disposition des poisons ne semblait pas répondre à un critère scientifique. Il est peu probable, d'autre part, que Nicandre ait reproduit tel quel le plan d'un traité antérieur relatif aux poisons, celui d'Apollodore ou d'un autre iologue ; aucun des traités récents n'est identique à celui de Nicandre à cet égard. Il n'est pas aisé de déterminer les raisons qui l'ont poussé à faire le choix de son plan.

On doit se contenter de quelques remar- *l'ensemble* ques sommaires. Nicandre commence *du poème ;* par la notice sur l'Aconit, la plus longue (62 vers), et termine par celle de l'If, la plus courte (5 vers). La situation est la même dans l'herpétologie des *Thériaques* avec la notice initiale sur le Cobra (51 vers) et la notice finale sur le Gecko (5 vers). Est-ce parce qu'ils sont considérés comme les plus dangereux dans leur catégorie que le Cobra et l'Aconit occupent la première place ? Les trois premières notices concernent des poisons d'origine végétale (Aconit), minérale (Céruse), animale (Cantharide) et les trois dernières sont consacrées à des poisons de même origine mais disposés dans l'ordre inverse, poison animal (Crapauds), minéral (Litharge), végétal (If). Le fait que la Céruse et la Litharge sont des poisons voisins[214] accroît le parallélisme. Mais, dans l'intervalle entre la Cantharide et les Crapauds, on ne voit pas bien quel principe a déterminé la succession des différents poisons. Si l'on considère la longueur relative des notices, on constate

214. Leurs notices se succèdent chez Scribonius Largus et Aétius ; de même celles de la Cantharide et de la *Buprestis*, autres poisons voisins, dans le catalogue des poisons, comme aussi chez Scribonius, Asclépiade Pharmakion, Aétius et Paul d'Égine.

que leur ensemble se divise en deux masses de onze notices chacune, la première se terminant avec le Lait qui caille dans l'estomac (12 vers), la deuxième avec l'If (5 vers). Les plus longues se trouvent dans la première moitié — autour de 40 vers : Céruse, Cantharide, Toxicon ; autour de 30 : Coriandre, Éphèméron, Ixias, *Buprestis* ; plus de 20 : Ciguë, Sang de Taureau. Dans la seconde moitié, les plus longues notices se situent autour de 30 vers : suc de Pavot, Lièvre marin, Salamandre ; plus de 20 : Dorycnion, Sangsue, Crapauds ; entre 10 et 20 : Pharicon, Jusquiame, Champignons, Litharge. Les poisons relevant d'une même catégorie figurent souvent à la suite l'un de l'autre chez les iologues : Céruse et Litharge, Cantharide et *Buprestis*. Est-ce par désir de variété que Nicandre a évité de grouper des poisons dont la symptomatologie ou la thérapie se ressemblent (Céruse et Toxicon, Cantharide et *Buprestis*, Ciguë et Salamandre, Ixias et Litharge, Céruse et Champignons, Jusquiame et Champignons, etc.) ? La répétition des mêmes symptômes ou des mêmes remèdes a pu lui sembler plus acceptable si elle n'affectait pas deux poisons contigus (cf. 288 s. ~ 595 s., 95 ~ 530, 429 s. ~ *... ses parties* 533). Quoi qu'il en soit des motifs, s'il en est, qui peuvent expliquer l'arrangement des notices les unes relativement aux autres, ce que l'on voit bien en revanche, c'est le caractère artistique de la composition dans les unités de sens plus courtes, telles que la symptomatologie et la thérapie. Dans la thérapie de l'Aconit, Nicandre, de toute évidence, a obéi au principe de variété. La succession des remèdes y est sans équivalent dans le reste de la littérature iologique. Nicandre les a répartis selon leur origine, minérale, végétale ou animale. On a en effet, aux v. 43-71, successivement, un remède *minéral* (Chaux vive), puis quatre substances *végétales*[215] (Aurone, Marrube, Olivier-nain,

---

215. Ou plus, s'il s'en cache dans la lacune. Mais celle-ci pouvait concerner seulement l'excipient.

Rue), suivies de quatre *minérales* (lavure de métal ou de scorie ferreuse, d'Or ou d'Argent chauffés au feu), puis quatre remèdes *végétaux* (Feuilles de Figuier, de Pinnain, rameau d'Origan-aux-Ânes ou de Basilic), puis cinq remèdes d'origine *animale* (bouillon de Poulet et de Bœuf, Lait de femme additionné de suc de Baumier, Présure de Lièvre ou de Faon), enfin un remède *végétal* (racines de Mûrier)[216]. Certaines thérapies sont remarquables par la manière harmonieuse dont les ingrédients s'y équilibrent. Voyez par exemple celles qui ne comptent pas plus de dix vers, et qui sont destinées à combattre le Lait caillé (366-375 = 2+2+3+3), la Sangsue (511-520 =3+2+2+3) et les Champignons (527-536 = 2+2+3+3). Ce sont vraiment des λεπταὶ ῥήσιες au sens où l'entendait Callimaque dans son salut aux *Phénomènes* d'Aratos (*Épigr.* 27.3 s.).

Effets d'écho   Des répétitions de mots identiques ou de même valeur métrique, qui se font écho dans une même partie, ou qui créent un lien entre des parties différentes, contribuent à l'harmonie de la composition ; elles constituent comme des relais de mémoire. Il en va ainsi pour la reprise, à la même place du vers, de ὕδασιν ἐντήξαιο (229) par ὕδασιν ἐμβρέξαιο (237), dans la thérapie du Toxicon ; ou pour celle de μορόεν ποτόν (130) au v. 136, après la coupe penthémimère, dans la thérapie de la Cantharide. Dans la symptomatologie de cette dernière, les v. 118 ~ 126, offrent un parallélisme remarquable à la fois par leur structure et par leurs sonorités. Voyez encore les v. 95 et 530, qui mettent en cause deux thérapies, celles de la Céruse et des Champignons (les seuls mots qui diffèrent sont autant d'équivalents métriques[217]) ; ou les v. 137 et

---

216. Cf. le comm. n. 5 (début), p. 72.

217. Cf. également, aux v. 225, 361 et 585 le vomissement induit dans les thérapies du Toxicon, de la *Buprestis* et des Crapauds ; le parallélisme d'expression de 327 et 601, dans celles du Sang de Taureau et de la Litharge.

320 (τὰ δ' ἀθρόα/τὸ δ' ἀθρόον, après la césure féminine), celles de la Cantharide et du Sang de Taureau. Ces
effets d'écho peuvent concerner un morceau de vers,
voire un vers entier repris textuellement, ou avec des
modifications, mais offrant alors la même structure
métrique. Pour le premier fait, je citerai les v. 98 et 204,
qui lient la thérapie de la Céruse à celle de la Ciguë, et où
les participes (κατα)τριφθέντα et (ἐν)θρυφθέντα amor-
cent déjà l'effet d'écho. Pour le second, dans des notices
différentes, le v. 191 (symptomatologie de la Ciguë)
répété au v. 615 (symptomatologie de l'If), répétition
« homérique » identique à celle des *Thériaques* (28 =
489)[218]. Une autre forme de répétition, qu'il ne me paraît
pas inutile de rapprocher de ces reprises en écho, est celle
qui intervient à l'intérieur d'une même phrase, dans
laquelle un même mot est repris, parfois à la même place
du vers, soit aussitôt, soit après un intervalle plus ou
moins court, l'*epanalepsis*, chère à la poésie hellénistique, dont les *Alexipharmaques* offrent de nombreux
exemples[219]. En revanche, la répétition d'un mot aux
deux extrémités d'une phrase, qui acquiert par là de la
rotondité, ainsi θηλῆς aux v. 356 et 359, πεύκη(ς) aux
v. 546-549 semble exceptionnelle. Citons enfin les clau-
sules qui se répètent à l'intérieur du même poème (253
σπειρώδεϊ κόρσῃ ~ 527 σπειρώδεα κόρσην)[220]. Ou
d'un poème à l'autre : e.g. *Al.* 271 = *Th.* 168 ἔτρεφεν
αἶα ; *Al.* 305 = *Th.* 356 ἀργέος ἄνθην. De tels liens
entre les deux poèmes ne donnent aucune indication sur
leur chronologie relative, même si l'un semble faire allu-

218. Cf. la *Notice* du tome II, p. CIX.
219. Cf. 148 s. (γαίης ǀ Παρθενίης) et 150 ('Ιμβρασίδος γαίης) ;
388 s. (ἤμυνεν) ; 575 s. φρύνης ǀ λιμναίης φρύνης ; *in eadem sede* :
269 et 271 καρύοιο ; 521 et 525 ζύμωμα ; 556 et 556a ἀλθαίνει.
220. Cf. encore στρουθοῖο κατοικάδος aux v. 60 et 535 (*eadem
sede*). La répétition d'un même mot à la même place du vers, ainsi
ἔνδοθι aux v. 192, 262, 316 a pu entraîner au v. 251 l'éviction de
ἄμμιγα à son profit.

sion à l'autre, comme c'est le cas d'*Al.* 532 s. et de *Th.* 879, ou de la périphrase désignant les Grenouilles dans les deux poèmes (voir ci-dessous p. CVII).

Particularités
de vocabulaire

On a pu dire non sans raison que les *Alexipharmaques* ressemblent aux *Thériaques* « comme un œuf à un autre »[221], tant les deux poèmes ont de points communs. Pour ma part, j'ai allégué les *Thériaques* à plusieurs reprises aux fins de comparaison, et cela pour constater des différences entre les deux poèmes. Je voudrais maintenant mettre en évidence celles qui concernent des faits de vocabulaire.

Il y a des mots, souvent employés dans les *Thériaques*, qui n'apparaissent pas, ou très rarement, dans les *Alexipharmaques* : ainsi, ἠδέ (6 fois, *Th.*) et ναὶ μὴν καὶ[222] (5 fois) sont absents des *Al.* ; δέ τοι (9 fois, *Th.*), βαρύθω/ἐμβαρύθω (7 fois), ἀλλ' ἤτοι et ἠῦτ(ε) (3 fois chacun), figurent une seule fois dans les *Al.* A l'inverse, des mots fréquents dans les *Al.* figurent seulement une ou deux fois dans les *Th.* : νέκταρ « vin », νύμφαι « eau », πήγανον et ῥυτή, deux synonymes désignant la « rue », σπέραδος « graine », ἀμέλγω, φέροις, καί τε σύ (γε) sont des *hapax* dans les *Th.* ; on les trouve dans les *Al.*, νέκταρ 8 fois, νύμφαι 5 fois, πήγανον et ῥυτή 3 fois chacun[223], σπέραδος 4 fois, ἀμέλγω 7 fois, φέροις 3 fois[224], καί τε σύ (γε) 12 fois ; les deux occurrences de ἢ ἔτι et de ἅλις dans les *Th.* sont à comparer aux dix que l'on compte pour chacun de ces mots dans les *Al.* Il y a enfin des mots, ou des formes nominales ou verbales[225], propres aux *Al.*, entre autres : ἀλλ' ἄγε δή (1 fois), ἀλλὰ σύ (4 fois), ἀνθήμονα (1 fois),

221. Le mot est de W. Kroll, *RE* 17 (1936) 257.36 s. : *Das Gedicht gleicht den Th. wie ein Ei dem anderen.*
222. Ναὶ μὴν sans καί y est attesté 4 fois. Au v. 178 v.m. ἀτμένιον τε est une *f.l.* pour γε (cf. note *ad loc.*).
223. Πήγανον (413), ou ses équivalents πηγάνιον (49) et πηγανόεντας = πηγάνου (154).
224. Au v. 91, φέροις a pour variante πόροις.
225. Lorsqu'un nom apparaît plusieurs fois à des cas différents, il est enregistré au nomin. sing. ; quand c'est un verbe, à l'ind 1ʳᵉ sg.

γευθμός (2 fois), γλάγος[226] (5 fois), γλυκύς/γλυκύ « vin doux » (4 fois), δεπάεσσι(ν) (5 fois), δηθάκι(ς) (2 fois), δόρπα/δόρπον (4 fois), δορπήϊα (1 fois), εἰδήνατο (2 fois), ἐντήξαιο (1 fois), καί ποτε (4 fois), καυλέα[227] (4 fois), ἰρίνεος (2 fois), κορέσκω (5 fois), λωβήμονα (1 fois), μὲν δὴ (2 fois), μίγα (1 fois), μορόεις (4 fois), μορύξαις « imprègne » (1 fois), οἰνηρήν (1 fois), ὁμήρεα (1 fois), συνομήρεα[228] (2 fois), συνομήρεες (1 fois), πολλάκι δή (2 fois), πόροις (13 fois), στόμαχος (2 fois), τήκω/τήκομαι « faire infuser » (7 fois), ὑδεῦσι/ὑδέουσι (1 fois chacun), χαλίκραιος (1 fois), χαλικρότερος (1 fois), χραίνω « souiller, imprégner » (7 fois)[229].

Ces différences de vocabulaire entre les deux poèmes ne doivent pas cependant nous faire douter de leur identité d'auteur. Les liens qui existent entre eux ne sont pas moins évidents, y compris dans le domaine du vocabulaire. Ce sont par exemple certains mots ayant une valeur particulière : ainsi ῥώθωνες au sens de « narines, naseaux » (*Al.* 117 ~ Th. 213), σταγόνεσσι pour désigner un liquide compte non tenu peut-être de sa quantité (*Al.* 64 ~ *Th.* 624), ἀνῖαι au sens physique de « douleurs » (*Al.* 122 ~ *Th.* 427), l'adj. θιβρός en parlant de choses (*Al.* 555 ~ *Th.* 35) ; l'emploi de certains mots ou formes rares, comme φιν (*Al.* 124 ~ *Th.* 725), γληχώ (*Al.* 128 ~ *Th.* 877), ἀλυσθαίνοντι (*Al.* 141 ~ *Th.* 427), voire de formes particulièrs à Nicandre, comme l'allongement *metri causa* κεινώσειας (*Al.* 140 ~ *Th.* 56 κεινώσεις). Ajoutons l'*hapax* constitué, dans chaque poème, par une prescription à la 2e plur. de l'impératif (*Al.* 463 ~ *Th.*

226. Attesté dans les *Th.* 923 seulement sous la forme de l'adj. γλαγόεντα (cf. *ibid.* 617 εὐγλαγέας). Γάλα (4 fois dans les *Th.*) apparaît 9 fois dans les *Al.*

227. Nicandre, dans les *Th.*, emploie καυλεῖα (75), καυλεῖον (535, 882).

228. V. 238 (ἐνομήρεα *v.l.*), 607 (ἐνομήρεα *v.l.*).

229. Pour la métaphore μελισσάων κάματος, spéciale aux *Al.*, voir *infra* p. XCVI ; pour des différences portant sur les néologismes, cf. p. XCIX, sur des particularités grammaticales, p. CII ss..

629), et l'emploi commun d'un hapax homérique[230]. Mais les liens les plus remarquables sont à coup sûr les effets d'écho d'un poème à l'autre. Aux passages cités *supra* p. LXXXVI, j'ajoute ici : *Al.* 70 ὄλμου ἐνὶ στύπεϊ προβαλών et *Th.* 951 καὶ τὰ μὲν ἐν στύπεϊ προβαλὼν πολυχανδέος ὄλμου qui s'appellent réciproquement ; de même, *Al.* 124 s. ἄλη δέ φιν ἤθεα φωτός | ἄψυχος πεδάει et *Th.* 427 ἐν δὲ νόον πεδόωσιν ἀλυσθαίνοντος ἀνῖαι.Voyez encore *Al.* 368 ἢ ἔτι καὶ Λιβύηθε ποτῷ ἐγκνήθεο ῥίζας et *Th.* 911 ἄννησον Λιβυκάς τε ποτῷ ἐνικνήθεο ῥίζας, où il faut sans doute lire ἐγκνήθεο (cf. n. critique *ad loc.*). Certains passages peuvent même nous faire soupçonner une allusion d'un poème à l'autre : si j'ai interprété correctement les données de la tradition aux v. 532 s., il est permis de croire que φύλλον ἐναλδόμενον πρασιῇσι, périphrase désignant le Poireau, renvoie à *Th.* 879 πρασιῆς χλοάον πράσον, où le Poireau fait l'objet d'une paronomase, sinon d'un jeu étymologique,.

B. LANGUE ET STYLE.

En ce qui est de la langue et du style, les *Alexipharmaques* offrent la même image que les *Thériaques*. Disciple des poètes hellénistiques de la haute époque, Nicandre partage leurs options littéraires qu'il pousse jusqu'à leur pointe extrême, ce que l'on pouvait attendre d'un épigone : il évite le commun et le connu, il recherche le rare, et, pour y parvenir, il recourt aux procédés qu'il a mis en œuvre dans les *Thériaques*. Je les préciserai de nouveau[231], en les illustrant par les exemples des *Alexipharmaques*, et je ferai de même pour les particularités de grammaire et de style, afin de faciliter la comparaison des deux poèmes, et de faire saisir d'un seul regard leur profonde parenté.

230. *Al.* 397 = *Th.* 583 μηδέ σέ γ(ε), voir *infra* p. CXIII.
231. Pour les *Thériaques*, voir tome II, p. XCVI s.

Les γλῶσσαι : Au chapitre 22 de la *Poétique*, dans ses réflexions sur l'*élocution* (λέξις), Aristote définit comme « basse » une élocution qui ne se compose que de « noms courants » faisant partie de l'usage ordinaire : « est noble, au contraire, et évite la banalité, celle qui utilise des noms étrangers à l'usage ordinaire »[232]. Les noms de la seconde espèce sont les ξενικὰ ὀνόματα, qu'il appelle γλῶσσαι. Pour se faire bien comprendre, il donne l'exemple d'un nom dialectal, le nom σίγυνον (*lance*), qui pour les Chypriotes est un « nom courant », alors que pour les Athéniens il est une γλῶττα[233]. Dans ces conditions, peut être aussi bien γλῶττα un vocable tombé hors d'usage, un terme rare appartenant au passé poétique, en particulier à Homère. Bref, la γλῶττα est tout ce qui n'est pas « nom courant », tout ce qui éhappe à l'usage ordinaire, tel que métaphore ou nom modifié par le poète de son propre chef, soit qu'il l'allonge, soit qu'il l'écourte. Dans son désir d'échapper à la banalité, Nicandre a utilisé dans les **« gloses » dialectales** *Alexipharmaques* comme dans les *Thériaques* toutes les formes de ξενικόν, autrement dit tous les genres de γλῶσσαι, et notamment les gloses dialectales. C'est la littérature grammaticale, et, en première ligne les Scholies, qui nous renseignent sur les noms de cette sorte.

La langue de Nicandre est la κοινή épique ; c'est, d'une manière générale, la langue de la poésie hexamétrique, caracté-

---

232. *Poét.* 22, 1458a 19-23 : σαφεστάτη μὲν οὖν ἐστιν ἡ (*sc.* λέξις ἡ) ἐκ τῶν κυρίων ὀνομάτων, ἀλλὰ ταπεινή … σεμνὴ δὲ καὶ ἐξαλλάττουσα τὸ ἰδιωτικὸν ἡ τοῖς ξενικοῖς κεχρημένη. Ξενικὸν δὲ λέγω γλῶτταν καὶ μεταφορὰν καὶ ἐπέκτασιν καὶ πᾶν τὸ παρὰ τὸ κύριον.

233. *Poét.* 21, 1457b 3-6 : Λέγω δὲ κύριον μὲν ᾧ χρῶνται ἕκαστοι, γλῶτταν δὲ ᾧ ἕτεροι ὥστε φανερὸν ὅτι καὶ γλῶτταν καὶ κύριον εἶναι δυνατὸν τὸ αὐτό, μὴ τοῖς αὐτοῖς δέ· τὸ γὰρ σίγυνον Κυπρίοις μὲν κύριον, ἡμῖν δὲ γλῶττα.

risée par sa bigarrure dialectale. Il est donc tout à fait naturel de
trouver chez lui des dorismes, comme ὀδελός = ὀβολός (308,
327, 601), qui a un équivalent chez Théocrite (5.27 δήλετ᾽) et
figure aussi chez Épicharme (fr. 68.3). Nous en aurions un
autre, selon Volkmann, dans ταμίσοιο (373), au lieu de
πυετίας/πυτίας pour désigner la *présure*[234]. Les gloses dialectales ne sont pas liées uniquement aux grandes aires linguis-
tiques du monde hellénique, elles peuvent aussi appartenir à des
aires plus limitées et représenter des parlers locaux. Ce sont les
Scholies aux *Alexipharmaques* qui nous apprennent que le nom
ὕρακας, inconnu en dehors de Nicandre, et signifiant « rats »,
appartient à la première catégorie ; c'est en effet un *éolisme* (Σ
37a τοὺς μύας κατ᾽ Αἰολεῖς, 37b ὁ μῦς Αἰολικῶς), comme
193 ἀτύζει (cf. *EG ad loc.*) ; que φλύζω relève de la seconde,
en tant que glose *italiote* ; les Grecs d'Italie emploient ce verbe
au sens de φλυαρῶ « dire des niaiseries » : Σ 214c Ἰταλιῶ-
ται τοὺς φλυαρογραφοῦντας φλυζογράφους ἐκάλουν. Cet
enseignement est complété par les Scholies aux *Thériaques*,
beaucoup plus érudites. Grâce à ces dernières (Σ *Th*. 523c, qui
se réfère sur ce point au traité d'Iollas[235] Περὶ τῶν Πελο-
ποννησιακῶν πόλεων), nous savons que le phytonyme ῥυτή
est une glose *péloponnésienne* pour πήγανον, « la Rue »
(*laconienne*, selon Eutecnius 30.12). Ce sont encore elles qui
nous renseignent sur l'origine du nom ἀχράς (354), une glose
crétoise (Σ *Th*. 512c renvoyant cette fois à Hermonax et à ses
Κρητικαὶ Λέξεις). Hermonax parle de Poire sauvage, mais il
est possible que Nicandre ait employé le nom ἀχράς par catachrèse pour la Poire cultivée (cf. Σ *Th*. 513a ~ Σ *Al*. 354a). Les
Scholies d'Homère et d'Apollonios de Rhodes apportent à
celles de Nicandre leurs compléments d'information. Celles-là
(Schol. bT *Il*. 6.506-508, citée dans les *Testimonia* à ce vers)
voient dans ἀκοσταῖς (106) une glose *thessalienne* pour
κριθαῖς, celles-ci (Σ Ap. Rh. 3.530, cf. *Test*. ad loc.) dans ἀχύνετον (174) une glose *ionienne* ou *sicilienne*. Aux Scholies
s'ajoute la contribution des auteurs de *Lexiques* connus ou anonymes. L'Atticiste Aelius Dionysius considère γέντα (62,

234. Voir la note à la traduction (*l.c.*) et celle de *Th*. 949.
235. Sur le médecin Iollas de Bithynie, voir tome II, *Notice*, p. LV,
n. 107.

556a) comme une glose *thrace*[236], un lexique anonyme κεβλή, en composition dans κεβληγόνου (433), comme une glose *macédonienne*[237]. Δαυχμοῖο (199, cf. *Th*. 94) est apparenté à *δαύχνα, glose *thessalienne* attestée dans des composés[238]. Ζάγκλη (180), est un néologisme de Nicandre créé à partir de ζάγκλον, glose *sicilienne*, comme nous l'apprend Thucydide (6.4.5). La variante ἄνις (419, voir la n. *ad loc.*), peut-être une variante d'auteur[239], appartient au *mégarien* et au *sicilien*. Ἐνδευκέϊ est peut-être une glose *étolienne* (cf. *Th*. 625 πολυδευκέος et la n.). Certaines formes ou graphies sont dialectales : γληχώ [240](128, 237), au lieu de l'attique βλήχων, est ionien. La graphie ὤεα (555) semble *sicilienne* (cf. Epich. fr. 150). Graphies *attiques* : βρῦκον (226), au lieu de βρῦχον, au témoignage d'Ammonios et de Moeris ; λίτρον (327, *al.*), au lieu de νίτρον ; ὄμπας (450), au lieu de ὄμπνας (voir nn. *ad loc.*). Le terme d'ὀμφαλός, impliqué par l'adj. ὀμφαλόεσσαν (348), pour désigner la dépression centrale de la Figue, est attique ; de même l'emploi de λαγός pour le Lièvre de mer est un atticisme. Il est probable que le nombre des gloses dialectales des *Alexipharmaques* serait plus élevé si nous disposions d'un corpus de Scholies plus complet.

« gloses » poétiques

Comme on pouvait s'y attendre, les gloses poétiques l'emportent de beaucoup en nombre sur les gloses dialectales. Sensible à l'éclat du verbe, Aristote juge que, « parmi les noms, … les γλῶτται (conviennent surtout) aux vers héroïques »[241] ; et, en

236. Cf. Eustathe, *Commentarii ad Homeri Iliadem pertinentes*, ed. M. Van der Valk, t. 3 p. 433.21 : γέντα ὃ δηλοῖ Θρᾳκιστὶ τὰ κρέα, ὡς οἱ τὰ τῶν γλωσσῶν ἱστορήσαντές φασι (cf. Id. *Od*. 2.189.11 καὶ ὁ γράψας δὲ γέντα τὰ κρέα κατὰ γλῶσσαν Θρᾳκῶν ἔγραψεν) = Ael. Dion. γ 6 γέντα. Θρᾳκιστὶ τὰ κρέα (cf. Hsch. γ 377 ; pour d'autre références, voir la n. au v. 62).

237. Cf. Callimaque, fr. 657 et le commentaire de Pfeiffer.

238. Cf. la n. au v. 199 et le comm. n. 17 §B2c (p. 119).

239. Voir ci-dessous p. CXXXI (et n. 313), CL.

240. Schol. Aristoph. *Oiseaux*, 874b ἡ γληχώ, τῆς γληχῶ · Ἀττικοὶ δὲ βληχώ φασιν (~ Suidas β 338). Voir tome II, p. XCVII.

241. *Poét*. 22, 1459a 8-10 τῶν δ' ὀνομάτων … αἱ δὲ γλῶτται τοῖς ἡρωϊκοῖς (*sc*. μάλιστα ἁρμόττουσι).

guise d'illustration, il montre ce qu'un trimètre iambique du *Philoctète* d'Eschyle (F 253) a gagné en beauté quand Euripide (F 792), dans sa tragédie homonyme, substitua au nom courant ἐσθίει, un mot étranger au langage ordinaire, la « glose » θοινᾶται. Les *Alexipharmaques* révèlent, aussi bien que les *Thériaques*, la prédilection de Nicandre, dont l'outil poétique est justement le vers épique, pour ce genre d'ornements. Il va les chercher dans les œuvres des poètes antérieurs, et, avant tout autre, en vrai φιλάρχαιος[242] qu'il est, chez le ποιητής par excellence, dont il se proclame lui-même le zélateur, chez Homère[243]. Je ne puis relever ici tous les emprunts qu'il lui fait, pour lesquels je renvoie aux notes de la traduction ainsi qu'à la dissertation de Friedrich Ritter, laquelle, d'ailleurs, ne traite qu'une partie du sujet[244]. Je me contenterai de faire un sort aux plus notables, les *hapax* homériques.

Sur les onze *hapax* que j'ai relevés[245], Nicandre n'en a adopté que deux *sans modification de sens* : c'est évidemment le cas de la liaison μηδέ σέ γ(ε) (397, cf. *Th.* 583 μηδέ σέ γε, 574 μηδὲ σύ γε = *Od.* 18.106 μηδὲ σύ γε) ; encore convient-il de noter que les exemples de Nicandre marquent le début d'une notice, alors que celui de l'*Odyssée*, s'il apparaît aussi en début de vers, intervient dans le cours d'une phrase ; — c'est également le cas pour ἀφυσγετόν, au v. 342, s'il s'agit bien, comme je le crois, de la *vera lectio* ; mais les mss MRV portent-

---

242. Cf. Athénée, *Deipnosoph.* 126b : οὐ σὺ μέντοι τὸν Κολοφώνιον Νίκανδρον ἀεὶ τεθαύμακας τὸν ἐποποιὸν ὡς φιλάρχαιον καὶ πολυμαθῆ ; « n'as-tu pas toujours admiré Nicandre de Colophon, le poète épique, pour son goût de l'antiquité et pour son érudition ? ». Pour l'effet de ces gloses, cf. Quintilien, *I.O.* 1.6.39 : *verba a vetustate repetita … afferunt orationi majestatem aliquam non sine delectatione ; nam et auctoritatem antiquitatis habent et, quia intermissa sunt, gratiam novitati similem parant.*

243. Cf. *Th.* 957 Ὁμηρείοιο … Νικάνδροιο.

244. F. Ritter, *De adjectivis et substantivis apud Nicandrum homericis*, diss. Göttingen 1880.

245. Cf. 34, 125, 160, 187, 220, 340, 342, 397, 455, 472, 541 ; voir les notes à la traduction pour des explications complémentaires.

tent la leçon ἀφυσγετός, épithète employée, v. 584, au sens de
« en abondance », et qui, ici, qualifierait 341 ὕδρωψ (correction conjecturale ?). — *Emplois comparables* : κλειτύν (34 =
Od. 5.470), mais chez Nicandre le υ est bref alors qu'il est long
chez Homère ; — ῥιγηλόν (220, cf. *Od.* 14.226 καταρριγηλά ; [Hésiode] *Bouclier* 131 a le simple ῥιγηλοί) ; — le verbe
βαρύθω (541 ~ *Il.* 16.519... βαρύθει δέ μοι ὦμος ὑπ' αὐτοῦ
[*sc.* τοῦ αἵματος]), plus fréquent dans les *Thériaques* sous sa
forme simple et composée (ἐμβαρύθω) (cf. *infra* p. XCIX), qui
s'applique chez Homère à une sensation de *lourdeur* causée par
la souffrance, est rapporté par Nicandre au symptôme qui la
cause ; — φυξήλιδος (472 ~ *Il.* 17.143 φύξηλιν) est la première occurrence de cet adjectij qualifiant un animal (la Seiche)
et non l'homme. — *Autre sens* : φοινόν (187 ~ *Il.* 16.159
παρήϊον αἵματι φοινόν) ; chez Homère, « ensanglanté » (cf.
hAp. 361 s. λεῖπε [*sc.* Τελφοῦσα] δὲ θυμὸν ǀ φοινὸν ἀποπ-
νείουσα), chez Nicandre « meurtrier » (~ *Th.* 146 φοινὰ
δάκη, 675 φοινὸν ὄλεθρον), exégèse (cf. Ap.Soph. 164.16)
plus probable que celle qui fait de φοινόν une variation de
φόνον (e.g. *EGud* 555.24 s. τὸ φοῖνον [*sic*]... παρὰ τὸ
φόνος), également possible (pour un même mot à la fois subst.
et adj., cf. *supra* ἀφυσγετός) ; — ἀελπέα (125 ~ *Od.* 5.408
[*eadem sede*] « de manière inespérée »), Nicandre l'emploie au
sens actif de « sans espoir » ; — δήμια (160 = *Il.* 17.250
δήμια πίνουσιν « ils boivent aux frais du peuple »), chez
Nicandre le mot apparaît à la même place du vers mais en un
autre sens. — *Sens incertain* : ὀρεχθεῖ (340 ~ *Il.* 23.30 βόες
ἀργοὶ ὀρέχθεον ἀμφὶ σιδήρῳ), le sens est douteux chez
Nicandre comme chez Homère ; — μορόεις, qui qualifie chez
Homère des boucles d'oreille (*Il.* 14.183 = *Od.* 18.298) figure
quatre fois dans les *Alexipharmaques* (130, 136, 455, 569) ; si
Nicandre a voulu faire de l'*interpretatio homerica*, le résultat
est décevant[246], car le sens n'est pas plus sûr chez lui que chez
Homère. — Nicandre modifie aussi le sens de mots hom. autres
que les *hapax* : cf. *e.g.* 518 ἁλὸς ἄχνην. — Il semble parfois
refléter l'enseignement d'Aristarque : cf. les n. aux v. 38 παρδαλιαγχές, 515 ναιομένην, 568 λαχειδέος, 581 θαμειότε-

---

246. L'exemple qu'a voulu en donner Otto Schneider à propos de
193 ἀτύζει n'est pas plus probant (cf. comm. n. 16b §4, p. 115).

ροι (*contra* : 261 ὁμαρτῇ). En revanche la graphie ὅρρα (424)
pourrait révéler l'influence de Zénodote (cf. *Th.* 685 n.).

Nicandre ne s'est pas contenté
Emprunts poétiques d'emprunter à Homère des
glôssai, qui peuvent être chez
lui, elles et les autres *homerica*, comme ils le sont chez Callimaque, Apollonios de Rhodes ou Lycophron, des pré-
textes à interprétation homérique. Comme Antimaque de
Colophon, autre modèle qu'il affectionne[247], il a enrichi sa
langue en empruntant aux poètes lyriques des mots qui ne
figurent pas chez Homère. Les emprunts de Nicandre
s'étendent à d'autres poètes, archaïques ou classiques, voire
hellénistiques, des poètes relevant de genres différents, non
seulement « épiques » mais aussi tragiques, et ces emprunts
ne se limitent pas aux *glôssai*. Euphorion, qui a une foule de
mots obscurs, est un de ses modèles de prédilection — il
faut se garder d'inverser la chronologie relative que les imitations, signalées par les Scholies, impliquent chez les deux
auteurs, car les parallèles poétiques, dont les Scholies font
état (Euphorion, Nouménios, etc.), viennent peut-être du
commentaire de Théon[248]. Or, on le constate en particulier à
propos d'une *glôssa* d'Euphorion (cf. *infra*), lorsque
Nicandre imite, il fait preuve d'indépendance à l'égard de
son modèle, et, comme on l'a vu à propos d'Homère, ses
emprunts peuvent être assortis de modifications. Je voudrais, élargissant mon propos, considérer ci-dessous les
emprunts de Nicandre aux poètes venus après Homère, quel
que soit le contenu de ces emprunts, qu'il s'agisse ou non de
« gloses », en renvoyant pour les références aux notes de la
traduction, à l'apparat critique et au commentaire.

247. A la différence des Schol. aux *Th.* (cf. 3, 295b, 472a), les
Scholies aux *Al.* (moins érudites, je le répète) ne les citent pas. Certains
des parallèles entre les *Al.* et Euphorion, ainsi que Lycophron, grands
admirateurs du Colophonien, peuvent s'expliquer par l'imitation commune d'Antimaque (cf. tome II, *Notice*, p. CXI).
248. Cf. Scheidweiler 91 s. Sur Théon, voir *supra* n. 206.

C'est Hésiode (*Travaux* 305 [*eadem sede*] μελισσάων κάματον) qui a fourni à Nicandre la métaphore, particulière aux *Alexipharmaques*, par laquelle il désigne constamment le Miel (cf. *Th.* 556 μέλιτος), avec une formulation identique (144 ~ 71), ou voisine (554 ἱερὰ ἔργα μελίσσης ~ 445 ; 374 s. μελίσσης ‖... ποτῷ). — Il doit peut-être à Aratos l'emploi de καὶ τά (94) en fin de vers. — Sans doute à Apollonios de Rhodes le participe ἐπιπροπεσών (496), non attesté ailleurs, et qui apparaît à la même place du vers dans un contexte analogue ; peut être aussi βουπελάται, seule autre occurrence[249] de ce nom. — Les noms γέντα (62, 556a) et ἄστυρον (15, 131) viennent probablement de Callimaque, seul à les attester en dehors de la littérature grammaticale ; de même, la locution adverbiale παρὰ χρέος (614), dont il est le seul témoin avant Antipater de Thessalonique, et aussi les mots τινθαλέοισιν ... λοετροῖς (463), que l'on trouve chez Callimaque au même endroit du vers. Les v. 232 s., 519 portent également la marque de Callimaque. — Quant au groupe (δέπας) ἔμπλεον οἴνης (162, *eadem sede*), il peut avoir été emprunté à Léonidas de Tarente, ἀναλθέα τραύματα (246) à Bion, chez qui il suit pareillement la césure féminine : Knaack faisait de ce dernier un des menus larcins poétiques dont Nicandre est coutumier. — Le souvenir d'Euphorion revit dans les mots : 147 μολόθουρος [Euph. fr. 133 P. est la seule autre occurrence de ce phytonyme, la glose d'Hésychius pouvant être le reflet de Nicandre (cf. *Test.* 147)] ; 161 ἀταρμύκτῳ [Euph. fr. 124 P. (*eadem sede*)], cité par *EG* α 1339 (*EM* 162.6, *ESym.* 276.33), d'où Zon. 336.3, s.v. ἀτάρμυκτον, dérive peut-être d'une Σ *Al.* l.c. plus complète] ; et surtout 433 κεβληγόνου, emprunté sans nul doute à Euph. fr. 108 (*eadem sede*) κεβληγόνου Ἀτρυτώνης, mais avec modification du sens, passif chez Euphorion (*née de la tête* [de Zeus]), actif chez Nicandre (*à la tête féconde*) ; Schultze voyait dans le v. 31 κεραοῖο Διωνύσοιο une imitation d'Euphorion fr. 14.1 (*eadem sede*) ταυροκέρωτι Διωνύσῳ, auquel Σ *Al.* 31b 9 semble faire allusion (ταυροκέρως γὰρ ὁ Διόνυσος). — Autres imitations de poètes hellénistiques (?) : Ménécrate[250] d'Éphèse fr. 3 D. ~ 172-175 (asservissement de la mer et du feu aux vents) ; Léonidas de

---

249. Voir aussi le v. 421 pour l'emploi de οἶα avec un participe causal, p.-ê. inspiré par Apollonios de Rhodes.

250. Voir tome II, p. CXIV.

Tarente ~ 162 (δέπας) ἔμπλεον οἴνης, 470 ῥυπόεις. — Emprunts possibles aux poètes iambiques : 77 πελλίσιν ~ Hipponax, Phoenix de Colophon. — Au vocabulaire lyrique, notamment à Pindare : voir les notes aux v. 98 ἀργήεντος, 435 ἀναπίτναται (seulement chez Pindare et Hésychius), 440 διανίσεται, 446 ποιπνύων (Pindare est la seule autre occurrence), 449 ἐπαέξεται (au sens attesté chez Pindare pour le verbe simple). — Au vocabulaire tragique, notamment à Eschyle : voir *e.g.* les notes aux v. 296 ἀνόστρακα (Eschyle F 337, cité dans la n. critique), 297 δύσποτμον (Esch., Soph., Eur.), 421 βρωτῆρας, 452 λήνει, 462 δροίτῃ, 498 φιλαίματος.

Ouvrons une parenthèse. On a sans doute remarqué que les mots empruntés aux poètes du passé, Nicandre les enchâsse parfois au même endroit du vers où ils figurent dans son modèle, c'est-à-dire à la place la mieux faite pour réveiller chez le lecteur le souvenir du poète imité. Chez les poètes hellénistiques, les *homerica*, quels qu'ils soient, et c'est là un principe que Nicandre maintient haut et fort, donnent au style de la dignité ; ils lui ajoutent du piquant en raison du contraste entre la majesté du langage et l'humilité de la matière qu'ils embellissent. Cela n'est pas moins vrai des emprunts que Nicandre fait aux poètes autres qu'Homère. Cette écriture dans l'écriture répond encore, me semble-t-il, à un autre but. Les menus larcins poétiques dont Nicandre parsème ses vers établissent entre le *poeta doctus* et le public lettré, auquel ils n'échappent sûrement pas, une espèce de connivence culturelle : ils sont comme un appel à la complicité érudite des lecteurs cultivés, « heureux de retrouver dans une seule lecture le souvenir et le résumé de toutes leurs belles lectures »[251].

Néologismes   Parmi les moyens qui, d'après la *Poétique*, permettent aux poètes d'éviter de tomber dans la bassesse d'élocution (λέξις ταπεινή[252]), il en est un dont Nicandre a usé abondamment, c'est, à côté des « gloses », l'usage

251. Sainte-Beuve, *Étude sur Virgile*, chap. IV.
252. Cf. *Poét.* 22, 1458a 18, 32.

des néologismes, de ces noms « forgés », les πεποιημένα ὀνόματα, recommandés par Aristote. Aux mots
rares que lui fournissent les poètes qui l'ont précédé,
Nicandre ajoute à plaisir ceux qu'il crée de son propre
chef. Aussi bien est-il, avec Lycophron, le poète grec le
plus riche en *hapax legomena*. Si à ses πεποιημένα proprement dits on ajoute les noms dont il offre l'occurrence
la plus ancienne, ceux également qui font chez lui leur
première apparition en poésie, et enfin ceux à qui il
donne un sens attesté pour la première fois, on arrive,
sauf erreur, pour les seules *Alexipharmaques*, au total
impressionnant de 314 (dont un au v. 623, dans l'interpolation finale). Il n'est pas rare qu'un seul et même vers de
ce poème contienne deux, voire trois, de ces innovations.
Et pourtant, il faut le dire aussitôt, aucune de ces raretés
morphologiques n'est de nature à égarer le lecteur, parce
qu'elles sont pour la plupart dérivées à partir de mots
courants et qu'elles obéissent au principe de l'analogie.
Je renvoie pour l'essentiel au développement que j'ai
consacré aux néologismes des *Thériaques*, et je me borne
à quelques remarques visant principalement des πεποιημένα qui en sont absents.

Ce n'est pas le cas des néologismes que constituent, dans la
ligne d'hom. ἀμπελόεις, λειριόεις, etc., les **adjectifs en
-όεις**, qui fleurissent dans les deux poèmes[253]. C'est une raison
pour donner la préférence aux variantes qui révèlent ce genre
de formations. Avec Gow et O. Schneider, je retiens au v.54
ἀργυρόεν (T), contre ἀργύρεον, leçon de ω à laquelle Oikonomakos a le tort de revenir ; avec Gow et Oikonomakos, au v.
110 χλιόεντι (TLVx) ; et, au v. 533, malgré l'appui que *Th.* 71

---

253. Voir tome II, p. C, en particulier la n. 212. Pour les adj. en
-ήεις, -όεις chez Call., cf. Hollis ad *Hec.* fr. 74.23 H. Sont propres aux
Alexipharmaques : 30 et 604 ἀγριόεις, 54 ἀργυρόεν, 95 et 530 κληματόεσσαν, 110 χλιόεντι, 186 βλαβόεν, 267 βατόεντα, 276
σιδόεντος, 279 ἰξιόεν, 319 ὀπόεντας, 371 βρυόεντα, 444 γλυκόεντι, 455 ἰρινόεν, 475 ἰκτερόεις, 512 χιονόεσσαν, 533
ἐμπριόεντα, 555 χαλβανόεσσα, 570 θερόεις.

ἐμπρίοντ' ὀνόγυρον prête à la leçon ἐμπρίοντα (σίνηπυν),
je n'hésite pas à choisir ἐμπριόεντα (c), attesté par Hésychius.
Gardons-nous de condamner χλιόεντι et ἐμπριόεντ(α) à cause
de leur racine verbale. Le fait n'est pas plus choquant que la
dérivation de χαλβανόεις (cf. 555) à partir de χαλβάνη, de
σιδόεις (276) à partir de σίδη, ou de ναυσιόεις (83, 482) à
partir de ναυσία, thèmes féminins de la déclinaison en -ᾱ. —
Une formation que Nicandre a développée dans les Al., et qui se
situe dans la ligne de l'hom. ἐναλίγκιος, à côté d'hom. ἀλίγ-
κιος, est celle des **adjectifs composés en ἐν-, ἐγ-, ἐμ-, ἐνι-,**
catégorie représentée dans les Thériaques par : 41 ἔνοδμον
(Hp. Epid. 7.5.4 [5.373 L.]) ; 506, 615 ἔγχλοον ; 676, 683,
885 ἔγχλοα (Orib.) ; 762 ἔγχνοα (Diosc.) ; 756 ἔμμοχθον
(Eschyle) ; 782 *ἐμπέλιος ; 866 *ἐμπευκέα ; 925 ἐνίπλειον
(Od., al.) ; 948 *ἐμπληθέα. Les Alexipharmaques, outre 162
ἔμπλεον, 164 ἔμπλεα, 202 *ἐμπευκέϊ, ont aussi : 147
*ἔνισχνα, 238, 607 *ἐνομηρέα (v.l. de συνομ-), 328 ἐνδευ-
κέϊ (cf. Hsch. ε 2772 ἐνδευκέα), 422 *ἐνοιδέα, 586 *ἐναλθέα, qui sont pour la plupart des hapax absolus. De même, 63
*ἐγχανδέα, préférable à *εὐχανδέα, et *ἐνοπταλέῃσιν, que
je conjecture au v. 106 (voir les n. ad locc.) ; à l'inverse,
*ἐναολλέα (236, Th. 573) semble être une falsa lectio. — Sont
absents des Th. les **adjectifs en -ήμων** : 37 *λιχμήμονας, 536
*λωβήμονα, 548 *βλαστήμονος, 610 *ἀνθήμονα, ; ou les
adj. en -αλέος : 181 ῥυσαλέος, 249 et 594 ἐχθραλέος, qui
sont autant d'hapax absolus. — **Adverbes en -δην/-δόν/-δά.**
Les Al. et les Th. ont en commun μίγδην (hHerm., Ap.Rh., al.)
et *ἀμμίγδην, propre à Nicandre ; et en outre des formations
spéciales aux deux poèmes. Particulières aux Al. : μιγάδην
(277, 349, Agath. Schol.), ἐμπελάδην (215), *ἐμπλήδην
(129), *μετρήδην (45), *παμβλήδην (37), παμπήδην (526),
*περισταλάδην (475), *στήδην (327). A côté de μετρήδην,
on relève le doublet μετρηδόν (203, Nonn.), et en outre *μοσχηδόν (357), ὁμιλαδόν (518, Il., Ap.Rh., al.), ταυρηδόν (496,
Aristophane, Platon, al.) et *ὠρυδόν (222)²⁵⁴. Adv. en -δά (cf.
Arat. 917 εἰληδά) : 547 ἀνάμιγδα (Soph.), 182 *ῥοιζηδά (cf.
Th. 556 ῥοιζηδόν [Ésope]). — Enfin, il me faut revenir sur
un type de πεποιημένον particulier, celui qui consiste, selon
la définition d'Aristote, dans le nom « allongé ou écourté ou

---

254. Les adv. en -δόν sont affectionnés d'[Oppien] Cynégétiques.

modifié »[255]. Ce type est bien représenté dans les deux poèmes. Pour les *Alexipharmaques*, on peut citer comme exemples de mots *allongés*[256] des mots augmentés d'une syllabe : 282 ἐπιφλεγέθων, au lieu de ἐπιφλέγων, 392 ἐφθέα, 573 καθεφθέον, au lieu de ἑφθά, κάθεφθον ; ou dont une voyelle a été allongée : 153 σείραιον, au lieu de σίραιον, 597 εἰλειός, au lieu de εἰλεός ; exemples de mots *écourtés* : 92 ῥαδάμους et 154 (*al.*) ὀράμνους, au lieu de ὀροδάμνους, 484 κάμωνος, au lieu de σκαμμωνίας, 607 ῥυσίμῳ, au lieu de ἐρυσίμῳ ; de mots *modifiés*[257] : 300 τερμινθίδα, au lieu de τερμινθίνην. Il est certain que beaucoup de phytonymes ne pourraient pas entrer dans l'hexamètre sans de telles innovations, mais la raison métrique n'est pas la seule à militer en leur faveur. Le désir de terminer le vers par ce mot peut être à l'origine de la création de κορέσκω (voir 225 n.) à côté de κορέω. Mais il y a, dans ce travail sur les mots, un moyen d'enrichir la langue : voyez le nombre des noms qui servent à désigner l'Âne (cf. n. au v. 409), les drageons (*supra* n. 144), ou les « racines » : à ῥίζεα, commun aux deux poèmes (*Th.* 646, 940 ; *Al.* 69, 145, 588), les *Al.* ajoutent trois *hapax* absolus : 265 ῥιζεῖα, 403 ῥιζίδα, 531 ῥιζάδα, à côté de ῥίζα, l'ὄνομα κύριον, qui n'y figure que trois fois (368, 555, 564) ; ou encore des doublets comme κορέω/κορέσκω. Nicandre a-t-il connu la leçon d'Aristote pour qui, si le poète procède aux changements du nom courant tels qu'il les a répertoriés, l'élocution acquiert de

---

255. *Poét.* 21, 1457b 1-3 ἅπαν δὲ ὄνομά ἐστιν ἢ κύριον ἢ γλῶττα ἢ μεταφορὰ ἢ κόσμος ἢ πεποιημένον ἢ ἐπεκτεταμένον ἢ ὑφῃρημένον ἢ ἐξηλλαγμένον, « Tout nom est ou bien un nom courant ou bien une *glôtta*, ou bien une métaphore, ou bien un ornement, ou bien un nom forgé ou allongé ou écourté ou modifié ».

256. *Poét.* 21, 1457b 35-1458a 1-3 ἐπεκτεταμένον δέ ἐστιν ἢ ἀφῃρημένον τὸ μὲν ἐὰν φωνήεντι μακροτέρῳ κεχρημένον ᾖ τοῦ οἰκείου ἢ συλλαβῇ ἐμβεβλημένῃ, τὸ δὲ ἂν ἀφῃρημένον τι ᾖ αὐτοῦ, « est allongé ou écourté, allongé le nom qui a une voyelle plus longue que la voyelle propre, ou une syllabe insérée, écourté celui auquel on a ôté quelque chose »

257. *Poét.* 21, 1458a 5-7 ἐξηλλαγμένον δ' ἐστὶν ὅταν τοῦ ὀνομαζομένου τὸ μὲν καταλείπῃ τὸ δὲ ποιῇ, οἷον τὸ « δεξιτερὸν κατὰ μαζόν » ἀντὶ τοῦ δεξιόν, « le nom est modifié quand on laisse subsister une partie du nom usuel et qu'on forge l'autre, par exemple δεξίτερον au lieu de δεξιόν ».

la dignité sans perdre de sa clarté[258] ? En tout cas, il a négligé l'avertissement d'Aristote à propos des « gloses » : ἐκ δὲ τῶν γλωττῶν ὁ βαρβαρισμός, « (l'élocution uniquemnt composée) de gloses donne le barbarisme »[259].

Le vocabulaire, avec ses raretés, qu'il s'agisse des gloses poétiques et dialectales ou des néologismes, n'est pas le seul domaine où se font jour les originalités de la langue de Nicandre. Il en est ***Remarques sur*** d'autres qui touchent à la gram- ***la grammaire, ...*** maire et au style. J'ai réuni dans les paragraphes ci-dessous, sous les mêmes rubriques que pour les *Thériaques*, quelques-unes des particularités grammaticales les plus notables que l'on peut relever dans les *Alexipharmaques*[260]. On constatera que les raretés de Nicandre ne sont parfois que des particularités grammaticales.

I. Phonétique. — Contraction de εο en ευ dans les déclinaisons et les conjugaisons : 321, 366, 375 et 511 ὄξευς ; 47 ὑδεῦσι (mais 525 ὑδέουσι), 74 ἐπιφράζευ. On notera, en face de *Th.* 396 τεκμαίρευ, la forme non contracte des *Al.* 186 τεκμαίρεο, les deux formes étant conditionnées par le mètre.

II. Morphologie. — 1) **Substantif et Adjectif.** (1ʳᵉ déclinaison) Gén. masc. en -αο : 15 Πριόλαο, 245 Εὐφρήταο, 513 βορέαο (12 exemples dans les *Th.*, dont 5 noms propres) ; en -εω : 8 Ἄττεω, 152 Κερκέτεω (3 exemples dans *Th.*). —

258. *Poét.* 21, 1458a 34-b 3 οὐκ ἐλάχιστον δὲ μέρος συμβάλλεται εἰς τὸ σαφὲς τῆς λέξεως καὶ μὴ ἰδιωτικὸν αἱ ἐπεκτάσεις καὶ ἀποκοπαὶ καὶ ἐξαλλαγαὶ τῶν ὀνομάτων.

259. *Poét.* 22, 1458a 30 s. τὰ δὲ ἐκ τῶν γλωττῶν βαρβαρισμός ; cf. a 23-26 ἀλλ' ἄν τις ἅπαντα τοιαῦτα ποιήσῃ, ἢ αἴνιγμα ἔσται ἢ βαρβαρισμός· ἂν μὲν οὖν ἐκ μεταφορῶν, αἴνιγμα, ἐὰν δὲ ἐκ γλωττῶν, βαρβαρισμός, « mais si l'élocution n'est faite que de mots semblables (*i.e.* étrangers à l'usage quotidien), il y aura énigme ou barbarisme, énigme, si ce sont des métaphores, barbarisme, s'il s'agit de gloses ».

260. Comme précédemment, je renvoie aux notes de la traduction pour plus d'explications.

(2ᵉ décl.) Diminutifs sans valeur de diminutif : 596 ὀμφάλιον = ὀμφαλόν ; 12, 509 στομίοισι, 524 στομίων (1 exemple dans *Th.* 233). LSJ explique ainsi καυλίον, ῥιζίον, à quoi il rattache καυλέα, ῥίζεα (mais καυλίον = καυλός *ap.* Diosc. Orib.). — **Adj. en -ος élargi en -ιος** : 45 *καταμέστιος (cf. ὑπήνεμος/ὑπηνέμιος). — **Éolisme** : 171 ἀγλεύκην ; **dorismes** : 308, 327, 601 ὀδελός (3 exemples dans *Th.* 93, 655, 908), 373 ταμίσοιο ? (3 exemples dans *Th.* 577, 711, 949) ; **atticismes** : 226 βρῦκον ; 327, 329, 337, 532 λίτρον (1 exemple dans *Th.* 942). — **Métaplasme** : 302 φλόα pour φλόον, 170 κλύδα pour κλύδωνα, comme s'il dérivait de κλύς, κλυδός ; **pluriel hétéroclite** : 16, 337 χαλινά, de χαλινός (en face du plur. régulier χαλινούς, *Th.* 234) ; καυλέα plur. anomal de καυλός plutôt que diminutif ; **accusatif hétéroclite** : 164 ἔμπλεα (κύμβην) ; **génitif hétéroclite** : 465 κακοφθορέος, au lieu de κακοφθόρου, comme s'il dérivait de κακοφθορεύς. — **Forme aberrante** : *Al.* 184 ῥαγέεσσι, dat. plur. de ῥάξ (voir n. *ad loc.*). — **Adjectif employé comme substantif** : 347 εὐκραδέος, « beau figuier », littéralement « au beau figuier », κράδη désignant le Figuier, cf. Aristoph. *Paix* 627 ; il semble que εὐκνήμοιο (*Al.* 372, *Th.* 648) soit une formation du même genre, κνημός pouvant désigner l'Origan (Eustathe, *Comm. ad Iliad.* 1.405.17 [ad *Il.* 2.497] κνημὸν γὰρ Ἀργεῖοί φασι τὴν ὀρίγανον). — **Article défini** : 332 τά τε βλαστά, 491 τὰ σκληρέα κάρφη (cf. Arat. 280 τὰ δεξιὰ πείρατα), 532 τό (conjecture) ; a p.-ê. valeur de possessif en 491. — **Démonstratif** : 94 τά, 365 τόνδε ; κεῖνος au sens de « célèbre » (cf. Arat. 640) : voir n. au v. 525. — **Relatif indéfini** : 443 ; **de liaison** : 199, 470, 511, 565, 568 ; **en fonction de démonstratif** : 250 οὗ ; **séparé de son antécédent par un mot en alternative** : 200, 568. — 2) **Verbe**. Deux formes posent problème : 436 δέδηεν (Hom.) semble avoir été rattaché par Nicandre, non à δαίω au sens hom. de (les yeux) « flamboient », comme O. Schneider le note dans son *Index verborum* (s.v. δαίων), mais à δέω (« sont liés », comme l'ont compris les Scholies et Eutecnius ; 443 *δείδιχθι (T), en face de *δείδιθι (ω), au lieu d'hom. δείδιθι (avec ι bref). — **Emploi du Moyen non attesté** ailleurs[261] : (au sens de l'Actif)

---

261. Les formes citées ci-dessous, dans leur quasi-totalité, n'apparaissent pas en dehors de Nicandre. De même ὀπάζεο (*Th.* 60, 520, *Al.*

63 τηξάμενος (164, 229, 350), κορέσαιο (137, 351), 112 ἀλθήσῃ (subj. aor. 2ᵉ sing. [avec la *v.l.* δαμάσσας], cf. *Th.* 654 ἐπαλθήσαιο), 263 βδήλαιο, 266 ἐνθρύπτεο, 276 ἀποβρέξαιο, 277 ἐμπίσεο, 290 ὑποβρέμεται, 345 πίμπραται, 363 ἐπιγνάμψαιο, 445 διαθρύψαιο, 456 διὰ ... ἔγρεο, 463 ἐπαιονάασθε, 514 γυρώσαιο, 534 τεφρώσαιο, 553 χραίνοιο, 587 θερμάσσαιο. — **Moyen de sens Passif** : 163 ὑπετύψατο, 285 τυφλώσατο. — **Forme Passive de sens Actif** : 574 μίγμενος. — **Formes Actives à valeur intransitive** non attestées ailleurs, ou avec un sens différent : 83 ὑποτρύει, 85 ψύχει (192, cf. 435), 127 ἐπιπλάζοντα, διαψαίρουσι, 189 ἐμπλάζοντες, 438 ὠχραίνει, πίμπρησι, 480 αἱμάσσουσα, 487 λιπόωντας (mais *Th.* 81 trans.), 542 περισφαλόωντες (-λέοντες *v.l.*), 596 ἀνειλίσσοντα. — **Thème** de **présent refait sur un aor.** : 167 ἐπίσπει (cf. hom. ἐπέσπον), 381 χεύει, 508 διαχεύεται (cf. hom. ἔχευα, 373 διεχεύατο, 579 κατεχεύατο), 429, 490 ἔπουσι(ν) (*Th.* 508, 627, 738). — Emploi du **simple au lieu du composé** : (nom) 479 κρίσις (pour ἔκκρισις) ; (verbe) 147 (βάλλει pour προβάλλει [Aétius]), 429, 490 ἔπουσι(ν) pour ἐνέπουσι(ν). — **Verbes surcomposés** : 28 ἐπεμφέρεται, 166, 370 et 589 ἐπεγκεράσαιο, 219 ἐπεμβοάᾳ, 227 ὑπεξερύγῃσι, 439 ἐπεγχαλάουσι, 496 ἐπιπροπεσών. — 3) **Pronom** de la 3ᵉ pers. plur. : 124 φιν (*Th.* 725, fr. 73.2).

III. Syntaxe. — (Cas, Modes et Temps, Ordre des mots) 1) **Génitif partitif** complément d'objet : 369 ὁποῖο. — **Datif au lieu du Génitif** : voir la n. à 207 s. — **Datif absolu** : 453 ἠμύουσι χαλινοῖς. — **Datif de lieu** sans préposition : 106, 364, 425. — Mots au **même cas** dans des **fonctions différentes** : 342, 513. — 2) Optatif **potentiel sans particule modale** : 614. — Optatif + particule modale équivalant à un **ordre atténué** : 207, 325 s., 351. — **Ind. imparfait** sans valeur temporelle : 123 ἕζετο, 271 ἔτρεφεν (cf. *Th.* 168). — **Ellipse** de la 3ᵉ pers. de εἰμί : 8, 14. — **Injonction** exprimée à l'**optatif** 2ᵉ ou 3ᵉ sing. (119 fois), à l'**impératif** (37 fois), à l'**infinitif** (5 fois, dont une dans l'interpolation finale : [626]). — **Liberté des rapports Participe/Mode principal. Rapports inversés** : 197 ἐνεὶς ὁπλίζεο ; **Participe à valeur de Mode**

403), mais c'est ὁπάζεται (*Th.* 813) que j'aurais dû citer (tome II, p. CII).

principal (Klauser 84) : 84 λεύσσων, 113 δεδεγμένος (voir aussi la n. aux v. 46 ταμών, 50 σβεννύς τ' [*v.l.*], 135 ταμών). — 3) Confusion des éléments de la phrase ou **synchysis** : 70 s., 115 s., 207 s. — **Changement de construction** : 135 s. — **Ordre des mots** : voir les n. aux v. 74 s., 207 s., 397, 537 s., 594 s.

IV. MOTS INVARIABLES ET PARTICULES. — 1) **Adverbe démonstratif** employé **en fonction de relatif** : 9, 14, 123, 270, 590 τόθι = ὅθι ; 556, 595 τότε = ὅτε. — **Adv.** employé comme **préposition** (+ dat.) : 134, 557 s. ἀμμίγδην, 471, 544 ἄμμιγα, 261 ὁμαρτῇ. — **Νέον** « nouvellement », **portant sur un participe présent** et **éloigné de ce participe** : 295/297, 351 s., 421 s. — **Adv. anticipant un préverbe** : 236 s., 607 s. ἐν.— **οἶά (τε)** + ppe. = *ut si* : 252 ; = *quippe qui* : 421. — 2) **Préposition**, accompagnée de son régime et **rattachée à un substantif** : 99, 108, 162, 198, 275, 354, 362, 374, 471 ; exprimée **devant le second régime** : 181 ἐκ, 471 ἀπό ; **prép. ou préverbe composés** : διέκ (590, cf. *Th.* 301, 819), ὑπέκ (66, 297, cf. *Th.* 703 et voir Note orthographique). — 3) **Particules de liaison postpositives**. ἀλλ' ἤτοι : 12 (voir *Th.* 8 n.). — μέν *solitarium* : voir la n. au v. 159. — μὲν δή : 521, 611. — γε μέν : 146, 157, 567 (*Th.* 11 fois, fr. [*Géorg.*] 74.2) ; liaison aimée de Nouménios. — δέ en 3ᵉ position : 283, 315 ; en 4ᵉ ? (voir les n. aux v. 226, 247)[262] ; δ' αὖ : 442, 455 (*Th.* 5 fois) ; δ' αὖτε : 120, 289, 442, 455 (*Th.* 540, fr. [*Géorg.*] 70.13) ; δ' ἤτοι (après démonstratif, voir Note orthographique) : 337, 366, 378, 467 ; δέ τοι : 192 (*Th.* 9 fois). — **Liaison renforcée** par un adv. (voir Klauser 16 pour les *Th.*) : 205 ἐν δέ νυ ; 411, 430 ἐν δέ τε (usage de ἐν δὲ p.-ê. anticipé par Call. 1.84) ; 329 ἐν καί ; 46, 266, 274, 491, 534 σὺν δὲ καί ; 259 σὺν δέ τε καί. — δὴ γάρ τε en 3ᵉ position[263] : 187 (mais en 1ʳᵉ au v. 284). — ἦ γὰρ en 2ᵉ position : 82, fr. 74.45[264]. — τε en

---

262. Les *Th.* n'offrent pas de licence semblable (en 419 il est préférable de ponctuer avant et non après ὀξὺς ἁλείς). Pour δὲ en 3ᵉ position, cf. Arat. 815 ; Call. fr. 75.12, *al.* ; Ap.Rh. 1.741, 3.619, 4.271 (*ante* ἅλις *distincto*) et 608. Pas d'exemple chez Opp. *Hal.* ; mais les [*Cyn.*] développent beaucoup cet usage (cf. Lehrs 319 s.) : δὲ en 3ᵉ position, 1.276 + 3 fois ; 2.67 + 8 fois ; 3.56 + 5 fois ; en 4ᵉ, 2.83, 100 ; 3.305 ; en 5ᵉ, 3.82.

263. Callimaque a 5 fois γὰρ en 3ᵉ position, 2 fois en 4ᵉ.

264. D'ordinaire, ouvre la proposition, cf. Call. 3.177, fr. 43. 85,

3ᵉ position : 412 (voir n. *ad loc.*)[265] ; en 4ᵉ position : 8 ; τε ne semble pas employé pour lier deux propositions, d'où ma conjecture au v. 609 (cf. 592). — καί τε σὺ (cf. Nouménios) : 48, 92, 108, 148, 171, 186, 230, 239, 268, 323, 433, 563. — **Asyndète** avec ἄλλοτε : 65 (+ 13 fois) ; πολλάκι : 41 (+ 7 fois) ; καὶ dans πολλάκι καὶ semble souligner le mot qui suit : 261, 301, 529 n., *Th.* 86) ; ὁτὲ : 355 ; τοτὲ : 202 (+ 4 fois) ; δήποτε : 383, 531 (*Th.* 866, 930, καὶ peut être adv. plutôt que copule). — **Premier mot d'un vers en asyndète** dans une énumération : 56 παῦρα, 307 νάρδον, 394 κηραφίδος, 429 κίχορα, 533 καρδαμίδας (cf. *Th.* 531 νῆριν, 584 ἄρκευθος, 585 σπέρματα, 840 ἄρκιον, 858 δαύκειον, 864 κίχορον, 874 ἀγλῖθες, 892 καυκαλίδας, 902 ψίλωθρον). — **Adjectifs sans liaison** rapportés à un même substantif : (deux épithètes) 48, 59, 74 s., 90, 145 s., 157, 171, 175, 237, 243, 360, 381, 402 s., 412, 437 s., 439 s., 465 s., 497, 512, 514 s., 515, 541, 613 ; (trois) 268s., 305, 347 s., 507 s., 537 s., 611 s[266].

... *le style,* ...   Il n'y a pas de véritable différence de style entre les deux poèmes, mais seulement une différence en plus ou en moins dans les moyens employés, notamment en ce qui concerne l'usage des figures de style[267].

Notons d'abord deux usages, largement utilisés dans les *Al.*, et qui ressemblent à des facilités métriques : l'**accord d'un substantif féminin et d'un adjectif masculin**, ou, si l'on veut, les **adj. à deux terminaisons** (48, 171, 252, 266, 360, 390, 419, 455, 473, 492, 575, 604)[268] ; — le **pluriel au lieu du sin-**

67.5 ; Ap.Rh. 1.134 ; 3.570, 1006 ; 4.2, 723 ; Thcr. 1.16, 130 ; 2.155 ; 6.18, 35 ; 7.31, 96 ; 22.207 ; [25].124 ; de même chez Opp. *H.* et [*C.*], ainsi que chez Maximos (6 fois), ἢ γάρ est toujours en première position.

265. Très fréquent à cette place chez [Opp.] *Cyn.*

266. Pour les *Th.*, voir tome II, *Notice*, p. CV.

267. Cf. tome II, *Notice*, p. CIV s.

268. Dans tous les vers cités, le masc. est exigé par le mètre. En revanche, le fém. serait métriquement possible en *Th.* 120 θοώτερος ἵξεται αἶσα, 229 νέατον σκωλύπτεται οὐρήν, et de même chez

gulier[269] sans distinction de sens : 15 ἄστυρα « ville » ; 18, 314, 522 στέρνοισ(ιν), 388 θωρήκων « poitrine » ; 89 κακὰ φάρμακα, 292 s. πόσιες ... Ι φαρμακόεις « poison » (en revanche, plur. véritable au v. 4) ; 113, 138, 476 δόρπα, 166 δορπήϊα « repas » (au sing.) ; 135 κορσεῖα, 414 κόρσεα « tête » ; 168 δόλοις « appât » ; 210, 240, 263, 339, 377 στομάτεσσι(ν), 12, 509 στομίοισι, 524 στομίων « bouche » ou « orifice (stomacal) » ; 334 ἄγγεσιν « vaisseau (stomacal) » ; 494 τριπτῆρσιν « presse ». — **Passage du sing. au plur. et vice versa** (cf. *Th.* 801 n.) : 158 s., 291 s., 446 (voir n. *ad loc.*), etc. Cf. [Opp.] *Cyn.* 1. 162 s. Cette liberté peut s'expliquer parfois par des raisons métriques : cf. 584 s. Elle a surpris, d'où certaines corrections conjecturales (*e.g.* 158 πάσωνται *codd.* MR). — Nicandre use assez largement de la **catachrèse**, c'est-à-dire de l'emploi métaphorique d'un mot de sens particulier dans un sens général : voir Volkmann 51 s. et cf. les n. aux v. 16 ὑπήνην, 55 s. παῦρα (*sc.* θρῖα), 99 κάρυα, 109 ὤσχαις, 151 ἀμνός, 216, 432 κώδεια(ν), 294 νεοσσοῖς, 354 ἀχράδας, 547 τενθρήνης ; — de la **syllepse** : cf. n. aux v. 5 ἄ τε, 36 τήν, 219 οἱ δέ, 533 Μῆδον (cf. n. *ad loc.*) ; — de l'**hypallage**[270] : cf. n. aux v. 230 ἄγρια, 311 νεημέλκτῃ, 347 τριπετῆ, 348 ὀμφαλόεσσαν, 363 στρεβλόν, 402 εὐανθέα, 466 πολυστίον (Τ, *sic* !), 483 φοινήεσσαν, 605 Ἴσθμιον. Les hypallages ne sont pas seulement nombreuses, elles sont aussi particulièrement hardies, ainsi pour la « boisson aux trois figues », en 347 s., quand les adj. qui qualifient la figue sont rapportés à la boisson, ou au v. 402, quand l'épithète qui convient à la plante qualifie sa racine. — **Tmèse** : cf. nn. aux

---

Arat. 60 νειάτῳ οὐρῇ, 628 ἔσχατος οὐρή (p.-ê. entraîné par 625 ἔσχατον οὐρήν, où le fém. est impossible). Pour cet accord subst. fém. + adj. masc. *ap.* Collouthos, [Orphée] *Arg.* et Zosime, cf. Vian[1] p. 145 = *L'Épopée posthomérique* p. 239. Cf. *Th.* 129 n. et les *Test. ad loc.*

269. Cf. déjà Arat. 161 (*c. Schol.* κάρηνα), Lycophron (cf. Konze 89). Cet usage a été anticipé par Lycophron (références dans Konze 89), et il a des antécédents chez les Tragiques (cf. *e.g.* Soph. *Ant.* 568 νυμφεῖα, Eur. *Troy.*252 νυμφευτήρια). Il sera repris par [Opp.] *Cyn.*, chez qui le plur. στομάτεσσι(ν) apparaît souvent au sens du sing. « bouche » (3. 45, *al.*).

270. Pour la syllepse et l'hypallage, voir tome II, Notice, p. CIV, n. 219.

v. 183 s., 226, 281, 340, 398, 410, 428, 456. — **Tmèse inverse** : voir n. *ad* 33 ; cf. Arat. 226 (+ 7 fois). — **Anastrophe** : cf. n. *ad* 199 ; au v. 122 s., la ponctuation d'O. Schneider (περιψαύουσι δ' ἀνῖαι, | θώρηκος τόθι χόνδρος) ne s'impose pas, θώρηκος pouvant dépendre de περιψαύουσι ; pour πολλάκι, δήποτε καὶ, voir sous asyndète, p. cv. — En bon poète hellénistique, Nicandre affectionne les **aitia** : cf. 13 s., l'allusion à l'*aition* mythologique expliquant l'origine de l'Aconit. — Il aime les **jeux étymologiques** : s'il fait explicitement, aux v. 344-346, l'étymologie de βούπρηστις, c'est de manière implicite qu'il suggère, au v. 415, celle du phytonyme ὑοσκύαμος (Jusquiame), en dissociant ses éléments (συὸς κυάμῳ), ou celle de βούκερας, aux v. 424 s., quand il décrit les « cornes recourbées » du Fenugrec. Voyez encore, aux v. 41 s., le rapprochement du phytonyme ἀκόνιτον et des « montagnes d'Akonai », un des habitats favoris de cette herbe ; ou, après la mention du Perséa (99 περσείης), l'évocation de Persée, qui a introduit à Mycènes cet arbre égyptien. Cf. également les n. aux v. 276 σιδόεντος, 319 ἀποκραδίσειας, 415, 524 ἀποφώλιον. — D'une façon analogue, il joue du **double sens** de certains mots : 7 Ἄρκτον ὑπ' ὀμφαλόεσσαν (cf. comm. n. 1b2, p. 60), 301 δάκρυα, 612 Οἰταίην (cf. n. *ad locc.*). — Il fait, dans les *Al.* un usage discret de la **périphrase**. Comme dans les *Th.* 620 s., il appelle les Grenouilles « parents effrontés des têtards » (563), sans faire suivre, cette fois, la périphrase du mot propre, βάτραχοι. Mais, quand il nomme l'*Éphèméron* « feu de Médée » (249), il donne le nom propre du poison aussitôt après la périphrase. Celle qui concerne le Poireau (532 φύλλον ἐναλδόμενον πρασιῇσι, *i.e.* πράσον) repose sur un jeu de mots étymologique esquissé par *Th.* 879 πρασιῆς χλοάον πράσον.

Pour ce qui est des caractéristiques générales du style, quand on passe des *Thériaques* aux *Alexipharmaques*, on reste en terrain connu. Ce sont les mêmes traits fondamentaux, notamment la même richesse verbale. Cette dernière est due, bien sûr, à la fréquence des « gloses » et des néologismes. Mais aussi au nombre de fois où Nicandre rattache à un seul et même substantif des épithètes sans liaison, à raison de deux épithètes, ou même

de trois[271]. Cela prête à son style une abondance sans rhétorique, simplement motivée par un souci de précision et
de brièveté. Lorsqu'il présente les poisons, les animaux
qui servent à les préparer, les plantes qui combattent
leurs effets, les symptômes de l'intoxication qu'ils provoquent, il s'attache avec le plus grand soin à relever les
ressemblances qui donnent de la réalité l'image la plus
exacte possible — amertume de l'Aconit (12, 17), aspect
laiteux de la Céruse (75 s.) et du Dorycnion (376 s.),
odeur du breuvage à la Cantharide (115 s.) rappelant la
poix liquide, son goût de genièvre (118), goût du Pharicon semblable au nard (399) et de la *Buprestis* au natron
(337 s.), odeur et goût de poisson pourri ou mal lavé du
breuvage au Lièvre de mer (467 ss.), cris des victimes de
la Coriandre comparés aux hurlements des fous ou au
ululement des Bacchantes (159), ceux des buveurs de
Toxicon aux clameurs de la *zacore* attachée au culte de
Rhéa/Cybèle (217 ss.), etc.

Les comparaisons contribuent à mettre sous les yeux,
avec un âpre réalisme, tout un océan de douleurs. On
remarquera, dans la symptomatologie du Dorycnion, la
peinture des matières troubles et glaireuses évacuées par
le bas, assimilées aux selles d'un dysentérique (382 ὡς
εἶτε) ; dans celle de l'*Éphèméron*, la vilaine vomissure
des buveurs, dont le poison ronge l'œsophage et l'estomac, rapprochée de l'eau du lavage des viandes (258 ὡς
εἴ τε), comparaison que l'on retrouve chez d'autres
médecins dans des contextes différents[272]. Tout aussi
remarquable l'évocation des coups de tonnerre ou du
grondement des flots qui peignent le désordre intestinal
causé par l'Ixias/Chaméléon, ou celle des œufs avortés
auxquels font penser les déjections alvines dues au même

---

271. Voir le cas des noms parallèles à βλάστη et ῥίζα, *supra* p. C ;
pour les adj. en asyndète, p. CV.
272. Par exemple, Arétée et Galien ; voir la note de la traduction
au v. 258.

poison (293-297). Toujours dans le cadre d'une symptomatologie, celle de l'Aconit, Nicandre a une belle comparaison homérique en forme, sans équivalent dans le
reste de son œuvre : l'image des Silènes pris de vin,
jambes chancelantes (30-35) est en elle-même pitto-
resque, mais surtout, elle ajoute à ce qui précède un dernier symptôme d'intoxication[273].

Il y a enfin un aspect du style sur lequel je voudrais
insister. Ce style ne vaut pas seulement par sa puissance
descriptive, il a de plus des qualités d'harmonie. Les
répétitions, les effets d'écho, on l'a vu, lui donnent une
tonalité musicale. Y contribue également le souci
d'euphonie qui, souvent, semble avoir guidé Nicandre.
C'est sans doute pour cette raison parmi d'autres qu'il
convient de préférer la leçon βορέαο à la variante βορέῃσι au v. 513, dans lequel les voyelles α et o sont domi-
nantes ; la leçon ῥιζάδα, d'ailleurs mieux attestée, à la
variante ῥιζίδα, car elle assure au v. 403 un meilleur
équilibre des voyelles α et ι ; ou encore la leçon des
manuscrits, δολόεντα, conforme à la tonalité en α du v.
473, à la conjecture δολόεντι, seul exemple du son ι. De
manière analogue, au v. 91, le rapprochement de φιαρήν
et de φέροις donne un argument en faveur de cette dernière leçon contre πόροις. Parmi les allitérations et les
assonances réussies, on a le choix entre les sonorités du
v. 500 (βδέλλα πάλαι λαπαρή τε), elles défendent la
leçon des manuscrits λαπαρή contre la variante d'Eutecnius λαγαρή et la conjecture λαμυρή, bonne pour le sens
mais non pour les sons, et l'harmonie imitative des v.
286-290, avec la répétition de βρο/βρη/βρε :

καταπνίγουσα δὲ πνεῦμα
ἐντὸς ὑποβρομέει, ὀλίγῳ δ' ἐνελίσσεται ὄγμῳ,
πολλάκι δὴ βροντῇσιν ἀνομβρήεντος ὀλύμπου

---

273. Voir le commentaire *ad loc.*, et Jacques[3] p. 119-121.

εἰδόμενον, τοτὲ δ' αὖτε κακοῖς ῥόχθοισι θαλάσσης,
οἵοις πετραίῃσιν ὑποβρέμεται σπιλάδεσσι.

Dans ces passages remarquables, Nicandre est fidèle au
programme du poète selon qui les « assonances et (l)es
allitérations … sont la substance de la poésie ».

La prosodie et la métrique sont
… la prosodie et fondamentalement les mêmes
la métrique que dans les *Thériaques*[274]. Il
suffira de donner ci-dessous
quelques exemples tirés des *Alexipharmaques* :

I. PROSODIE. — **Allongement à l'*arsis*** d'une **brève finale
terminée par -ν ou -ς devant voyelle initiale** : 505 ἐπιπλῶὸν
ὑδάτεσσι, 236 ἅλῖς ἐν ἀολλέα (cf. *Od.* 7.295), 266 ἕλικᾱς
ἐνθρύπτεο, 298 εὐβραχέὸς ἀψινθίου, 362 βιησάμενὸς ἠὲ
πτερῷ ; d'une **voyelle brève finale devant consonne initiale
liquide** : *e.g.* 26 κατᾱ μέσον, 155 λίπεϊ (ῑ) ῥοδέῳ, 182 ὅτē
ῥοιζηδά, 498 τē ῥοιζηδά, 331 δē ῥάδικα, 564 δē ῥίζας ;
devant occlusive : 398 ἐπὶ βαρύν (cf. [Opp.] *Cyn.* 1.95
δē πεζός). — Une **voyelle brève finale en *thesis*** reste brève
devant le groupe **occlusive + nasale** : 127 διαψαίρουσι
πνοῆσι, 173 δὴ τὸ πνοαῖς, 286 καταπνίγουσα δὲ πνεῦμα,
316 ἔνδοθι πνεῦμα, 507 ἔνθα τε πνεῦμα, 155 πολλάκι χραίνοις, 469 αὐξίδα χραίνῃ, 531 βάμματι χραίνων, 523
φωλεύοντα τραφῇ. A noter que la *correptio* est proscrite par
Aratos, Apollonios de Rhodes et Nonnos devant muette +
liquide. — **Allongement d'une voyelle brève en *thesis* devant
occlusive + liquide** : 209 ἔνερθē γλῶσσα (la *v.l.* ἔνερθεν ne
supprime pas une autre anomalie, voir *infra* p. CXII), 315 ῥεῖᾱ
θρομβοῦται ; 417 ἀμφίκρηνα, 428 ὠμόβρωτον. — Le v. 416
offre le seul exemple nicandréen de νηδύν avec un ῡ en *thesis*.
— Sauf erreur sur le texte, il y a un **changement de quantité** de
la 1ʳᵉ syllabe pour ῥαγέεσσι (184), et de la 2ᵉ syll. pour
δείδῑθι (443, *v.l.* : δείδιχθι T, correction métrique ?)[275]. On
sait que Nicandre pratique librement, comme d'autres, les
changements de quantité : *e.g.* 506 προσφύονται, mais 569

274. Voir le tome II, *Notice*, p. CXXIII-CXXVII.
275. Voir les nn. de la traduction *ad loca*.

προσφύεται avec υ bref (cf. Arat. 784, *al.* εὔδῑος, mais 802 εὔδια avec ι bref ; pour les hymnes orphiques, voir l'éd. Quandt p. 40* §9). Je rappelle pour mémoire les changements de quantité dont certains néologismes ont fait l'objet. On est fondé à y voir des licences métriques, puisqu'aussi bien les mots concernés ne pourraient autrement entrer dans les vers. A l'*hapax* cité plus haut, εἰλειοῖο (597), au lieu de εἰλεοῖο[276], ou à πουλυγόνοιο (264) au lieu de πολυγόνοιο, j'ajoute ici l'*hapax* βαλσάμοιο (64), au lieu de βαλσάμοιο (2ᵉ syllabe brève), dont la forme courante commence chaque fois par un crétique, ou encore l'*hapax* ἑτερειδέα (84), forme écourtée de l'adj. ἑτεροειδέα, qui ne pouvait lui non plus entrer dans l'hexamètre. Mais, au-delà de la nécessité métrique, ces *hapax* répondent en même temps, répétons-le, à la volonté de revêtir des mots courants d'un aspect nouveau qui les rende dignes de la poésie.

II. MÉTRIQUE. — Dans le domaine de la métrique, Nicandre a suivi, comme je l'ai dit, le modèle de Callimaque. J'ai analysé, conjointement pour les deux poèmes, sa pratique en ce qui concerne les césures (principale et bucolique), les vers spondaïques, les monosyllabes en fin de vers, l'élision, l'hiatus, et j'ai donné des statistiques dans la plupart des cas (voir tome II, *Notice*, p. CXXV-CXXVI). La *césure principale* est toujours masculine ou féminine, jamais hephthémimère. — Les vers *spondaïques* ont toujours une *thesis* 4 disyllabique. — Les *monosyllabes* en fin de vers (6 exemples)[277] s'accompagnent constamment d'une césure bucolique. — Aucune *élision* à la césure principale ; mais on en compte trois exemples pour les adjectifs, douze pour les substantifs, un seul pour les verbes. — Trois hiatus seulement, après la *thesis* 4, à la césure bucolique : 7 ἐνάσσαο | ᾗχι, 358 ὑπὸ | οὔθατα, 354 ἱερὰ | ἔργα (cf. *Od.* 10.223, *al.* ἀγλαὰ | ἔργα). — En ce qui concerne les règles de l'hexamètre callimachéen[278], on ne relève que deux exceptions

276. Cf. *supra* p. C et tome II, *Notice*, p. XCIX.

277. V. 23, 94, 215, 249, 382, 387 ; le tome II, *Notice*, p. CXXVI, n. 282 en signale 5 par erreur.

278. Cf. H. Fränkel, " Der homerische und der kallimachische Hexameter ", *Wege und Formen frühgriechischen Denkens*, Munich 1960, p. 100-156 ; P. Maas, *Greek Metre*, transl. by H. Lloyd-Jones, Oxford 1962, p. 61-65 ; M.L. West, *Greek Metre*, Oxford 1982, p. 152-157.

à la *loi de Hilberg*, d'après laquelle un mot ne doit pas se terminer avec une *thesis* 2 monosyllabique : 209 ἔνερθε̄, 365 τόνδε̄. L'exemple du v. 209 viole de plus la *première loi de Meyer* (les mots commençant au premier pied ne doivent pas se terminer à la *thesis* 2). C'est peut-être pour supprimer la seconde anomalie que M (suivi par R) a conjecturé (?) νέρθε au lieu de ἔνερθε. Quant à l'exemple du v. 365, il disparaîtrait lui aussi si l'on écrivait τόνδε γε, au lieu de τόνδε, comme je l'ai suggéré (cf. n. critique *ad loc.*). La violation de la *loi de Naeke* (contre un mot se terminant à la *thesis* 4) n'est qu'apparente : elle affecte des monosyllabes, article (τὰ : 491), prépositions (ἐν : 49, 68, 129, 347, 369, 547 ; ἐκ : 145, 183, 485) ; conjonctions (ἢ : 92, 252, [625] ; καὶ : 167). Pour le reste, l'usage de Nicandre est en tout point conforme à celui de Callimaque.

Influence poétique   Nous avons pu constater que Nicandre iologue avait eu une influence certaine sur des médecins de la même spécialité venus après lui. Il en va de même pour Nicandre poète à l'égard des poètes « épiques » des époques romaine et tardive. Pour le détail de leurs emprunts, je renvoie aux notes de la traduction ; je me bornerai à signaler ici les plus notables.

Commençons par les poètes médecins, et, plus précisément, iologues. Il est possible que l'énigme de Philon de Tarse relative à la Jusquiame (*SH* 690.20 : « la fève du fauve d'Arcadie ») lui ait été inspirée par *Al.* 415 συὸς κυάμῳ, où Nicandre fait l'étymologie de ὑοσκύαμος. L'emprunt le plus notable est à coup sûr celui qu'on relève chez Andromachos l'Ancien, dont la *Galènè* reproduit le solécisme qui dépare la tradition manuscrite de Nicandre (*Al.* 397 μηδέ σε … λήθη πόσις … | Φαρικοῦ = Androm. 129 τοῖς δ' ἐπὶ καὶ κινάμωμον ἰσάζεο, μηδέ σε λήθη κτλ.)[279]. Ce n'est certainement pas un hasard si la

---

279. Cf. la n. à *Al.* l.c. Avec μὴ, on trouve chez Nicandre le subj. aor. 2ᵉ sing. dans l'expression de la défense (fr. 104.2), mais, à la 3ᵉ pers., il a invariablement l'optatif aor. ou présent : cf. 280, 336 et 594 (λήσειεν), 415 (κορέσκοι), 521 (κήδοι) ; *Th.* 305 (ἐνείη), 583 (λάθοι), 850 (ἀπείη).

scansion βαλσάμου apparaît chez le même auteur (Androm. 128, 152, cf. *Al.* 64, *Th.* 947) ou des néologismes nicandréens comme φλογιή (108 ~ *Al.* 534) ou χολόεις (35 ~ *Al.* 550)[280]. Mais Nicandre étend son influence bien au-delà des poètes médecins. Parmi ceux qui lui doivent un mot ou un fragment de vers, on peut citer Antipater de Thessalonique (n. *ad* 206 ἀφριόεν), Denys le Périégète (n. *ad* 102 ἐνηέξησεν), Dionysios, l'auteur des Βασσαρικά (n. *ad* 174 ἀχύνετον), les deux Oppien[281], les astrologues Manéthon (nn. *ad* 51 σιδηρήεσσαν, 63 εὐχανδέα [*v.l.*], 215 δηθάκι) et Maximos (nn. *ad* 145 σκορπιόεντα, 259 λύματα, 569 μορόεις), les poèmes Orphiques intitulés *Argonautiques* (nn. *ad* 42 δηλήειν, 569 ῥαγέεσσι) et *Lithica* (n. *ad* 90 οὐθατόεντα), et Nonnos (nn. *ad* 101 γονόεντα, 203 μετρηδόν, 230 μηλείης, 355 οἰνάδι, 534 τεφρώσαιο), qui a emprunté une clausule en un autre *sens* (*Al.* 128 = *Dion.* 9.28) et un vers presque entier (*Al.* 224 δεσμοῖσι πολυπλέκτοισι πιέξας ~ 26,106 σειρῇσι πολυπλέκτοισι πιέζων).

Conclusion Les analyses précédentes m'ont paru nécessaires afin de rétablir Nicandre dans sa dignité de poète « épique » contre les dédains et les condamnations des critiques modernes. Les rugosités d'une langue archaïque, composite, artificielle en partie, les hardiesses d'une invention verbale débridée lui ont valu, comme il était naturel, des réactions de refus et de rejet souvent violentes, parfois méprisantes. C'est une affaire entendue, adepte de la poésie hellénistique de haute époque, Nicandre, en épigone qu'il était, a porté le goût du rare jusqu'à son paroxysme, non seulement dans le domaine de la mythologie, mais aussi dans celui de la langue. Il a pratiqué un « multilangage » contamment enrichi de créations audacieuses, d'où l'entassement des « gloses » dialectales et poé-

280. Voir également, entre autres, les n. aux v. 39 (βουπελάται), 406 (ἴριδα), 471 (ἐμφέρεται), 569 (μορόεις).

281. Pour les *Hal.*, voir n. *ad* 93 (κακηπελέοντα), 165 (ὠδῖνα), 215 (δηθάκι) ; pour les [*Cyn.*], 39 (βουπελάται), 90 (οὐθατόεντα), 215 (δηθάκι), 479 (ὀλιζοτέρη), 524 (ἀποφώλιον), 580 (χολόεν).

tiques, le renouvellement du vocabulaire par l'intrusion de mots recherchés et de néologismes ; il a sacrifié à son désir de nouveauté en forgeant quantité de formations inédites. Il est permis de penser que c'était pousser un peu loin l'idée aristotélicienne de la spécificité du langage poétique. En tout cas, par ce travail sur la langue, il était fatal que Nicandre ne pût éviter totalement l'obscurité. Mais, à ce propos, on doit souligner que l'obscurité de Nicandre, si elle est réelle, a des degrés. Il convient tout d'abord de noter qu'elle n'a rien d'agressif. Il n'y a pas chez lui, comme chez Philon de Tarse, volonté délibérée de parler par énigmes. Les passages véritablement *énigmatiques*, αἰνιγματωδῶς εἰρημένα, comme le dit Clément d'Alexandrie des poèmes constituant un « champ d'exercice ouvert à l'exégèse des grammairiens », tels ceux d'Euphorion, les *Aitia* de Callimaque, ou l'*Alexandra* de Lycophron[282], ces passages se limitent presque exclusivement à certains des « ornements poétiques », en particulier aux digressions mythologiques exploitant des variantes légendaires uniques. En ceux, de loin les plus nombreux, où Nicandre se concentre sur son sujet, dans le tout venant de l'exposé médical, les difficultés de sa langue ne sont pas insurmontables, chacun peut la comprendre sans grand effort, avec l'aide des Scholies et de la littérature parallèle. Une fois que l'on a fait ces réserves légitimes, il est juste de reconnaître ce qu'il y a de positif dans l'aventure poétique de Nicandre. L'obstacle de la langue une fois franchi, on se trouve en présence d'une poésie prenante, qui reproduit sans fard les conditions de la dure réalité. Loin des routes fréquentées, il s'est forgé un langage singulier, éloigné du commun et du connu, résolument distinct du langage ordinaire, ce qui va de soi pour un poète, mais qui tranche également sur l'usage de la *koinè* épique, entendez : le langage artistique de son temps. Il a eu le souci de don-

---

282. Clem.Al., *Stromata*, 5.8.50 (p. 360.27 Stählin).

ner à ses vers doux-coulants des sonorités harmonieuses. Le chant qu'il a modulé n'avait pas été entendu avant lui, il ne s'entendra plus après lui ; le vers de Nicandre a un cachet d'originalité qui le fait reconnaître entre tous. Poète authentique, même s'il n'est que du second rang, il a haussé la médecine à la hauteur de la poésie. Ses poèmes iologiques sont une œuvre ingénieuse qui mérite mieux que le mépris.

III. — LE TEXTE DES *ALEXIPHARMAQUES*.

Commentaires anciens et Scholies — Les *Alexipharmaques* ont été moins commentées que les *Thériaques* dans l'antiquité, si l'on en juge par leurs Scholies respectives. Celles des *Alexipharmaques* ne se réfèrent jamais, comme le font celles des *Thériaques*, aux grammairiens qui ont commenté ce dernier poème dès le Iᵉʳ siècle avant J.-C., Démétrios Chloros, Théon, fils d'Artémidore, Plutarque[283], les trois commentateurs cités par Étienne de Byzance (s.v. Κορόπη), auxquels il convient d'ajouter Antigonos et Diphile de Laodicée. Avaient-ils également écrit sur les *Alexipharmaques* ? C'est possible, mais nous ne possédons à cet égard aucun témoignage formel. Si les Scholies ont emprunté à leurs commentaires éventuels certaines de leurs notes, elles ne le précisent pas. Ce n'est pas eux, mais les Scholies anciennes, selon toute vraisemblance, que l'on doit mettre sous la référence de la Σ *Al.* 568b, qui oppose à une explication de Jean Tzetzès (ὡς οἴεται ὁ Τζέτζης) celle de ses prédécesseurs (ὡς οἱ πρὶν ἐξηγησάμενοι)[284]. On le voit bien lorsque l'on compare ce passage aux Σ *Al.* 2ef, où le même Tzetzès critique l'interpréta-

---

283. Sur les commentaires anciens et les scholies, cf. tome II, *Notice*, p. CXXIX-CXXXV.
284. Voir la n. au v. 568 §b.

tion perdue de τέων par le Scholiaste (Τζέτζης φησὶ
ληρεῖν τὸν σχολιογράφον). Naturellement, les commentateurs des *Thériaques* cités plus haut se sont intéres-
sés aux *Alexipharmaques*. Significative, la rencontre
entre Σ *Al.* 249.4-7 et Plutarque (cf. p. 138, n. 23 §2a),
qui rappelle l'opinion selon laquelle le naphte est « le
poison de Médée » (τὸ τῆς Μηδείας φάρμακον), dont
celle-ci imprégna la robe de Glaukè. Mais il ne s'ensuit
pas que Plutarque a écrit un commentaire des *Alexipharmaques* comme il avait écrit un commentaire des *Thériaques* (Εἰς τὰ Νικάνδρου Θηριακά : Plut. fr. 113-115
Sandbach). Il est sûr en tout cas qu'un titre tel que Εἰς τὰ
Νικάνδρου ἀνεξήγητα montre que, dans l'ouvrage
ainsi intitulé, le grammairien Pamphilos[285] (Ier s. après
J.-C.) considérait les deux poèmes, et peut-être même
d'autres œuvres.

***Scholies et gloses
récentes***

Le seul commentateur de notre
poème auquel se réfèrent les
Scholies est Jean Tzetzès[286]
(XIIe siècle), qui se situe au
terme de l'exégèse nicandréenne, dans la dernière pé-
riode de la constitution du corpus de Scholies. C'est dire
que celui-ci comporte un lot de scholies et de gloses
récentes, comme le révèle leur vocabulaire tardif. C'est
ainsi que G[2] (= Σ 128b ~ Zon. 640.7) glose γληχώ par
βλησκούνιον[287], ou Σ 493a 4 γλεῦκος par μοῦστον[288].
L'une des Scholies récentes[289], Σ 533b transmise par

285. Cf. tome II, *Notice*, p. CXXXII, n. 301.
286. Cf. tome II, *Notice*, p. CXXXIV
287. Voir également *Géop.* 12.33 (380.17 περὶ γλίχωνος ἤτοι
βλισκουνίου *cod.* P) ; *Hippiatr. Lugd.* 205.12 s. γλύχων· ἡ βλησκούνη ; *Anon. med.* dans : *Anecdota medica graeca* ed. F.Z. Erme-
rins, Leiden 1840, p. 251.20 βλυσκούνην (*lege* βλησκ-) ; cf. Thomas
Magister, *ecl. nom. et verb. Attic.* ed. Ritschl, Halle 1832, p. 53.7 s.
βλήχων, οὐ γλήχων, ... ἡ ... λεγομένη βλησκούνη.
288. Τὸ γλεῦκος, ὃ λέγεται ἐν συνηθείᾳ μοῦστον ; cf. J.
Lydus, *mens.* 1.4 ; *al.*
289. Cf. Wilamowitz[1] t. I, p. 190, n. 137 : *Die Scholien der Alexipharmaka warten noch auf einen Bearbeiter, der sie wenigstens auf*

V*MosqAld*, commente, au lieu du texte de la tradition quasi unanime (Μῆδον), la *falsa lectio* μῆλον (confusion au stade de l'onciale), et elle lui donne, en combinant abusivement les deux variantes Μῆδον et μῆλον le sens de τὸ Μηδικὸν μῆλον (= *malum Medicum*, Pline *NH* 15. 47), qu'elle traduit par νεράντζιον (*unicum* !), le *Cédrat* (plutôt que l'*Orange* amère), lequel est ici hors de place[290]. Le Scholiaste n'a pas fait connaître l'auteur de cette interprétation. Exception faite du commentateur le plus récent de Nicandre, J. Tzetzès, qui a fait l'objet de six références (quatre pour les *Alexipharmaques*, contre deux pour les *Thériaques*)[291], les garants cités par les Scholies de Nicandre ne descendent pas au-dessous du ɪᴠᵉ s. (Basile de Césarée pour les *Thériaques*, Oribase pour les *Alexipharmaques*). Même si l'on tient compte du fait que les *Thériaques* sont un poème plus long que les *Alexipharmaques*, les garants allégués par les Scholies aux *Alexipharmaques* sont nettement moins nombreux (26 contre 80), mais, parmi eux, on relève, entre autres *auctores*, des médecins qui ne figurent pas dans les Scholies aux *Thériaques* : outre Oribase, ce sont Aglaïas de Byzance, Érasistrate, Hippocrate et Praxagoras. La tendance naturelle aux Scholies, on l'a dit à propos des *Thériaques*, est d'aller en s'appauvrissant. En de rares occasions, des témoignages, tels ceux d'Étienne de Byzance (voir *supra*), de l'*Etymologicum Genuinum*, des Scholies elles-mêmes ou de la paraphrase d'Eutecnius, nous permettent d'accéder à un état du texte plus riche que la rédaction actuelle[292]. A l'inverse, il arrive que des manus-

---

einen älteren Zustand zurückführe als der jetzige ist, in welchem *Tzetzes* erscheint und die *Orange* νεράντζιον 533.

290. Cf. comm., p. 222 s. (§4b), et voir *supra* p. ʟᴠɪ. Cette tentative malheureuse pour intégrer un antidote réputé (cf. comm., p. 74 [§2d]) négligé par Nicandre a le même but que l'interpolation finale (616-628).

291. Cf. Σ *Th.* 94d, 795a 4 (voir tome II, p. ᴄxxxɪᴠ s., ainsi que les n. 310 et 311) ; Σ *Al.* 2e = 2f, 394c, 568b 2). Ces références, je le rappelle ici, sont le fait presque exclusif du ms G.

292. Voir *Test.* 186-188, comm., p. 114 (§β), et *infra* p. ᴄxɪx.

crits fassent des emprunts à des *Lexiques*, peut-être pour
les besoins de l'enseignement. C'est ainsi que s'explique
le fait que le manuscrit D, outre des gloses tirées du
fonds des Scholies anciennes, en apporte beaucoup qui
sont identiques à celles d'Hésychius[293]. Les Scholies font
connaître de nombreuses variantes présentées en tant
que telles (Σ^{γρ}). Certaines variantes sont passées parfois
dans le texte des manuscrits : il en est ainsi pour
LM(R)OW[294]. Malgré leurs liens avec les manuscrits de
la classe ω, les Scholies attestent, à l'occasion, une leçon
de T, par exemple au v. 607 la leçon ῥυτῇ (cf. n. critique
ad loc.). Elles témoignent aussi en faveur de la *vera lectio* : ainsi, les mots τῆς κοιλιοστρόφου φησίν (Σ 597a) se
rapportent à la leçon εἰλειοῖο et non au texte transmis
εἰλίγγοιο. Il en est de même pour certaines gloses :
ἥμισυ G^g (= Σ 55a) vise le texte restitué par conjecture
ἡμιδεές et non la *falsa lectio* transmise ἡμιδαές ; les
gloses apparentes des v. 296 (ἀνόστρακα G^g *ad* ἀνόστεα), 299 (νεοθλίπτῳ O^g *ad* νεοτρίπτῳ), sans doute
aussi 364 (-τυρωθῇ G^gO^gD^g *ad* -θρομβωθῇ, cf. Σ 364a 1
s.) sont en fait les *verae lectiones* chassées du texte par
les gloses véritables. Enfin, les Scholies nous ont gardé
des traces d'une rédaction alternative appartenant peut-
être à une *proecdosis* (voir *infra* p. CXXXI).

La paraphrase   La paraphrase d'Eutecnius peut
d'Eutecnius   rendre le même genre de services
à l'éditeur qui sait l'utiliser[295]. Le
terminus ante quem de cette para-
phrase est fourni par la date du *Vindobonensis med. gr.* 1,

---

293. Pour D^g = Hsch., cf. les n. aux v. 181 (ἐδάνη), 251 (κνηθμός), 374 (φυλλάδες), 545 (σμώδιγγες), 555 (θιβρά), et le comm. n.
19 §3(d)3, *ad* κερνοφόρος ; pour D^g = Phot., 327 (λίτρῳ), D^g = Suidas, 55 (ἡμιδαές).

294. Voir par exemple les v. 134 (σελίνου pro λίνοιο MR), 149
(φυλλὰς *pro* φυλλὶς LW), 177 (ἀχθομένοιο *pro* ἐχθομένοιο LRD^{γρ}).

295. Pour une étude détaillée de la contribution d'Eutecnius à l'édition des *Alexipharmaques*, voir Jacques[4].

sa source principale, soit la seconde moitié du Vᵉ siècle
de notre ère, mais il est probable qu'elle remonte plus
haut. Il en résulte que l'édition de Nicandre qui a servi
de base à Eutecnius était antérieure d'au moins cinq ou
six siècles au plus ancien manuscrit de Nicandre (T) :
Eutecnius est donc *a priori* un témoin éminent de
Nicandre et de ses Scholies, avec lesquelles il a des liens
étroits. En effet, il a utilisé un Nicandre scholié offrant
probablement des scholies plus riches que les nôtres,
comme on peut le soupçonner à cause des suppléments
que présente la paraphrase, en particulier en ce qui
concerne la mythologie[296]. Eutecnius sait être parfois très
fidèle à Nicandre : voyez par exemple la notice de la
Buprestis (*Al.* 335-363 ~ Eut. p. 72 s.), la symptomatologie de l'empoisonnement par le Sang de Taureau (*Al.*
312-318 ~ Eut. 71.6-15) ou par le Pharicon (*Al.* 397-401
~ Eut. 75.9-13) ; d'autre part, à la différence de la paraphrase des *Cynégétiques* d'[Oppien], elle suit en général
l'ordre de succession nicandréen dans les énumérations,
gardant le plus souvent à leur place les éléments de la
symptomatologie et de la thérapie. Mais il faut ajouter
aussitôt que, vis-à-vis de Nicandre, Eutecnius manifeste
une grande liberté, ajoutant ou retranchant à son gré. Il
est capable de le défigurer : voyez, entre autres
exemples, la notice sur les Crapauds (*Al.* 567-593, Eut.
p. 82 s.), ou le passage relatif aux Grenades dans la
symptomatologie du Lièvre marin (*Al.* 489-494, Eut.
79.11-14) ; capable aussi de commettre des bévues grossières[297]. De Nicandre, « Aelius Promotus » offre parfois

---

296. Sur les rapports d'Eutecnius et des Scholies, cf. Jacques⁴ p. 33
s. ; sur les suppléments d'Eutecnius, notamment mythologiques, *ibid.*
p. 30. Le plus ancien témoin de la tradition indirecte d'Eutecnius est la
deuxième main du ms de Göttingen (G²), qui cite à l'occasion des morceaux de la paraphrase (M. Geymonat, Eutecnii, *Paraphrasis in Nicandri Theriaca*, Milan 1976, p. 17 ; Id., *Scholia in Nicandri Alexipharmaca*, Milan 1974, p. 11). Certaines gloses de G² peuvent être tirées
d'Eutecnius, cf. *e.g.* la n. au v. 106 (ἀκοσταῖς).

297. Cf. Jacques⁴ p. 31 s.

une image plus fidèle qu'Eutecnius. Vis-à-vis de celui-ci, on doit se garder à la fois d'une crédulité et d'une sévérité excessives[298]. En présence des écarts de la paraphrase, il ne faut pas leur chercher à tout prix une justification dans le texte de Nicandre, il convient d'examiner chacun en particulier avec la plus grande prudence. En tout cas, Eutecnius n'est d'aucune utilité pour déterminer le compte exact des vers que comportait son modèle, car, loin d'en donner une traduction juxtalinéaire, il en supprime librement certains détails. Là aussi, la prudence est de règle. Quand un vers n'est pas attesté chez Eutecnius, on ne peut en déduire qu'il manquait à son modèle (*e.g.* 84). D'autre part, des deux petits tableaux auxquels donne lieu chez Nicandre l'absorption des Sangsues (*Al.* 495-504), on a quelque raison de croire que l'omission du second, qu'apporte la subordonnée des v. 501-504, est volontaire, car la paraphrase tient compte de la principale[299] (506 s. ~ Eut. 79.27). En revanche, on a toutes les raisons de penser que son texte de Nicandre ne comportait pas l'interpolation des v. 616-628 attestée par les Scholies. D'autre part, au v. 422, le fait que les mots τότε (voir *infra*) — οὖλα font partie de la symptomatologie chez Eutecnius (76.10), ce qui est confirmé par la Scholie 422a, rend quasi assurée l'hypothèse d'une lacune chez Nicandre (voir p. XXXIII et n. critique *ad* 422), dont la notice sur la Jusquiame serait la seule à ne pas présenter de symptomatologie. Malgré les réserves

---

298. La première attitude est celle de I.G. Schneider quand il fait violence au texte des v. 247 s. pour y introduire le mot ὕδρωψ sous prétexte qu'Eutecnius parle de la masse d'eau évacuée avec le poison. Pour la deuxième, cf. la note d'O. Schneider à *Th.* 320 : *Eutecnius, cuius raro est aliquis ad crisin exercendum usus.*

299. Voir la n. aux v. 501-504. Il est piquant de constater qu'« Aelius Promotus » a fait lui aussi l'économie du second tableau, mais que ce dernier est attesté chez lui par l'indication de temps τῆς νυκτός (p. 76.26), la nuit étant le cadre approprié du second, et non du premier.

qu'elle suscite à bon droit, la paraphrase nous aide à faire d'autres progrès dans l'établissement du texte des *Alexipharmaques*. Deux exemples, entre autres. Le rapprochement d'Eut. 57 s. ἀτὰρ οὖν δὴ (διάπυρον πάνυ σφόδρα ἐμβάλλων ... σβέννυε σίδηρον), particules de transition, et de 49 πόροις δ'... | σβεννὺς (T : πόροις ... | σβεννύς τ' ω) incite à postuler une lacune avant ces mots, ce qui du même coup supprime une aporie offerte par les réalités (cf. les notes et le commentaire *ad loc.*) ; la mention πράσον (p. 80.31), entre le Natron (λίτρῳ) et le Cresson (καρδαμίδα), nous permet d'établir correctement les v. 532 s. en reconnaissant dans l'expression τό τε — παρασιῇσι une périphrase pour désigner le Poireau (Jacques[4] p. 39-41) ; etc. Parmi les variantes remarquables impliquées par Eutecnius, citons 116 (δέξαιτο, cf. n. critique *ad loc.*), 125 κεδάει (voir la n. française *ad loc.*), 355 συρνίδος (73.10, *prob.* Klauser), et même 500 λαγαρή (Eut. 80.1). Il portait seul, sans doute, la *vera lectio* au v. 76 ἐπαφρίζοντι (Eut. 59.8), sûrement au v. 135 νέης (cf. Eut. 63.15 νέας αἰγός), et 556 κεραίης (cf. Eut. 81.28). Bien qu'il s'accorde la plupart du temps avec les Scholies, qui sont, comme on l'a dit, étroitement liées à la classe de manuscrits ω (tradition scholiée), Eutecnius partage la *vera lectio* tantôt avec la tradition illustrée (T), tantôt avec la classe ω[300].

Avec T : outre les v. 49 s., c'est le cas de 121 ἄλγεϊ (cf. Eut. 62.11 δριμυτάτης ὀδύνης), 265 καθεψηθέντα (cf. Eut. 69.14 ἑψηθῇ), et de 472 οἷά τε (cf. Eut. 78.13). Avec T, confirmé par les Scholies : 410 *in suo loco*, cf. Eut. 75.24 s. ; ou/et par un témoin de la tradition indirecte : 424 χιληγόνου (T *EG* Σ^γρ, cf. Eut. 76.15 s.) ; ou par un ou plusieurs manuscrits de la classe ω : 38 παρδαλιαγχές TL (cf. Eut. 57.17), 318 σπαίρει TVD*Ald* (cf. Eut. 71.14), 533 καρδαμίδας T, L (*hic* -δα, cf. Eut. 81.1). Contre T et avec ω : 607 ῥυσίμῳ, cf. Eut. 84.6 ἐρύσιμον ; ou seulement un ou plusieurs manuscrits de la

---

300. Voir Jacques[4] p. 36-37.

classe ω : 246 τὸ LWy (cf. Eut. 68.10 ss.), 499 χήτεϊ L (cf. Eut. 80.1), 567 ἴσχῃ *a* (cf. Eut. 82.16).

Au total, la contribution d'Eutecnius est loin d'être négligeable.

A. LA TRADITION DIRECTE.

Compte tenu de ce qui a été dit plus haut concernant la date d'Eutecnius, le texte de Nicandre que, en maints endroits, nous pouvons lire à travers la paraphrase, remonte sans doute au IVe siècle. Malgré cette antiquité relative, on constate sans surprise qu'il a déjà des leçons erronées de la tradition directe[301].

Erreurs communes à l'ensemble des manuscrits (Ω) : si, par exemple, Eutecnius reproduit (p. 75.6 s. αὔξεται δὲ ἄρα καὶ τρέφεται ἐν τοῖς βρύοις ταῦτα [*sc.* τὰ τήθη]) une partie de l'explication fautive des Scholies inventée pour les besoins de la cause (Σ 396c 6 αὐξανόμενα ἐν τοῖς βρύοις, ἢ νηχόμενα, ἢ ἀγρευόμενα, ἢ κοσμούμενα), au lieu de la glose correcte τερπόμενα, c'est sans doute qu'il lisait lui aussi γεραιόμενα au lieu de γεραιρόμενα restitué par conjecture (cf. *Test.* 398). — Communes à tous les manuscrits de la classe ω : outre l'erreur d'interprétation sur la comparaison du v. 597, le fait qu'Eutecnius donne l'« étourdissement » pour un symptôme de l'intoxication à la Litharge (p. 83.26 ἰλιγγιᾶν παρασκευά-ζει) prouve qu'il lisait lui aussi εἰλίγγοιο, et non εἰλειοῖο, la *vera lectio* de la tradition illustrée (T). — Communes à certains d'entre eux : par exemple (p. 72.22 s.), l'interpolation qui affecte la quasi-totalité du v. 345, et qui est attestée également par les Scholies.

Certaines des erreurs d'Eutecnius sur le texte de Nicandre peuvent dériver, non de son exemplaire, mais des Scholies. D'autres lui sont particulières.

Vient peut-être des Scholies Eut. 67.10 κερνοφόρου Ῥέας, (cf. Σ 217f 9 κρατηροφόρου Ῥέας). — Erreurs propres : 192,

---

301. Cf. Jacques[4] p. 34 s.

434 ἄρθρα au lieu d'ἄκρα (Eut. 66.6, 77.3), 317 ἐγκλασθέν-
τος au lieu d'ἐμπλασθέντος (cf. Eut. 71.11 s. ἐπὶ θάτερα μὲν
ὁ αὐχὴν ἀποκλίνει μέρη). Voir également 96 θαλπομένῳ au
lieu de θαλπομένην (Eut. 60.17 θερμῷ ... ὕδατι), 128 ποταμ-
ηῖδα au lieu de ποταμηῖσι (Eut. 62.28), que l'on peut interpréter comme des bévues d'Eutecnius plutôt que comme des fautes
de son exemplaire.

La paraphrase d'Eutecnius donne une image complète
de la tradition manuscrite de Nicandre. En effet, les deux
branches de celle-ci (tradition scholiée et tradition illustrée) sont cette fois associées : non seulement le texte
d'Eutecnius fait état des Scholies, mais encore il s'enrichit de miniatures. Le texte des *Alexipharmaques* est
ignoré des Papyrus. Il a été transmis par les mêmes
manuscrits du Moyen-Âge et de la Renaissance, mais ils
sont moins nombreux, et il a la même histoire que celui
des *Thériaques*. Aussi me contenterai-je de noter quelques
points de divergence relatifs au comportement des
manuscrits de la classe commune (ω), en renvoyant pour
l'essentiel à l'exposé que j'ai consacré à la tradition
directe des *Thériaques*[302].

a) La tradition illustrée :
le *Parisinus Supplément grec* 247 (**T**).

A propos de T, je reviendrai tout d'abord, comme je
l'avais promis, sur ses illustrations ; puis, afin de compléter l'idée que l'on doit se faire de ce manuscrit,
j'ajouterai, comme je l'ai fait pour les *Thériaques*, une
liste de ses fautes individuelles, qui ne sont pas toutes
citées dans l'apparat critique. Sur les deux plans,

302. Voir tome II, *Notice*, p. CXXXV-CLIX. Mon travail était terminé
quand j'ai eu connaissance de l'édition des *Al.* par C. Oikonomakos, et
du volume de prolégomènes qui l'accompagne, ouvrages dans lesquels
il a refondu la thèse de doctorat en études grecques qu'il a soutenue à
l'Université de Paris-Sorbonne en août 1992. Je me réjouis d'avoir pu
constater que nous étions souvent d'accord sur l'essentiel.

l'édition des *Alexipharmaques* que

Les miniatures nous offre T est beaucoup moins soignée. Elle est, elle aussi, incomplète. Des *Alexipharmaques*, il manque 202 vers (soit un peu moins du tiers), contre 404 pour les *Thériaques* (plus du tiers). A l'origine, le *codex* comptait 77 feuillets[303], il n'en a plus que 48, dont 18 pour les *Alexipharmaques* (fol. 29^r-46^v)[304], les 29 feuillets perdus, soit environ 40% du total, ayant sans doute été victimes des voleurs de miniatures. Celles des *Thériaques* sont souvent des scènes à personnages mythologiques ou autres — *Orion et le Scorpion* (fol. 2^v), *Paysan brûlant une corne de Cerf* (3^r), ou *pilant des herbes* (5^r), ou *récoltant des pousses de Marrube* (16^v), *Jeune homme fuyant un Serpent femelle* (6^r), *Homme tenant une Belette et un couteau* (22^r), *Homme entouré d'Abeilles menaçantes*, portant tunique longue gris-bleu et manteau, et levant la main gauche (26^r). Parmi ces figures, on peut admirer des compositions remarquables : *Tombe de Gygès avec deux personnages assis* en face l'un de l'autre symbolisant le plateau de Kilbis et le fleuve Caÿstre (18^v), et surtout *Hélène, le pilote Canôbos et l'Hémorrhoïs cause de sa mort* (reproduite, t. II, p. 1). Dans les *Alexipharmaques*, les scènes à personnages sont au nombre de six, mais leur dessin est moins sûr. C'est le cas (bas du fol. 29^v) pour l'*Homme en fuite*, dont la tête est à demi effacée, à droite de la plante intitulée χαμαιπί-τυς (*Al.* 56), ou de l'*Homme debout regardant en l'ai*r, main gauche levée, entre deux vases à anses (fol. 30^r), ou de l'*Homme assis contre une colonne*, entre deux plantes, bras droit étendu (fol. 30^v). D'un dessin plus ferme, au

---

303. Pour la reconstitution du ms, voir C. Förstel, « Estudio codicológico », *in* : Bibliothèque nationale de France, *Theriaka y Alexipharmaka de Nicandro*, Moleiro Editor, Barcelone, s.d., p. 45-58.

304. Les fol. 47 ^{r} (*Origine des Serpents*), 47^v (*Paysans dans les champs*), 48^r (*Chasseur dans les bois*) sont occupés par des illustrations relatives aux *Thériaques*.

bas du fol. 31ᵛ, l'*Homme menacé par des mouches bleues* (des Cantharides apparemment), portant tunique longue gris-bleu et levant la main droite, qui fait pendant au personnage du fol. 26ʳ, ou les personnages des fol. 44ʳ, 45ʳ et 46ʳ, dans les peintures illustrant les notices concernant les Champignons, la Salamandre et les Crapauds (voir ci-dessous). Qui plus est, le miniaturiste n'a pas fait la moitié de sa tâche. Du fol. 32ʳ au fol. 43ᵛ, les espaces ménagés par le scribe pour l'illustration sont restés en blanc[305]. Une autre marque de négligence est le caractère plus stylisé, pour ne pas dire schématique, des représentations de remèdes végétaux ou autres. Entre les peintures des *Thériaques* dans T et celles qui illustrent leur paraphrase par Eutecnius dans le Dioscoride de Vienne (C), qu'il s'agisse des bêtes venimeuses ou de leurs remèdes, il y a des rencontres qui vont parfois jusqu'à l'identité : les figures de la μολόχη et du σίλφιον se ressemblent (T, fol. 5ʳ ~ C, fol. 398ʳ), celles du πευκέδανον sont iden-

---

305. En voici la liste. Entièrement blancs : fol. 33ʳ, 34ᵛ. 41ʳ. En partie blancs : espace blanc de 11 vers, au fol. 32ʳ (contient 249-259), après le v. 259 et dernier ; de 3 v., au fol. 32ᵛ (260-278), après 278 ; de 3 v., au fol. 33ᵛ (279-297), après 297 ; de 8 v., au fol. 34ʳ (298-311), avant le v. 298 et premier ; de 10 v., au milieu du fol. 35ʳ (312-323), entre 318 et 319 ; de 11 v., au fol. 35ᵛ (324-334), après 334 ; de 5 v., au fol. 36ʳ (347-363), après 363 ; de 10 v,. au fol. 36ᵛ (364-375), soit 5 entre 365 et 366, et 5 après 375 ; de 13 v,. au fol. 37ʳ (376-384), après 384 ; de 10 v., au fol. 37ᵛ (385-396), après 396 ; de 17 v., au fol. 38ʳ (397-401), après 401 ; de 9 v., au fol. 38ᵛ (402-414), après 414 ; de 14 v., au fol. 39ʳ (415-422), soit 7 v. avant 415, 7 après 422 ; de 12 v., au fol. 39ᵛ (423-432), après 432 ; de 12 v., au fol. 40ʳ (433-442), soit 8 avant 433, et 4 après 442 ; de 4 v., au fol. 41ʳ (465-482), après 482 ; de 6 v., au fol. 42ʳ (495-510), après 510 ; de 12 v., au fol. 42ᵛ (511-520), après 520 ; de 10 v., au fol. 43ʳ (521-532), entre 526 et 527. Entre les v. 536 et 537, le premier du fol. 44ᵛ, le scribe n'a porté, en haut du fol. 43ᵛ, que les v. 533-536, laissant le reste en blanc, ainsi que le fol. 44ʳ en entier ; mais, au fol. 44ʳ, le miniaturiste n'a peint que les figures concernant les Champignons, elles en occupent la plus grande partie, à l'exception de l'espace correspondant aux quatre premières lignes. Blanc de 5 v. au bas du fol. 46ᵛ (594-610). Blancs évalués sur la base de 22 v. en page pleine.

tiques (T, fol. 4ʳ = C, fol. 397ᵛ) ; mais souvent, en C, les figures de plantes sont seulement attestées par une légende. Quant à la paraphrase des *Alexipharmaques*, elle est dépourvue d'illustrations ; un certain nombre de blancs entre deux chapitres, à partir du fol. 450ʳ (fin du chapitre sur le Sang de Taureau), donne à penser que des illustrations étaient prévues, mais, dans ce cas, les légendes ont été omises elles aussi. Les plantes ou remèdes sans légende de T, aux fol. 30 (recto et verso), 31ᵛ, sauf le Roseau du fol. 46ʳ, sont pratiquement impossibles à identifier. Celles qui en ont une ne le seraient sans doute pas sans elle, mais cette légende peut être fausse[306]. Les seuls remèdes identifiables sur les miniatures sont ceux contre les Cantharides[307], les Champignons[308], la Salamandre[309] (voir la reproduction, p. 1), les Crapauds[310].

---

306. Par exemple, au fol. 44ʳ, οἰνήρη (*sic*), l'adj. οἰνηρήν portant sur τρύγα (534). Pour une confusion analogue entre un adj. et un phytonyme, cf. βαρύπνοον, épithète du Peucédan (*Th.* 76 = 82), donné comme nom à la plante à droite du Peucédan, au fol. 4ᵛ. La plante faussement désignée par οἰνήρη est le Raifort (cf. C, fol. 284ʳ, la figure de la ῥάφανος κηπαία), sens possible de ῥαφάνοιο (527, cf. comm. p. 220, n. 57 §B[1]α).

307. Fol. 31ᵛ : têtes d'Âne et de Mouton, Chèvre et Oie, deux vases à anses contenant liquide bleu (Lait ?), plante (Rue ? cf. 154), terre samienne (148 s.), tiges de Vigne (142 s.), amphore (Vin cuit ? cf. 153).

308. Fol. 44ʳ : κάρδαμον (cf. C, fol. 186ᵛ), σίνηπυς et οἰνήρη (en fait ῥάφανος), 5 substances douteuses (peut-être fleur de Cuivre, cendre de sarments, Natron, lie de Vin, fiente de Poule) ; le Serpent fait allusion à 523 s.

309. Fol. 45ʳ : personnage nu, le corps couvert de taches, se dirigeant vers la gauche, entre deux animaux se faisant face, σαύρα (Lézard) jaune (à gauche) et σαλαμάνδρα bleue (à droite) ; Férule galbanifère (555) avec légende χαλβα[, vase à deux anses et divers produits. La plante μελισσόφυλλον (cf. fol. 17ʳ la miniature intitulée μελίφυλλον ; C fol 226ᵛ μελισσόφυλλον n'a pas grand-chose de commun), absente de la notice, n'est là que pour identifier l'Abeille (cf. 547, 554).

310. Fol. 46ʳ : personnage debout, en tunique longue et manteau, se grattant la main gauche ; terrine pleine d'une matière bleue, jarre (586) et Roseau avec sa racine (588).

Fautes individuelles On sait que le texte de Nicandre a pu faire de grands progrès au XIXe siècle grâce à T découvert alors par les philologues[311]. On verra, en consultant l'apparat critique des *Alexipharmaques*, que ses leçons l'emportent sur celles des manuscrits de la classe commune (ω) environ 110 fois sur un total de 428 vers seulement, dont il nous a conservé le texte. Il ne saurait être question de passer en revue toutes ses *verae lectiones*. Je me bornerai à donner un aperçu de sa valeur en signalant que, souvent, il est seul à nous restituer des mots affectionnés de Nicandre et qui n'appartiennent qu'à lui, adjectifs en -μων (37 λιχμήμονας) ou en -όεις (54 ἀργυρόεν, 455 ἰρινόεν), adverbes de sa création (37 παμβλήδην, 45 μετρήδην), ou graphies qui lui sont particulières (321 ὄξευς, 365 πνιχμός, 375 μεμορυχμέναι), pour ne rien dire des autres *hapax* tels que 322 ἐκβδήλαιο, 269 λαχυφλοίοιο, 331 κακοχλοίοιο, etc.) ; souvent aussi, il confirme des leçons attestées par Eutecnius (265 καθεψηθέντα, 472 οἷά τε), ou/et un témoin de la tradition indirecte (305 δ' ἤ, 424 χιληγόνου), ou conjecturées par des savants modernes, Scaliger et Bentley (61 βιαζομένη), Bentley (288 δή, 290 οἴοις, 370 κονίην, 536 ἐρύγοι), J.G. Schneider (135 κερόεντα, 460 χλιαρῷ). L'une de ces confirmations les plus notables se trouve au v. 410 : en T, il est à sa vraie place, qui avait été conjecturée par R. Bentley et J.G. Schneider.

Certaines erreurs de T, communes à ω, appartenaient déjà à l'archétype Ω, à l'origine des deux branches de la tradition. Les plus évidentes sont 266 σὺν δὲ καὶ et 269 καστηνοῦ, qui gâtent l'acrostiche[312] des v. 266-274. On

---

311. Voir tome II, *Notice*, p. CXXXVII- CXLVI.

312. Voyez encore 55 ἡμιδαές, 59 μυελόεντα et ἴσχοις, 66 εὖτ', 151 νέον, 253 μ(ι)αινόμενος, 289 εἰδόμενος, 366 δή τοι, 369 νέμοις δ', 396 γεραιόμενα, 397 λήθη, 454 ἔλκοις, 475 περιστολάδην, 478 ἄνθεά τε, 500 παραὶ, 599 ἄνυται ῥύσις, 609 τε, et sans nul doute 296 ἀνόστεα, 327 ἠὲ, 359 βράττει, 382 τηνεσμῷ, 404 πλημμυρίδα, 420 ἠλοσύνῃ, 431 κρομμύων, 533 ἐμπρίοντα.

trouvera ci-dessous la liste des fautes individuelles de T, la plupart absentes des notes critiques.

I. Confusion de lettres : **1) De voyelles entre elles.** — α pour ε : 552 ἀψαλεην, 395 (n. critique). — ε pour α : 292 ἔχευεν, 439 επεγχελάουσι, 577 βοε. — α pour o : 59 χαλικρατερὸν, 465 (n. crit.). — o pour α : 528 σπόδικα. — αι pour α : 527 ραφαίνοι. — αι pour ε : 419 (n. crit.), 514 καθαλμαία, 545 (n. crit.). — ε pour o : 287 ὑποβρεμέει, 378 ἀείθεσσοντὸς (-σον- in -σεν- corr.), 439 γενειάδες, 528 κλωσθέντα. — o pour ε : 292 πόσιος, 293 φαρμακῶοις. — ε pour ι : 255 (n. crit.), 534 φλογέη. — ι pour ε : 543 τετραποδὶς. — ι pour ει : 140 κεινωσιας, 451 ἐρίκην, 590 οἰκίει. — ει pour ι : 42 (n. crit.), 51 καμείνων, 55 θερείων, 122 ἀνειαὶ, 286 καταπνεῖουσα, 413 επεσείνατο, 424 (n. crit.), 452 εύτριχει, 554 (n. crit.), 602 ὁρμείνοιο. — ει pour η : 51 σιδηρείεσσαν, 262 πέλεις, 378 ἀεί, 590 οἰκίει. — η pour ε : 253 σπειρώδηι, 315 ῥῆια, 373 ἦν. — ε pour η : 584 μέν. — η pour ι : 44 ἐυτριβῆ, 252 κνηδηι, 290 οἴοης, 294 ὀρταλῆς, 299 νεοθλήπτωι, 497 (n. crit.), 607 (n. crit.). — ι pour η : 123 θώρικος, 251 κνιθμός, 252 τριχεῖ, 264 ἡμῖν, 296 μίνιγξιν, 404 πριόνες, 444 κεκαφιότα, 538 πανακιδέος, 557 καθεψιθέντα. — ι pour οι : 478 κυλιδιόωντος. — η pour υ : 57 ποληκνήμοιο. — o pour ω : 458 κόμα, 524 αποφόλιον, 605 (n. crit.). — ω pour o : 41 θηλύφωνον, 273 ὦστε, 277 εμπίσεω, 293 φαρμακῶοις, 369 ὁποίω (a.c.), 438 ἀθρόως, 526 ἄλλωι, 596 βρωμενισιν. — οι pour η : 408 ἀργαλέοιν. — οι pour υ : 391 φοικιόεντας, 434 (n. crit.), 576 φοίκει. — υ pour o : 255 (n. crit.). — υ pour υι : 381 νηδύων. — **2) De consonnes entre elles.** — β pour π : 432 (n. crit.). — 465 (n. crit.). — δ pour τ : 435 ἀναπίδναται. — θ pour ρ : 43 et 55 βάθος. — λ pour ν : 420 (n. crit.). — ν pour κ : 481 δρανέεσσι. — ν pour π : 482 (n. crit.). — ς pour ν : 604 κράδης. — π pour τ : 551 περσαίνοις. — ρ pour θ : 540 βάρος. — τ pour π : 141 τόθεν, 518 τηκτον. — τ pour δ : 134 σπεράτεσσιν. — τ pour θ : 573 κατεφθέος. — τ pour ρ : 386 αλυκτότερον. — ρ pour δ : 444 οἶναρι. — χ pour γ : 574 μιχνύμενος. — χ pour κ : 376 δορυχνιον, 524 ἀνιχμαίνον. — φ pour π : 350 (n. crit.). — π pour φ : 118 ? (cf. n. crit.). — **3) Entre voyelles et consonnes.** — ι pour ν : 572 (n. crit.), 605 μελικέρτηι. — ς pour ι : 526 ἄλλως. — υ pour ν : 307 νάρδου. — ν pour υ : 376 ὄν, 466 πολυστίον.

II. Confusion d'onciales. de minuscules. — 1) Λ pour Δ :
47 ὑλεῦσι, 262 βλήλαιο, 422 λάμναται. — Α pour Λ : 314
πιανάμενον. — Λ pour Δ : 385 μίγλην. Cf. §vɪ. — 2) β pour
μ : 259 βεβιασμένα. — μ pour β : cf. 275 καταμάλγεο (f.l.
pro καταβάλλεο ?).

III. Confusion de mots. non-sens : 1) 43, 55, 540
βάθος/βάρος ; voir n. crit. aux v. 107, 109 ; 148 σὺν, 298
ἀψίνοιο, 324 πρισκὸς, 363 ἐπικνέψαιο, 408 ὀνειδείοις, 412
νεοθήλατα, 428 αμίξας, 517 ἠνεκερσ (σ pro ρ a.c.), 587
φαρμάσσοιο, 606 ἐπηεξίεσαν. — 2) Prépositions, préverbes : 439 ἐς, 589 ὑπεγκεράσαιο.

IV. Lettres et syllabes intruses. — 1) ι après voyelles
longues : 111 ῥύγηισι, 420 (n. crit.), 571 πίμπρηισιν, 586
ἐνάλθηι, 587 ἴδρώι, 603 ὑσσωιποῦ. — α : 330 καραμβῆεν.
— ε : 55 θερείων. — μ : 417 ἀμφίκρημνα. — ν : 383 δήν
ποτε. — σ/ς : 508 ἴσθμούς, 528 κλωσθέντα. — 2) 574
μιχνύμενος.

V. Omission. — 1) De lettres : 255 (n. crit.), 375 μεμορυχ-
μεν[αι], 286 καταπνεῖ[γ]ουσα, 360 (n. crit.), 407 ἐρι[δ]μαί-
νεσκε, 411 [κ]ἔρσας, 443 μέλοι[ο], ἀρ[ω]γῆς (sp. rel.), 497
μνιωδε[α], 518 ἄχνη[ν], 527 ῥαφαίνοι[ο], 556a φλι[δ]όων-
τος, 606 κτερίσαντε[ς]. — 2) De syllabes : 369 ἀλλ[οτ'],
565 ἀμμωνι[ακ]ὸν. — 3) De mots : voir les n. crit. aux v. 123,
292, 347, 418, 553, 575.

VI. Haplographie. — 262 πέλεις, 274 ἐρπύλοιο, 282 (n.
crit.), 285 επιφράσουσα, 414 πάσσοις (suppose confusion
Λ/Α au stade de l'onciale), 431 (n. crit.), 442 ἀπαγγελει, 470
-γεσιν, 536 κατεματέων, 537 (n. crit.), 577 απαγγέλουσα,
583 κεδάων.

VII. Dittographie. — 65 ὁπόνα, 151 χησιάδεσσιν, 299
κεῖνον, 304 (n. crit.), 393 (n. crit.), 505 (n. crit.), 512 δαῖτας,
565 βάλλων, 586 σκύτος, 604 κράδης (voir sous §I2).

VIII. Interversion de lettres. — 470 υποστίλγεσιν, 514
γωρύσαιο.

IX. Coupe des mots. — Très souvent absente ou erronée :
e.g. 41 δακοναῖοις, 55 δημίδαξς, 62 νεαγέντα, 138 ἐτά-
πεπτα, 390 τε ῥύγηισι, 264 βλαστήματα ῥήξει, 272 ἐξαίνυ-
σον ἡδύν, 367 ὑπὸ σύρεο, 382 τὴν ἐσμῷ, 401 κατ' ἐναίρε-
ται, 428 φυλλὰ δ' ἀμίξας, 457 κνώσσοντας ἀλάσσων, 498
ῥοιζῇ δαφίλ' αἵματος, 525 δηρυδέουσι, 609 βλάστειαν'
εανθέα.

X. Assimilation des consonnes. — Aucun exemple.

XI. Apostrophe. — Souvent **omise** ou **intruse** : 127 ἠέρ, 509 περιξ'. Voir aussi sous les §ix et xv.

XII. Hyphen. — Aucun exemple.

XIII. Signe de la diérese. ν éphelcystique. Abréviations.
— **1)** ϊ : *e.g.* 467 ϊδὲ, 475 ϊκτερόεις, 587 ϊδρώι. — **2)** Le ν **euphonique** est parfois **omis** : 313 καμάτοισι, 447 νεμέεσσι, ou **intrus** : 151 χησιάδεσσιν, 383 δέδουπεν, 386, 584 δεπάεσσιν, 396 μνίοισιν, 408 επέλασσεν, 474 ἔδραμεν, 532 πρασίηισιν, 581 κλονέουσιν, 583 τελεσκεν, 592 ηνεκέεσσιν. — **3)** Signes sténographiques ou ligatures employés pour les **désinences**, surtout en fin de vers : *e.g.* **-ας** (70 κόψας, 301 τμήξας, 428 αμίξας, 501 αὐγάς, 517 θάλψας), **-ην** (529 ἄνθην, 551 κνίδην), **-ης** (71 μελισσης, 393 καλχης, 523 ἐχίδνης), **-ον** (119 δήχμον), **-ος** (120, 379 γαστρὸς, 124 φωτὸς, 251 κνιθμός), **-ου** (108 αταλύμνου, 275 μύρτου, 288 ὀλύμπου, *al.*), **-ται** (543 ἀμβλύνονται), **-ων** (456 πλήσσων, 468 σαπρυνθεντων, 531 χραίνων) ; pour les mots **καὶ** (534) et **πνεῦμα** (507 π̅ν̅α̅).

XIV. Corrections. — 43 ἄρκος (voir n. crit.), 52 χροάνοιο *a.c.*, 131 ἱπποθόοντος *a.c.*, 369 ὁποίω *a.c.*, 496 ποτὸν (τ *s.l.*), 587 δ' *om. sed add. s.l.* T se trompe parfois en se corrigeant : 378 (n. crit.) ; ou sa correction est incomplète : 576 φοίκη *a.c.*, φοίκει *p.c.*

XV. Esprit et Accent. — Souvent **absents** ou **erronés**. Dans les **mots composés**, ils peuvent affecter la voyelle initiale de l'élément simple, comme ils le font dans les papyrus : *e.g.* 34 επέδραμον, 382 δυσέντερος, 537 δυσἄλυκτον. — Les **préverbes** sont parfois distincts du verbe et accentués : 143 περὶ βρίθοντα, 257 ἀπὸ ἤρυγε, 290 ὑπὸ βρέμεται, 313 πρὸ δέδουπε, 367 ὑπὸ σύρεο, 593 κατὰ τρύσαιο ; ou séparés de lui par une apostrophe : 401 κατ' εναίρεται. — Les particules μὲν et δὲ sont traitées comme des enclitiques. — Les **enclitiques** peuvent être accentués. Les **adverbes** enclitiques ὁτέ, τοτέ ne sont pas distingués de ὅτε, τότε. — Les **prépositions**, dépourvues d'accent, traitées comme des proclitiques. — Le ι **muet** est adscrit, non souscrit. Il peut être confondu avec un point.

Les particularités de la recension T que je mentionnais pour les *Thériaques* se vérifient donc, on le voit, pour les

Alexipharmaques. Nous sommes en présence d'un texte dont on croirait qu'il a été copié directement sur un manuscrit en onciales par un scribe très inférieur à sa tâche quand, pour passer de l'onciale à la minuscule, il avait à découper les mots de son modèle. Pourtant, ce n'est pas un exemplaire de translittération ; c'est ce que prouve une faute typique de la minuscule comme la confusion du μ et du β couché (cf. *supra* §п2). Les erreurs individuelles relevées ci-dessus révèlent au moins l'antiquité du texte à l'origine de la recension de T. Elle remonte peut-être à une copie privée faite par un lecteur de Nicandre pour son usage personnel. En tout cas, comme le prouvent ses fautes, il s'agit d'un texte qui, à la différence de la tradition scholiée, n'est pas passé par le filtre grammatical, ce qui lui donne des chances d'avoir échappé à la normalisation et, par là, d'avoir sauvegardé la spécificité de la langue et du style de Nicandre. A côté des bévues grossières, qui sont, répétons-le, de celles qu'on trouve couramment dans les copies privées de textes classiques conservés par les papyrus (elles sont relativement aisées à corriger), le manuscrit T présente, par rapport à la tradition ω, des variantes qu'aucun philologue moderne n'aurait pu conjecturer. Elles l'emportent souvent sur ω, et, quand elles font jeu égal, elles ressemblent à des variantes d'auteur[313]. Cela est à rapprocher du fait que le texte de Nicandre porte des traces d'une double rédaction. C'est vrai de certaines leçons signalées par les Scholies ou impliquées par celles-ci : par exemple, pour la variante du v. 11 qu'elles nous ont transmise (cf. la n. à 11b), et pour le double texte qu'elles attestent au v. 607, sinon pour la rédaction alternative du v. 345 qui n'est en fait qu'une interpolation. Devant de telles variantes, il est légitime de se demander si elles ne témoigneraient pas en faveur d'une *proecdosis* (voir *supra* p. CXVIII et t. II, p. CXXXVII).

---

313. Voir les n. de la traduction aux v. 43, 69, 125, 347, 419, 576.

b) La tradition scholiée : classe ω.

Tous les autres témoins de la tradition directe relèvent d'une seule et même classe de manuscrits, ceux que j'ai désignés par le sigle ω. Certains ont un corpus de Scholies dans une rédaction plus ou moins développée. Complètes dans le consensus *a* et dans deux des trois manuscrits du consensus *b*, elles se présentent sous la forme d'un arrangement abrégé dans le troisième, ou d'extraits clairsemés arrangés de façon identique dans le *Venetus Marc. gr.* 480 et dans le *Mosquensis*. Pour une description du contenu de chaque manuscrit, on se reportera à l'édition des *Thériaques*[314], sauf en ce qui concerne le *Mosquensis*, pour lequel je renvoie ci-dessous, p. CXLI. Le poème des *Alexipharmaques* semble avoir eu moins d'audience. Ignoré des papyrus, il n'a été transmis que par 21 manuscrits (14 seulement, si l'on élimine d'une part les copies d'exemplaires conservés et, de l'autre, le *Parisinus gr.* 2403 (P), qui ne contient que les 29 premiers vers), contre 28 pour les *Thériaques* (23, compte non tenu des copies). Si l'on met à part les deux éditions d'humanistes que sont le *Laurentianus gr.* 32.16 (M), produit à l'instigation de Maxime Planude, et le *Venetus gr.* 480 (V), qui a appartenu au Cardinal Bessarion, la tradition scholiée des *Alexipharmaques* atteste, elle aussi, la répartition de ses manuscrits en trois consensus principaux, *a*, *b* et *c*. Parmi d'autres preuves de la spéficité des consensus *a* et *b*, on peut alléguer des variantes comme celles du v. 92, dans lequel, en face des deux *falsae lectiones* καὶ δὲ σύ (*a*) et ἠδὲ σύ (*b*), le groupe *c*, divisé ici entre ses deux composants *x* et *y*, en ajoute deux supplémentaires qui les reflètent : καὶ σὺ δέ (*x*) et εἰ δὲ σύ (*y*), partagées respectivement, la première par V, la seconde par M. Autant qu'on puisse en juger sur une trentaine de vers, P ne joue plus dans les *Alexipharmaques* son rôle de leader à l'égard de *x* et de *y*, auxquels l'opposent cer-

---

314. Cf. Nicandre, tome II, *Notice*, p. CXXXVI-CLIX.

taines de ses leçons, et aucun manuscrit n'est en mesure
de le suppléer dans ce rôle. Mais le groupe *c*, qui les
réunit, ne manque pas de variantes qui lui sont propres, et
par là révélatrices de son unité. Il en est de même pour
les consensus *a* et *b*. Lorsqu'on passe des *Thériaques* aux
Alexipharmaques, le comportement de certains manuscrits peut être différent, certains peuvent même avoir
changé de modèle. F et I (ils faisaient partie du groupe *x*
dans les *Thériaques*) s'avèrent être, à l'exception de
quelques leçons, des copies fidèles, le premier de V, le
second du *Laurentianus gr*. 91.10 (O). Au sujet des
consensus distingués, rappelons qu'il s'agit de simples
affinités entre manuscrits à l'intérieur de la classe ω, affinités susceptibles de varier au gré de la contamination.

1. Le consensus *a* (= **GL**).

G   **Goettingen philol**. 29, texte et Scholies, milieu du XIIIᵉ
        siècle.
G² seconde main du même manuscrit, XIVᵉ s.
G   **Ambr.** E 112 sup./Gr. 315, texte sans les Scholies, XVᵉ s.
L   **Vaticanus gr.** 2291 (*olim* Chisianus gr. 50), texte et
        Scholies, XVᵉ s., mais copié sur un exemplaire des XIᵉ/
        XIIᵉ s.

L'unité du groupe *a* est mieux préservée par les Scholies. Parmi les leçons qui la mettent en relief dans le
texte, il faut citer en première ligne celles que G et L sont
seuls à porter, qu'il s'agisse de la *vera* (36 ἥ, 567 ἴσχῃ,
628 τόδε) ou d'une *falsa lectio* (92 ῥαδάλους, 491 σὺν
καί τ' et τ' ἐσκληκότα, 605 ποτε au lieu δε θ' ὑπò, 625
ὑπαὶ). Remarquables aussi les leçons que G et L sont
seuls à partager avec T, ou avec des manuscrits de la
classe ω, qu'elles soient vraies ou fausses :

a est seul à conserver la *vera l*., avec T : 469 ἀρρύπτων,
511 τῷ (au lieu de καὶ ; cf. ῷ T, variante de même sens, rete-
nue dans le texte), 525 κακόν (au lieu de ποτόν), 605 ἀλίβλαπτον ; avec MR : 381 νηδυίων, 432 εὔαγλις, 449 θαλά-

μας (T), 494 νοτέουσαν, 620 ἠέρθησαν ; avec MV : 82
κεῖνο, 488 πελανοῦ. — *Falsae lectiones* communes à MR :
508 διανείσεται, 618 τοι.

Mais, souvent, G et L, comme les membres des autres
groupes, ont un comportement indépendant. La contamination est respnsable de cet état de choses. Celle-ci se
manifeste en général sous la forme d'une correction faite
au cours de l'acte de copie ou ultérieurement. Au v. 327,
une surcharge est le signe que G a remplacé νίτρου (L,
alii) par λίτρου ; de même, au v. 615, après avoir écrit la
f.l. φάρυγγος, comme L et la plupart des manuscrits, G
supprime le premier γ au profit de la *vera lectio* φάρυγος. Dans ces deux cas, la correction a conduit G à se
séparer de L. Dans d'autres, c'est l'inverse, la correction
rejoint L. En supprimant τὸ du v. 173, G^{pc} retrouve le
texte de L (*et alii*) ; 483 (φ)οινή(εσσαν) G^{sl}, leçon de L
(*et alii*), remplace φωκήεσσαν G^{it}. Au v. 43, G^{it} avait
sans doute, dans un premier temps, ἄρκος (TM), comme
le suggère la *v.l.* ἄλκαρ portée au-dessus de la ligne ;
d'autre part, dans un deuxième temps, G a corrigé la
leçon de son texte en ἄλκαρ (L, *plerique*). Même processus au v. 250, où la *v.l.* (γρ΄. τίς ἐνδέξηται) portée dans
l'interligne suppose, au-dessous, la leçon initiale ποτὸν
δέξηται (V*x*) ; G a corrigé ποτὸν (dont le π demeure
visible) en τὶς ἐν (L, *ceteri*). D'autres fois, c'est G^2 qui
joue le rôle de correcteur (515 θολερὴν TGMR^{sl} :
θαλερὴν G^{2}L *c.cett.*). Lorsque G maintient son indépendance sans se corriger, il arrive qu'il apporte seul la
bonne leçon confirmée par un témoin (66 ὑπὲκ). Il la
partage parfois avec M : 83 ναυσιόεις, 104 ὑπὸ ; avec
MR : 102 ἀρούραις, 336 πεπύθοιο ; avec TM : 452
λήνει, 524 τ'. Il partage aussi avec eux des erreurs :
avec M : 517 φλογί, 546 δάκρυα τμήξας (-αις M), 552
παλυνόμενος, 590 διεκποσὶν, 598 ἐπαΐσσων, 599
omission de γ', 614 ἐναλθήσειε ; avec MR : 297 μαρναμένη, 332 ἢ βλάστα, 455 ἐλαίου, 549 (ὅσους) τ',
553 σὺν au lieu de εὐ. Parmi ses erreurs individuelles, je

citerai : 366 ὄξεος, 538 πολυμηδέος. L'inversion de mots du v. 384 στόμα ξηρόν (G seul) est un genre de faute que l'on rencontre en M (cf. *infra* §4) et, déjà, dans l'archétype Ω (cf. 599) ; au v. 335, G a corrigé la même erreur (βουπρήστιδος πόσις).

G, dont le texte s'arrête au v. 363, a souvent des leçons qu'on ne trouve qu'en G : *e.g.* 60 χύτρων (*l*), 63 εὐχαν-δέα (R^{sl}), 108 γ᾽ omis, 226 βιασάμενος, 248 ἐρρήγνυ-ται, 261 βάλοις au lieu de πόροις, 262 ἔνδοθε ; ou qui s'expliquent par des particularités de G : 92 ῥαδάνους (ῥαδάμνους G *a.c*, ῥαδάλους *p.c.* ; ν est visible sous λ). Au v. 326, au lieu de la leçon εὐαλθέ᾽, *G* a la glose de G² εὐθεράπευτον. Sur une vingtaine de points, les deux manuscrits diffèrent, notamment en 239 (*G* lit comme M ῥοδέης) : G a gratté la désinence qu'il avait écrite (-οις ?), mais il a oublié de la remplacer par la désinence nouvelle. *G* a pu être copié, sinon sur G, du moins sur un manuscrit jumeau.

L³¹⁵ est le plus ancien ms du groupe *a*, c'est aussi le plus proche du *Paris. Suppl. gr.* 247 par ses *orthographica*. On retrouve chez lui maintes confusions entre voyelles, ou entre voyelles et diphtongues, déjà notées chez T : α/ε, αι/α, αι/ε, ε/ο, ι/ει, ε/η, η/ι, ι/η, ι/οι, η/υ, ο/ω, ω/ο, οι/η, et bien d'autres encore : α/αι, α/αυ, α/ευ, α/ι, ε/αι, ε/ευ, ε/οι, ι/α, ι/ο, ι/υ, υ/ι, υ/η, η/α, η/οι, η/ει, ει/η, ο/η, ο/υ, ου/ω, ω/α ; entre consonnes : μ/π, ν/κ, π/τ, ρ/λ ; entre consonne et voyelle : σ/ο, β/υ, ν/υ (nombreuses confusions des désinences -ον et -ου, cf. n. au v. 135). Il a aussi toute la gamme des lettres intruses,

---

315. A la suite de l'édition des *Al.*, on lit au haut du fol. 280, sous le titre Περὶ κράμβης, le passage des *Géoponiques* (12.16.17 s. [p. 363.17-364.6] ὁ δὲ Νέστωρ — ἔχθραν) où Cassianus Bassus rapporte, d'après l'᾽Αλεξίκηπος du poète épique Nestor, imitateur de Nicandre (cf. t. II, *Notice*, p. CXXI ; R. Keydell, *RE* 17 [1936] 125.48 ss.), le mythe de l'origine du Chou, né des larmes du roi de Thrace Lycurgue, opposant au culte de Dionysos, d'où l'hostilité entre la Vigne et le Chou, qui explique les usages médicaux de ce légume. Cf. Murr 170 s.

omises, inversées, les haplographies et dittographies, les esprits et accents erronés, les apostrophes omises, les mots mal ou non coupés (386 δὲ πάεσσι, 433 καὶ βληγόνου, 523 εὖτε πιφωλεύοντα, 427 γαυαλέον). Les omissions de mots particulières à L, notamment des petits mots, sont nombreuses[316]. Malgré l'abondance de ces *orthographica*, qui font songer aux papyrus, et la présence, comme en T, d'un certain nombre de *voces nihili* (e.g. 560 ἃ ἐξεζεσεν au lieu de αὐδήεσσαν), L est seul à communiquer la *vera lectio* aux v. 97 (εἰλύν, faute heureuse ?) et 499 (χήτεϊ, anticipée par O. Schneider). Il lui arrive souvent de la partager avec T : 38 παρδαλιαγχές, 501 ζοφερῆς, 524 ἄσθμα, 531 χραίνων, 536 λωβήμονα, ou de s'en approcher : 533 καρδαμίδα (au lieu de καρδαμίδας T). Entre autres *falsae lectiones* notables : 360 λιαροῖο (T), 481 ἐχθραίνεται, 559 ἄλλοτ' ἀρουρείης (voir la n. critique), 594 ἀργυρόεσσα, 624 καρφθέντα. Son modèle était illisible en certains endroits, d'où l'omission de lettres ou de syllabes signalée comme telle : 23 ἄλ - ἐμφέρεται -, 24 φαέ - ν, 153 -- οιο, 434 π - ύθοιο. Quand L s'écarte de *a*, c'est parfois pour se ranger aux côtés de *b₂y* (voir *infra* §2). A l'occasion, L^sl cite la leçon de G dont s'est éloigné L^it (cf. 110 χλιόεντι) ; ou à l'inverse c'est G qui cite comme *v.l.* la leçon de L (624 καρφθέντα LG^{2γρ}, cf. O^g ξηρανθέντα[317]).

Au groupe *a* se rattache le manuscrit perdu *l*, qui a appartenu au médecin parisien Anne-Charles Lorry (1726-1783)[318]. Lorry l'avait collationné sur une édition

---

316. V. 23 δαίς, 109 ἀεί, 129 πόροις, 199 ἤ, 253 ἤ, 415 τις, 514 σύ, 519 τήν, 561 γάρ, 570 χλόον, 572 δ'. Pour les omissions de lettres, cf. *e.g.* 107 λιβάνοι[ο], 118 κάρφι[α], 138 μεμι[α]σμένα ; syllabes omises : *e.g.* 58 κυάθοι[σι], 97 ἀνά[δέ]ξεται, 131 ἔβρεξ', 143 περὶ βρί[θον]τα, 245 πολέ τ' au lieu de πολέοντες. Ces omissions supposent un modèle qui écrivait des lettres au-dessus de la ligne et usait d'abréviations.

317. Glose omise dans l'éd. des Scholies par Geymonat.

318. Cf. tome II, Notice, p. CXLIX, n. 335.

qu'on ne peut préciser, et il avait communiqué cette col-
lation à J.G. Schneider. Celui-ci et O. Schneider à sa
suite ont cité un certain nombre des leçons de *l*, dont on
ne peut garantir l'exactitude. Celles que j'ai mentionnées
dans l'apparat sont toutes identiques soit aux leçons de *a*
(cf. 79 καὶ, 115 σιτηβόρου, 167 ἐπισποῖ, 275 εὐφίμου), soit, quand G et L diffèrent l'un de l'autre, à celles
de G[319].

2. Le consensus *b* (= ORW).

O   **Laurentianus gr.** xci sup. 10, texte + Scholies (arrange-
      ment abrégé), xive/xve s.
I   **Ambrosianus** C 32 sup./Gr. 175, texte + Scholies O, fin
      du xve s. (peut-être copié sur O).
R   **Riccardianus gr.** 56 (*olim* 18), texte + Scholies, xve s.
W   **Venetus Marc. gr.** 477, texte + Scholies, xve s.

A l'exception du v. 92, où l'on a vu (*supra* p. CXXXII)
le consensus *b* s'affirmer contre les autres (y compris *x* et
y), toutes les fois que les manuscrits *b* s'accordent sur la
même leçon, ils le font avec le renfort du groupe *y* : 36
τοι (T), 113 ὅτ', 221 ἐσφαλμένος, 438 ἀχραίνει, 457
παλάσσων, 599 μὴν, — ou du groupe *c* : 449 θαλάμους
(*multi*), 511 καὶ pro τῷ (*plerique*), 573 καθεψέος (ω).
D'autre part, il n'est pas rare que R s'oppose à OW, dans
le même temps où ces deux manuscrits ont, très souvent,
la leçon de *y*. (L'accord *by* et OW*y* peut s'étendre à L ;
parfois, c'est W seul, ou RW, ou LRW, qui ont la même
leçon que *y*). Il n'empêche que *y* (on le verra *infra* §3)
forme une unité distincte par rapport à *b* et à OW respectivement. Aussi m'a-t-il semblé préférable de garder *b*

---

319. Cf. 26 ἔνερθε κατὰ μέσον, 33 ὑπὸ au lieu de ἐπί, 40 φαλακραίης ... βήσσαις, 54 πτώματι (L), 60 χύτρων, 109 καλλείβεται,
ὄσχαις, 110 χλιόωντι, 114 ἀκλέα, 181 ῥυσσαλέην, 243 ὄθμα, 269
λαχυφλοίοιο, 287 ὄγμῳ (beaucoup de ces leçons sont propres à G*l*,
cf. n. critiques *ad locc.*). Au v. 306 (πεδνὰς), *l* avait la même faute que
GR. Les Scholies de *l* étaient très voisines de *a* (cf. Σ 364a 4 : πνεύματος au lieu de πόματος).

pour ORW, et de désigner OW par b_2, plutôt que de noter par des sigles spéciaux l'accord de *y* avec les/des manuscrits du groupe *b*. Les mss *b* se corrigent souvent ou indiquent, au-dessus de la ligne ou en marge, la *v.l.* qui ne figure pas dans leur texte.

Choix d'erreurs propres à 1) **W*y*** : 163 ὑπεστήσατο, 164 πήξαιο, 171 φάψαις, 178 κεραιόμενος, 237 νέκυ (*pro* νέην, cf. 510 νέκυ Wᵃᶜ), 250 κεῖνος, π χέτλη (*sp. rel.*), 295 μὲν *om.*, 299 κεῖνο *om.*, 308 ὀβελὸν, 344 ἐρυγάστορας, 355 οἴνῳ, 383 καρόουσι, 404 κέστρου *om.*, 507 τε¹ *om.*, 525 οἰδέουσι. — *Vera lectio* au v. 199 : δαυχμοῖο. — 2) ***b₂y*** : 65 χέων, 84 ἑτεροειδέα, 87 ἐλαίας, 107 περιηγαθέα, 111 δαμάσ(σ)ας, 124 σφιν, 233 ἐψιήματα (Oᵖᶜ), 404 δὲ *post* παρὰ *add.*, 422 ὑφαίνοντες, 493 θλίψεις, 505 ῥόον (Rᵖᶜ), 521 ἄθρα (*pro* ἀνέρα), 583 σκεδάζων. — *Vera lectio* au v. 409 : ἐναλδήνασα. — 3) **L*by*** : 125 πελάει (Rⁱᵗ), 224 πολυστρέπτοισι, 324 ποτὲ, 173 δὴ πνοιαῖς (Gᵖᶜ), 453 καὶ (*pro* τοτ'). — *Vera lectio* au v. 109 : καταλείβεται. — 4) **L*b₂y*** : 40 φαλακραίαις ... βήσσαις, 64 καὶ βαλσάμοιο, 120 τεύχουσι, 128 ποταμίησι(ν), 138 ἐμμαπέων, 236 καὶ ἀολλέα, 423 δόμεναι *pro* δ' ὀτὲ μὲν (Rʸᵖ), 428 φύλλα δ', 559 κυτησινόμου (V), 564 ἐν δὲ καὶ, 601 δίπλοον. — 5) **RW*y*** : 231 ἐνδρεφθέντα, 274 φυλοζώοιο (Wᵃᶜ), 317 σποδόνεσσι, 434 καθ' ὑπνέας, 505 ῥόον (Rᵖᶜ), 541 ἐκβαρύθων. — 6) **LRW*y*** : 153 διπληρέα, 192 δ' ἐπιψύχει, 269 δασυφλοίοιο, 340 ὀροχθεῖ (Rⁱᵗ), 345 ἐσχατιῇσιν — φάγωσι (Σᵛˡ, Eutecnius), 410 σκύλλαιο.

Ainsi, les groupes *b* et *y* ont des affinités évidentes sans toutefois dépendre l'un de l'autre. Leur modèle commun avait, de même que B, un *ductus* à peu près semblable pour les minuscules ω et α, comme le montre 438 ἀχραίνει (pour ὠχραίνει), confusion attestée aussi par L au v. 221 (ἐσφαλμένω). Mais les manuscrits *b* ne marchent pas toujours de pair avec *y* ; comme *y*, ils ont leur lot de *lectiones falsae* ou *verae*, qui leur sont propres. Il suffira de quelques remarques sur leur comportement en dehors de leur accord avec *y*.

O est peut-être avec G un des manuscrits les plus corrects pour l'accentuation et la métrique. Alors que W
note souvent l'allongement de la brève à l'arsis devant
liquide par le redoublement de la liquide, O a une
consonne simple : 184 ἐπὶ ῥαγέεσσι (ἐπιρραγ- *cett.*) ;
81 ἐπιλύζων (-λλύζ- V -λλίζ- *cett.*) est donc en faveur
de ἐπὶ λύζων. O est seul avec G, et d'autres manuscrits,
à accentuer correctement la préposition en anastrophe :
142 ἔνι (G), 144 ἔνι (GR), 374 ἄπο (GMR[pc]), 214 ὕπο
(GRVx). En outre, avec un certain nombre de témoins,
dont *a*, G ou L, il partage la bonne leçon[320]. Tout en
ayant des liens étroits avec O[321], W ne dépend pas de lui,
car il n'a aucune des nombreuses omissions de mots qui
caractérisent O[322].

En revanche, I (qui appartient au groupe *x* dans les
Thériaques, mais a changé de modèle pour les *Alexipharmaques*) présente les mêmes omissions, toutes sans
exception. Il a beaucoup d'autres erreurs propres à O, et
il en ajoute beaucoup de son cru, qu'expliquent souvent
des particularités de O, ce qui amène à considérer celui-
ci comme son modèle. Mais I offre plus de cent divergences par rapport à O, sans qu'on puisse toujours mettre
en cause l'étourderie du copiste. Certes, il est permis de
voir des lapsus au v. 109 dans ὥσχαις (*vera lectio*), au
lieu de ὄσχαις, et dans κόψας, au lieu de κόψαις au
v. 602, encore que I ait en 109 le support de G*I*M. Mais

320. Avec *a* et TM, cf. 45 πέλοι (O[sl]), 132 ὑπὸ ῥήτρῃσιν, 142
κόψαις ; avec *a* et MRV, 488 καί ποτε (O[sl]) ; avec *a* et V*x*, 624
βολῆς ; avec G, 202 τοτὲ, 345 δατέωνται, 419 ἄνευ (O[it]) ; avec G et
V, 243 ὄθμα ; avec G et V*x*, 355 ὀτὲ ; avec G et MV*x*, 345 ὁππότε
— δατέωνται ; avec G et MRV*x*, 307 νάρδον (O[pc]R[pc]), 341 διαπίμ
πραται (O[ac]), 502 ἴσχῃ (R[it]) ; avec G et TMR, 530 θρύπτεο (O[pc]) ;
avec L, 193 ἀτύζει (O[it]V*c*).

321. Cinq fois, *b*₂ est isolé : 73 ποσὶν, 170 κλῦδα, 500 παρὰ, 532
φῦλον, 619 μόνης (W[ac]) ; trois fois, il a une leçon en commun avec
un ms : 39 om. τε (V), 41 θηλύφονον (L), 562 παρετείνετο (T).

322. Cf. 55 χειρός, 69 ἀπὸ ῥίζεα, 116 δέξαιο, 121 [ἐπι]δάκνε
ται, 203 δ' (*scripto* δήποτ'), 283 δὲ, 448 καί.

on ne peut plus parler de hasard en 568, où I lit ἢ ἔτι
avec TLMRW, tandis que O partage l'erreur banale ἠέ τι
avec le reste de la tradition. Il convient de noter aussi que
I a toujours l'esprit doux sur les mots αὖον (270),
αὐανθεῖσαν (348), αὐαλέης (354, *sic*), αὐαλέον (427),
O toujours l'esprit rude[323]. Le modèle de I pourrait être
un frère jumeau de O, sinon O.

W a en commun avec B quelques variantes qui leur
sont propres (ou communes éventuellement à d'autres
manuscrits) : 11b ἑζομένη (R), 238 βάλοιο (H), 277
ἀμμίγδην (les autres manuscrits du groupe *y*, auquel
appartient B, à savoir *y₂*, lisent : ἀμίγδην), 344 του au
lieu de που, 368 ἐγκνήθεο (graphie correcte seulement
ici), 508 διαΐσσεται. Au fol. 68ᵛ (v. 504-516), W, dans un
premier temps, a laissé en blanc, entre les v. 506 et 510,
un espace (trop petit) dévolu aux v. 507-509. Dans un
second temps, il a complété son travail d'après un modèle
semblable à B, comme le montre la variante διαΐσσεται,
spéciale à WB, et l'omission de τε¹ que B partage avec *y₂*.
L'*Ambrosianus* D 529 inf./Gr. 999 (sigle **a**, *ap.* O. Schneider), texte sans les Scholies, XVIᵉ s., demeure, comme il
l'était pour les *Thériaques*, une copie de W (266-273 omis
par W, mais ajoutés en marge, sont omis par **a**) ; elle offre
un ordre des vers perturbé (94-163 après 233).

R n'est pas la copie de M, dont il n'a pas les omissions
de mots ou de vers, notamment celle du v. 243 et celle
des 31 vers 245-275, que M a signalée par la note marginale λείπουσι στίχοι λα´ (cette note ne tient pas compte
du v. 243), mais il a avec lui des liens étroits. Son texte
contient beaucoup de leçons qu'il est seul à partager avec
M, y compris les bévues les plus grossières de M. J'en
dirai plus au §4, puisqu'aussi bien c'est M à qui elles

323. Autres divergences de I par rapport à O : 193 ἀλέξει Iⁱᵗ (G)
au lieu de ἀτύζει, 213 δ' ante ἐσφ- *add.*, 331 κορύζης Iˢˡ (κολύζης
W), 410 καὶ au lieu de δὲ, 453 χαλινά au lieu de χαλινούς Oᵃᶜ -νοῖς
Oᵖᶜ, 499 χείλεσι (T), 601 διπλόον (*vera lectio*) au lieu de δίπλοον
L*b₂y*.

remontent. Au demeurant, R n'est pas un manuscrit sans qualités : il est attentif aux questions d'orthographe et capable d'apporter seul la graphie correcte : 67 δ' ἤ, 475 περισταλάδην (R[sl]), 480 ἐπὶ πλέον.

3. Le consensus *c* (= *x*+*y*)

J'ai admis, sur la foi de son comportement dans les *Thériaques*, que P appartenait aussi au groupe *c* dans les *Alexipharmaques*, mais les v. 1-29 (— χαλικραίῃ) qu'il a seuls transmis, et dans lesquels on a surtout à noter de sa part des fautes individuelles[324], ne suffisent pas à le prouver. Les variantes spécifiques de *c* sont relativement rares : 11 παρὰ, 47 καὶ (*pro* ἤ), 400 καὶ (*pro* δὲ), 487 ῥυπόωντας (*pro* λιπό-), 533 ἐμπριόεντα (sauf B), 554 ῥητήνη (sauf B). Dans la grande confusion des variantes de la classe ω, on notera l'accord occasionnel de *c* avec *b* ou des manuscrits du groupe *b*[325], accord qui peut s'étendre à d'autres manuscrits, parmi lesquels on remarquera la présence de V. Ce dernier a des leçons communes avec *c*, mais il a surtout, dans le groupe *c*, des relations privilégiées avec *x* à l'exclusion de *y*.

α. Consensus *x* (= D*MosqAld*)

D   **Ambrosianus** N 150 sup. /Gr. 554, Texte + gloses déve-loppées, XVIe siècle.

Mosq   *Mosquensis* Pak. N 1791-K (fol. 29[v]-41[r]), Texte + Scho-lies V, XVe/XVIe. Des notes marginales latines signalent, avec renvoi à la p. 350 de l'éd. Stephanus, l'omission des v. 273 ex.-274 in. et 296, mais non celle du v. 556. Celui-ci, considéré comme une *v.l.*, a été ajouté dans la marge, où il est précédé des mots ἐν ἄλλῳ οὕτως.

324. Cf. *e.g.* 5 φῶτα, 13 ὄχναι, 23 ὄσι et omission de ἄλις, et voir l'apparat aux v. 15 et 26.

325. Avec *b* : 50 τ' *post* σβεννύς *add.*, 82 ἐκεῖνο, 449 θαλάμους (R[sl]), 511 καὶ *pro* τῷ (MV), 573 καθεψέος (G), 585 πελάζεις (V). Avec W : 614 παρὰ χρέος, 288 δ' ἐν (LV) ; avec RW : 450 ὄμπνας ; avec *b*₂ : 79 δὲ *pro* καὶ (V), 437 δὲ *pro* καὶ (V), 476 τὰ *pro* ὁ (L), 488 καὶ τότε, 598 ἄνδρας (V).

Ald   édition *Aldine* parue à Venise en 1499 à la suite de Dios-
        coride, texte + Scholies. Addition marginale (avec ἐν
        ἄλλῳ οὕτως) du v. 556, omis dans le texte.

Le consensus *x* se réduit à trois témoins : il a perdu I,
lequel a copié le texte des *Alexipharmaques* sur O ou un
frère jumeau de O ; il a perdu F, devenu ici copie
conforme de V, au même titre que le *Parisinus gr.* 2726
(cf. Sigla, p. CLXXXV). Ce qui distingue le groupe *x* et lui
confère son unité, c'est l'omission des v. 273 ex.-274 in.
(κλοπὴν — φώρης), qui n'apparaît pas ailleurs, comme
aussi les leçons, bonnes ou plus souvent mauvaises, qui
lui sont propres (*e.g.* 82 κάρος, 216 ὑπὸ au lieu de ἀπὸ,
311 ῥεημέλκτῃ, 463 ἐπαιονάασσο, 497 θρῖα, et non
θρία comme le reste des manuscrits sauf T θρηα), ou
celles qui lui sont communes avec un seul manuscrit (*e.g.*
150 γαίης avec T, 536 κατεμμαπέων avec L), la plupart
du temps avec V. Il peut paraître vain de chercher des
rapports de dépendance entre les trois textes. Ils se ressemblent à tel point qu'ils donnent l'impression d'être
des répliques du même modèle. D ne peut en tout cas
avoir été ce modèle pour les deux autres, car ils n'ont
pas, comme lui, fréquemment omis des petits mots (109
ἢ, 203 δ', 349 καὶ, 459 δ', 609 τε). Les fautes individuelles de D apportent maintes fois des signes de négligence, notamment les mots écourtés d'une lettre (*e.g.* 87
πρημάδης, 110 ἐπρωγέα, 161 βόωσιν [*Ald*], 233
ἐνεψήματα, 419 βαίοντες). Certaines de ses gloses portent sur des fautes textuelles, cf. 125 (ψύχος *pro* ἄψυχος
a entraîné la glose ὁ ῥίγος [*sic*]). Les fautes individuelles
de *Mosq* sont parfois surprenantes, et dénotent un fort
degré d'inattention[326]. Le lien étroit de *Mosq* et d'*Ald* est
prouvé non seulement par l'addition marginale du v. 556,
omis par *x*, mais encore par les erreurs significatives
qu'ils ont en commun : 414 βράμματι, 540 βάτος, 560

---

326. Cf. *e.g.* 257 ἀπούρυγε, 555 καὶ répété après ὠεὰ, 607 μὴ *pro*
ἠὲ, 611 σὺ *pro* μὴ.

ἀναύδη τόν (*sp. rel.*), 575 σπλῆν'. Si *Ald* et *Mosq* ont
été copiés l'un sur l'autre, j'inclinerais à voir la copie
dans *Mosq*, travail composite, qui combine les scholies
de V avec le texte de *x*. Pour les rapports entre V et *x*,
voir *infra* §4.

β. Consensus *y* (= BSQH)

B **Perizonianus** F. 7 A, texte + Scholies, xvᵉ siècle.
S **Scorialensis gr**. S III 3, texte sans scholies, fin xvᵉ s.
Q **Bruxellensis** 18170-73, texte sans scholies, fin xvᵉ s.
H **Vaticanus Palatinus gr**. 139, texte sans scholies, xvᵉ/
     xvɪᵉ s.

L'absence des v. 497-502 est la marque du groupe *y*,
dont l'unité est confirmée, entre autres fautes qui le caractérisent[327], par des omissions de mots isolés (82 ἀβλεμές,
540 βάθος, 585 δέ, 605 ᾧ), ou de syllabes (d'où un non-
sens comme 523 τραχὺν pour τραφῇ βαθὺν, ou un
monstrum comme 568 κωφλαχιδέος au lieu de κωφοῖο
λαχειδέος). A l'inverse, *y* ajoute καὶ avant ἔτι au v. 368,
et répète le v. 556 après le v. 557. SQH forme en face de
B un groupe cohérent que j'ai désigné par le sigle *y*₂ : il
se distingue de B par des omissions portant sur des vers
(sont omis le second hémistiche de 293 et le premier de
294, par saut du même) ou sur des mots isolés (381
θολερήν, 570 μέν), et par d'autres fautes individuelles[328]. Une faute spéciale à *y*₂ telle que 218 εἰνκάδι
s'explique par un modèle où le κ de εἰκάδι, comme on le
voit dans les deux manuscrits B et W, était surmonté d'un
ν pour indiquer une correction à faire ou une variante. A
l'intérieur du groupe *y*₂, Q et H ont des rapports étroits :

327. V. 9 παῖδας, 23 ἐμφέρετ' αἰδώς, 24 ὑπολείπεται, 29
νήχιος, 41 θηλύφορον, 46 ἀκροτόνοιο, 50 γεννύεσσι, 52 ἔκτοθεν,
59 μυλόεντα (Bᵖᶜ), 63 κορήσαιο, 67 δερκεύνεος, 71 καμάτῃσι, 91
γρηῦν, 96 ῥύμα, 98 μεταργήεντος, etc.
328. V. 26 λίξει, 33 σφαλεροῖο, 44 κίρρειν (cf. 119 δήγμειν),
53 ννέον (cf. 367 ννηδύν), 54 θορερῷ, 68 ἐνέκταρι, 72 κι au lieu de
καί, 93 κακῇ πελέοντα, etc.

ils omettent aux v. 1 εἶ, 301 καὶ, 477 δὲ, et, parmi bien d'autres fautes distinctives, ils ont écrit aux v. 4 καί au lieu de κέ, 249 ἐχθίμενον. Si l'un de ces deux manuscrits a été copié sur l'autre, c'est évidemment H, qui a, en plus des fautes communes à Q, des omissions individuelles : 286 δὲ, 142-144 καυλέα κόψαις — καμάτῳ et 269-271 καρύοιο — δυσλεπέος (saut du même au même chaque fois), 556a-557. Pour les rapports de *y* avec *b*, ou des manuscrits du groupe *b*, cf. *supra* §2.

4. Les manuscrits **MV**

M   **Laurentianus gr.** XXXII.16, texte sans les Scholies, XIIIe siècle.

V   **Venetus Marcianus gr.** 480, texte + Scholies abrégées, XVe s.

Comme il en était pour les *Thériaques*, M et V, manuscrits d'humanistes, prennent leur bien là où ils le trouvent, et ils n'hésitent pas, quand le texte leur semble erroné, à adopter des conjectures. Par exemple, M, choqué du brusque passage du singulier au pluriel (voir *supra*, p. CVI), aux v. 158 s., corrige, suivi par R, πάσηται en πάσωνται. A partir de ἐπαιονάασθαι, leçon de ω au v. 463, V adopte la correction métrique λουτροῖς au lieu de λοέτροις, malgré le caractère douteux du vers spondaïque ainsi obtenu ; la *falsa lectio* 124 ἄλλη (*x*) entraîne de sa part la correction métrique ἀσχαλόωσ' (*x*), et c'est peut-être la *f.l.* 477 πίμπρανται, attestée par W*y*, qui lui inspire l'idée d'écrire πίμπραντ'. M et V ne sont pas exempts d'erreurs individuelles parfois surprenantes : interversion de mots en M (296 ἐν μήνιγξιν ἔβαλλε, 496 πρὸ πεσὼν ἐπιταυρηδὸν), intrusion d'une glose en V (84 βλέπων *pro* λεύσσων), *monstra* issus d'une omission de lettre ou de syllabe en M et V (169 οἰνὸν *pro* οἰωνὸν M[329], 104 τέμφη *pro* τε νύμφη V). Mais nom-

---

329. Autres fautes individuelles de M : 71 μελίσσαις, 300 σπερμινθίδα, 442 μὲν au lieu de δ' αὖ, 573 καθεψίοιο.

breux sont les cas où M et V ont (souvent ensemble) la *vera lectio* aux côtés de manuscrits *a* ou *b*, et même de T, notamment quand il s'agit de donner la bonne accentuation d'un mot ou son orthographe exacte. M est le seul manuscrit à accentuer correctement ὑπὲκ au v. 297.

MV : *e.g.* 11 ἑζόμενοι (Rx), πάρα (GRW), 33 ὄθμασι (M^sl R^sl), 36 τε et non τοι (R^sl x), 65 χέας (aRx), 81 χελλύσσεται (Rx), 82 κεῖνο (a), 138 ἐμματέων (GRx), 167 σαοῖ (x), 173 δὴ τὸ πνοαῖς (G^ae x), 192 δέ τοι ψύχει (Gx), 221 βρυχανάαται (Gx), 224 πολυπλέκτοισι (Gx), 234 στρούθεια (Gbx), 337 δ' ἤτοι (Rx, cf. 467 δ' ἤτοι M seul), 341 διαπίμπραται (GRx), 345 non interpolé (GOx), 363 στρεπτὸν (GRx), 409 ἐναλδήσασα (aRx), 488 πελανοῦ (a), 621 ἀθάναται (Gx).

TMV : 50 σβεννὺς non suivi de τ' (G), 287 ὄγμῳ (O), 324 τοτὲ (Gx), 389 ἤμυνεν (R^pc x), 390 πετρήεντος (R), 454 μαλλὸν (x), 467 λοπίδων (G).

TM : 62 περιφλίοντος, 119 δηχμόν, 330 μεμορυχμ- (cf. 318 μεμορυχμένος M seul), 437 καὶ et non δὲ (aRW^sl), 533 σίνηπυν (R^sl), 571 συννεχὲς (R).

TV : 318 σπαίρει (x), 332 πέπερι (x).

On peut observer ci-dessus que M et V, en cas d'accord sur le texte, ont la plupart du temps à leurs côtés R et *x* soit ensemble, soit séparément ; mais que, en cas de divergence, R offre la leçon de M et *x* celle de V. Cela m'invite à préciser les rapports entre M et R d'une part, V et *x* de l'autre.

1) Pour ce qui est des leçons propres à MR[330] (cf. *supra* §2), R les a soit dans le texte, soit dans l'interligne ou la marge, quand son texte porte une leçon différente de M. C'est le cas pour les *falsae lectiones* de M aux v. 79 ἐμφράσσεται R^sl, 128

---

330. Pour les bonnes leçons de MR, voir l'apparat aux v. 59, 378 (δ'ἤτοι), 430, 581, 587. Pour les mauvaises, 72 (ἀλάλκης), 79, 87, 89, 90 (διειδέα), 128, 134, 158, 183, 209, 219 (ῥέουσιν), 227, 328, 342, 352, 378 (τῆ), 398, 405, 414, 445, 449, 463, 491 (αἰγεινίτιν), 514, 561, 568, 586, 616. J'ai signalé entre parenthèses les *f.l.* qui ne figurent pas dans l'apparat.

γληχὺν R^sl, 328 γρ. τεύχεϊ (M *pro* δεύκεϊ) R^mg, 405 γρ´. ἄλλοτε (M *pro* αἴνυσο) R^sl, 514 βωλάδα MR^sl. Peut-être la correction avortée de R au v. 26 avait-elle pour but de remplacer ὑπὲρ par κατὰ (M). Quand MR ont le même texte, ce qui est le cas le plus fréquent, il arrive à R de procéder de même à l'égard de la leçon concurrente, en l'occurrence la *vera lectio*, ou de rétablir celle-ci dans le texte en le corrigeant : 183 βέμβικες R^sl, 350 ἀλκτήρια R^pc, 352 λαιμώσσοντα R^sl, 586 ἐναλθῆ R^sl. D'ailleurs, R est loin d'avoir accueilli toutes les fautes de M. Il est possible que l'interpolation de *b* par M ne soit pas de son fait mais l'œuvre d'un modèle intermédiaire.

2) V a une étroite parenté avec les manuscrits *x*. La preuve en est le fait qu'ils ont omis comme lui les v. 296 et 556, et qu'ils partagent avec lui des fautes grossières telles que 171 θάλουσαν au lieu de θάλασσαν, 350 πυρετῶν au lieu de πορέειν, 549 ἐψήσατο au lieu de ἐθρέψατο. D'autre part, V ne peut dépendre de *x*, qui a omis 273 ex.-274 in. (κλοπὴν — ἑρπύλλοιο), ni *x* de V, dont *x* n'a pas les omissions de petits mots (39 τε, 181 καὶ, 462 δ'), ni de nombreuses bévues telles que 58 χαδεῖς, 67 νεβροῦ (même erreur commune à V*x* en 324), 84 βλέπων au lieu de λεύσσων, 104 τέμφη au lieu de τε νύμφη, 129 κύβεσι, 183 πεμφραδών, 333 κεδάσαις, 335 ἀπαλγύνουσα. Du reste, *x* diffère souvent de V[331]. Selon toute apparence, V et *x* descendent, indépendamment l'un de l'autre, d'un même modèle. Il est possible que certaines lacunes de celui-ci ait amené *x* à conjecturer. Au v. 206, V

---

331. Pour les différences entre *x* et V, cf. 47 καὶ (ἤ), 50 τ' *post* σβεννύς *add.*, 77 γρώνοισιν (-νησιν), 81 ἐπιλλίζων (-λλύζ-), 91 πόροις (φέροις), 106 ὀπταλέησιν (-οισιν), 130 δηοῦς (δειοῦς), 150 γαίης (αἴης), 305 ἄρσενος (ἄργεος), 311 ῥεημέλκτη (νεη-), 342 ἀφυσγετόν (-τός), etc. La leçon de V figure entre parenthèses.

a omis θάλψας ; la leçon de *x* (πίνειν) ressemble à une mauvaise conjecture visant à combler la lacune du modèle commun. Peut-être la variation du v. 400 entre la leçon de *c* (καὶ) et celle des autres manuscrits (δὲ), là où V omet la liaison, s'explique-t-elle aussi par le désir de corriger le modèle auquel remontent V*c*[332].

B. LA TRADITION INDIRECTE.

De la tradition indirecte il se tire deux enseignements, l'un relatif à la diffusion et à l'audience du texte concerné, l'autre à son état de conservation, quand il a fait l'objet de citations de la part des témoins de cette tradition. En ce qui est de notre poème, elle confirme, sur le premier point, ce que nous apprend déjà la tradition directe par le nombre des documents qui la constituent. Les *Alexipharmaques* ont été moins lues que les *Thériaques*. Un grand nombre de témoins ont cette fois disparu : Strabon et Érotien, Plutarque, Athénée et Élien, Artémidore et Étienne de Byzance, Clément d'Alexandrie, Tertullien et Épiphane. Absents, parmi les gens de métier, Dioscoride, Philouménos, Paul d'Égine et le Pseudo-Dioscoride. Galien n'apparaît plus que pour un seul, Pline l'Ancien pour deux témoignages. Reste l'épaisse cohorte des grammairiens, des lexicographes et des Scholiastes, mais les rangs des Scholiastes se sont éclaircis. On sait que les lexicographes citent d'ordinaire les mots qu'ils choisissent sous la forme où ils figurent chez les auteurs au sujet desquels ils portent témoignage. S'agissant des lexicographes, il était donc souhaitable, à

---

332. On pourrait voir aussi dans l'addition de δ' après οἴνῳ au v. 608 une conjecture métrique entraînée par ἐντρίψαιο. La parenté V*c* est attestée par l'omission de δ' au v. 80 (cf. W^ac) ; autres leçons communes : 32 ἐπ' ἀφρίζοντι (G), 36 ἢ pro ἤ (sauf B), 93 ἐνὶ κλώθοντι (G), 341 δ' *post* ὡς *add.* (W), 484 νεοβδάλτοιο, 546 δάκρυα μόρξας (O), 576 λημναίης, 585 πελάζεις, 608 δ' *post* οἴνῳ *add.* (W).

mon sens, d'inclure dans les *Testimonia*, en plus de leurs
références expresses à Nicandre, les mots qui apparaissent chez lui sous la même forme, surtout quand ils ne
sont pas attestés chez d'autres auteurs. Par exemple, il y
a de bonnes chances pour que, chez le compilateur de la
Συναγωγὴ λέξεων χρησίμων, la glose ἀλάλυγγι lui
vienne des *Alexipharmaques* (v. 18) ; c'est sa seule
occurrence connue. Bon nombre de gloses peuvent dériver de cette source ultime chez Hésychius aussi, qui a des
rencontres avec les Scholies (cf. *Test.* 7)[333]. Un exemple
plaisant de la primauté des *Thériaques* par rapport aux
Alexipharmaques, c'est que, ayant à mentionner le titre
du second poème, les *Etymologica* citent plusieurs fois
celui du premier (*Test.* 100, 103, 174, 181, 185, 186-188).
Le grand pourvoyeur de citations, c'est l'*Etymologicum
Genuinum* : mis à part Galien, qui cite la définition du
cardia (21 s.), et Jean Tzetzès l'histoire de Marsyas (301-
304), le reste des citations (qui comprennent une trentaine de vers au total) est le bien de l'*Etymologicum
Genuinum*. Que dire du second enseignement de la tradition indirecte ? La comparaison avec le texte transmis
directement est décevante. La tradition indirecte n'apporte
aucune révélation. Lorsque les témoins ont la vera *lectio*,
ils ne font qu'appuyer des manuscrits qui la transmettent.
La leçon d'*EG* (ἀγροτέρης) qui s'oppose à celle des
manuscrits au v. 310 a connu une faveur imméritée, car

---

333. Mots des *Al.* identiques à des lemmes d'Hésychius : 81
χελύσσεται, 82 ἀβλεμές, 138 ἐμματέων (*v.l.*), 147 μολόθουρος,
251 et 422 κνηθμός, 268 τέρφη, 533 ἐμπριόεντα, et, naturellement,
475 περισταλάδην. Sauf μολόθουρος, ces mots n'ont pas d'autre
occurrence ; on peut leur ajouter 279 ἰξιόεν (*EG*). De forme différente, mais non attestés, ou de sens inconnu ailleurs : 269 ἀσκηροῦ ;
87 ὀρχάδος, 88 μυρτίνης, 396 γεραιρόμενα, 505 ὀχλιζομένας. De
même forme, mais attestés en dehors de Nicandre : 103 μύκης, 332
βλαστά, 342 ἀφυσγετόν, 376 δορύκνιον, 561 χέλειον. Il arrive
qu'un mot, pour lequel Hsch. allègue Nicandre, figure chez ce dernier
sous une autre forme : *e.g.* ὀνῖτις (56). *EG* emprunte parfois ses
lemmes à Nicandre : 100 Κηφηῖδα γαῖαν, 185 κηκὰς ἀλώπηξ.

cet adjectif forme avec τραγοριγάνου une tautologie, le
Tragorigan étant par définition une plante sauvage.
Ailleurs, la tradition indirecte reproduit les errements de
la tradition directe : les *Etymologica* et le Pseudo-Zona-
ras lisent εὖτ' au v. 66, Galien ἐπιδόρπιον au v. 21. Le
Nicandre d'Hésychius semble avoir été celui de la classe
ω, car si, comme je le crois, il a tiré du v. 138 sa glose
ἐμματέων, c'est probablement qu'il ignorait la leçon de
T ἐμμαπέως, qui lui est préférable.

Principes de cette édition Les principes d'édition que j'ai suivis restent les mêmes que pour les *Thé-riaques*. Le premier étage de l'apparat est consacré aux (*loca*) *sim*(*ilia*).
Entendez : aux parallèles offerts par les traités ou cha-
pitres spécialisés dans le domaine iologique, et par eux
seulement. J'en ai dressé la liste (cf. *supra* p. XXII). Pour
chaque notice des *Alexipharmaques*, pour chacune de
leurs parties constitutives (symptomatologie, thérapie et,
éventuellement, signalisation du poison considéré), on
trouvera dans les *sim*. les éléments équivalents appartenant exclusivement à la littérature iologique. Le commentaire élargit le champ des parallèles. J'ai donné dans
l'*Annexe* (p. 252-272) le texte et la traduction des cha-
pitres parallèles du livre XIII d'Aétius. Les références du
commentaire aux lignes d'Aétius, renvoient à cette édition.

Les *test*(*imonia*), qui forment le second étage de
l'apparat, enregistrent non seulement les témoignages
dans lesquels le nom de Nicandre et le titre de l'œuvre
sont cités, mais aussi, comme il a été dit, ceux qui ont de
fortes chances de le concerner, car ils portent sur des
mots figurant seulement chez lui. Ceux-ci sont distingués
des premiers par « cf. ».

Les notes critiques reposent sur des collations person-
nelles exhaustives de tous les manuscrits des *Alexiphar-maques*, et l'examen approfondi des Scholies et d'Eutecnius. Dans la description de la *paradosis*, il m'arrive

d'être en désaccord avec mes devanciers, mais je me suis gardé de citer leurs erreurs, l'apparat n'ayant pas vocation à devenir un sottisier. On voudra bien croire qu'en pareil cas j'ai vérifié avec soin les leçons des manuscrits. J'ai confiance que les lecteurs qui se donneront la peine de comparer leur travail au mien constateront que mes notes critiques sont à la fois plus complètes et plus exactes. En principe, l'apparat devrait se limiter aux variantes ayant un intérêt pour l'histoire du texte, comme la plupart de celles où s'affrontent T et ω ; certaines, dans la meilleure hypothèse, peuvent même être considérées comme des variantes d'auteur (cf. p. CXXXI). Mais, chaque fois que j'ai fait état d'une variante, quelle qu'en soit la raison, je me suis appliqué à donner l'image totale de la tradition, sans en rien exclure, pas même les fautes individuelles de certains témoins, qu'il s'agisse d'un manuscrit isolé ou d'un groupe de manuscrits. En l'absence de T, les notes critiques entrent plus avant dans la description de ω, même si cela a pour effet de mettre en évidence des *falsae lectiones*. Le lecteur pourra se faire ainsi une idée de la valeur relative des manuscrits. Il y a en tout cas une de leurs particularités individuelles que j'ai notée systématiquement, ce sont les omissions, non seulement celles qui portent sur des vers (précieuses pour le classement des manuscrits) mais aussi celles qui concernent des mots, et même des petits mots. Lorsqu'une unité critique doit citer un groupe et tel(s) des manuscrits appartenant à ce groupe, ou encore deux groupes dont l'un est plus large que l'autre, le sigle du groupe, ou du groupe le plus large, est astérisqué (*). La parenthèse qui suit un sigle de manuscrit(s), singulier ou collectif, précise, dans le premier cas, un détail concernant le manuscrit considéré (par exemple les *orthographica* de T ou de L), dans le second, le comportement particulier d'un ou plusieurs membres du groupe ; elle ne vaut que pour le manuscrit ou le groupe qui la précède immédiatement. Lorsqu'un même manuscrit se corrige, ou porte au-dessus de la ligne une lettre ou une syllabe, parfois un mot entier, pour noter une autre leçon que celle du texte, ou qu'il signale par l'abréviation γρ´ une variante en tant que telle au-dessus de la ligne ou dans la marge, le sigle de ce manuscrit est affecté d'un exposant (*e.g.* O^{it}, O^{sl}, O^{ac} O^{pc}, O^{γρ}), et les deux leçons concurrentes mentionnées à la place appropriée pour éviter toute ambiguïté.

Ex. 31 σιληνοὶ ω* (M^{it}W^{sl}) : σειληνοὶ M^{sl}W^{it}.
[Dans le groupe ω, les mss M et W ont deux leçons : Σιληνοὶ M *in textu* et W *supra lineam*, Σειληνοὶ (graphie courante dans les mss) M *sup. lin.* et W *in textu*.]
35 βεβαρηότες Ω* : βεβαρηκότες *x*.
[Tous les mss ont -ηότες sauf *x* qui a -ηκότες.]
40 νεμέεσσι TL*b*$_2$ (et O^{it}) *y* : κνημοῖσι GO^{γρ}MRV*x*.
[Dans le sous-groupe *b*$_2$, O a νεμέεσσι *in textu*, mais signale la *v.l.* κνημοῖσι en tant que telle.]
62 περιφλιδόωντος *b**c : -φλιδόοντος G (δο *sup.* ον *scr.*) OV -φλιδόντος L -φλίοντος TM.
[Le groupe *b* a -φλιδόωντος, sauf O qui a -φλιδόοντος comme GV. Le ms G a écrit δο au-dessus de ον, ce qui le rapproche de TM.]

Pour le choix des leçons, j'ai opté en général en faveur de la *lectio difficilior*. Dans le cas d'un auteur comme Nicandre, qui a beaucoup de particularités de langue et de style, il est plus sage de la suivre, les manuscrits ayant souvent tendance à normaliser (ω plus souvent que T), notamment en matière de métrique. Mais cette mesure de prudence ne doit pas aller jusqu'à faire admettre des leçons absurdes sous le prétexte qu'elles appartiennent à la tradition unanime. La critique verbale n'a que trop d'occasions de s'exercer aux dépens du texte de l'archétype Ω, qui a son lot d'erreurs (par exemple, le barbarisme du v. 269 καστηνοῦ), et surtout du sous-archétype ω, qui est trop souvent le seul représentant de la tradition. Je n'ai pas hésité à imprimer dans le texte les solutions que j'estimais sûres, et, quand un manuscrit de récupération relativement récente, est venu confirmer une conjecture ancienne, je n'ai pas manqué de mentionner son auteur dans l'apparat — entre autres, Bentley, J.G. Schneider, Meineke, O. Schneider. En ce qui concerne les notes de Bentley à l'édition Gorraeus, j'ai donné, quand il les précisait, les raisons de ses corrections ou conjectures. O. Schneider a en principe fait mention de toutes les conjectures de Bentley, même des plus douteuses (*e.g.* 222 καπρώδεα *pro* ταυρώδεα), mais il en a négligé une importante, μελίζωρον au v. 205 (voir la n. française *ad loc.*). Sous le sigle Steph.^{γρ}, mon apparat donne quelques-unes des variantes que Henri Estienne a imprimées dans les marges de son édition sans indication d'origine. L'une d'elles (268 ἐϋτροφέος) n'apparaît dans aucun des manuscrits connus, mais c'est la leçon du groupe *y* au v. 388. L'un des mérites d'Estienne est, en dehors de sa ponctuation souvent intéressante, le fait que son texte offre parfois la graphie correcte, là où la tradition a une orthographe ou une accentuation erronées (382 τεινεσμῷ, 531 τρῖβε). Pour ma part, tout en connaissant son caractère aléatoire, j'ai indiqué la ponctuation des manuscrits à propos des vers qui font problème à cet égard. Quant à celle que j'ai adoptée, j'ai veillé à ce qu'elle soit toujours d'accord avec la structure de l'hexamètre. Les signes de ponctuation les plus forts (point, point en haut) apparaissent, en règle générale, aux places indiquées par Paul Maas[334] pour l'hexamètre Callimachéen ; mais, comme dans les *Thériaques*, j'ai admis le point à la césure principale (masculine ou féminine) et à la césure bucolique. Actuellement, c'est une mode répandue de faire l'économie du signe de la diérès sur l'ï et l'ü en hiatus. Je l'ai quant à moi systématiquement employé.

   Les notes de la traduction sont un complément de l'apparat lorsqu'elles discutent des variantes que celui-ci ne pouvait justifier brièvement ; le commentaire final lui

---

334. *Greek Metre*, p. 64 s.

aussi, pour celles qui touchent aux réalités médicales.
Ces notes, essentiellement philologiques et littéraires,
considèrent les innovations de Nicandre dans le domaine
du vocabulaire. Parmi les mots commentés, elles s'atta-
chent en priorité à ceux qui n'avaient pu être expliqués
dans les *Thériaques*, ou qui l'avaient été insuffisamment.
Pour ces derniers, elles enrichissent l'enseignement du
tome II par l'addition de références supplémentaires ou
d'autres précisions. Les *hapax* absolus sont affectés de
l'astérisque (*), et l'usage de ce dernier étendu aux mots
qui ont leur plus ancienne occurrence chez Nicandre, à
ceux qui font pour la première fois leur apparition en
poésie et à ceux auxquels il a donné un sens particulier.
Ces notes sont également attentives aux emprunts poétiques de Nicandre et aux imitations dont il a été l'objet.
Nicandre est un auteur difficile ; le commentateur a donc
le devoir d'élucider, dans la mesure du possible, les difficultés d'interprétation. Mais en ce domaine également, il
fallait être sélectif, car il était impossible de tout dire. Il
m'a d'ailleurs paru bon de laisser quelque chose à l'ini-
tiative du lecteur. Nicandre est de ces auteurs qui font
souvent appel à sa collaboration.

Le commentaire, auquel renvoient les appels de note de
la traduction, porte principalement sur les réalités médicales ou pharmacologiques, mais il ne se prive pas
d'accueillir des notes relatives à la mythologie et aux réalités religieuses quand elles étaient trop longues pour être
imprimées au bas de la traduction. Le but du commentaire
n'est pas de réunir tout ce qui a été dit dans l'antiquité sur
les symptômes ou les remèdes aux empoisonnements : sauf
exceptions aisément explicables, il se limite à l'examen des
parallèles iologiques susceptibles d'éclairer le texte des
Alexipharmaques. Dans les citations de ces *similia*, si le
texte d'un auteur est fragmenté entre deux ou plusieurs
paragraphes du commentaire, des flèches, quand je l'ai
jugé utile, rétablissent la continuité du texte : orientée à
droite (→), la flèche renvoie à la suite de la citation ; orien-

tée à gauche (←), elle renvoie à son début, que l'on trouvera l'une et l'autre, sauf indications contraires, dans les
paragraphes contigus. En règle générale, je ne mentionne
dans les thérapies que les textes iologiques contenant les
mêmes remèdes dont Nicandre a fait état ou des remèdes
équivalents. Mais on trouvera parfois dans le commentaire,
à la fin des sections consacrées à la thérapie, un certain
nombre de compléments aux *Alexipharmaques* empruntés
à des iologues récents, et surtout à la *Matière Médicale* de
Dioscoride et à l'*Histoire Naturelle* de Pline l'Ancien.

J'ai déjà signalé les problèmes que peuvent poser au
traducteur les incertitudes de la nomenclature scientifique
des anciens. Les véritables difficultés de la traduction de
Nicandre sont d'ordre littéraire. Elles valent d'ailleurs
non seulement pour lui mais pour tout poète digne de ce
nom. Les vocables du texte à traduire ont trois dimen-
sions : ils ont une épaisseur, une sonorité, une signification. La traduction peut au mieux rendre compte de cette
dernière, tout en étant incapable de restituer les associa-
tions d'idées que suscitent les mots de l'original, les
échos qu'ils appellent, surtout venant d'un *poeta doctus*
qui renvoie aux poètes du passé. Bien sûr, elle ne peut
rendre « le choc harmonieux des sonorités verbales par
où le vers peut plaire même à l'étranger musicien qui
n'en comprendrait pas le sens ». En vérité, les sons
comptent autant que le sens. Selon le mot d'un poète, qui
fut aussi à ses heures un traducteur, « le sens même du
très beau vers s'altère par la traduction en prose ... Le
sens n'est plus le même et on semble n'y avoir pas tou-
ché ». Tout en étant bien conscient de ces manques
inévitables, j'ai traduit Nicandre avec un souci anxieux
de l'exactitude. Autrement dit, je me suis efforcé de
reproduire aussi fidèlement que j'ai pu le tour de sa pen-
sée et le rythme de son style, bref, ce qui constitue son
originalité, et cela en me gardant de faire violence au
français. La réputation d'obscurité de Nicandre n'est pas
totalement imméritée, bien qu'il ne soit pas aussi incompréhensible qu'on l'a dit. Contre le mal, j'ai usé du

remède qui m'a semblé le plus efficace : au lieu de chercher à rendre son texte plus clair par l'intrusion subreptice de morceaux de commentaire, j'ai tenté de lui faire
dire sa vérité en le serrant au plus près.

NOTE BIBLIOGRAPHIQUE

Voir t. II, p. CLXXIV. Avant O. Schneider (1856), les seules
éditions des *Alexipharmaques* dignes de mention sont celles de
Gorraeus (1549) et de I.G. Schneider (1792), à cause de leur
commentaire. Au Nicandre de Gow (1953) est venu s'ajouter
l'édition partielle d'Oikonomakos (2002). Pour les références,
cf. *Conspectus librorum.*

NOTE MORPHOLOGIQUE ET ORTHOGRAPHIQUE

ἄσθμα. V. 440, 524, 571. L est le seul ms qui accentue ainsi
les trois fois. Les autres mss ont ἆσθμα. Pour l'accent, cf. Hdn.
καθ. 522, *al.*

δηχμός. V. 119. Préférence est donnée à l'occlusive aspirée
χ sur la sonore γ devant la consonne μ. Au v. 119, TM écrivent
δηχμός contre les autres mss qui ont δηγμ-. On comparera
μεμορυχμένος, πνιχμός (*infra*) et βρύχμα/βρυχμός, δάχμα
(t. II, p. CLXXVIII ; νύχμα, *ibid.* p. CLXXIX).

δή τοι/δ' ἤτοι. V. 337, 366, 378, 399, 467, 470. Pour le
choix entre δή τοι (470) et δ' ἤτοι (les autres v. cités), cf. la
n. *ad* 470 et voir W. Bühler, *Die Europa des Moschos*, Exkurs
VII (*zu V. 84*), p. 228-230.

διανίσεται. V. 440. J'ai adopté la graphie de T, les mss ω se
partagent entre -νίσσ- et -νεισ(σ)-. Cf. νίσομαι, t. II,
p. CLXXIX.

διέκ. V. 590. Écrit en un mot non accentué, et faisant corps
avec le mot suivant : διεκποσὶν TGM ; accentué : διέκποσιν
*y*₂. En deux mots : δι' ἐκποσὶν LV*x*, δι' ἔκποσιν *b*B.

ἐλλέβορος. V. 483. Seul G a l'esprit rude, les autres mss
l'esprit doux caractéristique de l'ionien.

ἐπὶ πλέον/ἐπιπλέον. V. 480. En un seul mot dans les éditions anciennes jusqu'à celle de O. Schneider comprise, et dans
tous les mss, sauf R qui écrit ἐπὶ πλέον, seule forme correcte :
cf. Arat. 1048, Call. fr. 93.5, 636.

ἢ ἔτι/ἠέ τι. V. 59, 88, 136, 232, 306, 349, 368, 393, 441, 568. Cette leçon est déformée en ἠέ τι très souvent dans les mss : c'est le cas de V*x* en 232, 349, de GV*x* en 306, 441, de GV*x* et *y* en 368, de GVM*osq* en 88. Les mss TLM*b* (sauf O) ont la bonne leçon en 568, LOM en 393, MR en 59, TMR en 136, où ἠέ τι ne serait pas absurde (voir la n. critique *ad loc.*).

καυλέα. V. 46, 142, 147, 199. Simple équivalent de καυλοί (cf. *infra* ῥίζεα). Dans toutes les occurrences de ce mot, tous les mss de Nicandre s'accordent sur l'accent καυλέα, y compris les Scholies de G, où Wentzel (p. 28) a imprimé par erreur καύλεα, erreur reproduite par Geymonat (Σ 46b). Seuls font exception les mss L en 142 et V en 199, qui ont καύλεα, *x* qui a καυλία en 199, de même que L*y* dans l'interpolation du v. 345.

μεμορυχμένος, -νον, -ναι. V. 318, 330, 375. Au v. 318, M est seul à avoir la bonne leçon (-ρυγμένος *cett.*), T au v. 375 (-ρυγμέναι ω), TM au v. 330 (-ρυγμένον *cett.*).

οἶμος. V. 191, 615. Seuls, GW présentent les deux fois l'esprit rude.

ὄρρα. V. 424 : cf. t. II, p. CLXXX.

οὐδ' ἔτι/οὐδέ τι. V. 85, 395. Au v. 85, tous les mss de la classe ω (*deest* T) ont οὐδέ τι qu'il faut corriger.

πνιχμός. V. 190, 365. Au v. 190 (*deest* T), ω et Eutecnius ont πνιγμός, que O. Schneider a corrigé justement d'après le v. 365 (πνιχμός T : πνιγμός ω). Cf. *supra* δηχμός.

ῥίζεα. V. 69, 145, 588. Le mot signifie *racines* et non *radicelles*. La forme ῥίζεα est donc justifiée (cf. *supra* καυλέα), à côté de 265 ῥιζεῖα (cf. *Th.* 75, *al.* καυλεῖα). Conservée par T en 69, et par ω* en 145, 588, elle est souvent altérée en ῥιζία (69 par ω, 145 par TGO, 588 par O). Il ne s'agit pas d'un diminutif pris au sens du positif, mais d'une variante de ῥίζα, qui en comporte d'autres.

σπέραδος. V. 330, 550, 604, *Th.* 649. Tous les mss accentuent sur le α, sauf G*x* (moins D) en 330, G en 550, 604, et p.-ê. MR en 550, qui font du mot un proparoxyton ; cette dernière accentuation est garantie par Σ *Th.* 649 (voir la n. au v. 604).

ὑπέκ. V. 66, 297. Tous les mss ont ὑπ' ἐκ au v. 66, sauf G et L*sl* qui ont ὑπεκ sans accent. Au v. 297, tous les mss écrivent ὑπεκγόνον, saf M qui a l'accentuation correcte ὑπὲκ.

CONSPECTVS LIBRORVM IN
LATINIS GALLICISQVE NOTIS PER
COMPENDIA LAVDATORVM

Actuar. = Johannes Actuarius in : *Physici et Medici Graeci minores* (qu. vide), vol. 1, p. 312-386. (citantur liber, cap., pars)

Ael. (Él.) = Aeliani *De natura animalium* : Aelian, *On the characteristics of animals*, with an english transl. by A.F. Scholfield, 3 vols., L.C.L., London/Cambridge, Mass. 1958-1959 ; Élien, *La personnalité des animaux*, t. I : livres I à IX, trad. et comm. par A. Zucker, Paris, Les Belles Lettres, 2001.
   – *VH* = Aeliani *Varia Historia* : Aelian, *Historical Miscellany*, ed. and transl. by N.G. Wilson, L.C.L., 1997.

Ael. Dion. = Aelii Dionysii fragmenta in : Erbse (quem uide), p. 95-151.

Aet. (Aét.) = Aetius Amidenus, *Iatrica*, libri tredecimi capita de uenenis inedita asterisco notata (mss : Laurentianus gr. 75.18 [s. xiv], Laur. gr. 75.21 [s. xiii]).
   – *Iatr.* 1-4 ; 5-8, ed. A. Olivieri, CMG 8.1, Leipzig-Nelin 1935 ; 8.2, 1950.
   – *Iatr.* 9, ed. S. Zervos, *Athena* 23 (1911) 273-390. (citantur liber, caput, linea).
   – *Iatr.* 16, ed. S. Zervos, *Gynaekologie des Aetios*, Leipzig 1901.

AG Ba. = Συναγωγὴ λέξεων χρησίμων ἐκ διαφόρων σοφῶν τε καὶ ῥητόρων πολλῶν in : *Anecdota Graeca*, vol. 1 p. 3-422, ed. L. Bachmann, Leipzig 1828 (citantur pagina et linea). Vide ad Συ.

AG Bk. = ejusdem uerborum collectionis littera α in : *Anecdota Graeca*, vol. 1 p. 321-476, ed. Imm. Bekker, Berlin 1814 (citantur pagina et linea). Vide ad Σ.

AG Bk., *Glossae Rhetoricae*, ibid.

Agatharch. = Agatharchides Cnidius, Περὶ τῆς Ἐρυθρᾶς θαλάσσης, excerpta *De mari Erythraeo*, ap. Phot. *Bibl.* cod. 250, ed. C. Muller in : GGM 1 p. 111-194. (citantur pars et linea) ; D. Woelk, A. von Knidos, *Über das Rote Meer*, Übersetzung und Kommentar, diss. Freiburg i. Br., Bamberg 1966.

Agath. Schol. = Agathiae Myrinei *Historiarum* libri quinque (Corpus fontium historiae byzantinae, II[a] series) ed. R. Keydell, Berlin 1967. (cit. pag. et lin.)

Aglaïas Byz. = Aglaïas Byzantius, ed. H. Lloyd-Jones et P. Parsons in *SH* 18 p. 7-9 (uide sub hoc siglo) ; U. Cats Bussemaker in : *Poet. buc. et did.*, tertia pars, p. 74, 97 s.

Alc. = Alcée, *Fragments*, éd. G. Liberman, C.U.F., Paris 1999.

Alciphron = Alciphronis rhetoris *epistularum libri IV* ed. M.A. Schepers, Leipzig 1905 (repr. Stuttgart 1969).

– *Lettres de pêcheurs, de paysans, de parasites et d'hétaïres*, Introd., trad. et notes par A.-M. Ozanam, Paris 1999.

Alex.Aphr. = Alexander Aphrodisiensis, *In Aristotelis meteorologicorum librorum commentaria*, in : Commentaria in Aristotelem graeca, 3. 2, ed. M. Hayduck, Berlin 1899.

Alex.Tr. = Alexander Trallianus, *Opera*, ed. Th. Puschmann, 2 vol., Wien 1878-1879. (citantur vol. num., pagina et linea)

André = J. André, *Les noms de plantes dans la Rome antique*, Paris 1985.

Androm. = Andromachi *Galene*, in : Heitsch. 2, p. 7-15.

Androm. Jun. = Andromachus Junior ap. Gal.

An. Ath. = *Anecdota Atheniensia et alia*, ed. A. Delatte, vol. 2, Paris 1939 (Bibl. Fac. Philos. et Lettres Univ. Liège, fasc. 88).

AO = *Anecdota Graeca e codicibus manuscriptis bibliothecarum Oxoniensium*, ed. J.A. Cramer, vol. 1-4, Oxford 1835-1837.

AP = *Anecdota Graeca e codicibus manuscriptis bibliothecae regiae Parisiensis*, ed. J.A. Cramer, vol. 1-4, Oxford 1839-1841.

Anon. *mensium nat.* = Anonymus, Περὶ τῶν δώδεκα μηνῶν
    τοῦ ἐνιαυτοῦ ὁποίαις δεῖ χρῆσθαι τροφαῖς ἐν ἑκάστῳ
    αὐτῶν καὶ ἀπὸ ποίων ἀπέχεσθαι, in : *Physici et Medici
    graeci minores* (qu. uide), vol. 1, p. 423-429. (cit. pagina
    et linea)

AP = *Anthologia Palatina.*

APl = *Anthologia Planudea* = Anthologie Grecque, t. XIII,
    C.U.F., Paris 1980.

Antim. = Antimachi Colophonii *Reliquiae*, ed. B. Wyss, Berlin
    1936 ; Antimachus of Colophon, text and comm., by V.J.
    Matthews (Mnemosyne, suppl. 155), Leiden 1995.

Apollod. = Apollodorus grammaticus, in : FHG (qu. uide), vol.
    1, Paris 1853, p. 428-469 ; vol. 4, p. 649 s.

    – Apollodoros von Athen, FGrHist 244 (II B [Text)], Lei-
        den 1962, p. 1022-1128 ; [Kommentar], 1962, p. 716-
        812.

[Apollod.] = Ps.Apollodori *Bibliotheca*, ed. J.G. Frazer, 2 vols.
    (L.C.L.), London/Cambridge, Mass. 1921.

Ap.Dysc. = Apollonius Dyscolus *De Adverbiis*, in Gr. Gr. II 1,
    ed. R. Schneider, Leipzig 1878. (cit. pagina et linea)

Ap.Soph. = Apollonii Sophistae *Lexicon homericum*, ed. I.
    Bekker, Berlin 1833. (citantur pagina et linea)

Aret. (Arétée) = Aretaeus, ed. C. Hude (CMG 2), ed. altera,
    Berlin 1958.

Ar. *HA* = Aristotelis *Historia Animalium* ; uide etiam sub
    nomine Camus.

[Ar.] *Mir.* = Περὶ θαυμασίων ἀκουσμάτων sive *De mira-
    bilibus auscultationibus.*

Ascl.(Ph.) = Asclepiades Pharmacion ap. Gal. *ant.* 2. 7, 14.
    138-144.10.

Ath(énée) = Athenaeus, *Dipnosophistae*, rec. G. Kaibel, 3 vol.,
    Bibl. Teubner., Leipzig 1887-1890 ; *The Deipnosophists*,
    with an english transl. by C.B. Gulick, 7 vols., L.C.L.,
    London/Cambridge, Mass. 1951-1957.

    – New ed. by S. Douglas Olson, vol. 1 : Books I-III,
        106e ; vol. 2 : Books III, 106e - V, 2006.

Austin-Bastianini uide sub Posid., Milan 2002.

Basile = Basile de Césarée, *Homélies sur l'Hexaéméron*, texte
    grec, introd. et trad. de S. Giet (Sources Chrétiennes,
    26), 2e éd., Paris 1968. (citantur homiliae et sectionis
    numeri)

Beauregard = H. Beauregard, *Matière médicale zoologique*, Histoire des drogues d'origine animale, Paris 1901.

Berendes[1] = J. Berendes, *Die Pharmazie bei den alten Kulturvölkern* (Historisch-kritische Studien (2 vol.), Halle 1891. (citantur vol. et pag.)
– Vide etiam sub D(iosc.).

Bion = Bucolici Graeci, rec. A.S.F. Gow, OCT, Oxford 1952, p. 153-165.

Bodin-Cheinisse = F. Bodin et C.F. Cheinisse, *Les Poisons*, coll. L'Univers des Connaissances, Paris, Hachette, 1970.

Boudreaux = uide sub Opp. [Cyn.].

Br(enning) = Nikanders (*Theriaka* und *Alexipharmaka*), übersetzt von Dr. M. Brenning, *Allgemeine Medicinische Central-Zeitung* 73, 1904, (112-114, 132-134, 327-330, 346-349), 368-371, 387-390.

Bruneton[1] = J. Bruneton, *Pharmacognosie, Phytochimie, Plantes Médicinales*, 3e éd. revue et augmentée, Paris, Éditions Tec & Doc, 1999.

Bruneton[2] = J. Bruneton, *Plantes toxiques – Végétaux dangereux pour l'homme et les animaux*, 2e éd. revue et augmentée, Paris, Éditions Tec & Doc, 2001.

Btl. = Ricardi Bentley criticae adnotationes adpictae in marginibus *Alexipharmacorum* editionis Gorraeanae exemplaris quod in Musaeo Britannico adseruatur signatum C.19.c.15.

Burkert = W. Burkert, *Antike Mysterien*, Funktionen und Gehalt, dritte, durchges. Aufl., Munich 1994.
– *Les cultes à mystères dans l'antiquité*, nouvelle trad. de l'anglais par A.-Ph. Segonds, Paris 2003. (citantur paginae)

Call. fr. = Callimachus, ed. (R.) Pf(eiffer), vol. 1 : Fragmenta, Oxford 1949.
– *Hecale*, ed. with introd. and comm. by A.S. Hollis, Oxford 1990.

Camus = M. Camus, *Histoire des Animaux d'Aristote*, avec la traduction française, 2 vol., Paris 1783. (citantur paginae voluminis alterius quod adnotationes continet)

Casaubon = Isaaci Casauboni *Animadversionum in Athenaei Dipnosophistas* libri xv, secunda editio, postrema, authoris cura diligenter recognita et ubique doctissimis additionibus aucta…, Lyon 1621. (citantur pagina et linea)

Cazzaniga = I. Cazzaniga, « Osservazioni critico-testuali ad alcuni passi nicandrei (Ther. 308 ; Alex. 64, 150, 278, 332, 565, 575) », in : *Studi in onore di Luigi Castiglioni*, vol. 1 p. 179-198, Firenze 1960.

CGF = Comicorum Graecorum Fragmenta

Chaerem. Hist. = Chaeremon historicus, GGM, vol. 3, p. 495-499, ed. K. Müller, Bibl. Didot, Paris 1870.

Chantraine, *DELG* = P. Chantraine, *Dictionnaire étymologique de la langue grecque* (Histoire des mots), Paris 1968-1984.
   – *Gr.* I = *Grammaire homérique*, vol. 1 : *Phonétique et Morphologie*, Paris 1942.
   – *Gr.* II = vol. 2 : *Syntaxe*, Paris 1953.

Charax = Ioannes Charax, *Comm. in Theodosii Canones*, Gr. Gr. IV 2, ed. A. Hilgard, p. 375-434. (citantur pagina et linea)

Choer.Th. = Georgii Choerobosci *Prolegomena et Scholia in Theodosii Alexandrini Canones isagogicos de flexione verborum*, ed. A. Hilgard in : Gr. Gr. IV 1, Leipzig 1894. (citantur pagina et linea)

Choer.sp. = Lexicon de spiritibus ex Choer. aliisque grammaticis conflatum, in : Ammonius *de differentia adfinium vocabulorum*, iterum ed. L.C. Valckenaer, Leipzig 1822, p. 188-215. (citantur pagina et linea)

Chr.Pasch. = *Chronicon Paschale*, ed. L. Dindorf (Corpus Scriptorum historiae Byzantinae), vol. 1, Bonn 1832. p. 3-737. (cit. pag. et linea)

CMG = Corpus Medicorum Graecorum ed. Academiae Berolinensis Hauniensis Lipsiensis.

Courtecuisse = R. Courtecuisse, *Photo-guide des champignons d'Europe*, Lausanne-Paris 2000.

Cunningham = Herodas *Mimiambi* cum appendice fragmentorum mimorum papyraceorum, ed. I. C. Cunningham, B. T., Monachii et Lipsiae 2004.

Cyranides = *Die Kyraniden*, ed. D. Kaimakis, Meisenheim am Glan 1976. (citantur liber, pars et linea)

Damocr. = Servilius Damocrates ap. Gal. *ant.*

Delsol = M. Delsol in : Grassé *Traité* XIV, fasc. i-b : Amphibiens, Paris 1986.

Delsol-Le Quang Trong = M. Delsol– Y. Le Quang Trong, *in* : Grassé *Traité* XIV, fasc. i-a : *Les Amphibiens*, Paris 1995.

Denniston = J.D. Denniston, *The Greek Particles*[2], Oxford 1954.

De Stefani = C. De Stefani, « Fenice di Colofone fr. 2 D³.
    Introd., testo critico, commento », *Studi Classici e Orien-*
    tali 47.2 (2000) 81-121.

Diels = *Poetarum Philosophorum Fragmenta*, ed. H. Diels,
    Berlin 1901.

D.-K. = *Die Fragmente der Vorsokratiker*⁸, ed. H. Diels-W.
    Kranz, Berlin 1956.

Dindorf = H. Stephanus, *Thesaurus Linguae Graecae*, iterum
    ed. a C.B. Hase, L. de Sinner, W. et L. Dindorf, aliisque,
    Paris 1865.

Diocl. = fr(agmenta) ed. Wellmann (= Wellm.), in : *Die Frag-*
    mente der Sikelischen Ärzte Akron, Philistion und des
    Diokles von Karystos, hrsg. von M. Wellmann, Berlin
    1901 ; ed. Ph. van Eijk (= vdE), Diocles of Carystus, vol.
    1 : *A collection of the fragments* with translation and com-
    mentary, Leiden/Boston/Köln 2000 ; vol. 2 : *Commen-*
    tary, 2001.

Dion. = Dionysios, *Bassarica et alia fragmenta* in : Heitsch 1,
    p. 60-77.

Dionys. *auc.* = Dionysii Ixeuticon seu *De Aucupio* libri III ed.
    A. Garzya, B.T., Stuttgart/Leipzig 1963.
    – Paraphrasis librorum Dionysii *De avibus*, ed. F.S.
    Lehrs, in : *Poetae bucolici et didactici*, secunda pars,
    p. 107-126, Bibl. Didot, Paris 1851.

D.P. = Dionysius Periegetes, *Orbis descriptio*, ed. I.On.
    Tsavari, Ioannina 1990 ; K. Brodersen, Hildesheim 1994.

D(iosc). *m.m.* = Dioscuridis *De materia medica*, ed. M. Well-
    mann, vol. 1 (libri I-II), 2 (lib. III-IV), 3 (lib. V), Berlin 1906-
    1914 ; Des Pedanios Dioskurides aus Anazarbos, *Arznei-*
    mittellehre in fünf Büchern, übersetzt und mit Erklärungen
    von J. Berendes, Stuttgart 1902 (citantur paginae) ; Peda-
    nius Dioscurides aus Anazarba, *Fünf Bücher über die Heil-*
    kunde, übers. von M. Aufmesser, Hildesheim 2002.
    – *eup.* = *Euporista sive* περὶ ἁπλῶν φαρμάκων, vol. 3,
    p. 149-317, Berlin 1914.
    Vide etiam sub « PsD. ».

« Docente natura » = *Mélanges de médecine ancienne et*
    médiévale offerts à G. Sabbah. Textes réunis par A. Debru
    et N. Palmieri avec la collaboration de B. Jacquinot (Cen-
    tre Jean Palerne : Mémoires, XXIV), Publications de l'Uni-
    versité de Saint-Étienne, 2001.

Ebeling = *Lexicon homericum* composuerunt F. Albracht, alii, ed. H. Ebeling, Leipzig 1885.

EG = Etymologicum Genuinum, ed. F. Lasserre-N. Livadaras, vol. 1 (glossas α-ἁμωσγέπως continens), Rome 1976, vol. 2 (gl. ἀνάβλησις-βώτορες), Athènes 1992 (citatur α uel β cum glossae numero).

*EG*ᴬ : A = cod. Vat. graec. 1818, s. x (mutilus init. et fin.).

*EG*ᴮ : B = cod. Laur. Sancti Marci 304, s. x (prima, ultima aliaque fol. paene euanida).

– = K. Alpers, *Bericht über Stand und Methode der Ausgabe des Etymologicum Genuinum (mit einer Ausgabe des Buchstaben Λ)*, Copenhague 1969 (Hist., Filos.... 44,3). (cit. λ c. gl. num.).

EGud = *Etymologicum Gudianum quod uocatur*, ed. A. De Stefani, vol. 1 (litteras A-B continens), Leipzig 1909, 2 (glossas βωμολόχοιζειαί) 1920. – De glossis ζείδωρος-ὦμαι uide : *Etymol. Graecae linguae Gud.*, ed. F.W. Sturz, Leipzig 1818. (cit. pag. et linea)

Él(ien) : uide sub Ael.

EM = *Etymologicum magnum*, ed. Th. Gaisford, Oxford 1848. (cit. pag. et lin.)

ESym. = *Etymologicum Symeonis*, ed. Lasserre-Livadaras. (cit. vol. pag. et lin.)

Emped. = Empedoclis *fragmenta* in : *Die Fragmente der Vorsokratiker*[8], ed. H. Diels-W. Kranz, Berlin 1956, vol.1, p. 308-375. (citantur numeri fragmentorum et versuum)

Epaenetes (Épainétès) ; citatur ap. Pr(omotum).

Epigr. app. dedic. = Epigrammatum anthologia Palatina cum Planudeis et appendice nova, vol. 3, ed. E. Cougny, Bibl. Didot., Paris 1890, p. 1-60 : epigr. dedicatoria.

– app. exhort. = *ibid.*, p. 390-426 : epigr. exhortatoria et supplicatoria.

– app. irris. = *ibid.*, p. 442-457 : epigr. irrisoria.

– app. orac. = *ibid.*, p. 464-533 : oracula.

– app. sepulcr. = *ibid.* p. 94-224 : epigr. sepulcralia.

Erbse = Aelii Dionysii et Pausaniae atticistarum fragmenta, coll. H. Erbse, *Untersuchungen zu den attizistischen Lexika*, Abh. Akad. Berlin 1950.

Erot. = Erotiani *vocum Hippocraticarum collectio* cum fragmentis, rec. E. Nachmanson, Göteborg 1918. (citantur glossae numerus, pagina et linea)

CONSPECTVS LIBRORVM

Eudocia = *De martyrio Sancti Cypriani*, in : Eudociae Augus-
tae, Procli Lycii, Claudiani *Carminum graecorum reliquiae*, ed. A. Ludwich, Leipzig 1897, p. 24-79. (citantur
liber et linea)

Euph. = Euphorionis fragmenta in Meineke[1] 1-168 ; Scheidweiler, P(owell) quos uide ; B.A. v. Groningen (= vGr.),
Euphorion (textus et comm.), Amsterdam 1977.

Eur. = uide sub Jouan-van Looy et sub Kannicht.

Eust(ath). *Iliad.* = Eustathii *Commentarii ad Homeri Iliadem*
pertinentes ad fidem codicis Laurentiani editi, cur. M. van
der Valk, vol. 1 (Α-Δ), 2 (Ε-Ι), 3 (Κ-Π), 4 (Ρ-Ω), Leiden
1971-1987. (cit. vol. pag. lin.)

– *Od.* = *Comm. ad Homeri Odysseam* ad fidem exempli
Romani editi I-II, Leipzig 1825.

– *Thess.* = *De capta Thessalonica*, ed. S. Kyriakidis (Testi
e monum. Istituto Sicil. di Studi Biz. e neoell., 5)
Palerme 1961. (citantur pagina et linea)

– D.P. = *Comm. ad Dionysii Periegetae Orbis descrip-
tionem* ed. K. Müller, vol. 2, p. 201-407, Bibl. Didot.,
Paris 1861. (citantur pars et linea)

Eut. = paraphr. in *Al.*, in : Εὐτεκνίου Παράφρασις εἰς τὰ
Νικάνδρου Θηριακὰ καὶ Ἀλεξιφάρμακα, ἐκδ. Μ.
Παπαθομόπουλος, Janina 1976, p. 53-84 (citantur pagina
et linea) ; Paraphrasis in Nicandri *Alexipharmaca* (Testi e
documenti per lo studio dell'Antichità, 57) ed. M. Geymonat, Milan 1976 ;

Eut. *Th.* = ejusdem par. in Nic. *Theriaca*, ed. M. Papathomopoulos, p. 3-52.

Fajen = F. Fajen, « Tempus und Modus in den Temporalsät-
zen der Halieutika des Oppian », *Glotta* 59 (1981) 208-
228.

Fajen[1] = « Handschriftliche Überlieferung und sogennante
Euteknios-Paraphrase der Halieutika des Oppian », *Akad.
d. Wissenschaften und d. Literatur, Abh. d. Geistes- u.
Sozialwiss. Kl.*, Nr. 4, Mainz, 1979.

Fest. = Sexti Pompei Festi *De verborum significatu quae supersunt cum Pauli Epitome*, ed. Wallace M. Lindsay, Leipzig
1913.

Firm(icus) = Julius Firmicus Maternus, *L'erreur des religions
païennes*, ed. R. Turcan, C.U.F., Paris 1982.

FGrHist = *Die Fragmente der Griechischen Historiker*, von
F. Jacoby, Leiden 1957-1998.

FHG = *Fragmenta Historicorum Graecorum* ed. C. Müller, Bibl. Didot., Paris 1841-1870.

Fr. mim. pap. = *Fragmenta mimorum papyraceorum* ; uide sub Cunningham.

Frisk = Hjalmar Frisk, *Griechisches Etymologisches Wörterbuch*, 1960-1970.

Gal. *alim. fac.* = Περὶ τροφῶν δυνάμεως, ed. C.G. Kühn in : Galeni *Opera omnia*, vol. 6 (Leipzig-Berlin 1823) p. 453-758. (citantur pagina et linea)

– *ant.* = Περὶ ἀντιδότων, vol. 14 (1827) 1-209.

– *ars* = *Art médical*, in : Kühn, vol. 1 (1821) 305-412 ; Galien t. II, ed. V. Boudon, C.U.F., Paris 2000.

– [*eup.*] = Περὶ εὐπορίστων in : vol. 14, 311-581.

– *gloss.* = *Linguarum seu dictionum exoletarum Hippocratis explicatio* in : vol. 19 (1830) 62-157.

– [*lex.*] = Λέξεις βοτανῶν· ἑρμηνεῖαι κατὰ ἀλφάβητον τοῦ σοφωτάτου Γαληνοῦ, in : *Anecdota Atheniensia et alia* (qu. uide), p. 358-393.

– *loc.* = *De compositione medicamentorum secundum locos* in : vol. 12 (1826) p. 378-13 (1827) p. 361.

– *Pis.* = *Ad Pisonem de theriaca* in : vol. 14, 210-294.

– *plac.* = *De placitis Hippocratis et Platonis* : vol. 5 (1823) 181-805 ; ed. Ph. De Lacy, CMG 5.4.1.2, Leipzig-Berlin 1978-1984.

– *plac. propria* = Galeni Περὶ τῶν ἑαυτῷ δοκούντων fragmenta inedita, ed. G. Helmreich, Philologus 52 (1893) 431-434.

– *Protrept.* = *Protreptique*, in : Galien t. II, C.U.F, p. 84-117.

– *san.* = *De sanitate tuenda* in : Kühn, vol. 6, p. 1-452 ; ed. K. Koch, CMG 5.4.2, 1923.

– *simpl. med. fac.* = *De simplicium medicamentorum temperamentis ac facultatibus* in : Kühn, vol. 11 (1826) p. 379-12.377.

– [*succed.*] = *De succedaneis liber*, vol. 19 (Leipzig 1830) p. 721-747.

– *UP* = *De usu partium*, vol. 3-4.1-366 (1822) ; ed. G. Helmreich, Leipzig 1907.

– *vict. att.* = *De victu attenuante*, ed. K. Kalbfleisch in : CMG 5. 4. 2, Leipzig 1923, p. 433-451.

Garg. M. = Gargilius Martialis, *Les Remèdes tirés des Légumes et des Fruits*, Texte établi, traduit et commenté par B. Maire, C.U.F., Paris 2002.

GGM = *Geographi Graeci Minores*, vol. 1, ed. C. Müller, Bibl. Didot, Paris 1855.

Geop. (Géop.) = *Geoponica* sive Cassiani Bassi Scholastici *De re rustica eclogae*, recensuit H. Beckh (Bibl. Teubner.), Leipzig 1895.

Geymonat = Eutecnii paraphrasis in Nicandri *Alexipharmaca*, ed. M. Geymonat ; uide sub Eut. (citantur pagina et linea)

Geymonat[1] = M. Geymonat, « Spigolature Nicandree », *Acme* 23 (1970) 137-143.

Gil Fernandez = L. Gil Fernandez, *Nombres de Insectos en Griego antiguo* (Instituto « Antonio de Nebrija » : Manuales y Anejos de « Emerita », 18), Madrid 1959.

Glycas = Michael Glycas, Annales (Corpus Scriptorum historiae Byzantinae) ed. I. Bekker, Bonn 1836. (citantur pagina et linea)

Goebel = A. Goebel, « Homerische Untersuchungen etymologisch-exegetischer Art nebst Zugaben », *Philologus* 19 (1863) 418-436.

Go(rraeus) = Nicandri Colophonii poetae et medici antiquissimi clarissimique *Alexipharmaca*, Io. Gorraeo Parisiensi medico interprete. Ejusdem interpretis in *Alexipharmaca* Praefatio, omnem de venenis disputationem summatim complectens, et annotationes. Paris 1549. (citantur paginae).

Gossen = H. Gossen, « Käfer », *RE* 10 (1919) 1478-1489 + Suppl. 8 (1956) 235-242.

Gow = Theocritus, vol. 2 : *Commentary*, Cambridge 1950.

– *Bucolici Graeci*, OCT, vide supra sub Bion.

Gow = Nicandri editio, Cambridge 1953.

Gow[1] = A.S.F. Gow, « Nicandrea, with reference to Liddell and Scott, ed. 9 », *Classical Quarterly*, new series vol. 1 = continuous series 45 (1951) 95-118.

G.-P. = A.S.F. Gow-D.L. Page, The Greek Anthology : *Hellenistic Epigrams*, 2 vol., Cambridge 1965.

G.-P.[2] = The Greek Anthology : *The Garland of Philip* (and some other Epigrams), 2 vol., Cambridge 1968.

G.-S. = Gow-Scholfield, Nicandri translatio, Cambridge 1953.

Graillot = H. Graillot, *Le culte de Cybèle Mère des Dieux à Rome et dans l'Empire Romain* (*BEFAR* fasc. 107), Paris 1912.

Gr. Gr. = *Grammatici Graeci* I-IV, ed. A. Hilgard, A. Lentz, R. Schneider, G. Uhlig, Leipzig 1867-1910.

Grassé *Traité* = P.-P. Grassé, *Traité de zoologie* I-XVII.

    — *Précis* = *Précis de zoologie*[2] : *Vertébrés*, tome 2 *Reproduction, Biologie, Évolution et Systématique* (*Agnathes, Poissons, Amphibiens et Reptiles*), Paris 1976.

Greg. Naz. = Gregorius Nazianzenus, *Carmina de se ipso*, in : Migne, Patrol. graeca, vol. 37. 969-1029, 1166-1452. (citantur pagina et linea)

Greg. Naz. *dogm.* = Id. *Carmina dogmatica*, ibid., p. 397-522.

Greg. Naz. *mor.* = Id. *Carmina moralia*, ibid. p. 521-968.

Greg. Naz. *vita* = *De vita sua*, ed. C. Jungck, Heidelberg 1974. (citantur uersuum numeri)

Greg. Nyss. *Psalm.* = *In inscriptiones Psalmorum*, ed. J. McDonough, in : Gregorii Nysseni *Opera*, Vol. 5 p. 24-175, Leiden 1962. (citantur pagina et linea)

Greg. Nyss. *Eccl.* = *In Ecclesiastem*, ed. P. Alexander, ibid. p. 277-442. (citantur pagina et linea)

Greg. Nyss. *prof.* = *De professione Christiana ad Harmonium* in : Vol. 8,1 p. 129-142, ed. W. Jaeger, Leiden 1963.

Grévin = J. Grévin, *Deux livres des Venins*, Lyon 1568, in : *Les œuvres de Nicandre medecin et poete grec*, traduites en vers françois, 1567.

Harnack = Dr. E. Harnack, *Das Gift in der dramatischen Dichtung und in der antiken Literatur*, ein Beitrag zur Geschichte der Giftkunde, Leipzig 1908.

Harp. = Harpocration, *Lexicon in X oratores Atticos*, ed. W. Dindorf, Oxford 1853 (repr. Groningen 1969). (citantur pagina et linea)

Heitsch = *Die Griechischen Dichterfragmente der römischen Kaiserzeit*, ed. E. Heitsch, Bd. 1 : Göttingen 1961 ; 2 : 1964.

Hdn. [*acc.*] = *De accentibus* : Ἐπιτομὴ τῆς καθολικῆς προσῳδίας Ἡρῳδιανοῦ, ed. M. Schmidt, Iena 1860. (cit. pag. et linea)

    — *Iliac.* = περὶ Ἰλιακῆς προσῳδίας, Gr. Gr. III 2, ed. A. Lentz, Leipzig 1870.

    — καθ. = περὶ καθολικῆς προσῳδίας, Gr. Gr. III 1, 1867.

    — ὀρθ. = περὶ ὀρθογραφίας, Gr. Gr. III 2.

    — παθ. = περὶ παθῶν, Gr. Gr. III 2.

– παρεκβ. = παρεκβολαὶ τοῦ μεγάλου ῥήματος ἐκ
τῶν Ἡρωδιανοῦ, ed. J. La Roche, Progr. Akad. Gymn.
Wien 1863, p. 4-37.

– *part.* = Herodianus, *Partitiones* (ἐπιμερισμοί), ed. J.-F.
Boissonade, Londres 1819. (citantur pagina et linea)
[*Philet.*] = A. Dain, *Le « Philétaeros » d'Hérodien*,
Paris 1954.

Hsch. = Hesychii Alexandrini *Lexicon*, ed. K. Latte, vol.1
(A-Δ), Copenhague 1953, vol. 2 (E-O) 1966, vol. 3 (Π-Σ)
post K. Latte continuans rec. et emend. P.A. Hansen,
Berlin/New York 2005. – T-Ω : M. Schmidt, Iena 1857-
1868. (citantur glossae littera initialis et numerus)

Hieroph. Soph. = Hierophilus Sophista, Περὶ τροφῶν κύκλος,
ποίᾳ δεῖ χρᾶσθαι ἑκάστῳ μηνὶ καὶ ὁποίοις ἀπέ-
χεσθαι, in : *Phys. et Med. min.* (qu. uide), vol. 1, p. 409-
417 ~ Anecdota Atheniensia et alia (qu. uide) p. 446-466.
(cit. pagina et linea)

Hippiatr. Berol., *Cantabr.*, *Paris.* = *Hippiatrica Berolinensia*,
Cantabrigiensia, Parisina in : Corpus Hippiatricorum Graecorum, vol. 1-2, ed. E. Oder, Leipzig 1924-1927. (citantur
caput, paragr., linea)

Hist. Alex. = *Der griech. Alexanderroman*, Rezension γ, Buch
ii., ed. H. Engelmann, Meisenheim am Glan 1963. (citantur pars et linea)

Hofinger = M. Hofinger, *Lexicon Hesiodeum*, cum indice
inverso, Leiden 1978.

Hollis[1] = A.S. Hollis, Callimachus *Hecale*, Oxford 1990.

Hollis[2] = « Nicander and Lucretius », *Papers of the Leeds
International Latin Seminar* 10 (1998) 169-184.

Hollis[3] = « Ovid, Metamorphoses 1, 445 ff. : Apollo, Daphne
and the Pythian Crown », *ZPE* 112 (1996) 69-73.

Holzinger = Lykophron, *Alexandra*, griechisch und deutsch mit
erklärenden Anmerkungen von C. von Holzinger, Leipzig
1895.

Hp. = Hippocrates, *Opera omnia*, ed. É. Littré (nisi indicatur
editio alia)
  – *Epid.* = *Epidemiarum* libri ed. W.D. Smith, L.C.L.,
    London/Cambridge, Mass. 1994. (citantur liber et
    paragr.)

Isid. = Isidori Hispaliensis episcopi *Etymologiarum* sive *Ori-
ginum* libri xx, ed. W.M. Lindsay, 2 vol., OCT, Oxford
1911.

Jacques[1] = J.-M. Jacques, « Les " Alexipharmaques " de Nicandre », *REA* 57 (1955) 5-35.

Jacques[2] = J.-M. Jacques, « Nicandre (*Al.* 611-5), Callimaque (fr. 659 Pf.) et le témoignage d'Andréas sur l'if de l'Oeta », in : *Studi in honore di Adelmo Barigazzi*, vol. 1 = *Sileno*, 1984, p. 299-307.

Jacques[3] = J.-M. Jacques, « Médecine et Poésie : Nicandre et ses poèmes iologiques », in : J. Jouanna et J. Leclant éd., Cahiers de la Villa « Kérylos », N° 15, *Colloque La Médecine Grecque*, Actes, Paris 2004, p. 109-124.

Jacques[4] = J.-M. Jacques, « La contribution d'Eutecnius à l'édition des *Alexipharmaques* de Nicandre », in : *Ecdotica e Ricezione dei Testi Medici Greci* (Atti del V Convegno Internazionale, Napoli, 1-2 ottobre 2004), Naples 2006, p. 27-42.

Jacques[5] = J.-M. Jacques, « A propos des Sangsues : Nicandre de Colophon, Galien, Aétius d'Amida et le baron Dominique-Jean Larrey » in : *Mélanges J. Jouanna* (à paraître).

Jean de Gaza = ἔκφρασις τοῦ κοσμικοῦ πίνακος, in : Johannes von Gaza und Paulus Silentiarius, *Kunstbeschreibungen justinianischer Zeit*, ed. P. Friedlaender, Leipzig 1912. (citantur pars et linea)

Joachim = H. Joachim, *De Theophrasti libris* Περὶ ζῴων, diss. Bonn 1892.

J(ouan)-v(an) L(ooy) = Euripide, *Fragments*, 1re partie : Aigeus – Autolycos, C.U.F., Paris 1998 ; 2e partie : *Bellérophon – Protésilas*, 2000 ; 3e partie : *Sthénébée – Chrysippos*, 2002 ; 4e partie : *Fragments de drames non identifiés*, 2003.

Jul. *Ep.* = L'Empereur Julien, *Lettres*, in : Julien, *Oeuvres complètes*, t. I, 2e partie, par J. Bidez et F. Cumont, C.U.F., Paris 1924.

K.-A. = uide sub PCG.

Kaibel = G. Kaibel, *Epigrammata graeca ex lapidibus conlecta*, Berlin 1878.

Kannicht = TrGF vol. 5.1 Euripides (Aigeus – Oidipous), Göttingen 2004 ; 5.2 (Oineus – Chrysippos, Incertae Fabulae), 2004.

Keller = O. Keller, *Die antike Tierwelt*, 2 vol., Leipzig 1909-1913.

Keydell[1] = R. Keydell, *Quaestiones metricae de Epicis graecis recentioribus. Accedunt critica varia*, diss. Berlin 1911 = *Kleine Schriften zur hellenistischen und spätgriechischen*

Dichtung, zusammengestellt von W. Peek, Leipzig 1982, 1-71.

Keydell[2] = R. Keydell, « Die griechische Poesie der Kaiserzeit (bis 1929) », *JAW* 230 (1931) 41-161.

Kirk = G.S. Kirk, *The Iliad : A Commentary*, Vol. 1 : Books 1-4, Cambridge 1985.

K.-G. = R. Kühner-B. Gerth, *Ausführliche Grammatik der griech. Sprache*[3], II. Satzlehre, 2 vol., Leipzig 1898-1904 (repr. Darmstadt 1955).

Knaack = G. Knaack, « Conjectanea », *Königliches Marien-stifts-Gymnasium, Oster-Programm*, Stettin 1883, 1-11.

Knox = A.D. Knox, « Atacta Alexandrina », Proceedings Cambridge Phil. Soc. 100-102 (1915) 5-7.

Kock = *Comicorum Atticorum Fragmenta* ed. Th. Kock, 3 vol., Leipzig 1880-1888.

Konze = J. Konze, *De dictione Lycophronis alexandrinae aetatis poetae*, Münster 1870.

Lact. *epit.* = Lactance, *Epitomé des institutions divines*, éd. M. Perrin (Sources chrétiennes, n° 335), Paris 1987 ; ed. E. Heck-A. Wlosok (Bibl. Teubn.), Stuttgart/Leipzig 1994.

– *inst.* = *Institutions divines* (Livre I éd. P. Monat, Sources chrétiennes n° 326, Paris 1986).

Laon. Chalk. = Laonikos Chalkondyles, *Historiae*, ed. Darko, Budapest 1922-1927. (cit. vol., pag., lin.)

La Roche = J. La Roche, « Zur Prosodie und Metrik der späteren Epik. I. Quintus Smyrnaeus, Koluthos, Tryphiodor, Musaios, Nikander, Oppian und Manethon », *Wiener Studien* 22 (1900) 35-55.

– « II. Zur Verstechnik des Nonnos », *ibid.* p. 209-221.

Larrey = *Mémoires de Chirurgie militaire et Campagnes* de D.J. Larrey, t. 1-3, Paris, J. Smith, 1812, t. 4, 1817, t. 5 (= *Relation médicale des Campagnes et Voyages de 1815 à 1840*), Paris, Baillière, 1841 ; Baron Larrey, *Mémoires et Campagnes*, t. 1 : 1786-1811, t. 2 : 1812-1840, Paris, Éditions Tallandier (Bibliothèque Napoléonienne), 2004. (citantur huius editionis paginae)

Lefebvre = G. Lefebvre, *Essai sur la médecine égyptienne de l'époque pharaonique*, Paris 1956.

Lehrs = K. Lehrs, *Quaestiones epicae*, Königsberg 1837.

Leitner = H. Leitner, *Zoologische Terminologie beim Älteren Plinius*, Hildesheim 1972.

Lembach = K. Lembach, *Die Pflanzen bei Theokrit* (Bibliothek der klassischen Altertumswissenschaften, Neue Folge, 2. Reihe, Bd. 37), Heidelberg 1970.

Lenz = H.O. Lenz, *Zoologie der alten Griechen und Römer*, Wiesbaden 1856.

Lescure = J. Lescure in : Grassé *Traité* XIV, fasc. I-B : *Amphibiens*, Paris 1986.

Lewin[1] = L. Lewin, „Die Pfeilgifte", *Virchows Archiv für path. Anat. und Physiol.*, 136 (1894) 83-126, 403-443.

Lewin[2] = « Heilmittel und Gifte bei Homer » (C.R. de Schmiedeberg), *Münchener Medizinische Wochenschrift* 33 (1920) 966.

Lewin[3] = L. Lewin, *Die Gifte in der Weltgeschichte : Toxikologische, Allgemeinverständliche Untersuchungen der historischen Quellen*, Berlin 1920.

Lewis = N. Lewis, *Papyrus in Classical Antiquity*, Oxford 1974.

LfgrE = *Lexikon des frühgriechischen Epos* vorbereitet und herausgegeben von B. Snell, Göttingen 1955 sqq.

Lingenberg = J.W. Lingenberg, *Quaestiones Nicandreae*, diss. Halle 1866.

Littré = Pline, *Histoire Naturelle*, avec la traduction en français, par É. Littré (Coll. Nisard), 2 vol., Paris 1860.

Lloyd-Jones = H. Lloyd-Jones, « Nicandreae editionis Gow recensio », *Classical Review* 68 (1954) 231-233.

Lobeck = C.A. Lobeck, *Pathologiae Sermonis Graeci Prolegomena*, Leipzig 1843.

[Longin.] = [Longinus] *De sublimitate*, ed. D.A. Russell, Oxford 1964.

LSJ = H.G. Liddell-R. Scott, *A Greek-English Lexicon*, 9th ed. by H. Stuart Jones-R. McKenzie, Oxford 1940.
  – Greek-English Lexicon, *A Supplement*, ed. by E.A. Barber, w. the assistance of P. Maas, M. Scheller and M.L. West Oxford 1968.
  – *Revised Supplement*, ed. by P.G.W. Glare with the assistance of A. A. Thompson, Oxford 1996.

Magnelli = E. Magnelli, *Studi su Euforione* (Seminari Romani di Cultura Greca, Quaderni, N. 4), Roma 2002.

Magnelli[1] = « La chiusa degli Alexiphaemaca ... », in : *Musa Docta*, Univ. Saint-Étienne 2006, p. 105-118.

Maïmonide - *Traité des Poisons de Maïmonide* (XIIe s.), traduit par le Dr I.-M. Rabbinowicz, Paris 1865.

Man(ethon) = *Apotelesmatica* ed. A. Köchly in : *Poetae buco-lici et didactici*, ultima pars, p. III-LXI + 41-101, Bibl. Didot., Paris 1851.

Masson = O. Masson, *Les inscriptions chypriotes syllabiques*, Paris 1985.

Mauricius = Pseudo-Mauricius, *Strategicon* ; H. Mihaescu (ed.), Mauricius, *Arta militara* (Scriptores Byzantini 6), Bucharest 1970.

Max. = Maximos, *Carmen de actionum auspiciis* (π. καταρ-χῶν) ed. A. Ludwich, Leipzig 1877 ; ed. A. Köchly, in : *Poet. buc. et did.*, ultima pars, p. LXI-LXXVII + 103-114.

Meineke = A. Meineke, *Philologicarum exercitationum in Athenaei Deipnosophistas* specimen primum, Berlin 1843 ; specimen secundum, 1846.

Meineke[1] = A. Meineke, *Analecta alexandrina*, Berlin 1843.

Meineke[2] = A. Meineke, « Kritische Blätter », *Philologus* 14 (1859) 1-44.

Men. *sent.* = Menandri *sententiae*, ed. S. Jaekel, Leipzig 1964, p. 33-83. (citatur numerus sententiae)
   – *comp.* = *comparatio Menandri et Philistionis*, in Menandri *sententiae*, p. 87-120. (citantur pars et linea)

Mercurialis = *De venenis et morbis venenosis* tractatus … ex voce … Hieronymi Mercurialis … per Albertum Scheligium … diligenter et fideliter exceptus, et in duos libros digestus, Francofurti, 1584.

Moeris = Harpocratio et Moeris, *Lexicon atticum*, ed. I. Bekker, Berlin 1833. (citatur pagina et linea)

Morel = W. Morel, « Gifte », *RE* Suppl. 5 (1931) 223-228.

Murr = J. Murr, *Die Pflanzenwelt in der Griechischen Mytholo-gie*, Innsbruck 1890.

Nilsson = M.P. Nilsson, *Geschichte der Griechischen Religion* (Hdb. d. Altertumswiss. 5. 2. 1-2), zweite Aufl., 2 vol., Munich 1955-1961.

Nonn. = Nonni *Dionysiaca* ed. F. Vian et alii, 19 vol., C.U.F., Paris 1976-2006.

Nonn. *par.* = Nonni *Paraphrasis sancti evangelii Joannei*, ed. A. Scheindler, Leipzig 1881.
   – *Canto* I, ed. C. De Stefani, Bologne 2002.

Oikonomakos (C.), Νικάνδρου Ἀλεξιφάρμακα, Athènes 2002.
   – Προλεγόμενα στὴν κριτικὴ ἔκδοση τῶν Ἀλεξι-φαρμάκων τοῦ Νικάνδρου, Athènes 2002.

Olivieri = A. Olivieri, « Osservazioni sui Theriaka e sugli Alexipharmaka di Nicandro », *Atti della Reale Accademia di Archeologia, Lettere e Belle Arti di Napoli* 24 (1906) 283-300.

Olck = « Gartenbau », *RE* 7 (1901) 768-841, praesertim §8b *Die Pflanzen Nikanders* (802-807, de plantis coronariis), §9 *Giftpflanzen* (807.11-29).

Opp. [*Cyn.*] et *Hal.*, ed. A.W. Mair, L.C.L., London/Cambridge, Mass. 1958.

Opp. *Hal.* = Oppianus, *Halieutica*, ed. F. Fajen, Stuttgart/ Leipzig 1999.

Opp. [*Cyn.*] = Oppien d'Apamée, *La Chasse*, éd. critique par P. Boudreaux, Paris 1908 ; Oppianus Apameensis, *Cynegetica*, Eutecnius Sophistes, *Paraphrasis metro soluta*, rec. M. Papathomopoulos, B.T., Monachii et Lipsiae 2003.

Orac. Sibyll. = *Die Oracula Sibyllina* (Die griech. christl. Schriftst. 8), ed. J. Geffcken, Leipzig 1902, p. 1-226. (citantur pars et linea)

Orfila = M. Orfila, *Traité des poisons* tirés des règnes minéral, végétal et animal ou *Toxicologie générale*, considérée sous les rapports de la physiologie, de la pathologie et de la médecine légale, 3e éd. revue, corrigée et augmentée, 2 vol., Paris 1826.

O(rib). ed. Io. Raeder : *coll.* = *Collectiones medicae* (CMG 6. 2. 2), vol. 1 (1928) lib. 1-8, vol. 2 (1929) lib. 9-16, vol. 3 (1931), lib. 24-48, vol. 4 (1933) lib. 49-50 et lib. incerti.

  – *ecl.* = *Eclogae medicamentorum*, vol. 4, p. 181-307.
  – *Eust.* = *Synopsis ad Eustathium* (CMG 6. 3), p. 1-313 (1926).
  – *Eun.* = *Libri ad Eunapium* (CMG 6. 3), p. 315-498.

Orion = Orionis Thebani *Etymologicon*, ed. F.G. Sturz, Leipzig 1820. (citantur pagina et linea)

Oros = K. Alpers, *Das attizistische Lexikon des Oros* (Sammlung griechischer u. lateinischer Grammatiker, Bd. 4), Berlin/New York 1981.

[Orph.] *hy.* = Ps.Orphée, *Hymnes*, éd. W. Quandt, Berlin 1963 ; *Inni orfici*, ed. G. Ricciardelli, Fond. Lorenzo Valla, Mondadori, 2000.

Paillette = M. Paillette in : Grassé *Traité* XIV, fasc. I-B : *Amphibiens*, Paris 1986.

P.G.M. = *Papyri Graecae Magicae*, Die griech. Zauberpapyri, vol. 1-2, altera ed., Stuttgart 1973-1974. (citantur numerus et linea)

Pasquali = G. Pasquali, « I due Nicandri », *Studi Italiani di Filologia Classica* 20 (1913) 55-111.

PAeg. = Pauli Aeginetae *Epitomae* libri VII, ed. I.L. Heiberg (CMG 9.1-2), Leipzig et Berlin 1921-1924.

Paus. att. = *Pausaniae atticistae fragmenta*, in : Erbse (quem uide), p. 152-221.

Paul Sil. *amb.* = Pauli Silentiarii *Descriptio ambonis*, ed. O. Veh, in : Prokop. Werke, vol. 5, p. 358-374, Munich 1977.

Pf. : uide s.u. Call.

Phanias = Phaniae Eresii Περὶ φυτῶν uel Φυτικά, ed. F. Wehrli in : Phainias von Eresos, Chamaileon, Praxiphanes, *Die Schule des Aristoteles*, vol. 9, editio secunda, Basel 1969, p. 10-21.

Philès = Manuel Philès, *carmina* ed. E. Miller, 2 vol., Paris 1855-1857. (citatur caput, poema, versus) ;
– *ined.* = *carmina inedita*, ed. E. Martini, Atti R. Accad. Archeol. Lettere Belle Arti 20 (1900) 1-147. (cit. poema, versus)

Philostorgius = *Historia ecclesiastica* (fr. ap. Phot.), ed. F. Winkelmann in Philostorgius Kirchengeschichte[3], Berlin 1981. (cit. lib., fr., lin.)

Philostr. *VA* = Flavii Philostrati *Vita Apollonii*, in : Flavii Philostrati *Opera*, vol. 1, ed. C.L. Kayser, Leipzig 1870, p. 1-344. (cit. cap., pars et linea)

Philostr. *Im.* = Philostrati Junioris *Imagines*, ibid., vol. 2, Lpz. 1871, p. 390-420. (cit. Olearianae editionis pagina et linea)

Ph(ilumenus) : *De uenenatis animalibus eorumque remediis* excerpta Vaticana, ed. M. Wellmann in : CMG 10. 1. 1, Leipzig et Berlin 1908.

Phot. = Photii Patriarchae *Lexicon*, ed. C. Theodoridis, vol. 1 (A-Δ) Berlin/New York 1982, 2 (E-M) 1998 (citantur glossa, litt. init. et numerus). – N-Ω : R. Porson, Cambridge 1822 (citantur pag. et lin.).

Phryn. = *Die Ekloge des Phrynichos*, hrsg. von E. Fischer, Berlin/New York 1974.

Physici et Medici Graeci minores, ed. I.L. Ideler, vol. 1, Berlin 1841, vol. 2, 1842 (repr. Amsterdam 1963).

Pichon-Vendeuil = E. Pichon-Vendeuil, *Étude sur les phar-maques et venins de l'antiquité*, Bordeaux 1914.

Pinvert = L. Pinvert, *Jacques Grévin (1538-1570)*, Étude bio-graphique et littéraire, Paris 1899.

Pl(in). = C. Plini Secundi *Naturalis Historiae* libri xxxvii ed. L. Jan-C. Mayhoff, Leipzig 1892-1909 ; A. Ernout-J. André, etc., C.U.F., Paris 1947- ; uide etiam sub nomine Littré.

Poet. buc. et did. = *Poetae bucolici et didactici*, ed. C. Fr. Ameis, alii, Bibl. Didot, Paris 1845 sqq.

PCG = *Poetae Comici Graeci*, ed. R. Kassel-C. Austin, Berlin/New York 1983- (fragmentorum comicorum numeri sunt Kasseliani).

PLF = *Poetarum Lesbiorum Fragmenta*, ed. E. Lobel et D. Page, Oxford 1955.

PMG = *Poetae Melici Graeci*, ed. D.L. Page, Oxford 1962.

Poll. = Pollux, *Onomasticon* ed. E. Bethe, Leipzig 1900 (Lexi-cogr. Gr. ix 1 : fasc. 1-3).

Porphyr. *Qu. hom.* = Porphyrius, *Quaestionum homericarum ad Odysseam pertinentium liber I*, ed. A. Giannini, Naples 1970.

− *Orac.* = *De philosophia ex oraculis haurienda libr. Rel.*, ed. G. Wolff, Berlin 1856. (citantur pagina et linea)

Posid. *Epigr.* = Posidippi Pellaei quae supersunt omnia ediderunt C. Austin et G. Bastianini (Bibliotheca Classica, 3), Milano 2002.

P(owell) = *Collectanea Alexandrina*, ed. J.U. Powell, Oxford 1924.

Praec(epta) sal(ubria) = Ὑγιεινὰ παραγγέλματα, ed. U.C. Bussemaker in : *Poetae bucolici et didactici*, Bibl. Didot., Paris 1851, p. 132-134.

Preller-Robert = L. Preller, *Griechische Mythologie*, vierte Auflage von C. Robert, I. Bd. 1. Hälfte, p. 1-428, Berlin 1887 ; 2. Hälfte, p. 429-964, Berlin 1894 ; II. Bd. : *Die Heroen* (*Die griechische Heldensage*), 1. Buch : *Land-schaftliche Sagen*, p. 1-419, Berlin 1920 ; 2. Buch : *Die Nationalheroen*, p. 420-756, Berlin 1921 ; 3. Buch : *Die Grossen Heldenepen*, 1. Abt., p. 757-1289 ; 2. Abt., p. 1290-1532, Berlin 1926.

Pr(omotus) = " Aelius Promotus ", Περὶ τῶν ἰοβόλων θηρίων καὶ δηλητηρίων φαρμάκων, ed. S. Ihm (Serta

Graeca, Bd. 4), Wiesbaden 1995. [Codd. : V = Vat. Gr.
299 (s. xv) ; A = Ambros. Gr. S 3 sup. (xvi)].

Psell. *poem.* = Michaelis Pselli *Poemata* ed. L.G. Westerink
(Bibl. Teubner.), Stuttgart/Leipzig 1992. (citantur numeri
poematis et uersus)
  – *Theol.* = Id. *Theologica*, vol. 1 (opusc. 1-114), ed. P.
Gautier (Bibl. Teubner.), Leipzig 1989 (citantur nume-
rus opusculi et linea)

Ps.Ap. = Pseudoapulei *Herbarius* in : Corpus Medicorum Lati-
norum, vol. 4, Antonii Musae *De herba Vettonica liber*,
Pseudoapulei *Herbarius*, Anonymi *De taxone liber*, Sexti
Placiti Liber medicinae ex animalibus, etc., ed. E. Howald
- H.E. Sigerist, Leipzig/Berlin 1927. (citantur capita et
lineae)

PsD. = Pseudo-Dioscurides, περὶ δηλητηρίων φαρμάκων καὶ
τῆς αὐτῶν προφυλακῆς καὶ θεραπείας, ed. C. Sprengel
in : Pedanii Dioscuridis Anazarbei (= C.G. Kühn, *Medicorum Graecorum opera quae exstant*, vol. 26) tomus 2, p.
1-41. (Mss : V = Vat. gr. 284, s. xi ; A = Ambros. gr.
L119 sup., s. xv).

R.A. = Dr. M. Burton-R. Burton, *Le Royaume des Animaux* (26
vol.), éd. française, Genève 1972-1975.

RE = *Realencyclopaedie der klassischen Altertumswissenschaft*,
ed. Pauly-Wissowa-Kroll et alii, Stuttgart 1893-1997.

Rhetorius = Rhétorius d'Égypte, *De duodecim signis* (excerpta
e cod. Berol. 173), in : *Catalogus codicum astrologorum
graecorum* t. 7, ed. F. Boll, Bruxelles 1908. (cit. pag.,
lin.)

Ritter = F. Ritter, *De adjectivis et substantivis apud Nicandrum
homericis,* diss. Göttingen 1880.

Rohde = E. Rohde, « Aelius Promotus », *Rhein. Mus.* 28
(1873) 264-90 = *Kleine Schriften* 1 p. 380-410.

Ruf. = Rufus Ephesius, *Opera* ed. Ch. Daremberg-Ch.E. Ruelle,
Paris 1879.
  – *Onom.* = Περὶ ὀνομασίας τῶν τοῦ ἀνθρώπου μο-
ρίων, ibid. p. 133-167.
  – *Ren.* = Περὶ τῶν ἐν νεφροῖς καὶ κύστει παθῶν, ibid.
p. 1-63.

Rzach[2] = A. Rzach, « Neue Beiträge zur Technik des nach-
homerischen Verses », *Sitzb.Ak.Wiss. Wien* 100 (1882)
324 ss.

Saint-Denis = E. de Saint-Denis, *Le vocabulaire des animaux marins en Latin classique*, Paris 1947.

Sallustius = Saloustios, *Des Dieux et du Monde*, éd. G. Rochefort, C.U.F., Paris 1960.

Scarborough = J. Scarborough, « Nicander's Toxicology, II : Spiders, Scorpions, Insects and Myriapods », *Pharmacy in History* 21 (1979) 3-34, 73-92.

Scheidweiler = F. Scheidweiler, *Euphorionis fragmenta*, diss. Bonn 1908.

Schmiedeberg, *Über die Pharmaka in der Ilias und Odyssee* (Schriften der wissenschaftlichen Gesellschaft in Strassburg, 36. Heft), Strasbourg 1918.

Schn. = Iohann Gottlob Schneider, *Alexipharmaca*, Leipzig 1792.

Schn. Th. = I.G. Schneider, *Theriaca*, Leipzig 1816.

S. = Otto Schneider, *Nicandrea* (*Th. Al.* fr.), Leipzig 1856. Nicandri fragmentorum numeri sunt Schneideriani ; fragmenta sine auctoris nomine sunt Nicandri.

Σ *Al.*, *Th.* = Scholia Nicandri *Alexipharmaca* (ed. M. Geymonat), *Theriaca* (ed. A. Crugnola).

Σ 1a-e = Σ *Al.* 1a-e, ed. Geymonat (praeter correcturas).

  – Ap. Rh. = Scholia in Apollonium Rhodium vetera, rec. C. Wendel, Berlin 1935.

  – Arat. = Scholia in Aratum vetera, rec. J. Martin, Stuttgart 1974. (citantur versus num. pag. et lin.)

  – Iliad. = Scholia graeca in Homeri *Iliadem*, ed. H. Erbse, vol. 1-7, Berlin/New York 1969-1988.

  – Od. = Scholia graeca in Homeri *Odysseam*, ed. W. Dindorf, 2 vol., Oxford 1855.

  – Lyc. : uide ad Tz.

Schultze = G. Schultze, *Euphorionea*, diss. Strasbourg 1888, praesertim p. 46-49 (« N. quid Euphorioni debeat »).

F. Schulze = *Toxicologia Veterum*, plantas venenatas exhibens, Theophrasti, Galeni, Dioscuridis, Plinii, aliorumque auctoritate ad deleteria venena relatas ; loca ex veterum monimentis eruta ... commentario ornavit, varia experimenta ... adjecit J.E. Ferdinand Schulze, Halae 1788.

W. Schulze = W. Schulze, *Quaestiones epicae*, Gütersloh 1892.

Schwyzer = E. Schwyzer, *Dialectorum graecarum exempla epigraphica potiora*, Leipzig 1923.

Scr(ib). L., S.L. = Scribonius Largus, *Compositiones*, ed. S. Sconocchia, Leipzig 1983.

S.E. *M.* = Sextus Empiricus, *Adversus mathematicos*, ed. H. Mutschmann, Leipzig 1912. (citantur liber, pars, linea)

SH = *Supplementum hellenisticum*, ed. H. Lloyd-Jones et P. Parsons (*Indices* in hoc vol. et in Powell, *Coll. Alex.* add. H.-G. Nesselrath), Berlin/New York 1983 ; *Supplementum supplementi hellenistici*, ed. H. Lloyd-Jones (indices confecit M. Skempis), Berlin/New York 2005.

SIG = W. Dittenberger, *Sylloge Inscriptionum Graecarum*, editio tertia, Leipzig 1915-1924.

Singer = Ch. Singer, « The Herbal in Antiquity and its transmission to later ages », *Journal of Hellenic Studies* 47 (1927) 1-52.

Solin = C. Iulii Solini *Collectanea rerum memorabilium* iterum rec. T. Mommsen, 1895. (citantur caput et pagina)

Solmsen = F. Solmsen, « Zur lateinischen Etymologie », *Indogermanische Forschungen* 26 (1909) 102-114.

Soran. = Soranos, *Gynaecorum* libri IV, *De signis fracturarum, De fasciis, Vita Hippocratis*, ed. I. Ilberg (CMG 4), Leipzig 1927.
    – *Maladies des Femmes*, 4 vol., texte établi et traduit par P. Burguière et commenté par Y. Lévinas et D. Gourévitch, C.U.F., Paris 1988-2000. (citantur liber, caput et lin.)

Sprengel = C. Sprengel, Commentarius in Dioscoridem, annotationes ad librum *De venenis deleteriis*, in : Pedanii Dioscoridis Anazarbei tomus II (= *Medicorum Graecorum Opera quae exstant*, editionem curavit C.G. Kühn, vol. 26), Leipzig 1830, p. 664-667.

Steph. = Nicandri *Alexipharmaca*, in : *Poetae graeci principes heroici carminis et alii nonnulli*, ed. H. Stephanus, Genève 1566, vol. 2 p. 343-359.

Steph. Byz. = Stephani Byzantii *Ethnica*, ed. A. Meineke, Berlin 1849. (cit. pag. et lin.)

Strömberg[1] = R. Strömberg, *Theophrastea* (Studien zur botanischen Begriffsbildung), Göteborg 1937.

Strömberg[2] = *Griechische Pflanzennamen*, Göteborg 1940.

Strömberg[3] = *Studien zur Etymologie und Bildung der Griechischen Fischnamen*, Göteborg 1943.

Συ = Συναγωγὴ λέξεων χρησίμων, versio antiqua, ed. I.C.
    Cunningham, *Sammlung griechischer und lateinischer
    Grammatiker*, Bd. 10, Berlin/New York 2003, p. 71-523.
    (citatur glossae numerus)

Συᵇ = ejusdem collectionis versio codicis B, littera α, ibid.
    p. 525-701.

Taillardat = J. Taillardat, *Les images d'Aristophane* (Études de
    langue et de style), 2ᵉ éd., Paris 1965.

Theognost. = Theognostus, *Canones siue De orthographia*, in :
    AO vol. 2 (citantur pars et linea).

Th(eoph.)N(onn.) = Theophanis Nonni, *Epitome de curatione
    morborum*, graece et latine, ed. Io. Steph. Bernard, tomus
    II, Gothae et Amstelodami 1795.

Th. *CP* = Theophrastus *De Causis Plantarum*, ed. and
    transl. by B. Einarson and G.K.K. Link (L.C.L.), vol. 1
    (lib. I-II) 1976 ; vol. 2 (lib. III-IV) et vol. 3 (lib. V-VI)
    1990.

  – *HP* = *Historia Plantarum*, ed. and transl. by A. Hort
    (L.C.L.), 2 vol., 1916 ; S. Amigues (C.U.F.), vol. 1 (lib.
    I-II) Paris 1988 ; 2 (lib. III-IV) 1989 ; 3 (lib. V-VI) 1993 ;
    4 (lib. VII-VIII) 2003 ; 5 (lib. IX) 2006.

  – *Lapid.* = Περὶ λίθων, ed. with introd. transl. and com-
    mentary by D.E. Eichholz, Oxford 1965.

  – *Sens.* = *De sensu et sensibilibus*, in : Theophrasti Eresii
    Opera quae supersunt omnia, ed. F. Wimmer, Bibl.
    Didot., Paris 1866, p. 321-340.

Th. 1 n. = gallica adnotatio ad v. 1 *Theriacorum* in hac editione
    (vol. 2).

Thompson[1] = D'Arcy W. Thompson, *A glossary of Greek
    Birds*, Oxford 1936.

Thompson[2] = D'Arcy W. Thompson, *A glossary of Greek
    Fishes*, London 1947.

Toup = J. Toup, *Emendationes in Suidam et Hesychium et alios
    lixicographicos graecos*, vol. 4, Oxford 1790.

TrGF = *Tragicorum Graecorum Fragmenta*, ed. B. Snell et alii,
    1971-. Aeschyli et Sophoclis fragmentorum numeri sunt
    Radtiani.

Tz.Lyc. = Scholia Ioannis Tzetzae in Lycophronis *Alexandram*
    ed. E. Scheer, Lyc. *Alex.*, vol. 2, Berlin 1908.(citantur ver-
    sus num., pagina lineaque)

– *Chil.* = Io. Tzetzae *Historiarum variarum Chiliades*, ed. Th. Kiessling, Leipzig 1826 (repr. G. Olms, Hildesheim 1963)

– *Exeg.* = (Draconis Stratonicensis, *liber de metris poeticis*), Ioannae Tzetzae *Exegesis in Homeri Iliadem*, ed. G. Hermann, Leipzig 1812 : ed. L. Bachmann, 1835.

Van Brock = N. Van Brock, *Recherches sur le vocabulaire médical du grec ancien*, (Études et Commentaires, 41), Paris, Klincksieck, 1961.

Vendryes = J. Vendryes, *Traité d'Accentuation Grecque*, nouvelle édition (9ᵉ tirage), Paris 1938.

Vian[1] = F. Vian, « Notes critiques et exégétiques aux *Hymnes Orphiques* », *REA* 106 (2004) 133-146 = *L'Épopée posthomérique*, Recueil d'études de F.V. publié par D. Accorinti (Hellenica, N. 17), Alessandria 2005, p. 295-314.

Vian[2] = F. Vian, « La conquête de la Toison d'or dans les *Argonautiques Orphiques* », *Koinônia* 6 (1982) 111-128 = *L'Épopée posthomérique* p. 315-334.

Vian[3] = F. Vian, « La grotte de Brongos et Cybèle : Nonnos, *Dionysiaques*, 17, 32-86 », *REG* 104 (1991) 584-593 = *L'Épopée posthomérique* p. 457-468.

Vita Aesopi = Βίος Αἰσώπου in : *Fabulae Romanenses graece conscriptae*, ed. A. Eberhard, vol. 1, Leipzig 1872, 226-305. (citantur pag. et linea)

Volkmann = R. Volkmann, *Commentationes epicae*, Leipzig 1854 (p. 43-76, comm. secunda : " De delectu uocabulorum a Nicandro exhibito ").

Von der Mühll[1] = P. Von der Mühll, « Zwei griechische Wörter : 1. δήν bei Theognis und Homer », *Indogermanische Forschungen* 50 (1932) 135 ss. = *Ausgewählte kleine Schriften* (Schweizerische Beiträge zur Altertumswissenschaft, Heft 12), Basel 1975, p. 397-400.

Von der Mühll[2] = Id., « Nochmals δήν = fern », *MH* 12 (1955) 112 = *Kl. Schr.* p. 402.

Wellmann = M. Wellmann, *Die pneumatische Schule* (Philologische Untersuchungen, XIV), Berlin 1895.

Wellmann[4] = « Sostratos, ein Beitrag zur Quellenanalyse des Aelian », *Hermes* 26 (1891) 321-350, 649-652.

Wendel = K. Wendel, « Die Überlieferung der Scholien zu Apollonios von Rhodos », *Abhandl. d. Gött. Ges. d. Wiss.*, 3. Folge Nr. 1, Göttingen 1920.

Wentzel = G. Wentzel, « Die Göttinger Scholien zu Nikanders Alexipharmaca », *AGGW* 38 (1892) 1-95.

West, *Th.* = Hesiodi *Theogoniam* ed., prolegomenis et commentario instr. M.L. West., Oxford 1966.

  – *Op.* = Hesiodi *Opera et Dies*, 1978. (*Th.* [*Op.*] 1 = West, adn. ad u. 1)

  – *Fragmenta Hesiodea* ed. Merkelbach-West, 1967.

  – *Iliad.* = Homeri *Iliadem*, Munich et Leipzig 1998-2000.

W(est) = *Iambi et Elegi Graeci*, vol. 1 : Archilochus, Hipponax, Theognidea, Oxford 1971 ; vol. 2 : Callinus, Mimnermus, Semonides, Solon, Tyrtaeus, Minora Adespota, 1972.

West[1] = M.L. West, « On Nicander, Oppian, and Quintus of Smyrna », *CQ* 57 (1963) 57.

West[2] = M.L. W., « Conjectures on 46 Greek Poets », *Philologus* 110 (1966) 147-168.

Wifstrand = A. Wifstrand, *Von Kallimachos zu Nonnos* (Metrisch-Stilistische Untersuchungen zur späteren griech. Epik und zu verwandten Gedichtgattungen), Lund 1933.

Wilamowitz[1] = Euripides : *Herakles*, 4. Aufl., 3 vol., repr. 1959.

Wilamowitz[2] = *Odysseus' Heimkehr*, Berlin 1927.

Wilamowitz[3] = « Marcellus von Side », *Sitzungsberichte der preussischen Akademie der Wissenschaften*, phil.-hist. Kl., Berlin 1928, 3-30 = *Kleine Schriften* 2. 192-228.

Wolff = G. Wolff, « Zu griechischen Dichtern », *RhM* 19 (1864) 463-465.

Zeune = J.C. Zeune, *Animadversiones ad Nicandri carmen utrumque*, Wittenberg 1776.

Zon. = 'Zonarae' *Lexicon*, ed. I.A.H. Tittmann, Leipzig 1808. (citantur pagina et linea)

SIGLA

I. CODICES

Ω : consensus omnium codicum, i.e. T + ω.
ω : consensus omnium codicum praeter T.

T   (Π O. Schneider) = Parisinus suppl. gr.247 (fol. 29^r-46^v),
    s. x (continet uersus 34-73, 107-156, 249-334, 347-
    482, 495-610 sine scholiis).

Classis ω

Consensus a :

G   = Goettingensis philol. 29 (fol. 154 ss.), s. XIII/XVI.
       Continet, cum scholiis, omnes uersus ordine turbato :
       ff. 154^v-157^r = u. 283-392 + 259-282, f. 159^v(ex.) =
       393-400, f. 160^r(in.) = 257-258, ff. 168^r-173^v = u. 9-
       256, ff. 177^r-182^v = 401-630 + 1-8. Insuper in foliis
       chartaceis u. 1-8 (fol. 167^v), 257-400 (ff. 174^r-176^v),
       quasi omissi essent addidit manus recens ex aliquo
       familiae c exemplari.

G^2 = altera manus antiqua, s. XIV.
G   = Ambros. E 112 sup. / Gr. 315 (fol. 22^r-30^v), s. XV
       (continet v. 1-363 sine scholiis).

L   (C Crugnola) = Vaticanus gr. 2291 (olim Chisianus gr.
       50), s. XV. Continet cum scholiis omnes uersus prae-
       ter u. 25, ordine turbato : fol. 258-264 = v. 26-357,
       ff. 271^v-279^v = v. 1-24 + 358-630).

Consensus b :

O   (m O. Schneider) = Laurentianus gr. 91.10 (fol. 162^r-
       172^r), s. XIV (continet omnes uersus cum scholiis).

R   = Riccardianus gr. 56, olim K ii 18 (fol. 29^r-45^v), s. XV
          (continet omnes uersus cum scholiis).
W   (v O. Schneider) = Venetus Marcianus gr. 477 (fol. 43^v-
          74^v), s. XV (continet omnes uersus cum scholiis).

Consensus b_2 : eidem praeter R.

Consensus c (= P+x+y ; P deficiente, x+y) :
P   (p O.Schneider) = Parisinus gr. 2403 (fol. 99^v-114^r), s.
          XIII (continet, sine scholiis, u. 1-29 [–χαλικραίη]).

Consensus x (codd. ex codicis V fratre gemello exarati) :
D   (f Crugnola) = Ambrosianus N 150 sup./Gr. 554 (fol. 1^r-
          54^r), s. XVI (continet, cum glossis, u. 1-273 in., 274
          ex.-295, 297-555, 556a-630).
Ald   = editio Aldina (continet, cum scholiis, u. 1-273 in.,
          274 ex.-295, 297-555, 556a-630).
Mosq   = codex Dresdensis N D a 24, nunc Mosquensis Pak. N.
          1791-K, s. XV (continet, cum eisdem scholiorum
          excerptis quam V, u. 1-273 in., 274 ex.-295, 297-555,
          556a-630).

Consensus y :
S   = Scorialensis Σ III 3 (fol. 18^r- 29^r), s. XV (continet,
          sine scholiis, u. 1-293 in., 294 ex.-496, 503-630).
B   = Perizonianus F. 7 A, olim Leidensis 39 (fol. 159^r-
          169^v), s. XV (continet, cum scholiis, u. 1-496, 503-
          630).
Q   = Bruxellensis (Omont n° 83) 18170-73 (fol. 137^v-
          147^v), s. XV (continet, sine scholiis, u. 1-496, 503-
          630).
H   = Vaticanus Palatinus gr. 139 (fol. 82^r-95^v) s. XV/XVI
          (continet, sine scholiis, u. 1-142 in., 144 ex.-269 in.,
          271 ex.-293 in., 294 ex.-496, 503-556, 558-630).

Consensus y_2 : eidem praeter B.

Ceteri codices :
M   = Laurentianus gr. 32.16 (fol. 307^r-311^v), s. XIII (conti-
          net, sine scholiis, u. 1-242, 244, 276- 630).
V   = Venetus Marcianus gr. 480 (fol. 162^r-169^r), s. XV
          (continet, cum scholiorum excerptis, u. 1-295, 297-
          555, 556a-630).

II. CODEX DEPERDITVS

l (**L** O. Schneider) = cod. Lorrianus (*Ther.* et *Alex.* cum scho-
    liis).

III. CODICES DESCRIPTI

Ambrosianus D 529 inf./Gr. 999 (**a** O. Schneider), fol. 93ᵛ-
    102ᵛ, s. XVI = **W**.
Ambrosianus E 112 sup./Gr. 315 (**d** Crugnola), fol. 22ʳ-30ᵛ, s.
    XV (continet u. 1-363 sine scholiis) = **G**.
Parisinus gr. 2726, fol. 120ʳ-131ʳ, s. XVI = **V**.
Parisinus gr. 2728 (**P** O. Schneider), s. XV = **S**.
Istis codicibus, quorum mentionem facio in *Theriacorum* edi-
    tione (cf. t. II p. CCVI), addendi sunt duo codices, qui,
    in *Alexipharmacis*, codicum selectorum apographa
    esse uidentur :
F   (**t** Crugnola) = Ambrosianus A 162 sup./Gr. 58 (fol. 57ʳ-
    68ᵛ), s. XV (continet u. 1-295, 297-555, 556a-630)
    = **V** ;
I   (**b** O.Schneider) = Ambrosianus C 32 (olim T 318)
    sup./Gr. 175 (fol. 70ʳ-109ᵛ), s. XV (continet u. 1-620,
    622-630) = **O**. Codicis **I** nullam in criticis adnotatio-
    nibus mentionem facio nisi in rarissimis locis ubi tex-
    tum habet alium quam O, siue errauit, siue exemplar
    suum correxit.

VIRORVM DOCTORVM NOMINA DECVRTATA

Br.   = Brenning
S.   = O. Schneider
Btl.   = Bentley (uide p. CLX, sub Btl.
Scal. = Scaliger
G.-S. = Gow-Scholfield
Schn. = I. G. Schneider
Go.   = Gorraeus
Steph.= H. Stephanus

BREVIATIONVM EXPLICATIO

a.c.	=	ante correcturam	fort.	=	fortasse
acc.	=	accentus (-um)	haplogr.	=	haplographia
add.	=	addidit (-erunt) addito	in.	=	ad uersus initium *aut* uersu ineunte
adn.	=	adnotatio	interl.	=	in interlinio
cett.	=	ceteri	lect.	=	lectio
cl. (cll.)	=	collato (collatis)	om.	=	omisit (-erunt) omisso
comm.	=	commentarius			
comp.	=	compendium	p.c.	=	post correcturam
coni.	=	coniecit (-erunt) coniecto	prob.	=	probauit (-erunt) probante (-tibus)
corr.	=	correxit (-erunt) correcto	sp. rel.	=	spatio relicto
			spir.	=	spiritus
c.adn.	=	cum adnotatione	transp.	=	transposuit
c.gl.	=	cum glossa	u.l.	=	uaria lectio
c.u.l.	=	cum uaria lectione	uar.	=	uariatio
			G^{ac}	=	ante correcturam
damn.	=	damnauit (-erunt)	G^{g}	=	cod. G glossa
del.	=	deleuit (-erunt) deleto	G^{it}	=	G in textu
			G^{pc}	=	post correcturam
dist.	=	distinxit(-erunt)	G^{sl}	=	G supra lineam
dub.	=	dubitanter	G^{ul}	=	codicis G u.l.
ex.	=	(uersu) exeunte	Σ^{lem}	=	in lemmate
f.l.	=	falsa lectio	$\Sigma^{\gamma\rho}$	=	u.l. notata signo
fin.	=	ad uersus finem			$\gamma\rho(\acute{\alpha}\varphi\epsilon\tau\alpha\iota)$

Parisinus suppl. gr. 247, fol. 45 : *Al.* 558-566
THÉRAPIE DE L'INTOXICATION A LA SALAMANDRE

NICANDRE

LES ALEXIPHARMAQUES

Dédicace Encore qu'ils ne soient pas voisins, en Asie, les remparts qu'ont élevés pour leurs villes fortes les peuples dont nous avons reçu naissance, Protagoras, et qu'une longue distance de bien loin les
5 sépare, je peux te dire aisément les remèdes aux breuvages vénéneux dont les atteintes domptent les hommes. C'est en effet au bord de la mer tourbillonnante, sous le regard de

---

1 Ἀσίδα : s.e. ἤπειρον, cf. Ap.Rh. 2.777 Ἀσίδος ἠπείροιο. –
2 τύρσεσιν : au propre *tours*, ici = *villes* fortifiées, par métonymie (ἀπὸ μέρους τῶν τειχῶν, Σ) ; cf. Lyc. 834 (*c. Schol.*) cité *infra* 100 n. – τέων : relatif ; interrogatif dissyllabique chez Hom. (*Il.* 24.387, cité Σ *Al.* 2d ; *Od.* 6.119 = 13.200) ; emploi comme relatif fréquent chez les poètes hellénistiques (Call., Nossis, Euph.), cf. Call. fr. 75.60 et Pf. *ad loc.* – 4 ῥεῖά κέ τοι : voir *Th.* 1 n. et cf. D.P. 881 ῥηϊδίως δ᾽ ἄν τοι λοιπὸν πόρον αὐδήσαιμι Ι γαιάων Ἀσίης κτλ. Il faut se garder d'affaiblir l'adv. ῥεῖα : pour sa démarche didactique, N. revendique l'*aisance* (cf. *Th.* 1) avec l'*universalité* : voir *Notice* p. LXXV et, pour cette rhétorique de la facilité qui assimile le poète didactique à un dieu pour lequel tout est facile, R. Hunter, *REA* 106 (2004) 224. – 5 ἅ τε : syllepse ; *i.e.* φάρμακα, antécédent à tirer de φαρμακοέσσαις ; cf. n. à 219 (οἱ δέ) et t. II *Notice* n. 219.

ΝΙΚΑΝΔΡΟΥ

ΑΛΕΞΙΦΑΡΜΑΚΑ

Εἰ καὶ μὴ σύγκληρα κατ᾽ Ἀσίδα τείχεα δῆμοι
τύρσεσιν ἐστήσαντο, τέων ἀνεδέγμεθα βλάστας,
Πρωταγόρη, δολιχὸς δὲ διάπροθι χῶρος ἐέργει,
ῥεῖά κέ τοι ποσίεσσιν ἀλέξια φαρμακοέσσαις
αὐδήσαιμ᾽ ἅ τε φῶτας ἐνιχριμφθέντα δαμάζει.   5
Ἦ γὰρ δὴ σὺ μὲν ἄγχι πολυστροίβοιο θαλάσσης

TEST. *Titulus* ἀλεξιφάρμακα legitur Σ^{ul}, Eutecnii paraphrasis in *Th.*
p. 3.5, in *Al.* p. 55 (tit.), Σ Arat. p. 8.30 (Vita I), Suid. v 374.4, *EG* uide
Test. ad 563 : ἀντι-φάρμακα Σ^{ul}, Eut. *Al.* p. 54 (pinax), *EG*(*EM*) uide
Test. ad 67, 90-91, 376 s. ἀντιφάρμακον Zon. uide *Test.* ad 66 s. περὶ
θανασίμων φαρμάκων Σ^{vl} ‖ 3 (Πρωταγόρη) Tz. *Exeg.* p. 829 Bachmann.

1-33 deest T
Titulus νικάνδρου ἀλεξιφάρμακα GOPMV (ησιοδου φαρμακα ante
Scholia scr.) *x* ἀ-α νικάνδρου WB, cf. Σ p. 29.2 (ἄλλοι δὲ [sc. ἐπι-
γράφουσιν] ἀ-α) Eut. 55 (tit. ἀ-α, cf. p. 84 subscr. codicis V) *Nicandri Alexipharmaca* SQ, sine titulo LRH ; neque titulum neque colophonem praebet T initio et sub finem mutilus, sed in summis fol. 35,
36, 37^v v-ου ἀ-α, fol. 39^v, 41^v, 42^v v-ου et 40, 43 ἀ-α scr. : titulos alios
memorant sicut ἀντιφάρμακα Σ 29.2 Eut. 54 (pinacis tit.) *EG* (*EM*)
ἀντιφάρμκον Zon. (uide *Test.* ad 66-68, 90-91, 376 s.), περὶ θανασίμων φαρμάκων Σ p. 29.1 s. ‖ 1 εἰ om. QH.

l'Ourse ombilicale, que tu as fait résidence, là où Rhéa
Lobrinè a ses chambres souterraines et Attis le lieu de ses
mystères, tandis que moi, c'est dans la région où les fils de
10 la glorieuse Créuse se sont partagé le plus riche terroir du
continent ; car j'ai mon séjour près des trépieds Clariens du
Loin-Tirant[1].

Or donc, amer comme fiel et causant, une
1. L'Aconit fois en bouche, un mal difficile à guérir,
connais l'aconit que les berges Achéron-
tiennes font pousser aux lieux où s'ouvre le gouffre du Bien-
15 Avisé, dont on s'échappe malaisément, et où la ville de Prio-

---

7 *ὀμφαλόεσσαν : pour le double sens probable, cf. comm. n. 1 §b
et 612 n. – 8 θαλάμαι : cf. Eur. *Ion* 393 s. τὰς Τροφωνίου ἱ... θαλάμας (en parlant de l'antre souterrain de Trophonios). Sur les *thala-
mai/thalamoi*, " grottes " de Rhéa/Cybèle, cf. Graillot 182 et n. 6 ;
voir également Vian[3] 589 s. = *L'épopée posthom.* 463 s. Le fém. est
attesté par θαλαμηπόλος, Rhianos *AP* 6.173.1 = 3236 G.-P. (offrande
de la *camérière* Achrylis, prêtresse phrygienne de Cybèle) et Dioscoride *ibid.* 220.3 = 1541 (le camérier de Cybèle, Atys, promet de dédier
à la Mètèr une " chambre sacrée " [15 ἱρὴν ... θαλάμην], sans doute
une grotte, sur les bords du Sangarios) ; le masc. par Hsch., chez qui il
est question de *thalamoi* de la déesse sur les Monts Kubela (κ 4363
Κύβελα · ὄρη Φρυγίας. καὶ ἄντρα. καὶ θάλαμοι). Sur leur destina-
tion, cf. Σ *Al.* 8b, citée comm. n. 1 §a. – Ἄττεω : ce gén. ionien (cf.
152 n.) de Ἄττης (doublet de Ἄττις, que Hsch. α 8192 donne indûment pour une *glose* laconienne) est la forme ordinaire (Plut., Lucien,
Eut., Epigr. app. dedic., cf. comm. n. 1 §a) ; Ἄττεως (Sallustius 4.8,
Firm. 18.1) et Ἄττου (Σ 8f, *al.*) sont exceptionnels. – 10 γεωμορίην :
= γηομ- ; mot rare, qui a le plus souvent le sens d'" agriculture ", ce
qui est probablement le cas d'Alciphron 1.4.1 ; pour le sens de " portion de terre labourée ", voir [Opp.] *Cyn.* 4.434 ἐν δ' ἀρότοισι
γεωμορίησί τ' (cf. Ap.Rh. 1.1214 βοὸς ... γεωμόρου " bœuf de
labour "). – 11 ἑζόμενος : des deux *v.l.* -νος/-νοι, dont l'une est
nécessairement la corruption de l'autre, c'est -νος, la mieux attestée
(sur les liens unissant souvent MRV, cf. *Notice*, p. cxlv et t. II p. cl s.),
qui a le plus de chances d'être authentique, son altération en -νοι étant
quasi fatale après 10 ἐδάσαντο. Rapporté aux " fils de Créuse ",
Rachios et Claros, le participe ἑζόμενοι explicite une tradition connue
par d'autres sources, selon laquelle la région de Claros a constitué leur
lot (κλῆρος). – *Pour la suite des notes aux v. 11-15 voir p. 61.*

Ἄρκτον ὑπ' ὀμφαλόεσσαν ἐνάσσαο, ἧχί τε Ῥείης
Λοβρίνης θαλάμαι τε καὶ ὀργαστήριον Ἄττεω ·
αὐτὰρ ἐγώ, τόθι παῖδες ἐϋζήλοιο Κρεούσης
πιοτάτην ἐδάσαντο γεωμορίην ἠπείρου,　　　　　　10
ἑζόμενος τριπόδεσσι πάρα Κλαρίοις Ἑκάτοιο.

Ἀλλ' ἤτοι χολόεν μὲν ἰδὲ στομίοισι δυσαλθές
πνυθείης ἀκόνιτον, ὃ δή ῥ' Ἀχερωΐδες ὄχθαι
φύουσιν, τόθι χάσμα δυσέκδρομον Εὐβουλῆος,
ἄστυρά τε Πριόλαο καταστρεφθέντα δέδουπε.　　　15

TEST. 7 (ὀμφαλόεσσαν) respicere uid. Hsch. o 840 ὀμφαλόεσσα· ἡ
Ἄρκτος διὰ τὸ μέσον τὸν βόρειον πόλον περιέχειν. τινὲς δὲ τὴν
εὔτροφον χώραν, cf. Σ Al. 7b ὀμφαλόεσσαν· εἴρηκε διὰ τὸ περὶ τὸ
μέσον τοῦ βορείου κεῖσθαι. τινὲς δὲ ἐπειδὴ δοκεῖ ὁ κατὰ τὴν
Ἄρκτον τόπος εὐβοτώτατος ὀμφαλόεσσαν εἰρῆσθαί φασι τὴν
τροφώδη.

deest T
7 ὀμφαλόεσσαν ω : ὀμπνήεσσαν (i.e. ὄμπνιον) nouam uocem
potuisse fingere Nicandrum suspiceris ex altera Scholiastae Hesy-
chiique interpretatione (uide Test. ad h.u.) ‖ ἧχί uel ἧχι ω* (ἧχι LV,
Ald Mosq ut uid.) quam lectionem habet T in u. 302 et praescripsit
Aristarchus (Σ Iliad. 1. 607a) : ἧχί edd. ante S., cf. Chantraine DELG
p. 1259, s.v. -χι (« dans ἧ-χι … il ne faut pas poser d'ι souscrit » ‖
8 θαλάμαι a* (θαλάμαί L) RPᵖᶜMVx : θάλαμοί b₂P (αι supra οι scr.)
y* (θαλαμοί Q) de generis uariatione cf. ad 449 et uide gall. adn. ‖
11 huius uersus textum quem praebet ω firmare uidetur Virg. Aen. 3.
360 tripodas Clarii et laurus (sic codd. recc., cf. Geymonat 137¹) ‖
ἑζόμενος a* (ἐζ- L) b₂Py Σ acceperunt ueteres edd., non obloquitur
(pace Schn. 83) Eut. 55.16 (τὸ δὲ ἐμὸν οἰκητήριον ἡ πόλις
Κολοφὼν τυγχάνει, Ἀπόλλωνος δέ ἐστιν ἄρα παρ' αὐτὴν ἱερὸν
Κλαρίου) : ἑζόμενοι MRVx* (ἐζ- D), ad hanc uariationem uide gall.
adn. ‖ πάρα Gb* (sine acc. O qui praep. per comp. scr.) MV : παρὰ
c περι L ‖ κλαρίοις ω* : κλαρίοιο W κλαρίου y ‖ 11b ἑζόμ-
Κλαρίοιο θεοῦ παρὰ πίονι νηῷ Σᵞᵖ (hanc u.l. habent scholiorum
codd. a [add. G²] bBAld) ἑζόμενος O : -νοι L -μένη RWBAld (-η ex
-οι corrupt.) ἑζόμεν<> G² (utrum -ος an -οι incert.) de isto textu uide
gall. adn. ‖ 13 ἀχερωΐδες ab*MP (sine acc.) : ἀχερώΐδες y ἀχερωνί-
δες RVx ‖ 15 ἄστυρά ω* (Dᵞᵖ ἄστυ ῥά L) : ἄστεα x* (Dⁱᵗ) ‖ καταστρεφθέντα GRx : -στραφθ- LOˢˡ -στρυφθ- b* (Oⁱᵗ) y* (-στρυφέντα
H) -στριφθ- MV στρατυφθέντα P.

las est tombée à grand fracas². Celui qui en a bu, sent le frein tout entier, la voûte palatine et les gencives contractés par la boisson de fiel. Dans le haut de sa poitrine, elle se glisse, oppressant d'un vilain hoquet bruyant l'homme qui se met à souffrir du cardia : la douleur en effet vient mordre,
20 au haut de l'abdomen, se dressant jamais close, la bouche de l'estomac, que certains nomment " cœur du vaisseau aux repas ", d'autres " réception stomacale ". Et l'huis est appliqué de prime abord à l'entrée de l'intestin, où se porte en masse toute la nourriture des mortels. De ses yeux ne
25 cesse de s'écouler une sueur qui les mouille, et son ventre dérangé rejette des gaz foisonnants, tandis que beaucoup d'autres séjournent au fond, vers le milieu du nombril. Sa tête est le siège d'une lourdeur odieuse, à la base des tempes une palpitation pressée s'ajoute à ses maux, et il voit de ses yeux les objets en double : on dirait qu'il a été, la nuit,
30 dompté par du vin pur. Comme quand, après avoir foulé sous leurs pieds leur vendange sauvage, les Silènes, pères

16 τοῖο : *sc.* πιόντος ἀκόνιτον (cf. D.L. *AP* 7.107.3 πιὼν ἀκόνιτον, cité comm. n. 2 §1a) ; la victime du poison, comme celle du venin, est désignée d'ordinaire par le démonstr. masc. sing. (voir 43, *al.*, et cf. *Th.* 745), plus rarement plur. (*Al.* 474, 584, cf. *Th.* 778, 837). – χαλινά : cf. 117 n. – *ὑπήνην : désigne d'ordinaire la *lèvre supérieure* (Ar. *HA* 518b18, Thcr. 20.22, Ap.Soph. 159.23 ὁ ὑπὸ τὴν ῥῖνα τόπος, *al.*). La catachrèse indiquée par Σ 16c (τὴν ὑπερῴαν ἤτοι τὸν οὐρανίσκον, cf. Ruf. *Onom.* 59 [141.2] οὐρανὸς δὲ καὶ ὑπερῴα τὸ περιφερὲς τῆς ἄνω γνάθου " ciel ou palais, la voûte de la mâchoire supérieure ") n'est pas autrement attestée. L.S.J., *Suppl.* (1968), " roof of the mouth " (cf. Gow¹ 109 *palate*). Détail absent des textes parallèles. – 18 στέρνοισι : cf. 522 n. – *ἀλάλυγγι : seule occurrence littéraire. Le mot est p.-ê. glosé *in* Συᵇ (cf. *Test.*). Il y a entre Gᵍ λυγμῷ, Oᵍ λυγγί, " hoquet ", et la glose de Συᵇ (ἀπορίᾳ), qu'Eut. 56.14 connaît aussi (λυγμὸν ποιεῖ καὶ ἀμηχανίαν, εἰς τὸ ἀλύειν ... καὶ ἀδημονεῖν ... ἄγει), une divergence que la littérature parallèle, où ce symptôme est absent, ne permet pas de trancher. Bentley conjecturait : ἄμα *uel* μάλα λυγγί, mais Συᵇ défend la forme transmise. Chantraine songeait à la contamination de λύγξ et de ἀλαλά " cri de guerre ", d'où ma traduction. – 19-22 (- στομάχοιο) : N. explique une fois pour toutes le sens du terme κραδίη = *cardia*, défini comme étant la *bouche de l'estomac* (20 στόμα γαστρός : cf. 120, 338 s., 379, 509). – *Pour la suite des notes aux v. 19-22 à 31 voir p. 64.*

Τοῖο δὲ πάντα χαλινὰ καὶ οὐρανόεσσαν ὑπήνην
οὐλά θ' ὑποστύφει χολόεν ποτόν. Ἀμφὶ δὲ πρώτοις
εἰλύεται στέρνοισι κακῇ ἀλάλυγγι βαρῦνον
φῶτ' ἐπικαρδιόωντα · δύῃ δ' ἐπιδάκνεται ἄκρον
νειαίρης, ἄκλειστον ἀειρόμενον στόμα γαστρός,　　20
τεύχεος ἣν κραδίην ἐπιδορπίου οἱ δὲ δοχαίην
κλείουσι στομάχοιο. Πύλη δ' ἐπικέκλιται ἀρχαῖς
πρῶτα κόλων, ὅθι πᾶσα βροτῶν ἅλις ἐμφέρεται δαίς.
Αἰεὶ δ' ἐκ φαέων νοτέων ὑπολείβεται ἱδρώς ·
ἡ δὲ κυκωομένη τὰ μὲν ἔβρασεν ἤλιθα νηδύς　　25
πνεύματα, πολλὰ δ' ἔνερθε κατὰ μέσον ὀμφαλὸν ἴζει.
Κράατι δ' ἐν βάρος ἐχθρόν, ὑπὸ κροτάφοισι δὲ παλμός
πυκνὸς ἐπεμφέρεται, τὰ δὲ διπλόα δέρκεται ὄσσοις,
οἷα χαλικραίῃ νύχιος δεδαμασμένος οἴνῃ.
Ὡς δ' ὁπότ' ἀγριόεσσαν ὑποθλίψαντες ὀπώρην　　30
Σιληνοὶ κεραοῖο Διωνύσοιο τιθηνοί,

Sim. 16-35 (*aconitum*) Scrib.L. 188 (88.6-13) ; Pr. 53 (68.5-11) ~
*Aet. 13.61 §2 ; PAeg. 5.46 (33.21-24) = PsD. 7 (22.3-8).

Test. 18 (ἀλάλυγγι) cf. Συᵇ α 830 (= *AG* Ba. 64.24, *AG* Bk. 374.11)
ἀλάλυγγι· πνιγμῷ, ἀπορίᾳ, δυσπνοίᾳ ; haec uox (animaduerte eum-
dem casum) alibi non legitur ‖ 21 s. (ἣν – στομάχοιο) Gal. *plac.*
2.8.8-10 (158.19-25) ὥσπερ γὰρ τὸ κατὰ τὸν θώρακα σπλάγχνον
(i.e. *cor*), οὕτω καὶ τὸ τῆς γαστρὸς στόμα καρδίαν ὀνομάζουσιν οἱ
παλαιοὶ καὶ πάμπολύ γε τοὔνομά ἐστι παρ' αὐτοῖς ... ὁ μὲν δὴ
Ν-ος ὧδέ πώς φησιν· « ἣν - στομάχοιο ».

deest T ‖ 25 deest L ; 29 post χαλικραίῃ explicit P
21 ἐπιδορπίου S. : -δόρπιον ω Gal., defendit Oikonomakos sed uide
gall. adn. ‖ 23 ἅλις om. P ‖ δαίς om. L ‖ 25 κυκωομένη ego (cll. Del-
phico oraculo ap. Paus. 3. 8. 9 = Epigr. app. orac. 220. 4 κυκωομένου,
hAp. 209 μνωόμενος [cf. Ap. Rh. 4. 1065 μνωομένης] uel sim.) :
κυκωωμένη OPγ κυκαωμένη W κυκαομένη (unicum) Headlam prob.
Gow ταρασσομένη GMRVx, uide gall. adn. ‖ 26 ἔνερθε κατὰ μέσον
G*l*M, cf. 595 s. : ἔνερθεν καμμέσον V ἔνερθε – μέσον R (sp. 5 litt.
rel. ; fort. ἔνερθεν ὑπὲρ antea scr.) ἔνερθεν ὑπὲρ μ- cett. praeter P
qui ἔνερθεν ὑπο μ- ‖ 31 σιληνοὶ ω* (MⁱᵗWˢˡ) : σειληνοὶ MˢˡWⁱᵗ.

nourriciers du dieu cornu Dionysos, la première fois que
l'écumant breuvage eut enivré leurs esprits, roulèrent des
yeux, et, chancelant sur leurs jambes, au long des pentes
35 Nyséennes, coururent, l'esprit égaré, de même les malades
éprouvent des vertiges, alourdis par le cruel fléau[3].

Cette plante, certains la nomment " tueuse de rats " (car
les fâcheux rongeurs à langue gloutonne, elle les détruit tous
en bloc), d'autres " étrangle-panthères " (car à ces fauves
monstrueux, bouviers et chevriers font, grâce à elle, accom-
40 plir leur destin, aux pâtis de l'Ida, dans une combe du Mont

---

32 ἐπαφρίζοντι : cf. 76 ; surtout en parlant de la mer, dont la *surface* se hérisse, *e.g.* Mosch. fr. 1.5. Rapporté au vin (cf. les parallèles
réunis par Vian[1] 144 s. = *L'épopée posthom.* 238 s.), le participe-adj. a
p.-ê. inspiré l'*hapax* ἐπάφριος, épiclèse de Dionysos Triétérique, dieu
du vin *écumant*, chez [Orph.] *hy.* 52.9 ἐπάφριε (altéré en ἐπάφιε, *ib.*
50.7 [Dionysos Lènaios]). – 33 : cf. 188 s. – ὄθμασι : cf. 243, *Th.*
178 n. – διενήθησαν ἔπι : cf. Ar. *HA* 624a24 ἐπιδινοῦντες αὐτούς
(en parlant des bourdons qui *tournoient* dans leur vol) ; pour la tmèse
inverse, cf. e.g. *Th.* 6, 918 n. La leçon *ἐπισφαλεροῖσι adoptée par
Gow (*hapax* absolu, de même sens que ἐπισφαλεῖς), supprime la
césure secondaire du deuxième hémistiche. Pour le simple σφαλερός,
cf. 189, 400. – 34 Νυσαίην : le Nysa est la montagne légendaire,
diversement localisée, où Dionysos avait été élevé par les Nymphes ;
cf. *e.g.* Soph. *Ant.* 1131. – κλειτὺν : quelle que soit la leçon des mss,
Hdn. ὀρθ. 416 garantit la graphie κλει-. Pour la scansion brève de υ,
en face de l'*hapax* hom. κλειτύν (*Od.* 5.470), cf. Call. 3.160 νηδύς,
« les deux seuls exemples épiques sûrs avant Nonnos » (Rzach 352) ;
voir en outre Soph. Eur., *al.* – 35 βεβαρηότες : forme hom. de Pft. 2
intr. ; tous les éditeurs jusqu'à I.G. Schneider exclusivement ont
emprunté à l'*Aldine* la *v.l.* βεβαρηκότες, attestée sporadiquement, *e.g.*
Σ *Od.*, Clém.Al. – 36 τὴν : après le neutre (13, cf. 42), le fém. (cf. Eut.
56.9, 29) peut s'expliquer par une syllepse (*sc.* βοτάνην), ou par un
changement de genre délibéré. Le mot est fém. *ap.* Euph. (voir *EM*
50.44 Εὐφορίων [*Xénios*, fr. 142 P. = 40 vGr.] δὲ θηλυκῶς λέγει
τὴν βοτάνην) et, sans doute, Hèdylos *AP* 11.123.3 = 1889 G.-P. ἀκό-
νιτος. – 37 *παμβλήδην : confusion de deux *v.l.* παμπήδην et *συμ-
βλήδην (Arétée 7.2.4 [145.22] ξυμβλήδην ἁπάσῃσι τῇσι … νού-
σοισι) ? La leçon παμπήδην (526 *sensu diverso*), qui aurait ici le sens
de *totalement* (Thgn., Eschyle, Soph., *al.*), peut être un affadissement
de l'*hapax* absolu conservé par T. – *Pour la suite des notes aux v.* 37-
39 voir p. 67.

πρῶτον ἐπαφρίζοντι ποτῷ φρένα θωρηχθέντες,
ὄμμασι δινήθησαν ἔπι, σφαλεροῖσι δὲ κώλοις
Νυσαίην ἀνὰ κλειτὺν ἐπέδραμον ἀφραίνοντες,
ὡς οἵ γε σκοτόωσι κακῇ βεβαρηότες ἄτῃ.   35
Τὴν μέν τε κλείουσι μυοκτόνον – ἢ γὰρ ἀνιγρούς
παμβλήδην ὕρακας λιχμήμονας ἠρήμωσεν –,
οἱ δέ τε παρδαλιαγχές – ἐπεὶ θήρεσσι πελώροις
πότμον βουπελάται τε καὶ αἰγονομῆες ἔθεντο
Ἴδης ἐν νεμέεσσι, Φαλακραίη ἐνὶ βήσσῃ –,   40

Sim. 36-42 D. m.m. 4.76 (237.11 s., cf. 76 RV ibid. 14 s.) παρδαλιαγχές, κάμμαρον, θηλυφόνον, κυνοκτόνον, μυοκτόνον) ; Pl.
27.7, 9-10 pardalianches, cammaron, thelyphon, myoctonon, etymologia ex ἀκόναι) ; Pr. 53 (67.34-68.4 : etymologia, παρδαλαγχές),
*Aet. 13.61 §1 (etymologia, παρδαλιαγχές).

deest T usque ad u. 34
32 ἐπαφρίζοντι LbM : ἐπ' ἀφρίζοντι GVc ὑπαφρ- Eut. 57.7 ἔτ'
ἀφρ- Btl. ‖ 33 ὄμμασι aMˢˡRˢˡV, cf. 243 : ἴθμασι Mⁱᵗ ὄμμασι b* (Rⁱᵗ)
c ‖ ἔπι σφαλεροῖσι S., contra codd. qui post ἐδινήθησαν dist. omnes
praeter LWy qui nullam interpunctionem habent (uide gall. adn.) : ἐπὶ
σφαλεροῖσι O (-οῖς) MRVc* (-οῖο y₂) ἐπισφαλεροῖσι LW ὑπὸ σφ-
Gl ‖ 34 νυσαίην TLMR : νυσσαίην Gb₂cV ‖ κλειτὺν T (κλεῖτυν) L
(ἀνακλειτὴν) V, cf. Od. 5. 470, Eur. Cy. 50, Hi. 227, Ba. 411, Lime-
nius Paean 2 (p. 149 P.) et uide gall. adn. : κλιτὺν GMbc* (κλιτὴν
QH κλυτὴν Mosq) ‖ ἐπέδραμον T (επ-) Lb₂ (fort. Rᵃᶜ) y : ὑπέδρα-
μον GMRᵖᶜ (ut uid.)Vx ‖ 35 βεβαρηότες Ω* : βεβαρηκότες x correxerat Btl. " ex Ms ", cf. ad 334 ‖ 36 τε aMRˢˡVx : τοι Tb* (Rⁱᵗ) y,
cf. ad 498 ‖ ἢ a, cf. 6, 82 : ἡ T ἦ bBM ἦ Vc* ‖ 37 παμβλήδην T
(uide gall. adn.) : παμπήδην ω* (παμπήγην x) ‖ λιχμήμονας T :
λιχμήρεας ω ‖ 38 παρδαλιαγχές T (sine acc.) L (παρδαλίαγχες)
Eut. 57.17 (cf. D. Pl. Gal. O. Aet. PAeg. et uide gall. adn.) : πορδ- ω*
Σ ‖ 39 τε Ω* : om. b₂V ‖ αἰγονομῆες Ω* (οἰνομένη L), cf. Opp.
Hal. 4.313 (sine u.l.) : αἰγιν- Gᵃᶜ ut uid. ‖ 40 νεμέεσσι TLb₂* (et Oⁱᵗ)
y : κνημοῖσι GOᵞᵖMRVx ‖ φαλακραίη … βήσσῃ T (ad sing. cf. Th.
66 s. οὔρεσι θάλλει | ἀργεννὴν ὑπὸ βῆσσαν) : -αίης … βήσσαις
fort. recte Gl, MR (hi duo -αίης) -αίης … -ης Vx* (-αίης … -ης VD
βήσσης Ald Mosq) -αίαις … -αις Lb₂y.

Chauve) ; souvent " tue-femelle " et " écrevisse ". C'est parmi les montagnes d'Akonai que l'on voit prospérer l'aconit destructeur[4].

Le patient, je pense, trouvera un moyen de défense avec une poignée de chaux vive, quand, pour son poids de fine

45 poudre, tu puiseras du vin paillet en quantité voulue, – soit la mesure bien pleine d'une cotyle –, et en outre avec les

---

41 κάμμορον : var. de κάμμαρος " écrevisse ", et non graphie de κάμαρος " aconit " due à une étymologie populaire, d'après κάμμορος " male mort " (sic Chantraine *DELG* s.v. κάμαρος 1) ; pour la justification de ce phytonyme, voir comm. n. 4 §4. – 42 *δηλήειν : conjecturé par O. Schneider *cl.* [Orph.] *Arg.* 923 ἄλλα τε δηλήεντα (à propos de plantes vénéneuses) ; *hapax* absolu, pour la forme, cf. l'apparat critique de *Th.* 748 (πυρόεν : -όειν *conj.* Meineke) – *ὀρόγκοις : cf. D.P. 286 ὀρόγκους (*eadem sede*), seule autre occurrence poét. ; expliqué à partir de ὄγκος, Σ *Al.*, Σ *D.P.*, cf. *Test.* – 43 τιτάνοιο χερὸς (βάρος) : cf. 55, *Th.* 94 χεροπληθῆ et voir comm. n. 5 §1a ; pour cette valeur de χείρ, cf. Phoen. fr. 2 D³. 1 χεῖρα ... κριθέων (et De Stefani 97 s.). – *ἄρκος : comme la *v.l.* ἄλκαρ, au sens propre = *protection* (avec le gén. de la chose dont on se protège) ; les deux mots (variantes d'auteur ?) employés ici absolument, au s. fig. de *remède*. Pour ἄρκος, cf. Alc. 140.9 (*ap.* Ath. 14.627ab), où ἄρκος (Ath. : ἕρκος Pap.) ἰσχύρῳ βέλεος peut s'appuyer sur Opp. *Hal.* 3.148 ἄ. ὀδόντων, et voir *Test.* 43. Pour ἄλκαρ, voir *Th.* 698 n. (ajouter Emped. fr. 111.1 φάρμακα ... κακῶν καὶ γήραος ἄ.) ; *Il.* 5.644 (οὐδέ τί σε Τρώεσσιν ὀΐομαι ἄλκαρ ἔσεσθαι) sans complément de nom mais avec un datif de la pers. protégée, comme ici ; au sens fig. de *remède*, cf. Arétée 5.1.28 (97.23) ἄλκαρ μοῦνόν ἐστι οἶνος (usage anticipé par N.). Malgré l'absence d'un parallèle semblable, la *lectio difficilior* ἄρκος, qui a un meilleur support manuscrit, mérite les honneurs du texte. – 44 νέκταρ – ἀφύσσῃς : cf. *Il.* 1.598 νέκταρ ἀπὸ κρητῆρος ἀφύσσων. – νέκταρ : cf. *Th.* 667 (seul ex., 8 fois dans les *Al*), synonyme de οἶνος. Cf. Sappho PLF 2.15, 96.27 ; Call. fr. 399.2 = *AP* 13.9.2 = 1342 G.-P. ; Thcr. 7.153 (et la n. de Gow), *al.* – *ἐΰτριβι : *hapax* absolu ; dat. anomal de εὐτριβής " bien pulvérisé, bien moulu " (cf. 328 n., 405), ou de *εὔτριψ, doublet de εὐτριβής (cf. νεοσφαγής/νεοσφάξ [*Th.* 101, fr. 68.1] ; O. Schneider p. 97, *ad* fr. 74.18, et *Notice* p. cII). – 45 *μετρήδην : *hapax* absolu, cf. 203 μετρηδόν (*alia sede*). – *καταμέστιος : *hapax* absolu, = κατάμεστος, très rarement attesté.

πολλάκι θηλυφόνον καὶ κάμμορον · ἐν δ' Ἀκοναίοις
δηλήειν ἀκόνιτον ἐνεβλάστησεν ὀρόγκοις.
Τῷ καί που τιτάνοιο χερὸς βάρος ἔσσεται ἄρκος
πιμπλαμένης, ὅτε νέκταρ ἐΰτριβι κιρρὸν ἀφύσσῃς
μετρήδην — κοτύλη δὲ πέλοι καταμέστιος οἴνης —,　　45

Sim. 43-73 Scrib.L. 188 (88.13-20) ; D. eup. 2.141 (309.9-22) ;
Ascl.Ph. ap. Gal. ant. 2.7 (139.1-3) ; Epaenetes ap. Pr. 53 (68.18-20) ;
Pr. 53 (68.12-18, 20 s.) ; *Aet. 13.61. §3 ; PAeg. 5.46 (33.24-34.7) =
PsD. 7 (22.8-23.3).

Test. 41 respicere uidetur Pl. 27. 9 radicem modicam, cammaro similem marino ; quare quidam cammaron appellauere, alii thelyphonon
ex qua diximus causa (uide comm. n. 4 §3-4) ‖ 42 (ὀρόγκοις) cf.
Hsch. ο 1272 ὀρογκοι · τῶν ὀρῶν τὰ ὀγκώδη, Phot. 349.4 ὀρόγκους ·
τοὺς τῶν ὀρῶν ὄγκους (ex Nic. Hsch. ? ex D.P. 286 Phot. ut uid.) ‖
43 (ἄρκος, u.l. ἄλκαρ) cf. Hsch. α 7280 ἄρκος· ἄρκεσμα. βοήθεια.
ἢ τὸ παιόνιον ... (~ βοήθημα remedium ap. Hp., D., al.) ; Hsch. α
3087 ἄλκαρ· ἀλέξημα. βοήθημα (cf. ο 1625 οὐκ ἄλκαρ · οὐ βοήθεια, ex Il. 5.644).

41 κάμμορον Ω Σ 41b, tacet Eut., cf. Epicharm. ap. Ath. 306c =
fr. 53.1, Sophr. ap. Ath. l.c. = fr. 25.1, D. m.m. 4. 76 [237.11] u.l., Dio-
dor. grammaticum et Zenonem Herophilium ap. Erot. s.u. καμμάρῳ
[p. 51.16 s.], Gal. gloss. 107.14 ss., Ath. 306d (titulus) : κάμμαρον S.
tacite contra codd., cf. Epicharm. fr. 53.1 ap. Ath. 285b, 286f, Sophr.
fr. 25.1 ap. Ath. 106d, Hp. loc. hom. 27. 5, D. l.c., Erot. l.c., nec non
Plin. cit. comm. n. 4 §4 ‖ ἀκοναίοις Ω* (T [δακοναῖοις] Rⁱᵗ) : ἀκο-
ναίαις Oⁱᵗ (οις supra αις scr.) -αίης MRˢˡ (ης supra οις scr.) D ‖
42 δηλήειν S. ex codicis T lectione cl. [Orph.] Arg. 922 s. ἀκόνιτον Ι ἄλλα τε δηλήεντα (cf. Th. 748 πυρόεν ubi πυρόειν coni. Meineke) : θηλήειν T (cf. τὸ θηλῆεν Gᵍ ad θηλείην) θηλείην ω*
(θηλύην L) ‖ ἀκόνιτον ω* : -νειτ- T -νητ- L ‖ ἐνεβλάστησεν T
(sine acc.) : ἀνεβλ- ω ‖ 43 βάρος ω : βάθος T, idem mendum u. 55,
540 ‖ ἄρκος Tᵖᶜ (ἀρκές, ο supra ε scr.) MGᵃᶜ (potius quam ἀρκές uel
ἄρκης ; supra hanc priorem lectionem u.l. γρ. ἄλκαρ scr. G) : ἄρκης
V ἄλκαρ Gᵖᶜ cum cett. (λ pro ρ, αρ pro ος corr., ut uid., tum u.l. era-
dere conatus est G²) ‖ 45 μετρήδην T : μετρηδὸν ω, cf. 203 cum gall.
adn. ‖ πέλοι TaMOˢˡ : πέλει cett. praeter Oⁱᵗ qui πέλη.

tiges coupées sur l'aurone touffue, ou sur le verdoyant marrube, qu'on nomme feuille-au-miel. Et de plus (donne-lui) la
pousse de l'olivier-nain, herbacée toujours verte, ainsi que la
rue, (*l'absinthe … dans du vin. Ou bien chauffe à la*
50 *flamme*) dans les mâchoires d'une tenaille, et présente-lui
dans du vinaigre miellé où tu l'éteindras, une masse ardente
de métal, ou la ferreuse scorie que sépare à l'intérieur du
fourneau, au creuset, l'haleine du feu ; d'autres fois, prends
un poids d'or et, quand tu viendras de le chauffer au feu, ou
encore un poids d'argent, plonge-le dans la trouble boisson.
55 Souvent, prends une demi-poignée de feuilles de figuier,

46 σὺν δὲ καί : 274, 491, 534 ; cf. *Th.* 8 (σὺν καὶ), 605. – ἁβροτόνοιο … θάμνου : même construction au v. 107. Dans ces deux passages, N. semble employer θάμνος non au sens théophrastéen
d'*arbrisseau*, que l'on serait tenté de lui donner d'après D. 3.24 (33.9),
qui décrit l'espèce femelle comme un θάμνος δενδροειδής (cf. Th.
HP 1.3.1), mais au sens ordinaire de *buisson* (cf. *Th.* 419, 455). Ici,
avec la valeur particulière que le mot a dans l'*Od.* 23.190, où θάμνος
… ἐλαίης = *olivier touffu* (cf. Σ 46c τοῦ θαμνώδους ἢ τοῦ θαμνώδη
φύλλα ἔχοντος ; *Th.* 883 θαμνίτιδος et la n.). – ταμών : = τάμοις,
selon Klauser (voir *Notice* p. CIV), hypothèse inutile, ταμών ayant le
même sujet que ἀφύσσῃς, et les v. 43-45 équivalant à τίτανον οἴνῳ
ἐνθρύψειας. Reste la possibilité d'une confusion de désinences, les
échanges ων/ειν étant fréquents. – *καυλέα (-έα en *thesis* 5) : 142,
147, 199 ; forme particulière aux *Al.*, = *καυλεῖα (*Th.* 75, cf. *ibid.*
535, 882 καυλεῖον) ; LSJ assimile ces mots à καυλίον, mais N. en
fait de simples équivalents de καυλός (cf. 147 καυλέα ~ D. *eup.* καυλούς [cité comm. n. 10 §2e]). Il s'agit de *jeunes* tiges, comme le précise p.-ê. l'*hapax* *ἐκκαυλέα au v. 199 (voir la n.). – 47 ὑδεῦσι : cf.
525 ; verbe (spécial aux *Al.*) aimé des poètes hellénistiques (Arat. Call.
Ap.Rh.). – 48 καί τε σύ (γε) : cette liaison, après ponctuation forte,
que N. emploie pour introduire un autre remède une seule fois dans les
Th. (645) et les fr. (73.1) respectivement, ne se trouve pas moins de 12
fois dans les *Al.* (voir *Notice* p. CV). – ποιήεντος : masc. au lieu du
fém., ou adj. à deux terminaisons (cf. *Notice* p. CV). – 49 βλαστόν :
βλάστην 306, *Th.* 642, [*Géorg.*] fr. 74.9 ; βλαστόν 332, *Th.* 532, 942,
fr. 74.52. N. a employé les deux formes dans ses *Géorgiques*. – *Pour
la suite des notes aux v. 49-55 voir p. 71.*

σὺν δὲ καὶ ἁβροτόνοιο ταμὼν ἄπο καυλέα θάμνου,
ἢ χλοεροῦ πρασίοιο, τὸ δὴ μελίφυλλον ὑδεῦσι.
Καί τε σὺ ποιήεντος ἀειθαλέος χαμελαίης
βλαστὸν πηγάνιόν τε <πόροις 49a
. . . .   49b
. . . . > πόροις δ᾽ ἐν βάμματι σίμβλων   49c
σβεννὺς αἰθαλόεντα μύδρον γενύεσσι πυράγρης,   50
ἠὲ σιδηρήεσσαν ἀποτρύγα, τήν τε καμίνων
ἔντοσθεν χοάνοιο διχῆ πυρὸς ἤλασε λιγνύς ·
ἄλλοτε δὲ χρυσοῖο νέον βάρος ἐν πυρὶ θάλψας,
ἠὲ καὶ ἀργυρόεν, θολερῷ ἐνὶ πώματι βάπτοις.
Πολλάκι δ᾽ ἡμιδεὲς χειρὸς βάρος αἴνυσο θρίων,   55

46 ἁβροτόνοιο GMR (cf. Dioscorid., Plin. [*habrotonum*], Choer. sp.
188.15, Hsch.) : ἁβρ- L*b₂*Vc* (ἀκρ- *y*) ΣTh. 66a, Eut. *Th.* et *Al.* (cf.
Hp. Th. Gal. Ph. O., *al.*, Suid.), spiritus euanidus T ; uide ad *Th.* 66 ‖
ταμὼν Ω : ταμεῖν temptaueris at uide gall. adn. ‖ ἄπο S. (cf. *Th.*
72) : ἀπὸ LMR*x** ἀπο T (sine spiritu) G*b₂*V*yMosq* ‖ καυλέα Ω*
(καλλέα T), cf. gall. adn. et Note orthographique ‖ 47 ἢ Ω* (et *l*, ἢ
T) : καὶ *c* ‖ 49 βλαστὸν T (βλάστον, cf. βλάστα in 332 [u.l.], fr.
74.52 [Athenaei codd. p. 684a]) : βλάστην ω ‖ lacunam statui, uersi-
bus 48 s. καί – πηγάνιόν τε cum u. 49 s. πόροις κτλ. coniunctis
contra rem (uide gall. adn. ad loc.) ; post τε in 49a πόροις uel φέροις
suppleuerim, tum aliquot herbas a Nicandro omissas (e.g. ἀψίνθιον,
ἴριδα, uel sim., cf. comm. n. 5 §9) aut nihil aliud nisi uinum quo exci-
piuntur, ante πόροις δ᾽ in 49c ἠὲ σύ γ᾽ ἐν φλογὶ θάλπε e.g. coniecerim (cl. 54 s.) ‖ πόροις δ᾽ T, cf. Eut. 57.31-58.1 s. (ἀτὰρ οὖν δὴ …
ἐμβάλλων μέλιτι σβέννυε σίδηρον) : πίοις ω ‖ ἐν βάμματι T : ἐνὶ
βάμμασι ω* (βράμμασι Ald *Mosq*) Σ ‖ 50 σβεννὺς TGMV Eut. (cf.
gall. adn. ad 49) : σβεννύς τ᾽ cett. (σβενύσθαι L [-ύ- uel -ί-], corruptum ex σβεννύς τ᾽ αἱ- [syll. αι per dittogr. bis repetita]) ‖ 51 ἀπο-
(τρύγα) T*ab₂*M : ἀπὸ RV*c* edd. ante Gow Oikonomakos qui ἄπο (?) ‖
53 δὲ Ω* : δὴ M an δ᾽ ἢ scribendum ? cf. 67, 198, 239-241, 305 s.,
319-322, 527 s., *al.* et de eodem mendo uide ad 239, 452 ‖ 54 ἀργυρόεν T : ἀργύρεον ω ‖ ἐνὶ ω, cf. 315 : ἐν T ‖ 55 ἡμιδεὲς coniecit
Scaliger (uide gall. adn.) testatur G*ᵍ* (ἥμισυ) : ἡμιδαὲς Ω* ([δ]ημίδα
ἐς T), at cf. Posidipp. *AP* 5. 183.4 = 3097 G.-P. (ἡμιδεὲς apograph.
Bouhier : ἡμιδαὲς P Suid. η 323) ‖ χειρὸς om. O ‖ βάρος ω : βάθος
T, cf. ad 43, 540 ‖ post θρίων dist. G*y*, cf. Eut. 58.5 s. τὴν χεῖρα εἰς
ἥμισυ τῶν φύλλων πλήσας τῆς συκῆς χαμαιπίτυός τε (uide gall.
adn. ad 55 s. et comm. n. 5 §4a).

quelques-unes de pin-nain, parfois un rameau sec d'origan-
aux-ânes poussé dans la montagne, ou coupes-en un frais sur
le basilic sauvage, et administre dans quatre cyathes d'un
vin fleurant le miel. Ou bien encore qu'il boive pure une
60 moelleuse boisson faite avec le petit de l'oiseau domestique,
quand, sous la marmite, la violence d'un feu flamboyant
réduit ses membres en miettes. Et de plus, fais fondre les
chairs fraîches d'un bœuf tout craquant de graisse, et emplis
de cette boisson toute la capacité de son ventre. Et certes,
65 verse-lui du suc de baumier, parfois dans les gouttes de lait
d'une jeune femme, d'autres fois dans de l'eau, et attends
qu'il dégorge son repas absolument non digéré. Souvent,

57 νέον : adj. portant sur ῥάδικα (cf. 237 νέην ... γληχώ), ou
(moins probable) adv. modifiant κολούσας (*nouvellement coupé*, cf.
53 n.). – 58 *χαδεῖν : mot ambigu, cf. *Th.* 956 n. Il faut, semble-t-il,
distinguer chez N. deux verbes χανδάνω : 1) le verbe hom. du sens de
contenir : *Th.* 598, cf. *Th.* 951 πολυχανδέος, *Al.* 63 ἐγχανδέα ; 2) un
autre, qui aurait, selon les contextes, deux valeurs : (a) celle, attestée,
de *prendre* (une substance médicamenteuse pour l'administrer, en parlant du médecin ; cf. 326 αἰνύμενος) : *Al.* 145, 307 ; (b) – α. celle,
théorique, de *faire boire*, *administrer* (en parl.du médecin), – β. celle,
de *boire*, *avaler* (en parl. du malade), p.-ê. *Th.* 956, cf. Arat. 697
χαδεῖν" engloutir " (J. Martin). Le sens β s'imposerait si l'on devait
accepter 59 ποτὸν ἴσχοις (pour le sens de *potum bibere*, cf. 496,
502) ; mais 55 αἴνυσο recommande le sens α. C'est pourquoi, non
sans hésitation, je maintiens ma correction 59 ἴσχοι (Jacques[1]). Tout
serait plus clair, si, au lieu de χαδεῖν, on avait un verbe convenant
exclusivement au médecin, comme πορεῖν. – *μελιανθέος : *hapax*
absolu ; ω a μελιηδέος, épithète hom. de οἶνος, cf. Alc. 367.2 τὼ
μελιαδέος (*sc.* οἴνω), et, surtout, la même clausule *ap.* Thgn. 475
μελιηδέος οἴνου. – 59 ἢ ἔτι : 8 fois dans les *Al.*, dont une après
césure bucolique ; 2 fois, *Th.* Voir *Notice* p. LXXXVII. – μυελόεν τι :
cf. *Od.* 9.293 μυελόεντα (ὀστέα) *pleins de moelle*, glosé souvent
nourrissants (Ap.Soph. 114.1 τροφὴν ἔχοντα = Phot. 278.21, Suid. μ
1379, Συ μ 280) ; d'où le sens de *riche* (en parl. d'aliments), anticipé
par Matron *SH* 534.16 (*huîtres*). Les manuscrits ont la leçon
μυελόεντα. On ne peut imputer à N. l'alliance de ce masc. avec le
neutre ποτόν. O. Schneider écrivait πότον (masc.), mais c'est le
neutre ποτόν qui convient (cf. supra n. *ad* 58 §2(b)β), d'où ma conjecture. – *Pour la suite des notes aux v. 59-66 voir p. 76.*

παῦρα χαμαιπίτυος, τότ' ὀνίτιδος αὖον ὀρείης
ἠὲ νέον ῥάδικα πολυκνήμοιο κολούσας,
τέτρασι δ' ἐν κυάθοισι χαδεῖν μελιανθέος οἴνης.
Ἢ ἔτι μυελόεν τι χαλικρότερον ποτὸν ἴσχοι
ὄρνιθος στρουθοῖο κατοικάδος, εὐθ' ὑπὸ χύτρῳ   60
γυῖα καταθρύπτῃσι βιαζομένη πυρὸς αὐγή.
Καί τε βοὸς νέα γέντα περιφλιδόωντος ἀλοιφῇ
τηξάμενος κορέσαιο ποτῷ ἐγχανδέα νηδύν.
Ναὶ μὴν βαλσάμοιο τότ' ἐν σταγόνεσσι γάλακτος
θηλυτέρης πώλοιο χέαις ὀπόν, ἄλλοτε νύμφαις,   65
ἔστ' ἂν ὑπὲκ φάρυγος χεύῃ παναεργέα δόρπον.

TEST. 56 (ὀνίτιδος) cf. Hsch. ο 899 ὀνῖτις· ὀρίγανον (ὑπὸ Νικάνδρου add. gn) ‖ 66-68 *EG*ᴬ (Nic. loc. non habet B) δερκευνέος · τοῦ
λαγωοῦ ἐπειδὴ κοιμώμενος βλέπει. Ν-ος εἰς τὰ Ἀντιφάρμακα,
οἷον « εὖτ' – φύρσας », 66 s. (– δερκευνέος) Zon. 477.14 (Ν. εἰς
τὸ Ἀντιφάρμακον), 67 (ἢ – δερκευνέος) *EM* 256.55 (Ν. εἰς τὰ
Ἀντιφάρμακα), s.v. δερκευνέος.

56 αὖον Ω* : αὐον O, cf. Note orthogr. t. II p. CLXXVIII ‖ 58 τέτρασι
δ' ἐν T : τέτρασιν ἐν ω ‖ χαδεῖν Ω* (-εῖς V), cf. gall. adn. : an
βαλεῖν aut πορεῖν ? ‖ μελιανθέος οἴνης T : μελιηδέος οἴνου ω ‖
59 ἢ ἔτι MR : ἠέ τι Ω* (ἤετι T ἠέ τριμ- L ἠέ τη BᵃᶜHᵃᶜ), cf. Note
orthogr. p. CLVI ‖ μυελόεν τι ego (cf. 136 u.l. τι ... ποτόν) :
μυελόεντα Ω (defendit S. πότον scripto contra Nicandri usum, cf.
496, 502) ; possis etiam μυελόεν γε cl. 157 ‖ ἴσχοι ego : ἴσχοις Ω*
(ἴσχεις Vx) ‖ 61 βιαζομένη T (iam coniecerant Scal. Btl.) : -νης ω ‖
αὐγή Scal. Btl. : αὐγῆς ω αὐγαῖς T ‖ 62 βοὸς Ω : de συὸς prius
cogitauerat Btl. cl. 556a, at βοὸς postea defendit cl. PsD. (cf. comm. n.
5 §5a) ‖ νέα γέντα GR : νεαγέντα Ω* (νεαγέντος L) ‖ περιφλιδόωντος *b**c, cf. 556a, *Th.* 363 (φλιδόωσα) : -φλιδόοντος G
(-δό- supra ον scr.) OV -φλιδόντος L -φλίοντος TM ‖ 63 ἐγχανδέα
T (εν χ-) Rᵃᶜ (aut ἐνι, cf. infra) Vx* (ἐχανδέα *Mosq*) : ἐγχανέα M
ἐνιχανδέα LO (ἔνι χ-) W (ἐνὶ χ-) ν εὐχανδέα GRᵖᶜ (ἐ . χ-, υ supra
punctum scr.) prob. S. fort. recte ‖ 64 βαλσάμοιο T (sine acc.) GMR
Σˡᵉᵐ (βλασάμοιο coni. Geymonat duce Cazzaniga 185) Eut. 58.17
(βάλσαμον) ad βαλσᾱ- cf. *Th.* 947 : καὶ βαλσάμοιο L*b₂y* καὶ
βλασάμοιο Vx ‖ 65 χέαις T : χέας *a*MRVx χέων *b₂y* ‖ 66 ἔστ' Btl.
(uide gall. adn. et cf. criticam adn. ad *Th.* 107) : εὖτ' Ω testes ‖ ὑπὲκ
GLˢˡ (hi duo sine acc.) *EG* : ὑπ' ἐκ *bc*MV ὑπὲρ T (sine acc.) Lⁱᵗ Zon.,
cf. ad 625 ‖ δόρπον Ω, cf. gall. adn. : δόρπα *EG* Zon.

soit sur l'animal agile qui dort les yeux ouverts, soit sur un
faon de biche, prélève la présure, et donne-la lui délayée
dans du vin. Et d'autres fois, d'un mûrier rouge sang prends
70   les racines, jette-les au creux d'un mortier, hache et donne-
les, bouillies dans du vin, mélangées avec le fruit des
labeurs de l'abeille[5]. Et alors, la maladie accablante qui le
maîtrise, tu pourras la repousser loin de l'homme, et lui,
d'un pied ferme, reprendre sa route[6].

En second lieu, éclatante de blancheur,
75   **2. La Céruse**   considère le breuvage odieux où se mêle
la funeste céruse : du lait écumant sur
toute sa surface il rappelle la jeune couleur, lorsqu'au printemps, tout crémeux, tu viens à le traire au creux des jattes[7].
Le buveur, au-dessus des mâchoires et là où se rident les
gencives, voit d'abord une écume astringente étaler son
80   enduit ; et, sur son pourtour, la masse mobile de sa langue
est rugueuse, tandis que sa gorge, jusque dans ses profon-

67 σκίνακος : litt. " le rapide ", cf. *Th.* 577 σκίνακος νεαροῖο
λαγωοῦ ; le mot est devenu un *kenning*, cf. n. à 409. – 68 *πυετίην :
323 ; ailleurs, toujours τάμισος : 373, *Th.* 577, 711, 949 ; Thcr. 7.16,
11.66, [Opp.] *Cyn.* 4.271, seules autres occurrences poét. – νέκταρι :
cf. 44 n. – 69 φοινηέσσης : les deux *vv.ll.* φοινη- et φοινικο- sont
hom. (variantes d'auteur ?). Ici, et en 483 (cf. la n.), φοινηέσσης
signifie, non *meurtrier* (*Th.* 158), mais *rouge* (voir Ritter 47), comme
la *v.l.* φοινικοέσσης (ἐρυθρᾶς G^g, μελαίνης D^g), spécialisée dans le
sens de *rouge sombre*. – *ῥίζεα : cf. 145 n. – 70 ὅλμου ἐνὶ στύπεϊ
προβαλὼν : ~ *Th.* 951 ; sens de *στύπος propre à N. – *ὁμήρεα : cf.
238, 607 συνομήρεα (*v.l.* ἐνομ-), 449 συνομήρεες = ὁμήρεες σύν ;
adj. particuliers à N. et aux *Al.*, employés au sens de *réunis, joints,
assemblés à*, d'où l'idée de *ensemble, avec*. Aux v. 238 et 607 le
régime au dat. désigne le produit à joindre, qui est un produit analogue
à ceux auxquels on le joint, et non un excipient. Le Scholiaste, en
détaillant les trois opérations successives de la dernière recette, semble
avoir donné à ὁμήρεα deux valeurs possibles, un sens adverbial dans
la première, et, dans la troisième, le sens de *joint à*, avec un régime au
dat. (καμάτοισι μελίσσης), cf. Σ 69a : 1° κόπτειν (*sc.* τὰ ῥίζεα)
ὁμοῦ (= Σ 70b) ; – *Pour la suite des notes aux v. 70-80 voir p. 80.*

Πολλάκι δ' ἢ σκίνακος δερκευνέος ἢ ἀπὸ νεβροῦ
πυετίην τμήξαιο, πόροις δ' ἐν νέκταρι φύρσας.
Ἄλλοτε καὶ μορέης ἄπο ῥίζεα φοινηέσσης
ὅλμου ἐνὶ στύπεϊ προβαλὼν καὶ ὁμήρεα κόψας,   70
οἴνῳ ἐνεψηθέντα, πόροις καμάτοισι μελίσσης.
Καί κεν ἐπικρατέουσαν ἐπαχθέα νοῦσον ἀλάλκοις
φωτός, ὁ δ' ἀσφαλέεσσι πάλιν μετὰ ποσσὶν ὁδεύοι.

Δεύτερα δ' αἰγλήεντος ἐπιφράζευ πόσιν ἐχθρήν
κιρναμένην ὁλοοῦ ψιμυθίου, ἥ τε γάλακτι   75
πάντοθ' ἐπαφρίζοντι νέην εἰδήνατο χροιήν,
πελλίσιν ἐν γρώνῃσιν ὅτ' εἴαρι πῖον ἀμέλξαις.
Τοῦ μὲν ὑπὲρ γένυάς τε καὶ ᾗ ῥυσαίνεται οὖλα
ἀφρὸς ἐπιστύφων ἐμπλάσσεται · ἀμφὶ καὶ ὁλκός
τέτρηχε γλώσσης, νέατος δ' ὑποκάρφεται ἰσθμός.   80

SIM. 74-86 (*cerussa*) Scrib.L. 184 (86.20-24) ; Pr. 72 (74.30-35) ;
*Aet. 13.79 §1 ~ PAeg. 5.60 (39.19-22) = PsD. 22 (32.3-8).

74-106 deest T
67 δ' ἢ R *EG EM* (sine πολλάκι δ') Zon., cf. 198, 518 : δὴ ω* δὲ T
(sine acc.) ‖ σκίνακος Ω : σκύλακος Zon. ‖ 69 ἄπο Gow : ἀπὸ Ω*
om. O (ἀπο- cum ῥ. coalescens TGSQ) ‖ ῥίζεα T, cf. crit. adn. ad 145,
588, *Th.* 646, 940 et Note orthogr. p. CLVI : ῥιζία ω* (ῥίζια L [sine
spir.] M om. O) ‖ φοινηέσσης T : φοινικοέσσης ω ‖ 70 ὅλμου
TGMR : ὅλμῳ cett. praeter WV*x* qui ὅ- ‖ 71 ἐνεψηθέντα T*a* (alt. ε
ex corr. G, ἐνὶ ψ- a.c. ?) *x* : ἐνιψ- *b*M ἐνὶ ψ- VH*ac* ἐνίψηθέντα *y**
(H*pc*) ‖ 72 ἐπαχθέα ω* (ἐπιχθέα W), cf. *Th.* 483, 818 et crit. adn. ad
h.uu. : ἀπεχθέα T ‖ 75 ψιμυθίου *ab** Σ Eut., de ψῑ- uide gall. adn. :
ψιμμ- WD*y* ψιμιθ- M ψιμμιθ- V*Ald Mosq* ‖ 76 (πάντοθ') ἐπαφρίζοντι Eut. 59.8 (cf. supra 32) : (πάντοθεν) ἀφρίζοντι ω ‖ 78 ῥυσαίνεται L (sine spir.) *b** (O*pc*) M*y** (Q sine spir.) : ῥυσσ- GO*ac*V*x**
(ῥυσσέν- D) ῥισσαίν- H, cf. ad 181 ‖ 79 ἐμπλάσσεται *alb** (R*ir*) *y*
Eut. : ἐμπάσσ- V*x* per haplogr. ἐμφράσσ- MR*sl* ‖ καὶ *al*MR : δὲ
*b*₂V*c* ‖ 80 δ' *ab** (add. W m. rec.) M : om. W*ac*V*c*.

deurs, se flétrit. Puis c'est un hoquet et une toux sèche, sous
l'action du funeste fléau ; aussi bien est-elle sans effet cette
oppression du mal ; quant à lui, le cœur soulevé de nausées,
les effets d'une funeste fatigue le minent. Tantôt devant ses
85 yeux passent des visions d'ailleurs, tantôt pris de sommeil il
a le corps qui se refroidit ; et il ne peut plus comme avant
bouger ses membres, cédant à la fatigue qui le dompte[8].

Offre-lui le jus de l'olive *prèmadia* ou *orchas*, ou encore
de l'olive-myrte, sur-le-champ, à pleines coupes, à cette fin
90 que son estomac lubrifié déverse le poison. Ou bien trais une

---

81 ἐπὶ *λύζων : c'est N. qui a introduit λύζω (Hp.) en poésie.
*ἐπιλλύζων serait un *hapax* absolu ; Suid. ε 2449 ἐπιλλύζουσα est
en effet une erreur pour ἐπιλλίζουσα, cf. Zon. 840.5 ; mais ce composé est suspect (sens de ἐπι- ?). – *χελλύσσεται : Lyc. (727
κλύδωνα χελλύσσουσα) a l'Actif χελλύσσω, *hapax* absolu du sens
de *cracher, rejeter* (l'eau), en parl. d'une Sirène en train de nager ;
voir Σ *ad loc.* sur les graphies possibles par un ou deux λ. Comme chez
Lyc., le double λ est métriquement nécessaire ici pour le Moy., également *hapax* absolu. Pour le sens de *tousser* (cf. χέλυς " poitrine " *ap.*
Hp., *al.*), voir Σ 81d : ταράσσεται, βήχει (cf. Hsch. *Test.*) ; 81a
(ξηρὰ δὲ βήσσων, διὰ στήθους τὴν ἀναφορὰν τῶν ἐρυγμάτων
ποιεῖται) cite Hp. : ἀναχελύσσεται καὶ ἐρυγγάνει θαμινὰ πνεύματα ; ces mots sont absents du Corpus hippocratique, mais cf. *Mul.*
8.22 ἐρυγγάνει θαμινά et Erot. α 84 (22.5) ἀναχελύσσεται · ἀναπνεῖ. Il s'agit d'*éructation*, plutôt que de toux à proprement parler. –
82 *ἀβλεμές : OᵍDᵍ ἀσθενές ; seul emploi poét. connu ; le sens
s'établit à partir d'*Il.* 8.337 (= 9.237, 12.42, 20.36) σθένεϊ βλεμεαί-
νων, " exultant de force " (?), et semble donc être " sans force, sans
effet " (voir Chantraine *DELG* s.v. βλεμεαίνω, et cf. Hsch. *Test.*,
Eust. *Test.*, [Longin] 29.1 (*plat*, en parlant de la périphrase). N. semble
vouloir dire que les efforts du malade pour " vomir " le poison restent
vains (cf. Eut. 59.20-22 et Gow[1] 97 ; la trad. de G.-S. *severe* est aberrante). – 83 *ναυσιόεις : 482, néologisme créé sur ναυσίη (Hp.,
Semon. fr. 7.54 W.). – *ὑποτρύει : *hapax* absolu ; le simple surtout
attesté au pft. Pass., mais cf. Parthenius, *SH* 609 (a) 4 τρύομαι (prés.
Pass.) ; pour l'emploi de l'Actif intr. cf. *Notice*, p. CIII. La conjecture
de Bentley, ὑποτρύζει, " il geint sourdement ", si séduisante qu'elle
soit, semble inutile. – καμάτοισι : les douleurs causées par la maladie
(cf. LSJ s.v. I 1). – 84 s. : mettent en parallèle λεύσσων et ὑπναλέος,
mais p.-ê. vaudrait-il mieux considérer 84 comme un symptôme indépendant en donnant au participe la valeur d'un ind., comme le fait
Klauser 84 (cf. *Notice* p. CIV), ou en conjecturant λεύσσει. – ἄλην :
cf. 124 n. – *Pour la suite des notes aux v. 84-89 voir p. 83.*

Ξηρὰ δ᾽ ἐπὶ λύζων ὀλοῇ χελλύσσεται ἄτῃ ·
ἀβλεμὲς ἢ γὰρ κεῖνο πέλει βάρος · αὐτὰρ ὁ θυμῷ
ναυσιόεις ὀλοοῖσιν ὑποτρύει καμάτοισι.
Πολλάκι δ᾽ ἐν φαέεσσιν ἄλην ἐτερειδέα λεύσσων,
ἄλλοτε δ᾽ ὑπναλέος ψύχει δέμας · οὐδ᾽ ἔτι γυῖα   85
ὡς τὸ πάρος δονέει, καμάτῳ δ᾽ ὑποδάμναται εἴκων.
Τῷ καὶ πρημαδίης ἢ ὀρχάδος εἶαρ ἐλαίης
ἢ ἔτι μυρτίνης σχεδίην δεπάεσσιν ὀρέξαις,
ὄφρ᾽ ἂν ὀλισθήνασα χέῃ κακὰ φάρμακα νηδύς.

Sim. 87-114 Cels. 5.27.12B ; Scrib.L 184 (86.24-87.2) ; D. *eup*. 2.167
(316.16-317.3) ; Ascl.Ph. ap. Gal. *ant*. 2.7 (144.3-10) ; Epaenetes ap.
Pr. 72 (75.13-15) ; Pr. 72 (75.3-11) ; *Aet. 13.79 §2 ~ PAeg. 5.60
(39.22-40.3) = PsD. 22 (32.8-33.2).

Test. 81 (χελλύσσεται) cf. Hsch. χ 342 χελύσσεται · βήσσει (haec
uox alibi non legitur), cf. Id. χ 320 χελούειν · βήσσειν. καὶ χελού-
σειν ὁμοίως ǁ 82 (ἀβλεμές) cf. Hsch. α 137 ἀσθενές [~ Σ *Al*. 82a
ἀδρανές, 82 b ἀσθενές], φαῦλον) ; haec uox alibi solum legitur ap.
[Longin.] 29.1 et Eust. ad *Il*. 1.81 (p. 87.12) ἀβλεμὲς τὸ νωθρόν ǁ
87 (ὀρχάδος) cf. Hsch. ο 1366 ὀρχάς· ... καὶ εἶδος ἐλαίας (~ Σ
87a2) ; haec uox in hoc sensu apud Graecos alibi non legitur, sed ap.
Virg. *Georg*. 2.86, cf. comm. n. 9 §2a ǁ 88 (μυρτίνης) cf. Hsch. μ
1923 μυρτίνη (μυρτήνη cod.) · εἶδος ἐλαίας (~ Σ 87a2, 354a4) ; in
hoc sensu alibi non legitur.

deest T
81 ἐπὶ λύζων ego (ad ἐπί adu. cf. *Th*. 236 n., ad ἐπὶ 184 ἐπὶ
ῥαγέεσσι) : ἐπιλύζων Ο ἐπιλλίζων (fort. ex *Th*. 163 αἰὲν ἐπιλλίζουσα) cett. praeter V qui ἐπιλλύζων ut uoluit Btl. ǁ χελλύσσεται
MRVx : χελύσσ- Gb₂y* (χελύσσ- Sᵃᶜ) χελίσσ- L ǁ 82 et post 81 ἄτῃ
(praeter *a*MR) et post ἀβλεμὲς (praeter D) dist. omnes codd. ǁ ἀβλεμὲς ω* : om. *y* ǁ κεῖνο *a*MV : ἐκεῖνο *bc* ǁ βάρος ω* : κάρος *x*, cf.
ad *Th*. 728 ǁ 83 ναυσιόεις GM, cf. 482 : ναυτιόεις cett. ǁ 84 h.u. non
reddidit Eut. ǁ ἄλην *a** (ἄλ ην G) Ο*x* : ἄλλην Gᵃᶜ (ut uid.) cum cett.,
cf. ad 124 ǁ ἐτερειδέα ω* : ἐτεροει- *b₂y* ǁ λεύσσων ω* (λεύσων L
βλέπων V), defendit Klauser 84 : an λεύσσει ? ǁ 85 οὐδ᾽ ἔτι S. duce
Btl. : οὐδέ τι ω, edd. ante S. ǁ 87 πρημαδίης ω* : πρηκαδίης *y*
Mosq πρημάδης D πρημαδίην MR ǁ ἐλαίης ω* : ἐλαίας *b₂y* ǁ 88 ἢ
ἔτι ω* : ἠέ τι GV *Mosq* ǁ 89 ἂν ὀλισθήνασα ω* (ad coniunctionis
ὄφρα usum Nicandri cf. gall. adn.) : ἀνολ- MR, de ἀν᾽ (i.e. ἀναχέῃ)
cogitauerat Schn. 107.

lourde mamelle gonflée de lait, et sers-lui d'emblée cette
boisson, mais ôtes-en la peau grasse. Et en outre, de la
mauve, fais infuser soit les rameaux soit le feuillage, et de ce
jus filant gorge le patient. Maintes fois, hache des graines de
95 sésame, et donne-les lui également dans du vin. Ou bien,
dans de l'eau, lave de la cendre de sarments encore chaude,
et filtre cette lessive au sein d'une corbeille fraîchement
tressée, car elle en retiendra le dépôt. Et de plus, concassés
dans l'huile d'olive brillante, les durs noyaux des fruits du
100 perséa chasseront la nuisance terrible. C'est l'arbre que jadis
Persée, quand ses pas l'eurent conduit hors de la terre de
Céphée, après qu'il eut tranché de sa faucille le cou proli-

90 *οὐθατόεντα : première occurrence de cet adj., d'où [Opp.]
Cyn. 1.508 (πόρτιας οὐθατοέσσας), [Orph.] *Lith.* 193 (μηκάδος
οὐθατοέσσης). Pour le pléonasme οὐθατόεντα … μαζόν, cf. l'imitation possible de Crinagoras *AP* 9.430.6 = 1992 G.-P.[2] (en parl. d'une
Brebis) μαστοῦ … οὐθατίου. – *διοιδέα : *hapax* absolu, cf. 422 ἐνοιδέα. – 91 φέροις : crée avec φιαρήν un effet d'allitération ; πόροις
(12 autres exemples dans les *Al.*, aucun dans les *Th.*) a pu prendre
ailleurs la place de φέροις (deux autres exemples seulement dans les
Al., un seul dans les *Th.*, au v. 646, cf. Androm. 134). – ἀποαίνυσο :
cf. Moschos 2.66 ἀπαίνυτο, et, pour l'hiatus interne en thesis 4, *Th.* 86
ὑποέτρεσαν, 728 ὑποέκλασε avec la n. crit. *ad loc.* – 92 *ῥαδάμους
(conj. garantie par Hsch. *Test.*) : *hapax* absolu, = ὀροδάμνους, *infra*
603, *Th.* 863 (voir la n.) ; la forme ῥάδαμνος (Hsch. ρ 16, Suid. ρ 14,
Phot. 480.19, cf. Συ ρ 2), *ap.* N. *contra metrum*, est souvent attestée
dans les textes scripturaires. – 93 χυλῷ *ἐνικλώθοντι : texte incertain. 1/ Si l'on coupe ἐνὶ κλώθοντι, on ne peut donner ici à κλώθοντι
le sens de *florissant* (cf. n. critique à *Th.* 647 et *infra* 528). Faut-il
prendre *ἐνικλώθοντι (on sait le goût de N. pour les composés en ἐν-,
où cet élément, parfois, n'ajoute rien au sens) au sens que Σ 93a
(~ 93d) donne au simple *κλώθοντι : τῷ ὡς νῆμα κλωθομένῳ χυλῷ
τῆς μαλάχης→ ? Cf. Gorraeus *tenaci*, Grévin, *glueux*. C'est l'interprétation que j'ai adoptée. – 2/ La suite de Σ 93a (←μετὰ οἴνου κόρε-
σον τὸν κακηπελέοντα), si elle ne reflète pas 94 ἐν νέκταρι,
implique p.ê. un texte οἴνῳ (*pro* χυλῷ) ἔνι, en rapport avec lequel la
conjecture de Knox 7 χλιόωντι (*pro* κλώθοντι) mérite considération
(pour la faute, cf. la confusion 460 χλιαρῷ/χλοερῷ ; pour le sens,
110 χλιόωντι ποτῷ … τήξαις). – *Pour la suite des notes aux v. 93-
101 voir p. 86.*

Ἠὲ σύ γ' οὐθατόεντα διοιδέα μαζὸν ἀμέλξας　　90
ῥεῖα φέροις, φιαρὴν δὲ ποτοῦ ἀποαίνυσο γρῆυν.
Καί τε σύ γ' ἢ μαλάχης ῥαδάμους ἢ φυλλάδα τήξας
χυλῷ ἐνικλώθοντι κακηπελέοντα κορέσσαις.
Πολλάκι σήσαμα κόπτε, πόροις δ' ἐν νέκταρι καὶ τά.
Ἠὲ σὺ κληματόεσσαν ἐν ὕδατι πλύνεο τέφρην　　95
θαλπομένην, τὸ δὲ ῥύμμα νεοπλεκέος καλάθοιο
κόλποις ἰκμήνειας · ὁ γάρ τ' ἀναδέξεται εἰλύν.
Καί τε κατατριφθέντα μετ' ἀργήεντος ἐλαίου
σκλήρ' ἀπὸ περσείης κάρυα βλάβος αἰνὸν ἐρύξει,
Περσεὺς ἥν ποτε ποσσὶ λιπὼν Κηφηΐδα γαῖαν,　　100
αὐχέν' ἀποτμήξας ἄρπῃ γονόεντα Μεδούσης,

TEST. 90-91 *EG*ᴬ, 90, 91 (σύ γ' οὐθατόεντα < > γρηῦν) *EG*ᴮ(*EM* 241.12 sine Nic. loc.), s.v. γρηῦν (N-ος εἰς τὰ Ἀντιφάρμακα) ‖ 92 (ῥαδάμους) cf. Hsch. ρ 17 ῥάδαμον· καυλόν, βλαστόν ; at ῥάδαμνος Id. ρ 16 ‖ 97 (εἰλύν) cf. Hsch. ε 919 εἰλύς · τὸ πηλῶδες τοῦ ποταμοῦ (= Hdn. ὀρθ. 500.13) ‖ 100 *EG* (*EM* 512.14) s.v. Κηφηΐδα γαῖαν · τὴν Αἰθιοπίαν, ἀπὸ Κηφέως (cf. Dᵍ τοῦ Κηφέως γῆν, GᵍDᵍ τὴν Αἰθιοπίαν). N-ος ἐν Θηριακοῖς (sic, ἐν Θ. om. *EM*) · « Περσεὺς – γαῖαν » (h.u. om. *EM*), Zon. 1205.10, s.v. κηφηΐς (N-ος).

deest T
91 φέροις MRˢˡVˢˡ φέρεις Vⁱᵗ, cf. 199, 326 et uide gall. adn. : πόροις ω* (Rⁱᵗ) ‖ ἀποαίνυσο ω (cf. *Il*. 1. 275 ἀποαίρεο) : ἀποαΐνυσω *EG*ᴬ possis ἄπο αΐνυσο ‖ γρηῦν ω : γρηῦν test. ‖ 92 καί τε σύ S. (cf. ad 148, 433 et *Notice* p. cv) : καὶ δὲ σύ *a*＊ (δε L) M καὶ σὺ δέ V*x* (cf. 433) ἠδὲ σύ *b* εἰ δὲ σύ *y* ‖ ῥαδάμους Meineke 42 cl. test. : ῥαδάλους *a*＊ (GᵖᶜLˢˡ) ῥαδάλας Lⁱᵗ ῥαδάμους fort. Gᵃᶜ cum cett. ‖ 93 ἐνικλώθοντι LM*b* : ἐνὶ κλώθοντι GIV*c* χυλῷ ἔνι κλώθοντι Gow caret sensu, an χύτρῳ ἔνι κλώθοντα scribendum cl. 487 ? ‖ 96 θαλπομένην ω : -μένῳ legisse uidetur Eut. 60.17 s. θερμῷ μὲν ὕδατι πλυθεῖσα ‖ 97 εἰλύν L (uide *Th*. 203 εἰλυόεσσαν, 568 εἰλυόεντα c. adn. crit. ad hos uu., Nonn. 3. 278, et cf. test.) : ἰλύν cett. ‖ 99 σκλήρ' S. : σκλῆρ' codd. edd. ueteres ξῆρ' Σᵞᵖ unde Dᵞᵖ glossaeque ξηρὰ κατεσκληκότα D ξηρὰ O, cf. Eut. 60.23 ὁ ξηρὸς … καρπός ‖ αἰνὸν ego (cf. Max. 8.411 φωρίδιον βλάβος αἰνόν et infra 465 πόσιν αἰνήν) : οἷον ω suspectum οὖλον Page ‖ 100 ποσσὶ ω : om. Zon. ‖ ἥν ω : an τήν ? cf. 149 τὴν, 282 τὸ ‖ κηφηΐδα ω* : κηφιΐδα *Mosq* κηφηνίδα O -φιν- L.

fique de Méduse, fit croître aisément aux champs Mycé-
niens, de Céphée insolite présent, là où tomba la virole
(*mukès*) de sa faucille, près du sommet de l'éperon du
105 Mélanthis, là où une Nymphe indiqua au fils de Zeus le
breuvage fameux de Langéia. Maintes fois, émiette dans des
grains d'orge rôtis l'encens dont la coulée se fige aux buissons de Gerrha. Il y a de plus les pleurs détachés du noyer,
ou du prunier, ou de l'orme, qui s'écoulent toujours en
110 abondance sur les jeunes rameaux : fais-les fondre, ainsi
que ceux de la gomme secourable, dans une tiède boisson,
afin qu'il vomisse une partie du poison, et que, soumis à
l'action des eaux d'un bain bouillant, il neutralise l'autre,

102 *ἐνηέξησεν : *hapax* absolu, = ηὔξησεν (G^g) ἐν ; D.P. 998
(ἐν ... ἀέξειν) semble emprunté à N. – 105 κεῖνο : *célèbre*, cf. 116,
187, 235, 250, 299 (πόμα κεῖνο *eadem sede*), 525 ; usage fréquent
dans *Al.* (cf. *Th.* 186) ; cf. Arat. 640 κείνῳ ... Οἰνοπίωνι (Arat. 221
κεῖνο ποτόν [= *Al.* 116, 187] a seulement valeur démonstrative), et
déjà Archil. fr. 116 W. – 106 *ἐνοπταλέῃσιν : les deux *v.l.* αὐαλέῃσιν et ὀπταλέῃσιν conviennent aussi bien l'une que l'autre (comm.
n. 9 §2g1). D'ordinaire, N. construit les verbes composés en ἐν- avec
le dat. seul (voir 231, 237, 608, *Th.* 45, 419, 439, 573, 914, et cf. Euph.
fr. dub. 11 P. = 188.2 vGr. ἐνιτρέφεται Σιδόεντι) ; au v. 462, ἐν
δροίτῃ porte sur κεράων, anticipant ἐμβάπτεο ; *contra* : fr. 31.2
[*Ophiaca*] (οὐκ ...) ἄλσεσιν ἐνζώει σκορπίος ἐν Κλαρίοις. La
conjecture de Meineke donne la construction attendue, mais αὐστα-
λέος est impropre. N. affectionne les adj. composés en ἐν- (pour ce
genre d'hapax, voir O. Schneider *ad* 328 et *Notice* p. xcix), où le pré-
fixe n'a pas de valeur particulière ; d'où ma conjecture. – ἀκοσταῖς :
glose thessalienne pour κριθαῖς, cf. *Test.* Σ 106de glosent : ταῖς
κριθαῖς ; G^{2g} τροφαῖς (= Σ 106f) dépend p.-ê. d'Eut. 61.13 (ὀπτη-
θείσῃ) τροφῇ. – 107 Γερραίης λιβάνοιο ... θάμνοις : litt., " la coulée qui se fige sur les buissons des arbres à encens de Gerrha " ; pour
la construction, cf. 46 n. – *περιπηγέα : néologisme ? Cf. Hsch.
Test. – 108 δάκρυον : cf. 301 n. – *ἀταλύμνου : = κοκκυμηλέας, gl.
de G, qui allègue ἀτάλυμνον (= κοκκύμηλον) " prune ", également
hapax absolu ; mot sans doute étranger (Frisk, Chantraine *DELG*,
s.v.). – 109 ὄσχαις : les ὦσχαι (ou ὦσχοι), et non ὄσχαι, désignent
les " jeunes branches de vigne chargées de grappes " que les enfants
portaient aux Oschophories, cf. Hsch. ω 468 s. Estienne a eu raison
d'adopter cette graphie. N. l'applique à l'Ormeau par *catachrèse* (Σ
109a), cf. les n. à 55 s., 151, 354 s., 547. – *Pour la suite des notes aux
v. 110-112 voir p. 90.*

ῥεῖα Μυκηναίῃσιν ἐνηέξησεν ἀρούραις,
Κηφῆος νέα δῶρα, μύκης ὅθι κάππεσεν ἅρπης,
ἄκρον ὑπὸ πρηῶνα Μελανθίδος, ἔνθα τε Νύμφῃ
Λαγγείης πόμα κεῖνο Διὸς τεκμήρατο παιδί.   105
Πολλάκι δ' ἐνθρύψειας ἐνοπταλέῃσιν ἀκοσταῖς
Γερραίης λιβάνοιο χύσιν περιπηγέα θάμνοις.
Καί τε σύ γ' ἢ καρύης ἄπο δάκρυον, ἢ ἀταλύμνου
ἢ πτελέης, ὅ τε πολλὸν ἀεὶ καταλείβεται ὥσχαις,
κόμμινά τε χλιόεντι ποτῷ ἐπαρωγέα τήξαις,   110
ὄφρα τὰ μέν τ' ἐρύγῃσι, τὰ δ' ἑψητοῖσι δαμασθείς
ἀλθήσῃ ὑδάτεσσιν, ὅτ' ἰκμήνῃ δέμας ἱδρώς.

TEST. 103 *EG*ᴬ(Nic. loc. non habet B) N-ος ἐν Θηριακοῖς, *EM*
594.12 (N. ἐν Ἀλεξιφαρμάκοις), s.v. μύκης ‖ 106 Eustath. *Il.* 6.506
(p. 374.13-16 ex Aristonico ?) ἀκοστῆσαι δὲ τὸ πολὺ κριθῆσαι
κατὰ τοὺς παλαιούς, ἤγουν τὸ κριθιάσαι. ἀκοσταὶ γὰρ αἱ κριθαί,
ὅπερ, φασίν, ἐξ Ὁμήρου μὲν οὐ δείκνυται, παρὰ δέ γε N-ῳ καὶ
ἄλλοις κεῖται ; cf. Σ Α *Il.* 6.506*b* ἀκοστήσας· ... κριθιάσας.
κυρίως δὲ πᾶσαι αἱ τροφαὶ ἀκοσταὶ καλοῦνται παρὰ Θεσσαλοῖς,
ὡς καὶ N-ος ..., Σ b T *Il.* 6.506-508... οἱ δὲ παρὰ Θεσσαλοῖς
ἀκοστὰς τὰς κριθάς, ὡς καὶ N-ος ‖ 107 (περιπηγέα) cf. Hsch. π
1817 περιπηγής· περιπαγείς, ἐνπαγείς.

deest T usque ad u. 107
102 ἀρούραις GMR : ἀρούρῃς *x* ἀρούρης (i.e. -ρης) L*b*₂V*y*, cf. Note
orthographique, t. II p. CLXXVII ‖ 104 ὑπὸ GM : ὑπαὶ L*b*V*x* ὑπὲρ *y* ‖
τε νύμφῃ ω* : -ης L τέμφῃ V ‖ 105 λαγγείης ω* : λαγγείη V*x* ‖
106 ἐνοπταλέῃσιν ego (uide gall. adn.) : ἐν ὀπταλέῃσιν G*x* ἐν
ὀπταλέοισιν V ἐν αὐαλέῃσιν L (ἀβαλ-) *b** (αὐ- O) *y** (αὐκλ- QH)
ἐν ἀσταλέῃσιν M unde αὐσταλέῃσιν Meineke¹ 45 deleto ἐν ‖
107 χύσιν ω : φύσιν T ‖ 108 γ' om. G ‖ ἄπο GM (ut uid.) D : ἀπὸ
RVH ἀπόδ- cett. praeter T qui ἀποδ- ‖ 109 ἢ om. D ‖ ὅ Ω   : an τὸ
scribendum ? ‖ ἀεὶ om. L ‖ καταλείβεται L*by* : καλλείβεται G*l*
καταλείπεται M καλλείπεται V*x* κατακλείεται T ‖ ὥσχαις G*l*MᵃᶜI,
cf. gall. adn.   : ὅσχαις T (sine spir.) Mᵖᶜ cum cett. ‖ 110 κόμμινά τε
T : κόμμι τὰ δὲ ω ‖ χλιόεντι TL*ⁱᵗ*V*x* : χλιόεντα I χλιόωντι G*l* L*ˢˡ* *by*
(cf. fr. 68.8 χλιάον) χλιδόωντι Gᵞᵖ χλιδωντι M ‖ τήξαις Ω* (τύξαις
SQ τέξαις H) : πήξαις M τῆξον V*x* ‖ 111 δαμασθείς Ω* : δαμάσσας W (prob. Gow¹ 97 dubitanter, cf. gall. adn.) δαμάσας Oy.

quand la sueur aura trempé son corps[9]. Et alors il pourra, après avoir pris de la nourriture, ou gorgé d'un vin riche, échapper à un destin sans gloire[10].

115

3. La Cantharide

Ne va pas, de la cantharide dévoreuse de blé[11a], accepter le fameux breuvage quand il en a l'odeur, semblable à celle de la poix liquide ; car c'est un fort relent de poix qu'il amène aux narines, et, dans la bouche, il fait songer aux baies de genièvre que l'on vient de manger. Parfois, les cantharides, en boisson diluée, produisent sur les lèvres

120 une sensation de morsure, parfois en revanche c'est en bas, autour de l'orifice stomacal ; parfois encore, c'est le milieu du ventre que vient mordre la souffrance, ou la vessie qui en est dévorée ; et des douleurs tourmentent le thorax à l'endroit où son cartilage surplombe la cavité de l'estomac. Les malades eux-mêmes sont dans l'angoisse, et l'égare-

125 ment qui les prive de leur esprit entrave en eux tout caractère humain ; le malheureux est dompté sans espoir des

---

113 δόρπα : en parl. de n'importe quel repas ou nourriture (cf. Ritter 58), 66, 138, 476, cf. 166 δορπήϊα, 21 ἐπιδορπίου ; c'est l'usage des poètes hellénistiques (cf. déjà *hDem.* 129) ; mot absent des *Th.* – δεδεγμένος : emploi libre du participe (voir *Notice* p. CIII) ? – 115 s. : exemple de *synchysis*. Κανθαριδός dépend à la fois de ποτόν, complément du verbe principal, et de ὀδώδη, vbe. de la subordonnée, auquel se rattache χυτῇ – πίσσῃ ; cf. 207 s. et la n. – 117 s. : cf. 337 s. (au sujet de la βούπρηστις). – *ῥώθωσιν : cf. *Th.* 213 ; seules occurrences poét., semble-t-il. – χαλινοῖς : de χαλινά ou χαλινοί = χαλινός (pour le plur. n. hétéroclite, cf. Ap.Rh. 4.1607, Opp. *Hal.* 1.191, *al.*), litt. *le frein, i.e.* la σύνδεσις τῶν γνάθων " commissure des mâchoires ", comme le définit Rufus, *Onom.* 53 (140.6). Ce sens de χαλινά apparaît au v. 16 ; mais, chez N., le mot peut désigner aussi par extension les *mâchoires* (453, *Th.* 234 -νούς) et, ici comme en 337, la *bouche* ; N. l'applique également aux *commissures des lèvres* (223). – 118 *καρφεῖα : = κάρφεα ; pour le sens particulier de " fruits mûrs ", cf. κάρφη (230, 491, *Th.* 893 n.), pour l'aspirée, voir t. II *Notice* p. XCVII. – 119 ἐπὶ : si le texte est sain, cf. 398 (avec ἔπι), mais on est tenté de conjecturer ποτῷ ἔνι (pour le dat. seul χείλεσι, Cf. Pr. p. 69.6 κνησμὸν ποιεῖ [*sc.* τὸ ἐφήμερον] τοῖς χείλεσιν, et cf. 247 n. crit. – *πλαδόωντι : le sens ordinaire est " être flasque, mou ", cf. *Th.* 422, 429 (en parlant de la peau), *ib.* 241 (de pustules), ou celui de " aqueux, fluide " (708, cf. πλαδαρός). – *Pour la suite des notes aux v. 119-125 voir p. 93.*

Καί κεν ὅ γ' ἄλλοτε δόρπα δεδεγμένος, ἄλλοτε δ' οἴνης
πιοτέρης κορέοιτο, καὶ ἀκλέα πότμον ἀλύξαι.

Μὴ μὲν κανθαρίδος σιτηβόρου, εὖτ' ἂν ὀδώδῃ,　　　115
κεῖνο ποτὸν δέξαιο, χυτῇ ἐναλίγκια πίσσῃ ·
πίσσης γὰρ ῥώθωσιν ἄγει βάρος, ἐν δὲ χαλινοῖς
οἷά τε δὴ καρφεῖα νέον βεβρωμένα κέδρου.
Αἱ δ' ὁτὲ μὲν πλαδόωντι ποτῷ ἐπὶ χείλεσι δηχμόν
τεύχουσιν, τοτὲ δ' αὖτε περὶ στόμα νείατα γαστρός ·　　　120
ἄλλοτε καὶ μεσάτη ἐπιδάκνεται ἄλγεϊ νηδύς
ἢ κύστις βρωθεῖσα · περιψαύουσι δ' ἀνῖαι
θώρηκος, τόθι χόνδρος ὑπὲρ κύτος ἔζετο γαστρός.
Αὐτοὶ δ' ἀσχαλόωσιν, ἄλη δέ φιν ἤθεα φωτός
ἄψυχος πεδάει · ὁ δ' ἀελπέα δάμναται ἄταις,　　　125

Sim. 115-127 (*cantharides*) Scrib.L. 189 (88.22-26) ; Pr. 62 (70.29-71.3) ~ *Aet. 13.51 §2 ; PAeg. 5.31 (27.18-24) = PsD. 1 (15.6-14).

113 ὅγ' Ω* (sic T) : ὅτ' *by* ‖ 114 κορέοιτο TGMRˢˡVx : κορέσαιτο LRⁱᵗWy κορέσαιο O ‖ ἀκλέα TG*l*Mb*y : ἀκλεᾶ LO ἀλκέα Vx ‖ 115 σιτηβόρου Ta*l*Mb* : σιτοβόρου Wy σιτηφάγου Vx ‖ 116 δέξαιο Ω* (sine acc. T) Σ 115a4, cf. gall. adn. ad 279 : om. O δέξαιτο S. fort. recte, cf. Eut. 62.8 s. (μήποτε γένοιτο πόματι ... ἐντυχεῖν ἀνθρώπῳ) et ad τις (250, 312, 415, 495) subintellectum 157 s., 567 ‖ 118 καρφεῖα ω* (καρφία Wⁱᵗ [εἰ supra ι scr.] κάρφι L) legerunt Σ Eut. (κάρφη Σ 115a 5 = Eut. 62.6), cf. infra 230, 491 κάρφη, *Th.* 893, 941 κάρφεα : καρπεῖα T (κάρπεια) fort. recte, cf. 277 καρπείου (u.l. καρπίου) et Aristoph. fr. 183 καρπεῖα ‖ 119 ἐπὶ Ω : an ἔνι corrigendum ? cf. 142, 144 (ubi eadem uariatio) ‖ χείλεσι Ω* : χείλεῖ MRVx, eadem uariatio numeri 121, 129, 499 ‖ δηχμόν TM (cf. Note orthographique p. cLV) : δηγμόν cett. praeter y₂ qui δήγμειν ‖ 121 δάκνεται O ‖ ἄλγεϊ T (cf. Eut. 62.11 δριμυτάτης ὀδύνης) : ἄλγεσι ω (cf. *Th.* 468) ; ad uariationem cf. e.g. 119 χείλεσι/χείλει ‖ 122 περιψαύουσι ω : παραψ- T ‖ ἀνῖαι S. (cf. ad *Th.* 427) : ἀνίαι Ω* (ἀνεῖαι D ἀνειαὶ T) ‖ 123 γαστρός om. T ‖ 124 ἀσχαλόωσιν Ω* : ἀσχολόωσιν QH ἀσχαλόωσ' Vx* (ἀσχαλόωσ' D) metri gr. coniecit accepta f.l. ἄλλη ‖ ἄλλη G*b*₂B : ἄλη Lⁱᵗ (ἄλη Σᴸ) MR ἄλλη T (-ηι) Vxy₂, cf. ad 84 ‖ 125 ἄψυχος Ω* : ψύχος D (c.gl. ὁ ῥίγος) ἀψύχοις Jacques¹ ‖ πεδάει Ω* (Rˢˡ) : πελάει LRⁱᵗb₂ y κεδάει legisse uid. Eut. 62.23 s. (ἡ γνώμη διακοπτομένη ... καὶ μεριζομένη ... ὑπὸ τῶν φροντίδων, cf. gall. adn.) ‖ ἀελπέα Ω* : ἀελπτέα L (ἄελπτεα) OV.

coups du fléau, il fait songer aux aigrettes nouvellement
détachées du chardon, qui, vaguant par les airs, se dispersent
au gré des brises[11b].

Souvent, mélange le pouliot avec des eaux fluviales, et, à
pleins bords, administre-lui la mixture préparée dans un bol,
130 de Déô à jeun onctueuse boisson, dont jadis Déô s'humecta
la gorge en la cité d'Hippothoon, sous l'effet des propos
débridés de la Thrace Iambè. D'autres fois, c'est une tête
soit de porc gras soit d'agneau, additionnée des graines
135 arrondies du lin, ou celle que tu auras coupée à une jeune
chèvre aux tempes cornues, ou bien encore, je pense, c'est
une oie qui fournira son onctueuse boisson : retire de la
marmite, fais-la lui boire tout son saoul jusqu'à en vomir, et

126 : on notera l'identité de structure de ce vers et du v. 118 ; par
la reprise des mêmes mots ou de mots semblables, grammaticalement
et métriquement, N. a créé, entre le début et la fin des σήματα, un
puissant effet d'écho. – γήρεια : cf. *Th.* 329 n. – 127 *ἐπιπλάζοντα :
= πλαζόμενα G[g] πλανῶντα D[g], seule occurrence de l'Actif intr. ; cf.
189 ἐμπλάζοντες. Pour la construction, cf. *Od.* 8.14 πόντον ἐπι-
πλαγχθείς, d'où Ap.Rh. 3.1066 πόντον ἐπιπλάγξεσθαι. – *διαψαίρουσι πνοῇσι : pour le ι bref devant occlusive + nasale, cf. 173, 286,
507, Hés. *Théog.* 319 ἔτικτε πνέουσαν, *Trav.* 567 ἀκροκνέφαιος ;
al. (voir West, *Greek Metre* p. 16 §4) ; pour διαψαίρω intr., cf. *Notice*
p. CIII. La *v.l.* de ω normalise la métrique, la conjecture de Lloyd-Jones
232 (ἄελλαι) l'emploi de διαψαίρω également. Πνοαί, qui a parfois
le sens de *brises* (cf. *infra*, Apollonides), convient mieux au contexte
que ἄελλαι, *vents de tempête* (en 173, c'est ἐχθραῖς qui donne ce sens
à πνοαῖς). Pour la graphie tragique de T, πνοή, au lieu de la graphie
épq. πνοιή (Hom. et la poésie hexamétrique à sa suite), ici comme en
173, cf. (*eadem sede*) Apollonides, *AP* 9.791.3 = 1269 G.-P[2]. Ζεφύ-
ροιο πνοῇσιν. – 128 γληχώ : 237 ; cf. *Th.* 877 γληχώ (nom.) ; voir
t. II p. XCVII et la n. 202. – ποταμηῇσι νύμφαις : cf. Ap.Rh. 3.1219
Νύμφαι … ποταμηῇδες ; pour le sens de νύμφαις, cf. 65 n. La clausule de Nonn. 9.28 ποταμηῇσι Νύμφαις semble un écho de N. – 129
*ἐμπλήδην : *hapax* absolu ; selon Gow[1] 101, suivi par LSJ (*Revised
Suppl.*), qui le constr. avec νύμφαις, = *avec* (+ dat.), mais on ne voit
pas pourquoi N. aurait créé ce néologisme synonyme de ἀμμίγδην (cf.
134), et de même valeur métrique. Σ 129a-c glosent par πληρώσας,
τέλειον, et γεγεμισμένως (cf. Eut. 62.25 πληρεστάτην κύλικα),
sens à rapprocher de l'emploi de l'adj. ἔμπλεος aux v. 162, 164. –
Pour la suite des notes aux v. 129-137 voir p. 97.

οἶά τε δὴ γήρεια νέον τεθρυμμένα κάκτου
ἠέρ' ἐπιπλάζοντα διαψαίρουσι πνοῇσι.

Τῷ δὲ σὺ πολλάκι μὲν γλήχω ποταμηῗσι νύμφαις
ἐμπλήδην κυκεῶνα πόροις ἐν κύμβεϊ τεύξας,
νηστείρης Δηοῦς μορόεν ποτόν, ᾧ ποτε Δηώ   130
λαυκανίην ἔβρεξεν ἀν' ἄστυρον Ἱπποθόωντος
Θρηΐσσης ἀθύροισιν ὑπὸ ῥήτρησιν Ἰάμβης.
Δήποτε δ' ἢ σιάλοιο καρήατος ἠὲ καὶ ἀμνοῦ
ἀμμίγδην σπεράδεσσιν ἐϋτροχάλοισι λίνοιο,
ἠὲ νέης κορσεῖα ταμὼν κερόεντα χιμαίρης,   135
ἢ ἔτι που χηνὸς μορόεν ποτὸν αἴνυσο χύτρου,
ἐς δ' ἔμετον κορέσαιο · τὰ δ' ἀθρόα νειόθι βράσσοι

SIM. 128-156 Cels. 5.27.12A ; Scrib.L. 189 (88.26-89.4) ; D. *eup.*
2.156 (313.8-16) ; Ascl.Ph. ap. Gal. *ant.* 2.7 (141.10-17) ; Pr. 62
(71.4-13) ; *Aet. 13.51 §3 ; PAeg. 5.31 (27.24-28.11) ~ PsD. 1
(15.14-17.14, multo uberius).

126 κάκτου T : πάππου ω ‖ 127 διαψαίρουσι πνοῇσι T (-ῆ-) : δια-
ψαίρουσιν ἀέλλαις ω accepit Oikonomakos sed uide gall. adn. ad
125 et cf. 173 ‖ 128 γλήχω Ω* (T sine acc.) : γλήχω *a*R^it γλήχὺν
MR^sl γλήχὲν *y₂* ‖ ποταμηῗσι Ω* (-μῆισι T -μίισι L -μίησι *b₂ y**
[-σιν QH] -μίοισι V) : ποταμηῗδα legisse uid. Eut. 62.28 (γλήχοῦς
ποταμίας) ‖ 129 πόροις om. L ‖ κύμβεϊ Ω* Eut. 62.25 (κύλικα) :
κύμβεσι Μx κύβεσι V ‖ τεύξας Ω (cf. *Il.* 11. 624 τεῦχε κυκειῶ) :
τήξας Keydell 49 cl. *Al.* 92, 487 ‖ 131 λαυκανίην T*ab₂* (W^sl) : λευκ-
RW^itMV*c* ; ad hanc uariationem cf. gall. adn. ‖ 132 ὑπὸ ῥήτρ-
T*a*OM : ὑπορρήτρ- RW*y* ὑπαὶ ῥήτρ-V*x* ‖ ῥήτρησιν ω* : ῥήτροισιν
TM ‖ 133 δ' ἢ ω*, cf. ad 67, 452, *Th.* 683 : δὴ TM ‖ 134 ἐϋτροχάλοισι T : -λοιο ω* (-λοις L, eadem uariatio 153) ‖ λίνοιο Ω* :
λίνοις L δὲ λίνου Σ^lem σελίνου MR (ex Schol. ut uid.) Σ^γρ (fort. ex
Th. 597, *al.*) ‖ 135 νέης Eut. (63.15 νέας αἰγός), cf. G^g (ἢ νέαν
κεφαλήν) : νέου L (de ον/ου uide gall. adn. et *Notice* p. cxxxv) νέον
cett. ‖ κερόεντα T (iam coniecerat Schn.) : κεράεντα ω ‖ 136 ἢ ἔτι
T (ἢ ut uid.) MR, ut uoluerant Steph. Btl. : ἠέ τι ω* fort. recte (ad
τι … ποτόν cf. 59) ‖ 137 νειόθι Ω : an νειόθε ? de hac uariatione
cf. ad 262 ‖ βράσσοι T (cf. gall. adn.) : βράσσοις ω* (-αις MR).

qu'il rejette tout d'une masse promptement, alors qu'il est
au fond de l'estomac, à la porte duquel il attend non digéré,
son repas pollué par le poison. Souvent, dans un clystère,
140 mets du lait de brebis frais tiré, et fais-lui un lavement pour
évacuer les déchets qui encombrent son ventre ; d'autres
fois, dans sa faiblesse, la boisson du lait crémeux sera un
bon secours. Ou bien dans du vin doux hache des tiges de
vigne encore vertes, fraîchement coupées avec leur charge
de feuilles ; ou dans le fruit du labeur des abeilles fais
145 macérer quelques racines de *scorpion* que tu auras prises
dans un sol friable, elles ont toujours la forme d'un
aiguillon : c'est une plante de haute venue, pareille à la
molothure, et elle projette de minces tiges. De plus, prends
pour le lui donner un poids de quatre drachmes de la terre

138 ἐμμαπέως : la leçon *ἐμματέων (avec le complément χεῖρα
s.-e., ou emploi intr. ?) est possible (cf. n. critique). L'explication de
Σ 138a (ἐμματέων · τοὺς δακτύλους καθιεὶς διὰ τοῦ στόματος εἰς
τὴν φάρυγγα), comme aussi la glose d'Hésychius citée dans les *Test.*,
sont des arguments en sa faveur. Mais l'adv. hom. ἐμμαπέως (cf. les
références de la n. critique) a l'intérêt de souligner la rapidité de
l'action, qui est primordiale en cas d'empoisonnement (voir *Notice*
p. XL). Ici, c'est le malade qui doit accomplir le geste libérateur,
comme en 536, alors qu'ailleurs c'est le médecin qui est invité à le
faire, cf. 226, 361 s. ; ce serait le cas ici également si l'on adoptait
βράσσοις, *v.l.* de ω, et de même en 536 avec ἐρύκοις (corrections
normalisatrices ?). – πύλη : s.e. κόλων, le pylore (cf. 22). La *u.l.* de T
(πύλης) est p.-ê. un exemple de plus du plur. pour le sing. – δόρπα :
cf. 66 n. – 139 κλυστῆρι : cf. 197 ; première occurrence poét. de ce
mot qu'on trouve chez Nicarque *AP* 11.119.3 ; Philès 3.149.179, *ined.*
72.24. – νέον : adv. portant sur ἀμέλξας (cf. 135 n.) ou adj. qualifiant
γλάγος (cf. 262). – γλάγος : *Il.* 2.471 = 16.643 ; cf. *infra* 262, 352,
385, 423. Jamais dans les *Th.*, mais cf. 923 γλαγόεντα. – 140 ἀφόρδια : cf. *Th.* 692 ἀ. γαστρός. – *κεινώσειας : mais 165 κενώσας, cf.
Th. 56 κεινώσεις (mais 922 κεν-) et t. II *Notice* p. XCIX. – 141 ἀλυσθαίνοντι : cf. *Th.* 427 n. Des deux sens notés par les lexiques
anciens, ἀδημονέω (*EM* 70.47) et ἀσθενέω/ἀδυνατέω (voir *Test.*),
les *Th.* semblent offrir le premier, les *Al.* le second. – 142 *ἀμπελόεντα : chez Hom. ἀμπελόεις = " riche en vignes " ; ici et 266, =
ἀμπέλου, d'où Nonn. 12. 317 (+ 6 fois), *par.* 15.26 ἀμπελόεντας ...
ὄρπηκας, Paul Sil. *amb.* 225. Cf. *infra* 145 n. – γλυκεῖ : = lat. *mus-
tum* ; cf. 205 n. – *Pour la suite des notes aux v. 142-148 voir p. 100.*

ἐμμαπέως ἔτ' ἄπεπτα πύλῃ μεμιασμένα δόρπα.
Πολλάκι δ' ἐν κλυστῆρι νέον γλάγος οἰὸς ἀμέλξας
κλύζε, τὰ δ' ἤλιθα γαστρὸς ἀφόρδια κεινώσειας ·   140
ἄλλοτ' ἀλυσθαίνοντι ποθὲν γάλα πῖον ἀρήξει.
Ἠὲ σύ γ' ἀμπελόεντα γλυκεῖ ἔνι καυλέα κόψαις
χλωρά, νέον πετάλοισι περιβρίθοντα κολούσας ·
ἠὲ μελισσάων καμάτῳ ἔνι παῦρα μορύξαις
σκορπιόεντα χαδὼν ψαθυρῆς ἐκ ῥίζεα γαίης   145
αἰὲν κεντρήεντα · πόῃ γε μὲν ὕψι τέθηλεν,
οἵη περ μολόθουρος, ἔνισχνα δὲ καυλέα βάλλει.
Καί τε σὺ δραχμάων πισύρων βάρος αἴνυσο γαίης

TEST. 138 (ἐμματέων u.l.) cf. Hsch. ε 2363 ἐμματέων· ψηλαφῶν
... ; non alibi legitur hoc uerbum ‖ 141 (ἀλυσθαίνοντι) cf. Hsch. α
3302 ἀλυσθαίνει· ἀσθενεῖ, ἀνιᾶται, Ael. Dion. α 85 ἀλυσθαίνειν·
ἀδυνατεῖν (= Συᵇ α 1002 [AG Ba 77.30], Phot. α 1059) ‖ 147 (μολόθουρος) fort. respicit Hsch. μ 1571 μολόθουρος· ἀσφόδελος. ἢ
ὄσπριόν τι. καὶ ἡ ὁλόσχοινος ; haec uox in eodem casu alibi non
legitur, cf. gall. adn. ad h.u.

142 ex.-144 in. (καυλέα – καμάτῳ) om. H
138 ἐμμαπέως T, quam u.l. testari uid. Wᵍ ἐμμαπέων· ταχέως (uide
Hsch. ε 2358 [ἐμμαπέως · ... ταχέως], al., et cf. Il. 5. 836, Od. 14.
485, hAphr. 180, [Hes.] Sc. 442, Ion. Chium fr. 28 p. 79 W.) : ἐμμαπέων Lb₂y (Btl." ex Ms ", cl. Th. 809 ubi u.l. ἐμμαπέουσα ω) ἐμματέων GMRVx, cf. 536, Th. 809 (T) et uide Σ 138a (ἐμματεῖν γάρ
ἐστι τὸ καθιέναι τοὺς δακτύλους εἰς κοῖλον τόπον) ‖ ἔτ' Ω : ἐπ'
coni. S. dubitanter, ad hyperbaton cl. 145, Th. 88, 107, 728, sed
ad πύλῃ loci datiuum uide Notice, p. CIII ‖ πύλῃ ω : πύλης T i.e.
πύλης ‖ 141 ἀλυσθαίνοντι ω : -θμαίν- T, cf. Call. 4. 212 ἀλυσθ-
μαίνουσα (archetypi f.l. fort. corrupta ex 217 ἀσθμαίνουσα) ‖
142 γλυκεῖ T : γλύκει ω* (Gⁱᵗ γλεύκει a* (sscr. G) ‖ ἔνι GO : ἐνὶ
ω* (ἔνι- LR) ἐν T ‖ καυλέα Ω* : καύλεα L, sine acc. G, cf. ad 46 et
uide Note orthographique p. CLVI ‖ κόψαις TaOM, ut uoluit Btl. :
κόψαι RWˢˡ κόψας Wⁱᵗ cum cett. ‖ 143 νέον Ω* : νέου L (ex 135
fort. defluxit) ‖ 144 ἔνι GOR (acc. et supra ι, uter sit prior incert.) :
ἐνὶ ω* (ἐνι- L) ἐπὶ T ‖ 145 χαδὼν T : ταμὼν ω ‖ ψαθυρῆς T :
ψαφαρῆς ω ‖ ῥίζεα ω* (ῥιζία GO [sine spir.]), cf. ad 69 et uide Note
orthographique p. CLVI) : ῥιζέα T ‖ 147 καυλέα Ω, cf. ad 46 et uide
Note orthographique ‖ 148 καί τε T, cf. ad 92 : καὶ δὲ ω.

Parthénienne que Phyllis a mise au jour au fond de ses
150 gorges, la terre Imbrasienne blanche comme neige, qu'un
jeune bélier cornu indiqua aux Nymphes Chésiades, au pied
des hauteurs couvertes de lentisques du Kerkétès enneigé.
Ou même, de vin cuit, prépare une dose qui fasse le double ;
155 en outre, émiettes-y des rameaux de rue, en amollissant les
simples avec de l'huile rosat ; bien des fois, imprègne-les
d'huile d'iris, qui guérit bien la maladie[12].

Quant au pernicieux breuvage de la
4. La Coriandre coriandre qui cause un mal difficile à
guérir, a-t-on eu l'imprudence[13] d'en
absorber en des coupes détestables, les buveurs, frappés de
160 démence, ont comme les insensés un torrent de paroles
populacières, et, dans leur égarement, tels que les Bacchantes, ils hurlent un chant d'une voix perçante, sous
l'indomptable aiguillon qui agite leur esprit[14].

---

150 s. κεράστης | ἀμνός : le terme ἀμνός signifiant " qui n'a pas
encore de cornes " (Σ 151a, cf. *Etymologica*), il s'agit d'une catachrèse
pour κριός (Σ 150d, cf. *infra* la n. à 294 νεοσσοῖς). – 151 νέος : le
texte transmis νέον, qui s'entend d'un passé récent, est dépourvu de
sens ; G.-S. trad. par " pour la première fois ", mais cette valeur ne
semble pas attestée. Cf. l'emploi pléonastique de νέος au v. 228 νέον
ὀρταλιχῆα, 358 νεαλὴς … μόσχος, et l'indication d'âge *ap*. Soph. F
751 ἐτῆρας ἀμνοὺς ἔρεξα, Jos. *AJ* 3.238 ἀρνάσιν ἐνιαυσιαίοις,
[Gal.] *eup.* 554.12 ἀμνοῦ ἐνιαυσιαίου. Pour l'insistance sur la
νεότης, cf. *Notice* p. LVIII.– 152 Κερκέτεω : montagne de Samos (Σ),
Pl. 5. 135 *mons Cercetius* ; la forme du gén. (cf. 8 Ἄττεω, *Th.* 269
ἀήτεω) suppose un nomin. Κερκέτης, qui n'est pas attesté ; νιφόεντος est p.-ê. à entendre de sa couleur, cf. *Th.* 958. – *σχινώδεσιν : la
leçon de T, *hapax* absolu, offre seule un sens plausible ; celle des
mss ω, *σχοινώδεσιν " couvertes de joncs ", autre *hapax* absolu,
implique une méprise sur Kerkétès, montagne et non rivière ; ὄχθαις
n'a pas le sens de " berges " (cf. 13, *Th.* 607) mais de " hauteurs "
(cf. *Th.* 11, fr. 19.1). – 153 *σειραίοιο : pour l'allongement du ι bref
de σίραιον, cf. t. II p. XCIX. – *διπλήθεα : les deux *v.l.* -θεα et -ρεα
sont des *hapax* absolus. – 154 *ὀράμνους : cf. 420 n. – 155 θρόνα :
cf. *Th.* 99 n. – χραίνοις : cf. 202 n. – 156 *ἰρινέῳ : cf. 203 (et n. *ad
loc*.), 241. – *ἐπαλθέα : au sens pass. ; valeur active, *Th.* 500 (cf. la
n.). – *Pour la suite des notes aux v. 157-161 voir p. 104.*

Παρθενίης, τὴν Φυλλὶς ὑπὸ κνημοῖσιν ἀνῆκεν,
Ἰμβρασίδος γαίης χιονώδεος, ἥν τε κεράστης   150
ἀμνὸς Χησιάδεσσι νέος σημήνατο Νύμφαις
Κερκέτεω νιφόεντος ὑπὸ σχινώδεσιν ὄχθαις.
Ἤ καὶ σειραίοιο πόσιν διπλήθεα τεύξαις ·
σὺν δέ τε πηγανόεντας ἐνιθρύψειας ὀράμνους,
ὀργάζων λίπεϊ ῥοδέῳ θρόνα · πολλάκι χραίνοις   155
ἰρινέῳ, τό τε πολλὸν ἐπαλθέα νοῦσον ἔτευξεν.

Ἤν γε μὲν οὐλόμενόν γε ποτὸν κορίοιο δυσαλθές
ἀφραδέως δεπάεσσιν ἀπεχθομένοισι πάσηται,
οἱ μέν τ' ἀφροσύνῃ ἐμπληγέες οἷά τε μάργοι
δήμια λαβράζουσι, παραπλῆγές θ' ἅτε Βάκχαι   160
ὀξὺ μέλος βοόωσιν ἀταρμύκτῳ φρενὸς οἴστρῳ.

SIM. 157-161 (coriandrum) Scrib.L. 185 (87.6) ; Pr. 68 (73.25-27) ;
*Aet. 13.63 §1 ~ PAeg. 5.40 (31.15-18) = PsD. 9 (23.10-14).

TEST. 160 (λαβράζουσι) cf. Hsch. λ 19 λαβράζει· λάβρος γίνεται,
ἀκολασταίνει, προπετεύεται (cf. adn. gall.).

157-248 deest T
149 τὴν T : ἦν ω ‖ φυλλὶς Ω* (W^sl φύλλις T) : φυλλὰς LW memorat Σ149c ‖ ὑπὸ ω (ὑπο- y₂) : επι T ‖ 150 γαίης Tx (cf. Notice
p. LXXXVI²¹⁹) : αἴης cett. ‖ 151 νέος ego cl. 228 : νέον Ω ‖ 152 κερκέτεω G*b* : κερκετέω LW cum cett. ‖ σχινώδεσιν T : σχοινώδεσιν ω* σκηνώ- y χιανώ- l (ex 150 χιονώδεος defluxit) ‖ 153 σειραίοιο Ω* (S^pc, — οιο L spatio 4/5 litt. rel.) : σειρέοιο S^ac σειραίοις
M (ad hanc uariationem cf. 134, 238) σηραίοισι Vx* (σιρ- Mosq^pc
[σιδ- a.c.]) ‖ διπλήθεα S. : διπληθέα Ω* (διπλήρεα LWy διπληρέα
R) ‖ τεύξαις ω : τεύξας T ‖ 156 ἰρινέῳ Ω* (D^yp, L^sl [ἰριναίῳ a.c.]) :
ἰρινέα M ἐρινέῳ V ἠρινέῳ x* ‖ 157 οὐλόμενόν γε ω : οὐλομένοιο
malebat S. ‖ κορίοιο ω* (W^it) : κορείοιο L κοροίοιο W^sl (οι supra
prius ι scr.) ‖ 158 πάσηται ω* (de τις subintellecto cf. ad 567 ἴσχῃ) :
πάσωνται MR e coniectura ut uid. ‖ 161 φρενὸς Schn. tacite : φρέ-
νας codd. edd. uetustiores.

Au patient donne une coupe pleine du vin de la vigne
hédanienne, du Pramnos tout pur, tel qu'il a jailli au bas du
pressoir ; ou dans de l'eau jette et fais fondre une tasse bien
165 remplie de sel. Maintes fois, après avoir vidé le tendre produit de l'enfantement des poules, mélanges-y l'écume, aliment du rapide *kepphos*. Car de fait c'est par elle qu'il assure
sa vie, par elle aussi qu'il accomplit son destin, quand, de cet
appât, tandis qu'il nage, la postérité destructrice des
pêcheurs souille l'oiseau ; et lui, il tombe entre les mains des
170 garçons en pourchassant de l'écume la nouvelle vague blan-
chissante. Puise également l'eau amère de la mer violette,
que l'Ébranleur du sol a asservie aux vents en même temps
que le feu. De fait, celui-ci est soumis avec elle à leurs

162 *ἑδανοῖο : cf. 181, trad. incertaine ; malgré les gloses de
G (γλυκείας) et de W (εὐώδους), et malgré le *Rev. Suppl.* de LSJ, il
ne peut s'agir de l'adj. ἑδανός (*Il.* 14.172, épithète de l'huile glosée
ἡδύς par les grammairiens), interprétation incompatible ici avec ἐξ
(cf. n. à 181), mais d'un subst. du sens de " vigne " (Gow[1] 100 s.). –
δέπας ἔμπλεον οἴνης : ~ Léonidas Tar. *AP* 6.334.5 (= 1970 G.-P.)
σκύφος ἔ. ο. – 163 *αὐτοκρηές : *hapax* absolu, = αὐτοκέραστον,
i.e. ἄκρατον (Σ). – *ὑπετύψατο : emploi et sens du Moy. propres à
N. – 164 *ἔμπλεα : acc. hétéroclite. – κύμβην : cf. 129 n. – 165 ὀρταλίδων : la leçon de ω est suspecte. Le mot ὀρτάλιχος (*glose* éolienne,
selon l'*EGud*) désigne au propre le " poussin " (cf. Thcr. 13.12 s.),
chez les Béotiens le *poulet* (Σ Aristoph. *Ach.* 871), chez les Thébains
le *coq* (Strattis fr. 49.4). S'agit-il ici d'une catachrèse pour la *poule*
(Volkmann 59) ? Hypothèse d'autant plus douteuse que N., qui a créé
au v. 228 *ὀρταλιχεύς sur ὀρτάλιχος, l'a pris au sens de ce dernier,
petit d'un oiseau ; d'où ma conjecture. – ἁπαλὴν ὠδῖνα : cf. Eur.
Héraclès 1039 s. (en parlant d'un oiseau)… ἄπτερον … ὠδῖνα
τέκνων, où l'expression peut concerner " l'œuf non encore devenu
oiseau, ou l'oiseau encore incapable de voler " (Wilamowitz[1], *ad loc.*).
Oppien emploie ὠδίς en parl. de la *ponte* des Poissons (*Hal.* 1.478
ὠοφόρων … βαρυνομένων ὠδίνων, cf. 641 ὠοφόροισιν … ὠδῖσι).
Ici, le mot s'applique sans ambiguïté à l'*œuf* de poule, chez Plut. (cité
n. *ad* 295 s., il a pu se souvenir des deux passages de N.) à des *œufs*
avortés. Klauser 6 n. 5 voit dans ce vers des *Al.* une imitation possible
d'Archestrate, *SH* 192.9 ὀρνίθων τ' ὀπτῶν ἁπαλὸν γένος. – 166 ἐπεγκεράσαιο : cf. 589 n. – *Pour la suite des notes aux v. 166-173 voir*
p. 108.

Τῷ μέν τ᾽ ἐξ ἑδανοῖο πόροις δέπας ἔμπλεον οἴνης,
Πράμνιον αὐτοκρηές, ὅπως ὑπετύψατο ληνοῦ ·
ἢ νύμφαις τήξαιο βαλὼν ἁλὸς ἔμπλεα κύμβην.
Πολλάκι δ᾽ ὀρταλίδων ἁπαλὴν ὠδῖνα κενώσας   165
ἀφρὸν ἐπεγκεράσαιο, θοοῦ δορπήϊα κέπφου.
Τῷ γὰρ δὴ ζωήν τε σαοῖ καὶ πότμον ἐπίσπει,
εὖτε δόλοις νήχοντα κακοφθόρα τέκν᾽ ἁλιήων
οἰωνὸν χραίνωσιν · ὁ δ᾽ ἐς χέρας ἔμπεσε παίδων
θηρεύων ἀφροῖο νέην κλύδα λευκαίνουσαν.   170
Καί τε σύ γ᾽ ἀγλεύκην βάψαις ἰόεντα θάλασσαν,
ἥν τε καὶ ἀτμεύειν ἀνέμοις πόρεν Ἐννοσίγαιος
σὺν πυρί. Καὶ γὰρ δὴ τὸ πνοαῖς συνδάμναται ἐχθραῖς ·

SIM. 162-185 Scrib.L. 185 (87.6-10) ; D. *eup.* 2.147 (311.11-13) ;
Ascl.Ph. ap. Gal. *ant.* 2.7 (139.7-8) ; Pr. 68 (73.28-35) ; *Aet. 13.63
§2 ~ PAeg. 5.40 (31.18-22) = PsD. 9 (23.14-24.5).

TEST. 168-170 respicere uidentur Σ Aristoph. *Plut.* 912 ὄρνεον ὅπερ
φιλεῖ ἀφρὸν θαλάττιον ἐσθίειν· καὶ οἱ παῖδες τῶν ἁλιέων ῥίπ-
τουσι τὸ πρῶτον πόρρωθεν, εἶτα ἐγγύτατα, εἶτα εἰς τὴν χεῖρα τὸν
ἀφρόν, καὶ οὕτως εὐχερῶς ἀγρεύουσι ; Tz. Lyc. 76 (45.17-19) κέπφος ὄρνεον … θαλάσσιον λαροειδές, ὅπερ ἀφρῷ θηρῶσιν οἱ
παῖδες τῶν ἁλιέων ‖ 170 Σ Arat. 916 (443.9-12)… τοῦτον (sc. τὸν
ἀφρὸν) γὰρ καὶ σιτεῖται περὶ τὰ ὕδατα ἀναστρεφόμενος, ὡς καὶ
Νίκανδρός φησι· « θηρεύων – λευκαίνουσαν » ; cf. Σ Aristoph.
Pac. 1067a εὔηθες ζῷον ὁ κέπφος, οὗ μέμνηται καὶ Ν-ος καὶ
Ἄρατος.

deest T
162 ἐξ ἑδανοῖο O : ἐξεδανοῖο LMR ἐξ ἐδ- cett., cf. ad 181 ‖
165 ὀρταλίδων ego cl. 294 (uide gall. adn.) : ὀρταλίχων ω ‖ ἁπαλὴν
ω : ἀλάλην Σᵞʳ ἀταλὴν Btl. ‖ 167 σαοῖ MVx (cf. gall. adn.) : σάοι
aby commendat Btl. ‖ ἐπίσπει Steph.ᵞʳ prob. Btl. (cf. gall. adn.) :
ἐπισπεῖ MVx ἐπίσποι *aby* ἐπισποῖ *l* ‖ 171 ἀγλεύκην ω* (ἀγλεύ-
κηνα L) : ἀγλαυκῆ Eut. (ne ἀγλευκῆ restituas admonet gall. adn.) ‖
θάλασσαν ω* : θάλατταν L (de hoc mendo cf. ad 359, 446) θάλουσαν Vx ‖ 173 δὴ τὸ πνοαῖς GᵃᶜMVx (accepit Btl.), uide gall. adn. et
cf. 127 : δὴ πνοιαῖς Gᵖᶜ (τὸ del. spatio rel.) L*by* (acceperunt Steph.
Schn. Oikonomakos).

souffles odieux : le feu vivace et l'immensité du large
175 redoutent les autans ; et pourtant, la mer qui refuse l'ordre,
qui aime la colère, règne en maîtresse sur les navires et les
solides gars qu'elle engloutit, comme la forêt obéit à la loi
du feu qu'elle déteste. Et certes, l'huile d'esclave mélangée
à du vin écartera la souffrance, ou la boisson du vin doux
180 mêlée à de la neige, quand, de leurs serpettes, les vendangeurs, dans la vigne hédanienne et psithienne, coupent la
lourde récolte ridée pour la fouler, aux jours où, fougueusement, abeilles, *pemphrèdôn*, guêpes et frelons des montagnes fondent sur les raisins et se régalent en suffisance de
185 doux jus, alors que la riche grappe est pillée par le renard
malfaisant[15].

174 *ἀχύνετον : outre la littérature grammaticale dépendant de N.
(voir *Test.* ad loc.), cf. l'emprunt de Dion. fr. dub. 27 (*ap.* Σ Ap.Rh.
l.c.) *in* : Heitsch 1 p. 76. Selon le Scholiaste d'Apollonios, il s'agirait
d'une *glose* ionienne et sicilienne. – 175 *ἀκοσμήεσσα : *hapax*
absolu pour ἄκοσμος. – *φιλοργής : *hapax* absolu. La *v.l.* φίλοργος
est morphologiquement correcte, φιλοργής représente un passage
secondaire au thème en -*s* ; elle n'est pas non plus attestée. On connaît
par ailleurs φιλόργιος, épithète de divinités " amies des rites sacrés "
(Dionysos : Epigr. app. dedic. 220 ; Cypris : Philodème *AP* 10.21.7 =
G.-P².), que Nonn. *par.* 6.7 applique à la Pâque juive. – 176 *ἐμφθορέων : *hapax* absolu, de ἐμφθορής ; = τῶν ἐν θαλάσσῃ φθειρο-
μένων (Σ). – αἰζηῶν : cf. *Th.* 343 n. – 178 ναὶ μήν ... γε : sur v. μ.,
cf. 64 n., 584. τε (ω) ne peut jouer le rôle de copule ; c'est v. μ. qui
assure la liaison chez N., à l'exclusion de toute autre particule. D'autre
part, v. μ.... τε ne peut être l'équivalent de v. μ. καὶ (avec καὶ adv. ;
5 exemples dans *Th.*, aucun dans *Al.*). Le v. 554 ne défend pas ce grou-
pement de particules, car τε y est, comme en 555, un simple renforce-
ment de καὶ. – *ἀτμένιον : 426 ; adj. dérivé de ἀτμήν " esclave "
(Call. [*Aitia*] fr. 178.19 ἀτμένα), cf. Σ 426a3 ἀτμένες γὰρ οἱ δοῦλοι,
Hsch α 8115 ἀτμενία · δουλεία δυστυχία (Man. 6.59 ἀτμενίης δού-
λειον ... ζυγόν, Paul Sil. *AP* 9.764.8), Hsch. α 8116 ἄτμενον οἶτον ·
δουλικὸν μόρον, et voir *supra* 172 ἀτμεύειν = δουλεύειν. Les Scholies prennent ἀ. au sens de " bien élaboré ", " produit non sans
peine " (Σ 178a, 426a). Gow¹ 99 a raison de lui donner le sens de
δούλιον : Hipponax fr. 26.6 δούλιον χόρτον, 115*.8 δούλιον
ἄρτον. – *Pour la suite des notes aux v. 178-185 voir p. 110.*

πῦρ μὲν ἀείζωον καὶ ἀχύνετον ἔτρεσεν ὕδωρ
ἀργέστας · καί ῥ᾽ ἡ μὲν ἀκοσμήεσσα φιλοργής   175
δεσπόζει νηῶν τε καὶ ἐμφθορέων αἰζηῶν,
ὕλη δ᾽ ἐχθομένοιο πυρὸς κατὰ θεσμὸν ἀκούει.
Ναὶ μὴν ἀτμένιόν γε κεραιόμενον λίπος οἴνῃ
ἢ χιόνι γλυκέος μίγδην πόσις ἄλγος ἐρύξει,
ἦμος ὑπὸ ζάγκλῃσι περιβρίθουσαν ὀπώρην   180
ῥυσαλέην ἐδανοῖο καὶ ἐκ ψιθίης ἐλίνοιο
κείροντες θλίβωσιν, ὅτε ῥοιζηδὰ μέλισσαι,
πεμφρηδὼν σφῆκές τε καὶ ἐκ βέμβικες ὄρειαι
γλεῦκος ἅλις δαίνυνται ἐπὶ ῥαγέεσσι πεσοῦσαι,
πιοτέρην ὅτε βότρυν ἐσίνατο κηκὰς ἀλώπηξ.   185

TEST. 174 *EG*^{AB} (*EM* 183.10) α 1532 s.v. ἀχύνετον (N-ος ἐν Θηριακοῖς [sic]) · « πῦρ – ὕδωρ »), *ESym*. 1.364.17 (N-ος), Zon. 364.3
ἔνθα· « πῦρ – ὕδωρ » (sine Nic. nomine, sed ἔνθα = ἐν Θηριακοῖς,
cf. *Test*. ad 186-187) ; respicere uidentur Σ Ap.Rh. 3.530 (234.19 s.)...
καὶ « ἀχύνετον ὕδωρ » τὸ πολὺ κατὰ Ἴωνας καὶ Σικελιώτας,
Hsch. α 8931 ἀχύνετον · πολύν (lege : πολύ) ‖ 180 cf. Hsch. ζ 7
ζάγκλη · δρέπανον. καὶ ὄνομα πόλεως, ad accentum cf. Hdn. *acc*.
123.16 ‖ 181 (ἐλίνοιο) *EM* 330.39-41 s.v. ἐλινός· ἡ ἄμπελος, ὡς
Ἀπολλόδωρος. Φιλήτας δ᾽ ἐν Γλώσσαις τὸν κλάδον τῆς ἀμπέλου. N-ος ἐν Θηριακοῖς (sic) ; Nic. loc. deest ap. *EG* (Apollod. et
Philet. citat B, nullum auctorem A) ‖ 185 *EG*^{AB}, *EM* 510.16-18, s.v.
κηκὰς ἀλώπηξ· κακωτική, κακοῦργος καὶ πονηρά· ὡς N-ος ἐν
Θηριακοῖς (sic) · « πιοτέρην – ἀλώπηξ » ~ Zon. 1202.13 et *EGud*
319.14 (sine Nic. loc.), Hsch. κ 2482 κηκάς· κακή ... (uide gall. adn.).

deest T
175 φιλοργής ω* (B^{sl}) : φιλοργός V*x* (φιλοεργός *Mosq*^{ac}) φιλερ-
γής B^{it} ‖ 176 ἐμφθορέων ω* (D) : ἐμφορέων WV*x*＊ ἐμπορέων Btl. ‖
αἰζηῶν ω* (O) : ἁλιήων L*b*＊*y* ‖ 177 ἐχθομένοιο ω* Eut. (65.21
ἀπηχθημένον) : ἐκθομένοιο M ἀχθομένοιο LR Σ^{γρ}D^{γρ} ‖ 178 γε
ego, cf. 157 : τε ω, uide gall. adn. ‖ 180 ζάγκλῃσι RW^{mg} (in textu γ
post α inseruit m.rec.) V*x* : ζάγκησι M ζάκλησι *a* (-ῇσι G) *b₂*＊ (W^{it})
y ‖ 181 ῥυσαλέην LV*x* : ῥυσσαλ- G/M*by*, cf. ad 78 ‖ ἐδανοῖο ω* :
ἐδ- *a*MR, cf. ad 162 ‖ καὶ om. V ‖ ἐλίνοιο GW*y* : ἐλ- L*b*＊MV*x*
EM ‖ 183 πεμφρηδὼν GM*bx* : -φριδὼν L (qui ante h. uocem ἄγριαι
add.) *y* -φραδὼν V ‖ ἐκ ω* : ἐμ(βέμβικες) MR αἱ GO ἐν Btl. ‖ βέμβικες ω* (R^{pc}) : βέμβηκ᾽ L (i.e. -κες per comp.) βέβικες MR^{ac} ‖
184 ἐπὶ ῥ- O (cf. ad 81 ἐπὶ λύζων) : ἐπιρρ- cett. ‖ ῥαγέεσσι ω, cf. gall.
adn. : ῥάγεσσι Btl. fort. recte, probantibus Dindorf et LSJ s.v. ῥάξ.

Et aussi de la ciguë[16a], reconnais à ces

5. La Ciguë   signes la nuisante boisson. De fait, ce
fameux breuvage frappe la tête d'un
coup mortel en y portant la nuit et ses ténèbres, et les victimes roulent des yeux. Le pas mal assuré, et errant par les
190   rues, elles s'aident des mains pour ramper ; puis, c'est une
vilaine suffocation qui, tout en bas, obstrue le fond de la
gorge, et du pharynx la voie étroite. Les extrémités se refroidissent, et, à l'intérieur des membres, les veines, si fortes

186 *βλαβόεν : = βλαβερόν (Σ), *hapax* absolu. – 187 δὴ γάρ τε :
les symptômes constituent autant de critères d'identification ; sur la
place des mots de liaison, cf. *Notice* p. CIV. – *φοινόν : *hapax* hom.
signifiant *ensanglanté* (*Il.* 16.159) ; seul emploi poét. en dehors de N.,
hAp. 362 (même valeur). Les grammairiens anciens distinguent deux
sens (*e.g.* Ap.Soph. 164.16 ἤτοι τὸ ἐρυθρὸν ἢ τὸ φόνιον καὶ
δεινόν), indiqués ici par Σ 187b, et attestés l'un et l'autre dans les
Th. : 1/ *brun-rouge* (839 ἄνθεα φ., = πυρρά [Σ]), 2/ *meurtrier* (146
δάκη, 675 ὄλεθρον, = φονευτικά/-όν [Σ]). Eutecnius retient à tort le
premier sens (cf. 65.32 φοινίττεσθαι ... τὸ σῶμα), O[g]D[g] (= Σ 187c)
retiennent le second à juste raison (φοινικόν, *i.e.* φονικόν). On a pos-
tulé un doublet de φόνος créé sur le modèle de φόνιος/φοίνιος (voir
I.G. Schneider *ad* 187, Ritter 47, cf. Gow[1] 109), et qui serait complément d'objet d' ἰάπτω *lancer* (cf. *Th.* 784). Il suffit de donner à ἰάπτει
la valeur absolue de *frapper* (cf. *infra* 537) et de faire de φοινόν son
complément d'objet interne pour obtenir le même sens. – 188 s. : cf.
33. – 188 ἐδίνησεν δὲ καὶ ὄσσε : cf. Eur. *Or.* 1459 (lyr.) ἄλλοσ'
ἄλλοθεν δίνευον ὄμμα. – 189 ἴχνεσι : pour ἴχνος = πούς, cf. 242,
Call. 4. 230, Euph. fr. 17 P., Lyc. 213, *al.* – *ἐμπλάζοντες : l'Act.
intr. est un *hapax* absolu (pour le Pass. au sens de *errer*, voir 282 et
[Orph.] *Arg.* 645 ὕλῃ ἐνιπλαγχθείς) ; cf. ἐπιπλάζοντα *supra* 127.
En *Th.* 779, ἐμπλάζουσα est un mot différent (voir n. *ad loc.*). –
190 νείατα : cf. 120 ; adj. rapporté à ἴσθμια ? mais ἴσθμια se passe
de déterminant (cf. 615) ; plutôt adv. renforçant ὑπό. Pour ὑπὸ
νείατα, cf. Ap.Rh. 3.763 ὑπὸ νείατον (adj.) ἰνίον. – *πνιχμός :
365 ; graphie propre à N., cf. Note orthogr. p. CLVI. – 191 = 615 (voir
ad loc.). – ἴσθμια : lat. *fauces.* – φάρυγος : chez N., aussi bien le
canal aérifère, comme ici, que le conduit des aliments (66, 363, *Th.*
250). La forme hom. φάρυγος (de φάρυξ) est attestée au v. 66 (cf. *Th.*
l.c. φάρυγα) ; φάρυγγος (de φάρυγξ), plus tardive, seulement en 363.
– ἐμφράσσεται : première occurrence poét. ; pour le sens actif, cf.
Th. 79. – 192 δέ τοι : seul exemple dans les *Al.*, fréquent dans les *Th.*
(voir apparat) ; la conjecture de Klauser (δέ οἱ) est superflue. – *Pour
la fin de la note au v. 192 voir p. 114.*

Καί τε σὺ κωνείου βλαβόεν τεκμαίρεο πῶμα.
Κεῖνο ποτὸν δὴ γάρ τε καρήατι φοινὸν ἰάπτει
νύκτα φέρον σκοτόεσσαν, ἐδίνησεν δὲ καὶ ὄσσε.
Ἴχνεσι δὲ σφαλεροί τε καὶ ἐμπλάζοντες ἀγυιαῖς
χερσὶν ἐφερπύζουσι, κακὸς δ᾽ ὑπὸ νείατα πνιχμός   190
ἴσθμια καὶ φάρυγος στεινὴν ἐμφράσσεται οἶμον.
Ἄκρα δέ τοι ψύχει, περὶ δὲ φλέβες ἔνδοθι γυίων

SIM. 186-194 (cicuta) Scrib.L. 179 (85.5-7) ; Epainetes ap. Pr. 63
(71.24) ; Pr. ibid. l. 15-16 ; *Aet. 13.65 §1 = PAeg. 5.42 (32.2-5) =
PsD. 11 (24.10-14).

TEST. 186-188 EG^AB (N-ος ἐν Θηριακοῖς [sic]), 186-187 (– κεῖνο
ποτὸν) EM 551.13-15 (N-ος, ἔνθα = ἐν Θηριακοῖς, cf. Test. ad 174),
s.v. κώνειον · ... 551.17-20 καλεῖται δὲ καὶ ἐφήμερον διὰ τὴν
ὀξύτητα τῆς ἀναιρέσεως · κώνειον δὲ αὐτὸ καλοῦσι διὰ τὸν γινόμενον εἱλιγμὸν καὶ σκότον (...). τὸ γὰρ στρέψαι κωνῆσαι λέγουσιν οἱ παλαιοί ‖ 192-194 EG^B α 1384 (Nicandri locum non habet A),
193-194 (ὁ δ᾽ –) EM 168.9, s.v. ἀτύζων. post Nic. uersus habent
EG^AB(EM) hanc gl. ἐὰν « ἀτίζων » (B : αὐτίζων A ἀτύζων EM),
ἀφροντιστῶν, ἐὰν δὲ « ἀτύζων » (ἀτίζων EM), ἄτη περιφερόμε-
νος (cf. infra Hsch. α 8086) « οἷα κατηβολέων »· καταπίπτων σώ-
ματι καὶ ψυχῇ. οὕτως εὗρον ἐν ὑπομνήματι N-ου ἐν Θηρι<ακ>οῖς
(om. οἷα – Θηρίοις EG^B). Cf. ESymeon. 1.300.29 ἐὰν¹ – περιφερό-
μενος (om. Nic. loc.), Hsch. α 8086 ἀτίζων · ἤτοι ἀφροντιστῶν ἢ
ἄταις περιβάλλων.

deest T
188 δὲ ω : τε EG ‖ 189 δὲ ω* : καὶ y ‖ 190 ὑπὸ ω (ὑπὸ uel ὑπο-
decies in eadem sede, cf. praesertim 80) : an δέ τε coniciendum ? cf.
ad 192 ‖ πνιχμός S. cl. 365 (uide Note orthographique p. CLVI) :
πνιγμός ω Eut. ‖ 191 φάρυγος Gb*Vx : φάρυγγος LMWy, cf. ad
615 ‖ οἶμον ω* : οἶμον GW ‖ 192 ἄκρα ω (cf. PAeg. = PsD. ψῦξιν
ἄκρων) : ἄρθρα legisse uidetur Eut. (uide adn. sq. et ad 434), cf.
Scrib.L. artuum gelatio et uide comm. n. 16ᵇ §3 ‖ δέ τοι ψύχει
GMVx (ad δέ τοι cf. Th. 57, 223, 232, 282, 411, 698, 702, 715, 729) :
δέ τε ψ- O (cf. 38, 154, 259, 430, 439, persaepe in Th.) δ᾽ ἐπιψ-
LRWy Eut. 66.6 (τῶν ἄρθρων ἐπιψυχομένων) EG fort. legendum
δ᾽ ἐπὶ ψύχει (ad ἐπὶ adv. postea significans cf. 81).

soient-elles, se contractent. Le malade n'a plus qu'un faible souffle troublé, comme s'il défaillait, et son âme aperçoit Aïdôneus[16b].

195 Gorge-le soit d'huile soit d'un vin sans mélange, afin qu'il vomisse le cruel et douloureux fléau ; ou bien prépare de même la seringue à lavement, et injecte-lui un clystère. Souvent, sers-lui à boire soit du vin pur, soit, avec le vin, une fois que tu les auras bien hachées, des tiges prises a
200 notre laurier ou à celui de Tempè, qui, le premier, de Phoibos couronna la chevelure delphique ; ou bien c'est le poivre et les graines d'ortie broyées ensemble que tu lui administreras dans du vin, parfois trempé de l'âpre jus du

193 ῥωμαλέαι : suspecté à tort ; Bentley conjecturait ῥωγαλέαι " déchirées ", Knox 7 λιμαλέαι " racornies " (cf. Hsch. λ 1030 λιμαλέον· ῥυσόν), mais l'adj. que le rejet souligne peut avoir, même sans περ, une valeur concessive (cf. 401 βαρύν). – *στέλλονται : Pass., ne semble pas ailleurs attesté en ce sens. – παῦρον : cf. 439. – *ἀτύζει : le Pass. ἀτύζομαι " être bouleversé ", est la forme primitive (Hom., Lyr., Trag.) ; ἀτύζω, forme secondaire, propre aux poètes hellénistiques : seules autres occurrences (à l'exception de la littérature grammaticale, où l'Act. est envisagé théoriquement), Thcr. 1. 56 *étonner*, et Ap.Rh. 1.465 *terrifier* (cf. ἀτυζηλός *ibid.* 2.1057, Hsch. α 8200) ; sens de N. discuté dans le comm. n. 16[b] §4. – 194 οἷα : *comme si*, cf. Arat. 252 οἷα διώκων et voir *Th.* 297 n. – *κατηβολέων : 458 ; déverbatif de κατηβολή = *accès* d'un mal, fièvre périodique ou maladie sacrée : Hp. *in* Gal. *gloss.* 110.7, Hsch. κ 1741 (cite Eur. fr. 13 J-vL [F 614 Kannicht] = fr. 25 J-vL [F 750 K.]), Phot. κ 460, Plat. *Hipp. min.* 372e (avec les Scholies, p. 180 Greene), Poll. 1.16 (dans le vocabulaire de la possession divine). Κατηβολέω n'est pas attesté en dehors des *Al.* et de leurs commentaires : cf. Σ 194a λειποθυμῶν ... οἷα ἐν καταβολῇ ὤν... καταπίπτων ~ Eut. 66.6 s. σκοτούμενος ... κατὰ τῆς γῆς πίπτει, *EG* (*EM*) cités in *Test.* – Ἀϊδωνέα : autre nom d'Hadès ; cf. *e.g.* Soph. *OC* 1559 Αἰδωνεῦ, Euph. fr. 98 P. = 102.4 vGr. Ἀϊδωνῆος. – 195 *κορέοις : cf. *κορέοιτο 114, 263, 311 ; pas d'autre attestation littéraire du thème κορε-, mais cf. *Test.* ad 225. – *ἀμισγέος : cf. 198 ἀμιγῆ (adj. propre aux *Al.*, cf. *e.g.* D. *m.m.* 5.6.10 [8.20], *al.*). Nic. a créé l'*hapax* absolu ἀμισγ- *metri causa* sur le modèle hom. de μίσγω ; pour *ἀμιγής (première occurrence poét.), cf. Greg. Naz. *dogm.* 484.4 ἀμιγέες, 520.3 ἀμιγέα. – 196 ὄφρα κεν : cf. 89 n. – *Pour la suite des notes aux v. 196-202 voir p. 116.*

ῥωμαλέαι στέλλονται. Ὁ δ' ἠέρα παῦρον ἀτύζει
οἷα κατηβολέων, ψυχὴ δ' Ἀϊδωνέα λεύσσει.

Τὸν μέν τ' ἢ λίπεος κορέοις ἢ ἀμισγέος οἴνης,   195
ὄφρα κεν ἐξερύγῃσι κακὴν καὶ ἐπώδυνον ἄτην ·
ἠὲ σύ γε κλυστῆρος ἐνεὶς ὁπλίζεο τεῦχος.

Πολλάκι δ' ἢ οἴνης ἀμιγῆ πόσιν, ἢ ἀπὸ δάφνης
Τεμπίδος – ἢ δαυχμοῖο – φέροις †ἐκ† καυλέα κόψας,
ἢ πρώτη Φοίβοιο κατέστεφε Δελφίδα χαίτην ·   200
ἢ πέπερι κνίδης τε μίγα σπερμεῖα λεήνας
νείμειας, τοτὲ νέκταρ ὀπῷ ἐμπευκέϊ χράνας.

Sɪᴍ. 195-206 Cels. 5.27.12B ; Scrib.L. 179 (85.7-11) ~ Ascl.Ph. ap.
Gal. *ant.* 2.7 (138.13-18, ubi μηκώνιον/-νειον corrige in κώνειον, cf.
comm. n. 17 §B1a) ; D. *eup.* 2.146 (311.5-10) ; Epainetes ap. Pr. 63
(71.25-28) ; Pr. ibid. l. 17-23 ; *Aet. 13. 65 §2 ~ PAeg. 5. 42 (32.5-
13) ~ PsD. 11 (24.14-25.10).

Tᴇsᴛ. 193 (ἀτύζει) cf. *EG* α 1383 (*EM* 168.15) s.v. ἀτυζόμενοι ·
ταρασσόμενοι. ἀτύω τὸ ταράσσω. ἀτύσω καὶ κατὰ παραγωγὴν
ἀτύζω. Αἰολικῶς, Hsch. α 8199 ἀτύζει· ἐπιτιμᾷ. ταράσσει. ἀπο-
λύει. φοβεῖ ‖ 199 (δαυχμοῖο) cf. Hsch. δ 331 δαυχμόν· εὔκαυστον
ξύλον δάφνης ~ *EM* 250.20 (sine uoce δάφνη) ‖ 201 (κνίδης
σπερμεῖα) respicit Pl. 22.31 *semen eius* (i.e. urticae) *cicutae contra-
rium esse Nicander adfirmat, item fungis et argento uiuo, Apollodorus
et salamandris cum iure coctae testudinis* (cf. 550, 558), *item aduer-
sari hyoscyamo* (cf. *427*) *et serpentibus et scorpionibus* (cf. *Th.* 880) =
Apollodorus, t. II p. 291, fr. 16 ; cf. *Th.* comm. n. 110 §2.

deest T
193 ῥωμαλέαι ω* (-λαίαι L *EG* -λέαις *y* per dittogr.) : ῥωγαλέαι
Btl. (cf. ad *Th.* 376) ‖ ἀτύζει LO^(iᵗ)Γ^(γρ)V*c* *EG*(*EM*) in Nicandri loco :
ἀτίζει *b** ἀτίζων aut ἀτύζων *EG*(*EM*) in interpretatione quae sequitur
(uide *Test.*) ἀλέξει G (suprascr. ἀέξει) Iⁱᵗ ἀλύζει Σ^(γρ) (codd. G²LRW
B*Ald*) O^(γρ) ἀλύξει M ‖ 197 ἠὲ ω : an καί τε coniciendum cl. Aet. (cf.
comm. n. 17 §B1b) ? ad καί τε σύ γε cf. 92, 108, 171, 239, 563, *Th.*
645, fr. 73.1 ‖ σύ γε om. V ‖ 199 ἢ δαυχμοῖο W*y* (uide ad *Th.* 94 et
cf. δαυχμοῦ Eut. 66.17 [sine acc. VM δαύχμου A]) : ἠδ' αὐχμοῖο V
ἠδ' αὐχμοῖο GM*b** δ' αὐμοῖο L (om. ἢ) ἢ δαύκοιο *x* ἠὐκόμοιο Btl.
(" quod δάφνης epitheton est ") ‖ ἐκ ω* suspectum : εὖ supra κ(αυ-
λέα) scr. G fort. ἐκ in εὖ corrigendum cll. 414, 553, uide gall. adn. ‖
καυλέα ω* : καύλεα V καυλία *x*, cf. ad 46 et uide Note orthographique ‖ 202 τοτὲ GO : τότε cett. praeter W qui τό, τε ‖ ἐμπευκέϊ
b₂c : ἐμπευκεῖ V ἐνπευκέϊ *a*M ἐν πευκέϊ R, cf. 328 ἐνδευκέϊ.

silphium. D'autres fois, offre-lui en quantité voulue de
l'huile parfumée d'iris et des racines de silphium émiettées
205 dans l'huile d'olive brillante. Ajoute la suave boisson du
mélicrat, ajoute le lait, dont tu lui donneras un bol écumant
chauffé à feu doux[17].

Et, néfaste qu'il est, tu ne saurais trop
6. Le Toxicon vite repousser l'oppression du toxicon[18],
lorsque sa boisson alourdit l'homme d'un
fardeau de douleurs. La victime a la langue qui s'épaissit
210 par-dessous, et, tout autour de la bouche, le poison alourdit
les lèvres, enflées et pesantes ; puis, ce sont des crachements secs, et, à partir de la base, les gencives éclatent.
Maintes fois, dans le cœur il jette le trouble, et tout l'intel-
lect frappé de démence a pour lot d'être ébranlé par le cruel
fléau. Quant au malade, il a des bêlements, et, sous l'action
215 de la folie, il tient mille propos délirants. Maintes fois, la
souffrance lui arrache les cris qu'a soudain un homme dont
la tête, clef de voûte du corps, est fauchée par le glaive· ou
celui de la *kernophore*, desservante attachée à l'autel de

---

203 *ἰρινέου : cf. 156, 241. Ce néologisme créé à partir de ἴρινος,
est particulier aux *Al.* Cf. 455 ἰρινόεν (et la n.). – *θύεος : cf. 452 ;
non attesté au sens d'*huile parfumée* en dehors des *Al.* (Gow[1] 103). Cf.
Call. fr. 564, cité par Hsch. θ 817 s.v. θύα· ... ἔνιοι τὰ ἀρώματα
(" *plantae odoratae* " Pf.). ~ mycén. *tu-wo* " substance aromatique ". –
*μετρηδόν : hapax de N. emprunté par Nonnos (7. 115 *hac sede* + 3
fois, seules autres occurrences) ; cf. *supra* 45 μετρήδην. – 204 ἐνθρυφθέντα : cf. *Th.* 655 n. ; les occurrences de ἐνθρύπτω chez N.
semblent être les premiers emplois poét. du mot. – μετ᾽ ἀργήεντος
ἐλαίου : = 98 ; voir *ad loc.* – 205 ἐν δὲ : voir *Notice*, p. CIV ; pour
l'anaphore, cf. 430, Call. (cité n. à 430), Arat. 481 s. – *μελιζώρου
γλυκέος : si le texte est sain, de ces deux mots c'est le premier qui est
subst., et il faut y voir un *hapax* absolu signifiant " mélicrat " (Σ
205a). En effet, l'adj. substantivé γλυκύς (*sc.* οἶνος : cf. 386, Alexis
fr. 60.1, 178.14) ou γλυκύ (*sc.* μέθυ), qui figure seulement dans les *Al.*
(142, 179, 367, m. ou n.), n'est jamais qualifié. Partout ailleurs (351 n.,
Th. 663), μελίζωρος est adjectif. La conjecture de Bentley, μελίζωρον (πόσιν), qui lui restituerait cette valeur (" la boisson à saveur
de miel du vin doux "), mérite considération, car elle met d'accord N.
et la littérature parallèle (cf. comm. n. 17 §B5a) ; cf. Eut. 66.23 s.
(γλυκέος οἴνου). – *Pour la suite des notes aux v. 206-217 voir p. 121.*

Δήποτε δ' ἰρινέου θύεος μετρηδὸν ὀρέξαις
σίλφιά τ' ἐνθρυφθέντα μετ' ἀργήεντος ἐλαίου.
Ἐν δὲ μελιζώρου γλυκέος πόσιν, ἐν δὲ γάλακτος   205
ἀφριόεν νέμε τεῦχος ὑπὲρ πυρὸς ἠρέμα θάλψας.

Καί κεν λοιγήεντι παρασχεδὸν ἄχθος ἀμύνοις
τοξικῷ, εὖτ' ἀχέεσσι βαρύνηται ποτῷ ἀνήρ.
Τοῦ καὶ ἔνερθε γλῶσσα παχύνεται, ἀμφὶ δὲ χείλη
οἰδαλέα βρίθοντα περὶ στομάτεσσι βαρύνει ·   210
ξηρὰ δ' ἀναπτύει, νεόθεν δ' ἐκρήγνυται οὖλα.
Πολλάκι δ' ἐς κραδίην πτοίην βάλε · πᾶν δὲ νόημα
ἔμπληκτον μεμόρηκε κακῇ ἐσφαλμένον ἄτῃ.
Αὐτὰρ ὁ μηκάζει μανίης ὕπο μυρία φλύζων.
Δηθάκι δ' ἀχθόμενος βοάᾳ ἅ τις ἐμπελάδην φώς   215
ἀμφιβρότην κώδειαν ἀπὸ ξιφέεσσιν ἀμηθείς,
ἢ ἅτε κερνοφόρος ζακόρος βωμίστρια Ῥείης,

Sɪᴍ. 207-223 (*toxicum*) Scrib.L. 194 (90.8-12) ; Pr. 55 (68.27-8, 29-
34) ; O. *ecl.* 129 (297.3-8) = *Aet. 13. 62 §2 (scriptio breuis) = PAeg.
5. 54 (37.3-6) = PsD. 20 (30.5-8).

Tᴇsᴛ. 215 (δηθάκι) cf. Hsch. δ 768 δηθάκι· πυκνῶς, πολλάκις.

deest T
203 δ' om. O (δήποτ' scr. c.gl. καὶ) D ‖ 205 μελιζώρου ω : μελίζωρον Btl. fort. recte, cf. gall. adn. ‖ 206 θάλψας ω* (Sᴾᶜ) : θάλψαις
Sᵃᶜ om. V πίνειν *x* ex coniectura ‖ 207 παρασχεδὸν ω* (D) : παρὰ
σχεδὸν V*x* περισχεδὸν L ‖ ἀμύνοις ω* (-νης My i.e. -νης) Σ Eut. :
ἀμύνοι G, tum punctum potius quam litterae ς uestigium, cf. 158 πάσηται et criticam adn. ad 567 ‖ 209 ἔνερθε ω*, uide *Notice* p. cxii :
ἔνερθ O (θ supra ρ scr.) ἔνερθεν WI νέρθε MR ‖ 210 οἰδαλέα ω :
ὑδαλέα Σᴸ, cf. scholion quod supra h.u. scr. G (ὑγρὰ ὀγκούμενα
διφθηκότα καὶ βαρέα γίνεται τὰ χείλη) et gl. quam ad οἰδαλέα
adpinxit D (ὑγρά) ἀυαλέα fort. legit Eut. 67.2 ss. (ξηρὰ δὲ τὰ χείλη
... φάρυξ τὰ αὐτὰ ὑπομείνασα τοῖς χείλεσι φλέγμα λεπτὸν καὶ
ξηρὸν ἀναπέμπει σφόδρα) ‖ 214 μηκάζει ω* (-ζη Lᵃᶜ), cf. *Th.* 432 :
μυκ- *y* ‖ ὕπο GOV*x* : ὑπὸ MR*y* ὑπο LWH ‖ 216 ἀπὸ ω* : ὑπὸ *x* ‖
217 ἢ ἅτε ω* : οἷά τε M, cf. ad 472 ‖ κερνοφόρος ω : -φόρου Eut.
67.10 (τῆς κερνοφόρου Ῥέας), cf. Σ 217f (ἡ ἱέρεια τῆς κρατηροφόρου Ῥέας) ‖ ζακόρος ego : ζάκορος codd. edd.

Rhéa, quand, au neuvième jour du mois, atteignant des che-
mins fréquentés, elle pousse à pleine gorge une longue cla-
220 meur, et que les gens tremblent lorsque de l'Idéenne ils
entendent l'aboiement qui les glace. De même, l'esprit égaré
par la rage, il rugit en grondant de façon désordonnée, tandis
que, l'œil torve, avec le regard menaçant du taureau, il
aiguise sa blanche denture, et que l'écume lui vient aux
commissures des lèvres[19].

225 Presse-le dans un étroit réseau de liens, et enivre-le en le
gorgeant de vin, même s'il n'en a pas envie, lui ayant fait
doucement violence ; mais, s'il serre les dents, ouvre-lui la
bouche de force, afin qu'il vomisse, dompté de ta main, le
poison destructeur. Ou bien mets le petit d'une oie
d'engrais, un jeune oison à fondre dans de l'eau, divisé en
230 morceaux par un feu flamboyant. Et de plus, du pommier

---

218 εἰνάδι : voir comm. n. 19 §3d. – λαοφόροισιν … κελεύθοις : cf. Call. *Ep.* 28.2 = 1042 G.-P. (κελεύθῳ)… τίς πολλοὺς …
φέρει. La prêtresse semble avoir assisté, sinon pris part, à une procession publique. – 219 *ἐπεμβοάᾳ : seule autre occurrence, Psell. *Theol.*
8a. 121. – γλώσσῃ : litt. *de sa langue* (en tant qu'organe de la parole),
cf. *Th.* 758. – οἱ δέ : s.e. λαοί à tirer de λαοφόροισιν … κελεύθοις,
cf. 5 n., *Th.* 540 n. – 220 Ἰδαίης (*sc.* Ῥείης) : non la Crétoise Rhéa
(comme l'a cru Glotz [« Zacorus », *DA*] en se méprenant sur l'épiclèse), mais la Phrygienne Cybèle (cf. Ap.Rh. 1.1126 ἐνναέτιν
Φρυγίης ; voir *supra* 8 n.). La déesse est censée s'exprimer par la
bouche de sa prêtresse. – ῥιγηλόν : cf. l'*hapax* hom. *Od.* 14. 226
καταρριγηλά. Seules occurrences poét. du simple : (antérieure à N.)
Hés. [*Sc.*] 131 ; (postérieures) Dioscoride *AP* 7. 351.5 = 1559 G.-P.,
Antip. Thessal. *ibid.* 7.640.1 = 377 G.-P.[2], Crinag. *AP* 9. 560.1 = 1961,
Max. 6.172, Nonn. 37.149. [Opp.] *Cyn.* 3.18 qualifie de ῥιγεδανόν le
char de Rhéa (épouse de Cronos) tiré par des Lions. – 221 ἐσφαλμένα : pour le sens, cf. *Th.* 758 ἄτακτα λέληκε. – *βρυχανάαται :
hapax absolu formé sur βρυχάομαι " rugir, mugir " (cf. ἰσχανάω).
La *v.l.* βραυκανάαται désigne les *cris et pleurs des enfants*, comme
l'enseigne la Scholie 221c en renvoyant à Ménandre (fr. 668) : Σ[G]
βρυχανάαται · <γρ. καὶ βραυκανάαται add. G[2]>, βρυχᾶται, κλαυθμυρίζει, ὡς παιδίον φωνεῖ ἢ δακρύει, ὡς Μένανδρος (*sic* Bianchi,
prob. Kassel-Austin). – *Pour la suite des notes aux v. 221-230 voir*
p. 126.

εἰνάδι λαοφόροισιν ἐνιχρίμπτουσα κελεύθοις,
μακρὸν ἐπεμβοάᾳ γλώσσῃ θρόον, οἱ δὲ τρέουσιν,
Ἰδαίης ῥιγηλὸν ὅτ᾽ εἰσαΐωσιν ὑλαγμόν.   220
Ὡς ὁ νόου λύσσῃ ἐσφαλμένα βρυχανάαται
ὠρυδόν · λοξαῖς δὲ κόραις ταυρώδεα λεύσσων
θήγει λευκὸν ὀδόντα, παραφρίζει δὲ χαλινοῖς.
Τὸν μὲν καὶ δεσμοῖσι πολυπλέκτοισι πιέξας
νέκταρι θωρήξαιο, καὶ οὐ χατέοντα κορέσκων,   225
ἦκα βιησάμενος · διὰ δὲ στόμα βρῦκον ὀχλίζοις,
ὄφρ᾽ ἂν ὑπεξερύγῃσι δαμαζόμενος χερὶ λώβην.
Ἠὲ σὺ βοσκαδίης χηνὸς νέον ὀρταλιχῆα
ὕδασιν ἐντήξαιο πυρὸς μεμορημένον αὐγαῖς.
Καί τε σὺ μηλείης ῥηχώδεος ἄγρια κάρφη   230

Sim. 224-241 (– ἰρινέοιο) Scrib.L. 194 (90.12-14) ; D. eup. 2. 143
(310.6-13 : πρὸς τοξικόν ; de c. 144 uide comm. n. 20 §5) ; Ascl.Ph.
ap. Gal. ant. 2. 7 (139.16-140.2) ; Pr. 55 (68.35-69.3) ; O. ecl. 129
(297.8-12) ; *Aet. 13. 62 §3 = PAeg. 5. 54 (37.6-13) = PsD. 20 (30.8-16).

Test. 225 (κορέσκων) cf. Hsch. κ 3607 κορέων, κορέσκων · ἐξυ-
βρίζων ; haec uox alibi non legitur.

deest T
218 εἰνάδι ω* (WˢˡBˢˡ) : εἰκάδι WⁱᵗBⁱᵗ Σ 218a 3 (codd. BRWAld) εἰνκάδι y₂ ‖ λαοφόροισιν aWˢˡBˢˡ : λειοφ- WⁱᵗBⁱᵗ cum cett. ‖ 221 νόου
L (iam coniecerat S.), cf. 135 : νόον cett. ‖ βρυχανάαται GMVx*
(Dⁱᵗ, sscr. βρυχᾶται, κλαυθμυρίζει, ὡς παιδίον φώνει [sic] ex Σ 221c
2) Σᵞᵖ (codd. BRWAld qui βραυκαν- in huius uersus textu, excepta
Ald) : βραυκαν- Lb* (βρυχᾶται sscr. O [cf. Σ 221c 2]) y Σᵞᵖ (G²
suppl. in G qui βρυχαν- i.t. ; hoc scholion deest in C) Dᵞᵖ (βραυχαν-
[sic]) Eut. 67.15 s. ὥσπερ οἱ παῖδες τὰ πολλὰ κλαυθμυριζόμενος,
uide gall. adn. ‖ 222 ὠρυδόν ω* : ὠρηδόν Vx βρυχάδην Oᵞᵖ (f.l. pro
βρυχηδόν), uide gall. adn. ‖ 223 λευκὸν ω* : λοξὸν (pro λευκὸν)
postulat ῥαιβὸν Gᵍ, quae gl. ad 222 λοξαῖς melius quadrat ‖
224 πολυπλέκτοισι GMVx : πολυστρέπτοισι Lby ‖ πιέξας ω* (et
G) : πιέσας W πιούσας y πιέζων fort. legit Nonn. (cf. gall. adn.) ‖
226 βρῦκον Schn. (in suo uerborum indice) : βρυκὸν codd. edd. ante
S. ‖ 227 ὑπεξερύγῃσι ω* (Mosqᵖᶜ) : ὑπεξερύῃσι MR -ερρύ- Mosqᵃᶜ
an ἐξερύγῃσι (scripto ὄφρα κεν) ? cf. 196, 459 ‖ 230 μηλείης ω* :
μηλείοις L, cf. ad 239 ‖ ῥηχώδεος ω* Σᵞᵖ : ῥηχώδιος Η τρηχώ-
δεος Σᵞᵖ.

raboteux, donne-lui les fruits sauvages grandis dans les
montagnes, après en avoir retranché les trognons, ou bien
encore les pommes de nos domaines, telles que les Heures
printanières les apportent aux jeunes filles pour leur amuse-
ment ; d'autres fois des coings, ou, du farouche Cydon la
235 plante fameuse que font venir les torrents de Crète ; souvent, une fois ces ingrédients bien concassés ensemble à
coups de maillet, fais-les tremper dans de l'eau, et ajoute
l'odorant pouliot nouveau que tu brasseras mêlé à des pépins
de pomme. Tu peux aussi, tantôt, puisant de l'huile parfumée à la rose avec des flocons de laine, la laisser tomber
240 goutte à goutte dans sa bouche entrouverte, tantôt faire de
même avec l'huile d'iris[20]. Mais c'est à grand-peine que,
après avoir enduré mille maux, il pourra, au bout de longs
jours, poser son pas mal assuré fermement, le regard éperdu
errant deçà, delà [21].

231 *σίνεα : seule attestation au sens de *parties immangeables*
d'un fruit (Gow[1] 108) ; ῑ, mais bref *Th.* 1, 653. – 232 ἐπήβολα :
appartenant à, cf. le sens attesté dans la poésie hellénistique de *fait
pour, qui convient à* (Thcr. 28. 2, Ap.Rh. 4.1380). – 232 s. (τοῖά –) :
cf. Call. 2. 80-82 σεῖο δὲ βωμοὶ | ἄνθεα μὲν φορέουσιν ἐν εἴαρι
τόσσα περ Ὧραι | ποικίλ᾽ ἀγινεῦσι. L'Hora du printemps est privi-
légiée, elle mène le groupe des Heures qui peut être désigné par l'adj.
εἰαριναί ([Orph.] *hy.* 43.3) ; ici, elles symbolisent la saison du printemps (cf. comm. n. 20 §3a). – 233 *ἐνεψιήματα : *hapax* absolu ; cf.
Th. 880 κνίδης ἥ θ᾽ ἐψίη ἔπλετο κούροις. – 234 *στρούθεια : *sc.*
μῆλα ; première occurrence de ce mot en poésie, cf. Antiphile, *AP* 6.
252.1 = 791 G.-P². Selon Galien, *san.* 6. 15 (6.450.13 s. K.), les
στρουθία sont l'espèce de coing la plus grosse et la plus douce ; ses
pépins donnent le coing sauvage (Κυδώνιος). – 235 Κρήτηθεν …
ἄναυροι : cf. 368 Λιβύηθε … ῥίζας ; Κρήτηθεν porte sur ἄναυροι
plutôt que sur φυτόν (voir n. critique). – ὃ δή ῥ᾽ : cf. 13, 525, 589, *Th.*
353. – Le nom du fl. de Thessalie Ἄναυρος (Hés. *Sc.* 477, Call. 3.
101 [Σ *ad loc.* : ἄν- Meineke]), signifiant « sans eau » désigne chez
les poètes hellénistiques (p.ê. déjà Ap.Rh. 1.9) des torrents à sec pendant l'été, puis toute espèce de rivière, Coluth. 105, Paul. Sil. 210, 290,
1012 : cf. Σ Ap. *l.c.* [τὸν χείμαρρον ποταμόν, ἐπειδὴ οἱ ἐξ ὑετῶν
συνιστάμενοι οὕτω καλοῦνται] ~ *EG* [*EM* 101.1] α 782 s.v. ἄναυρος, cf. Σ *Al.* 235c [cod. O]) et voir Volkmann 55 s. – 236 σφύρῃσιν : cf. 349 σφύρῃ et Ap.Rh. 1. 734, 2. 81 (*hac sede*) σφύρῃσιν. –
Pour la suite des notes aux v. 236-243 voir p. 129.

οὔρεσιν ἐνθρεφθέντα πόροις ἀπὸ σίνεα κόψας,
ἢ ἔτι καὶ κλήροισιν ἐπήβολα, τοῖά περ Ὧραι
εἰαριναὶ φορέουσιν ἐνεψιήματα κούραις ·
ἄλλοτε δὲ στρούθεια, τοτὲ βλοσυροῖο Κύδωνος
κεῖνο φυτόν, Κρήτηθεν ὃ δή ῥ' ἐκόμισσαν ἄναυροι ·   235
πολλάκι δὴ σφύρῃσιν ἅλις ἐν ἀολλέα κόψας
ὕδασιν ἐμβρέξαιο, νέην δ' ὀσμήρεα γληχώ
σπέρμασι μηλείοισι βάλοις συνομήρεα φύρων.
Καί τε σύ γ' ἢ ῥοδέου θυόεν μαλλοῖσιν ἀφύσσων
παῦρα λίπος στάξειας ἀνοιγομένοις στομάτεσσιν,   240
ἠὲ καὶ ἰρινέοιο. Μόγις δέ κε μυρί' ἐπιτλάς
ἤμασιν ἐν πολέεσσιν ἀκροσφαλὲς ἴχνος ἰῆλαι
ἀσφαλέως, πτοιητὸν ἔχων ἑτεροπλανὲς ὄθμα.

Sɪм. 241-243 (μόγις –) Pr. p. 69.3 s. ; O. *ecl.* 129 (297.12-14) = *Aet.
13. 62. 4 ~ PAeg. 5. 54 (37.13-15) = PsD. 20 (30.16-31.2).

Tᴇsᴛ. 237-238 *EG*^AB ὀσμήρεα · παρὰ Ν-ῳ « ὕδασιν – φύρων ».

deest T ‖ 243, 245-275 om. M
232 ἢ ἔτι ω* : ἠέ τι V*x* ‖ 233 ἐνεψιήματα ΜΟ^pc^RV*x** : ἐν ἐψ- G
ἐνεψήματα LD ἐψιήματα *b*₂*y ‖ 234 στρούθεια G*b**MV*x* : στρου-
θεῖα W^pc^*y στρουθία LW^ac^ ‖ κύδωνος G*b**M : κυδῶνος W et cett. ‖
235 distinxerunt ante Κρήτηθεν G, post Κρ. OV*x*, neque ante neque
post LMRW*y ‖ ἄναυροι ω* (ἄναροι L) D^γρ^ : ἄρουραι V*x** ἄρουραν
M ‖ 236 ἐν ἀολλέα V, cf. criticam adn. ad *Th.* 573 : ἐναολλέα
GMR*x* καὶ ἀολλέα L*b*₂*y prob. Btl. prius (" lege ex Ms et Schol. ",
tum hanc notam del.), cf. gall. adn. ‖ 237 γληχώ *a** (L^pc^) *b*₂* (W^it^) V*c**
(S^pc^) *EG*^B^ : γληχῶ L^ac^ γληχύν M (γληχήν a.c.) RS^ac^ (ut uid.) γληχήν W^sl^ γλήχων *EG*^A^ ‖ 238 βάλοις ω* : βάλοιο WBH, de eodem
mendo cf. ad 153 ‖ συνομήρεα *b*₂* (O^sl^ συν- supra ἐν ὀμ-, quae u.l.
ipsa supra σὺν ὀμ- [in textu] scr.) *y** (-μήρκα QH) memorat Btl.
(" ms "), cf. 449, 607 : σὺν ὀμ- LO^it^ (uide supra) ἐνομ- MR*x EG*
(-ρέα) ἐν ὀμήρεα GO^sl^ (uide supra) V, fort. ex 236 ἐναολλέα
defluxit ; uide gall. adn. ‖ 239 γ' ἢ ω* : γε MV ‖ ῥοδέου Schn. :
ῥοδέοις ω* ῥοδε G (exitus eras.) ῥοδέης M (f.l. pro ῥοδέοις, cf. 230
[L] et praesertim 277 ubi sic errauit M) acceperunt S. et edd. posteriores ‖ 241 μόγις ω* : μόλις S. cl. 292, at cf. *Th.* 281 ‖ κε ω* : γε *x*
contra Nicandri usum ‖ 242 ἰῆλαι G*x* : ἵηλαι V ἰῆλαι LM*by* ἐ[G^γρ^
(uidelicet ἐρείσαι) ἐρεῖσαι O^γρ^ ‖ 243 ὄθμα G/OV : ὄμμα cett.

C'est de ce poison que les pasteurs nomades de Gerrha
245   enduisent les pointes d'airain de leurs armes, ainsi que les
peuplades qui, le long du cours de l'Euphrate, retournent
leurs champs ; c'est lui qui cause des blessures tout à fait
incurables aux chairs noircissantes, car c'est le poignant
venin de l'Hydre qui les ronge sourdement, et l'humidité qui
la putréfie fait éclater la peau[22].

Quant au détestable feu de Médée de
250   **7. L'Éphéméron** Colchide, le célèbre éphèmèron[23], en
a-t-on accepté, lorsqu'on y trempe les
lèvres, une tenace irritation assaille leur pourtour, diffusé-
ment, comme quand le suc neigeux du figuier ou l'âpre ortie

---

244 : I.G. Schneider pensait que le fr. 100 (ἐπιλλίζοντας ὀϊστούς)
venait d'une version plus complète des v. 244-248. Mais les mots qui
introduisent la citation dans l'*EM* (s.v. σίζω) sont corrompus. Au lieu
de ἐν τοῖς Ἀλεξιφαρμάκοις, on lit dans l'*EG* : ἐν τῷ λέγειν, ce qui
nous prive de référence. – χαλκήρεας : cf. *Od.* 1. 262 ἰοὺς ...
χαλκήρεας (les flèches qu'Ulysse veut enduire de poison, cf. comm.
n. 22 §a). – αἰχμάς : *pointes* de flèches ou de lances. – 245 πολέοντες : pour ce sens technique, cf. Hés. *Trav.* 462. – 246 τὸ δέ : O.
Schneider (*ad loc.*), justifie la *v.l.* τὰ δέ par le fait que N. considérerait
ici également d'autres armes que les χαλκήρεας αἰχμάς, d'où le
neutre. Il arrive à N. de changer de genre librement (cf. t. II, *Notice*,
n. 219), mais la reprise du pron. représentant le poison, recommandée
par Bentley, acceptée par I.G. Schneider et Lehrs, confirmée par Eutecnius (cf. Jacques[4] 37 n. 24), semble préférable, malgré le caractère peu
courant d'une telle anaphore. – ἀναλθέα τραύματα : = (*hac sede*)
Bion (Εἰς Ὑάκινθον) fr. ι 4 Gow = xiv Wilamowitz,... μοιραῖα
δ' ἀναλθέα τραύματα πάντα. Knaack 10 soupçonne ici un de ces
menus larcins dont N. est coutumier (cf. n. *ad* 161, *al.*). – 247 σάρκα :
si le texte est sain (cf. n. critique), on a le choix entre un double acc. et
un acc. dépendant de τραύματα τεύχει = τιτρώσκει par extension de
l'usage analysé *ap.* K.-G. I §411.4. La première explication semble
plus naturelle. I.G. Schneider rattachait σ. μ. à la suite, ce qui entraîne
un δὲ en 4ᵉ position (voir *Notice* p. CIV). – *ὑποβόσκεται : *hapax*
absolu ; ὑπο- est rendu le plus souvent de manière concrète, *dessous là
où il s'est caché* (Grévin), *frisst unter der Haut* (Brenning), *eats its
way in the flesh* (G.-S.). – *Pour la suite des notes aux v. 248-252 voir
p. 136.*

Τῷ μὲν Γερραῖοι νομάδες χαλκήρεας αἰχμάς
οἵ τε παρ᾽ Εὐφρήταο ῥόον πολέοντες ἀρούρας　　245
χραίνουσιν · τὸ δὲ πολλὸν ἀναλθέα τραύματα τεύχει
σάρκα μελαινομένην · πικρὸς δ᾽ ὑποβόσκεται Ὕδρης
ἰός, σηπόμενον δὲ μύδῳ ἐκρήγνυται ἔρφος.

Ἢν δὲ τὸ Μηδείης Κολχηΐδος ἐχθραλέον πῦρ,
κεῖνό τις ἐνδέξηται ἐφήμερον, οὗ περὶ χείλη　　250
δευομένου δυσάλυκτος ἰάπτεται ἄμμιγα κνηθμός,
οἷά τ᾽ ὀπῷ νιφόεντι κράδης ἢ τρηχέϊ κνίδῃ

SIM. 244-246 *Aet. 13. 62. 1 (scriptio breuis) = PAeg. 5. 54 (37.2 s.) =
PsD. 20 (30.3-5) ‖ 249-259 (*ephemeron*) Scrib.L. 193 (89.27-90.3) ;
Pr. 56 (69.6-9) ~ *Aet. 13. 59 §2 = PAeg. 5. 48 (35.3-6) = PsD. 5
(20.3-7) ; Σ 249b 12-19 (uide comm. n. 23§1).

TEST. 251 (δυσάλυκτος) cf. ad 537 ‖ (κνηθμός) cf. Hsch. κ 3100
κνηθμός· κνησμός ; non legitur κνηθμός nisi apud Nicandrum. Cf.
422.

desunt MT (hic usque ad u. 249)
uersus 244-248 post 208 inserendos esse censuit Schn. cl. Aet. PsD. ;
ex eodem contextu fr. 100 extractum esse coniecerat, quod ex *Al.* citat
EM 712.42 falso (uide gall. adn. ad 244) ‖ 246 τὸ LW^{it}y legisse uid.
Eut. 68.10 ss. (cf. comm. n. 22 §b2α et uide gall. adn.) : τὰ G*b** (W^{sl})
V*x* ‖ 247 σάρκα μελαινομένην ω : datiuum malim, cf. 119 (accepta
coniectura mea) ‖ πικρὸς δ᾽ ω* : πικρῶς G (δ᾽ om.) πικρῶς δ᾽ R (-ῶ-
ex -ὸ- corr.) ‖ ὑποβόσκεται ω* (*l*) : -σήπεται V*x* ‖ 249 ἐχθραλέον
ego suadente S., cf. 594 : ἐχθόμενον ω* (ἀχθ- L ἐχθίμ- QH) ἐχθρό-
μενον T (his duabus vv.ll. conflatis) ‖ 250 κεῖνο τις (uel τίς) ἐνδέξηται Ω* (κεῖνος Wy, τίς ἐνδέξηται [in rasura] G^{it} qui γρ. τίς
ἐνδέξηται sscr.) : κεῖνο ποτὸν δέξηται V*x* (cf. 116) G^{ac} (ποτὸν pro
τίς ἐν- prius scr. ut uid.) ‖ περὶ χείλη Ω* : παρὰ χείλη OV*x* π
- χέτλη Wy qui sp. 3 litt. reliquerunt ‖ 251 ἄμμιγα T cf., in eadem
sede, Ap.Rh. 1.573, 2.983, 3.1405 (alio sensu) : ἔνδοθι ω (cf. Σ 249b
13 τὰ εἴσω τῶν χειλέων κινεῖ πρὸς κνησμόν ~ Eut. 68. 21 ἔνδοθεν
ἐγείρεται καὶ περὶ τὰ χείλη ... κνησμός) fort. ex 192, 262, 316
defluxit ‖ κνηθμός ω : κνιθμός T, cf. ad 422.

souillent la peau, ou encore la tête aux nombreuses tuniques
de la scille, qui fait violemment rougir les jeunes chairs. Et
255 quand il a porté le breuvage à ses lèvres, une lourdeur lui
assiège l'estomac, qui, d'abord, en est rongé, puis, sous
l'effet de néfastes hauts-le-cœur, a tôt fait d'être ulcéré
jusqu'à la racine, tandis que le malade dégorge une vilaine
vomissure, telles les troubles eaux du lavage des viandes
que répand le boucher, et en outre son ventre rejette des
déjections polluées par le poison[24].

260 Eh bien ! toi, donne-lui tantôt la chevelure frisée du
chêne, et tantôt celle du vélani, que tu hacheras avec les
glands. Ou bien trais du lait frais dans une jatte, qu'il en
boive tout son saoul, et qu'il en retienne aussi dans sa
bouche. Pour sûr, les pousses de la renouée seront parfois
265 d'un bon secours, d'autres fois ses racines bouillies dans du

---

253 μιαινομένοις : le nomin. de la tradition unanime, conservé par
les éditeurs antérieurs à O. Schneider (y compris I.G. Schneider, d'où
Lehrs), semble impossible à justifier (il ne peut renvoyer à τις). I.G.
Schneider conjecturait -μένοις (adopté par les éditeurs postérieurs) ;
-μένου aurait l'avantage de garder le même sujet que δευομένου (cf.
n. critique à 253). – *σπειρώδεϊ : néologisme propre aux *Al.*, cf. 527, =
« riche en enveloppes » (Chantraine *DELG* s.v. σπεῖρα) ; Σ *Th.* 201b
l'utilise pour gloser εἰλικοέσσαις. – κόρση : ici, en parlant du *bulbe*
de la Scille, cf. 527 (tête du Chou). Pour le sens de *tête* chez les poètes
hellénistiques, cf. *Th.* 750 n. (ajouter aux références : Lyc. 507, 711 [cf.
Konze 64] et, déjà, Emped. fr. 57.1 κόρσαι ἀναύχενες). – 254 ἔκπαγλα : cf. *Th.* 445 n. – 255 ἐπισχομένοιο : *sc.* δέπας καὶ πιόντος ; cf.
Stésichore PMG 181... λαβὼν δέπας ... | πί' ἐπισχόμενος, Ap.Rh.
1.472 s. ἐπισχόμενος ... δέπας ... | πῖνε, Plat. *Phd.* 117c ἐπισχόμε-
νος ... ἐξέπιεν (cf., à l'Act., *Il.* 9.489 οἶνον ἐπισχών, dit de celui qui
tend la boisson à qqn.). Littéralement : *ayant porté la coupe à ses
lèvres* ; la glose de GᵍOᵍ ποθέντος (l'Actif πιόντος serait préférable)
suppose que N. a donné au mot le sens prégnant de *ayant bu*, ce qui
n'est pas nécessaire. – στόμαχον : mot inconnu des *Th.* ; pour le sens,
cf. 20 n. – 256 *ἐρεπτόμενον. Deux possibilités : (a) Moy. hom.,
βάρος étant suj. (mais le changement de suj. avec ἑλκωθέντα plus rude
que d'une proposition à une autre [*e.g.* 287]) ; (b) Pass. avec le même
suj. στόμαχον ; attesté pour la première fois (cf. l'Act. ἐρέπτω *ap.*
Nonn. *D.* 40.306, *par.* 6.177 ~ 13.82). Le balancement πρῶτον ...
μετέπειτα est en faveur de la seconde hypothèse. – *λοιγέϊ : cf. *Th.*
921. – *Pour la suite des notes aux v. 257-265 voir p. 140.*

χρῶτα μιαινομένοις, ἢ καὶ σπειρώδεϊ κόρσῃ
σκίλλης, ἥ τ᾽ ἔκπαγλα νέην φοινίξατο σάρκα.
Τοῦ καὶ ἐπισχομένοιο περὶ στόμαχον βάρος ἵζει   255
πρῶτον ἐρεπτόμενον, μετέπειτα δὲ λοιγέϊ συρμῷ
ῥιζόθεν ἑλκωθέντα, κακὸν δ᾽ ἀποήρυγε δειρῆς,
ὡς εἴ τε κρεάων θολερὸν πλύμα χεύατο δαιτρός,
σὺν δέ τε καὶ νηδὺς μεμιασμένα λύματα βάλλει.
Ἀλλὰ σὺ πολλάκι μὲν χαίτην δρυὸς οὐλάδα κόψας,   260
πολλάκι καὶ φηγοῖο, πόροις ἀκύλοισιν ὁμαρτῇ.
Ἠὲ σύ γε βδήλαιο νέον γλάγος ἔνδοθι πέλλης ·
αὐτὰρ ὁ τοῦ κορέοιτο, καὶ ἐν στομάτεσσιν ἐρύξας.
Ἦ μὴν πουλυγόνοιο τοτὲ βλαστήματ᾽ ἀρήξει,
ἄλλοτε δὲ ῥιζεῖα καθεψηθέντα γάλακτι.   265

SIM. 260-278 Scrib.L. 193 (89.27-90.3-6) ; D. eup. 2. 152 (312.6-14) ;
Ascl.Ph. ap. Gal. ant. 2. 7 (140.3-5) ; Pr. 56 (69.14-16) ; *Aet. 13. 59
§3 = PAeg. 5. 48 (35.6-17, uberius) = PsD. 5 (20.7-21.5) ; Σ 249b 19-
30.

TEST. 262 (– γλάγος) Σ Thcr. 2. 56a (N-ος).

deest M
253 μιαινομένοις Schn. (Corrigenda, p. 335 cl. Eut. 68.22 s. οἷος δὴ
τοὺς χριομένους τῷ ὀπῷ ... κνησμὸς κατέχειν πέφυκεν) : μιαινό-
μενος Ω* (μαινόμενος Τ) defendunt omnes ante S. editores maiore
signo distinctionis posito post κνηθμός (sic RVAld Mosq) an μιαινο-
μένου corrigendum (ad οἷα uel οἷά τε cum participio = ut si cf. e.g.
194, Th. 696-698) ? ‖ ἢ Ω* : om. L ‖ 255 ἐπισχομένοιο ω : ἐπεσχυ-
μένοι Τ ‖ uersus 256-259 inuertendos esse ut legerentur 257-256, tum
259-258, putabat Btl. (cl. PsD., at cf. Scr.L.), quo duce 259-258 traie-
cit Gow ; cf. comm. n. 24 §2b3 ‖ 256 πρῶτον ἐρεπτόμενον Τ :
πρῶτ᾽ ἀνερ- L (πρῶτα νερ-) b*yDˢˡ Mosqˢˡ (ut uid.) πρῶτ᾽ ἀναρ-
GWVx* ‖ 258 ὡς εἴ a* (ὧς L) b* : ὡσεί WVc, cf. ad 382 ‖ 261
πόροις Ω* : βάλοις G ‖ ὁμαρτῇ Τ (ὁμαρτῇ) : ὁμήρη ω ἰσήρη
Gᵞᵖ ‖ 262 ἔνδοθι Ω* : -θε G -θεν H ‖ 263 ἐρύξας Τ : ἐρύξει ω*
(Oⁱᵗ ὀρύξει H ἐρύξοι Oˢˡ ἐρύξαι x) ‖ 264 om. G sed add. mg. sup. ‖ ἦ
μὴν : ἢ ἔτι malim ‖ ἀρήξει Ω* (Vⁱᵗ) : εὑρήζει L ἀρήξοι Vˢˡx ‖
265 δὲ Vx (cf. gall. adn.) : δὴ cett. ‖ καθεψηθέντα Τ Eut. (69.14 ἦν
ἑψηθῇ) : καταψηχθέντα GbVx -ψυχθ- Ly.

lait. Et certes, émiette dans de l'eau les vrilles de la vigne, et pareillement des surgeons coupés autour de la ronce. De plus, dépouille l'opulente noix en forme d'outre, à mince écorce, de ses peaux nouvelles, enveloppe au fond de laquelle la chair s'entoure d'une membrane sèche, la noix malaisée à peler que nourrit la terre Castanienne. Il te sera aisé de prélever pour lui la moelle au profond de la grande férule, qui reçut le butin du vol Prométhéen. Il y a en outre les feuilles du serpolet vivace et la baie du myrte astrin-gent : jette-les en suffisance dans ton récipient. Ou bien encore, si tu veux, mets à tremper l'écorce qui enveloppe le fruit du grenadier, et fais boire après l'avoir mélangée à des pommes, afin que de cette boisson astringente (...) et tu dis-siperas la maladie[25].

266 ναὶ μήν : cette conjecture s'appuie sur le fait que v.μ. est la seule formule de transition commençant par ν employée par N. à l'intérieur d'une même notice ; l'acrostiche l'impose (voir t. II, *Notice* p. LXXI et *ib.* n. 162) ; νῦν δὲ καὶ serait plus économique, mais est exclu du fait que N. utilise seulement dans la formule νῦν δ᾽ ἄγε, pour passer d'un développement à un autre (*Th.* 359, 528, 636). Le modèle de l'archétype présentait, semble-t-il, au début de ce vers, une lacune qui a été comblée par conjecture dans l'ignorance de l'acro-stiche. – ἀμπελόεις : = ἀμπελόεντας, mis pour ἀμπελοέσσας. Cf. 293 φαρμακόεις = φαρμακόεντες, pour φαρμακόεσσαι ; fr. 74.26 (κάλυκες) ἀργήεις = -ήεντες, pour -ήεσσαι, et voir Meineke, 1.16. Sur les adj. à deux terminaisons, cf. 171 n. et *Notice* p. CV. – ἕλικας : pour l'allongement de l'α bref à l'arsis devant voy. initiale, cf. t. II, p. CXXIV (début). – *ἐνθρύπτεο : N. emploie souvent ἐνθρύπτω " fragmenter dans (un liquide) " (8 ex.), mot d'Hippocrate qu'il semble avoir introduit en poésie ; Moy. seulement ici. – 267 *βα-τόεντα : = βάτου, *hapax* absolu. – *πτορθεῖα : *hapax* absolu, formé sur πτόρθος. – 268 *τέρφη : *Th.* 323 τέρφει, seules occurrences poét. (cf. Hsch. *Test.*) ; = ἔρφη (248, 343), στέρφη (Ap.Rh., Lyc., *al.*) ; cette dernière forme serait ion., selon Σ 248c. – 269 ἀσκηροῦ : *vera lectio* restituée d'après une glose d'Hésychius (cf. *Test.* ; pour d'autres gloses d'Hsch. attestées seulement chez N., voir *Test.* 18, 81, 87, 138, 268, 396, 422, 505) ; elle rétablit l'acrostiche et corrige une faute de prosodie difficilement imputable à N., cf. (Καστ)α(νίς). – *Pour la suite des notes aux v. 269-278 voir p. 143.*

Ναὶ μὴν ἀμπελόεις ἕλικας ἐνθρύπτεο νύμφαις,
Ἴσως καὶ βατόεντα περὶ πτορθεῖα κολούσας.
Καί τε σὺ γυμνώσειας ἐϋτρεφέος νέα τέρφη
Ασκηροῦ καρύοιο λαχυφλοίοιο κάλυμμα,
Νείαιραν τόθι σάρκα περὶ σκύλος αὖον ὀπάζει,   270
Δυσλεπέος καρύοιο τὸ Καστανὶς ἔτρεφεν αἶα.
Ρεῖα δὲ νάρθηκος νεάτην ἐξαίνυσο νηδύν,
Ος τε Προμηθείοιο κλοπὴν ἀνεδέξατο φωρῆς.
Σὺν δὲ καὶ ἑρπύλλοιο φιλοζώοιο πέτηλα
εὐφίμου τ᾽ ἀπὸ καρπὸν ἅλις καταβάλλεο μύρτου.   275
Ἤ καί που σιδόεντος ἀποβρέξαιο κάλυμμα
καρπείου · μιγάδην δὲ βαλὼν ἐμπίσεο μήλοις,
ὄφρ᾽ ἂν ἐπιστύφοντι ποτῷ < . . . .
. . . . > νοῦσον δὲ κεδάσσεις.

TEST. 268 (τέρφη) cf. Hsch. τ 564 τέρφη· λέπυρα ; haec uox alibi
non legitur ‖ 269 (ἀσκηροῦ) cf. Hsch. α 7707 ἀσκηρά· εἶδός τι τῶν
καστανίων.

deest M usque ad u. 276
269-271 (λαχ. – καρύοιο) om. H ‖ 273-274 (κλ. – ἑρπύλ.) om. x
266-273 om. W sed in mg. dextera praebet ‖ 266 ναὶ μὴν ego : σὺν δὲ
καὶ Ω de νῦν δὲ καὶ (Oikonomakos duce Helmbold) prius cogitaueram sed cf. gall. adn. ‖ 267 κολούσας T : -σαις ω ‖ 268 ἐϋτρεφέος
Ω* (Sᵖᶜ, εὐτρεφ- x) : ἐϋτρεφέα Sᵃᶜ (ut uid.) ἐϋτρέος QH ἐϋτερφέος
V ἐϋτροφέος Steph.ᵞᵖ (cf. Hp. dent. 29 et uide ad 388) ‖ 269 ἀσκηροῦ ego cl. Hsch. (cf. Test.) : καστηνοῦ Ω* (καστηροῦ Mosq) ‖
λαχυφλοίοιο T (sine acc.) G/O Σᵞᵖ : δασυφλ- LRW (λασυφλ- Oᵞᵖ
c.gl. χνοώδους) y* (H hiat) Dᵞᵖ Σ ταχυφλ- Vx ‖ 270 αὖον Ω* : αὖον
O ‖ 273 φωρῆς Gow tacite : φώρης Ω* (sine acc. R) edd. plerique
φωρός legisse uid. Σ (273.2 νάρθηκα τὸν κρύψαντα τὴν κλοπὴν
τοῦ κλέπτου Προμηθέως) ‖ 275 εὐφίμου Ta* (Lˢˡ) lb* (Wˢˡ) Dᵞᵖ
(ἀφίμου) Btl. (" ex Schol. ") : εὐφήμου LⁱᵗWⁱᵗVc ‖ 277 καρπείου Ω*
(Wˢˡ, -εῖ- T), cf. ad 118 : καρπίου LWⁱᵗy ‖ μιγάδην T : μίγδην ω*
(Gb*MVx ἀμμίγδην LWB ἀμίγδην y₂), praepostera uariatio 349 ‖
μήλοις T : μύρτοις ω* (μύρτης M, cf. ad 239) ex 275 defluxit ‖
278 ἐπιστύφοντι ω* (cf. 79) : ἐπὶ στ- R ἐπιστίφοντι y επιστυψαντι
T ἔπι στῦφόν τι S., quo duce ἐπῆ στῦφόν τι Gow ; lacunam indicaui,
monente Btl., probante Schn. (ad ἐπιστύφοντι ποτῷ cf., eadem sede,
375 ἐνστύφοντι ποτῷ) ‖ κεδάσσεις T : κεδάσσαις ω* (Lᵖᶜ Oᵖᶜ)
κεδάσαις OᵃᶜV σκεδάσαις W (cf. ad 333) κεδάσσας Lᵃᶜ

280   **8. *L'Ixias ou***
        Chaméléon noir

Que de l'ixias[26], quand par ruse elle est sur tes lèvres, la boisson perni- cieuse n'échappe pas à ta vigilance, car elle a l'odeur du basilic. Le bu- veur, d'abord, a la masse mobile de la langue qui devient par-dessous un peu rugueuse, enflammée à partir de la base. Puis, son intelligence s'en va errant ; pris de rage, il se scie la langue au moyen de sa canine, car la folie lui subjugue

285   l'esprit. De part et d'autre, bouchant au hasard les deux conduits des matières liquides et solides, son ventre

279 s. σε μή τι ... | ... λήσειεν : cf 594 s. – 279 *ἰξιόεν : *hapax* absolu, de création audacieuse (cf. 276 σιδόεντος, 555 χαλ- βανόεσσα ; voir Lingenberg 25) ; l'adj. est ambigu, car il peut venir d' ἰξία aussi bien que d' ἰξίας, voir le comm. n. 26. – δόλῳ : allusion aux entreprises criminelles favorisées par sa ressemblance d'odeur avec le Basilic. – χείλεσι : le lien semble inévitable avec σε, 2ᵉ pers. comme victime éventuelle (cf. 116, 611), même si, aussitôt après, N. parle du buveur à la 3ᵉ pers. (281 τοῦ, cf. 16 τοῖο). Pour ce flottement, cf. 58 n. ; voir *Notice* p. LXXVI et t. II, p. LXX (avec la n. 158). – 280 οὐλόμενον (πῶμα) : caractérise un breuvage vénéneux (157 Coriandre, 466 Lièvre marin), ou un Venimeux (*Th.* 277 Céraste, 357 Dipsade). Sur la *v.l.* οὐλοφόνον, cf. comm. n. 26d. – *ὠκιμοειδὲς : adj. ici seulement, = *semblable au basilic* (ὤκιμον) ; partout ailleurs, phytonyme, *e.g.* synonyme du Chaméléon noir (voir comm. n. 26d). – 281 ὑπό ... τρηχύνεται : tmèse ; pour ὑπο- au sens de *légèrement*, cf. ὑπότραχυς ; ou ὑπό adv. *dessous*, renforçant νέατος et νέρθεν ? – ὁλκός : voir 79 n. ; *ad* γλώσσης – ὁλκός : cf. 79-80. – 282 *ἐπι- φλεγέθων : *hapax* absolu, = ἐπιφλέγων, dont le sens médical n'est pas attesté ailleurs. – ἐμπλάζεται : cf. 189 (Act.), et pour le sens fig., *Th.* 757 κραδίη δὲ παραπλάζουσα μέμηνε (779 ἐμπλάζουσα *alio sensu*). Les Σ glosent par περιφέρεται τῇ διανοίᾳ, cf. Eut. 70.3 ἡ ψυχὴ πεπλανῆσθαι δοκεῖ ; les seules occurrences connues du Pass. au sens de *errer* sont Plut. *Othon* 12.3, 1072a, [Orph.] *Arg.* 645 (cité 189 n.) et p.-ê. Emped. 57.2 ἐμπλάζοντο (*v.l.* de ἐπλάζοντο). – ἦτορ : entendre " il est vague *d'esprit* " (cf. Dᵍ ἦτορ · ψυχή et Eut. *l.c*) ; seul exemple du mot chez N. Le *cœur* (ἦτορ ~ θυμός), siège de la *vie* et de la *passion*, l'est aussi de la capacité de *décider*, cf. *Il.* 1.188, où ἦτορ est repris en 193 par κατὰ φρένα καὶ κατὰ θυμόν, avec θυμόν voisin de φρένα dans cette formule, au sens vague de *cœur* ou *esprit* (cf. Kirk *ad loc.*). Voir *Notice* p. XXXVI. – *Pour la suite des notes aux v. 283-286 voir p. 148.*

Ἰξιόεν δέ σε μή τι δόλῳ παρὰ χείλεσι πῶμα
οὐλόμενον λήσειεν, ὅ τ᾽ ὠκιμοειδὲς ὄδωδε.   280
Τοῦ μὲν ὑπὸ γλώσσης νέατος τρηχύνεται ὁλκός
νέρθεν ἐπιφλεγέθων · τὸ δέ οἱ ἐμπλάζεται ἦτορ,
λυσσηθεὶς γλῶσσαν δὲ καταπρίει κυνόδοντι ·
δὴ γάρ τ᾽ ἔμπληκτος φρένα δάμναται. Ἀμφὶ δὲ δοιούς
εἰκῇ ἐπιφράσσουσα πόρους τυφλώσατο νηδύς   285
ὑγρῶν τε βρωτῶν τε · καταπνίγουσα δὲ πνεῦμα

SIM. 279 s. (synonyma plantae quae appellatur *ixia/ixias*) Scrib.L. 192
(89.19 s.) ; Pr. 59 (69.32, 33 s.) ~ *Aet. 13.73 §1 = PAeg. 5.47 (34.11)
= PsD. 21 (31.3 s.) ‖ 279-297 Scrib.L. 192 (89.20 s.) *ad ixiam* ; Pr. 59
(69.32, 34 s.-70.1) περὶ ἰξίας = Pr¹. ; *Aet. 13.73 (*Annexe* §8a) πρὸς
τοὺς ἰξίαν πιόντας = Aet¹., PAeg. 5.47 (34.12-15) περὶ ἰξίας =
PAeg¹., PsD. 21 (31.5-8) περὶ ἰξίου (A : ἰξία ἢ καὶ οὔλοφον [lege
οὐλόφονον] V). aliter Pr. 70 (74.2-5) π. χαμαιλέοντος μέλανος =
Pr²., *Aet. 13.74 (*Annexe* §8b) = Aet². et PAeg. 5.38 (30.20-31.3) =
PAeg²., hi duo περὶ χαμαιλέοντος.

TEST. 279 s. *EG*ᴬ (*EM* 471.55 οὕτως N-ος cod. V ; Nicandri loc. non
habent *EG*ᴮ, *EM*) N-ος, Zon. 1112.4 (τὸ ἐπίγραμμα Νικάνδρου
[sic]), Suid. σ 392 (lemma solum), s.v. ἰξιόεν.

279 ἰξιόεν Ω* : ἰξυόεν *x* ‖ 280 οὐλόμενον T (-λομένον) : οὐλοφόνον ω Σ, testes, fort. recte (de synonymia cf. comm. n. 26bd) ‖ ὠκιμοειδὲς Ω : -δὴς Zon. -δῶς *EG*ᴬ ‖ 282 ἐπιφλεγέθων T : ὑποφλ- ω
(ex 281 ὑπὸ defluxit) ‖ τὸ Ω* (sine acc. T) : ὃ GMR ‖ ἐμπλάζεται ω*
(B, -πλάξ- L) quam lectionem praebent Steph. Schn., commendat Btl.
" ex Ms " : ἐμπάζ- T (sine acc.) *c**, fort. per haplogr. (cf. *Notice*,
p. cxxix) Lehrs c.edd. ante Steph. ἀμπάζεται S. cl. Hsch. α 3768
ἀμπάζονται· ἀναπαύονται, 3771 ἀμπάζαι· παῦσαι (at κατεμπάζω =
κατεπείγω, καταλαμβάνω, cf. *Th.* 695 c. gall. adn.) ‖ 282 s. dist. post
ἦτορ S. praeeunte Steph. (fort. post ἦτορ interpunxit O cuius lectio
ἦτορι [ἤτορι I] ex ἦτορ: corrupta est ut uid.) : post ἦτορ et λυσση-
θείς distinxerunt BVAld Mosq, post λυσσηθεὶς *a*MRWD, nullam
interpunctionem habent Ty₂ ‖ 283 λυσσηθεὶς Ω : λυσσηθὲν Btl. (sed
ad particulae δὲ positionem uide gall. adn.) λυσσήεις scripsisse Nicandrum suspicabatur S. ‖ δὲ om. O ‖ 284 τ᾽ T (ad δὴ γάρ τε cf. 187,
Th. 783) : ὅ γ᾽ ω ὅτ᾽ S. (cf. *Th.* 838) ‖ 286 καταπνίγουσα ω : κατα-
πνείουσα T ‖ δὲ om. H

s'aveugle ; puis, il gronde sourdement, lorsqu'au-dedans de
lui il bloque l'air qui tourne en rond dans une étroite orbite :
souvent, on croirait entendre les roulements du tonnerre
dans un ciel pluvieux, d'autres fois en revanche les terribles
290 mugissements de la mer, tels ceux qui la font gronder au
pied des récifs rocheux. Tout épuisé qu'il est, il voit, dans
son accablement, l'air remonter à grand peine, et, sur-le-
champ, le breuvage vénéneux lui fait déverser des déjections
pareilles aux œufs que la géline d'engrais, après avoir été
295 couverte par les coqs belliqueux, expulse de son ventre,
caillots dans des membranes, sans coquille, que parfois des
coups, ou souvent la maladie, viennent de la dompter et lui
fassent répandre à terre son infortunée géniture[27].

287 *ὑποβρομέει, 290 *ὑποβρέμεται (Μοу. au sens de l'Act.) :
hapax absolus, = ὑποβρέμει. – ἐνελίσσεται : cf. Ap.Rh. 3.1004. –
ὄγμῳ : emploi métaphorique, cf. *Th.* 571 n. – 288 *ἀνομβρήεντος :
hapax abs. pour le sens, cf. *Th.* 26 n. – ὀλύμπου : non pas, comme le
croient Σ et Eut., l'Olympe (ce qui mettrait N. en contradiction avec
Homère, cf. *Od.* 6. 43 ss., passage cité par les Σ) mais le *ciel* (οὐρανοῦ
Dᵍ), comme chez Ératosthène fr. 16.1 ; cf. ἀμφιτρίτη, au sens
métaphorique de *mer*. – 289 τοτὲ δ᾽ αὖτε : cf. 120 n. – ῥόχθοισι : cf.
390 n., *Th.* 822 n. – 291 s. : cf. *Th.* 280 s. – 292 s. πόσιες … φαρμακόεις : cf. 4 ; ici, plur. au lieu du sing., cf. 89 et la n. à 15 ἄστυρα. –
φαρμακόεις : cf. 266 ἀμπελόεις et la n. – 292 λύματ(α) : a le sens
de *selles* au v. 259 (voir la n.), mais pourrait aussi bien que 485 φύρματα s'appliquer à la vomissure. – 293 βοσκάς : cf. *Th.* 782 (*alio
sensu*) ; ici, comme *supra* 228 βοσκαδίης (voir n.), semble être synonyme de φορβάς (*Th.* 925). – 294 *ὀρταλίς : GᵍDᵍ glosent par ὄρνις
(*poule*) ; cf. 165 n. – αἰχμητῇσιν : cf. [Opp.] *Cyn.* 2.189 ἀλεκτρυό-
νεσσι μαχηταῖς ; Lycophron emploie αἰχμητής en parlant d'un aigle
(260), ou de chiens (1266). – *ὑπευνασθεῖσα : cf. l'oracle *ap.* Porphyr. *Orac.* 127.3 = Euseb. *PE* 3.14.6 ὑπευνηθεῖσα = Epigr. app.
orac. 180.2. Cougny écrit ὑπευνασθ- ; ce serait la seule autre occurrence de ὑπευνάζομαι/-νάομαι. – νεοσσοῖς : ces *poussins* (cf. Aristoph. *Ois.* 835 Ἄρεως νεοττός) sont évidemment des *coqs* (Σ), cf.
n. à 151 (ἀμνός). – 295 s. : cf. Plut. *Mor.* 38e10-13 ταῖς μὲν οὖν
ὄρνισι τὰς ὑπηνεμίους λοχείας καὶ ὠδῖνας ἀτελῶν τινων καὶ
ἀψύχων ὑπολειμμάτων ὀχείας λέγουσιν εἶναι. – 295 νέον : malgré sa place, porte sur δαμναμένη, que son complément πληγῇσι
anticipe (cf. 351 s. νέον … l… λαιμάσσοντα, 421 s. νέον … l φαίνοντες). – *Pour la suite des notes aux v. 295-297 voir p. 149.*

ἐντὸς ὑποβρομέει, ὀλίγῳ δ' ἐνελίσσεται ὄγμῳ,
πολλάκι δὴ βροντῆσιν ἀνομβρήεντος ὀλύμπου
εἰδόμενον, τοτὲ δ' αὖτε κακοῖς ῥόχθοισι θαλάσσης,
οἵοις πετραίῃσιν ὑποβρέμεται σπιλάδεσσι.   290
Τῷ καὶ στρευγομένῳ περ ἀνήλυθεν ἐκ καμάτοιο
πνεῦμα μόλις, πόσιες δὲ παραυτίκα λύματ' ἔχευαν
φαρμακόεις ὡοῖσιν ἀλίγκια, τοῖά τε βοσκάς
ὀρταλὶς αἰχμητῆσιν ὑπευνασθεῖσα νεοσσοῖς
ἄλλοτε μὲν πληγῇσι νέον θρομβήϊα γαστρός   295
ἔκβαλεν ἐν μήνιγξιν ἀνόστρακα, πολλάκι νούσῳ
δαμναμένη δύσποτμον ὑπὲκ γόνον ἔκχεε γαίῃ.

293-294 (ἀλίγκια – αἰχμ.) om. y₂, 296 om. Vx
287 ὄγμῳ TG/OMV : ὁλκῷ Lb*B ὁλκῷ c* ‖ 288 δὴ T (iam coniecerat
Btl.) : δὲ Gb*M δ' ἐν W et cett. ‖ 289 εἰδόμενον S. : -νος Ω ‖
290 οἵοις S. ex T (οἵοης), iam coniecerat Btl. (" οἵοις uel ἦμος ") :
οἷος ω ‖ πετραίῃσιν ω* (Oᵖᶜ, πετρέησιν L) : πετραίοισιν TOᵃᶜ ‖
292 πόσιες ω* (πήσιες L πόσις V πόσσοις M [π- potius quam τ-]) :
πόσιος T ‖ δὲ om. T ‖ λύματ' ἔχευαν Ω* (ἔχευεν T ἄχευαν L) : fort.
λύματα χεύαν ‖ 293 φαρμακόεις Ω* (-κῶοις T) : φαρμακόεσσ' (i.e.
φαρμακόεσσαι) Btl. cl. 4, at cf. gall. adn. ad 266 ‖ ὡοῖσιν ω, cf. 555 et
ad Th. 192 : ὡιοῖσιν T ‖ 294 ὀρταλὶς x : ὀρταλῆς T ὀρταλις cett. ‖
αἰχμητῆσιν Ω* (αὐχμητῆσιν Lᵖᶜ) : αἰχμητοῖσιν BMVx αὐχμητοῖσιν
Lᵃᶜ ‖ ὑπευνασθεῖσα T : ὑπευνηθεῖσα ω* (ὑπ' εὐν- R), ad hanc uariationem cf. gall. adn. ‖ 295 μὲν om. Wy ‖ νέον ω (ad 297 δαμναμένη
spectare monuit S.) : νέα Btl. ‖ θρομβήϊα ω* (-βῖϊα L) : θρόμβους ἀνα
T ‖ 296 ἀνόστρακα Gˢˢᶜʳ (u.l. potius quam gl., cf. O ad 299) defendit
Volkmann 57 cl. Aeschyl. F 337 (qui ὄστρακον appellat ovi putamen)
hanc lect. testari uidetur Oᵍ κελύφων ἄνευ (ad ἀνοστέα) = Eut. (70.18
ἄνευ τῶν κελύφων) : ἀνόστεα Ω* (ἀν' ὀστέα M) ‖ 297 δαμναμένη
Ω* : μαρναμένη GMR (δ μαρν- scripserat spatio unius litterae ante μ
relicto, tum δ deleuit) Vx ‖ δύσποτμον T : δύσπεπτον ω* (δύσπετον
Lᵃᶜ sed π supra ε add.) Σ tacet Eut. ‖ ὑπὲκ γόνον M (iam correxerat
Btl.) : ὑπ' ἐκ γόνον Steph. ὑπεκγόνον Ω*.

Pour lui, l'absinthe avec son fameux breuvage astringent écartera la souffrance, une fois bien macérée dans du vin
300 doux de nouveau pressurage. Et c'est parfois la résine du térébinthe, souvent les pleurs du pin noir que tu détacheras, et souvent ceux du pin d'Alep qui gémit à l'endroit où Phoibos dépouilla Marsyas de la peau de ses membres ; et lui, sur ce destin tant conté, pleurant dans les vallées, solitaire, il
305 ne cesse d'entonner une longue plainte. Donne-lui à satiété ou bien, de la germandrée-polion tueuse de rats, de la variété blanche, la fleur ; ou bien encore, pour lui, cueille les pousses basses de la rue, le nard, et du castor des marais prends le testicule. Ou bien, sous les dents de la râpe, broie

298 *εὐβραχέος : *hapax* absolu, formé sur le radical de l'aor. ἔβραχον, cf. εὐπιθής (Eschyle) en face de εὐπειθής (Ap.Rh.) ; la *v.l.* recommandée par Bentley (εὐβρεχέος), formée sur le radical du présent (βρέχω) n'est pas, elle non plus, attestée ailleurs. – ἄλγος ἐρύξει : cf. 179 n. – 299 *ἐνστῦφον : 321, 375 ; semble une création de N. à côté de ἐπιστύφω (cf. 79 n.). – *νεοθλίπτῳ : litt. *fraîchement pressé* (en parlant du raisin), unique emploi poét. ; cf. D. 5. 32 (24.3 στεμφύλων ... νεοθλίπτων), Eust. *Thess.* 148.25, seules autres occurrences connues. – 300 καί ποτε : cf. 488 n. – ῥητίνην : le mot date de Thphr. (cf. *HP* 5.7.7, *al.* ; [Ar.] *HA* 617a 9) ; jusqu'à Ar., on disait en ce sens κόμμι (Joachim 58). – *τερμινθίδα : *hapax* absolu, = τερμινθίνην. – 301-304 : le daimôn Phrygien Marsyas, Satyre ou Silène (Preller-Robert 1.732, Burckhardt *RE* 14, 1930, 1986 s.), avait défié au jeu de la flûte Apollon joueur de lyre. Les Muses le déclarèrent vaincu ; Apollon le lie ou le suspend à un arbre, et l'écorche vif. Selon une heureuse idée de H. de Régnier, en germe chez N., la plainte du pin (301 πίτυος γοερῆς) auquel le dieu l'attacha est comme la continuation de ce défi : « Et maintenant liez mon corps et, nu, qu'il sorte | De sa peau écorchée et vide, car, qu'importe | Que Marsyas soit mort, puisqu'il sera vivant | Si le pin rouge et vert chante encor dans le vent ! ». Pour le Pin, cf. [Apollod.] 1.4.2 κρεμάσας ... ἔκ τινος ὑπερτενοῦς πίτυος (~ Longus 4.8.4, Philostr. *Im.* 865.18), Lucien *Trag.* 315 ἀλλὰ λιγὺ ψαίρει κείνου περὶ δέρματι πίτυς. Pline 16. 240 parle d'un Platane : *ibi* (dans la vallée d'Aulokrènè, entre Apamée et la Phrygie) *platanus ostenditur ex qua pependerit Marsyas.* – *Pour la suite des notes aux v. 301-308 voir p. 151.*

Τῷ μέν τ' εὐβραχέος ἀψινθίου ἄλγος ἐρύξει
ἐνστῦφον πόμα κεῖνο νεοθλίπτῳ ὑπὸ γλεύκει.
Καί ποτε ῥητίνην τερμινθίδα, πολλάκι πεύκης,   300
πολλάκι καὶ πίτυος γοερῆς ἀπὸ δάκρυα τμήξαις,
Μαρσύου ἦχί τε Φοῖβος ἀπὸ φλόα δύσατο γυίων ·
ἡ δὲ μόρον πολύπυστον ἐπαιάζουσα κατ' ἄγκη
οἴη συνεχέως ἀδινὴν ἀναβάλλεται ἠχήν.
Ἀσαι δ' ἢ πολίοιο μυοκτόνου ἀργέος ἄνθην ·   305
ἢ ἔτι καὶ ῥυτῆς πεδανὰς ἀπαμέργεο βλάστας,
νάρδον λιμναίου τε χαδὼν ἀπὸ κάστορος ὄρχιν.
Ἤ ὀδελὸν κνηστῆρι κατατρίψαιο χαρακτῷ

SIM. 298-311 Scrib.L. 192 (89.21-25) ; D. *eup.* 2. 145 (310.18-311.4)
~ Ascl.Ph. ap. Gal. *ant.* 2.7 (140.15-141.3) ~ Pr¹. 59 (70.2-5) ~ *Aet¹.
13.73 §2 = PAeg¹. 5.47 (34.15-22) = PsD. 21 (31.8-32.2) ; aliter Pr².70
(74.6-8), *Aet². 13.73 (= Annexe §8b), PAeg². 38 (30.23-31.3).

TEST. 301-304 Tz. *Chil.* 1. 359-363 (ὁ Ν-ος οὕτω τὰ ἔπη λέγων) ‖
305 *EG*ᴬᴮ (*EM* 680.40 παρὰ Ν-ῳ ἐν Ἀλεξιφαρμάκοις ; Nicandri
loc. non habet) s.v. πόλιον (Ν-ος ἐν Ἀ-οις).

298 εὐβραχέος Ω* (RⁱᵗWⁱᵗ ἐκβρ- L) : εὐβρεχέος *b* (RˢˡWˢˡ) BSV
commendat Btl. εὐβρεχέως *Mosq* εὑρεχέως D*Ald* ‖ ἐρύξει Ω* (G²ᵞʳ
O p.c. et mg.) : ἀρήξει GOᵃᶜMVx ‖ 299 ἐνστῦφον T : ἔνστῦφον G
ἐνστῦφον M ἔνστυφον cett., cf. 321 ‖ κεῖνο om. Wy ‖ νεοθλίπτῳ T
(-θλήπτωι) Oˢˢᶜʳ(u.l. an gl. ? νεωστὶ τριβέντι οἷον θλιβέντι Σ, uide
G ad 296), cf. 30, 182 : νεοτρίπτῳ ω* Σ tacet Eut. ‖ 300 καί ποτε
Ω* : καὶ δ' ἀπὸ MVx ‖ 301 καὶ om. QH ‖ τμήξαις S. : τμήξας T
τμῆξαι ω* (τμήξαι GO), ad mediam uocem cf. 68, *Th.* 853 ‖ 302 ἦχί
T*b₂Ald*, cf. ad 7 : ἦχι GMRy ἠχί D *Mosq* ἦχι LV (hi duo spir. lenis
ut uid.) ‖ 303 ἐπαιάζουσα Ω* : ἐπ' αἰέξ- L ἀπ' αἰάζ- Vx ‖ 304 οἴη
LB (ut uid.) *bx* : οἴης T per dittogr. οἴη GMVy₂ ‖ συνεχέως Ω*
(Mᵃᶜ) : συνν- MᵖᶜB ‖ 305 δ' ἢ T *EG* (δ' ἡ), cf. 239 : δὴ ω ‖ πολίοιο
Ω* (πολιοῖο Wy) firmant Σ Eut. *EG* : φλώμου Btl. ‖ ἀργέος T (cf. ad
Th. 856) : ἄργεος ω* *EG* ἄρσενος *x* (cf. *Th.* 856 φλόμου ἀργέος
[ἄρρενος ω] ἄνθην, uide criticam adn. ad loc.) ‖ ἄνθην ω (cf. 529,
Th. 625, 856) : ἄνθη T *EG* ‖ 306 ἢ ἔτι Ω* (ἦ T) : ἠέ τι GVx ‖ ἀπαμέργεο ω* (ἀναμ- GMRV) : ἀπαμέλγεος T ‖ 307 νάρδον GOᵖᶜ (ut
uid.) MRᵖᶜVx : νάρδου TL*b* (OⁱᵗRⁱᵗ) y ‖ χαδὼν Ω* (χαδὸν L) : an
χαδεῖν ? ‖ ἀπὸ uel ἀπο Ω* : ἄπο *b₂*Vx ‖ 308 κατατρίψαιο ω :
καταστρέψαιο T ‖ χαρακτῷ S. ex T (χαράκτωι) : χαράκτρῳ ω.

une obole de silphium ; d'autres fois, détache une portion
310 égale de son suc. Maintes fois, qu'il prenne à satiété le tragorigan sec, ou le lait en train de cailler dans la jatte où l'on
vient de le traire[28].

Qu'un homme en sa folie ait absorbé le
9. Le Sang de sang frais d'un taureau[29], et d'épuisement
taureau il tombe mort, dompté par les coups
accablants du mal lorsque, en atteignant
315 sa poitrine, la sève de vie se fige et se prend d'emblée en
caillots au milieu du vaisseau stomacal. Les conduits se bou-
chent, l'air se comprime à l'intérieur du cou obstrué ; le
malade en proie à des spasmes, éperdu, souvent se roule à
terre convulsivement, tout barbouillé d'écume[30].

310 αὐαλέης : la *v.l.* ἀγροτέρης (*Test.*) ne s'impose pas ici pour
préciser l'identité de la plante, comme c'est le cas en *Th.* 943 pour la
Staphisaigre (ἀγροτέρης σταφίδος), le Tragorigan étant une espèce
sauvage (Σ 310b ἐστιν ὄρειον) ; elle peut avoir été entraînée par les
nombreux passages où ἀγρότερος figure chez N. (*Th.* 711 Cumin, 867
Concombre, 884 Pins, 894 Pois chiche). Αὐαλέος (*vel sim.*) qualifie souvent chez N. des remèdes végétaux, entre autres, l'Origan
(*rameau : Al.* 56) ; cf., pour d'autres plantes, *racine* (*Th.* 506, 938),
feuilles (*Th.* 83), *fruit* (*Al.* 348, 354), *graine* (427, *Th.* 628). Au lieu de
πολλάκι δ' αὐαλέης, Eut. 71.3 s. (τραγοριγάνου τε τοσοῦτον
ὅσονπερ χεὶρ χωρεῖ) semblerait impliquer : ἠὲ (ou ἐν δὲ) χερο-
πλήθους (cf. *Th.* 94) ; mais Eutecnius ajoute parfois *de suo* des indications de mesure (ainsi, p. 71.1, il étend au Castoréum [307], l'indication de poids que N. a donnée pour le Silphium (1 obole). –
*τραγοριγάνου : *hapax* nicandréen ; la plus ancienne occurrence du
mot. – ἠὲ : quoique moins bien attestée, la *v.l.* ἠδὲ (copule absente
des *Al.*, mais cf. *Th.* 878 [+ 6 fois], fr. 74.36) a un parallèle chez D.
eup. p. 311.3 τραγορίγανον σὺν γάλακτι. – 311 *νεημέλκτῃ :
hapax absolu ; litt. *frais tiré*, en parlant du lait (hypallage). – πέλλῃ :
cf. 77 n. – 312 ἀφροσύνη : parce que ses caractéristiques sont évidentes (cf. 158 ἀφραδέως, commenté de la même façon par les Σ). Les
cas connus par la tradition sont pour la plupart des suicides. – νέον :
plus intéressant (cf. 364 νεαρὸν γάλα) que la banale épithète
hom. μέλαν (*Il.* 4.149 μέλαν αἷμα, *al.*, 11.813, αἷμα μέλαν, *al.*). –
313 *στρευγεδόνι, *προδέδουπε : *hapax absolus*. Pour le sens de
προδέδουπε (= προτέθηκεν GᵍOᵍ), cf. 15 n. – 314 στέρνοις : cf.
522 n. – *Pour la suite des notes aux v. 314-318 voir p. 155.*

σιλφίου · ἄλλοτε δ' ἶσον ἀποτμήξειας ὁποῖο.
Πολλάκι δ' αὐαλέης τραγοριγάνου ἠὲ γάλακτος   310
πηγνυμένου κορέοιτο νεημέλκτῃ ἐνὶ πέλλῃ.

Ἢν δέ τις ἀφροσύνη ταύρου νέον αἷμα πάσηται,
στρευγεδόνι προδέδουπε δαμαζόμενος καμάτοισιν,
ἦμος πιλνάμενον στέρνοις κρυσταίνεται εἶαρ,
ῥεῖα θρομβοῦται δὲ μέσῳ ἐνὶ τεύχεϊ γαστρός.   315
Φράσσονται δὲ πόροι, τὸ δὲ θλίβεται ἔνδοθι πνεῦμα
αὐχένος ἐμπλασθέντος · ὁ δὲ σπαδόνεσσιν ἀλύων
δηθάκις ἐν γαίῃ σπαίρει μεμορυχμένος ἀφρῷ.

Sim. 312-318 (*taurinus sanguis*) Scrib.L. 196 (90.24-26) ; Epaenetes
ap. Pr. 71 (74.24 s.) ; Pr. 71 (74.10-13) ; *Aet. 13.76 §1 = PAeg. 5.56
(38.6-9) = PsD. 25 (34.11-16).

Test. 310 *EG*^AB (*EM* 763.32 N-ος ἐν 'Α-οις · « ἀγροτέρης τραγοριγάνου »), s.v. τραγορίγανον ὄρειον (N-ος) ad ὄρειον cf. 56, Zon.
1742.16, s.v. τραγορίγανον (N-ος) ‖ 314 (εἶαρ) fort. respicit Schol.
ad Aglaïam Byz. in *SH* 18. 19 εἰαριήτης] αἰματίτης λίθος· τὸ γὰρ
ἔαρ Καλλίμαχος αἷμα λέγει (fr. 177.22 [ex Σ *Al*. 87b] ἔαρ = λίπος
oleum, fr. 523 εἶαρ = *sanguis*), Νίκανδρος δὲ εἶαρ ; uide etiam ad
Th. 701 ‖ 318 (δηθάκις) cf. ad 215.

309 ἄλλοτε δ' ἶσον TG*b** : ἄλλοτε δ' (ἶσον om.) M ἄλλοτ' ὀλίζον
LWV*x* δ' ἄλλοτ' ὀλιζον *y* ‖ 310 αὐαλέης Ω* (αὐαλ- O ἀζαλ- L) :
ἀγροτέρης *EG EM* Zon. ‖ ἠὲ Ω* *EG* : ἠδὲ *y*₂ Zon., cf. gall. adn. ‖
311 om. D sed add. mg. sup. ‖ νεημέλκτῃ Ω* (O^pc, νεηι μέλκτηι
T) : νεημέλκτῳ L νεαμέλκτη O^ac ρεημέλκτη *x* νεομέλκτη *y* ‖
312 νέον T (uide comm. n. 29§1) : μέλαν ω ‖ 314 s. distinxerunt post
εἶαρ TMW *Mosq* (cf. ad 282 s.) : post εἶαρ et ῥεῖα V*Ald*, post ῥεῖα
GOD, nullam interpunctionem habent LR*y* ‖ 315 δὲ Ω : an τε scribendum ? ‖ 317 ἐμπλασθέντος Ω : ἐγκλασθ- legisse uid. Eut.
(71.11 s. ἐπὶ θάτερα μὲν ὁ αὐχὴν ἀποκλίνει μέρη) ‖ σπαδόνεσσιν
Ω* (O) : παδ- M (supra π scr. littera dub.) σποδόνεσσι *b**y* ‖
318 σπαίρει TV*x* Eut. (71.13 s. κατὰ τῆς γῆς πίπτει ... ὑπαφρίζων
καὶ σπαίρων) : σκαίρει cett. praeter *y* qui σκαίρῃ ; eadem uariatio
ap. Opp. *Hal*. 3. 369, 5. 547, *al*., cf. gall. adn. ‖ μεμορυχμένος M :
-ρυγμ- cett., cf. gall. adn.

Pour lui, ou bien cueille, pleins de suc, les fruits du
320 figuier sauvage, et fais-les macérer dans du vinaigre, puis
mêle le tout à de l'eau en ayant soin de bien mélanger les
ondes et la boisson astringente du vinaigre ; ou bien encore,
décharge-lui le ventre du faix qui l'alourdit. Il y a de plus la
présure : dans les plis d'une étoffe de lin aux mille trous,
tamise-la délayée, tantôt celle du chevreuil, tantôt celle du
325 faon de biche ou du chevreau ; tu peux aussi, en prenant
celle du lièvre bondissant, apporter au patient un salutaire
secours. Ou bien, du natron, donne-lui un poids déterminé,
le triple d'une obole, finement pulvérisé, et mélange-le avec
la douce liqueur de Bacchos ; ajoute une portion de sil-

319 *ὀπόεντας : *hapax* absolu. – ἀποκραδίσειας ἐρινούς : =
ἀπὸ τῆς κράδης κόψειας (Σ) ; cf. Léonidas Tar. *AP* 6. 300.4 =
2186 G.-P. σῦκον ἀποκράδιον ; même jeu dans *Th.* 879 πρασιῆς
χλοάον πράσον. – 320 ἐμπίσαιο : cf. 277 n. – ἀθρόον : cf. 137 n. –
321 *ἐνστῦφον : cf. 299 n. – 322 *ἐκβδήλαιο : *hapax* absolu, mais
le texte est incertain ; ailleurs βδάλλω apparaît chez N. au sens de
ἀμέλγω, cf. 262, *Th.* 606 νεοβδάλτοιο γάλακτος. La leçon
ἐκφλοίοιο (ω), n'est pas moins suspecte. – καταχθέος : cf. Arat.
1044, Nonn. 7. 340, 40. 517. – 323 *πυετίην : cf. 68 n. – *πολυωπέϊ : cf. 450 ; πολυωπής créé par N. à partir de l'adj. hom.
πολυωπός, d'où Théétète Schol. *AP* 6.27.1. – 326 *εὐαλθέ(α) : au
sens actif (cf. 622), à la différence de δυσαλθής (12, *al.*). – 327
λίτρου : cf. 337, 532, *Th.* 942 ; voir *Notice*, p. xcii, et cf. *Th.* 2.4.6,
3.7.6 ; Pl. 31.106. N. emploie toujours λίτρον qui est la forme
attique : Dᵍ = Σ 337b (*fort. ex* Phot.), cf. Phryn. 272 (νίτρον Αἰο-
λικόν [cite Saph. fr. 189], οἱ δὲ Ἀθηναῖοι λίτρον), Phot. λ 361 (cite
Aristophane fr. 332.1, cf. Alexis fr. 1), Suid. ν 182 ~ Eust. D.P.
1176.27 (*ad* ἀργινόεσσα) τὸ νίτρον λίτρον καὶ τὸν πνεύμονα
πλεύμονά φασιν οἱ Ἀθηναῖοι. – *στήδην : *hapax* absolu, que GᵍOᵍ
glosent par un autre *hapax* abs., σταθμηδόν ; = 402 σταδίην, *en
poids déterminé*. – ὀδελοῦ – ἄχθος : cf. 601. – 328 εὐτριβέος : cf.
405 et voir 44 n. ; cf. Phanias *AP* 6.299.5 = 2998 G.-P. ἐυτριβέος,
seule autre occurrence poétique. – *ἐνδευκέϊ : *hapax* abs. oublié par
Gow¹ (et LSJ, *Revised Suppl.*) malgré la note des Scholies (328d ἀντὶ
τοῦ ἡδεῖ· ἰδίως δὲ τέταχεν) ; il peut s'agir d'un *étolisme*, cf. *Th.* 625
πολυδευκέος et la n. à la trad. (Σ *ad loc.* : δεῦκος γὰρ τὸ γλυκὺ
παρ' Αἰτωλοῖς). – 329 *μοιρίδα : *hapax* absolu pour μοῖραν ; σιλφιόεσσαν ὁποῖά τε à construire avec ce mot, λίτρην étant un acc. de
mesure en apposition (O. Schneider rapproche Pind. *Pyth.* 4.228 s. ἀνὰ
βωλακίας δ' ὀρόγυιαν σχίζε νῶτον | γᾶς).

Τῷ μέν τ᾽ ἢ ὀπόεντας ἀποκραδίσειας ἐρινούς,
ὄξει δ᾽ ἐμπίσαιο, τὸ δ᾽ ἀθρόον ὕδατι μίξαις　　320
συγκεράων νύμφας τε καὶ ἐνστῦφον ποτὸν ὄξευς ·
ἠὲ καὶ ἐκβδήλαιο καταχθέος ἔρματα γαστρός.
Καί τε σὺ πυετίην ὀθόνης πολυωπέϊ κόλπῳ
φύρσιμον ἠθήσαιο, τοτὲ προκός, ἄλλοτε νεβροῦ
ἢ ἐρίφου · τοτὲ δ᾽ ἂν σὺ καὶ εὐσκάρθμοιο λαγωοῦ　　325
αἰνύμενος μογέοντι φέροις εὐαλθέ᾽ ἀρωγήν.
Ἢ λίτρου στήδην ὀδελοῦ πόρε τριπλόον ἄχθος
εὐτριβέος, κίρνα δὲ ποτῷ ἐνδευκέϊ Βάκχου ·
ἐν καὶ σιλφιόεσσαν ὁποῖό τε μοιρίδα λίτρην

SIM. 319-334 Scrib.L. 196 (90.26-27) ; D. *eup.* 2.162 (315.2-8) ;
Ascl.Ph. ap. Gal. 143.1-7 ; Pr. 71 (74.20-24, 25-29) ; *Aet. 13. 76 §2
~ PAeg. 5.56 (38.9-19, initium simile) = PsD. 25 (34.16-35.10).

TEST. 319-334 cf. Pl. 20.25 (*raphani*) *salutares et contra fungorum aut
hyoscyami uenena atque, ut Nicander tradit, et contra sanguinem tauri*
(ῥάφανον commendat N. contra fungos [527, sed *brassicam* signifi-
cantem, cf. comm. n. 57§B1] et hyoscyamum [430], at contra sanguinem tauri nullam raphanorum mentionem fecit [330 κραμβῆεν = *brassicae*]) ; de Plinii falso testimonio cf. ad 201, 601-610.

319 μέν τ᾽ ἢ ω : μὲν δὴ T, quod in hoc contextu displicet, cf. gall.
adn. ad 521 ‖ 320 ἐμπίσαιο ω* (ἐνπ- L) : ἐν μίξαιο T ‖ ὕδατι TD :
ὕδασι cett. ‖ μίξαις T : μίξας ω ‖ 321 ἐνστῦφον S. : ἐνστύφον T
ἔνστυφον ω, edd. ante S., cf. ad 299 ‖ ὄξευς T (cf. 366, 375, 511) :
ὄξους ω ‖ 322 ἐκβδήλαιο T (sine spir.)　: ἐκφλοίοιο ω* (-φλοιοῖο
LMR ἐνφλοίοιο y₂* [ν ex κ corr. S ut uid.]) ἐκφλύοιο Toup (cf. Gal.
gloss. 96.16 ἐκβράσσει· οὕτω δὲ καὶ τὸ ἐκφλύει) ‖ ἔρματα Ω*
(spir. lenis T) : ἔργματα M ‖ 324 τοτὲ T (τότε) GMVx : ποτὲ L*by* ‖
325 τοτὲ Ω* : τότε TLV*x* ‖ ἂν Ω* (ad syntaxim cf. *Th.* 575 s. μάλα
δ᾽ ἂν καὶ ἀμάρακος εἴη ‖ χραισμήεις) : αὖ *y* acceperunt Schn., alii,
cf. 455, *al.* ‖ 327 ἢ La Roche 53 (ῑ in thesi cf. 337, 532 [T]) : ἠὲ Ω (ἢ
ε[λίτρου] T) contra Nicandri usum ‖ λίτρου TG^{pc} (ut uid.) OM^{pc}
R^{it}W^{sl}B^{sl}S^{sl} : νίτρου *a** (G^{ac}) M^{ac}R^{sl}W^{it}Vc* (B^{it}S^{it}) ‖ 328 εὐτριβέος
Ω* (ἀτρ- L) : εὐκηδέος B εὐκῆδέος y₂ uox nihili ‖ ἐνδευκέϊ T
(quam lectionem postulat accentus, non ἐν δ-　; ad orthogr. cf. 202
ἐμπευκέϊ) : ἐνιδευκέϊ L ἐνιδεύκεῖ G (ι post ν add. ut uid.) ἐνὶ
δεύκεϊ *b** (R^{it}) V*c* ἔνι δεύκεῖ O ἐν τεύχεϊ M (quae lectio ex 315
defluxit) τεύχεϊ mg. adpinxit R^{γp} ἐν ἀδευκέϊ legisse uid. Σ (328c 4
ἰδίως ἀδευκέα λέγει τὸν ἡδύν) quam lect. commendauerunt Btl.,
Köchly (ad Max. 492 ἀδευκέας οἴνας).

330 phium, racine et suc, une livre pesant, ainsi que la graine du
chou en abondance, imprégnée de vinaigre. Gave-le avec la
ramille de l'aunée au maigre feuillage, ou concasse le poivre
et les drageons de la ronce. Et alors, tu n'auras pas de peine
à dissiper la coulée de sang en train de se coaguler, ou à la
fragmenter dans le vaisseau où elle est arrêtée[31].

335   Que la boisson aux effets doulou-
10. L'Enfle-bœuf   reux de l'enfle-bœuf[32] odieux
n'échappe pas à ta vigilance, mais
sache que l'homme en est dompté. En vérité, d'abord, c'est
le natron que, au contact de la bouche, il rappelle, écrasé

---

330 *σπέραδος : cf. 604 n. – ἄδην : en concurrence avec la
v.l. ἅλις, semble avoir ici le sens du lat. *abunde* ; cf. 428 n. –
331 *κακοχλοίοιο : *metri causa*, pour *κακοχλόοιο (T), *hapax*
absolu de sens incertain. O. Schneider rapprochait de Diosc. *m.m.*
3.121.1 (132.1) ἄνθος ψαφαρόν " fleur de consistance molle " ; mais
on lit chez Pl. 20.171 *folio aspero* " feuillage rude ", dans la notice
parallèle concernant l'espèce mâle, *Inula viscosa* Aiton (cf. Th. *HP*
6.2.6). Χλόος (cf. Call. fr. 75.12 κακὸς χλόος) s'applique à la couleur
et nous oriente vers le feuillage (pour le sens de *verdure*, cf. Chantraine *DELG* s.v. χλόη et cf. *Th.* 615 ἔγχλοον, épithète de la *Conyze*).
Si l'on a raison de rapporter κακοχλοίοιο à son feuillage, comme le
font G.-S. (*with its ill-coloured leaves*), il vaut mieux comprendre,
avec LSJ s.v. κακόχλοος, *with poor foliage*, cf. Thcr. 4.63 κακοκνά-
μοισιν, épithète des Pans *scrag-shanked* (Gow) et voir le comm. n. 31
§5. La *v.l.* κακοφλοίοιο est glosée δυσώδους par les mss GO, sans
vraisemblance (malgré Gorraeus *olidae*, approuvé par I.G. Schneider,
qui, du gr. φλόος, dérivait le lat. *flos*). – 332 τά : cf. *Notice* p. CII. –
βλαστά : cf. 49 ; = 264 βλαστήματα. Pour le neutre au lieu du masc.
βλαστός ou du fém. βλάστη, cf. aussi *Th.* 532, 942, fr. 74.52, Hsch.
Test., Aristid. *Apol.* 6.1.4, 12.1.4, Philon *Quod deterius potiori insi-
diari soleat*, p. 111.3 Cohn, Iohann. Damasc. *Barlaam*, p. 404.4, 414.2
Woodward. – *κατασμώξαιο : *Th.* 860, les seules occurrences de ce
néologisme. – 334 ἄγγεσιν : i.e. *l'estomac*, cf. 315 ; plur. au lieu du
sing. (voir n. au v. 15 et *Notice* p. CV). – 336 πεπύθοιο : 434, *Th.* 935,
= μάθοις (G^gO^g = Σ 434a) ; cf. *Il.* 6.50 πεπύθοιτο. – 337 λίτρῳ : cf.
327 n. – χαλινά : cf. 117 n. – 338 *βαρύπνοος : = *graveolens*, cf. *Th.*
76, 82 (pas d'autre occurrence) ; *βαρύπνοια Soran. 3.26.18 (=
109.17 Ilb.), *hapax* absolu, s'applique en un tout autre sens à la *respiration* lente et *profonde* due à la suffocation hystérique.

καὶ σπέραδος κραμβῆεν ἄδην μεμορυχμένον ὄξει.   330
Ἆσαι δὲ ῥάδικα κακοχλοίοιο κονύζης ·
ἢ πέπεριν τά τε βλαστὰ κατασμώξαιο βάτοιο.
Καί κεν πηγνυμένοιο χύσιν διὰ ῥεῖα κεδάσσαις
ἠὲ διαθρύψειας ἐν ἄγγεσιν ἑστηυῖαν.

Μὴ μὲν ἐπαλγύνουσα πόσις βουπρήστιδος ἐχθρῆς   335
λήσειεν, σὺ δὲ φῶτα δαμαζόμενον πεπύθοιο.
Ἡ δ' ἤτοι λίτρῳ μὲν ἐπιχρώζουσα χαλινά
εἴδεται ἐμβρυχθεῖσα βαρύπνοος · ἀμφὶ δὲ γαστρός

Sim. 335-343 (buprestis) Scrib.L. 190 (89.6-7) ; Pr. 75 (76.14-18) ;
*Aet. 13.52 §2 ~ PAeg. 5.32 (28.13-16) = PsD. 3 (18.8-13).

Test. 330 (σπέραδος κραμβῆεν) cf. Pl. 20.94 (sine Nicandri nomine)
semen eius (i.e. brassicae siluestris siue erraticae) tostum auxiliatur
contra serpentes, fungos, tauri sanguinem (sed apud Nicandrum alio
modo praeparatum) ‖ 332 (βλαστά) cf. Hsch. β 674 βλαστά· βλαστήματα ... de aliis locis uide gall. adn.

335-346 deest T
330 σπέραδος GAld Mosq (~ Th. 649 [aKRPDAld]) : σπεράδος cett.
(~ Th. l.c. [TMV]), cf. ad 550, 604 et uide Note orthogr. p. CLVI ‖ ἄδην
T : ἅλις ω ‖ μεμορυχμένον TM (-νου), cf. gall. adn. ad 318 : -ρυγμ-
cett. ‖ 331 δὲ TGM : δὴ cett. ‖ κακοχλοίοιο T (-χλόοιο : corr. S.) :
-φλοίοιο ω ‖ 332 πέπεριν ω* (cf. ad 607, Th. 876) : πέπερι TVx ‖
τά τε βλαστὰ᾽ T (sine acc.), de τά cf. gall. adn. ad 491 : ἢ βλάστα
GMR βλάστας τε cett. (cf. 306) ‖ κατασμώξαιο ω* (-μόξ- Η
καταρμόξ- x) : κατατμήξαιο T ‖ 333 κεδάσσαις Ω* : κεδάσαις
V σκεδάσαις L κεδάσας Bᵖᶜ κεάσας y* (Bᵃᶜ), cf. ad 278 ‖
334 ἑστηυῖαν ω (cf., sine u.l., ἑστηυῖα Ap. Rh. 3. 878 al., D.P. 468,
QS 1. 390, παρεστηυῖα Nonn. 20. 42, uel sim.) : ἑστηκυῖαν T, cf. ad
35 ‖ 335 ἐπαλγύνουσα ω* : ἀπαλγ- MRV ‖ βουπρήστιδος ω* :
-πρίστ- Ly ‖ 336 λήσειεν ω* : λήσειε Lb₂y ‖ πεπύθοιο GMR :
πεπυθοῖο Lb₂Vc ‖ 337 ἡ edd. praeeunte Gorr. : ἢ ω* (ἢ Ly₂ Mosq) ‖
δ' ἤτοι MRVx : δή τοι G b₂y δή τι L ‖ λίτρῳ ω* (Wˢˡ) : λύτρῳ
Wⁱᵗ νίτρῳ L ‖ 338 ἐμβρυχθεῖσα ω* : -βρεχθ- O -βριχθ- V.

sous la dent, avec sa forte odeur ; puis, sur tout le pourtour
de l'orifice stomacal, surgissent des douleurs tournoyantes ;
340   les urines s'aveuglent, la vessie, dans ses profondeurs, bat
avec un bruit sourd. Et le ventre enfle entièrement, comme
quand l'hydropisie tympanique installe ses déchets au milieu
du nombril, et, tout autour des membres, la peau apparaît
tendue[33]. C'est cette bête aussi, je pense, qui fait enfler si
345   fortement la panse des génisses ou des veaux, lorsqu'ils la
mangent en pâturant : d'où le nom d'enfle-bœuf que lui
donnent les pâtres[34].

Pour le malade, venant d'un beau figuier, prépare dans du
vin la mixture aux trois figues à ombilic, desséchées, qu'il
boira en suffisance ; ou bien encore, au maillet, pêle-mêle,

---

339 στομάτεσσιν : plur. au lieu du sing. (cf. n. au v. 12 et le
comm. n. 33 §2). – 340 ὑπὸ … ὀρεχθεῖ : tmèse ; N. a créé *ὑπορεχ-
θέω (hapax absolu) à partir de l'hapax hom. ὀρεχθέω de sens incertain. Chez Homère (Il. 23.30 πολλοὶ μὲν βόες ἀργοὶ ὀρέχθεον ἀμφὶ
σιδήρωι | σφαζόμενοι), les Scholies (30b) l'entendent (a) d'un son
(ἔστενον) ou (b) d'un mouvement (ἐξετείνοντο). En faveur de (a),
cf. les Σ Al. et la littérature parallèle (voir comm. n. 33 §4). LSJ rapprochant Aristophane Nuées 340, Ap.Rh. 1.275, 2.49, al., propose,
pour les poètes posthom. le sens de swell " s'enfler " ; mais, dans ces
passages, le verbe a pour sujet le mot cœur, et son emploi est métaphorique. G.-S., dans la ligne de (b), traduisent : throb " battre ",
" palpiter ". J'ai préféré suivre Oᵍ (= Σ 340f) qui combine (a) et (b) :
μετὰ ἤχου κινεῖται, mouvement accompagné d'un bruit. – 342 ἀφυσγετὸν : texte douteux. Le vieux vocable épique ἀφυσγετός " débris,
détritus ", hapax hom. (Il. 11.495 πολλὸν δέ τ᾽ ἀφυσγετὸν εἰς ἅλα
βάλλει [sc. ποταμός]), repris une fois au même sens par Opp. Hal.
1.779 (πάμφυρτος ἀφυσγετὸς) et Nonn. 23.215 (καὶ ποταμὸς
κελάδησεν ἀφυσγετὸν οἴδματι σύρων) respectivement, est glosé
συρφετός " balayure, saleté " par la littérature grammaticale unanime. C'est en ce sens que l'ont pris les Scholies et Eutecnius (~ Σ
Iliad., Opp., Ap.Soph. 48.33, Hsch. [Test.], Etymologica) : Σ Al. 342a
3 s. νῦν δὲ εἴρηκε διὰ τὸ πᾶσαν ἀκαθαρσίαν τοῦ σώματος εἰς τὴν
γαστέρα συνερρηκέναι ~ Eut. 72.19 s. συρρέοντος εἰς αὐτὴν [sc.
τὴν γαστέρα] παντὸς δήπου τοῦ κακοῦ τῶν ἔνδον καὶ συνισταμέ-
νου ; cf. GᵍDᵍ ἀφυσγετόν · ῥύπος (τὸν ῥύπον D). En l'absence de T,
les manuscrits de la classe ω se partagent entre deux v.l. : – Pour la
suite des notes aux v. 342-349 voir p. 160.

ἄλγεα δινεύοντα περὶ στομάτεσσιν ὄρωρεν ·
οὖρα δὲ τυφλοῦται, νεάτη δ' ὑπὸ κύστις ὀρεχθεῖ.   340
Πᾶσα δέ οἱ νηδὺς διαπίμπραται, ὡς ὁπόθ' ὕδρωψ
τυμπανόεις ἀνὰ μέσσον ἀφυσγετὸν ὀμφαλὸν ἴζει,
ἀμφὶ δέ οἱ γυίοις τετανὸν περιφαίνεται ἔρφος.
῞Η καί που δαμάλεις ἐριγάστορας, ἄλλοτε μόσχους,
πίμπραται ὁππότε θῆρα νομαζόμενοι δατέωνται ·   345
τούνεκα τὴν βούπρηστιν ἐπικλείουσι νομῆες.
Τῷ δὲ καὶ εὐκραδέος τριπετῆ ἐν νέκταρι μίξαις
σύκων αὐανθεῖσαν ἅλις πόσιν ὀμφαλόεσσαν ·
ἢ ἔτι καὶ σφύρῃ μιγάδην τεθλασμένα κόψας,

SIM. 344-346 Pr. 75 (76.18 s.) ‖ 347-363 Scrib.L. 190 (89.8-11) ; D.
eup. 2.157 (313.17-21) ; Ascl.Ph. ap. Gal. *ant.* 2.7 (141.4-9) ; Pr. 75
(76.20-24) ; *Aet. 13.52 §3 ~ PAeg. 5.32 (28.17-22) = PsD. 3 (18.13-
19.2).

TEST. 342 (ἀφυσγετόν) cf. Hsch. α 8797 ἀφυσγετόν· συρφετόν.
ἀκαθαρσίαν.

340 ὀρεχθεῖ ω* (R^sl) : ὀροχθεῖ LR^itWy ‖ 341 διαπίμπραται
GO^acMRVx : -πίμπλαται Lb₂ (O^pc) y ‖ ὡς ὁπόθ' ω* : ὡς δ' ὁπόθ'
WVc (cf. ad 382) ex 30 defluxit ‖ 342 ἀφυσγετὸν ω* (testantur Σ,
Eutecnius, cf. gall. adn.) : ἀφυσγετὸς MR (ἀφύσγετος) ἀμφυσγετὸς
V ‖ 344 ἢ *ab₂* (sic S. post Steph.) : ἢ M^ac (Gorr. Schn. Lehrs) ἢ
M^pcRVc ἡ Gow Oikonomakos ‖ 345 ὁππότε – δατέω(-ο-)νται (uide
infra adn. ad δατέωνται) GOMVx Σ^γρ (Σ^LRWBAld, uide infra adn. ad
νομαζόμενοι) : ἐσχατιῆσιν ὅταν καυλεῖα (καυλία Ly) φάγωσι
Lb₂y Σ^u.l. Eut. (72.23 καυλεῖα φαγόντας), ad istam u.l. interpolatam
(ex *Th.* 75 ut uid.) cf. comm. n. 34c ‖ νομαζόμενοι : -ναι Σ^R a.c.
(-νοι p.c.) δαμαζόμενοι Σ^LWBAld (at νομ- testantur illi codd. in expla-
natione quae sequitur) ‖ δατέωνται G (teste S.) O : δατέονται MVx
Σ^LRWBAld πατέονται Schn. (sed uide gall. adn. ad 392) ‖ 346 τὴν Ω :
μιν temptauit S. (cf. gall. adn.) ‖ 347 τῷ δὲ καὶ T : τῷ καὶ ω τοῖς δὲ
καὶ Σ^γρ ‖ εὐκραδέος T : εὐκραδέης ω* (-δίης Oc) ‖ τριπετῆ ω*
(O^itB^pc) Σ (347a 3 τριπετῆ ἐν νέκταρι), cf. Pr. 76.20 : τριπετεῖ O^sl
(c.gl. τριπλῷ) *c** (B^ac) τριετεῖ T (τριέτει) Σ^γρ ut uoluit Btl. (" ex
Schol. ") ‖ μίξαις om. T ‖ 348 σύκων Ω (cf. Eut. 72.27 ξηρὰ σῦκα) :
συκέης S. (εὐκραδέος accepto), sed uide gall. adn. ad 347 ‖ αὐανθεῖσαν Ω* : αὐ- O ‖ 349 ἢ ἔτι Ω* (ἢ T) : ἠέ τι Vx ‖ καὶ om. D ‖
μιγάδην ω : μίγδην T, praepostera uariatio 277.

350 casse-les en morceaux, fais fondre au feu, et administre en
remède à ses maux ; et de cette boisson miellée tu pourras
gorger l'homme qui vient d'engloutir le poison, non sans y
avoir parfois versé en même temps du lait. Souvent, opère le
mélange avec la drupe friable du palmier-dattier, d'autres
fois avec des poires, sèches depuis longtemps, soit du poirier
355 *bacchè*, soit du poirier *myrtas*, parfois en jetant des baies de
myrte dans le vin. Ou même, qu'il cherche le tétin, tout
comme l'enfant qui vient de naître, et que du sein, à
l'exemple des veaux, il suce la liqueur, pareil à la jeune vêle
qui, à peine dégagée des membranes fétales, d'un coup de
tête, rejette en arrière le pis maternel pour faire jaillir la
360 coulée réconfortante du tétin. D'autres fois, gorge-le d'une
grasse boisson tiède, et force-le à vomir, même s'il n'en

---

351 μελιζώροιο : Cf. Phaidimos *SH* 669 δουράτεον σκύφος
εὐρὺ μελιζώροιο ποτοῖο (cité *ap*. Eust. *Od*. 2 p. 92.27, cf. Id. *Il*. 2
p. 699.3 μελίζωρον ποτόν). Seul autre emploi connu de l'adj., Hsch.
μ 702 μελίζωρος · γλυκεῖα (ajouter ce possible *Test*. ad *Th*. 663). –
νέον : pour cet adv. portant sur le participe prés. λαιμάσσοντα, cf.
421 ; pour sa place, cf. 295 n. – 352 λαιμάσσοντα : cette *v.l*. a le
meilleur support manuscrit. Le verbe λαιμάσσω (Aristoph. *Ass*. 1179),
de λαιμός " gosier ", est un synonyme expressif de ἐσθίω, " peignant
la rapidité de l'action " (Taillardat §143), *engloutir, avaler*, à rapprocher de κατα(ἀπο-)βροχθίζω (de βρόχθος " gosier ", Aristoph.) ;
Theognost. 27.16 λαιμάσσειν τὸ ἀμέτρως ἐσθίειν (d'où Suid. λ 188
et Zon. 1290.19), seules autres occurrences connues (cf. Hsch. λ 138
λαιμάζουσιν · ἐσθίουσιν ἀμέτρως). N. semble avoir appliqué ce
verbe, modifié par νέον à l'imprudent qui *avale* le poison sans prendre
garde au goût qui le signale (337 s.). La *v.l*. λαιμώσσ- a sans doute le
même sens. Selon Chantraine (*DELG* s.v. λαιμός), λαιμώσσω serait
" fait d'après les verbes de maladie en -ώσσω ". Les gloses de O
(ἀγχόμενον) et GO (ἀλγοῦντα τὸν λαιμόν) partent de la même idée,
mais elles indiquent des sens non attestés, et ce n'est pas ici la place
d'un symptôme. – εἰν ἑνί : = *simul* ; voir O. Schneider *ad* fr.70.16, cf.
Nonn. 31.281 εἰν ἑνὶ πάντα = σύμπαντα ; explication plus probable
que par l'ellipse d'un mot (cf. *Th*. 652 εἰν ἑνὶ τεύχεϊ). Pour εἰν, cf. la
n. à *Th*. l.c., Arat. 106. – *Pour la suite des notes aux v. 354-360 voir
p. 165.*

ἐν πυρὶ τηξάμενος πορέειν ἀλκτήρια νούσων ·   350
καί κε μελιζώροιο νέον κορέσαιο ποτοῖο
ἀνέρα λαιμάσσοντα, τοτὲ γλάγος εἰν ἑνὶ χεύας.
Πολλάκι φοίνικος ψαφαρὸν καταμίσγεο καρπόν,
ἄλλοτε δ᾽ αὐαλέας δὴν ἀχράδας ἢ ἀπὸ βάκχης
ἢ ἀπὸ μυρτίνης, ὁτὲ μυρτίδας οἰνάδι βάλλων.   355
Ἢ ὅ γε καὶ θηλῆς ἅτε δὴ βρέφος ἐμπελάοιτο
ἀρτιγενές, μαστοῦ δὲ ποτὸν μοσχηδὸν ἀμέλγοι,
οἵη τ᾽ ἐξ ὑμένων νεαλὴς ὑπὸ οὔθατα μόσχος
βράσσει ἀνακρούουσα χύσιν μενοεικέα θηλῆς.
Ἄλλοτε πιαλέης πόσιος χλιαροῖο κορέσκοις,   360
ἐς δ᾽ ἔμετον βιάοιο καὶ οὐ χατέοντά περ ἔμπης,

TEST. 355 (μυρτίνης) cf. Hsch. μ 1924 μυρτία, μυρτίνη καὶ μυ-
ρτίς· <εἴδη ἀπίων> ~ Σ 354a... μυρτίνη καὶ μυρτίς εἰσιν εἴδη
ἀπίων.

350 πορέειν ω* : φορέειν T πυρετῶν Vx ‖ νούσων Ω (cf. e.g. Th.
744) : νούσου Btl. (cf. 608) ‖ 352 λαιμάσσοντα TGⁱᵗ : λαιμώσσ-
GˢˡRˢˡb₂Vx Steph.ʸᵖ λαιμύσσ- L λαιμένσοντα y μαιμώσσοντα MRⁱᵗ ‖
τοτὲ Ω* (τότε TMH) : ποτε L ‖ εἰν ἑνὶ ω* (εἰ ἑνὶ L) : εἰν ἁλὶ
T ‖ χεύας O (ut uoluerat S.) : χεύσας T χεύσαις L χεύαις cett. ‖
354 αὐαλέας ... ἀχράδας T : αὐαλέης ... ἀχράδος ω* (αὐαλέης O
αὐαλέοις y₂ ἀχράδως QH) ‖ 355 μυρτίνης LMRy : μυρτήνης TGb₂
μυρσίνης Vx ‖ ὁτὲ GOVx : ὅτε TLMRWy ‖ μυρτίδας Ω* (μυρτάδας
QH) : μυρτίδος legisse uid. Σ (cit. Test. ad 355) malebat Btl. συρνίδος Eut. 73.10 prob. Klauser 84, uide comm. n. 35§2c ‖ οἰνάδι Ω* :
οἴνῳ Wy ‖ βάλλων ω* : βάλλωι T διαβάλλωι WSB ‖ 356 ὅ γε Ω*
(Bᵖᶜ) : ὅτε Ry* (Bⁱᵗ) ὅτε T ‖ θηλῆς Ω* (Gᵖᶜ θηλὺς scr. et η supra υ
posuit LRᵃᶜ) : θηλῆς Ald Mosq θηλῆ GᵃᶜM (i.e. θηλῇ) θηλῇ Rᵖᶜ
(ς del. et ι subscr. add.) θαλῇ V ‖ 357 ἀρτιγενές ω : -γενοῦς T ‖
358 ὑπο (uel ὑπο-) Ω* : ἐπ᾽ M ἐπὶ R ‖ οὔθατα ω* : οὔθατι T (sine
spir.) LWc ‖ 359 βράσσει S. (cf. 137) : βράττει Ω* (κράττει L), ad
idem uitium cf. 171, 446 ‖ 360 χλιαροῖο ω* (cf. 460) : λιαροῖο TL ‖
361 χατέοντα ω* (χατόεντα W) defendit Lloyd-Jones cl. 225, 585 :
ποθέοντα T.

éprouve pas le besoin, lui ayant fait violence de ta main ou à l'aide d'une plume ; ou bien, dans un tortis de papyrus, taille et recourbe un remonte-gosier[35].

365 **11. Le Lait caillé** Si du lait frais a tourné en fromage dans le vaisseau stomacal, alors le buveur, quand il se prend en masse, voit la suffocation le dompter[36].

Administre-lui trois breuvages, un de vinaigre entre deux de vin doux ; et fais-lui dégager son ventre constipé. Ou bien encore, râpe dans sa boisson les racines Libyennes du silphium ; parfois, donne-lui de son suc fondu dans du 370 vinaigre. Souvent, mélange avec le vinaigre la lessive dissolvante ou l'épi nouveau du thym florissant ; autre moyen

---

363 *ἐπιγνάμψαιο : seul emploi attesté du Moy. – *ἐρυτῆρα : seule attestation littéraire de ce mot cité dans la littérature grammaticale (Orion 139.26, Ap.Dysc. 147.14, *EG* [*EM* 605.50]). LSJ (s.v.) *strip of papyrus* est une erreur (non corrigée dans *Revised Suppl.*), malgré Lewis 26 n. 10. Comme le montre l'épithète στρεβλόν (cf. 442), accordée à ἐρυτῆρα par hypallage (mais voir n. critique), il s'agit en fait d'une *corde* formée de fibres de papyrus *tordues ensemble*. – 364 *ἐπιτυρωθῇ : en faveur de la conjecture de O. Schneider ἐνι-, cf. 106 n., mais, chez N., le dat. sans prép. peut indiquer le lieu (cf. *Notice*, p. CIII et §III 1). Il est difficile de choisir entre les deux *vv. ll.*, l'une et l'autre *hapax*, (**a**) -τυρωθῇ (leçon de T) " a tourné en fromage " et (**b**) -θρομβωθῇ (ω) " s'est pris en caillots ". On pourrait voir dans 373 θρόμβους une allusion à (**b**), mieux attestée dans la littérature iologique (voir en outre Gal. *in* : comm. n. 37 §4, D. *ibid.* §1a, *al.*). Τυρωθῇ glose θρομβωθῇ dans les Σ (θρομβωθῇ ὅ ἐστι τυρωθῇ, cf. G^gO^gD^g τυρωθῇ *supra* θρομβωθῇ *scr.*) ; Eut. atteste aussi -θρομβωθῇ (73.22 γάλα ἐν τῇ γαστρὶ παγέν ~ πήγνυται D^g ad 315 θρομβοῦται, cf. Scr.L. *lac gelatum*). Mais (**a**), elle aussi, a des parallèles iologiques (O. *Eun.* p. 431.12 πρὸς γάλα τυρωθέν ~ ThN. περὶ γάλακτος τυρωθέντος ἐν γαστρί, et une glose apparente peut receler la *vera lectio* (cf. l'apparat aux v. 296, 299). Le simple τυροῦμαι a couramment le sens de " se cailler en fromage " en parlant du lait : Ar. Byz. *Epit.*, D. *m.m.* et *eup.*, Gal., O., Aét., PAeg., Σ Thcr. 5.86c. Pline (28.123) pensait-il à la leçon de T en écrivant, à propos du lait caillé dans l'estomac des nourrissons : *densato lacte in casei speciem* (voir comm. n. 36). – *Pour la suite des notes aux v. 365-371 voir* p. 167.

χειρὶ βιησάμενος ἠὲ πτερῷ · ἢ ἀπὸ βύβλου
στρεβλὸν ἐπιγνάμψαιο ταμὼν ἐρυτῆρα φάρυγγος.

Ἦν δ' ἐπιτυρωθῇ νεαρὸν γάλα τεύχεϊ γαστρός,
δὴ τότε τόνδε πνιχμὸς ἀθροιζομένοιο δαμάζει.   365
Τῷ δ' ἤτοι τρισσὰς πόσιας πόρε, μέσσα μὲν ὄξευς,
δοιὰς δὲ γλυκέος · στεγανὴν δ' ὑποσύρεο νηδύν.
Ἢ ἔτι καὶ Λιβύηθε ποτῷ ἐγκνήθεο ῥίζας
σιλφίου · ἄλλοτ' ὁποῖο νέμοις ἐν βάμματι τήξας.
Πολλάκι δὲ θρύπτειραν ἐπεγκεράσαιο κονίην   370
ἠὲ νέον βρυόεντα θύμου στάχυν · ἄλλοτ' ἀμύνει

Sim. 364-365 (lac coagulatum) Scrib.L. 197 (91.2 s.) ; Pr. 71 (74.10-
13) ; O. ecl. 130 (297.16) = *Aet. 13.77 §1 = PAeg. 5.57 (38.21 s.) =
PsD. 26 (35.11-13) || 366-375 Cels. 5.27.12C ; Scrib.L. 197 (91.2-6) ;
D. eup. 2.163 (315.9-16) ; Ascl.Ph. ap. Gal. ant. 2.7 (142.14-18) ; Pr.
71 (74.14-19) ; O. ecl. 130 (297.17-20), Eun. 3.66 (431.13-14) ; *Aet.
13.77 §2 ~ PAeg. 5.57 (38.22-39.3) = PsD. 26 (35.13-36.5) ; ThN. 282
(352, 354).

362 βιησάμενος Τ (βιήσαμ-), cf. 226 : βιαζόμενος ω || ἠὲ Τ (ad ἦ|ἒ
in eadem uersus sede cf. e.g. Arat. 731, 983, Ap.Rh. 1. 308, 2. 279, 4.
486, 1005, [Thcr.] 25. 91) : ἢ καὶ ω || 363 στρεβλὸν TLb₂BH : στρε-
βρὸν SQ στρεπτὸν GMRVx an στρεβλοῦ corrigendum ? || ἐπιγνάμ-
ψαιο LMb*c* : ἐπιγνάψ- GOHV (-γράψ- a.c.) ἐπικνέψαιο Τ || ταμὼν
Τ : κακῶν ω || 364 ἐπιτυρωθῇ Τ (sine spir.) accepit Gow (ἐνιτυρ- cor-
rexit S.) : ἐπιθρομβωθῇ ω* (ἐπὶ θρ- Mosq ἐπιθρωμβ- y -βοθῇ y₂) testantur Σ et Eut. (uide gall. adn.), accepit Oikonomakos ; de ἐνι-
θρομβωθῇ prius cogitaueram cl. Aet. Annexe §11 ἐνθρομβ- in titulo et
l. 2 (u.l.), et (de sanguine) Aspasia ap. Aet. 16.72.5, Gal. 8.409.9, O.
Eun. 4.39.3 || νεαρὸν Τ : νεαλὲς ω fort. ex 358 defluxit || 365 δὴ τότε
Τ : δήποτε ω || τόνδε Schn. : τὸν δὲ Τ τήνδε L τὸν δέ τε ω* an τόνδε
γε ? (cf. Od. 11.624 τοῦδέ γε) || πνιχμὸς Τ : πνιγμὸς ω || 366 δ' ἤτοι
S. : ἤ τοι Ω || ὄξευς Ω*, cf. ad 375 : ὄξυς L ὄξους D ὄξεος G ||
368 ἢ ἔτι Τ (ῆ) LbM : ἠέ τι GVx ἢ καὶ ἔτι y || ἐγκνήθεο WB : ἐνκν-
uel ἐν κν- aOVc* ἐν κνίθεο M ἐνὶ κν- R (κ post ι add. ut
uid.) || 369 νέμοις ego, cf. gall. adn. : νέμοις δ' Ω, cf. e.g. ad 382 ||
370 δὲ Ω* : δ' οἱ L || θρύπτειραν b*MVx : θρυπτῆραν Τ θρίπτειραν
y* (-πτηρ- H) ῥύπτειραν a* (-ειαν L) O || κονίην Τ (iam coniecerat
Btl. cl. PsD. p. 26.7 τὴν πιλοποιητικὴν κονίαν) : κονίλην ω.

de défense, le fruit en grappe de l'*eucnémon*, macéré et mélangé dans du vin. Il y a en outre, si tu veux, la présure en boisson qui dissout les caillots du lait, ainsi que le vert
375 feuillage de la menthe imprégné soit du liquide secrété par l'abeille, soit de celui, astringent, du vinaigre[37].

Or donc, considère le *dorycnion*[38],
12. Le Dorycnion dont à la fois l'aspect et la saveur en bouche se comparent au lait. Sa victime, en vérité, a d'abord des hoquets, dont elle n'a pas l'habitude, qui viennent lui rejeter le cou en arrière, massi-

---

372 *ἐϋκνήμοιο : *Th*. 648 (εὐ- diphtongue) ; cf. 347 εὐκραδέος et la n. – 373 ταμίσοιο : cf. *Th*. 949 n. (Epicharme fr. 68.3) ; dorisme (Volkmann 60) ? La présence du mot chez Thcr. ne le garantit pas. – *διεχεύατο : le sens de *dissoudre*, *liquéfier*, courant au Pass. (LSJ s. διαχέω II 2) n'est pas attesté au Moy. en dehors de N. – 374 *φυλλά-δες : cf. 92, 412, 428 (sing.), même sens de « feuilles » malgré le changement de nombre. La distinction établie par Dᵍ entre 92 (où il glose : φυλλάδες οἱ ξηροὶ κλάδοι φύλλα ἔχοντες = Hsch. φ 990) et 374 (τὰ φύλλα) est artificielle. Ne semble pas attesté ailleurs comme simple synonyme de φύλλα. – 375 ἐνστύφοντι : Gorraeus (2ᵉ éd.) et Steph. écrivent ἐν στύφοντι, mais cf. 299 et 321 (ἐνστῦφον) ; de plus, N. emploie μορύσσω à l'Act. avec ἐν (144), mais au Pass. avec le dat. seul (330). – 376 ἀλλ' ἄγε δή : seule occurrence chez N. de cette formule hom. courante avec l'impér. ou le subj. ; ἀλλά γε δή, offert par de bons mss, est une combinaison de particules impossible ici, douteuse même en prose (Denniston 242). – 377 *ὠπή *aspect* : cf. *Th*. 274, 657, = τὸ εἶδος (Σ), sens particulier à N. – *βρῶσις : = γεῦ-σις *goût* (Σ ~ Eut.), seulement ici. – στομάτεσσιν : cf. *Notice* p. cv. – 378 ἀηθέσσοντος : compte non tenu des fautes dont il est coutumier (accent, itacisme, coupe du mot), Tᵃᶜ portait la *vera lectio*, comme l'a reconnu O. Schneider, mais le scribe s'est trompé de syllabe en voulant lui substituer la leçon de ω (ἀηθέσσοντες), contraire à l'usage hom. L'*hapax* ἀηθέσσω (*Il*. 10. 493, d'où Ap.Rh. 4.38) ne signifie pas *être inhabituel* (rapporté à une chose), comme le traduisent les Σ (ἀήθεις, ἀσυνήθεις), mais *ne pas être habitué à* (sujet de personne). Pour le participe au gén. après pronom au dat., cf. *Th*. 7 n. (mais p.-ê. convient-il de corriger ce dernier) ; pour la construction, 478 n. – *Pour la fin de la note au v. 378 voir p. 172.*

βότρυς έϋκνήμοιο μίγα βρεχθέντος ἐν οἴνῃ.
Ἐν καί που ταμίσοιο ποτὸν διεχεύατο θρόμβους,
καὶ χλοεραὶ μίνθης ἄπο φυλλάδες ἠὲ μελίσσης
ἠὲ καὶ ἐνστύφοντι ποτῷ μεμορυχμέναι ὄξευς.   375

Ἀλλ᾽ ἄγε δὴ φράζοιο δορύκνιον, οὗ τε γάλακτι
ὠπή τε βρῶσίς τε παρὰ στομάτεσσιν ἔϊκται.
Τῷ δ᾽ ἤτοι λυγμοὶ μὲν ἀηθέσσοντος ὁμαρτῇ

SIM. 376 (dorycnium) Scrib.L. 191 (89.12) ; Pr. 58 (69.21) ; *Aet.
13.60 tit. περὶ δορυκνίου ἤτοι στρύχνου μανικοῦ, cf. PAeg. 5.50
(35.23 tit. περὶ στρύχνου μανικοῦ, δορυκνίου παρ᾽ ἐνίοις) ~ PsD. 6
(21.6 s. = PAeg. p. 35.24) δορυκνίου ... ὃ ἔνιοι στρύχνον μανικὸν
ἐκάλεσαν. utrumque distinguunt D. m.m. 4.73-74, eup. 2.153-154, Pr.
c. 54, 58 ‖ 378-384 Scrib.L. 191 (89.13-15) ; Pr. 58 (69.22-25) ; *Aet.
13.60 §1 = PAeg. 5.50 (35.25-27) = PsD. 6 (21.7-10).

TEST. 376 s. EG^AB (EM 283.37 παρὰ N-ῳ, ἀντιφάρμακον [an Ἀντι-
φαρμάκῳ uel -κοις legendum ? cf. ad 66 s.] ; Nic. loc. om. EM) s.v.
δορύκνιον · γρ. καὶ δορύχνιον. Νίκανδρος Ἀντιφαρμάκ(οις) (A :
tit. om. B) · « ἀλλ᾽ – ἔϊκται ». τὸ δορύκνιον τῶν θανασίμων ὑπάρχει πινόμενον, ὑπάρχει δὲ κατὰ τὴν ὀσμὴν καὶ τὴν γεῦσιν
γάλακτι παραπλήσιον · εἰ δέ τις αὐτὸ κλάσειε, γάλακτος ἀποστά-
ζει, ὅθεν δυσδιάκριτον τῷ πίνοντι διὰ τὸ <εἶναι> γάλακτι παραπλήσιον (εἰ – παραπλήσιον A : om. B). Δημοφῶν δὲ ἐτυμολογῶν
φησιν οὕτως κεκλῆσθαι διὰ τὸ τῷ δόρατι ἴσον εἶναι κατὰ τὴν
ἀναίρεσιν (unde Zon. 564.24-565.3) = Σ Al. 376c + b 6-8 (qui tum
aliam ex Lysimacho Hippocratico etymologiam addit).

374 ἄπο GOMR^pc : ἀπὸ R^acBx ἀπο- TLWVy₂ ‖ 375 ἐνστύφοντι Ω,
cf. 299, 321 : ἐν στυφόεντι Σ^u.l. indicat Gow falso (cl. Σ 373a 5
στυφόεν ... ποτόν) ‖ μεμορυχμέναι T (-μεν sine exitu), cf. gall. adn.
ad 318 : -ρυγμ- ω ‖ ὄξευς Ω* : ὄξους WyD, cf. ad 366 ‖ 376 ἀλλ᾽
ἄγε ω* (ἄγε SQ) : ἀλλά γε TGO ‖ δορύκνιον ω EG (EM) : δορύχνιον T EG^γρ ‖ 377 παρὰ T (sine acc.) : περὶ ω* (sine acc. aW Mosq)
EG ‖ 378 τῷ Ω* (τῇ MR) : an τοῦ (ex αὐχένα pendens) scribendum ?
cf. 474 τῶν ‖ δ᾽ ἤτοι MR : δή τοι T δ᾽ ἤδη cett. ‖ ἀηθέσσοντος
S. ex T^ac (ἀεί θεσσοντὸς) : ἀηθέσσοντες ω Σ (tacet Eut.), quod
uoluisse uid. T^pc θεσσεντὸς scripto (o¹ in θεσσοντὸς pro o² correcto).

vement ; puis, sous la souffrance qui affecte l'orifice de
380 l'estomac, souvent elle vomit ses aliments teintés de sang ;
d'autres fois, hors des intestins, elle les répand, sales et glai-
reux, comme un dysentérique souffrant de tension d'entrailles ; parfois, minée par les accès accablants du mal des-
séchant, elle s'écroule, les membres domptés, sans éprouver
pour autant l'envie d'humecter sa bouche aride[39].
385 Souvent, c'est du lait que tu lui feras boire ; d'autres fois,
il te sera aisé de lui donner un mélange de lait et de vin doux
attiédi, à pleines coupes. Il y a aussi la poule grasse : fondue
au feu, la chair de sa poitrine opulente est un aliment qui
défend du mal ; défend bien aussi, son bouillon avalé à
390 pleins bols, ainsi que toutes les bêtes qui, sous les roches de

380 δαίτην : cf. fr. 70.18 δαίτης, en face de δαῖτα (*Al.* 482, 510,
512). – 381 νηδυίων : = Ap.Rh. 2.113, *ex* Il. 17.524 νηδυίοισι
(*hapax*) ; seule autre occurrence de la diphtongue υι : [Moschos]
Megara 78 νηδυιόφιν. – *μυξώδεα : unique occurrence poét. de cet
adj. de la langue des médecins et des naturalistes (Hp. Ar. Th. etc.). –
χεύει : cf. 585 χεύοις *v.l.* (avec la n. critique). – 382 τεινεσμῷ :
terme de médecine dérivé de τείνω (cf. Chantraine *DELG* s.v. τανυ-),
ce qui exclut la graphie τηνεσμῷ (voir la n. critique) ; il ne s'agit pas
du *ténesme* au sens moderne de ce terme emprunté au grec, ni d'un
nom donné à la *dysenterie* par les disciples d'Hp. (Eut. 74.20) ; les
Scholies parlent plus justement de la *tension* (382a7 περὶ τὸ δυσεντέ-
ριον τάσις), nous dirions plutôt *torsion* d'entrailles (tranchée, colique)
qui l'accompagne (cf. Promotus, cité comm. n. 39 §3c). – 383 κάρφουσι : la *v.l.* καρόουσι (des douleurs qui *engourdissent*), recommandée par Bentley, de κάρος " torpeur " (cf. Thcr. 24.59 θανάτῳ
κεκαρωμένα), n'est p.-ê. qu'une conjecture. – δέδουπε : cf. 447 n. –
385 γάλατος : cf. Pherecr. fr. 113.18 γάλατι (*pro* γάλακτι [Chan-
traine *DELG* s.v. γάλα préférait γάλακι], Antiphan. fr. 55.4 γαλατοθ-
ρέμμονα (Dindorf : γαλακτοθρ- *codd.*). En faveur de γάλακος, outre
Call. cité n. critique, cf. [Opp.] *Cyn.* 3. 478 γαλακτόχροες *codd.*, où
il convient d'écrire : γαλατόχροες ou γαλακό-, malgré Keydell[2] 52 *et*
alii. – 386 γλυκύν : la *v.l.* γλυκύ a le même sens, cf. 205 n.. – 389
χυλός : = ζωμός, cf. comm. n. 40 §2b. – κύμβῃσι : cf. 129 n. – 390
πετρήεντος : pour les adj. à deux terminaisons, cf. Gow[1] 97 (s.v.
ἀϊδρήεις) et voir *Notice* p. cv. – ῥόχθοισι : cf. 289 n. Pour l'association du bruit de la mer et de ses rochers, cf. Lamartine, *Le Lac*, v. 10,
Bibl. de la Pléiade p. 38 : « tu mugissais ainsi sous ces roches pro-
fondes ».

αὐχέν' ἀνακρούουσιν, ὁ δ' ἀχθόμενος στόμα γαστρός
πολλάκι μὲν δαίτην ἀπερεύγεται αἱματόεσσαν,   380
ἄλλοτε νηδυίων θολερὴν μυξώδεα χεύει,
τεινεσμῷ ὡς εἴ τε δυσέντερος ἀχθόμενος φώς ·
δήποτε τειρόμενος καμάτοις κάρφουσι δέδουπε
γυῖα δαμείς · οὐ μὲν ποθέει ξηρὸν στόμα δεῦσαι.
Τῷ δὲ σὺ πολλάκι μὲν γάλατος πόσιν, ἄλλοτε μίγδην   385
ῥεῖα γλυκὺν νείμειας ἀλυκρότερον δεπάεσσι.
Καί τε καὶ ὄρνιθος φιαρῆς πυρὶ τηκομένη σάρξ
θωρήκων ἤμυνεν ἐϋτρεφέων βρωθεῖσα ·
ἤμυνεν καὶ χυλὸς ἅλις κύμβῃσι ῥοφηθείς,
ὅσσα τε πετρήεντος ὑπὸ ῥόχθοισι θαλάσσης   390

SIM. 385-396 Scrib.L. 191 (89.16-17) ; D. eup. 2.153 (312.15-18) ;
Ascl.Ph. ap. Gal. ant. 2.7 (140.6-7) ; Pr. 58 (69.26-29) ; *Aet. 13.60
§2 = PAeg. 5.50 (35.27-36.6) = PsD. 6 (21.10-22.2).

TEST. 382 (τεινεσμῷ) cf. Hsch. τ 797 τηνεσμός · νόσημα περὶ τὰ
ἔντερα.

381 νηδυίων aMR : νηδύων Tb₂Vc ‖ θολερὴν om. y₂ ‖ 382 τεινεσμῷ Steph. (cf. Hp., Diosc., Gal., Alex. Tr., Aet.) : τηνεσμῷ Ω*
(τὴν ἐσμῶι T) Σ Eut., cf. Pr. 69.25 cit. comm. n. 39 §3c, Poll. 4. 201,
Hsch. τ 797, sed uide Chantraine DELG s.v. τανυ- (p. 1092b) « la graphie τηνεσμός ... est inexplicable et doit être fautive » ‖ ὡς GMRV :
δ' ὡς cett. (cf. ad 341) ‖ ὡς εἴ τε TL (ὑς pro ὡς) : ὡσεί τε cett., cf.
ad 258 ‖ 383 δήποτε ω : δήν ποτε T ‖ κάρφουσι Ω* Σ Eut. (74.21
κάμνων...ὑπὸ ξηρότητος) : καρόουσι Wy commendat Btl. (" ex
Ms ") ‖ 384 δεῦσαι T : βρέξαι ω* (βρύξαι M) ‖ 385 γάλατος T :
γλάγεος ω* (γλάεος L) possis γάλακος cl. γάλακι ap. Call. (Hec.) fr.
74. 16 Hollis c.adn. et comm., al. (uide gall. adn.) ‖ 386 γλυκὺν (sc.
οἶνον) Lb₂MVx (-κὴν) acceperunt Steph. Btl. : γλυκὺ (sc. μέθυ)
GRy* (γλυκεὶ Q) maluerunt Schn. et edd. posteriores (ad has duo
uu.ll. uide gall. adn. ad 205) ποτὸν T defendit S. qui cl. PsD. p. 21.14
s. lacunam suspicabatur in qua uerborum γλυκέος et ἀννήσου mentio
facta erat (cf. comm. n. 40 §1b) ‖ ἀλυκρότερον ω* (ἁλυκό- Wc) :
αλυκτότερον T ‖ 388 ἐϋτρεφέων abM : εὐτρεφ- TVx ἐϋτροφ- y*
(εὐτροφ- Q) ‖ 389 ἤμυνεν TMRᵖᶜVx* : ἤμυνε ab* (Rⁱᵗ) Dy ‖ κύμβῃσι Ω* : κύμβοισι coni. D (γραπτέον), cf. Th. 526 κύμβοιο ‖
390 πετρήεντος TMRV : πετρήεσσιν cett. ‖ ὑπὸ Ω* (SB) : ὑπὲρ
MVc* ‖ ῥόχθοισι Ω* (ὑπόρροχθοισιTL) : ῥόχθησι V.

la mer mugissante, cherchent pâture à chaque instant, çà et
là, dans les anfractuosités algueuses. Qu'il les mange, les
unes crues, d'autres bouillies, beaucoup rôties à la flamme.
Les strombes, bien davantage, ou encore le murex, la lan-
395 gouste, la pinne marine et l'oursin flambé de roux seront des
plats salutaires, ainsi que les peignes de mer ; et le buccin
ne sera pas oublié, non plus que les huîtres, qui se réjouis-
sent des mousses[40].

Ne va pas non plus, odieux qu'il est,
13. Le Pharicon te laisser tromper par la boisson
(tu n'es pas sans la connaître) du *Pha-
ricon*[41], laquelle, entre autres maux, départit aux mâchoires
une forte douleur. En vérité, d'abord, elle a un goût pareil,
400 apprends-le, à celui du nard ; puis, elle fait chanceler ses
victimes, parfois égare leur esprit, et, en l'espace d'un seul
jour, elle n'a pas de peine à tuer un robuste gaillard[42].

391 κνώδαλα : cf. 504 (en parlant de la Sangsue) ; au propre,
désigne les animaux *marins* (cf. Σ *Th.* 98b). – φυκιόεντας ...
ἀγμούς : cf. *Il.* 23.693 θῖν' ἐν φυκιόεντι, Thcr. 11.14 ... ἐπ' ἀϊόνος
... φυκιοέσσας, 21.10 φυκιόεντα δέλητα ; seules autres occurrences
poét. de l'adj. : Jean de Gaza 2.99, Nonn. 3 fois ; ἀγμούς (cf. *Th.* 146)
particularise la côte. – 392 δάσαιτο : O. Schneider a noté justement la
synonymie de δατέομαι (cf. 345 et la n.) et de ἐσθίω chez N., en comparant l'épigrammatiste tardif Damocharis, *AP* 7.206.4 δασσαμένη =
ibid. 3 φαγοῦσα. Pour cette injonction dont le sujet est l'intoxiqué,
voir 486 n. et *Notice* p. LXXVI s. – *ἐφθέα : *hapax* absolu, = ἐφθά. –
393 στρόμβων : Σ 393b note que, avant l'invention de la trompette, ce
coquillage turbiné en tenait lieu (= Tz.Lyc. 250, cf. Sextus Empiricus,
Adversus math. 6.24.11). Il cite à ce propos le grammairien Apollodore, ἐν τοῖς Ὁμήρου (recueil de contributions homériques ? Cf. E.
Schwarz, *RE* 1, 1894, 2872.5 ss.), mais la citation (= fr. 207 Müller) se
réduit au *locus* hom. *Il.* 14.413 στρόμβον δ' ὣς ἔσσευε (où στρ. =
toupie). Voir Thompson[2] 252 s. – *κάλχης : coquillage à pourpre,
Murex (Thompson[2] s.v. κάλχη) ; Hsch. (*Test.*), seule attestation en
dehors de N. ; cf. D. *eup.* πορφύραι. – 394 *κηραφίδος : les seules
attestations en dehors de N. (Eut. 75.3 αἱ κηραφίδες) sont Hsch. *Test.*,
et D. *eup.* κηραφίδες. Pour ce Crustacé, Thompson[2] (s.v. κηραφίς)
propose : *a prawn or lobster*. La *v.l.* de T (cf. [Opp.] *Cyn.* 2.392
(*eadem sede*) καὶ ῥαφίδες), Aiguille de mer, détone dans ce contexte.
– *Pour la suite des notes aux v. 394-401 voir p. 174.*

κνώδαλα φυκιόεντας ἀεὶ περιβόσκεται ἀγμούς.
῏Ων τὰ μὲν ὠμὰ δάσαιτο, τὰ δ᾽ ἐφθέα, πολλὰ δὲ θάλψας
ἐν φλογιῇ. Στρόμβων δὲ πολὺ πλέον, ἢ ἔτι κάλχης,
κηραφίδος πίνης τε καὶ αἰθήεντος ἐχίνου
δαῖτες ἐπαλθήσουσιν ἰδὲ κτένες · οὐδέ τι κῆρυξ　　　　　395
δὴν ἔσεται τήθη τε γεραιρόμενα μνίοισι.

Μηδέ σέ γ᾽ ἐχθομένου λήθοι πόσις – οὐ γὰρ ἄϊδρις –
Φαρικοῦ, ἢ γναθμοῖσιν ἐπὶ βαρὺν ὤπασε μόχθον.
Τὴν ἤτοι γευθμῷ μὲν ἰσαιομένην μάθε νάρδῳ ·
ἤνυσε δὲ σφαλερούς, ὀτὲ δ᾽ ἄφρονας, ἐν δὲ μονήρει　　　　　400
ῥηϊδίως ἀκτῖνι βαρὺν κατεναίρεται ἄνδρα.

SIM. 397-401 (pharicum) Scrib.L. 195 (90.16 s.) ; Pr. 60 (70.13 s.) ;
PAeg. 5.53 (36.22 s.) = PsD. 19 (29.10-12). deest Aet.

TEST. 393 (κάλχης) cf. Hsch. κ 552 κάλχη᾽...πορφύρα... ; cf. Σ
393b2 εἶδος πορφύρας (uide gall. adn.) ‖ 394 (κηραφίδος) cf. Hsch.
κ 2537 κηραφίς· κάραβος (uide gall. adn.) ‖ 396 (γεραιρόμενα)
cf. Hsch. γ 398 γεραίρει· τέρπει ; in hoc sensu alibi non legitur.

391 περιβόσκεται Ω* : περιβρέμεται M ex 290 (similis contextus)
defluxit ‖ 392 δάσαιτο T (δάσαιο corr. S. uide gall. adn. et cf. 345) :
πάσαιτο ω* (πάσαιντο I, ad plur. cf. ad 477, 541) ‖ πολλὰ δὲ T :
πολλάκι ω ‖ 393 φλογιῇ ω : φλογιῇις T (-ςσ- repetitum perperam) ‖
ἢ ἔτι LOM : ἠέ τι cett. ‖ 394 κηραφίδος ω : καὶ ῥαφίδος T, simile
uitium habent classis O codd. ap. D. *eup.* p. 312.17 καὶ γραφίδες ‖
πίνης TMD (cf. Diosc. *eup.* l.c. πίναι) : πίννης cett., cf. fr. 83.3 sed
uide gall. adn. ‖ τε Ω* : δὲ Vx ‖ αἰθήεντος Ω : ἀλθήεντος Btl. (cf.
Th. 84, 645 u.l.), sed displicet ante ἐπαλθήσουσιν ‖ 395 ἐπαλθήσουσιν ω (cf. *Th.* 654) : ἀπ- T ‖ ἰδὲ ω* : ἠδὲ Ty ‖ 396 δὴν ἔσεται Ω*
(L^pc, ἔσσεται *a**Oy) defendit Von der Mühll² ‖ γεραιρόμενα Toup
(cf. *Test.*) : γεραιόμενα Ω* (γραιό- M) ‖ 397 ἐχθομένου T (sine
spir.), ad uerborum ordinem cf. gall. adn. : -μένη ω ‖ λήθοι West²
162 cll. 280, 336, 595, *Th.* 583, Hes. *Op.* 491 : λήθη Ω* (ἄνθηι T i.e.
λήθη), cf. Androm. 129 μηδέ σε λήθη sed uide gall. adn. ‖ 398 ἐπὶ
Ω* (ἔπι T ἐπεὶ MR) : ἔπι G (cf. 119 s.) acceperunt S. et edd. posteriores ὑπαὶ S. dub. ; uide gall. adn. ‖ 399 τὴν Ω : τὴν δ᾽ exspectaueris ‖ post 399 excidisse uersum unum ratus Btl. ἴχνεσι pro 400 ἤνυσε
coni. cl. 189 ‖ 400 δὲ¹ Ω* : om. V καὶ c.

Eh bien ! toi, souvent, procure-toi en poids déterminé la
racine folliculeuse du nard aux belles fleurs, que les promontoires Ciliciens font croître au bord des flots débordants du
405 Cestros, d'autres fois le maceron réduit en poudre fine.
Prends l'iris entier, et, du lis, la tête qu'Aphrodite prit en horreur, car il rivalisait avec elle pour la blancheur du teint ; et,
au milieu de ses pétales, elle ficha un dur opprobre en y faisant croître, de la bête qui brait, la terrible massue. Maintes
410 fois, dépouille le crâne du malade, ôte-lui tout autour sa toison que tu raseras jusqu'à la racine au moyen d'une lame
bien tranchante ; en outre, fais chauffer de la farine d'orge et,
dans sa fleur nouvelle, le mince feuillage de la rue, que la

---

402 *σταδίην : *hapax* absolu au sens de *pesé*, mais le texte est
p.-ê. altéré (voir n. critique). – 402 εὐανθέα : hypallage, cf. *Notice*
p. cvi. – 403 *ῥιζίδα : *hapax* absolu, cf. 265 n., 531 (*v.l.*). –
405 *σμυρνεῖον : *Th.* 848, = σμύρνιον *metri causa.* – ἐϋτριβές : cf.
328 n. – αὐτήν : la plante *elle-même*, par opposition à une de ses par-
ties, comme la *racine*, souvent utilisée (e.g. *Th.* 937 s. ἴριδος ... |
ῥίζαι). – 406 ἴριδα : cf. *Th.* 607 ἶριν ; pour ἴριδα, cf. Androm. 124. –
λειριόεν : = λειρίου " du Lis " ; mais *Il.* 13.830 *semblable au lis.* –
κάρη : = ἄνθημα (Σ) ; cf. comm. n. 43 §2b. – 408 *ὀνειδείην :
hapax absolu, = ὄνειδος. – 409 δεινὴν ... κορύνην : c'est pour
déshonorer le Lis qu'Aphrodite lui a donné un pistil claviforme rappelant le pénis de l'Âne, référence en la matière ; cf. Archiloque fr. 43
W., et voir Lact. *epit* 18.8, sur l'Âne offert en sacrifice à Priape, *quae*
(sc. *uictima*) *ipsi cui mactatur magnitudine uirilis obsceni posset
aequari* ; explication différente du sacrifice, Id. *inst.* 1.21.25 s. *ex* Ov.
Fast. 6.309-348. Κορύνην " massue " (Hom., *al.*), employé *diverso
sensu* in *Th.* 853 (κλάδον, ῥάβδον G^g, K^g m.rec., cf. Σ *Th.* 853a) ; ici
le *pénis* de l'âne (Σ 409c αἰδοῖον ~ Eut. 75.20 μόριον), cf. ὅπλον fr.
(*Géorg.*) 74.30 (cité comm. n. 43 §2c) ; seule autre attestation de
κορύνη en ce sens : Automédon *AP* 5.129.8 = 1516 G.-P²., mais cf.
(même connotation) ῥόπαλον Léonidas Tar. *APl* 261.2 = 2487 G.-P.,
ῥόπτρον Hsch. ρ 449 (... καὶ τὸ αἰδοῖον). L'adj. fait-il allusion à
Euripide, *Su.* 715 (la massue de Thésée, δεινῆς κορύνης) ? – *βρωμήεντος : 486 (*hac sede*) ~ *Th.* 357 *βρωμήτορος, fr. 74.30 *βρω-
μητᾶο " bête qui brait " = " âne " ; cf. ὀγκηστής (*lege* ὀγκητ-),
Gal. *Protrept.* 13 (115.10 Boudon), Secundus *AP* 9.301 = 3390 G.-P².
– *Pour la suite des notes aux v. 409-412 voir p. 179.*

Ἀλλὰ σὺ πολλάκι μὲν σταδίην εὐανθέα νάρδου
ῥιζίδα θυλακόεσσαν ὀπάζεο, τήν τε Κίλισσαι
πρηόνες ἀλδαίνουσι παρὰ πλημυρίδα Κέστρου,
ἄλλοτε δὲ σμυρνεῖον ἐϋτριβές. Αἴνυσο δ' αὐτήν　　405
ἴριδα λειριόεν τε κάρη, τό τ' ἀπέστυγεν Ἀφρώ,
οὕνεκ' ἐριδμαίνεσκε χροῆς ὕπερ · ἐν δέ νυ θρίοις
ἀργαλέην μεσάτοισιν ὀνειδείην ἐπέλασσε,
δεινὴν βρωμήεντος ἐναλδήνασα κορύνην.
Πολλάκι δὲ σκύλαιο κάρη, περὶ δ' αἴνυσο λάχνην　　410
κέρσας εὐήκει νεόθεν ξυρῷ · ἐν δέ νυ θάλψαις
ἤϊα κριθάων, νεοθηλέα φυλλάδα τ' ἰσχνήν

Sim. 402-414 Scrib.L. 195 (90.17-22) ; D. *eup*. 2.150 (311.20-22) ; Pr.
60 (70.15-18) ; PAeg. 5.53 (36.23-28) = PsD. 19 (29.12-30.2).

Test. 405 (σμυρνεῖον) uide *Test*. ad *Th*. 848.

402 σταδίην Ω : στήδην Btl. cl. 327 ‖ 403 ῥιζίδα Ω* (ῥίζιδα T) :
ῥιζάδα *c* maluit Btl., cf. 531 ‖ 404 παρὰ Ω* (sine acc. L) : περὶ V*x* ‖
δὲ ante πλημ. add. *b*₂*y* ‖ πλημυρίδα ego (cf. *Od*. 9. 486, Bacchylid. fr.
35, Aeschyl. *Ch*. 186, Ap. Rh. 2. 576 *al*., D.P. 107, 202 ; *al*.) : πλημμ-
Ω ex falsa etymologia (cf. Chantraine *DELG* s.v.) ‖ κέστρου om.
W*y* ‖ 405 σμυρνεῖον T (cf. *Th*. 848) : σμύρνειον ω ‖ ἐϋτριβές ω* :
εὐ- TW*y*V *Mosq* ‖ αἴνυσο Ω* (T potius quam αἴνετο ; an υ in ε
corr. ? cf. ad 378) : ἄλλοτε MR*ʸᵖ* de αἴρεο cogitaueram sed uide
gall. adn. ‖ 406 λειριόεν τε ω* (λυριόεν τε Η) : λειριόεντα ΤΟ ‖
407 ἐριδμαίνεσκε ω* : ἐριμαί- T ἐριδαί- M*y* ‖ χροῆς ω* (B*ᵖᶜ*,
χροοῖς a.c.), cf. *Th*. 859, fr. 74.36 : χροῖ T χρόης Gow (atticus
acc., cf. Hdn. παθ. 371.24) ‖ θρίοις Ω* (OW*ᵃᶜ*) : θρύοις RW*ᵖᶜy* ‖
408 μεσάτοισιν Ω* (W*ˢˡ*) : -τησιν LW*ⁱᵗy* ‖ ὀνειδείην ω* (D) : -δίην
LO*c** -δείοις T ‖ 409 ἐναλδήνασα *b*₂*y*, cf. gall. adn. : -δήσασα
*a*MRV*x* ἐνανθήσασα T ‖ 410 in suo folio habet T, sicut Scholiorum
priores duo explanationes (Σ 410a 1-6 et Eut. 75.24 s., cf. comm. n. 43
§3a), iam restituerant Btl. (cl. PsD. p. 30.1 s.), tum Schn. : post 412
praebet ω ‖ αἴνυσο Ω : αἴρεο Jacques¹, sed uide gall. adn. ‖ 411 κέρσας ω : ἔρσας T ‖ ἐν Ω : ἐκ coniecerim suspicatus ἐν ex 407
defluxisse, cf. 461 ἐκθέρμαινε ‖ θάλψαις ω* : -εις V*x* (-εῖς D)
θάλψας T ‖ 412 ad subdistinctionem uide gall. adn. ‖ νεοθηλέα ω* :
νεοηλέα MRV νεοθήλατα T.

chenille dévoreuse a très vite fait de ravager ; mets à tremper dans du vinaigre, et couvre-lui bien la tête de cet
emplâtre[43].

415   Que l'on n'aille pas, non plus, de la
14. La Jusquiame fève au cochon[44] s'emplir le ventre
                        sans savoir, comme le font souvent
les gens à l'étourdie, ou comme les enfants qui, venant
d'abandonner langes et serre-tête, ainsi que la funeste reptation sur les membres, marchant droit sur leurs jambes, sans
420 l'aide de leur infortunée nourrice, croquent dans leur folie
ses rameaux aux fleurs malfaisantes, car, depuis peu, à leurs
mâchoires, ils montrent leurs dents dévoreuses (.......) alors

413 *ἐπεσίνατο : *hapax* absolu, cf. ἐπισινής " qui cause " ou
" subit du mal ". – 414 *ἐνδεύσαιο : cf. *Test*. – *κόρσεα : *hapax*
absolu ; cf. 135 *κορσεῖα (*metri causa*). – 415 μηδὲ συὸς κυάμῳ :
en face de T, la classe ω offre un texte équivalent, μὴ μὲν (μὲν *solitarium* : cf. 115, 335) ὑὸς κ., si, à l'exemple de T, on divise en ses éléments le phytonyme ; συός est la graphie hom. la plus courante, ὑός
la forme qu'elle prend quand le mètre l'exige, en début de vers, cf.
ἀργιόδοντος ὑὸς (*Il.* 10.264, *Od.* 8.476, *al.*). O. Schneider (d'où
Gow) écrit en un seul mot la leçon de T, mais *συοσκυάμῳ est un
hapax absolu peu défendable en face de la forme usuelle ὑοσκυάμῳ,
présentée par ω. N. s'est livré à un jeu étymologique : cf. Philon de
Tarse, *SH* 690.20 désignant la Jusquiame par les mots κυάμου θηρὸς
ἀπ᾽ Ἀρκαδίης (" fève de la bête d'Arcadie ", *i.e.* du sanglier d'Éry-
manthe). – ἀϊδρήεντα : adv. (Σ) ; cf. ἀφραδέως (158, 502), ἀφροσύνη (312). – 416 νηδύν : seul exemple clair de νηδύς/νηδύν avec
ῡ en *thesis* chez N. (υ bref à cette place *ap*. Call. 3. 160). Pas de précédent hom. ; pour des parallèles dans l'épos récent et dans l'épigramme, voir Rzach 350 ; (νηδ)ύν en *thesis* 1 également *ap*. Alcée de
Messène *AP* 9.519.2 = 19 G.-P., Opp. *Hal.* 2.580, [*Cyn.*] 3.157,
[Orph.] *Lith.* 276. – παρασφαλέες : *hapax* absolu. – 417 νέον : cf.
421 n. – *ἀμφίκρηνα : néologisme à peine déformé par T (cf. *Notice*
p. CXXIX) ; seule autre occurrence connue de cet adj. garantissant la
conjecture de O. Schneider : Philippe de Thessalonique *AP* 6.90.5 =
2710 G.-P.[2] καὶ πῖλον ἀμφίκρηνον ὑδασιστεγῆ " un bonnet de
feutre couvrant la tête et la protégeant de la pluie " (emprunt possible
à N.). – 418 *ἑρπηδόνα : cf. Greg.Nyss. *Eccl.* 356.3, *prof.* 140.1. –
419 *ὀρθόποδες : première attestation en ce sens ; cf. Greg.Naz. *De
vita sua* 573, Nonn. 36. 184, Hsch. τ 129. – ἄνευ : tous les éditeurs,
sauf O. Schneider, ont choisi ἄνις (leçon de ω), *hapax* chez N., p.-ê. à
raison. – *Pour la suite des notes aux v. 419-422 voir p. 181.*

πηγάνου, ἥν τ᾽ ὤκιστα βορῇ ἐπεσίνατο κάμπη ·
βάμματι δ᾽ ἐνδεύσαιο καὶ εὖ περὶ κόρσεα πλάσσοις.

Μηδὲ συὸς κυάμῳ τις ἀϊδρήεντα κορέσκοι   415
νηδύν, οἷά τε πολλὰ παρασφαλέες τεύχονται,
ἠὲ νέον σπείρημα καὶ ἀμφίκρηνα κομάων
κοῦροι ἀπειπάμενοι ὀλοήν θ᾽ ἑρπηδόνα γυίων,
ὀρθόποδες βαίνοντες ἄνευ σμυγεροῖο τιθήνης,
†ἠλοσύνῃ† βρύκωσι κακανθήεντας ὀράμνους,   420
οἷα νέον βρωτῆρας ὑπὸ γναθμοῖσιν ὀδόντας
φαίνοντες < ....

Sim. 415-422 (*hyoscyamus*) Scrib.L. 181 (85.27-31) ; Epaenetes ap.
Pr. 66 (72.34-35) ; Pr. 66 (72.30-33) = *Aet. 13.69 §1 ; PAeg. 5.39
(31.5 s.) = PsD. 15 (26.15 s.).

Test. 414 (ἐνδεύσαιο) cf. Hsch. ε 3290 ἐνδεῦσαι · βάψαι ; hoc uerbum alibi non legitur.

413 ἥν ω : τήν T ‖ 414 ante h.u. lacunam statueris cl. Σ 410a 3 ~ Eut.
76.1, sed uide comm. n. 43 §3b ‖ βάμματι Ω* : βάμματα MR ‖ πλάσσοις ω : πάσσοις T per haplogr. ‖ 415 μηδὲ συὸς κυάμῳ T : μὴ μὲν
ὑοσκυάμῳ ω Σ Eut. ‖ τις om. L ‖ 416 τεύχονται T Σᵞᴾ (417a 7 γράφεται δὲ τὸ « σπέρχονται », καὶ « τεύχονται » ἀντὶ τοῦ ποιοῦσιν
~ 415a 2 οἷα ποιοῦσιν οἱ σφαλλόμενοι ταῖς φρεσίν) : σπέρχονται
ω Σᵞᴾ (416b ... ἀντὶ τοῦ τρέχουσι καὶ σπεύδουσιν) ‖ 417 ἀμφίκρηνα S. : ἀμφίκρημνα T ἀμφικάρηνα ω* (LWMVx : ἀμφὶ κάρηνα Gb* ἀμφὶ κάρηα y* [ἀμφικ- Η]) Σ Eut. (76.7 τἀπικείμενα τῇ
κόμῃ) ‖ 418 θ᾽ om. T ‖ 419 ἄνευ TGOⁱᵗ : ἄνις Oˢˡ cum cett. ‖ σμυγεροῖο T (-γαιρ-) : μογεροῖο ω ‖ 420 post h.u. excidisse aliquot uersus suspicatus est Schn., quo duce ante et post 420 lacunas notauit
Lehrs, cf. ad 422 et uide gall. adn. ad 420 ‖ ἠλοσύνη uel ἠλ- Ω* Σ
(c.gl. ἀφροσύνη uel ματαιοσύνη) : ἀλοσύνη Wc* (ἀλ- D, sine spir.
Ald) ἁπλοσύνη uel ἀφροσύνη Btl. sed cf. gall. adn. ἦμος ὅτε (uel
ὅταν) pro ἠλοσύνη coniecerim cll. Σ 415a 6 (ἢ καὶ ὅταν τὰ παιδία
προσενέγκηται) et Eut. 76.11 s. (ὁπόταν ὑποφύεσθαι αὐτοῖς τὸ
πρῶτον οἱ ὀδόντες ἄρχωνται) ‖ βρύκωσι Ω* (-κωσι T βρίκωσι
y) : βρύκουσι Gow ‖ κακανθήεντας ω* (-θέντας D κακ᾽ ἀνθήσαν-
τας GOMRV [κακανθ-]) : κακ᾽ ἀλθηεντας T ‖ 422 post h.u. hiare Ω
suspicatus est Gow, ante et post 422 τότε – οὖλα lacunas indicaui cll.
Σ 422a (~ Eut. 76.10) medicisque qui symptomata descripserunt (cf.
comm. n. 45) ‖ φαίνοντες Ω* (ὑφαίνοντες b₂y) : φύοντες coni. Btl.

la démangeaison attaque leurs gencives gonflées (.......)[45].
Au malade, tantôt donne à boire en remède le lait pur,
425 tantôt de la corne-de-bœuf, herbe fourragère qui pousse
des cornes recourbées sous ses feuilles frémissantes au
vent, puissante ressource quand elle baigne dans de l'huile
d'esclave. Ou bien administre la graine sèche de l'ortie, ou
son feuillage même à mâcher cru en abondance pour en
sucer le jus, la chicorée, les graines de notre cresson et le
430 cresson qu'on nomme Perse ; et en outre moutarde et raifort en suffisance ; et en outre, avec les oignons ordi-

422 *κνηθμός : néologisme poét., pour κνησμός (cf. *Test*.). Le
suffixe -θμός vient de κνήθω (-ηθμός *aliter*, dans les noms de cris
d'animaux, e.g. *Th.* 671 κνυζηθμός). – *ἐνοιδέα : *hapax* abs., cf. 90
διοιδέα. – 423 τῷ – πώνοις : traduction conjecturale. **1)** ἤλιθα (ω),
serait le seul exemple de cet adv. employé avec la valeur de ἅλις (*e.g.*
430, 483, 489) ou ἄδην (330, 428) pour indiquer la quantité d'un
remède ; ailleurs (25, 140), N. l'emploie avec un plur. *ἄλθεα (Τ), au
sens de *remèdes* (= 350 ἀλκτήρια νούσων, *Th.* 7 ἀλεξητήρια ν.),
n'est attesté que dans la littérature grammaticale : Hsch. α 2694 s.v.
ἀλθαίνει· … φάρμακον γὰρ ἄλθος, cf. *EM* 63.11 s.v. ἄλθετο· …
καὶ ἄλθος φάρμακον (gl. absente de *EG*) ; pour ἄλθεα en fonction
d'attribut, cf. 350. – **2)** πώνοις : les leçons transmises, l'éolisme de Τ
πώνοις (cf. ἔπωνε Call. 6.95, fr. 194.77) ou l'infinitif-impératif de ω
(glose normalisatrice ? Cf. t. II, p. CXLV) sont les injonctions à
l'adresse de la victime, possibilité théorique (voir *Notice* p. LXXVI s.) ;
mais ici, elle surprend, juste avant 428 νείμαις, injonction, plus fréquente, à l'adresse du lecteur médecin. De plus, τῷ fait problème. Si le
démonstratif représente la Jusquiame, il est à construire avec ἄλθεα,
" en remèdes contre ce poison ", mais on attendrait plutôt le gén. (cf.
Th. 493 et les synonymes d'ἄλθεα cités sous 1). – **3)** En fait, au début
de la thérapie, le démonstratif masc. renvoie constamment au malade,
et c'est ce qu'impliquent la note arbitraire de G (λείπει τὸ δίδου = Σ
423d) ainsi que la conjecture de L*by* (δόμεναι) " donne-lui à boire ".
Mais alors, il faut substituer à πώνοις/πίνειν un verbe du sens de *fais
boire*, *administre*. Avec πόσιν complément, la conjecture de Knox est
la meilleure : cf. νείμειας 202 (οἴνης ἀμιγῆ πόσιν), 386 (γλάγεος
πόσιν), 484 (πόσιν ἐλλεβόροιο). – γλάγεος : cf. *Th.* 923 γλαγόεν-
τας. Chez N., l'hom. γλάγος (seulement *Il.* 2.471 = 16.643) figure
aussi *Al.* 139, 262, 352, 385, en alternance avec γάλα (Hom. 7 fois),
seul employé dans *Th.* – *Pour la suite des notes aux v. 424-430 voir
p. 184.*

.... > τότε κνηθμὸς ἐνοιδέα δάμναται οὖλα

< .... >.

Τῷ δ' ὁτὲ μὲν γλάγεος καθαρὴν πόσιν ἄλθεα †πώνοις†,
ἄλλοτε βουκέραος χιληγόνου, ὄρρα κεραίας
εὐκαμπεῖς πετάλοισιν ὑπηνεμίοισιν ἀέξει,   425
ἀτμενίῳ μέγ' ὄνειαρ ὅτ' ἐμπλώῃσιν ἐλαίῳ.
Ἠὲ σύ γ' αὐαλέον κνίδης σπόρον, ἄλλοτε δ' αὐτήν
νείμαις ὠμόβρωτον ἄδην ἀνὰ φυλλάδ' ἀμέλξαι,
κίχορα καρδαμίδας τε καὶ ἢν Πέρσειον ἔπουσιν,
ἐν δέ τε νάπειον ῥάφανόν θ' ἅλις, ἐν δέ τε λεπτάς   430

Sim. 423-432 Cels. 5.27.12B ; Scrib.L. 181 (85.31-86.2) ; D. eup.
2.155 (313.3-7) ; Ascl.Ph. ap. Gal. ant. 2.7 (139.4-6) ; Pr. 66 (73.1-7)
~ *Aet. 13.69 §2 = PAeg. 5.39 (31.6-13) = PsD. 15 (27.1-10).

Test. 422 (κνηθμός) uide ad 251 ‖ 424 s. EG^AB β 206 (EM 207.38)
s.v. βούκερα· ... N-ος ἐν Ἀλεξιφαρμάκοις παρετυμολογεῖ αὐτὴν
λέγων, οἷον· « ἄλλοτε – ἀέξει » ‖ 427 (κνίδης σπόρον) cf. Test. 201.

κνηθμὸς ω (cf. 251) : κνησμὸς Τ ‖ 423 δ' ὁτὲ μὲν TGMR^iiVx, cf.
601 : δόμεναι LR^γρb₂y ‖ γλάγεος καθαρὴν πόσιν Τ (ad uerborum
ordinem cf. 198 οἴνης ἀμιγῆ πόσιν) : καθαρῆι γλάγεος πόσιν ω
(cf. 385 γάλατος πόσιν) ‖ ἄλθεα Τ (cf. 350 ἀλκτήρια) : ἤλιθα ω ‖
πώνοις Τ (ad h. glossam Aeolicam cf. gall. adn.) suspectum : πίνειν
ω πίσαις Gow πώνοι Jacques¹ scripto ὃς pro τῷ (cf. 486 γάλα πίνοι)
νείμαις Knox 6 fort. recte (cf. gall. adn.) ‖ 424 χιληγόνου Τ (χειλ-)
Σ^γρ Eut. (76.15 s. ἀγαθὴ ... πρὸς τροφὴν τοῖς ζῴοις) EG (EM) : σιτηγόνου ω* (σιταγ- V) Σ^γρ κεβληγόνου Σ^γρΟ^γρ mg. quae lectio ex
433 defluxit ‖ ὄρρα Ω* (ὄρρα LMosq ὄρρα G ὄρρα MR) Σ (cf. Th.
685, Ap.Rh. 3.37 [omnes codd.] ; uide gall. adn. ad Th. l.c. et Nic.
t. II p. cviii) : ὅ ρα Gow Oikonomakos contra codd. (prob. Vian) ‖
425 ὑπηνεμίοισιν Ω : ὑπ' ἠνεμόεσσιν Btl. ‖ 427 αὐαλέον ω*
(αὐ- O) Eut. (76.18 τὸ σπέρμα τῆς κνίδης ξηρανθέν) : αὐαλέης Τ ‖
αὐτὴν ω : αὐτῶν Τ ‖ 428 ἀνὰ om. y ‖ φυλλάδ' TGMR : φύλλα δ'
LOW (φῦ-) y (διαμ-, ι ex apostr. corrupt. in exemplari suo) φύλλα τ'
Vx* (D incert.) ‖ ἀμέλξαι G^iiMR : ἀμέλξας OW^slVx* (D incert.)
ἀμέρξαι G^sl (ρ supra λ scr.) ἀμέρξας LW^iiy ἀμίξας Τ (-ας per comp. ut
uid.) i.e. (φυλλάδ)α μίξας ‖ 429 Πέρσειον S. : πέρσειον TGM
περσεῖον cett. ‖ 430 νάπειον MR, cf. gall. adn. : νάπειαν Ω* (sine
acc. T) uox nihili.

naires, les bulbes fins de printemps. Écarte aussi le fléau, la
tête aux beaux caïeux de l'ail nouveau prise en boisson[46].

15. Le Pavot   Il y a aussi le pavot à tête porte-
graines[47] : quand ils boivent ses pleurs,
les buveurs, sache-le, tombent dans un
435   profond sommeil ; de fait, à leurs extrémités, les membres
se refroidissent à l'entour, et, au lieu de s'ouvrir, les deux
yeux restent tout à fait immobiles sous le lien des paupières.
Et, tout autour du corps, odorante, la sueur, sous l'effet du
mal accablant, coule à flots, le visage jaunit, les lèvres
enflent, et les attaches de la mâchoire se relâchent, tandis
440   que la gorge ne laisse plus passer qu'un faible souffle qui se
traîne glacé. Souvent, soit l'ongle livide, soit encore le nez
qui se courbe, annoncent une issue fatale, parfois aussi les
yeux caves[48].

431 κρομμύοις : le texte transmis κρομμύων γηθυλλίδας
désigne-t-il la même plante par une expression réunissant genre et
espèce, comme le voulait I.G. Schneider 218 (*improprie dixit … speciem generi tribu*ens) ? Plus probablement, ἄμμιγα joue le rôle de préposition, d'où ma correction, le dat. étant le seul cas attesté pour son
régime chez N. ; unique exemple attesté de gén. : Simias *AP* 7. 22.6 =
3291 G.-P., mais la correction de Hecker (κἀκ au lieu de καὶ, avec
ἄμμιγα adv.), est séduisante. Pour la quantité de υ, bref au lieu de
long, cf. t. II, n. 275 (ajouter référence à la n. d'O. Schneider *ad* Th.
947). – 432 *εὐάγλις : *hapax* absolu (en face de *Th.* 874 ἀγλῖθες) ;
cf. 347 εὐκραδέος. – κώδεια : catachrèse, cf. 216 n., et rapprocher
l'emploi de κόρσῃ (253, 527). – νέου : cf. *Notice* p. LVIII. La *v.l.* νέον
(adv. portant sur ποθεῖσα, " que l'on vient de prendre en boisson ")
n'aurait de sens que si l'Ail était recommandé ici comme prophylactique, mais, au v. 575, ἥρκεσε s'applique à une action curative et non
préventive, et les textes parallèles montrent que l'Ail ne se distingue
pas des autres remèdes (voir comm. n. 46 §9). – 433 *κεβληγόνου :
emprunt à Euphorion (Schultze 46), cité par les Σ, fr. 108 P. = 112
vGr. (*eadem sede*) κεβληγόνου Ἀτρυτώνης. Chez Euphorion, qui l'a
sans doute créée, cette épithète d'Athéna avait le sens passif : *née de
la tête* de Zeus (cf. Ἀθηνᾶν κορυφαγενῆ, *hapax* absolu, Plut. *Mor.*
381e). N., seule autre occurrence, lui a donné un sens actif : *dont la
tête fait naître*, entendez : *porte les graines* (cf. Σ 433a τῆς ἐν τῇ
κεφαλῇ τὸν γόνον ἐχούσης ὅ ἐστι τὸ σπέρμα ~ Eut. 77.1). – *Pour
la suite des notes aux v. 433-442 voir p. 190.*

ἄμμιγα κρομμύοις γηθυλλίδας. Ἥρκεσε δ' ἄτην
εὐάγλις κώδεια νέου σκορόδοιο ποθεῖσα.

Καί τε σύ, μήκωνος κεβληγόνου ὁππότε δάκρυ
πίνωσιν, πεπύθοιο καθυπνέας · ἀμφὶ γὰρ ἄκρα
γυῖα καταψύχουσι, τὰ δ' οὐκ ἀναπίτναται ὄσσε,   435
ἀλλ' αὔτως βλεφάροισιν ἀκινήεντα δέδηεν.
Ἀμφὶ καὶ ὀδμήεις καμάτῳ περιλείβεται ἱδρώς
ἀθρόος, ὠχραίνει δὲ ῥέθος, πίμπρησι δὲ χείλη,
δεσμὰ δ' ἐπεγχαλάουσι γενειάδος · ἐκ δέ τε παῦρον
αὐχένος ἑλκόμενον ψυχρὸν διανίσεται ἄσθμα.   440
Πολλάκι δ' ἠὲ πελιδνὸς ὄνυξ μόρον ἢ ἔτι μυκτήρ
στρεβλὸς ἀπαγγέλλει, ὁτὲ δ' αὖ κοιλώπεες αὐγαί.

SIM. 433-442 (*papauer*) Scrib.L. 180 (*ad opium ... quod quidam meconium uocant*, i.e. papaueris *sucum*), p. 85.13-17 ; Epaenetes ap. Pr. 64
(72.2 s.) ; Pr. 64 (περὶ μηκωνίου). 71.33-72.1 ~ *Aet. (π. ὀποῦ
μήκωνος) 13.71 §2 ~ PAeg. 5.43 (π. μήκωνος ὀποῦ). 32.15-18) =
PsD. 17 (28.8-13).

431 κρομμύοις ego cl. 548, *Th.* 850 : κρομμύων Ω* (κρομύων Ta
Mosq) κρομμύοφιν Btl. cl. *Th.* 931 ‖ ἄτην Ω* : αὐτήν (ex 427
defluxit) MRVx* (de D incert.) ‖ 432 εὐάγλις *a** (Lᵖᶜ) MR : εὐάγλης
Lᵃᶜ εὔαγλις b₂Vy εὐαγλὶς x sine acc. T ‖ νέου T (de cepis cf. Σ 431e
γαθυλλίς· τὸ νέον κρόμμυον et uide gall. adn.) : νέον ω ‖ ποθεῖσα
ω : βοθεῖσα T, ne σκορόδου βρωθεῖσα conicias deterret 465 βόσιν
(T) pro πόσιν ‖ 433 καί τε σὺ T : καὶ δὲ σὺ ω* καὶ σὺ δὲ Vx (cf. ad
u. 92) ‖ 434 πεπύθοιο ω* (π – ὐθοιο L sp. 2 litt. rel.) : πεποίθοιο
T ‖ ἄκρα Ω* (ἄκρω L ἄκραν Vx) : ἄρθρα Eut. 77.3 ἔπεισι τὰ ἄρθρα
αὐτῶν ψυγμός (uide ad 192), cf. Scr.L. atque Pr. cit. in comm. n. 48
§2 ‖ 436 αὔτως Gb* (Oᵃᶜ) : αὔτως Oᵖᶜ cum cett. ‖ 437 καὶ TaMRWˢˡ :
δὲ b₂ (Wⁱᵗ) Vc ‖ 438 ὠχραίνει Ω* : ἀχραίνει b* (ἄχρουν γίνεται
Oᵍ) y ‖ 440 διανίσεται T : -νίσσ- MˢˡVx (cf. ad *Th.* 222) -νείσσ-
MⁱᵗR -νείσ- cett. ‖ ἄσθμα L : ἆσθμα cett. praeter T qui ἀσθμά, cf.
ad 524, 571 ‖ 441 ἢ ἔτι T (η ετι, spir. et acc. euanidi) LMby : ἠέ τι
GVx ‖ 442 κοιλώπεες T : κοιλωπέες ω.

Là-dessus, n'aie crainte, toi, mais que ton unique souci
soit de porter secours au malade en l'emplissant, tout expi-
445 rant qu'il est, de vin et d'un doux breuvage bien chauds.
Parfois, empresse-toi d'émietter pour l'y mélanger le fruit
des travaux de l'abeille, de celles de l'Hymette, qui naqui-
rent de la carcasse d'un veau tombé mort aux pâtis ; c'est là,
au creux d'un chêne, que pour la première fois, je pense,
elles bâtirent leurs cellules toutes ensemble, et que, songeant
450 à leurs travaux, elles fabriquèrent en l'honneur de Déô leurs
gâteaux aux yeux multiples, butinant de leurs pattes le thym
et la bruyère en fleur. D'autres fois, c'est soit le liquide par-
fumé de l'huile rosat nouvelle que, au moyen d'une laine
aux poils bien fournis, en desserrant ses dents, ou entre ses
mâchoires affaissées, tu exprimeras dans sa bouche – et
455 qu'il en aspire un épais flocon bien saturé –, soit aussi
l'huile d'iris, ou encore celle de l'olive brillante. Vite,

---

443 ἄσσα : relatif de liaison (voir 511 n.) ; seul exemple de ὅστις
dans les *Al.* (cf. *Th.* 731, 763). Ἀλλὰ (Klauser) est très séduisant :
" eh bien, toi, n'aie pas peur ! " (avec δείδιχθι sans complément, cf.
Babrius 75.2 μὴ δέδιθι, σωθήσῃ " n'aie crainte, tu seras sauvé ") ;
mais la corruption est difficilement explicable. Eutecnius (77.12 ἀλλὰ
σὺ ταῦτα μὲν ὁρῶν καταπλαγῇς μηδὲν ἀλλὰ ἐπάμυνε) ne permet
pas de trancher (ταῦτα ὁρῶν peut développer ἄσσα). -*δείδιχθι :
hapax absolu, texte incertain ; de cet impér. 2ᵉ sing. de δείδοικα, O.
Schneider rapproche hom. ἔϊκτον (*Od.* 4.27), ἔϊκτο (*Il.* 23.107), de
ἔοικα, et ἐπέπιθμεν (*Il.* 2.341, *al.*) de πέποιθα, mais la leçon de T ne
peut s'appuyer sur Babrius *l.c.*, où δέδιχθι est une conjecture pour
δέδιθι. Les formes transmises par les manuscrits de N. et de Babrius,
δέδιθι (att.), δείδιθι (épq.) de δέδια/δείδια, ont toujours bref l'ι de la
2ᵉ syllabe dans la poésie hexamétrique (Hom. Thgn. Arat. Ap.Rh.,
etc.), à la seule exception de la leçon de ω (δείδιθι). Il pourrait s'agir
d'un cas d'allongement arbitraire, cf. t. II, p. cxxiv et n. 275. – 444
οἰνάδι : cf. 355 n. – *γλυκόεντι : *hapax* absolu ; γλυκόεντι ποτῷ =
γλυκεῖ *vin doux*. – κεκαφηότα : au sens de *défaillant*, comme dans
les deux seules occurrences hom. (κεκαφηότα θυμόν, *Il.* 5.698 = *Od.*
5.468). – 445 τινθαλέῳ : voir 463 et la n. Il est probable que N., ici
aussi, doit cet adj. à Call. ; pour son sens, cf. Suid. τ 641 : χλιαροῖς,
θερμοῖς (~ Σ 445a, 463b). – *Pour la suite des notes aux v. 445-455
voir p. 193.*

Ἄσσα σὺ μὴ δείδιχθι, μέλοιο δὲ πάμπαν ἀρωγῆς
οἰνάδι καὶ γλυκόεντι ποτῷ κεκαφηότα πιμπλάς
τινθαλέῳ. Τοτὲ δ᾽ ἔργα διαθρύψαιο μελίσσης   445
ἄμμιγα ποιπνύων Ὑμησσίδος, αἵ τ᾽ ἀπὸ μόσχου
σκήνεος ἐξεγένοντο δεδουπότος ἐν νεμέεσσιν ·
ἔνθα δὲ καὶ κοίλοιο κατὰ δρυὸς ἐκτίσσαντο
πρῶτόν που θαλάμας συνομήρεες, ἀμφὶ καὶ ἔργων
μνησάμεναι Δηοῖ πολυωπέας ἤνυσαν ὄμπας,   450
βοσκόμεναι θύμα ποσσὶ καὶ ἀνθεμόεσσαν ἐρείκην.
Δήποτε δ᾽ ἢ ῥοδέοιο νέον θύος εὔτριχι λήνει,
ὀχλίζων κυνόδοντα, τότ᾽ ἡμύουσι χαλινοῖς,
ἐνθλίβοις – μαλλὸν δὲ βαθὺν κεκορημένον ἕλκοι –,
ἠὲ καὶ ἰρινόεν, τοτὲ δ᾽ αὖ μορόεντος ἐλαίης.   455

Sim. 443-464 Scrib.L. 180 (85.17-25) ; D. *eup.* 2.151 (πρὸς μηκώνιον). 312.1-5 ; Ascl.Ph. ap. Gal. *ant.* 2.7 (138 [πρὸς τὸν τῆς μήκωνος ὀπόν].7-12) ; Pr. 64 (72.4-11) ; *Aet. 13.71 §3 ~ PAeg. 5.43 (32.18-33.5) = PsD. 17 (28.13-29.5).

Test. 446 (ποιπνύων) cf. Hsch. in gall. adn. ‖ 452 cf. Hsch. λ 884 λήνει· ἐρίῳ ; utrum ad Aeschyl. *Eum.* 44 an ad N. incert.

443 ἄσσα Ω* : ἄσσα TLD ὅσσα V ἀλλὰ Klauser 78 n. 5 (ad ἀλλὰ σὺ cf. 260, 402, 527, 573) quid legerit Eut. incert. (uide gall. adn.) ‖ δείδιχθι T : δείδιθι ω* (δέδιθι O δείθι W) δείδισθι Btl., uide gall. adn. ‖ ἀρωγῆς Ω* (ἀρ γῆς T sp. rel.) : ἀρωγῶ y ‖ 445 τοτὲ S. ex T (τότε) : ποτὲ ω ‖ διαθρύψαιο GO^{sl}y (uide gall. adn.) : -θρέψαιο MR -θρύπτοιο Lb₂* (O^{it}) Vx -θρύψιε T (i.e. -θρύψειε) ‖ 446 ὑμησσίδος T : ὑμήττιδος ω* (-μμ- Vx), cf. ad 171, 359 ‖ 448 καὶ om. O ‖ 449 θαλάμας TaMR^{it} : θαλάμους R^{sl} cum cett., cf. ad 8 ‖ συνομήρεες TL : -μηρέες b₂Vc -μήρεας MR -μηρέας G ‖ 450 ἤνυσαν Ω* : ὥπασαν MVx Σ^{G2γρ} ‖ ὄμπας Ω* (et O) : ὄμπνας b*c ad hanc variationem cf. gall. adn. ‖ 451 ἀνθεμόεσσαν Ω* (-μίεσσαν L) : ἠνεμό-Σ^{γρ}D^{γρ} ‖ 452 δ᾽ ἢ Ω* (ἢ T ἢ G) : δὴ MRy, cf. ad 53 ‖ λήνει TG (λίνει) M : λίνῳ cett. ‖ 453 τότ᾽ TGMVx : καὶ Lby ‖ ἡμύουσι TGMR^{mg} (m.rec.) Vx* : εἰμύουσι R^{it}D cum cett. ‖ χαλινοῖς Ω* (O^{ac}R^{it}) : -νοὺς MO^{pc}R^{mg} ad hanc uariationem cf. ad 606 ‖ 454 μαλλὸν TMVx : μᾶλλον cett. ‖ κεκορημένον T : -ρεσμένον ω* -μένος x ‖ ἕλκοι Gow : ἕλκοις Ω ‖ 455 transposuit Gow post 452 (tacet Eut.) sed uide gall. adn. ‖ ἰρινόεν T : ἰρινέου ω* (ἰρινεοῦ y) ‖ ἐλαίης Ω* (R^{pc}) : ἐλαίου GMR^{ac}.

réveille-le en le frappant au visage sur chaque joue, quelquefois en lui criant aux oreilles, ou en le secouant dans son
sommeil, si tu veux que, défaillant, il dissipe sa funeste torpeur, et qu'alors il vomisse, écartant le mal douloureux.
460 Trempe des chiffons dans de l'huile tiède, au préalable dans
du vin, frictionne et réchauffe de ce liquide ses membres
refroidis ; parfois opère le mélange dans une baignoire où tu
lui feras tremper les chairs. Vite, faites-lui prendre des bains
chauds pour fluidifier son sang et assouplir sa peau tendue
devenue rigide[49].

465   Connais du lièvre meurtrier la boisson
16. Le Lièvre   terrible, pernicieuse, lui qu'enfante la
marin   vague de l'onde amère aux mille galets.
             En vérité, il sent les écailles et la rinçure,
et il a un goût de marée, tel celui des sans-pieds putréfiés ou
mal lavés, comme quand l'écaille souille le jeune thon. Tout

---

457 *ἐμβοόων : seule occurrence poétique Cf. Thcd., Xén., etc., et
le parallèle de Soranos cité comm. n. 49 §3. – *σαλάσσων : =
σαλεύων (Σ : κινῶν καὶ σείων) ; *hapax* absolu en ce sens, en dehors
de la littérature grammaticale (*EG* α 776 = *EGud* add. p. 134.19, *EM*
100.23, s.v. ἀνάσσω). – 458 κατηβολέων : cf.194 n. – 459 ἐξερύγη-
σιν : cf. 196 n. – 460 σπεῖρα : hom. (seulement *Od.*) ; *pièces d'étoffe*
dans lesquelles on *s'enveloppe*. N. lui a donné le sens de *morceaux
d'étoffe*, et en a tiré l'adj. *σπειρώδης (253, 527). – νέκταρι : cf.
44 n. – 461 *ἐκθέρμαινε : semble être la seule occurrence poét. –
ποτῷ : Lloyd-Jones entend le mot du *poison* absorbé, et il en fait le
complément d' ἐψυγμένα. Mais, après le symptôme décrit en 434 s.,
le participe se passe de ce complément, et N. n'emploie le mot en ce
sens qu'au début de ses notices, pour préciser la forme sous laquelle
est pris le poison (cf. 17, 116, 157, 187, 208, 537, 567) ; ποτῷ désigne
plus probablement le mélange d'huile et de vin dont sont imprégnés les
chiffons.– 462 δροίτη : *vox tragica* (Eschyle), cf. Lyc. 1108, Parthen.
SH 626.21 (*alio sensu*) ; N. a préféré ce mot à πύαλος/πύελος, qu'utilise Eut. 78.3 (cité comm. n. 49 §5). – κεράων : cf. *Od.* 10.362
θυμῆρες κεράσασα (servante préparant le bain d'Ulysse) ; *ad rem*,
cf. comm. n. 49 §5. – ἐμβάπτεο : on est tenté de mettre σάρκας en
rapport avec le sujet, et de considérer la 2e sing. comme la victime
éventuelle, à qui N. s'adresserait (" trempes-y tes chairs ", cf. n. à 279
χείλεσι). Mais le Moy. transitif est attesté par Aristophane fr. 158.2. –
Pour la suite des notes aux v. 463-469 voir p. 197.

Αἶψα δὲ τόν γ' ἑκάτερθε διὰ ῥέθος ἔγρεο πλήσσων,
ἄλλοτε δ' ἐμβοόων, τοτὲ δὲ κνώσσοντα σαλάσσων,
ὄφρα κατηβολέων ὀλοὸν διὰ κῶμα κεδαίη,
τῆμος δ' ἐξερύγῃσιν ἀλεξόμενος κακὸν ἄλγος.
Σπεῖρα δ' ἐνὶ χλιαρῷ λίπεϊ, πρὸ δὲ νέκταρι βάπτων　　460
τρῖβε καὶ ἐκθέρμαινε ποτῷ ἐψυγμένα γυῖα ·
ἄλλοτε δ' ἐν δροίτῃ κεράων ἐμβάπτεο σάρκας.
Αἶψα δὲ τινθαλέοισιν ἐπαιονάασθε λοετροῖς
αἷμ' ἀναλυόμενοι τετανόν τ' ἐσκληκότα ῥινόν.

Εἰδείης δὲ λαγοῖο κακοφθορέος πόσιν αἰνήν　　465
οὐλομένην, τὸν κῦμα πολυστίου τέκεν ἅλμης.
Τοῦ δ' ἤτοι λοπίδων μὲν ἰδὲ πλύματος πέλει ὀδμή,
γευθμὸς δ' ἰχθυόεις νεπόδων ἅτε σαπρυνθέντων
ἠὲ καὶ ἀρρύπτων, ὁπόταν λοπὶς αὐξίδα χραίνῃ ·

Sɪᴍ. 465-473 (*lepus marinus*) Scrib.L. 186 (87.12 s.) ; Pr. 79 (77.24 s.)
~ *Aet. 13.55 §1.

456 τόν γ' Ω* : τόνδ' V*x*, cf. 365 ‖ 457 τοτὲ S. ex T (τότε) : ὀτὲ ω*
(ὅτε LV) ‖ σαλάσσων G : σηλάσσων L παλάσσων R^pc*b₂y* μαλάσ-
σων V*x* ἀλάσσων TMR^ac (hi tres κνώσσοντας scr.) ‖ 458 κεδαίη
S. : κεδαίης T κεδάσσῃ ω ‖ 459 δ' om. D ‖ ἀλεξόμενος ω : ἀφυξό-
T i.e. ἀλυξό- (cf. Hes. *Op.* 363 ἀλέξεται c.u.l. ἀλύξ-) ‖ 460 χλιαρῶι
T (coniecerat Schn. 323 [*calido* ?]), cf. 360 : χλιερῶ L*b₂* χλοερῶ
GMRV*c* ‖ καὶ ante πρὸ add. *b₂ y* ‖ 462 δ' om. V ‖ ἐμβάπτεο Ω* :
ἐμβάλλεο MRV Σ^grO^gr ‖ σάρκας T (sine acc.), cf. 475, *Th.* 404, 834 :
σάρκα ω, cf. 247, 254, 544, *Th.* 187, 233, 236, 465 ‖ 463 ἐπαιονάασθε T, cf. *Th.* 629 ψώχεσθε : ἐπαιονάασθαι ω* (et R^pc ἐπαι-
νάασθαι MR^ac [postea in -νᾶσθαι corr.] ἐπαιονάασσο *x*) ἐπαιονά-
σαιο Scaliger (cf. 587, 589, *al.*) ἐπαιονάσειε Vian dub. (cf. 445) ‖
464 ἀναλυόμενοι T : -νος ω ‖ ἐσκληκότα Ω* (G^pc [alt. κ add. ut
uid.], sine spir. T), cf. Choeril. *SH* 320.5 = fr. 6.5 Bernabé, TrGF
Adespota F 210a : ἐσκλητότα G^acMR (cf. Ap.Rh. 2.53 ἐσκληῶτες) ‖
465 λαγοῖο Ω* : λαγωοῖο M ‖ κακοφθορέος ω* (sine acc. M -φθό-
ρέος R [acc. supra o del.] -ρέα V -φθερέος D) : -φθαρέος T ‖ πόσιν
ω : βόσιν T, cf. ad 432 ‖ αἰνήν T : ἔμπης ω fort. ex 361 defluxit ‖
466 πολυστίου L : -στείου ω* Σ -στίον T, cf. ad *Th.* 792, 950 ‖
467 δ' ἤτοι M : δή τοι Ω* (δή τι *y*) ‖ λοπίδων TGMV : λεπίδων
cett. praeter O qui λοεπίδων (conflatis duabus u.l.) ‖ 469 ἀρρύπτων T
(sine spir.) *a** : ἀρρύπτων *b₂*y* ἀπλύντων O^grMRV*x* ἀπλύτων G^2g
(supra ἀρρύπτων scr.) ‖ λοπὶς Ω* (λωπὶς L) : λεπὶς V*x*.

470 crasseux qu'il est sous ses tentacules grêles, il a l'air d'un
jeune produit issu du calmar commun ou sagitté, tel celui de
la seiche fuyarde, qui noircit de sa bile le gonflement des
eaux, lorsqu'elle a décelé, sous sa traîtrise, l'attaque du
pêcheur[50].

Ses victimes, en vérité, ont une sombre pâleur courant à
475 la surface de leurs membres, pareille à celle de l'ictère, et
leurs chairs vont peu à peu dépérissant et coulant ; le
malade a horreur de la nourriture. Parfois, sa peau, fortement distendue, enfle aux chevilles, et comme des fleurs
luxuriantes parsèment les joues de l'homme, dont les yeux
sont boursouflés ; aussi bien ces symptômes s'accompag-
480 gnent-ils d'une excrétion raréfiée des urines, tantôt pour-
prées, tantôt davantage couleur de sang. Il n'est pas de sans-

---

470 ὅς δή τοι : cf. *Th.* 366 (*eadem sede*). O. Schneider corrige
chaque fois δή τοι en δ' ἤτοι, et, devant la particule de liaison, le relatif devient alors un démonstratif (= ὁ, *metri causa*, cf. 250 n. et Klauser 78). Après la ponctuation forte à la fin du v. 469, ὅς δ' ἤτοι est-il
la reprise de 467 τοῦ δ ἤτοι (avec ὅς à valeur démonstrative) ? Il me
semble préférable de garder le texte des manuscrits et de considérer ὅς
comme un relatif de plein droit, assurant la liaison, renforcé par δή τοι
(cf. les parallèles épq. cités n. critique et voir Note orthographique,
p. CLV) ; pour le relatif après ponctuation forte, cf. 344, *Th.* 568. –
ῥυπόεις : = ῥυπαρός D[g], ὑπόχρως O[g] (= ὑποκεχρωσμένος ?) ;
(avant N.) Léonidas Tar. *AP* 6.293.3 = 2303 G.-P., (après lui)
Antip.Thess. *AP* 11.158.3 = 623 G.-P.[2], Man. 6.433, Epigr. app. orac.
264.45 ; mais ῥυπόεντα attesté comme *v.l.* de ῥυπόωντα par Σ *Od.*
6.87 ; *alio sensu*, Hsch. ρ 510 ῥυπόεν · αἰσχρόν. – *ὀστλίγγεσσιν :
le mot (ailleurs, *cheveux bouclés* ou *vrilles de la vigne*) ne semble pas
avoir été employé au sens de *tentacules* en dehors de N. ; cf. Σ 470a
λέγει τοὺς βοστρύχους ὅ ἐστι τὰς κόμας τῶν τευθίδων καὶ
σηπιῶν. – 471 τευθίδος, τεύθου : cf. Ar. *HA* 524a25 s. τῶν δὲ τευθίδων οἱ τεῦθοι καλούμενοι ἐπὶ πολὺ μείζους· γίνονται γὰρ καὶ
πέντε πήχεων τὸ μέγεθος « parmi les Calmars (τευθίδες), ceux
qu'on nomme τεῦθοι sont beaucoup plus grands que les autres ; ils
atteignent jusqu'à 5 coudées de long (env. 2.20 m) » (cf. 490b 13 τευθίδες τε καὶ τεῦθοι καὶ σηπίαι). Thompson[2] identifie la petite espèce
(τευθίς) avec *Loligo vulgaris* L., la grande (τεῦθος) avec, entre autres,
Todarodes sagittatus. – *Pour la suite des notes aux v. 471-480 voir*
p. 199.

ὃς δή τοι ῥυπόεις μὲν ὑπ' ὀστλίγγεσσιν ἀραιαῖς   470
τευθίδος ἐμφέρεται νεαλὴς γόνος ἢ ἀπὸ τεύθου,
οἶά τε σηπιάδος φυξήλιδος, ἥ τε μελαίνει
οἶδμα χολῇ δολόεντα μαθοῦσ' ἀγρώστορος ὁρμήν.
Τῶν ἤτοι ζοφόεις μὲν ἐπὶ χλόος ἔδραμε γυίοις
ἰκτερόεις, σάρκες δὲ περισταλάδην μινύθουσι   475
τηκόμεναι · ὁ δὲ δόρπα κατέστυγεν. Ἄλλοτε ῥινός
ἄκρον ἐποιδαίνων σφυρὰ πίμπραται, ἀμφὶ δὲ μήλοις
ἄνθε' ἅτε βρυόεντα κυλοιδιόωντος ἐφίζει ·
δὴ γὰρ ἐφωμάρτησεν ὀλιζοτέρη κρίσις οὔρων
ἄλλοτε πορφυρέη, τότ' ἐπὶ πλέον αἱμάσσουσα.   480

SIM. 474-482 Scrib.L. 186 (87.13-20) ; D. *eup.* 2.160 (314.11-14) ;
Epaenetes ap. Pr. 79 (77.22 s.) ; Pr. 79 (77.25-32) ~ *Aet. 13.55 §2 ~
PAeg. 5.35 (29.15-19) = PsD. 30 (37.14-38.4) ; ThN. 279 (348.3-5).

TEST. 475 (περισταλάδην) cf. Hsch. π 1870 περισταλαδόν· περισ-
ταζόμενον, περι<ρ>ρεόμενον τῷ χόλῳ ; haec uox alibi non legitur.

470 δή τοι Ω (cf. *Il.* 10. 316, 17. 202, *Od.* 20. 289, Ap.Rh. 3. 958
(codd.), 4. 285 (codd.), [Thcr.] 25. 142, 166, *al.*) : δ' ἤτοι S. ‖ ῥυπόεις Ω* : λιπόεις *y** (πόεις QH), cf. ad 487 ‖ ὑπ' ὀστλίγγεσσιν
GRD : ὑπ' ὀστλίγεσσιν O ὑπὸ στλίγγεσιν V -εσσιν *Ald Mosq* (-εσιν
a.c.) ὑποστλίγγεσσιν W ὑπὸ σ- *y* ὑποστρίγγεσιν L ὑπὸ στίλγεσσιν
M υποστίλγεσιν T ‖ ἀραιαῖς Ω* : ἀρ- *b₂*SB ‖ 471 ἀπὸ T (απο) : ἅτε
ω ‖ 472 οἶά τε T Eut. (78.13 ὁμοίως καὶ ταῖς τῆς σηπίας) : ἢ ἅτε ω
(cf. ad 217) ‖ 473 δολόεντα Ω Σ Eut. (78.18 τοὺς παρ' αὐτῶν
[sc. τῶν ἁλιέων] δόλους) : δολόεντι Btl. ‖ 474 τῶν Ω : τῷ δ' exspectaueris ‖ ἐπὶ χλόος Schn. : ἐπίχλοος Ω* (επι- T ἐπιχλόος M
ἐπίχλος *y*) ‖ 475 περισταλάδην R*sl*, iam coniecerat Btl. (" uide
Hesych. ", cf. *Test.*) : περιστολάδην Ω* (R*it*) Σ, sed περισταλ-
explicat Σ 475b an περισταλαδόν ex Hsch. scribendum ? ‖ 476 δ
Ω* : τὰ L*b₂c* ‖ 477 πίμπραται Ω* (O*it*) : πίμπρανται Wy (ad plur. cf.
ad 392, 541) -πραντ' V ex coni. πίμπλαται O*sl* ‖ δὲ om. QH ‖
478 ἄνθε' ἅτε S. : ἄνθεά τε Ω ‖ τε βρυόεντα Ω : λεπριόωντα Btl.
an λειριόεντα ? ‖ 479 κρίσις Ω Σ Eut. (ἔκκρισις) : ῥύσις Page cl.
599 ‖ 480 ἐπὶ πλέον R : ἐπιπλέον Ω* (sine spir. et acc. T), uide Note
orthogr. p. CV.

voix qui, à ses yeux, n'offre un aspect odieux ; quant à lui,
pris de nausées, il tient en aversion les aliments marins[51].

Donne-lui la sanglante ellébore à boire en suffisance, parfois les pleurs de la scammonée en sa jeune vigueur, afin
485   qu'il déverse cette boisson, ainsi que les résidus du sans-
pieds malfaisant. D'autres fois, qu'il traie et boive le lait
d'une ânesse ; ou fais-lui à la marmite une infusion avec des
rameaux de mauve trempés d'huile. Et parfois, la poix du
genévrier, une obole pesant, est le lot qui lui revient. Tantôt,
qu'il croque en suffisance le fruit rougeoyant du grenadier
490   de Crète, du vineux et de celui qu'on nomme Proménéen, en
outre celui d'Égine, qui tous séparent leurs durs pépins
rouges à l'aide d'une cloison aranéeuse ; tantôt, c'est la
pulpe couleur de vin qu'il te faudra écraser dans un tamis,
comme on fait de l'olive qui rend son jus sous la presse[52].

481 *δρακέεσσι : de δράκος " œil " ; *hapax* absolu, tiré du radi-
cal de δέρκομαι à vocalisme zéro, cf. δράκων (synonyme de ὄφις),
appelé ainsi à cause de son regard (*EG* [*EM* 286.7 s.] ὀξυδερκὲς γὰρ
τὸ ζῷον). – ἔλλοψ : adj. (Hés. *Sc.* 212 ἔλλοπας ἰχθῦς, cf. Emped.
fr. 117.2 ἔλλοπος ἰχθύς) devenu subst. (Lyc. 598, *al.*, Opp. *Hal.*), cf.
Th. 473 ἄγραυλοι (et la n.). Les grammairiens hésitaient entre les sens
de *muet* et *écailleux* (références et discussion *ap.* Strömberg[3] 30 s.).
Th. 490 ἔλοπας (*metri causa*) est le nom d'un serpent inoffensif. Thcr.
Syrinx 18 ἔλλοπι κούρᾳ (Écho) s'appuie sur le premier, cf. Σ *Syr.* 17-
20 (341.4 s.) εἶπεν δὲ αὐτὴν ἔλλοπα ... ἀπὸ τοῦ ἐλλείπειν τῇ
φωνῇ. – 482 ναυσιόεις : cf. 83 s. et la n. – *ἀπεμύξατο : de ἀπο-
μύσσομαι " renâcler devant, se détourner avec dégoût de ", sens non
attesté ailleurs ; O. Schneider a rapproché les verbes ἀπομυκτηρίζειν
(gl. de ἀποσκαμυνθίζειν, Hsch. α 6620), ἀπομυκτίζω (Lucien,
D.Meretr. 7.3 ἀπεμύκτισας [*v.l.*], *hapax* glosé par les Scholies *ad*
loc. ἐμυκτήρισας). La Σ *Al.* 482c glose ἐμυδάξατο (ω) par ἐμυσάξατο, ἀπεμυκτήρισε, O⁸D⁸ (= 482d) par ἀπεστράφη. Cf. également
Hsch. α 5993 s.v. ἀπέπτυσε λόγους (Soph. F 678), avec les gloses
ἀπεμύξατο, ἀπεστράφη. – 483 φοινήεσσαν ... πόσιν ἐλλεβόροιο : = πόσιν ἐλλεβόροιο φοινήεντος ; pour cette hypallage,
cf. 348 et *Notice*, p. cvi. Pour le sens de *rouge*, cf. 69 n. Les parallèles
(voir comm. n. 52 §1) recommandent cette leçon plutôt que la *v.l.*
*Φωκήεσσαν (*hapax* absolu, = Φωκικήν), malgré le goût de N. pour
les précisions géographiques appliquées aux plantes. – *Pour la suite
des notes aux v. 484-494 voir p. 203.*

Πᾶς δὲ παρὰ δρακέεσσι φανεὶς ἐχθαίρεται ἔλλοψ ·
αὐτὰρ ὁ ναυσιόεις ἁλίην ἀπεμύξατο δαῖτα.

Τῷ μὲν φοινήεσσαν ἅλις πόσιν ἐλλεβόροιο
νείμειας, τοτὲ δάκρυ νεοβλάστοιο κάμωνος,
ὄφρα ποτὸν νέποδός τε κακοῦ ἐκ φύρματα χεύῃ.   485
Ἄλλοτε βρωμήεντος ἀμελγόμενος γάλα πίνοι ·
ἢ χύτρῳ τήξαις μαλάχης λιπόωντας ὁράμνους.
Καί ποτε κεδρινέης πελανοῦ βάρος ἔμμορε πίσσης.
Βρύκοι δ᾽ ἄλλοτε καρπὸν ἅλις φοινώδεα σίδης
Κρησίδος οἰνωπῆς τε καὶ ἣν Προμένειον ἔπουσι,   490
σὺν δὲ καὶ Αἰγινῆτιν, ὅσαι τὰ σκληρέα κάρφη
φοίνι᾽ ἀραχνήεντι διαφράσσουσι καλύπτρῃ ·
ἄλλοτε δ᾽ οἰνοχρῶτα βορὴν ἐν κυρτίδι θλίψαις,
ὡς εἴ περ νοτέουσαν ὑπὸ τριπτῆρσιν ἐλαίην.

Sim. 483-494 Scr.L. 186 (87.20-27) ; D. *eup.* 2.160 (314.7-11, 15-18)
~ Ascl.Ph. ap. Gal. *ant.* 2.7 (139.9-15, breuius) ; Epaenetes ap. Pr. 79
(78.1-5) ; Pr. 79 (77.33-36) ; *Aet. 13.55 §3 ~ PAeg. 5.35 (29.19-24)
= PsD. 30 (38.4-12, uberius) ; ThN. 279 (348.6-10).

483-494 deest T
481 ἐχθαίρεται Ω* : ἐχθραίνεται L ‖ 482 ἀπεμύξατο S. : ἀν εμύ-
ξατο T (sp. 1 litt. post ν rel.) ἐμυδάξατο ω* (-δέξ- L) ἐμυσάξατο Btl.
(ex Σ 482c 4 ἐμυσάξατο [gl. ad ἐμυδάξατο] ~ Eut. 79.1 μυσαττόμε-
νος) ‖ 483 τῷ *ab** (W^pc) MV^pc (τῶν) D^pc : τῶν W^acV^ac*c** (D^ac) ‖ φοινήεσσαν G^sl (οινή supra ωκή scr.) *b*MV*x** : φοινίεσσαν L (qui post
h. uocem rel. add.) *Mosq y* φωκήεσσαν G^it Σ^γρ (γράφεται ... φωκήεσσαν ἀντὶ τοῦ φωκικήν) ~ Eut. 79.2 (ἐλλεβόρου φωκικοῦ)
O^γρ ‖ 486 post πίνοι subdistinxit G, punctum posuit O*c**, nullam inter-
punct. habent SD cum cett. ; uide Klauser 84 Schn. probantem qui
grauius interpunxit ‖ 487 ἢ ego cll. 565, *Th.* 621, ubi syll. χυτρ- in thesi
longa (cf. La Roche 53) : ἠὲ ω ‖ λιπόωντας ω* : ῥυπό- *c*, cf. ad 470 ‖
τήξαις ego (cl. 92, 110, *al.* ; uide gall. adn.) : τήξας ω ‖ 488 καί ποτε
*a*O^sscr*MRV, cf. gall. adn. : καὶ τότε O^it cum cett. ‖ πελανοῦ *a*MV (cf.
Hdn. καθ. 178.19) : πελάνου cett. ‖ 491 σὺν δὲ καὶ *x* (cf. 46, 274,
534) : σὺν καί τ᾽ *a* σὺν καὶ cett. ‖ τὰ σκληρέα ω* : τ᾽ ἐσκληκότα *a*
(fort. ex 464 defluxit) ; fort. τε σκληρέα scribendum, ad ὅσαι τε cll.
549 (codd. GMR), *Th.* 170, 407, 581 ‖ 493 οἰνοχρῶτα ego (uide gall.
adn.) : οἰνοβρῶτα ω* (οἰνωβρ- L) ‖ 494 ὡς εἴ περ ω* (ὡσεί περ
GR*y* ὥσπερ V*x* [om. εἴ]) : ὡς εἴ τε M (ὡσεί scripto) fort. recte, cf.
382, *Th.* 240 ‖ νοτέουσαν *a*MR : νοττεύουσαν *b₂*V*x* νεοττεύ- *y**
(νεοτεύ- QH).

495   Si un homme, la gorge pressée d'aride

17. Les Sangsues soif, se jette à plat ventre pour boire
à une rivière tel qu'un taureau, après
avoir écarté de la main les feuilles ténues des mousses aquatiques, de lui fougueusement s'approche l'amie du sang qui,
avec sa boisson, se rue d'un trait par besoin de nourriture, la

500   sangsue depuis longtemps efflanquée et avide de sang frais.
Ou bien, lorsque, les yeux recouverts d'un voile par l'obscure nuit, il incline imprudemment une jarre pour y boire,
lèvres pressées contre lèvres, et qu'il a le gosier franchi par

505   la bête flottant à la surface des eaux[53], là où tout d'abord le
courant a poussé leur troupe, tout à coup, elles se fixent à la
peau pour en sucer le sang, tantôt postées aux portes de la
gorge, où l'air respiré se rassemble à chaque instant pour se

---

495 s. : cf. *Th.* 340 s. αὐτὰρ ὅ γ' ἠΰτε ταῦρος ὑπὲρ ποταμοῖο
νενευκώς | χανδὸν ἀμέτρητον δέχεται ποτόν (et la n. *ad loc.*). –
496 ταυρηδόν : d'ordinaire en parlant du regard, mais cf. Nonn.
21.109 Νυσιάδες ταυρηδὸν ἐμυκήσαντο γυναῖκες. Cf. Agatharch.
38.3 (Ichthyophages) ἀπερεισάμενοι τὰς χεῖρας εἰς τὴν γῆν καὶ
θέντες τὰ γόνατα βοηδὸν πίνουσιν, Ap.Rh. 4. 1447 ss. αὐτὰρ ὅ γ'
ἄμφω χεῖρε πέδῳ καὶ στέρνον ἐρείσας | ῥωγάδος ἐκ πέτρης πίεν
ἄσπετον, ὄφρα βαθεῖαν | νηδύν, φορβάδι ἶσος ἐπιπροπεσών, ἐκο-
ρέσθη. – ἐπιπροπεσών : p.-ê. emprunt à Ap.Rh. *l.c.* (même place),
seule autre attestation poétique ; cf. Soran. 2.6.70 (= 53.3 Ilb.), au sens
de *faire saillie*. – ποτὸν ἴσχῃ : 502, cf. 59. – 497 *διαστείλας : seule
occurrence poét. – *μνιώδεα : *hapax* absolu ; à rattacher à μνίον (cf.
396). – 498 *ῥοιζηδά : 182 ; créé sur ῥοιζηδόν (cf. *Th.* 556 n. et voir
Notice p. xcix). – φιλαίματος : cf. Eschyle *Sept* 45, Eur. *Phoen.* 174,
Rh. 932, [Anacréon] *AP* 7.226.3. – *ἐμπελάουσα : cf. 356 (Moy.) ;
seules occurrences poétiques de ἐμπελάω/-άομαι = ἐμπελάζω. Pour
le complément au dat., cf. *Th.* 186 (pas de variante) ; au v. 356 le gén.
θηλῆς a le meilleur support manuscrit. – 499 ἅλις : à prendre avec
ῥύμῃ ? Le plur. des v. 505-507, après la reprise de βδέλλα par κνώδαλον, l'explique difficilement. – χήτεϊ : chez Hom., construit avec
un gén. de personne ; p.-ê. le plus ancien exemple du gén. de chose, cf.
[Opp.] *Cyn.* 3.174 βόσιος χατέουσα. – 500 λαπαρή : λαγαρή (Eut.),
de sens voisin (Chantraine *DELG* s.v. λαγαίω 1) est p.-ê. l'altération
de λαπαρή, que défend l'allitération. – *Pour la suite des notes aux
v. 501-508 voir p. 208.*

Ἦν δέ τις ἀζαλέη πεπιεσμένος αὐχένα δίψῃ   495
ἐκ ποταμοῦ ταυρηδὸν ἐπιπροπεσὼν ποτὸν ἴσχῃ,
λεπτὰ διαστείλας παλάμῃ μνιώδεα θρῖα,
τῷ μέν τε ῥοιζηδὰ φιλαίματος ἐμπελάουσα
ῥύμῃ ἅλις προὔτυψε ποτοῦ μέτα, χήτεϊ βρώμης,
βδέλλα πάλαι λαπαρή τε καὶ ἱμείρουσα φόνοιο.   500
Ἢ ὅθ᾽ ὑπὸ ζοφερῆς νυκτὸς κεκαλυμμένος αὐγάς
ἀφραδέως κρωσσοῖο κατακλίνας ποτὸν ἴσχῃ,
χείλεσι πρὸς χείλη πιέσας, τὸ δὲ λαιμὸν ἀμείψῃ
κνώδαλον ἀκροτάτοισιν ἐπιπλῶον ὑδάτεσσι,
τὰς μέν, ἵνα πρώτιστον ὀχλιζομένας ῥόος ὤσῃ,   505
ἀθρόα προσφύονται ἀμελγόμεναι χροὸς αἷμα,
ἄλλοτε μέν τε πύλῃσιν ἐφήμεναι, ἔνθα τε πνεῦμα
αἰὲν ἀθροιζόμενον στεινοῦ διαχεύεται ἰσθμοῦ ·

Sim. 495-500 (hirudo) Pr. 76 (76.26 s.) ‖ 505-510 Scrib.L. 199 (91.20 s.) ; Pr. 76 (76.27-30) ; O. ecl. 133 (298.17-20) = PsD. 32 (39.8-12) ~ PAeg. 5.37 (30.7-11), *Aet. 13.58 §1 (fusius).

Test. 505 (ὀχλιζομένας) cf. Hsch. ο 2044 ὀχλιζομένων· συναγομένων ; in hoc sensu alibi non legitur.

497-502 om. y
495 ἀζαλέη T, cf. Th. 339, 357 : αὐαλέη ω* (αὐ- O ἀναλ- y₂) ‖ 496 ταυρηδὸν ἐπιπροπεσὼν Ω* (παυρηδὸν L) : πρὸ πεσὼν ἐπιταυρηδὸν M ‖ 497 θρῖα x : θρηα T θρία cett. ‖ 498 τῷ T (τῶ), cf. Th. 186 : τοῦ ω, cf. supra 356 ‖ τε ω* : τοι TL, cf. ad 36 ‖ 499 μέτα S. : μετὰ Ω* (μετα- TD) ‖ χήτεϊ L (iam coniecerat S.), confirmant Σ (498a 3 τῆς βρώμης ἕνεκα) ~ Eut. (80.1 ἐφέσει τῆς τροφῆς) : χείλεϊ ω* χείλεσι TI, fort. ex 503 defluxit (cf. et 279, 572) ‖ 500 πάλαι S. : παραὶ Ω* (παρὰ b₂) ‖ λαπαρή S. : λαπάρη Ω* (λαπάρην G) λαγαρή Eut. 80.1 (uide gall. adn.) λαμυρή Knox 7 (cf. Th. 293) ‖ 501-504 non reddidit Eut., uide gall. adn. ‖ 501 ζοφερῆς TL : ζοφέης ω* ‖ 502 ἴσχῃ GOMRⁱᵗVx : ἴσχοι T ἴσχει LWRˢˡ ‖ 503 ἀμείψῃ Ω* : ἀμείψει L ‖ 505 ὀχλιζομένας ω* (ὀχλιζ- L λ supra θ scr.) : ὀχλιζόμενος T ‖ ῥόος Ω* (Rᵃᶜ) : ῥόον RᵖᶜWy ‖ ὤσῃ ω : σώσει T ([ῥόο]ςσ- bis repetit. falso) an ὦσεν corrigendum ? ‖ 507 τε¹ om. Wy ‖ πύλῃσιν Ω* : πήλησιν L πύλαισιν O (πύλαις) Vx ‖ 508 διαχεύεται T : διανείσεται a* (-νίσ- L) M διανείσσ- R διανίσσ- OVx διαῖσσ- WB δαῖσσ- y₂

couler dans un étroit passage ; tantôt, telle d'entre elles se
510 tient à l'entour de l'orifice stomacal, au grand méchef de
l'homme sur qui elle prend sa fraîche nourriture[54].

Donne-lui parfois, à pleines coupes, du vinaigre à boire
mélangé d'eau, parfois avec le vinaigre de la neige à manger, maintes fois de la glace qui, par vent du Nord, vient de
se congeler. Ou bien extrais du sol une motte de terre salée
515 toute détrempée, et prépare une trouble potion en suffisance.
Ou bien puise l'eau de mer elle-même : tantôt soumets-la de
suite aux rayons du soleil automnal, tantôt expose-la à la
chaleur continue du feu. Maintes fois, fais-lui boire soit du
sel gemme à haute dose soit des flocons de sel, que toujours
le saunier amasse alors qu'ils se déposent au fond, quand
520 aux eaux il a mélangé les eaux[55].

Puisse le ferment nuisible de la
18. Les Champignons terre ne pas affliger l'homme,
soit qu'il gonfle en sa poitrine,
soit qu'il l'étrangle, lorsqu'il a grandi sur toute l'étendue du

---

509 στομίοισι : le plur. pour le sing., cf. 12 n. – ἐπενήνοθε :
hom., = ἐπίκειται (Σ), cf. Hsch. ε 4412… ἔπεστιν … – 510 ἐπενείματο : Call. 3.79 (*eodem loco*), au sens fig., *dévorer* ; ici, au sens pr.,
" pâturer sur le champ d'autrui ", cf. Plut. *soll. an.* 30 (*Mor.* 980d3). –
δαῖτα : à entendre du *sang frais* (cf. 506), et non des *aliments* qui
pénètrent dans l'estomac, comme semblent l'avoir compris les Scholies. – 511 ᾧ : dans la quasi totalité des cas, c'est un démonstratif
qui ouvre la thérapie, souligné le plus souvent par des mots de liaison
(μέν τε, δὲ, δ᾽ ἤτοι, καί). Pour le relatif, cf. 392, 443 ἄσσα σύ, Th.
837 n. – ὄξευς : 321, 366, 375, Th. 933. – 512 *συνήρεα : *hapax*
absolu, *ajouté à* (c'est-à-dire au Vinaigre) ; la glose d'Hésychius σ
2601 †συνηρές · σύσκιον est corrompue (lire συνηρεφές avec H.
Estienne). – *χιονόεσσαν : *hapax* absolu, = χιόνεον ; l'adj. équivaut
au gén. χιόνος (cf. 513 κρυστάλλοιο). – 513 βορέαο : Th. 311 ; cf.
Hés. *Trav.* 506, 547, fr. 204.126, Arat. 25 (+ 7 fois), Ap.Rh. 1. 1300,
al. Pour la *v.l.* βορέῃσι (" que *les vents du nord* viennent de congeler "), cf. fr. 70.6 ; en dehors de ce fr., le pluriel τοῖς βορέαις seulement *ap.* Strab. 7.4.3, Alex.Aphr. 98.2. Le gén. βορέαο marque la
division temporelle : voir Chantraine, *Gr.* II §73. – *Pour la suite des
notes aux v. 513-523 voir p. 213.*

ἄλλοτε δὲ στομίοισι πέριξ ἐπενήνοθε γαστρός
ἀνέρα πημαίνουσα, νέην δ᾽ ἐπενείματο δαῖτα.   510
  ῟Ωι σὺ τότ᾽ ἐν δεπάεσσι κεραιόμενον ποτὸν ὄξευς
νείμειας, ποτὲ δαῖτα συνήρεα χιονόεσσαν,
πολλάκι κρυστάλλοιο νέον βορέαο παγέντος.
Ἠὲ σὺ γυρώσαιο καθαλμέα βῶλακα γαίης
ναιομένην, θολερὴν δὲ πόσιν μενοεικέα τεύξαις.   515
  ῍Η αὐτὴν ἅλα βάπτε, τότ᾽ ἠελίοισι δαμάζων
εἶθαρ ὀπωρινοῖσι, τότ᾽ ἠνεκὲς ἐν πυρὶ θάλψας.
Πολλάκι δ᾽ ἢ ἅλα πηκτὸν ὁμιλαδὸν ἢ ἁλὸς ἄχνην
ἐμπίσαις, τήν τ᾽ αἰὲν ἀνὴρ ἁλοπηγὸς ἀγείρει
νειόθ᾽ ὑφισταμένην, ὁπόθ᾽ ὕδασιν ὕδατα μίξῃ.   520

  Μὴ μὲν δὴ ζύμωμα κακὸν χθονὸς ἀνέρα κήδοι,
πολλάκι μὲν στέρνοισιν ἀνοιδέον, ἄλλοτε δ᾽ ἄγχον,
εὖθ᾽ ἐπὶ φωλεύοντα τραφῇ βαθὺν ὁλκὸν ἐχίδνης,

Sim. 511-520 Cels. 5.27.12C ; Scrib.L. 199 (91.21-24) ; D. *eup.* 2.138
(308.4-14) ; Ascl.Ph. ap. Gal. *ant.* 2.7 (143.8-144.2 ; l. 9-13 citatur
Asclepiades (Bithyn., ut uid.), l. 14 ss. Apollonius Mys) ; Pr. 76
(76.31-34) ; O. *ecl.* 133 (298.20-24, aliter O. *Eun.* 3.67 [431.16-20, cf.
Apoll. M.]) = PAeg. 5.37 (30.11-18) = PsD. 32 (39.12-40.2), *Aet.
13.58 §2 (fusius) ; ThN. 280 (350.3-7) ‖ 521 s. *(fungi)* Scrib.L. 198
(91.8-11) ; Pr. 67 (73.9-10) ; O. *ecl.* 132.1 (297.33 s.) = *Aet. 13.75 §1
= PAeg. 5.55 (37.17-18) = PsD. 23 (33.3-5) ; ThN. 281 (350.10-11) ‖
523 s. Pr. 67 (73.11-13) ; O. *ecl.* 132.5 (298.12 s.) = *Aet. 13.75.3 =
PAeg. 5.55 (38.1 s.).

511 ᾧ T : τῷ *a* Σ^lem καὶ cett. ‖ 513 κρυστάλλοιο T*a* (-οιον L, -ν dit-
tographia) MR : κρυστάλοιο cett. ‖ βορέαο T : βορέησι ω ‖ 514 σὺ
om. L ‖ βώλακα Ω* (R^it) : βωλάδα MR^sl ‖ 515 ναιομένην Ω* :
νειο- G c.gl. ἠροτριωμένην (cf. O^g ἀρουμένην) ‖ θολερὴν TGMR^sl
Σ^γρD^γρ, commendat Btl. " ex Schol. " : θαλ- G^γρ R^it cum cett., eadem
uariatio in *Th.* 130 ‖ τεύξαις ω, cf. 153 : τεῦχε T, unicum ‖ 517 πυρὶ
Ω* (cf. 53, 350) : φλογὶ GM ‖ 518 πηκτὸν ω : τηκτὸν T (ἀλάτηκ-
τον), sed cf. de π/τ *Notice* p. cxxviii ‖ 519 τήν om. L ‖ ἀνὴρ post
ἀγείρει habet L, sed ordinem rectum restaurauit ‖ 520 μίξῃ ω* :
μίξει TOV ‖ 523 ἐπὶ φωλεύοντα G*x* : ἐπιφ- cett., cf. Eut. 80.23 ἐφυ-
πνωσάσης (sc. τῆς ἐχίδνης) αὐτοῖς (sc. τοῖς μύκησι) ὑπὸ φ- S. (cl.
Th. 890 ubi haec praep. *iuxta* significat) ‖ τραφῇ ω : τραπῇι T (-ῇ).

profond repaire où la vipère abrite sa rampante masse, aspi-
rant son venin et de sa bouche le souffle délétère, ce nuisible
525 ferment bien connu qu'on appelle champignons d'un terme
général, car divers noms distinguent les espèces diverses[56].
Eh bien ! toi, donne-lui soit la tête du chou aux nombreuses tuniques, soit le rameau florissant que tu couperas à
l'entour de la rue. Et souvent, c'est la fleur d'un cuivre qui
530 a été de longtemps à la peine, parfois la cendre de sarment
que tu émietteras dans le vinaigre. Quelquefois, pile la
racine du pyrèthre en l'imprégnant de vinaigre, ou le natron,
et la plante qui a crû dans les plates-bandes (*le poireau*), les

524 *ἀνικμαῖνον : *hapax* absolu, = ἀνιμώμενον (Σ) ; ce verbe
n'est pas attesté ailleurs (Lyc. 988 ἀνικμάντοις [Scheer *pro* ἀναιμάκ-
τοις] est une conjecture incertaine). – στομίων : cf. 12 n. – ἀποφώλιον : on attend le sens de " malfaisant ", *vel sim.*, que donne Σ 524d
χαλεπόν, cf. Eut. 80.22 ἰώδους " venimeux " ; dans la même ligne,
West[1] 57 a conjecturé ὀλοφώϊον (cf. *Th.* 1, 327). Mot d'étymologie
incertaine (Chantraine *DELG* 99) ; pour son usage dans l'*épos*
archaïque (*Od.*, 4 fois, dont 11. 249 s. οὐκ ἀποφώλιοι εὐναί |
ἀθανάτων =Hés. fr. 32.1), et ses interprétations par les grammairiens,
cf. Volkmann 53, Ritter 13, LfgrE 1113 s. Les gloses des anciens
(ἀπαίδευτος *ignorant*, ἀνεμώλιος, μάταιος *vain*) ne sont ici d'aucune
utilité. Eur. (*Crétois*) fr. 3 J.-vL. (p. 325) = 472a Kannicht, *monstrueux*, peut se rattacher à *Od.* l.c. (cf. West, *ib.* n. 4). La glose ἀνεμώλιος justifie certaines occurrences de l'*épos* tardif (Man. 6.565, [Opp.]
Cyn. 3.447 [mais voir *infra*], et p.-ê. QS 2.327). La plus fréquente
(ἀπαίδευτος : Σ *Od.* 5.182, Ap.Soph., Porphyr., Orion, Hsch., Phot.,
Suid. φ 646, *Etymologica*, Zon., *al.*) rend compte de la seule occurrence hellénistique en dehors de N. : Philétas (*Paignia*) fr. 10.1 P.
ἀποφώλιος " (paysan) sans instruction ". Les anciens expliquaient ce
sens par l'étymologie ἀπό " loin de " + φωλεός " école " : *EG* (*EM*
130.49 s.) α 1038.5 s. γέγονε δὲ παρὰ τὸν φωλεόν· φωλεοὶ γὰρ
λέγονται τὰ παιδευτήρια. Mais, à partir de la même étymologie, certains, voyant dans φωλεοί les *repaires* d'animaux, en particulier les
trous de serpents, glosaient le mot par ἄγριος, θηριώδης : cf. Phot.
α 2719 (οἱ δὲ ἄγριον ἢ ἀδόκιμον ἢ θηριώδη, ἀπὸ τῶν φωλεῶν),
rapproché d'Eust. *Od.* 1.412.8 (*ad* 11.249) ἐνταῦθα δὲ μνηστέον τοῦ
εἰπόντος ὅτι ἐπὶ ἑρπετῶν ὁ φωλεὸς ἐφ' ὧν καὶ τὸ φωλεύειν. –
Pour la suite des notes aux v. 524-532 voir p. 215.

ἰὸν ἀνικμαῖνον στομίων τ' ἀποφώλιον ἄσθμα,
κεῖνο κακὸν ζύμωμα, τὸ δή ῥ' ὑδέουσι μύκητας   525
παμπήδην · ἄλλῳ γὰρ ἐπ' οὔνομα κέκριται ἄλλο.
Ἀλλὰ σύ γ' ἢ ῥαφάνοιο πόροις σπειρώδεα κόρσην,
ἢ ῥυτῆς κλώθοντα περὶ σπάδικα κολούσας.
Πολλάκι καὶ χαλκοῖο πάλαι μεμογηότος ἄνθην,
ἄλλοτε κληματόεσσαν ἐν ὄξεϊ θρύπτεο τέφρην.   530
Δήποτε ῥιζάδα τρῖβε πυρίτιδα βάμματι χραίνων,
ἢ λίτρον τό τε φύλλον ἐναλδόμενον πρασιῇσι,

Sim. 527-536 Cels. 5.27.12C ; Scrib.L. 198 (91.11-18) ; D. *eup.* 2.164
(315.17-316.7) ; Ascl.Ph. ap. Gal. *ant.* 2.7 (140.8-14) ; Epaenetes ap.
Pr. 67 (73.20-23) ; Pr. 67 (73.14-19) ; Philagrius ap. *Aet. 13.75 §2 ;
O. *ecl.* 132.2-5 (298.1-15, aliter O. *Eust.* 3.187 [113.21-27], *Eun.* 3.65
[431.8-11, cf. Ascl.Ph.]) = PAeg. 5.55 (37.19-38.2-4) = PsD. 23 (33.5-
16, decurtatum), *Aet. 13.75 §2-3 (fusius) ; ThN. 281 (352.1-7).

Test. 527-536 (cicutae semen ?) de Plinii ad Nicandrum falso testimonio uide *Test.* ad 201.

524 ἀνικμαῖνον T (acc. corr. S.) : ἀνικμάζον Σ^γρ ἀποπνεῖον ω*
(-πνείων y* [-μνείων H]) cf. *hAp.* 362 ‖ τ' T (sine apostropho)
GMR^sl : δ' R^it cum cett. ‖ ἄσθμα TL : ἆσθμα cett., cf. ad 440, 571 ‖
525 κακὸν T*a* : ποτὸν cett. (ex 116, 187 defluere potuit) ‖ μύκητας
Ω* : μύκητα G (α supra τ posuit ut in exitu solet) potius quam -τα[ς
(quod per comp. scr. solet), cf. 617 ‖ 526 ἄλλῳ ω* (τε supra ω scr. O
[unde ἄλλοτε I] ἄλλο L) : ἄλλως T ‖ κέκριται ω* (L^pc, -κρυ- a.c.) :
κέκληται T ‖ ἄλλο ω* (R^pc) : ἄλλῳ TR^ac ‖ 527 σπειρώδεα *a*MR*x* :
-ωδέα T -ώδη *b*₂V*y* ‖ 528 κλώθοντα ω* (-τος L) : κλωσθέντα T ‖
σπάδικα Ω* (σπόδ- T) : ῥάδικα Σ^γρ ‖ 530 ὄξεϊ T (sine acc.) *a*MR :
ὄξει *b*₂V*c* ‖ θρύπτεο TGO^pcMR : ῥύπτεο O^ac cum cett. ‖ 531 ῥιζάδα
Ω* : ῥιζίδα L*c*, cf. 403 ‖ τρῖβε Steph. : τρίβε Ω ‖ χραίνων TL :
ῥαίνων ω* ‖ 532 ἢ T (ή), cf. 327 : ἠὲ ω ‖ λίτρον Ω* (B^sl) : λύτρον
B^it νίτρον L ‖ τό τε ego (cl. e.g. 332) ratus τὸ – πρασιῇσι *porrum*
significare (uide gall. adn.) : τότε TLM τοτὲ cett. (praeter *Ald* qui
ποτὲ) uariationem praeposteram habes in 202 (W).

graines de notre cresson et le cresson de Médie, et aussi
l'âpre moutarde. En outre, par la flamme, réduis la lie de vin
535   en cendre, ou la fiente de l'oiseau domestique ; et que, par
une pression de sa forte main, le malade vomisse le poison
destructeur qui le tue[57].

Si le coup est venu du breuvage aux
19. La Salamandre effets difficiles à esquiver, dans
lequel entre, avec sa peau huileuse,
le vénéneux lézard tout à fait intrépide qu'on nomme salamandre, à qui même l'haleine du feu ne cause aucun dom-
540   mage[58], une inflammation subite affecte le fond de la
langue ; et à l'inverse l'engourdissement du froid dompte
les buveurs, puis un pénible et vilain tremblement leur
rompt les membres. Quant à eux, chancelant à l'instar du

---

533 καρδαμίδας Μῆδόν τε : Μῆδον adj. à deux terminaison, ou
accord par syllepse avec κάρδαμον, à tirer de καρδαμίδας, et non
avec σίνηπυν : cf. 429 s., où l'on trouve pareillement groupés graines
de Cresson, Cresson de Perse et Moutarde, et où Πέρσειον tire également son sens de καρδαμίδας ; ce qu'a de rude la syllepse est atténué
par le souvenir du v. 429. *Ad rem*, voir le comm. n. 57 §B4b. Pour
l'asyndète avec καρδαμίδας, cf. *Notice* p. cv. – *ἐμπριόεντα : la
leçon ἐμπρίοντα (*Th.* 71 ; glosé δριμύν, cf. Σ *Th.* 71g, *Al.* 533c-e,
sens non attesté ailleurs) a le meilleur support manuscrit, mais la *v.l.*
ἐμπριόεντα, malgré son ι bref aberrant (cf. t. II, p. cxxiv), mérite les
honneurs du texte, car c'est une formation d'adj. aimée de N. (t. II,
Notice n. 212), attestée chez Hésychius (cf. *Test.*), qui la doit p.-ê. à N.
– σίνηπυν : pour la forme du nom, cf. le comm. des *Th.* 878 (n. 109
§5). – 534 οἰνηρήν : " de vin " ; *hapax* nicandréen. – *φλογιῇ : cf.
393, 586, *Th.* 54 ; néologisme pour φλογί, d'où Androm. 108. –
*τεφρώσαιο : plus ancien ex. du Moy. (d'où p.-ê. Nonn. 2.116 + 4
fois) ; Actif *ap.* Lyc. 227. – 535 πάτον : cf. *Th.* 933 n. – στρουθοῖο :
cf. 60 n. – βαρεῖαν : au sens de *forte*, cf. 401 et Σ 535e τὴν δεξιὰν.
– 536 ἐρύγοι : la *v.l.* ἐρύκοις " repousse, écarte " offre un sens satisfaisant avec un complément tel que le poison (cf. *Th.* 593 ἰὸν ἐρύξεις) ; mais, sans une précision de lieu (" dans sa gorge ", *vel sim.*),
χεῖρα κατεμματέων manque de clarté ; avec ἐρύγοι, une telle précision est inutile (voir *supra* 227 et cf. 137 n.). – *λωβήμονα : *hapax*
absolu ; sur les adj. en -ήμων, formation non représentée dans les *Th.*,
voir Lingenberg 29 s. et *Notice* p. xcix. – *Pour la suite des notes aux*
v. 537-542 voir p. 225.

καρδαμίδας Μῆδόν τε, καὶ ἐμπριόεντα σίνηπυν.
Σὺν δὲ καὶ οἰνηρὴν φλογιῇ τρύγα τεφρώσαιο,
ἠὲ πάτον στρουθοῖο κατοικάδος · ἐκ δὲ βαρεῖαν   535
χεῖρα κατεμματέων ἐρύγοι λωβήμονα κῆρα.

Ἢν δὲ λιπορρίνοιο ποτὸν δυσάλυκτον ἰάψῃ
φαρμακίδος σαύρης πανακηδέος, ἢν σαλαμάνδρην
κλείουσιν, τὴν οὐδὲ πυρὸς λωβήσατο λιγνύς,
αἶψα μὲν ἐπρήσθη γλώσσης βάθος, ἂψ δ᾽ ὑπὸ μάλκης   540
δάμνανται, βαρύθων δὲ κακὸς τρόμος ἄψεα λύει.
Οἱ δὲ περισφαλόωντες ἅτε βρέφος ἑρπύζουσι

SIM. 537-539 (*salamandra*) Cleo Cyzicenus ap. Pr. 74 (75.34-36) ;
Pr. 74 (75.27-33) ; *Aet. 13.54 §1 ‖ 540-545 Scrib.L. 187 (87.29-31) ;
Pr. 74 (76.1-4) ; *Aet. 13.54 §2 = PAeg. 5.33 (28.24-29.1) = PsD. 4
(19.3-8).

TEST. 533 (ἐμπριόεντα) cf. Hsch. ε 2512 ἐμπριόεντα (L. Dindorf :
ἐμπροιεντα cod.) · τραχύν, cf. (de u.l. ἐμπρίοντα) Σ *Al.* 533c
τραχὺν ὄντα τῇ γεύσει ‖ 537 (δυσάλυκτον) cf. Hsch. δ 2516 δυσάλυκτον · μὴ ἔκφευκτον ; incertum utrum ex Nicandro an ex LXX
Sapientia Solomonis (17.16 δ. ἀνάγκην) uel Man. 3.247 defluxerit
haec uocis forma quae alibi non legitur.

533 καρδαμίδας T, cf. 429 : καρδαμίδα L Eut. 81.1 καρδαμίδος ω*
(ex φύλλον pendens) ‖ ἢ ante μῆδον add. O ‖ μῆδον Ω* : μῆλον L
Σᵞᴾ Eut. 80.31 ‖ ἐμπριόεντα *c**, cf. *Test.* : ἐμπρίοντα Ω* (-τι W
[α supra ι posito] ἐμπρήοντα B [ι supra η posito]), cf. *Th.* 71 ‖ σίνηπυν TMRˢˡ (cf. *Th.* 878 et comm. ad loc., n. 109 §5) : σίνηπι Rⁱᵗ cum
cett. ‖ 534 φλογιῇ ω : φλογέη T ‖ 536 κατεμματέων ω*, cf. ad *Th.*
809 : κατεμβα- M κατεμα- T κατεμμαπέων L*x*, cf. 138 ‖ ἐρύγοι T
(ἐρύγοις iam coniecerat Btl.) : ἐρύκοις ω* (ἐρύκος L) ‖ λωβήμονα
TL : λωβήτορα ω* ‖ 537 λιπορρίνοιο *b** (Oˢˡ) MV*x* : λιπορρινοὶ
L λιπο ρίνοιο T (spatio 1 litt. rel.) λιπορρήνοιο *y* λιπορίν- GOⁱᵗ ‖
538 πανακηδέος T (-κιδ-) : πολυκηδέος ω* (-κήδεος L πολυμηδέος G) ‖ 540 βάθος ω* (om. *y* βάτος *Ald Mosq*) : βάρος T, cf. ad
43, 55 ‖ ἂψ δ᾽ ὑπὸ μάλκης Ω* : αἶψα δὲ μ- M (ὑπὸ supra δὲ scr.)
αἶψ᾽ ὑπὸ μ- RW*y* (μάλης) ‖ 541 δάμνανται TLRᵃᶜW*y*, ad plur. cf. ad
392, 477 : δάμναται GOMRᵖᶜV*x* ‖ βαρύθων TL : ἐμβαρύθων
GOMV*x* ἐκβ- RW*y* ‖ 542 περισφαλόωντες T : -σφαλέοντες ω*
(-σφαλόεντες L).

tout jeune enfant, ils rampent à quatre pattes ; aussi bien
leur intelligence s'émousse-t-elle. Et sur leur chair, qu'elles
parcourent en foule, fortement livides, des marbrures leur
545　font un tatouage, au fur et à mesure que s'étend le mal[59].

Mais toi, pour le malade, souvent, récolte les pleurs du
pin noir et donne-les lui mélangés dans le riche fruit des travaux de la *tenthrène*[60] ; ou bien, du pin nain bourgeonnant,
fais bouillir les feuilles avec tous les cônes que fait grandir
550　le pin noir. D'autres fois, mélange la graine de l'ortie à la
farine d'ers finement moulue, et fais sécher ; parfois, sau-
poudre l'ortie bouillie de farine d'orge friable, et imprègne
bien d'huile, puis de cette pâture gave-le contre son gré. Et
certes, la résine et les saints travaux de l'abeille, la racine de

---

543 *τετράποδες : = τετραποδιστί, τετραποδητί (Suid. τ 400
ποσὶ καὶ χερσί), *à quatre pattes* ; cf. Eur. *Rh.* 255-7 τετράπουν |
μῖμον ἔχων … | θηρός). La *f.l.* de T, -ποδίς (où ι peut être une alté-
ration de ε, cf. n. crit. à 534), ne garantit pas *τετραποδί (que
O. Schneider attribue à T par erreur, d'où Gow), dans lequel ῑ serait
autorisé par la ponctuation, selon Rzach[2] 337 [pour le ι long, cf. Call.
hArt. 65 ἀφρικτῑ, (*Hécalè*) fr. 298 (= 115 H. avec le comm.) ἀκλαυτῑ].
– 544 ἐπιτροχόωσαι : cf. Ap.Rh. 4.1266 (d'où D.P. 203), Antiphil.
AP 9.306.2 = 1030 G.-P[2]., Arat. 889, *al.* On pourrait aussi écrire ἐπὶ
τροχόωσαι en donnant à ἐπί sa valeur adverbiale " ensuite " ; pour
τροχάω = τροχάζω, cf. Aratos 1105, Posidippe *APl* 275.3 = 3156
G.-P., *al.* Comparant *Th.* 332 ἄψεα … τροχόεντες ἐπιστίζουσι …
ἀλφοί, Bentley, approuvé par I.G. Schneider, proposait : ἐπὶ
τροχόεντες (*i.e.* σμώδιγγες τροχόεντες ἐπιστίζουσι σάρκα " des
marbrures arrondies viennent moucheter leur chair "). – ἄκρα : pour
le sens de *valde*, O. Schneider rapproche QS 12.547, *al.* ; cf. 477 n.
Bentley, comparant *Th.* 238 ἄντα πελιδνή, conjecturait ἄντα " à
l'aspect livide ". – 545 σμώδιγγες : au propre *marques de coups* (*Il.*
23.716) ; Apion *ap.* Ap.Soph. 143.18 σμώδιξ · τὸ ἀπὸ τῆς πληγῆς
οἴδημα, cf. Hsch. σ 1296, Phot. 527.19 et Suid. σ 745 (Συ σ 154) = D[g]
(Σ *Al.* 545b) σμώδιγγες· μώλωπες ~ Eut. 81.18. – 546 ἀπὸ … ἀμέρξας : tmèse ; seule occurrence du composé à l'Act. (cf. 306, *Th.* 861
*ἀπαμέργεο). – δάκρυ᾽ : cf. 301 n. – 548 *βλαστήμονος : *hapax*
absolu, = βλαστικοῦ. – 550 σπέραδος : cf. 604 n. – *μυλοεργῆϊ :
hapax absolu, = ὑπὸ μύλης κατεργασθέντι (Σ). – 551 *παλήματι : =
πάλῃ ; seule occurrence poét. (Poll. 7.21 πάλημα), mais cf. Aristoph.
fr. 682 παλημάτιον. – καί ποτε : cf. 488 n. – 552 *ἐψαλέην : *hapax*
absolu, = ἑψομένην (Σ).

τετράποδες · νοεραὶ γὰρ ἀπὸ φρένες ἀμβλύνονται.
Σάρκα δ' ἐπιτροχόωσαι ἀολλέες ἄκρα πελιδναί
σμώδιγγες στίζουσι κεδαιομένης κακότητος.   545
Τῷ δὲ σὺ πολλάκι μὲν πεύκης ἀπὸ δάκρυ' ἀμέρξας
τενθρήνης ἀνάμιγδα πόροις ἐν πίοσιν ἔργοις ·
ἠὲ χαμαιπίτυος βλαστήμονος ἄμμιγα κώνοις
φύλλα καθεψήσειας, ὅσους ἐθρέψατο πεύκη.
Ἄλλοτε δὲ σπέραδος κνίδης μυλοεργέι μίσγων   550
τερσαίνοις ὀρόβοιο παλήματι · καί ποτε κνίδην
ἐψαλέην κρίμνοισι παλυνάμενος ψαθυροῖσιν
εὖ λίπεϊ χραίνοιο, βορῆς δ' ἀέκοντα κορέσκοις.
Ναὶ μὴν ῥητίνη τε καὶ ἱερὰ ἔργα μελίσσης

SIM. 546-566 Scrib.L. 187 (87.31-88.4) ; D. *eup.* 2. 159 (314.1-6) ;
Pr. 74 (76.5-12) ; *Aet.13.54 §3 (plenius) ~ PAeg. 5.33 (29.1-6) =
PsD. 4 (19.8-15).

TEST. 550 (σπέραδος κνίδης) uide *Test*. ad 201.

543 τετράποδες ω : τετραποδίς T -ποδί S. ‖ 544 s. ἐπιτροχόωσαι
(επι-)...στίζουσι T (de στίζουσι cogitauit Σ 545a 2 ἐὰν δὲ στίζουσι
γράφηται) : ἐπιτροχόωσιν...στάζουσαι *ab** (Rⁱᵗ) V στίζουσαι
Rˢˡ (ι supra prius α posito) Σᵞᵖ ἐπιτροχόωσιν ... στάζουσι Mc ‖
545 κεδαιομένης Ω* (καὶ δαιομένης TO) : δαιομένης post στά-
ζουσαι spatio 3 litterarum relicto G (c.gl. μεριζομένης), sine spatio
relicto V ‖ 546 δάκρυ' ἀμέρξας T (δακρυ αμ-) : δάκρυ ὀμόρξας L
δάκρυ' ἀμόρξας W δάκρυα μόρξας OVc δάκρυα μόρξαις R
δάκρυα τμήξας G δάκρυα τμήξαις M (ex 301 defluxit) ; possis et
δάκρυ' ἀμέρξας, sed uide gall. adn. ad 301 ‖ πεύκης Ω : an
σμύρνης ? sed cf. comm. n. 61§B1 ‖ 549 ὅσους Ω* (ὅ- T ὅσον W) :
ὅσους τ' GMR ‖ ἐθρέψατο Ω* : ἐψήσατο Vx (ex καθεψήσειας) ‖
550 σπέραδος GMRx : σπεράδος cett., cf. ad 330, 604 ‖ 551 τερσαίνοις ω* (τέρσαινον Wˢˡ [ον supra οις scr.] τερσαίοις y₂) : περσαίνοις T ‖ παλήματι ω* : παλήατι T (ut uid.) GM πολύματι H ‖
552 ἐψαλέην ω* (cf. Eut. 81.23 ἔψων, D. *eup.* p. 314.4 ἐψήσας) :
ἀψαλεην T αἰψαλέην L ἀζαλέην legisse Σ conieceris ex Σ (550a2 ἢ
αὐτὴν ξηράν, 552a1 ξηρανθεῖσαν) ‖ παλυνάμενος Ω* : -λυνόμ-
GM -ληνάμ- y ‖ ψαθυροῖσιν T (ψαθύρησιν, corr. S.) : ψαφα-
ροῖσι(ν) ω ‖ 553 εὖ T : ἐν ω* (Rˢˡ) σὺν GMRⁱᵗ, cf. ad 199 ‖ δ' om.
T ‖ 554 ῥητίνη ω* (B), cf. 300 : ῥητήνη c* ῥητείνην T.

555 la férule galbanifère et les œufs délicats de la tortue sont un
bon remède quand tu opères leur mélange au-dessus d'un
feu vif. Bon remède aussi, les chairs d'un porc craquant de
graisse, bouillies avec les membres de la tortue marine, qui
traverse les flots de ses lentes nageoires, ou de la montagnarde, brouteuse de luzerne en arbre, que le Bienveillant a
560 douée de la voix, muette qu'elle était, Hermès ; de fait, il
débarrassa de sa chair la carapace aux reflets brillants, et, à
ses extrémités, il fit monter deux bras. Et de plus, ou bien
soumets à la cuisson les parents effrontés des têtards, et avec

555 *χαλβανόεσσα : voir 276 n. – ὤεα : *Th.* 192, 452 ; cette
forme rare et dialectale (sicilienne ?) pour ὤιον a été employée par
Epich., Ibyc., Semonid. fr. 11 W. (ces trois poètes cités par Ath. 2.57d-
58a), Arat. 956, Call. *Ep.* 5.10. Pour l'accentuation, voir Hdn. καθ.
355.25, ὀρθ. 377.12, Theognost. 773.12, cf. Eust. *Iliad.* 4.804.1 ~ Id.
Od. 1.417.45. – *θιβρά : pour le sens de *chauds* (G⁸O⁸ = Σ 555e), en
parlant de choses, cf. *Th.* 35 θιβρήν (Σ *ad loc.* θερμήν) ; il est p.-ê.
particulier à Nic. *Ad* D⁸ = Σ 555f (τὰ τρυφερά), cf. la gl. d'Hsch. θ
580 θιβρόν· τρυφερόν, καλόν, σεμνόν, ἀπαλόν. – χελύνης :
(*eadem sede*) 557, cf. *Th.* 703 n. – 556 τόθ(ε) : 595, cf. 590 τόθι ;
voir *Notice*, p. CIV. – 556-556a : Rohde, *RhM* 289 = *Kl. Schr.* 409,
observait que, de ces deux vers, " neben einander allerdings nicht ver-
träglichen ", 556a est défendu par le parallèle de Promotus (cf. comm.
n. 61 §B4b), et il en concluait que c'est 556 qu'il faut rejeter. En fait,
556 (avec les corrections proposées) est inattaquable ; pour la répétition d'ἀλθαίνει et son effet d'écho, cf. 388 s. ; voir *Notice* p. LXXXVI
et t. II, p. CIV. – 556 *ζαφέλοιο : le néologisme ζάφελος (=
ζαφελής) a été refait d'après ἐπιζάφελος (*Il.* 9.525) " probablement
par recherche d'archaïsme " (Chantraine *DELG* s.v.) ; il figure *ap.* Σ
Il., Eustath., Hdn., Orion, Zon., *Etymologica* ; pour l'accent, voir *Test.*
– 556a γέντα : cf. 62 n. – *φλιδόωντος : cf. 62 et *Th.* 363 n. (la glose
d'*EG* φλιδόωσα · διερρωγυῖα se lit aussi dans les Σ *Th.* 363a). – 558
ἀκιρῇσι : cf. Thcr. 28.15, où cet adj. est opposé à ἀνυσιεργός ; ce
contexte semblerait orienter vers le sens de " calme, lent, nonchalant "
(cf. Hsch. α 2413 ἀκιρῶς· εὐλαβῶς. ἀτρέμας), plutôt que vers celui
de " faible " (Hsch. α 2409 ἀκιρῇ· ἀσθενῇ. οὐκ ἐπιτεταμένα) ;
mais si Chantraine a raison de mettre ἀκιρός en rapport avec ἀκιδνός
chétif (*Od.*, al. ; *DELG* s.v.), cette parenté est en faveur du second
sens. Voir Gow *ad loc.*, West *Op.* 435-6 (*ad* 435 ἀκιώτατοι, *EM* 48.51
cite la *v.l.* ἀκιρώτατοι). – *Pour la suite des notes aux v. 559-563 voir
p. 230.*

ρίζα τε χαλβανόεσσα καὶ ὤεα θιβρὰ χελύνης   555
ἀλθαίνει, τόθ' ὕπερθε πυρὸς ζαφέλοιο κεραίης.   556
Ἀλθαίνει καὶ γέντα συὸς φλιδόωντος ἀλοιφῇ   556a
ἀμμίγδην ἀλίοιο καθεψηθέντα χελύνης   557
γυίοις, ἥ τ' ἀκιρῇσι διαπλώει πτερύγεσσιν,
ἄλλοτε δ' οὐρείης κυτισηνόμου, ἥν τ' Ἀκάκητα
αὐδήεσσαν ἔθηκεν ἀναύδητόν περ ἐοῦσαν   560
Ἑρμείης · σαρκὸς γὰρ ἀπ' οὖν νόσφισσε χέλειον
αἰόλον, ἀγκῶνας δὲ δύω παρετείνατο πέζαις.
Καί τε σύ γ' ἢ γερύνων λαιδροὺς δαμάσαιο τοκῆας,

TEST. 555 (θιβρὰ) cf. Test. *Th.* 35 ‖ 555, 557 (χελύνης) uide Test. ad
Th. 703 ‖ 556 (ζαφέλοιο) uide grammaticos in gall. adn. ; ad accentum cf. *EG* (*EM* 408.23-5) s.v. ζάφελος : τὰ εἰς ὃς λήγοντα συγ-
κείμενα παρὰ τὸ ζᾶ προπαροξύνεται, οἷον ζάθεος ζάκοτος· οὕτως
οὖν καὶ ζάφελος ‖ 561 (χέλειον) cf. Hsch. χ 329 χέλειον · τὸ
ἀπωστρακωμένον τῆς χελώνης δέρμα· χέλυος νῶτος ὀστρακώδης (~ Dᵍ [= Σ 561c] χέλειον · νῶτος ὀστρακώδης ; cf. Σ Arat.
490 (303.5) ὑπένερθε χελείου [494], ὑπὸ τὸν νῶτον) ‖ 563 (λαιδροὺς) *EG*ᴬᴮ λ 13 (*EM* 558.36 sine Nicandri loco) s.u. λαιδρός (N-ος
καὶ ἐν Ἀλεξιφαρμάκοις) = Test. *Th.* 689.

556 om. V*x** (add. *Mosq* mg.), 556a-557 om. H
555 ὤεα S. : ὠεὰ ω* (ὠὰ L ὠκὰ *y* ὠεὰ καὶ *Mosq*) ὠιεὰ T, uide ad
293 et cf. gall. adn. ad 555 ‖ χελύνης T*a** (Lˢˡ), cf. 557 : χελώνης ω*
(Lⁱᵗ) ‖ 556-557 om. G sed add. 556 G² mg. sup., 556a-557 G mg. sinis-
tro ; 556 om. V*x*, damnauerunt 556-556a (τόθ'– ἀλθαίνει) Steph., 556
Rohde, 556a S., at uide gall. adn. ad hos uu. ‖ 556 τόθ' ὕπερθε ego cll.
206, *Th.* 691 : τότε νέρθε TL τότ' ἔνερθε GM*by* ‖ ζαφέλοιο T :
ζαφελοῖο ω* (RⁱᵗWⁱᵗ) ζαφλεγοῖο Rᵖᶜ (λ et γ s.l. add.) Wˢˡ (et Σᵂ) ‖
κεραίης Gow tacite (cf. Eut. 81.28 συμμίξαντα ταῦτα πάντα) :
κεραίης Ω Σ (556a κεραία γὰρ λέγεται τὸ ἄκρον καὶ ἔσχατον) ‖
556a φλιδόωντος ω*, cf. 62 : φλιδῶντος T φλοιδόωντος *y** (Qᵖᶜ)
Mosq φλοιδόοντος LQᵃᶜ ‖ ἀλοιφῇ ω* : ἀλοιφῇ V*x* ἀλοιφὴν T ‖
557 ἀλίοιο ω : ἀλίοισι T ‖ χελύνης TGⁱᵗ (cf. 555) : χελώνης ω*
(Gˢˡ), cf. ad *Th.* 703 ‖ 558 ἥ τ' ἀκιρῇσι T (ἀκίραισι, corr. S.) : ἥ
τ' ἄκρησι Σᵍʳ ἢ ταχινῇσι ω ‖ 559 ἄλλοτ' ἀρουρείης L (pro
-ραίης ?) ‖ ἀκάκητα ω* : ἀκάκητος TLMV ‖ 561 γὰρ om. L ‖ ἀπ'
οὖν νόσφισσε T (ἀπο͠υν) G, iam coniecerat Meineke¹ 232 n. 1 :
ἀπο͠υν νόσφισε MR (ἄπουν, acc. eras. ut uid.) ἀπ' οὐνόσφισε *b*₂V
ἄπουν- *c** (Bˢˡ) ἄπον- LBⁱᵗ ‖ 562 παρετείνατο ω* : -τείνετο T*b*₂.

eux les racines du panicaut ; ou encore, fais chauffer à la
565 marmite la scammonée efficace. De ces produits gave le
patient, et, tout proche qu'il est de la mort, tu le sauveras[61].

Si l'on boit le breuvage tiré du cra-
20. Les Crapauds paud ami de la chaleur (ou encore de
l'espèce muette, chétive d'aspect),
lequel, dans les buissons, se fixe au printemps, ouvrier de
570 mort, léchant la rosée[62], de ceux-là en vérité celui qui aime
la chaleur amène une pâleur comme celle du fustet, puis il
fait enfler les membres ; et un long souffle ne cesse de
s'exhaler, embarrassé, laissant sur les lèvres une détestable
odeur[63].

Eh bien ! toi, de la grenouille, donne-lui la chair bouillie
ou bien encore rôtie ; parfois, un mélange de poix et de vin

---

564 *ἠρυγγίδας : *hapax* absolu, = ἠρύγγου (Σ). – 565 σκαμμώνιον : c'est, avec σκαμ(μ)ωνία (cf. comm. n. 52 §2), la forme ordinaire du mot ; elle vient après l'emploi du néologisme κάμωνος (484 n.),
cf. t. II, p. CI. – 566 καὶ : avec κορέσκων (ω), le mot serait adv. et non
copule, mais le participe βεβαῶτα peut avoir à lui seul la valeur
concessive ; en faveur de κορέσκοις (T), cf. 114, *Th.* 539 s., à quoi il
faut ajouter *supra* 278 s., si l'on n'admet pas l'hypothèse d'une lacune. –
567 γε μὲν : voir *Notice* p. CIV. – φρύνοιο : pour la *v.l.* φρουνοῖο
(T), cf. φροῦνον *in* : P.G.M. (Oslo) 1.235, Epigr. app. irris. 47.1. –
*θερειομένου (Moy.) : " qui se chauffe au soleil " et non " d'été ",
comme l'entendent les Scholies (voir n. 62 §b4) ; le mot est à mettre
en relation, non avec θέρειος (cf. *Th.* 469 θερειτάτη et la n. *ad loc.*),
mais avec θέρω : cf. *Th.* 124 θερειομένοισιν, Corp. Fab. Aesop. 51
(III δ) p. 71.4 Hausrath-Hunger θερειόντα (Act. intrans.), seules autres
occurrences de ce doublet poét. de θέρω. – 568 *λαχειδέος : sens
incertain. Les Scholies hésitent entre δασέος *à la peau épaisse* et
μικροῦ *petit* ; même hésitation pour 269 λαχυφλοίοιο (n. *ad loc.*).
(a) Selon LSJ (s.v.), λαχειδής p.ê. apparenté à hom. λάχεια (Aristarque : ἐλάχεια Zénodote), épithète d'une île (*Od.* 9.116) et d'une
côte (10.509), cf. LfgrE s.v. ἐλαχύς. Σ^G (= 568b) justifie μικροῦ à
partir de la forme hypothétique ἐλαχειδέος ; pour les aphérèses de ce
type chez N., voir t. II, p. c. (b) Le sens δασέος (cf. Σ 269a ἢ τὸ δασὺ
πρὸς τὸ στρυφνὸν [*lege* στιφρόν ?] τοῦ λέπους « ou δασύ à cause
du caractère *acerbe* (on attend *compact*, *serré*) de sa peau », et la description du Sépédon, *Th.* 323) est signalé par Σ^G, en face de la glose
récente de Tzetzès πρασίζοντος " vert " (syncope de λαχανοει-
δέος), comme étant celui des " anciens commentateurs " : – *Pour la
suite des notes aux v. 568-574 voir p. 232.*

ἄμμιγα δὲ ῥίζας ἠρυγγίδας · ἢ καὶ ἐπαρκές
θάλπε βαλὼν χύτρῳ σκαμμώνιον. Οἷσι κορέσκοις　　565
ἀνέρα, καὶ θανάτοιο πέλας βεβαῶτα σαώσεις.

Ἤν γε μὲν ἐκ φρύνοιο θερειομένου ποτὸν ἴσχῃ –
ἢ ἔτι καὶ κωφοῖο λαχειδέος –, ὅς τ᾽ ἐνὶ θάμνοις
εἴαρι προσφύεται μορόεις λιχμώμενος ἔρσην,
τῶν ἤτοι θερόεις μὲν ἄγει χλόον ἠΰτε θάψου,　　570
γυῖα δὲ πίμπρησιν · τὸ δὲ συνεχὲς ἀθρόον ἆσθμα
δύσπνοον ἐκφέρεται, παρὰ χείλεσι δ᾽ ἐχθρὸν ὄδωδεν.
Ἀλλὰ σὺ τῷ βατράχοιο καθεφθέον ἠὲ καὶ ὀπτήν
σάρκα πόροις, ὁτὲ πίσσαν ἐν ἡδέϊ μίγμενος οἴνῃ.

Sim. 570-572 (*bufo caloris amator*) Pr. 77 περὶ φρύνου (77.3-5) ~
*Aet. 13.56 §2 (ap. Aet. duorum bufonum signa morbi communia), cf.
PAeg. 5.36 π. φρύνου ἢ ἐλείου βατράχου (29.26-30.2) = PsD. 31 π.
φρύνου (38.14-39.3), ubi bufones duo sunt in eodem cap. haud dis-
tincti, cf. D. *eup.* infra ad 573-577 || 573-577 D. *eup.* 2.161 πρὸς φρῦ-
νον καὶ τὸν κωφὸν βάτραχον (314.19-315.2), remedia communia
sicut ap. Pr. 77 (77.6-14) ~ *Aet. 13.56 §3 ~ PAeg. 5.36 (30.2-5) =
PsD. 31 (39.3-7).

564 ἢ καὶ T (ἢ) : ἐν καὶ GMᵖᶜ ἐν δὲ MᵃᶜRVx ἐν δὲ καὶ Lb₂y ||
565 σκαμμώνιον LMRx (cf. Eut. 82.12 σκαμμωνίᾳ) : σκαμώ- Gb₂Vy
ἀμμωνιὸν T (cf. Σ 564a προσπάσσων ἀμμωνιακόν) || κορέσκοις T
(ad syntaxim cf. gall. adn.) : κορέσκων ω || 567 φρύνοιο ω :
φρουνοῖο T (forma recens, uide gall. adn.) || ἴσχῃ *a** (ἴσχοι L) Rᵖᶜ
(ς deleuit) Σ 567b 4 προσληπτέον τὸ « τις » · ἔνιοι δὲ ἀγνοοῦντες
γράφουσι μετὰ τοῦ ᾱ ~ Eut. 82.16 ἐπειδὰν δὲ πίῃ τις (ad τις subintellectum cf. 158, 502) : ἴσχῃς T (-ης) Rᵃᶜ cum cett. praeter O qui
ἴσχεις || 568 ἢ ἔτι T (ἢ) LMb*I : ἠέ τι O cum cett. || λαχειδέος Ω* :
λεχ- MR λαχιδ- y || ὅς τ᾽ ἐνὶ ω : ός ποτε T ὃς ποτὶ S. cl. Thcr. 7.
138 (τοὶ δὲ ποτὶ), Mosch. 3. 9 (ποτὶ φύλλοις) || 570 μὲν om. y₂ ||
χλόον om. L || θάψου Ω* : θάψον L || 571 πίμπρησιν Ω* (-ησιν
T) : -σι *aWy || συνεχὲς ω* : συννε- TMR, cf. West ad *Il.* 12. 26 ||
ἆσθμα TL : ᾶσθμα cett., cf. ad 440, 524 || 572 δ᾽ om. L scripto χεί-
λεσιν, ad idem mendum cf. 58 || ὄδωδεν ω* (-δε O) : ὀδωδεῖ T ||
573-577 post 583 traiecit Gow obloquentibus Ω Σ Eut. || 573 καθεφ-
θέον S. : κατεφθέος T καθεψέος ω* (Oᵖᶜ [καθαψ- a.c.] καθεψίοιο
M) || ἠὲ om. M || ὀπτήν Ω : ὀπτῆς Btl. (accepto καθεψέος).

575 suave. Et de plus écarte le mal pesant, la rate du crapaud
funeste, du crapaud des marais cause de tant de souffrances,
qui, dessus une algue, lance sa note, premier annonciateur
du printemps qui charme nos cœurs[64].

Quant au crapaud sans voix qui hante les roseaux, souvent, c'est la pâleur du buis qu'il répand sur les membres ;
580 d'autres fois il humecte la bouche de bile, et parfois le
hoquet, à coups redoublés, vient ébranler l'homme, qui se
met à souffrir du cardia. Provoquant un suintement continuel
de la semence tantôt chez l'homme, tantôt chez la femme, il
la rend infertile car il la disperse sur leurs membres,[65].

Et certes, parfois, verse-leur le vin à flots, à pleines
585 coupes ; et au vomissement, même s'il n'en éprouve pas le
besoin, fais venir le patient. Ou bien expose à la flamme la
panse d'une jarre et réhauffes-y sans cesse l'homme en traitement, qu'il sue abondamment. Et de plus, à de grands
roseaux retranche les racines et mélange-les dans du vin,

---

575 s. : pour la répétition de φρύνης avec effet d'écho, caractéristique des poètes hellénistiques et de N., cf. 269 ss., 521 ss. et voir
Notice p. LXXXVI. C'est un argument de plus (*ad rem*, cf. comm. n. 62
§b5) en faveur des v. 576 s. suspectés indûment par Gow. – 575
ὀλοοῖο ... φρύνης : cf. *Notice*, p. CV ; de κακὸν βάρος ἥρκεσε rapprocher 459 κακὸν ἄλγος ἀλεξόμενος. Eutecnius lisait ὀδελοῖο
(voir n. critique), *v.l.* qu'il est seul à faire connaître (pour ὀδελοῖο ...
βάρος, cf. 148, 488), mais on attendrait σπληνός (cf. 148 γαίης et
non γαίην). – 576 *πολυαλγέος : cf. comm. n. 64 §3a2 ; première
occurrence poét., cf. [Orph.] *hy.* 67.2 πολυαλγέα πήματα νούσων,
Orac. sibyll. 4.9 π-α λώβην ; seul emploi du sens actif pour qualifier
un être vivant *qui cause* la douleur. La *v.l.* πολυηχέος, selon les
textes, qualifie, au sens de *retentissant*, le *rivage* (*Il.*), le *vent* ou les
rochers (Ap.Rh.), ou encore, au sens de *aux accents variés*, le *rossi-
gnol* (*Od.* 19.521 *codd.*) ; avec le sens de *à la voix retentissante*, cette
épithète conviendrait également au θερόεις (variante d'auteur ?). –
577 θυμάρμενον : Bacchyl. 16.71, Call. 3.167. – 579 χλόον : 474,
570 ; terme médical, cf. Erot. χ 3 χλοός (*lege* χλόος) · χλωριάσεως
(manque chez Hp.), Gal. *gloss.* 155.9 χλοῦς · ἡ χλωρότης, Hsch. χ
538 χλόος · χλωρίασις, ὠχρότης ; mot aimé de la poésie hellénistique, cf. Call. (*Aitia*) fr. 75.12, Ap.Rh. 3.298, 2.1216, 4.1279. – *Pour
la suite des notes aux v. 579-588 voir p. 238.*

Καί τε σπλὴν ὀλοοῖο κακὸν βάρος ἤρκεσε φρύνης,   575
λιμναίης φρύνης πολυαλγέος, ἥ τ' ἐπὶ φύκει
πρῶτον ἀπαγγέλλουσα βοᾷ θυμάρμενον εἶαρ.
Αὐτὰρ ὅ γ' ἄφθογγός τε καὶ ἐν δονάκεσσι θαμίζων
πολλάκι μὲν πύξοιο χλόον κατεχεύατο γυίοις,
ἄλλοτε δ' ὑγραίνει χολόεν στόμα · καί ποτε λυγμοί   580
ἀνέρα καρδιόωντα θαμειότεροι κλονέουσι.
Δὴν δὲ κατικμάζων ἄγονον σπόρον ἄλλοτε φωτός,
πολλάκι θηλυτέρης, σκεδάων γυίοισι τέλεσκε.
Ναὶ μὴν τοῖς ὀτὲ νέκταρ ἀφυσγετὸν ἐν δεπάεσσι
χεύαις · εἰς ἔμετον δὲ καὶ οὐ χατέοντα πελάζοις.   585
Ἠὲ πίθου φλογιῇ θάλψας κύτος αἰὲν ἐναλθέα
ἀνέρα θερμάσσαιο, χέαι δ' ἀπὸ νήχυτον ἱδρῶ.
Καί τε καὶ αὐξηρῶν δονάκων ἀπὸ ῥίζεα κόψας

SIM. 578-583 (*bufo mutus*) cf. ad 570-572 ; cap. de *rana palustri*
(ex bufone defluxa) Nicandro dissimile habent Pr. 78 (77.17 s. περὶ
βατράχου) = *Aet. 13.57 §1 ‖ 584-593 Pr. 78 (77.19 s.) = *Aet.
13.57 §2.

575 ὀλοοῖο Ω : ὀδελοῖο Eut. (82.30 εἰς ὀβολὸν σταθμοῦ) ‖
φρύνης om. T ‖ 576 s. eiciendos esse censuit Gow ‖ 576 πολυαλγέος
T (-άγγεος), cf. 575 ὀλοοῖο (uide comm. n. 64 §3a2) : πολυηχέος
ω (cf. 577 βοᾷ) ‖ 577 ἀπαγγέλλουσα ω* (S^pc) : ἀπαγγέλουσα
TS^ac ἀπαγγελέουσα S. ‖ 581 θαμειότεροι MR : θαμ(ε)ινότ-/θαμι-
νώτ- cett. ‖ 583 θηλυτέρης Ω* (-ρῆς T) : -ροις Wy commendat Btl.
" ex Ms " ‖ σκεδάων ω* : κεδάων T per haplogr. σκεδάζων *b₂y* ‖
τέλεσκε T (-κεν) : τελέσκει *x* τελίσκει cett. ‖ 584 ναὶ μὴν Ω (μέν
T), cf. Eut. (83.11 καὶ τούτοις τοίνυν) : exspectaueris ἀλλὰ σὺ uel
sim., sed uide gall. adn. ‖ 585 χεύαις Ω* : χεύοις V*x* fort. recte, cf.
381 et uide *Notice*, p. CIII ‖ δὲ om. *y* ‖ πελάζοις Ω* (-λέζ- L) : πελάζεις V*c* ‖ 586 ἐναλθέα ego (cf. e.g. Hes. *Op.* 647 ἀτερπέα, *al.*) :
ἐναλθῆ Ω* (R^sl, ἐνάλθηι T [ι potius quam punct.]) ἀναλθῆ MR^it
ex Σ^γρ (c.gl. ἀνυγίαστον D^g), cf. Eut. (83.14 ἦν λίαν ἀνιάτως
φανοιτο) ‖ 587 θερμάσσαιο MR : -άσαιο ω* φαρμάσσοιο T ‖
588 αὐξηρῶν Ω* (αὐξήρων T) Eut. (83.16 τῶν μεγάλων τὰς ῥίζας
καλάμων) : αὖ ξηρῶν V*x* ἢ ξηρῶν Σ^γρ (c.gl. αὐχμηρῶν) αὐχμηρῶν
Schn., sed obloquitur Praxagoras fr. 120 Steckerl = t. II p. 272, fr. 3 ‖
ῥίζεα ω* (ἀπορίζεα G) : ῥιζέα Wy ῥιζία O nullum acc. habet T.

celles-là mêmes qu'a nourries sous ses eaux l'étang où ces
590 menus reptiles sont chez eux, et qu'ils traversent en nageant
de leurs pattes, ou bien celles du souchet vivace, femelle ou
mâle. Et, par d'incessantes marches, en le privant totalement
de nourriture et de boisson, dessèche-le et fais fondre ses
membres[66].

21. La Litharge
Odieuse qu'elle est, puisse la litharge[67] aux douloureux effets
595 ne pas échapper à ta vigilance,
lorsque sur l'estomac s'abat le poids de la souffrance, et
que, entourant le milieu du nombril, les gaz tournent en
grondant, tels ceux de l'iléus difficile à guérir, qui dompte
les hommes en les frappant de douleurs imprévues. Pour le
malade, l'écoulement des urines ne se fait plus, ses membres
600 enflent tout autour, et il a le teint quelque peu plombé[68].

589 s. λίμνη | οἰκείη : Σ 590a ἑκάστη οἰκειουμένη αὐτοῖς ; cf.
Th. 415 ὁμήθεα λίμνην. – 589 ἐπεγκεράσαιο : 166, 370 ; surcom-
posé attesté seulement au participe ἐπεγκεραννύμενος (Plat. *Polit.*
273d, Plut. *Mor.* 1025b, 1032f.). – *ὑποτέτροφε : ce verbe (cf. *Th.*
764, 884, 888) ne semble pas attesté en poésie en dehors de N. Seule
autre occurrence du pft. 2, Hsch. υ 769 ὑποτέτροφεν · ὑπέτροφεν
(?) ; pour le sens trans. de τέτροφα, cf. Soph. *OC* 186. – 590 τόθι :
voir 556 n. – *διὲκ : cette double préposition hom. est d'ordinaire
construite avec le gén., *Th.* 301, 819 (cf. Ap.Rh., Hermésianax, Euph.,
Opp., Manéthon) ou l'acc. (Ap.Rh.) ; l'emploi adverbial que l'on note
ici ne semble pas attesté ailleurs. – 591 φιλοζώοιο : cf. 274 n. –
*κυπείριδος : *hapax* absolu (cf. κύπηρις *POxy* 374 [Iᵉʳ s.]) = hom.
κύπειρον (*Il.* 21.351, *Od.* 4.603) ; semble créé à partir de κύπερις ou
κυπερίς, désignant sans doute la même plante (cf., *e.g.* D. 3.118
[129.3 κυπερίδι], *eup.* 1.97 [188.20 κυπερίδος], [Gal.] *lex.* 387.14
κύπεριν). C'est cette forme qu'Eutecnius (83.18 ταῖς κυπέρισι) a
employée. – 592 *ἠνεκέεσσι : = μακροῖς (Σ) ; seul emploi attesté de
l'adj. On trouve le neutre adverbial chez Emped. fr. 17.35, puis chez
les poètes hellénistiques, Arat. 445, Call. fr. 26.8, cf. *supra* 517, d'où
Max. 64, 530. – *τρίβοις : la trad. par " exercices corporels " (LSJ)
est trop générale ; le sens de " promenades, marches " (cf. Σ περιπάτοις, ὁδοῖς, et les parallèles de la littérature iologique cités, comm.
n. 66 §4) est à mettre en relation avec la valeur usuelle de τρίβος
" chemin battu ". – *Pour la suite des notes aux v. 592-600 voir p. 240.*

οἴνῃ ἐπεγκεράσαιο, τὰ δή ῥ' ὑποτέτροφε λίμνῃ
οἰκείῃ, τόθι λεπτὰ διὲκ ποσὶν ἑρπετὰ νήχει,   590
ἠὲ φιλοζώοιο κυπείριδος ἠὲ κυπείρου.
Αὐτὸν δ' ἠνεκέεσσι τρίβοις πανάπαστον ἐδωδῆς
καὶ πόσιος ξήραινε, κατατρύσαιο δὲ γυῖα.

Ἐχθραλέη δέ σε μή τι λιθάργυρος ἀλγινόεσσα
λήσειεν, τότε γαστρὶ πέσῃ βάρος, ἀμφὶ δὲ μέσσον   595
πνεύματ' ἀνειλίσσοντα κατ' ὀμφάλιον βρομέῃσιν,
οἷά περ εἰλειοῖο δυσαλθέος, ὅς τε δαμάζει
ἀνέρας ἀπροφάτοισιν ἐνιπλήσσων ὀδύνῃσιν.
Οὐ μὲν τῷ γ' οὔρων ῥύσις ἄνυται, ἀμφὶ δὲ γυῖα
πίμπραται, αὐτάρ που μολίβῳ εἰδήνατο χροιήν.   600

SIM. 594-600 (*argenti spuma*) Scrib.L. 183 (86.11-15) ; Pr. 73 (75.17-
20), cf. O. *ecl.* 131 (περὶ ὑδραργύρου, eadem signa remediaque)
p. 297.22-24 = PAeg. 5.62 (40.12-15) = PsD. 27 (36.6-10) ~ *Aet.
13.80 §1 (plenius).

589 οἴνῃ T (οἰνῆ), cf. gall. adn. ad *Th.* 507 n. : οἴνῳ ω ‖ ἐπεγκεράσαιο ω* (ἐπ' ἀγκεράσαι L) : ὑπεγκ- T ‖ 590 διὲκ ποσὶν T (διεκ,
corr. S.) : δι' ἐκ π- V edd. ante S. δι' ἐκπ- Lx* (δ' ἐκπ- D) διεκπ-
GM δι' ἔκποσιν *b*B διέκπ- y₂ ‖ 591 κυπείριδος ω* : κυπειρίδος TL
MR ‖ 592 δ' T (sine apostr.) : τ' ω Σ ‖ 594 ἐχθραλέη ego duce Vian,
cf. ad 249 et uide gall. adn. : ἐχθομένη ω ἐχθραλέον T (-άλεον)
accepit S. ‖ ἀλγινόεσσα Ω* : ἀργυρόεσσα L ‖ 597 εἰλειοῖο T (sine
spir.) : εἰλίγγοιο ω* (εἰ- O εἰλίγιοιο L) Eut. (83.26 ἰλιγγιᾶν παρασκευάζει), sed uide comm. n. 68 §1 ‖ 598 ἐνιπλήσσων Ω* :
ἐπαΐσσων GM ‖ 599 μὲν Ω* (cf. 384, *Th.* 348 [u.l.], 444) : μὴν *by*
(sed post οὐ nusquam usurpauit N.) ‖ τῷ γ' Schn. cl. Σ 599a γράφεται
καὶ « οὐ μὲν τῶν γ' οὔρων », ἀντὶ τοῦ τῷ κακωθέντι ὑπὸ τοῦ
λιθαργύρου (ubi τῶν γ' ex τῶι γ' corruptum) : τῶ M (γ' omisso) τό
γ' T τῶν γ' ω* (γ' om. G Σ^lem) ‖ ῥύσις ἄνυται ego duce Hermann qui
ἄνεται coni., cf. gall. adn. : ἄνυται ῥύσις Ω* (ῥῦσις TOR), ad hoc
mendum cf. ad 384 (G), 496 (M) ‖ 600 χροιήν ω : χροιή T.

Donne-lui tantôt le poids de myrrhe double d'une obole, tantôt les germes nouveaux de la sauge-hormin. D'autres fois, hache le mille-pertuis des montagnes, parfois des rameaux d'hysope, souvent une branche de figuier sauvage, ainsi que la graine de l'ache Isthmique, sous laquelle le jeune Mélicerte, navré à mort par le flot marin, reçut une sépulture des descendants de Sisyphe qui l'honorèrent par des jeux. Ou bien fais griller ensemble le poivre avec l'*érysimon*, broie dans du vin, et ainsi garde-le de la cruelle maladie. Et du henné donne-lui les pousses en leur fleur nou-

605

---

601 : ὀδελοῦ – ἄχθος : cf. 327. – 602 ἄλλοτε : pour l'asyndète, cf. 94. – 603 ὀροδάμνους : *Th.* 863 n. Cf. Hsch. o 1273 ὀροδάμνοι· κλῶνες. κλάδοι. βλαστήματα. ὄρπηκες, Call. fr. 655 (cité p. 89, comm. n. 9 §2f2), Thcr. 7.138 ὀροδαμνίσιν (*hapax*), et voir les formes écourtées, ῥαδάμους *supra* 92, ὀράμνους 154, 420, 487. – 604 *ἀγριόεντα : *hapax* absolu ; masc. au lieu du fém., *Notice* p. cv. – *σπέραδος : 134, 330, 550, cf. *Th.* 649 n. ; notablement plus fréquent dans les *Al.* Pour l'accent, Σ *Th.* 649a rapproche τέναγος, ce qui garantit le proparoxyton (voir Note orthographique) ; néologisme propre à N. qui l'a p.-ê. créé sur le modèle de χέραδος (Chantraine *DELG* s.v. σπείρω) ; pour σπ. σελίνου Ἴσθμιον, cf. *Th.* 649 σπ. Νεμεαῖον … σελίνου (sur les hypallages, voir t. II, *Notice*, n. 219). – 606 Σισυφίδαι : les *Corinthiens*, cf. fr. 38 (*Métam.*, ap. Anton. Liberal. 4.4), Call. fr. 384.10. – *ἐπηέξησαν : Gow[1] 102 (s.v. ἐπαέξω), d'où G.-S., traduit pour les besoins de la cause par *established*, en liaison avec la *v.l.* ἀέθλους, qu'il retient avec tous les édd. depuis l'*Ald.* Avec le datif instrumental ἀέθλοις (leçon de presque tous les mss, T y compris), ἐπηέξησαν a pour complément Mélicerte ; N., qui a employé ailleurs ce composé au sens classique de *croître* (*Th.* 449 ἐπαέξεται), lui a donné ici la valeur de *glorifier*, *exalter*, attestée seulement pour le simple ἀέξω (cf. Pind. *O.* 8.88 ; *al.*). – 607 ἐν : anticipe ἐνι(τρίψαιο), cf. 236 (et la n.). – *ῥυσίμῳ : = ἐρυσίμῳ ; pour l'aphérèse, particularité propre à N. signalée par les Scholies (607b ἰδίως δὲ αὐτὸ [sc. ἐρύσιμον] εἴρηκε χωρὶς τοῦ ἒ), cf. t. II, p. c ; Lycophron aime les mots écourtés (cf. Konze 30). La même plante figure, *Th.* 894, sous le nom εἰρύσιμον, avec allongement de la première syllabe *metri causa*. – *συνομήρεα : cf. 238, 449 (et les n. *ad locc.*). – 609 *βλαστεῖα : *hapax* absolu, = βλαστοί. – *νεανθέα : = νεοθαλῆ (Σ 609.4, cf. *supra* 412) ; seul autre emploi connu, au fig., Epigr. app. dedic. 319.9 s. (ὁ νεανθὴς | αἶνος) = *IG* 3.716.16.

Τῷ δ᾽ ὁτὲ μὲν σμύρνης ὀδελοῦ πόρε διπλόον ἄχθος,
ἄλλοτε δ᾽ ὁρμίνοιο νέην χύσιν. Ἄλλοτε κόψαις
οὐρείην ὑπέρεικον, ὅθ᾽ ὑσσώπου ὁροδάμνους,
πολλάκι δ᾽ ἀγριόεντα κράδην σπέραδός τε σελίνου
Ἴσθμιον, ᾧ θ᾽ ὑπὸ κοῦρον ἀλίβλαπτον Μελικέρτην   605
Σισυφίδαι κτερίσαντες ἐπηέξησαν ἀέθλοις.
Ἠὲ σύ γ᾽ ἐν πέπεριν ῥυσίμῳ συνομήρεα φώξας
οἴνῳ ἐνιτρίψαιο, κακῆς δ᾽ ἀπερύκεο νούσου.
Κύπρου δὲ βλαστεῖα νεανθέα, πολλάκι σίδης

SIM. 601-610 Scrib.L. 183 (86.15-18) ; D. *eup.* 2.166 (316.11-15) ;
Ascl.Ph. ap. Gal. *ant.* 2.7 (142.8-10) ; Pr. 73 (75.21-25) ~ O. *ecl.* 131.2
(297.24-30) = *Aet. 13.80 §2 ~ PAeg. 5.62 (40.15-18, ad finem decurtatum) = PsD. 27 (36.10-14).

TEST. 601-610 (urticae semen ?) de Plinii ad Nicandrum falso testimonio uide *Test.* 201.

602 ὁρμίνοιο *b₂χ*, cf. *Th.* 893 : ὁρμ- V ὁρμείν- T ὁρμήν- *y** (-νιο Q
-νιον H per dittogr.) ὁρμίθοιο G ὁρμίνθ- LMR ὁ[ρ]μίν[θοιο] Σ^G2γρ ‖
κόψαις Ω* : κόψας I (ad uariationem eamdem cf. 142) iam coniecerat Schn. probante Lehrs ‖ post χύσιν interp. leuius Schn. Lehrs :
grauius I cum cett. praeter TLy qui nullam habent interpunctionem ‖
604 σπέραδός GRχ : σπέραδος TL *b₂*Vy σποράδος M ; cf. ad 330,
550 ‖ 605 ᾧ ω* : ὅ T om. y ‖ θ᾽ ὑπὸ Ω* : ποτε *a*, cf. 130 ‖ ἀλίβλαπτον Μελικέρτην om. R sed sp. rel. ‖ ἀλίβλαπτον T*a* (G^sl) :
-βαπτον G^it cum cett. praeter QH qui -βατον ‖ 606 ἐπηέξησαν ω* :
επηεξίεσαν T ἐπιέξησεν L ‖ ἀέθλοις Ω* (O^it) : ἀέθλους O^slVχ
edd. omnes ‖ 607 πέπεριν T (πεπέρην) MR, cf. 332 : πέπερι G (tum
sp. 2 litt.) L (sine sp.) cum cett. πένεριν Σ^G2γρ (c.gl. εἶδος φυτοῦ) fort.
ex Eut. 84.6 πένεριν [seruat Geymonat 56.13 qui hanc lect. defendit
(cf. Geymonat¹ 143) ‖ post πέπερι(ν) praebet ῥυτῇ συνομήρεα φώξας T : ῥυσίμῳ ἐνομήρεα κόψας ω ‖ ῥυσίμῳ ω* Σ Eut. 84.6 ἐρύσιμον τὴν βοτάνην (defendit Pr. p. 75.23 cit. in comm. n. 69 §3b1) :
ῥυτῇ T testantur Σ^G2 (607b [ἐρύσιμον] ὅ τινες πήγανόν φασιν) et G
qui πηγάνῳ supra ῥυσίμῳ adpinxit, gl. reuera ad ῥυτῇ spectans ‖
συνομήρεα T (sine acc.) : ἐνομήρεα ω* (-ρέα L ἐν ὁμήρεα WVy) ‖
φώξας T defendit Promotus (cf. comm. l.c.) : κόψας ω Eut. (84.7 ἅμα
κόπτων ταῦτα) fort. ex 602 defluxit, cf. et 70 καὶ ὁμήρεα κόψας
(κόψας in hac eadem sede ter in *Th.*, septies in *Al.*) ‖ 608 δ᾽ post οἴνῳ
add. *b₂*Vc, quo accepto 607 κόψαις Btl. ‖ ἐνιτρίψαιο T (sine acc.)
G*b*M : ἐντρ- LWVc ‖ ἀπερύκεο ω* : -κοιο TWy ‖ 609 δὲ ego cl.
592 : τε Ω* (om. D).

610 velle, souvent du grenadier le fruit encore fleur, prémices
nées dans le calice[69].

Garde-toi de toucher à l'arbre mauvais sem-
22. L'If   blable au sapin, l'if de l'Oeta dispensateur
de la mort cause de tant de larmes, dont une
copieuse dose de vin pur peut seule guérir les effets sur-le-
615 champ, quand de l'homme il obstrue la gorge et, du pharynx, la voie étroite[70].

[Ainsi donc, Nicandre a consigné dans son livre les drogues
capables de guérir l'homme quand il mange de mauvais champignons.
Outre celles-ci, de la plante dont Dictynna prit les rameaux en haine,
la seule que refusa Hèra de l'Imbrasos pour sa couronne, parce que, au

---

610 *ἀνθήμονα : *hapax* absolu, cf. *Notice* p. XCIX. – 611 μὲν δή :
cf. 521 n. – σμῖλον : = σμίλακα (Dᵍ) ; selon Élien 9. 27, σμῖλος est
la forme employée par Callimaque (voir Andréas, t. II, p. 301, fr. 6) ;
c'est aussi celle qu'offrent Σ 611a1 et Eut. 84.13, bien que ce ne soit
pas la plus courante (cf. comm. n. 70 §2a). – κακήν : cf. Virg. *G.*
2.257 *taxique nocentes* (d'où Colum. 9.4.3 *nocentes taxi*), *Buc.* 9.30 *sic
tua Cyrneas fugiant examina taxos* (les Ifs de Corse) ; Pline *NH* 16.50
taxus ... tristis ac dira. – *ἐλατηῖδα : *hapax* absolu, = ἐλάτη ὅμοιον
(Σ). – *μάρψαις : sens incertain. Cf. Eut. 84.14 θανάσιμον δὲ γίγνεται τοῦτο (*sc.* τὸ φυτόν) τοῖς αὐτοῦ λαβοῦσιν (~Dᵍ μάρψαις · λάβῃς), *prendre* au sens de *absorber*, comme chez les Iologues récents ?
S'y ajoute-t-il l'idée d'une action *brusque*, donc irréfléchie ? Pas de
parallèle pour cet emploi de μάρπτω. On traduit généralement par
cueille, trad. qui convient mieux à ἀμέρξαις, mais il faut alors
admettre que le nom de l'arbre est mis pour la partie (*feuilles* ou
graines), cf. comm. n. 20 §3a – 612 Οἰταίην : " cause de mort " ou
" qui pousse sur l'Oeta " (Σ). La seconde explication est garantie par
le témoignage d'Andréas, mais possibilité d'un double sens (cf. 7
Ἄρκτον), en accord avec θανάτοιο δότειραν (Hés. *Tr.* 356 ; cf.
Pind. [*Hyporch.*] fr. 109.4 [στάσιν] πενίας δότειραν). – πολυκλαύτοιο : -κλαύτοιο, au lieu de -κλαύστοιο, a l'appui d'Erinna fr. 4.1 D.
-κλαύταν ... ǀ στάλαν, [Hom.] *AP* 7.153.3 -κλαύτῳ ἐπὶ τύμβῳ
(-κλαύστῳ *ap.* Σ Aristot. in *Sophist. elenchos*, 171a6-7, l. 57) ; même
formule empruntée à [Hom.] avec -κλαύστῳ : Comètas *AP* 15.40.38,
Epigr. app. sepulcr. 351.3. – 613 *ἐμπλείουσα : *hapax* absolu pour
ἐμπιμπλᾶσα, litt. " qui te remplisse " (cf. ἔμπλειος) ; Σ 613b trad.
πολλή ~ Oᵍ δαψιλής. Ce néologisme convient mieux à N. qu'à un
interpolateur. – *Pour la suite des notes aux v. 613-619 voir p. 246.*

πρωτόγονον κυτίνοιο πόροις ἀνθήμονα καρπόν.   610

Μὴ μὲν δὴ σμῖλον σὺ κακὴν ἐλατηΐδα μάρψαις
Οἰταίην, θανάτοιο πολυκλαύτοιο δότειραν,
ἥν τε καὶ ἐμπλείουσα χαλικροτέρη πόσις οἴνης
οἴη ἐπαλθήσειε παρὰ χρέος, ἡνίκα φωτός
ἴσθμια καὶ φάρυγος στεινὴν ἐμφράσσεται οἶμον.   615

[Καὶ τὰ μὲν οὖν Νίκανδρος ἑῇ ἐγκάτθετο βίβλῳ
μοχθήεντα μύκητα παρ' ἀνέρι φαρμακόεντα.
Πρὸς δ' ἔτι τοῖς Δίκτυννα τεῆς ἐχθήρατο κλῶνας,
Ἥρη τ' Ἰμβρασίη μούνης στέφος οὐχ ὑπέδεκτο,

SIM. 611 s. (*taxus*) + 614 s. (ἡνίκα –) *Aet. 13. 66 §1 = PAeg. 5. 49
(35.19-21) = PsD. 12 (25.11-14) ; Pr. 61 (70.20-23) aliter ‖ 613-4
(– χρέος) D. *eup.* 2.148 (311.14-16) ~ *Aet. 13.66 §2 = PAeg. 5.49
(35.21 s.) = PsD. 12 (25.14 s.) ; Pr. 61 (70.23 s.) aliter ‖ [616-628]
(*fungorum* remedium myrtus) cf. Pl. 23.159 (bacae), 162 (folia).

611-630 deest T
610 post h.u. transponendum esse 556a censebat S., sed cf. comm.
n. 61 §B4b ‖ 611-615 defendit Jacques[2] prob. Oikonomakos : dam-
nauit S. prob. Gow Jacques[1] ‖ 611 σμῖλον ω* (O) Σ Eut. : σμίλον
b*y* (σμύλον Q [υ ex ι corr.] H) ‖ μάρψαις ω* : μάρψας *y* μάρψῃς
ex D^g λάβῃς suspiceris an ἐλατηΐδ' ἀμέρξαις corrigendum ? (cf. *Th.*
686) ‖ 612 πολυκλαύτοιο ω* : -κλαύστοιο LMR ‖ 614 οἴη ω* (οἴνη
D) : οἴη LV*y* ‖ ἐπαλθήσειε ω* : ἐναλθ- GM ‖ παρὰ χρέος W*c*, cf.
Call. fr. 43.14, Antip. Thessal. *AP* 7.531.1 = 201 G.-P.[2] : παραχρέος
cett. ‖ 615 φάρυγος G^{pc} (ante γ sp. 1 litterae) R*x* : φάρυγγος G^{ac} (ut
uid.) cum cett. ‖ οἶμον ω* : οἶ- GW, cf. ad 191 ‖ 616-628 adnotant Σ,
non habet Eut. ; del. S., defendit Magnelli[1], post 536 transp. Schn. ‖
616 ἐγκάτθετο GWV*x* (cf. Call. 3. 229 et uide gall. adn.) : ἐγκατέ-
θετο LO*y* (cf. [Opp.] *Cyn.* 4. 244) ἐνικάτθετο MR (cf. Ap.Rh. 3. 282,
[Opp.] *Cyn.* 3. 11) ‖ 617 μοχθήεντα ω* : μοχθέοντα *Mosq* μοχ-
θέντα D ‖ μύκητα ω* (W^{sl}), cf. ad 525 : μύκητος W^{it}V ‖ φαρμακόεντα ω* (W^{sl}) : -τι LW^{it} φαρμακόοντα Gow φάρμακ' ἐόντα
S. ‖ 618 δ' ἔτι R : δέ τι cett. ‖ τοῖς S. (cl. Σ πρὸς δὲ τούτοις) : τοι
*a*MR σοι cett. ‖ τεῆς LMW*y* : τέης G*b** (commendat Btl. " ex Ms et
Schol. " sed uide gall. adn.) τέας V τεὰς *x** (τεᾶς D) ‖ 619 ἤρη W^{pc}
ut uoluerat Spanheim : ἤρης ω (W^{ac}) ‖ τ' om. LM ‖ ἰμβρασίη *y* : -ης
cett. praeter OV qui -ας ‖ μούνης V*x* : μόνης *b*₂* (W^{ac}) μούνη GM
RD^{γρ} μόνη LW^{pc}*y*.

620 jour où les immortelles se disputèrent le prix de la beauté, il avait paré
Cypris sur les montagnes Idéennes – de cette plante, en un vallon aux
belles eaux, prends, salutaire profit, les baies purpurines grossies à la
chaleur des rayons du soleil hivernal, écache-les au pilon, exprime leur
625 jus à travers une fine étoffe de lin ou à l'aide d'un filtre de jonc, et
donnes-en une pleine coupe d'un cyathe ou davantage – davantage
est de meilleur profit, car c'est pour les humains un breuvage sans
malice – ; aussi bien auras-tu là un remède salutaire en boisson[71].]

Signature   Et puis, du poète Nicandre, tu garderas le
630   souvenir à jamais, et de Zeus Hospitalier[72]
tu respecteras la loi.

622 εὐαλθές : cf. 326. – ὄνειαρ : cf. 426 n. – 623 *συναλδέα :
hapax absolu, " qui grandit avec ". χειμερίῃσιν peut paraître exagéré, les fruits mûrissent en septembre/octobre. – 624 θαλφθέντα :
l'utilisation des baies pour leur jus n'est pas en faveur de la *v.l.* *καρφθέντα (pas d'autre exemple du participe aor. Pass.). – 627 ὀνήϊον :
glosé à tort ὠφέλιμον par les Scholies. Il s'agit en fait d'un " comparatif neutre en liaison avec ἄμεινον à côté de ὄναιον (thessalien,
Schwyzer 617, 2) et de la glose d'Hsch. o 855 ὄναιον· ἄμεινον "
(Chantraine *DELG* s.v. ὀνίνημι) ; dans le même sens, voir déjà W.
Schulze 227. – 628 ἄρκιον : cf. *Th.* 837 n. – 629 s. : cf. *Th.* 957 s.
Sur cette *sphragis*, voir *Notice*, p. LXXVII et t. II, p. LXX s.

κάλλεος οὕνεκα Κύπριν ὅτ' εἰς ἔριν ἠέρθησαν 620
ἀθάναται κόσμησεν, ἐν Ἰδαίοισιν ὄρεσσι,
τῆς σύ γ' ἀπ' εὐύδροιο νάπης, εὐαλθὲς ὄνειαρ,
καρπὸν πορφυρόεντα συναλδέα χειμερίῃσιν
ἠελίου θαλφθέντα βολῆς δοίδυκι λεήνας,
χυλὸν ὑπὲκ λεπτῆς ὀθόνης ἢ σχοινίδι κύρτῃ 625
ἐκθλίψαντα πορεῖν κυάθου κοτυληδόνα πλήρη
ἢ πλεῖον – πλεῖον γὰρ ὀνήϊον · οὐ γὰρ ἀνιγρόν
πῶμα βροτοῖς – · τόδε γάρ τε καὶ ἄρκιον αἴ κε πίῃσθα.]

Καί κ' ἔνθ' ὑμνοπόλοιο καὶ εἰσέτι Νικάνδροιο
μνῆστιν ἔχοις, θεσμὸν δὲ Διὸς Ξενίοιο φυλάσσοις. 630

TEST. 627 (ὀνήϊον) cf. Hsch. ο 855 ὄναιον· ἄμεινον.

deest T
620 ἠέρθησαν aMR : ἠρέθησαν OBᵃᶜD ἠρέθισαν Wy* (Bᵖᶜ) ἠερέ-
θησαν Vx* ‖ 621 ἀθάναται a* (ἀθάνα τε L) MVx : -τοι cett. ‖
622 εὐαλθὲς OˢˡMRSᵖᶜx (cf. 326) : εὐαλδὲς OⁱᵗSᵃᶜDʸᵖ cum cett. ‖
624 θαλφθέντα ω* : καρφθέντα L Σᴳ²ʸᵖ testatur Oᵍ (θαλφθέντα ·
ξηρανθέντα) ‖ βολῆς aOVx Σˡᵉᵐ : βολαῖς b*My ‖ λεήνας a* (λεή-
G) MR : λειήνας cett. ‖ 625 ὑπὲκ S. : ὑπαὶ a* (G ex corr.) ὑπὲρ
cett. ‖ 626 ἐκθλίψαντα πορεῖν ω, defendit S. qui istud mendum inter-
polatori tribuit : ἐκθλίψας πορέειν Btl. ‖ 628 τόδε a* (Gᵖᶜ) : τότε
Gᵃᶜ cum cett. ‖ 628 : κε ω* : κε G ‖ 629 κ' ἔνθ' WVx : κεν θ' Ry κεν ἔθ'
aM κεν ἔνθ' O ¶ τέλος τῶν λυκοφωνίου ν-ου ἀλεξιφαρμάκων L
τέλος τῶν ἀ-ων τοῦ κολοφωνίου ν-ου (c.subscr. ἐγράφη νίκανδρος
χειρὶ πέτρου ταπεινοῦ) W τέλος τῶν ἀ-ων ν-ου τοῦ ποιητοῦ Β
τέλος τῶν θηριακῶν νικάνδρου G (in extremis Scholiis, ante Al. 1-
8 cum titulo) τέλος τῶν ἀ-ων ν-ου I τέλος ν-ου ἀ-ων x* (τέλος τοῦ
ν-ου τῶν ἀ-ων D) ν-ου ἀλεξιφάρμακα V τέλος y₂. de T uide ad titulum. colophonem exhibent nullum OMR.

COMMENTAIRE

1. 1-11 : *Dédicace.* – **(a)** Il est significatif que, dans la dédicace, où il s'adresse en tant que Colophonien à Protagoras de Cyzique (Σ 1a), N. ne retienne des deux villes que leur aspect religieux. Il ne nomme pas Colophon, mais, comme dans la *sphragis* des *Th.* 958, elle est présente par l'oracle de Claros, auprès duquel N. était revêtu de la dignité de prêtre héréditaire (cf. 11 n.). De même, plus que sa position géographique, ce qui signale Cyzique (voir *infra* §b), c'est essentiellement le culte qu'elle rend à Rhéa et Attis : cf. Eut. 55.14 s. τὰ τῆς Ῥέας ὄργια παρὰ τούτοις μένει, ὅ τε τοῦ Ἄττεω γάμος καὶ τὰ ἐπὶ τούτοις, ὅσα παρά σφι τελεῖται. Les mystères d'Attis (cf. 8 ὀργαστή- ριον Ἄττεω) ne sont autres que ceux de Rhéa/Cybèle qu'‴ il a été le premier à enseigner ″ (Lucien, *Syr.D.* 15.3 πρῶτος δὲ τὰ ὄργια τὰ ἐς Ῥέην ἐδιδάξατο). Cybèle et son parèdre Attis, divinité des Phrygiens et des Lydiens, sont adorés conjointement, on leur élève des autels communs (cf. *e.g.* Epigr. app. dedic. 283a4). Sur le culte de Rhéa/ Cybèle dans cette région, cf. Preller-Robert 1.649[4], Nilsson 2.640-657 (*Die grosse Mutter und Attis*) et Graillot 376, *al.* ; voir aussi M.J. Vermaseren, *Corpus cultus Cybelae Attidisque* : I. *Asia Minor*, 1987 (*passim*). A côté du terme technique ὀργαστήριον désignant le lieu où sont célébrés les ὄργια, l'épiclèse de Rhéa (Λοβρίνης), précise l'endroit de Cyzique concerné (*infra* §c) ; les θαλάμαι de la déesse (voir 8 n.), sont sans doute une grotte du Lobrinon, utilisée par les Γάλλοι pour le service de Cybèle (Bürchner, *RE* 13, 1926, 933.21 ; la correction Λοκρίνιον est erronée). Servait-elle pour la fête de la *cata-base* (Burkert 29) ? Cf. Σ 8b τόποι ἱεροὶ ὑπόγειοι ἀνακείμενοι τῇ Ῥέᾳ, ὅπου ἐκτεμνόμενοι τὰ μήδεα κατετίθεντο οἱ τῷ Ἄττει καὶ τῇ Ῥέᾳ λατρεύοντες « lieux sacrés souterrains où les serviteurs d'Attis et de Rhéa (*i.e.* les Galles) s'émasculaient » en l'honneur de ces divinités. – **(b)** 7 Ἄρκτον ὑπ' ὀμφαλόεσσαν peut s'interpréter en deux sens, dont chacun comporte ses difficultés. 1/ A première lecture, Ἄρκτον indique la position relative de Cyzique (Σ 7a) par rapport à Colophon : pour ὑπὸ + acc., voir *e.g.* Hdt. 5.10.5 τὰ ὑπὸ τὴν Ἄρκ- τον, cf. Saint-John Perse (Bibl. de la Pléiade, p. 669) " (je) ne pourrais

monter plus haut *sous l'Ourse* que Bordeaux ". Mais ὀμφαλόεσσαν
fait difficulté ; l'explication ancienne reflétée par les Scholies et
acceptée par Hésychius (voir *Test.* du v. 7) ne peut s'appuyer sur
aucune valeur connue de cet adj., qui ferait allusion au pôle, *nombril*
du ciel. Dans cette ligne, on pourrait traduire : « sous la Grande Ourse
proche de l'ombilic céleste », cf. Br. : *unter dem den Nordpol umkrei-*
senden Grossen Bär. – **2/** Bien avant J.H. Voss [*ad* Catull. 63.5, p.
160], suivi par Gow[1] 106, Gorraeus (p. 22), a vu une justification de
Ἄρκτον dans les toponymes de Cyzique qu'il lisait chez Strabon,
Pline l'Ancien et Étienne de Byzance : ce nom désignerait la montagne dominant la presqu'île de Cyzique (pour ὑπὸ dans ce sens, cf.
Xénophon, *Anabase* 7.4.5 ἐν ταῖς ὑπὸ τὸ ὄρος κώμαις). Avec cette
interprétation, qui peut sembler plus naturelle, ὀμφαλόεσσα, épithète
hom. du " bouclier à bosses " (*Il.* 6.118 ἀσπίδος ὀμφαλοέσσης, *al.*),
aurait le sens de " en forme de nombril ", et serait appliquée (*hapax*)
à une montagne. On pourrait alors traduire : « au pied de l'Ourse bos-
selée », cf. G.-S. (*beneath bossy Arctus*) et, déjà, la trad. française de
Grévin 199 (*dessous le mont aus Ours qui apparoît tout rond*). Mais il
convient de noter que la montagne contiguë à la ville de Cyzique, dont
une partie occupait les premières pentes (Strab. 12.8.11), ne s'appelait
pas Ἄρκτος mais Ἄρκτων ὄρος " le Mont-*des-Ours* ". L'île était
dite anciennement Ἄρκτων νῆσος, " île *des Ours* " et non " *de*
l'Ourse " : Steph. Byz. 122.3, 391.5, Pline 5.142 (*Cyzicum ante uoci-*
tatum Arctonnesum), Ap. Rh. 1.941 Ἄρκτων ὄρος, 1150 οὔρεσιν
Ἄρκτων. – Je ne crois plus qu'il faille choisir entre ces deux interprétations (Jacques[1] n. au v.11) ; je pense aujourd'hui qu'il faut garder au
texte son caractère obscur et ambigu. L'expression de N. comporte en
effet un jeu de mots intraduisible ; tout en se référant à l'Ourse
constellation, que le féminin impose, N., à travers son nom, fait allusion à la toponymie de Cyzique, ville qu'il connaît bien. Pour le double
sens ; cf. *e.g.* 614 Οἰταίην et la n. de la trad. – **(c)** Inconnu en dehors
des Σ *Al.*, le mont Lobrinon, où se trouve un sanctuaire de Rhéa
(comme l'indique l'épiclèse), est avec le Dindymon une des deux montagnes de Cyzique (Σ 8a ὄρους τῆς Κυζίκου, ὃ καλεῖται Λόβρινον ;
8b7 τὰ Λόβρινα ὄρη Φρυγίας ἢ τόπος Κυζίκου). Λοβρίνη, épiclèse de Rhéa/Cybèle, est à rapprocher des épithètes courantes de la
Grande Mère anatolienne, avec laquelle elle se confond, *Mètèr Oreia*
" Mère de la Montagne ", *Mètèr Dindymènè* (sur son sanctuaire du
Dindymon fondé par les Argonautes, Ap. Rh. 1.1092 ss., Strab.
12.8.11), *Mètèr Idaiè* (Ap. Rh. 1.1128, à cause de son culte sur l'Ida de
Troade, cf. Jessen, « Idaia », *RE* 9, 1914,864.63), ou l'épithète seule
(cf. *Al.* 220 Ἰδαίης [Eut. 67.13 τῆς Ἰδαίας Ῥέας] et la n. *ad loc.*).
Pour d'autres épiclèses fournies par des noms de montagne, cf. *Th.* 460
Ῥησκυνθίδος Ἥρης et le comm. n. 48 §1c. A noter que l'Arctônoros
était sans doute lui aussi consacré à Cybèle : les ours sont un animal

sacré de la déesse (Graillot 374⁵). Sur le culte de Rhéa/Cybèle, voir
aussi *infra* 217-220 avec les n. de la trad. et le comm. *ad loc.* (n. 19
§3d).

2. 12-15 : ACONIT. I. *Identification, habitat.* –

[*Notes complémentaires aux v. 11-15* : V. 11 (fin) : cf. Eut. 55.19,
qui a p.-ê. utilisé des Scholies plus complètes, et voir Paus. 7.3.1 ;
Adler, « Klarios », *RE* 11 (1921) 550.35 ss. Rapporté à N.
(9 ἐγώ s.e. ἐνασσάμην), ἑζόμενος ne dit pas autre chose, puisque N.
est installé précisément sur ce territoire (9 s., cf. *Th.* 958), mais, en
même temps, il fait allusion à sa prêtrise d'Apollon Clarien, dieu
médecin ἀλεξίκακος (cf. Nilsson 1 p. 538 ss.). Voir *Notice* p. LXXVIII.
– Ἑκάτοιο : j'emprunte aux poètes du XVIᵉ s. la traduction de cette
épiclèse, qui, comme les formes apparentées (Ἑκατηβόλος, Ἑκηβόλος), était ainsi comprise par les anciens (cf. W. Beck, s.v. ἑκηβόλος,
LfgrE 504.13). – 11b : La rédaction de ce vers, que font connaître les
Scholies, entièrement différente à l'exception du participe initial, est-
elle le vestige d'une *proecdosis* (cf. *Notice*, p. CXXXI), comme le suggère Geymonat¹ 137 ? La clausule homérique πίονι νηῷ (= *Il.* 2.549),
bien plate après 10 πιοτάτην, ne la sauve pas : Pasquali 63 n. 3 y
voyait, plus vraisemblablement, une conjecture érudite aberrante. – 12
ἀλλ' ἤτοι : cf. *Th.* 8 n. ; une seule fois *Al.*, Arat. 687, Ap.Rh. 4.1645.
– στομίοισι : N. emploie fréquemment στόμιον/στόμα au plur. avec
la valeur du sing. (509, 524 / 210, 240, 263, 339, 377). Pour le diminutif στόμιον = στόμα, cf. Posidipp. Com. fr. 28.16 (*ap.* Ath. 9.377a)
στόμια (AC : τὰ στόματα E). – δυσαλθές : 157 (*eadem sede*), cf. n.
ad loc. – 13 s. : allusion à l'*aition* expliquant l'origine de l'Aconit tel
que l'avait exposé Euphorion après Hérodore (cf. comm. n. 2 §2a). –
13 ἀκόνιτον : pour le genre, cf. 36 n. – 14 τόθι : cf. *Notice*, p. CIV ;
pour l'ellipse de ἐστί, *ibid.* §III 2. – δυσέκδρομον : *hapax* absolu. –
Εὐβουλῆος : (*eadem sede*) [Orph.] *hy.* 29.8, 72.3, -ῆα 42.2, -ῆϊ
Epigr. app. sepulcr. 377.9, = Hadès, appelé ainsi par euphémisme
(Εὐκλῆς et Εὐβουλεύς : Orph. fr. 18, 19, 19a, v. 2 D.-K., cf. Prehn,
RE Suppl. 3 [1918] 872.38 et 49). Comme Apollon (*supra* 11), le dieu
est désigné par sa seule épiclèse. – 15 ἄστυρα : cf. 131 (sing.), Call.
(6 fois). Σ 15a note que ce plur. est mis pour le sing., sans doute à raison (Eut. 56.8 αἱ ... πόλεις, *falso* ; cf. comm. n. 2 §2b). Pratique courante dans les *Al.* (cf. 12, 292 s., 334, 388), attestée chez Aratos 161
(κάρηνα, *tête* d'Hélikè) et Lyc. (exemples nombreux, cf. Konze 89).]

1) Sur l'Aconit, cultivé par Attale III de Pergame (t. II *Notice*,
n. 24), cf. D. *m.m.* 4.76 s. (237-239), Pl. 27.4-10 ; Wagler, « Ἀκόνιτον » *RE* 1 (1893) 1178-1183, Olck 807.23 ; voir aussi Mercurialis
152-159, Orfila 2.209-223, Bruneton¹ 1052-1055, Bruneton² 426-432.

– **(a)** Une des plantes les plus vénéneuses de notre flore, et qui passait même pour la plante toxique par excellence (Solin, cité n. 4 §5 fin), " de tous les poisons le plus prompt " (Pl. 27.4, cf. Hèdylos *AP* 11.123 = 1887-90 G.-P.) ; c'est leur caractère extrêmement dangereux qui a valu à l'A. et au Cobra (les maux qu'ils causaient étaient souvent tenus pour incurables) d'ouvrir respectivement la série des Poisons et celle des Venins. Est-ce pour cette raison que Diogène Laërce, qui acceptait la thèse du suicide d'Aristote, lui a fait boire de l'A. pour échapper à un procès en impiété, ou seulement à cause d'un mauvais jeu de mots (D.L. 5.1.8 = *AP* 7.107.3 ἀλλὰ πιὼν ἀκόνιτον ὑπέκφυγε. τοῦτ' ἀκο-νιτὶ | ἦν ἄρα νικῆσαι συκοφάσεις ἀδίκους) ? – **(b)** N. et Pline ne proposent qu'un seul Aconit. Dioscoride en connaît deux. Mercurialis fait état de 9 espèces connues des botanistes de son temps. Selon Bru-neton[2] 426, le genre *Aconitum* en compterait 350. Des deux espèces distinguées par D., la première (4.76) semble identique à l'A. de Nicandre, car elle a les mêmes synonymes (que D. ou sa source a pu d'ailleurs lui emprunter). N. ne donne aucun détail descriptif permet-tant une identification. D'autre part, la description de D., d'après qui ses feuilles ressemblent à celles du Cyclamen et du Concombre (p. 237.13 ~ Pl. 27.9), lesquelles sont arrondies, est incompatible avec l'A., dont les feuilles sont fortement pennatiséquées (cf. André, s.v. aconitum 1). Or il n'est pas douteux que D. (Gal., O., PAeg. à sa suite ; cf. les références *infra* n. 4 §2) considère sa première espèce comme un A. véritable, ainsi qu'on le voit par la deuxième (4.77 ἕτερον ἀκόνιτον), qui n'est autre que l'A. tue-loup (*A. vulparia* Rchb. = *A. lycoctonum* auct.), l'une des espèces les plus dangereuses du genre (D. *l.c.*, p. 238.9 note qu'il pousse en abondance dans les monts du Samnium ; l'herbe λυκοκτόνος, voisine du Nil, dont parle Élien 9.18 est sans doute une plante différente). Pour cette raison, l'identification de la première avec le Doronic inoffensif (*Doronicum pardalianches* Jacq.) est à repousser. Conclusion inévitable : D. a confondu deux plantes différentes, une à racine toxique, impossible à identifier, et l'un des Aconits, spécialement *A. napellus* L. (le Navet du diable), le plus redoutable, dont il lui attribue les effets : p. 238.5 κτεί-νει δὲ (*sc.* ἡ ῥίζα) καὶ παρδάλεις καὶ σῦς καὶ λύκους καὶ πᾶν θηρίον κρεαδίοις ἐντιθέμενον καὶ παραβαλλόμενον. L'absence du genre *Aconitum* en Grèce n'est pas (malgré Br., n. à 12) un argument contraire à l'identification de la plante de N. avec l'A. Napel. Ce der-nier existait-il en Asie Mineure dans l'antiquité ? Tel gîte naturel pré-cisé par N., et les symptômes d'intoxication, s'accordent avec cette hypothèse (cf. *infra* les n. 4 §2b, 3 §A). Identification malheureuse de G.-S. avec *A. anthora* L. : Orfila dit qu'" il paraît aussi être véné-neux " (223) ; moins toxique que les espèces précédemment citées, il ne contient pas d'aconitine. – Conformément à la déontologie (cf. *Notice* p. XXIX s.), N. ne dit pas comment l'A. est préparé, mais le

verbe πίνω sans doute à restituer à côté de τοῖο (16 n., et cf. *supra*
D.L. *l.c.* §a), montre qu'il était pris sous forme de teinture ou de décoction dans un breuvage. Aujourd'hui, la ressemblance de sa racine tubé-
risée avec celle du Navet cause encore des accidents : cf. Bodin-Cheinisse 167 (méprise ayant entraîné la mort de jeunes soldats au cours
d'une opération de survie). – 2) 13-15 : *Habitat*. D'ordinaire, quand
les poisons sont des plantes, N. se dispense d'indiquer les lieux où
elles poussent. Mais l'A. fait exception à sa règle habituelle. N. précise
son habitat en deux endroits de sa notice : ici et dans le passage où il
cite quelques-uns de ses synonymes (n. 4 §2 et 5). Les sites qu'il
évoque en premier lieu sont localisés en Bithynie, au pays des Marian-
dyniens. – (a) 13 s. : C'est d'abord *Héraclée du Pont*, où, entre autres
lieux du monde grec (cap Ténare, *e.g.*), on plaçait l'entrée des enfers.
Pour Ἀχερωῖδες ὄχθαι et χάσμα Εὐβουλῆος, cf. Ap.Rh. 2.353-356
(" chemin qui descend chez Hadès " ; cap de l'Achéron, un peu à l'E.
d'Héraclée, traversé par le fl. Achéron) ~ 728-739 (728 ἄκρης Ἀχε-
ρουσίδος [description inspirée de Nymphis d'Héraclée ἐν τῷ Περὶ
Ἡρακλείας α΄ (Σ Ap. Rh. 2.729-35a = FGrHist 432 F 3)] ; 735
σπέος Ἀΐδαο) ; cf. *EM* 180.50 Ἀχέροντα ποταμόν· φασὶ γὰρ τὸν
Ἡρακλέα ἐπὶ τὸν Κέρβερον κατελθόντα, καὶ παρὰ τῷ Ἀχέροντι
πεφυκὸς τὸ δένδρον ἑωρακότα, ἡσθῆναι ἐπ' αὐτῷ, καὶ ἀνε-
νεγκεῖν· καὶ παρὰ τὸν Ἀχέροντα ἀχερωῖδα καλεῖσθαι (voir aussi
la caverne de l'Achéron *ap*. Pl. 6.4, cité *infra* n. 4 §5). C'est là, selon
une tradition attestée déjà par Xénophon, que Héraclès serait descendu
dans l'Hadès pour en ramener Cerbère (cf. *Il.* 8.367 s., *Od.* 11.623-
625) : X. *An.* 6.2.2 (ἀφίκοντο εἰς Ἡράκλειαν …) καὶ ὡρμίσαντο
παρὰ τῇ Ἀχερουσιάδι Χερρονήσῳ (*i.e.* le cap de l'Achéron), ἔνθα
λέγεται ὁ Ἡρακλῆς ἐπὶ τὸν Κέρβερον κύνα καταβῆναι. C'est
chez Hérodore d'Héraclée, qui, dans son καθ' Ἡρακλέα λόγος
(FGrHist 31 F 31), reproduisait une légende locale, qu'Euphorion,
Xénios (fr. 37 P. = 41 vGr.), pouvait trouver le mythe d'après lequel
l'A. serait issu de la bile vomie par Cerbère lorsqu'il vit la lumière du
jour : Σ *Al.* 13b5-8 (Théon) ἱστορεῖται γὰρ τὸν Κέρβερον ἐξ Ἅδου
ἀνενεχθέντα μὴ δύνασθαι τὰς αὐγὰς ὑπομεῖναι τοῦ ἡλίου, καὶ ἐκ
τοῦ ἐμέτου ταύτην γενέσθαι τὴν βοτάνην, *aition* de l'A. à compléter par Σ Ap.Rh. 2.353-56b ἀκτή τε προβλής · ἄκρα κατὰ τὴν
Ἡράκλειαν, ἣν Ἀχερούσιον καλοῦσιν οἱ ἐγχώριοι. Ἡρόδωρος
δὲ καὶ Εὐφορίων ἐν τῷ Ξενίῳ ἐκείνῃ (i.e. *apud* Ἡράκλειαν) φασὶ
τὸν Κέρβερον ἀνῆχθαι ὑπὸ τοῦ Ἡρακλέους καὶ ἐμέσαι χολήν,
ἐξ ἧς φυῆναι τὸ καλούμενον ἀκόνιτον φάρμακον. Cf. Pr. p. 67.34
(d'après des Σ *Al.* plus complètes que les nôtres) τὸ ἀκόνιτον φύεται
μὲν ἐν Ἀκόναις· λόφος δέ ἐστι ἐν Ἡρακλείᾳ οὕτω καλούμενος
Ἀκόναι, ὡς ἱστορεῖ Θεόπομπος (= FGrHist 115 F 181c) καὶ
Εὐφορίων δὲ ἐν τῷ Ξενίῳ (cf. *EM* 50.43 cité *infra* n. 4 §5, Zon. p.
108, 110 ; D.P. 788-792 *c. Schol.* ; Ovide, *Mét.* 7.408-419, Pl. 27.4).

Ovide, après avoir brodé sur le thème développé par Hérodore/Eupho-
rion termine par l'étymologie ἀκόνιτον < ἀκόναι, nullement incompatible avec la légende d'Héraclée (malgré Scheidweiler 10 s., Jacoby
IA : Komm. p. 506 s. ;). Euphorion avait combiné les deux, selon
Schultze (voir *infra* n. 4 §5). Nic. est d'accord avec Euph. sur ce
point : la mention du *gouffre d'Eubouleus* (14) doit s'entendre comme
une allusion à Cerbère. – **(b)** 15 : " la *ville* de Priolas " (pour le plur.
ἄστυρα, cf. n. à la trad.) n'est autre que la ville, voisine d'Héraclée,
appelée Πριόλα (Steph. Byz. 535.9) en mémoire de Priolas (Σ *Al.*
15ab, Σ Ap.Rh. 2.780-83a [187.19]). D'après une version de la
légende, c'était le fils de Lycos (Σ 15b4 = Eut. 56.8), roi des Marian-
dyniens, le frère selon une autre (cf. Σ Ap.Rh. 2.758 [186.20 s.]). Il
était tombé, au côté d'Héraclès, pour défendre sa patrie, dans une
guerre contre le peuple voisin des Bébryces (voir Vian *ad* Ap. Rh.
2.782 [p. 277]), et son père lui avait accordé cet honneur qui en faisait
un véritable héros national (Nilsson 1.717 s.).

3. 16-35 : II. *Symptomatologie.* –

[*Notes complémentaires aux v. 19-22 à 31* : V. 19-22 (fin) Ce
terme, dans les *Al.*, se trouve impliqué par les verbes (ἐπι)καρδιάω
(cf. 19 n.) : la relative 19 s. a pour antécédent, non γαστρός, mais
κραδίην (cf. *Test.* 21 s.). Voir *Notice* p. XXXV. – 19 φῶτα : cf. 73 n. –
*ἐπικαρδιόωντα : *hapax* absolu, = 581 *καρδιόωντα. – 20 νειαίρης : on est tenté de construire l'adj. avec γαστρός, sur le modèle
d'*Il.* 5.539 νειαίρῃ δ᾽ ἐν γαστρί, *al.*, cf. Arat. 206, 576 ; mais cette
expression signifie " bas ventre " : cf. Érotien ν 1 νείαιρα γαστήρ ·
Βακχεῖός φησι τὸ κῶλον, ὅ τινες κάτω κοιλίαν προσαγορεύουσι.
Ici, νείαιρα et γαστήρ semblent pris séparément, le premier comme
subst. au sens d'*abdomen* (cf. *e. g.* Hp. *Coac.* 5.579.2 L. βάρος ἐν
νειαίρῃ, Call. fr. 43.15 νείαιραν ... εἰς ἀχάριστον. – 21 τεύχεος ...
ἐπιδορπίου : dans le texte transmis directement ou indirectement
(Gal.), γαστρός est complément de τεύχεος, et ἐπιδόρπιον, qualifiant κραδίην, un commentaire du poète (cf. *Th.* 463 s. et la n.) visant
à distinguer le *cœur* et l'orifice stomacal qui porte son nom, le " cœur
aux aliments " (ἐπιδόρπιος = litt. " destiné au repas " : Thcr. 13.36
ὕδωρ ἐπιδόρπιον, Lyc. 609 s. κἀπιδόρπιον τρύφος | μάζης ; " après
le repas " : Lyc. 661 τοὐπιδόρπιον ποτόν, Phan. *AP* 6.299.6 = 2999
G.-P. Βάκχου πῶμ᾽ ἐπιδορπίδιον, [Opp.] *Cyn.* 2.7). Mais, si N. a
deux fois l'expression (ἐνὶ) τεύχεϊ γαστρός pour désigner l'*estomac*
(315, 364 ; cf. 123 κύτος ... γαστρός), jamais il ne l'emploie combi-
née à στόμα à propos du *cardia* ; et l'adj. ἐπιδόρπιος est plus clair en
relation avec τεύχεος qu'avec κραδίην : la périphrase τεύχεος ἐπιδορπίου pour " estomac " a un bon parallèle chez Timothée (*Perses*),
PMG 791.63 τρόφιμον ἄγγος. On peut tenir la correction d'O.

Schneider (ἐπιδορπίου) pour assurée. – 21 s. *δοχαίην : = δοχήν. Le mot δοχή signifie δοχεῖον " réceptacle " chez Eur. *Él.* 828 δοχαὶ χολῆς ; de même δοχαίη chez le poète anonyme cité par Sextus Empiricus (*Adversus Mathematicos* 1.316.7), seule occurrence en dehors de N. Mais un tel sens est inadéquat relativement au *cardia*. En prenant στομάχοιο au sens ancien d'*œsophage* (Ruf. *Onom.* 157 [155.7] στόμαχος = οἰσοφάγος), on pourrait comprendre *admission oesophagienne*, i.e. l'orifice par lequel l'estomac *reçoit* de l'*œsophage* les aliments. Il semble plus naturel de traduire *admission stomacale* en donnant à στόμαχος le sens plus récent d'*estomac* (cf., entre autres, D., Gal., Soranos) ; N. désignerait ainsi l'*estomac* par les deux mots, γαστρός et στομάχοιο, le second plus technique (cf. *infra* 255 et le comm. n. 24 §2b1). – 22 πύλη : cf. 138 n. – 23 ἅλις : cf. 499 et la n. *ad loc.* – 24 νοτέων : sur ce mot de la poésie hellénistique (repris par Nonn. 2.501), cf. *Th.* 254 n. – 25 κυκωομένη : la *v.l.* ταρασσομένη, préférée par les éditeurs antérieurs à Gow (c'est le mot propre employé par les médecins pour parler du désordre de l'estomac et de l'intestin), semble une glose introduite dans le texte, plutôt que l'inverse : voir Oᵍ (= Σ 25a) κυκωομένη· ταρασσομένη τοῖς πνεύμασι et cf. *EM* 543.54 ~ *EGud* 353.35 κυκῶ, τὸ ταράσσω. – ἔβρασεν : = ἀπέπτυσεν, ἔρριψεν (Dᵍ), ἐξέπεμψεν (Oᵍ), cf. 137 n. – ἤλιθα : " en nombre ", sens homérique, comme en 140, et non " en vain ", comme le trad. G.-S. après LSJ ; cf. Oᵍ ἐξέπεμψεν ὁμοῦ. – 28 τὰ δὲ διπλόα : Nonn. 15.20 s. ὄμμασι δερκομένοισιν ἐδιπλώθησαν ἐρίπναι | καὶ βλεφάροις δοκέεσκον ἰδεῖν διδυμόζυγον ὕδωρ ; pour la première vendange de Dionysos avec les Satyres, voir aussi 12.328-393. Pour les derniers symptômes (27 ss.), cf. Ronsard, *Premier Livre des Amours*, sonnet supprimé (Bibl. de la Pléiade 1 p. 158, nᵒ 239) : *Celuy qui boit, comme a chanté Nicandre,* | *De l'aconite, il a l'esprit troublé,* | *Tout ce qu'il voit luy semble estre doublé* | *Et sur ses yeux la nuit se vient espandre.* Le v. 3 traduit fidèlement *Al.* 28 ; *l'esprit troublé* (v. 2) apparaît dans la comparaison qui suit (34 ἀφραίνοντες). Sur la réception de N. chez les poètes du xviᵉ s., notamment Ronsard, voir l'Introduction générale du t. I et le t. II *Notice* n. 142. – 29 *χαλικραίη : cf. 59 n. – 30-35 : pour la structure de cette comparaison, cf. e.g. *Il.* 11.492-496 ; *ad rem*, Nonn. 15.87 οἰνωθέντες ἐν οὔρεσιν ἔτρεχον Ἰνδοί. – 30 ὀπώρην : 180, cf. *Th.* 855 n. – 31 κεραοῖο : cf. Euph. fr. 14 P. = 15.1 vGr. ταυροκέρωτι Διωνύσῳ. L'inadéquation de l'épithète au contexte trahirait l'emprunt (Schultze 46). – Διωνύσοιο τιθηνοί : cf. *Il.* 6.132 Δ-σοιο τιθηνάς, Tyrt. fr. 20.1 W., Ap.Rh. 4.540 (Μάκριν ...) Δ-σοιο τιθηνήν.]

A. Elle convient en gros à celle de l'Aconit Napel, telle qu'elle ressort de 35 cas analysés dans les hôpitaux de Hong-Kong de 1989 à 1993 (Bruneton² 431, cf. Bruneton¹ 1055) et des observations d'Orfila.

A noter, en particulier, le fourmillement des lèvres et les picotements de la langue et de la gorge (cf. *Al.* 16 s.), l'engourdissement, la faiblesse musculaire (voir *infra* §B5). Parmi les symptômes compatibles avec l'identification proposée, Brenning 368 (n. à 12) relève la colique (25 s.), les vertiges (27 [– ἐχθρόν]) et les troubles de la vision (28 s.) ; mais, selon lui, l'" accélération du pouls " serait contraire à cette identification. En fait, les battements pressés de l'artère temporale notés par N. (27 s.) ne sont, comme l'accélération du pouls, que des manifestations périphériques de la tachycardie. Or, dans l'intoxication provoquée par l'aconitine, l'altération du rythme cardiaque est parfois une brachycardie, mais il y a plus souvent tachycardie arythmique pouvant aller jusqu'à une fibrillation ventriculaire irréversible. Pour les gaz (25 s.), voir Orfila 221 (l'autopsie a révélé une grande quantité de gaz dans le gros intestin), chez lequel on relèvera également « chaleur brûlante à la langue et aux gencives, et une grande irritation dans les joues » (219), le corps ou la face recouverts « d'une sueur froide » (220), « vertiges et commotion du cerveau » (222), notamment après ingestion d'*Aconitum lycoctonum* (223). – **B. 1)** 16 s. : *Constriction des muqueuses*. Le " breuvage amer " (12 χολόεν ~ Scrib.L. *aconiti gustus est auster atque subamarus*) s'attaque aux muqueuses de la cavité buccale dont il provoque la constriction : PAeg. (PsD.) εὐθέως ἐν τῷ πίνεσθαι γλυκαίνει τὴν γλῶτταν μετά τινος στύψεως = Aét. l. 3, qui a ensuite (l.4) les symptômes décrits par Pr. p. 68.5 s. πικρία τοῦ στόματος, καὶ σύνδεσις τῶν χαλινῶν. – **2)** 17-26 (ἀμφὶ –) : *Cardialgie, désordre intestinal, flatuosités autour du nombril*. Scr.L. : *mordet autem stomachum et cor adficit→ ... inflantur intestina et uenti plurimum emittunt qui biberunt*. Pour la cardialgie (καρδιωγμός ~ *Al.* 19 ἐπικαρδιόωντα), les douleurs costales, le désordre des intestins avec flatulence (~ 25 s.) et pression des matières dans la région du nombril, Aét. l. 7-9 et Pr. p. 68.6-8 offrent à peu près la même développement. A la douleur costale, Aétius (l. 7 s.) ajoute la lourdeur du thorax et des hypocondres (cf. *Al.* 17 s. ἀμφὶ δὲ πρώτοις | ... στέρνοισι ... βαρύνον), symptôme que l'on trouve reproduit dans les mêmes termes chez PAeg. = PsD. (voir §3). – **3)** 24 : *Visage baigné de sueur*. Parmi les symptômes précédents, il s'en glisse un chez N. relatif aux yeux dégouttants de sueur. Il suit immédiatement la cardialgie chez Scrib.L. *←itaque sudor a uestigio insequitur multus et frigidus, maxime circa oculos et frontem apparet* « aussi une sueur suit-elle abondante et froide, elle apparaît surtout autour des yeux et du front » ; Pr. l'indique à la même place que N., avant le désordre intestinal, mais sous la forme : δακρύουσι δὲ καὶ οἱ ὀφθαλμοί ; PAeg. = PsD. avant la lourdeur du thorax : ὑγρότητα ὀφθαλμῶν ἐπιφέρει βάρος τε θώρακος καὶ ὑποχονδρίου. Aét. l. 11 s. l'a combiné avec les autres symptômes concernant les yeux (voir §4c). – **4)** 27-29 : *Tête lourde, battement des tempes, troubles de la vision*. **(a)** Pr. (= Aét.)

βαρύνεται δὲ καὶ κεφαλη→. Associée au vertige : Scrib.L. *capi-tisque dolorem habent cum uertigine quadam adsidue quidem, sed praecipue cum se e lectulo leuare conantur* ~ PAeg. (~ PsD.) σκοτό-δινός τε, καὶ μάλιστα ἐν τῷ ἐξανίστασθαι, γίνεται. – (b) Pr. (= Aét.) ←καὶ κρόταφοι πάλλονται. A la fin de la symptomatologie, Pr. et Aét. ajoutent : tremblement et palpitation (ou spasme, voir n. cri-tique à Aet. l. 13) de tout le corps, ce qui est autre chose. – (c) Les troubles visuels sont un effet bien connu de l'intoxication par l'Aconit. Pr. οἱ δὲ ὀφθαλμοὶ ταραχώδεις γίνονται καὶ ὕφαιμοι = Aét. l. 11, qui après ὕφαιμοι ajoute : καὶ δακρύουσι (cf. §3).– 5) 30-35 : cette comparaison des malades avec les Silènes pris de vin, qui ont les « jambes chancelantes », souligne un trait caractéristique, la faiblesse musculaire des membres inférieurs due à l'intoxication (symptôme analogue au v. 242). Pour cette contribution d'une comparaison à la symptomatologie, voir Jacques[3] 120. Il y a adéquation parfaite de la comparaison et de son objet, fusion totale entre eux : plus loin, en effet, la thérapie promet au malade de retrouver « un pied assuré » (73). Ce symptôme est absent de la littérature parallèle, mais Orfila l'a noté chez des Chiens à qui l'on avait injecté de l'Aconit : *e.g.* (expé-rience 8e et 9e) « sa démarche était (un peu) chancelante » (213, 215), (exp. 10e) « il a fait quelques pas en vacillant » (216), et surtout chez un Chat traité de la même façon dont il décrit ainsi le comportement : (exp. 15e) « (il) essaya de marcher ; mais il chancelait comme s'il eût été ivre » (219). cf. surtout 33 σφαλεροῖσι δὲ κώλοις,

4. 36-42 : III. *Synonymes, étymologie.* –

[*Notes complémentaires aux v. 37-39* : V. 37 (fin) *ὕρακας : hapax* absolu, *glose* éolienne selon Σ[GO], étolienne selon Σ[BRWAld] ; cf. lat. *sorex.* – *λιχμήμονας : hapax* absolu, cf. *Notice* p. XCIX. – 38 παρδαλιαγχές : la prose technique a παρδαλιαγχές (cf. n. critique *ad loc.*). D[g] (= Σ 38d) revendique pour πόρδ- le statut de forme poét. Mais, si on lit πόρδαλις chez Soph. (*Limiers*) F 314.303 (= 296 Pear-son), QS et Nonn., Aristophane a les deux formes et Homère toujours πάρδαλις (cf. *hAphr.* 75, Opp. *Hal.* [voir Fajen[1]15 s.] ; dans les [*Cyn.*], la famille *x* a πόρδαλις, mais l'archétype de *z* πάρδ-, qui s'est maintenu dans quelques mss et dans la paraphrase, cf. Boudreaux p. 36 n. 2). C'est du moins la forme que préconisait Aristarque : Σ *Il.* 13.103 οὕτως Ἀρίσταρχος « παρδαλίων », ἄλλοι δὲ « πορδαλίων » (voir *ibid.* 17.20a, 21.573). πάρδαλις/πόρδαλις " Léopard " = " Pan-thère " (*Felis pardus* L. = *Panthera pardus*) : cf. Leitner 188 s. (avec bibliographie). – 39 βουπελάται : = βουκόλοι, p.-ê. un emprunt à Ap.Rh. 4.1342 (*hapax*) β. τε βοῶν ; doivent le mot plus probablement à N., Androm. 84, Dion. (*Bassarica*) fr. dub. 28.6, [Opp.] *Cyn.* 1.534, *Orac. Sibyll.* 8.478 βουπελάταις τε καὶ αἰγονόμοις καὶ ποιμέσιν ἀρνῶν. – *αἰγονομῆες : = αἰπόλοι ; néologisme créé sur αἰγονόμος (gl. courante d'αἰπόλος dans la littérature grammaticale), adj. *ap.* Érycius *AP* 7.397.4 = 2247 G.-P.[2], subst. *in* Orac. Sibyll. (cf. n. précédente) et [Orph.] *hy.* 11.8 ; Opp. *Hal.* (voir n. critique) lisait p.ê. αἰγονομῆες chez N. Pour la *v.l.* αἰγινομῆες, cf. Leonid. Tar. *AP* 9.318.3 = 2472 G.-P. αἰγινομῆϊ.]

Dioscoride a tous les synonymes, avec, en plus, κυνοκτόνον ; de même Pline, qui leur ajoute : *scorpion* (cf. *Sim.* 36-42). N. complète, chemin faisant, ses remarques des v. 13-15 sur l'habitat de l'A. – **1)** 36 μυοκτόνον : cf. 305. **(a)** Ce nom convient mieux à l'A. qu'au Polion (*infra* 305, voir comm. n. 28 §3) : cf. *Praec. sal.* 95 βοτάνην τὴν μυοκτόνον. Les Souris et les Rats sont des exemples de la très grande toxicité de l'A. : la dose létale intraveineuse d'aconitine est de 0,12 mg/kg chez la Souris, 25 μg/kg IV provoquent chez le Rat des contractions ventriculaires prématurées chez 100% des animaux et un taux de mortalité de 90%. La dose toxique pour le Cheval est de 300 à 400g de racine fraîche, pour le Chien de 5g de racine sèche. « *Per os*, 2-4g de racines d'A., 5 ml de teinture ou 3 mg d'aconitine constitueraient des doses mortelles pour l'Homme » (Bruneton[1] 1055, cf. [2] 429, 432). – **(b)** Il était naturel de rapprocher, comme on l'a fait, μυοκτόνον de μυοφόνον. Du fait que μυοφόνον (Th. *HP* 6.1.4, 6.2.9, cf. Pl. 21.54), et son doublet anomal μυηφόνον (Athénée 9.371d = Phanias [Φυτικά, livre I] fr. 39.3-4), apparaissent à côté du Fenouil et de Férulacées dans des listes de plantes ἐννευρόκαυλα " à tige striée ", là où l'on attend une Ombellifère, il ne résulte pas (malgré S. Amigues, n. 20 à Th. 6.1.4) que μυοφόνον n'a pu être un autre nom de l'Aconit. Casaubon 642.56-58, qui soupçonnait une corruption, approuvait, dans une addition à son texte primitif, la conjecture de Jos. Scaliger μυιοσόβην. Que μυοφόνον est bien, comme μυοκτόνον, un synonyme de l'A., on en a la preuve par les références qui semblent avoir échappé à S. Amigues (et J. André, s.v. myophonon) : Hsch. μ 1881 μυοφόνον· πόα, ἢ καὶ ἀκόνιτον ; *Hippiatr. Berol.* 91 (Περὶ μυοφόνου), remèdes pour un Cheval qui a brouté de l'A. (l'intoxication peut être consécutive à l'absorption de feuilles). – **2)** 38 παρδαλιαγχές : le mot est devenu un nom de la première espèce d'A. de Dioscoride : Gal. *simpl. med. fac.* 6.1.19 (11.820.8) περὶ ἀκονίτου ἢ παρδαλιαγχοῦς, *unde* O. *coll.* 11α 25, PAeg. 7.3 (190.11), cf. Pl. 20.50 *aconitum, quod alio nomine pardalianches uocatur.* **(a)** Comment les pâtres de l'Ida procédaient-ils ? Sans doute à la manière des chasseurs barbares de Pline, « avec de la viande frottée d'aconit » (cf. l'utilisation contre les loups de l'*A. lycoctonum*, D. p. 239.5) : Pl. 8.100 (cf. 27.7) *occupat illico fauces earum angor, quare pardalianches id uenenum appellauere quidam* « la panthère, dès qu'elle en a mangé, est prise d'étranglement » (trad. Littré) : c'est la meilleure explication de παρδα-

λιαγχές ; cf. Pr. p. 68.3 διὰ τὸ τὰς παρδάλεις ἀπογευομένας τούτου πνιγμὸν ὑπομένειν ~ Aét. l. 4 s. – Le παρδαλιαγχές est identique à la plante vénéneuse d'Arménie appelée παρδάλειον, Ar. [*Mir.*]
6,831a4-10 ~ *HA* 612a7-12 (τὸ φάρμακον τὸ παρδαλιαγχές, sans
localisation ; procédé de chasse étendu aux Lions), dont la source
commune serait Th. Περὶ ζῴων φρονήσεως καὶ ἤθους (Joachim 21
s.). Les deux passages sont à rapprocher de Σ *Al.* 38a et Pl. 8.100, où
l'on retrouve les éléments de la même histoire : Panthères découvrant
un antidote à l'A. dans les excréments humains (cf. Pl. 27.7), dont elles
sont friandes ; vases remplis de ces excréments placés dans des arbres,
hors d'atteinte de leurs bonds, pour qu'elles s'épuisent à sauter. Chez
Pline (a-t-il utilisé un N. scholié ?), les " chasseurs " (κυνηγοί)
d'Aristote et du Ps.Aristote sont devenus des " pâtres " (νομεῖς),
comme dans la Σ 38a8. Xénophon (*Cyn.* 11.2) savait que, " dans des
contrées étrangères ", on " capture " les fauves qui vivent dans les
montagnes (Pangée, Olympe de Mysie, Pinde, etc.), à commencer par
les Lions et les Panthères (παρδάλεις), en mêlant de l'Aconit à leur
nourriture préférée (ἁλίσκεται … φαρμάκῳ διὰ δυσχωρίαν ἀκονι-
τικῷ). Allusion de Cicéron à cette pratique : *Nat.* 2.126 (il ne précise
pas l'antidote). – **(b)** 40 Ἴδης, Φαλακραίης : voir *Th.* 668 (comm.
n. 72) et les autres lieux d'Asie Mineure cités aux v. 13-15 (*supra* n. 2
§2) ; le gîte signalé ici est en accord avec l'habitat de l'A. Napel,
espèce eurasiatique que l'on rencontre « dans les lieux humides des
zones montagneuses » de l'hémisphère N., jusqu'à 1800 m. (Bruneton[2]
426). – **(c)** De même que μυοκτόνον, κυνοκτόνον (D.) et autres
dénominations telles que *A. vulparia*, *lycoctonum* (cf. l'anglais *wolf-
sbane*), le phytonyme παρδαλιαγχές vient nous rappeler l'usage qui
était fait de la plante « pour éliminer les animaux sauvages : loups,
renards, ours, mais aussi rongeurs » (Bruneton[1] 1054, cf. Lewin[3] 6).–
3) 41 θηλυφόνον : Σ 41a2 παντὸς ζῴου φησὶ θήλεος εἰς τὴν φύσιν
ἐντιθέμενον τὸ ἀκόνιτον, αὐτοῦ φθορᾶς αἴτιον γίνεται « placé
dans le sexe de tout être féminin, il cause sa mort » (*unde* Eut. 57.21)
~ Pl. 27.4 *constat … tactis… genitalibus feminini sexus animalium
eodem die inferre mortem.* Pline évoque le procès de Calpurnius Bes-
tia, coupable d'avoir fait périr ainsi ses épouses successives pendant
leur sommeil, et la " terrible péroraison " de l'accusateur " contre le
doigt " du meurtrier. Nous avons vu à propos de *Th.* 887 σκορπίου
(voir t. II comm. n. 111 §1) qu'il s'agissait p.-ê. de la plante que Th.
HP 9.18.2 présente sous les noms de θηλυφόνον et de σκορπίον, *i.e.*
l'A. ; Pline (27.4-10), chez qui l'on retrouve au §9 les deux synonymes *thelyphonon* et *scorpion* (cf. *infra* §4), va dans le même sens. –
4) κάμμορον : = κάμμαρον, leçon ignorée de la tradition nicandréenne (cf. la n. critique). Κάμμορος/κάμμαρος désigne l'*écrevisse*
ou la *crevette* (voir De Saint-Denis et Leitner, s.v. *cammarus*). Pour
d'autres formes, cf. Thompson[2] 100, et, sur ce genre d'appellation

populaire d'une plante par un animal, fr. 74.72 (σαύρη), Strömberg[1] 50 s., [2] 130. Athénée 7.306d définit κάμμοροι comme une espèce de " crevettes " (καρίδων), et il ajoute que les Romains appellent la crevette du même nom (i.e. *caris*, cf. Ovide, *Hal.* 132). Pline (27.9) a expliqué pourquoi la première espèce dioscoridéenne d'A. avait reçu l'appellation de κάμμορος/κάμμαρος : habet ... *radicem modicam,* cammaro *similem* marino (" écrevisse de mer " Ernout, après Littré) ; cf. Gal. *gloss.* 107.14 (s.v. κάμμορον) : τό τε τῇ σμικρᾷ καρίδι ἐοικὸς ζῷον καὶ ἀπὸ τῆς πρὸς τοῦτο τῶν ῥιζῶν ὁμοιότητος τὸ ἀκόνιτον, et la description de la racine de l'A. tue-loup (2ᵉ espèce) *ap.* D. 4.77 (239.3 s.) : ῥίζας ὥσπερ πλεκτάνας καρίδων μελαίνας. Chantraine (*DELG* s.v. κάμαρος), distingue le synonyme de l'A. (κάμαρος, « également écrit κάμμαρος masc. ») du nom de la Crevette : la graphie κάμμορον résulterait, selon lui, « d'une étymologie populaire d'après κάμμορος » (cf. Grévin : *male-mort*). En fait, il s'agit du même mot, mais l'« étymologie populaire » est au moins aussi ancienne qu'Érot. κ 31 (51.16 ss.). Érotien, en effet, cite l'Hérophilien Zénon et les *Gloses italiques* du grammairien Diodore (celui-ci par l'intermédiaire de Pamphilos, cf. K. Strecker, *Hermes* 26, 1891, 299) pour expliquer le même synonyme appliqué à la Cigüe (voir n. 16ᵃ §c) : κάμμορον ἢ κάμαρον φασὶ καλεῖν τὸ κώνειον τοὺς ἐν Ἰταλίᾳ Δωριέας, οἷον κακόμορόν τι ὄν. – Pline (27.9, cf. *supra* §3) connaît un autre synonyme pour la 1ʳᵉ espèce, " scorpion " (cf. 25.122 *thelyphonon herba ab aliis scorpion uocatur propter similitudinem radicis*), qu'il explique de façon analogue : 27.9 *radix incuruatur paulum scorpionum modo, quare et scorpion aliqui uocauere* " la racine est un peu recourbée, à la façon de la queue des scorpions, de là le nom de scorpion donné par des auteurs à la plante " [texte et trad. de Littré : *cauda radicis* (chez d'autres), au lieu de *radix*, s'explique par une dittographie de *causa*, dernier mot de la phrase précédente], description manifestement inspirée de D. 4.76 (238.1, 1ʳᵉ espèce) ῥίζα ὁμοία σκορπίου οὐρᾷ. – 5) 41 s. : Ἀκοναίοις. Jeu étymologique ; cf. Promotus cité *supra* n. 2 §a ~ *EM* 50.39 (*deest EG*) ἀκόνιτον· βοτάνη δηλητηριώδης· ὅτι ἐν τοῖς Ἀκοναίοις ὄρεσι τῆς Μαρυανδυνίας φύεται. La bourgade ou le site appelé Ἀκόναι, proche d'Héraclée du Pont (Steph. Byz. 61.4 ; cf. Théopompe, *Hist.*, livre XXXVIII [= FGrHist 115 F 181] et *infra* n. 5 §2d), doit son nom à la pierre à aiguiser ἀκόνη (cf. Steph. Byz. 64.9 s.). L'étymologie de l'Aconit à partir d'Ἀκόναι (Theop. *ap.* Ath. 3.85b [= FGrHist 115 F 181a] :... κληθῆναί φησι διὰ τὸ φύεσθαι ἐν τόπῳ Ἀκόναις καλουμένῳ ὄντι περὶ τὴν Ἡράκλειαν) ne contredit pas le mythe d'Hérodore/Euphorion (n. 2 §2a) si l'on veut bien remarquer que ce toponyme appartient précisément à la région d'Héraclée : cf. Th. *HP* 9.16.4 (A. excellent et abondant à Héraclée du Pont) φύεται δὲ πανταχοῦ καὶ οὐκ ἐν ταῖς Ἀκόναις μόνον, ἀφ' ὧν ἔχει τὴν προσηγορίαν ; PAeg. p. 34.8 ne distingue pas entre Akonai et Héraclée, qu'il donne pour la patrie de l'Aconit : ἐν Ἡρακλείᾳ τῇ Ποντικῇ, ᾗ καὶ τὸ ἀκόνιτον γεννᾶται. On dérivait parfois ἀκόνιτον, non du toponyme Ἀκόναι, comme l'ont fait N. et les témoins allégués, mais de la pierre ἀκόνη qui justifie ce nom : Pl. 27.10 *nascitur in nudis cautibus quas* aconas *nominant, et ideo aconitum aliqui dixere, nullo iuxta* « il croît sur des rochers nus qu'on nomme ἀκόναι, et c'est pourquoi des auteurs l'ont appelé *aconit* » ~ Ovide, *Mét.* 7.418 s. *Quae quia nascuntur dura uiuacia caute | Agrestes aconita uocant* « (des plantes) qui, parce qu'elles croissent, vigoureuses, sur de durs rochers, ont reçu des paysans le nom d'*aconits* ». Mais il semble avoir en vue le même site lorsqu'il parle du « port d'Acone, redoutable à cause de l'aconit, plante vénéneuse », et de « la caverne Achérousienne » : 6.4 *portus Acone, ueneno aconito dirus, specus Acherousia* ~ Solin 43 (191) *Acone portus, qui prouentu malorum graminum usque eo celebris est, ut noxias herbas aconita illinc nominemus* (= Isid. 17.9.25). *proximus inde Acherusius specus*). Le rapprochement de Nic. *Al.* 13-15, 41 s. et d'Ovide, *Mét.* 7.409 ss., 418 s., joint aux témoignages rapportés dans la n. 2 §2a, montre qu'ils sont l'un et l'autre tributaires d'Euphorion (Schultze 33 s., 48 s.).

5. 43-71 : IV. *Thérapie.* –

[*Notes complémentaires aux v. 49-55* : V. 49 (début) πηγάνιον : *Th.* 531 ; seule autre attestation, Th. *HP* 1.10.4 (plur.). – πόροις δ᾽ κτλ. : litt. « administre dans de l'oxymel un morceau de fer que tu y éteindras », cf. Diosc. cité comm. n. 5 §3a ; c'est évidemment la boisson dans laquelle on a éteint le fer qui est administrée au malade. T a πόροις δ᾽ et non πόροις comme le porte l'éd. et l'apparat de O. Schneider, par erreur semble-t-il, car (p. 109) il écrit : " cum libris melioribus etiam Alex. 49 et 68 restituam πόροις δ᾽ ἐν ". L'omission de la particule a pour conséquence que N. enjoint au médecin de préparer la teinture de fer dans un liquide qui sert déjà d'excipient aux substances mentionnées aux v. 48 s., ce qui est peu vraisemblable. Pour pallier la difficulté, Klauser 84 suggérait d'adopter au v. 50 la leçon σβεννύς τ(ε) devenue traditionnelle depuis l'*Aldine*, au lieu de σβεννύς, leçon des " meilleurs manuscrits ", et de prendre σβεννύς au sens de σβέσειας (pour cette valeur particulière du participe, voir *Notice* p. CIV). Le texte de T (confirmé par Eutecnius, voir n. critique à 49), où δ(έ) est exclusif de (σβεννύς) τ᾽, résout le problème en introduisant la teinture comme une médication nouvelle. Mais on est obligé de conjecturer une lacune avant πόροις. Cette solution a pour elle un meilleur support manuscrit, et elle est en parfait accord avec une partie notable de la littérature parallèle (voir comm. n. 5 §3a). – *βάμματι σίμβλων : N. emploie βάμμα au sens de " vinaigre " comme le notent chaque fois les Scholies (Σ *Th.* 87b, 622a, Σ *Al.* 369c, 414a, 531d). Βάμμα σίμβλων ne signifie pas " ce qui dégoutte de la ruche ", *i.e.* le *miel*, comme l'entendent Σ 49ef = Eut. 58.1 μέλιτι σβέννυε σίδηρον (cf. Id. l.5), mais littéralement le " vinaigre de la ruche ", *i.e.* le mélange de vinaigre et de miel que la littérature technique appelle ὀξυ-μελίκρητον (Hp. *loc. hom.* 6.17.2 L.) ou ὀξύμελι (D. Gal. etc. ; cf. Gow[1] 99). N. désigne le miel par la périphrase μελίσσης (-σάων) κάματος (-τοι), ποτόν, ἔργα, cf. Ap.Rh. 3.1036 σιμβλήϊα ἔργα μελισσέων. – 51 *σιδηρήεσσαν : = σιδηρέην ; néologisme emprunté par Man. 1.313 = 4.485b σιδηρήεντά τε δεσμά et Laon. Chalk. 2.11.2 σιδηρήεις. – *ἀπότρυγα : N. semble avoir créé le composé *ἄποτρυξ ; la prép. non accentuée a le meilleur support manuscrit. Le sens de ἀπό transmis par les *recentiores* n'est pas clair : la glose de D (ἀπὸ τοῦ σιδήρου σκωρίαν), au-dessus des mots ἀπὸ τρύγα, rend en fait l'adj. σιδηρήεσσαν. L'hypothèse d'une tmèse inverse ἀποσβεννύς, que semble postuler Gow (ἄπο *perperam*, cf. Vendryes §309), est plus que douteuse. – 53 νέον : adv. portant sur θάλψας, cf. les n. à 135, 295. – 54 *ἀργυρόεν : ce néologisme d'un type cher à N. (cf. t. II, p. c), attesté *ap.* Charax 392.33, 406.12, survit dans une épigramme funéraire consacrée à l'empereur Julien (Epigr. app. sepulcr. 601.1) et chez Eudocia (2.191). – 55 s. θρίων, παῦρα : N. emploie ailleurs θρῖα (407, 497, fr. 74.48), qui désigne au propre les feuilles du Figuier, par catachrèse à propos d'autres plantes, et c'est bien ainsi que l'entend une scholie de O (Σ 55f, cf. fr. 74.48 avec la glose insérée entre 48 et 49 *ap.* Ath. 15.684a). Mais, après l'indication approximative de mesure du v. 55, παῦρα serait une cheville des plus maladroites : " une demi-poignée de feuilles de pin-nain, quelques-unes " (cf. D[g] παῦρα · ὀλίγα, et *infra* 144). En fait, θρίων est pris au sens propre, et φύλλα (dont l'idée est à tirer de θρίων) sous-entendu avec χαμαιπίτυος ; pour l'asyndète dans une énumération après le premier mot d'un vers, cf. *Notice* p. cv, et, *ad rem*, voir comm. n. 5 §4a. – 55 ἡμιδεὲς : la conjecture de Scaliger donne le sens attendu, " dont il manque la moitié " (cf. Poll. 4.170 ἡμιδεὲς, ἡμιπλήρωτον, ἡμίπλεων, ἐνδεές) ; la *f.l.* ἡμιδαὲς signifie ἡμίκαυστον " à demi brûlé " (D[g] = Σ 55b, *ex* Suid. η 323, cf. *Il.* 16.294), ou " à demi mangé " (Anon. *AP.* 9.375.4), et non ἥμισυ (G[g] = Σ 55a, souvenir de la *vera lectio*). Le ms P de l'*Anthologie Palatine* offre la même erreur dans une épigramme de Posidippe (voir n. crit. à 55), corrigée dans les extraits de J. Bouhier (cf. G.-P., 1 p. xliv). – χειρὸς … θρίων : cf. 43 n.]

L'arrangement des recettes est p.-ê. artistique, comme semble le révéler la nature des remèdes : a) un minéral (43-5) ; b) 4 ou 5 végétaux (46-9 ; la lacune que j'ai conjecturée au v. 49 précisait p.-ê. seulement l'excipient ; mais cf. *infra* §9) ; c) quatre minéraux (50-54) ;

d) quatre végétaux (55-8) ; e) cinq animaux (59-68) ; f) un végétal
(69-71). La littérature parallèle n'offre rien de semblable. – **1) a)** 43
τιτάνοιο : " chaux vive " ; cf. Σ 43b6 τίτανος γὰρ ἡ ἄσβεστος (*sc.*
κονία), Erot. τ 6 (84.15) τίτανος· ἡ κονία (cf. Hp. *Epidem.* 2.5.24).
Au v. 370 κονίην a un autre sens. Lorsqu'ils étudient les usages médicaux de la Chaux, D. 5.115.2 ~ Pl. 36.180 ne disent rien de sa vertu
iologique, mais D. *eup.* connaît le mélange de Chaux et de vin contre
l'Aconit. Seuls iologues récents à le mentionner : PAeg. = PsD. κονία
τε σὺν οἴνῳ (s'ils ont pris κονία au sens de Chaux) ; Aét. l. 20 s.
κονίαν στακτὴν σὺν οἴνῳ (mais le lait de Chaux [cf. toutefois Gal.
13.569.1, où κ. στ. = *lessive*], qui sert à des lavages, a un usage externe
plutôt qu'interne). D. *eup.* p. 309.16 (κονία μετὰ οἴνου καὶ ἀβροτό-
νου) ajoute l'Aurone au mélange de la Chaux et du Vin, comme y
invite la syntaxe de N. (cf. n. à 46 ταμών). – Pour le caractère approxi-
matif de la dose, outre 55, cf. *e.g.* Ascl.Ph. *infra* §2d ; Id. 139.12
γλήχωνος χειροπληθοῦς (thérapie du Lièvre marin) et voir *Notice*,
p. LVII. – **b)** 44 κιρρόν : cette qualification du Vin (cf. *Th.* 519 κιρράδος), litt. " orange " (entre πυρρός et ξανθός), ici " paillet " (*i.e.*
" peu chargé de couleur " [Littré]) est propre à N. ; Σ 44b : πυρρόν,
inexact ; Eut. 57.25 μέλανος, encore plus. Cf. *e.g.* Aét. *Annexe* §15,
l. 19 dans la thérapie du Pavot. Κιρρός est une des qualités qui caractérisent le vin propre à combattre le suc du Pavot et les autres poisons
réfrigérants, selon Gal. *simpl. med. fac.* 3.20 (11.604.13). Le Vin pur,
seul, est un antidote contre beaucoup de poisons (*Notice* p. XLVIII),
entre autres, l'Aconit : bu en quantité suffisante (ἱκανῶς ποθείς), D.
m.m. 5.6.10 (9.1) ; cf. Pl. 23.43 *aconita*. – **2)** Parmi les substances
végétales citées dans la thérapie, aux v. 46-49, 55-57, 64 et 69,
Ascl.Ph. (très abrégé) n'a que la Rue. Il manque à Scrib.L. le Marrube,
l'Olivier-nain, les feuilles de Figuier, le Polycnémon et le suc de Baumier. Toutes se retrouvent, et exactement dans le même ordre, chez D.
eup. l.16-21, y compris les feuilles de Figuier et le Polycnémon, qui
manquent chez Pr., Aét., PAeg. = PsD, et les racines du Mûrier, qu'il
est seul à présenter (utilisation possible de N. : voir *infra* §4, n. de la
trad. à 70, *Notice* p. LXVII). En revanche, les iologues récents présentent des substances absentes chez N. Ils administrent les feuilles ou la
racine la plupart du temps dans du vin, après les avoir pilées (Pr.) ou
en décoction (D., Scrib.L., cf. *infra* §4 a,b), et c'est le vin qui sert aussi
le plus souvent d'excipient chez N. : c'est sûr pour les substances
mentionnées aux v. 55-57, de même pour celles des v. 46 s., probable
pour celles des v. 48 s., si l'on accepte mon hypothèse d'une lacune au
v. 49. Sur la vertu commune à tous les vins contre divers poisons, en
particulier l'Aconit, voir *Notice* p. XLVII s.. Scrib.L. précise la dose
pour l'Aurone et l'Origan (1/6 de livre), Pr. Aét. PAeg. (= PsD.) pour
l'*opobalsamon* (1 dr.). – **a)** 46 ἀβροτόνοιο : j'ai préféré, comme Littré dans sa trad. de Pline, garder le terme dérivé du grec dans les

langues romanes, " aurone ", nom vulgaire de l'Armoise, sans doute ici *Artemisia arborescens* L. Diosc. 3.24 (35.2 s. « bue dans du vin ») et Pline (21.162, si *alia uenena* ne vise pas des venimeux autres que ceux qu'il a cités) ont mentionné la vertu de l'Aurone contre les Poisons. Elle figure dans l'antidote de Mithridate (version d'Antipatros et Cléophantos) : Androm.Jun. *ap.* Gal. *ant.* 108.16 ; dans l'antidote " aux cent ingrédients " (ἑκατονταμίγματος), " particulièrement efficace contre les poisons " : Id. *ant.* 155.11. – **b**) 47 πρασίοιο : sur le Marrube, cf. *Th.* 550-556 et le comm. n. 55 §a. Cf. D. 3.105.2 (117.11) δίδοται ... καὶ τοῖς θανάσιμον πεπωκόσι ; Pl. 20.243 le dit « des plus puissants contre les poisons ». Dans l'antidote de Mithridate (cf. *supra* §a), Gal. *ant.* 109.11 ; dans un remède prophylactique d'Apollonios Mys contre les poisons : Ascl.Ph. *ap.* Gal. *ant.* 147.14. – **c**) 48 χαμελαίης : *Daphne oliaefolia* L. ou *D. oleides* L. Ni Dioscoride (4.171), ni Pline (24.133) ne signalent sa vertu iologique, bien qu'il soit mentionné dans D. *eup.* et chez tous les iologues récents sauf Scrib.L. Seulement dans la thériaque d'Antipatros, entre le Pin-Nain (*infra* §4b) et le Marrube (voir *supra* §b) : Androm.Jun. *ap.* Gal. *ant.* 160.11. – **d**) 49 πηγάνιον : cf. *Th.* 531 et le comm. n. 58c2. Seule substance végétale citée par Ascl.Ph. 139.2 (une *poignée* de Rue [πήγανον χειροπληθές] pilée dans du Vin pur), antidote célèbre de l'A. On connaît par Athénée 3.85b et [Antig. Car.] 119 l'anecdote de Théopompe (FGrHist 115 F 181ab) relative à Cléarque, tyran d'Héraclée, région riche en A. Il avait fait périr beaucoup d'Héracléotes en leur faisant boire ce poison. « Lorsqu'ils se furent aperçu que sa *coupe de l'amitié* en était faite, ils ne sortaient plus avant d'avoir pris de la rue, car ceux qui en ont mangé au préalable restent indemnes s'ils boivent de l'A. (suit la note étymologique, *supra* n. 4 §5) ». Athénée 3.84f-85a attribue la même vertu prophylactique au Cédrat (τὸ κίτριον ἀντιφάρμακον παντὸς δηλητηρίου φαρμάκου, cf. Th. *HP* 4.4.2, Virg. *Géorg.* 2.126-35, *al.*). La Rue (cf. 154, 413, 528 [ῥυτή *v.l.*]) est un ingrédient courant des antidotes : voir D. 3.45 [57.5 ss.] ~ Pl. 20. 132 (« elle est surtout bonne contre l'aconit et le gui (*i.e.* l'Ixias : cf. *Al.* 306 et *infra* n. 28 §B), aussi contre les champignons ». Dans l'antidote " aux sangs " contre les poisons : Damocr. *ap.* Gal. *ant.* 125.14, cf. 151.12 ; dans des remèdes prophylactiques d'Apollonios Mys (voir *supra* §b) : Ascl. *ap.* Gal. *ant.* 146.18, 147.14, 148.2 ; prophylactique et curatif contre tout poison, Héras *ap.* Gal. *ant.* 207.7 ; cf. le remède prophylactique de Straton *ap.* Aét. 13.48 (voir *Notice*, p. xx[22]). – Dans les textes parallèles, le Pin-Nain et la Rue sont administrés dans du Vin (la graine de Rue donnée en aliment) : cf. *e.g.* D. *eup.* p. 309.16 s. χαμελαία σὺν οἴνῳ, πήγανον ὁμοίως (l. 12 πηγάνου ἀγρίου σπέρμα ... βρωθέν, Aét. l. 15 s. πηγάνῳ ... χαμελαίᾳ ... μετ' οἴνου. – **3**) **a**) 49-52 (πόροις δ' –) : Σ 50a (qui lit πίοις avec ω, au v. 49 [pro πόροις]) paraphrase : μύδρον, ἤγουν σίδηρον κεκαυμένον,

ἐναποσβεννύς φησι εἰς ὕδωρ πῖνε, sans doute d'après l'usage le plus
courant. Pour « la boisson (eau ou vin) dans laquelle on a éteint du fer
chauffé à blanc », cf. D. m.m. 5.80 (53.1) σίδηρος … πεπυρωμένος
ἐνσβεσθεὶς ὕδατι ἢ οἴνῳ καὶ πινόμενος. Épainétès (ap. Pr.
p. 73.23) recommande le même remède contre les Champignons, mais
avec du vinaigre, comme N. : σίδηρον διάπυρον ἀποσβεννύμενον
ὄξει δίδου. Parmi les indications médicales de cette boisson, Dioscó-
ride signale, entre autres, la dysenterie, non l'intoxication par l'Aconit
(cf. Pl. 34.151 [liquide non précisé] calfit… ferro candente potus in
multis uitiis, priuatim uero dysentericis). Mais c'est dans l'Oxymel
que, au même chap., D. m.m. (p. 53.4 s.) recommande de prendre
pareillement la scorie du fer (cf. Al. 51 σιδηρήεσσαν τρύγα, c. schol.
σκωρίαν) contre l'A. : ἡ δὲ σκωρία τοῦ σιδήρου … βοηθεῖ καὶ
ἀκονίτῳ ποθεῖσα μετ' ὀξυμέλιτος. Et c'est aussi l'Oxymel qui
figure dans sa recette spécifique des eup., p. 309.14 σιδήρου σκωρία
πεπυρωμένη καὶ ἐν ὀξυμέλιτι σβεσθεῖσα. On lit ensuite à la l. 15 :
ἢ σιδήριον πυρωθὲν καὶ μέλιτι σβεσθέν … l. 21-22 ἄργυρος καὶ
χρυσὸς πεπυρωμένα σβεσθέντα μέλιτι, οὗ μέλιτι est difficilement
défendu par Σ = Eut. (cf. la n.49 à βάμματι σίμβλων). Il faut écrire
<ὀξυ>μέλιτι aux l. 15 et 22, comme à la l. 14 : cf. Scrib.L. acetum
melle mixtum, in quo ferri stercus, quod σκωρίαν Graeci uocant,
ustum prius inferuescat saepius et ita detur (i.e. l'Oxymel, dans lequel
la scorie de fer préalablement chauffée bout à plusieurs reprises). Sur
la vertu de l'Oxymel contre les poisons, cf. Notice p. XLIX (D. ne mentionne pas l'A.). Comme N. et D. eup., les iologues récents proposent
« la scorie du fer ou le fer lui-même » : Aét. l. 18 s. = PAeg. = PsD.
(le texte de Pr. est tronqué et altéré), mais c'est le Vin qu'ils préconisent et non plus l'Oxymel. – b) 53 s. : comme N. et D. eup., ils donnent eux aussi le choix, entre le Fer et l'Or ou l'Argent (Aét. l. 19
ajoute : la pierre meulière). Dioscoride et Pline (de même que Gal.
ant.) ignorent cet usage médical de l'or et de l'argent. – 4) 55-58 :
nouveau groupe de quatre substances végétales à prendre dans du vin.
– a) 55-57 : jusqu'ici, on n'en voyait que trois, car on suivait les Scholies en interprétant le mot θρίων comme une catachrèse au sens de
φύλλων, dont χαμαιπίτυος serait le complément de nom (sic Jacques[1]
falso), mais voir n. de la trad. aux v. 55 s. Dans l'interprétation que j'ai
adoptée, il y a correspondance exacte des phytonymes, terme à terme,
entre N. et D. eup. p. 309.17 s. : συκῆς φύλλα λεῖα, χαμαίπιτυς
καλῶς ποιεῖ, ὀρίγανος ὀνῖτις, πολύκνημον σὺν οἴνῳ (seule attestation, en dehors de N., des feuilles de Figuier dans ce contexte) ; cf. de
plus Eut., cité n. critique à 55. Pour l'utilisation du Figuier et de ses
produits, cf. 319 (sang de Taureau), 348 (Enfle-boeuf), 604 (Litharge).
– b) 56 χαμαιπίτυος : cf. 548 (où les feuilles sont également utilisées), Th. 841 s. ; variété de Bugle, p.-ê. Ajuga Chia Schreb. : voir le
comm. des Th. ad loc., n. 102 §9. Apollodore, Περὶ θηρίων (t. II p.

289, fr. 10) citait les synonymes ὁλόκυρον ([Héraclée du] Pont, selon D. 3.158 [164.5, cf. 165.7 cité *infra*]), dont ὁλόκληρον (PAeg. p. 34.9) et ὀνόγυρος (Σ *Al.* 56b) sont des altérations, ἰωνιά (Athènes), σιδηρῖτις (Eubée) ; une note sur ces synonymes termine la notice sur l'A. *chez* PAeg. Diosc. *l.c.* p. 165.7 s. : χρῶνται δὲ αὐτῇ (*sc.* τῇ χαμαιπίτυϊ) καὶ οἱ ἐν Ἡρακλείᾳ τῇ Ποντικῇ ὡς ἀντιδότῳ, καὶ πρὸς ἀκόνιτον ποτίζοντες τὸ ἀφέψημα, cf. Scrib.L. *prodest et ... uinum chamaepityn decoctam in se habens.* – c) ὀνίτιδος : = *Th.* 628 ὄνου ... ὀριγάνου (voir comm. *ad loc.*, n. 67 §d.), p.ê. *Origanon onites* L., l'une des quatre espèces d'O. distinguées par D. 3.27-30 (37-40) : c. 27 (O. d'Héraclée), 28 (ὀνῖτις), 29 (ἀγριορίγανος = O. d'Héraclès, *Th.* 627), 30 (τραγορίγανος, cf. *Al.* 310 et comm. n. 28 §8), réduites à trois par Pl. 20.175 (*onitis*), 176 (*tragoriganum*), 177 (*Heraclium* = O. d'Héraclée), *unde* Garg. M. 37.1 s. Dioscoride (*m.m.*) et Pline ignorent l'usage de l'O. contre l'Aconit. Selon D., l'ὀνῖτις a les mêmes vertus (mais avec moins de force) que l'O. d'Héraclée, lequel (p. 37 s.), " avec du vin doux et de la cendre " combat la Ciguë et le suc de Pavot, " avec de l'oxymel " le Gypse et l'Éphèméron (cf. Pl. 20.178 [propriété commune aux différentes espèces] *uenena opii et gypsi extinguit decoctum, si cum cinere et uino bibatur*), emplois médicaux de l'O. qui ne figurent pas chez N. Diosc. *eup.* est seul à faire mention de l'ὀρίγανος ὀνῖτις contre l'A. Les iologues récents parlent d'un O. non spécifié. Pour l'usage de l'Origan *sec*, cf. 310. – d) 57 πολυκνήμοιο : voir *Th.* 559 n. ; p.-ê. Basilic sauvage. Au dire de Σ *Al.* 57cd, les auteurs de Ῥιζοτομικά en connaissent deux espèces, une distinction que n'ont ni D. 3.94 ni Pl. 26.148. Selon Σ *Th.* 559a, Ἀπολλᾶς (voir t. II *Notice*, p. LVI et la n. 110) parlait du Polycnémon dans son Περὶ βοτανῶν. L'emploi de cette plante contre l'A. n'est pas attesté en dehors de N. et D. *eup.* l. 18. –

[*Notes complémentaires aux v. 59-66* : V. 59 (fin) *χαλικρότε-ρον : cf. 613 ; comparatif irrégulier de *χαλίκραιος (29), *hapax* absolu = χαλίκρητος (Archiloque, Eschyle, Ap.Rh.) = ἄκρατος. Ces adj. sont particuliers aux *Al.* – 60 ὄρνιθος στρουθοῖο κατοικάδος : au v. 535, στρουθοῖο κατοικάδος = ὄρνιθος κατ. (*Th.* 558) " poule " (Σ *Al.* 534b, 535a, cf. Eut. 81.2 ὄρνιθος τῆς ἐν ποσί). Selon O. Schneider (p. 102), ὄρνιθος στρουθοῖο serait à comparer à hom. βοῦς ταῦρος, σῦς κάπρος, *al.*, Arat. 1119 βόες πόριες ; mais ici, semble-t-il, στρουθός = νεοττός, comme le précise Gᵍ (cf. Eut. 58.11 s. ὄρνιθος τῶν ἐν ποσὶν ..., ἤτοι νεοττῶν γε ὧν τρέφουσιν αὗται), et comme le confirme les parallèles iologiques (cf. comm. n. 5 §5a). – *κατοικάδος : 535, cf. *Th.* 558 n. – εὖτε : presque toujours avec le subj. seul chez N. (cf. 168, 208, 523, *Th.* 5, 392, 791, 807, fr. 72.4), à la différence d'Hom. et d'Hés. qui l'emploient le plus souvent avec la particule modale (subj. + ἄν, seulement *Al.* 115, *Th.* 392), tou-

jours chez Opp. *Hal.* (cf. Lehrs 322, Fajen 220 s. pour plus de références) ; un seul exemple d'ind. chez N., *Th.* 688. – χύτρῳ : pour
χύτρος = χύτρα, cf. Poll. 10. 99 (il cite Diph. fr. 40) ; N. emploie toujours le m. (cf. 136, 487, 565, *Th.* 98, fr. 72.3), à l'exception de *Th.*
621. – 62 γέντα : cf. 556a ; emprunt à Call. ([*Hécalè*] fr. 322 = 127
H. γέντα βοῶν μέλδοντες [cf. fr. 530]), seule autre attestation poétique. La littérature grammaticale glose le mot : μέλη (Suid. γ 155,
source du fr. de Call., Zon. 430.18, cf. Σ 556d), κρέα σπλάγχνα
(Hsch. γ 377), κρέα (Ael. Dion. γ 6*, cf. Σ 556c κρέατα). Aelius
(= Eust. *Iliad.* 3 p. 433.20 [ad *Il.* 13.25]) le donne pour une *glose*
thrace. Pour le sens de γέντα dans ce contexte, cf. comm. n. 5 §5b. –
περιφλιδόωντος : cf. 556a (même clausule avec le verbe simple, cf.
Th. 363 φλιδόωσα) ; la *v.l.* περιφλίοντος en est p.-ê. une réduction
accidentelle (cf. la leçon de G). – 63 κορέσαιο : l'ordre pourrait
concerner le malade (" gave-toi "), comme le fait le précédent dans le
texte transmis (59 ποτὸν ἴσχοις), mais il vaut mieux considérer qu'il
s'adresse au médecin (« gorge-le »), comme les suivants (65 χέαις
[cf. 66 χεύη : suj., le malade], 68 et 71 πόροις). Le Moy. κορέννυ-
μαι peut en effet être employé au sens trans. ; le complément ne faisant aucun doute, il n'est pas exprimé (cf. 137). – *ἐγχανδέα : *hapax*
absolu. La *v.l.* εὐχανδέα figure chez Manéthon, qui connaît p.-ê. cette
variante (6.463 εὐχανδεῖ χαλκῷ κοίλοις τε λέβησιν, seule autre
occurrence), cf. εὐρυχανδής (Opp. *Hal.* 3.344 γαστήρ τ' εὐρυχανής
metri causa), πολυχανδής (cf. *Th.* 951 n., QS 1. 527 πολυχανδέα
νηδύν) ; mais la *v.l.* εὐχανδέα est moins bien attestée, et il peut s'agir
d'une conjecture. On sait le goût de N. pour les adj. composés avec ἐν-
(cf., en particulier, ἐνοιδής) ; ἐγ- préférable ici à ἐνι- : cf. la n. critique à *Th.* 111. – 64 s. : cf. *Th.* 623 s. ἄλλοτε νύμφαις ǀ ἐμπισθέν,
τοτὲ δ' οἴνου ἐνὶ σταγόνεσσιν ἀρήξει ; on peut soupçonner que,
dans ces deux passages, l'emploi du mot σταγών n'indique pas une
petite quantité, cf. Λεσβία σ. (Ephipp. fr. 28) désignant le vin. – 64
ναὶ μὴν : 178, 554, 584, *Th.* 66, 76, 334, 822, 863, cf. [Opp.] *Cyn.*
1.62 (+ 11 fois) ; les *Th.* ont aussi v. μ. καὶ (voir *Th.* 51 n.), cf. Opp.
Hal. 1.404 (+ 4 fois). – *βαλσάμοιο : cf. *Th.* 947 βάλσάμοιο, leçon de
ω unanime garantissant ici la graphie βαλσ-. Presque partout ailleurs,
le α de la seconde syllabe est scandé bref, chez les Latins (cf. Virg.
Georg. 2.119) comme chez les Grecs (*e.g.* Damocr. 97.18 [formule de
la thériaque], *al.*) ; d'où la variante (sans doute conjecturale) postulant
l'addition de καί (mais ce serait le seul exemple de ναὶ μὴν καὶ dans
les *Al.*, cf. 178 n.) et la métathèse βλασάμοιο (hapax !) : attestée par
les Σ, elle est représentée par l'*Aldine* et des manuscrits qui en sont très
proches (voir la n. critique). Malgré l'appui de Bentley et de Wilamowitz[3] 21 n. 1 (*ad* Anonymi theriacam, Gal. *ant.* 101.16), elle est
inutile : la licence métrique (cf. t. II p. CXXIV) a un semblant d'excuse
dans le fait que, dans les mots offrant une brève entourée de deux

longues (crétique), les poètes épiques allongent la brève en *thesis* (cf.
νηλειής *pro* νηλεής : Hés. *Theog.* 770, Ap.Rh., 4.476, Nonn. (3
fois), *alii* ; ἠγνοίησε *pro* ἤγνόησε : Hés. *ib.* 551, *Od.* 5.78, *hHerm.*
243, *al.* ; etc. (voir W. Schulze 275, 485). Raison déterminante de
repousser cette conjecture : Androm. 128, 152 scande lui aussi βαλσάμου, sans doute à l'imitation de N. – 65 θηλυτέρης πώλοιο : Eut.
58.17 reprend le mot sans le traduire (τετοκυίας πώλου ὑπαρχέτω
γάλα) ; s'agit-il d'une *pouliche* ou d'une *jeune femme* ? Σ 65ab
appuie son opinion (a : νέας γυναικός, b : πρωτοτόκου γυναικός)
sur le témoignage d'Érasistrate (cf. comm. n. 5 §6a). D'ordinaire, N.
ne précise pas la nature du lait, sauf au v. 486 (lait d'*Ânesse*). Pour
πῶλος appliqué à un être humain, cf. Eur. *Hipp.* 546, *Andr.* 621, *Héc.*
142, *al.*) et Fr. mim. pap. 7.15 Cunningham τῇ πώλῳ Ἀπολλωνίᾳ. –
νύμφαις : 6 fois au sens de " eau " dans les *Al.*, une seule dans les *Th.*
(cf. 623 n.). – 66 ἔστ᾽ : pour cette conjonction non hom., cf. *Th.* 107
(εὖτ᾽ *v.l.*), Hés. *Théog.* 754 et les occurrences poét. rassemblées par
West *ad loc.* La conjecture de Bentley s'impose : bien qu'attestée ici
par la tradition unanime, directe et indirecte, et par tous les manuscrits
chez Ap.Rh. 3.944 (mais ἔστ᾽ *POxy* 2693, *iam conj.* Ziegler), la
conjonction εὖτε, *v.l.* chez Hés. *l.c.*, n'apparaît pas ailleurs au sens de
jusqu'à ce que, inconnu des lexiques. La faute peut s'expliquer par la
confusion εσ/ευ au stade de la minuscule ancienne. – ὑπὲκ … χεύῃ :
tmèse (cf. Ap. Rh. 3.705) ; cf. 297 n. – *πανα∈ργέα : *hapax* absolu,
= ἀκατέργαστον, *i.e.* ἀδιάπεπτον (Σ). – *δόρπον : plus ancienne
occurrence poét. du masc. (Antiphil. *AP* 9.551.4 = 844 G.-P², QS
9.431) souvent attesté dans la littérature grammaticale, mais la *v.l.*
δόρπα (plur. *pro* sing., cf. 113, 138, 476) a ses chances ; Gᵍ a fait du
mot un fém. (τὴν ἀκατέργαστον). Pour le sens, cf. 113 n. ; entendez : le *repas* qui a accompagné l'absorption du poison.]

5) 59-63 : *Bouillon* de *Poulet* gras (cf. n. de la trad. à 60) ou de
Bœuf. **a)** Scrib.L. *iure gallinae pinguis* (cf. Ascl. ζωμὸς ὄρνιθος
λιπαρᾶς) *uel bubulae* ~ D. *eup.* l.18 s. ὄρνιθος καθηψημένης
συγχυλωθείσης ζωμός, κρέως λιπαροῦ ὁμοίως (= σὺν οἴνῳ) et
l. 15 ζωμὸς βόειος, cf. PAeg. p. 34.6 (PsD. p. 23.1 s.) ὄρνιθος
καθέφθου ἢ κρεῶν λιπαρῶν (βοείων add. PsD.) ζωμὸς λαμβανόμενος σὺν οἴνῳ. Pl. 29.103 préconise le " bouillon d'une vieille
volaille pris à haute dose ", additionné d'un peu de Sel. – Promotus et
Aétius sont les seuls à recommander, non une Poule, mais un Poulet
dont les chairs grasses seront bouillies jusqu'à ce qu'il ne reste que les
os (Pr. p. 68.14 νεοσσὸν ὄρνιθος νεαρόν ~ Aét. l. 21). – **b)** 62 : au
lieu du Bœuf, ils préconisent le Veau, dont le bouillon sera bu et vomi
(Pr. p. 68.18, Aét. l. 24 s.). Chez N., νέα est-il une hypallage pour
νέου (outre Pr. et Aét. *ll.cc.*, cf. Σ 62 μοσχαρίου κρέατα [*contra* :
Eut. 58.14 s. βοείων … κρεῶν]). ? C'est douteux : s'il avait voulu

parler de Veau, il aurait employé le mot propre (344, 358, 446, *al.*). N. insiste souvent sur la *fraîcheur* des substances recommandées (voir *Notice* p. LVIII). D'autre part, γέντα est-il à prendre au sens de κρέα ou de σπλάγχνα (cf. n. à la trad.) ? On serait tenté de donner au mot le sens de " tripes " en s'appuyant sur Pl. 28.161 : *omasi quoque iure poto uenena supra dicta expugnari putant, priuatim uero aconita et cicutas* " on pense que le bouillon de tripes en boisson combat les poisons susdits, et en particulier les aconits et les ciguës ", mais la littérature parallèle est en faveur de κρέα, comme aussi, semble-t-il le v. 556a. – **c)** Épainétès (*ap.* Pr. p. 68.18) ajoute de la Rue au bouillon de Veau : ζωμὸς μοσχείων λιπαρῶν κρεῶν ὡς πλεῖστα σὺν πηγάνῳ πινέτω καὶ ἐμείτω, ὡς Ἐπαινέτης ὁ Ῥιζοτόμος (cf. t. II *Notice*, p. LVI et la n. 111). D'une façon comparable, Héraclide Tar. *ap.* Pl. 22.18 (fr. 232 Deich. = 27 Guard.) recommandait bouillon d'Oie et Panicaut contre Aconit et Toxicon. – **6)** 64-66 : **a)** sur le Baumier, cf. *Th.* 947 et le comm. n. 119 §d2. Son *suc*, en boisson dans du Lait, était considéré comme efficace contre venins et poisons, notamment contre l'Aconit : D.*m.m.* 1.19.4 (25.22-24) ἁρμόζων καὶ τοῖς ἀκόνιτον πεπωκόσι μετὰ γάλακτος καὶ θηριοδήκτοις· μείγνυται δὲ καὶ ... ἀντιδότοις, cf. Pl. 23.92 (son huile) *aduersatur aconito ex lacte potum*. L'ὀποβάλσαμον entre dans nombre d'antidotes, *e.g.* la Mithridateios, particulièrement bonne pour les poisons (Gal. *ant.* 108.5, 109.10, 116.3, *al.*), celle d'Aelius Gallus contre poisons et venimeux (114.17), l'antidote aux sangs contre les poisons (Damocr. 125.8, cf. Ascl.. 151.12), etc., une quarantaine au total, toutes *indications* confondues. – La combinaison proposée par N., *opobalsamon* + Lait de femme ou eau (voir les n. à 65 et 356 s. ; cf. Érasistrate, t. II p. 293, fr. 4) a un parallèle absolu *ap.* D. *eup.*, dans la seconde partie de sa notice, qui semble dériver de N. (cf. *supra* §2) : p. 309.20 ὀποβάλσαμον σὺν γάλακτι γυναικείῳ ἢ ὕδατι ; mais la première (l. 10), qui vient d'une autre source, a simplement : ὀποβάλσαμον μετὰ γάλακτος (cf. *supra* D. *m.m.* l.c.). – Avec l'*opobalsamon*, les iologues récents ont soit Lait non spécifié *et* autre substance : Pr. p. 68.17 (Castoréum), PsD. p. 22.13 (Miel) ; soit Lait *ou* Vin : Aét. l. 17 (Lait d'Ânesse) ; soit Vin : PAeg. p. 34.3 (si le texte est sain, mais cf. Aét. *Annexe* §1, n. à la trad.). Précisent la dose de Lait (1 dr.) : Pr. Aét. PAeg. PsD. Dioscoride, *eup.* (2e partie) est donc le seul à préconiser, comme N., le Lait de femme ; mais p.-ê., chez Aétius, faut-il corriger ὀνείου en ἀνείου (abréviation de ἀνθρωπείου), Lait humain ; pour cette expression, cf. *infra* §b). — **b)** Sur le Lait comme antidote, voir *Notice* p. XLIV s.. Contre l'A., entre autres poisons, D. *m.m.* 2.70.5 (145.3) conseille le Lait frais (γάλα πρόσφατον, cf. Aét. l. 17 νεοβδάλτου). C'est contre le Lièvre marin que D. (*ib.* 6 [145.14]) préconise le Lait de femme ; cf. Pl. 28.74, qui le conseille aussi contre l'Enfle-boeuf, le Dorycnion (avec référence erronée à Ar. : ni lui ni

Th. ne parlent du Dorycnion), et la Jusquiame. Hippocrate mentionne déjà comme remède " le Lait d'une femme nourrissant un garçon " (γάλα γυναικὸς κουροτρόφου) : *Mul. aff.* 75.42, 84.28, 158.13, 162.14, 214.2 ; cf. Pl. 28.72 *superque in omni usu efficacius eius quae marem enixa sit, multoque efficacissimum eius quae geminos mares.* Sur ce point, Hp. est p.-ê. tributaire de l'Égypte, dont la pharmacopée connaît ce remède, qu'elle cite sous la même forme (*Pap. Ebers* n° 499, 500, cf. Lefebvre 14, avec sa n. 5 pour d'autres références) ou sous le nom de Lait *humain* (*Pap. Berlin* n° 163 *h*, Lefebvre 41[9] ; cf. p.-ê. Aét. *supra* §a). Pline préconise aussi le Lait de Brebis chaud (29.105). – **c**) 66 : N. fait vomir le malade seulement dans à peu près la moitié des cas d'empoisonnement, mais l'opération est p.-ê implicite quand il emploie le verbe κορέσκω *vel sim.* (553, 565 ; cf . 225). Pour l'A., chez les iologues récents, vomissement et clystère sont le préalable au traitement interne : Aét., PAeg. = PsD. Ici, le vomissement est mentionné dans le cours de la thérapie (cf. 137 Cantharides, 459 Pavot), mais le v. 66 peut valoir aussi pour les prescriptions qui précèdent (cf. Aét. *Annexe* §2, l.6 ἐμείτωσαν δὲ ἐφ᾽ ἑκάστου) ; ailleurs, à la fin (111 Céruse, 361 Enfle-boeuf, 536 Champignons) ; au début, seulement pour la Ciguë (196 s.), le Toxicon (227) et le Crapaud muet (585). – **7**) 67 s. : dans son chapitre sur la présure, D. 2.75.2 (150.18) conseille, entre autres, celles du Chevreau, du Faon et du Cerf, « prises dans du *Vin*, contre le breuvage d'aconit » (πρὸς ἀκονίτου πόσιν σὺν οἴνῳ λαμβανόμεναι, cf. *infra* n. 37 §4). Promotus (p. 68.20) conseille de boire à la fois dans du Vin celle du Lièvre et celle du Chevreau ou du Faon. De même, Scribonius préconise le mélange des présures de Lièvre, de Faon et de Porc à prendre « dans une hémine ou 3 cyathes de vin, à la dose de 1 ou ½ dr. ». Le reste de la littérature parallèle remplace le vin par le *Vinaigre* : D. *eup.* l.13 s. (Chevreau, Lièvre, Cerf) ~ Aét. l. 18 (Cerf, Lièvre, Chevreau), PAeg. p. 34.3 s. = PsD. p. 22.15 (Chevreau, Lièvre, Faon), les trois présures étant proposées au choix, sans marque de préférence. Pour leur hiérarchie en ce qui concerne leur emploi thériaque, voir le comm. des *Th.* 577-579 et le comm. n. 61 §2ab. C'est *de suo* qu'Eutecnius ajoute que les présures de Lièvre et de Chevreau sont efficaces employées seules (58.23 s. ἑκατέρα καὶ καθ᾽ αὑτὴν ὑπάρχει χρήσιμος). –

[*Notes complémentaires aux v. 70-80* : V. 70 (fin) 2° καὶ ἕψειν μετὰ οἴνου (ἕψειν exige un liquide, cf. 265) ; 3° καὶ διδόναι πίνειν μετὰ μέλιτος. J'admets, comme le Scholiaste le fait implicitement, un mélange des éléments de la phrase (*synchysis*, cf. *Notice*, p. CIV), et, comme lui, je construis d'une part οἴνῳ avec ἐνεψηθέντα, et, de l'autre, ὁμήρεα avec καμάτοισι μελίσσης ; cf. Diosc. *eup.* (cité, comm. n. 5 §8 [fin]), lequel, dans cette notice, présente beaucoup de points communs avec N. (cf. *ibid.* §2 début et voir *Notice* p. LXVII). – 71 *ἐνεψηθέντα : seul emploi poét. de ce mot du vocabulaire médical (Arétée, D., Ruf., Ph., Gal., O., Aét., PAeg.). – καμάτοισι μελίσσης : cf. 445 ἔργα μ., 547 τενθρήνης ἔργοις. Thcr. 22.42 a employé ἔργα, non au sujet du *miel*, mais des *champs de fleurs* que butine l'abeille. – 73 φωτός : la manière vague dont est désignée la victime du poison ou du venin (cf. 19, 614, *Th.* 363, 403, 767) a des parallèles dans les papyrus médicaux égyptiens. – 74 s. αἰγλήεντος ... ψιμυθίου : pour la place des mots, cf. 207 s., 537 s. – 75 ψῑμυθίου : chez Aristoph., où le mot apparaît 5 fois en fin de trimètre, la quantité de ψι- est indifférente, mais, dans ψίμυθος, la voyelle est longue chez Lucillius (*AP* 11.408.3, 6) et Macédonius (*ibid.* 374.1), ce qui est le cas ici. – 76 πάντοθ' : = πάντοθε, cf. πάντοθεν (ω) " de toutes parts ", ou mieux πάντοθι [voir *Th.* 476 et, pour l'élision, Epigr. app. sepulcr. 314.1 σωθεὶς πάντοθ' ὑπ' αὐτῶν ; cf. aussi 520 νειόθ(ι)]. – νέην : en ce qui concerne le lait de printemps, voir l'explication d'Eut. 59.9 : ἐν τῆδε δείκνυται (*sc.* τὸ γάλα) τῇ ὥρᾳ ... διαυγέστερον ἑαυτοῦ. – *εἰδήνατο : 600 ; de *εἰδαίνομαι = εἴδομαι " être semblable à ", néologisme de N. particuler aux *Al.* (Σ 600b ἀντὶ τοῦ ὁμοιώθη). Pour l'acc. de relation accompagné d'un adj., cf. *Th.* 259 δομὴν ἰνδάλλεται ἴσην. – 77 : cf. *Il.* 2.471 = 16.643 ὥρῃ ἐν εἰαρινῇ, ὅτε τε γλάγος ἄγγεα δεύει, [Opp.] *Cyn.* 4.368 γλαγόεντος ἐν εἴαρος ὥρῃ. – πελλίσιν : cf. 311 πέλλῃ ; cf. *Il.* 16.642 περιγλαγέας κατὰ πέλλας, Hipponax 13.1 W. ἐκ πελλίδος πίνοντες (avec l'explication d'Athénée 11.495c : πέλλα ἀγγεῖον σκυφοειδὲς πυθμένα ἔχον πλατύτερον, εἰς ὃ ἤμελγον τὸ γάλα ... τοῦτο δὲ Ἱππῶναξ λέγει πελλίδα), Phœnix de Colophon fr. 4.4 (πελλίδα), 5.1 P. (πελλίδος). – γρώνῃσιν : cf. *Th.* 794 n. (ajouter Lyc. 20 γρώνης ... χερμάδος). – ἀμέλξαις : ce verbe au pr. et au fig. est plus fréquent dans les *Al.* (7 occurrences, contre une seule dans les *Th.* 918 [fig.]) ; *traire* : cf. 90, 139, 486, 506 (fig.), *sucer* : 357, 428 n. Pour l'opt., voir Chantraine, *Gr.* II §382 – 78 ὑπὲρ γένυας : N. semble avoir en vue le *palais*, cf. οὐρανίσκον dans des textes parallèles (comm., n. 8 §a). – *ῥυσαίνεται : seule autre occurrence de ce verbe, Anon. *AP* 14.103.3 ῥυσαινομένην (*sc.* σταφίδα). – 79 *ἐπιστύφων : première occurrence poét. de ce mot (Th., Gal., textes scripturaires). – *ἐμπλάσσεται : seule occurrence poét. – *ὁλκός : cf. 281 ; désigne la *masse* de la langue, *qui se meut* comme le corps du Serpent qu'elle rappelle par ses mouvements (voir *Th.* 387 n.). – 80 γλώσσης νέατος : cf. 281. – *ὑποκάρφεται : = ξηραίνεται ἢ τραχύνεται (Σ) ; *hapax* absolu. Le préverbe ὑπο-, plutôt que " légèrement ", signifie " au-dessous ", renforçant νέατος, cf. *Th.* 178 (ἔνερθεν ὑπαιφοινίσσεται).]

8) 69-71 : μορέης est-il le " mûrier d'Égypte " (Pl. 23.134 *mora in Aegypto et Cypro sui generis* " le mûrier particulier d'Égypte et de Chypre "), appelé par Th. *HP* 1.1.7 Αἰγυπτία συκάμινος (cf. D. 1.127 συκόμορον/συκάμινον), *i.e.* le Sycomore proprement dit

(*Ficus sycomorus* L.) ? N. en parlait p.-ê. dans ses *Géorgiques* (fr. 75) : Athénée (2.51d), source de ce fragment, note, à propos du συκά-μινον, que N. le « nomme toujours μορέη, comme les Alexandrins » (μορέην τε καλεῖ τὸ δένδρον ἀεὶ ὡς καὶ οἱ Ἀλεξανδρεῖς). Mais ici il est question plus probablement de *Morus nigra* L. " le Mûrier noir " (Br., G.-S.) : cf. D. 1.126 (115 s.) ~ Pl. 23.135 (*apud nos*, i.e. " le mûrier de chez nous " par opposition à celui d'Égypte). Diosco-ride (p. 115.19) : καὶ τοῖς ἀκόνιτον πεπωκόσι βοηθεῖ (" l'écorce de la *racine* bouillie dans de l'eau et prise en boisson... "), cf. Pl. *l.c.* : *aduersatur aconito et araneis in uino potus* (sc. *eius sucus*). – Parallèle unique de la littérature iologique, mais il est absolu : D. *eup.* l.20 s. μορέας ῥίζας ἑψήσας σὺν οἴνῳ καὶ μείξας μέλιτι δίδου. – **9)** Entre autres remèdes absents chez N., citons : l'Ail (Pl. 20.50), l'Absinthe (D. *eup.*, Pr., Aét. PAeg. PsD.), la grande Joubarbe (ἀείζωον τὸ μεῖζον), le Cinnamome et un Panacès (*eup.*), l'Iris (Aét.), la Roquette (εὔζωμον : Aét. PAeg. PsD.). Tel d'entre eux figurait p.-ê. dans la lacune du v. 49.

6. 72 s. : V. *Pronostic.* –La thérapie se conclut par un pronostic favorable (voir *Notice*, p. xxvii s.). Le v. 73 (ἀσφαλέεσσι πάλιν ... ποσσίν) apporte en effet un signe de la guérison prochaine. On le rapprochera du symptôme noté seulement à la faveur de la comparai-son des malades avec les Silènes enivrés, aux v. 30 ss. ; voir *supra* n. 3 §5.

7. 74-77 : Céruse. I. *Caractéristiques.* – Sur la Céruse, carbonate de Plomb, cf. Blümner, « Blei » *RE* 3 (1897) 564.30-51 ; voir Th. *Lapid.* 56 (procédé employé pour l'obtenir) ~ D. *m.m.* 5.88.1-4 (61 s.) = Pl. 34.175 s. (2ᵉ procédé) ; Orfila 1.618, et pour l'action des compo-sés du Plomb sur l'économie animale, 620-646. – **(a)** Très employée par les femmes comme fard pour se blanchir le teint (Pl. 34.176, cf. Clem.Al. *Paed.* 3.7.3-3.8.1 ψιμυθίῳ τὰς παρειὰς ἐντριβόμεναι, et voir Blümner 47 ss. [ajouter : Aristophane, *Eccl.*, *Plut.*, *Secondes Thesm.* = fr. 332.3]), elle entrait, en vertu de ses propriétés notées par D. p. 62.18, dans la composition de nombreux remèdes externes. Mais Dioscoride et Pline signalent que, en boisson, elle constitue un poi-son : D. p. 62.21 ἔστι δὲ καὶ τῶν ἀναιρετικῶν ~ Pl. 34.176 *est autem letalis potu sicut spuma argenti.* – **(b)** Son breuvage se reconnaît à sa couleur de lait (75 s.), comme celui de l'Aconit à son goût (12), ceux de la Cantharide, du Dorycnion et du Lièvre marin à leur goût et à leur odeur (115 ss., 376 s., 467 s.), du Chaméléon à son odeur (280). Ce genre de particularité, qui préface souvent les symptomatologies, donne au médecin une indication sur la nature du poison. Scribonius, Promotus, Aétius, PAeg. PsD. ont la même notation de couleur à pro-pos du premier symptôme (cf. n. 8 §a).

8. 78-86 : II. *Symptomatologie*. – (a) 78-80 : *Palais (?), gencives, langue, gosier*. La contraction des gencives sous l'action de l'écume astringente, la rugosité de la langue, le dessèchement de la gorge sont cités, et dans le même ordre, par le seul Promotus : p. 74.31 s. περίστυψις οὔλων, γλώσσης τράχυσμα, φάρυγξ κατάξηρος. – 1/ Les iologues récents mentionnent la langue, les gencives, les interstices des dents, éventuellemnt le palais (auquel N. fait p.-ê. allusion, 78 n.), pour noter la couleur révélatrice : PsD. (= PAeg. [καὶ τὰ οὖλα *om*.] ~ Aét. l.2 [λευκαίνει *lege*]) p. 32.4-6 λευκαίνει τὸν οὐρανίσκον καὶ τὰ οὖλα καὶ τὴν γλῶσσαν καὶ τὸ μεταξὺ τῶν ὀδόντων ~ S.L. p. 86.20 s. (*qui biberunt facile deprehenduntur : linguam enim albam habent commissurasque dentium albicantes*), Pr. p. 74.32 s. οὖλα λευκὰ … ἐν δὲ τοῖς μεσοδοντίοις εὑρίσκεται μέρη τινὰ αὐτοῦ τοῦ ψιμμιθίου (~Aét. l. 3-4 [mots soulignés]). – 2/ 80 νέατος – ἰσθμός : cette *sécheresse* de gorge (cf. Pr., §a début), symptôme bien connu du saturnisme, est notée pour la langue également par Aét. l. 4 s. (langue seulement, PAeg. = PsD.). Orfila 644[1] cite la *Toxicologie* de Plenck pour l'aridité de la bouche. – (b) 81-83 : *Hoquet, toux sèche, nausées*. 1/ Il s'agit d'une *toux* infructueuse, sans expectoration (pour l'explication des termes, voir les n. *ad loc.*), comme les crachements notés au v. 211. Aét. PsD. PAeg. se contentent de noter en termes identiques les *hoquets* et la *toux* : ἐπιφέρει δὲ λυγμοὺς καὶ βῆχα(ς). Plenck (voir *supra* a2) mentionne également " la toux, l'asthme sec, le hoquet ". Selon Promotus, "le malade rejette la Céruse également par les narines, et, qui plus est, il vomit une bile abondante ", mais ces deux symptômes prennent place à des moments différents. – 2/ N. établit un lien entre *nausées* et *douleurs*, lien confirmé par cette observation d'Orfila 643 : « Le malade éprouve des nausées et des vomissements, principalement lorsque les douleurs sont très aiguës ». –

[*Notes complémentaires aux v. 84-89* : V. 84 (fin) *ἑτερειδέα : hapax* absolu. La forme normale serait la var. *contra metrum* ἑτεροειδέα (cf. 280 ὠκιμοειδές, *Th*. 435 χολοειδέα, 909 κεροειδέα). L'omission de ο semble une licence métrique (Lingenberg 29), mais cf. 568 λαχειδέος et la n. *ad loc*. – 85 *ψύχει : pour le sens intr. cf. 192 n. – 87 εἶαρ : = λίπος, jus de l'olive, cf. Call. fr. 177.22 et voir *infra* 314 n. – 88 σχεδίην : adv. hom. signifiant " de près ", auquel N. a donné le sens de l' adv. hom. apparenté αὐτοσχεδίην " bientôt " (cf. Gᵍ παραχρῆμα = Eut. 60.5) ; cette valeur temporelle de σχεδίην seulement chez Babrius 57.4. Cf. 207 παρασχεδόν. – δεπάεσσιν : cf. 158, 386, 511, 584 ; propre aux *Al*., indique une grande quantité (*Notice*, p. XLI[85], LXXXVIII). – 89 ὄφρ' ἂν : (+ subj.) 227, 278, fr. 70.2, 72.3 ; autres occurrences poét. : Hom. (25 fois) ; Thgn. (1), Eschyle (1), [Orph.] *Arg*. (4), Crinag. *AP* 11.42.3 = 1971 G.-P.² (1), Epigr. app. sepulcr. 200.7 (1) ; 196 ὄφρα κεν + subj. : Hom. 17 fois, *hHom*.,

Call., Ap.Rh. 1 fois chacun ; partout ailleurs, N. a ὄφρα + subj. seul :
Th. 920, *Al.* 111, 458, 485, fr. 74.22, 41, 44, fr. 81.1, sauf *Th.* 934
(opt.). Chez les poètes épq., avec ὄφρα κε, l'opt. est plus fréquent que
le subj. – *ὀλισθήνασα : *hapax* absolu, = ὀλισθηρὰ γενομένη
OᵍDᵍ. – φάρμακα : plur. pour le sing., cf. 292 s.]

(c) 84 : *Hallucinations.* Sans parallèle exact dans la littérature iologique. Chez Scribonius, il est question de " vue obscurcie " et de
" vertige " : *caligant, magis magisque uertigine urgentur.* De ces
deux symptômes, le premier n'a pas d'équivalent chez Aét. (mais cf., à
propos des Cantharides, *Annexe* §3, l. 12 s. δαπανᾶται τὸ ὁρατικὸν
τῶν ὀφθαλμῶν), le second en a un *ap.* Pr. p. 74.32 ἰλιγγίασις. Aétius,
PsD., PAeg. parlent de *délire* (παρακοπή, voir §d). Selon Orfila 644,
le délire (noté p. 625 s. dans la fiche clinique des 5ᵉ et 6ᵉ cas) est un
symptôme accidentel. En revanche, on sait que les troubles de la vue et
les hallucinations sont typiques du saturnisme. – (d) 85 s. : *Assoupissement, sensation de froid, gêne musculaire.* La *somnolence* est un
symptôme particulier à N. ; lié de même à la sensation de froid dans la
symptomatologie du Pavot, 434 s. Orfila 625 (6ᵉ cas) note un assoupissement profond, mais il suit des convulsions considérables. – Pour
la *sensation de froid* et la *gêne des mouvements*, cf. Aét. l. 5 s. (= PsD.
= PAeg.) ψῦξιν ἀκρωτηρίων μετὰ παρακοπῆς καὶ δυσκινησίας ;
cf. Pr. 1.32 περίψυξις. Toujours dans son 6ᵉ cas, Orfila (625) relève un
" sentiment de froid général qui ne fut pas suivi de chaleur " ; par
ailleurs, il note la fatigue douloureuse des membres, un " abattement
général ", et " une grande lassitude des extrémités " (640). – Scrib.L.
et Pr. sont les seuls à noter, le second, la *cardialgie* (Pr. p. 74.32 καρδιωγμός, 34 πόνος γίνεται περὶ τὴν καρδίαν), l'un et l'autre la *suffocation* (S.L. *spiritus uia intercluditur et praefocantur* ~ Pr. p. 74.37
πνιγμός, à propos du *Psilôthron*, dont les effets sont voisins de ceux
de la Céruse), symptômes ignorés de N.

9. 87-112 : III. *Thérapie.* – 1) Tous les remèdes de N., ou presque,
parfois avec des variantes quant au mode d'emploi, se retrouvent, et
dans le même ordre, chez Pr. (notice commune à la Céruse, au Psilothron et au Gypse), quelques-uns chez Asclépiade (notices particulières
sur la Céruse et le Psilothron). L'accord avec N. est remarquable chez
Pr., qui est plus complet (ci-après, les parenthèses signalent celui des
deux auteurs qui a employé l'ingrédient, quand il ne figure pas chez les
deux, ou un détail qui lui est propre) : *Huile* utilisée comme vomitif,
Lait d'Ânesse (dont on a enlevé la *peau*, Pr.), jus de *Mauve*, graines de
Sésame broyées dans du Vin (chez Ascl., dans sa notice sur le Psilôthron), *lessive* de cendre de sarments filtrée (Ascl. la mentionne en dernier), fruit du *Perséa* avec *Encens* (Pr.), grains *d'Orge* avec eau de
feuilles de Grenadier et *d'Ormeau* (Pr.), Noix broyées dans de l'Huile

(Ascl., p.-ê. alternative au fruit du Perséa). Très proche aussi de N. (à partir du v. 92), D. *eup.* : μολόχης ἀφέψημα …, σήσαμον λεῖον μετ' οἴνου, κονία κληματίνη, περσέων ὀστᾶ σὺν ἐλαίῳ <ἢ> κριθῶν ἀφεψήματι, κόμμι κοκκυμήλων, πτελέας τὸ ἐν τοῖς θυλακίοις ὑγρόν. Les notices d'Aét. (PAeg. PsD.) s'inspirent de celle de Diosc. Scr.L. a, entre autres, la *Mauve* et " la *lessive* de cendre de sarments chaude ", Celse seulement le jus de *Mauve* ou de *Noix* broyées dans du Vin (cf. Ascl.). – **2**) **(a)** 87-89 : *Huile d'olives variées.* *Vomissement provoqué.* **1/** *πρημαδίης, ὀρχάδος, μυρτίνης : la dis-tinction des variétés d'Olives est caractéristique de N. (cf. *e.g.* 232 s.). De ces trois noms, *πρημαδία est un *hapax* absolu, les deux autres sont attestés par Hésychius (*Test.*), en accord avec les Scholies. La seule précision qu'elles donnent concerne la μυρτίνη (cf. Col. 5.8.3 *murtea*), qui a un " fruit court " (Σ 88a). Les commentateurs de Vir-gile (cf. Geymonat[1] 138 n. 5 et 6), chez lequel figure le nom *orchados* (*Géorg.* 2.86), l'expliquent par la forme des fruits, qui ressemblent à des testicules (ὄρχεις). Est-ce un emprunt de Virgile à N., comme le pense Geymonat ? Si oui, ses *Géorgiques* sont une source plus pro-bable que ses *Al*. Des trois espèces d'Oliviers distingués aussi par Vir-gile, auquel se réfère Pl. 15.4 (J. André *ad loc.*), seules les *orchades* coïncident avec l'une des trois variétés de N. Aucune d'elles ne se recoupe avec les trois espèces que mentionne Call. (*Hécalè*) fr. 248 = 36.4-5 H. (γεργέριμον, πίτυριν, λευκήν : voir le comm. de Hollis p. 173 s.). N. recommande non le fruit (malgré Mercurialis 164), mais l'huile (εἶαρ), utilisée comme vomitif. – **2/** χέῃ, νηδύς : l'expression est ambiguë, le nom pouvant s'appliquer au *ventre* ou à l'*estomac* (voir *Notice* p. xxxvi), et le verbe à l'évacuation par bas (*e.g.* 381) ou haut (485). I.G. Schneider. a opté pour la première hypothèse, dans ses remarques (p. 107) et dans son *interpretatio latina* (p. 315 *aluus lubri-cata*), mais la littérature parallèle montre que cette potion est destinée à faire vomir : cf. Scr.L. p. 86.24 *post uomitum ab oleo*, D. *eup.* 316.17 ἐμείτω δὲ αὐτό (*sc.* ἔλαιον κτλ.), Ascl. 144.4 συνοίσει ἐλαίῳ θερμῷ ποτίζεσθαι καὶ ἀναγκάζειν ἐμέσαι, Pr. p. 75.3 ἔλαιον [lac. 9 litt.] ἄχρις ἂν ἐμέσῃ. Promotus dit même (*ib.* 1.10) que tous les remèdes doivent être pris avec beaucoup d'huile " jusqu'à ce qu'un vomissement s'ensuive ", cf. Aét. 1. 9 = PAeg. p. 40.1 ἐμείτω-σαν δὲ ἐφ' ἑκάστου (remarque omise par PsD.). – Selon Pl. 22.112, l'Hydromel additionné d'Huile est un antidote de la Céruse ; 23.80, il recommande celle d'œnanthe. – **(b)** 90 s. : *Lait chaud*. Pour le Lait contre la Céruse, particulièrement celui d'Ânesse, cf. Pl. 28.129, 158 (voir *infra* n. 41 §A) et *Notice* p. xlv. N. (qui ne précise pas la nature du Lait, mais l'expression convient mieux à un Lait animal) sous-entend p.-ê. que le Lait est, comme l'huile, un moyen de faire vomir : cf. D. *eup.* 316.17 (αὐτό recouvre tous les produits cités, dont γάλα) ; de même, chez Pr. p. 75.6-11, le Lait (recommandé le plus abondant

possible) et les remèdes mentionnés à sa suite constituent de simples
alternatives, comme le montre sa formule de résumé (l.10 s.) traduite
sous **a**. Le bouillon de Mauve aussi (§c) était parfois prescrit à cette
fin. − " Lait d'Ânesse ", conseillent Ascl. et Promotus. Ce dernier est
le seul à dire avec N. qu'on doit en enlever la peau (ἀπογραῖσας), ce
qui signifie qu'il faut le donner *chaud* (cf. Aét. PAeg. PsD.). −

[*Notes complémentaires aux v. 93-101* : V. 93 (fin) **3/** La solution
la plus simple serait p.-ê. de corriger, sur le modèle du v. 487, en
χύτρῳ ἔνι κλώθοντα (accord fém./masc. : *Notice* p. cv), cf. 142 s.
καυλέα ... Ι χλωρά, " fais infuser dans une marmite les rameaux ou le
feuillage verdoyant de la mauve, et de cette boisson gorge le
patient " ; mais χυλῷ est défendu par la littérature parallèle (voir
n. 9§2c). − Pour le sens et l'emploi de τήξας, cf. 487 n. − *κακηπελέοντα : *Th.* 878 (cf. *ib.* 319 κακηπελίη) d'où Opp. *Hal.* 5.546 κακη-
πελέων ; néologisme analogique de l'hom. ὀλιγηπελέων. − 94 νέκταρι : cf. 44 n. − καὶ τά : fin de vers fréquente chez Arat. (ἀλλ᾽ ἄρα
καὶ τῶν 180, καὶ τοί 648, καὶ τήν 699, *al.*). − 95 *κληματόεσσαν :
530 (vers à peu près identique), = κληματίνην. − 96 *νεοπλεκέος :
hapax absolu ; Dᵍ glose : νεοπλέκτου (seule autre occurrence, fr.
74.21 *νεοπλέκτοισι). − 97 *ἰκμήνειας : = διυλίσειας Gᵍ, διύλι-
σον Oᵍ, cf. 112 (au sens ordinaire de *mouiller*, comme ἰκμάζω) ; le
sens de *filtrer* est attesté aussi pour ἰκμάζω (Alex.Aphr.). − εἰλύν : cf.
Th. 203 εἰλυόεσσαν (avec la n.). − 98 μετ᾽ ἀργήεντος ἐλαίου : =
204 (*hac sede*) ; pour ἀργήεντος, cf. fr. 74.26 ἀργήεις, adj. cité par
Lucien *Tim.* 1 avec d'autres vocables poét. ; *vox lyrica* (ἀργᾶς <
ἀργάεις, Pind. Eschyle), également *ap.* Heliodor. *SH* 472.3
ἀργήεσσα, [Orph.] *Arg.* 125 (*alio sensu*). Au sens de *blanc, brillant*,
N. dit aussi ἀργής, cf. *infra* 305 ἀργέος, *Th.* 856 n. − 99 κάρυα : au
propre *noix*, pourrait désigner par catachrèse les fruits du Perséa,
comme c'est le cas de la Châtaigne (269) ; ici, leurs *noyaux* (cf. Th.
HP 4.2.5), auxquels σκληρά convient mieux qu'aux fruits, cf. comm.
n. 9 §2(f)1. − αἰνόν : l'exclamatif (?) οἷον de la classe ω, seul témoin
de la tradition, serait unique chez N., la relative 100 ss. le rend encore
plus suspect ; d'où ma conjecture. − 100 Κηφηῖδα γαῖαν : cf. Lyc.
834 τύρσιας Κηφηΐδας (voir Σ *ad loc.*, qui repousse la leçon Κηφ-
ηνίδας : τὰ τείχη καὶ τὰς πόλεις λέγει τοῦ Κηφέως κτλ. ; et la
paraphrase : τὰς Αἰθιοπικάς, ἀπὸ Κηφέως, βασιλέως Αἰθιόπων).
Selon Agatharch. 4.5, Κηφηνία est le nom ancien de l'Éthiopie. − 101
*γονόεντα : suspecté à tort (στονόεντα *conj.* Btl.) ; adj. typique de
N. (cf. t. II p. c), attesté chez lui pour la première fois et sans doute
créé par lui, employé très souvent par Nonnos, cf. Syn. *hy.* 1.461,
Anon. *AP* 9.524.4.]

(c) 92 s. : *Décoction de Mauve*. Cf. 487 (comm. n. 52 §4) ; voir
aussi, pour la forme du nom, *Th.* 89 (comm. n. 11 §3). Sur la Mauve

cultivée et sauvage, cf. D. *m.m.* 2.118 (191 s.) ~ Pl. 20.222-228 ; outre l'usage thériaque des Mauves, ils signalent, qu'elles sont bonnes contre tous les poisons, notamment la Céruse et le Lièvre marin, bouillies avec leur *racine* et prises en boisson, à condition de " vomir continuellement en buvant " : D. p. 192.9 s. ὁ ζωμὸς σὺν ταῖς ῥίζαις βοηθεῖ ἑψόμενος πᾶσι τοῖς θανασίμοις· ἐξερᾶν δὲ δεῖ ξυνεχῶς πίνοντας ~ Pl. 20.223 : *ualent* (sc. maluae) *et contra psimithi uenena… potae uero decoctae cum radice sua leporis marini uenenum restingunt, ut quidam dicunt, si uomatur.* C'est de même une *décoction* de la plante avec ses *racines* que préconise D. *eup.* p. 316.18 μολόχης ἀφέψημα σὺν ταῖς ῥίζαις ; cf. Pr. p. 75.5 μαλάχης ἑψημένης τὸν χυλόν ~ Ascl. 144.7 μαλάχης ἐφθῆς χυλόν, simplifié en μαλάχης ἀφέψημα *ap.* Aét. PAeg. PsD. ; Celse *ius maluae … prodest* (~ *Al.* 93 χυλῷ [τήξας, trad. poét. d'Hp. ἀφέψημα],) Scribonius p. 86.26 a une recette plus complexe : Mauve bien cuite (*discocta*), coupée en morceaux et assaisonnée de Sel, d'Huile et de Poivre, en boisson, seule ou avec d'autres herbes. – On aura noté que le terme de χυλός = *ius*, " suc " ou " jus ", employé par Celse, Asclépiade et Promotus, figure déjà chez N., dont le τήξας est la traduction poét. d'ἀφέψημα (Hp., *al.*). Le remède de N. est-il à administrer dans du Vin ? C'est ce que précise la Σ 93a 2, citée n. de la trad. à 92 (sous 2/) : καὶ τά (94) me paraît imposer cette interprétation. – (**d**) 94 : *Graines de Sésame.* Sur le Sésame (*Sesamum indicum* L.), cf. D. *m.m.* 2.99 (174) ~ Pl. 22.132 : ils connaissent sa vertu thériaque ignorée de N. (Diosc. contre le Céraste, Pline contre les Geckos), mais non son usage contre les poisons. – Tous les iologues (chez Ascl. 142.5, dans la notice sur le Psilothron) préconisent les graines pilées dans du Vin (Vin doux, Aét.), sauf Celse et Scribonius. – (**e**) 95-97 : *Lessive de cendre de sarments.* Dans son chapitre sur la Vigne, D. *m.m.* 5.2 (2.4 ss.) vante la τέφρα ἡ ἐκ τῶν κληµάτων en application sur les morsures de Vipères ; il néglige, tout comme Pline (23.3-6), son usage contre la Céruse et les Champignons (*Al.* 530). Mais, parlant de la τέφρα κληματίνη (5.118 [86 s.]), il ajoute à l'*indication* thériaque sa vertu, " en boisson ", contre les Champignons (cf. *infra* n. 57 §B2b). Dans sa notice des *eup.* sur la Céruse, après le Sésame, il mentionne sans plus de détails : p. 316.19 ἢ κονία κληµατίνη = Aét. l. 8 (PAeg. PsD.). Promotus et Asclépiade sont plus explicites : chez eux, la cendre est délayée dans de l'eau, et c'est cette eau filtrée qui constitue le remède, comme chez N. : Pr. p. 75.6 s. ἢ τέφραν κληµατίνην φυράσας ὕδατι καὶ διηθήσας δίδου ~ Ascl. 144.10 (Céruse) [= 142.6 (Psilothron) = 142.12 (Gypse)] τέφρας κληματίνης ἀπήθημα δίδου πίνειν. Dans les passages parallèles de Scribonius, le texte corrompu du Toletanus (c. 184 [Céruse] p. 87.2 *item cinis †lixiuie caldae ex sarmentis factae†* ~ c. 182 [Gypse] p. 86.7 s. *cinere †lixiuiae sarmentis factae†*), laisse entrevoir le même sens, que l'ed. pr. avait retrouvé par conjecture : *lixiua calda ex cinere sarmentorum facta* " lessive chaude faite à par-

tir de la cendre de sarments " (cf. la définition de la lessive *ap.*
Cael.Aur. *Tard.* 2.69 [p. 586.7 Bendz] *destillatio aquae cineribus
liquatae, quam uulgo lixiuium uocant).* – **(f)** 98-105 : *Noyaux du fruit
du Perséa broyés dans l'Huile.* **1/** Sur le *Perséa* (*Mimusops Schimperi*
Hochst), arbre d'Égypte (Th. D., cf. *Th.* 759, 764) – identification,
forme du nom – voir le comm. des *Th.*, n. 84 §1 ; le Perséa figurait
dans la pharmacopée égyptienne (Lefebvre 195). La description la plus
complète est celle de Th. *HP* 4.2.5, *unde* Pl. 13.60. Dioscoride (*m.m.*
1.129) ignore son usage iologique, mais fait écho aux " dires de certains ", selon qui le fruit, vénéneux en Perse, serait devenu comestible,
une fois l'arbre transplanté en Égypte (cf. Pl. 15.45 s.) ; aucune mention chez Galien (*ant.*). – D. *eup.* p. 316.19 (περσέων ὀστᾶ σὺν
ἐλαίῳ) offre un parallèle exact du remède de N. Promotus préconise
lui aussi le fruit du Perséa, mais dans une préparation qui rappelle celle
de la Lessive : p. 75.7 s. ἢ καρπὸν περσέας λεάνας μετὰ λιβάνου
καὶ ὕδατος διήθησον καὶ δίδου " broie le fruit du perséa avec de
l'encens dans de l'eau, filtre et administre ". Paul et Ps.Dioscoride parlent (comme D. *eup.*) des " noyaux ", mais de Pêches : PAeg. (PsD.)
p. 39.25 περσικῶν τε ὀστᾶ σὺν κριθῶν (*correxerim* : κρίμνου
codd.) ἀφεψήματι ~ Scrib.L. p. 87.1 *prosunt et nucleorum persicorum
interiora ex uino trita atque pota quam plurima* " est utile aussi l'intérieur des noyaux de pêches broyé dans du vin et bu en la plus grande
quantité possible ". Quoique la " décoction d'Orge " remplace chez
Paul et PsD. l'Huile de Diosc. (et de N.), et malgré le parallèle de
Scrib.L., on est tenté de corriger chez eux περσικῶν en περσείων ou
περσίων (confusion banale, dénoncée par Pl. 15.45). Aétius, qui leur
ressemble tant (voir *Annexe* §2, n. 1) n'a pas ce remède (omission accidentelle ?). Enfin, chez Celse et Ascl. 144.9, il ne s'agit plus des
noyaux (κάρυα) de Pêches ou de fruits du Perséa, mais de Noix, que
Celse recommande broyées dans du Vin (*iuglandis ex uino contritae*),
et qu'Ascl. conseille de prendre, au nombre de 5 (cf. n. 35 §1a), pilées
dans de l'Huile (κάρυα βασιλικὰ ἐλεάνας μετ' ἐλαίου δίδου
πίνειν). – **2/** En *Th.* 764 (Περσῆος … πετάλοισι), N. se sert du nom
de Persée pour désigner à l'aide d'une périphrase le Perséa, dont les
feuilles abritent la Phalange égyptienne appelée Kranokolaptès. C'est
Céphée, le roi d'Éthiopie, selon la version euripidéenne du mythe
adoptée par la vulgate (cf. K. Latte, *RE* 11, 1921, 224.26 ss., et Jouan-
Van Looy 147-164l), qui, pour récompenser Persée (étymologie du
phytonyme) d'avoir sauvé sa fille Andromède, lui aurait, d'après N.,
fait don du Perséa, l'arbre sacré d'Héliopolis, que le héros aurait planté
à Mycènes. Quand Persée tranchait-il le cou " fécond " de Méduse,
dont le sang donnait naissance à Chrysaor et à Pégase (Hés. *Th.* 280 s.,
cf. Σ 101b) ? La réponse n'apparaît pas clairement dans la succession
des deux participes aor. (100 s.), mais il est probable que l'événement
a eu lieu avant son passage en Éthiopie et la libération d'Andromède,

car la tête de Méduse l'a p.-ê. aidé à vaincre le monstre marin (allusion
à la mort de Méduse *ap.* Eur. fr. 9 = F 124 Kannicht ? Cf. Jouan-Van
Looy 157[26]). La plantation du Perséa à Mycènes est un *unicum* souligné comme tel par la Σ 100a : " Alors que tous les autres racontent
que Persée a planté le *perséa* en Égypte, comme aussi Callimaque :
" ... *et un troisième, qui porte le nom de Persée, dont celui-ci planta
un scion* (ὀρόδαμνον) *en Égypte* " (fr. 655), N. dit qu'il l'a planté à
Mycènes ". Pline (15.46) précise le lieu d'Égypte concerné, Memphis,
dont, d'après une hypothèse peu probable de Murr 75[1], la tradition suivie par N. aurait confondu le nom avec celui de Mycènes. Féru d'étymologie, Nicandre, après avoir fait de la sorte celle du Perséa qui nous
vaut cet excursus mythologique, en profite pour faire en passant celle
de Mycènes, ville fondée par Persée. Chez Pausanias, cette étymologie
est en même temps un *aition* de sa fondation : 2.16.3 τοῦ ξίφους γὰρ
ἐνταῦθα ἐξέπεσεν ὁ μύκης αὐτῷ, καὶ τὸ σημεῖον ἐς οἰκισμὸν
ἐνόμιζε συμβῆναι πόλεως. – 3/ Chez Nicandre, elle sert de prétexte
à un autre *unicum* mythologique, la découverte par Persée de la source
Langéia par l'entremise d'une Nymphe : le mont Mélanthis en Argo-
lide (G[g] : Eut. 61.5 s. parle d'une montagne de Mycènes appelée
Mélanthon), la source argienne Langéia (Σ 105a) ne sont pas autrement
attestées. Sur Λαγγεία il y a flottement dans les Scholies : **α)** nom
d'une source d'Argos (Σ 105a ; de Mycènes, Eut. 61.6) ; – **β)** nom de
la Nymphe qui la montra à Persée (cf. la *v.l.* Λαγγείη moins bien
attestée) : Σ 105b, d'après laquelle il pourrait s'agir de la Nymphe
appelée Μυκήνη (*Od.* 2.120) ; en fait, le nom de la source était p.-ê.
celui de la Nymphe à l'origine de sa découverte. – **γ)** C'est à l'endroit
où il cherchait la virole (μύκης) tombée de sa *harpè* que Persée aurait
trouvé la source : Σ 105c ~ Eut. 61.8 s. Toutes ces indications peuvent
se tirer du texte allusif de N. Elles faisaient partie d'un *aition* de la fondation de Mycènes à tendance étymologique. Langéia est-elle identique à Λαγκία, nom d'une source qui communiquait avec celle de
Pellana (Paus. 3.21.3) ? – **(g)** 106 s. *Grains d'Orge et Encens.* La combinaison des grains d'Orge et de l'Encens n'a pas d'équivalent dans la
littérature parallèle. Ces produits y figurent, soit séparément, soit
mélangés à d'autres : – **1/** " Orge mondé en *bouillie* (*cremore ptisa-
nae*) prise chaude en assez grande quantité " (S.L.) ; en *décoction* (κριθῶν ἀφεψήματι) avec des noyaux de fruits du Perséa ou de Pêches
(voir *supra* §f 1) ; *haché* avec des feuilles de Grenadier ou d'Orme et
macéré dans de l'eau administrée après filtrage (Pr. p. 75.8 s.). – Chez
N., les deux *v.l.* du v. 106 se défendent l'une et l'autre : **α)** ὀπταλ-
peut désigner les grains d'Orge *rôtis* ou *grillés*, κριθὰς ὠπτημένας
(Gal. *eup.* 427.5 κ-ὰς ὀπτήσας, *Hippiatr. Paris.* 29.17 s.), πεφρυγμέ-
νας (Thcd. 6.22, Gal. 19.111.4, *Hippiatr. Paris.* 90.4), πεφωσμένας
(Hp. *Nat. mul.* 103.1, *al.*), et cf. Pl.18.73 (*hordeum*) *tostum*, 72 *frigunt*
(Pline ne semble pas faire de différence entre *torrere* et *frigere*) ;

β) αὐαλ-, ceux qui sont *séchés* au soleil (cf. Pl. 18.72 *siccant*, 73 *siccatum sole*). 2/ Pour l'Encens (seulement ici chez N.) employé seul, cf. PAeg. p. 39.25 (λιβανωτός) ; mélangé à des œufs de Colombes, PsD. p. 32.12 ; au fruit du Perséa, Pr. cité §f1 (λίβανος, comme N.). – L'Encens, qu'on adultérait parfois avec la Gomme (κόμμι) et la résine de Pin (D. *m.m.* 1.68 [62.4]), entre dans plus de trente antidotes décrits par Galien (partout λίβανος, sauf indication contraire), notamment les ἀντίδοτοι qui combattent à la fois venins et poisons, ainsi la Μιθριδάτειος ἀντίδοτος dans ses différentes versions (107.9, 108.18, 116.2, 153.2, 165.6), la Ζωπύριος (151.3, version d'Ascl.Ph.), la τυραννίς (166.15), celle " aux sangs " (111.12, 125.3, 151.16 [λιβανωτός]), ou celle d'Aelius Gallus (114.15) ; particulièrement recommandées contre les poisons, la Ζωπύριος (205.16, version d'Héras), celle aux cent ingrédients et une indéterminée (206.10). – C'est l'*encens de Gerrha* (*Al.* 107), gomme-résine des Boswellia d'Arabie (notamment *Boswellia Carterii*), dont il est question chez Arrien, *Ind.* 41.7 : " c'est là (*i.e.* à l'embouchure de l'Euphrate, près du village de Diridôtis) que les marchands rassemblent l'encens produit par la région de Gerrha (ἀπὸ τῆς Γερραίης γῆς οἱ ἔμποροι ἀγινέουσι), et les autres parfums de l'Arabie " (trad. Chantraine modifiée), où Γερραίης est une conjecture probable. Cf. les extraits *De mari Erythraeo* in : GGM 87.6 s. ; sur l'importance de la place de commerce de Gerrha et la richesse de ses habitants, *ibid.* 102.1 ; *RE* 7 (1910) 1270 s., en particulier 1271.54 ss. –

[*Notes complémentaires aux v. 110-112* : V. 110 *κόμμινα : sc. δάκρυα ; hapax* absolu, = κόμμι (comm. n. 9 §2h) ; il s'agit d'un produit qui s'ajoute à ceux des v. 108 s. ; la recension ω construit κόμμι avec la relative du v. 109, ce qui n'ajoute rien au sens, et la reprise, à l'aide de τά δέ, des produits mentionnés est pour le moins maladroite. L'adj. κόμμινος, ignoré des dictionnaires, y compris de LSJ, *Revised Suppl.*, est pourtant garanti par *cumminosus* " gommeux " ; O. Schneider compare σίναπι/σινάπινος (cf. σινάπινον [*sc.* ἔλαιον] *ap.* D., Gal., O.). – *χλιόεντι : hapax* absolu, = χλιαρῷ. C'est le texte des édd. les plus anciennes (Ald., Soter, Go.) supplanté par *χλιόωντι, hapax* absolu lui aussi, mais de formation plus banale, à partir de l'éd. Estienne (*sic* I.G. Schneider, Lehrs et O. Schneider lui-même, qui défend 54 ἀργυρόεν *ob Nicandri singularem in eius modi adiectiua amorem*). Gow a rétabli justement la leçon la plus caractéristique de N. Ce type d'adj. équivaut parfois pour le sens à un participe prés. (cf. Lingenberg 24 n. 1) ; χλιόεις, en face de χλιόων, n'a rien de plus choquant que ναυσιόεις en face de ναυσιόων. – *ἐπαρωγέα : hapax* absolu (βοηθητικά Gᵍ), formé sur hom. ἐπαρωγός. – 111 *ἐψητοῖσι : = θερμοῖς Oᵍ, χλιαροῖς Dᵍ ; pour le sens, cf. comm. n. 9 §2(i). – 111 s. τὰ δ' – ἀλθήσῃ : entendez " et (afin) qu'il rende inoffensive l'autre ", " qu'il assimile l'autre " (cf. Gow[1] 97). La *v.l.* δαμάσσας, qui a un moins bon support manuscrit, ouvre une piste intéressante. C'est le médecin (sujet de δαμάσσας et de ἀλθήσῃ, subj. aor. Moy. 2e sg., cf. *Th.* 496), et non plus le malade, qui accomplirait l'action : " et que, *l'ayant soumis* à l'action des eaux d'un bain bouillant *tu neutralises* l'autre ". – 112 ἰκμήνῃ : G et D glosent ici ce verbe par ὑγράνῃ (*mouille*), ce qui est son sens habituel, cf. fr. 70.8 (θερμοῖς δ᾽ ἰκμανθεῖσαι ... ὑδάτεσσι), 17, et le fr. de l'*Hécalè* de Call. cité dans la n. à 463.]

(h) 108-110 : *Gomme de divers arbres.* D. *m.m.* 1.101 ~ Pl. 24.109 parlent de celle de " l'*Acacia* d'Égypte " (*Acacia albida* et *A. arabica*, cf. André *ad* Pl. *l.c.*). Pour la Gomme et les liquides gommeux de certains arbres employés contre la Céruse, cf. D. *eup.* p. 317.1 κόμμι κοκκυμήλων, πτελέας τὸ ἐν τοῖς θυλακίοις ὑγρόν, *unde* PAeg. p. 39 s. κοκκυμήλων κόμμι ἢ πτελέας τὸ – ὑγρόν, qui ajoute : μετὰ χλιαροῦ ὕδατος (cf. *Al.* 110 χλιόεντι ποτῷ) ~ PsD. p. 32.12 s. (φύσκαις *pro* θυλακίοις). Les *Commiphora* de la côte des Somalis, Térébinthacées comme les Boswellia, donnent la Myrrhe. – (i) 111 s. : *Bains très chauds.* Le sens habituel de l'adj. verbal ἐψητός (*bouilli*) ne convient pas ici, il faut sans doute le prendre au sens figuré de *bouillant, brûlant,* non autrement attesté, et voir dans ὑδάτεσσιν non pas l'équivalent de ποτῷ, ainsi que l'a compris Gow[1] 97 (" administer an emetic in hot water... *in order that the patient may... assimilate the remainder when, under the influence of* the hot water... ") après Grévin (*et puis fai le deffaire | Dans un* bruvage chaut *: car tu pourras attraire | Une part du venin par le vomissement, | Puis l'autre sortira dans* l'eau chaude *aisément*), χλιόεντι " tiède " s'y oppose, mais celui de λοετροῖς, les eaux d'un *bain,* comme l'ont bien vu I.G. Schneider (*calido balneo*) et Brenning (*durch die Kraft eines heissen Bades*) après Gorraeus (*calentibus undis*). Ce dernier commente (p. 29) : (la plus grande partie de la Céruse ayant été évacuée par les vomissements,) *quod reliquum est et iam in uenas corpusque receptum, id* balneo *digerere haud inutile fuerit, a quo non hoc tantum commodi, sed etiam intemperiei per cerussam inductae alteratio speratur* ~ Σ 111a2 s. ὅπως ... τὰ δὲ πέψῃ ἐκλυθεὶς ἐν ἐψητοῖς ὕδασι, τουτέστι λουτροῖς (*contra* : Eut. 61 s. ἀπὸ δὲ τοῦ τοῖς ἐψητοῖς ἐντυγχάνειν καὶ πίνειν). Nicandre connaît la balnéothérapie. Il y a recours dans le cas du Pavot (462-464). Cf. *e.g.* Aét. *Annexe* §3 (Cantharides), l. 41 s. ; PAeg. 5.36 (Sangsues) p. 30.14 ἐμβιβάσας εἰς ἔμβασιν θερμὴν τὸν ἄνθρωπον, *al.*

10. 113 s. : IV. *Pronostic.* – Pour le pronostic, cf. *Notice* p. XXVII s.. Contre les venins, les iologues recommandent l'ἀκρατοποσία en association avec la σκορδοφαγία ou la δριμυφαγία : cf. *e.g.* PAeg. 5.13.2

(16.16), 16. 3 (19.12). Le Vin pur est souvent employé par eux contre les poisons (*e.g.* contre la Ciguë, *Al*. 195, 198, et Paul le préconise en grande quantité dans la κοινὴ θεραπεία convenant à ceux qui ont absorbé n'importe quel poison (28. 2 [26.9] ποιεῖ δὲ καὶ ... οἶνος πολὺς καὶ παλαιός). En revanche, je ne sache pas qu'ils aient recommandé des repas aux intoxiqués.

11ᵃ. CANTHARIDE. I. *Caractéristiques.* – Sur la Cantharide des iologues, outre Gossen et Keller, cf. Gil Fernandez 65, Beavis 172 s. – **1/** 115 κανθαρίδος σιτηβόρου. L'adj. semble nous renvoyer à Théophraste, selon qui la Cantharide " apparaît dans les blés " (mais vient d'ailleurs et non de la plante elle-même) : *HP* 8.10.1 ἐπιγίνεται γὰρ ἡ κανθαρὶς ἐν τοῖς πυροῖς ~ D. 2.61 (139.17) κανθαρίδες ... αἱ ἀπὸ τοῦ σίτου, Pl. 18.152 *est et cantharis dictus scarabaeus paruus, frumenta erodens* ; cf. Hsch. κ 657 κανθαρίς· ... ἢ ζωΰφιον λυμαντικὸν σίτου καὶ ἀμπέλου καὶ κήπων). André (*ad* Pl. *l.c.*) songe à l'Alucite des céréales, appelée encore Teigne des blés (*Sitotroga cerealella* L.), mais c'est un Lépidoptère, alors que Pline dit que cette *cantharis* est un Scarabée. A noter que D. *l.c.* (140.5) fait des Enfleboeuf une espèce de Cantharides (εἶδος οὖσαι κανθαρίδων). – **2/** Aristote (*HA* 531b25, 542a9, 552b1) parle des κανθαρίδες sans spécification, et ses traducteurs (Camus, D'Arcy W. Thompson, Peck, Louis) y ont vu notre Cantharide, *Cantharis vesicatoria* L. (cf. D'A.W.Thompson *ad* 531b2, 552b1 [avis plus nuancé] ; Camus, t. II, p. 166 : " Le nom de *Cantharide* rappelle l'insecte que nous connaissons sous le nom de Mouche Cantharide, mais que nous nommons mouche mal-à-propos, étant un véritable scarabée dont les ailes sont recouvertes par des étuis d'un vert doré "). – **3/** Pour Aristote (*HA* 552b1-3), " les cantharides viennent des chenilles des figuiers [cf. *Géop.* 15.1.21 cité t. II p. 284, Th. fr. 18*], des poiriers et des pins (car sur tous ces arbres naissent des vers) ; elles viennent aussi des chenilles qui sont sur l'églantier » [d'où Pl. 11.118, cf. 29.94]. Cette remarque a été reprise par Pr. p. 70.26 ss., et, à peu près dans les mêmes termes, par Aét. (voir sa trad. n. 1, où les textes sont cités). Élien (9.39), se référant à Aristote, dit que " la famille des cantharides naît dans les champs de blé sur pied, sur les peupliers noirs et sur les figuiers également ". – **4/** Selon Gossen 1482 s. (pour d'autres références, *RE* Suppl. 8.238.45 ss., en particulier *Al*. 115, où Σ 115a définit les C. comme étant τὰ κοπροφόρα καὶ σιτοφθόρα ζῷα, οἱ λεγόμενοι κάνθαροι), les Grecs auraient nommé κανθαρίδες (dérivé de κάνθαρος " scarabée ") divers insectes : non seulement *Lytta dives* Brullé, la Mouche d'Espagne, mais aussi *Lytta segetum* Fabr. (1483.32), qui correspondrait aux C. de Dioscoride (cf. *supra* §1), et encore *Sitophilus granarius* L., qui correspondrait à la C. de Théophraste (1483.57), ainsi que *Bostrychus typographus* L. (cf. Hsch. *l.c.*

supra §1), pour lequel il cite (1484.14) les *Géop.* 5.22.3 (les *Géoponica*
préconisent un échalas sans écorce, car l'écorce peut abriter " des cantharides et tout ce qui a coutume de gâter la vigne "). – 5/ Il y avait là
une source de confusion (cf. Keller 2. 414 s.), et N. ne l'a pas évitée si
l'adj. σιτηβόρου vise la Cantharide de Théophraste. Une chose est
sûre, la κανθαρίς des iologues, comme les effets de son breuvage le
montrent à l'évidence, est notre Cantharide commune ou Mouche
d'Espagne, coléoptère de la famille des Méloïdés, répandu dans la
région méditerranéenne, dont l'espèce la plus courante est *Lytta vesi-*
catoria L., aux propriétés vésicantes et aphrodisiaques. En poudre ou
en extrait aqueux, elle agit comme un poison irritant des plus énergiques. Les Enfle-boeuf proches des Cantharides (voir *supra*) servaient
à confectionner un breuvage dont les effets étaient combattus par les
mêmes remèdes (cf. n. 12 §2d,h).

11[b]. 115-127 : II. *Symptomatologie.* – Pour " l'action des cantharides
sur l'économie animale ", voir Orfila 2.4-35. Elles font partie des poisons corrosifs (voir *Notice*, p. XXVI et n. 44). – **1**) 115-118 : *Odeur,*
goût. Les signes caractéristiques du breuvage des Cantharides, odeur et
goût de poix, se retrouvent, avec des différences, chez Scr.L., Pr. ~
Aét. l. 4 s., PAeg. = PsD. Ces deux derniers ne parlent que du goût,
qu'ils disent " semblable à celui de la poix ou de la *cédria* " (πίσσῃ ἢ
κεδρίᾳ ὅμοιόν τι). Scr.L. p. 88.22 rapproche à la fois le goût et
l'odeur de ceux de la *cédria*, c'est-à-dire " la poix tirée du cèdre "
(*similem pici e cedro factae*). Le Cèdre en question, comme chez N.
(118 κέδρου, cf. Th. *HP* 3.12.3) est le grand Genévrier ou Cèdre-sapin
(*Juniperus excelsa* L.) : Pl. 24.17 *cedrus magna, quam cedrelaten*
uocant, dat picem quae cedria uocatur " le grand cèdre, qu'on nomme
cèdre-sapin, donne une poix appelée *cédria* ". Pr. et Aét. distinguent,
comme le fait N., entre le goût et l'odeur, qui est celle de la poix ; ils
ne précisent pas laquelle, eux non plus. En ce qui est du goût, qu'il
assimile à celui des fruits du Genévrier, Pr. est le plus proche de N. :
p. 70.30 s. οἰονεὶ γεῦμα κεδρίδων (διὰ μα V : γεῦμα ego οἷον
ἰδίωμα Schmidt). Aétius le compare à la poix de cèdre, comme les
autres iologues, et aussi à la poix de Pin (chez PAeg. p. 27.20 et PsD.
p. 15.9, écrire p.-ê. : πί<τυος πί>σσῃ). – Beauregard 285, 289 : odeur
de Souris de la C. officinale. –

[*Notes complémentaires aux v. 119-125* : V. 119 (fin) Les effets de
la boisson dépendent de sa *force*, de sa *concentration* ; pour cette
valeur de " faible " non attestée ailleurs, cf. Gow[1] 107. – 120 τοτὲ δ'
αὖτε : 289 ; seules autres occurrences (mais avec τότε), *Il.* 9.702,
23.645, *Orac. Sibyll.* 1.307, 2.27. – νείατα : employé comme adv.,
étroitement lié à la détermination de lieu περὶ στόμα, cf. 190. – 121
ἄλγεῖ : N. applique souvent le sing., d'une façon générale, au mal

douloureux qu'est l'intoxication (179 = 298 ἄλγος ἐρύξει [~ *Th.* 929], 459), mais, bien qu'il emploie plus fréquemment le plur. pour les douleurs particulières qu'elle provoque, notamment celles du ventre (cf. *Th.* 468), le sing. n'est pas sans exemple, ainsi pour la cardialgie : cf. *Th.* 299 (sing.) en face d'*Al.* 339 (pl.). – 122 *περιψαύουσι : *hapax* absolu, = ἅπτονται (Σ) ; gouverne le gén. θώρηκος, qui est à sous-entendre avec χόνδρος. – 122 ἀνῖαι : pour le sens matériel de *maux*, *douleurs*, cf. *Th.* 867. – 123 ἕζετο : pour cette valeur intemporelle de l'imparfait, cf. t. II p. CIII §III2. – 124 ἀσχαλόωσιν : cf. ἀσχαλόωσι *Il.* 24.403, *Od.* 1.304, QS 7.456, Greg. Naz. 1528.9. – ἄλη : cf. 84. Le mot, qui, dans l'*Od.*, signifie *course errante*, *aventure* (10.464 + 3 fois), participe du sens de ἀλάομαι, dont il est le déverbatif, et qui veut dire " *errer*, avec la même amplitude de sens qu'en français, de *courir à l'aventure* à *aller à la dérive* " (J. Irigoin, LfgrE 449.77-8, s.v. ἀλάομαι). Le sens fig. (*égarement d'esprit*) ne semble pas attesté en dehors d'Eur. *Médée* 1285. – φιν : pour ce doublet métrique de σφιν, cf. *Th.* 725 n. – 125 *ἄψυχος : *hapax* absolu en ce sens (*qui inanimum efficit* [Zeune], *qui prive de sentiment*, est impropre) ; avec ἀψύχοις, l'adj. aurait une valeur passive, qui semble plus naturelle, " si bien qu'ils sont privés de ψυχή ". Le caractère distinctif de l'homme (ἤθεα φωτός) consiste dans la *pensée* et la *volonté*. – πεδάει : Euctecnius (voir l'apparat) lisait sans doute, non πεδάει *entrave*, mais *κεδάει (cf. 583 σκεδάων) *disperse*, doublet non attesté de κεδαίω (cf. 458, *Th.* 425). Il peut s'agir d'une variante d'auteur qu'Eut. a remplacée par sa glose, la littérature grammaticale glose souvent κεδάιειν par μερίζειν, διακόπτειν (cf. I.G. Schneider 120 [n. à 124]). Cette métaphore conviendrait à l'action de la folie qui " éparpille " la pensée et la " déchire en pièces " (Maupassant, " Le Horla ", Bibl. de la Pléiade, 2 p. 928), elle s'accorderait bien avec l'image des v. 126 s. Mais, en faveur de πεδάει cf. *Th.* 427 νόον πεδόωσιν ... ἀνῖαι. – ἀελπέα : *hapax* hom. (*Od.* 5.408, cf. Hsch. α 1358 ἀελπέα· ἀνέλπιστον *de façon inespérée*), repris par N. au sens actif de *qui ôte tout espoir*, voir Ritter 6 et cf. *hAp.* 91 s. ἀέλπτοις | ὠδίνεσσι πέπαρτο *sc.* Λήτω).]

2) 119-123 : *Douleurs mordantes*. Les effets décrits par N. semblent dépendre du degré de concentration de la boisson ; en fait, c'est l'ensemble de l'appareil digestif qui est attaqué par la cantharidine, et dans lequel les victimes éprouvent une sensation de morsure, comme le notent PAeg. (= PsD.) : σχεδὸν γὰρ ἀπὸ στόματος ἄχρι κύστεως ἄπαντα δάκνεσθαι δοκοῦσι ; cf. Orfila p. 29 : " chaleur très vive dans tout le trajet du canal digestif " (6ᵉ observation), p. 31 : " sentiment de brûlure tout le long du canal alimentaire » (8ᵉ obs.). Beauregard 305 s. : « appliquée sur la peau ou sur les muqueuses (lèvres, langue) », elle « y détermine une rapide et violente vésication » ...

« administrée à l'intérieur, la cantharidine ... est un toxique des plus énergiques » ; il note de « larges ulcérations des muqueuses », un « état inflammatoire des appareils génito-urinaires », et apprécie à 0,15 gr. la dose mortelle. – (a) *Morsure aux lèvres* (119) : cf. la 5ᵉ observation d'Orfila 24, faite sur un jeune homme qui avait avalé quelques gouttes de teinture de Cantharides : " à l'instant même il ressentit une ardeur aux lèvres, à la langue et à la membrane du palais ". – (b) 120 : *Cardialgie* (cf. la βούπρηστις, *infra* n. 33 §2). Pr. l.32 τοῦ στόματος τῆς κοιλίας δῆγμα→, cf. Aét. l. 9 s. Scr.L. l.23 note seulement : *stomachi dolorem morsusque* " douleur et morsures de l'estomac " ; cf. Orfila, 5ᵉ obs. : " cuisantes douleurs au creux de l'estomac et au milieu de la région ombilicale " (cf. p. 32 : " épigastralgie des plus vives "), 6ᵉ observation : " douleur très vive vers l'estomac " (p. 28). – c) 121 : *Ventre*. Voir Aét. l.5 s. ; cf. Orfila, 5ᵉ obs. (citée sous b), 6ᵉ observation : " douleur atroce vers la région rénale et à l'hypogastre ", et, dans sa synthèse (p. 32), il note : " déjections alvines copieuses et souvent sanguinolentes..., coliques affreuses ". – (d) 122 : *Vessie* (cf. βούπρηστις, n. 33 §4). βρωθεῖσα : cf. Pr. ←ἀναβιβρώσκε-ται ... κύστις. C'est la partie la plus atteinte : Scrib.L. *praecipue uesicae* ~ Pl. 29.93 *uesicae cum cruciatu praecipuo* ; cf. Gal. *Pis.* 4 (227 s.) ἡ κανθαρὶς ἰδίως τὴν κύστιν κακοῖ, *ib.* 248.5, *al.*, Aét. l. 7 (καὶ μάλιστα κύστεως). Au chap. des *maladies aiguës* de la vessie, Arétée 2.10.3 (32.12-14) décrit les effets qu'ont sur elle les Cantharides ou l'Enfle-bœuf : ἐπὶ δὲ φαρμάκοισι δηλητηρίοισι, κανθαρίσι ἢ βουπρήστει, καὶ πνεύμασι ἐμπίπραται (*est gonflée* plutôt que *enflammée*) ἡ κύστις ... αἱμορραγέει κοτὲ κύστις. Strangurie et émission d'urines avec du sang (Scr.L., l.24 s., met justement en cause des " ulcérations de la vessie ") : Aét. l. 8, 12, PAeg. p. 27.21 s. (PsD. p. 15.10 s.) ; cf. Maimonide 59 : « elle cause des ulcérations à la vessie et le pissement de sang ». – Orfila, 6ᵉ obs. : " ... des ténesmes et des envies fréquentes d'uriner ; mais le malade ne rendait, après les efforts les plus cruels, que quelques gouttes de sang par le rectum et par l'urètre " (p. 28 s.), 7ᵉ obs. : " la malade ne pouvait plus uriner, mais elle rendait quelques stries de sang " (p. 30). Voir aussi la 9ᵉ obs. (p. 31), due à Ambroise Paré (Œuvres, 12ᵉ éd., Livre XXI, *Des venins*, p. 500), concernant une femme sur le visage de qui avait été appliqué un vésicatoire aux Cantharides : " chaleur merveilleuse à la vessie ", et la synthèse finale d'Orfila 34 qui rejoint les constatations antiques : " agit d'une manière spéciale sur la vessie ". Cf. Archigène *ap.* Aét. 6.50 (191.17 s. αὐτὴν [*sc.* κύστιν] πολλάκις ἀδικεῖσθαι ἐκ τῶν διὰ κανθαρίδος χρισμάτων). – (e) 122 s. : *Douleurs de l'appendice xiphoïde*. Aét. l. 10 s. (~ Pr. p. 70 s.) les met en rapport avec la cardialgie, et il note de plus l'inflammation de l'hypocondre droit (cf. PAeg. = PsD.) ; Orfila 33 : " douleurs atroces dans les hypocondres ". – 3) 124-127 : *Angoisse*. 124 αὐτοὶ δ᾽ ἀσχαλόωσιν : cf. ἄσαις (PAeg. PsD.), défaillances (Scr.L.), évanouissements et vertiges (PAeg. PsD.), perte de la capacité visuelle (Aét. l. 12 s. δαπανᾶται τὸ ὁρατικόν = Pr. p. 71.2 [δαπανᾶται altéré en πλανᾶται, qui, avec un tel sujet, ne peut rendre ἄλη]), *égarement d'esprit* (Nic. : ἄλη), i.e. " aliénation mentale " (Aét.), laquelle " prive de tout caractère humain " les malades, et fait qu'ils se jettent " d'un endroit à un autre, insensibles " (Pr. p. 71.3, cf. Aét. l. 14), la plupart de ces symptômes ayant une illustration chez Orfila. Particulièrement intéressantes, entre autres, la 5ᵉ obs. (*supra* §2a) : " tantôt il se jette et se roule sur son lit en désespéré ; tantôt il se relève et s'élance en furieux vers le lit d'un de ses amis... délire complet, furibond, presque phrénétique... sa physionomie portait l'empreinte de l'effroi et du désespoir... il pousse des hurlements terribles, semblables à des aboiements... il tombe dans des convulsions générales, qui ne finissent que par des défaillances et un assoupissement profond " (p. 24-26) ; la 9ᵉ, due à Ambroise Paré [*supra* §2d] : " ... se jettant çà et là, comme si elle eust été dans un feu, et estoit comme toute insensée " (p. 32). Dans ses conclusions, Orfila relève (p. 33) : " angoisses terribles " (*ib.* n. 1, délire, convulsions). – Les iologues anciens ignorent le priapisme provoqué chez les hommes par le poison. – Qu'est-ce que le κάκτος du v. 126 ? A noter d'abord la ressemblance de ce vers et de *Th.* 329 : γήρεια ... κάκτου = (*eadem sede*) γήρεια ... ἀκάνθης (p.-ê. emprunt à Aratos 921 ἤδη καὶ πάπποι, λευκῆς γήρεια ἀκάνθης, cf. *Th.* 329 n.) ; voir PsD. 33 (40.13 s.) οἱ νέαροι πάπποι· ἄνθη δέ ἐστιν ἀκάνθης τῆς καλουμένης κάκτου. La *v.l.* de la classe ω qui offre πάππου (synonyme de γήρεια) au lieu de κάκτου est à rejeter. – Sous le nom de κάκτος, Théophraste (*HP* 6.4.10-11) décrit deux plantes différentes : au §10, le Cardon (*Cynara cardunculus* L.), qu'il dit à tort particulier à la Sicile (cf. [Antig.Car.] 8 τὴν ἐν τῇ Σικελίᾳ ἄκανθαν τὴν καλουμένην κάκτον), et, au §11, " une autre plante " (ἕτερον *sc.* φυτόν [S. Amigues traduit à tort " en second lieu ", et rapporte la suite à la même plante]), à tige dressée, que Hort identifiait avec une espèce voisine, l'Artichaut (*Cynara scolymus* L.) ; outre Amigues (*ad* Th. *l.c.*) p. 176 n. 26, voir Lembach 79 s. – Le κάκτος de N. n'est probablement ni l'une ni l'autre, mais la plante épineuse qu'ont mentionnée Philétas fr. 16.2 (ὀξείης κάκτου τύμμα φυλαξαμένη [*sc.* νεβρός]) et Thcr. 10. 4, une plante dont la piqûre rendait les os du Faon impropres à la fabrication des flûtes ([Antig.Car.] *l.c.* ἔλαφος ~ Hsch. κ 363 s.v. κάκτος [avec νεβρός au lieu de ἔλαφος]). Les deux passages de N. nous orientent vers une espèce de Chardon ; la comparaison, appliquée dans les *Th.* à la chute des poils causée par le Sépédon, est ici d'un autre ordre : elle dépeint l'impuissance du malade devenu le jouet du poison.

12. 128-156 : III. *Thérapie*. – Les remèdes de N. se retrouvent parmi d'autres dans la littérature iologique qui offre des additions

nombreuses. Bien des substances qu'il recommande sont citées par plusieurs des iologues considérés, sinon par la plupart (graines de Lin, chair d'Agneau et d'Oie, Vin doux, Huile d'Iris), voire par tous (Lait) ; l'une d'entre elles avec le même dosage (terre de Samos). Certaines divergences ont leur explication chez N., dont le texte a pu prêter à des confusions soit sur la nature du produit (**2f**), soit sur celle de l'excipient (**g3, h**). Les deux auteurs qui présentent les ressemblances les plus frappantes avec N. sont Dioscoride (*eup.*) et Promotus. –

[*Notes complémentaires aux v. 129-137* : V. 129 (fin) κυκεῶνα : cf. κυκεῶ (*Od.*) et κυκειῶ (*Il.*) ; Moeris 200.25 donne κυκεῶνα pour " hellénique " en face de l'" attique " κυκεῶ. – *κύμβεῖ : datif hétéroclite (LSJ) de κύμβος, -ου (ὁ) ? Plus probablement, dat. régulier de κύμβος, -ούς (τὸ). N. a le masc. en *Th.* 526 (voir la n.) et le fém. κύμβη *ib.* 948, *Al.* 164, 389. Mais Sophron fr. 164 atteste le neutre, omis par les dictionnaires (y compris le *Revised Suppl.* de LSJ) : Σ 526b, source de ce fr., lit κύμβου, mais le commentaire ancien π₃ a la leçon préférable κυμβέων, g. pl. de la 3ᵉ décl. (et non de la 1ʳᵉ, où -έων est ion.). C. Austin (*per litteras*) rapproche Sophr. fr. *9 μεγαρέων (de τὸ μέγαρος, à côté de τὸ μέγαρον), fr. 86 σκότεος (de τὸ σκότος, à côté de ὁ σκότος ; cf. Oros fr. B 148 = Phot. 525.4 σκότος καὶ σκότον. ἑκατέρως. οὕτως Ἀμειψίας [fr. 38] et voir Alpers *ad* Oros *l.c.*), Épicharme fr. 72 τὸ σκύφος (à côté de Sophr. fr. 14 τὸν σκύφον), *al.* Ici, le mot n'est pas, comme dans les *Th.*, l'équivalent du terme de mesure ὀξύβαφον. – 130-132 : pour ce mythe, cf. *Th.* 484-487 (et le comm. n. 50 §a). – 130 μορόεν ποτόν : = 136 (*eadem sede*) ; on est enclin à donner le même sens à l'adj., mais sa traduction est hypothétique (Br. *reichlichen*, G.-S. *rich*). Cf. 455 n. – 131 λαυκανίην : pour cette graphie, cf. *Il.* 22.325, 24.642, Ap.Rh. 4.18, QS 14.314) ; pour λευκ-, *Il.* 24.642 (*v.l.*), Ap.Rh. 2.192, Opp. *Hal.* 1.755, [Orph.] *Lith.* 554. – ἄστυρον : 15, cf. Suid. α 4272 ἄστυρον· πόλιν ἄστυ ; emprunt à Call., cf. fr. 11.5, 75.74, 261.2 (= 71 H.) ; (*hac sede*) Call. fr. 260.6, seules attestations en dehors de la littérature grammaticale. – 132 ῥήτρῃσιν : au sens de " paroles ", comme Lyc. 1037 (cf. 470 et voir Konze 62). – 133 δήποτε : pour introduire une prescription sous forme d'alternative, voir *Notice* p. cv. – σιάλοιο : *Il.* 21.363, *al.* – 134 *σπεράδεσσιν : = σπέρμασιν, cf. 604 n. – 135 νέου : νέον (adv.), leçon la mieux attestée, à prendre avec ταμών (" la tête coupée de frais "), a un sens satisfaisant, cf. 53 νέον … θάλψας, 139 νέον … ἀμέλξας (mais voir la n. de la trad.), 143 νέον … κολούσας. Le ms L a souvent confondu -ον/-ου (cf. 143 νέου, 224 τοῦ, 307 νάρδου, 357 ποτοῦ, 570 θάψον, mais il a la *vera lectio* 221 νόου), confusion banale (commise par M au v. 126) ; à sa leçon νέου, qui a p.-ê. entraîné sa *f.l.* du v. 143, il faut préférer νέης, qui a l'appui des Scholies et d'Eutecnius ; N, emploie le f. νέη (76, 170, 237, 254, 510, 602) et non le m., qui n'est pas justifié par le mètre ; pour l'importance de la νεότης, cf. *Notice* p. LVIII.– *κορσεῖα : *hapax* absolu, cf. 414 *κόρσεα ; les deux fois, au sens de *tête* ; plur. pour le sing., voir *Notice* p. CV. – ταμών : l'explication de ce participe par un emploi libre (*Notice* p. CIV) est insuffisante ; il y a rupture de construction au v. 136 : la tête de Porc, d'Agneau ou de Chèvre doit être préparée en bouillon, ce qui est précisé seulement en relation avec la dernière suggestion, le bouillon d'Oie. – κερόεντα : cf. [Opp.] *Cyn.* 2. 470 κερόεντα μέτωπα. L'adj. κερόεις (d'un type aimé de N.) fréquent en poésie, corrompu en κεράεντα (*unicum*) dans les mss ω. – 136 μορόεν ποτόν : cf. 455 n. – 137 *κορέσαιο : on serait tenté de conjecturer -σαιτο en s'appuyant sur 263 κορέοιτο, mais pour le sens trans. du Moy., cf. 63, 351. – ἀθρόα : cf. (*hac sede*) 320 τὸ δ᾽ ἀθρόον et voir *Notice* p. LXXXVI. – βράσσοι : cf. 25, 359 (*alio sensu*) ; pour le sens, cf. Théodoridas *AP* 6.222.2 = 3521 G.-P. ~ Antip.Thess. *AP* 7.288.4 = 400 G.-P.[2] ; la 3e sing. est préférable (cf. Eut. 63.18 καθιέτω ~ Pr. p. 71.6 s. καθήσας τοὺς δακτύλους ἐμείτω, cité dans son contexte comm. n. 12 §1b/IV2°) : le malade rejettera les matières comme la mer les épaves. Avec ce sens νειόθε semblerait préférable.]

1) (a) 128 s. : *Kykéon.* Sur le γλήχων " Pouliot " (*Mentha pulegium* L.), voir D. *m.m.* 3.31 s. (40 s.) ~ Pl. 20.152-155. Diosc. p. 41.3 (~ Pl. 20.155) connaît ses vertus thériaques (cf. *Th.* 877 et comm. n. 109 §3), mais ne dit rien de son usage contre les poisons (cf. *Al.* 237 [Toxicon], Ascl.Ph. 139.12 [Lièvre marin]). Mais il signale son efficacité contre les ulcérations de l'estomac (p. 41.1 s., cf. Pl. 20.153). – N. l'utilise sous la forme du *kykéon* (litt. " mélange ", " mixture "), caractéristique des mystères d'Éleusis. C'était une boisson rustique, prisée des paysans attiques (Th. *Car.* 4.2 s.), comportant un mélange de divers ingrédients, entre autres, vin, miel, farine et eau (cf. *Il.* 11.630-631, 638-640 et voir Ap.Soph. 105.3), relevée par des feuilles de Pouliot (le rustre de Th. préfère l'odeur du P. à toute autre). Il existait des formules allégées (cf. Hp. *Morb.* 2. 15 κυκεῶνα πινέτω λεπτόν) ; Gal. 2.155.10 emploie le terme pour un simple mélange d'eau et de farine. A noter que le *kykéon* de Démétèr ne comporte pas de Vin (Σ 130a10 s., cf. *hDem.* 210). Chez N., il se réduit à l'Eau et au Pouliot (Σ 128a4) ; l'idée de l'administrer au malade à jeun est propre à Eut. 63.26 (ἀσίτῳ), l'allusion de N. au *kykéon* de Démétèr (130-132) ne l'impose nullement. – Le " mélange " léger de N. a des parallèles dans la littérature iologique : D. *eup.* p. 313.13 γλήχων σὺν ὕδατι, Pr. p. 71.4 γλήχωνα χλωρὸν λεάνας μεθ᾽ ὕδατος δίδου πιεῖν, PsD. p. 17.10 γλήχων τε σὺν ὕδατι τριβεῖσα (V : μεθ᾽ ὕδατος τριφθείς A). – **(b)** 133-138 : *Bouillons gras avec graines de Lin.* Pour leur préparation, N. se sert surtout de la *tête* de l'animal (porc, agneau, chèvre), alors que la littérature parallèle utilise les *viandes* [κρέα (συγ-

καθ)εψημένα, κάθεφθα]. Eut. 63.13 a compris " cervelle " (ἐγκέφαλος συὸς εὐτραφοῦς, d'où p.-ê. l'addition de G² [Σ 135a] ἢ ἐγκέφα-
λον), cf. Aét. (sous II 1°). – I. *Bouillon* (ζωμός) fait avec des *viandes*
additionnées de *graines de Lin* : D. *eup.* p. 313.13 (Mouton, Oie ou
graisse de Chèvre), PsD. p. 17.4-6 (Poule, Agneau, Cochon, Chevreau)
~ PAeg. p. 28.3 s. (Mouton au lieu de Chevreau). – II. *Sans graines de
Lin.* 1° *Bouillon* gras de viande d'Agneau ou de Bœuf : Scr.L. p. 89.1
(*ius pingue agninum uel ex bubula factum*) ~ PAeg. p. 28.2 (ζωμὸς
λιπαρὸς βόειος ἢ χήνειος ἢ προβάτειος) ; de Bélier : Pl. 29.105
(*ius ex carne arietum priuatim aduersus cantharidas*) ; de Chèvre : Pl.
28.160 ; fait avec des viandes grasses de Porc (Aét. l. 27 s. κρέα ...
δελφάκια λιπαρά ~ *Al.* σίαλοιο) ou avec des Oies : Pr. p. 71.5, cf.
Aét. *ib.* (Poule, Agneau, Cochon, cervelles de Porc) ; avec de la
graisse de Cerf : D. *eup.* l. 12 ; de Chèvre : Pr. l. 13 (~ D. sous I).
Diosc. *m.m.* 2.76.17 (157.18) recommandait déjà un bouillon (ζωμός)
confectionné avec de la graisse (Bœuf, Veau, Chèvre, etc.) : τοῖς κανθαρίδας πεπωκόσιν ὠφελίμως δίδοται. – 2° *Graisse d'Oie* fraîche
fondue : Aét. l. 19 s. ; PsD. p. 16.8 s. (avec du Vin doux) ; Scr.L.
p. 89.2 (avec de la farine de Froment). – III. *Graine de Lin.* 1° Administrée avec du " vin de raisins secs " : Scr.L. p. 88.29 *lini semen ex
passo datum.* – 2° Son jus (χυλός) utilisé en concurrence avec d'autres
pour des *lavements* : Aét. l. 19 ~ PAeg. p. 28.6 = PsD. p. 16.2. – 3° En
application sur les " parties enflammées " (τὰ φλεγμαίνοντα μέρη)
avec de la farine d'Orge bouillie dans du mélicrat : PAeg. p. 28.9 (la
graine de Lin manque dans le passage parallèle de PsD. p. 16.10). –
C'est dans le même but qu'Orfila 36 conseillait d'" administrer dès le
commencement les boissons adoucissantes comme... la décoction...
de graine de lin ". – IV. 137 s. *Vomissement induit.* N. précise que :
1° le malade doit boire assez de ce bouillon pour vomir (au besoin, en
se pressant le fond du gosier avec les doigts) ; 2° que le vomissement
doit intervenir quand la nourriture est encore dans l'estomac. Pr.
p. 71.5-8 offre un parallèle exact : ἐπὶ πλέον δὲ τοὺς ζωμοὺς δίδου
πιεῖν μέχρις οὗ πρὸς ἔμετον ὁρμήσας καὶ καθήσας τοὺς δακτύλους
ἐμείτω, ἔτι τοῦ ληφθέντος παρακειμένου καὶ μήπω ἐπικρατήσαν-
τος ἢ ἀνάδοσιν ἐσχηκότος (cf. Σ 138a7-11). Des mots soulignés
rapprocher Aét. l. 26 s., qui conseille de renouveler l'opération chaque
fois que le malade boit un remède. L'espoir est que le poison soit éva-
cué avec les aliments (Σ *ib.* l. 11 s.). Chez Scr.L., le vomissement
(répété : cf. p. 88.26 *cum saepius reiecerunt*) est la préface à la thérapie. Il en est de même chez Ascl. (141.11 s.), après absorption de Vin
doux, mélangé à de l'Huile, et de graisse bouillie filtrée, ainsi que chez
PAeg. (mélange d'Eau et d'Huile) et PsD. (Huile) ; ce dernier
conseille de faire vomir avant la manifestation des symptômes. – On
peut se demander si la prescription du v. 137 ne vaut pas aussi pour le
mélange au Pouliot. – **(c)** 139-140 : *Clystère.* Lait de *brebis* particulier

à Nicandre. Diosc. Pr. et Aét. prescrivent le lait en clystère, les deux premiers sans autre précision ; Aét. l. 28 le recommande νεόβδαλτον (ce peut être le sens de νέον, cf. n. à la trad.), en concurrence avec le suc d'herbes diverses (cf. *supra* sous bIII 2° ; PAeg. = PsD. n'ont retenu que les clystères aux sucs de plantes, et omis le Lait). Dans son chapitre sur le Lait, D. *m.m.* 2.70.5 insiste sur sa *fraîcheur*, et, à propos du Lait d'Ânesse, Pl. 28.158 avertit qu'" il faut le prendre fraîchement trait, ou chauffé peu après la traite, car aucun ne s'évente plus tôt " ; cf. n. 17 §B5b, n. 25 §2a. – (d) 141 : *Boire du Lait*. La γαλακτοποσία (PAeg.) figure chez tous les iologues. La plupart prescrivent le Lait seul (Celse : *lac per se*), de n'importe quelle origine (Scr.L. : *omni lacte*), en grande quantité (Ascl., Scr.) ou de façon répétée (Aét.) ; cf. D. 2.70.5 (145.1) Lait frais contre C., Chenille du Pin, Enfle-boeuf, Salamandre ; Pl. 28.128, 160 (il attribue au Lait de Vache le pouvoir de faire revomir les Cantharides et le Colchique). En cas de faiblesse, Pr. p. 71.9 (ἐκλυομένου δ' αὐτοῦ) le recommande chaud, Aét. l. 30 (ἐκλύσεων δὲ καὶ δήξεων γιγνομένων) conseille le Lait de Vache frais bu et vomi ; auparavant (l. 17 s.), il avait prescrit le Lait (non spécifié) en deux temps, d'abord avec un peu de miel, puis seul. –

[*Notes complémentaires aux v. 142-148* : V. 142 (fin) καυλέα : cf. 46 n. – 143 περιβρίθοντα : cf. 180, *Th*. 851 (voir n. *ad loc.*). – 144 μελισσάων καμάτῳ : cf. Hés. *Trav.* 305 (*hac sede*) μ. κάματον. – παῦρα : = *pauca* (*malgré* Gow[1] 115), cf. 56. – *μορύξαις : " faire macérer, imprégner " (plutôt que " mélanger ", [Opp.] *Cyn.* 3.39, 338), sens particulier à N., cf. 330, 375 ; au propre, " souiller " (318). Seulement dans les *Al.* – 145 *σκορπιόεντα : = σκορπίου (plante), *hapax* absolu : cf. *Th*. 654 σκορπιόεν (animal), d'où Max. 364, 503. Cf. *supra* 142 n. – *ῥίζεα : 69, 588, *Th*. 646, 940 ; comme ῥιζεῖα = ῥιζία, cf. καυλέα/καυλεῖα. – χαδών : voir 58 n. – *ψαθυρῆς : cf. 552 ; semblent être les seules occurrences poét. Qualifie aussi la consistance du sol *ap*. Th. *CP* 2.4.12, Strab. 12.8.17. – 146 *κεντρήεντα : *hapax* absolu. – γε μὲν : voir *Notice* p. CIV. – 147 μολόθουρος : cf. Euph. fr. 133 P. = 134 vGr. πτῶκες ἀειχλώροισιν ἰαύεσκον μολοθούροις (cité Σ *ad loc.*). Emprunt probable de N. à Euphorion, chez qui le mot apparaît pour la première fois (Schultze 46). – *ἔνισχνα : néologisme attesté seulement à basse époque, au sens de " mince ", *ap*. Rhetorius 196.5 ἐνίσχνους ; pour le sens, cf. 412 ἰσχνήν (et la n.). – βάλλει = προβάλλει (Aétius). – 148 πισύρων : cf. *Th*. 261 n. – αἴνυσο ; pour le sens, cf. 410 n.]

(e) 142-3 : *Tiges feuillues de Vigne*. Cf. D. *eup*. p. 313.15 ἀμπέλου καυλοὺς τρίψας σὺν γλυκεῖ δίδου ; Promotus et le Pseudo-Dioscoride parlent des *branches* (Pr. p. 71.10 κλῶνας, PsD. p. 17.11 ἀκρεμό-

νες), Aét. l. 31 des *pousses* (βλαστήματα). Pr. *l.c.* est seul à les pres-
crire *vertes* (χλωροὺς καὶ ἁπαλούς [PsD. p. 17.12 ἁπαλοί]). Tous
trois s'accordent avec N. pour les donner, après broyage, dans du Vin
doux. Aétius ajoute : " mêlé d'eau ", Pr. l.11 (§**f**) : " ou dans du
miel ". Selon Pline, le moût constitue à lui seul un antidote contre les
Cantharides (23.29), de même que la *sapa* (moût cuit) faite avec du
moût blanc (23.62). – (**f**) 144-147 : *Racines de Scorpion macérées
dans Miel*. Sur la plante appelée " Scorpion ", voir *Th.* 885-887 et le
comm. n. 111 §1. La Σ 146c l'identifie avec le σκορπίουρον : l. 5-6
τὴν τοιαύτην ... βοτάνην, ἤγουν τὸ σκορπίουρον, δὸς τῷ πεφαρ-
μαγμένῳ ἐψηθεῖσαν μετὰ μέλιτος πιεῖν ~ Eut. 63.29 (ἡ λεγομένη
σκορπίουρος), cf. GᵍˡOᵍˡ (= Σ 145a σκορπίουρον λέγει). – Au
milieu d'un commentaire consacré aux v. 676-685 des *Thériaques*, Σ
Th. 676d1-6 décrit inopinément la plante " appelée σκορπίουρος ",
qui pousse ἐν ψαφαρᾷ γῇ (~ *Al.* 145 ψαθυρῆς γαίης), et dont les
rameaux sont comparés à ceux de la molothure : οἱ δὲ κλάδοι αὐτῆς
ἀειθαλεῖς ... ὅμοιοι ὄντες τοῖς ἀεὶ χλοάζουσι τῆς μολοθούρου
(~ *Al.* 147). La comparaison de cette note des Σ *Th.* avec les v. 144-147
des *Al.* induit à penser qu'elle leur était primitivement destinée. Dans
le passage parallèle, Promotus et Aétius mentionnent, comme N., la
racine du *skorpiouron* (Pr. 71.12 ῥίζαν σκορπιούρου κόψας μετὰ
μέλιτος δίδου ~ Aét. l. 35 [mais γλυκέος au lieu de μέλιτος, cf. §**e**]),
Diosc. p. 313.15 (chez qui les trois remèdes **e-f-g** se succèdent dans le
même ordre que chez N.) le σκορπιοειδές, sans préciser la partie. Le
σκορπίουρον/σκορπιοειδές de D., Pr. et Aét. est-il identique au
σκορπίος de N., dont la racine était utilisée contre les Scorpions (*Th.*
887 ~ Pr. 52.6, 32 le *skorpiouron* en application) ? – C'est possible,
même s'il s'agit de l'Aconit (cf. *Th.* comm., *l.c.*). Selon Pline (27.5),
l'Aconit " administré dans du vin chaud est efficace contre les piqûres
de scorpion " ; mais il combat aussi le poison qu'il rencontre dans
l'organisme : *ea est natura ut hominem occidat, nisi inuenerit quod in
homine perimat... mirumque, exitialia per se ambo cum sint, duo
uenena in homine conmoriuntur, ut homo supersit* " Telle est la nature
(de l'aconit) qu'il tue l'homme, à moins de trouver chez l'homme
quelque chose à tuer... Chose admirable : deux poisons, également
mortels par eux-mêmes, meurent ensemble dans l'homme, afin que
l'homme survive ". – Pour l'identification de la *molothure*, cf. Hsch.
(*Test.* 147), qui donne le choix entre Asphodèle, Légumineuse et
Scirpe. – (**g**) 148-152 *Terre de Samos*. 1/ 148 s. γαίης *Παρθενίης :
i.e. la *terre Samienne*, " que les gens du pays appellent ἀστέρα " (Oᵍ
= Σ 148d et Σ 149c9 ~ Eut. 64.2 s.). Samos s'appelait jadis Parthénia
(Call. hDélos 49, Ap. Rh. 1.188) et l'Imbrasos, son fleuve (cf. la
reprise en chiasme du v. 150 Ἰμβρασίδος γαίης), avait été nommé
Parthénios (Call. fr. 599), parce que l'on croyait que la déesse Héra
(l'épiclèse Ἰμβρασίη [cf. *infra* 619] caractérise également Artémis

[Call. *hArt.* 228]) était née dans l'île et y avait passé son enfance et sa prime jeunesse. Φυλλίς est un autre nom ancien de Samos (Σ 149c8 ~ Hsch. φ 1001 ἡ Σάμος τὸ πάλαι, cf. Epigr. app. orac. 15.2 = Jamblique, *De vita Pythag.* 2.4... Σάμον ... | ... Φυλλὶς δ᾽ ὀνομάζεται αὐτή) ; de même, entre autres, Μελάμφυλλος (Strab. 10.2.17, 14.1.15 ; *al.*). Sur les changements de nom de Samos, cf. Euphorion *SH* 431 *c. adn.* – **2/** Χησιάδεσσι Νύμφαις : à Samos (ἄστυ Νυμφέων, Anacréon PMG 448), les Nymphes ont des liens avec Héra, cf. Ath. 15.672b et Herter, « Nymphai », *RE* 17 (1937) 1564.12, 1573.53. Les Nymphes Chésiades sont à mettre en relation (sœurs ?) avec " Chésias, fille d'un noble père " (hypostase d'Artémis Χησιάς ? Cf. Call. 3.228), qui donna au dieu du fl. Imbrasos, lequel " coule près de la ville des Samiens ", une fille, Okyroè, aimée d'Apollon (Ap.Rh. fr. 7 P.). Et aussi, bien entendu, avec les toponymes expliquant leur nom : rivière Chésios (Bürchner s.v. « Chesios » *RE* 3, 1899, 2273.16 ; Id. « Samos », *RE* 1A, 1930, 2178.63) ; promontoire Chésion (Σ Call. *l.c.*, avec un temple d'Artémis justifiant l'épiclèse), contrefort de la montagne, à l'ouest de l'île, appelée Kerkétès (152) ou Kerkétion, cf. Σ^G2 *Al.* 149 (Wentzel 41) Χήσιον δὲ ὁ τόπος κέκληται, ἐν ᾧπερ εὑρεθῆναι ταύτην τὴν γῆν λόγος. τὸ δὲ ὄρος, [ἐν ᾧ τὸ] Χήσιον, [Κερκέ]τιον = Eut. 64.8-10, et voir Bürchner, s.v. « Chesias », « Chesion », *RE* 3.2272.38, 49 ss. ; « Samos », 1A.2174.32-37, 2176.11 ss. – N. est seul à associer les Nymphes au Bélier dans la découverte du gisement de terre samienne. A propos de cette découverte, nous savons par Harp. 80.4 (s.v. γεωφάνιον) qu'Éphore (FGrHist 70 F59a), donnait des éclaircissements au livre IX de ses *Histoires*. Suidas (ε 2659), qui se réfère lui aussi à Éphore (= F59b), n'apporte à ce sujet aucune précision : d'après son témoignage, c'est un certain Mandrobolos qui aurait trouvé le gisement, et il aurait fait l'offrande d'un " bélier " à cette occasion, sans doute dans l'Héraion ; mais le récit d'Élien (12. 40) est différent : le Samien M. aurait offert un " mouton " à Héra parce que celui-ci lui avait fait retrouver de l'or volé. Nous sommes loin de N. – **3/** Sur la terre de Samos, outre les références médicales, cf. Th. *Lap.* 61, Poll. 7.99 et voir Bürchner, *RE* 1A (1920) 2184. – Il en existe deux espèces, *collyre* et *astèr* : D. *m.m.* 5.153 (104.8 s.) ~ Pl. 35.191. D. p. 104.14 s. (*tacet* Pl.) la dit bonne à la fois contre les morsures venimeuses et les poisons, prise dans du vin ; cf. D. *eup.* 2.122 (Vipères), p. 302.6 γῆς Σαμίας τοῦ ἀστέρος δραχμαὶ β΄, 2.156 (Cantharides), p. 313.16 Σαμίας δραχμαὶ δ΄ μετὰ σιραίου. Scr.L. p. 89.2-4 *prodest et Samiae cretae pondus denariorum IV cum passi cyathis IV mixtisque aqua datum* (même dose de craie que N., comme chez D. *eup.*, mais Scribonius précise de plus la dose du vin). – N. mentionne successivement, aux v.148 et 153, les deux remèdes, terre samienne et Vin cuit, sans faire du second l'excipient du premier. Le vin cuit chez N. est introduit comme un remède alternatif

(ἢ καὶ). Il ne suffit donc pas d'adopter la *v.l.* τεύξας, et de prendre le
v. 153 avec ce qui précède, pour mettre d'accord N. et D. ; il faudrait
de plus corriger ἢ en ἐν. – *Iologues récents* : PAeg. p. 28.1 γῆς
Κιμωλίας (Σαμίας cod. F) < δ΄ μετὰ μελικράτου ; PsD. p. 17.8
ἁρμόζει ... καὶ λιβάνου φλοιὸς καὶ γῆς ἀστέρος, ἑκάστου
< δ΄ μετὰ γλυκέος λαμβανόμενα (pour γλυκέος, cf. σιραίου N. et
D. *eup.*, *pass.* S.L.). Chez Aét. l. 20 (ἢ γῆς Σαμίας < α΄ μετὰ μελικράτου ἢ λιβανωτοῦ < α΄) δ΄ a pu s'altérer en α΄). D. *m.m.* 5.156 ~ Pl.
35.195 ne signalent pas, non plus que Galien (*ant.*), l'usage iologique
de la terre cimoliée, dont Pline fait une espèce de craie (comme Scribonius de la terre Samienne). – Dans les *Th.*, N. mentionne seulement
la terre de Lemnos (cf. 864 s.), alors que celle de Samos a les deux
indications, contre les poisons et contre les venins. A l'inverse, dans
les *Al.*, s'il fait mention de la Samienne, il ne dit mot de la Lemnienne,
malgré la célébrité de celle-ci en tant qu'ingrédient des antidotes : aux
passages cités à ce sujet dans le comm. des *Th.* (n. 107 §4) ajouter la
remarque de Dioscoride (*m.m.* 5.97.2 [68.4 s.]) : la terre de Lemnos
" a le pouvoir de combattre les poisons remarquablement, bue dans du
vin, et de plus, prise au préalable, elle les fait vomir ", *unde* Pr. p.
66.15 (remèdes simples prophylactiques contre les poisons) καὶ ἡ
Λημνία δὲ μίλτος σὺν οἴνῳ διδομένη ἐξόχως βοηθεῖ · κατα-
ναγκάζει γὰρ ἐξεμεῖν τάχιστα. – (**h**) 153-156 : *Vin cuit, Rue, Huile
de Roses ou d'Iris*. Le dernier remède est un σύνθετον combinant les
trois ingrédients. Le σίραιον ou σίραιος οἶνος (153), appelé aussi
ἕψημα, est le Vin doux réduit par la cuisson : D. *m.m.* 5.6.4 (6.16 s.) ;
sur les vertus du moût cuit contre les poisons, cf. D. *l.c.* ; contre les
Cantharides, Pl. 23.29 (moût), 62 (*sapa* = moût cuit) et voir *Notice*
p. XLVIII. Pour Scr.L. et D. *eup.*, le Vin doux est l'excipient de la terre
de Samos (cf. §g3), l'Huile d'Iris celui de la Rue : S.L. p. 89.4 *oleum
irinum ex ruta tritum et potum* ~ D. p. 313.11 πήγανον μετὰ ἰρίνου,
cf. Ascl. 141.14 s. πήγανον λεάνας καὶ ἰρίνῳ μύρῳ μίξας δίδου
πίνειν. On notera que la fin de la notice de Scribonius offre un accord
remarquable avec N. par ses ingrédients qui se succèdent dans le même
ordre (craie Samienne, Vin doux, Rue et Huile d'Iris). – Sur la *Rue*, cf.
n. 5 §2d ; contre les Cantharides, Pl. 20.133 (prescription qu'il étend à
la Salamandre). – Outre l'usage qu'ils en font comme excipient, Dioscoride et Pline recommandent l'Huile seule (voir *Notice* p. XLII, XLVII).
D. *m.m.* 1.45.2 (44.17 s.) l'Huile de Coings (μήλινον) : C., Enfle-
bœuf, Chenille du Pin (cf. *eup.* p. 313.9 [H. d'Iris et [H. de Roses, l.11
H. de Coings, contre C.]) ; Pl. 23.80 H. d'Œnanthe dans de l'eau :
mêmes indications, et de plus Salamandre ; 23.87 H. de Myrte : C. et
Enfle-bœuf. Pour l'Huile de Roses et celle d'Iris, cf. *infra* 239-241. –
Iologues récents. PsD. p. 17.10 s. : H. d'Iris *et* H. de Roses avec une
décoction de Rue ; PAeg. p. 28.10 s. (dont la notice est écourtée) les
propose l'une *ou* l'autre, à boire seules. – (**2**) Pour d'autres remèdes,

voir en particulier Aét. *Annexe* §3, traduction, n. 1 et *infra* n. 64 §3b. –
Scarborough 73-79 a présenté, de la notice de N. sur les Cantharides,
un commentaire pharmacologique détaillé, mais, faute d'avoir considéré tous les textes concernés, sa critique de N. suscite les mêmes
réserves que j'ai exprimées précédemment (t. II, *Notice*, n. 148).

13. CORIANDRE. I. *Caractéristiques*. – La Coriandre figure à la
rubrique des *graines* dans le Catalogue des Poisons (*Notice* p. XXIII).
Ce n'est que par *étourderie* (sur le sens de ἀφραδέως, voir 158 n.) ou
par ignorance que l'on peut en boire, car, comme Σ 158a le remarque
en accord avec la littérature parallèle, le jus de la Coriandre a un goût
facile à reconnaître, et l'on ne peut en prendre volontairement que si
l'on veut se suicider (cf., à propos du sang de Taureau, 312 ἀφροσύνη
et le commentaire analogue des Scholies). Scrib.L. note lui aussi son
goût, Aét. PAeg. PsD. son odeur caractéristique, et tous les quatre font
de l'odeur, qu'ils ne précisent pas (voir n. 14 §c fin), mais qui affecte
tout le corps de la victime et, selon S.L., son haleine (*apparet quidem
ab odore spirationis totiusque corporis*), le signe de l'empoisonnement. N. a omis ces σήματα.

14. 157-161 : II. *Identification et Symptomatologie*. –

[*Notes complémentaires aux v. 157-161* : V. 157 (fin) γε μὲν : voir
Notice p. CIV. – δυσαλθές : cf. 12, 597, *Th*. 187, 466 ; mot employé
par les médecins (Hp., Arétée, Gal., Aét.) sans appartenir au vocabulaire médical, aimé de N., comme les mots de la même famille (Van
Brock 200), introduit en poésie p.-ê. par Lyc. 796 (à propos de
l'aiguillon de la Pastenague qui tua Ulysse, voir *Th*. comm. n. 100
§1) ; cf. QS 12.408, Grég. Naz. 1014.14, *al.*, *mor*. 760.4, Christodore
AP 2.179, 188. – 158 ἀφραδέως : 502 ; seules autres occurrences
(hormis la littérature grammaticale) : *Il*. 3.436, 12.62, 23.320, 426, *Od*.
14.481, Ap.Rh. 2.327, 481, 4.1540, QS 1.454, 5.433. Glosé le plus
souvent par ἀνοήτως, a, comme ἀφραδίη, les connotations d'*étourderie*, sinon de *folie* (voir Vian à Ap. 2.246). Cf. 312 ἀφροσύνη et, *ad
rem*, comm. n. 14b. – πάσηται : s.e. τις, cf. 567 et la n. critique *ad
loc*. – 159 οἱ μέν : pour l'emploi de μέν *solitarium*, ici pour souligner
un démonstratif, voir Klauser 24 s. – *ἐμπληγέες : *hapax* absolu, =
ἔμπληκτοι (Oᵍ). – μάργοι : cf. Numen. *SH* 583.1 (*hac sede*) μάργον. –
160 δήμια : les Σ glosent ἐν τῷ δήμῳ (*tacet* Eut.), d'où Grévin " en
public ", Br. " vor allen Menschen ", interprétation sans parallèle ;
deblaterat … pudenda Gorraeus, qui, faisant de l'adj. un complément
d'objet avec un sens voisin d'αἰσχρολογεῖν, semble s'être inspiré des
parallèles iologiques, lorsqu'ils parlent d'un torrent de paroles accom-
pagnées d'obscénités (voir comm. n. 14 §b). Il semble que N. ait repris
(*eadem sede*), en en variant le sens, l'*hapax* hom., *Il*. 17.250 δήμια

πίνουσιν, où le n. pl. équivaut à un adv. " aux frais du peuple " ; ici,
" à l'instar du peuple ". – *λαβράζουσι : = hom. λαβρεύονται
" parler avec violence " (Il. 23.474 λαβρεύεαι [cité par les Σ, de
même que Eschyle, Pr. 327 λαβροστόμει], également Il. 23.478, d'où
Hsch. λ 23 λαβρεύεαι· μεγαληγορεῖς) ; chez Lyc. 260, λαβράζω
(en parlant d'un aigle qui s'élance violemmment) a le même sens que
λαβρόομαι (Lyc. 705 χεῦμα Κωκυτοῖο λαβρωθὲν). La glose
d'Hsch. (citée Test. ad h.u.) convient à N., non à Lyc. –
161 ἀταρμύκτῳ : = ἀταρβήτῳ ; emprunté à Euph. fr. 124 P. = 126
vGr. [in EG (EM 162.7) α 1339 s.v. ἀ-ον· τὸ ἄφοβον· κυρίως δὲ τὸ
μὴ μῦον· Εὐφορίων ὅτι « ἀτάρμυκτον πρέπεν ὄμμα » (eadem
sede) = ESym. 276.31 et Zon. 336.3, cf. Hsch. α 8016] ; la seule autre
attestation littéraire serait [Opp.] Cyn. 1.208, 4.134, si Btl. avait raison
d'écrire ἀταρμύκτοισιν au lieu de ἀσκαρδαμύκτοισιν (ὀπωπαῖς),
mais voir Rebmann 24. Cf. Lyc. 1177 ταρμύσσουσαν (Konze 25 :
" finxit ad Euphorionis exemplum "), Hsch. τ 194 ταρμύξασθαι·
φοβηθῆναι ; Meineke[1] 130, Volkmann 70 s.]

(a) Sur cette plante, voir D. m.m. 3.63 (74) ~ Pl. 20.216-218,
cf. Gal. simpl. med. fac. 7.43 (12.36-40). Appelée κόριον ou
κορίαν(ν)ον (D. l.c. RV [74.14] κορίαννον ; Gal. ibid. p. 36.4
[κορίανον] = Ascl.Ph. 139.7, cf. Pr. p. 73.36), plus tard κολίανδρον,
forme dissimilée de κορίανδρον et empruntée, comme cette dernière,
par le latin. La forme tardive κολίανδρον sert parfois à gloser κόριον
ou κορίαννον dans les Scholies, cf. Σ Al. (157d = G²ᵍ), Σ Aristophan.
Cav. 676a κορίανν'· εἶδος βοτάνης, τὸ νῦν κολίανδρον λεγόμενον κοινῶς ~ Gal. [lex.] 390.4 κόριον ἤτοι κολίανδρον λεγόμενον.
Selon Gal. simpl. med. fac. p. 36.5 s., κορίαννον est le nom employé
par les anciens (οἱ παλαιοί : cf., entre autres, Hp., Alcée Com. fr. 17,
Dioclès, Th. HP 1.11.2, al.), κόριον celui qu'on trouve chez tous les
médecins récents (οἱ νεώτεροι). Mentionnée dans la thérapie des
venimeux autres que les Serpents, Th. 874 (voir comm. n. 108 §9), et
déjà dans la pharmacopée égyptienne (Pap. Ebers, n° 145, Lefebvre
140). Les anciens l'ont généralement identifiée à la Coriandre (Coriandrum sativum L.), bien que la présence de la plante condimentaire dans
la flore vénéneuse fasse problème. Ascl.Ph. est seul à préciser que le
breuvage toxique est fait avec la Coriandre fraîche (χλωρὸν κορίανον). – (b) A une exception près (cf. §c), ils ne distinguent pas la
plante condimentaire, inoffensive, du poison décrit sous le nom de
κόριον par la littérature iologique, comme le montre la remarque de
Dioscoride (absente chez Pline), selon qui tout serait affaire de
dosage : l.c., p. 74.9-11 πλεῖον δὲ ληφθὲν (sc. τὸ σπέρμα) κινεῖ τὴν
διάνοιαν ἐπικινδύνως, ὅθεν δεῖ φυλάσσεσθαι τὴν πλείονα καὶ
συνεχῆ πόσιν αὐτοῦ. Tel est bien le symptôme principal signalé par
les iologues, le seul retenu par N. (159-161) : Scrib.L. mentem mouet,

Pr. παρακοπή, Aét. l. 2 s. ~ PAeg. (= PsD.) μανίαν. Ces trois derniers précisent en outre que cette folie s'accompagne d'αἰσχρολογία, le Pseudo-Dioscoride et Paul dans une formulation qui n'est pas sans faire songer à N. (cf. 160 n.) : λαλοῦσιν μετ' αἰσχρολογίας. En revanche, N. et les textes parallèles n'ont rien qui rappelle la remarque de Dioscoride sur les dangers d'une dose trop forte ou répétée, à moins d'admettre que 158 δεπάεσσιν … πάσηται (cf. 312) a cette connotation. – Symptôme négligé par N. (161 ὀξὺ μέλος βοόωσιν *aliter*), la *voix rauque* : Scrib.L. *raucitatem* (*mouet*) ~ Aét. = P.Aeg.= PsD. τὴν φωνὴν δασύνει. – (c) Les Scholies, quant à elles, pensent qu'il s'agit d'une espèce différente : " Il parle de la Coriandre sauvage, car il y a deux espèces de Coriandre. La cultivée est odorante et douce. La sauvage ressemble à la cultivée, mais elle a les feuilles plus larges, elle est plus grande, avec beaucoup de drageons, de racines et de fleurs. Celle-ci, mangée, bue ou prise de n'importe quelle autre façon, est mortelle ". Même s'il existe une espèce sauvage (*contra* : Pl. 20.216 *inter* siluestria *non inuenitur* ; mais cf. Nic. *Th.* 874 ὀρειγενέος κορίοιο), la C. spontanée n'est pas plus toxique que l'espèce cultivée. Et il en est de même du *Coriandrum siluestre* des glossaires, qui est en fait un Capillaire, appelé ainsi à cause de la forme de ses feuilles (cf. André s.v. coriandrum, 2). – Reste une possibilité théorique : les anciens auraient pu donner le même nom à deux plantes différentes à cause de leur ressemblance, l'inoffensive Coriandre et une herbe réellement toxique que l'on n'a plus les moyens d'identifier. A partir de cette hypothèse, Brenning a suggéré l'Œnanthe safranée (*Oenanthus crocata* L.), une Apiacée dont les racines provoquent une intoxication, dont les symptômes (cf. Orfila 2.206-9) rappellent ceux dus à une autre Apiacée, la Ciguë aquatique ou vireuse (*Cicuta virosa* L.). Mais ces symptômes (salivation, vomissements, convulsions) diffèrent de ceux que les iologues attribuent à leur Coriandre. De plus, cette hypothèse implique une confusion entre les deux plantes de la part de Dioscoride, car c'est, on l'a vu, le symptôme principal de la Coriandre iologique qu'il attribue à la Coriandre condimentaire prise avec excès. Et son erreur serait partagée par Gal., qui le critique seulement sur la propriété de la Coriandre, *réfrigérante* selon D., *réchauffante* selon lui (*simpl. med. fac.* p. 36.7 ss.). – Les premiers commentateurs modernes, Gorraeus et Grévin tentent seulement de concilier les points de vue opposés de D. et Gal. sur sa δύναμις. F. Schultze XXXII, en s'inspirant de D. (cf. §b) et d'Ascl.Ph. (cf. §a), a essayé d'expliquer sa toxicité supposée, révoquée en doute dès la Renaissance, par des conditions particulières (consommation excessive, utilisation de la plante fraîche), mais cette explication ne tient pas. Selon Berendes (p. 75 n. 2), la Coriandre devrait sa mauvaise réputation dans l'antiquité au fait que la plante dégage, lorsqu'elle est fraîche, une mauvaise odeur de Punaise (κόρις), d'où son nom de κόριον ; mais c'est faire bon marché des effets imputés au κόριον par les iologues. A noter que Gal. [*succed.*] 753.18 considère la graine de Coriandre et celle du *Psyllion* comme des équivalents de la Ciguë, ce qui semble donner raison à Dioscoride sur la δύναμις : comme la Ciguë, le *Psyllion* (Herbe aux puces) a des propriétés réfrigérantes (D. 4.69 [227.10] δύναμιν δὲ ἔχει ψυκτικήν ~ Pl. 25.140 *uis ad refrigendum … ingens*).

15. 162-185 : III. *Thérapie.* – **1**) 162-3 : *Vin pur.* **(a)** Pour le Vin pur contre la Coriandre, cf. D.*m.m.* 5.6.10 (8.24) ~ Pl. 23.43 et voir *Notice* p. XLVIII. Tous les textes parallèles s'accordent sur le *Vin pur*, et ils le citent en premier. D. *eup.* 311.12 le préconise " avec de l'absinthe " ; Aét. l. 5 s. (=PsD. ~ PAeg.) des deux façons, " avec de l'absinthe et réduit à lui-même ". Scrib.L. en prescrit une forte dose (*uino mero atque plurimo*). Promotus aussi ; il est le seul avec N. à recommander particulièrement le Pramnos, précision dans le style de N. (voir *Notice* p. LXI s.) : p. 78.28 οἴνῳ Πραμνησίῳ ἀκράτῳ ἐπιπολὺ πότιζε. Si Eut. 64.23 ajoute : " vieux ", c'est un de ces enjolivements dont il est coutumier (voir Jacques[4] 30). – **(b)** L'adj. Πραμνήσιος est inconnu des dictionnaires. Qu'il s'agit bien d'un équivalent de Πράμνιος/Πράμνειος, c'est ce que montre la scholie à la suite de cette prescription : l.28-31 τὸ δὲ Πράμνιόν ἐστι κατὰ τὸν μὲν Ἀριστόνικον (*an* Ἀρίσταρχον ? Cf. Phot. Suid. cités *infra*) παράμονον, κατὰ δὲ τοὺς περὶ Κράτητα τῆς ἀμπέλου τῆς καλουμένης Πραμνίας. C'est un abrégé de Σ *Il.* 11.639 (οἴνῳ Πραμνείῳ). De cette scholie il ressort que les commentateurs hésitaient entre beaucoup de sens, certains relatifs aux qualités du vin (*noir, sec, stable, qui calme la fougue*), d'autres à son origine (la roche *Pramnè* à Icaros). Les nombreux témoignages recueillis par Erbse (p. 249 s.) confirment ou non ces interprétations, et citent parfois des garants : Aristarque (Phot. 446.9, Suid. π 2207) optait pour doux (ἡδύν), Sèmos de Délos (= FGrHist 396 F 6) pour la Πράμνιος πέτρα (cf. Ath. 1.30c), Didyme (Id. 30d, cf. Cratès *ap.* Pr.) pour une appellation d'origine (ἀπὸ Πραμνίας ἀμπέλου οὕτω καλουμένης). Selon Athénée 1.30c, le Πράμνιος οἶνος est *sec* (αὐστηρὸς καὶ σκληρός), mais, aux v. 162 s., N. met ce vin en rapport avec la vigne *hédanienne* (pour le sens de ἑδανοῖο, cf. n. à 162) ; or, en tant qu'épithète de l'huile (*Il.* 14.172) ἑδανός est glosé ἡδύς (cf. *supra* Aristarque), et, chez D. *m.m.* 5.6.4 (6.16), Πράμνειος est l'appellation d'un vin de raisins cuits par le soleil, devenu *doux*. – **(c)** D'autre part, le v. 181 montre que, au sens de *vigne*, ἑδανός concerne une autre réalité que celle de l'adj. ψίθιος (chez N., les deux mots sont propres aux *Al.*). L'adj. ψίθιος s'applique à la *vigne* (Σ, Eut., *Géop.* 5.2.4 ἡ Ψιθία, Hsch. ψ 186 s.v. ψιθία · εἶδος ἀμπέλου), aux *raisins* (D. 5.5 [4.16] ψιθίας σταφυλῆς ; Poll. 6.82 [24.12] ἀσταφίδες, σταφυλαί ; *EG* [*EM* 149.27] α 1231 [s.v. ἄρριχος] ψιθίας ἀσταφίδος), au *vin* (Anaxandride fr. 73 K.-A.,

Eubule fr. 136). Il est possible, comme le suggère Geymonat[1] 139, que Virgile doive à N. le nom de la vigne *psithia*, dont N. est seul à parler avant lui (*Géorg.* 2.93 *passo* psithia [sc. uitis] *utilior*, cf. 4.269 psithia *passos* de uite *racemos*). La *Brevis expositio Vergilii Georgicorum* précise que ce cépage se trouve " dans l'île de Crète ". Mais, selon les Scholies des *Al.*, πραμνία serait synonyme de ψιθία comme épithète de la vigne (Σ 181e ~ 163a). La vigne Psithienne " convient mieux pour le vin doux " (Virg.), mais on fabriquait l'ὀμφάκιον, astringent, avec son raisin encore vert ou celui de la vigne d'Aminéa : D. 5.5 (4.16) ψιθίας σταφυλῆς μήπω περκαζούσης ἢ Ἀμιναίας (la *v.l.* Θασίας (*pro* ψιθίας) est déconseillée par Pl. 12.130 *e uite psithia fit aut aminnea*). Sur les espèces de raisins antiques, voir entre autres R. Billiard, *La Vigne dans l'Antiquité*, Lyon 1913, 310-317 (sur la *Psithie*, 314 [avec la n. 4], où il faut remplacer *thasia* par *aminnea*). – **2)** 164, 171 : *Eau salée, Eau de mer.* Le meilleur parallèle chez Scrib.L., p. 87.7 *aqua marina uel muria dura pota* " eau de mer ou eau saturée de sel prise en boisson ", cf. Pr. p. 73.31 ἢ ἅλμην δίδου πλείστην→ " administre la plus grande quantité possible d'eau de mer " ~ PAeg. = PsD. καὶ ἡ ἅλμη δὲ πινομένη. Les boissons salées en sont des équivalents : eau de mer orgée (D. *eup.* 311.12 ἄλφιτα ὠμὰ σὺν θαλάσσῃ) ; " bouillon de poule ou d'agneau le plus gras et le plus salé possible " (Scr.L.), " bouillon de poule grasse " (Ascl.), " bouillon salé de poule et d'oie (ζωμὸς ἁλμυρὸς ἔκ τε ὄρνιθος καὶ χηνός) " (PAeg. p. 31.21 = PsD. p. 24.4 s.] ~ Aét. l. 7 s.). –

[*Notes complémentaires aux v. 166-173* : V. 166 (fin) *δορπήϊα : *hapax* absolu ; cf. 113 n. – Les digressions (167-170, 172-177, 180-185) occupent une place importante dans cette notice. – 167 σαοῖ : cf. Thgn. 868, Call. 4.22, QS 13.346, seuls autres exemples connus. – *ἐπίσπει : *hapax* absolu. Cf. *Il.* 7.52 θανεῖν καὶ πότμον ἐπισπεῖν ; présent refait sur l'aor. 2 ἐπισπεῖν (voir *Notice*, p. CIII), l'accent périspomène est injustifié. – 168 *κακοφθόρα : néologisme propre à N., cf. *Th.* 795 τέκνα κακοφθόρα et *infra* 465. – τέκν' ἁλιήων : on songe à une périphrase du sens de ἁλιεῖς (cf. LSJ s.v. παῖς I 3), mais 169 παίδων montre que l'expression est prise au sens propre. – 170 *κλύδα : *hapax* absolu ; acc. hétéroclite de κλύδων. – λευκαίνου-σαν : pour le sens intr., cf. Eur. *Hyps.* fr. 60.13 (p. 201 J-vL) = F 757.844 Kannicht λευκαῖνον ἐξ ἅλμης ὕδωρ, en parl. du sillage " blanchissant d'écume " de la nef Argô. – 171 *ἀγλεύκην : éolisme, cf. fr. 74.34 νηλείην (avec le comm. de O. Schneider) et voir Choer.Th. 384.2 s. les accusatifs du même type δυσμένην, κυκλο-τέρην, εὐρυνέφην. L'*hapax* absolu ἀγλαυκῇ (Eut. 65.14) est sans doute une altération de la forme normalisée ἀγλευκῆ. – βάψαις : = ἀντλήσαις " puise ", sens hellénistique dérivant p.-ê. d'Eur. *Héc.* 609 s. τεῦχος ... Ι βάψασ' ἔνεγκε δεῦρο ποντίας ἁλός " *plonge* le vase

dans la mer pour y *puiser de l'eau* et apporte-le ici " ; cf. *infra* 516,
Ap.Rh. 4.157 βάπτουσ᾽ ἐκ κυκεῶνος ἀκήρατα φάρμακα " puisant
des drogues dans une mixture ", Thcr. 5.127 ἁ παῖς ἀνθ᾽ ὕδατος τᾷ
κάλπιδι κηρία βάψαι " qu'elle puise avec sa cruche du miel au lieu
d'eau " ; Gow (*ad loc.*) cite aussi Ératosthène, *Lettre à Agètor de
Lacédémone* (Ath. 11.482b) τὸν νεοκράτα (*sc.* οἶνον) βάπτοντες τῷ
κυμβίῳ. Au sens courant de " plonger " (dans un liquide), cf. 54, 460.
– ἰόεντα θάλασσαν : cf. *Il.* 11.298 ἰοειδέα πόντον (cf. *Od.* 5.56) ;
l'alliance de mots de N. est-elle un souvenir inconscient d'*Il.* 1.157
σκιόεντα θάλασσα ? Pour les adj. en -εις à deux terminaisons, cf.
Notice p. cv. – 172-175 : pour l'*asservissement* de la mer et du feu
(éléments ennemis, Eschyle, *Ag.* 650 s. ἔχθιστοι τὸ πρίν, ǀ πῦρ καὶ
θάλασσα) aux vents, Σ 172a6 s. signale, sans le citer, un parallèle de
Ménécrate d'Éphèse (καὶ Μενεκράτης εἴρηκεν), = fr. 3 Diels
[p. 171] = *SH* 546, p.-ê. un emprunt de N. (cf. *Th.* 708 et voir t. II,
p. cxiv). C'est par erreur que des mss des Σ *Al.*, dont V et *Ald*, mentionnent également Héraclite pour ce parallèle (τοῦτο δὲ καὶ Μ. καὶ
Ἡράκλειτος λέγουσι) : cf. la n. de Geymonat à 172a et Geymonat[1]
140 s. Ils ont combiné 172a abusivement avec 174a qui se réfère à
Héraclite (22A 14a D.-K.) seulement pour l'idée selon laquelle πάντα
ἐναντία ἀλλήλοις ἐστί. Diels-Kranz ont donc tort d'attribuer à Héraclite, sur la foi du raccourci vicieux de V*Ald*, le témoignage relatif à
Ménécrate. – 172 *ἀτμεύειν : forme syncopée d'un verbe. ἀτμε-
νεύειν non attesté, cf. *Notice*, p. xcix, t. II, p. c ; pour de telles syn-
copes au milieu d'un mot chez Lyc., Konze 32 ; voir 178 n. – 173 τὸ :
i.e. πῦρ ; pour l'emploi du démonstratif, cf. 94, pour l'ο scandé bref
devant πν, 127 n. ; δὴ πνοιαῖς ressemble à une correction métrique. Il
m'a paru préférable de garder la *lectio difficilior*, la graphie tragique
πνοαῖς ayant Τ pour garant en 127. – συνδάμναται : seules autres
occurrences, Greg.Naz. 1316.13, *mor.* 601.8.]

3) 165 s. *Oeufs de poule + Écume de mer.* (**a**) Cf. PAeg. p. 31.20 =
PsD. p. 24.2 ~ Aét. l. 6 s. ᾠά τε κενωθέντα ἐπὶ τὸ αὐτὸ καὶ (καὶ *om.*
PAeg.) λειανθέντα (PAeg. [cod. D : χλιωθέντα F] †χλιανθέντα
Aét. PsD. [cod. V : διεθέντα A]) σὺν ἅλμῃ ῥοφούμενα " œufs vidés
et battus ensemble avalés dans de l'eau de mer ", Scrib.L. *ouis anseri-
nis sorbilibus plurimum salis habentibus* " œufs d'oie à avaler salés au
maximum ". L'ἅλμη et l'ἀφρός sont des réalités voisines, comme le
montre le parallèle cité 170 n. La prescription aberrante de Pr. p. 73.31
←ἢ νεοσσοὺς ὀρνίθων μετὰ ἅλμης (Ihm : ἀλόης V), où les *poussins* tiennent la place des *œufs* (Σ 165b,e ~ Eut. 64.28 ᾠά *recte*),
semble reposer sur un contresens commis sur N., ce qui démontrerait
ses liens particuliers avec lui. – (**b**) Le κέπφος (cf. Lyc. 76, 836) est
un " oiseau de mer " (Σ 165b13 ~ Eut. 65.3) inconnu (Zon. 1183.1
εἶδος ὀρνέου = Psellos *poem.* 6.354), confondu parfois avec la

Mouette (Σ Aristoph. *Ploutos* 912 καλεῖται δὲ κοινῶς λάρος), mais qui en est distinct (cité à côté d'elle *ap.* Ar. *HA* 593b14, parmi d'autres oiseaux des bords de mer), bien qu'il s'en rapproche (Σ *Al.* 165b14 ὄρνεον παραπλήσιον λάρῳ ~ λαροειδές *ap.* Tzetzès, *Test.* 168-170) : cf. Thompson[1] 137 ; J. Pollard, *Birds in Greek Life and Myth*, London 1977, p. 19, 113. Il ne peut s'agir de la Foulque ou Poule d'eau, comme le traduit P. Louis après Camus, lequel, passant en revue les opinions anciennes dans ses notes (p. 333 s.), donne toutes les raisons de ne pas admettre cette solution. L'identification du κέπφος avec le Pétrel (*Hydrobates pelagicus*), proposée par Schn., s'appuyait sur Dionys. *auc.* 2.10 (" il court avec ses pattes à la surface de l'eau "). Mais le Pétrel est rare en Grèce (Handrinos-Akriotis, *The Birds of Greece*, London 1997, p. 97), et la remarque de Dionysios convient à d'autres Procellariidés, *e.g.* le Puffin (cf. Tammisto, *Birds in Mosaics*, Roma 1997, 461 [Puffin de Cory]), qui plane " très près de la surface de l'eau " et " suit le contour des vagues " (*R.A.* 3939). Ce sont d'ailleurs de vrais oiseaux marins qui passent le jour au large et ne regagnent leur nid qu'à la nuit. L'écume, dont le κέπφος est friand, constitue pour le capturer le meilleur des *appâts* (sens concret de δόλοις, cf. *Od.* 12.252) : la technique des enfants, qui l'attirent depuis le rivage, est décrite par Σ *Plut.* (*Test.* 168-170). La source de la digression des v. 167-170 est p.-ê. Ar. *HA* 620a13 s. : οἱ δὲ κέπφοι ἁλίσκονται τῷ ἀφρῷ · κάπτουσι γὰρ αὐτόν, διὸ προσραίνοντες θηρεύουσιν (" ils se prennent avec l'écume de la mer : comme ils l'avalent goulûment, on en répand pour les chasser "). –

[*Notes complémentaires aux v. 178-185* : V. 178 (fin) Cf. O. Mirbeau, *Le Journal d'une femme de chambre*, Livre de Poche, p. 42 : « Et pas même du pain blanc, du pain de première qualité … Non … du pain d'ouvrier ». N. semble avoir voulu dire que de l'huile grossière est suffisante (*contra* : Th. 103 s.), ce qui a paru surprenant : Bentley conjecturait χήνειον (*cl.* PsD. p. 24.4, voir comm. n. 15 §2), mais cf. *Th.* 622 σχεδίη … οἴνη " vin ordinaire ". – 179 χιόνι : la conjecture de Bentley (κονίη d'après PsD.) est inutile, voir comm. n. 15 §4b. – γλυκέος : cf. 205 n. – 179 ἄλγος ἐρύξει : 298 ; cf. ἄ. ἐρύξῃ Th. 929, ἰὸν ἐρύξεις *ib.* 593, κῆρας ἐρύξει (ἐρύκει) 699 (862). – 180 *ζάγκλῃσι : *faucilles des vendangeurs* (Σ). Le fém. ζάγκλη, ancien nom de Messènè en Sicile (Hdt. 7.164, Thcd. 6.4.5, Strab. 6.2.3), qui lui avait été donné à cause de la forme de son port (cf. Nic. fr. 21 Ζάγκλης … δρεπανηίδος ἄστυ), n'apparaît pas en dehors de la littérature grammaticale comme équivalent du neutre ζάγκλον, *glose* sicilienne (Thcd. *l.c.* τὸ δὲ δρέπανον οἱ Σικελοὶ ζάγκλον καλοῦσιν, cf. Σ *ad loc.*). – περιβρίθουσαν : cf. 143 (et la note *ad. loc.*) et Th. 851 n. – ὀπώρην : cf. *Th.* 855 n. – 181 *ῥυσαλέην : *hapax* absolu ; cf. 78 n. – ἐδανοῖο, ψιθίης ἐλίνοιο : si ἑδανοῖο était un adj. à deux terminaisons, on pourrait y voir, comme dans ψιθίης, un qualificatif d' ἑλίνοιο (fém. " vigne ", cf. [Opp.] *infra*), mais 162 (cf. n. *ad loc.*) montre qu'il s'agit d'un subst. (Gᵍ [= Σ 181d] : εἶδος ἀμπέλου ; la glose de D, ἑδάνη εἶδος ἀμπέλου [= Σ 162c], vient de Hsch. ε 397) ; pour deux subst. régimes d'une prép. exprimée seulement devant le second, cf. *infra* 471 et voir *Notice*, p. CIV (pour Lyc., cf. Konze 103). – Le fém. ἕλινος " vigne " apparaît chez Apollodore d'Athènes (*ap. EM* 330.40 [ἑλινός *falso*] = fr. 214 Müller) ; ici, pour la première fois en poésie, puis chez D.P. 1157 (*eadem sede*) πολυγνάμπτης ἑλίνοιο (cf. Nonn. 12.299 πολυγνάμπτοισιν ἑλίνοις), [Opp.] *Cyn.* 4.262 ὡραίη ἕλινος) et p.ê. chez Max. 492 ἑλίνους καὶ ἀδευκέας οἴνας. Le masc. (?) est attesté au sens de " branche de vigne " (et non " vrille " LSJ, d'où Chantraine) chez Philétas, Ἄτακτοι Γλῶσσαι (*EM* l.c. = fr. 15 Kuchenmüller τὸν κλάδον τῆς ἀμπέλου, cf. Hsch. ε 1998 ἑλινοί · κλήματα τῶν ἀμπέλων) ; la même explication de ἑλίνοιο (d'après cette *glose* ?) est donnée par Σ *Al.* 181f (τοῦ κλάδου τῆς ἀμπέλου), bien qu'elle soit exclue par ψιθίης. Sur ψιθίης, voir comm. n. 15 §1c. – 183 s. ἐκ … Ι… δαίνυνται : tmèse ; pour le composé *ἐκδαίνυμαι, non attesté en dehors de N., cf. fr. 68.8 ἐκδαίνυσο. Bentley conjecturait ἐν *pro* ἐκ, cf. Ath. 7.277a (ἐνδαινύμεθα A : *om.* CE). – 183 *πεμφρηδών, βέμβικες : sur ces deux insectes non identifiables, que N. cite, également à côté des Abeilles et des Guêpes, dans les *Th.* 806 βέμβικος ὀρεστέρου, 812 πεμφρηδὼν ὀλίγη, voir t. II, comm. n. 93 §3, 92 §1, et *infra* 547 (n. à τενθρήνης). – 184 (ὅτε …) δαίνυνται : pour la temporelle à l'ind. après une temporelle au subj. (182 [ἦμος …] θλίβωσιν), cf. [Opp.] *Cyn.* 1.138 s. ὅτ'… κλίνη, Ι ὁππότε σημαίνουσιν, *ibid.* 140 εὖτε καταστείχωσι (*codd. nonnulli*), 143 (οἱ δ'…) περισκαίρουσι. – *ῥαγέεσσι : Bentley avait p.ê. raison de corriger cet *hapax* absolu en ῥάγεσσι (cf. n. critique) ; mais cette forme aberrante de dat. plur. a un parallèle chez [Orph.] *Arg.* 569 πλακέεσσιν (Mᵖᶜ O), conjecture de copiste préférable à πλατέεσσιν, p.-ê. une imitation de N., et, par ailleurs, N. est coutumier des changements de quantité (voir *Notice* p. CX). – 185 κηκάς : cf. Call. fr. 656 κηκάδι σὺν γλώσση, au sens de λοίδορος (d'où Hsch. κ 2482 s.v. κηκάς · … κακολόγος. δύσφημος, Suid. κ 1499 ὁ λοίδορος), cité Σ 185b ; ici, au sens de κακή (cf. Hsch. *Test.*). κηκὰς ἀλώπηξ, passé dans la littérature grammaticale (voir *Test.* ad loc.), est cité par Psellos (*poem.* 6.355) d'après elle, sinon d'après N. ; *ad rem*, cf. Thcr. 1.48 ss.]

4) (a) 178 : *Mélange d'Huile et de Vin*. Il peut servir à provoquer une évacuation par le haut, comme c'est souvent le cas, cf. *e.g.* n. 12 §(b)IV. Aétius, Paul et le Pseudo-Dioscoride mentionnent, au début de la thérapie (c'est sa place naturelle), le vomissement provoqué " par l'Huile d'Iris " (Aét. PsD. ὑπὸ τοῦ ἐλαίου τοῦ ἰρίνου, cf. *Al.* 156),

" par l'Huile ou l'Huile d'Iris " (PAeg. τοῦ ἐλαίου ἢ ἰρίνου). Selon
D. *m.m.* 1.56.4 (52.29), on administre de l'Huile d'Iris (il ne précise
pas le but) à ceux qui ont bu certains poisons dont la Coriandre (voir
Notice p. xlii, xlvii). Ici et au v. 426, N. qualifie l'huile de ἀτμένιον.
Tout en notant ce parallèle, Bentley conjecturait χήνειον au lieu d'
ἀτμένιον en s'appuyant sur PsD. p. 24.5 (cité au §2), mais on ne voit
pas la cause d'une altération semblable. – (**b**) 179 : *Mélange de Vin
doux et de neige.* Cf. D. *eup.* 311.12 s. χιὼν σὺν γλυκεῖ ~ PsD. p.
24.5 γλυκύς τε σὺν χιόνι ἀναλαμβανόμενος (le ms A a κονίᾳ
comme PAeg., mais V χιόνι). Bentley, qui lisait κονίᾳ dans son texte
du PsD., voulait corriger χιόνι en κονίῃ chez N., mais la leçon de ω
est garantie par D. *eup.* Nicandre utilise aussi la neige contre les Sangsues (voir *infra* 512 et n. 55 §2).

16ᵃ. Ciguë. I. *Nature et utilisation du poison.* – Sur la Ciguë, voir Th.
HP 9.16.8-9 ; D.*m.m.* 4.78 (239-240) ~ Pl. 25.151-154 ; Orfila 2.302-
313 ; Glotz « Kôneion », D.S. p. 859-864 ; Lewin[3] 69-72 ; Morel 224
s. ; Gossen « Schierling » *RE* Suppl. 8 (1956) 706-710 ; Bruneton[1]
863-865, [2] 112-117. – **a**) Κώνειον désigne la grande Ciguë, *i.e.* la C.
officinale ou C. maculée (*Conium maculatum* L.), plus probablement
que la C. vireuse (*Cicuta virosa* L.). Elle était au nombre des plantes
cultivées par Attale III (Olck 807.22, cf. t. II, *Notice*, n. 24). Poison de
justice à Athènes, rendu célèbre par la mort de Théramène, de Polé-
marque, frère de Lysias, et de Phocion, et surtout par celle de Socrate.
A son habitude (cf. *Notice* p. xxviii), N. ne dit pas comment le mortel
breuvage (186 s. πῶμα, ποτόν) était préparé. Théophraste ne connaît la
C., semble-t-il, que sous forme de boisson. A propos des gens de Céos,
où les vieillards utilisaient le Pavot ou la C. pour se suicider (Ar. fr.
611.171 s. Rose, Héraclide du Pont FHG 2.215, Mén. fr. 879 [*ap.* Steph.
Byz. s. Ἰουλίς], cf. Headlam-Knox, Herodas, *Mime* x, p. 411), Théophraste (*HP* 9.16.9) évoque deux méthodes qu'il oppose, l'une, plus
ancienne, qui consistait à broyer la graine au mortier, l'autre, plus
récente et plus élaborée, selon laquelle on la mondait, puis la broyait et
passait au tamis avant d'en saupoudrer de l'eau. Th. se réfère également
à Thrasyas de Mantinée qui, en mélangeant le suc de la C. avec celui du
Pavot et d'autres plantes vénéneuses, obtenait un poison contre lequel il
n'existait pas d'antidote, et dont une drachme seulement procurait " une
fin facile et sans douleur ". On faisait aussi des pastilles avec le suc
exprimé de la graine par broyage et épaissi au soleil (Pl. 25.152). Dans
ces deux derniers cas également, on la donnait sans doute dans un excipient liquide. – **b**) Les *Buveuses de ciguë* (Κωνειαζόμεναι), titre d'une
comédie de Ménandre dont nous ignorons à peu près tout, se bornaient
sans doute à exprimer leur intention d'en boire, s'il s'agissait bien de C.
Au lieu du sens spécifique défini, κώνειον en effet peut avoir la valeur
de *poison violent* comme *aconitum* ou *toxicum* (voir n. 18 §a). C'est ce

que suggère la glose de Phot. κ 1318 (κωνειαζομέναις · θανάσιμον φάρμακον πινούσαις). Et Casaubon 164.41-50 a bien mis cette valeur en relief à propos d'Athénée (3.85b), qui, en parlant de l'Aconit, emploie le mot κώνειον (κώνειον C : κώνιον AE). Wilamowitz le corrigeait en ἀκόνιτον par ignorance de son sens générique. Cette conjecture adoptée dans le texte par Kaibel et, tacitement, par Olson après Gulick, doit être repoussée. – c) C'est après le Dorycnion (*m.m.* 74) et l'Aconit (76-77) que D. traite de la Ciguë au chap. 78 Elle partageait avec l'Aconit le synonyme κάμμορον, cf. Érotien κ 31 (cité *supra* n. 4 §4). Selon le même Érotien κ 61 (Apollodore source ultime ? Cf. Strecker *Hermes* 26, 1891, 198), κραμβίον était un synonyme sicilien de la C. (~ Hsch. κ 3940 κραμβίον · τὸ κώνειον) ; mais chez Hp. *Mul.* 1.63 (8.130.1 L.), *al.*, le mot a un autre sens (cf. Gal. *gloss.* 114.12 κραμβίῳ · κράμβης ἀφεψήματι). – d) D. p. 240.3 écrit : « (La C.) fait partie elle aussi des substances mortelles (τῶν φθαρτικῶν), car elle tue par refroidissement (κατὰ ψύξιν) » (~ Pl. 25.151 *semini et foliis refrigeratoria uis ; sic et necat*→ " la graine et les feuilles ont un pouvoir réfrigérant, et c'est ainsi qu'elle tue ") ; cf. Gal. *simpl. med. fac.* 3.18 (11.596 ss.) sur l'action des φάρμακα " froids par nature, appelés δηλητήρια, tels que Ciguë, Pavot, graine de Jusquiame, etc. " (596.10-12) ; et, pour la Ciguë, Poll. 5.132. C'est cette action réfrigérante que Platon, dans la relation qu'il donne de la fin de Socrate (*Phédon* 117a-118a), a privilégiée avec la paralysie ascendante qui en résulte, excluant tous les symptômes désagréables connus (salivation, nausées, vomissements, convulsions, etc.). On a supposé que de l'Opium avait été ajouté à la Ciguë, masquant certains de ses effets (Bruneton[1] 864, [2] 115) ; mais, hypothèse plus probable, alors que " l'intoxiqué ... avale et parle difficilement " (Bruneton[2] 113), Platon a voulu, semble-t-il, idéaliser la mort de son maître capable de s'exprimer jusqu'au bout, une fin propre et sereine qui devient comme une sorte de κάθαρσις dans laquelle l'âme quitte dignement la prison du corps. Voir aussi Lewin[3] 67 s. Chez N., les symptômes ont une allure plus chaotique, et surtout l'intelligence est aussitôt altérée. Cette symptomatologie, excellente au jugement de Lewin[3] 69, a été vérifiée par des savants sur eux-mêmes (A. Ollivier-G. Bergeron, *in* : *Nouveau Dict. de Médecine et de Chirurgie pratiques*, 7.625, s.v. « Ciguës », cité par Glotz 861 n. 22). –

16[b]. 186-194 : II. *Symptomatologie.* – 1) 188 (– σκοτόεσσαν) : la νὺξ σκοτόεσσα qui s'installe dans la tête de l'intoxiqué est susceptible d'être prise en deux sens appropriés l'un et l'autre aux effets du poison. – (a) Dans une première interprétation, cette expression ambiguë peut recouvrir deux symptômes différents : α/ *Altération de la vue*, comme dans l'intoxication par l'Aconit. Cette *nuit ténébreuse* peut être l'équivalent d'ἀχλύς, " brouillard sur les yeux ", terme qu'emploieront après Homère (*Il.* 5.696 κατὰ δ' ὀφθαλμῶν κέχυτ' ἀχλύς, en parlant d'un mourant), pour désigner ce symptôme, Hippocrate et les autres médecins ainsi que N. (*Th.* 430). Cf. Scrib.L. p. 85.5 *caligo*→, Bruneton[2] 115 " troubles de la vision et de l'audition " (et la n. citée *infra* §2). – **β/** *Vertige* (σκοτόεσσαν) évoque les termes techniques de la littérature parallèle, cf. *Al.* 35 σκοτόωσι) : Aét. l. 2 (= PAeg., PsD.) σκοτώματα καὶ ἀχλύν, Pr. p. 71.15-16 σκοτασμός, ‖ ... καρηβαρία. Pour la " lourdeur de tête ", cf. Orfila 310 (1re observation faite en Espagne par un aide-major sur un grenadier qui avait mangé avec ses camarades une soupe à la Ciguë) ; sont notés : *maux de tête, congestion manifeste du sang vers la tête.* Dans ses propres expériences, Orfila parle de " vertiges " (4e exp., p. 304), de " vertiges marqués " (8e exp., p. 306), de " vertiges considérables " (12e et 17e exp., p. 308 s.) ; cf. Bruneton[1] 864. Selon l'*EG* (*EM* 551.18 ss.), cité *Test.* 186-188, c'est précisément le symptôme qui aurait valu son nom au κώνειον, appelé aussi ἐφήμερον à cause de sa rapidité à tuer. Comme cette étymologie, précédée de la description de la plante, suit la citation de N., l'article pourrait venir d'une rédaction plus riche des Scholies. – **(b)** Lewin[3] 69 entend la nuit ténébreuse, cf. §(a)α, du *délire* qui s'annonce en bien des cas. Et, de fait, le délire est un phénomène souvent observé : Scrib.L. ←*mentisque alienatio*→, Pr. ἠλιθιότης, Aét. l. 3 (= PAeg., PsD.) διανοίας παραφοράν. De même, Orfila 311 (2e observation) fait état d'un *léger délire* chez un homme qui prenait comme remède un extrait de *Conium maculatum*, d'un *délire furieux* chez certains individus (3e obs., p. 312) ; et, dans la 4e obs., il cite le cas d'un vigneron italien et de sa femme qui avaient soupé de racines de Ciguë, prises pour celles de la Pastenade, et qui se réveillèrent " entièrement fous ". Ces phénomènes n'ont rien de surprenant, la plante agissant " sur le système nerveux, et principalement sur le cerveau " (p. 313). – **2)** 189 s. : dans la démarche titubante et la reptation des patients sur les mains, Lewin voit également des signes de délire. On peut y reconnaître un symptôme différent, à savoir la faiblesse des membres inférieurs, cf. Bruneton[2] 115 et sa note***, où il analyse un début d'empoisonnement : l'intoxiqué présentait " une gêne visuelle, des paresthésies des extrémités, une difficulté à la marche et une faiblesse musculaire des mains ". Orfila 312 remarque lui aussi la paralysie des membres inférieurs (3e obs.). C'est le premier symptôme que l'esclave public qui a apporté le poison à Socrate signale à son attention, quand il lui suggère de faire un tour après avoir bu " jusqu'à ce qu'il ressente une lourdeur dans les jambes " (117a ἕως ἄν σου βάρος ἐν τοῖς σκέλεσι γένηται, cf. 117e οἱ βαρύνεσθαι ἔφη τὰ σκέλη), signe avant-coureur de la paralysie progressive des muscles entraînant la perte progressive de la mobilité et de la sensibilité. –

[*Fin de la note au v. 192* : *ψύχει : dans la symptomatologie, N. change librement de suj., passant du poison à la victime (*e.g.* 187 s.,

210 s.) ou de la partie attaquée au poison (209 s.). G. Wolff 464 s., fait de la Ciguë le sujet de ψύχει, pris au sens transitif de *refroidir*, mais le sens intrans. (*se refroidir*) de (κατα)ψύχω (cf. Eut., cité n. critique), non attesté en dehors de N., est défendu, outre *Th.* 473 (voir la n. critique), par deux autres exemples qu'il oublie (*Al.* 85, 435). Pour le glissement du sens trans. au sens intrans., cf. *Notice* p. CIII.]

3) 192 s. : on suit, chez Socrate, le processus de refroidissement et de rigidification du corps jusqu'à la région du bas-ventre (*Phéd.* 118a τὰ περὶ τὸ ἦτρον). La ψῦξις ἄκρων en est une manifestation : PAeg. p. 32.3 = PsD. p. 24.12 (Pl. 25.151 ←*incipiunt algere ab extremitatibus corporis* " ils commencent à se glacer par les extrémités du corps " [trad. Littré]). La restitution d'ἄκρων *ap.* Aet. l. 2 est plus probable que celle de γυίων ; mais, à la suite des deux symptômes 1a)α et 1b, on lit chez Scrib.L. 85.5 : ←*et artuum gelatio insequitur* (cf. l'apparat du v. 192). Vive sensation de froid : le grenadier [*supra* §1a)β] avait les " extrémités … froides " et " il se plaignait d'avoir très froid ". L'aide-major lui fait frictionner les extrémités " pour y rappeler le sang ". Fait à noter, N. semble mettre en rapport le " refroidissement des extrémités " avec la contraction des vaisseaux dans les membres (192 s.). – **4)** 190s., 193 s. : appelé au chevet du malade environ une heure et demie après l'ingestion du poison, l'aide-major constate qu'il respire " avec une difficulté extrême " (Orfila 309). Ce phénomène n'est pas dû, comme les v. 192 s. l'impliquent, à une obstruction du gosier, mais à l'action des alcaloïdes très puissants que contient la grande Ciguë : ils entraînent une paralysie musculaire progressive qui, après avoir attaqué les fonctions motrices, finit par affecter les muscles respiratoires, si bien que le patient " suffoque et meurt asphyxié " (Bruneton[2] 114). – L'expression du v. 193 signifie-t-elle seulement que l'intoxiqué *respire faiblement*, comme on l'entend généralement ? L'embarras des éditeurs anciens se trahit dans la variété des leçons concurrentes d'ἀτύζει, seule digne de considération. Σ 193b essaie de deviner le sens, entraînant dans son sillage les traducteurs modernes : ἢ ἕλκει, ὅ ἐστι σπᾷ, τὸν ἀέρα καὶ ὀλίγον ἀναπνεῖ (cf. *Al.* 439 s. παῦρον l… ἐλκόμενον … ἄσθμα). Mais cette explication néglige le sens hom. originel de ἀτύζομαι (voir n. au v. 193) ; cf. la réserve que fait le Scholiaste lui-même avant de citer l'*Iliade* après sa glose : εἰ καὶ ἐπὶ τῆς ταραχῆς Ὅμηρος αὐτὸ τέθεικεν εἰπών · « πατρὸς φίλου ὄψιν ἀτυχθείς » (*Il.* 6.468). A partir de deux formulations équivalentes, *Il.* 8.183 (qu'il n'y a pas lieu d'athétiser) ἀτυζομένους ὑπὸ καπνοῦ = 9.243 ὀρινομένους (*c.v.l.* ἀτυζομένους) ὑπὸ καπνοῦ, O. Schneider (p. 154) a imaginé que N. (ce serait un cas d'*interpretatio homerica*) a pris ἀτύζει au sens d'ὀρίνει, et il traduit : " *paruum spiritum mouet siue ducit* " *i.e.* " *uix spirat* ". Mais il encourt la même critique : ἀτύζει ajoute une connotation de *trouble* ; cf. Oᵍ βραχέως ἀναπνοὴν συγχεῖ (= Σ 193c), Hsch. *EG*, cités *Test.* 193.

17. 195-206 : III. *Thérapie.* – **A.** Les antidotes des anciens sont très variés, comme on le voit par ceux de Pline (entre autres auteurs), qui ne figurent pas chez N. La C. étant réfrigérante (cf. n. 16ᴬ §d), les remèdes conseillés sont pour la plupart échauffants : 1/ l'*Absinthe*, administrée dans du Vin (Pl. 27.50, cf. D. 3.23 [31.7]) ; 2/ et 3/ les deux espèces de Péricarpe, *Ornithogale* et *Muscari* chevelu, que Pline (25.131) recommande au même titre que 4/ l'*encens* (cf. Th. *HP* 9.20.1 cité §B3a) et 5/ le *Panacès* de Chiron ; 6/ le *coccus* de Gnide (*Daphne gnidium* L.), antidote « souverain » contre la C., à cause de sa qualité " brûlante " (Pl. 27.70) ; 7/ la *Rue*, dont le suc combat celui de la C., comme le suc de la C. celui de la Rue (Pl. 20.131 s.), et dont l'efficacité tient à la nature chaude qu'on lui reconnaît généralement (20.142 *feruentem rutae naturam*) ; 8/ le *Styrax* (D. 1.66.2 [60.7] δύναμιν … θερμαντικήν), auquel Pline (d'après Sextius Niger ?) attribue la même vertu (cf. Scr.L., §B3a), omise par Dioscoride : Pl. 24.24 *aduersatur uenenis quae frigore nocent, ideo et cicutae* " il combat les poisons qui nuisent par refroidissement, et par conséquent la ciguë " (très souvent prescrit dans du Vin, soit seul [D. *eup.*, Aét., PAeg., PsD.], soit avec du Poivre [Scr.L. cité *infra* §B3a]). En revanche, pour 9/ l'*Origan* d'Héraclée, échauffant lui aussi, Pl. 20.178 cite seulement son action contre le Plâtre et l'Opium (*uenena opii et gypsi extinguit*), omettant celle contre la C. et l'*Éphèméron* signalée par Dioscoride, sans doute d'après la même source (3.27 [38.1], bu dans du Vin doux et de la lessive). Et cette liste des antidotes de Pline n'est pas exhaustive. – **B. 1)** 195-197 : *Vomissement, clystère.* –

[*Notes complémentaires aux v. 196-202* : V. 196 (fin) *ἐξερύγησι : 459, cf. *Th.* 732 ἐξήρυγε, et, si le texte est sain, la forme surcomposée ὑπεξερύγῃσι (*Al.* 227), seules occurrences du composé au sens du simple ἐρεύγομαι. Chez Call. fr. 75.7 (ἐξ … ἤρυγον), 714.4 ἐξερύγῃ (conjecture), sens fig. (*effutire*). – 197 ἐνεὶς : littéralement : « préparant (avec les mêmes produits) la seringue du lavement, injecte-le » ; sur l'inversion du rapport entre participe et verbe principal, cf. *Th.* 709 n. et *Notice* p. CIV. – 199 *Τεμπίδος : *hapax* absolu. – δαυχμοῖο : autre nom du Laurier. Ici et en *Th.* 94, O. Schneider adopte la conjecture de Bergk (δαυχνοῖο), cf. Alcm. PMG 48 = fr. 17 Bgk (δ'αχοσχορον corrigé par Bgk en δαυχνοφόρον = δαφνηφόρον), Masson 309.3 Δαυχναφόριος, épiclèse d'Apollon à Chypre. Mais δαυχμ- a pour lui un meilleur support ms, le témoignage d'Eut. (cf. apparat) et, de plus, l'appui d'Antigonos (Σ *Th.* 94e [voir l'apparat *ad loc.*]), qui glose le mot par δάφνη πικρά ; *aliter* Hsch. δ 331 δαυχμόν · εὔκαυστον ξύλον δάφνης = *EM* 250.20 (mais sans δάφνης). Le mot est apparenté à δαύχνα, appellation thessalienne (cf. comm. n. 17 §B2c) et chypriote du Laurier ; sur le rapport étymologique entre δαύχνα, δαυχμός, δάφνη et p.-ê. *laurus*, voir Solmsen 106-109. Pour la construction des mots ἢ ἀπὸ δάφνης – δαυχμοῖο on a le choix entre deux solutions ayant chacune leurs difficultés. O. Schneider construit : ἢ (anastrophe) Τεμπίδος δαυχμοῖο ; l'appellation thessalienne peut lui donner raison, mais il faut voir dans δαυχμοῖο un fém., ou bien on a un exemple supplémentaire d'accord masc./fém. La construction δάφνης Τεμπίδος semble plus naturelle (cf. Σ, Eut.), mais alors on a un relatif (200 ἢ) séparé de son antécédent par un subst. en alternative (cf. 568 n.). – ἐκ καυλέα κόψας : texte et sens douteux. (a) La prép. ἐκ reprend-elle ἀπό avec la même valeur ? Cf. 588 ἀπὸ ῥίζεα κόψας, et, pour une prép. redoublant un préverbe, 236 s., 607 s. (b) Faut-il, à partir de G^sl postuler un *hapax* *εὐκαυλέα analogue à 347 εὐκραδέος, 432 εὐάγλις ? (c) Ou, à partir de ἐκκαυλέω " pousser des tiges " (Th. *HP* 1.2.2, *al.*), un autre *hapax*, *ἐκκαυλέα, au sens de *jeunes tiges* ? La glose du ms O (κόψας · λειώσας : cf. 70, 236, 260, 349) est exclue par l'hypothèse (a) qui recommande le sens de *couper* (dans ce cas, le *broyage* nécessaire serait sous-entendu). Possible dans l'hypothèse (c), elle l'est aussi si on lit εὖ au lieu de ἐκ, comme le suggère G ; c'est le texte que j'ai traduit. Pour ἀπὸ δάφνης rattaché directement à καυλέα, cf. *e.g.* 99, 275, 374. – *καυλέα : cf. 46 n. – 200 Δελφίδα χαίτην : cf. (*hoc loco*) Δελφίδι *ap.* Nonn. 36.85 (πεύκη), 13.122 (πέτρη). – 201 μίγα : 372, seulement dans les *Al.* ; cf. Pind. *Pyth.* 4. 113, TrGF adesp. 658.13, Maneth. 4. 219, 527, [Orph.] *Arg.* 340 (+ 3 fois), *al.* – σπερμεῖα : cf. *Th.* 599 n. – 202 νέκταρ : cf. 44 n. – *ἐμπευκέϊ : cf. (*hac sede*) *Th.* 866 -κέα, *infra* 328 ἐνδευκέϊ, et voir *Notice* p. xcix. – χράνας : χραίνω, absent dans les *Th.*, est fréquent dans les *Al.*, au sens usuel de *souiller* (169, 469), mais aussi avec les valeurs de *enduire*, *imprégner*, à l'Actif (155, 246, 531) et au Moyen (553).]

Pour ces deux thérapeutiques préalables à l'administration de substances médicamenteuses, voir *Notice* p. xxxix s.. – **a)** 195-6 *Vomissement* : pour le provoquer, N. conseille l'Huile ou le Vin pur en dose massive (κορέοις). Selon Scrib.L. p. 85.7, les malades doivent boire " dans les débuts, sans aucun retard " du vin pur chaud en aussi grande quantité que possible (*in initiis uino mero subinde quam plurimo caldo*→ ~ Ascl. Ph. 138.14 ἁρμόσει ἄκρατον πολὺ παραχρῆμα διδόμενον, cf. D. *eup.* p. 311.7 ἀκρατοποσία ; [Eut. 66.11 a ajouté à N. (οἶνον) θερμόν, détail absent des Σ, d'après ses sources médicales, cf. Jacques[4] p. 33]), mais aucun d'entre eux ne fait mention du *vomissement*. [Dans le titre et le texte de la notice d'Ascl., corriger μηκών(ε)ιον en κώνειον, comme y invitent les textes parallèles, et tout particulièrement Scr.L. (cf. Ascl. 138.16-18 ~ S.L. p. 85.9-11)]. C'est aussi le vin pur chaud que Celse prescrit en tout premier lieu, mais il ajoute : *deinde is uomere cogendus*→ " ensuite, il faut contraindre le malade à vomir ". A la différence de N. qui donne le choix entre l'Huile et le Vin, D. *m.m.* 5.6.4 (6.20-7.1) préconise le mélange des deux ([οἶνος] πινόμενος σὺν ἐλαίῳ καὶ ἐξεμούμενος), Aét. l. 6 un mélange d'Eau et d'Huile (ὑδρέλαιον). Autres liquides recommandés comme émétiques en cas d'intoxications par la C. (parmi d'autres poisons, voir *Notice* p. XLVIII) : Vinaigre bu chaud (D. 5.13.3 [15.17], cf. *eup.* l.c. ὄξος θερμόν), Moût bu avec de l'Huile (Pl. 23.30). – **b)** 197 *Clystère* : Scr.L., Ascl. Ph., Aét. (PAeg. PsD.). N. n'indique pas sa composition ; Σ 197a en déduit qu'il s'agit d'un clystère *ordinaire* (κοινόν). Scribonius p. 85.10 mentionne pour sa part un " lavement âcre " (*aluum* acri clystere *ducere eorum*) = δριμεῖ κλύσματι (cf. *e.g.* Aét. §15 [Pavot], l. 18) ; Asclépiade, au contraire, des " lavements plutôt doux " (κλύσμασι χρῆσθαι πραοτέροις (cf. PAeg. 5. 38 [Chaméléon] p. 30.25 μαλακὸν κλύσμα). Les composants, sousentendus par N., sont sans doute l'*Huile* (cf. *Al.* 87-88) ou le *Vin*, cités au v. 195. – Pour ce préalable du §2, Aétius (~ PAeg. = PsD.), comme il le fait pour l'Aconit, l'Éphèmèron, l'Ixia (= Chaméléon), l'Enfleboeuf, le Dorycnion et le Pavot, recommande *à la fois* vomissement et clystère, alors que, là encore, N. prescrit l'un *ou* l'autre. On est tenté de conjecturer en 197 ἠδὲ *pro* ἠέ (pour cet échange, cf. les n. critiques à 310, *Th.* 89). mais, si N. a l'*hapax* hom. μηδὲ σύ γε (cf. n. à 397), la combinaison ἠδὲ σύ γε n'est attestée nulle part. Les manuscrits ω étant ici les seuls témoins, la conjecture καί τε au lieu de ἠέ (voir l'apparat) est une hypothèse qui s'imposait en bonne méthode, rien de plus. – **2)** 198-200 : *Laurier.* **a)** N. répète en termes identiques sa prescription concernant le vin (198), comme il le fait en termes synonymes pour le mélange de résine et de miel (546 s. ~ 554). Est-ce l'indice qu'il passe, ici et là, d'une autorité à une autre, comme le suggérait Gow ? Ce n'est pas certain. Ici, le Vin pur n'est plus utilisé comme émétique, mais comme un remède, administré seul ou mélangé avec diverses substances végétales (cf. Scr.L. cité §3a). Le Vin est l'antidote par excellence de la C. (Plat. *Lys.* 219e εἰ αἰσθάνοιτο αὐτὸν κώνειον πεπωκότα, ἆρα περὶ πολλοῦ ποιοῖτ' ἂν οἶνον ; Pl. 14.58 *cicuta hominis uenenum est, cicutae uinum* [citation de la lettre apocryphe d'Androkydès à Alexandre le Grand, cf. RE 1.2149.51], tout particulièrement à haute dose (D. *m.m.* 5.6.10 [8.23 s.] ἱκανῶς δὲ ποθεὶς [*sc.* οἶνος] βοηθεῖ τοῖς κώνειον … εἰληφόσι), à cause de sa nature *échauffante* (Pl. 25.152 *uini natura excalfactoria*, cf. Ar. *Probl.* 874a 38 δοκεῖ γὰρ ὅ τε οἶνος τῶν θερμῶν εἶναι τὴν φύσιν), surtout s'il est pur (D. 5.6.10 [8.20 s.] πᾶς ἀμιγὴς οἶνος καὶ ἀκέραιος … θερμαντικός). Scrib.L. cité *supra* §B1a est p.-ê. une illustration de l'ἀκρατοποσία (PAeg. p. 32.7 = PsD. p. 25.26 [~ Aét. l. 8] la qualifient de μέγιστον βοήθημα), remède constamment préconisé contre la

C., entre autres venins et poisons (Plut. *Qu. conv.* 3.5 [*Mor.* 653a 8] τὸ κώνειον ἐπιπινόμενος ἰᾶσθαι δοκεῖ πολὺς ἄκρατος). La recommandation du Vin est justifiée par sa richesse en tanin, contrepoison des alcaloïdes. – **b)** D'autre part, le Vin est l'excipient de remèdes végétaux eux-mêmes de propriété échauffante. N. le précise pour le suc du Silphium (202 νέκταρ) et le laisse entendre pour les tiges de Laurier, de même que pour le Poivre et les graines d'Ortie. Dans la littérature parallèle, la plupart des produits sont à prendre dans du vin. – Pour le Laurier commun (*Laurus nobilis* L.), " échauffant " (les baies plus que les feuilles, D. *m.m.* 1.78 [78.12]), le remède de N. est une sorte de δάφνινος οἶνος (cf. D. 5.36) préparé à partir des *tiges* ; l'huile de Laurier (Σ 200a δαφνέλαιον) n'a rien à faire ici. – Seules mentions du Laurier chez les iologues récents (pour l'excipient, voir *infra* §3b) : Aét. l. 13 (les *feuilles*) ~ PAeg. p. 32.11 ἢ δάφνης τὰ ἀπαλὰ φύλλα (φύλλα codd. CB^{pc} : *om. cett.*) ~ PsD. p. 25.7 s. Pour ἀπαλὰ φύλλα (PAeg.), voir D. *m.m.* 2.159 (225.14) ; cf. Eut. 66.17 τὰ ἀπαλώτατα καυλεῖα (adj. ajouté à N., voir *supra* §B1a) – **c)** N. mentionne, comme il le fait souvent (cf. *e.g.* comm. n. 46 §5b), deux variétés de la même plante, ici un Laurier particulier et l'espèce commune. Le Laurier de Tempé qui n'a pas de vertus médicales spéciales, marque simplement l'attachement de N. à son dieu Apollon (cf. *Th.* 613 s., et voir *Notice* p. LXXVIII s., Jacques[3] 111). – **α/** En faisant du Laurier de Tempé (le plus ancien de Grèce d'après Σ 198d) le premier pourvoyeur de la couronne de Phoibos, N. suit une tradition thessalienne rapportée par Élien, *VH* 3.1 (p. 126 Wilson), selon laquelle, après avoir tué le Serpent Pythô, qui gardait l'oracle de Delphes appartenant alors à la Terre, Apollon, sur l'ordre de Zeus, se purifia dans la vallée de Tempé en Thessalie : « il se fit une couronne avec le Laurier de Tempé (στεφανωσάμενον … ἐκ τῆς δάφνης τῆς Τεμπικῆς), prit dans sa droite une branche du même Laurier et se rendit à Delphes prendre possession de l'oracle ». – **β/** Σ 200a suit une autre tradition en contradiction avec N., que l'on trouve par exemple dans les *Geoponica* 11.2.3 : après la métamorphose en Laurier de Daphnè fuyant Apollon (que la Terre ait accueilli la fugitive et fait pousser un laurier à sa place ou que la jeune fille ait été métamorphosée), le dieu donna le nom de Δάφνη au laurier, « il en prit une branche, se couronna, et la plante est devenue le symbole de l'art divinatoire » (λαβὼν δὲ ἀπὸ τοῦ φυτοῦ πτόρθον ἐστεφανώσατο ~ Σ *l.c.* ἐξ αὐτοῦ τοῦ φυτοῦ ἐστέψατο). Au temps où elle possédait l'oracle de Delphes, la Terre avait pris comme prophétesse une Nymphe de la montagne du nom de Daphnis (Paus. 10.5.5). Le plus vieux temple d'Apollon passait pour être fait de Laurier dont les branches venaient du Laurier de Tempè (Paus. 10.5.9 τῆς δάφνης τῆς ἐν τοῖς Τέμπεσι) ; δαυχμός (cf. la n. à 199) p.-ê. appellation locale. – Voir Waser « Daphne Nr. 6 » RE 4 (1901) 2138 ss. ; Gunning « Lorbeer » *RE* 13 (1927) 1431 s. (sur le nom) ; Murr

92 ss. – 3) 201-202 : *Poivre, graines d'Ortie, Silphium dans du Vin.*
a) Th. *HP* 9.20.1, conseille le Poivre rond et le Poivre long au même
titre que l'*encens* (θερμαντικὰ δὲ ἄμφω · διὸ καὶ πρὸς τὸ κώνειον
βοηθεῖ ταῦτά τε καὶ ὁ λιβανωτός) ; Scr.L. p. 85.8 ←*et per se* (sc.
uino mero) *et cum pipere et cum styrace poto*. Épainétès le recommande broyé dans du vin : Pr. p. 71.25 s. ἢ πέπερι μετ᾽ οἴνου ἀκράτου λεῖον ~ Ascl. p. 138.14 ἢ πέπερι μετὰ οἴνου. – Même prescription étendue aux graines d'Ortie (Apollodore, selon Pline, les
recommandait contre d'autres poisons, cf. *Test.* 201 et voir *infra* n. 46
§3) : D. *eup.* p. 311.8 s. πέπερι σὺν κνίδης σπέρματι καὶ οἴνῳ, Aét.
l. 12 s. (= PsD. p. 25.7 ~ PAeg. p. 32.11) ἢ πεπέρεως μετὰ κνίδης
σπέρματος σὺν οἴνῳ. Pr. p. 71.23 πέπερι μετὰ †κνιδείου† σπέρματος (sans mention d'excipient) que S. Ihm corrige en Κνιδίου (cf.
supra §A6) ; plus probablement, altération de κνιδοσπέρματος (cf.
Alex. Tr. 2.225.10, PAeg. 7.17.14). – b) Pour le vin additionné de suc
de Silphium, cf. Celse (après la prescription citée §B1a) ←*posteaque
laser ex uino dandum.* D. *eup.*, p. 311.9 donne comme excipient Huile
et Vin doux (ὀπὸς σιλφίου σὺν ἐλαίῳ καὶ γλυκεῖ) ; Aétius l. 15
(voir apparat *ad loc.*) et Paul, Vin et Vin doux (σὺν οἴνῳ καὶ γλυκεῖ),
Ps.Dioscoride (= D. *eup.*) Huile et Vin doux. A la différence du PsD.,
qui reproduit D. *eup.*, Aét. et PAeg. mentionnent la plante et le suc en
alternative, cf Pr. p. 71.17 s. ἢ ὀπὸν Κυρηναϊκὸν μετ᾽ οἴνου ἢ σίλφιον δίδου πιεῖν. – 4) 203-204 : *Huile d'Iris et Silphium (racines).*
a) D. *eup.* p. 311.5 (ἔλαιον ἴρινον) est seul avec N. à mentionner
l'Huile parfumée à l'Iris. Dans sa *m.m.* 1.56.4 (52.28), il recommande
l'ἴρινον μύρον non seulement contre la Ciguë mais aussi contre les
Champignons et la Coriandre (N. ignore ces deux derniers emplois).
Ce n'est pas l'*Huile* d'Iris, mais sa *racine* dans du vin, que recommande Aétius l. 14. Pour l'absence de posologie, notée par Σ à propos
de μετρηδὸν (*contra* : e.g. *Th.* 93), cf. *Notice* p. LVII. – b) Les *loca
similia*, quand ils citent le Silphium herbe et non suc, ne précisent pas
la partie utile, et l'Huile n'y est conseillée qu'avec le suc (cf. *supra*
§B3b). Le pl. σίλφια désigne les racines, selon l'usage de N. (cf. *Th.*
840 s., 843, 896, *al.* et le comm. *ad loc.*). D'après D. *m.m.* 3.80
(94.10), la racine en boisson est bonne contre les poisons (θανασίμων
τέ ἐστιν ἀντιφάρμακον πινομένη), et le suc efficace, en onguent et
en boisson, contre les Venimeux et les *flèches empoisonnées* : p. 95.17
s. (ἐπὶ) τῶν φαρμακωδῶν τοξευμάτων (sc. ὠφελεῖ), cf. Pl. 22.103
uenena telorum (*armes de jet*) *et serpentium extinguit potum*. Sous le
nom d'ὀπὸς Κυρηναϊκός, le suc apparaît dans des antidotes de large
indication comme l'antidote " aux sangs " (Gal. *ant.* 111.17), ou
l'antidote appelé " incomparable ", efficace contre toutes les affections internes (113.4), mais surtout dans des thériaques. Cf. *Th.* 907,
911 avec le comm. n. 115 §2, 6. Pour l'utilisation du Silphium, plante
ou suc, comme contrepoison, cf. *Al.* 309, 329, 369 et comm. *ad loc.* –

[*Notes complémentaires aux v. 206-217* : V. 206 *ἀφριόεν : néo-logisme (cf. t. II *Notice* n. 212), repris par Antip. Thessal. *AP* 7. 531.5 = 205 G.-P². (cf. n. à 614 παρὰ χρέος) et par l'Epigr. app. exhort. 32. 74, seules autres occurrences. − 207 s. ἄχθος ... τοξικῷ : = τὸ ἐπὶ τῷ ... τοξικῷ ἄχθος (Σ) ; ou emploi du dat. au lieu du gén. (cf. *Th.* 85 n.) ? On pourrait aussi voir dans λοιγήεντι τοξικῷ ποτῷ (= λοιγήεντος τοξικοῦ ποτῷ, cf. 279 ἰξιόεν πῶμα = ἰξίου πῶμα) le complément d'agent de βαρύνηται, mais l'interprétation du Scho-liaste, qui garde à τοξικῷ (s.e. φαρμάκῳ) la valeur de subst. qu'il a chez les Iologues, semble préférable. − *λοιγήεντι : *hapax* absolu, cf. *λοιγέϊ 256, *Th.* 921 (et la n.) ; pour la place de l'adj., cf. 537 s. et la n. − παρασχεδόν : cf. *Th.* 800 n. − 209 ἔνερθε : cf. *Notice*, p. CXII ; ἔνερθεν (*v. l.*) p.-ê. correction métrique. − 210 οἰδαλέα : cf. fr. 78.3 ; fréquent dans la littérature médicale : Hp., D. (*eup.* 1. 78. 1 [181.19] τὰ οἰδαλέα ... τῶν οὔλων), Arétée, Gal., O., Aét., Alex.Tr. Seules autres occurrences poét. : (avant N.) Archil. fr. 13.4 W. ; (après lui) Opp. *Hal.* (3 fois), QS 4. 205, Nonn. *Dion.* (20 fois), *par.* (1), Grég. Naz. (3). − 212 ἐς − βάλε : cf. Sapho fr. 31.5 s. τό μ' ἦ μὰν ι καρδίαν ἐν στήθεσιν ἐπτόαισεν " (sourire) qui *affole* mon cœur en ma poi-trine » (~ Alc. fr. 283.3 s. κ'Ἀλένας ἐν στήθεσιν [ἐ]πτ[όαισε (*sc.* l'amour) ι θῦμον Ἀργείας). L'*excitation* du cœur est liée ici au dérè-glement de l'esprit (voir comm. n. 19 §3a). − 213 *ἔμπληκτον : ἔ-οι a servi de glose à 159 ἐμπληγέως (cf. n. *ad loc.*). 213 et 284 seuls emplois poét. − *μεμόρηκε : unique exemple littéraire de ce pft. " nouveau et tardif " (Chantraine *DELG* p. 678b), qui, comme l'aor. 2 ἔμμορον, se rattache à μείρομαι (μέρος, μοῖρα) ; cf. 229 μεμορη-μένον (et la n.) ; on le trouve dans la littérature grammaticale, qui le dérive (comme ἔμμορον) d'un présent μορέω : cf. Choer.Th. 112.6 s. ἀπὸ γὰρ τοῦ μορῶ, ὃ σημαίνει τὸ τυγχάνω γέγονε μορήσω μεμόρηκα καὶ ... ἔμμορον, Hdn. παρεκβ. 16.9 s. (μέμορκα *pro* μεμόρηκα) ~ EGud 463.10, *EM* 335.23, s.v. ἔμμορον. Conformément à l'enseignement d'Hérodien, LSJ s.v. μείρομαι (A) II 2 donne ici à μεμόρηκε + participe le sens faible de τυγχάνει ; mais il a p.-ê. le sens fort du pft. Pass. μεμόρηται (= εἴμαρται) + participe, cf. Ap.Rh. 1. 646, 973. − 214 *φλύζων : *hapax* absolu, glose italiote (Σ *ad loc.*) = φλυαρῶν ; cf. φλύω (Eschyle *Pr.* 504, Dioscoride *AP* 7. 351.6 = 1560 G.-P., *al.*). − 215 *δηθάκι : 318, premières occurrences, particu-lières aux *Al.* ; p.ê. créé par N. sur hom. δηθά " longtemps ". Emprunts possibles : Opp. *Hal.* 5. 48, [*Cyn.*] 1. 27 (+ 6 fois), Man. 2. 182 (+ 9 fois), seules autres attestations littéraires. A toutes les occur-rences convient le sens de *souvent, très souvent*, indiqué le plus fré-quemment par les Scholies et les Lexiques anciens (πολλάκις : WᵍDᵍ ad *Al.* 215, Hsch. [*Test.* ad loc.], Σ *Hal.* et *Cyn.* ll.cc. ; πλειστάκις : Σ *Al.* 318a, Suid. δ 376, Zon. 504.7) ; cf. Lehrs 320. Mair (n. à *Cyn.* l.c.) voyait l'amorce de ce sens nouveau dans *Il.* 21. 131, où les Σ rendent

δηθά par πολλά « souvent ». Malgré la Σ *Al.* 215a, qui le rend par
συνεχῶς « continuellement », δηθάκι ne garde pas ici une trace du
sens de l'hom. δηθά ; ici comme ailleurs, δηθάκι, placé presque toujours en tête de phrase et en début de vers, souligne à la façon de
πολλάκι (cf. 212) un fait d'observation courante. – *ἐμπελάδην :
seule autre occurrence, la glose aberrante de ἔμπλην (cf. *Th.* 322 n.)
chez Ap.Soph. 67.30 = Σ *Il.* 2. 526. – 216 *ἀμφιβρότην : *Il.* 2. 389,
al., épithète du bouclier " qui couvre l'homme tout entier " (Ap.Soph.
28.7), cf. Σ^D *l.c.* τῆς πανταχόθεν τὸν βροτὸν, ὅ ἐστι τὸν ἄνθρωπον,
περιεχούσης καὶ σκεπούσης ~ *EG* (*EM* 89.8) α 740 ἡ ἑκατέρωθεν
τὸν βροτὸν σκέπουσα ἀσπίς, explication valable pour le bouclier-
tour mycénien : W. Schulze (voir LfgrE 672) a supposé un mot non
attesté, *βροτόν = " corps " (hypothèse peu probable, selon Chantraine *DELG*, s.v. βροτός). Dans le transfert de cette épithète du bouclier à la tête de l'homme, O. Schneider (p. 211) ne voit pas de raison
précise, mais seulement l'expression d'une fantaisie. Ritter 11 comprend : « mortelle de toute part ». I.G. Schneider (p. 145) rapproche
Empédocle fr. 148 ἀμφιβρότη χθών « la terre (*i.e.* le corps) qui enveloppe l'âme ». Volkmann 46 s. approuve Σ 216a d'après laquelle l'adj.
rapporté à la tête a sa justification dans le fait que la tête, en tant que
siège de l'âme, « contient tout le corps ». – κώδειαν : au sens propre
tête du Pavot ; pour cette catachrèse, voir déjà Lyc. 37 (cf. Konze 64)
et *Il.* 14.499 ; voir comm. n. 47. – 217 *βωμίστρια : *hapax* absolu
créé par N. sur le modèle des noms d'agent fém. en -ίστρια (Chantraine *DELG* s.v. βωμός). – *κερνοφόρος : seule occurrence poét. de
ce mot, qui, chez Pollux (4.103) et Athénée (14.629e), s'applique à des
danses que ce dernier qualifie de " démentes " (μανιώδεις) ; cf.
comm. n. 19 §3d3. Alexandre d'Étolie emploie le synonyme κερνᾶς
(*hapax*) pour évoquer la condition qu'aurait eue Alcman, en Lydie, s'il
était resté dans sa patrie, celle d'un Galle kernophore (*AP* 7.709.2 =
151 G.-P. = fr. 9 P. κέρνας ἦν τις ἂν ἢ βακέλας | χρυσοφόρος
ῥήσσων λαλὰ τύμπανα).]

5) 205-206 : *Mélicrat, Lait.* a) Pour μελιζώρου au sens de μελικράτου, cf. 205 n. Ce n'est pas le *mélicrat* mais le *vin doux* (*sic* Eut.
et Btl.) qui est préconisé d'ordinaire : indépendamment de l'emploi
unique signalé avec le *laser*, il est recommandé seul à haute dose : Pr.
p. 71.18 s. (οἶνον δίδου γλυκὺν ὡς πλεῖστον, surtout le Vin de
Crète), PAeg. p. 32.12 s. (= PsD. p. 25.9) καὶ ὁ γλυκὺς δὲ καθ'
ἑαυτὸν πολὺς πινόμενος, cf. Aét. l. 8. – b) On a vu que Celse et
Scribonius conseillaient de prendre le vin chaud (§B1a). Pour le lait
chaud, un seul parallèle à N. : Pr. p. 71.19 s. γάλα … εὐθύμελκτον
θεὶς ἐπ' ἀνθρακιὰν δίδου θερμόν. Aétius (l. 9 s. ~ PAeg. p. 32.8 s. =
PsD. p. 25.3 s.) prescrit de boire le lait entre des prises de vin pur. Il
recommande le " lait d'Ânesse ou de Vache nouvellement tiré (νεόβ-

δαλτον) " = PsD. PAeg. (ces deux derniers sans νεόβδαλτον) : cf., déjà, Ascl. p. 138.16 (γάλα) ὄνειον ἢ βόειον, et, avant lui, Scr.L. p. 85.8 s. *ac maxime prodest lac asininum datum : si minus, uaccinum aut quodlibet.* Sur le Lait, et principalement celui d'Ânesse, comme antidote, cf. Pl. 28.158 et voir *Notice* p. xlv.

18. Toxicon. I. *Étymologie.* – a) Τοξικόν (s.e. φάρμακον), lat. *toxicum* (*uenenum*), passé dans les langues romanes (cf. fr. " toxique "). Littéralement " poison pour l'arc (τόξον) ", *i.e.* " poison de flèches " : son usage est attesté déjà par le Rig-Véda et le livre de Job 6.4. Le nom spécifique de ce poison est devenu un terme générique pour désigner un *poison* quel qu'il soit, sens large attesté en latin (depuis Plaute, *Mercator* 472 *me* toxico *morti dabo*) comme en grec : Strabon (3.4.18, cité n. 22 §b1γ) évoque la coutume ibérique d'avoir toujours sous la main un *poison* (τοξικόν) indolore, prêt à servir dans les situations désespérées. Autres poisons particuliers pris au sens générique de *poisons violents* : l'Aconit (c'est le cas d'*aconitum* en latin) et la Ciguë (voir n. 16 §A). Malgré les hésitations des traducteurs, Pline emploie le mot au sg. ou au pl. dans son sens spécifique de *poison de flèches*, comme le prouve 16.51 *sunt qui et taxica hinc appellata dicant uenena – quae nunc toxica dicimus –, quibus sagittae tinguantur* " il y en a même qui prétendent que les poisons nommés aujourd'hui *toxica*, dans lesquels on trempe les flèches, avaient été appelés *taxica* à partir de là ", *i.e.* à partir de l'If (*taxus*), qui tue comme eux ; pour le pl. au sens du sg., cf. D. *m.m.* 2.79.1 (161.5 τοξικά ; l. 7 τοξικόν), Pl. 23.30 (*toxica*). – b) Pline a-t-il voulu dire que ces poisons étaient extraits de l'If ? C'est ainsi qu'Isidore l'a compris : 17.7.40 *taxus uenenata arbor, unde et* toxica uenena *exprimuntur*, cf. Id. 17.9.25 toxica uenena *eo dicta quod ex arboribus taxeis exprimitur, maxime apud Cantabriam.* Étymologiquement, ce rapprochement n'a aucune valeur : l'adj. τοξικόν a pour seule justification le subst. τόξον dont il dérive. Les explications anciennes mettent le nom " Toxicon " en rapport avec l'*arc* de diverses façons ; selon certains, ce poison *est né* (ἀνεφύη : terme approprié pour une plante, cf. n. 22 §b1) du sang de l'Hydre de Lerne qu'Héraclès avait tuée avec son *arc* (Σ 208a).

19. 207-223 : II. *Symptomatologie.* – Elle concerne le Toxicon en boisson (cf., déjà, *Od.* 2.330 : le poison d'Éphyra que les prétendants soupçonnent Télémaque de vouloir mélanger à leur vin est apparemment le même qui sert à enduire les pointes de flèches, *ibid.* 1.262, cf. n. 22 §a et b1δ). Il y a entre N. et Scribonius, en particulier pour les cris poussés par ses victimes (cf. *infra* §3b-d), des rencontres étonnantes qu'il est difficile de ne pas attribuer à la connaissance de N. par Scribonius. Mais le fait le plus remarquable est certainement la confor-

mité quasi absolue avec N. des symptômes décrits par les iologues récents, et le pronostic (241-243) confirme cet accord (cf. n. 21). – **1)** *Douleurs* : 208 ἀχέεσσι βαρύνηται Pr. p. 68.29 (συμβαίνει …) τὸ μὲν ὅλον σῶμα βαρύνεσθαι→. N. ne les précise pas (cf. 241 μυρί' ἐπιτλάς). Faut-il compter parmi elles les douleurs intestinales que Scribonius est seul à signaler ? Cf. Scr.L. p. 90.9 s. *e uestigio ciet dolorem omnium interaneorum infinitum et uelut telo traiectorum*→ « il provoque sur-le-champ dans tous les intestins une douleur infinie, comme si un javelot les transperçait » (Pl. 21.179 donne une explication semblable du nom Dorycnion, d'étymologie inconnue, qu'il rapproche de δόρυ, cf. *infra* n. 38c). Les cinq autres auteurs cités dans les *Sim.* se bornent aux symptômes notés par N. – **2)** *Langue et lèvres gonflées, gencives éclatées.* **a)** 209 s. : Pr. ←τὴν δὲ γλῶσσαν παχύνεσθαι καὶ τὰ χείλη μετ' οἰδήματος πλείστου→, cf. O. (= Aét. l. 5 [version brève], PAeg., PsD.) χειλῶν καὶ γλώττης φλεγμονή (*gonflement inflammatoire*) → ; S. Ihm suppose une lacune chez Pr. après les mots cités, mais la comparaison avec N. montre que son texte est complet. – **b)** 211 : Pr. ←ἀναχρέμπτει τε καὶ πτύει ξηρὰ καὶ ῥήσεται τὰ οὖλα ~ Aét., version longue : l. 5 s. καὶ πτύελος ξηρὸς καὶ ῥήξεις τῶν οὔλων ; pour le premier de ces deux symptômes, cf. *supra* 81 ξηρὰ … χελλύσσεται et la n. *ad loc.* – **3)** 212-223 : *égarement d'esprit, cris.* **a)** 212 s. : κραδίην, le *cœur*, dont l'*excitation* (rappelée ensuite, en liaison avec l'œil, 243 πτοίητον) est mise en rapport avec la perturbation de la raison (voir la n. française *ad loc.*), et non le *cardia* (cf. 21 n.), sens qu'invitent à exclure non seulement les parallèles littéraires (les mots de N. conviennent mal au *cardia*), mais aussi le fait qu'un tel symptôme n'a aucun équivalent dans les textes iologiques. – **b)** N. met surtout en relief l'action du poison sur le système nerveux de l'intoxiqué, l'égarement d'esprit qui en résulte et ses manifestations (notamment les cris). Conforme à ce schéma, Scribonius note le " délire de l'esprit " et les hurlements : ←*concitatque mentis furorem cogitque exululare*→ ; Promotus, la folie et les cris (voir *infra* §c). Les autres iologues récents signalent seulement, et dans les mêmes termes, une " folie incoercible accompagnée d'hallucinations variées " : O. (Aét. l. 7 s. PAeg. PsD.) ←μανία τε ἀκατάσχετος ποικίλαις ἐπιβάλλουσα φαντασίαις. – **c)** 215-6 : Eutecnius (67.9) paraphrase : οἷον αἱ τῶν ἀποκοπτομένων τὰς κεφαλὰς κεφαλαί, παρασύρει τὴν γλῶτταν. Mais ce qui importe, ce ne sont pas les mouvements de sa langue, mais les sons qu'il fait entendre. La comparaison bizarre de N., qui, selon les Scholies, viendrait d'une mauvaise interprétation d'Homère (*Il.* 10.457 = *Od.* 22.329 φθεγγομένου δ' ἄρα τοῦ γε κάρη κονίῃσιν ἐμίχθη), n'a d'équivalent, dans la littérature iologiques, que chez Scribonius (pour une tête coupée essayant de parler, cf. Silius Ital. 15.470, QS 11.58 s.) : ←(*cogitque exululare*) *et palpitare lingua similiter decollatorum capitibus : nihil enim potest* *intellegi ex uoce eorum* " il contraint à pousser des hurlements et à avoir des palpitations de la langue comme la tête de ceux qui ont été décapités : on ne peut en effet rien comprendre à leurs cris " ; cf. Pr. p. 68.32 ἀλληγορεῖ (*il déparle*) ὡς ἐκμανεὶς καὶ βοᾷ→. – **d)** 217-220. Scribonius, en employant le verbe *exululare* (cf. *supra* §b), fait-il allusion à la deuxième comparaison de N. ? Le verbe *ululare* et le substantif *ululatus* apparaissent ailleurs en relation avec le culte de Cybèle et d'Attis, dont l'aspect sonore est évoqué aux v. 219 s. : cris perçants ou ololygmes, ululements, clameurs sauvages sont caractéristiques de ce culte ; cf. Rhianos *AP* 6.173.3 s. = 3238 s. G.-P. « à l'ololygme des Galles en l'honneur de Cybèle, (la prêtresse Achrylis) a souvent, de sa bouche, ajouté des accents agressifs pour les oreilles » et voir Graillot 124, 301 s. avec les n. 2-4 de la p. 302, où sont rassemblés d'autres témoignages. La fête était tenue le 9ᵉ jour du mois lunaire, jour " saint " (Hés. *Trav.* 772), non sans valeur cultuelle ; malgré l'importance du 20ᵉ jour (*Trav.* 792 εἰκάδι δ' ἐν μεγάλῃ), la *v.l.* εἰκάδι est douteuse. Au cours de cette fête, prenaient sans doute place les manifestations bruyantes décrites par Catulle dans son poème en l'honneur d'Attis (63. 21 ss.), quand retentissent cymbales et tambourins, quand « les Ménades parées de lierre secouent leurs têtes violemment et célèbrent leurs cérémonies sacrées avec des *hurlements aigus* (*acutis ululatibus*),... et que toutes les bouches du thiase hurlent des *you-you* (*linguis trepidantibus ululat*) » (trad. Lafaye modifiée). Les v. 217-220 constituent un témoignage religieux important. – **1/** ζακόρος : ce titre (voir G. Glotz, « Zacorus », *DA* 1032 ss.), à peu près identique à celui de *néôcore*, était attaché au culte de certaines divinités, notamment féminines, entre autres Cybèle, désignée ici comme au début du poème par le nom de Rhéa (cf. les n. *ad* 8 et 220). La fonction, subalterne à l'origine, mais qui a crû en dignité, est presque équivalente, ici, à celle de prêtresse. L'*hypozacore*, assistant du zacore, ne différait pas beaucoup de lui ; c'est le terme qu'emploie Eut. 67.11 dans sa paraphrase du v. 217. – **2/** βωμίστρια : les Scholies glosent par ἱέρεια ; la zacore pouvait être choisie parmi les anciennes prêtresses (cf. Glotz p. 1033). On ne sait si la zacore de Cybèle en question participait (cf. n. au v. 218) à la procession orgiastique en qualité de zacore ou de kernophore, ni si ces deux fonctions étaient liées. – **3/** κερνοφόρος : cf. n. *ad* 217 ; *celui* ou *celle qui porte le kernos* dans les cultes à mystères de Démétèr et de Cybèle (Dᵍ ἡ τὰς θυσίας ἄγουσα est tiré de Hsch. κ 2350). A Éleusis, le *kernos* était un récipient de terre cuite contenant un assemblage de petites coupes pour des offrandes distinctes (Athénée 11.476f). Selon Σ 217b, le mot désignerait ici le " cratère mystique sur lequel on place des lampes ". On le portait sur la tête « en exécutant des pas rythmés autour des autels et devant les dieux » (Graillot 254). Que les mystères de Cybèle aient comporté des *kernophories*, en dehors du témoignage de N., on en a un autre indice dans le fait que la formule propre aux mystères d'Éleusis (Clément d'Alexandrie, *Protreptique* 2.15.3, Σ Plat. *Gorg.* 497c), avec sa mention de la kernophorie (ἐκερνοφόρησα), a été adaptée dans le σύνθημα des mystes d'Attis : la formule ordinaire (ἐκ τυμπάνου βέβρωκα, ἐκ κυμβάλου πέπωκα) se termine chez Firm. 18.1 par les mots : γέγονα μύστης Ἄττεως. Femmes kernophores : outre ce passsage des *Al.*, cf. *CIL* II 179, X 1803. Sur le sens de la kernophorie dans le culte métroaque et le rôle du *kernos* dans le taurobole, cf. Graillot 178 ss. et voir L. Couve, s.v. « Kernos », *DA* 822 ss., en particulier p. 824 et n. 13 ; Leonard, *RE* 11 (1921) 316-326, en particulier 322, 325 s. ; Burkert 96 avec la n. 45. –

[*Notes complémentaires aux v. 221-230* : V. 221 (fin) Dans la version alternative BRW (suivie par *Ald*), adoptée par Geymonat, le rapport lemme/variante est inversé (cf. n. critique) : il en résulte que l'explication du Σ se rapporte à la var. βρυχανάαται, d'où βρυχᾶται Mén. fr. 835 Körte. K.-A. proposent βραυκανᾶται avec plus de raison ; le sens que Σ tire du contexte de Mén. est précisément celui qu'ont défini pour βραυκανᾶσθαι Hsch. β 1060 ἐπὶ τῶν κλαιόντων παιδίων λέγεται, ὡς μίμημα φωνῆς et Phot. β 262 βοᾶν ὡς τὰ παιδία (Hsch. β 1236 βρυκανήσομαι (*an* βραυκ- ?) · βοήσομαι), cf. Philostorge 11.6.14 τῶν παίδων … βραυκανομένων (*an* -νωμ- ?). En revanche, malgré Eut., βρυχανάαται convient mieux au contexte de N. (cf. ὠρυόδν). – 222 *ὠρυδόν, *ταυρώδεα : *hapax* absolus ; βρυχηδόν Oʸᵖ (voir n. critique, cf. Ap.Rh. 3.1374, Anon. *AP* 9. 371.5, Nonn. 29. 311, 36. 167), semble une altération due à βρυχανάαται. – 223 *παραφρίζει : *hapax* absolu. – χαλινοῖς : cf. 16 n. – 224 δεσμοῖσι – πιέξας : imité par Nonn. 26. 106 σειρῇσι πολυπλέκτοισι πιέζων. Nonnos lisait p.-ê. ici le participe prés., cf. *infra* 239. – πολυπλέκτοισι : cf. également Nonn. 5. 247 (épithète de χιτών), 23. 55 (de θύρσος), *par.* 19. 211 (d'ἕλικες), Archias *AP* 6. 207.1 = 3628 G.-P² ; en dehors de ces références, seulement Σ Eur. *Ph.* 314, glose de πολυέλικτος (pour un terme rare employé comme gl., s'il ne s'agit pas d'une var., cf n. critique à 299). – 225 νέκταρι : cf. 44 n. – *κορέσκων : cf. κορέσκοις 360, 553, 565, -κοι 415 ; Hsch. *Test.*, seule autre occurrence. – 226 δέ : ou, en plaçant la ponctuation forte à la fin du v. 225 et en rattachant ἤ. β. à la suite (δέ en 4ᵉ position, cf. *Notice* p. CIV), " et, lui ayant fait douce violence, desserre-lui les dents de force " ; *ad rem*, cf. 453. – βρῦκον : forme att. selon Ammonios et Mœris (sur les atticismes, cf. t. II, p. XCVII) ; Bentley préférait βρῦχον contre la tradition unanime. – *διὰ … ὀχλίζοις : tmèse ; διοχλίζω est un *hapax* absolu, dont le sens est expliqué par hom. ὀχλίζω « déplacer avec un levier », d'où « ouvrir en forçant ». – 227 *ὑπεξερύγῃσι : *hapax* absolu ; les poètes hellénistiques aiment les verbes surcomposés, mais on ne voit pas bien ce que ὑπ- ajoute ici au sens (voir la n. critique). – 228 *βοσκαδίης : *hapax* absolu ; les Σ glosent : νομαίας (G²), νομαδιαίας (O) ; le sens doit être voisin de celui de φορβάδος (*Th.* 920). – *ὀρταλιχῇα : = ὀρτάλιχον (cf. n. *ad* 165), diminutif de ὀρταλίς (*Al.* 294). – 229 *ἐντήξαιο : *i.e.* " fais bouillir jusqu'à liquéfaction des chairs " (Σ 229b ἐνεψηθέντα τῷ πυρί) ; seul emploi poét. figuré de ce verbe utilisé dans le vocabulaire médical, *e.g.* Aét. 9. 42.137 ὕδατι ἐντήκεσθαι (Pass.) " être dissous dans l'eau ". – μεμορημένον : de μείρομαι, cf. 213 μεμόρηκε (et la n.). Le participe pft. Pass. μεμορημένος (μεμορμένος plus fréquent) seulement chez Léonidas Tar. *AP* 7. 466.7 = 2409 G.-P. au sens de " ayant tel ou tel destin ". On le trouve souvent glosé πεπονημένος *vel sim.* chez les grammairiens et lexicographes (Hsch. μ 817, cf. Ap.Soph. 62.4 [*ad* ἐγχεσίμωροι], *al.*), à partir d'un verbe μορέω auquel ils donnent le sens de *faire effort, se donner de la peine, produire avec peine*, et qu'ils emploient pour expliquer certains mots tels que l'*hapax* hom. μορόεντα (cf. *EG* [*EM* 584.31] μορεῖν γὰρ τὸ πονεῖν, 591.12 [*ad* μορόεντα] μορῆσαι ὅ ἐστι κακοπαθῆσαι, et voir la n. *ad* 455 μορόεντος), mais qui n'a aucune existence littéraire : Dosiadas *Ara* 8 μόρησε (glosé μετὰ ... κακοπαθείας ... ἐτεκτήνατο, Σ Thcr. p. 348.15) est une *f.l.* pour μόγησε. Aucun des sens ci-dessus ne convient à notre passage, mais, comme l'a observé Gow¹ 104, μείρομαι a parfois la valeur passive de " diviser, partager " (Arat. 1054), d'où, au participe pf., le sens possible de *fragmenté, morcelé* : cf. Σ *Al.* 229b πυρὸς μεμορημένον· ἀντὶ τοῦ δεδασμένον. – 230-233 : cf. Euph. fr. dub. 11 P. = 188 vGr. ὤριον οἶά τε μῆλον, ὅ τ' ἀργιλώδεσιν ὄχθαις | πορφύρεον ἐλαχείη ἐνιτρέφεται Σιδόεντι. – 230 *μηλείης : forme épq. = μηλέας (Σ), p.-ê. créée par N. ; cf. Nonn. 12. 275 (μηλείη), seule autre occurrence. – *ῥηχώδεος : *hapax* absolu comme la *v.l.* τρηχώδεος ; glosé comme elle par τρηχείας (Σ). – κάρφη : = καρποί, cf. *Th.* 893 n. et *supra* 118 καρφεῖα (et la n.). μηλείης ... ἄγρια κάρφη : *i.e.* les fruits du *pommier sauvage* ; sur l'hypallage, cf. t. II, *Notice*, n. 219.]

4) 222-3 : seuls parallèles, Pr. ←βοᾷ τοῖς ὀφθαλμοῖς λοξὸν βλέπων, τρίζει (*ego cl.* Aét., Ev. Marc 9.18, *al.* : τρύζει *codd.*) δὲ καὶ τοὺς ὀδόντας ~ Aét. (version longue) l. 6 s. καὶ λοξὰ βλέπουσιν καὶ τρίζουσιν τοὺς ὀδόντας.

20. 224-241 (– ἰρινέοιο) : III. *Thérapie*. – 1) 224-226 : *Camisole de force*. La première démarche de la thérapie consiste à faire vomir les malades (voir n. 5 §6c) en leur faisant absorber du *vin* de gré ou de force ; mais leur état de démence (212 s., cf. 221 νόου λύσσῃ) exige qu'on les ligote (224) ; cf. les iologues récents (qui conseillent tous le *vin doux*) : Pr. p. 68.35 ss. συλλαβὼν τοὺς τοιούτους καὶ ἐπιδήσας ἀνάγκαζε (*ego* : ἀνάγκασε, -σαι *codd.*) διανοῖξαι τὸ στόμα καὶ

σὺν ῥοδίνῳ βάλε οἶνον γλυκὺν ὡς πλεῖστον κινῶν εὖ μάλα τὸ στόμα, καὶ χαλάσας τοὺς δακτύλους ἀνάγκασον ἐμέσαι→ ; Aét. l. 10 s. = O. p. 297.6 s. δεῖ τοίνυν δεσμοῖς μὲν συνέχειν αὐτοὺς ἀναγκάζειν τε γλυκὺν μετὰ ῥοδίνου πίνειν καὶ ἐμεῖν (~ PAeg. = PsD.). De *Al.* 226 ἧκα βιησάμενος et 227 δαμαζόμενος χερί rapprocher Pr. (*supra*) χαλάσας τοὺς δακτύλους, Aét. l. 11 πτερῶν καθέσει (cf. 362). Diosc. (*eup.*) recommande le vin comme excipient de substances diverses, sans parler de vomissement. Chez Asclépiade, le vin est seulement mentionné comme un remède entre autres : p. 139 s. βοηθεῖ οἶνος πινόμενος γλυκύς, καὶ ῥόδινον ἔλαιον. Scribonius, qui préconise des vomissements répétés, provoqués par l'essence de Rose et l'huile d'Iris (p. 90.13), conseille ensuite seulement vin doux, lait et antidote de Mithridate. – 2) 228 s. : *bouillon d'oison*. N. propose-t-il cette boisson comme vomitif pour remplacer le vin ? La conjonction disjonctive ἠέ pourrait le laisser entendre, et l'on aurait alors ici un équivalent de 136 s., où le bouillon d'Oie, avec d'autres boissons grasses, est administré dans ce but. Mais il peut s'agir d'un remède alternatif. Les deux seuls iologues à faire mention du bouillon d'Oie en dehors de N. disent que le malade doit le boire *après avoir vomi* : Pr. ←καὶ τότε νεοσσῶν νήσσης ἢ χηνὸς ζωμὸν δίδου ῥοφεῖν ~ Aét. l. 11 s. ἔπειτα ζωμὸν νεοσσοῦ χηνὸς λιπαροῦ διδόναι καταρροφεῖν. – 3) 230-238 : *Pommes, Coings, Pouliot.* a) Fruits du Pommier sauvage (*Pirus Malus* L., var. *silvestris* L. [Br.], cf. n. à 230) ou cultivé, Coings cultivés ou sauvages (*Pirus Cydonia* L.). Le mot στρούθεια (234) désigne sans doute les Coings ordinaires, l'espèce horticole à gros fruits ; la périphrase des v. 234 s. (Κύδωνος –), la κυδωνία, le " cognassier ", arbre que l'on croyait originaire de Crète (cf. Murr 56), et dont le nom, ainsi que celui de ses fruits (Κυδώνια), est à mettre en relation non avec le port crétois homonyme (auj. La Canée), mais, comme N. y invite, avec son héros fondateur Κύδων (voir *infra* §b). Peut-être N. a-t-il en vue le fruit sauvage : les Κυδώνια μῆλα de Th. *HP* 2.2.5 (S. Amigues p. 120 n. 9 conjecture sans nécessité κυδωνία) semblent être les petits fruits d'une espèce redevenue sauvage (les autres exemples de Th. *l.c.* vont dans ce sens). Malgré φυτόν, c'est le fruit de cet arbre (emploi du tout pour la partie), plutôt que son bois, que N. continue à considérer, bien que le bois contienne du tanin ; pour cette particularisation du coing (*plante crétoise de Cydon*), cf. *Notice* p. LXI s. Les pommes elles aussi, notamment les pommes sauvages, sont astringentes, de même que les pommes de printemps (cf. D. *m.m.* 1.115 [108.21 = Pl. 23.104] τὰ δὲ ἄγρια [*sc.* μῆλα] ἔοικε τοῖς ἐαρινοῖς στύφοντα) ; les Heures printanières (232 s., cf. n. à la trad.) sont p.-ê. une allusion à ces dernières. – b) 234 Κύδωνος : selon des traditions divergentes rapportées par Pausanias (8.53.4), Cydon serait un fils de Tégéatès qui aurait émigré avec ses frères en Crète, où il aurait fondé la ville de Cydonia, au

N.O. de l'île (légende de Tégée). Mais les Crétois racontaient que l'éponyme de cette ville serait né de l'union d'Hermès et d'Akakallis, fille de Minos : même filiation, Σ Theocr. 7. 12c ~ Σ Ap.Rh. 4. 1490-94b (Alexandre Polyhistor, Κρητικά = FGrHist 273 F 30, p.-ê. utilisé par Théon, cf. Wendel 129). Ce que l'on sait de Cydon ne permet pas de comprendre l'épithète βλοσυροῖο, qui a d'ordinaire un sens défavorable (*Th.* 336, 370, 706 avec la n., cf. *e.g.* [Opp.] *Cyn.* 4.234 θῆρες βλοσυραί ; voir t. II, p. LXXIX, sur *Th.* 703 βροτολοιγόν). –

[*Notes complémentaires aux v. 236-243* : V. 236 (fin) ἅλις : 10 occurrences dans les *Al.* contre 2 dans les *Th.* Le ι y est scandé bref en *thesis* 2 fois (23, 430), long par position 8 fois (voir en outre 184, 275, 348, 389, 483, 489, 499 ; cf. *Th.* 289, 739, fr. 72.3). Chez Homère, il est allongé 4 fois à l'*arsis* (Rzach 360). Si on lit ici ἐν et non καί, N. est le seul poète épique récent, avec Ap.Rh. 3.103, à offrir un allongement de ce type à l'*arsis* 4 (cf. *Od.* 7. 295) ; ce qui ne peut surprendre étant donné sa qualité proclamée de poète *homérique*. – ἐν ἀολλέα κόψας : = *Th.* 573 ; certains mss font de *ἐναολλέα, qui donne au vers un meilleur rythme, un adj. composé spécial à N., d'un type fréquent chez lui (cf. *Notice* p. XCIX), pour lequel les Scholies ont une explication (Σ *Th.* 573c ὁμοῦ συνηγμένα = Σ *Al.* 236d [*i.e.* D^g] ὁμοῦ πάντα) qui conviendrait à l'adj. simple hom. ἀολλέα (cf. 544). ἐν peut anticiper le préverbe ἐμ(βρέξαιο), comme c'est le cas aux v. 607 s. La leçon alternative (καὶ [adv.] ἀολλέα) ferait disparaître l'anomalie signalée dans la n. précédente (correction métrique ?). – 237 *ὀσμήρεα : *hapax* absolu ; N. emploie dans le même sens *ὀσμηρός fr. 74.57. – γληχώ : cf. 128 n. – 238 μηλείοισι : une des rares occurrences de cet adj. au sens de *appartenant au pommier* ; cf. Ap.Rh. 4.1401 (qualifiant στύπος), Phlégon de Tralles, FGrHist 257 F 1 (p. 1162.3) = Epigr. app. orac. 23.1 (καρπός, d'où Suid. μ 921 ?), Theognost. 307.6 (κλάδος). – *συνομήρεα : en l'absence de T, la classe ω se partage entre deux néologismes de même sens, ἐνομήρεα et συνομήρεα. On ne voit pas ici la raison de ce doublet : j'ai retenu la leçon adoptée par la tradition unanime en 449, et par T en 607. – 239 s. ῥοδέου θυόεν … Ι... λίπος : les v. 452 s., qui décrivent la même médication, confirment la conjecture de I.G. Schneider : ῥοδέου (s.e. ἐλαίου, cf. 241 ἰρινέοιο, *Th.* 103), complément de θυόεν λίπος (cf. 452 ῥοδέοιο … θύος), forme avec ces mots une figure lycophronienne dans laquelle le subst. complément précise celui dont il dépend (cf. Konze 99) " l'huile parfumée que constitue l'essence de rose ". L'expression équivaut à ῥόδεον θύος : cf. 203 ἰρινέου θυέος. – 240 *παῦρα : = *paulatim* (Gow[1] 115) ; pour cet emploi adverbial, le seul exemple net est Hés. *Théog.* 780, mais pris *alio sensu* (= παυράκι *rarement* : West rapproche *hHerm.* 577 παῦρα … ὀνίνησι, mais il s'agit p.-ê. d'un complément d'objet interne. –

ἀνοιγομένοις : semble avoir ici (malgré Lehrs 330) le sens de *entrou-verte* (et non *qui s'entrouvre*), cf. διοιγομένῃσιν fr. 74. 45, Hédyle *ap.* Ath. 11.497d (= 1846 G.-P.) κρουνοῦ πρὸς ῥύσιν οἰγομένου (*aperti*), D.P. 146 οἰγόμενος ... Πόντος, et très souvent chez Nonnos (voir les nombreux exemples rassemblés par Lehrs) ; *ad rem*, cf. 453 ἠμύουσι χαλινοῖς et la n. *ad loc.* – 241 ἰρινέοιο : cf. 156, 203 (et la n. *ad loc.*). Le rejet ἠὲ καὶ ἰρινέοιο a un parallèle au v. 455. – μόγις : voir *Th.* 281 n. J'ai jugé préférable de conserver la leçon de ω, seul témoin du texte, bien qu'on ne voie pas ici les raisons qui ont pu pous-ser N. à adopter la vieille forme épique au lieu de μόλις, en faveur chez les poètes hellénistiques (désir d'archaïsme ? mais cf. 292). – *ἐπιτλάς : *hapax* absolu ; cf. ἐπιτλήτω (*hapax*), *Il.* 19. 220 (= 23. 591). – 242 *ἀκροσφαλὲς : seule occurrence poét. de ce mot attesté chez Platon et surtout dans la prose tardive. – ἴχνος : cf. 189 n. – *ἰῆλαι : hom. ἰάλλω ne semble pas attesté ailleurs au sens de *poser* (le pied). – 243 *ἑτεροπλανὲς : *hapax* absolu. – ὄθμα : cf. 33 n.]

c) 236-238 : pour l'utilisation des pépins de Pomme (*contra* : 231 σίνεα κόψας), il n'y a pas de parallèle chez les iologues. Mais, en ce qui concerne les produits des v. 230-235 réduits en poudre et pris en boisson dans de l'eau avec du Pouliot, aussi bien que mangés dans leur état naturel, voir D. *eup.* p. 310.11 s. (ποιεῖ) μήλων ἀγρίων καρπὸς ἐσθιόμενος, στρούθια μῆλα ὁμοίως · Κυδώνια λειώσας ἐν ὕδατι σὺν γλήχωνι δίδου→ ; cf. O. p. 297.10 καὶ Κυδώνια μῆλα ἐσθιό-μενα, ἢ λεῖα μετὰ γλήχωνος ἐν ὕδατι πινόμενα = PAeg. (il a μῆλα Κυδώνια et σὺν γλήχωνι μεθ' ὕδατος), PsD. (μ. Κ. et σὺν γλήχωνι γλυκείᾳ καὶ ὕδατι) ~ Aét. l. 15 s. (ἢ τὸ ἀφέψημα αὐτῶν μετὰ γλ. πινόμενον) ; *aliter* Pr. p. 69.1 s. ἢ μηλοκυδώνια ἢ κοινὰ ἢ κοκκύμ-ηλα μεθ' ὕδατος ἑψήσας δίδου ῥοφεῖν. – **4)** 239-241 (– ἰρινέοιο) : *Huile de Rose ou d'Iris* (cf. *supra* 155 s.). **a)** Mentionnées en liaison avec le vomissement : Scr.L. ; huile de Rose seulement : Pr. O. Aét. PAeg. PsD., voir *supra* §1 ; sans mention du vomissement : D. p. 310 s. ἢ ῥόδινον ἢ ἴρινον (*sc.* δίδου), Ascl. (cité *supra* §1). – **b)** *Instilla-tion* dans la bouche à l'aide de flocons de laine : Promotus offre le seul parallèle (sans la mention des flocons), p. 69.1 ἢ ῥόδινον ἔλαιον δια-νοίξας τὸ στόμα ἔνσταξον. – **5)** Les autres iologues font mention de remèdes plus nombreux, et les Pharmacologues en citent qui sont négligés par N. Par exemple, le *Galbanum* : D. 3.83.2 (99.18) ἀντι-πάσχει δὲ καὶ τοξικῷ σὺν οἴνῳ καὶ σμύρνῃ ποθεῖσα (*sc.* χαλβάνη) ~ Pl. 24.22), cf. D. *eup.* p. 310.8, Pr. p. 69.2 (celui-ci sans la Myrrhe) ; – le suc de *Silphium* : D. 3.80 (95.17) καὶ ἐπὶ τῶν ἰοβόλων ζῴων (cf. *Th.* 911) καὶ τῶν φαρμακωδῶν τοξευμάτων ἐγχ-ριόμενος καὶ πινόμενος = *eup.* 2.144 (chap. distinct de celui sur le Toxicon) εἰς τὰ τοξευόμενα καὶ οἷς ἐπιχρίεται τὸ ξίφος φάρμακα, en application et bu dans du Vin (~ Pl. 22.103 *uenena telorum et ser-*

pentium extinguit potum [sc. *laser*], *ex aqua uulneribus his circumlini-tur* ; – l'*écorce de Chêne* (les feuilles dans la thérapie de l'Éphèméron, *Al.* 260) pilée dans du Lait : D. *eup.*, O., Aét., PAeg., PsD. ~ [Ar.] *Mir.* 837a 18 s. = Th. π. δακ. ? (voir n. 22 §b2δ) εὑρῆσθαι δὲ τούτῳ (*i.e.* Σκυθικῷ φαρμάκῳ) λέγουσιν ἀντιφάρμακον τὸν τῆς δρυὸς φλοιόν (cf. D. *m.m.* 1.106. [99.16], décoction de glands ou d'écorce de Chêne, bue dans du Lait de Vache [~ Pl. 24.7, qui ajoute les feuilles]) ; – la graine de *Rave* (γογγύλη/γογγυλίς : βουνιάς " Navet " Ascl.) dans du Vin contre les poisons de flèches (*toxica*) : Pl. 20.18 (cf. D. *eup.*, O., Aét., PAeg., PsD. ; D.*m.m.* 2.110 [185.8] parle seule-ment des poisons, βοηθεῖ δὲ καὶ τοῖς θανασίμοις). – La *Belette* en conserve (cf. *Th.* 689 ss.) à la dose de 2 drachmes est bonne, selon Pl. 29.105, non seulement contre les poisons de flèches, mais contre toute espèce de poisons (cf. D. *m.m.* 2.25 [130.10] bue avec du Vin, seulement contre le T. [τοξικοῦ ἀντιφάρμακον]). – Dioscoride (*m.m.* 2.79 [161.3]) conseille encore le *sang* cuit de Bouc ou de Chèvre (D. *eup.*, O., Aét. PAeg. PsD.), de Cerf ou de Lièvre (p. 161.5), ou du Chien (l. 7), bu dans du Vin (*eup.* ἐρίφου au lieu de ἐλάφου). – Selon Pl. 23.30, le moût, pris dans de l'huile et revomi, est bon, entre autres, contre le T. (*toxica*) ; ou le Lait de Jument (28.159). – Il est intéressant de noter que N. a négligé la « racine de Panicaut cuite avec une gre-nouille », remède préconisé par Apollodore fr. 11 contre le T., sauf erreur de Pline ; c'est contre la Salamandre que N. le recommande (563 s.).

21. 241-243 (μόγις –) : IV. *Pronostic*. – A la fin de la thérapie, les notices de Promotus, d'Oribase, d'Aétius, de Paul et du Ps.Dioscoride comportent un pronostic (cf. *Notice* p. XXVII s.) qui se présente en termes identiques chez O. et Aét. d'une part, chez PAeg. et PsD. de l'autre, les deux paires offrant entre elles peu de différence. A ἐπτοη-μένος (O. PAeg. PsD.) Aét. l. 18 s. ajoute : καὶ ἀκατάστατος τὸν λογισμόν, qui en accentue le sens. De leur côté, PAeg. (PsD.), qui emploient le pluriel, ont, après κλινοπετεῖς διαμένουσιν (sans πολλῷ χρόνῳ ~ 242 ἤμασιν ἐν πολέεσσιν) : καὶ ἀναστάντες δὲ ἐπτοημέ-νοι. On remarquera la ressemblance qu'offre cette observation, absente chez les autres iologues, avec 243 πτοιητὸν – ὄθμα. L'expression des v. 242 s. (ἀκροσφαλὲς – ἀσφαλέως, cf. 73) implique un symptôme qu'on ne lit pas chez N. ni dans les traités parallèles, à savoir la fai-blesse musculaire, notamment des membres inférieurs. Chez Pr. p. 69.3 s., le pronostic se limite à la remarque suivante : « les remèdes sont administrés un nombre de jours suffisant jusqu'au moment où le malade sera capable de se tenir debout ». On peut considérer aussi comme un pronostic la prop. consécutive qui termine la symptomatologie chez O. p. 297.5 s. (Aét. PAeg. PsD.) : ὡς καὶ διὰ τοῦτο δυσιάτως αὐτοὺς ἔχειν, σπανίως δὲ σῴζεσθαί τινα τῶν τοῦτο πεπωκότων.

22. 244-248 : V. *Utilisation. Composition.* – **a)** Les v. 244-246
(– χραίνουσιν) justifient par les faits le nom du Toxicon qui servait à
empoisonner les pointes de *flèches* ou de *lances* (cf. n. 18) : 244
χαλκήρεας αἰχμάς, comme le mycénien *aikasama* (cf. Chantraine
DELG s.v. αἰχμή), convient aussi bien à celles-ci (*Il.* 6. 319 s. δουρός
Ι αἰχμὴ χαλκείη, *al.*) qu'à celles-là (Eschyle, *Perses* 239 τοξουλκὸς
αἰχμή). *Flèches* : Pl. 16.51 *uenena ... toxica ... quibus sagittae tin-*
gantur (cf. n. 18 §a) ~ Fest. (Pauli excerpta) 486.19 toxicum *dicitur*
ceruari<um uenenum, quo> quidam perunguere sagitta<s>, Comm.
Bern. (cf. *infra* §b), et cf. le poison des Scythes (*infra* §b2δ) ; *armes*
de jet : e.g. Ovide, *Pont.* 4. 7. 11 *aspicis et mitti sub adunco* toxica
ferro Ι *et* telum *causas mortis habere duas*, cf. *ibid.* 1. 2. 15 s. cité *infra*
§b2γ, et voir aussi *supra* n. 17 §B4b τοξευμάτων/*telorum*). Exception
faite de Scrib.L. qui justifie τοξικόν métaphoriquement, lorsqu'il
compare la douleur causée aux intestins par le poison à celle d'un *trait*
qui les transpercerait (comparaison semblable, mais pour la rapidité de
la mort, Σ 208a 2 διὰ τὸ ὁμοίως τοῖς τοξεύμασιν ἀναιρεῖν
παραχρῆμα), la littérature iologique explique (comme Σ 208a 3 s.) le
terme par référence aux *flèches* empoisonnées : O. *ecl.* 129 (297.2) τὸ
τοξικὸν φάρμακον καλούμενον δοκεῖ μὲν ὀνομάζεσθαι ἐκ τοῦ τὰ
τοξεύματα ὑπὸ τῶν βαρβάρων αὐτῷ χρίεσθαι = Aét. l. 2 s., PAeg.
p. 37.2, PsD. p. 30.3 s. Une telle pratique a existé en Grèce aux temps
mythiques : flèches d'Héraclès trempées dans le venin de l'Hydre
(Soph. *Tr.* 573 s. μελαγχόλους Ι ἔβαψεν ἰοὺς θρέμμα Λερναίας
Ὕδρας, Eur. *HF* 422 βέλεσί τ' ἀμφέβαλ' <ἰόν>, 1190 βαφαῖς
Ὕδρας ; pour l'utilisation du venin de Serpent (voir *infra* §5), cf.
Tz.Lyc. 61 (41.29), les flèches de Philoctète qui causent à Paris-
Alexandre une blessure incurable parce qu'enduites de la « bile »
(χολῇ), *i.e.* du venin de l'Hydre (écrire Ὕδρας avec une majuscule) ;
lance de Télémaque munie d'un aiguillon de Pastenague (*Th.* 835 s.,
cf. comm. n. 100 §5). Homère connaissait-il cette pratique ? G. Mur-
ray (*The Rise of the Greek Epic*[3] 130) expliquait ainsi le fait que
Machaon suce la blessure de Ménélas (*Il.* 4. 218). En fait, les récits de
combat des poèmes homériques ne font pas état d'armes empoisonnées. L'histoire d'Ulysse allant à Éphyra chercher " un poison tueur
d'hommes " afin d'empoisonner ses flèches (*Od.* 1. 255-266), essuyant
un refus d'Ilos au nom du " respect dû aux dieux toujours vivants ",
mais l'obtenant d'Anchialos, roi de Taphos, sur le chemin du retour,
est tout à fait isolée. L'utilisation de ce poison pour le massacre des
prétendants est purement conjecturale. Cette anecdote qui ne convient
pas à l'image homérique d'Ulysse, serait, dans le poème, l'intrusion
d'un passé immémorial, préhomérique, peut-être même préhellénique
(Dirlmeier). Qu'il ait été poison de guerre ou de chasse, l'usage du
Toxicon est attesté seulement dans le monde barbare. Les auteurs mentionnent : – **1/** N., les *peuples riverains de l'Euphrate* et, de l'autre

côté du golfe Persique (notre Mer Rouge), les *Gerrhéens*, tribus pastorales de la côte *arabe* (cf. *Al.* 107 et *supra* n. 9 §2g2) ~ Poll. 1.138 (45.6 s.) ἔχριον τὰς ἀκίδας ἰῷ φαρμακώδει Ἄραβες (cf. Sénèque, *Médée* 710 *queis* [sc. *herbis*] *sagittas diuites Arabes linunt*) ; – 2/ Σ 208a 3 s., les *Parthes* et les *Scythes* (pour ces derniers, voir *supra* Ovide, *l.c.*, et *infra* §b2δ ; il existe aussi en Scythie et en Éthiopie [Th. *HP* 9.15.2] une *racine* servant à empoisonner les flèches, distincte du Toxicon) ; – 3/ Agatharchide (*La Mer Rouge*, 19), les *Éthiopiens* et l'arc dont ils se servent « dans les dangers de la guerre », qu'il décrit comme Hérodote (7.69), un grand arc avec de petites flèches dans lesquelles la pointe de métal est remplacée par une pierre très aiguë (cf. aussi Poll. 1.138 λίθῳ ὀξεῖ ἀντὶ σιδήρου Αἰθίοπες [sc. ἐχρῶντο]), mais en ajoutant qu'elle est " trempée dans des poisons mortels " ; sur la racine d'Éthiopie utilisée dans le même but, cf. *supra* §2 ; – 4/ Id. *ibid.* 54.3s., les *Éléphantophages* qui, contre leur gros gibier, emploient des flèches " enduites de la bile des serpents " (ὀϊστοὺς … κεχρισμένους τῇ χολῇ τῶν ὄφεων ~ Strab. 16. 4. 10 C 772 τινὲς δὲ καὶ τοξεύμασιν ἀναιροῦσιν αὐτοὺς [sc. τοὺς ἐλέφαντας] χολῇ βεβαμμένοις ὄφεων, *ex* Agatharch. *l.c.* τρεῖς ἄνδρες ἓν μὲν ἔχοντες τόξον, ὀϊστοὺς δὲ πλείους κεχρισμένους τῇ χολῇ τῶν ὄφεων) ; – 5/ Strab. 11.2.19, la peuplade Colchidienne des Soanes, qui utilisent des " poisons admirables " (θαυμαστοῖς Casaubon : -τῶς *codd.*) ; – 6/ Oppien, les *Perses* (*Hal.* 2.482 s. [aucun venin ne l'emporte sur celui de la Pastenague] οὐδ' ὅσσα φερεπτερύγων ἐπ' ὀϊστῶν | Πέρσαι φαρμακ-τῆρες ὀλέθρια μητίσαντο ; – 7/ Mauricius, les *Antes* et les *Slaves* (11.4.11 κέχρηνται … τόξοις ξυλίνοις καὶ σαγίτταις μικραῖς κεχριμέναις τοξικῷ φαρμάκῳ, ὅπερ ἐστὶν ἐνεργητικόν). – Entre autres " poisons de chasse " (*uenatoria uenena*), on connaît par [Ar.] *Mir.* 86. 837a 12 ss. le Toxicon des *Celtes* (τὸ καλούμενον ὑπ' αὐτῶν τοξικόν), d'un effet si foudroyant que, lorsque les chasseurs ont atteint un *Cerf* d'une flèche, ils s'empressent de retrancher la partie atteinte afin d'éviter une infection généralisée (pour l'écorce de Chêne conseillée comme antidote [*ib.* l. 19], cf. n. 20 §5 ; à rapprocher du " poison de Cerf " des *Gaulois* (Fest. *supra* l.c., cf. Pl. 27.101, cité *infra* §b1β). – **b)** Les v. 247 s. posent le problème de la nature du Toxicon. Était-ce un poison tiré de substances végétales ou animales ? un poison simple ou composé ? Ces questions ne comportent pas de réponse dogmatique, malgré F. Schulze 62 s., qui veut y voir un poison exclusivement végétal. Le Toxicon de l'*Od.* est indubitablement végétal, Homère connaissant seulement les plantes en tant que φάρμακα, mais il peut en être autrement à l'époque hellénistique et au-delà. Les catalogues de poisons (voir *Notice* p. XXII s.) ne permettent nullement de trancher. PAeg. = PsD. classent le τοξικόν et le Φαρικόν dans les λάχανα, mais leur source Oribase les ignore, et, chez Asclépiade Pharmakion, le Toxicon se trouve bien au milieu d'une série de poisons végétaux, mais il y suit le Lièvre marin. Si, comme il est probable, il y a erreur, on ne sait si elle porte seulement sur le Lièvre ou si elle s'étend au Toxicon. S'agissait-il d'un poison simple ou composé ? La question était controversée dans l'antiquité. On a vu que τοξικόν est un nom qui pouvait s'appliquer à des poisons différents. Même en ce qui concerne celui qui servait à enduire les pointes des flèches ou des armes de jet, les avis divergeaient. Avicenne, qui donne (en conformité avec D. *eup.*) les symptômes du Toxicon sous le nom corrompu de *thuniun*, avoue ignorer cette substance (Sprengel 666). Les deux seuls textes iologiques qui abordent le problème (Promotus ~ Aétius) y voient un poison composé, mais sans préciser les ingrédients : Pr. p. 68.28 σύνθετον γὰρ γίνεται τὸ τοξικὸν καὶ τὸ ἐφήμερον ; Aét. l. 4 (version longue) " selon certains ". – **1/** *Herbe vénéneuse*. L'herbe à l'origine du poison de flèches d'Éphyra serait (Schmiedeberg 23, approuvé par Lewin[2]), une espèce d'Ellébore, *Helleborus orientalis* Lam. (*H. cyclophyllus* A. Br.), abondante en Épire, aire géographique convenant à l'Éphyra odysséenne, localisée par les anciens notamment en Thesprotide (cf. Σ Pind. *N.* 7. 53.12) : Lewin rapproche Pl. 25.61 *Galli sagittas in uenatu helleboro tingunt* (pour que la chair soit plus tendre, selon Aulu-Gelle 17.15.7, mais ils prennent soin d'ôter largement la partie blessée, cf. *supra* §a [fin] le Toxicon des Celtes) ; cet usage avait cours en Espagne au-delà du XVe s. (Lewin[1]). Les symptômes d'empoisonnement par le Toxicon décrits aux v. 212-221, sinon ceux qui précèdent, sont compatibles avec la symptomatologie neurologique notée dans quelques cas d'intoxication par l'Ellébore blanc (confusion mentale, délire, cf. Bruneton[2] 371), mais cette identification du poison de flèches homérique est une conjecture invérifiable. – **α.** Certains identifiaient le T. à la Ciguë (cf. Σ 208a 5, qui combat cette opinion). – **β.** Pl. 27.101 décrit le " poison de cerf " (cf. *supra* §a) comme une préparation à base d'une herbe toxique indéterminée (non l'Ellébore) : *limeum herba appellatur a Gallis qua sagittas in uenatu tingunt medicamento, quod uenenum ceruarium uocant.* – **γ.** Une Apiacée entre dans la composition du τοξικόν ibérique (cf. n. 18 §a) : Strab. 3. 4. 18 Ἰβηρικὸν δὲ καὶ τὸ ἐν ἔθει παρατίθεσθαι τοξικόν, ὃ συντιθέασιν ἐκ βοτάνης σελίνῳ προσομοίας ἄπονον, ὥστ' ἔχειν ἐν ἑτοίμῳ πρὸς τὰ ἀβούλητα. – **δ.** Herbe ressemblant aux plantes odoriférantes d'Arabie, avec laquelle les mages d'Égypte préparent le breuvage du Toxicon. Lucain compare ses effets à ceux du venin du Cobra : 9. 819-821 *non tam ueloci corrumpunt pocula leto, | stipite quae diro uirgas mentita Sabaeas | toxica fatilegi carpunt matura Saitae* « moins prompt le trépas des coupes destructrices du toxicon que, sur sa tige funeste, trompeuse image des verges sabéennes, les magiciens de Saïs cueillent à sa maturité » ; cf. *Commenta Bernensia* (ad v. 821, p. 311.8 Usener) : *Sais urbs est Aegypti … ubi toxicum nascitur quod simile est*

Arabiae odoribus. *toxicum dictum quod sagittas tinguat*. L'intérêt de ce texte réside dans le fait qu'il concerne la πόσις φαρμακόεσσα. – **ε.** L'opinion rapportée par Σ 208a 7-9 (herbe née du sang de l'Hydre, cf. *supra* n. 18 §b) ne semble pas avoir laissé d'autre trace dans la tradition. – **ζ.** Selon Orfila 2. 223, qui ne cite pas sa source, « autrefois on empoisonnait les flèches avec le suc de (l'Aconit napel) ». – **2/** *Venin de Serpent*. **α.** *Al*. 247 s. πικρὸς δ' ὑποβόσκεται Ὕδρης | ἰός est-il à mettre en relation avec l'opinion que relatent les Scholies (cf. *supra* §1 ε) ? Ou s'agit-il d'une métaphore signifiant que le Toxicon est un poison à base de venin ? Le symptôme noté par N. (cf. Eut. 68.11 s. ἐμπεσὸν (sc. τὸ τοξικόν)... τῷ σώματι καὶ γευσάμενον καθάπαξ ἀνθρωπίνου χροός, μελανὸν πρῶτον μὲν τὸ σῶμα κατεργάζεται τοῦ τρωθέντος) correspond à l'effet d'un venin *septique*, comme celui du Chersydre, entraînant la formation de plaies purulentes qui font éclater la peau (*Th*. 361-363), ou les venins du Basilic et du Dryinas qui font noircir les chairs (*ibid*. 404, 426). – **β.** Toxicon des Éléphantophages (*supra* §a4), où χολή = ἰός, cf. Ovide (*infra* §γ). – **γ.** Ovide *Pont*. 4. 7 (lettre au primipile Vestalis, qui appartenait p.-ê. à la *Legio IV Scythica*, et avait combattu dans la région du Pont, cf. *supra* §a) : v. 35 s. *nec te missa super iaculorum turba moratur* | *nec quae uipereo tela cruore madent*, cf. *ibid*. 1. 2. 15 s. *qui, mortis saeuo geminent ut uulnere causas*, | *omnia uipereo spicula felle linunt*. – **δ.** [Ar.] *Mir*. 141. 845a 1-9 et Élien *NA* 9. 15 (= Th. Περὶ τῶν δακετῶν καὶ βλητικῶν fr. 2, *in* : t. II p. 273), décrivent sous le nom de Σκυθικὸν φάρμακον, un σύνθετον composé d'*ichôr* de Vipère et de sang humain putréfiés (voir le commentaire toxicologique de Pichon-Vendeuil 36 et cf. Lewin³ 558 qui cite les indigènes des îles Salomon trempant leurs pointes de flèches dans des cadavres en putréfaction). On peut lui comparer le σηπτικόν (φάρμακον) tiré du Cobra de Libye (Ar. *HA* 607a 22). Que le " poison Scythe " est bien une variété de Toxicon, l'usage qui en était fait le prouve (ᾧ ἀποβάπτουσι [*sc*. οἱ Σκύθαι] τοὺς ὀϊστούς), et certains le pensaient (cf. Σ 208a 6 s. λέγεται δὲ ὑπό τινων καὶ Σκυθικόν) ; à noter que Théophraste propose un antidote préconisé par les iologues (cf. *supra* n. 20 §5). Bien qu'elle ait le même usage, la racine de Scythie (cf. *supra* §a2) n'a rien à voir avec le poison Scythe, car celui-ci est un *composé*. – Pour les modernes, le breuvage appelé Toxicon demeure une énigme. Avait-il réellement la même composition que le poison dont on enduisait les flèches ? En particulier, était-il préparé comme il est dit ci-dessus (§b2δ). Brenning 369⁷² admet l'idée d'un breuvage à base de venin. W. Morel (« Toxikon » 1846.37) en doute, compte tenu des effets qui lui sont attribués. De fait, si le venin des Serpents est redoutable dans le cas d'une blessure provoquée par une arme, il n'en est pas de même s'il est pris *en boisson*, car, sauf altération du canal digestif, « il est digéré par les sucs gastriques et peut être avalé impunément » (Angel, *Vie et Mœurs* *des serpents*, p. 203). – Voir A.J. Reinach, « La flèche en Gaule, ses poisons et ses contrepoisons », *L'Anthropologie* 20. 68 ss. ; Lewin[1] et Lewin[2] ; Morel 227 s., Id. « Toxikon » RE 6A (1937) 1846.26-56 ; F. Lammert « Pfeil » *RE* 19 (1938) 1425-1430, en particulier 1427 s. ; Schmiedeberg 14-25 : Das Pfeilgift von Ephyre ; F. Dirlmeier, « Die Giftpfeile des Odysseus (zu Odyssee 1, 252-266) », *Sitzb. Ak. Wiss.* (philosoph.-histor. Kl.), 2. Abh., Heidelberg 1966.

23. 249-250 : Éphèméron. I. *Noms et nature*. –

[*Notes complémentaires aux v. 248-252* : V. 248 (fin) *μύδῳ : seule occurrence de ce substantif qu'impliquent les adj. *μυδόεις (*Th.* 308, 362), μυδαλέος (*ib.* 723), et qui exprime l'idée d'une *humidité* pouvant être purulente ; cf. Pollux 4. 191 (dans une liste d'affections externes) μυδῶν σάρξ σομφή " chair spongieuse " d'un ulcère (cf. Archestrate parlant d'un poisson, *SH* 145.2 σομφὴν δὲ τρέφει [A : φορεῖ Lloyd-Jones] τινὰ σάρκα). – 249 *ἐχθραλέον : cf. 594 ; *hapax* absolu, comme *Κολχηῖδος. – πῦρ : métaphore appliquée à une *fièvre ardente* chez Hp. (*Epid.* 1.3.13[2].4, *al.*) ; cf. Racine, « J'ai pris, j'ai fait couler dans mes *brûlantes* veines Un poison que Médée apporta dans Athènes » (*Phèdre* 1637-8). – 250. Deux *v.l.* s'opposent : (a) κεῖνό τις ἐνδέξηται, texte de T et de la plupart des mss ω, adopté par tous les éditeurs depuis I.G. Schneider, (b) κεῖνο ποτὸν δέξηται, texte de l'*Aldine* et des premiers éditeurs (ainsi, Go. et Steph.), accepté par Bentley, et en faveur duquel G[ac] ajoute probablement son témoignage à celui des *deteriores*. La *v.l.* (a), à laquelle G[pc] semble s'être rallié, comporte un *hapax* peu convaincant, *ἐνδέξηται, au sens du simple δέχομαι, et la place de τις, qui n'est pas indispensable (cf. 157 s. et la n. critique au v. 567), fait problème. Mais, dans la *v.l.* (b), ποτόν peut venir du v. 116 (cf. aussi 187, 525 [où ποτόν est manifestement interpolé, comme il l'est en T au v. 386]) ; d'autre part, le nom du poison, au lieu d'être, comme d'habitude, exprimé au gén. complément de ποτόν *vel sim.* (cf. *e.g.* 74, 115, 186), apparaît sous la forme de l'adj. ἐφήμερον (*aliter* 279 ἰξιόεν πῶμα, cf. n. *ad loc.*) : " ce breuvage célèbre qui tue en un jour " (*i.e.* " l'*éphèméron* en boisson " ; voir comm. n. 23 §1). L'objection n'est p.-ê. pas insurmontable ; du reste, ἐφημέρου peut être restitué au prix d'une légère correction. Aucun des deux textes (a) et (b) n'ayant sur l'autre une supériorité manifeste, l'état de la tradition manuscrite est le meilleur argument en faveur du texte (a). Dans ce texte, on prendra ἐφήμερον (cf. 208 τοξικῷ) comme un adj. en fonction de subst. (s.e. φάρμακον), et l'on fera de κεῖνο … ἐφήμερον une apposition à τὸ – πῦρ, à partir de laquelle la phrase rebondit, ce qui justifie la place de τις. La même constr. est possible dans le texte (b) avec κεῖνο ποτὸν … ἐφήμερον, ou mieux ἐφημέρου. – *οὗ : cette extension de l'emploi du relatif ὅς

en fonction de démonstratif (*metri causa*, Klauser 78 ; cf. I.G. Schneider 335 : « οὗ, i.e. *ejus* » ; le cas de 470 est différent, voir n. *ad loc.*)
semble un *unicum* ; pour le démonstratif dans ce contexte, cf. 498 τῷ.
Cette ambivalence démonstr./rel. est courante en poésie pour des adv.
tels que τότε, τόθι. – 251 *δυσάλυκτος : 537 ; cf. Man. 3. 247, hLun.
49 Heitsch 1.192 = P.G.M. 4. 2855 δυσάλυκτος Ἀνάγκη, *hyp. metr.*
Soph. *OC* = Epigr. app. exhort. 86.11 δυσάλυκτοι Μοῖραι, seules
autres occurrences poét. ; voir *Test.* 537. – *κνηθμός : 422 ; =
κνησμός (Hp., *al.*). T a la forme vulgaire en 422, mais sa *f.l.* κνιθμός
en 251 témoigne en faveur du néologisme attesté, en dehors de N., par
le seul Hsch. *Test.* 251 (= Dᵍ [Σ 422b]). – 252 νιφόεντι : pour la *correptio* avant κρ-, cf. 604, *Th.* 853, 923. – τρηχέϊ : voir *Notice* p. cv.]

(1) Tous les iologues ont un chapitre sur l'ἐφήμερον (*s.e.* φάρμακον), ce poison *tuant en un seul jour* (Pr., Aét., Σ 249b12), que N.
définit métaphoriquement comme le " feu de Médée ". Androm. 9
l'appelle ὠκύμορον πόμα Μήδης Qu'il s'agit bien du même poison,
c'est ce que prouvent à l'évidence les ressemblances souvent frappantes sur le plan de la symptomatologie et de la thérapie entre N. et la
littérature parallèle. Dans celle-ci, il faut inclure la Σ 249b (ci après :
Σⁿ), dont certaines recettes sont absentes de la notice des *Al.*, à savoir
l. 21 : " fomentations autour de la tête " (cf. *Al.* 410-414 [Pharicon]),
l. 25 : " décoction de Pommes ou de Coings " (cf. *Al.* 230-235 [Toxi-
con ; mais, chez Scr.L. p. 90.5-6, les *mala Cydonea* sont un remède à
l'*éphèméron*]), l. 30 : " Origan pilé " (tous les iologues, sauf Scr.L. et
Pr.). – (2) Parmi les iologues, deux seulement établissent un lien entre
Médée et l'*éphèméron*, Promotus et Σⁿ qui attribuent son *invention*
(εὕρημα [Pr.], εὑρηκέναι [Σⁿ]) à la magicienne. L'*éphèméron* était en
effet tenu (a) tantôt pour un poison composé (σύνθετον), (b) tantôt
pour un poison simple (ἁπλοῦν), opinions contradictoires que Σⁿ
reflète tour à tour avant de passer aux symptômes et aux remèdes. La
controverse, évoquée brièvement par Aétius (l. 3 s.), fait l'objet d'une
note plus détaillée de la part de Promotus (p. 69.9-13 ; cf. p. 68.29 :
l'É. est *composé*, de même que le Toxicon [notice précédente]). Pr. cite
un garant de chaque thèse : en faveur de (a) Soranos, de (b) Straton (t
II p. 297, fr. 8), notre plus ancien témoin. En raison de sa signification,
ἐφήμερον a servi à nommer d'autres poisons, ainsi la Ciguë (cf. *Test.*
186-188) ou le Pharicon, que Σⁿ l. 9 donne pour un synonyme de l'É.,
et dont l'action répond parfaitement à cette appellation (cf. *Al.* 400 s.).
– (a) Promotus nous apprend que Médée *prépara* (ἐσκεύασεν) l'*éphèméron* à Athènes dans l'intention de le *servir* (p. 69.11 <παρα>θεῖναι)
à Thésée. Σⁿ l. 3 nous parle d'un σκευαστικὸν φάρμακον dont elle a
découvert la *préparation* (κατασκευήν), d'où le nom de Κολχικόν (l.
8), synonyme de l'*éphèméron*. Une telle idée est en accord avec la
conception de Médée inventrice de " terribles drogues " (Hor. *Epod.*

5.61 s. *dira barbarae... / uenena Medeae*), une Médée qui " fait chauffer ses vases d'airain sur les foyers d'Iolcos " (Prop. 2.1.53). En l'occurrence, il se serait agi (l. 4-7) du " poison que les barbares appellent naphte : ceux qui s'en oignent ou qui portent un manteau, ou quelque autre objet imprégné de cette substance, s'ils s'exposent aux rayons du soleil, sont dévorés et consumés comme par un *feu*, car elle est capable de brûler (καυστικόν, cf. Eut. 68.20 καυστικωτάτου) ". On aurait tort de croire à une glose imaginée en vue de justifier la métaphore de N., τὸ Μηδείης πῦρ. Il se trouve qu'Alexandre assista en Babylonie à des expériences analogues. A la fin du récit qu'il leur a consacré, Plutarque (*Alex.* 35.9, 686a5) évoque ceux qui, voulant concilier légende et réalité, " disent que le naphte est le poison de Médée (τὸ τῆς Μηδείας φάρμακον), dont elle imprégna la robe et la couronne ", présents offerts à sa rivale Glaukè (Eur. *Med.* 786), qui firent périr " dans les flammes (*incendio*) la nouvelle épousée " (Hor. *Epod.* 5.65 s.). Nous aurions donc ici un autre exemple, ajouté à celui du Toxicon, d'un poison d'application externe administré en boisson. – **(b) 1/** Au dire de Straton (fr. 8 *ap.* Promotus, p. 69.13), l'*éphèméron* est une plante (βοτάνη), ce que suppose l'explication alternative de son nom par Σⁿ l. 9-11 (*contra : supra* §1) : " parce qu'il sort de terre à l'aube, près du fleuve Tanaïs et en Colchide, qu'il atteint son plein développement à midi, et qu'il se dessèche au soir ". C'est aussi l'image d'une plante qu'impose, chez Aét. PAeg. PsD., la présententation de l'É. " que certains appellent Κολχικόν (...) ou oignon sauvage (βολβὸν ἄγριον) ". Chez Paul et le Pseudo-Dioscoride, la mention du synonyme Κολχικόν, que l'on trouve également chez D. *eup.*, s'assortit d'une glose explicative qui ne se réfère plus, comme celle de Σⁿ, à Médée : " parce qu'il pousse en Colchide ". **2/** Quelle plante ? L'habitat et les synonymes mentionnés à l'instant nous orientent vers le *Colchicum autumnale* ou *variegatum* L., décrit par D. *m.m.* 4.83 (244) sous le nom Κολχικόν, suivi des synonymes βολβὸς ἄγριος et ἐφήμερον (rapport inversé entre le nom et les synonymes dans les manuscrits RV, comme chez les iologues cités : 83 RV ἐφήμερον · οἱ δὲ Κολχικόν, οἱ δὲ βολβὸν ἄγριον καλοῦσιν). A son sujet, Dioscoride dit (p. 244.11) qu'il " abonde en Colchide et en Messénie ". – En 4.84, D. traite d'une herbe totalement différente, une Liliacée du genre *Convallaria*, appelée ἐφήμερον ou ἶρις ἀγρία, qu'il ne localise pas géographiquement, et qui n'est pas toxique, ce qui n'empêche pas Σⁿ l. 8 de faire d'ἶρις un synonyme de l'*éphèméron* iologique. (Gal. *simpl. med. fac.* 6.5 §25 [11.879.8-10] distingue le poison ἐφήμερον/Κολχικόν de l' ἶρις ἀγρία.) Th. *HP* 9.16.6 traite d'une plante appelée elle aussi ἐφήμερον, mais sa notice offre un texte confus et sans doute corrompu. Elle est certes vénéneuse, mais son nom ne tient plus ses promesses : l'action destructice peut être immédiate, mais elle opère parfois au bout d'un long délai, jusqu'à un an ! – **3/ α.** Le

meilleur candidat reste le Colchique, commun dans les prés humides
d'Europe (Apollinaire : " Le pré est vénéneux mais joli en automne |
Les vaches y paissant | Lentement s'empoisonnent | Le colchique … y
fleurit "). D. *m.m.* l.c. a fait la description exacte du Colchique pour
éviter, dit-il, le risque de confusion avec l'oignon comestible " (voir
notamment la comparaison de sa fleur avec celle du Safran, mais qu'il
dit blanche, d'où le choix du *C. variegatum* par Fraas 284). – **β.** Le *C.
autumnale* est une herbe très vénéneuse appelée vulgairement Safran
des prés ou tue-chien, dont le principe toxique, la colchicine, a des
effets souvent mortels. " L'ingestion de doses (de colchicine) supé-
rieures à 40 mg est toujours mortelle dans les trois jours qui suivent "
(Bruneton[1] 954). " La dose létale est estimée à 5 g de graines pour
l'adulte, 1,2-1,5 pour l'enfant " (Bruneton[2] 363) ; ce sont surtout les
enfants qui ingèrent fleurs, bulbes ou graines (Id. *l.c.*, et déjà Orfila
256 ; cf. *Al.* 417 ss.). Nombreux empoisonnements de troupeaux jadis
et naguère : Orfila 260 ; Bruneton[2] 366 cite le cas d'un troupeau de
sept Vaches, dont cinq sont mortes en 72 h. " après ingestion de
feuilles et de capsules ". – **γ.** Seule réserve à l'identification du *C.*
avec l'*éphèméron* des iologues, mais elle n'est pas rédhibitoire : selon
D. *m.m.* (p. 244.12), " mangé, il tue par étouffement comme les Champignons " ; la thérapie diffère également. La remarque finale sur l'efficacité du Lait de Vache (*ibid.* l. 16 s.) se lit à peu près telle quelle dans
les *eup.* p. 312.13 s. (d'où Aét. PAeg. PsD., textes cités n. 25 §2a) ;
pour le reste, D. se contente de renvoyer aux Champignons, dont la
thérapie, chez N. et les iologues, n'a rien de commun avec celle de
l'*éphèmeron*. – **(3)** Il n'est pas impossible que l'ethnique de Médée
(249 Κολχηΐδος) fasse allusion au phytonyme Κολχικόν, qui, dans
le *pinax* de la paraphrase des *Al.* (Eut. p. 54), remplace ἐφήμερον.
Mais, si le *C.* est identique à l'*É.*, comme les iologues récents semblent
l'avoir cru, qu'en est-il du lien que N. a établi entre l'*É.* et Médée ?
Elle n'a certes pas *inventé* le *C.*, mais elle a fort bien pu, à partir de lui,
élaborer un de ces poisons dont elle avait le secret. C'est de la même
façon qu'elle a préparé une des drogues de son coffret (Ap.Rh. 3.802)
avec le suc d'une plante qui doit son nom à Prométhée (845 ss.).
D'après les dires de certains dont Plutarque s'est fait l'écho, c'est l'*É.*
et non le Sang de Taureau que Thémistocle aurait bu pour s'empoisonner : *Thémist.* 128a ὡς δ' ἔνιοι φάρμακον ἐφήμερον προσενεγκά-
μενος (la traduction de R. Flacelière, " un poison à l'action rapide "
est incorrecte). – Sur l' ἐφήμερον, voir Murr 207 ; Max C.P. Schmidt,
RE 5 (1905) 2753 ; le Colchique et ses effets sur l'économie animale :
Orfila 2.256-260, Bruneton[1] 949-955, [2]363-367.

24. 250-259 : II. *Symptomatologie.* – **1)** 250-254 : *Irritation des
lèvres.* Cf. Pr. p. 69.6 κνησμὸν ποιεῖ τοῖς χείλεσιν, ὡς συκῆς ὀπὸς
ἢ ὡς σκίλλης παρατριβείσης→ ; seul à mentionner les *lèvres* (Scri-

bonius : *totum os* ~ Aét. l. 4 PAeg. PsD. ὅλον τὸ στόμα [σῶμα *codd.*, cf. la trad. d'Aét. n. 1]) et le *suc du Figuier*. L'irritation que produit la boisson sur les muqueuses pourrait, dans une certaine mesure, expliquer la métaphore πῦρ, cf. Scr.L. p. 89.28 *postea etiam adurit* (sc. *os*) *quasi pipere manducato*→, " puis il (lui) cause même une brûlure, comme la mastication du poivre ". Orfila 256 cite Guibourt pour la " saveur âcre et mordicante " de la racine. – **2)** 255-259. **a)** Symptômes confirmés par les toxicologues modernes. " L'ingestion de moins de 0,5 mg/kg (de colchicine) entraîne troubles digestifs (vomissements, diarrhée profuse, douleurs abdominales) ", écrit Bruneton[2] 365, qui note, parmi les symptômes observés chez les animaux (366), " vomissements sanglants et diarrhée " ; cf. Bruneton[1] 954 " l'intoxiqué est pris de douleurs abdominales et d'une gastro-entérite parfois hémorragique avec diarrhée abondante ". Au cours d'une expérience sur un chien, Orfila 258 observait des « vomissemens de mucus sanguinolent » et des « selles liquides » ; la mort survint en 5 h ; à l'autopsie « l'estomac contenait du mucus teint de sang ; la membrane interne était enflammée ; l'inflammation était générale à l'intérieur du duodénum … ». Particulièrement intéressant le cas d'intoxication d'un homme ayant absorbé " une once et demie de teinture *vineuse de colchique* ", relaté par Orfila 259-260 : " au bout d'une demi-heure, il éprouva des douleurs aiguës à l'estomac, et des nausées suivies de *vomissemens et de déjections alvines souvent involontaires* (c'est Orfila qui souligne) ", symptômes persistant le lendemain, avec des " douleurs de l'estomac et des intestins excessivement aiguës … les selles ne furent point sanguinolentes … " ; la mort survint le matin du 3e jour. –

[*Notes complémentaires aux v. 257-265* : V. 257 (fin) ἀποήρυγε : *Th.* 253 ἀπήρυγε ; mais cf. *ib.* 86 ὑποέτρεσαν, *al.* – 258 κρεάων θολερὸν πλύμα : semble le plus ancien exemple de cette comparaison courante chez les médecins qui l'appliquent aux évacuations, *selles* (Gal. 8.359.5 s. διαχωρήματα οἶον νεοσφαγῶν κρεῶν πλύμασιν ἐοικότα, cf. *ib.* p. 46.15, Aret. 3.13.4), ou *urines* (Gal. *ib.* 435.7 οὖρα μελαινόμενα μετ' ἐρυθροῦ τινος ἰχῶρος, ὥσπερ εἰ κρεῶν νεοσφαγῶν πλύμασι μίξαις ἀσβόλην). Cf. n. à 467 πλύματος. – 259 λύματα : *Th.* 919 n. ; cf. Hp. *Gland.* 12 (8.564.22 L.), en parlant des *purgations* du cerveau (Erot. λ 24 λύματα · καθάρματα peut viser un passage d'Hp. différent) ; pour le sens de *selles*, voir *infra* 292 ~ Max. 204 εἰ μὴ γαστέρος ὦκα βάλοις ἄπο λύματα πάντα « (tu n'éviteras pas les douleurs) à moins d'évacuer vite de ton ventre toutes les ordures », cf. Agathias *AP* 9.662.4 νηδὺς ἐπεγδούπει λύματα χευομένη, *Vita Aesopi* 268.11 Eberhard, *al.*, et voir Phot. λ 465 = Suid. λ 834 (Συ λ 165) λύματα · καθάρματα · αἱ τῆς γαστρὸς εἰς ἀφεδρῶνας ἐκκρίσεις. – 260 ἀλλὰ σύ : transition fréquente à la thérapie dans les *Al.* (une seule fois dans les *Th.*, au v. 21, dans un autre contexte) ; voir de plus la n. critique au v. 443 (conj.). – *οὐλάδα : f. de l'adj. οὖλος, non attesté ailleurs ; N. connaît aussi la forme régulière οὔλη (fr. 85.3, en parlant de l'espèce de Chou οὐλόφυλλος [Th. *HP* 7. 4. 4], par opposition au Chou à feuilles lisses, κράμβη λείη). – 261 *ὁμαρτῇ : 378 n. ; " ensemble, à la fois ", cf. *Il.* 5. 656 (+ 2 fois), *Od.* 22. 81. Homère a ἁμαρτῇ avec les *vv.ll.* ἁμαρτή (Aristarque), ὁμαρτῇ ; c'est cette dernière que Callimaque et Apollonios ont adoptée avant N., à en croire leurs mss : Call. 3. 243, Ap.Rh. 1.538, cf. fr. adesp. *SH* 946.15, *Hymn. in Dionys.* 19 (Heitsch 1 p. 173), Opp. *Hal.* 5 fois, [*Cyn.*] 3 fois. Si le texte de T est sain, on a ici ὁμαρτῇ + dat., au sens de *mélangé avec*, cf. ἄμμιγα (431 [dat. conjectural], 548), ἀμμίγδην (134, 557 s.). La leçon de ω (ὁμήρη *jointe à*) peut avoir été inspirée par le v. 70. – 262 *βδήλαιο : *hapax* absolu ; Moy., au lieu de l'Act., seulement ici. – 263 ἐρύξας : le futur ἐρύξει (ω) peut dériver de 264 ἀρήξει, et ἐρύξαι (*x*) ressemble à une conj. ; sur la valeur du participe, voir comm. n. 25 §2b. – 264 βλαστή-ματα : = βλαστοί. – 265 ἄλλοτε δὲ : δὴ serait un *unicum* dans ce contexte où une particule de liaison semble nécessaire (ἄ. δὲ : 53, 234, 405, 509, 550). Aux v. 236, 288, dans πολλάκι δὴ (spécial aux *Al.*), δὴ sert seulement à souligner πολλάκι ; mais on a π. δέ aux v. 370, 410 (cf. fr. 74.18), où le sens exige la copule. Cet usage est confirmé par les *Th.* (10 ex. d'ἄ. δέ, 7 de π. δέ) ; aucun d'ἄλλοτε δή. Pour δὲ ῥ- (*eadem sede*), cf. 331, 564, *Th.* 641, 788. – *ῥιζεῖα : *hapax* absolu, cf. les n. à 403, 531.]

b) 1/ 255-258 : *Douleurs d'estomac, vomissement.* L'*œsophage* (sens ancien de στόμαχος) n'a rien à faire ici ; les phénomènes décrits concernent exclusivement l'*estomac*, comme le montrent les iologues, ce qui garantit, chez N., le sens récent de στόμαχος (employé par eux et repris par Eut. 68.28). Promotus offre le parallèle le plus exact : p. 69.7-9 ←μετὰ τοῦτο δὲ καὶ δηγμὸς στομάχου καὶ κοιλίας ἕλκω-σις (κοιλ. = *cavité abdominale* [estomac y compris], ἔμετος δὲ δυσώδης αἵματος, ἢ καὶ ὅμοια ἀποπλύματι κρεῶν (~ *Al.* 258) καὶ ἄλλα ποικιλώτερα→. PAeg. = PsD., comme Aét. l. 5 s., parlent seulement de *morsure* et d'*inflammation stomacales*, " avec forte douleur ", sans mentionner le " vomissement de sang " (il figurait p.-ê. dans leur modèle). – 2/ 259 : *Déjections alvines.* C'est à leur propos qu'ils parlent tous les trois de sang, dans les mêmes termes ; selon Promotus, elles sont identiques aux *déjections stomacales* (p. 69.9 ←ὅμοια δὲ καὶ διὰ γαστρὸς ἐκκρίνεται). – 3/ On peut comparer à ces auteurs Scribonius, pour qui le sang apparaît dans les excrétions aux trois niveaux de la *bouche*, de l'*estomac* et des *intestins* : p. 90.1-3 ←*secundum haec stomachum quoque mordendo exulcerat, atque qui id biberunt primum ab ore sanguinem expuunt, deinde ex stomacho*

*cruorem reiciunt, postea per sellas etiam abundantius eundem dei-
ciunt*. N., lui, ne fait allusion au sang, à la faveur de la comparaison du
v. 258, qu'au sujet des *vomissements*, manifestant un accord assez
remarquable avec les témoignages modernes réunis *supra* §a. En ce
qui est des *selles*, il dit seulement qu'elles sont " souillées ", c'est-à-
dire contraires à la normale. Aussi convient-il de défendre l'ordre des
vers de la tradition au lieu d'intervertir 258 et 259, comme l'a fait Gow
après Bentley.

    25. 260-278 : III. *Thérapie*. – **1)** 260-261 : *Feuilles et glands du
Chêne* (Quercus robur L.) *ou du Vélani* (Q. esculus L.). D. *eup*.
p. 312.8-9 donne le choix entre trois espèces de Chêne, les deux citées
supra et πρῖνος (*Q. ilex* L.), cf. Σ 261a et voir *m.m*. 1.106 ; il prescrit
d'administrer les feuilles broyées dans du Lait : δρυὸς ἢ φηγοῦ ἢ
πρίνου φύλλα λειώσας δίδου σὺν γάλακτι. PAeg. = PsD. (texte
d'Aét. moins complet) : feuilles *ou* glands à prendre avec du Lait.
Pour l'emploi du Chêne contre le Toxicon, cf. n. 22 §a6. – **2)** 262-
263 : *Lait*. **a)** Sur cet antidote quasi universel, voir *Notice* p. XLI, XLIV,
et, pour l'Éphèméron en particulier, D. *m.m*. 2.70.5 (145.3) Lait frais
(πρόσφατον γάλα) ; Pl. 28.160 *lacte bubulo cuncta uenena expugnari
tradunt … et si ephemeron inpactum sit aut si cantharides datae* (§129
Pline recommande le Lait de Vache spécialement contre le Colchique).
Lait frais (νέον γλάγος) : cf. 139, 311 νεημέλκτη, *Th*. 606 νεοβδάλτοιο ; voir *supra* n. 12 §2c. Il s'agit ici non d'un excipient comme au
v. 265 (et *supra* §1) mais d'un remède alternatif, qui se lit à la fin de
la thérapie chez Aét l. 15 s.), PAeg. p. 35.15-17 (= PsD.p.21.2-5) ; il
dispense de tous les autres (cf. n. 23 §2b3γ) : ἀκριβῶς δὲ βοηθοῦνται τὸ βόειον γάλα θερμὸν πίνοντες καὶ κατέχοντες ἐν τῷ στόματι,
ὥστε τοὺς εὐπορήσαντας τούτου ἄλλου μηδενὸς χρήζειν βοηθήματος ; cf. D. *eup*. p. 312.13 s. γάλα βόειον βοηθεῖ, ὥστε, ἂν
παραχρῆμά τις λάβῃ τὸ γάλα, ἄλλου βοηθήματος οὖ χρήζει
(même remarque à propos du Colchique, D. *m.m*. 4.83 p. 244.15 ss.).
Les mots soulignés chez PAeg. (PsD.) ~ Aét. leur viennent p.-ê. de
Nicandre. Pr. p. 69.14 s., dans sa thérapie qui se réduit aux remèdes
des §3 et 4a, accorde la première place au " lait de n'importe quel animal, à prendre en quantité ". – **b)** κορέοιτο, ἐρύξας : si l'on donne au
participe aor. sa valeur ordinaire d'antériorité, N. prescrirait les deux
actions en même temps : « qu'il se soûle de lait non sans l'avoir gardé
dans la bouche » (cf. G.-S.). Si Klauser 84 (voir *Notice* p. CIV) a raison
de donner ici au participe la valeur d'un mode personnel (cf. ἐρύξαι
x), elles seraient considérées indépendamment l'une de l'autre : Σ
263a τούτου κορεσθείη καὶ ἐν τῷ στόματι κατάσχοι ~ Aét., PAeg.
PsD. (cités §a), cf. la trad. de Br. Pour le lait employé comme bain de
bouche chez les Égyptiens dans le cas d'une " glosssite expoliatrice "
(*Pap. Ebers*, n° 697), cf. Lefebvre 57. La forte irritation des muqueuses

justifie cette médication. – **3)** 264-265 : *Renouée.* Cf. D. *m.m.* 4.4
(171-2 ~ Pl. 27.113-4) πολύγονον ἄρρεν, la Renouée des oiseaux
(Polygonum aviculare L.). Sur sa vertu thériaque, voir *Th.* 901 et le
comm. n. 114 §1. Dioscoride (p. 172.8-9) la conseille en cataplasme
contre l'" inflammation stomacale " (cf. Pl. 27.114) et le " vomissement de sang ". Ses feuilles figurent comme ingrédient de l'antidote
ἑκονταμίγματος, " particulièrement efficace contre les poisons "
(Gal. *ant.* 157.1). Pr. p. 69.15 propose dans du Lait " la plante
bouillie " contre l'*Éphèméron*, D. *eup.* p. 312.10 la *racine* ou le *suc.*
C'est le *suc* qui est le plus souvent conseillé : Scrib.L. p. 90.4 s. *suco*
quam plurimo per se poto uel arido trito … dato cum aqua, Ascl.Ph.
140.4 (sans mention d'excipient), Aét. PAeg. PsD. (pris dans du vin).
Les *pousses* seulement chez N. – **4)** 266-267 : *Vigne et Ronce.* Également associées, mais en alternative, chez D. *eup.*, Aét. PAeg. et PsD.
L'*eau* comme excipient, seulement chez D. ; ailleurs, Vin. – **a)** Sur la
Vigne, cf. D. *m.m.* 5.1 p. 1 s. (Pl. 23.3-4), ἄμπελος οἰνοφόρος, *Vitis*
vinifera L. ; il ne dit rien de son usage comme antidote, mais qu'elle
est bonne (notamment les *vrilles* " en boisson, macérées dans l'eau "
[p. 1.17 s.]) contre désordres intestinaux et vomissements de sang. –
Iologues : Pour la Vigne (comme pour la Ronce), D. *eup.* p. 312.10
donne le choix entre *suc* et *tiges broyées* (καυλοὺς λείους). Scr.L.
p. 90.6 (*vitis capreoli*), Pr. p. 69.16 et Aétius (version longue) parlent
seuls des *vrilles*, PAeg. et PsD. des *branches* (ἀκρεμόνων). Cf. *supra*
142 s. et la n. 12 §2e. – **b)** Pour la Ronce (*Rubus fruticosus* L. ou *ulmi-*
folius Schott), cf. 332, *Th.* 839 et le comm. n. 102 §3. D. *m.m.* 4.37
(196 s.) ne signale pas sa vertu comme antidote, mais il note que, en
boisson, elle " arrête le flux de ventre " (p. 196.11 [τὸ ἀφέψημα τῶν
ἀκρεμόνων], 197.8 [jus du fruit mûr], cf. Pl. 24.119 [décoction des
jeunes tiges]). Les *surgeons* (πτόρθοι), seulement chez N. Chez Aét.
PAeg. PsD., ἀκρεμόνων est commun à la Vigne et à la Ronce. –

[*Notes complémentaires aux v. 269-278* : V. 269 (fin) καρύοιο :
sc. Κασταναϊκοῦ (cf. 271), la *Châtaigne* ; voir 99 n. – λαχυφλοίοιο : la tradition hésite entre λαχυφλ- (glosé μικροφύλλου) et
δασυφλ- (glosé χνοώδους) ; voir l'apparat et Σ *ad loc.*, ainsi que la n.
à 568 (λαχειδέος). – 270 *νείαιραν* : hom. (cf. 20), mais le sens
d'*intérieur* est particulier à N. (Hom., *inférieur*). – σκύλος αὖον :
[Thcr.] 25.142 (peau du lion), cf. la n. à 409 κορύνην. – 271 *δυσλεπέος : *hapax* absolu. – καρύοιο : pour la reprise en écho du v. 269
(avec *variatio* sur la place des épithètes λαχυφλοίοιο et δυσλεπέος),
cf. 148-9/150, 521/525. – *Καστανὶς : Σ 271b cite des villes ainsi
nommées en Thessalie et dans le Pont, et aussi Καστανέα, montagne
de Thessalie (cf. Eut. 69.17 Καστανέα τὸ τῆς Θεσσαλίας ὄρος),
comme des lieux où abondent les Châtaigniers ; cf. *EG* (*EM* 493.26)
Καστανέα · πόλις Μαγνησίας, ὅθεν καὶ τὰ καστάνεια κάρυα ;

toponymes inconnus par ailleurs. – ἔτρεφεν : *Th.* 168 (pour le temps, cf. *ib.* 285 n. et voir *Notice*, p. CIII ; cf. [Opp.] Cyn. 3.518 (où il faut lire ἔτρεφεν avec tous les mss sauf Laur. 32.16 [ἔτραφεν]). – 273 Προμηθείοιο : = Προμηθέως ; cf. Call. fr. 192.3 Προμήθειος (πηλός), Ap.Rh. 3.845 Π-ον (φάρμακον) et Posid. *Epigr.* 19. 6 A.-B. Πολυφημείου (unique occurrence de cet adj.) = Πολυφήμου. – κλοπὴν … φωρῆς : selon O. Schneider, κλοπή signifierait le *produit du vol*, φωρά (il accentue φώρα et compare θήρα) l'*action de voler*. En fait, les deux mots sont synonymes, et l'expression fait penser aux redondances de style tragique, où un subst. a pour complément un nom de même sens (*e.g.* Lyc. 13 βαλβῖδα μηρίνθου ; O. Schneider interprétait ainsi *Th.* 268 τράμπιδος … ἀκάτῳ, et cf. *supra* la n. *ad* 239 s.). – 274 φιλοζώοιο : *infra* 591 (épithète du Souchet), *Th.* 68 (du Serpolet) ; adj. introduit en poésie par N., au sens botanique de " acharné à vivre ", cf. Th. *HP* 3.12.9 (Sorbier), 7.13.4 (plantes bulbeuses, notamment la Scille). – 275 *εὐφίμου : *hapax* absolu au sens de *astringent*, *styptique*. – 276 *σιδόεντος : ou bien adj. = σίδης (cf. 555 χαλβανόεσσα = χαλβάνης, et voir Lingenberg 25) ; ou bien gén. de Σιδοῦς, " le fruit de Sidous " (τὸ ἐν Σιδοῦντι καρπεῖον), n. d'une localité voisine de Corinthe appelée d'après les σίδαι (τὰ ἐν Σιδοῦντι μῆλα), élément caractéristique de sa végétation (voir n. à 271 Καστανίς) : cf. Nic. (*Hétéroiouména*) fr. 50.1 Σιδόεντος ἠὲ Πλείστου ἀπὸ κήπων | μῆλα ταμὼν " les pommes des jardins de Sidous ou du Pleistos " ; cf. Euph. fr. dub. 11 P. = 188.2 vGr. (cité n. à 230-233). La première explication semble meilleure, compte tenu du goût de N. pour les néologismes en -όεις (cf. t. II, *Notice*, n. 212). Mais naturellement, ce néologisme peut faire en même temps allusion au toponyme ; pour les jeux étymologiques, cf. *Notice*, p. CVII et t. II, p. CIV. – 276 *ἀποβρέξαιο : seul exemple du Moy. ; terme de la langue technique, médicale (Hp.,Th., D., Gal., etc.), sans doute introduit en poésie par N. (seule autre référence poét., un griphe d'*AP* 14.36.4) – 277 καρπείου : = καρποῦ ; seulement *ap.* Aristophane fr. 183 ; mais en 118 T écrit καρπεῖα, qui est p.-ê. la *vera lectio* (voir l'apparat *ad loc.*). – *μιγάδην : cf. 349 (et la n.) ; seule autre occurrence connue, Agath. Schol. 92.3. Construit ici avec le dat. (cf. n. à 261 ὁμαρτῇ). – ἐμπίσεο : Gow[1] 101 comprend " *faire macérer* ", comme en *Th.* 573. C'est l'interprétation qui convient à *Al.* 320. Mais, dans les deux autres passages, le sens de " *faire boire* " me paraît préférable ; un exemple de plus de l'emploi du Moy. pour l'Actif. – 278 ἐπιστύφοντι : 375 ἐνστύφοντι ποτῷ (cf. 299, 321). O. Schneider écrit ἔπι στύφόν τι (avec ἔπι *pro* ἐπῇ, conjecturé par Gow), " afin que la boisson acquière de l'astringence ". Plutôt que cette précision superflue, qu'impliquent les produits employés, on attend, avant νοῦσον δὲ κεδάσσεις, quelque chose sur son action.]

5) 268-271 : *Châtaigne.* a) N. l'appelle (κάρυον) ἀσκηρόν,
" (noix) utriforme " (*hapax* d'Hsch., cf. *Test.* 269), du nom d'une
espèce ainsi nommée à cause de son fruit en forme d'*outre.* Σ 271b distingue quatre espèces de Châtaignes (καστάνων) : τὸ μὲν Σαρδιανόν,
τὸ δὲ λόπιμον, τὸ δὲ μαλακόν, τὸ δὲ γυμνόλοπον (*hapax*). Sur la
Châtaigne (κάρυον Κασταναϊκόν [Th. *HP* 4.8.11], nom distinctif
auquel fait allusion 271), bonne contre l'*éphèméron*, voir D. *m.m.*
1.106.3 (100.4-8) αἱ δὲ Σαρδιαναὶ βάλανοι (litt. *glands de Sardes*),
ἅς τινες λόπιμα ἢ καστανίας ἢ μότα ἢ διοσβαλάνους καλοῦσι,
στύφουσι καὶ αὐταί ..., καὶ μάλιστα ὁ μεταξὺ τῆς σαρκὸς καὶ τοῦ
λέπους φλοιός. ἡ δὲ σάρξ καὶ τοῖς ἐφήμερον πεπωκόσιν ἁρμόζει.
Le plur. τέρφη (268) se rapporte aux deux enveloppes, épineuse et
coriace, formant le κάλυμμα (269) de la graine (σάρκα) ; celle-ci est
entourée de plus d'une mince (λαχυφλοίοιο) peau sèche qui la rend
difficile à peler (δυσλεπέος). Dioscoride (*l.c.*) note que cette
" écorce " (φλοιός) a des propriétés astringentes encore plus fortes
que celles de la " chair ". Si N. la décrit (270 σκύλος αὖον), c'est
p.-ê. qu'on doit l'administrer avec la graine (cf. PAeg. p. 35.14 = PsD.
p. 20.15 μέσος ὑμήν, en face de D. *eup.* p. 312.7 καστανίων (*lege*
καστάνων) τὸ ἐντός ~ Aét. l. 17 (version longue). Les remèdes contre
l'*éphèméron* ont un caractère styptique prononcé que justifient ses
effets : cf. *infra* 275 εὐφίμου, et surtout le v. 278. – b) Outre D. *eup.*
l.c. qui conseille en premier " l'intérieur des Châtaignes pilé dans du
vin (λεῖον σὺν οἴνῳ) ", elles sont mentionnées seulement par Aétius,
Paul et PsD. Aétius (version longue) ne fait que répéter D. *eup.* :
καστάνων τὸ ἐντὸς μετ' οἴνου ποθέν ; mais cf. PAeg. p. 35.13-14 =
PsD. p.20-21 " efficace également la membrane médiane des Châtaignes (ὁ τῶν Σαρδιανῶν [-δινῶν PAeg. *falso*] βαλάνων μέσος
ὑμήν, cf. D. *m.m.*, p. 100.6 s., cité *supra* §a) prise dans du vin avec un
des sucs cités " (Renouée, Vigne, Ronce, etc.). – 6) 272-273 : *Moelle
de Férule.* D'après le mythe hésiodique, auquel renvoie N., c'est " au
creux d'une férule ", véhicule approprié avec sa moelle sèche où le feu
brûle lentement sans paraître au dehors (Pl. 13.126 *ignem ferulis
optime seruari certum est,* cf. 7.198 *eundem adseruare ferula Prome-
theus*), que Prométhée cacha le feu dérobé à Zeus : cf. Hés. *Trav.* 51 s.
ἔκλεψ' ἀνθρώποισι Διὸς παρὰ μητιόεντος | ἐν κοίλῳ νάρθηκι ~
Théog. 566 s. κλέψας ἀκαμάτοιο πυρὸς τηλέσκοπον αὐγήν | ἐν
κοίλῳ νάρθηκι (avec la n. de West). – D. *m.m.* 3.77 (89 s.), s'il mentionne la vertu thériaque de la moelle de la Férule (*Ferula communis,*
voir S. Amigues ad Th. *HP* 6.2.7, n. 17 [p. 136 s.]) prise en boisson
(cf. *Th.* 595 et le comm. n. 64 §b), ne dit rien des poisons ; mais
il signale son efficacité pour les αἱμοπτυϊκοί et les κοιλιακοί (cf.
Pl. 20.261, 260). Les iologues récents ignorent ses vertus thériaques,
mais D. *eup.* p. 312.11 (ἢ νάρθηκος ἐντεριώνην μετ' οἴνου) la men-

tionne ici, et, après lui, Paul p. 35.11 = PsD. p. 20.12 (ἢ νάρθηκος ἁπαλοῦ τῆς ἐντεριώνης). – 7) 274-275 : *Serpolet, Myrte.* a) ἑρπύλλοιο : cf. *Th.* 909 et n. 115 §3. Selon D. *m.m.* 3.38 (51.10), il arrête le vomissement de sang ; Pl. 20.246 parle seulement des vomissements, mais il ajoute les coliques. – Contre l'*éphèmèron* : D. *eup.* p. 312.11 s. (avec du vin) ; Ascl. p. 140.5 conseille une plante voisine : ἢ θύμου μέρος τι οἴνῳ διαλυθέν ; PAeg. p. 35.9 s. = PsD. p. 20.10 (décoction de Serpolet bue dans le Lait). – b) μύρτου : voir *Th.* 892 et comm. n. 112 §2. Sur la δύναμις στυπτική du Myrte et de son fruit, cf. D. *m.m.* 1.112 p. 105.8 (~ Pl. 23.160 le jus des baies resserre le ventre) ; le fruit, vert et sec, ou le suc, donné en aliment aux αἱμοπτυϊκοί (D. *l.c.*), cf. Pl. 23.159, qui note de plus son usage contre la dysenterie. – Contre l'*éphèméron* : Scr.L. p. 90.6 (baies ou feuilles macérées) ; D. *eup.* p. 312.12 (fruit) ; Aét. l. 13 (décoction des baies dans du vin) ; PAeg. p. 35.11-13 = PsD. p. 20.12-14 (baies avec du vin, et aussi jus de baies pilées et macérées dans l'eau). – 8) 276-279 : *Écorce de Grenade et Pommes.* a) Pour la *Grenade* (σίδη, chez N.), cf. 489, 609, *Th.* 870 et comm. n. 108 §3. D. *m.m.* 1.110 (103 s.) souligne le " pouvoir styptique " de la Grenade (ῥοά), pépins (πυρῆνες), fleurs (κύτινοι), *écorce*, et il la recommande contre les inflammations d'estomac (p. 104.3), le flux de ventre et d'estomac (*ib.* l. 6, cf. Pl. 23.106) ; pour l'écorce, cf. p. 104.21 τὰ λέπη τῆς ῥοᾶς, ἅ τινες σίδια καλοῦσι. – Contre l'*Éphèméron*, D. *eup.* p. 312.12 conseille les écorces de Grenade (ῥοᾶς λέπη) macérées dans du vin ; Aét. l. 11 s. ~ PAeg. p. 35.9 = PsD. p. 20.10, décoction d'écorces (Aét. ajoute : ou de feuilles du Grenadier) bue dans le Lait. – b) *Pommes* : Σⁿ l. 25 ἢ ἐν ἀποβρέγματι μήλων ἢ Κυδωνίων (la décoction de Pommes ou de Coings est une alternative au Lait dans la préparation de la racine de Renouée, cf. 265) ; cf. 230, 238 (Pommes), 234 (Coings), dans le traitement du Toxicon. Seul parallèle iologique : Scr.L. p. 90.5 s., qui, pour sa part, préconise les Coings (*mala Cydonea*) ; ils ne peuvent que renforcer le caractère styptique du mélange. – Autre remède : D. *m.m.* 3.27 (38.1) recommande contre l'*éphèméron* et le Gypse l'Origan d'Héraclée, bu dans de l'Oxymel (voir n. 17 §A, fin) ; pour l'Origan non spécifié, cf. n. 23 §1.

26. Ixias. I. *Identification.* – Il est difficile d'avoir une certitude. Tout au plus pouvons-nous essayer, en tenant compte de la littérature parallèle (elle est parfois ambiguë) de proposer une solution qui ne soit pas en contradiction avec les textes. Rappelons tout d'abord que N. a parlé, sous le nom de χαμαίλεος, de la racine des deux espèces du Chaméléon distinguées par les anciens, le *blanc* et le *noir*, cf. *Th.* 656-665 et le comm. n. 71. Dans les *Al.*, il se réfère à cette plante à travers un adj. dérivé d'un synonyme (ἰξιόεν πῶμα). – (a) Les *notices parallèles* (parfois la même notice) la désignent par un nom revêtant deux

formes, le f. ἰξία et le m. ἰξίας, auxquels peut se rattacher indifféremment le néologisme ἰξιόεν (voir 279 n.) : **1**/ ἰξία : Scr.L. *ixia, quam
quidam chamaeleonta uocant* ; Pr. c. 59 (titre, mais τὸν ἰξίαν dans le
texte) ; Ascl.Ph. τὴν ἰξίαν ; Aét. = PAeg. (*codd.* DF) = PsD. (*cod.* V)
ἰξία ; **2**/ ἰξίας : D. *eup.* ἰξίου δὲ τοῦ μέλανος χαμαιλέοντος λεγο-
μένου ; PAeg. (*cett. codd.*) PsD. (*cod.* A) ἰξίας. – **(b)** Chez Dioscoride (*m.m.*) : **1**/ ἰξία est le synonyme du Chaméléon blanc des anciens
(notre Chardon à glu, *Atractylis gummifera* L.), appelé ainsi à cause de
la glu (ἰξός) que, " en certains lieux, on trouve contre ses racines "
(pour une autre explication, cf. n. 27 §d2) : 3.8 (14.7) χαμαιλέων
λευκός, ὃν ἔνιοι ἰξίαν (accusatif de ἰξία) καλοῦσι κτλ. ~ Pl. 22.45
*chamaeleonem aliqui ixian uocant. duo genera eius : candidior (…) et
ixia appellatur* ; **2**/ ἰξίας est l'un des synonymes de leur Chaméléon
noir : 3. 9 (15.13) ὁ δὲ μέλας ὃν ἔνιοι οὐλοφόνον ἢ ἰξίαν [accusa-
tif de ἰξίας] ἢ κυνόμαζον ἢ ὠκιμοειδὲς ἐκάλεσαν). – **(c)** Chez les
iologues cités au §a, c'est une seule et même plante qui porte les deux
noms *ixia* et *ixias*, comme on le voit en comparant leur symptomatologie, d'une part, leur thérapie, de l'autre, lesquelles correspondent en
gros à celles de N. Contrairement à D. *m.m.* l.c. et D. *eup.* (cité au
§a2), certains d'entre eux considèrent le Ch. comme une plante distincte : ainsi Pr. Aét. PAeg. lui consacrent une notice distincte (références dans *Sim.* ; cf. le catalogue des poisons, qui mentionne, à la
rubrique des racines, Ch. et Ixia/Ixias, séparés l'un de l'autre par
l'Aconit et le Thapsia, PAeg. 5.30 [27.7], auxquels PsD. p. 14.8 ajoute
l'Ellébore), et leur symptomatologie et leur thérapie du Ch. sont dans
l'ensemble, malgré quelques éléments communs, différentes de celles
de l'*Ixia/Ixias*. Or, quand ils traitent du Ch., s'ils distinguent le noir et
le blanc, c'est en première ligne le Ch. noir qu'ils considèrent, soit
implicitement (voir Annexe §8b, trad. n. 2), soit expressément comme
Pr. c. 70 (74.2-4 τὸν χ. τὸν μέλανα … τοῖς δὲ τὸν λευκὸν κτλ.), qui
étend cette distinction blanc/noir à son ἰξία au c. 59 (p. 69.32 s. ἔστι
δὲ βοτάνη ἡ μὲν λευκή, ἡ δὲ μέλαινα), après avoir noté que ses
effets étaient semblables à ceux du Ch. (confusion ?) ; le synonyme
ὠκιμοειδές et son explication (*ib.* l. 33, cf. D. 3.9 [16.1]) prouvent
que son *Ixias*, dont les effets offrent avec la symptomatologie de N.
une ressemblance frappante (cf. *infra*), n'est autre que le Ch. noir. –
(d) Qu'en est-il pour N. ? Dans les *Th.*, il ne donne aucun synonyme
des deux Ch., et, dans les *Al.*, il ne précise pas lequel il a en vue. Il le
ferait si οὐλοφόνον était la *vera lectio* au v. 280. Ailleurs, le mot n'est
attesté que comme phytonyme synonyme du Ch. noir (D. 3. 9, et *ibid.*
RV), ou de l'*Ixia/Ixias* (Aét. PAeg. PsD.) ἰξία(ς) δὲ ἥτις καὶ οὐλοφόνον καλεῖται. S'agit-il d'un adj. forgé par N. qui serait passé dans la
littérature technique (ὠκιμοειδές pourrait être un cas semblable, cf.
280 n.) ? Σ 279a2, b5 trad. ἰξιόεν πῶμα par ἰξία (cf. Eut. 69.24 s. τῆς
ἰξίας [ποτόν]), qui n'est pas à interpréter autrement que chez les

iologues, cf. *supra* §a et c (début). Les Scholies donnent d'ἰξία une explication absurde (γένος σίλφης " Blatte "), mais la façon dont elles qualifient l'insecte (279a3 μελαινῶν, b6 μέλαν) nous ramène au Ch. noir. – **(e)** Certains modernes ont proposé le Ch. blanc, bien que cette hypothèse soit en totale contradiction avec la tradition iologique : anciennement F. Schulze 17 (erreur dénoncée par Schn. 175) ; Brenning (n. 96) n'exclut pas cette identification acceptée par Gow dans son *Index*. Dioscoride (3. 8 [15.11] ~ Pl. 22.46) dit que le Ch. blanc " tue les Chiens, les Porcs et les Rats, mélangé avec de la farine et additionné d'eau et d'huile ", et Pline (28.162) le signale parmi d'autres poisons combattus par la présure de Chevreau (sur la grande toxicité du Chardon à glu, cf. Bruneton[1] 642, [2] 181). Maintenant, à propos du Ch. noir, Galien note que " sa racine a quelque chose de toxique » (*simpl. med. fac.* 8.22.6 [12.154.7] χαμαιλέοντος ἡ ῥίζα τοῦ μὲν μέλανος ἔχει τι δηλητήριον). Une considération recommande le Ch. noir. Le catalogue des poisons (*Notice* p. XXIII) classe l'*Ixias/Ixia* parmi les *racines* dangereuses : il serait étonnant que N., qui met en garde contre la racine du Ch. noir et prescrit celle du blanc (*Th.* 665 s.), eût pris cette dernière pour un poison (cf. Grévin 232 ss., Schn. 174 s.). Mais si le raisonnement philologique semble sûr, la réalité botanique l'est beaucoup moins. Les candidats proposés pour être identifiés au Ch. noir (*Cardopatium corymbosum* Pers. [LSJ], *Carthamus corymbosus* L. [Berendes 269]) ne sont pas vénéneux. Le Ch. noir des anciens ne pourrait-il être, comme leur Ch. blanc, une variété de Chardon à glu ?

27. 280-297 : II. *Symptomatologie.* –

[*Notes complémentaires aux v. 283-286* : V. 283 λυσσηθεὶς : Bentley corrigeait en λυσσηθέν et ponctuait après ce mot ; mais, pour δὲ en troisième position, cf. Ap.Rh. 4.271, où, malgré une tradition hésitante, le sens est meilleur si l'on ponctue avant ἅλις ; cf. *Al.* 315 et voir *Notice* p. CIV. – καταπρίει : cf. Thcr. 10. 55 (seule autre occurrence poét. sûre). – 284 γάρ τ' : la leçon (γὰρ) ὅτ' = ὁτὲ, adoptée par O. Schneider, ne se lit pas en T. Si, en l'absence d'un balancement avec ἄλλοτε, πολλάκι, *vel sim.*, cet adv. pouvait avoir le sens de " quelquefois ", il aurait l'intérêt de présenter le fait rapporté comme un cas-limite de démence. – ἔμπληκτος : litt. " privé de raison ", cf. 213. – 285 ἐπιφράσσουσα : seule occurrence poét. de ce verbe, cf. Ruf. *Ren.* 12.4 (p. 50.8) ἐπιφράσσοντος τοῦ λίθου τὸν οὐρητῆρα. – *τυφλώσατο : Moy. de sens passif plutôt qu'actif ; dans la seconde hypothèse, il n'ajouterait rien au sens de ἐπιφράσσουσα (cf. comm. n. 27d). – 286 ὑγρῶν τε βρωτῶν τε : βρωτόν désigne d'ordinaire la *nourriture* p.opp. à ποτόν, la *boisson* (cf. Eur. *Suppl.* 1110 βρωτοῖσι καὶ ποτοῖσι) ; mais, il s'agit ici de leurs *surplus* des deux espèces, liquides et solides (cf. Ar. *HA* 1.2, 489a 4 τοῦ ὑγροῦ περιττώματος ... καὶ τῆς ξηρᾶς τροφῆς " le superflu des nourritures liquides... et des nourritures sèches ", Eunap. *fr. hist.* p. 263.12 Dindorf τὴν φυσικὴν τῶν ὑγρῶν ἔκκρισιν) : Σ^G 284e τοῦ ἀποπάτου καὶ τῶν οὔρων ~ D^g οὔρου τε καὶ κόπρου, cf. Eut. 70.6 ss. – 286 ss. : cf. 596 ss. – 286 δὲ πνεῦμα : pour la quantité de (δ)ὲ, voir 127 n.]

a) 280 *Odeur de Basilic* : Scr.L. ; son odeur et son goût chez Aét. l. 2 = PAeg. = PsD., dans le chap. de l'*Ixias*, non du Ch. noir, de même que chez Pr. p. 69.33, qui explique ainsi le synonyme ὠκιμοειδές (cf. n. 26 §b2). – **b)** 281 s. *Rugosité et inflammation de la langue* : cf. Aét[1]. l. 3 (~ PAeg[1]. PsD.) γλώσσης ἰσχυρὰν φλεγμονήν→ ; Scr.L. *linguae tumorem* ~ Pr[2]. (p.74.2 s.) γλώσσης οἴδημα (cf. Pr[1] [p. 69.31] τὰ αὐτὰ παρακολουθεῖ καὶ τοῖς τὸν χαμαιλέοντα). – **c)** 282-284 *Égarement d'esprit* : Scr.L. *mentem abalienat*, Aét[1]. l. 4 (PAeg[1]. PsD.) ←καὶ παρακοπήν→, cf. Pr[2]. (p. 74.3) παρακοπή, ἄγνοια ; Pr[1]. (p. 69.34 s.) τρύζει (*lege* τρίζει) τοὺς ὀδόντας, διαμασσᾶται τὴν γλῶτταν (→) ~ *Al.* 283. – **d)** 284-290 *Blocage des excrétions, désordre intestinal* : 1/ Scr.L. *uentremque et omnes naturales exitus supprimit*, Aét[1]. l. 4 s. ~ PAeg[1]. (= PsD.) ←καὶ τὰς ἐκκρίσεις ἐπέχει πάσας βορβορυγμούς τε καὶ ψόφους μετὰ λειποθυμίας ἐπιφέρουσα δίχα τοῦ προχωρεῖν τι, Pr[2]. κοιλίας βορβορυγμός ; Pr[1].←ἡ δὲ κοιλία ἔνδον ταραττομένη σὺν τῷ πνεύματι φθόγγον ἀποδίδωσι βροντῆς ἢ φωνὰς θαλασσίων κυμάτων ~ *Al.* 286-290 (comme **c**, ressemble à une paraphrase résumée de N.). – 2/ C'est cette rétention des excréments qui, selon les Σ 279b9 s. (" à l'instar de la glu [δίκην ἰξοῦ], il retient les aliments en bloquant l'urine et les matières fécales ", cf. *Al.* 285 s.) reproduites par les *Etymologica* (*Test.*), fournirait l'explication du phytonyme *Ixia/Ixias*. –

[*Notes complémentaires aux v. 295-297* : V. 295 (fin) *θρομβήϊα : hapax* absolu, dimin. de θρόμβος, cf. Hp. *Mul. Aff.* 113.2, Gal. 12.805.4, PAeg. 5.56 (38.9) = PsD. 25 (34.15). – 296 ἀνόστρακα : la correction semble inévitable, ἀνόστεα s'appliquant normalement aux Mollusques (Hés. *Trav.* 524, Ar. fr. 281.6 Rose, Opp. *Hal.* 1.639, *al.*) ; ὀστοῦν peut désigner le noyau d'un fruit, non la coquille de l'œuf (cf. p. 88, comm. n. 9 §2f). – 297 δύσποτμον : *vox tragica* (Eschyle, Soph., Eur.) ; la *v.l.* δύσπεπτον (= ἀμετάβλητον, Σ), litt. « non digéré », aurait ici le sens fig. de « non parvenu à terme ». – ὑπὲκ : pour l'emploi de cette double préposition hom. avec le gén. cf. 66, *Th.* 703 ; après Homère, on la trouve chez Ap.Rh. (8 fois), Thcr. (3 fois), Léonidas Tar. (3 fois), Antiphile, Opp. (6 fois), Manéthon. Ici, elle est employée adverbialement et ajoute sa nuance à ἔκχεε.]

e) 291-297. Dernier symptôme de l'intoxication et non pas, ainsi que l'ont compris la plupart des interprètes anciens et modernes, premier acte de la thérapie, laquelle commence seulement au v. 298, de la manière habituelle (τῷ μέν τε, cf. 195 τὸν μέν τε, 224 τὸν μὲν). – 1/ Il faut d'abord écarter une erreur sur 292 πνεῦμα, attestée par une glose récente (ὁ ἄνεμος, ἡ ἀναπνοή = Σ 292a) : il ne s'agit pas de la respiration du malade, gêné par la compression du diaphragme due aux flatuosités, et qui finit par reprendre haleine [Gorraeus 42 ; Grévin 234 ; Schn. 319 s. *anima* (*respiratio*) *redit*], mais de la remontée des gaz (cf. Eut. 70.13 s. ἀλλά ... τὸ πνεῦμα ἄνεισιν ... τῷδε, ἀτὰρ οὖν καὶ μόλις *recte*), comme l'a compris Br., suivi par G.-S. – 2/ Le symptôme décrit aux v. 292-297 en est la conséquence immédiate (292 παραυτίκα), entraînée par le poison lui-même (cf. n. à 292 s.), et non par les remèdes vomitifs ou purgatifs, comme l'ont entendu tous les interprètes cités, et, avant eux, certaines Scholies et Eutecnius : Σ 293a φαρμακόεις rendu par ἀλεξιφάρμακοι (*codd.* BLRWAld), 292d τὰ πινόμενα, φησί, τῶν βοηθημάτων (*cod.* G : φαρμάκων corr. G[2] *cl.* Eut.) ἐμεῖν παρασκευάζουσι κτλ. ~ Eut. 70.15 s. τὰ τοίνυν τῶν φαρμάκων δὴ ταῦτα (annonce les remèdes des v. 298 ss.), ἐπειδὰν καὶ ποθῇ, ἐκκρίσεις ἀπεργάζεται τῆς γαστρὸς χαλεπάς κτλ. *Recte* : Σ 279b13 τοῦτο τὸ ποτὸν [= ἰξιόεν πῶμα ; cf. l.7 ποθὲν τὸ φάρμακον τοῦτο] πολλάκις ἐμεῖν παρασκευάζει). – 3/ En quoi consiste ce symptôme ? Les mots 292 λύματ' ἔχευαν conviennent aussi bien à une évacuation par bas que par haut (cf. n. 9 §2a1), et Eut., ainsi que les Scholies, fournissent des arguments pour l'une comme pour l'autre : (a) *selles* (Eut. 70.15 ἐκκρίσεις) ; (b) vomissure fécaloïde (Σ 279a12 s. ἢ διὰ στόματος ἐρεύγεσθαι δίδωσι). La littérature parallèle se partage de manière analogue : (a) Pr[1]. p. 69.32 περισσότεραι δὲ λεκίθοις ὠῶν ἐμφερεῖς ἀποκρίσεις ; (b) Pr[2]. p. 74.4 ἔμετος ἀφρώδης ~ Aét[2]. l. 14 s. ἀφρώδης ἔμετος, PAeg[2]. ἔμετοι φλεγματώδεις καὶ ἀφρώδεις ; Aét[1]. (PAeg[1]. PsD.) se contentent de noter l'absence de toute évacuation. (b) semble mieux en accord avec 291 ἀνήλυθεν. Les parallèles rassemblés dans la n. à 259 semblent en faveur de (a), mais cf. 392 n. Une fois encore, pour la comparaison des selles avec des " jaunes d'œuf " (Pr[1] *l.c.*), comme pour celle des borborygmes avec " le tonnerre et le fracas des flots marins " (Pr[1] p. 69 s. ἡ δὲ κοιλία ἔνδον ταραττομένη σὺν τῷ πνεύματι φθόγγον ἀποδίδωσι βροντῆς ἢ φωνὰς θαλασσίων κυμάτων ~ *Al.* 287-289), la ressemblance de Pr[1]. et de N. est remarquable.

28. 298-311 : III. *Thérapie.* A. Dans le cas de l'empoisonnement par l'Ixias comme dans d'autres, certains iologues prescrivent de faire vomir l'intoxiqué, cf. Ascl. (*infra* §1) ; Aét[1]. l. 6 (PAeg[1]. PsD.) fait du vomissement et de l'administration d'un clystère les premiers actes de sa thérapie, cf. Aét[2]. l. 20 s. PAeg[2]. p. 30.25 ἔμετος.– 1) 298 s.

Absinthe + *Vin* : le Vin *doux* chez N. seulement., cf. D. *m.m.* 3. 23 (31.7) σὺν οἴνῳ δὲ (ἀψίνθιον) πρὸς ἰξίαν καὶ κώνειον ; Scr.L. (~ Ascl.Ph.) *absinthio poto cum uino*. D. *eup.* p. 310.20 précise : ἄκρατος οἶνος πολὺς σὺν ἀψινθίῳ, cf. Aét[1]. l. 7 (PAeg[1]. PsD.) " *infusion* d'Absinthe dans vin en abondance ou vinaigre ou oxymel ». D. *eup.* l.c. recommande également " l'Absinthe pilée dans du Vinaigre ". Pour l'ἀψινθίου ἀπόβρεγμα, cf. Aét[2] l. 19 (ἀ. πόσις PAeg[2].). Vin d'Absinthe bu en grande quantité et vomi : D. *m.m.* 5.39.3 (28.12). – Oxymel seul (D. *eup.* p. 310.20 ~ Ascl. 140.17 συνοίσει δὲ καὶ ὀξύμελι ποτίζειν καὶ ἀναγκάζειν ἐμεῖν, Pl. 23.61 *contra meconium ac uiscum* [cf. *infra* §B]) : cf. D. 5.14.1 (16.6) Oxymel seul contre Ixia et jus de Pavot (μηκώνειον), 5.6.10 (8.24) Vin seul, bu en quantité suffisante, 5.13.3 (15.19) Vinaigre avec Sel, bu chaud et vomi contre Ixia, Champignons et If. –

[*Notes complémentaires aux v. 301-308* : V. 301 δάκρυα : terme technique des botanistes grecs (Th. D.) désignant les gouttes de résine des conifères (cf. 546), le liquide découlant d'autres arbres (108), le jus ou la gomme de certaines herbes, Pavot (433), Scammonée (484), Silphium (*Th.* 907). Mais, dans ce contexte particulier, lié à πίτυος, le mot prend un double sens, cf. Σ 301b ~ Eut. 70.23-24. Ici, N. emploie le plur., plus souvent le sing. (cf. 108, 433, 484). – 302 *φλόα : métaplasme pour l'acc. régulier φλόον (dit de la *vieille peau* du Serpent, *Th.* 355, 392) ; *hapax* absolu de forme et de sens, en parlant de la *peau humaine*. – 303 *πολύπυστον : *hapax* absolu, cf. περίπυστος Ap. Rh. 4.213, D.P. 13, *al.* ; = περιβόητος. – ἐπαιάζουσα : ailleurs avec le dat. (Anon. *AP* 9. 372.3, Lucien *DD* 16. 2, Greg. Naz. 1386.11), ou pris absolument (Bion 1. 2, *al.*). – 304 συνεχέως : Hés. *Théog.* 636, Ap.Rh. (2 fois), cf. Rzach 385 et *infra* ad 571. – ἠχήν : au sens de " cri de douleur ", *vox tragica* (Eur.). – 305 ἆσαι : cf. 331, *Th.* 676. – ἀργέος ἄνθην : = *Th.* 856 (*hac sede*) ; pour ἀργέος, cf. 98 n. ; *ἄνθην : 529, *Th.* l.c. (et 625, 631). En attique, le mot signifie " floraison " (Moeris 187.9 ἄνθην Ἀττικοί, ἄνθησιν Ἕλληνες), chez N. = ἄνθος. – 306 ῥυτῆς : 528, cf. 607 (*v.l.*) et voir *Th.* 523 n. ; cette *glose* péloponnésienne pour πήγανον (cf. *supra* 49) est prédominante dans les *Al.* – *ἀπαμέργεο : cf. *Th.* 861 avec la n. crit. – 307 χαδών : voir 58 n. – 308 ὀδελόν : 327, 601 ; pour ce dorisme (ou éolisme), cf. *Th.* 93 n. – *κνηστῆρι : *Th.* 85 ; attesté seulement chez N. au sens de *râpe*. – χαρακτῷ : cf. Leonid. Tar. *AP* 6. 205.1 = 1992 G.-P. χαρακταί (ῥῖναι) " limes dentelées " (parmi les offrandes d'un menuisier).]

2) 300 s. *Résine de Térébinthe et de Pin* : D.*eup.* est le seul, avec N., à proposer au choix les deux résines (p. 311.1 ῥητίνη τερμινθίνη ἢ πιτυΐνη) ; pour la résine de T., cf. Aét[1] l. 9, PAeg[1]. = PsD. Sur la

distinction des deux espèces de Pin chez N., *Pinus nigra* Arnold (πεύκη) et *P. halepensis* Miller (πίτυς), cf. le comm. des *Th.* 883 s., n. 110 §7 ; le *locus classicus* est Th. *HP* 3.9.5 (voir S. Amigues p. 149-150, n. 3) ; ῥητίνη ὑγρὰ πιτυΐνη καὶ πευκίνη : D. *m.m.* 1.71 (78.18) – **3)** 305 *Germandrée-Polion* : les Scholies signalent que N. est seul à la qualifier de μυοκτόνον (Eut. 70.28 s. βοτάνη δέ ἐστι τὸ πόλιον καὶ καλοῦσι μυοκτόνον dépend de N.). Bentley conjecturait φλώμου μυιοκτόνου en rapprochant *Th.* 856. Le témoignage d'*EG* ne suffirait pas à défendre πόλιον, mais φλόμος pose les mêmes problèmes. La littérature parallèle ignore les deux plantes comme antidotes de l'Ixias. – **4)** 306 *Rue* : donnée par D. *m.m.* 3.45 (57.6-12) pour un antidote des poisons ; ses feuilles mangées préventivement empêchent leur effet, la graine de la Rue sauvage est mélangée aux antidotes. Scribonius est le seul à parler des *pousses* (*rutae fruticibus V uel VI*) ; D., Aét[1]. l. 8 (PAeg[1]. PsD.) mentionnent la *graine* de la Rue *sauvage*, à prendre dans beaucoup de vin (D.), dans du vinaigre, selon les autres. – **5) 6)** 307 *Nard* et *testicule de Castor*. D. *m.m.* 1.7 (12.19) : le Nard est mélangé aux antidotes, 2.24 (129.10 s.) : πίνεται (*sc.* ὁ τοῦ κάστορος ὄρχις) σὺν ὄξει καὶ πρὸς ... θανάσιμα φάρμακα, ἰξίαν. D. *eup.* p. 311.2 νάρδος μετὰ καστορίου, cf. (omission accidentelle d'un élément ?) Aét[1]. l. 10 νάρδου ~ PAeg[1]. p. 34.21 et PsD. p. 31.15 (*cod.* A) καστορίου, qui conseillent, entre autres, le Nard *ou* le Castoréum, à prendre avec la décoction de Tragorigan. Castoréum (sans le Nard) : Scr.L. *castorei pondere denariorum II dato ex uini cyathis IV* ; D. p. 310.19 καστόριον σὺν ὄξει ; Ascl. p. 140.16 et 141.1 (dans une composition) ; voir aussi PAeg[1]. PsD. *ll.cc.* Castoréum met en cause les glandes préputiales et non le testicule (cf. Beauregard 90-94). – **7)** 308 s. *Silphium* (racine et jus). D. *m.m.* 3.80 (94.10) : la racine en boisson antidote des poisons. La littérature parallèle mentionne surtout la racine : Scr.L. *radix laseris ex uino data*, D. *eup.* p. 310.21 σιλφίου ῥίζα σὺν ὄξει, cf. PAeg[1]. p. 34.17 = PsD. p. 31.11 ; Aét[1]. (*aliter*, mais voir la n. de la traduction) et D. p. 311.2 σιλφίου ὀβολὸς μετ' οἴνου peut s'entendre de l'un ou de l'autre. – **8)** 310 s. *Tragorigan sec* ou *Lait en train de cailler*. Cf. *supra* n. 5 §4c et voir D. *m.m.* 3.30.2 (40.6 s.) : tous les Origans " donnés dans du vin sont bons pour ceux qui ont bu de l'Ixia ". – **a)** D. *eup.* p. 311.3 (après Résine, Nard et Silphium) T. dans du Lait (cf. *Al.* 310 ἠδὲ *v.l.*), mais, auparavant, p. 310.21, décoction de T. [cf. Aét[1]. l. 8 (PAeg[1]. PsD.) τραγοριγάνου ἀφέψημα (ἀπόζεμα), avec divers produits, dont le Lait]. T. dans du vin, *ap.* Scr.L., Ascl. Dans la littérature parallèle, le T. n'est pas qualifié ; pour son emploi à l'état sec, cf. *supra* 56 s. ὀνίτιδος αὖον ... ῥάδικα. – **b)** Lait frais : cf. n. 25 §2. Recommandé seul contre l'Ixias : Aét[2]. l. 20 s. γάλα νεόβδαλτον, cf. PAeg[2]. p. 30.25 γαλακτοποσία. N., pour sa part, préconise le Lait " fraîchement tiré " (311) sous la forme de fromage qui vient de prendre (~ Pr[1]. p. 70.5 ἢ τυρὸν ἀπαλὸν δίδου φαγεῖν = Eut. 71.4 τυρὸς ἀπαλός, cf. Σ 310d τυροῦ νεωστὶ πήξαντος). – Hormis l'Absinthe, pour laquelle il mentionne le Vin doux, N. ne précise pas l'excipient pour les autres remèdes. C'est p.-ê. aussi le Vin, comme on le voit chez Scr.L. et comme l'a compris Eut. 71.3 s. (ὠφελεῖ σὺν οἴνῳ πινόμενα ; tacent Σ). Mais, chez les autres iologues, le Vinaigre, l'Oxymel et le Lait jouent également ce rôle. – **B.** Pline, qui a confondu l'*Ixia/Ixias* avec le Gui à cause de l'homonymie (ἰξία peut avoir aussi le sens d' ἰξός), cite, contre le Gui, avec quelques autres, la plupart des antidotes contre l'Ixias, sauf le Nard et le Silphium. Ce sont, dans l'ordre où ils ont été énumérés ci-dessus : l'Absinthe dans du vinaigre (27.50), le Vin pur (23.43), l'Oxymel (23.61, cf. *supra* §A1), les Résines qu'il dit être l'antidote spécifique (24.36), la Rue (feuilles pilées, 20.132), le Castoréum dans du vinaigre (32.31), le Tragorigan (20.176), le Lait d'Ânesse et le fromage frais de Chèvre (28.158, 161). – Pour des remèdes absents chez N. mais mentionnés chez les iologues récents, cf. *Annexe* §8a (note à la traduction).

29. Sᴀɴɢ ᴅᴇ Tᴀᴜʀᴇᴀᴜ. I. *Légende et réalité*. – Voir W.H. Roscher, « Die Vergiftung mit Stierblut im classischen Altertum », *Jahrbücher für klassische Philologie* 127 (1883) 158-162 ; H. Peters, « Das giftige Stierblut des Altertums », *Berichte der dtsch. Pharmazeut. Gesellschaft* 23 (1913) 243 ; Lewin[3] 151-154 ; Morel 226.23-34 ; H. Fühner, « Der Tod des Themistokles, ein Selbstmord durch Stierblut », *Rheinisches Museum* 91 (1942) 193 ss. ; D. Arnould, « " Boire le Sang de Taureau " : la mort de Thémistocle », *Revue de Philologie* 67 (1993) 229-235. – **1)** Si étonnant que cela nous paraisse, les anciens, y compris les médecins, mettaient communément au rang de poison mortel le Sang d'un Taureau bu quand on *vient de l'égorger* (voir Catalogue des poisons, *Notice* p. xxɪɪɪ) : *Al.* 312 ταύρου νέον αἷμα ~ Aét. (PAeg. PsD.) αἷμα ταύρου νεοσφαγοῦς ποθέν, cf. Pl. 28.147 *taurinus quidem recens* [sc. sanguis] *inter uenena est.* Ils expliquaient la mort mécaniquement, la coagulation du Sang dans l'estomac, comme celle du Lait (365), entraînant un arrêt de la respiration (cf. n. 30 §2-3). Or, cette coagulation intervenait d'autant plus brusquement, croyait-on, que le Sang de Taureau est plus riche en fibrine (Ar. *HA* 520b26, cf. *PA* 651a1). Sur ce " poison ", le plus ancien témoignage médical est celui de Praxagoras de Cos, qui, sans doute dans son ouvrage de *Thérapeutique*, disait à peu près la même chose, ajoutant (si, comme il semble, cette remarque lui appartient) que, à la différence des autres poisons, on ne pouvait se méprendre sur lui (voir t. II, p. 272, fr. 1). Maïmonide 55 continue à penser que le Sang de Taureau est un poison mortel, facile à utiliser dans un but criminel, non plus en boisson, bien sûr, mais en le mélangeant à la nourriture. – **2)** Les victimes du Sang de Taureau appartiennent à l'histoire et à la légende (tous les témoi-

gnages antiques dans Roscher *l.c.* 158-160). – (a) *Exemples mythologiques*. 1/ D'après la légende, pour tuer *Aison*, Pélias le forçait à boire le Sang de Taureau (Diodore de Sicile, 4.50.1). Ou bien encore, c'est Aison qui lui demandait de se suicider ainsi ([Apollodore] *Bibl.* 1.9.27 θυσίαν ἐπιτελῶν ἀδεῶς τοῦ ταυρείου σπασάμενος αἵματος ἀπέθανεν, d'où Tz.Lyc. 175 [82.32] ὁ δὲ θύων ταύρου αἷμα πιὼν ἀπέθανεν " lui, offrant un sacrifice, but du Sang de T. et mourut "). 2/ *Jason* désespéré s'était p.-ê. tué de la même façon. D.S. 4.55.1 ne nous dit pas comment il se suicida. Nous le savons par Ap.Soph. (s'il n'a pas confondu Jason avec son père) : 156.18 ταύριον αἷμα · θανάσιμον, ἀπὸ Μίδα καὶ Ἰάσονος · περὶ γὰρ Θεμιστοκλέους οὐ πᾶσι συμφωνεῖται. – (b) *Exemples historiques*. – 1/ *Midas (II)*, fils de Gordios (Eitrem, *RE* 15. 1538) se serait donné la mort (696/5, d'après la *Chronique* d'Eusèbe) en buvant le Sang de Taureau (Ap.Soph. *l.c.*, Strab. 1.3.21 C 61). – 2/ *Psamménite*, roi d'Égypte déchu, fut contraint par Cambyse à en boire, et " il mourut sur-le-champ " (Hdt. 3.15 αἷμα ταύρου πιὼν ἀπέθανε παραχρῆμα). – 3/ La mort du frère de Cambyse, *Smerdis*, était attribuée à la même cause : Ktèsias, FGrHist 688 F 13 (p. 460.19 J.) αἵματι γὰρ ταύρου, ὃ ἐξέπιεν, ἀναιρεῖται. – 4/ *Thémistocle*, mort vers 464/461 a.C., aurait " pris volontairement du poison d'après certains " (λέγουσι δέ τινες, Thcd. 1.138), le Sang de Taureau, selon le plus ancien témoin de cette tradition, Aristophane, dans les *Cavaliers* (424 a.C.) : v. 83 s. βέλτιστον ἡμῖν αἷμα ταύρειον πιεῖν · / ὁ Θεμιστοκλέους γὰρ θάνατος αἱρετώτερος (~ Soph. [*Hélène*] F 178 ἐμοὶ δὲ λῷστον αἷμα ταύρειον πιεῖν). Cf. Plut. *Thém.* 31.6 (128a) ὡς μὲν ὁ πολὺς λόγος αἷμα ταύρειον πιών, cf. Id. *Flamin.* 20.9 (cité *infra*, b5). Σ *Cav.* 84b9-11 (Mervyn Jones-Wilson) : (offrant un sacrifice à Artémis Leukophrys, Thémistocle) " présenta sa coupe sous la gorge du taureau, recueillit le sang, le but avidement (χανδόν), et mourut aussitôt (ἐτελεύτησεν εὐθέως) ". Tout le monde n'était pas d'accord sur le poison du suicide : certains penchaient pour l'Éphèméron (cf. Ap.Soph., *supra* a2). – 5/ Une des versions de la mort d'*Hannibal* (*c.* 183 a.C.) incriminait encore le Sang de T. : Plut. *Flamin.* 20.9 (380e) ἔνιοι δὲ (*sc.* λέγουσι) μιμησάμενον Θεμιστοκλέα καὶ Μίδαν αἷμα ταύρειον πιεῖν. – En ce qui concerne Thémistocle, non seulement la nature du poison était controversée, mais la tradition du suicide suspecte en elle-même (cf. Σ *Cav.* 84b31 les réserves de Symmaque) en face de l'affirmation de Thucydide (*l.c.*) d'après lequel il était " mort de maladie " (νοσήσας). C. Robert n'avait p.-ê. pas tort de croire que son suicide au Sang de Taureau était une fable inventée sur le modèle de la légende thessalienne d'Aison/Jason (Preller-Robert, 2.866⁵). – 3) Mais qu'en est-il de la toxicité du Sang de Taureau ? (a) Si personne n'avait l'air d'en douter, elle souffrait du moins quelques exceptions. Selon Pline (28. 147), qui ignore la raison de cette pratique, à Aigeira en Achaïe, la prêtresse de

Gè, " sur le point de rendre un oracle, en boit avant de descendre dans la caverne " de la déesse. Élien (*NA* 11.35) raconte même que, à l'époque de Néron, un certain Chrysermos fut guéri de consomption " pour avoir bu du sang de taureau ". Le traitement, il est vrai, avait été prescrit par Sérapis, et aux dieux rien n'est impossible. – **(b)** L'opinion des anciens a été défendue par Sprengel 666 s., mais sa défense semble désespérée. Fühner 196-199 croit à un poison authentique, qui serait mélange de Sang de Taureau et de lait d'amandes amères, provoquant par son action chimique les mêmes effets que les Grecs attribuaient à une action mécanique, à savoir l'étouffement, mais par paralysie du centre respiratoire, avec brusque faiblesse, écroulement instantané, perte de connaissance, spasmes de suffocation, symptômes dans lesquels on reconnaît ceux de N., et qui ne seraient autres que les effets de l'acide prussique. N., prêtre d'Apollon vivant en Asie, aurait été au fait de ce poison typiquement perse, employé à l'ombre des temples et des palais. Mais l'idée d'un tel mélange est en totale contradiction avec les témoignages mentionnés. – **(c)** En fait, la toxicité du Sang de T., ainsi que d'autres " poisons " anciens (*Notice* p. XXV), est une idée fausse, comme aussi l'explication " mécanique " placée sous l'invocation d'Aristote. Rien ne distingue, dans sa composition, le sang du Taureau de celui des autres Bovidés. Au témoignage d'un éminent physiologiste, le Prof. K. Ludwig, dont l'avis a été publié par Roscher (161-2), ses effets seraient bénéfiques plutôt que malins (ce qui donne raison à Sérapis) ; il pense que ses effets toxiques observés seraient le fait de bêtes atteintes de la maladie du charbon. Mais, quand les faits rapportés engagent une longue suite de siècles, l'explication ne semble pas moins désespérée. Avec le Lait qui caille dans l'estomac, le problème se pose à nouveau dans les mêmes termes.

30. *312-318* : II. *Symptomatologie.* – **1)** 313 : *Écroulement subit.* Dans la littérature parallèle, le seul équivalent de cette mort foudroyante que N. évoque à l'aide de προδέδουπε (voir 15 n.) est l'expression d'Épainétès (*ap.* Pr. p. 74.25) πίπτει ἐπὶ στόμα, à prendre au sens littéral : voir n. 29 §2b2 le cas de Psamménite, cf. *ibid.* a1 celui d'Aison. –

[*Notes complémentaires aux v. 314-318* : V. 314 (fin) *κρυσταίνεται : *hapax* absolu, = ψύχεται GᵍOᵍ ; forme ancienne non attestée ailleurs ? Plutôt néologisme créé sur κρύσταλλος " glace " ; cf. Chantraine *DELG* s.v. κρύος. – εἶαρ : pour εἶαρ/ἔαρ au sens de αἶμα, usage propre à la poésie hellénistique, voir *Test.* et la n. à *Th.* 701 s. Σ *Al.* 87b fournit l'une des références à Call. (fr. 177.22, où ἔαρ, au sens de λίπος, est également métaphorique). Σ 314e ne révèle pas un fragment nouveau de N. attestant cet usage, mais se réfère à Aglaïas Byz. nommément cité : Ἀγλαΐας δ' « εἰαριήτην » (ἐαρίτην *codd.*)

τὸν αἱματίτην λίθον φησί = *SH* 18.19 λίθος εἰαριήτης (où la glose du Parisinus renvoie à Call. [= fr. 523 τὸ δ' ἐκ μέλαν εἶαρ ἔδαπτεν]) et N. (cf. aussi *Th.* 701]). – 315 ῥεῖα : I.G. Schneider (d'où Lehrs) ponctuait, comme l'*Aldine*, à la fois après εἶαρ et ῥεῖα, la plupart des éditeurs (*e.g.* Soter, Go., Steph., O. Schneider) après ῥεῖα, à l'exception de Gow qui ne ponctue pas dans le texte, mais dont la trad. suppose une ponctuation à cette place. Ce serait le seul exemple du rejet de ῥεῖα, qui, chez N., commence le vers, la phrase ou la proposition (cf. notamment *Th.* 674 s.) et ne suit jamais le verbe qu'il modifie. Pour δὲ en 3ᵉ position, cf. 283, 315 et voir *Notice* p. CIV. – 317 ἐμπλασθέντος : = ἐμφραχθέντος καὶ ἀποκλεισθέντος (Σ). Cf. Th. *Sens.* 14 ἐμπλαττομένων τῶν πόρων. – σπαδόνεσσιν : = σπάσμασιν ; sans doute la première occurrence poét., cf. Hp. *Morb.* 1.14, 15, 20 (bis), Hsch. σ 1380 σπαδόνα (= Phot. 529.2 s.v. σπαδών)· τὸ σπάσμα, Psell. *poem.* 6.485 σπάδωνα δὲ τὰ σπάσματα, Zon. 664.6 σπάδων · τὸ σπάσμα (avec référence à Psellos, *l.c.*). – 318 δηθάκις : cf. 215 n. – σπαίρει : la *v.l.* σκαίρει dénote un mouvement joyeux, ce qui ne peut être le cas chez l'intoxiqué (cf. West[1] 59 *ad* Opp. *Hal.* 5.547). – μεμορυχμένος : seulement ici au sens propre, cf. *Od.* 13.435 et voir *supra* 144 n. Seul, le manuscrit M conserve la leçon -χμένος, mais c'est celle de T contre -γμένος (ω) en 330 et 375. Mêmes *v.l.* dans l'*Od.* l.c., où -χμένος est une variante antique connue des papyrus et attestée par les grammairiens : Eustath. *ad loc.*, Paus. att. μ 32.4, Hsch. μ 818 (s.v. μεμορυχμένα), Phot. μ 652.6 (s.v. μωρότερος). Cf. aussi fr. adesp. *SH* 966.19] μεμορυχμε[.]

2) 314 s. : *Coagulation du sang dans l'estomac.* Sur la coagulation, voir *supra* n. 29 §1. Si les Scholies ne lui attribuent pas indûment les mots de N., Praxagoras s'exprimait de manière identique : fr. 1.1 s. (t. II, p. 272) τὸ ταύρειον αἷμά φησι Πραξαγόραν πινόμενον πήγνυσθαι ἐν τῷ στήθει καὶ θρομβοῦσθαι (= *Al.* 315) ; *ad* πήγνυσθαι, cf. 314 κρυσταίνεται ~ Scr.L. *gelatur* (*sc.* sanguis). Comparer Pr. p. 74.10 (en parlant à la fois du Sang et du Lait) θρομβοῦται ἐν τῷ κύτει τῆς κοιλίας (~ Aét. l. 2) καὶ πήσσεται. Voir n. 29 §1 et 3c. – **3)** 316-317 (– ἐμπλασθέντος) : *Obstruction du cou, gêne respiratoire.* Les " conduits " (316 πόροι) sont ceux où passe l'air de la respiration (Schol. οἱ πόροι τῶν πνοῶν ~ Eut. 71.10 οἱ π. οἱ τῆς ἀναπνοῆς), cf. Pr. (voir §4) ; *aliter* PAeg. = PsD. ἐμφράττον (*sc.* αἷμα) τοὺς περὶ τὰ παρίσθμια καὶ τὴν κατάποσιν πόρους (détail absent chez Aét.). Dyspnée et suffocation notées, l'une ou/et l'autre : Scr.L. *praefocantur qui biberunt* ; Pr. (voir §4) ; Aét. l. 2 s. (PAeg. PsD.) δύσπνοιαν, πνιγμόν. – **4)** 317-318 (ὁ δὲ –) : *Spasmes, écume.* PAeg. = PsD. μετὰ σπασμοῦ ἰσχυροῦ (plur. *ap.* Aét. l. 3). L'écume mentionnée seulement par Promotus qui réunit tous les symptômes notés aux §3 et 4 dans ce qui ressemble à une paraphrase des v. 316-

318 : p. 74.11-13 ἀποφράσσονται οἱ πνευματικοὶ πόροι, θλιβόμε-
νοι δὲ σπασμῷ κρατοῦνται, ἢ πνιγόμενοι ἀφρῶδές τι διὰ τοῦ στόματος φέρουσι.

31. 319-334 : III. *Thérapie.* – Simples ou composés, les remèdes
sont des dissolvants capables de " liquéfier les caillots " et de
" décharger le ventre " (Aét. l. 8 = PAeg. p. 38.12 = PsD. p. 35.2).
Ceux qui sont bons contre le Lait qui caille dans l'estomac le sont aussi
contre le Sang de T. (Pr. p. 74.23) et vice-versa (Aét. *Annexe* §11.7).
D'où les éléments communs aux deux notices (Présure, Silphium), ou
échangés entre elles (Thym [*infra* §6], Lessive [voir Aét., *infra* §5],
Natron [n. 37 §6],). – **1**) 319-321 : *Figues sauvages* (communément
ὄλυνθοι) *dans Vinaigre, puis Vinaigre mélangé d'Eau.* La recette particulière de N. a un parallèle chez Pr. p. 74.20 δίδου ἐρινεοῦ καρπὸν
ἐν ὄξει μετὰ τοῦ ὀξυκράτου ; *aliter* Aét. l. 9 ~ PAeg. p. 38.13 (=
PsD. p. 35.3) ὀλύνθους πλήρεις ὄντας ὀποῦ (= *Al.* 319 ὀπόεντας)
σὺν ὀξυκράτῳ καὶ νίτρῳ. Broyées dans du Vinaigre : Ascl. p. 143.4.
Bues dans du Vinaigre et (mangées) seules : D. *eup.* p. 315.3 s. βοη-
θοῦσιν ὄλυνθοι σὺν ὄξει ποθέντες καὶ καθ᾿ ἑαυτούς. – Pl. 23.128 :
Figues vertes sauvages en boisson bonnes contre le Sang de T. et aussi
la Céruse et le Lait coagulé. D. *m.m.* 1. 128. 7 (120.4), s'il ignore
l'usage des Figues sauvages en boisson, signale celui de la lessive faite
avec de la cendre de branches de Figuier sauvage et cultivé πρὸς αἵματος ἐκθρόμβωσιν (Aét. l. 11 ~ PAeg. p. 38.15 [PsD. p. 35.6] κονία τε
συκίνη). Pour le mélange d'eau et de Vinaigre (*Al.* 321), cf. Pr.
p. 74.26 ἐρινεοῦ ξύλα λεῖα μετ᾿ ὄξους ὑδαροῦς δίδου πιεῖν. – Sur
le *Vinaigre* bu chaud et vomi contre divers poisons, notamment le Sang
et le Lait coagulés dans l'estomac, cf. D. *m.m.* 5.13 (15.18) ~ Pl. 23.56
conglobatum utique sanguinem discutit, et voir *Notice* p. XLIII, XLIX.
Diosc. *eup.* p. 315.4 ὄξος (*sc.* βοηθεῖ) ; chaud : Scr.L., Ascl. ; à doses
répétées : S.L. (cité §2). – **2**) 322 : *Clystère.* Dioscoride et les iologues
récents proscrivent le vomissement, mais prescrivent le lavement : *eup.*
p. 315.7 s. δεῖ κοιλίαν τε κινεῖν (*corrige* : κενοῦν), ἐμέτους δὲ
φυλάττεσθαι ὡς βλαβερούς ~ Ascl. 143.5 ἁρμόσει δὲ καὶ τὴν
κοιλίαν κενοῦν (*ibid.* l. 2, ajouter μὴ devant ἀναγκάζειν ἐμεῖν) ; de
même (après avoir mis en garde contre le vomissement) Aét. l. 16 ~
PAeg. = PsD. δεῖ δὲ τὴν κοιλίαν ὑπάγειν. Ils ne précisent pas la composition du *clystère.* Chez N., il peut s'agir du remède précédent (319-
321) administré sous cette forme ; cf. Scr.L. p. 90.27 (*adiuuantur*)
*aceto calido saepius poto et iniecto per se uel cum nitro laserisue
radice* (" en boisson et en clystère, seul ou avec natron ou racine de silphium "). Aét. l. 17 préfère les lavements gras *Annexe* (cf. §8.21) ; cf.
Pr. p. 74.28 κλύζε δὲ λιπαροῖς ὠμοῖς καὶ μαλακοῖς. – **3**) 323-326 :
Présure. PAeg. (PsD.) p. 38.14 disent seulement " toute espèce de *présure* " : πυτία (πιτύα) πᾶσα, mais D. *eup.* p. 315.5 πυτία ἐρίφου ἢ

λαγωοῦ μετ᾽ οἴνου. Pour la même *indication*, cf. D. *m.m.* 2.75.1 (150.11) présure du *Lièvre* ; Pl. 28.162, du *Chevreau* (contre Gui [voir n. 28 §B], Chaméléon blanc et Sang de T. ; également, présure du *Lièvre* dans du Vinaigre contre le Sang de T.). Sur l'excellence de la Présure de Lièvre, cf. Gal. *simpl. med. fac.* 12.274 (l.8 s. διαλύει τὸ θρομβούμενον αἷμα κατὰ κοιλίαν), et voir n. 37 §4. – Contre le sang de T., Diosc. *m.m.* 2.79.2 (161.11) recommande spécialement de boire dans du Vin un mélange de Sang de Tortue marine, de Présure de Lièvre et de Cumin, dont il signale aussi les vertus thériaques (cf. *Th.* 700-714 et comm. n. 75 §2a) : ταύρου δὲ αἷμα διαφορεῖ. N. la cite en dernier, mais c'est sur elle qu'il insiste le plus. – **4)** 327-330 : *Natron + Vin doux, Silphium et Chou + Vinaigre.* Ce remède composé n'a pas de parallèle exact dans la littérature iologique, mais ses éléments y figurent tous, soit seuls, soit dans diverses combinaisons. – **a)** 327 s. *Natron* mélangé à du Vin (la qualification de *doux* est propre à N.) : le λίτρον ou νίτρον, Carbonate de sodium (place importante dans la pharmacopée égyptienne, cf. Lefebvre 38 et voir *Notice* p. LII[124]), est recommandé par Dioscoride contre les Champignons avec de l'Oxycrat (cf. *infra* 532 et n. 57 §B3b), contre l'Enfle-boeuf avec de l'Eau, contre le Sang de Taureau avec du Silphium (*m.m.* 5.113.4 [84.10 πρὸς ταύρειον δὲ αἷμα σὺν σιλφίῳ] ~ Pl. 31.119). D. *eup.* p. 315.4 s. prescrit séparément, non seulement le Natron avec du Silphium, mais aussi une drachme de Natron dans du Vin, cf. Ascl. 143.3 s. (2 oboles dissoutes dans du Vin) ; Pr. p. 74.21 ἢ νίτρου μετ᾽ οἴνου δίδου (dosage omis, ou corriger en νίτρον). Chez Aét. l. 10 (~ PAeg. = PsD.), le Natron s'ajoute à l'Oxycrat, excipient des Figues. Scribonius l'ajoute au Vinaigre en lavement (cf. *supra* §2). – **b)** 329 : *Silphium (racine et suc).* Dosage de N. surprenant Ascl. 143.3 : 1 ou ½ obole de Silphium (partie non précisée) dissoute dans du Vin. *Racine* dans du Vinaigre : Aét. l. 15 (sans le suc) ~ PAeg. p. 38.14 (PsD. altéré) *racine* avec le *suc* (ponctuer après ὁμοίως = ἐν ὄξει). Pour le mélange du Silphium avec le Natron (D. Pl.), voir *supra* §a. La *racine* au lieu du Nitre comme additif au vinaigre en lavement : Scr.L. (§2). – **c)** 330 : *Graine de Chou + Vinaigre.* Cf. D. p. 315.6 κράμβης σπέρμα σὺν ὄξει(→) = Aétius (PAeg. PsD.), moins l'excipient. – **5)** 331 s. : *Aunée, Poivre, Ronce.* Même ordre de succession avec différences en ce qui concerne la combinaison des ingrédients et leurs parties utiles : D. p. 315.6 s. (après le Chou) ←κονύζης φύλλα σὺν πεπέρει, ἢ (*del.* Wellmann) βάτου χυλὸς σὺν ὄξει = PAeg. (PsD.) p. 38.15 s., mais καὶ au lieu de ἢ. Aétius l. 16 : κονύζης τὰ φύλλα μετὰ πεπέρεως καὶ κονίας (pour κονίας, cf. 370 [Lait]) ; *aliter* Pr. p. 74.22 ἢ κονύζης τὰς ἁπαλὰς καρδίας μετὰ ὄξους. – Chez N., l'épithète κακοχλοίοιο (voir 331 n.) fait p.-ê. allusion à la *conyze* μικρά de D. *m.m.* 3. 121 (131.3), dite λεπτόφυλλος (RV), la *conyze* femelle de Th. *HP* 6.2.6 (cf. λεπτοφυλλότερον), cf. *Th.* 875 λεπτοθρίοιο, *Inula graveolens* L. (?) ;

voir *Th.* 615 et le comm. n. 65f. – A propos du Poivre, Eut. 72.2 s. précise (on ignore de quelle source) qu'il ne s'agit pas du fruit mais des
feuilles de la plante. – **6)** Autres remèdes pour dissoudre les caillots de
sang : Dioscoride conseille l'Asphalte (*m.m.* 1. 73. 3 [73.15]), inconnu
de la littérature iologique, et le Thym (3. 36.2 [49.7]), que N. mentionne
contre le Lait (370). – **7)** 333 s. : *Pronostic.* Cf. *Notice* p. XXVII s..

32. ENFLE-BŒUF. I. *Identification.* – Voir Lenz 541 ; Keller 2.415 ;
Gossen, 1480.42 (*Meloë variegatus* L.) + 238.67 ; Gil Fernandez
136 s. ; Leitner 63 s. ; Beavis 173-175. – Les renseignements fournis
par les anciens sur cet insecte ignoré d'Aristote, un Coléoptère à odeur
de Natron, vésicant comme les Méloés et les Mylabres, dangereux
pour les bêtes qui l'avalent, non seulement les Bovidés mais aussi les
Chevaux (Végèce 5.77.1 ; *Hippiatr. Berol.* 31.3.4 s.), ne permettent
pas de l'identifier sûrement. Tout ce que l'on peut dire, c'est que sa
" très grande ressemblance avec un Scarabée à longues pattes " (Pline,
cité *infra* n. 34 §a) nous aiguille vers *Meloë proscarabaeus* L. ou un
autre Coléoptère du genre Méloé (Lenz). Il est donc préférable de
suivre Grévin et de traduire le nom parlant βούπρηστις. En effet, le
mot français *bupreste*, que nous avons emprunté au grec par l'intermédiaire du latin *buprestis*, désigne, de toute évidence, un insecte différent. – Galien (*simpl. med. fac.* 11. 45 [12. 364.16]) le dit " comparable aux Cantharides, d'aspect et de propriété " (cf. Id. *gloss.* 89.12 ~
Σ *Al.* 335b10 ζῷον … ὅμοιον κανθαρίδι), Végèce (5.14.10), *Hippiatr.* l.c., à une Araignée-phalange (voir Σ *l.c.* l.11, et cf. *Th.* 754 s. les
" petites phalanges pareilles aux cantharides "). Dioscoride (*m.m.*
2.61.1 [140.5]) y voit quant à lui une " variété de cantharides ", εἶδος
… κανθαρίδων, (cf. Aét. l. 1 s.) : on la " met en réserve ", dit-il,
comme les Cantharides elles-mêmes et les Chenilles du Pin (πιτύϊναι
κάμπαι) ; entendez : pour servir à la préparation de remèdes externes,
à cause de son pouvoir vésicant (Pl. 29.95 [*uis*] *eadem pityocampis …
eadem bupresti* [sc. *quae cantharidibus*] ; cf. déjà son utilisation par
Hippocrate. Ces trois insectes, traités dans des chapitres successifs de
D. *eup.* 2.156-158 (cf. Aét. 13.51-53, PsD. 1-3), figurent conjointement comme ingrédients de vésicatoires (D. *eup.* 1.121.2 [197.17], O.
coll. 14.58.2, *al.*), et Galien (*Pis.* 264.17) les cite ensemble en tant que
nourriture convenant à des Vipères. Ingérés, ils constituent pour les
autres animaux et pour les hommes des poisons contre lesquels on peut
employer les mêmes remèdes, par exemple le Lait (cf. n. 35 §3) ou
l'Huile de Coings (D. *m.m.* 1.45 [44.18] πίνεται … πρὸς κανθαρίδας, βουπρήστεις, πιτυοκάμπην).

33. 337-343 : II. *Symptomatologie.* – La ressemblance de la βούπρηστις et des Cantharides entraîne des similitudes non seulement, on
l'a déjà vu à propos de ces dernières, dans la thérapie (cf. n. 12 §1d,h)

mais encore dans la symptomatologie (cf. *infra* §2 et 4). – **1**) 337 s. :
Caractéristiques externes (cf. *Notice* p. cviii). Identiques : Scr.L. *gustus est nitri similis*, Pr. ἅμα τῷ ληφθῆναι προσβάλλει τῷ στόματι
νίτρον, cf. PsD. ὅμοιόν τι βρωμῶδει νίτρῳ ; pour λίτρον/νίτρον,
voir *Notice* p. xcii. Plus vagues (fétidité, mauvais goût) : Aét. l. 2 ~
PAeg. δοκεῖ κατὰ τὴν γεῦσιν ὅμοιόν τι βρωμῶδει (cf. PsD. [v.l.]
τινι τῶν βρωμωδῶν). – **2**) 338 s. : *Cardialgie*. Cf. 120 (Cantharides)
et la n. 11 §3b. Chez N., γαστρὸς στομάτεσσιν désigne le seul *cardia* (cf. 339 n.) et non pylore et cardia, comme le suggère Gow (*ad*
19 ss.) : στόματα ou στόμια (cf. 509) a le même sens que στόμα
(20, 120, 379), interprétation confirmée par la littérature parallèle. La
douleur d'estomac n'est pas localisée chez Scr.L. *tumorem stoma-
chique infinitum dolorem*. Elle le serait chez Promotus, s'il fallait donner à στόμαχος le sens particulier de *cardia* : p. 76.14 s. ἡ κοιλία δὲ
ὑποδάκνεται καὶ ὁ στόμαχος μετὰ πόνου (pour la suite de ce texte,
voir *infra* §5) ~ Aét. l. 3 (= PAeg. p. 28.14 s., PsD. p. 18.10) ἄλγημα
στομάχου καὶ κοιλίας σφοδρόν. Mais Aétius, ici et dans sa notice
sur les Cantharides, distingue entre στόμαχος (l. 3, Canth. l. 7) et τὸ
τῆς κοιλίας στόμα (l. 4, Canth. l. 9) = *orifice stomacal* ou *cardia* ; et
cette distinction invite à donner à στόμαχος le sens d'*œsophage*. Le
gonflement du cardia, dont parle Aét. l. 4 (ὀγκοῦται, cf. Scr.L. *tumorem*) est provoqué par une *inflammation* causant la douleur (les deux
mots en italique expriment des notions connexes, cf. n. 34 §a). Paul se
contente de parler de " gonflement de l'estomac " : p. 28.15 ὄγκος τε
τῆς κοιλίας, cf. PsD. p. 18.11 ὄγκος τε [στομάχου καὶ] κοιλίας
(où στομάχου καὶ semble une répétition erronée de la ligne précédente, cf. *supra*). Galien (*sympt. caus.* 1.7 [7.139.2]) donne les βουπρήστεις, avec certains Champignons, la Céruse, le Gypse et le Lait
caillé, comme une des causes des douleurs de l'estomac et du cardia. –
3) 340 (– τυφλοῦται) : *Blocage des urines*. Pr. p. 76.16 s. ἀποφράσ-
σεται δὲ αὐτοῖς καὶ ὁ οὐρητικὸς πόρος→, cf. Aét. l. 6 (PAeg. PsD.)
τὰ οὖρα ἐπέχεται. – **4**) 340 : *Douleur de Vessie*. Seul parallèle iologique, Pr. l.17 ←καὶ ἡ κύστις ἐμψοφεῖ ~ Σ 337a7 (*ad* ὀρεχθεῖ) καὶ
ἡ κύστις ῥοχθεῖ, ὅ ἐστι ψοφεῖ (cf. Gᵍ ἠχεῖ, Dᵍ ψοφεῖ = Σ 340d-e,
Oᵍ μετὰ ἤχου κινεῖται). Eutecnius ajoute de son cru au texte de N.
mais le comprend comme les Scholies : p. 72.15 s. (κύστις) ὑπὸ
πνευμάτων ὀχλουμένη ὑπομένει ψόφους. Cette addition est
d'accord avec l'enseignement d'Arétée (cité n. 11ᵇ §2d). –

[*Notes complémentaires aux v. 342-349* : V. 342 (fin) **(a)** ἀφυσγετόν, acc. du subst. pris au sens fig. de ἀκαθαρσία " saleté " (cf. Σ
l.c., Hsch., *EGud* 483.9), avec ἵζει transitif, variante et construction
approuvées par Chantraine *DELG* s.v. et Gow¹ 99. A noter que, partout
ailleurs chez N. (5 fois), ἵζει est intrans. ; – **(b)** ἀφυσγετός (conjecture ?), nomin. d'un adj. qualifiant ὕδρωψ, avec ἵζει intrans. ;

variante adoptée par I.G. Schneider et tous les édd. postérieurs. Le sens
n'est pas *filthy* (LSJ s.v. II 1, non corrigé dans le *Revised Supplement*),
qui s'inspire de la valeur définie pour le subst., mais celui où cet adj.
apparaît au v. 584 (voir n. *ad loc.*) : " l'hydropisie qui s'installe *en
masse* au milieu du nombril " (cf. *Th.* 467 s. ὕδρωψ Ι... κατὰ μέσον
ὀμφαλὸν ἵζει). – 344 ἥ : le relatif, qui a le support des manuscrits, est
plus satisfaisant que le démonstratif ἥ ; pour le relatif après une ponctuation forte, cf. *Th.* 568. – *ἐριγάστορας : *hapax* absolu, glosé à tort
βρωτικάς, *voraces*, par Gᵍ. – 345 *πίμπραται : seul emploi du Moy.
à valeur d'Actif (πίμπρα Gᵍ, φυσᾷ GᵍOᵍ). – δατέωνται : pour le subj.
avec ὁππότε, cf. 434, 520, *Th.* 140, 777 ; voir aussi, avec ἦμος [ὅτε]
Al. 182, *Th.* 24, 831, 936. Simple ou en composition, δατέομαι signifie dans l'ancien *épos* " répartir, se partager " ; pour le sens rare de
" manger ", cf. LfgrE 224.36 ss. ; Nic. a pu le tirer de passages
comme *Il.* 20.394, 23.121, *Od.* 1.112. De plus, voir *infra* 392 n. Pour
l'autre rédaction de ce vers, cf. comm. n. 34 §c. – 346 τὴν βούπρηστιν : des mss (*e.g.* GO) et des éditeurs anciens (*Ald*, Soter, Steph.)
ponctuent après τὴν qui serait le démonstratif (*i.e.* θῆρα), βούπρηστιν
étant attribut (" c'est pourquoi ils l'appellent βούπρηστις " [*enfle-
bœuf*]). Il semble préférable d'y voir l'article, de règle avec l'attribut
d'un verbe du sens de " nommer ", dans tous les styles : cf. *e.g.* Aristoph. fr. 494 τὴν πόρδαλιν καλοῦσι τὴν κασαλβάδα, Thcr. 22.69 οὖ
γύννις ἐὼν κεκλήσεθ' ὁ πύκτης (voir Gow *ad loc.*), Antiphile *AP*
9.551.2 = 842 G.-P.² (un Héron a révélé aux ennemis un gué franchis-
sable) τεῦ χάριν ὁ προδότης ὄρνις ἀεὶ λέγεται ; *al.* – ἐπικλείουσι : (*eadem sede*) *Th.* 230, 554, cf. Arat. 92. – 347 *εὐκραδέος : adj. formé sur κράδη " figuier " et employé comme subst., cf.
εὔκνημον *infra* 372 et *Th.* 648 (avec le comm. n. 70 §4). La conjecture de O. Schneider (348 συκέης) est à rejeter : σύκων est nécessaire, cf. 349 τεθλασμένα. – *τριπετῆ : *hapax* absolu, *triple* ; litt.,
" une triple boisson de Figues " (hypallage), entendez : " une boisson
de trois figues " (cf. comm. n. 35 §1a). L'expression, affectée, est
digne de Nicandre. Rohde (*RhM* 289 = *Kl. Schr.* 409) pensait que son
obscurité avait suscité la " conjecture " τριετεῖ (pour l'accent, cf. Hdn.
καθ. 419.4 ss., selon qui le paroxyton est attique [Bacchyl. *Epin.* 9.23,
le Pap. a l'accent att.]) ; en fait, il peut s'agir d'une variante d'auteur :
" un vin de trois ans " (cf. Thcr. 7.147 τετράενες), *i.e.* un vin *vieux*
(cf. *Th.* 591). O. Schneider (suivi par les édd. postérieurs) a adopté
τριέτει (*sic*) après avoir défendu τριπετῆ (*ad* fr. 74.34), mais ailleurs
N. a ἐν νέκταρι sans qualification (68, 94, *Th.* 667), et la littérature
parallèle ne qualifie pas le vin davantage. – νέκταρι : cf. 44 n. –
348 αὐανθεῖσαν, ὀμφαλόεσσαν : pour cette hypallage, cf. 483 et
Notice p. CVI ; ces mots se rapportent aux Figues : Σ 348c4 τὴν (*sc.*
πόσιν) ἐκ σύκων τῶν ὀμφαλοὺς ἐχόντων, 1.9 τὴν ἀπὸ ξηρῶν
σύκων ~ Eut. 72.27 ξηρὰ σῦκα μετ' οἴνου ; ὀμφαλόεσσαν : Zonas

AP 6.22.2 = 3441 G.-P.[2] σῦκον ἐπομφάλιον (Phot. 335.15 ὀμφά-
λειος· εἶδος σύκου· ἰσχάδος). L'*ombilic* (ὀμφαλός), ou *œil* de la
figue, est la légère dépression centrale caractérisant la figue véritable ;
d'après Poll. 2.170, c'est, en ce sens, un terme attique. Il était employé
également en relation avec la Grenade, la Rose, la Noix de galle, cf.
Strömberg[1] 47 s. – 349 σφύρῃ : voir 236 n. – *μιγάδην : 277, *hapax*
issu du croisement des adv. μίγα et μίγδην qui apparaissent ailleurs
chez N. Il emploie μίγδην (leçon de T) au début (*Th*. 932, cf. *hHerm*.
494), à la fin (*infra* 385, cf. Ap.Rh. 3.1381) et au milieu du vers (179),
mais cette forme donne ici un rythme moins bon avec ses trois spon-
dées successifs.]

5) 341-343 : *Gonflement du ventre* ; *tension de la peau de tout le
corps*. Cf. Pr. p. 76.15 (suite du texte cité §2) καὶ ἐμπρήσεως (*gonflement*) ὅλου τοῦ κύτους τῆς κοιλίας ὡς ἐπὶ ὑδρωπικῶν … 17
ἐμπίπραται δὲ αὐτοῖς καὶ τὸ πᾶν σῶμα περὶ τὴν *ἐπιφάνειαν*, τοῦ
δέρματος *τεινομένου* ~ PAeg. (PsD.) ὄγκος τε τῆς κοιλίας, καὶ
ὁμοίως ὑδρωπικοῖς *περιτείνεται* αὐτοῖς ἡ *ἐπιφάνεια* ὅλου τοῦ σώματος, cf. Aét. l. 5 s. ἡ γαστὴρ ὅλον τε τὸ σῶμα ἐπαίρεται ὡς ἐπὶ τῶν
ὑδρωπικῶν ⸢καὶ ἐμπίπλαται⸣ ; les mots soulignés signalent les ressemblances d'expression avec Nicandre. Scribonius dit simplement :
inflat totum corpus in speciem hydropici. – Pour Arétée 4.1.10 (64.20),
la βούπρηστις compte au nombre des causes de l'hydropisie.

34. 344-346 : III. *Étymologie*. – **(a)** En même temps qu'ils complètent la symptomatologie (elle vaut aussi pour les Ruminants), ces vers
sont un jeu étymologique (voir *Notice* p. cvii) expliquant le nom βούπρηστις. Comme Leitner le suggère, Pl. 30.30 (*unde* Isid. 12.8.5) doit
p.-ê. sa note sur l'Enfle-boeuf à N., qu'il cite comme médecin à l'index
du livre XXX (il allègue son témoignage au §85, cf. *Test*. ad *Th*. 377-
382) : *buprestis animal … simillimum scarabaeo longipedi. fallit inter
herbas bouem maxime, unde et nomen inuenit, deuoratumque tacto
felle ita inflammat ut rumpat* " la *buprestis* est un animal qui ressemble fort à un scarabée à longues pattes. C'est surtout le bœuf qui le
mange par mégarde au milieu des herbes, ce qui lui a valu son nom :
avalé, il touche le fiel, et il provoque chez le bœuf une inflammation
telle qu'il le fait éclater " ~ Él. 6.35 βούπρηστις ζῷόν ἐστι ὅπερ
οὖν, ἐὰν βοῦς καταπίῃ, πίμπραται καὶ ῥηγνύμενος ἀπόλλυται οὐ
κατὰ μακρόν. Chez Élien, πίμπραται (Pass.) = " enfle " (suj. :
βοῦς) ; chez N., πίμπραται (sens actif) = πρήθει " gonfle " (suj. :
βούπρηστις). C'est sans doute ce verbe que Pline a traduit par *inflammat*. Loin de parler contre l'hypothèse d'un emprunt, son erreur la
confirmerait plutôt. Des deux sens possibles de πίμπρημι, qui exprime
l'idée d'*enflure* aussi bien que celle de *brûlure* (cf. Chantraine *DELG*
s.v. πίμπρημι p. 903), il a pris le mauvais : comme le Serpent nommé

πρηστήρ (voir le comm. des *Th.*, n. 43 §2), la βούπρηστις fait enfler ses victimes. – **(b)** Seul iologue à faire mention de l'étymologie (à la fin de la symptomatologie comme N.), Pr. p. 76.18 s. βούπρηστις γὰρ εἴρηται ἐπεὶ μὴ μόνον ἀνθρώπους ἀλλὰ καὶ τοὺς βόας ἐμπίπρησι (Ihm : ἐπιπρήσσει V ἐμπρήθει *malim*) ~ Σ 335b5 ὠνόμασται δὲ ἀπὸ τοῦ ἐμπιπράναι τοὺς βόας. Le sens de ἐμπίπρημι pourrait paraître ambigu ; il est synonyme d'ὀγκόω, cf. Eut.72.22 ss. ὥσπερ τὰς δαμάλεις καὶ τοὺς μόσχους ἐμπίμπρασθαι καυλεῖα φαγόντας ἐκ παντὸς συμβαίνει, οὕτω δὴ καὶ ... ὀγκοῦσθαι συμβαίνει τὴν γαστέρα. – **(c)** Les *Etymologica*, qui ignorent la βούπρηστις insecte, ont transféré cette étymologie à la plante homonyme, définie comme une espèce de " légume sauvage ", et ils l'ont dénaturée en expliquant βου- en tant que préverbe augmentatif (les phytonymes qui le présentent sont autrement constitués, cf. Chantraine *DELG* s.v. βου- p. 188) : *EG* β 219 (*EM* 209.19 s.) s.v. βούπρηστις · ἔστι λαχάνου ἀγρίου γένος ὅμοιον τῷ σινήπει καὶ τῇ λαμψάνῃ · βούπρηστιν αὐτήν φασι λέγεσθαι διὰ τὸ τοὺς γευσαμένους αὐτὴν μεγάλως πιμπρᾶσθαι (*sic*), τουτέστιν φυσᾶσθαι (où πίμπρασθαι garde le sens d'*enfler*, précisé par la glose) ; écourté in *ESymeon* 1. 482.27 ἔστι – σινήπει (sans étymologie) = Zon. 400.10, cf. Hsch. β 958 λαχάνου εἶδος, D⁸ ἄγριόν τι λάχανον (= Σ 335c). Gal. *gloss.* 89.12 distingue, quant à lui, le légume sauvage de l'insecte " comparable à la Cantharide " (cf. *supra* n. 32). Mention de la plante βούπρηστις chez Dioclès fr. 200 vdE = 124 et 153 W. et chez Th. *HP* 7.7.3 (cf. S. Amigues p. 128 n. 12 ; identification incertaine fondée sur *EM*). La βούπρηστις de N. a été prise parfois pour la plante (outre la glose du ms D citée *supra*, cf. Σ 345b6 ss.]). C'est cette confusion qui est à l'origine de la rédaction alternative du v. 345 [πίμπραται, ἐσχατιῇσιν ὅταν καυλεῖα φάγωσι] passée dans une partie de la tradition manuscrite, commentée par les Scholies, et déjà connue d'Eutecnius (cf. le passage de sa paraphrase cité *supra* §b). Confrontée à l'étymologie de βούπρηστις telle qu'elle est formulée par Pline après N., sinon d'après lui, cette interpolation porte en elle-même sa propre condamnation. Σ 337a10 a tenté de la justifier en disant que les bœufs mangent " les herbes où sont ces animaux " (τὰς βοτάνας ἐν αἷς τὰ θηρία ~ 345c13 βοσκόμενοι τὸν τόπον τῶν θηρῶν), mais ce n'est pas l'interprétation la plus naturelle.

35. 347-363 : IV. *Thérapie.* – La littérature parallèle renvoie globalement à " tous les remèdes mentionnés pour ceux qui ont bu des cantharides ", soit à la fin de la thérapie (Scr.L.), soit au début (Aét. PAeg. PsD.) avant d'énumérer ceux qui " conviennent particulièrement ". Chez N., à part une ou deux exceptions (cf. §3 et 4), les remèdes sont spécifiques. Poiur le Silphium et la Présure, remèdes communs au Sang de Taureau et au Lait, cf. n. 31. – **(1)** 347-352 : *Figues sèches* *mêlées à du Vin.* **a)** 347-350 : Scribonius recommande une " décoction de Figues sèches et les Figues elles-mêmes dans la plus grande quantité possible " (*adiuuantur aqua ficus aridae decoctae et ipsa ficu plurima sumpta→*) ; de même Asclépiade, qui parle de figues, sans plus : ἀφέψημα σύκων δοτέον πίνειν. Plus proche de N., D. *eup.* (p. 313.18, ajouter δὲ après ἰσχάδας) prescrit de broyer les Figues sèches et de les faire bouillir (pour ces deux opérations, cf. *Al.* 349 s.) avant de les donner dans du vin ; c'est aussi dans du vin qu'Aét. (PAeg. PsD.) fait boire sa décoction de Figues sèches. Le terme de σύκων πόσιν implique une préparation semblable. L'adj. τριπετῆ (LSJ, *Revised Suppl.* supprime à tort cette entrée) se comprend seulement en liaison avec πόσιν (Gow[1] 109), et son sens est éclairé par Pr. p. 76.20 ἰσχάδας μετ' οἴνου τρεῖς δίδου κόψας. Pour le nombre de *trois*, cf. *e.g.* D. *m.m.* 4.164 (310 s.) ἰσχάδες δύο ἢ τρεῖς ; *eup.* 2.19.1 (247.24) ἀρνογλώσσου ῥίζαι ἀδραὶ τρεῖς μετ' οἴνου πινόμεναι ; voir aussi *Annexe* §12, l. 14 (*cod.* D) ἀμύγδαλα πικρὰ γ̅, et Ascl. cité n. 9 §2(f)1. La décoction de Figues sèches était recommandée aussi contre la Jusquiame, cf. Aét. *Annexe* §14, l. 9. – **b)** 351 μελιζώροιο : Σ 351ab hésitent entre deux hypothèses : **1/** adj. qualifiant la boisson aux figues ; **2/** mot qualifiant une autre boisson, *i.e.* soit (Σ 351a) un adj. (ἕτερον ἐκ <τῆς *add.* BRWA*ld*> μελιζώρου βοτάνης, soit (O[g] = Σ 351b) un subst. désignant le *Mélicrat* (cf. 205 n.). Le " résumé de la thérapie de la βούπρηστις " (Σ 360b7 s.) opte pour le Mélicrat : ἢ μελιζώρου ἱκανὴ πόσις. S'il a raison, il faut corriger καί κε en καί τε puisqu'il s'agit d'un nouveau produit (cf. *supra* 62). Mais le Mélicrat n'a pas de parallèle exact chez les iologues. Promotus, le plus proche de N., parle d'un mélange de Vin doux et de Lait (pour ce mélange, cf. 385 s. ; Mélicrat et Lait : n. 46 §1) : p. 76.20 s. συνεψήσας γλυκὺν μετὰ γάλακτος δίδου πιεῖν πολύν (sans le Lait : Ascl. 141.5 διδόναι γλυκὺ πλεῖστον πίνειν ; Vin de raisins secs : Scr.L. ←*item passo plurimo→*). La première hypothèse a les meilleures chances s'il faut établir, comme c'est probable, un lien entre N. et l'unique attestation poét. de μελίζωρος en dehors de lui (cf. 351 n.). – **(2)** *Dattes, Poires et baies de Myrte.* Les v. 353-355 offrent des substituts possibles aux Figues. – **a)** D'abord les *Dattes* (353). D. conseille les conseille broyées avec du Lait : *eup.* p. 313.18 s. ἢ γάλα σὺν φοίνιξι λείοις. Chez N. (*contra* : Eut. 73.5 s. τὸν φοινίκων καρπὸν ἐναποβρέχειν ... γάλακτι), l'excipient reste le vin (355) ~ Pr. p. 76.21 s. ἢ φοίνικας ἀποβρέξας οἴνῳ καὶ συνεψήσας δίδου ; Aét. l. 11 s. [dattes (βάλανοι Θηβαϊκαί) en aliment, ou leur décoction bue dans du Vin doux quand le mal est sur le déclin] ; PAeg. p. 28.21 = PsD. p. 18.18 les recommandent broyées soit dans du vin, soit dans du Lait, ou dans un mélange de Miel et de Vin (οἰνομέλιτι), ou de Vin et de Lait (οἰνογάλακτι, PsD. [*cod.* A]). –

[*Notes complémentaires aux v. 354-360* : V. 354 s. *βάκχης, μυρτίνης : Poiriers particuliers à N., cités *Th*. 513 sous le même nom (βάκχης) ou sous un nom voisin (*μυρτάδος). Μυρτίνη, qu'Eut. identifie avec μυρτάς (voir comm. n. 35 §2), sert aussi à désigner un Olivier (cf. n. *ad* 87 s.) ; c'est la seule attestation littéraire du mot appliqué au Poirier (voir *Test*. 355). Selon Hermonax, Κρητικαὶ Λέξεις (Σ *Th*. 513a), ἀχράς au sens de Poirier sauvage serait une *glose* crétoise, mais le mot est passé dans la langue courante (Th. D., *al.*). – 354 δήν : cf. 582 n. – 355 *οἰνάδι : 444. Avant N. le mot n'apparaît comme subst. qu'au sens de " vigne " ; après lui, cf. Nonn. 19.260 οἰνάδος ἡδυπότοιο (~ *Od*. 3.391 οἴνου ἡδυπότοιο), seule autre occurrence. – 356 ἅτε δὴ βρέφος : cf. 542. – *ἐμπελάοιτο : cf. 498 n. ; θηλῇ ou θηλῆς possibles, mais le gén. sing. crée avec 359 θηλῆς un effet d'écho plus appuyé. – 357 *μοσχηδόν : *hapax* absolu. – ἀμέλγοι : voir 77 n.. – 358 νεαλής : 471, cf. *Th*. 869 n. J'ai rendu le fém. μόσχος par « vêle », qui se dit du veau femelle dans certaines provinces françaises. – ὑπὸ : la prép. n'a pas de sens satisfaisant avec ce qui suit ; O. Schneider la rapporte en anastrophe à ἐξ ὑμένων, p.-ê. à raison, mais accentue à tort ὕπο (cf. Vendryes §315). Ailleurs, N. ne dissocie pas les éléments de ὑπέκ (cf. 66, 297, *Th*. 703). – 359 βράσσει : 25 et 137 (*alia notione*) ; = κολάπτει (G⁸), entendez : le *coup de tête* que le veau donne à la mamelle pour faciliter la coulée du lait. – ἀνακρούουσα : au sens habituel, cf. 379 ; *Th*. 479 *aliter* (cf. Gow¹ 98). – 360 *χλιαροῖο : = θερμοῖο (pour l'accord avec πόσιος, cf. *Notice*, p. CV ; p.-ê. la première attestation poét. (avant Ps.Epich. fr. 289) de ce mot de la prose (Hdt., Th., *al.*), fréquent dans la langue des médecins (Hp., Diocl., Arétée, Archig., D., Soran., O., *al.*). La *v.l.* λιαροῖο (TL), se trouve au même sens, *Il*. 11.830 ὕδατι λιαρῷ (où Σᴰ glose : χλιαρῷ), [Thcr.] 25.105 λιαροῖο ... γάλακτος. Le choix à faire est déterminé par 460, où T a χλιαρῷ et L(OW) l'ionisme χλιερῷ en face de la *f.l.* χλοερῷ des autres manuscrits.]

b) Ensuite, les *Poires* (354 s.). Parallèle exact : D. *eup.* p. 313.19 ἀχράδας ξηρὰς πολλὰς σὺν οἴνῳ λείας (~ 349 ; N. ne répète pas ce qui a été précisé pour les Figues). S'agit-il de Poires sauvages ? C'est possible pour D. *eup.* (cf. *m.m.* 1.116 [109.17 ἀχρὰς εἶδός ἐστιν ἀγρίας ἀπίου] et les Λέξεις Κρητικαί d'Hermonax [Σ *Th*. 512c]), qui recommande ailleurs les ἄπια. Moins sûr pour N. : le terme ἀχράς, seul attesté chez lui, pourrait être une catachrèse pour ἄπιον (cf. Eut. 73.7 ξηρανθεισῶν ... ἀπίων). Les variétés citées par N. lui sont particulières (cf. la n. à 354 s. et voir D. *l.c.*, 1.13 ἀπίου δὲ πολλὰ εἴδη). Seule autre mention des Poires chez les iologues, PAeg. = PsD. ἀπίων πᾶν γένος. – **c)** Enfin, si le texte est sain, dernier ingrédient possible de la potion, introduit par ὁτέ (balancé avec 354 ἄλλοτε, cf.

Notice p. CV), les *baies de Myrte* (355 μυρτίδας = μύρτα, cf. Diphil. fr. 80). La *v.l.* μυρτίδος impliquée par les Σ (voir *Test.* ad loc. ; leur témoignage et celui d'Hsch. ne sont p.-ê. pas indépendants l'un de l'autre) désignerait une troisième espèce de Poirier. A côté de μυρτίνης, ce nom est suspect. La troisième espèce a un nom différent chez Eut. : p. 73.9 s. ἤν τε τῆς βάκχης λεγομένης ὁ καρπός, ἤν τε τῆς μυρτάδος (équivalent de μυρτίνης), ἤν τε τῆς συρνίδος (A : *sine accentu* V, σύρνιδος Schn., συρμίδος [?] Geymonat), *hapax* dans lequel se cacherait la vraie leçon selon Klauser. Cette hypothèse mérite considération, car la baie de Myrte est absente de la littérature parallèle (y compris les auteurs les plus proches de Nic., D. *eup.* et Pr.). Toutefois, l'Huile de Myrte, sinon la baie, est mentionnée par Pl. 23.87 comme antidote contre la βούπρηστις, la Cantharide et autres poisons corrosifs. – **(3)** 356-359 : *Lait de femme* (cf. 64 s. et n. 5 §6b). Cf. Scr.L. ←*et lacte muliebri*→, PAeg. = PsD. γάλα γυναικεῖον ; Aét. l. 14 s. est plus explicite. D'après Σ 356a, les deux comparaisons, avec un enfant (356) et avec une Vèle (358 s.), signifieraient que le malade " tète tantôt une femme, tantôt une vache ". Plus raisonnablement, Eutecnius comprend que la deuxième comparaison indique seulement comment le malade doit s'y prendre pour que le Lait coule plus abondamment. – Les autres iologues parlent seulement de Lait de Vache : D. *eup.* p. 313.20 γάλα βόειον νεαρόν ; Pr. : Lait de Vache avec de l'huile ; Ascl. : Lait chaud. Sur le Lait, et en particulier celui de la femme, voir *Notice* p. XLI, XLIV s. (l'Enfle-boeuf figure parmi les poisons contre lesquels il agit) ; cf. D. 2.70.5 (145.2) ~ Pl. 28.128 : Lait (frais, D. *l.c.*, cf. *eup.* l.c.) contre Cantharide, Chenille du Pin et Enfle-boeuf ; Pl. 28.74 : Lait de femme contre la βούπρηστις, entre autres poisons ; 29.105 : Lait de Brebis chaud contre tous les poisons, notamment βούπρηστις et Aconit (cf. *Al.* 139, en clystère contre Cantharide). – **(4)** 360 : *Boisson grasse chaude* (cf. 133 ss. les bouillons prescrits contre les Cantharides). Cf. Scr.L. ←*et iure suillo pingui*, Ascl. ζωμὸν καθηψηγημένον κρεῶν ὑῶν (*lege* ὑείων) ; cf. Pl. 28.155 : lard et bouillon de Porc. Selon Σ 360b (θερμοῦ ἐλαίου), Eut. (ἔλαιον … θερμόν), il s'agit d'huile chaude ; cf. D. *eup.* p. 313.17 : ἔλαιον χλιαρόν ; Pr. p. 76.22 s., Huile ajoutée au Lait (voir *infra* §5). Contre l'Enfle-bœuf, Dioscoride conseille l'Huile de Coings (voir *supra* n. 32), Pl. 23.80 l'huile d'Œnanthe bue dans de l'eau, et aussi l'huile de Myrte (celle-ci également contre les poisons corrosifs), cf. *supra* n. 12 §1h. – **(5)** 361-363 : *Vomissement induit.* Les boissons qui viennent d'être citées sont en fait des vomitifs : cf. la mention du vomissement 137 s. (à la même place, dans la thérapie des Cantharides), 225-7 (Toxicon). Selon le " résumé " (voir *supra* §1b), il doit intervenir après l'absorption de chacun des breuvages cités dans la thérapie (Σ 360b11 ἐφ' ἑκάστῃ πόσει). Aét. PAeg. PsD., comme dans le cas d'autres poisons, en font, ainsi que du clystère, un préalable à la cure. C'est sûrement à cette fin, quoiqu'il ne le dise pas, que D. *eup.* prescrit en premier l'huile chaude ; Ascl. apporte cette précision avec son premier remède : " administrer aux intoxiqués du vin doux en quantité et les contraindre à vomir ", Pr. avec son dernier : l.22 s. ἤ γάλακτος βοείου μετ᾽ ἐλαίου δίδου ἄχρις ἐμέσῃ→. – Les moyens d'y parvenir détaillés par N. (362 s.) ont des parallèles dans l'antiquité et à l'époque moderne. Pour l'intromission des doigts, d'une plume, d'un ἐρυτὴρ φάρυγγος (cf. 363 n.), voir Pr. p. 76.23 s. ←χαλάσας τοὺς δακτύλους ἢ πτερῷ κεχρημένος ἐμετηρίῳ ; Scr.L. 180 (85.18 s.) *reiectis per pinnam aut lorum uomitorium* (thérapie du Pavot), n. 46 §1 (Jusquiame) ; Aét. *Annexe* §6 (Toxicon), l. 11 (πτερῶν καθέσει). Cf. Orfila 2.200 : " on pourra aider l'effet du vomitif en titillant le gosier avec les barbes d'une plume " (cf. ibid. 93 " on lui chatouilla souvent la gorge avec la barbe d'une plume huilée "). – Les remèdes 4 et 5 sont à rapprocher de la thérapie de la Cantharide, insecte voisin, dans laquelle le Lait et la boisson grasse se succèdent dans l'ordre inverse ; à noter le parallélisme des expressions introduisant le vomissement induit (362 ~ 137). – **(6)** Autres remèdes : le Natron en boisson dans de l'eau (D. 5.113.3 [84.9], cf. Scr.L., Ascl.) ; voir aussi les remèdes communs à la Cantharide, à l'Enfle-bœuf et à la Chenille du Pin cités *supra* n. 12 §1h.

36. 364 s. : Lait caillé. I. *Symptomatologie*. – Pour les anciens, le Lait peut être nocif quand il se coagule en fromage dans l'estomac. Selon Pline, c'est ce qui arrive aux nourrissons lorsque leur nourrice est devenue enceinte (28.123, cf. *Al.* 364 n.). Cette coagulation, pensait-on, pouvait entraîner la mort par étouffement, seul symptôme noté par la quasi-totalité des textes parallèles : Scrib.L. *praefocantur autem et hoc* (*i.e.* sicut sanguine tauri) ; cf. O. *ecl.* πνιγμὸν ἐμποιεῖ θρομβούμενον, repris à l'identique par Aét. (PAeg. PsD.). Ce qu'ajoute Pr. p. 74.11 s. : " il en résulte l'obstruction des canaux respiratoires ; oppressés, ils succombent à un spasme, ou bien ils suffoquent, l'écume à la bouche " (texte cité n. 30 §4), n'est en fait qu'une paraphrase des v. 316-318, dans lesquels N. décrit la symptomatologie du Sang de Taureau. Promotus la présente avec celle du Lait dans un paragraphe commun. Commentant cette opinion étrange des anciens, Sprengel 667 a tenté l'explication suivante : la présure contenue dans le lait a une partie caséeuse qui serait génératrice d'un principe nuisible, comme on le voit par les effets funestes de vieux fromages.

37. 366-375 : II. *Thérapie*. –

[*Notes complémentaires aux v. 365-371* : V. 365 τόνδε : pour le démonstratif, cf. *Th.* 745 τόνδε δαμάζει ; pour le ε long qui viole la loi de Hilberg, cf. *Notice*, p. CXII. Avec τόνδε τε, la classe ω visait

p.-ê. à corriger cette violation, mais τε est dépourvu de sens. –
*πνιχμός : cf. 190 n. – 367 γλυκέος : cf. 205 n. – *ὑποσύρεο : au
sens de λάπασσε (Oᵍ λαπάξεις ; cf. Hp., *passim*), attesté seulement
au Pass. dans l'injonction κοιλία ὑποσυρέσθω chez Archigénès *ap.*
Gal. 12. 790.15 (~ 975.16) = [Gal.] *eup.* 14. 343.11, *al.* ; PAeg.
3.22.5 ; Aét. 6.7.34, *al.* – 368 *ἐγκνήθεο : *hapax* absolu ; cf. *Th.*
311. – 369 ὁποῖο : ce gén. partitif n'est pas sur le même plan que
σιλφίου mais objet de νέμοις : les racines doivent être râpées, mais le
suc fondu dans la boisson, d'où ma correction νέμοις [δ']. –
370 *θρύπτειραν : *hapax* absolu ; on a besoin d'un produit *qui fragmente* (cf. 334 διαθρύψειας) ou *liquéfie* (373 διεχεύατο), et non *qui
lave* ; la substitution de ῥύπτειραν à θρύπτειραν (p.-ê. correction
conjecturale de l'*hapax*) est, malgré Bentley, plus vraisemblable que le
processus inverse. – ἐπεγκεράσαιο : cf. 589 n. – 371 *βρυόεντα :
cf. les n. à *Th.* 208, 893.]

Étudiant les vertus médicinales du Lait d'Ânesse comme antidote,
Pline cite, parmi d'autres, une demi-douzaine de poisons décrits par
N., Jusquiame, Ciguë, Lièvre marin, Céruse ou Pharicon (selon la conj.
adoptée au lieu de *carice/tarice*), Dorycnion, avant d'ajouter qu'il est
bon aussi contre la *coagulation du lait dans l'estomac* " laquelle est
également un poison " (28.158 *id quoque uenenum est*) ; c'est pourquoi on additionnait de Menthe le lait qu'on buvait (cf. *infra* §5). Tous
les iologues, ou la plupart, sont d'accord avec N. sur l'efficacité des
autres substances acides telles que le Vinaigre ou le Silphium, et, en
premier lieu, la Présure, considérée comme l'antidote spécifique. –
1) 366 s. : *Vinaigre et Vin doux, clystère.* **(a)** Sur le Vin et le Vinaigre
contre divers poisons, dont le Lait coagulé, voir Dioscoride et Pline,
Notice p. XLVII ss. Vin bu avec de l'Huile et vomi (πρὸς) γάλα
θρομβωθέν : D. 5.6.4 (7.1) ; Vinaigre bu chaud et vomi " contre la
coagulation du sang et du lait dans l'estomac " : D. 5.13.3 (15.18). –
Iologues : " Vin de raisins secs " (Celse, *aut passum*), Vinaigre
(Ascl.Ph.), Vinaigre ou Vin doux (O. *Eun.*), " du Vin doux en quantité
… et du Vinaigre " D. *eup.* p. 315.10, qui ajoute (l. 12) : γλυκὺς σὺν
ὄξει, *i.e.* les deux liquides mélangés, cf. Pr. p. 74.14 s. ὄξους μέρος
α, γλυκέος μέρη β, ὁμοῦ ταράξας δίδου πιεῖν (même prescription
que N.). – **(b)** Seuls avec N. à conseiller un lavement : D. *eup.* l. 13
καὶ κοιλίαν δὲ λύε, Scr.L. (*prodest*) *et aluus acri clysmo ducta* " il
est utile de relâcher le ventre avec un clystère énergique ". – **2)** 368 s. :
Racine et suc de Silphium. Cf. D. 3.80 (94.10), cité n. 17 §B4b ? *Ibid.*
p. 96.13, il prescrit son *suc* dans de l'Oxymel pour ceux qui ont bu
(*lege* πιοῦσι) du Lait qui s'est caillé dans leur estomac. Pline (22.105)
recommande aussi le *suc*, mais dans du Vinaigre, comme N. : cf.
Celse, *aut cum aceto laser.* – Scr.L., D. *eup.*, et les iologues récents à
sa suite, optent pour l'Oxycrat (mélange d'eau et de vinaigre) avec la

racine ou le *suc* : S.L. *prodest et laseris radix cum posca*, D. *eup.*
ὀπὸς σιλφίου σὺν ὀξυκράτῳ ἢ κονίᾳ ; cf. Ascl.Ph. ἢ σιλφίου καὶ
θείου τὰ ἴσα (τὸ ἴσον Kühn) λειανθέντα μετ' ὀξυκράτου ~ O. *Eun.*
ἢ σίλφιον καὶ θεῖον ἴσα τρίψας διὰ ὀξυκράτου πότιζε ; O. *ecl.*
(PAeg. PsD.) ἢ σίφιον (σιλφίου ῥίζα) ἢ ὀπὸς σιλφίου μετ' ὀξυκράτου. Le Soufre est particulier à Ascl. et O. *Eun.* ; on serait tenté de
corriger θεῖον en θύμον (cf. *Al.* 371). – 3) 370-372 : *Lessive, Thym,*
Eucnèmon. (a) Seuls à mentionnent la Lessive : D. *eup.* (cité §2),
PAeg. (PsD.) πιλοποιϊκὴν (-ποιητικὴν) κονίαν " bonne pour le feu-
trage ". – (b) θύμου στάχυν (cf. 451 n.) : *Thymus capitatus* Hoffm. et
Link, à fleurs groupées en glomérules ; D. 3.36 (48.13) le décrit ainsi :
ἔχον ἐπ' ἄκρου κεφάλια ἄνθους <περίπλεα>, πορφυρίζοντα
(" ayant à son sommet de petites têtes à fleurs serrées, purpurines ")
~ 3.37 (50.2) φέρουσα (*sc.* θύμβρα) στάχυν ἄνθους μεστόν. Dioscoride (3.36.2 [49] ~ Pl. 21.154-157) ignore l'emploi du Thym comme
antidote, mais il le dit bon pour dissoudre les caillots de sang (p. 49.6).
– *Iologues* : θύμον σὺν οἴνῳ mentionné après le Silphium par O. *ecl.*,
entre le Silphium et la Lessive par PAeg. = PsD. Asclépiade l'omet ici,
mais il le mentionne dans sa thérapie de l'Éphèméron et du Gypse
(140.5, 142.12). – (c) *ἐϋκνήμοιο* : cf. *Th.* 648 ; sur cette plante
(variété d'Origan ?), dont le nom est propre à N., voir le comm. n. 70
§4. – 4) 373 : *Présure.* D. *m.m.* 2.75 (151.6) : κοινῶς δὲ πᾶσα πιτύα
πήσσει μὲν τὰ διαλελυμένα, λύει δὲ τὰ συνεστῶτα (même observation à propos du,suc de Figue, 1.128.3 [118.15]) ; cf. Pr. p. 74.17
~ Aét. l. 4 s. Selon Galien, qui a essayé toutes les présures, c'est celle
du Lièvre qui s'est avérée la meilleure contre le Lait caillé dans l'estomac (γάλα τεθρομβωμένον ἐν κοιλίᾳ διαλύειν), car elle contient un
liquide acide qui dissout les caillots de lait et en facilite l'évacuation
(*simpl. med. fac.* 10.11 [12.274.5-8]). D. p. 150.15 ss. mentionne celles
du Chevreau, du Faon, du Cerf, du Veau. " contre le breuvage d'aconit, dans du vin (cf. n. 5 §7), contre la coagulation du lait, dans du
vinaigre " ; et, au chap. du Lièvre (2.19.1 [128.5]), il note pareillement
l'action de sa présure dans du Vinaigre πρὸς γάλακτος θρόμβωσιν.
N. ne répète pas ici la liste des présures qu'il a déjà donnée à propos
du Sang de Taureau (324 s., où il accorde une attention spéciale à celle
du Lièvre) ; de même, Celse parle simplement de présure, et, comme
N. (373 ταμίσοιο ποτόν), il ne précise pas l'excipient, mais dit seulement : *aut coagulum.* Les iologues divergent sur l'excipient : –
(a) *Vinaigre* : D. *eup.* p. 315.11 (P. de Lièvre citée avant toute autre),
Pr. p. 74.16, O. ecl. p. 297.17 (βοηθεῖ δὲ πινομένη πυτία πολλάκις
μετ' ὄξους), d'où Aét. (préférence pour le Lièvre), PAeg. = PsD. (P.
indéterminée à prendre πολλάκις, précision omise par Aét.). – *Eau* :
Scr.L. préconise " la présure d'Agneau, de Lièvre, de Porc, administrée dans de l'eau 2 ou 3 fois, à la dose de 0.5 dr. " ; Ascl. πιτύαν
μεθ' ὕδατος κρηναίου (sans dosage) ~ O. *Eun.* p. 431.13 s. (πυτίαν

ὡς πλείστην μεθ᾽ ὕδατος κρηναίου δίδου). – **5)** 374 s. : *Menthe avec Miel ou Vinaigre*. D. *m.m.* 3.34 (45.6 ἡδύοσμον, οἱ δὲ μίνθην) ignore cet usage de la Menthe, mais elle était prédestinée à ce rôle par sa propriété de garder le lait fluide si l'on y agite ses rameaux (46.7 s. γάλα ἀτύρωτον φυλάσσει ἐναποκλυσθέντων αὐτῷ κλωναρίων). Chez Pline (20.147 *mintae*), cette remarque se complète de l'information selon laquelle " on la donne dans de l'eau ou du vin miellé à ceux qui s'étouffent pour avoir bu du lait qui s'est caillé " (*sc.* dans leur estomac) : cf. D. *eup.* 315.13 ἡδύοσμον σὺν ὄξει (il ajoute que " certains la donnent dans de l'urine "). Scribonius prescrit " la menthe (*minta*) à doses répétées dans la plus grande quantité possible ", mais sans préciser l'excipient. – A la Menthe les iologues récents préfèrent le Calament, qui, d'après D. 3.35 (46.13) ~ Pl. 20.144 *mentastrum*, n'a pas seulement des vertus thériaques prophylactiques (cf. *Th.* 60 et comm. n. 10 §8) et curatives (D. *l.c.* p. 47.9), mais encore, pris dans du Vin, protège contre les poisons (p. 48.1) : O. *ecl.* (καλαμίνθης ξηρᾶς <τὰ> φύλλα ἢ χλωρᾶς ὁ χυλός) ~ Aét. l. 6, PAeg. (PsD.) dans du Vinaigre. – **6)** En plus des remèdes énumérés par N. et la littérature parallèle, Σ 369c11 s. et Eut. 74.4 mentionnent le Natron, qui figure chez N. et les iologues dans la notice relative au Sang de Taureau (*Al.* 327, cf. n. 31 §4a). Pour le Lait caillé, Aét. donne seulement deux remèdes spécifiques, mais il renvoie aux " substances mentionnées à propos du sang coagulé ".

38. DORYCNION. I. *Identification, étymologie*.

– Sur le Dorycnion, voir F. Schulze XX-XXII ; Max C.P. Schmidt, *RE* 5 (1905) 1577.51-9 ; Morel 225.52-226.4 ; sur le *Datura stramonium* L., Orfila 2.270-275 : Bruneton[1] 811 ss. (illustration, 812), [2] 487-492 (illustr., 486). – **(a)** Plante cultivée par Attale III (voir t. II, *Notice*, n. 24), d'identification incertaine, classée comme le Pharicon parmi les λάχανα dans le catalogue des poisons (cf. *Notice* p. XXIII). Les identifications des modernes cités par Brenning (387[126]), *Solanum melongena* L. (Sprengel), *Convolvulus dorycnium* L. (Fraas, suivi par Olck 807.22, Morel [*eine Convolvulacee*]), ou encore une Légumineuse toxique (Schulze, Koch), sont sujettes à caution. Matthiole avouait son ignorance ; cf. Singer 27 : *a plant which cannot be identified*. Les données fournies par les anciens manquent de clarté. Sous le nom δορύκνιον, D. *m.m.* 4.74 (233) décrit une plante que " Crateuas appelle ἁλικάκκαβον ou καλλέας ", narcotique, létale à forte dose : δοκεῖ δὲ καὶ τοῦτο (c'est-à-dire comme le στρύχνον ὑπνωτικόν décrit au chap. 72) ὑπνωτικὸν εἶναι, πλεονασθὲν δε ἀναιρεῖν : cf. Gal. *simpl. med. fac.* 6.4.η [11.864.3-6 δορύκνιον comparé au Pavot et à la Mandragore, autres ψυκτικὰ φάρμακα, d'où O. *coll.* 15.1.4.12 p. 249 s. ~ Aét. 1.92.1 = PAeg. 7.3 p. 207.11-12] καροῖ μὲν γὰρ ὀλίγον, ἀναιρεῖ δὲ πλέον συλληφθέν. Sa description oriente vers une

Convolvulacée : on a proposé le Liseron à feuille d'Olivier (*Convol-vulus oleaefolius* Desr.), plante vénéneuse, mais qui a peu de chances d'être le Dorycnion de N. et de Scribonius (malgré André 90). – **(b)** D'autre part, le nom de ἁλικάκκαβον désigne des Solanacées du genre στρύχνον, notamment le στρύχνον ὑπνωτικόν (D. 4.72), et le redoutable στρύχνον μανικόν (D. 4.73 = Pl. 21.178), la Stramoine ou Pomme épineuse, plante aux puissants effets narcotiques, provoquant selon les doses des hallucinations ou la mort. Parmi les synonymes de ἁλικάκκαβον, cités par le remaniement alphabétique de Dioscoride, figure le nom δορύκνιον (4.72 RV p. 231.13 ; la notice de RV vise en fait 4.71 [2ᵉ espèce de στρ., appelée aussi ἁλικάκκαβον]). Et *dorycnium* est précisément une appellation parmi d'autres (dont celle de *manicum*), donnée par certains auteurs, d'après Pl. 21.179, à la plante toxique correspondant au στρύχνον μανικόν de Dioscoride, comme le prouvent leurs propriétés identiques : D. 4.73 (232.12) ~ Pl. 21.178, 1 drachme de sa racine provoque des visions agréables, 2 dr. une folie de trois jours, 4 dr. la mort. Cette identité δορύκνιον = στρύχνον μανικόν est attestée également par Gal. *loc.* 13.356.10 στρύχνου, οἱ δὲ δορυκνίου ῥίζης, [*lex.*] 388.19 δορύκνιον ἤτοι στρύχνον μανικόν, [*succed.*] 724.6 ἀντὶ ἁλικακάβου, δορυκνίου ἢ στρύχνου σπέρμα. Sa ressemblance avec la Mandragore et la Jusquiame explique qu'ils aient pu être utilisés à la place l'un de l'autre : *op. cit.* 736.2 = PAeg. 7.25.12 (405.9) Dorycnion au lieu de Mandragore, 728.4 = PAeg. 7.25.5 (402.29) Jusquiame au lieu de Dorycnion. – **(c)** S'agit-il du Dorycnion de N. ? Certains des iologues récents le donneraient à croire lorsqu'ils assimilent tout bonnement δορύκνιον et στρύχνον μανικόν : c'est le cas d'Aét. PAeg. PsD. (voir les *Similia* à 376, et cf. le Catalogue des poisons : O. *ecl.* p. 296.4 s. (PAeg. p. 27.9 s.PsD. p. 14.11) στρύχνον μανικόν, ὃ καὶ δορύκνιον καλεῖται (καλοῦσι). Quelques éléments de la symptomatologie et de la thérapie chez N. pourraient justifier cette assimilation (cf. n. 39 §2b et 4b, n. 40 §1b, avec cette réserve que des poisons différents peuvent avoir les mêmes effets), mais les symptômes neurologiques typiques des Datu-ras (troubles du comportement, hallucinations, incohérence des propos, délire, fureur, perte de mémoire, etc. : cf. Orfila 274, Bruneton² 489), que N. mentionne à propos d'autres poisons (*e.g.* Ixias, Toxicon), font ici totalement défaut ; et, sans parler de Dioscoride, qui consacre au δορύκνιον et à la Stramoine des notices distinctes (outre *m.m.*, voir *eup.* 2.154 [312.19]), Promotus, souvent si proche de N., traite de la Stramoine dans une notice séparée (Pr. 54 [68.22-25], *ex* D. *m.m.* 4.73 [232.12-16] ; *eup.* 2.153 *aliter*). Schulze s'appuyait sur cette distinc-tion pour refuser l'assimilation du δορύκνιον de D. (*m.m.*) au στρύχ-νον μανικόν. La remarque vaut pour le Dorycnion de N., malgré les propositions faites en ce sens (Berendes¹ 1.276 : *D. nennt diese Pflanze Halicacabob, Pl. Solanum furiosum* [i.e. μανικόν] ; Gow :

Datura stramonium). Στρύχνον ὑπνωτικόν (D. *m.m.* 4.72, cf. Th. *HP* 9.11.5 στρύχνος ὑπνώδης), *Physalis somnifera* L., n'est pas un meilleur candidat. L'identification avec un μελισσόφυλλον (Σ 376b) est isolée. – **(d)** Les Scholies (*ibid.*) font connaître une étymologie populaire attribuée à un certain Démophon, selon qui le nom de cette plante vénéneuse viendrait de sa rapidité à tuer, égale à celle de la *lance* (δόρυ). Pline 21.179 (on ignore sa source), dit que l'explication est à chercher dans le fait qu'" on empoisonnait les armes de guerre avec cette plante qui pousse partout " (cf. l'étymologie du Toxicon, n. 18a). L'*Etymologicum genuinum* (voir *Test.*), a la même note que les Scholies, avec l'étymologie de Démophon (nous ne savons rien de Démophon, connu seulement par cette référence). Elles ont de plus une étymologie absurde de Lysimachos ὁ Ἱπποκράτειος, médecin de Cos (ιι e/ιer a.C.) qui doit son surnom à son activité de lexicographe et de commentateur d'Hp. (cf. Wellmann *in* : Susemihl 2.442 ; Kind, « Lysimachos Nr. 21 » *RE* 14, 1928, 39) ; si *EG* est ici comme ailleurs tributaire des Σ *Al.*, son omission de cette étymologie vaut condamnation.

39. 376-384 : II. *Symptomatologie.* – 1) 376 s. : *Signes extérieurs.* La comparaison avec le lait signale, comme souvent en début de notice (*e.g.* la Céruse, 75 s.), une caractéristique du poison en boisson. Les Scholies et *EG* (Test.) parlent de l'humeur laiteuse qui s'écoule si l'on brise une tige de la plante. C'est le breuvage vénéneux que N. considère (aspect, saveur), et sa remarque constitue une mise en garde : cf. Scr.L. *gustum quidem habet lactis* ; Pr. τὸ πότημα λευκόν ἐστι καὶ γλυκύ ; Aét. l. 7 s. ~ PAeg. = PsD. παρακολουθεῖ ὥσπερ γάλακτος ποιότης ἐν τῇ γεύσει. –

[*Note complémentaire au v. 378* (fin) : ὁμαρτῇ : cf. 261 (voir la n.) ; le sens indiqué par Σ 378e, ὁμοῦ (voir Σ Opp. *Hal.* 1.378, [*Cyn.*] 4.27), cf. Hom. (cité *supra* 261 n.), *à la fois, ensemble, en même temps*, est inapproprié au contexte : les parallèles (cf. comm. n. 39 §2) font attendre une expression équivalant à 580 s. λυγμοὶ ... θαμειότεροι, ou *Th.* 245 s. λυγμοὶ ... ἐπασσύτεροι. Volkmann 52 suggérait *crebro*, qui est sans exemple. N. a-t-il voulu simplement renforcer par cet adv. l'idée du plur. λυγμοί ?]

2) 378 s. : *Hoquet.* Scr.L. *singultus crebros facit→* ; Aét. l. 8 s. = PAeg. = PsD. λυγμὸς συνεχής. Noté par Pr. p. 69.24 parmi les symptômes affectant l'estomac, cf. §3a. – 3) 379-382 : *Effets sur l'appareil digestif.* a) 379 (ὁ δ' –) : *Cardialgie.* Pr. l. 23 s. δηγμός, λυγμός, καρδιωγμός ; Aét. l. 10 ἄλγημα στομάχου (cf. n. 33 §2). – b) 380 : *Vomissure sanguinolente* : Scr.L. (pas de mention de sang, mais cf. §c) *←et uomitus frequenter concitat→* ; Pr. ἔμετος μετά του (*ego* : τοῦ

codd.) αἵματος ; Aét. l. 9 = PAeg. = PsD. αἵματος ἀναγωγὴ
ἀθρόα→. Ce symptôme est à rapprocher du résultat d'une expérience
d'Orfila 271 sur un Chien dans l'estomac duquel on avait introduit le
poison sous forme d'extrait aqueux, et qui était mort la nuit suivante :
l'autopsie révéla que " l'estomac contenait environ 6 onces d'un
liquide sanguinolent ". – **c)** 381 s. : *Selles avec mucosités, accompa-
gnées de coliques*. Pr. l. 24 s. στρόφος εἰλεώδης (cf. Aét. l. 10 στρόφος)... καὶ διὰ κοιλίας μυξώδη <φέρεται>, καὶ τηνεσμώδης ἐπίτασις ; PAeg. (= PsD.) ←κατὰ κοιλίαν τε αὐτοῖς μυξώδη φέρεται
ὡς ἐπὶ δυσεντερικῶν ~ Aét. l. 10 s. (moins la comparaison avec les
dysentériques). Scribonius ne fait pas mention des selles, mais il parle
en termes analogues des matières vomies : ←*reiciunt autem ab stomacho
ramenta quae etiam similia torminosis*→ " ils rejettent de leur estomac
des râclures (cf. Aét. l. 11 ξυσματώδη) qui ressemblent même aux
matières évacuées par les malades souffrant de coliques ". Νηδύς,
chez N., pouvant désigner *ventre* ou *estomac* (*Notice*, p. XXXVI s.), χέω
s'applique aux évacuations par le bas ou par le haut, on peut se
demander si Scribonius n'aurait pas pris en ce dernier sens les v. 381
s. malgré la présence de ἄλλοτε, car il reste isolé pour ce symptôme.
On notera, d'autre part, la rencontre remarquable de Pr. avec N. :
l'expression τηνεσμώδης ἐπίτασις (où l'adj. est un *hapax* absolu)
rend τεινεσμός de manière exacte (cf. 382 n.). – **4)** Aux derniers
symptômes relevés par N., la littérature iologique n'offre pas de vrais
parallèles. – **a)** 383-384 (– δαμείς) : *Écroulement*. Scr.L. (→*subin-
deque animo deficiunt* " et immédiatement après, ils défaillent ")
n'explique pas vraiment δέδουπε, qui peut, à la limite, signifier *tombe
mort* (cf. 447n.). Le *collapsus* de Nicandre résulte de l'épuisement des
membres raidis par les souffrances. A l'inverse, Aétius (l. 9 s.), si son
texte est sain, parle d'*agitation* du corps (ῥιπτασμός). – **b)** 384 (οὐ –) :
Sécheresse de la bouche. Cf. Aét. l. 9 (*cod.* D), PAeg. (*omnes praeter*
F) γλώττης ξηρότης ; les autres mss d'Aétius que j'ai recensés
(ABC), et le ms F de Paul ont γλ. ὑγρότης, comme Ps.Dioscoride. N.
nous permet de trancher. – C'est ici que l'on trouverait les meilleurs
arguments en faveur de l'identification avec le στρύχνον μανικόν
(*Datura stramonium*). Parmi les premiers symptômes (et non les derniers, comme chez N.), ils apparaissent quelques minutes après l'ingestion du poison, s'il a été pris en infusion, Bruneton[2] relève, outre les
troubles visuels : " sécheresse de la bouche, ... faiblesse musculaire
pouvant aller jusqu'à une incapacité à se tenir debout " ; et, dans la plupart des cas d'intoxication, il note " une sécheresse des muqueuses ".

40. 385-396 : III. *Thérapie*. – Les remèdes de la littérature parallèle
figurent dans le même ordre : **1)** 385 s. *Lait pur* ou *mélangé avec du
vin doux* : **a)** Tous les iologues plébiscitent le Lait (le Dorycnion
figure dans les listes des poisons qu'il combat, cf. D.*m.m.* 2.70.5

[145.2] ~ Pl. 28.74, 129 [en particulier Lait d'Ânesse, 158] et voir *Notice*, p. XLIV s.), certains sans spécification (D., Pr.), d'autres en précisant : Scr.L. p. 89.16 *lacte asinino, equino, bubulo→* ; Ascl. γάλα βόειον ποθέν ; Aét. l. 8 ~ PAeg. = PsD. préconisent, après vomissement et lavement préalables, le Lait d'Ânesse ou de Chèvre. – **b)** Pour le mélange de Lait et de Vin doux, le seul parallèle est, une fois de plus, Pr. p. 69.26 : γάλα συνανακόψας γλυκεῖ δίδου πιεῖν ὡς πλεῖστον→. D. *eup.* les recommande séparément, ainsi qu'Ascl., et le premier leur ajoute le Mélicrat (p. 312.15 γάλα, γλυκύς [*sc.* οἶνος], μελίκρατον→) ; de même Aét. l. 8 s. ~ PAeg. p. 36.3 = PsD. p. 21.14 s., qui recommandent le vin doux tiède (γλυκὺς χλιαρός), additionné d'Anis, mais, alors que chez Aét. le Lait s'ajoute (καὶ) au Mélicrat, chez PAeg. (PsD.) il constitue une alternative (ἤ). Ces trois derniers auteurs doivent sans doute le Mélicrat à Dioscoride, qui le donnait pour le remède spécifique de la Stramoine : *m.m.* 4.73 (232.15 s.) ἀντιφάρμακον δ᾽ ἐστὶν αὐτοῦ (*sc.* στρύχνου μανικοῦ) μελίκρατον πολὺ πινόμενον καὶ ἐξεμούμενον (*unde* Pr. 54 [*de strychno furenti*] p. 68.25 ἀντιπαθεῖ δὲ αὐτῷ μελίκρατον – ἐξεμ.) ~ Pl.21.182 *remedio est* (sc. halicacabo) *aqua copiosa mulsa calida potu* " le remède de l'*halicacabon* (syn. de *strychnon*) est de boire en abondance de l'eau miellée chaude ". – **2)** 387-389. *Poitrine de Poule en aliment, ou son bouillon* : **a)** D. *eup.* 312.16 ←ὄρνιθος στῆθος καθεψηθὲν λιπαρὸν βρωθὲν καὶ ὁ ζωμός, *unde* Pr. p. 69.27 ←καὶ ὀρνίθων ἐψημένων δίδου φαγεῖν τὰ στήθη καὶ τὸν ζωμόν ~ PAeg. p. 36.4 (PsD. = Aét. l. 14 s.) στήθη τε ὀρνίθων καθεψημένα→, mais sans la mention du *bouillon*. – **b)** La comparaison de N. avec D. et Pr. (cf. §a) suggère qu'il faut prendre 389 χυλός au sens de ζωμός. Σ 389a indique une double possibilité : 1/ " le jus (τουτέστιν ὁ ζωμός, 389a4) de la poitrine de la Poule ", 2/ " un autre remède, le gruau d'Orge ". Eut. 74.27 (καὶ χυλὸς πτισάνης) a choisi la seconde, le Scholiaste la première, confirmée par ces parallèles. –

[Notes complémentaires aux v. 394-401 : V. 394 (fin) πίνης : graphie des inscriptions et des papyrus ; les mss écrivent le plus souvent πίνν- (mais D. *eup.*, a πίναι). – *πίναι.* – *αἰθήεντος* : *hapax* absolu ; pour le sens de cette épithète de couleur (ἐρυθροῦ καὶ πυρώδους, Σ), cf. αἰθαλόεις *Th.* 420 avec la n. Diphile de Siphnos (Ath. 3.91b) parle d'oursins « rouges » et « couleur de coing » (μηλινοί). – 395 *ἐπαλθήσουσιν* : cf. 614 n. – 396 δήν : même place, 582, Call. 4.216 (*alio sensu*) ; au sens local de « loin » : Σ 396a ἤτοι πολὺ ἀπέσται, ἀντὶ τοῦ ἐκτὸς ἔσται (cf. Oᵍ ἀπέσται) ~ Eut. 75.7 ἄπεστι δὲ τοῦ βοηθεῖν ... οὐδὲ τὰ ὄστρεια ; δήν a été défendu, avant Von der Mühll[2], par Wilamowitz[2] 31 n. 1. Von der Mühll[1] 397 s., 399 a expliqué δήν de la même façon chez Thgn. 494, 597, Hom. (*Il.* 16.736), et K. Latte (*MH* 11, 1954, 7) conjecturait δήν, pris dans le même sens, *ap.* Philikos,

hy.Démètèr, fr. 1C 56 Diels² = *SH* 680.56 στᾶσα γὰρ ἐφθέγξατ[ο δὴν], supplément écarté par *SH*. Pour le sens temporel de δήν, cf. 582 n. – τήθη : sur la nature de cet animal, voir comm. n. 40 §3b. – *γεραιρόμενα : seul exemple du Pass. dans le sens attesté par Hésychius (*Test.*) pour l'Act. Eutecnius lisait sans doute la leçon corrompue de la tradition unanime, γεραιόμενα : cf. Σ 396c (entre autres gloses) αὐξανόμενα ἐν τοῖς βρύοις ~ Eut. 75.6 αὔξεται … καὶ τρέφεται ἐν τ. β. – 397 μηδέ σέ γ᾽ : *Th*. 583, cf. μηδὲ σύ γ᾽ *ib*. 574 = *Od*. 18.106 (*hapax* hom.). – ἐχθομένου : participe-adj. dont l'emploi semble particulier à N. (cf. 594 *v.l.*) ; pour l'ordre des mots, cf. 74 s. (αἰγλήεντος … Ι… ψιμυθίου), 207 s. (λοιγήεντι … Ι τοξικῷ), 537 s. (λιπορρίνοιο … Ι… σαύρης), 594 s. (avec le texte de T). – λήθοι : les passages parallèles cités dans la n. crit. induisent à voir une erreur d'itacisme dans λήθῃ, *f.l.* de Ω (ἄνθη T résulte de la double confusion λ/α et η/ν, cf. *Notice*, p. CXXIX et t. II, p. CXLII). Elle n'est pas défendue par l'imitation certaine d'Andromachos (son exemplaire de N. était p.-ê. déjà altéré, ou, plus probablement, l'altération est le fait des manuscrits de Galien, qui a transmis le texte d'Andromachos). – 398 ἐπὶ (pour l'allongement de ι, cf. t. II, p. CXXIV) … ὤπασε : Rzach² 324 doutait du texte à cause de l'allongement du ι devant β, mais cf. [Opp.] *Cyn*. 1. 95 λαιῇ δὲπεζός (δ᾽ αὖ *v.l. ex coniectura, ut uid.*). O. Schneider, et les éditeurs suivants, ont adopté, sans le savoir, la leçon de G, ἔπι (cf. 119), mais Rhianos fr. 1.9 P. (= FGrHist 265F60) et une épigramme anonyme, *AP* 9.521.1, qui présentent aussi la tmèse, défendent le composé ἐποπάζω. – 399 *γευθμῷ : cf. 468 γευθμός, = γεῦσις ; néologisme propre aux *Al.* – *ἰσαιομένῃ : poét., au sens d'ἰσάζομαι " être égal ", Arat. 235, 513 (seules autres occurrences) ; pour le sens de " ressemblant à ", propre à N., cf. fr. 74.56. – 400 *μονήρει : équivalent pur et simple de μόνη chez N. (Σ : ἐν μιᾷ ἡμέρᾳ) ; sur le suffixe -ήρης chez N., cf. t. II, p. CI. – 401 *ἀκτῖνι : au propre, *rayon* du soleil (*Th*. 469) ; pour le sens de *jour* (ἀντὶ τοῦ ἡμέρᾳ, Σ), cf. *Th*. 275 ἐννέα δ᾽ *αὐγάς (Σ ἐννέα ἡμέρας), qui, lui non plus, n'a pas de parallèle. Cf. Gow¹ 97, 99. – βαρύν : pour la valeur concessive de cet adj., cf. 193 n. ; pour le sens de *fort*, 535, [Thcr.] 25.147.]

3) 390-396. *Fruits de mer crus ou cuits* : (a) Scr.L. p. 89.16-7 ←*conchyliis omnibus crudis atque decoctis.* D. *eup.* p. 312.18 (après l'énumération citée *infra*) : ὠμά τε καὶ ἐφθά ἐσθιόμενα (voir *Al.* 392), cf. Ascl. : ζωμὸς κογχυλίων ~ Aét. l. 16 s. (PAeg. PsD.) καὶ ὁ ἐξ αὐτῶν ζωμὸς πινόμενος. Le second mode de cuisson (392 s.), seulement chez Aét. l. 15 s. = PAeg. p. 36.4 s. (PsD.) ←καὶ πάντα τὰ κογχύλια ὠμὰ καὶ ὀπτὰ ἐσθιόμενα. Énumération de coquillages et de Crustacés : Aét. l. 16 (PAeg., PsD.) καὶ κάραβοι καὶ ἀστακοί ; les deux plus complètes sont Pr. p. 69.27 s. τῶν ὀστρέων (396 τήθη, cf. *infra*), πορφύρας (393 κάλχης, cf. n. à la trad.) ἢ στρόμβων (393)

ἢ ἐχίνου (394) ἢ †ρέφανον† ἢ †καρύων† (à corriger en κηραφίδων
et κηρύκων), et D. *eup.*, qui offre avec N. une ressemblance remarquable (cf. 394 n.) : p. 312.17 ἐχῖνοι, κόγχοι καὶ πορφύραι,
κηραφίδες, πίναι, κτένες, κήρυκες. Pour les *Oursins*, cf. Pl. 32.58
(*contra dorycnium echini maxime possunt*), qui recommande aussi
" une décoction de crabes de mer " contre le Dorycnium et le Lièvre
de mer (*et cancri marini decocti ius contra dorycnium efficax habetur,
peculiariter uero contra leporis marini uenena*). Pl. 32.117, 129, qui
cite beaucoup d'usages médicaux des *Strombes*, ne signale pas leur
vertu contre les poisons. – (**b**) Les τήθη font problème. Σ 396b glose :
λεπάδας ἀγρίας *i.e.* ὠτία *Ormeaux, Oreilles de mer*. Les animaux
comestibles décrits par Ar. *HA* 531a8-30 sous le nom de τήθυα (*v.l.*
τήθεα, cf. Pl. 32.99 *tethea*), sont les Ascidies, *Vioulets* des Provençaux
(Thompson[2] 261). Gow (Jacques[1]), malgré le doute exprimé dans son
Index I, a choisi ce sens ; mais, en l'absence de tout détail descriptif,
il n'est pas certain. Σ (*l.c.*) signale aussi celui d'ὄστρεα, avec références à Ar. *HA* (?) et *Il.* 16.747 (où Σ *ad loc.* glose également τήθη
par ὄστρεα) ; Eut. (75.5 τήθη, 8 ὄστρεια) a le mot de N. et de plus
cette glose, qu'il doit sans doute aux Σ *Al.* Pline semble connaître cette
interprétation : 32.93 *tetheaque* (noter le f. sg. au lieu du n. pl.) *similis
ostreo* (l'explication de Leitner 234, selon qui il comparerait seulement
leur utilisation médicale est à rejeter). Ar. *HA* 1.6, 490b 10 emploie
ὄστρεον au sens large de *coquillage*, mais le mot est souvent pris au
sens restreint de " huître " (*Ostrea edulis* L.), ce qui peut être le cas ici
(cf. Gorraeus *ostrea*, Grévin *ouitres*, Br. *Austern*). Les Huîtres étaient
employées contre les venins : cf. Pl. 32.59 (*et ostrea aduersantur
isdem* [il a cité le Lièvre marin et le Dorycnion au §58, cf. *supra*]) ;
Pline mentionne aussi les Moules comme antidote du Dorycnion (*ib.*
§97). Promotus a mis en garde contre les coquillages qui ne figurent
pas dans sa liste.

41. PHARICON. I. *Identification, origine du nom.* – Sur le Pharicon,
voir Morel 226.15-19. – **A.** Le Φαρικόν (*sc.* φάρμακον) est un poison mortel inconnu. En dehors de la littérature iologique (S.L., D. *eup.*,
Pr., PAeg., PsD.) et de N. et sa mouvance (Σ *Al.*, Eut.), ses seuls
auteurs à le citer sont Dioscoride (*m.m.* 5.6.4 [6.22] et 10 [8.24]), dans
des listes de poisons combattus par le Vin (voir *Notice* p. XLVII s.), et
Hésychius (voir *infra*), qui le tient p.-ê. de Diosc. par l'intermédiaire
de Diogénien (cf. *Test.* 269). Pline en a-t-il fait mention ? Cela n'est
pas sûr. Barbaro (suivi par Littré) a introduit *Pharicon* au lieu du nom
altéré *carice/tarice*, dans la liste des poisons combattus par le Lait
d'Ânesse (Pl. 28.158, cf. n. 37 début), antidote que ne mentionne
aucune des notices sur le Pharicon. Mayhoff (suivi par Ernout) a préféré *cerussa* (cf., contre la Céruse, Pl. 28.129 [Lait d'Ânesse], et *Al.* 90
[Lait non spécifié]). – **B. (1)** Bien que, dans le catalogue des poisons

de Paul et du Ps.Dioscoride, il figure parmi les λάχανα (PAeg. 5.30 [27.11]) ou dans les ἐρνώδη et πόαι (PsD. praef. p. 14.13), on ignorait en fait sa vraie nature : Pr. p. 70.7 ἄδηλον ... εἴτε ριζοτομικὸν εἴτε σύνθετόν ἐστι. On y voyait plutôt un poison composé : Scr.L. *ex pluribus componi*, Hsch. φ 168 φαρικόν · φάρμακον σύνθετον θανάσιμον. On ignorait aussi l'origine de son nom, mais on en faisait, hypothèse vraisemblable (Chantraine *DELG* s.v.), le dérivé d'un toponyme ou d'un anthroponyme ; d'où la majuscule. – **a)** Σ 398a ne cite pas moins de trois villes où il aurait été trouvé : Phara (?) en Arcadie, Φεραί (Phères) en Thessalie (St.Byz. p. 662.12), Φᾶρις (nom ancien de Pharai), avec référence à l'*Il.* 2.582 (St.Byz. 658.16), en Laconie (Ἀχαῖας Pr. *falso* ; ou confusion avec Pharai ? Cf. St.Byz. 658.8). – **b)** Promotus le rattache en outre à un personnage du nom de Pharis, général d'Alexandre, qui l'aurait trouvé " chez les Sauromates, au pays des Hyperboréens ", et l'aurait introduit en Grèce ; il aurait servi à empoisonner Alexandre. Telle est une des versions, très différente des autres, de cet événement problématique (cf. Rohde 284 = 403 n. 4 ; Harnack 19 s. ; Lewin[3] 38, 173-176 : *Starb Alexander durch Gift ?*). – Selon Praxagoras ap. Σ 398a (t. II p. 272, fr. 2 = 119 Steckerl), il serait appelé " du nom de son inventeur, le Crétois Pharikos " (il y avait en Crète une ville du nom de Pharai, colonie de Pharai de Messénie, cf. St.Byz. 658.6). La même Scholie donne encore au poison le nom de Μηδικόν, d'après Médée ? (rappelons que l'Éphèméron, " le poison de Médée " (*Al.* 249), était appelé par certains Φαρικόν, Σ 249b9). – **(2)** Au livre VI de ses *Histoires*, Phylarque parlait du Φαρικὸν φάρμακον (FGrHist 81F10). Les mss CE d'Athénée 3.81e, source du fragment, portent la *f.l.* φάριον (trait en forme d'aigu au-dessus de ι) au lieu de l'*hapax* absolu φαριακὸν (A). S'agit-il du Φαρικόν ou d'un autre poison totalement inconnu (" le poison de Pharos ", note Gulick, *English Index* de son éd., t.7 p. 508 ; « Phariac poison » Olson, vol. 1, p. 453) ? Selon Phylarque, l'odeur des Coings est suffisante à le neutraliser, opinion qu'il appuie sur une anecdote : des individus qu'on voulait supprimer en ayant bu " sans dommage ", l'apothicaire qui l'avait vendu reconnut qu'il avait été entreposé avec des Coings. Le fait que le Coing est ignoré en tant que remède du Pharicon n'est p.-ê. pas un obstacle à sa restitution dans le texte d'Athénée.

42. 398-401 : II. *Symptomatologie*. – **(1)** 398 : *Douleur des mâchoires*. Eut. 75.10 : διατίθησι [*sc.* τὸ φάρμακον] κάκιστα τὸ στόμα, symptôme particulier à Nic. Σ 398a10 s. précise : τὰς μὲν σιαγόνας πρῶτον ἐνέπρησε ; cf. *Th.* 772. – **(2)** 399 : *Goût de Nard*. Scr.L. : (*dicitur...*) *gustumque habere nardi*, cf. PsD. τὴν μὲν γεῦσιν πᾶσαν νάρδῳ ἀγρίᾳ ἔοικεν ~ PAeg. (sans ἀγρίᾳ). On notera que l'ordre ordinaire des deux premiers symptômes est inversé, N. commençant d'ordinaire par le *signe* extérieur. La paraphrase des Scholies

(Σ 398a9 s.) a l'ordre habituel, comme Paul et PsD. – (3) 400 s. : *Démarche chancelante, délire, mort.* Pr. p. 70.13 s. a un parallèle frappant : παραλύονται μὲν εὐθέως τὰ γόνατα καὶ παραφρονοῦσιν, ὡς ἐπὶ τὸ πολὺ δὲ μόγις διασῴζονται πρὸς μίαν ἡμέραν " la paralysie gagne vite leurs genoux et ils sont frappés de folie ; le plus souvent, ils ont grand peine à survivre l'espace d'un seul jour ". PsD. = PAeg. : παράλυσιν μετὰ παρακοπῆς καὶ σπασμοῦ ἐπιτεταμένου (ἐπιτ- om. PAeg.) ; pas de pronostic. Même symptôme du *spasme* chez Scribonius, mais avec le pronostic : *facit spasmon, cito exanimat* " il provoque un spasme, il ôte la vie rapidement ".

43. 402-414 : III. *Thérapie.* – (1) 402-404 : *Nard de Cilicie ou Maceron.* a) Le *Nard* et ses variétés : cf. *Th.* 604 et comm. n.65 §b (p. 174 s.). La relative 403-4 (πρηόνες) nous oriente vers l'espèce montagnarde (ὀρεινὴ νάρδος), qui " vient en Cilicie et en Syrie " (D. *m.m.* 1.9 [13.25]). Le Kestros, " fleuve de Pamphylie ou de Cilicie " (Σ), prend sa source, d'après Eut. 75.16, dans les montagnes de Cilicie ; cf. Ruge, *RE* 10, 1921, 359. Cette espèce, *Valeriana tuberosa* L., " est appelée par certains θυλακῖτις et πυρῖτις " (D. *l.c.* ; cf. 403 ῥιζίδα θυλακόεσσαν [= ἐμφερῆ θυλάκῳ, Σ]). Les racines du Nard sont un ingrédient des antidotes (1.7.4 [12.19]). – La littérature parallèle précise l'excipient. PAeg. recommande, après vomissement, le Nard de Cilicie, entre autres substances, dans du Vin : p. 36.24 s. ποτίζειν μετὰ οἴνου … νάρδῳ Κιλικίᾳ, ἣν ἔνιοι σαίτιν ἐκάλεσαν = PsD. *Annexe* §13, l.4 (νῆριν *pro* σαίτιν ; pour les autres var., voir n. crit.) ; cf. D. *eup.* νάρδος Κιλικία σὺν οἴνῳ (Pr. νάρδον, sans plus). PAeg. et PsD. donnent le choix entre le Nard et le ναρδόσταχυς (*Nardostachys Jatamansi* DC) mélangé à de la Myrrhe dans du Vin doux. C'est aussi avec du Vin que Scr.L. p. 90.18 préconise le Nard sauvage (*adiuuantur … saliunca, id est nardo siluestri* [l'ἄσαρον de D. *m.m.* 1.10 p.14.6], *quam plurima ex uino saepius data*→ " pris dans du vin en doses répétées et dans la plus grande quantité possible ". – b) 405 : Sur le *Maceron* (*Smyrnium perfoliatum* Mill. ou *S. olusatrum* L.), voir *Th.* 848 et comm. n. 103 §1. Scr.L. précise à nouveau l'excipient : ←*item olisatri radice aut semine ex uino dato* ~ Pr. p. 70.15 ἢ ἱπποσέλινον→ (*Smyrnium olusatrum*), sans mentionner la partie ni l'excipient. Chez N., ἐΰτριβές suggère la *racine*. – (2) 406-409 : *Iris et Lis.* a) 406 : sur l'*Iris* (*I. florentina* L.), voir *Th.* 607 et comm. n. 65 §c. Cf. D. *eup.* ἶρις ἀγρία (σὺν οἴνῳ) ; Pr. ← καὶ ἶριν, Iris commun, comme PAeg. et PsD. (voir *infra* §b). – b) Le *Lis* (*Lilium candidum* L.) et ses noms : cf. fr. 74.27 ss. (κρίνα = λείρια) ; voir Olck 802.38-42 ; sur les espèces connues dans l'antiquité Id., 792-794. Le *Lis* n'apparaît pas chez N. en dehors de notre passage et du fr. 74.27, 70. Les v. 405 s. (ἄνυσο – κάρη) ont un équivalent exact dans PsD. l.5 ἴριδί τε καὶ κρινίνῳ ἄνθει σὺν οἴνῳ→ = PAeg., mais ce

dernier a κροκίνῳ au lieu de κρινίνῳ. On doit à PAeg. et à PsD. la mention de l'excipient. – Au lieu de la *fleur* (cf. 406 κάρη et la n. à la trad.), comme le font N. et PsD., Promotus recommande la *racine* du Lis : l.16 ἢ κρίνου ῥίζαν→. Le Safran (PAeg., la fleur) figure chez Pr. comme alternative au Nard (νάρδον ἢ κρόκον). – **c)** 406-409 : N. a le même mythe au livre II de ses *Géorgiques* (fr. 74. 28-30) : ... πολέες (*sc.* λείρια καλοῦσι) δέ τε χάρμ᾽ Ἀφροδίτης · | ἤρισε γὰρ χροιῇ· τὸ δέ που ἐπὶ μέσσον ὄνειδος | ὅπλον βρωμητᾶο διεκτέλλον πεφάτισται, « souvent (les poètes l'appellent) joie d'Aphrodite ; de fait, il lui avait contesté la supériorité du teint ; mais l'objet d'opprobre qui se dresse en son centre est comme l'arme de la bête qui brait, selon leur dire ». Nous en ignorons la source ; il repose sur la nature réputée obscène de l'Âne (Olck, *RE* 6, 1907, 652.40), animal priapique (cf. 409 n.). N. ne l'a pas inventé, non plus que l'appellation ironique du Lis, " délices d'Aphrodite ", qu'il cite d'après de " nombreux " poètes. Pour les raisons de l'inimitié d'Aphrodite pour le Lis, cf. Murr 251 s. Comparer l'adaptation du passage des *Al.* par Ronsard, dans l'Ode *De la fleur de la vigne*, v. 21-24 (Bibl. de la Pléiade, t. I p. 715) : *Ny les fleurons que diffama | Venus, alors que sa main blanche | Au milieu du liz enferma | D'un grand asne le roide manche*. –

[*Notes complémentaires aux v. 409-412* : V. 409 (fin) Sauf en *Th.* 628 ὄνου, où le terme propre entre dans l'appellation d'une plante, N. se sert toujours d'un *kenning* pour désigner l'Âne, ainsi *Th.* 349 λεπάργῳ ; cf. Lyc. 1401 ἀμφώδοντος *celui qui a des dents aux deux mâchoires*, épithète caractéristique, empruntée à Ar. *HA* 501a11, opposant l'Âne aux ruminants. Cf. 67 n. (σκίνακος). – *ἐναλδήνασα : cf. 532 n. Pour cette forme de l'aor., cf. *Od.* 18.70 = 24.368 (ἤλδανε) ; la *v.l.* -αλδήσασα moins probable, mais cf. [Orph.] *Lith.* 370 ἀλδήσασκε. – 410 : *σκύλαιο : sens propre à N. – περὶ ... αἴνυσο : αἴνυμαι n'a pas ici le sens habituel chez N. (*prendre* pour donner au malade), mais celui de περιαιροῦ (*sic* Eut. 75.25), cf. 91 ἀποαίνυσο = ἀφαιροῦ. – 412 νεοθηλέα, ἰσχνήν : on rapporte d'ordinaire νεοθηλέα à ἦϊα au sens de *frais*, comme le Scholiaste (Σ 410a14 νεάλεστα *nouvellement moulu*), ἰσχνήν à φυλλάδα au sens de *sec*. Mais, depuis Hom., νεοθηλής qualifie la végétation (cf. Nic. *Th.* 94 [καρπός] ~ *Il.* 14.347 [ποίη], *hHerm.* 82 [ὕλη], et voir Dᵍ (= Σ 412c νεοθηλέα · νεωστὶ βλαστήσαντα) ; et, au sens de *sec*, N. emploie ailleurs non ἰσχνός (pour le sens, cf. 147 ἔνισχνα et la n. ; N. a p.-ê. ici en vue les petits segments arrondis qui divisent la feuille) mais αὖος, αὐαλέος, ἀζαλέος. Les deux adj. se rapportent à φυλλάδα, ce qui donne à la relative du v. 413 un antécédent de sens plus satisfaisant. Pour la place de τε, cf. *Th.* 812 (*hac sede*), Androm. 9 θερμὴν θάψον τε, [Opp.] *Cyn.* 1.204, 3.411, 435, *al.*, et la *Notice*, p. cv.]

(3) 410-414 : *Emplâtre pour la tête*. **a)** Dans la tradition T, où 410 est à sa place, les opérations se succèdent clairement : 1/ raser la tête du patient ; 2/ faire chauffer la farine d'Orge et la Rue (pour la Rue, cf. *supra* n. 5 §2d) ; 3/ les tremper de Vinaigre ; 4/ appliquer autour des tempes. On les retrouve implicitement (la seconde sous-entendue) dans les deux premières explications du Scholiaste et chez Eutecnius : Σ 410a1-4 ξυρᾶν τὴν κεφαλὴν αὐτοῦ καὶ καταπλάττειν πηγάνῳ καὶ ἀλεύρῳ κριθίνῳ→ ... καὶ ὄξους ἐσκευασμένου, 410a5 s. ἄλλως · ξύρησον ... τὴν κεφαλὴν καὶ κατάπλασον ὠμηλύσει μετὰ πηγά-νου (omission de la deuxième opération) ~ Eut. 75.24-27 τῆς κεφαλῆς τὰς τρίχας ξυρῷ περιαιρούμενος κατάπλαττε αὐτὴν ἄρτι μὲν ἀλεισθεισῶν κριθῶν τῷ ἀλεύρῳ, ἄρτι δὲ πηγάνου συναχθέντος φύλλοις. – La littérature parallèle offre la même recette, plus ou moins détaillée : PsD. 1.5 s. (= PAeg.) ←καταπλάσσειν δὲ (τε) τὴν κεφαλὴν αὐτῶν ξυρήσαντας ἀλεύρῳ κριθίνῳ σὺν πηγάνῳ λείῳ καὶ ὄξει ; Pr. 1.16-8 (altéré) ←[κατάπλασσον δὲ καὶ τὴν κεφαλὴν] ἢ ἄλευρα κριθινὰ σὺν τοῖς πιτύροις ἕψησον ὠμηλύσει [ἢ] μετὰ πηγάνου καὶ ὄξους, καὶ κατάπλαττε [ὁμοίως] τὴν κεφαλήν ; D. *eup.* 1.22 a seulement : πήγανον σὺν κριθίνῳ ἀλεύρῳ καὶ ὄξει (à la fin de sa liste de remèdes). – Le déplacement du v. 410 après 412 dans la tradition ω a entraîné de la part du Scho-liaste une troisième interprétation aberrante (*l.c.* 1. 10-15), dans laquelle coexistent les deux états du texte : πηγάνου (ainsi que κάρη), rapporté d'abord (1. 11), selon la tradition ω, à λάχνην (glosé par ἄνθος), est ensuite (cf. T) correctement construit avec φυλλάδα dans les 1. 13 s. qui décrivent la seconde opération (καὶ ἕψησον ἄλευρα κριθῶν νεάλεστα καὶ φυλλάδα πηγάνου ἐν ὄξει). – **b)** L'explica-tion correcte du Scholiaste, comme aussi la paraphrase d'Eutecnius, posent un problème particulier, car ils mentionnent l'un et l'autre une opération (lavage de la tête avec une préparation au Nard) qui n'a aucun support chez N. : Σ 410a3 ←καὶ ποτίζειν νάρδῳ ὡς πλεῖστον (καὶ ὄ. ἑ.) ~ Eut. 76.1 πρότερον μέντοι ποτίζων τὴν κεφαλὴν νάρδῳ. Selon Schn. 209, ils lisaient dans leur exemplaire quelque chose d'autre que 413 ἤν ~ κάμπη, ce qui semble improbable. Au v. 414, βάμματι y avait-il pris la place de νάρδῳ ? Le Scholiaste, en tout cas, lisait βάμματι (cf. ὄξους ἐσκ. : *tacet* Eut.). On pourrait tou-jours conjecturer l'existence d'une lacune avant 414, mais il ne semble rien manquer au texte transmis. – **(4)** Autres remèdes : pour le Vin omis par N. et Pr., cf. D. *eup.* 1. 20-1 ἄκρατος πολύς ... γλυκὺς πολύς (cf. D. *m.m.*, n. 41 §A). Le Vin, ordinaire ou doux, sert d'exci-pient aux autres substances végétales négligées par N., *e.g.* Absinthe et Cinamome (D. *eup.* ; PAeg. PsD.). Scr.L. mentionne de plus le mélange de Galbanum et de Myrrhe dans du Vin de raisins secs (*pas-sum*) ; PAeg. PsD. la mélangent au ναρδόσταχυς dans du Vin doux.

44. Jusquiame. I. *Identification*. – Sur la Jusquiame cultivée par Attale III (cf. t. II *Notice*, n. 24), cf. D. 4.68 (224-227) ~ Pl. 25.35-37 ; gr. ὑοσκύαμος, Διὸς κύαμος (D. *l.c.* RV p. 224.6, Ps.Ap. 4.26 adn.), lat. *hyoscyamus* et *altercum* (Scr.L., Pl.). Voir Orfila 2. 136-151 (surtout l'action " sur l'économie animale ") ; Berendes[1] 1.221 s. ; Stadler *RE* 9 (1914) 192-195, Bruneton[1] 813 (J. noire), 816 (illustr.), 823 (J. d' Égypte) ; Bruneton[2] 495, 496 (illustr.). La miniature de la J. manque dans le Dioscoride de Vienne, mais celle du Dioscoride de Naples (fol. 146) se laisse identifier à *Hyoscyamus niger* L. – Dioscoride décrit trois espèces courantes en Grèce et en Italie : *H. niger* L., *H. aureus*, *H. albus* ; Pline en cite quatre, dont les trois de D. Il est difficile d'identifier celle de N. en l'absence de signalement ; il se contente de faire allusion en passant (420 κακανθήεντας ὁράμνους) au fait que les parties vénéneuses sont, outre les feuilles, les " sommités florifères et parfois fructifères " (Pharmacopée européenne [3e éd.], cf. Bruneton[1] 811). On peut penser à la Jusquiame noire et à la J. dorée, qui pousse aussi en Asie Mineure (Olck 807.18 s.), ou à la J. d'Égypte, très proche de la noire, dont il existe deux sous-espèces, *H. muticus* L., et *H. faleslez* (Coss.) Maire, " cette dernière étant réputée pour sa toxicité " (Bruneton[1]).

45. 415-422 : II. *Mise en garde. Symptômes.* –

[*Notes complémentaires aux v. 419-422* : V. 419 (fin) La forme de la prép. caractérise le mégarien dans les *Acharniens* (798, 834), elle est attestée en Sicile par une inscription de date inconnue, *IG* 14. 432.9 (Tauromenium) ; cf. Lyc. 350, et sans doute Call. fr. 3.1 (où le suppl. ἄν[ις αὐλῶν garanti par les Scholies de Florence, semble avoir été imité par une épigramme de Cyrène du IIe s., Kaibel 418 = Epigr. app. sepulcr. 232.3 τὴν ἄνις αὐλῶν), et de nombreuses attestations dans la littérature grammaticale (Hdn., Theognost., Σ *Il.*, Σ *Opp.*, Eust. *Od.*) qui l'a p.-ê. tirée d'Aristophane. L'hom. ἄνευ (leçon de T) est également *hapax* chez N., de même chez Thcr., Lyc. et Isyll. 9 (p. 132 P.), seules autres occurrences dans la poésie hellénistique. Variantes d'auteur ? La *glossa* peut avoir été remplacée par son explication (cf. Σ 419c), mais ἄνις est plus souvent glosé par χωρίς ; il m'a paru préférable de retenir la *v.l.* qui a le meilleur support manuscrit (cf. n. critique). – σμυγεροῖο : poét., pour μογεροῖο. Cf. Ap.Rh. 2.244, 374 ; 4.380 (adv.) ; Hom. a seulement le composé ἐπισμυγερός, Suidas (σ 749) seulement le lemme σμυγεράν ; pour le masc. au lieu du fém., voir *Notice* p. cv, pour le sens [Opp.] *Cyn.* 2.349 παιδοτροφίης ἀλεγεινῆς (la paraphrase glose par ἐπαχθοῦς).– 420 ἠλοσύνη : attesté seulement *ap.* Hés. fr. 37.15, Thcr. 30.12 (ἀλοσύνας), avec la valeur très forte de *folie*, inappropriée au contexte. N. l'a-t-il affadi au sens de *sottise* ? Mais voir la n. critique et *infra* §3. – L'hypothèse d'une lacune avant et après le v. 420 (I.G. Schneider *probante* Lehrs) rompt indûment l'unité de la comparaison des v. 416-422, laquelle considère successivement le cas des adultes étourdis (416) et celui des enfants ignorants du danger (417 ss.), comme l'ont bien vu les Scholies et Eutecnius. **1)** Selon O. Schneider, la comparaison concernerait exclusivement les enfants, envisageant tour à tour les deux raisons pour lesquelles ils mangent de la Jusquiame : **(a)** inconscience (416-420), **(b)** démangeaisons dentaires (421 s.). Mais, indépendamment des maladresses du membre **a** (ordre des mots ; valeur du subj. βρύκωσι ?), il ne parvient à cette interprétation qu'au prix d'une correction gratuite au v. 421 (ἠὲ au lieu de οἷα). – **2)** Gow conserve à juste titre οἷα, qui souligne la valeur causale du participe φαίνοντες (voir 421 n.), et il s'en tient à l'interprétation traditionnelle, mais, au lieu du subj. non justifié de la tradition unanime, il écrit βρύκουσι, ce qui donne une formulation peu convaincante : après ἠὲ (417), on s'attend à ce que κοῦροι soit sujet de τεύχονται s.e.. – **3)** Tout rentrerait dans l'ordre (expression et syntaxe) avec ἧμος ὅτε " au temps où " (moment de l'accident), au lieu du contestable ἠλοσύνῃ. C'est le texte que suggèrent à la fois les Σ et Eut. (voir n. critique). Les deux conjonctions combinées apparaissent pour la première fois chez Arat. 584, également avec le subj. sans ἄν ; outre *Th.* 936 (+ subj. ; *ib.* 75 ἧμος ὅταν), cf. (avec l'ind.) Ap.Rh. 4.267, 452, 1310, D.P. 1158, [Orph.] *Arg.* 120, Epigr. app. dedic. 264.25. – *κακανθήεντας : *hapax* absolu. – *ὀράμνους : 154, 487, *Th.* 92, cf. Agathias *AP* 5.292.1, Paul Sil. *amb.* 196 ; ὄραμνος, doublet de ὀρόδαμνος, a été expliqué par un croisement avec ὄρμενος (Frisk) ; j'y verrais plutôt un néologisme de N., créé à l'imitation des formes écourtées lycophroniennes (cf. *Notice*, p. C). – 421 οἷα (... φαίνοντες) : d'ordinaire = *utpote* " comme il arrive ", " comme il est naturel ", cf. Ap.Rh. 3.617 s. ἄφαρ δέ μιν (*sc.* Μήδειαν) ἠπεροπῆες, Ι οἷά τ' ἀκηχεμένην, ὀλοοὶ ἐρέθεσκον ὄνειροι " soudain, avec leurs mensonges, comme il est naturel au sein de la douleur, des songes funestes l'agitaient ". Ici, on est près de la valeur causale (= ὡς, ἄτε), courante en prose (K.-G. §489.2 ; LSJ s. οἷος V3), très rare en poésie ; mais cf. Ap.Rh. 4.1723 s. (à la vue des sacrifices des Argonautes à Anaphè, les servantes de Médée ne peuvent s'empêcher de rire) οἷα θαμειὰς Ι αἰὲν ἐν Ἀλκινόοιο βοοκτασίας ὁρόωσαι " car elles voyaient toujours immoler force bœufs chez Alkinoos " (trad. É. Delage). – νέον : pour la place, cf. 295, 351 et les n. – βρωτῆρας : cf. Eschyle, *Eum.* 803 (~ F 198) βρωτῆρας αἰχμάς, à qui N. a pu l'emprunter (Volkmann 57) ; qualifie les dents *ap.* Greg.Nyss. *Psalm.* 163.11.]

La J. peut être *bue* ou *mangée*, ποθεὶς ἢ βρωθείς (PAeg. = PsD.) ; cf. Cels. *si hyoscyamum* (sc. *ebibit*), Ascl.Ph. τοῖς πιοῦσι, Scr.L. *qui biberunt*. Par les mots 415 s. κορέσκοι νηδύν, N. envisage le second cas. Le verbe λαμβάνω (Pr., Aét.) convient aux deux. – **(a)** Dans le texte transmis, N. ne précise pas les symptômes de l'intoxication, il insiste seulement sur les consommateurs éventuels de la plante, adultes étourdis, et surtout enfants commençant à marcher, dont les gencives agacées les poussent à se mettre n'importe quoi dans la bouche, les deux cas classiques de consommation involontaire d'un toxique : voir Bruneton[2] 181 (Chardon à glu) " les victimes sont souvent des enfants qui mâchent la racine supposée comestible ou confondue avec celle d'espèces comestibles comme l'artichaut sauvage, *Scolymus hispanicus* L. " ; *ibid.* 363, ingestion de bulbes ou de graines du Colchique par l'enfant ; *ib.* 493 (Belladone) " (les baies) luisantes et charnues peuvent attirer les enfants, beaucoup plus rarement les adultes qui les confondent avec des myrtilles » (cet exemple figure déjà chez Mercurialis 63), etc. L'omission de la symptomatologie surprend d'autant plus qu'elle est une partie obligée des notices, si minime soit-elle (365 : Lait ; 521 : Champignons ; 615 : If). Il s'agit sans doute d'un accident de la tradition (voir l'apparat aux v. 420, 422 et la n. à 420). – **(b)** Les Scholies et Eutecnius attestent un état du texte dans lequel le v. 422, au lieu de compléter le développement précédent, suffisamment explicite, appartenait à la symptomatologie : Σ 422a τοιοῦτός φησι κνηθμὸς ἐν τοῖς φαγοῦσι τὸν ὑοσκύαμον οἷος ἐν τοῖς παισίν, ὅταν ἀποβάλλωσι (*lege* ὑποφαίνωσι *vel sim.*) τοὺς ὀδόντας ~ Eut. 76.9-12 τοῖς τε συσπασμοῖς ἐκείνοις (cf. Hp. *Aph.* 3.25) καὶ τοῖς κνησμοῖς περιτυγχάνουσιν οἱ τοιοῦτοι, οἷοις περ οὖν καὶ τὰ παιδία, ὁπόταν ὑποφύεσθαι αὐτοῖς τὸ πρῶτον οἱ ὀδόντες ἄρχωνται. Ce que vient confirmer Pr. p. 72.30 παρακολουθεῖ κνησμὸς οὔλων ἐν ἀρχῇ (= Aét. l. 6), qui offre les symptomes les plus complets, et signale l'" irritation des gencives " comme étant l'un des premiers (ἐν ἀρχῇ). – **c)** Ce symptôme est absent de la littérature parallèle, mais celle-ci connaît les effets neurologiques de la J., les seuls qu'elle mentionne. Ils figuraient p.-ê. eux aussi chez N. : confusion mentale ou délire (παρακοπή : Pr. PAeg. PsD.) ; παραφροσύνη (Aét. l. 1) comparable à l'ivresse [cf. Arétée 3.6.1 (41.15-17), qui distingue de la folie (μανία) le dérangement d'esprit (παραφορά) causé par le vin, la J., la Mandragore ; Plut. *Qu. conv.* 3.2 (*Mor.* 649a 11 s.), *al.*] ; confusion verbale (παράληροι [Aét. l. 6], cf. Scr.L. p. 85.28 s., qui explique ainsi le nom lat. *altercum* [*mente abalienabuntur cum quadam uerborum altercatione : inde enim hoc nomen herba trahit*]) ; hallucinations (selon Épainétès, on croit être fouetté [Pr. l.15 = Aét. l. 7] ; voir Lewin[3] 31 et cf. Flaubert, *Salammbô*, chap. 43 : « Les plus dangereux étaient les buveurs de jusquiame ; dans leurs crises ils se croyaient des bêtes féroces et sautaient sur les passants qu'ils déchiraient »). Ces effets sont les plus anciennement attestés : cf. ὑοσκυαμᾷς = μαίνει (Phérécrate [*Coriannô*] fr. 78, *ap.* Phot. 619.10,

Hsch. υ 209, *EG* [*EM* 777.18] s.v. ὑοσκυαμᾶν), Hp. *Mul.* 78.261
παραφέρεται δὲ ὁ πίνων, Xén. *Oec.* 1.14 οἱ φαγόντες αὐτὸν
παραπλῆγες γίγνονται. La Mandragore (Arétée, *l.c.*) passait pour
avoir les mêmes effets qui ont valu à la J. le nom de ἐμμανές (D. 4.68
RV = lat. *insana*, Isid. 17.9.41 *quia... insaniam facit* ; cf. Ps.Ap. 4.35
maniopoeos, id est insaniam faciens) et qui sont communs à d'autres
Solanacées telles que le Datura et la Belladone (Bruneton[2] 495, 489). –
Sur les effets neurologiques de la J. (délire, folie, hallucinations), cf.
Orfila 2.143 ss. Le conteur de la *Septième Nuit* semble avoir confondu
la Jusquiame avec le Pavot (leurs notices se suivent chez N.), quand il
attribue à la J. le pouvoir de provoquer un profond sommeil (*Mille et
Une Nuits*, Bibl. de la Pléiade, t. I p. 55).

46. 423-432 : III. *Thérapie.* –

[*Notes complémentaires aux v. 424-430* : V. 424 (fin) βουκέραος :
βουκέρας Hp. *Mul.* 1. 68.29 (Gal. *gloss.* 89.10, cf. 70.10), *EM* 207.40
(cf. Id. 491.24), βούκερας D. 2.102 RV, Th. 8.8.5, βούκερως D. *l.c.*,
βούκερον *Hippiatr.*, = τῆλις *fenugrec* ; N. donne aussitôt l'explication étymologique de ce synonyme (cf. *Test.*). – *χιληγόνου : *hapax*
absolu, comme la *v.l.* *σιτηγόνου. – ὄρρα : cf. *Th.* 685 n. – κεραίας :
au propre, de la *corne* du Cerf, *Th.* 36 (première occurrence) ; ici, en
parlant des longues *gousses* de la plante : pour cet emploi figuré, cf.
Eschyle, *Eum.* 557 (bouts de vergue), Arat. 785, 790 (cornes de la
Lune). – 425 ὑπηνεμίοισιν : ὑπ' ἠνεμόεσσιν (Bentley) a un sens
excellent (pour cet adj. hom., *agité par le vent*, cf. *Th.* 616 n.), mais
cette conjecture est superflue. Le dat. de lieu chez N. se passe de prép.
(cf. *Notice*, p. CIII), et, chez les poètes hellénistiques, ὑπηνέμιος peut
avoir, comme les adj. formés sur une prép. et son régime, qu'ils affec-
tionnent, son sens étymologique. Cf. la glose des lexicographes ὑπὸ
τὸν ἄνεμον : Phot. 625.5 = Suid. υ 426 (Συ υ 103) s.v. ὑπηνέμιοι,
Zon. 1768.25 s.v. ὑπηνέμιον. Le sens de *dans le vent, avec le vent*, est
certain chez Arat. 839 ὑ-ος τανύοιτο (le Soleil, s'il porte des taches
noires) " courra dans le vent " (trad. J. Martin) ; très probable, avec
des verbes de mouvement, chez Thcr. 5.115 ὑ-οι φορέονται (les
insectes) " sont emportés dans le vent ", Posidippe *APl* 275.4 = 3157
G.-P. ἵπταμ' ὑ-ος " je vole avec le vent " (et non " comme le
vent ") ; en l'absence d'un tel verbe, l'adj. peut avoir ici le sens d'
ἠνεμόεις. – 426 ἀτμενίῳ : cf. 178 n.. – μέγ' ὄνειαρ : *Od.* 4.444,
Hés. *Th.* 871, *Trav.* 41, 346, 822, cf. Arat. 15 μέγ' ἀνθρώποισιν ὄ.,
Thcr. 13.34 μέγα στιβάδεσσιν ὄ. – ἐμπλώησιν : = ἐμπλέησιν ;
première occurrence de cet ionisme (cf. ἐνιπλώουσι Opp. *Hal.* 1.260,
Nonn. 44.247), ailleurs seulement chez Arétée (6 fois). – 428 *ὠμόβρωτον : *hapax* absolu, créé sur ὠμοβρώς " qui mange de la chair
crue " (Soph., Eur., Timothée [*Perses*] *in* PMG 791.138). – ἄδην : on

peut hésiter, ici et chez Call. (*Hécalè*) fr. 269 = 25 Hollis, entre *abunde* et *continuo*. Meineke[1] 114 (cf. Volkmann 52) a choisi le sens de *continuo*, habituel chez les poètes de l'époque hellénistico-romaine : Call. 6.55, Ap.Rh. 2.82, Euph. fr. 93 = 97 vGr., Ménophile de Damas *SH* 558.7. Ce sens est confirmé chez Ap. *l.c.* par les Scholies parisiennes (= συνεχῶς, p. 130.21) ; il pourrait l'être aussi chez N. par l'emploi de συνεχῶς/συνεχέστατα en liaison avec des prescriptions semblables dans la littérature parallèle (*e.g.* Aétius *Annexe* §16, l.14). Toutefois, celui de *abunde* semble plus naturel (cf. 330 n.). – φυλλάδ' ἀμέλξαι : inf. de but à construire avec νείμαις ; ἀνά en tmèse forme avec ce verbe l'*hapax* absolu *ἀναμέλγω. Pour ἀμέλγω, voir 77 n. ; pour le sens de *sucer, pomper*, i.e. *boire*, voir *Th.* 918 et cf. Bion 1.48, [Thcr.] 23.25, Nonn. 5.246, *al.* La leçon de T (φυλλάδα μίξας), qui n'est pas tout à fait sûre, signifierait que les feuilles d'ortie sont à donner mélangées aux substances énumérées ensuite. – 429 *κίχορα : *hapax* absolu (ῐ *metri causa*), mais cf. *Th.* 864 (conj.), Hdn. καθ. 386.32 κίχορον. La forme ordinaire (attique, selon Σ) est κιχόρια/κιχόριον : κιχόρια Aristoph. fr. 304 (Kaibel *recte* : -ρεια Phot. κ 751), Poll. 6.62 (18.16), κιχορίῳ Th. *HP* 9.12.4, κιχόριον D. 2.132 ; lat. *cichorium* (Pl. 20.74), *cichorēa* (plur., Hor. *O.* 1.31.16). – *καρδαμίδας : cf. 533 ; première occurrence de καρδαμίς. Néologisme ? Après N., on trouve le mot chez Plut. *Mor.* 125f8, 466d6, Gal., O. et dans la littérature grammaticale (cf. Suidas κ 35 et voir comm. n. 46 §5a). – Πέρσειον : trad. conjecturale, cf. comm. n. 46 §5b. – *ἔπουσιν : 490, *Th.* 508 (voir n.), 627, 738 ; ind. prés. créé sur l'aor. εἶπον p.-ê. par N. – 430 ἐν δὲ : cf. Call. 1.84, 3.139 s., et voir *supra* 205 n. – *νάπειον (MR) : = 533 σίνηπυν (cf. *Th.* 878 et voir comm. n. 109 §5) ; seule autre occurrence, D. 4.16 RV (183.11) νάπειον ὄνου, synonyme de λειμώνιον (Saladelle ?).]

(1) 423 : *Lait pur*. Pour cet antidote de la Jusquiame et autres poisons, voir *Notice* p. xliv s. ; Lait *frais* : D. *m.m.* 2.70.5 (145.2) πρόσφατον ~ Pl. 28.158 *recens*. Pline conseille particulièrement le Lait d'*Ânesse*, comme tous les médecins cités dans les *loca similia*, sauf Pr. qui mentionne seulement le Lait de *Vache* et de *Chèvre* (omission due à l'abréviateur ?). Le Lait est recommandé soit seul (Celse, Scrib.L., D. *eup.*), comme chez N., soit (cf. *supra* 352, 385 s.) mélangé à du Mélicrat (D. *eup.* p. 313.3 γάλα, μελίκρατον σὺν γάλακτι ὀνείῳ ~ Pl. 22.112 *aqua mulsa* [= μελίκρατον] ... *contra hyoscyami* [sc. *uenenum salutaris*] *cum lacte maxime asinino*, cf Aét. l. 8 ~ PAeg. = PsD.). A défaut de Lait d'Ânesse, le lait de remplacement (Vache, Chèvre : Aét. PAeg. PsD.) est à prendre lui aussi soit seul soit avec du Mélicrat (Pr. μετὰ μελικράτου, Ascl.Ph. μετὰ μελικράτου θερμοῦ) ou une décoction de Figues sèches (Aét. PAeg. PsD.). – Le Mélicrat absorbé seul constitue une alternative au Lait (Celse). Ces deux boissons avaient p.-ê. pour but d'aider le patient à vomir, Pr. le précise pour le Mélicrat ; de même Scribonius qui emploie, non pas le Lait, auquel on attribuait plus probablement un effet curatif, mais le Mélicrat : p. 86.1 s. *sed hi prius aqua mulsa saepius pota cogantur per pinnam reicere.* D. *eup.* se sert à cette fin du Vin pur (ἄκρατον πίνειν, ἐμεῖν athétisé par Wellmann sans raison). – Pour le Lait de femme *ap.* Pl. 28.74, cf. *supra* n. 5 §6 b. – **(2)** 424-426 : *Fenugrec avec Huile.* Βουκέραος = τήλεως ; Th. *HP* 8.8.5 (βούκερας), D. 2.102 (βούκερως) ~ Pl. 24.184 (*buceras*), cf. Gal. *vict. att.* 49.2 s. βούκερας δὲ καὶ τῆλις (ἑκατέρως γὰρ ὀνομάζεται). Fabacée cultivée sur le pourtour méditerranéen, le fenugrec (*Trigonella fœnum graecum* L.) était appelé βούκερας à cause de son fruit, une gousse allongée, recourbée en forme de cornes (Pl. *l.c. quoniam corniculis semen est simile*, cf. *ap.* D. 2.102 RV (et Pl. *l.c.*) les syn. αἰγόκερας, κεραῖτις : pour l'étymologie de 424 s. voir *Notice* p. CVII. – Dioscoride (*m.m.*) et Pline ignorent l'*indication* du Fenugrec contre la Jusquiame. Le seul témoignage, à ma connaissance, est D. *eup.* 313.4 s., qui fournit pour la manière d'utiliser la plante (426) un parallèle exact :τῆλις σὺν ἐλαίῳ. – **(3)** 427-428 : *Ortie (graines ou jus).* Critique du témoignage de Pl. 22.31 sur N. et Apollodore (t. II, p. 291, fr. 16), en ce qui concerne l'Ortie antidote de divers poisons et venins : voir *Th.* 880 et le comm. *ad loc.* (p. 251). Selon Pline, Apollodore recommandait lui aussi la graine contre la Jusquiame, mais avec du bouillon de Tortue. C'est également la graine que N. préconise contre la Ciguë (201), le breuvage à la Salamandre (550) et le venin des Scorpions (*Th.* l.c.). Les feuilles, qu'il conseille de mâcher crues (428), sont plus couramment employées en application (*e.g.* D. 4.93 [251.11 ss.]) et en décoction (252.11) avec des *indications* différentes. – *Iologues récents* : ils les donnent à manger bouillies dans du lait (Pr. p. 73.4, Aét. l. 12 s.). Eux aussi conseillent la *graine* en boisson dans du vin (Aét. l. 12, cf. D. *eup.* κνίδης σπέρμα σὺν οἴνῳ), ou sans préciser l'excipient (Pr. ἢ κνίδης καρπόν). – **(4)** 429 : *Chicorée.* Sur la Chicorée sauvage, voir le comm. de *Th.* 864 (n. 107 §2). Phytonyme au sg. κίχορον : Eut., cf. Hdn. καθ. 386.32 ; pl. κιχόρια : Aristoph. fr. 304, Poll. 6.62 ; mais le pluriel, comme pour καρδαμί-δας, pourrait désigner les *graines* : cf., entre autres, *Th.* 840 (et le comm. n. 102 §5), 896 σίσυμβρα (comm. n. 113 §1b). – *Iologues récents* : recommandent Chicorée, Nasitort (les deux plantes groupées comme chez N. *ap.* Pr. et Aét.), Moutarde, etc. (voir §5 ss.), en aliment ou en boisson dans du vin ; κιχόρια (PAeg. = PsD.), κιχόριον (Pr. ~ Aét. l. 13). – **(5)** καρδαμίδας – ἔπουσιν : *Cresson.* **a)** καρδαμίς = κάρδαμον, cf. Gal. *gloss.* 136.13, s.v. σαυρίδιον (Hp. *ulc.* 11)· ἡ καρδαμὶς βοτάνη ἀπὸ τῆς κατὰ τὸ σχῆμα ὁμοιότητος. ἡ αὐτὴ καὶ κάρδαμον ὀνομάζεται ; cf. Erot. σ 24 (79.5 s.) σαυρίδιον· ἣν ἔνιοι καρδαμίδα καλοῦσι καρδάμῳ ἐοικυῖαν. Ces gloses montrent de plus que σαυρίδιον (diminutif de σαύρα [Nic. fr. 74.72]) désignait une plante voisine, sinon identique. Pour le sens du plur. καρδαμίδας, voir *supra* §4. – La dépendance de Pr. serait ici prouvée si καρδαμίδας (seul emploi du plur. en dehors de N.) était un emprunt à N. (κάρδα-μον *ap.* Aét. PAeg. PsD.). Ce qui est sûr, c'est que la prescription de Pr. p. 73.4 (ἢ κιχόριον καὶ καρδαμίδας δίδου ἐσθίειν) semble un doublet de 73.2 s. (κάρδαμον μετ' οἴνου ἱκανοῦ). – **b)** Πέρσειον : les Σ se réduisent à Gᵍ βοτάνης εἶδος. Eut. 76.22 (qui suit sans doute des interprètes anciens) paraphrase : κάρυον Περσικόν, *i.e.* " la Noix " (cf. D. *m.m.* 1.125 [114.1] κάρυα βασιλικά, ἃ ἔνιοι Περσικὰ καλοῦσιν) ; la Noix est inappropriée au contexte, auquel une herbe conviendrait mieux, mais laquelle ? La *v.l.* Περσεῖον, leçon adoptée par presque tous les édd., pourrait, comme on le pense depuis Gorraeus (cf. Grévin, Br., G.-S.), s'appliquer au Perséa, désigné comme " l'arbre de Persée " aux v. 99 ss. Mais on ne sait que faire du relatif fém. ἥν. Même objection contre Eut., et aussi contre πέρσειον (avec une minuscule), qui désigne le *fruit du persea* (le ms E d'Athénée 14.649d [= Posidonios FGrHist 87F3] a πέρσειον ; Th. *CP* 2.2.10 et les mss AC d'Ath. ont πέρσιον [A *sine acc.*] exclu par le mètre), et ne convient pas davantage au contexte. La solution est à chercher au v. 533 (avec ma correction), où Μῆδον (pour l'accord de cet adj. avec καρδαμίδας, cf. n. *ad. loc.*) désigne, entre le Cresson ordinaire (καρ-δαμίς, antécédent du rel. ἥν) et la Moutarde, une variété de Cresson (cf. *Th.* 876 s. ἀπὸ Μήδων ǀ κάρδαμον), la meilleure au témoignage de Dioscoride et de Pline : D. *m.m.* 2.155 (221.12) δοκεῖ κάλλιστον εἶναι τὸ ἐν Βαβυλῶνι (*sc.* κάρδαμον) = Pl. 20.130 *optimum autem Babylonium* (sc. *nasturtium*) ; ἥν – ἕπουσιν n'introduit pas une autre plante mais une variété de la même, comme on le voit en 490 pour le Grenadier. Il faut écrire par une majuscule : Πέρσειον = Περσικόν, avec O. Schneider (mais son Index verborum le rapproche à tort de 99 περσείης), cf. Περσεία, Περσία, Περσική, épiclèses d'Artémis (*e.g.* D.S. 5.7.77), et rapporter cet adj. à deux terminaisons à καρδαμί-δας, comme y invite le relatif ; cf. I.G. Schneider 322 (" interpretatio latina ") : *nasturtium et nostrum et persicum.* Pour l'équivalence Περ-σικός = Μηδικός, cf. D. *m.m.* 1.115.5 (109.3 s.) τὰ δὲ Μηδικὰ λεγό-μενα ἢ Περσικὰ ... Ῥωμαϊστὶ δὲ κίτρια. On pourrait aussi conjec-turer Μήδειον (pour l'ethnique Μήδειος = Μηδικός, cf. 533 Μῆδον), en supposant que la glose Περσικόν a été introduite dans le texte et modifiée d'après lui (cf. 269 καστηνοῦ *pro* ἀσκηροῦ). Là où les médecins grecs recommandent une seule plante, N. prescrit souvent deux variétés ou plus (cf., outre les exemples ci-dessus, 199 s., 234 s., etc.). – Du Cresson alénois, Dioscoride et Pline connaissent seulement sa vertu contre les venins (cf. *Th.* 877 et comm. n. 109 §2), et son usage en fumigation et en onguent pour tenir les Serpents à l'écart (D. *m.m.* 2.155 [222.5 s.], Pl. 20.129), mais il figure, dans la thérapie de la Jus-quiame, à côté de la Moutarde et du Raifort, chez D. *eup.*, Pr. et les autres iologues récents (Aét. PAeg. PsD. – **(6)** 430 νάπειον : *Moutarde*. Pline signale seulement son action contre les Champignons (cf. n. 57 §B4c), outre sa vertu thériaque (cf. *Th.* comm. n. 109 §5). D. ne mentionne le νᾶπυ comme antidote que dans *eup.* p. 313.6 (contre la J.). – *Iologues récents* (νᾶπυ) : en aliment ou en boisson dans du Vin : Pr. p. 73.5 (la racine) ; en boisson dans du Vin : Aét. l. 14 PAeg. PsD. – **(7)** ῥάφανόν : *Raifort* (527 *alio sensu*). Sur le Raifort, cf. D. *m.m.* 2.112 (ῥαφανίς ; cette notice suit celle sur la βουνιάς, cf. N. fr. 70.3) ~ Pl. 20.23 ss. (*raphanus*). Dioscoride et Pline parlent de son action contre les venins, mais N. ne mentionne pas cette plante dans les *Th.* Ils le disent efficace contre les Champignons vénéneux (voir comm. n. 57 §B1), Pline ajoute : contre le poison de la Jusquiame et le Sang de Taureau, en alléguant N. pour ce dernier usage, sans doute par erreur (voir *Test.* 319-334) ; mais D. *eup.* cite le Raifort (ῥάφανος) parmi ses remèdes à la J. – *Iologues récents* : Pr. (la racine), Aét., PAeg. = PsD. (ces deux derniers écrivent ῥέφανος). – **(8)** 431 κρομμύοις, γηθυλλίδας : *Oignons*. Cf. D. *m.m.* 2.151, Pl. 20.39 ss. Ils notent qu'ils sont efficaces en application sur les morsures de Chiens, Pline sur celles des Serpents, Scorpions et Mille-pattes (*Th.* 931 *aliter*), mais ils sont muets sur son action contre la J. En revanche, l'Oignon compte au nombre de ses antidotes *ap.* D. *eup.* et, parmi les iologues récents, chez Aét. PAeg. PsD. – Aucun ne fait état des γηθυλλίδες, mais il est dans les habitudes de N. de citer des variétés d'une même plante (cf. §5b), ou divers états de développement d'un fruit, notamment les premiers (cf. 609 s.). Pour Σ 431e (cité n. crit. à 432), il s'agit de *jeunes* Oignons. Γηθυλλίδες est à comparer à γήθυον (Th. *HP* 7.2.2) ou γήτειον (7.4.10), autres noms de l'Oignon vrai κρόμυον (7.4.7), *Alium Cepa* L. ; cf. Strömberg[1] 84. Première occurrence, Épicharme (*Philoctète*) fr. 132 γαθυλλίδες ; cf. Phrynichos (*Cronos*) fr. 12 γήθυον, qui, selon Didyme (p. 306 Schmidt), est identique à ἀμπελόπρασον " Poireau de vigne, et n'est pas différent de γηθυλλίς " (cf. Mœris 194.6 γηθυλλίς · Ἀττικοί, ἀμπελόπρασον Ἕλληνες). Voir la discussion d'Athénée 371f, source de ces fragments. En fait, comme le suggère la Σ (*l.c.*), γηθυλλίδες semble désigner des Oignons de printemps (LSJ).– **(9)** 432 : *Ail.* Cf. D. *m.m.* 2.152 (217.8 σκόρδον), Pl. 20.50 ss. (*alium*). Malgré son efficacité contre les Serpents et la Musaraigne (D. p. 218.7, 219.11 ~ Pl. §50-51), N. ne le mentionne pas dans les *Th.* Dioscoride ne dit rien de son emploi contre la Jusquiame, ni dans sa *m.m.* ni dans ses *eup.*, mais Pline note qu'il est bon contre elle et contre l'Aconit (§50). – *Iologues récents* : Aét. l. 15 et PAeg. (σκόρδα), PsD. (σκόροδα), en boisson dans du vin, comme la Chicorée, la Moutarde, le Cresson, le Raifort et les Oignons, cités à peu près dans le même ordre que chez N. – **(10)** Autres remèdes : selon Pl. 20.210 le suc de πεπλίς (*Euphorbia Peplis* L.), pris dans du moût, est efficace contre la Jusquiame. Diosc., dans le chap. parallèle de la *m.m.* (4.168), ne dit rien de cet antidote, non plus que les iologues récents.

47. V. 433 : Pavot. I. Description. – Κεβληγόνου fait allusion à un détail morphologique utilisé dans une image homérique et concernant la *tête* (κεβλή) du Pavot (voir 216 n.). Elle était appelée proprement κώδεια : fr. 74.44 ; Gal. *simpl. med. fac.* 7.12.13 (περὶ μήκωνος), 12.72.17 κωδύαν, cf. Harp. 188.16 [κωδύα/κωδεία] τὴν τῆς μήκωνος κεφαλὴν οὕτω καλοῦσιν, avec référence à Hypéride fr. 253 J. et Aristophane fr. 114, d'où Hsch. Suid. *EG* [*EM*] *EGud* Zon., s.v. κώδεια ; p.-ê. un atticisme. Le mot désigne la lourde capsule sphérique contenant une foule de graines très petites, et qui s'incline sur sa tige. Homère lui compare la tête d'un guerrier frappé à mort, alourdie par le casque, et qui penche par côté, *Il.* 8.306-308 μήκων δ' ὣς ἑτέρωσε κάρη βάλεν, ἥ τ' ἐνὶ κήπῳ, Ι καρπῷ βριθομένη νοτίῃσί τε εἰαρινῇσιν, Ι ὣς ἑτέρωσε ἤμυσε κάρη πήληκι βαρυνθέν " comme un pavot, dans un jardin, penche la tête par côté, alourdi par son fruit et les pluies de printemps, ainsi, de côté, il inclina sa tête sous le poids de son casque ". La tête d'Ilionée, portée au bout d'une lance, fait l'objet d'une semblable comparaison (14.499). – Chez N., il y a là plus qu'un ornement poétique. Les graines, certes, ne constituent pas l'élément vénéneux : leur usage alimentaire [cf. D. *m.m.* 4.64 (218.7 τὸ σπέρμα ἀρτοποιεῖται] ~ Pl. 19.168 [*hoc* (sc. semen) *et panis rustici crustae inspergitur*], est attesté dès l'âge néolithique (Steier, *RE* 15.2435.38 ss., Bruneton[1] 928). Mais c'est en incisant (D.*m.m.* p. 221.15s. ~ Pl. *l.c.*) les capsules encore vertes du Pavot somnifère (*Papaver somniferum* L.), Pavot blanc ou Pavot des jardins (cf. *Il.* 8.306, cité *supra*), comme on le fait aujourd'hui, que l'on obtenait le suc ou Opium brut (le latex séché à l'air, cf. la *Pharmacopée européenne*[3] citée par Bruneton[1] 926), servant à composer le poison. – Celui-ci ne consistait pas en effet dans une infusion de la plante entière, il était préparé avec le *latex* blanc. C'est le δάκρυ (= ὀπός, voir 301 n.) de N. Les iologues récents (cf. *Sim.* 433-442) l'appellent, les uns, simplement μήκωνος ὀπός : Ascl.Ph., Aét., PAeg., PsD. ; les autres, ὄπιον : Scr.L. *opium* (cf. Pl.) ou μηκώνιον : D.*eup.*, Pr., mais non, malgré Mercurialis 141, Ascl. 138.13, où il faut lire κώνειον et non μηκώνι(ει)ον, cf. *supra* n. 17 §B1a. (D.*m.m.* p. 221.12 appelle μηκώνιον la préparation faite avec le suc obtenu par un autre procédé.) Et de fait, narcotisme, refroidissement du corps, immobilité des yeux, apparition de la sueur, ralentissement de la respiration, cyanose, tels que N. les décrit (cf. les appréciations élogieuses de Lewin[2] et de Steier 2436.65 ss.), sont bien les effets que produit sur l'organisme l'Opium, ou sa teinture safranée connue sous le nom de Laudanum de Sydenham, comme on pourra s'en convaincre à partir des observations faites sur l'action de l'Opium et du Laudanum à l'occasion de suicides, recueillies par Orfila (cf. *infra* n. 48). A trop forte dose, le suc de Pavot entraîne la mort. Pour son usage dans les suicides de vieillards à Céos, voir *supra* n. 16[a] §a ; pour des cas de suicides individuels, entre autres celui du père du personnage consulaire P. Licinius Caecina, cf. Lewin[2],

qui est d'avis que les observations de N. ont été faites sur des personnes qui auraient ingéré volontairement le stupéfiant. Selon Lewin[2] et Schmiedeberg 9-14, l'action qu'attribue Homère au φάρμακον νηπενθές donné à Hélène par Polydamna d'Égypte (*Od.* 4.221-226) caractérise l'Opium et lui seul, *i.e.* l'ὀπὸς μήκωνος d'Hippocrate. – Cf. Mercurialis 140-146 ; Orfila 2.75-136, surtout 87-100 ; Steier « Mohn » *RE* 15 (1932) 2433-2446 ; Bruneton[1] 926-947, [2]397-403.

48. 433-442 : II. *Symptomatologie.* –

[*Notes complémentaires aux v. 433-442* : V. 433 (fin) Κεβλή (Call. fr. 657, cité *ap.* Σ) est une *glose* macédonienne pour κεφαλή (Cramer, AO 2. 456.29, cf. Id., AP 4.32.24) ; voir Pf. *ad loc.*, ajouter Steph. Byz. p. 165. s.v. Βέροια ˙ ... αὐτοὺς (*sc.* τοὺς Μακεδόνας) δὲ τὸ φ εἰς β μεταποιεῖν ὡς Βάλακρον καὶ Βίλιππον καὶ Κεβαλῖνον. – 434 *καθυπνέας : *hapax* absolu, = καθύπνους. – δάκρυ : voir 301 n. – 435 καταψύχουσι : intr. ; ici, comme ψύχω (85, 192 et la n. *ad loc.*), *se refroidir* ; Th. 473 ψύχωσι, cf. Septante, *Gen.* 18.4, *se rafraîchir*. Le sujet est p.ê. οἱ πίνοντες, ou, plus probablement, ἄκρα γυῖα (cf. 192). – ἀναπίτναται : seulement chez Pindare (*I.* III + IV 65 Sn.) et Hsch. α 4504. – 436 *ἀκινήεντα : *hapax* absolu, = ἀκίνητα. – *δέδηεν : *hapax* absolu, pour le sens. Chez Hom., pft. 2 intr. de δαίω *brûler*, *flamber* (au propre en parlant du feu, mais souvent au fig., cf. *Il.* 12.466 πυρὶ ὄσσε δεδήει " ses yeux flambaient de feu "). Ce sens est exclu par le contexte. N. semble avoir rattaché cette forme à δέω *lier*. On trouve des traces de la même étymologie dans la littérature grammaticale : cf. *EG* (*EM* 89.51) α 721 ἀμφιδέδηε˙ ... ἀπὸ τοῦ δέω ...˙ « πτόλεμός τε Ι ἄστυ τόδ᾽ ἀμφιδέδηε » (*Il.* 6.328 s.), Zon. 487.8 δέδηεν ἀντὶ τοῦ ... ἢ ἐδέσμευσεν˙ « πάντη γάρ σε περὶ στέφανος πολέμοιο δέδηε » (*Il.* 13.736) ; cf. Σ *Al.* 436b δέδηεν ἀντὶ τοῦ δέδεται, δεσμεῖται ~ Eut. 77.3 τοὺς ὀφθαλμοὺς κεκλεισμένους ἔχουσιν. Litt. (*les yeux*) *sont liés par les paupières* ; ent. *sont fixes sous des paupières sans mobilité* (voir comm. n. 48 §3). – 437 *ὀδμήεις : *hapax* absolu, = ὀζώδης (Σ). – *περιλείβεται : = στάζει (D^g) ; seule autre occurrence, Christodoros *AP* 2.146 (fig.) ; composé oublié par les dictionnaires. – 438 *ὠχραίνει, *πίμπρησι : théoriquement, ces verbes pourraient être transitifs avec le poison pour sujet (cf. 571 πίμπρησιν, p.-ê. transitif, et la n. *ad* 192), mais, plus probablement, comme dans les autres propositions de la symptomatologie, le sujet reste la partie du corps où se manifeste le symptôme ; pour le glissement du sens transitif au sens intrans., voir *Notice*, p. CIII et t. II p. CIII §II2. – ῥέθος : cf. 456 ; " visage " (Trag.), sens adopté par les poètes hellénistiques (Ap.Rh. 2.68, Moschos 4.3, Lyc. 173, 1137), et qui serait d'origine éolienne (Eust. à *Il.* I6.856

[3.942.10]) ; *ap.* Hom., *corps, membres ~ Th.* 165, 721 (cf. Lyc. 862). – 439 *ἐπεγχαλάουσι : *hapax* absolu, = παρεῖνται (Σ). – *γενειάδος : d'ordinaire, *menton* ou *barbe* (cf. Thcr. 2.78) ; le sens de *mâchoire* (γενύς) semble propre à N. (cf. Dᵍ σιαγόνος). – 440 διανίσεται : voir Note orthographique, *infra*, p. CLV. Les seules autres occurrences de ce verbe ont -σσ- (Opp. *Hal.* 1.550 [διανίσ(σ)-], Orphica fr. 275.56 [= Epigr. app. exhort. 47.56], Synes. *hy.* 1.295, Paul Sil. *amb.* 241, 248) sauf Pind. *Pyth.* 12.25 διανισόμενον. – 441 πελιδνός : cf. *Th.* 238 n. – 442 *κοιλώπεες : *hapax* absolu, créé sur κοιλωπός (Eur. *IT* 263), autre *hapax* abs., de même que κοιλῶπιν Antip.Sid. *AP* 6.219.5 = 612 G.-P.]

1) 434 : *Assoupissement*. Symptôme caractéristique, objet d'allusions multiples chez les poètes latins, cf., entre autres, Virgile parlant des " pavots imprégnés du sommeil Léthéen " (*Géorg.* 1.78 *Lethaeo perfusa papauera somno*, cf. *Én.* 4.486 *soporiferumque papauer*). Scr.L. p. 85.15 parle seulement de " tête lourde " : *capitis grauitatem*→, cf. Pr. p. 71.33 βάρος κεφαλῆς, l.35 καρηβαρίαι ; Épainétès : ὕπνος πολύς ; Aét. l. 8 s. (version longue) : κεφαλῆς βάρος καὶ (καταφορὰ) ὑπνώδης (cf. Gal. 9.476.4 καταφορὰ πρὸς ὕπνον), Aét. (version courte), PAeg. PsD. : καταφορά. L'assoupissement est le premier symptôme noté par Épainétès, Aétius (PAeg., PsD.). – Les observations d'Orfila mentionnent la " somnolence ", la " propension à l'état comateux ", l'" assoupissement profond " (88, 100). Cet " état léthargique " augmentant graduellement (89) apparaît de façon spectaculaire dans la 4ᵉ observation due à un médecin anglais et concernant un jeune homme de dix-huit ans qui avait pris « environ six onces de Laudanum » : onze heures après la prise, malgré la médication, « le sommeil était toujours profond ; il ronflait fortement, même lorsqu'on le promenait dans la chambre ; et lorsqu'on l'éveillait subitement, il ouvrait les yeux et retombait aussitôt dans son assoupissement ». – 2) 434 s. : *Refroidissement des extrémités*. Aétius (version brève), Paul et le Ps.Diosc. parlent de " refroidissement " lié à l'" assoupissement ", comme N. (cf. γάρ et voir *supra* 85), mais sans mentionner les extrémités : καταφορὰ μετὰ καταψύξεως ; Scr.L. p. 85.15 de " refroidissement des *membres* " (ou des articulations) : ←*gelationem et liuuorem* artuum→, Pr. p. 71.36 s. " des articulations et de tout le corps " : ψῦξις ἄρθρων καὶ ὅλου τοῦ σώματος. Lisaient-ils chez N. ἄρθρα au lieu de ἄκρα, indépendamment l'un de l'autre (même *variatio*, au v. 192) ? On note d'autres rencontres entre Pr. et Scr.L. Dans la suite, Promotus mentionne les *extrémités* (72.9 τοῖς ἄκροις [voir *infra* n. 49 §4 et 5a], 10 τὰ ἄκρα), conformément aux réalités médicales : cf. la 4ᵉ observation d'Orfila 90 (« ses mains étaient froides »), 91 (« il éprouvait un froid marqué aux extrémités »). – 3) 435 s. : *Paupières abaissées, yeux fixes*. Le premier symptôme est seul noté dans

la littérature iologique : Aét. l. 9 s. (version longue) δυσανάσπαστα βλέφαρα ~ Pr. p. 71.34 s. κοίλωσίς τε ὀφθαλμῶν καὶ τὸ μὴ δύνασθαι τὰ βλέφαρα ἀναστέλλειν. – Cf. Orfila 88 (3ᵉ obs.) " paupières abaissées ", " yeux immobiles ", 90 s. (4ᵉ obs.) " yeux fermés ", 93 (5ᵉ obs.) " globe oculaire immobile, paupières sans contractilité ", " yeux fixes, proéminents ". – **4)** 437 s. : *Sueur odorante abondante.* Scr.L. ←*sudoresque frigidos manare*→ (§7) ; Pr. p. 71.37 ἱδρὼς δυσώδης. Σ 437a ~ Eut. 77.5 s. précisent que l'odeur de la sueur est semblable à celle du suc de Pavot ; Aét. l. 12 s., PAeg. et PsD. en termes identiques, que " l'odeur de l'Opium (PAeg. PsD. disent : τοῦ φαρμάκου) se répand sur tout le corps " (les iologues récents relèvent un symptôme analogue pour le Lièvre marin, n. 50 §2). – Aétius l. 3 s. et Pr. p. 71.30 s. donnent comme des caractéristiques permettant de déceler l'Opium son *goût amer* (πικρίαν) et son *odeur forte* : τῆς ὀδμῆς ἀπήνειαν (Aét.), βαρύτητα (Pr.) ~ Scr.L. p. 85.13 *ab odoris grauitate intellegitur* ; Bruneton[1] 932 : « l'opium est une pâte de saveur piquante et amère, d'odeur caractéristique ». – Cf. Orfila 96 s. (6ᵉ obs. : cas d'un homme de vingt-huit ans qui avait avalé le matin pour se suicider « une once et demie de Laudanum ») ; au soir, " sueurs froides sur tout le corps " ; le lendemain, " sueur générale et chaude ". – **5)** 438. **a)** *Cyanose* : Scr.L. (*liuorem*, cité §2), Pr. p. 71.36 ὠχρίασις→ = Aét. l. 14. – Cf. Orfila 87 (1ʳᵉ obs. : cas d'une demoiselle de vingt-deux ans qui s'était empoisonnée avec de l'Opium) « figure pâle, cadavéreuse », 88 (3ᵉ obs.) « le visage pâlit », 90 (4ᵉ obs.) « figure pâle », 94 (6ᵉ obs.) « face décolorée ainsi que les lèvres ». – **b)** *Enflure des lèvres* : Pr. p. 71.36 ←χειλῶν ἐποίδησις ~ Aét. l. 13 οἰδίσκεται τὰ χείλη. – Cf. Orfila 93 (5ᵉ obs.) « gonflement général de la face et du cou ». – **6)** 439 : *Relâchement de la mâchoire.* Promotus et Aétius seuls à signaler ce symptôme : Pr. p. 71.36 χαλασμὸς γένυος, Aét. l. 13 χαλᾶται ἡ κάτω γένυς. – Cf. Orfila 87 (1ʳᵉ obs.) « mâchoire inférieure pendante et très mobile » (note en outre : « muscles des membres et du tronc " relâchés, cf. 90 [4ᵉ obs.] « tous ses muscles étaient dans un état extrême de relâchement »). – **7)** 439 s. : *Respiration rare, lente et froide.* Pr. p. 71.38 <ἀναπνοὴ (*add.* Ihm)> ψυχρὰ καὶ ὀλίγη ~ Aét. l. 159 ἀ. ψ. κ. μικρά ; Scribonius note seulement : p. 85.16 (après le symptôme du §4) ←*praeterea spirationem impedit.* – Cf. Orfila 87 (1ʳᵉ obs.) « respiration le plus souvent peu apparente, quelquefois un peu bruyante », 88 (2ᵉ obs. : cas d'une dame neurasthénique ayant avalé « un gros [huitième partie de l'once] d'opium brut » pour se suicider) « respiration pénible, stertoreuse, quelquefois interceptée », (3ᵉ obs.) « la respiration s'intercepta », 90 (4ᵉ obs.) « respiration lente et sonore comme dans l'état apoplectique », 96 (6ᵉ obs.) « la respiration » accompagnée d'un grognement « est devenue très lente (4 à 5 respirations par minute) ». – **8)** 441 s. *Pronostic* (cf. *Notice* p. XXVII s.) : les signes notés, en particulier la *facies hippocratica*, indiquent une mort prochaine (cf. Hp. *Progn.* 2.5, I7.5 : nez, yeux ; 9.7 : ongles). On retrouve les deux premiers signes inversés chez Pr. p. 71.37 s. διαστροφὴ ῥινός, πελίωσις ὀνύχων (cf. Aét. l.9) ; pour le nez, cf. Villon (Bibl. de la Pléiade, p. 1153) *La mort le fait ... I Le nez courber* ; pour les yeux creux, Pr. *supra* §3. – Cf. Orfila 88 (3ᵉ obs.) « il y avait *distorsion* de la bouche » ; ce cas offre la plupart des symptômes de N., cf. §1, 3, 5, 7.

49. 443-464 : III. *Thérapie.* –

[*Notes complémentaires aux v. 445-455* : V. 445 (fin) *διαθρύ-ψαιο : seule occurrence du Moy. (cf. t. II, p. CII §Π2) au sens de " broyer des drogues ", attesté au Pass. chez Hp. Le ms T a l'Act. δια-θρύψειε, mais les injonctions qui ont la victime pour sujet ne concer-nent que des actions qu'elle est seule à pouvoir accomplir (cf. 486 n.). – 445 s. μελίσσης I... αἵ τ' : pour le passage fréquent chez N. du sing. au plur., cf. *Th.* 801 n. ; pour ἔργα μελίσσης *supra* 71 n. – 446 ποιπνύων : Oᵍ Dᵍ κατὰ σπουδῆς καὶ πνεύματος ποιῶν, cf. Hsch. π 2742 ποιπνύτροισι (cf. Antim. fr. 186 Wyss = 111 Matthews π]οιπνύτρ[ο]ισι) · σπουδαίοις, π 2743 ποιπνύων · ἐνεργῶν (cf. Pind. *P.* 10.64, seule autre occurrence), θεραπεύων. – 447 δεδουπό-τος : selon Aristarque ce participe hom. se rapporte à une mort *quae fit cadendo et cum strepitu* (Lehrs 110), cf. *Il.* 23.679 δεδουπότος Οἰδιπόδαο " Oedipe tombé à la guerre ", chez les poètes hellénis-tiques à toute espèce de mort : Ap.Rh. 1.1304, 4.557 ; Euph. fr. 40 P. = 44.2 vGr. (d'où Nonn. 12.118) ; Lyc. 919 (cf. Konze 65) ; *al.* Cf. Nic. fr. 74.63 παρθενικαῖς νεοδουπέσιν " jeunes filles mortes depuis peu ". – 448 κοίλοιο κατὰ δρυός : Σ *ad loc.* cite Hés. *Trav.* 233 (où [δρῦς] μέσση renvoie à la même réalité) et Ps.Phocylide 171-174 (173 δρυός ... κατὰ κοιλάδος). Les hommes ont récolté le miel sauvage au creux des arbres et des rochers jusqu'à l'invention de la ruche artifi-cielle par Aristée ; cf., entre autres, [Opp.] *Cyn.* 4.271 s. καὶ ποτὶ σίμ-βλους I ἐκ δρυὸς ἀείρας ἀγανὰς ἐνέκλεισε μελίσσας (*sc.* Ἀρισταῖος). – 449 θαλάμας : = *cellas* (Virg., *Géorg.* 4.164), cf. Antiphil. *AP* 9.404.2 = 1044 G.-P². αὐτοπαγεῖς θαλάμαι, Apollonides 6.239.6 = 1142 κηροπαγεῖς θαλάμας, mais Nicias 9.564.4 = 2778 G.-P. τεὸς πλήθῃ κηροπαγὴς θάλαμος (τεὰς πλήθης κηροπαγεῖς θαλάμας Jacobs *fort. recte*). – *συνομήρεες : non attesté en dehors de N., cf. 238 (et la n.), 607. – *ἀμφὶ : G.-S. en font un adv. rapporté à ἤνυσαν, " et, dans cette cavité, ... ", ce qui offre un sens possible. Mais on ne peut exclure la construction ἀμφὶ ἔργων. Les verbes du sens de *se rappeler*, *oublier* ont, pour régime ordinaire, le gén. seul (e.g. *Od.* 10.199 μνησαμένοισ' ἔργων) ; mais ils se construisent par-fois avec περί + gén. (cf. K.-G. I.364, Anm. 12), ou, plus rarement avec ἀμφί + dat. ou acc. ; le gén. semble exceptionnel. – 450 *πολυω-

πέας : cf. 323 n. – *ὄμπας : cf. Call. fr. 658 (cité par Σ *Al.* 450e), 681
et les n. de Pf. Les meilleurs mss de N. ont cette graphie, sans doute
attique. Au sens ordinaire, ὄμπη (cf. Poll. 1.28) désigne un " gâteau de
farine et de miel " offert en sacrifice : Σ *l.c.* ὄμπαι οἱ μέλιτι δεδευ-
μένοι πυροί = Hsch. ο 823 ~ Phot. 335.8 (s.v. ὄμπναι), *EM* 625.53
(s.v. ὄμπη) ; le sens de " gâteau de cire " (Σ ~ Eut. 77.20 τὰ κηρία)
est particulier à N. – 451 θύμα : pour le plur. cf. *e.g.* Gal. 14.26.14 ;
les anciens distinguaient deux espèces de Thym, une blanche et une
noire (en fait deux formes de la même espèce, cf. S. Amigues *ad* Th.
l.c.) ; Th. *HP* 6.2.3 (d'où Pl. 21.56) fixe sa floraison au solstice d'été.
– ἀνθεμόεσσαν : chez Hom., en parlant d'un lieu. – 452 λήνει : =
lana, cf. Eschyle *Eum.* 44 (*bandelette*). *εὔθριξ, au sens de " épais "
(en parlant de la laine), est particulier à N. – 453 ἠμύουσι : *i.e.*
béantes (dat. absolu, cf. *Th.* 742 n.) ; pour la quantité longue de -υ- cf.
fr. 74.35, Ap.Rh. 3.1400 (*eadem sede*), *al.* – χαλινοῖς : cf. 16 n. –
455 : Gow a inséré ce vers entre 452 et 453, ce qui donne un ordre
plus logique, mais N. se plaît à faire attendre le ou les derniers termes
d'une alternative, cf. 133 ss., 239 ss. (241 ἠὲ καὶ ἱρινέοιο offre un
parallèle exact), 588 ss., *al.* – *ἱρινόεν : *hapax* absolu créé sur ἴρινος
(*Th.* 173 μηλινόεις sur μήλινος) ; cf. 203 ἱρινέου. – *μοροέντος :
quatre fois dans les *Al.* (cf. 130, 136, 569), aucune dans les *Th.* ;
l'alliance de cette épithète et des noms concernés n'a pas de parallèle.
Elle vient d'Homère, chez qui l'*hapax* μορόεντα (*Il.* 14.183 = *Od.*
18.298) qualifie des boucles d'oreilles. Pour les explications anciennes,
voir notamment Ritter 35 s. ; M. de Leeuw, LfgrE s.v. μορόεις (avec
bibliographie). Les Scholies homériques (Σ *Il.* 14.183*a, d-e*) glosent
(ἐκ)πεπονημένα en se référant à μορέω ou aux mots exprimant les
idées qu'implique ce verbe selon les grammairiens anciens, ainsi
μόρος (pris au sens de πόνος), μόχθος *vel sim.* (cf. la n. à 229 μεμορημένον), interprétation purement conjecturale qui a trouvé un large
écho chez les lexicographes (Hsch., Suid.) et dans les *Etymologica*.
C'est en substance l'explication que les Scholies de N. donnent de
μορόεις aux v. 130 et 455 : voir Σ 130d (τὸ [*sc.* ποτόν] μετὰ πόνου
γινόμενον) ~ Σ 455b-d (qui cite *Od.* 18.298). Gow[1] 104 s. rapproche
μοροέντος ἐλαίης de μορίαι, *oliviers sacrés* (dont le nom était mis
également en rapport avec μόρος pris au sens de *mort*, cf. Σ Aristoph.
Nu. 1005b,d) ; et il a réuni tous les emplois du mot chez N. sous la
notion commune de λαμπρός/λιπαρός (cf. déjà O. Schneider, p. 208
ad v. 130, 136, 455), laquelle expliquerait en outre ses occurrences en
dehors de N. C'est ainsi que le sens de " brillant ", requis pour l'*olive*
(455, cf. 98, 204 ἀργήεντος ἐλαίου), et approprié aux boucles
d'oreilles homériques (Ebeling, s.v. μορόεις, penchait pour *splendidus*, cf. déjà Goebel 424 *glanzvoll, glänzend*) et aux armes de Penthé-
silée (QS 1.152 τεύχη ... μορόεντα, cf. Eur. *Su.* 698 λάμπρ' ἀναρπά-
σας ὅπλα), a pu se diversifier en " riche ", " onctueux " (*breuvage* :

130, 136) et " luisant ", " huileux " (*Crapaud* : 569, mais cf. n. *ad loc.*). – Pour l'adj. m. lié à un nom f. cf. *Notice* p. cv.]

Nul iologue n'est ici plus proche de N. que Promotus ; pour les prescriptions, il ressemble à une paraphrase de N., parfois même plus exacte que celle d'Eutecnius. – **1)** 443-446 : *Vin ordinaire et Vin doux chaud, parfois additionné de Miel*. Cf. Σ 445b σύμμισγε καὶ μέλι μετὰ θερμοῦ οἴνου ~ Eut. 77.13 s. μετὰ τοῦ καρποῦ τῶν μελιττῶν οἶνον μειγνύς. – **(a)** Dioscoride et Pline conseillent contre divers poisons, dont le suc de Pavot (μηκώνιον), le Vin (ou le Moût) " bu dans de l'huile et revomi " : D. 5.6.4 (6.22) ~ Pl. 23.30 (Moût contre *Opium* ; cf. 23.80, Huile d'Œnanthe " bue seule et revomie "). Dioscoride conseille aussi le Vinaigre chaud bu et vomi (5.13 [15.16 s.] ποιεῖ καὶ πρὸς τὰ θανάσιμα πινόμενον θερμὸν καὶ ἐξεμούμενον, μάλιστα πρὸς μηκωνίου … πόσιν. Pareillement, Scrib.L. p. 85.18-22 recommande diverses boissons à seule fin de faire vomir l'intoxiqué : mélange d'Eau et d'Huile (cf. Ascl.Ph. 138.9 s. συνοίσει ὑδρέλαιον συνεχῶς θερμὸν διδόμενον πίνειν καὶ ἀναγκαζόμενον ἐμεῖσθαι), de Vin et d'Huile, de Vin et de Vinaigre avec de l'huile rosat et de l'eau miellée. – Les médecins cités par Orfila dans ses observations administrent aux intoxiqués des boissons vomitives : *e.g.* p. 89 (4ᵉ obs.) « dissolution d'un gros et demi de sulfate de Zinc », « un demi-gros » de sulfate de Cuivre dissous dans de l'eau. – **(b)** Mais chez D. *eup.*, Aét., PAeg. et PsD., après vomissement et lavement (cf. Ascl. 1.11 s.) préalables, les boissons préconisées semblent l'être pour leur effet curatif (p.-ê. aussi chez N., mais cf. 459) : **1/** Vinaigre miellé et Sel : D. *eup.* 312.1 s. ἅλες σὺν ὀξυμέλιτι ~ PsD. p. 28.14 ὀξύμελι σὺν ἁλὶ πινόμενον ; cf. D. 5.109.5 (81.9 s.) καὶ πρὸς ὁποῦ μήκωνος πόσιν καὶ πρὸς μύκητας ἐν ὀξυμέλιτι πινόμενοι (*sc.* ἅλες) ~ Pl. 31.104 *bibitur* (sc. sal) *et contra opium ex aceto mulso* " on boit aussi contre l'*opium* du sel dans de l'oxymel " ; **2/** Vin pur à haute dose et Eau additionnés d'ingrédients divers : ainsi, Vin pur avec de l'Absinthe, D. *eup.* p. 312.2 s. ἄκρατος πολὺς σὺν ἀψινθίῳ = PAeg. PsD. ~ Aét. 1. 192. – **(c)** Pour le *Vin ordinaire* et le *Vin doux*, cf. Scr.L. 1.19 *et uini cyathus et passi et olei cyathus* ; PAeg. p. 33.4 = PsD. p. 29.4 s. οἴνου ἢ γλυκέως (contexte différent). – Vin pur seul, antidote ordinaire des poisons : D. 5.6.10 (8.24 μηκώνιον) ~ Pl. 23.43 (*meconium*, entre autres), cf. n. 5 §1b et voir *Notice* p. XLII, XLVII. – Vinaigre chaud seul : D. *eup.*, Aét. 1. 18, PAeg. PsD. – Oxymel seul : D. 5.14 (16.5 μηκώνιον) ~ Pl. 23.61 (*opium*, avec référence à Asclépiade [de Bithynie]), cf. Aét. 1. 18 et voir *Notice* p. XLIII, XLIX. – **(d)** *Vin et Miel* : le Miel *attique* (cf. 446 Ὑμησσίδος) seulement chez Pr. p. 72.4 οἶνον χρὴ διδόναι πολὺν μετὰ μέλιτος Ἀττικοῦ→ (Eut. 77.17 αἱ μέλιτται ἐν Νεμέᾳ : voir Jacques[4] 31 s.). – Pour l'emploi du Miel πρὸς μηκωνίου πόσιν, cf. D. *m.m.* 2.82.3 (166.12), (μέλι) μετὰ ῥοδίνου θερμὸν λαμβανόμενον " pris chaud avec de l'huile de roses " (et non avec de l'huile chaude, comme le traduit Aufmesser après Berendes), cf. D. *eup.* μέλι θερμανθὲν σὺν ῥοδίνῳ (*unde* PAeg. PsD., sans θερμ.). – Pour la digression des v. 446-451, cf. *Th.* 741 et voir *Notice* p. LXXXI. – **2)** 452-455 : *Huile de Roses, d'Iris ou d'Olive exprimée dans la bouche*. Le symptôme décrit au v. 439 peut fournir à cette médication une occasion favorable (453). Huile rosat (cf. *supra* §1d) : Scr.L. l. 21 ~ Pr. p. 72.5 s. Promotus est le seul à envisager les deux cas distingués par N., selon que la bouche du malade est ouverte ou fermée (ce qu'Eut. a négligé de faire) : ←ἢ ῥόδινον ἔλαιον ... ἔνσταξον εἰς τὸ στόμα, καὶ ὅταν συνερεισθῶσιν οἱ χαλινοί, διάνοιξε καὶ ἔνσταζε. – Pour l'administration de force, cf. Orfila 90 (4ᵉ obs.) « le malade étant brusquement relevé ... il ... parut disposé à vouloir offrir quelque résistance ... Nous continuâmes cependant à verser dans sa gorge environ la moitié de la quantité de vitriol de Cuivre ... ». – **3)** 456-459 : *Gifles, cris, secousses*. Scr.L. l.24 s. : *prodest ... et a somni tempore prohibere, ne obsopiantur* ; pour tirer le patient de sa léthargie et le garder éveillé, afin qu'il puisse vomir le poison (459 ~ Pr. 72.8 ἐμέσει τὸ φάρμακον), Promotus conseille de pousser des *cris* (l. 7 ποίει δὲ καὶ κραυγάς, cf. 457), Aétius l. 24 (PAeg. PsD.) de lui faire respirer des substances qui stimulent l'odorat (ὀσφραντά). La rédaction longue d'Aétius cite quelques exemples et ajoute, elle aussi, les *cris* (l. 15) : cf. 457 ἐμβοόων et Soran. 3.31.139 (= 112.26 Ilb.) ἐμβοᾷ (en parl. des cris employés dans la thérapie de la suffocation hystérique). Mais tous négligent les *secousses* imprimées au dormeur (457 κνώσσοντα σαλάσσων, cf. Eut. 77.25 διασείειν τοῦτον καθεύδοντα) et N. est le seul qui emploie le moyen des *gifles* (456 ἑκάτερθε – πλήσσων, omis par Eut.). – Le médecin cité par Orfila 91 s. (4ᵉ obs.) réveille le patient par « un appel brusque et soudain », il recommande, entre autres, à son entourage « de le faire tenir le plus possible sur ses jambes », de le garder « dans le même état d'activité forcé pendant la nuit », « de ne pas le laisser ... plus d'une demi-heure sans le tirer de son assoupissement » ; cf. 88 (2ᵉ obs.) « on imprimait de fortes secousses à la malade ». – **4)** 460-462 : *Frictions des membres avec du Vin et de l'Huile tièdes ; leur immersion dans ces liquides*. **(a)** Scribonius préconise la friction des pieds à mains nues ou à l'aide d'un gant de crin, et des enveloppements des pieds et des jambes avec de la moutarde trempée dans du Vinaigre : 1.22-24 *eorumque pedes adsidue fricentur manibus siccis aut linteo aspero inuolutis. prodest et sinapi aceto tritum circumdatum pedibus cruribusque*. Paul semble être le seul à connaître cette médication externe : p. 32.19 (βοηθεῖ) ὀξυμέλιτι συναλείφειν ἢ μέλιτι σὺν ῥοδίνῳ θερμαίνειν. On trouve à sa place un remède interne chez PsD. : p. 12.14 s. ὀξύμελι σὺν ἁλὶ πινόμενον ἢ μέλι σὺν ῥοδίνῳ θερμῷ. On pourrait se demander si le texte de

PsD. n'est pas altéré [cf. σὺν ἁλὶ ~ συναλεί(φειν)]. En fait, il est
défendu par D. *eup.* p. 312.1 s. (cf. *supra* §1b1). Ici, c'est toujours Promotus qui offre le parallèle le plus exact, bien qu'il ne parle plus de
friction mais d'*application* : p. 72.8 s. εἶτα λαβὼν ῥάκος βραχὲν
ἐλαίῳ θερμῷ τοῖς ἄκροις ἐπιτίθει→ (la suite est altérée, cf. *infra*
§5a). – Orfila 87 (1ʳᵉ obs.) : « frictions stimulantes », « vésicants », 88
(2ᵉ obs.) « ustions aux deux jambes avec l'eau bouillante », « pommade
irritante de cantharides », 91 (4ᵉ obs.) « sinapismes aux pieds ». –
(b) L'opération du v. 462, malgré δροίτῃ (voir la n. *ad loc.*), ne doit
pas être confondue avec celle des v. 463 s. C'est une simple alternative
à celle des v. 460 s., où le mélange de Vin et d'Huile (οἰνέλαιον, Σ
460a) servait à des frictions. Le mot σάρκες doit sans doute être
entendu des *extrémités* (mains, pieds), comme on le voit chez Promotus par le texte cité *supra* §4a, et, à sa suite, par les l. 9 s. : ←ἢ †ἐπὶ
θερμῷ ἐλαίῳ† χάλασον τὰ ἄκρα. –

[*Notes complémentaires aux v. 463-469* : V. 463 τινθαλέοισιν ...
λοετροῖς : imité de Call. fr. 247 Pf. = *SH* 287.5 = 48.5 Hollis τινθα-
λέοισι κατικμήναιντο λοετροῖς, cité par Suid. (τ 641) et appartenant
à l'*Hécalè*, comme Knaack 9 s. le conjecturait à partir des imitations
de Nonnos (3.89, 5.606). – *ἐπαιονάασθε : leçon de la tradition quasi
unanime, -σθαι (ω) étant une simple altération de cette leçon ; seule
occurrence du Moy. de ἐπαιονάω " baigner " (Hp. *ulc.* 22 [p. 69.3
Duminil]) ; N. l'emploie au sens trans. (cf. Gow¹ 102 et *Notice*, p. CIII).
La 2ᵉ sing. est plus attendue, mais la conjecture de Scaliger ἐπαιονά-
σαιο risque de corriger l'auteur : pour la 2ᵉ plur. adressée aux médecins, cf. *Th.* 629 ψώχεσθε (T : ψώχοιο [ω], p.-ê. déjà correction
normalisatrice). – 464 ἐσκληκότα : cf. Ap.Rh. 2.200 s. χρὼς |
ἐσκλήκει. – ῥινόν : pour le masc. cf. 476, [Opp.] *Cyn.* 2.297 ; le mot
est fém. *Th.* 361, Opp. *Hal.* 5.378 (cf. Lehrs 320). – 465 λαγοῖο : la
graphie λαγός (Hdt., *alii*) seulement ici chez N. ; partout ailleurs (325,
Th. 453, 577, 711), λαγωός (Hom., *alii*) que le manuscrit M a *contra
metrum*. Selon [Hdn.] *Philetairos* 89 (cf. Hsch. λ 69), les Athéniens
appelaient λαγός le Lièvre terrestre et λαγός le *lepus marinus* ;
λαγοῖο est conforme à l'usage attique (cf. Amipsias fr. 17 [à un impor-
tun] λαγὸν ταράξας πῖθι τὸν θαλάσσιον ; Cratinos (fr. 466) λαγούς
(selon le *Philet.* l.c., désignerait les " méchants "). – *κακοφθορέος :
gén. hétérocl. de *κακοφθόρος (cf. 168). – 466 πολυστίου : cf. *Th.*
792 π-οιο θαλάσσης (ainsi que l'apparat et la n. française à *Th.* 950).
La leçon de T (πολυστίον *pro* -ίου) pourrait être corrigée en πολύσ-
τιον, qui serait à ajouter à la liste des hypallages si fréquentes dans les
Al. (voir *Notice* p. CVI) ; mais la faute d'accent est moins probable que
l'erreur de désinence. – 467 τοῦ : *i.e.* λαγοῖο, et non πιόντος. Les v.
467-469 ne décrivent pas des symptômes d'empoisonnement (comme
l'ont cru à tort Aet., PAeg., PsD.), mais sont une signalisation de l'ani-

mal qui le cause (cf. 337 s., l'Enfle-bœuf). – πλύματος : *i.e.* τὸ πλύμα τῶν ἰχθύων, " l'eau où on a lavé les poissons ", cf. Plat. Com. fr. 87, Ar. *HA* 534a27 et voir 258 n. – 468 γευθμός : cf. 399 n. – νεπόδων : cf. 485 ; chez N., seulement dans les *Al.*, et au sens de " poisson " qui n'apparaît pas avant lui (cf. Pfeiffer *ad* Call. fr. 533). J'ai adopté l'interprétation de ἄποδες (Apion, *ap.* Ap.Soph. 115.31). – 469 *ἀρρύπτων : *hapax* absolu ; l'adj. verbal -ρυπτος (de ῥύπτω *laver*) *ap.* Xénocrate (Iᵉʳ s.), *De alim. ex aquatil.* in : O. *coll.* 2.58.110 s. (*ad* τήθεα) δυσέκρυπτον ταῖς χερσὶν ἐναπολείπει ποιότητα. – αὐξίδα : sens incertain. Seules autres occurrences, Phryn. Com. fr. 59 (*ap.* Phot. α 3188 = Συᵇ 2418) καὶ τέμαχος αὐξίδος et Ar. *HA* 571a 17, où αὐξίδας (cf. αὔξω) est le nom donné à Byzance aux petits du Thon à leur naissance, à cause de la rapidité de leur croissance ; cf. Σ 469b3 s. (αὐξὶς εἶδος ἰχθύος ὅμοιον θύννῳ) ~ Phot. *l.c.*, Συᵇ (εἶδος θυννίδος). Phrynichos montre qu'il désignait d'une façon plus générale les jeunes Thons. La deuxième explication du Scholiaste (l.5 αὐξίδα = σῶμα) n'a pas de parallèle. Bentley conjecturait ἀξίδα (?) ; Gow¹ 99 un sens perdu " *when scales taint the* dish (in which it is cooked or served) ", hypothèse qui donne le sens attendu, mais n'est guère convaincante.]

5) 463 s. : *Bains d'eau très chaude*. Il s'agit cette fois, non plus d'un bain partiel, mais d'un bain total. Quelle que soit la forme verbale qu'il a lue en 463 (voir n. *ad loc.*), Eutecnius, qui a confondu les deux opérations (de 462 il n'a retenu que δροίτη), a bien compris ainsi : p. 78.2 ss. ἀποβρέχεσθαι δὲ ἐν πυέλῳ καὶ λούειν τὸ σῶμα αὐτοῦ καθάπαξ προσήκει. Paul et le Ps.Dioscoride parlent seulement de bain de vapeur (πυριᾶν) comme la version courte. Pour la rapidité de l'action, outre 456 αἶψα δὲ, cf. 446 ποιπνύων. Promotus et Aétius (version longue) précisent comme N. sa finalité : Aét. l. 27 s. ~ Pr. p. 72.10 ἕως ἂν τῇ θέρμῃ ἀναλυθῇ τὸ πεπηγὸς αἷμα. – **6)** Entre autres remèdes absents chez N. : **(a)** l'Origan d'Héraclée, bu dans du Vin doux et de la Lessive de cendre, qui a la double recommandation de Dioscoride et de Pline (D. *m.m.* 3.27 [37 s.] σὺν γλυκεῖ δὲ *καὶ* κονίᾳ τοῖς κώνειον ἢ μηκώνιον … πεπωκόσι, cf. Pl. 20.178 *uenena opii et gypsi extinguit decoctum* (sc. origanum)*, si cum cinere et uino bibatur*), figure *ap.* D. *eup.* 312.4 ὀρίγανον σὺν κονίᾳ *καὶ* γλυκεῖ, et, à la suite de leur source commune, chez PsD. ὀ. σ. κ. ἢ γλυκεῖ ~ Aét. l. 12 et PAeg. p. 32.21 s. (sans ἢ γλυκεῖ) ; – **(b)** le Plantain d'eau (D. *m.m.* 3.152 [159.8] ἄλισμα, syn. δαμασώνιον = Pl. 25.124 s. *alcima*) est cité par Diosc. *l.c.* p. 160.4 comme antidote contre Lièvre de mer, Crapaud et Pavot ; – **(c)** Aét. l. 21), PAeg. p. 32.22 et PsD. p. 28.18 mentionnent le Castoréum, aux propriétés réchauffantes, à propos duquel Mercurialis 145 s. note : *castoreum esse ueram et efficacem antidotum ipsius opii*, avec référence à Gal. *loc.* 13.150.12 (*ex* Ascl.Ph.), où la δύναμις du καστόριον est opposée au pouvoir réfrigérant de l'ὄπιον.

50. 465-473 : Lièvre marin. I. *Caractéristiques.* –

[*Notes complémentaires aux v. 471-480* : V. 471 (fin) *ἐμφέρεται* : 23 (*alio sensu*). Ici, = ἐμφερής ἐστι (cf. Σ 470a2 ὅμοιός ἐστι,
G^gO^g = 471c εἰκάζεται). C'est la première occurrence de ἐμφέρεσθαι
au sens de " avoir tel ou tel aspect ", " sembler ", " ressembler " (cf.
Th. 279), mais non pas la seule (malgré Gow[1] 101 : *such a sense for
the verb is otherwise unknown*) : cf. Androm. 166 (καὶ τὰ μὲν ...)
ὅσσα περ ὑγροτέροις δάκρυσιν ἐμφέρεται et l'explication de O.
Schneider (*Philologus* 13, 1858, 58), qui glose ἐμφέρεται par ἐμφερῆ
ἐστι (*contra* : Meineke[2] 2 conjecture συμφέρεται). La construction
de ἐμφ. avec un attribut (γόνος), sans un adv. de comparaison tel que
ἅτε (ω), au sens de *esse uidetur*, est elle-même attestée : cf. *Hist. Alex.*
28.9 πεποίηκεν ... Ἀντίοχον δὲ δορυφόρον ἐμφέρεσθαι (à propos
de la stèle représentant Antiochos). – ἀπὸ : régit également τευθίδος
et τεύθου (cf. *Notice*, p. cIII) ; pour la prép. rattachée à un subst., cf.
Notice, ibidem. – 472 οἷά τε : O. Schneider traduit *et ut*, contre
l'usage de N. (cf. *e.g.* 416) : οἷά τε compare la progéniture de la
Seiche à celle du Calmar, elle-même semblable au Lièvre ; pour
l'équivalence οἷά τε = ἅτε, cf. 159 s. – *σηπιάδος : σηπιάς -άδος,
pour σηπία -ας, est un *hapax* absolu. – *φυξήλιδος : *hapax* hom. (*Il.*
17.143 φύξηλιν), cf. Lyc. 943, Nonnos (*Dion.*, 8 fois ; *Par.* 1 fois) ;
il est appliqué ici seulement au monde animal. – 473 δολόεντα : voir
Notice p. cv ; pour l'harmonie des sons et la structure du vers (épithète
avant césure principale et subst. à la fin du vers), δολόεντα est
meilleur que δολόεντι (Bentley). – 474 ζοφόεις : cf. *Th.* 775 n. –
χλόος : cf. 579 n. – 475 *ἰκτερόεις : *hapax* absolu, = ἰκτερικός ;
glosé κιρρώδης " jaune-orangé " (O^g). – *περισταλάδην : *hapax*
absolu ; sur les adv. en -δην, cf. Lingenberg 31-33. P.-ê. N. a-t-il
voulu renouveler l'adv. en -δόν attesté par Hsch., à moins qu'il faille
restituer celui-ci chez N. (voir n. critique). – 476 ὅ : N. passe du plur.
(474) au sing., ou vice-versa, librement. – δόρπα : cf. 66 n. – ῥινός :
cf. 464 n. – 477 ἄκρον : des deux sens possibles de l'adv. ἄκρον/
ἄκρα, *à la surface* ou *fortement*, le second, ici comme en 544, semble
plus probable. – *ἐποιδαίνων : *hapax* absolu ; D glose par ἐπαίρων. –
478 ἄνθεα : pour la métaphore, cf. O. Mirbeau, *Le journal d'une
femme de chambre*, Livre de Poche, p. 151 : " les fleurs rouges de la
mort envahissaient ses pommettes ". – *βρυόεντα : cf. *Th.* 208 n. ;
mais le texte est p.-ê. altéré (cf. n. critique). – κυλοιδιόωντος : pour
la construction, cf. 378 ἀηθέσσοντος (et la n.). – 479 *ὀλιζοτέρη :
cette forme de compar. apparaît chez N. uniquement ici (d'où [Opp.]
Cyn. 1.407 + 4 fois) ; ὀλίζων, *Th.* (123, 212, 372). – *κρίσις : =
ἔκκρισις (cf. Σ 479b ~ Eut. 78.27) ; emploi poétique du simple pour
le composé (mais voir n. critique). – 480 *αἱμάσσουσα : sens intrans.
(d'où Opp. *Hal.* 2.618, 5.145), cf. *Notice*, p. cIII ; l'emploi du participe
comme terme de couleur semble particulier à N.]

Sur le Lièvre de mer, voir Keller 2 p. 544-545 ; Lewin[3] 22, 197 ;
Thompson[2] 142-144 ; Saint-Denis 54-55. – **1**) On l'identifie tradition-
nellement à une variété d'Aplysie (*Aplysia depilans* L.). Si cela est
juste, ainsi qu'il semble, on peut se demander, comme c'était le cas
pour la Coriandre, pourquoi cet inoffensif Mollusque passait dans
l'antiquité pour donner la mort si l'on consommait sa chair ou si l'on
buvait le breuvage où il entrait (Philostr. *VA* 6.32.21 τὸν δὲ ἰχθὺν
τοῦτον παρέχεσθαι χυμοὺς ἀπορρήτους ὑπὲρ πάντα τὰ ἐν τῇ
θαλάττῃ καὶ γῇ ἀνδροφόνα ; Pl. 32.8 *uenenum est ... in potu aut
cibo datus*), ou même par sa simple vue (Pl. *l.c.*) ou son simple contact
(Id. 9.155, Lièvre de la mer des Indes). Ce poison était devenu prover-
bial : cf. Amipsias et Cratinos (465 n.) ; Hipponax avait mentionné le
Lièvre marin (Σ 465b3 = fr. 157 Masson), p.-ê. dans le même esprit. –
(**a**) Parmi beaucoup d'autres témoins anciens de sa dangerosité, Basile
de Césarée le cite, à côté des Requins et de la Pastenague, au nombre
des animaux aquatiques redoutables infligeant " une destruction rapide
et inévitable " : 7.6 [69 B] ταχεῖαν καὶ ἀπαραίτητον τὴν φθορὰν
ἐπιφέροντα (*unde* Glycas 67.11 s. qui a repris textuellement les
exemples de la Pastenague et du Lièvre). Philostrate (*VA* 6.32.23-25)
prétend contre toute vraisemblance que Néron empoisonnait par ce
moyen ses plus grands ennemis, et qu'il s'agit aussi du poison utilisé
par Domitien contre son frère Titus (cf. Lewin[3] 197 s., Morel 226.42).
Plutarque nous apprend que les mystes d'Éleusis et la prêtresse d'Héra
à Argos s'abstenaient de goûter au Rouget barbé (τρίγλη), délicatesse
pourtant très appréciée, en hommage à sa bienfaisance, car il tue le
Lièvre marin " qui est mortel pour l'homme (ἀνθρώπῳ θανάσιμος) "
(*De soll. anim.* 35, 983f, cf. Pl. 32.8), information reprise par Élien
(*NA* 9.65). Ailleurs, Élien nuance le propos (*ibid.* 2.45 βρωθεὶς καὶ
θάνατον ἤνεγκε πολλάκις) : aussi bien les iologues (N. le premier)
ne font-ils pas état d'une issue fatale. Ce qui n'empêche nullement le
Scholiaste de refléter l'opinion commune : 465b6 θανάσιμος δὲ βρωθείς. Il faut dire à sa décharge que N. a exagéré son caractère venimeux (465 κακοφθορέος, cf. Basile, cité *supra*). Il est possible que le
Lièvre marin, s'il s'agit bien de l'Aplysie, ait dû sa réputation imméritée, comme la Coriandre, à son odeur désagréable (cf. 467) ou au fait
que sa peau sécrète une humeur urticante. On a découvert que la teinture pourpre qu'il émet lorsqu'il est dérangé est voisine de l'aniline
(Lewin[3] 22, Keller 544), mais, de toute façon, ses effets sont superfi-
ciels ; ils ne sauraient expliquer la réputation qui lui était faite. – (**b**)
Sur la bête elle-même, les anciens nous ont laissé seulement quelques
détails descriptifs. Pline la compare à une " boule informe (*offa infor-
mis*) qui ne rappelle le Lièvre que par sa couleur " (9.155) ; Élien à un
Escargot dépourvu de coquille (2.45 κατὰ τὸν κοχλίαν τὸν γυμνὸν
τὸ εἶδος). Ces traits conviennent à l'Aplysie, qui a un corps mou,
affaissé lorsqu'il est hors de l'eau, une petite coquille transparente peu

visible, cachée dans les replis du pied, et une tête surmontée de deux
paires de tentacules, la paire supérieure pouvant faire penser, quoi
qu'en dise Pline, à des oreilles de Lièvre (cf. Isid. 12.6.23 *lepus a simi-
litudine capitis nuncupatus*). – Ce sont précisément les *tentacules* (voir
470 n.) qui ont retenu l'attention de N. aux v. 470-472, longtemps mal
compris. Les interprètes anciens (Σ, Eut.) rattachent à ὀστλίγγεσσιν
les génitifs des v. 471 s., et ils font de 471 νεαλὴς γόνος (négligé par
Eutecnius) l'attribut de ὅς (470). A partir de là, ils proposent deux tra-
ductions du passage selon le sens qu'ils donnent à ἐμφέρεται :
1/ Eut. 78.11 ss. le comprend dans le sens où Oppien l'entend des Poissons *emportés* par les flots (*Hal.* 1.81, *al.*) : ὑπὸ ταῖς τῆς τευθίδος ἢ
τεύθου πλεκτάναις φέρεται, ὑποφέρεται δέ γε ὁμοίως καὶ ταῖς
τῆς σηπίας ; le deuxième Scholiaste (Σ 470a3 ἄλλως) lui donne le
sens douteux de διατρίβει (*unde* D^g) et traduit : " les *cheveux* (= *tentacules* : voir 470 n.), des Calmars et des Seiches, dans lesquels séjournent les Lièvres marins qui viennent de naître ", cf. Pr. p. 77.24 οἱ μὲν
λαγωοὶ εὑρίσκονται εἰς τὰς τρίχας τῶν τευθίδων ~ Aét. l.1-2
(seuls iologues récents à présenter cette remarque). Si le grec de N.
peut justifier un tel contresens, il en résulte une aberration zoologique,
celle qui fait du Lièvre un parasite des Calmars et des Seiches. – **2/** Le
premier Scholiaste (470a2) prend avec raison ἐμφέρεται au sens de
" ressembler " (cf. 471 n.), mais le construit avec ὀστλίγγεσσιν, " le
Lièvre marin nouveau-né est semblable aux *cheveux* du Calmar ", traduction adoptée par Brenning, bien qu'elle aboutisse à une autre absur-
dité. Si le Lièvre peut se comparer à la Seiche, ce n'est pas par ses tentacules mais par le nuage dont elle s'entoure pour échapper à ses
ennemis (472 s.). – Les premiers interprètes modernes se sont tenus
dans la ligne du deuxième Scholiaste, tel Gorraeus (p. 55^v *Ille quidem
sordens tenues lolliginis inter | Defertur pendetque comas, quasi natus
ab illa*), suivi par Grévin[1] 82 (*Incontinent après sa naissance premiere
| Tout vilain il se cache en la tendre criniere | Du Calmar, tout ainsi
que s'il en était né*). C'est à I.G. Schneider 229 s. que revient le mérite
d'avoir élucidé ce passage (cf. son *interpretatio latina*, p. 323 : *sordidus hic et lutorius cirrhis suis foetum teuthidis refert vel teuthi*), en
s'appuyant sur le parallèle de Dioscoride : *m.m.* 2.18 (127.14) λαγωὸς
θαλάσσιος ἔοικε μὲν μικρᾷ τευθίδι. – **(c)** ῥυπόεις, que les Σ et
Eutecnius glosent improprement par μέλας (Σ 465b 5 μ. δὲ τὴν
ἐπιφάνειαν = Eut. 78.11 μ. δέ ἐστιν τὴν ἰδέαν), et que Go. et Schn.
ont traduit exactement (*sordens, sordidus*), fait p.-ê. allusion aux
mucosités qui couvrent son corps (Br. commente plus qu'il ne traduit :
mit Schleim bedeckt). – **2)** La caractéristique du Lièvre marin notée en
premier par N., c'est l'odeur et le goût prononcé de marée : cf. Pr.
p. 77.24 s. (~ Aét. l. **3)** ζῷον … μικρόν, βαρύοσμον ἀποφορὰν
ἔχον, PAeg. (= PsD., ThN.) παρακολουθεῖ γεῦσις ὁμοία ἰχθύος
(ἰχθύσι) βρωμώδης. Les v. 467-469 ont leur reflet exact chez

Scrib.L. : p. 87.12 *leporis marini gustus est non absimilis inlotis pisci-bus aut etiam putentibus.* Selon les iologues récents, cette odeur se communique aux malades, dont les urines sont nauséabondes (Aét., PsD., PAeg.). L'odeur de poisson qu'ils exhalent est " le premier signe décelant l'empoisonnement " (Pl. 32.9).

51. 474-482 : II. *Symptomatologie.* – **1)** 474 s. : *Teint.* Scr.L. p. 87.19 *coloris mali et uelut plumbei fiunt→* ; Pr. p. 77.26 τὸ χρῶμα ... χλωρὸν γίνεται ὡς τῶν ἰκτεριώντων→ ... l.28 ἡ δὲ ὄλη ἐπιφά-νεια μολιβδώδης γίνεται, cf. Aét. 1. 5 s. – **2)** 475 s. : *Amaigrisse-ment, refus de nourriture.* **(a)** Scr.L. 1.20 *←minutatimque per tabem quasi phtisici consumuntur* ; Pr. 1.26 s. *←*αἱ δὲ σάρκες φθείρονται τηκόμεναι→ (~ Aét. 1. 11 s. [version longue]). – **(b)** Le refus de s'ali-menter va de pair avec la douleur d'estomac que N. n'a pas notée : Scr.L. 1.15 s. *stomacho autem tento et dolenti sunt auersoque ab omni esca, praecipue pisce* " leur estomac, tendu et douloureux, a de l'aver-sion pour toute espèce de nourriture, surtout pour le poisson " ; voir *infra* §5. Pour les douleurs d'estomac, cf. Aét. 1. 4 s. (= PAeg. PsD. ThN.) κοιλία ἀλγεῖ ; cf. aussi Pl. 9.155 (Lièvre indien) *uomitum dis-solutionemque stomachi protinus creat,* Él. 2.45 πάντως δὲ (s'il ne cause pas la mort) τὴν γαστέρα ὠδύνησεν. – **3)** 476-478 : *Œdème des chevilles, boursouflure des yeux.* **(a)** Pr. 1.29 ἐμπίπρανται δὲ κατὰ (an καὶ ?) τὰ σφυρά = Aét. 1. 6 s. – **(b)** 477 s. Les *fleurs* dont se cou-vrent les joues sont qualifiées de βρυόεντα (*luxuriantes*) par le texte transmis, ἄνθεα τε, qu'il faut corriger, τε étant exclu par δέ. O. Schneider introduisait un adv. de comparaison en écrivant ἄνθε᾽ ἄτε, conjecture adoptée dans le texte. Une correction alternative serait de garder la métaphore ἄνθεα et de substituer à τε βρυόεντα une nota-tion de couleur que l'on attend (*les fleurs du lis* ? Cf l'apparat du v. 478). Les iologues parlent de joues enflées et de teint plombé (Scr.L. l.19 *genae inflantur, coloris* ...[voir §1]), ou d'" enflure du visage " accompagnant la lividité du teint (Pr. l.28 s. μετ᾽ οἰδήματος προσώ-που = Aét. 1. 6). Ces descriptions ne sont pas incompatibles avec les conjectures proposées dans l'apparat. Les deux symptômes relevés sont les signes de la rétention d'urine notée ensuite, et qui les explique (cf. 479 δὴ γάρ). – **4)** 479 s. : *Raréfaction et aspect des urines.* **(a)** Scr.L., qui a signalé d'abord les atteintes du poison à l'estomac et à la vessie, note qu'il en résulte une miction " difficile et douloureuse " (l.14). Promotus et Aétius, après avoir noté l'enflure des chevilles, donnent le gonflement du pénis pour la cause de la rétention de l'urine : Pr. 1. 29 καὶ τὸ αἰδοῖον δὲ ἐν οἰδή<σει> γενόμενον ἐπέχει τὸ οὖρον = Aét. 1. 7 s., alors que PAeg. = PsD. se contentent de noter : οὖρα ἐπέχεται→ (cf. ThN. οὔρου ἐποχή). – **(b)** Urine *sanguinolente.* Promotus et Aétius sont les seuls à donner, comme alternative, une urine " ressemblant à l'eau de la mer " : Aét. 1. 8 s.

semble développer Pr. l.30 s. (προβαινούσης δὲ τῆς κακίας, αἱμα-τῶδες οὐρεῖ <ἢ> θαλασσίζον). Le ppe. θαλασσίζον équivaut-il à πορφυρίζον, souvent appliqué à la mer ? C'est πορφυρίζον qui, en accord avec 480 πορφυρέη (cf. Scr.L., l. 14 *urinam ... purpurei coloris*), indique la couleur de l'urine dans les autres textes parallèles, PAeg. = PsD. = ThN. : ←εἴ ποτε δὲ ἐκκριθείη (*sc.* τὰ οὖρα), πορφυρίζοντα ὁρᾶται τὴν χροιάν. – 5) 481 s. : *Aversion pour les Poissons*. Pour Scr.L. cf. *supra* §2b. Diosc. *eup.* p. 314.11 ss. : « Ils ne supportent aucun Poisson comme nourriture ; ils n'acceptent et ne digèrent que les Crabes fluviatiles. S'ils mangent des Poissons avec plaisir, c'est le signe certain que l'on peut les sauver » ; Pr. l.27 s. ←πᾶσαν δὲ βρῶσιν ἀπεχθάνει τῶν ἐκ θαλάσσης πάρεξ καρκίνου ~ Aét. l. 12 s. (et l. 23 s. pour le σημεῖον σωτηρίας) ; cf. PAeg. (~ PsD.) ἀποστρέφονται δὲ καὶ μισοῦσιν ἰχθὺν ἄπαντα. Chez N., la seule vue du Poisson peut causer aux malades des *nausées*, la simple mention du nom chez Scr.L., qui parle de leur sommeil hanté soudain par le bruit des flots contre le rivage (l.17 s.). Outre les nausées (482 ναυσιόεις ~ S.L., l.16 *nauseant*, Pl. 32.8 *statim nausiant*), Épainétès ap. Pr. l.23, Pr. l.31, Aét. PAeg. PsD. signalent aussi des *vomissements* ; cf. Pl. 9.155 (cité *supra* n. 50 §2).

52. 483-494 : III. *Thérapie.* –

[*Notes complémentaires aux v.* 484-494 : V. 484 *κάμωνος : *hapax* absolu, pour σκάμωνος ; cf. 565 σκαμμώνιον (et la n.) ; sur cette aphérèse, voir *Notice*, p. C. Δάκρυ désigne la gomme obtenue par broyage des racines du Liseron scammonée ; pour l'emploi de δάκρυ, voir 301 n. et cf. Th. *HP* 9.1.4. – νεοβλάστοιο : première occurrence poétique de cet adj. qui n'est pas attesté avant Th. *HP* 1.8.5 (οἱ νεό-βλαστοι *sc.* κλάδοι). La littérature grammaticale l'utilise pour gloser νεοθηλής : *e.g.* Hsch. ν 322 νεοθηλές· νεόβλαστον νεόφυτον ~ Zon. 1389.15 ; cf. Poll. 1.231 νέον, νεογενές, νεοβλαστές, ... νεό-φυτον ; " nouvellement poussé " (Th. *l.c.*, cf. Opp. *Hal.* 1.735 τέκνα νεοβλαστῆ, en parlant de Requins *nouveau-nés*), ou " dans sa prime vigueur ". – 485 ἐκ ... χεύῃ : apparemment *par le bas*, cf. Dᵍ χέσῃ et 297 ἔκχεε ; mais le sens de " vomir " est également possible (cf. comm. n. 52 §2). – 486 βρωμήεντος : cf. 409 et la n. – πίνοι : West[1] 57 propose πίσαις ou πῖσαι pour la raison que les injonctions concerneraient ailleurs le médecin et non la victime ; mais celle-ci est le sujet de beaucoup d'injonctions à la 3ᵉ sing. : cf. 137 (βράσσοι), 263, 311, 356-7, 392, 454, 489, 536 ; voir aussi 114, où l'opt. avec κεν équivaut à une injonction atténuée. πίνοι pourrait autoriser la conjecture πώνοι au v. 423 (mais voir n. *ad loc.*) ; cf. 58 n. et la *Notice*, p. LXXVI s.. – 487 τήξαις : c'est non pas au malade (sujet de 486 πίνοι) mais au médecin que revient cette opération (cf. 92, 110, 369), d'où ma correction. Par un jeu de balancier, N. passe ensuite une nouvelle fois du malade au médecin (cf. 493 après 489). Pour τήκω, à l'Act. et au Moy. (emploi limité aux *Al.*), litt. " faire fondre ", avec pour complément une substance végétale, cf. 110, 487. Dans ces occurrences, il est pris au sens de " faire infuser " (cf. 110 χλιόωντι ποτῷ, 487 χύτρῳ, et voir comm. *ad loc.*). – *λιπόωντας : ici, *imprégné d'huile* ; à noter, *Th.* 81, l'emploi transitif de ce verbe au sens de *enduire d'un onguent.* – ὀράμνους : cf. 420 n. – 488 καί ποτε : transition particulière aux *Al.*, cf. 300, 551, 580. – *κεδρινέης : *hapax* absolu, pour κεδρίνης. – *πελανοῦ : au sens propre, *gâteau de sacrifice* ; se disait aussi de " l'*obole* donnée en rétribution au devin " : Suid. π 928.5 s., cf. *SIG* (loi sacrée des Samiens habitant Minoa d'Amorgos) 1047.10 [ἔστω δὲ ὁ πε]λανὸς ἑκάστου δραχμή ; ici, = *obole* (poids), seule attestation littéraire de ce sens né p.-ê. dans les sanctuaires, noté par Σ 488c-e, adopté par Eut. 79.10. – ἔμμορε : pft. de μείρομαι (Hom. Hés.), cf. 213 μεμόρηκε (et la n.), compris comme un aor. par les νεώτεροι (ici, gnomique) ; régime à l'acc. (au lieu du gén.) comme chez Ap.Rh. 3.207 s. ἠέρι δ' ἴσην Ι καὶ χθὼν ἔμμορεν αἶσαν " la terre et l'air ont une part égale ". Pour cette remarque à l'indicatif insérée au milieu des prescriptions, cf. 387 ss., 556 s., *Th.* 86. Gᵍ (μέριζε), Oᵍ (τυγχανέτω) glosent ἔμμορε par un impératif : la conjecture de Scaliger ἔμπορε serait séduisante, mais la forme composée, au lieu de πόρε (327, 356, 601), n'est pas justifiée. – 489 *φοινώδεα : *hapax* absolu, = hom. φοινόν ; glosé par φοινικοῦν (Oᵍ), κόκκινον (Dᵍ). – 490 Κρησί-δος : repris par Eut. 79.12, *hapax* absolu, = Κρητικῆς. – ἔπουσι (cf. 429 et la n. – 491 Αἰγινῆτιν : seul emploi littéraire attesté de l'adj. f. Αἰγινῆτις, cité par la littérature grammaticale (Steph. Byz. Hdn.). – τά : pour l'art. défini, cf. 332, *Th.* 363 ; il a p.-ê. ici valeur de posses-sif, mais cf. n. critique *ad loc.* – *σκληρέα : *hapax* absolu typique de N. ; cf. 305 ἀργέος, et, sur les adj. en -ής qu'il tire d'adj. en -ος, cf. t. II, p. cι et n. 215. – κάρφη : cf. 230 ; ici, les *pépins.* – 492 *ἀραχνήεντι : cf. *Th.* 733 n., et pour l'accord masc./fém., *Notice* p. cv. – 493 οἰνοχρῶτα : cf. Th. *HP* 9.13.4 (notation de couleur) ἔνιαι καὶ οἰνοχρῶτες, αἱ δ' ἐρυθραί ; en faveur de cette conjecture, noter que N. multiplie ce genre de précision à propos du Grenadier et des Grenades : cf. 490 (οἰνωπῆς), 489 (φοινώδεα), 492 (φοίνια), cf. *Th.* 870 s. – *κυρτίδι : ouvrage de vannerie ; seule occurrence poét. au sens de *filtre* (Σ 493cd ὑλιστήρ/-ήριον) ; cf. *e.g.* D. *m.m.* 1.52.2 (48.4), Gal. 13.55.16, PAeg. 7.20.11 (384.9). – 494 *ὡς εἴ περ : seul parallèle, *hDem.* 215 ὡς εἴ πέρ τε (*hapax*) ; Hés. *Sc.* 189 (ὡς εἰ … περ) *aliter* ; hom. ὡς εἴ τε, leçon du ms M (conjecture ?), a ses chances. – *τριπτῆρσιν : *la presse* (plur. pour le sing.). En *Th.* 95 (cf. fr. 70.15), τριπτήρ est synonyme de ἀλετρίβανος *pilon* ; ici, il désigne " les pièces de bois (du pressoir), sous lesquelles on place les corbeilles de raisin " pour en assurer le pressurage, sens attesté seulement dans les *Glossae rhetoricae* in *AG* Bk. 308.19 s. ; plus souvent, τριπτῆρες s'applique aux récipients recueillant le vin ou l'huile du pressurage (Harp. 293.11 [avec référence à Isée fr. 25], d'où Phot. 603.6 = Suid. τ 1004 ; cf. Poll. 7.151). – νοτέουσαν : cf. 24 n.]

Les cinq premiers remèdes de N. se succèdent dans le même ordre chez Promotus. Au début de la thérapie, ce dernier donne des *Al.* une image plus fidèle qu'*Eut.*, qui offre ici de fortes divergences avec N. – **1)** 483 : *Ellébore noir*. Outre N. et Pr., D. *eup.*, Aét., PAeg., PsD., ThN mentionnent l'Ellébore ; et, parmi eux, ceux qui précisent sa couleur citent l'Ellébore noir : D. *eup.*, Aét. l. 16 s., PAeg., PsD., ThN. La variante φοινήεσσαν (hypallage, cf. 483 n.), qui est la mieux attestée, s'applique à l'Ellébore *noir* : Σ 483a6 s. φ. δὲ εἴρηκε τὴν τοῦ μέλα-νος ἐλλεβόρου πόσιν. Pour l'emploi de φοινήεις = φοινός en ce sens, voir *supra* 69 μορέης φοινηέσσης, *Morus* nigra, et cf. *e.g.* Eust. *Iliad.* 3 p. 375.6 (*ad* 12. 202 φοινήεντα δράκοντα) ἢ ὁ μέλας ἢ ὁ φόνῳ … βεβαμμένος ἢ ὁ φόνιος. La *v.l.* *Φωκήεσσαν, leçon que les édd. ont adoptée à partir de Schn., s'il ne s'agit pas d'une variante d'auteur (pour ce genre de précision chez N., voir *Notice* p. LXI), est p.-ê. une conjecture inspirée par le fait que la Phocide, notamment Anticyre, est un habitat privilégié de l'Ellébore noir ou blanc : Paus. 10.36.7 (montagnes d'Anticyre) ; D. *m.m.* 4.148.2 (291.1) E. blanc, *ib.* 162 (307.12) E. noir ; *al.* Promotus parle seulement d'Ellébore, mais, avant de citer la Scammonée en alternative, D. *eup.* (d'où Aét., PAeg., PsD., ThN.) spécifie : p. 314.10 ἐλλεβόρου μέλανος ἢ σκαμμωνίας < ᾱʹ. Dans une addition finale à la thérapie (l.15), il cite aussi l'E. blanc. – **2)** 484 : *Scammonée* (*Convolvulus scammonea* L.). Voir §1. Promotus la cite, comme l'Ellébore, sans dosage. PAeg. = PsD. précisent : σκαμμωνίας ὀποῦ (cf. *Al.* δάκρυ), à boire dans du Méli-crat (Aét. l. 17 : ou du Lait de Vache). – Les deux premiers remèdes doivent, selon N., faire *évacuer* le poison, remarque étendue à d'autres remèdes par la littérature parallèle. Ambivalence de (ἐκ)… χεύῃ [voir n. 9 §2(a)2, 27 §e3] : il peut s'agir d'évacuer par le haut ou par le bas (l'Ellébore répond à ces deux fins, cf. D. *m.m.* l.c. p. 291.4 καθαίρει δι' ἐμέτων, p. 308.1 καθαίρει τὴν κάτω κοιλίαν). Évacuation par le haut : D. *eup.* p. 314.15 οὐ γὰρ εὐλαβητέον ἐπ' αὐτῶν τοὺς ἐμέ-τους, Épainétès (*ap.* Pr. p. 78.5) ἐμείτω, Aét. l. 15 (après la prescrip-tion initiale concernant le Lait ou la décoction de Mauve) ἐμείτωσαν ; par le bas : le *suc* de Scammonée est employé pour relâcher le ventre (D. *m.m.* 4.170.3 [319.8]), avec addition d'Ellébore noir pour une meilleure purgation (*ib.* l.10 s.) ; Pr. p. 77.33 καθαίρων ambigu. – **3)** 486 : *Lait d'Ânesse*. De ἀμελγόμενος (*Al.*) rapprocher Aét. l. 14 νεόβδαλτον et voir *Notice* p. XLI, XLIV ss. Les textes parallèles préco-nisent tous le Lait, et tous en premier, à l'exception de Promotus (on l'a vu) et d'Épainétès (*aliter*). Les laits conseillés sont le *Lait de*

Femme, que D. *m.m.* 2.70.6 (145.14), ainsi que Pl. 28.74, recommandent tout particulièrement contre le Lièvre de mer (cf. Scr.L., D. *eup.*), le *Lait de Jument* (S.L., Épainétès, cf. Pl. 28.159), de *Vache* (S.L., Ascl., Pr., Aét., cf. Pl. 28.129) et d'*Ânesse* (tous [sauf Épain. et Pr.], cf. Pl. 28.158). C'est le Lait d'Ânesse auquel Ascl. et Aét. donnent la préférence ; ils proposent à défaut le lait de Vache, et Ascl., en outre, celui de Chèvre. – Scribonius prescrit de boire le Lait dans la plus grande quantité possible, seul ou avec du Miel, Aétius *avec* du Vin doux (cf. *supra* 366 s.). PAeg. = PsD. font du Vin doux une simple alternative (δοτέον γάλα ὄνειον ἢ γλυκὺ συνεχῶς). – **4)** 487 : *Décoction de Mauve*. Cf. 92 et le comm. n. 9 §2c. Tous les textes parallèles, sauf Épainétès, prescrivent (cf. Pl. 20.223, Pl. Jun. 108.15) une *décoction* de Mauve (ἀφέψημα : D. *eup.* [conjecture certaine], cf. Aét. PAeg. PsD. ThN., et Ascl. καυλοὺς μαλάχης ἡψημένους, Pr. ἐψήσας→). – *Rameaux* (*Al.* ὀράμνους) : Pr. κλάδους (cf. D^g = Σ 487e) ; *tiges* (καυ-λοί) : D. (" avec la racine "), Ascl. ; *racine* et *feuilles* : PAeg. = PsD. – Chez N., le participe λιπόωντας n'est pas une simple épithète d'ornement : il signifie que les rameaux doivent être *imprégnés d'huile* : cf. Scr.L. p. 87.23 *maluae sorbitio bene uncta et salsa*, Pr. p. 77.34 ←μαλάχης κλάδους μετ' ἐλαίου. – **5)** 488 : *Poix de Genévrier*. Sur le " Cèdre ", κεδρελάτη *Cèdre-sapin*, ou Grand Genévrier, cf. 115-118 et le comm. n. 11^b §1. La κεδρινέη πίσσα de N. (cf. Σ 488b κεδρίαν νῦν λέγει), n'est autre que la poix de cet arbre, appelée κεδρία (D. *m.m.* 1.77.1 [76.11]). Dioscoride (p. 77.10 s.) signale l'efficacité de cette Poix " contre le breuvage du lièvre marin, prise dans du vin doux " (~ Pl. 24.18 *suadent et contra uenenum leporis marini bibere* [sc. *cedri sucum*] *in passo* " vin de raisins secs "). Il recommande aussi contre le Lièvre (p. 78.2) les fruits du Genévrier ou κεδρίδες (cf. *Th.* 81 et comm. n.11 §4) pris avec du Vin. – L'enseignement des iologues est conforme à ces préceptes. **a)** *Poix* (κεδρία) : Scr.L. p. 87.24 : *bene facit et pix cedria* (2 ou 3 cuillerées par jour dans du vin doux) ~ D. *eup.* p. 314.8 κεδρία σὺν γλυκεῖ ἢ οἴνῳ, Ascl. 139.14 s. ἢ κεδρίας ὅσον ὀβολοῦ ἑνός, ἢ ἡμιώβολον, γλυκεῖ διεὶς πότιζε (à noter l'accord avec N. sur la dose). Ne précisent pas la nature de la Poix : Épainétès *ap.* Pr. p. 78.3 ἢ πίσσαν ὑγρὰν μετὰ γλυκέος, Pr. p. 77.34 s. (indiquait une dose disparue), Aét. l. 19 ; PsD. p. 38.8 ἢ κεδρίας λείας μετ' οἴνου (remède absent chez PAeg.) semble une altération d'Aét. l. 18 (où on lit κεδρίδας). **b)** *Baies* (κεδρίδες) : S.L. p. 87.26 (broyées dans du vin doux ou données seules), D. *eup.* 314.8 (en aliment), Aét. (voir §a fin.) ; cf. Pl. 24.20 *cedrides, hoc est fructus cedri ... contra lepores marinos* (sans mention du Vin). – **6)** 489-494 : *Grenades*. **A.** N. donne le choix entre deux possibilités : a) manger la Grenade, en particulier ses *pépins* ; b) boire son *jus*. – **(a)** 489-492. N. (cf. *Notice* p. LXII) ne se contente pas de recommander la Grenade, il en distingue quatre variétés, la Grenade de Crète, la vineuse, celle dite de Proménos et la Grenade d'Égine.

Pour expliquer l'*hapax* absolu *Προμένειον, la Σ 491b se réfère au Crétois Πρόμενος personnalité inconnue. Eut. lisait p.-ê. un texte différent, car il parle de la Grenade " Pramnienne " (79.11 ῥοιᾶς ... Πραμνίου : confusion avec la vigne et le vin de ce nom ?), à moins qu'il ne donne libre cours à sa fantaisie : là où N. cite Égine, Eut. parle des " jardins de Mégare " (l. 13). La Grenade οἰνωπή est p.-ê. à identifier avec l'οἰνώδης de Dioscoride, qui, pour sa vertu, tient le milieu entre la *douce* et l'*acide* (*m.m.* 1.110 [104.4], cf. Pl. 13.113 [il distingue 9 espèces des *Punica mala*, dont les *uinosa*]). La relative descriptive des v. 491 s. n'a d'autre but que de préciser la partie du fruit à manger. – (b) Comme la comparaison avec l'Olive le montre, et comme l'examen de la littérature parallèle le confirme (cf. *infra* sous B), les v. 493 s. doivent concerner l'extraction du jus de la Grenade à l'aide d'un filtre, comme on extrait celui de l'Olive à l'aide de la presse. La leçon οἰνοβρῶτα (ω : *deest* T), est suspecte, comme est suspecte l'explication de Σ 493a, qui glose pour les besoins de la cause : τὴν ἐν οἴνῳ φησὶ τρωγομένην βοράν, τουτέστι τὴν σταφυλὴν ἐν κυρτίδι θλίψας ... δίδου αὐτῷ πιεῖν, οἱονεὶ τὸ γλεῦκος, ὃ λέγεται ἐν συνηθείᾳ μοῦστον. L'explication de cette Scholie tardive (*ad* μοῦστον, cf. J. Lydus, *Mens.* 1.4.1, Theophan. *Chronogr.* 5.3.7, *Schol. Londin.* in : Gr. Gr. 1 3, p. 475.5, *al.*) est à la base de la paraphrase confuse d'Eut. 79.15 ss. On ne saurait non plus tirer de οἰνοβρῶτα βορήν le sens proposé par Gow[1] 105 : " *flesh of grapes* (or possibly of pomegranates) ". D'où ma conjecture οἰνοχρῶτα (cf. 493 n.) : βορήν désigne la pulpe de la Grenade et οἰνοχρῶτα qualifie sa couleur, justifiant le nom de οἰνωπή (" couleur de vin "), donné à une variété (490). – **B.** La littérature parallèle est fidèle au schéma nicandréen ainsi défini. **(a)** *Pépins* : S.L. 1.23 *item prosunt malorum Punicorum* grana *assidue data* ~ D. eup. 1.11 ῥοαὶ ἐσθιόμεναι οἰνώδεις καὶ οἱ πυρῆνες ; Aét. 1. 18 ἢ ῥοιᾶς πυρῆνας ; PsD. p. 38.7 ῥοῶν τε πυρήνων (manque chez PAeg.). – **(b)** *Jus* : Épainétès (Pr. p. 78.3) ἢ ῥοιῶν γλυκε<ι>ῶν χυλόν. – Pl. 23.108 recommande une στοματική à base de Grenades acides (pépins et jus additionnés d'autres ingrédients). Son *indication* contre le Lièvre marin, étant donné le genre du médicament, ne laisse pas de surprendre. – **7)** Choix d'autres remèdes : **a/** *Plantain d'eau* (cf. n. 49 §6b), D. *m.m.* 3.152.2 (160.3 s.) ~ Pl. 25.125. – **b/** *Cyclamen*, D. *ibid.* 2.164.1 (229.2) ~ Pl. 25.125 ; cf. D. *eup.* p. 314.9, Ascl. p. 139.13, Aét. 1. 16, PsD. p. 38.5 (PAeg. p. 29.20 Peucédan au lieu de Cyclamen). – **c/** *Sang d'Oie*, D. *eup.* 1.17 (pris sur-le-champ, cf. Aét. 1. 20 [PAeg. p. 29.22, PsD. p. 38.8]), Pl. 29.104 (avec la même quantité d'huile). – **d/** Chair ou bouillon de *Grenouilles*, Pl. 32.48. – **e/** *Écrevisses* fluviatiles : Pl. 32.54. – **f/** *Hippocampes* : Pl. 32.58. – **g/** *Crabes* : de rivière, D. *m.m.* 2.10 (125.22) ἐφθοὶ σὺν ζωμῷ ἐσθιόμενοι " mangés bouillis avec le bouillon " ; de mer, Pl. 32.58 *cancri marini decocti ius*. – **h/** *Huîtres* : Pl. 32.59 ; voir *supra* n. 40 §3b.

53. 495-504 : Sangsues. I. *Deux cas d'absorption.* –

[*Notes complémentaires aux v. 501-508* : V. 501-504 : Eutecnius semble avoir omis volontairement la scène de genre qui emplit la subordonnée (cf. *Notice* p. cxx), car sa paraphrase tient compte de la principale qui lui correspond (p. 79.27 προσφῦσα ἔνθαπερ ἂν τύχῃ ἐκμυζᾷ τοῦ ἀνθρώπου τὸ αἷμα ~ 505s.). – 501 ἢ ὅθ᾽ : cf. *Th.* 124, 126, 139. – ζοφερῆς : cf. *Th.* 404. Les deux adj. ζοφερός et ζόφεος sont synonymes, glosés l'un et l'autre par σκοτεινός (Hsch. ζ 177 s.), mais ζόφεος n'est pas autrement attesté, alors que ζοφερός a des références dans la poésie hexamétrique à partir d'Hés. *Théog.* 814 (épith. du Chaos), notamment chez des poètes qui doivent quelque chose à N. : cf. Androm. 11, Nonn. 28.306, 29.48, *par.* 12.142, *Orac. Sibyll.* 2.194, Epigr. app. sepulc. 578.3, *ibid.* orac. 291.25, Greg. Naz. 1328.9, *al.* ; il qualifie la nuit, *AP.* 14.72.2 (Anon.), Eudocia 1.245. – 505 τὰς : N. a le sing. aux v. 503 s., 509 s. ; pour le passage du sing. au plur. et vice-versa, voir *Th.* 801 n. La conjecture de Bentley (ταὶ) est inutile et de plus contraire à l'usage de N., qui, pour le démonstratif masc. et fém., ignore, au nominatif plur., les formes à τ initial, même là où elles seraient métriquement possibles (ainsi αἱ 119, *Th.* 243, οἱ *Al.* 38, 159, 542, *Th.* 132, 150, 308, 432, 555, fr. 74.28). – *ὀχλιζο-μένας : chez Homère, ὀχλίζω = *mouvoir avec un levier* (cf. *supra* 226 διὰ … ὀχλίζοις) ; ici, le Pass. = *être rassemblé*, à partir de ὄχλος " foule " (cf. Gow[1] 106), sens attesté ailleurs par Hsch. *Test.* – ὥσῃ : le subj. de généralité (mais cf. n. critique) est exceptionnel avec ἵνα adv. relatif (Σ 505a4 ὅπου ἂν ὁ ῥοῦς ὥσῃ ~ Eut. 79.27 ἔνθαπερ ἂν τύχῃ) ; toutefois, cf. *Th.* 149, Eur. *Ion* 315 ἅπαν θεοῦ μοι δῶμ᾽, ἵν᾽ ἂν λάβῃ μ᾽ ὕπνος (chez Soph. *OC* 405 [κρατῇς *codd.*], le sens exige la correction de Brunck κρατοῖς, cf. Lloyd-Jones et Wilson, *Sophoclea*, Oxford 1990, p. 230). – 506 ἀθρόα : adv., = ἐξαίφνης O[g] ; cf. LSJ s. ἀθρόος IV2. – ἀμελγόμεναι : au sens fig., = ἐκμυζῶσαι ; voir *supra* 77 n. – χροὸς αἷμα : cf. Thcr. 2.55 s. Ἔρως …, τί μευ μέλαν ἐκ χροὸς αἷμα ἐμφὺς ὡς λιμνᾶτις ἅπαν ἐκ βδέλλα πέπωκας ; – 507 πύλησιν : cf. Σ *ad loc.* ἢ τῇ ἀρχῇ τοῦ λαιμοῦ, ἤτοι τῷ φάρυγγι ~ Eut. 80.7 τῇ φάρυγγι. – τε πνεῦμα : cf. 286 δὲ πνεῦμα ; pour la *correptio*, voir 127 n. – 508 : cf. 191 ; ἰσθμοῦ, " passage étroit ", désigne couramment le *cou*, cf. *e.g.* Plat. *Tim.* 69e (Emped. fr. 100.19 ἀμφὶ πύλας ἰσθμοῖο [*f.l. pro* ἠθμοῖο]).]

Sur la Sangsue (*Hirudo medicinalis*), voir Keller 2.502 s. ; S. d'Égypte (d'une espèce particulière), Larrey 194-198 (éd. originale, t. I p. 359-365), cf. Jacques[5]. – **(a)** 1/ A la différence des Cantharides, des Crapauds ou du Lièvre marin, qui sont censés agir sur l'organisme par leur venin réel ou supposé, la Sangsue figure dans le catalogue des δηλητήρια (voir *Notice* p. xxv) en raison du danger que fait courir sa présence accidentelle, susceptible d'entraîner la mort, si l'on n'y remédie. L'absorption d'une S. donne lieu à deux scènes de genre réussies (cf. Jacques[4] 121), animées par des buveurs (cf. Isid. 12.5.3 *potantibus enim insidiatur* [sc. sanguisuga]) : l'homme qui s'abreuve à une rivière (495-500), celui qui boit à une jarre dans l'obscurité (501-504). Elles sont particulières à N. Toutefois, Promotus fait brièvement mention de la première éventualité, la seule qu'il considère (p. 76.26 τοῖς ἀπὸ ποταμοῦ πίνουσι συμβαίνει). Encore qu'on puisse se demander si τῆς νυκτός, avant les mots cités, ne fait pas allusion à la seconde, qui a pour cadre " l'obscure nuit " (*Al.* 501). – **2/** Galien a eu affaire à un cas identique, celui d'un homme qui, assoiffé, avait bu " de nuit " une eau que son esclave avait puisée à une source où des S. avaient été vues ; c'est ce qu'il apprend en le questionnant. Galien raconte également comment il diagnostiqua le même mal chez un homme qui reconnut avoir joué avec des camarades, en été, dans un étang infesté de S. (*De locis affectis* 4.8 [8.265.12-266.7]). Ces deux exemples illustrent des réflexions générales qui visent à mettre en garde contre des erreurs de diagnostic en cas de crachement ou de vomissement de sang, ces symptômes pouvant indiquer la présence d'une sangsue (*ibid.* p. 264.14-265.6 ; cf. *infra* n. 54 §a2). – **(b)** Des soldats de Bonaparte, au témoignage de Larrey, ont connu en Égypte pareille mésaventure. – **1/** Aux environs de Sâlehyeh se trouvent des lacs « d'eau douce et bourbeuse », fréquentés par une petite Sangsue de quelques mm. (comparable à « l'*hirudo alpina nigricans* de M. Dana »), « pas plus grosse qu'un crin de cheval » mais capable d'« acquérir le volume d'une sangsue ordinaire gorgée de sang. ... Nos soldats, *pressés par la soif, se jetaient à plat ventre* sur le bord de ces lacs et ... buvaient avec avidité ». Certains ne tardent pas à ressentir les effets des piqûres des S. avalées : picotement de l'arrière-bouche, *toux* fréquente produisant des *douleurs* vives dans toute la poitrine, *crachats sanguinolents*, *irritation* des parties sensibles de la gorge, *obstruction* de ces parties, *hémorragies* répétées, *déglutition* pénible, *respiration laborieuse*. « Les sujets maigrissaient à vue d'œil ... ces accidents les mettaient en danger et pouvaient les conduire à la mort ... » (p. 195). Tout ce curieux épisode en marge de la campagne d'Égypte mériterait d'être reproduit. Je me bornerai à citer deux actions personnelles de Larrey. Comme avec celles de Galien dans les mêmes circonstances (cf. n. 53a2, 54a2), c'est pour nous l'occasion d'observer un grand médecin dans l'exercice de sa *praxis* médicale. – **α.** Les Égyptiens avaient couramment le même problème avec leurs chevaux qui buvaient dans ces étangs et recevaient les S. par leurs narines, « mais on n'avait encore aucune connaissance d'un pareil accident arrivé chez l'homme. Le premier individu chez lequel il se manifesta était un soldat de la 69e demi-brigade, qui, en arrivant à Sâlehyeh, au retour de la Syrie, fut atteint de douleurs piquantes dans la *gorge*, de *toux* et de *crachements* *de sang*. La quantité qu'il en avait perdue l'avait considérablement affaibli. Je le fis entrer à l'hôpital de cette place ; je questionnai le malade, et cherchai par tous les moyens à connaître la cause de ces accidens. En abaissant la langue avec une cuiller, je découvris la sangsue, dont la *queue* se présentait à *l'isthme du gosier* ; elle était de la grosseur du petit doigt. J'introduisis de suite la *pince* à pansement pour la saisir ; mais, au premier attouchement, elle se rétracta, et remonta derrière le *voile du palais*. Il fallut attendre une rechute pour la découvrir, et alors, avec une *pince à polype*, recourbée sur sa longueur, je l'arrachai du premier coup. Son extraction fut suivie d'une légère hémorragie qui s'arrêta en quelques minutes, et, quelques jours après, ce militaire fut parfaitement rétabli » (p. 196). – **β.** « Pierre Blanquet, guide à pied, étant à la découverte des Arabes, pendant le blocus d'Alexandrie, dans les déserts voisins de cette ville, avala une de ces petites sangsues en se désaltérant dans un des lacs dont j'ai parlé. Elle passa de *l'arrière-bouche* dans les *fosses nasales*, où elle s'accrut insensiblement. Ce militaire ne porta d'abord aucune attention aux légers symptômes qui se manifestèrent dès les premiers jours ; cependant il lui survint des *hémorragies nasales*, des picotements incommodes dans les narines, des douleurs vives vers les sinus frontaux, des vertiges, et souvent de légers accès de délire ; toutes ses fonctions étaient dérangées, et il avait considérablement maigri. Après avoir langui dans cet état pendant environ un mois, il fut transporté à l'hôpital d'Alexandrie. L'*embarras* qu'il éprouvait dans le *nez*, la *difficulté de respirer* par cette voie, et les *hémorragies* fréquentes qui se déclaraient, me portèrent à soupçonner un corps étranger dans les fosses nasales ; en effet, mes premières recherches me firent découvrir dans la narine gauche l'extrémité d'une sangsue. Je la pris d'abord pour un polype ; mais, l'ayant touchée avec une sonde, je la reconnus à sa rétraction subite. Je la laissai se développer de nouveau ; et, après avoir *écarté* avec précaution *l'entrée de la narine*, je la saisis avec une *pince* à polype, et en fis l'extraction au même instant. Dès ce moment, les accidents disparurent, l'hémorragie cessa, et le malade put bientôt reprendre son service » (p. 197 s.). – **2/** Larrey, à l'hôpital de Belbeys, a compté une vingtaine de soldats « attaqués de cet accident. Chez presque tous, les sangsues étaient placées près des *narines postérieures*, derrière le *voile du pal*ais ; chez quelques-uns, pourtant, elles pénétraient dans l'*œsophage*, et de là descendaient dans l'*estomac* : elles y restaient plus ou moins longtemps, et incommodaient beaucoup les soldats jusqu'au moment où » (p. 196) on les détachait à l'aide de *vinaigre dilué* « et légèrement nitré ». Pour expulser celles qui s'étaient fixées dans l'arrière-bouche, les *gargarismes* de *vinaigre* et d'*eau salée* étaient suffisants. On utilisait aussi les *fumigations* de tabac et d'oignons de scilles, ou les injections d'eau salée. Des victimes de cet accident ont parfois subi une perte de sang considérable,

quand la cause de leur mal était méconnue. Larrey cite le cas d'un soldat, qui, lors de la prise de Port-Mahon (1757), avait « vomi successivement trois livres de sang » (196[1]). – J'ai souligné dans cette note par
les italiques tous les détails du récit de Larrey qui apparaissent déjà
chez N., Galien ou/et Aétius.

54. 505-510 : II. *Régions du corps attaquées*. – Difficiles parfois à
préciser en raison de l'ambiguïté du vocabulaire. Deux régions
d'ancrage de la S. chez N. : **a)** 1/ La *gorge*, ou plus exactement
l'*entrée* de l'arrière-bouche, qui est aussi celle de la *trachée-artère* (cf.
507 s.) ; Σ 507a (*ad* πύληϲιν) parle indûment de l'entrée " du pou-
mon ", avant de rectifier : ἢ τῇ ἀρχῇ τοῦ λαιμοῦ ἤτοι τῷ φάρυγγι,
cf. Eut. p. 80.7 τῇ φάρυγγι (*trachée* ou, plus largement, *gosier*).
L'endroit est p.-ê. le même que celui que Larrey définit (cf. n. 53
§b1α) " *isthme* du gosier ", avec le mot de N. – La littérature parallèle
mentionne la *gorge* : Scr.L. p. 91.21 *adhaerentem* (sc. irudinem) *faucibus* (cf. Isid. 12.5.3 *labitur faucibus*), où elle " provoque gêne et
titillation " ; *amygdales, gosier, œsophage* : D. *eup.* 308.4 s. προσφυομένας [*sc.* βδέλλας] παρισθμίοις καὶ καταπόσει καὶ στομάχῳ ~ Pr. p. 74.28-30... παρίσθμια ... τῷ φάρυγγι (gosier ou trachée) προσκάθηνται ἀποφράττουσαι τὰς ὁδοὺς τοῦ πνεύματος (cf.
Al. 507 s.)... τῷ στομάχῳ ἐπικαθήμεναι ; *gosier, œsophage* : Aét.
l. 2 προσφύονται τῇ φάρυγγι ἢ τῷ στομάχῳ ; *gosier* : O. *ecl.*
p. 298.17 (= PAeg. p. 30.7, PsD. 39.9) προσφυομένας τῇ καταπό-
σει→ ; *trachée* : O. l. 22 (= Aét. l. 27, PAeg. l.13 s., PsD. 39 s.) τὰς
δὲ τῷ βρόγχῳ προσφυείσας. Dans le cas où les S. se sont fixées à la
trachée, Paul (*aliter* Aét. l. 5 s., cf. Isid. 12.5.3 *et cum nimio cruore
maduerit* [sc. sanguisuga], *id euomit quod hausit, ut recentiorem denuo
sugat*) note chez leurs victimes une *toux* accompagnée de *crachements
de sang* (pour ces deux symptômes, cf. Larrey, *supra* n. 53) : p. 30.9-
11 ἐνίοτε δὲ καὶ αἷμα πτύουσιν ἀνθηρὸν ἀναχρεμπτόμενοι τῷ
βρόγχῳ προσφυεισῶν τῶν βδελλῶν. – 2/ Cette observation remonte
à Galien (voir n. 53 §a2) : si un individu mouchait, crachait ou vomis-
sait de manière répétée, sans cause apparente, un sang de consistance
subtile et séreuse (αἷμα λεπτὸν καὶ ἰχωρῶδες, le " sang fleuri " de
Paul), il y voyait le signe qu'une S. s'était fixée dans ses *narines*, sa
bouche ou son *estomac* (*l.c.* p. 264 s. ; cf., déjà, dans le même sens,
Hp. *Prorrh. II*, 17). Chez l'un des malades qu'il avait traités, la S.
s'était logée dans le conduit qui fait communiquer la bouche avec le
nez : p. 266.8-11 στρέψας τὸν πόρον τῆς ῥινὸς εὐθὺ τῶν ἡλιακῶν
ἀκτίνων, ἐθεασάμην κατ' ἐκεῖνον τὸν τόπον ... οὖσαν βδέλλης
οὐρὰν ἐγκατακεκρυμμένην τῷ πόρῳ (cf. Larrey, *supra* n. 53b1β). –
b) Le *cardia* (509) : Scr.L. et Pr. n'en parlent pas (chez ce dernier,
στόμαχος [p. 76.30] n'a pas ce sens, mais celui d'*œsophage*, garanti
par les parallèles, cf. §a). Chez Oribase, c'est, avec le gosier, l'une des

deux parties attaquées : (προσφυομένας …) ←ἢ στόματι κοιλίας = Aét. l. 3 (cf. l. 16 τὸ στόμα τῆς γαστρός), PsD. p. 39.9 s. Chez PAeg. ἢ – κοιλίας est tombé après τῇ καταπόσει, ou avait été omis par son modèle, car il signale ensuite une sensation de morsure au *cardia* (~ O. p. 298.18 ἕλκος ἐν τοῖς μέρεσι ποιούσας, PsD. p. 39.10 ἑλκούσας τὰ μέρη), qu'il donne pour le signe (σημεῖον) de l'absorption d'une S. – O., Aét. (l. 4-8), PAeg. et PsD. ont une symptomatologie ; N. se contente de noter, à la fin de ce développement, que la S. est une cause de *souffrance* (510 πημαίνουσα) pour l'homme.

55. 511-520 : III. *Thérapie.* – **(a)** 511-513 : *Oxycrat, neige, glace.* Pour que la Sangsue lâche prise, N. conseille : 1° de faire boire, à haute dose (ἐν δεπάεσσι), du *Vinaigre* mélangé d'eau (ὀξύκρατον est le terme technique) ; 2° ou de lui faire manger de la *neige* avec le Vinaigre (δαῖτα συνήρεα), 3° ou encore de la *glace* qui vient de se former. – **1) α.** L'*Oxycrat* employé seul est recommandé uniquement par Promotus p. 76.31 (cf. le Vinaigre dilué de Larrey, n. 53b2) ; il est additionné de neige chez PAeg. p. 30.12 = PsD. 39.14 χιὼν σὺν ὀξυ-κράτῳ πινομένη. – *Vinaigre* seul (voir *Notice* p. XLIX) : D. *m.m.* 5.13.3 (15.19 s.) ~ Pl. 23.55 *medetur* (sc. acetum) *pota hirudine.* Iologues : Scr.L. p. 91.22 *aceto quam plurimo poto* ; cf. D. *eup.* p. 308.5 ὄξος, Apollonios Mys *ap.* Ascl.Ph. 143.14 ὁ δὲ Μῦς Ἀπολλώ-νιος ὄξει δριμυτάτῳ ἐπότιζε, d'où Orib. *Eun.* ὄξει ὡς δριμυτάτῳ πότιζε. – **β.** Le Vinaigre était utilisé aussi comme excipient de sub-stances diverses : D. *m.m.* 3.80.5 (96.11 s.) suc de Silphium en garga-risme avec du Vinaigre pour chasser les Sangsues avalées, *eup.* 308.6 ὀπὸς σιλφίου μετὰ ὄξους ἀναγαργαρισθεὶς ἢ καταρροφούμενος, Scr.L. *aceto … poto per se uel cum sale aut nitro aut lasere*, Celse *ace-tum cum sale bibendum est*, PAeg. p. 30.11 = PsD. p. 39.12 s. ὀπὸς σιλφίου ἢ τὰ φύλλα αὐτοῦ σὺν ὄξει. – **γ.** Selon D. *m.m.* 2.34 (133.3) " les Punaises de lit (*Cimex lectularius* L.) bues dans du vinaigre font partir les S. ". Gal. *simpl. med. fac.* 1.43 (363.11 s.) note que l'Ail en aliment l'a toujours dispensé d'avoir recours à cette *Dreckapotheke* (~ PAeg. p. 30.17 [Gal. cité] et, sans le nom de Gal., O. *Eun.* ~ Aét.). Pl. 29.62 recommande les Punaises en fumigation (*suffitu eorum abigere sanguisugas adhaerentes*) ; cf. Aét. l. 26 s. κόρεις λειώσας ὑπόθες τῷ μυκτῆρι. – **δ.** Souvent la *saumure* (ἄλμη), ou la *saumure vinaigrée* (ὀξάλμη), remplace le Vinaigre comme excipient (Aét. l. 12 ὀξάλμη προσλαβοῦσα λάσαρ). Ou on l'emploie seule : D. *m.m.* 5.15 (16.12 s.) " avalée et en gargarisme " ; *eup.* p. 308.5 ἀποβάλλει (*sc.* τὰς βδέλλας) ἄλμη καταρροφουμένη, d'où O. *ecl.* p. 298.20 = Aét. PAeg. PsD. ThN. ; cf. Ascl. 143.9 οἱ μὲν ἄλμην παρήνουν πίνειν, οἱ δὲ χιόνα, Apoll.M. *ap.* Ascl. *ib.* l. 15 ἄλμη ajoutée au Vinaigre fort, Pr. p. 76.32 s. ἢ ἄλμην … ἢ ὀξάλμην θερμὴν ῥοφείτωσαν καὶ ἀναγαργαριζέτωσαν. – **ε.** Pl. 28.160 conseille (*contra sanguisugas*

potas) le " beurre avec du Vinaigre chauffé à l'aide d'un ferrement ",
il note que le beurre employé seul est utile contre les poisons en
l'absence d'huile (cf. D. *m.m.* 2.72 [147.1] πρὸς τὰ θανάσιμα μὴ
παρόντος ἐλαίου χρησιμεύει [*sc.* βούτυρον] ; pas de mention des
Sangsues). – **2)** Aét. l. 12 fait avaler un mélange de *neige* fondue et de
Vinaigre (~ *Al.* 512), mais en gargarisme ; PAeg. et PsD., un mélange
de neige et d'oxycrat en boisson. C'est apparemment en boisson (cf.
Ascl. 143.9, *supra* §δ) qu'Apollonios Mys (143.15) utilisait la neige
qu'il faisait fondre, mais sans Vinaigre, de même que Promotus (*infra*
§3). L'expression de N. δαῖτα ... χιονόεσσαν (512) est illustrée par
Scr.L. p. 91.23 *niuis glebulae quam plurimae deuoratae* " boulettes de
neige avalées en aussi grand nombre que possible ", mais S.L. ne parle
pas non plus de Vinaigre. – Pour l'utilisation de la neige chez N., voir
aussi *supra* 179. – **3)** L'alternative de la *glace* a un seul parallèle, mais
remarquable : Pr. p. 76.31 s. ἢ χιόνος πόμα ἢ κρυστάλλου τοῦ νεο-
παγοῦς. –

[*Notes complémentaires aux v. 513-523* : V. 513 (fin) Cf. *Il.* 5.523
νηνεμίης " un jour de grand calme " (Mazon), Thcd. 3.23.5 ἀπηλιώ-
του ἢ βορέου " quand souffle le vent d'est ou le vent du nord " (Arat.
882 ἢ νότου ἠὲ βορῆος = ἐκ ν. " du côté de ", complément de lieu
sans prép., cf. *ibid.* 635, 872, 1030). Une raison d'euphonie recommande βορέαο dans ce vers où les voy. o et α prédominent. Pour des
mots au même cas dans des fonctions différentes, cf. Holzinger 20 (*ad*
Lyc. 377 et 1066 [gén.]). – 514 *γυρώσαιο : seule occurrence du
Moy. au sens d'*extraire*. – *καθαλμέα : *hapax* absolu. – βώλακα : =
βῶλον, cf. Pind. Thcr. Ap.Rh. – 515 ναιομένην : de νάω *couler*,
Pass. *être humide* ; cf. *Od.* 9.222 ναῖον (Aristarque) δ' ὀρῷ ἄγγεα
πάντα, Nic. fr. 74.58 (*ap.* Ath. 15.684b) ναιομένοισι τόποις (Casaubon : νεομένοισι ποτοῖς A [*sine acc.*] : *om.* CE]). A la différence de
Call. et d'Ap.Rh., Nicandre semble avoir préféré la diphtongue au α
long. – θολερὴν : D. *eup.* p. 308.13 s. περιχανδέτω (*qu'il garde
dans sa bouche* : -χανέτω *codd.*) τὴν ἐκ τοῦ ὕδατος ἰλύν s'explique
autrement (cf. comm. n. 55 §b1). – 516 ἢ αὐτήν : pour cet hiatus cf.
Th. 623, *Od.* 17. 531. – 517 ἠνεκές : cf. 592 n. – 518 *ὁμιλαδόν :
adv. hom. " en troupe ", semble employé ici seulement au sens de
« en masse ». – ἁλὸς ἄχνην : cf. (*eodem loco*) *Od.* 5. 403 ἁλὸς ἄχνη
écume de mer ; N. a emprunté ces mots à Homère en modifiant leur
sens. – 519 ἐμπίσαις : cf. (*alio sensu*) 277, 320 *faire macérer* ; pour
le sens de *faire boire*, cf. *Th.* 573 n. – *ἁλοπηγὸς : *hapax* absolu ; cf.
Call. (*Héc.*) fr. 74.25 H. ἀνὴρ ὑδατηγός. – 521 μὲν δή : 611 ; N.
emploie ces particules seulement dans les *Al.*, au début d'une notice. –
κήδοι : à mettre en relation, pour le sens, avec l'emploi particulier de
κῆδος (*Th.* 2 n.). L'idée en a p.-ê. été suggérée à N. par l'*Il.* 16.515 s.
δύνασαι ... ἀκούειν | ἀνέρι κηδομένῳ, ὡς νῦν ἐμὲ κῆδος ἱκάνει

(Glaucos à Apollon) " tu peux entendre l'homme affligé, comme maintenant l'affliction pénètre en moi ". – 522 στέρνοισιν : pour le plur., cf. 18, 314 et voir *Notice* p. CVI. – 523 ἐπί : avec l'acc. d'extension spatiale ; la prép. est confirmée par Eutecnius (voir n. critique). Pour la confusion ὑπό/ἐπί conjecturée par O. Schneider, cf. les n. critiques à *Al.* 33, 282, 358, *Th.* 366, 392 ; pour le sens de ὑπό, " à proximité de ", *Th.* 890. – ὀλκόν : cf. 79 n.]

(b) *Sel* sous différentes formes : 1° 514 s. : *terre alcaline*, 2° 516 s. : *eau de mer* chauffée au soleil ou au feu, 3° 518 : *sel gemme*, ou sel dissous (?), 4° 518 [ἢ ἁλὸς ἄχνην]-520 : *flocons de sel* recueillis dans les marais salants. – On a vu (§a1β) que Celse et Scribonius recommandaient le Sel en boisson avec le Vinaigre ; D. *eup.* le prescrit en gargarisme (*infra* §1), Pr. sans précision d'aucune sorte. **1)** On peut se demander si Eutecnius (80.12 καὶ λίτρου [carbonate de Sodium] γενομένου διύγρου λίαν ὡς ποτὸν πρόσφερε) n'a pas cherché à donner un équivalent de καθαλμέα – ναιομένην, qui apparaît à la même place chez N. Chez ce dernier, le Natron ne figure pas dans la notice des Sangsues, mais dans la suivante (532). Il est absent des Scholies, mais il est mentionné constamment dans la littérature parallèle : chez Scr.L. (voir §a1β), D. *eup.* p. 308.9 (νίτρῳ καὶ ἁλσὶ σὺν ὕδατι ἀναγαργαριζέσθωσαν), O. *ecl.* p. 298.21, Aét. l. 13 (PAeg., PsD., ThN.) ; seules exceptions : Ascl.Ph., Promotus et O. *Eun.* L'expression de N. a-t-elle un lien avec D. *eup.* (l. 13 s.) τὴν ἐκ τοῦ ὕδατος ἰλύν ? En fait, il s'agit non de boue, mais du dépôt en suspension dans l'eau des gargarismes au Natron et au Sel, le patient doit garder ce dépôt dans la bouche après s'être gargarisé, car, dit D., son odeur attirera les Sangsues. – **2)** Ici encore le parallèle le plus frappant est fourni par Pr. p. 76.32 s. ἢ θαλάσσιον ὕδωρ θερμάνας ἐν ἡλίῳ δίδου πιεῖν→. Pour le gargarisme au Natron, Aétius emploie de l'*eau douce* ou de l'*eau de mer* (*eau* chez PAeg. p. 30.13 = PsD. p. 39.15, ainsi que chez O. *ecl.* p. 298.21). – **3)** Le sens de 518 (– ὁμιλαδόν) dépend de la var. choisie. **α.** πηκτόν : la traduction de LSJ, *obtained from brine*, est douteuse, car c'est le procédé décrit aux v. 516 s. (cf. Scholfield *ap.* Gow[1] 107) ; toutefois, le Sel obtenu par évaporation de l'eau de mer est appelé πάγος par Lyc. 135. La Σ 518a glose : ὀρυκτόν, ἐκ μετάλλου, *sel gemme*, interprétation que peut conforter D. *m.m.* 5.109 (79.14) : τῶν δε ἁλῶν ἐνεργεστάτον μέν ἐστι τὸ ὀρυκτόν. **β.** τηκτόν (T), leçon ignorée de O. Schneider, nous aiguille-t-elle vers une *solution* alcaline fortement concentrée (pour le Sel dissous en guise de remède, cf. *supra* 164) ? Mais il arrive que T confonde π et τ (voir n. critique à 518), comme certains mss ω (cf. 164 πήξαιο Wy). Quelle que soit ici la forme particulière du remède, Sel de mine ou solution alcaline, elle est particulière à N. – **4)** Le Sel des marais salants fait problème également. L'expression de Pr. p. 76.33

(←παραμίξας καὶ) ἁλὸς ἄνθους qui intervient à la même place que ἁλὸς ἄχνην désigne un produit analogue : cf. Gal. *simpl. med. fac.* 11.2.7 (περὶ ἁλὸς ἄνθους) et 8 (π. ἁλὸς ἄχνης) = 12.374 s. ; il définit l'*écume de sel* comme étant un ἀφρῶδες ἐπάνθισμα τῶν ἁλῶν. – C'est également au moyen du Sel, dont on les saupoudrait, qu'on faisait lâcher prise aux S. médicinales (Cassius Felix 21, p. 34.17 Rose : *asperso sale trito sanguisugas remouebis*). – Les iologues ont à proposer bien d'autres remèdes absents chez N., outre ceux qui ont été mentionnés ci-dessus. Notons seulement que N. a omis la thérapeutique la plus efficace, *i.e.* la pince utilisée par Larrey (cf. n. 53b1αβ), dont, bien longtemps avant lui, Aétius préconisait l'emploi, quand les circonstances s'y prêtent (l. 9 s. ~ Gal. *loc aff.* p. 266.8 s., cité *supra* n. 54 §a).

56. 521-526 : CHAMPIGNONS. –

[*Notes complémentaires aux v. 524-532* : V. 524 (fin) D'autre part, outre le sens de " vain, inutile ", celui de κακός " malfaisant " est attesté pour ἀποφώλιος : cf. l'oracle d'Apollon cité *ap.* Jul. *Ep.* 88, 89 (p. 150.21, 165.14) = Epigr. app. orac. 127.2, où ῥέζουσ' ἀποφώλια = κακῶς ῥ. " font du mal, maltraitent ". L'interprétation du Scholiaste de N. n'est donc pas, une " pure invention " (Ritter). Après φωλεύοντα (523), ἀποφώλιον ἆσθμα ne signifie pas seulement *afflatus qui ἀπὸ τοῦ φωλεοῦ prodit* (Ritter), cf. Bailly s.v. 2 *souffle d'un serpent caché dans un trou* ; grâce à un jeu de mots intraduisible (cf. 532 n. et voir *Notice*, p. CVII), N. parle de l'haleine *malfaisante* de la Vipère, *provenant de son trou*, et qui a pour effet d'empoisonner les champignons (légende persistante). [Oppien], *l.c.*, a p.-ê. emprunté à N., au sens de *malfaisant* (Mair le traduit par *inutile*), cet adj. qu'il a appliqué au venin du Cobra. – 525 : pour la structure de la phrase qui rebondit avec la répétition de ζύμωμα à la césure féminine, et la reprise de l'épithète κακόν disposée en *variatio* avant et après le substantif, cf. 269 καρύοιο λαχυφλοίοιο repris au v. 271 par δυσλεπέος καρύοιο. – κεῖνο : cf. 105, 116, 187, 235, 250, 299. Pour ce sens de *bien connu*, cf. la n. crit. de *Th.* 619 (à πῖνε). – ὑδέουσι : cf. 47 n. – 526 παμπήδην : = ἀδιαφόρως (Σ 525b). Opp. *Hal.* 1.378 emploie ὁμαρτῇ dans le même sens. – 527 κόρσην : pour le sens propre de *tête*, cf. *Th.* 750 n. ; clausule analogue au v. 253. – 528 κλώθοντα : *verdoyant* ou *florissant* ; = χλωρὸν θάλλοντα καὶ χλοάζοντα (Σ 528a ~ Eut. 80.27 τὰ κλωνία χλωρὰ τυγχάνοντα), βλαστάνοντα (Dʸᵖ) ; pour ces gloses, cf. *Th.* 647 κλώθοντος (avec la n. crit.). – *σπάδικα : ailleurs (Chaerem. Hist. fr. 4.90, Porphyre *Abst.* 4.7.38), en parlant du Palmier. – 529 s. πολλάκι καὶ : 261, 301, *Th.* 86 ; καὶ semble employé comme adv. soulignant le mot suivant plutôt que comme copule en anastrophe, πολλάκι se passant de liaison (voir *Notice* p. CV). – 529 μεμογηότος : cf. *Th.* 830 ; le Scholiaste traduit :

παλαιᾶς χαλκάνθου (*tacet* Eut.). LSJ suggère : un cuivre *qui a perdu son éclat*. – 530 *κληματόεσσαν : cf. 95 n. – 531 *ῥιζάδα : *hapax* absolu, cf. les n. à 265, 403. Selon O. Schneider (n. *ad loc.*), N. aurait choisi ici ῥιζάδα pour des raisons d'euphonie, à cause de πυρίτιδα. Voir *Notice*, p. CIX – χραίνων : cf. 202 n. – 532 λίτρον : cf. 327 n. – τό τε – πρασιῆσι : on comprend d'ordinaire, en acceptant l'adv. τοτὲ de la tradition quasi unanime, et en adoptant la leçon καρδαμίδος dont on fait le complément de 532 φύλλον : " parfois la feuille du Nasitort qui a poussé dans les plates-bandes ". Καρδαμίδας, sans nul doute la *vera lectio*, rend nécessaire l'interprétation proposée, " et la plante qui a crû dans les plates-bandes " (i.e. le poireau), qui est celle d'Eutecnius (80.31 πράσον τε πρὸς τούτοις). En effet, la périphrase τό τε – πρασιῆσι (pour l'art. défini, cf. 332, 491 et *Notice* p. CII) constitue un jeu étymologique (cf. les n. à 319, 524), πρασιά " carré de légumes " étant dérivé de πράσον ; cf. *Th.* 879 πρασιῆς χλοάον πράσον, auquel notre passage semble faire allusion ; *ad rem*, voir comm. n. 57 §B4a. – φύλλον : peut se dire de la plante entière, en particulier des pl. médicinales, cf. Soph. *Philoct.* 44. – *ἐναλδόμενον : *hapax* absolu, comme le participe aor. 1 Act. ἐναλδήνασα (409) ; j'ai respecté la valeur temporelle de ce participe aor. 2 intr., mais N. lui a p.-ê. donné celle d'un présent.]

Voir D.*m.m.* 4.82 (243 s.), Pl. 22.96-99 ; Mercurialis 164-168, Orfila 2.419-449, Steier « Pilze » *RE* 20 (1950) 1372-1386. – I. *Noms et nature*. – (1) Pour désigner les Champignons collectivement (525 s.), N. se sert du terme le plus courant, μύκητες (m. pl.), ici et (*Géorgiques*) frr. 78.6,79 ; cf. *infra* 617 μύκητα, n. pl. (interpolation). Contrairement aux dires de la Σ 525b, ζύμωμα (*sc.* γῆς) n'est pas l'appellation générale, mais une métaphore appliquée aux Ch. " qui naissent de la terre " (Ath. 2.60e φύονται δὲ οἱ μύκητες γηγενεῖς), d'une terre humide, fangeuse et comme fermentée (Mercurialis 164). – (2) Dans le fr. 79 (*ap.* Ath. 2.61a), N. emploie un autre terme collectif, ἀμανῖται, en apposition à μύκητες, et formant avec lui une expression redondante comparable à βοῦς ταῦρος ou ὄρνις στρουθος (cf. *supra* 60 et la n.). Le fr. 78 oppose les Ch. qui poussent au pied de l'Olivier, du Grenadier, de l'Yeuse et du Chêne, et qui sont mortels (θανάσιμοι), comme le dit Ath. 2.60f, à ceux du Figuier, si toutefois on a pris soin de recouvrir son pied de fumier et de l'arroser abondamment ; on peut faire cuire ces derniers, les μ. ἀμανίτας (la plus ancienne occurrence du mot). Sur les rapports des Ch. et des arbres, cf. *infra* Diphile (§4), Diosc. (§5β). – (3) α/ Galien (Περὶ τροφῶν δυνάμεως), dans son chapitre relatif aux μύκητες (2.69 [6.655 s.]), les divise en βωλῖται et ἀμανῖται. Les premiers, bouillis convenablement, sont ἀβλαβέστατοι τῶν ἄλλων μυκήτων (656.2 s.), ils sont préférables aux seconds, mais n'en offrent pas moins une nourriture *riche en phlegme* (φλεγματώδης), *froide* (ψυχρά) et de *mauvais suc* (κακόχυμος). " Quant aux autres, dit-il, il est plus sûr de ne pas y toucher, car ils ont causé des morts nombreuses " (656.4-5, cf. Ath. 2.60e εἰσιν αὐτῶν [*sc.* τῶν μυκήτων] ἐδώδιμοι ὀλίγοι · οἱ γὰρ πολλοὶ ἀποπνίγουσιν). – **β/** Après Galien, βωλῖται (gl. marginale du *Vindob. med. gr.* 1 à Eut. 80.21 μύκητες ; cf. *Geop.* 12.17.8 β. φαύλους, et n. 57 §B1α) et ἀμανῖται sont cités conjointement dans les compilations médicales (O., Aét., PAeg., etc.) et les traités anonymes *de alimentis*, qui répètent les mêmes enseignements, non sans quelque confusion parfois : cf. Actuar. 2.6.13 ἀμανῖται δὲ καὶ ὕδνα ψυχρά τε καὶ ὑγρὰ καὶ παχέων καὶ ὠμῶν χυμῶν γεννητικά, *An. Ath.* 482.4 ἀμανῖται ψυχροὶ καὶ κακόχυμοι καὶ δύσπεπτοι, οἱ δὲ μύκητες θανατώδεις ; ἀμανῖται mortels, cueillis dans des vignes sauvages : *Chr.Pasch.* 186.4. Il est intéressant de noter que, pour l'assassinat de l'empereur Claude, Locuste n'a pas fait confiance aux Ch. vénéneux, elle a ajouté du poison à un inoffensif Bolet (voir Morel 226.12, Lewin[3] 194). – **(4)** D. *m.m.* 4.82 ne connaît pas la distinction de Galien. Il parle seulement des μύκητες, qu'il divise en deux catégories, les *comestibles* (βρώσιμοι) et les *mortels* (φθαρτικοί). De même, Diphile de Siphnos (IIIe a.C.) *ap.* Ath. 2.61d-e, parlant des Ch. de Céos, ne connaît que des μύκητες bons ou mauvais, ceux-ci nombreux (πολλοὶ δὲ καὶ κτείνουσι) ; il dit " propres à la consommation " (οἰκεῖοι) les Ch. " très fins, tendres et friables, qui viennent près des ormes et des pins ", mais " contre-indiqués (ἀνοίκειοι) les noirs, les livides et les durs ". – **(5) α/** Parmi les *iologues* proprement dits, Scribonius est le seul (avec Apollodore fr. 12 [voir t. II, p. 290] *fungorum uenena*, sauf erreur de Pline) à employer le terme de Ch. *vénéneux* (p. 91.8 *fungis uenenatis*, cf. Celse, *fungos inutiles* ~ ἀνοίκειοι) ; mais ils connaissent l'existence de Ch. mortels (cf. le titre de Pr. p. 73.8 περὶ θανασίμων μυκήτων, et, déjà, D. *m.m.* 2.80, cité *infra* n. 57 §5b), et Oribase (*unde* Aét. PAeg. PsD. ThN.) sait que les Ch. nuisent de deux façons, par leur *espèce* et par la *quantité* ingurgitée : p. 297.33 οἱ μὲν τῷ γένει βλάπτουσιν, οἱ δὲ τῷ πλήθει. D. *m.m.* 4.82 (243.13) avait dit avant lui que les bons Ch. eux-mêmes, pris en *trop grande quantité* (πλεονασθέντες) pouvaient être *nocifs* et provoquer l'*asphyxie* ; cf. Galien, sur les βωλῖται, *infra* §B. – **β/** Les v. 523 s., qui établissent un lien entre les maux causés par les Ch. et la proximité d'un trou de Vipère, sont une tentative d'explication du caractère vénéneux des Ch. dangereux par nature. A cette explication de N., la Σ 522d en ajoute une autre d'après laquelle ces Ch. seraient nés de la sueur de la Vipère : ἄλλοι δὲ (*sc.* φασὶν εἶναι πόαν τινὰ φυομένην) ἐκ τοῦ ἱδρῶτος τοῦ ὄφεως. Promotus semble avoir utilisé un N. scholié lorsqu'il écrit : p. 73.11-13 οὕτως δὲ οἱ μύκητες μάλιστα θανάσιμοι γίνονται ὅταν φύσει ὦσιν ἐν τόποις ὅπου ἡ ἔχιδνα ἐφώλευσεν · ἡ

γὰρ ἀπὸ τῆς ἱδρώσεως αὐτῶν ὑγρασία ἀναμιγνυμένη τῇ γῇ μερί-
ζεται καὶ εἰς τὸ φυόμενον (" car l'humidité provenant de la sudation
des serpents, mélangée à la terre, est distribuée aussi dans ce qui
pousse "). Cette réflexion a été déformée chez Oribase (*unde* Aét. l. 20 s.
= PAeg.) :... τινες μύκητες ὑπὸ θηρίων βρωθέντες οὐ μόνον πνί-
γουσιν ἀλλὰ καὶ ἑλκοῦσιν τὰ ἔντερα. L'idée que le Ch. tient son
poison du venin du Serpent reflète un préjugé vivace, qui, on le voit,
remonte plus haut que le Moyen Âge. Elle était déjà exprimée, p.-ê.
d'après N., par la source commune à Dioscoride et à Pline (Sextius
Niger) : cf. D. 4.82 (243.8-10 ~ Pl. 22.94 s.), selon qui ils sont " mortels " quand ils poussent " à côté de clous rouillés, de chiffons putréfiés, ou de trous de Serpents (ἢ ἑρπετῶν φωλεοῖς παραφύονται ~ *si
serpentis cauerna iuxta fuerit*), ou d'arbres particulièrement nocifs ".
Ce qui est vrai, c'est que les Ch. sont de remarquables accumulateurs
d'éléments chimiques et de polluants toxiques (Courtecuisse 12, 27). –
II. *Symptomatologie* : elle tient tout entière dans le v. 522 ; l'étouffement (ἄγχον) est leur effet le plus généralement reconnu. Dioscoride
désigne souvent les victimes des Ch. par l'expression οἱ ὑπὸ μυκήτων
πνιγόμενοι : *m.m.* 1.116 (109.20), 2.112 (187.8), 3.23 (31.6), 104
(116.6). Cet étouffement s'accompagne de douleur. Dans le fr. 78, N.
parle des οἰδαλέων σύγκολλα βάρη πνιγόεντα μυκήτων " *étouf-
fantes lourdeurs* des champignons tumescents ". Hippocrate notait
déjà, chez la fille de Pausanias, qui avait mangé un champignon cru :
ἄση, πνιγμός, ὀδύνη γαστρός " nausée, suffocation, douleur d'estomac " (*Epid.* 7.102 [5.454 L.]). Diphile de Siphnos (Ath. 2.61d)
signale le caractère *asphyxiant* (τὸ πνιγῶδες) des Ch., cf. D. 4.82
(243.14 πνίγοντες). Selon Galien, qui songe p.-ê. à Hp. *l.c.*, même les
βωλῖται mal cuits peuvent entraîner des accidents ; on sait que certains Ch., comestibles quand ils sont cuits, " sont plus ou moins
toxiques crus ou mal cuits " (Courtecuisse 23). Au chapitre du *De ali-
mentorum facultatibus* cité (au §A3α), à propos d'un homme qui avait
mangé beaucoup de ces Ch. insuffisamment bouillis, il relevait comme
symptômes (656.7 ss.) : oppression, douleur et rétrécissement du cardia (θλιβέντα τὸ στόμα τῆς κοιλίας καὶ βαρυνθέντα καὶ στενοχ-
ωρηθέντα), respiration difficile, évanouissement, sueur froide ; le
malade fut sauvé à grand peine grâce à l'ingestion de remèdes propres
à dissiper les " humeurs épaisses " (τοὺς παχεῖς χυμούς). –
Iologues : La symptomatologie la plus détaillée se lit chez Scribonius
et Promotus qui sont d'accord avec les observations d'Hippocrate et de
Galien : S.L. p. 91.8-11 " nausée, douleurs infinies de l'estomac, du
ventre et de la région du diaphragme (*stomachi uentrisque et praecor-
diorum infinitos habent dolores*), sueurs froides " ; Pr. p. 73.9
πνευμάτωσις, πόνος στομάχου, μικροψυχία, περίψυξις, εἶτα
πνιγμός, οἷς δὲ ἔμετος καὶ διάρροια. Eutecnius mentionne lui aussi
les douleurs, absentes chez N. : p. 80.20 s. ἀνοιδοῦνται (cf. *Al.* 522

ἀνοιδέον) | ἐν τῇ γαστρὶ καὶ ὀδύνας σφοδρὰς ... παρέχουσιν (Σ
522a dit simplement : ἀνοιδοῦσιν ἐν τῇ γαστρί). Les autres iologues
évoquent seulement l'étouffement (cf. Ath. 2.60e, cité *supra* §A3α) :
O. *ecl.* (*unde* Aét. PAeg. PsD. ThN.) πνιγμὸν ἐοικότα τοῖς ἀγχόναις, O. *Eun.* (*Eust.*) titre : πρὸς τοὺς ὑπὸ (ἀπὸ) μυκήτων πνιγομέ-
νους. Notons que le symptôme phalloïdien, dont les Amanites mortelles sont responsables, commence par une gêne respiratoire
accompagnée de vertiges, suivie par une phase de gastro-entérite aiguë
avec vomissements violents et douloureux (Courtecuisse 24). Dans les
cas d'intoxication par les Amanites, notamment les fausses Oronges,
Orfila signale, entre autres, la " suffocation " (430) et le " sentiment
d'astriction à la gorge " (429) ou " d'étranglement " (436), les seuls
symptômes signalés par N.

57. 527-536 : III. *Thérapie*. – A. Pour les intoxications qu'ils ont
eues à soigner, Hippocrate et Galien (cf. *supra* n. 56 §II) s'accordent
sur le but du traitement qui est de faire vomir (cf. *infra* §B6). " Boire
du mélicrat chaud et vomir a aidé, ainsi qu'un bain chaud. Alors
qu'elle était dans son bain, elle a vomi le Champignon, et, sur le point
de se rétablir, elle s'est mise à suer " (Hp. *l.c.*). Les remèdes que cite
Galien sont l'Oxymel, seul ou additionné d'Hysope, de Thym et d'Origan modérément cuits (*unde* Aét. 1. 6), ceux-ci saupoudrés d'écume de
Nitre ; " après les avoir pris, dit-il, il a vomi les Champignons qu'il
avait mangés, déjà transformés d'une certaine façon en un suc semblable au phlegme, passablement froid et épais » (*alim. fac.*, p. 656.14-
16 ; *unde* O. *Eust.* p. 113.26). Le Mélicrat, le vomissement et le bain
chaud d'Hippocrate sont repris, pareillement groupés, par O. *ecl.*
p. 298.14 s. = PAeg. p. 38.3 s. L'Oxymel (Philagrios, *ap.* Aét. 1. 17,
Aét. 1. 5, O. *Eun.* p. 431.8 et 9, *Eust.* p. 113.24), l'ἀφρόνιτρον (*Eust.*
p. 113.21), l'Hysope, le Thym et l'Origan de Galien se retrouvent avec
bien d'autres substances parmi les très nombreux antidotes des médecins anciens contre les Ch. (aperçu dans Steier 1375.31-64). Voir D.
4.82 (243.15) : Nitre et Huile, Lessive et Saumure vinaigrée (*oxalmè*),
décoction de Sarriette, Origan ou fiente de Poule et Vinaigre, Miel
abondant en électuaire ; avant lui, Diphile, (*ap.* Ath. 2.61d) : Hydromel, Oxymel, Vinaigre," vomir après avoir bu ". Pour le Vinaigre,
voir *infra* §B1c. Je me contenterai de citer les passages où médecins
anciens et iologues récents se rencontrent avec N. Pour Dioscoride et
Pline, voir *infra* §B7. C'est, une nouvelle fois, Promotus qui en est le
plus proche : hormis quelques divergences (532 négligé ; χαλκάνθη,
doublet s'ajoutant à χαλκοῦ ἄνθος), il a les mêmes substances que N.
et elles se succèdent dans le même ordre. – **B. 1)** 527 s. : *Chou, Rue*.
(a) ῥαφάνοιο : on peut hésiter entre Chou (Th. 1.6.6) et Raifort (D.
4.61 [215.12]) : cf. Σ⁰ (= 527b5 κράμβης ἢ ῥαφανῖδος. Le mot
ῥάφανος " Chou " (attique, pour κράμβη) peut être l'équivalent de

ῥαφανίς (Radis noir ou Raifort, cf. LSJ s.v. ῥάφανος), et il figure en ce sens chez N. lui-même (*supra* 430). Contre les Ch., la littérature parallèle les recommande l'un et/ou l'autre. Pour une confusion du Raifort et du Chou causée par le grec ῥάφανος, cf. Th. 4.16.6 sur le *Chou* [ῥάφανος], remède préconisé par Androkydès contre l'ivresse, et la traduction de Pl. 17.240, selon qui Androkydès conseillait de " mâcher du *Raifort* (raphanum) ". – α/ Sur le Raifort antidote des Ch., voir D. *m.m.* 2.112 (187.8) βοηθεῖ (*sc.* ῥαφανίς) τοῖς ὑπὸ μυκήτων πνιγομένοις ~ Pl. 20.25 (cité *Test.* 319-334). Cf. *Notice*, n. 308. – O. Schneider (p. 82) a opté (après Gorraeus et Grévin) pour ce sens possible de ῥάφανος. En faveur du Raifort, qui, à cause de ses propriétés réchauffantes et siccatives, conviendrait comme antidote d'une plante réfrigérante et humide, cf. (dans la littérature iologique) Celse (*radicula … cum sale et aceto edenda est*), Scr.L. (*radice ea, quam nos edimus, acri quam plurima manducata eiusque semine*), D. *eup.* ῥάφανος ἐσθιομένη = O. *ecl.* p. 298.8 (~ PAeg. PsD.), Ascl.Ph. (δοτέον ῥαφάνους ὠμὰς ὡς [*uel* ὅτι *ego cl.* Ascl. : ὥστε K.] πλείστας ἐσθίειν) ~ O. *Eun.* (ῥαφανίδας ὅτι πλείστας ὠμὰς [*ego ex* Ascl. : ὀπτὰς *codd.*] ἐσθίειν), cf. Aét. l. 4 ῥαφανίδας. – Suc de Raifort : O. *ecl.* p. 298.9 s. χυλός ῥαφανῖδος ; cf. *Geop.* 12.22.6 (extrait de Φλωρεντῖνος) ὁ χυλὸς (τῶν ῥαφανίδων) ἐν ὕδατι λαμβανόμενος ἀντιπαθής ἐστι βωλίταις καὶ δηλητηρίοις. Mercurialis 167 préconisait le suc de Raifort (*suco raphani*) comme vomitif. Chez les modernes, Orfila 449 cite un cas d'intoxication relaté par Paulet, dans lequel le suc de Raifort a favorisé l'évacuation " par haut et bas ". – β/ En faveur du Chou (Schn. et Br.) : Apollodore (fr. 12 [*ap.* Pl.], t. II p. 290) " est d'avis qu'il faut boire la *graine* ou le *suc* (du Chou, *brassica*) dans l'intoxication par les champignons " (si toutefois Pline n'a pas confondu ici encore le ῥάφανος/ῥαφανίς des Grecs avec le Chou, comme Schn. 253 l'en a soupçonné). Pline 20.94 (*tacet* D. 2.120 s.) recommande la *graine* rôtie du Chou sauvage contre les intoxications par Serpents, Ch. et sang de Taureau (texte cité *Test.* 330) ; *Geop.* 12.17.8 (extr. de Πάξαμος [cf. W. Morel, *RE* 18.4, 1949. 2436 s.]), le *suc* : καὶ βωλίτας (= μύκητας) δὲ φαύλους εἴ τις φάγοι, πίνων τὸν χυλὸν αὐτῆς (*sc.* τῆς κράμβης) σωθήσεται. Cf. Σ 527a (~ 527b6, après l'hésitation initiale) δίδου, φησίν, τὸν καυλόν, ἤτοι τὴν κεφαλὴν τῆς κράμβης ~ Eut. 80.26 τοὺς τῆς κράμβης καυλούς (~ lat. *caulis*, " Chou "). ῥάφανος est d'autant plus ambigu ici, chez N., que κόρση = κεφαλή pourrait s'appliquer à la racine du Raifort (cf. Strömberg[1] 82), mais σπειρώδεα (qui, en tant qu'épithète de κόρση, doit avoir le même sens qu'au v. 253) nous oriente indubitablement vers le Chou. Le fait qu'au v. 330 il soit appelé κράμβη (impliqué par κραμβῆεν) n'y contredit pas, car N. désigne parfois la même plante de noms différents (*e.g.* la Rue qu'il nomme πήγανον et ῥυτή). – (b) Sur la Rue, voir *supra* n. 5 §2d. Dioscoride (*m.m.* 3.45 [57.8 s.]) mentionne d'une façon générale son usage prophylactique contre les poisons et son emploi dans les antidotes (57.6, 59.12). Pl. 20.132 recommande ses feuilles pilées dans du vin contre l'Aconit, le Gui et les Champignons. Rue dans du Vinaigre, contre les Ch. : D. *eup.*, O. *ecl.*, Scr.L. (91.13 s. *ruta ex aceto trita et pota proficit*→), Ascl.Ph. (ou mangée seule) ; dans de l'Huile et du Vin et en décoction avec du Miel : ThN. ; κλωνάρια " ramilles " (Pr.) ou feuilles (Aét. l. 4 s.) à manger. – **(c)** N. ne précise pas l'excipient pour le Chou et la Rue, de même en 534-535 pour la lie de Vin et la fiente de Poule ; p.-ê. est-il ici à tirer de la suite (529 s.), comme en 534 s. de ce qui précède (531), *i.e.* le Vinaigre (cf. Σ 534a ἐν ὄξει, 535a4 μετὰ ὄξους). Celse recommande de manger des radis " avec du sel et du vinaigre " [voir *supra* §(a)α]. Vinaigre et Sel : D. 5.13.3 (15.19) ποιεῖ (*sc.* ὄξος)... πρός τε μύκητας ... σὺν ἁλσί (voir 4.82 et 5.117 cités §2b), cf. Pl. 22.99 *debellat eos* (sc. fungos) *et aceti natura contraria iis*, et *Notice* p. XLIX. Pour le Vin (ἱκανῶς ποθείς), antidote de nombreux poisons, dont les Ch., cf. D. 5.6.10 (9.1) et voir *Notice* p. XLVII. Sel dans de l'Oxymel : D. 5. 109. 5 (81.9). – **2)** 529 s. : *Fleur de Cuivre, cendre de Sarments*. **(a)** χαλκοῖο ... ἄνθην : cf. *Th.* 257 ἄνθεσιν εἴσατο χαλκοῦ. Malgré LSJ, il n'y a pas lieu de distinguer entre le sens du plur. (s.v. ἄνθος I 2 : ἄνθη χαλκοῦ = χάλκανθος/-θον " sulphate de cuivre ") et celui du sing. (s.v. χαλκός III : χαλκοῦ ἄνθος = " particules rejetées par le cuivre lorsqu'il se refroidit ") : cf. Gow[1] 98. L'un et l'autre s'appliquent à l'oxyde de Cuivre rouge, cité dans les *Th.* pour sa couleur, recommandé ici comme remède. – **α/** Cf. D. *m.m.* 5.77 (χαλκοῦ ἄνθος) ~ Pl. 34.107 (*aeris flos*). D'après leur description du procédé par lequel on l'obtenait, il semble qu'on ait affaire à l'oxyde cuivreux rouge (Cu^2O), dont l'usage médical était surtout externe. Les iologues qui le mentionnent dans leur notice sur les Ch. ont χαλκοῦ ἄνθος (Scr.L., D. *eup.*, Épainétès [ἄνθος *ego* : ἄνθους *codd.*], Pr., PAeg., PsD.) = *aeris flos* (S.L.), sauf O. *ecl.* p. 298.12 χάλκανθον (cf. §β). Lorsqu'ils précisent l'excipient, c'est le plus souvent le *Vinaigre* (S.L., D., O. [cité *infra* §b fin] PAeg. PsD.) ; mais pour Épainétès c'est le *Mélicrat*, et pour Pr. le *Vin*. – **β/** Chez les Grecs, " fleur de Cuivre " (χαλκανθές) désigne aussi le *noir de cordonnier*, d'ailleurs voisin du Cuivre : D. 5.98 (68 s.) ~ Pl. 34.123 *chalcanthon*. Dioscoride lui attribue, " bu dans de l'eau " une action " secourable quand on a pris des champignons " (p. 69.10 ; usage médical inconnu de Pline). On pourrait se demander si Oribase n'a pas confondu les deux substances, mais [Orph.] *Arg.* 960 χάλκανθον semble bien désigner la " fleur du cuivre " et non la plante homonyme : cf. Vian[2] 124 = *L'épopée posthom.* 330[75]. – **(b)** Sur la *cendre de Sarments* (recommandée aussi contre la Céruse en 95), cf. D. *m.m.* 5.117 (87.5 s.) : " on en fait une lessive (κονία) que l'on boit contre ... l'empoisonnement par les champignons (μύκητας), additionnée de sel et de vinaigre ". Mentionnent également la " *lessive* de sarments " : Scr.L. (←*nec minus lixiua cineris ex sarmentis pota*), D. *eup.* 315.18 κονία ἐκ κλημάτων, Ascl. 140.10 κονίας κληματίνης ἀφέψηημα (*lege* ἀπήθημα *cl.* Ascl. 142.6 s. [*ad psilothrum*], 142.12 [*ad gypsum*]), O. *ecl.* 298.2 κονίαν κληματίνην = PAeg. (PsD.), cf. Aét. l. 8, qui ajoute : διηθημένην. D. *m.m.* 4.82 parle de " lessive (indifférenciée) dans un mélange de vinaigre et de saumure (μετ' ὀξάλμης) " ; Pr. p. 73.15 seulement de " cendre de sarments ", comme N., et l'excipient est le même que chez lui : τέφραν κληματίνην δίδου μετ' ὄξους. D. *eup.* ne précise pas l'excipient avec la Lessive de Sarments, mais il a : 316.1 s. νίτρον ἢ κονία ἢ ἅλες σὺν ὄξει (cf. Aét. l. 9 s. ὄξους προσεμβαλλομένου καὶ νίτρου). Vinaigre également chez S.L. (*ex aceto* indiqué avec la Rue vaut aussi pour la Lessive) ; Oxycrat : O. *ecl.* PAeg. PsD. Orfila 446 recommande tout particulièrement le Vinaigre. – L'*Aldine*, suivie par Gorraeus et Soter, rattache le v. 529 à ce qui précède en ponctuant fortement après ἄνθην ; même structure du texte (conservée par O Schneider) déjà chez Eut. 80.26-28. Gow a eu raison, comme Estienne, de construire 529 avec la suite en ponctuant à la fin de 528. ἐν ὄξεϊ θρύπτεο (530) ne convient pas moins à la fleur de Cuivre qu'à la cendre de Sarments : selon D. *m.m.* 5.77 (46.8), " la meilleure fleur de cuivre est celle qui est friable (εὔθρυπτον) " et cf. O. *ecl.* p. 298.11 s. πήγανον μετ' ὄξους ἢ χάλκανθον λεῖον. – **3)** 531-2 : *Pyrèthre, Natron.* **(a)** Seul parallèle : Pr. l.16 πυρέθρου ῥίζαν ὁμοίως σὺν ὄξει. – **(b)** D. 5.113.3 (84.8) ~ Pl. 31.119 recommandent le Natron " bu dans de l'oxycrat " ; Scr.L., Ascl.Ph., Épainétès, broyé dans du Vinaigre. Voir aussi 4.82.2 (243.15 s.) *supra* §A et B2b. Les iologues le mentionnent tous (soit seul, soit ajouté à d'autres substances, et dans divers excipients) sauf Celse (très incomplet) et Pr. qui le cite seulement à travers Épainétès. D. 3.104.2 (116.6) l'ajoute aux feuilles de Mélisse, en boisson, contre les Ch. – **4)** 532 s. *Poireau, Cresson, Moutarde.* Voir Jacques[4] 39-41. **(a)** Sur le Poireau, désigné ici par un jeu de mots, cf. *Th.* 879 et comm. n. 110 §1 (allusion des *Al.* à ce passage des *Th.*?). Absent de la littérature iologique en tant qu'antidote contre les Ch., mais attesté par Eut. 80.31 ; Pline connaît son efficacité : *NH* 20. 47 (*unde* Garg.M. 21.20) *estur uero* (sc. *porrum sectiuum*) *et contra fungorum uenena* " (le poireau qui se tond) se mange également contre les champignons vénéneux ". Si D. 2.149.2 s. (215.7-20) signale la vertu thériaque de son suc en boisson (l.13 s., cf. *Th.* l.c.), il ignore cet usage médical du πράσον καρτόν (*sectivum*). – **(b)** Dans l'interprétation traditionnelle (cf. n. de la trad. à 532), qui va de pair avec la leçon καρδαμίδος, on identifiait Μῆδον avec le Cédrat (κίτριον) – dont la vertu d'antidote prophylactique universel était bien connue (voir *supra* n. 5 §2d), mais qui n'est pas mentionné par la littérature iologique au chapitre des Champignons – en sous-entendant μῆλον : cf. Σ 533b ἔστι δὲ τὸ Μηδικὸν μῆλον, ὅ ἐστι τὸ νεράντζιον ~ D[g] (*ad* Μῆδόν τε) καὶ τὸ νεράντζιον, ἄλλοι δέ φασι τὸ κίτριον. L'ellipse de μῆλον est problématique ; ce mot est passé parfois dans le texte (voir n. critique), mais alors, l'absence de Μῆδον prive μῆλον de son identité. En fait, l'explication traditionnelle, qui visait p.-ê. à combler une lacune de l'enseignement de N., comme l'interpolation finale, n'est peut-être pas antérieure au XIIᵉ s., au cours duquel Jean Tzetzès s'est occupé de Nicandre. Wilamowitz[1] (1.190[137]) citait cette glose en exemple du caractère tardif de certaines scholies. La *vera lectio* καρδαμίδας nous en débarrasse en même temps qu'elle fournit un support à Μῆδον (voir 533 n. et cf. *Th.* 876 s. ἀπὸ Μήδων | κάρδαμον). Comme en 429 (καρδαμίδας τε καὶ ἣν Πέρσειον ἔπουσιν), N., qui aime à citer, à côté d'une plante, une variété locale de la même espèce, conseille, avec d'autres herbes échauffantes, le Cresson ou Nasitort, notamment celui de Médie, une plante recommandée par la plupart des iologues (voir *infra* §c). Qui plus est, Promotus mentionne précisément le Cresson de Médie : l. 16 s. κάρδαμον (*ego* : καρδάμωμον *codd.* ; *idem mendum ap.* PsD., cf. *infra* §c) Μηδικὸν δίδου ἐσθίειν ἢ κλάδια σινήπεως→ ; ce qui fait justice de la *f.l.* μῆλον. Rappelons (voir *supra* n. 46 §5b) que le meilleur κάρδαμον est celui de Babylonie, selon Dioscoride, et que, si ce dernier connaît seulement sa vertu thériaque, N. parmi d'autres l'utilise comme antidote dans la thérapie de la Jusquiame (429). Pour le plur. καρδαμίδας au sens de *graines*, voir n. 46 §4 et cf. Aét. l. 14 s. κάρδαμον δὲ χλωρὸν ἐσθιέτωσαν ἢ τὸ σπέρμα πινέτωσαν. – (c) Pour les mentions conjointes du *Cresson* et de la *Moutarde* (rapprochés également *Th.* 877 s.), outre Promotus (*supra* §b), voir D. *eup.* 316.5 κάρδαμον ἢ νᾶπυ, *unde* O. *ecl.* 298.9 νάπυ ἢ κάρδαμον ~ PAeg. p. 37.27 ἢ νᾶπυ ἢ κάρδαμα ἐσθιόμενα (= PsD. p. 33.15, καρδάμωμον *codd. falso*). Moutarde antidote des Ch. : Pl. 20.236 (*unde* Garg.M. 29.8) *fungorum uenena discutit* (sc. *sinapi*), usage médical ignoré de D. *m.m.* – 5) 534 s. : *Lie de Vin, fiente de Poule*. (a) N. recommande la lie *calcinée* ; à cet égard, cf. Pl. 23.64 : *crematio ei multum uirium adicit* " l'action du feu en augmente beaucoup l'efficacité ". La plupart des iologues la font prendre sous cette forme, en boisson, dans de l'*Eau* : D. *eup.* τρὺξ οἴνου κεκαυμένη ... πινομένη μεθ' ὕδατος ~ O. *ecl.* (= PAeg. PsD.), cf. Ascl.Ph. l.11 s. ἢ τρύγα οἴνου καύσας καὶ τρίψας μεθ' ὕδατος δίδου πιεῖν = O. *Eun.* Seul, Pr. l.17 s. préconise le *Vinaigre* : τρυγίαν οἴνου καύσας καὶ βρέξας ὄξει δίδου πιεῖν. Si la suggestion de Σ 535a4 est correcte (voir *supra* §1c et cf. *infra* §b), Promotus est également d'accord avec Nicandre sur ce point. Dioscoride (*eup.*) dit qu'elle peut être aussi donnée *crue* (καὶ ὠμή ajouté après κεκαυμένη) ; c'est ainsi que Pl. 23.65 la conseille contre les Ch. : *fungorum naturae contraria est pota, sed magis cruda* " en boisson c'est un contrepoison des champignons, surtout prise crue " (trad. Littré), usage médical ignoré de Dioscoride. – (b) Le dernier remède relève de la *Dreckapo-*

theke ou " pharmacopée excrémentielle ", chère à la médecine égyptienne (Lefebvre, p. 15[2]). D. *m.m.* 2.80.4 (163.9) juge la *fiente de Poule* moins efficace que celle de Pigeon sauf contre les Ch. " mortels " (πρὸς μύκητας θανασίμους) ; cf., dans son chapitre sur les Ch. (4.82.2 [243.16]), la fiente de Poule en boisson avec du Vinaigre [fiente de Pigeon avec Nard (sans le Nard, *ap.* Aét. O.) recommandée contre la Litharge par D. *eup.*, Pr. 75.25 (corriger ἄρτῳ en νάρδῳ), PAeg. PsD.]. Selon Pl. 29.103 (*gallinarum fimum, dumtaxat candidum*), seule la fiente blanche de Poule a cette propriété " contre les Ch. et les bolets, bouillie avec de l'hysope ou du Vin miellé ". Exception faite de Celse, Scr.L., Ascl.Ph. et Épainétès, elle figure chez tous les iologues : ἀλεκτορίδων ἄφοδος (D. *eup.*, O. *Eun.*, cf. [Gal.] *eup.* p. 388.16), κόπρος (O. *Eust.*, Philagr. [Aét. l. 16]) ; son omission chez O. *ecl.* 298.4 s.et PAeg. p. 37.23, qui ont à sa place des *œufs bouillis*, est p.-ê. accidentelle : cf. PsD. p. 33.10 s. καὶ ἀλεκτορίδων ἄφοδος ἢ ᾠὰ σὺν ὀξυκράτῳ πινόμενα.– La fiente de Poule *calcinée* est particulière à N. Les iologues qui indiquent son mode d'emploi la donnent *sèche* en boisson, après l'avoir *réduite en poudre* (Philagr. λειώσαντες, O. *Eust.* λελειωμένην, *Eun.* τρίψας), et en avoir saupoudré 3 ou 4 cyathes d'excipient. A la différence de N. (cf. *supra* §a), l'excipient n'est pas chez eux le Vinaigre pur, mais l'Oxycrat (D. *eup.*, O. *ecl.* [PAeg. PsD.]), l'Oxymel (O. *Eun.*), l'Oxycrat et/ou l'Oxymel (O. *Eust.*, Philagr.), le Vin miellé (Pr.), l'Eau (O. *Eun.*). Maïmonide 52 rapporte l'opinion selon laquelle elle constitue, dans de l'eau tiède, à la dose de 2 dr., un vomitif efficace pour expulset toute espèce de poisons. – **6)** 535 s. La prescription relative au *vomissement* provoqué concerne, bien sûr, les remèdes répugnants des v. 534 s. (cf. O. *Eust.* p. 113.24 s. [après description du remède à base de fiente] καὶ προφανῶς ὠφέλησε διὰ ταχέων · ἤμεσαν γὰρ ὀλίγον ὕστερον οἱ πνιγόμενοι) ; mais elle peut concerner d'autres substances (cf. §A), dont le Natron, un émétique couramment utilisé. Scribonius fait du vomissement un préalable que le médecin obtiendra en leur faisant absorber beaucoup d'huile : p. 91.16 (fin de sa notice) *oportet autem et oleo ante multo poto cogere eos reicere quantumcumque potuerint* " il faut leur faire boire auparavant une grande quantité d'huile pour les contraindre à vomir autant qu'ils le pourront " (voir O. *ecl.* [PAeg. PsD.] εὐθέως βοηθεῖν δεῖ κοινῶς ἀναγκάζοντας ἐμεῖν διὰ τοῦ ἐλαίου et cf. *Al.* 87-89). Les textes parallèles rappellent cette nécessité après d'autres prescriptions : *e.g.* O. *ecl.* 298.10 s. (après avoir mentionné suc de Raifort, Natron et Absinthe) εἶτ' ἔμετος ἐκ διαλείμματος καὶ πάλιν τῶν αὐτῶν πόσιν, cf. Aét. l. 7, 24. – **7)** Remèdes contre les Champignons de D. et Pl. absents chez N. *Huile d'Iris* : D. 1.56.4 (52.29), voir *Notice* p. XLII, XLVII. – *Graines d'Ortie* : Pline allègue à tort le témoignage de N., cf. *Test.* 201. – *Miel* : D. 2.82.3 (166.13 s. en électuaire ou en boisson, cf. 4.82.2 [244.1] ~ Pl. 22.108),

cf. *Notice* p. LII. – *Racines de Lis* dans du Vin : Pl. 21.126. – *Cnècos*
ou *atractylis* (Carthame) : 21.184 (D. 3. 93 [107.5] ne connaît que
l'usage thériaque indiqué aussi par Pline). – *Poires* : 23.115 s. (cf. 22.
99) ~ D. *m.m.* 1.116 (109.20) : *cendre* de bois de Poirier particulièrement efficace contre les Ch. Cuites avec les Ch., les Poires les neutra-
lisent ; moyen prophylactique préconisé par Celse, D. *eup.* et iologues
récents (O. *ecl.*, Aét. l. 10 s., PAeg., PsD.). – *Myrte* : n. 71. – *Panacès
de Chiron* (cf. n. 17 §A5) : Pl. 25.131 (vertu thériaque seule notée par
D. 3.50). – *Absinthe* dans du Vinaigre : D. 3.23.2 (31.6),
cf. Pl. 27.50. recommandée par les iologues : D. *eup.*, Ascl.Ph.,
Épainétès ; O. *ecl.* (PAeg. PsD. ThN.) avec Aristoloche dans du Vin. –
Surmulet frais : Pl. 32.44, la tête réduite en cendre, contre tous les
poisons, notamment les Ch. (D. *m.m.* 2.22 [τρίγλα] connaît seulement quelques-uns des usages thériaques indiqués par Pl. pour le *mul-
lus*).

58. 537-539 : SALAMANDRE. I. *Caractéristiques.* –

[*Notes complémentaires aux v. 537-542* : V. 537 *λιπορρίνοιο :
seule autre occurrence, Nonn. 1.44 (*alio sensu*) ; pour la place, cf. 207
s. λοιγήεντι ... | τοξικῷ ; pour le sens, le comm. des *Th.*, n. 96 §1.
Eutecnius (81.10 δέρμα δὲ λιπαρὸν ἔχει) est d'accord avec la
seconde explication du Scholiaste (537a6 γλίσχρα γάρ ἐστι καὶ
λιπώδης). – δυσάλυκτον : cf. 251 n. – ἰάψῃ : pour le sens, cf. 187 n.
– 538 *φαρμακίδος : seul ex. de l'adj. rapporté à un animal au sens de
porteur de poison ; ailleurs, il qualifie des magiciennes (*e.g.* Ap.Rh.
4.53, Anon. *AP* 5.205.6 = 3803 G.-P.). – *πανακηδέος : *hapax*
absolu, " absolument sans peur " (cf. 592 πανάπαστον, et l'*hapax*
abs. πανακαρπέα *Th.* 612). Moins probable, la *v.l.* πολυκηδέος, épithète hom. (*Od.* 9.37 νόστον ἐμὸν πολυκηδέ(α) ~ 23.351 ἐμὸν
πολυκηδέα νόστον) au sens de " cause de beaucoup d'angoisses ".
N. aurait pu l'employer, avec la valeur particulière qu'il donne à
κῆδος (cf. 521 n.), au sens de *qui cause bien des maux* : voir Dᵍ (= Σ
538b) τῆς πολλῶν κακῶν αἴτιον οὔσης et cf. Hsch. π 2865 πολυ-
κηδέα· πολλῶν κακῶν αἴτιον (gl. *ad* Od. *l.c.*). – 540 μάλκης :
" engourdissement par le froid ", cf. *Th.* 382, 724 et les n. *ad locc.* ; le
subst. μάλκη en dehors de N. est attesté seulement par Plut. *Mor.* 914b
et des scholies (Σ *Od.* ad 5. 467 et Σ Arat. 294 [223.10]). Il est glosé
par νάρκης GᵍOᵍ (= Σ 540e), ἀσθενείας Wᵍ (540f) ~ Eut. 81.11 s.
ναρκῶδες γίγνεται τὸ σῶμα καὶ ὅλον ἀσθενές (cf. Aét. 1.9
νάρκης). – 541 βαρύθων : ent. " alourdi, endolori, douloureux " ; cf.
déjà *Il.* 16.519 βαρύθει δέ μοι ὦμος ὑπ' αὐτοῦ (*sc.* τοῦ αἵματος)
" mon épaule en est alourdie ". N. affectionne cet *hapax* hom., cf. *Th.*
248, 319, 927, *al.*. – 542 *περισφαλόωντες : la leçon de T et celle de
ω (-σφαλέοντες) sont des *hapax* absolus supposant un verbe περισ-

φαλάω ou -λέω intr. = περισφάλλομαι ; cf. ἀσχάλλω/ἀσχαλάω. –
ἄτε βρέφος : cf. 356.]

Voir *Th.* 818-821 et le comm. *ad loc.* ; D. *m.m.* 2.62 (140.15 s.)
εἶδός ἐστι σαύρας νωχελές, ποικίλον, μάτην πιστευθὲν μὴ
καίεσθαι, et cf. Orth « Salamander » *RE* 1A (1920) 1821 s. –
(a) Λιπορρίνοιο et φαρμακίδος s'éclairent réciproquement, si l'on
prend φαρμακίδος au sens de *vénéneux* ou *venimeux* qu'on lui donne
ici le plus souvent : D^g τῆς φαρμακώδους, cf. Gorraeus *venena lacerti
mortifera*, Grévin *venimeux*, Br. *giftigen*, LSJ s.v. II *poisonous, veno-
mous*. C'est l'humeur *visqueuse* secrétée par la *peau* de la Salamandre
(réalité impliquée dans λιπορρίνοιο) qui contient son *poison*. Sur ces
deux points, voir t. II, comm. n. 96 §1-2 ; sur le *paradoxon* auquel 539
fait allusion, *ibid.* §3. – **(b)** En partant du sens de *magicienne*, attesté
partout ailleurs pour φαρμακίς (cf. 538 n.), G.-S. traduisent φ. σαύρης
par *lézard des sorciers*. Cette interprétation n'est p.-ê. pas impossible.
Pour ma part, je serais tenté de traduire *lézard de sorcière*. N. pourrait
faire ici allusion à Thcr. 2.58 σαύραν τοι τρίψασα κακὸν ποτὸν
αὔριον οἴσω. Je pense, contre Gow, que ce vers ne concerne plus la
magie amoureuse, bien que la S. serve à faire des aphrodisiaques (*e.g.*
Pl. 29.76) et des philtres (références *ap.* Gow, *l.c.*) ; il implique déjà
une menace, explicitée aux v. 159 s. : νῦν δὲ (59, cf. 159 s.) montre
que Simaitha a déjà en tête l'idée de la vengeance qu'elle exercera
contre Delphis, si sa magie, qui est pour *maintenant*, échoue. Mais, que
l'on prenne φαρμακίδος " sorcière " pour le Subst. ou un Adj. synonyme (non attesté ailleurs), l'expression fait difficulté. Reste que le
Lézard de la φαρμακεύτρια de Théocrite, sous l'effet duquel Delphis
" frappera à la porte d'Hadès ", est certainement une Salamandre,
comme l'entendait Legrand. – **(c)** D., *l.c.*, ne parle pas du poison à la
Salamandre et de ses antidotes ; mais Pline connaît la puissance de son
venin (29.74 s.). On faisait un breuvage vénéneux non seulement avec
la S. (ποτόν : *Al.* 537, Thcr. ; cf. Pr. p. 76.1 τὸ σκευαζόμενον ἐξ
αὐτῆς πότιμον), mais aussi avec le Gecko (Pl. 29.73 *fit … ex stellio-
nibus malum medicamentum* ; cf. n. 59 §5). Pour la préparation du poison, cf. n. 62 §c.

59. 540-545 : II. *Symptomatologie*. – C'est Aétius qui offre les
parallèles les plus frappants, au point qu'il donne l'impression de paraphraser N. – **1)** 540 : *Inflammation de la langue*. ἐπρήσθη = ἐφλέχθη
O^g (Σ 540b), glose non incompatible avec les gl. alternatives οἰδαίνεται, παχύνεται (Σ 540c5 ~ Eut. 81.8 τὴν μὲν γλῶσσαν παχύνεται),
l'inflammation s'accompagnant de gonflement, voir n. 34 §a (cf. n. 19
§2a, 27 §b, 33 §2). Bien que le sens de *inflari* soit plus courant pour
ἐπρήσθη (y compris *Th.* 403), celui de *inflammari* est exigé ici par
ἄψ – μάλκης, et d'ailleurs confirmé par des parallèles iologiques :

Aét. 1. 8 (PAeg. PsD.) γλώσσης φλεγμονή ; Pr. ἔγκαυσιν <καὶ> τραχύτητα γλώττης, cf. Scr.L. *lingua exasperatur*. En comparant Pr. et S.L., on pourrait être tenté de corriger la gl. παχύνεται (*supra*) en τραχύνεται, mais cf. 209 γλῶσσα παχύνεται, où Σ 209b glose : οἰδαίνεται, φυσᾶται. – **2)** 540 s. *Engourdissement, tremblement, faiblesse* : Aét. 1. 9 (PAeg. PsD.) τρόμος μετά τινος νάρκης καὶ ἐκλύσεως ; Scr.L. *corpus inualidum fit ; praeter hoc torpet rigoribus quibusdam*→ ; Pr. ῥιπτασμόν (*aliter*), ... ἔκλυσιν σώματος→. – **3)** 542 s. : *Reptation*. La marche " à quatre pattes " ou à l'aide des mains (cf. 189 s. [Ciguë]), préparée par le symptôme de l'ἔκλυσις ἀψέων, n'a pas de parallèle. Elle a fait l'objet d'une illustration dans le ms T (cf. p. 1). Pour les enfants en bas âge, Aristote expliquait leur reptation par le fait que la partie inférieure de leur corps n'est pas encore assez grande (*PA* 686b8-10). – **4)** 543 : *Hébétude*. Aét. 1. 9 (PAeg. PsD.) διανοίας ἐμποδισμὸς (λαλιᾶς *f.l. pro* διανοίας PAeg.), Pr. ἀπορίαν. – **5)** 544 s. : *Taches de la peau*. Scr.L. ←*et liuoribus quasi maculis uariatur* ; Aét. (PAeg. PsD.) 1. 10 πελιοῦται δὲ αὐτοῖς τινα μέρη τοῦ σώματος κυκλοτερῶς. Aétius est seul à décrire, comme N., la forme arrondie des taches, mais il s'en éloigne lorsqu'il ajoute qu'elles évoluent du blanc au noir en passant par le rouge, que les chairs se corrompent et que les poils tombent, conformément à la description du symptôme chez Promotus ; cf. Pr. ←γίνονται δὲ σπίλοι καθ' ὅλον τὸ σῶμα, λευκοὶ πρῶτον, εἶτα ἐρυθροί, εἶτα μέλανες μετὰ σήψεως καὶ ῥύσεως τριχῶν. – Le Gecko, qui a un corps tacheté comme la Salamandre, passait pour couvrir de lentigos le visage de ceux qui avaient bu un vin dans lequel il avait été noyé (Pl. 29.73 ; cf. n. 58 §b) ; des femmes, ajoute Pline, voulant défigurer leurs rivales, le font étouffer dans des pommades.

60. V. 547 : τενθρήνης. – Seule occurrence de τενθρήνη en dehors d'un témoignage d'Aristote (voir *infra*). Selon la Σ 547a, Nicandre a dit τενθρήνην pour τενθρηδόνα, cf. Eut. 81.19 μέλι τενθρηδόνος. Sur les rapports morphologique et sémantique entre τενθρήνη/τενθρηδών (Ar., Hsch., *Hippiatr.*) ~ ἀνθρήνη/ἀνθρηδών (Hsch.), d'une part, et, de l'autre, πεμφρηδών (*supra* 183, *Th.* 812 ; cf. les n. à ces vers et t. II, comm. n. 93 §3), tous noms d'insectes du genre des Guêpes et des Abeilles, voir Gil Fernandez 129 ; *ad rem*, W. Richter, « Wespe », *RE* Suppl. 15 (1995) 904.32-48. Dans sa notice sur la τενθρηδών, Aristote (*HA* 629a31-b2, cf. 623b10) compare celle-ci à la Guêpe en raison de son nid souterrain ; de même Hsch. (τ 478) qui ajoute : ἔνιοι ἀγρίαν μέλισσαν. La Σ 547b, comme 547a, souligne la ressemblance de la τενθρήνη avec l'Abeille ; elle serait même à ses yeux une catachrèse pour l'Abeille véritable (b1 s. κυρίως ἡ μέλισσα ἡ ἀγρία ... ἐνταῦθα δὲ τὴν ἀληθῆ μέλισσαν λέγει), ce qui est fort possible. Chez Aristote (629b1), τενθρήνιον, nom du nid,

implique τενθρήνῃ. L'appellation voisine ἀνθρήνη (cf. Hsch. α 5155
ἀνθρηδών· ἡ τενθρηδών, 5156 ἀνθρήνη· εἶδος μελίσσης) figure
chez Julius Africanus dans une liste d'insectes venimeux : σφῆκας,
μελίσσας, ἀνθρήνας, τενθρηδόνας, βομβυλίους, βέμβικας (*Hippiatr. Cantabr.* 71.14.3-5). Quelle que soit l'identification de la τενθρήνη, l'expression τενθρήνης … πίοσιν ἔργοις n'est qu'une *variatio* de 555 ἱερὰ ἔργα μελίσσης, comme le montre Promotus qui, à
chaque fois (p. 76.5, 9), parle de Miel, sans plus.

61. 546-566 : III. *Thérapie.* – **A.** Les notices parallèles qui offrent
le plus de ressemblance avec Nicandre sont celles de Dioscoride
(*eup.*), pour l'ordre dans lequel les remèdes se succèdent, et de Promotus, pour le détail de ces remèdes. Constatant l'absence du remède
556a chez Dioscoride, comme aussi chez le reste des iologues connus
avant la découverte de Promotus, O. Schneider suggérait de le transpo-
ser après 610 (cf. *infra* §B4b). Mais c'était oublier que l'omission ou
l'addition d'un remède relève du libre choix de tout pharmacologue.
De plus, le motif qu'il alléguait pour justifier ce transfert est devenu
caduc. Promotus offre en effet un parallèle exact des v. 556a-559 ; de
même en ce qui concerne le remède des v. 550-551, ignoré des autres
iologues (cf. §B3a). Dans ces deux cas, Promotus retrouve, relativement à N., l'accord dont il est coutumier, alors qu'il s'en écarte sur
d'autres points de la thérapie. N. ne dit rien du Lait frais, que D. mentionne pour la Salamandre, entre autres poisons, dans sa *m.m.* 2.70.5
(145.2) ~ Pl. 28.128, cf. *Notice* p. XLIV s.. Seul iologue à citer le Lait :
D. *eup.* p. 314.1 βοηθεῖ γάλα γλυκὺ σὺν ὕδατι. – **B. 1)** 546 s. :
Résine et Miel. Le mélange de Résine et de Miel est mentionné, souvent en premier, par tous les iologues, mais avec des nuances. Scribonius donne le choix entre ce mélange et le Miel seul, Aét. l. 15, PAeg.
(=PsD.) entre la Résine et le Galbanum, Pr. ajoute le Galbanum au
mélange. Scr.L. (*resina ex pinu*) et Aétius = PAeg. = PsD. (ῥητίνη
πιτυΐνη) sont les seuls à préciser la nature de la Résine, mais les
auteurs grecs divergent de N. en parlant de la πίτυς au lieu de la
πεύκη ; aux v. 300 s., il recommande l'une et l'autre. – Au lieu de la
résine de Pin, Pr. p. 76.5 conseille le Myrte : μυρσίνην ἀλέσας μετὰ
μέλιτος δίδου ἐκλείχειν. Confusion avec la Myrrhe ? La substitution de σμύρνης à πεύκης en 546 supprimerait le doublet 546
(πεύκης δάκρυα) = 554 (ῥητίνη) ; pour σμύρνης δάκρυα, cf. Soph.
F 370.2 σμ. σταλαγμούς. Mais les autres iologues déconseillent cette
conjecture, et cf. *infra* §4. – **2)** 548 s. : *Feuilles de Pin-nain et cônes
de Pin noir.* Sur la χαμαίπιτυς, cf. 56 et le comm. *ad loc.* Pour κώνοις
Ι… ὅσους ἐθρέψατο πεύκη, cf. *Th.* 883 s. ἠδ' ὅσα πεῦκαι Ι …
στρόμβοισιν ὑπεθρέψαντο ; sur l'identification de la πεύκη et le
sens de κῶνος = στρόβιλος, *pomme* de Pin (cf. Σ 548a3), voir t. II,
comm. n. 110 §7, où sont évoqués les poisons combattus par les Cônes

et la Résine, et cf. *supra* n. 28 §2. – *Iologues* : D. *eup.* χαμαίπιτυς
συνεψηθεῖσα στροβίλοις σὺν ὕδατι(→) ~ Aét. l. 16 στροβίλια
λεῖα μετὰ ἀφεψήματος χαμαιπίτυος (= PAeg. p. 29.3, οὗ στροβίλια λεῖα est devenu στροβίλια par haplographie !) ~ PsD. χαμαιπίτυος ἀφέψημα συνεκλεανθέντων αὐτῷ στροβίλων. Pr. p. 76.6
parle seulement d'une décoction de Pin-nain. Chez Scribonius, les
" feuilles du pin-nain " (Nic.) cèdent la place aux " tendres feuilles du
pin qui sont également utiles jointes à l'herbe que les Grecs appellent
χαμαίπιτυν, en décoction dans de l'eau miellée " (*melle ... cum resina
ex pinu, cuius etiam tenera folia cum herba, quam Graeci χαμαίπιτυν
appellant, decocta ex aqua mulsa prosunt*). Est-ce un hasard, si, dans
les Scholies, la deuxième interprétation des v. 548 s. mentionne, non
pas les feuilles de la χαμαίπιτυς, mais celles du Pin ? Cf. Σ 548a5-6
ἄλλως · τῆς πίτυος τὰ φύλλα καὶ τοὺς κώνους ἀφεψήσαντα
κελεύει τὸν χυλὸν διδόναι πιεῖν. – 3) 550-553 : *Ortie et farine
d'Ers et d'Orge*. Pour l'emploi de la graine et de la plante entière, cf.
427 s. Pr. p. 76.6-8 est le seul qui ait les deux recettes de N. à base
d'Ortie, (a) graines à la farine d'Ers, (b) feuilles à la farine d'Orge. D.
eup. en a gardé la trace (cf. *infra* §b) quand il propose " la graine ou
les feuilles ", mais la recette qu'il offre est la recette (b), avec la farine
d'Orge. Les autres iologues grecs ignorent la recette (a). – (a) 550 s. :
Graines d'Ortie. Selon Pline, contre (l'intoxication causée par) les
Salamandres, Apollodore (fr. 16 [t. II, p. 291]) conseillait lui aussi la
graine d'Ortie, mais avec du bouillon de Tortue (cf. §4a) ; pour la critique du témoignage de Pline, cf. n. 46 §3. Aux v. 550 s. correspond
exactement le remède de Pr. p. 76.6-7 καρπὸν κνίδης μετὰ παιπάλης
ὀροβίνου ἀλεύρου→. Scr.L. introduit une troisième sorte de farine, la
farine de Lin, et il recommande de la prendre seule " avec de l'eau
miellée, et dans la plus grande quantité possible " : p. 88.3 *item lini
seminis farina ex aqua mulsa sumpta quam plurima bene adiuuat*. –
(b) 551-553 : *Plante entière*. Cf. Pr. p. 76.7-8 ←ἢ καὶ ὅλην τὴν
κνίδην μετὰ κρίμνου τοῦ σιτηροῦ ἐψήσας μεθ᾽ ὕδατος καὶ ἐλαίου
πολλοῦ διδόναι ἵνα πρὸς ἔμετον ἐρεθίζῃ ; cf. D. *eup.* ←κνίδης
σπέρμα ἢ φύλλα σὺν κριθίνῳ ἀλεύρῳ καὶ ἐλαίῳ ἑψήσας δίδου,
Aét. l. 16 s. (PAeg. PsD.) κνίδης φύλλα συνεψηθέντα κρί<μ>νοις
μετὰ ἐλαίου (même erreur de la source commune chez les trois
auteurs). 553 κορέσκοις et εὖ λίπεῖ χραίνοιο laissent entendre que
l'huile ne doit pas être épargnée et qu'il faut pousser le malade à
vomir : Pr. *l.c.* est seul à préciser ces deux points (cf. §4b) ; sur
l'abondance du remède, cf. Scr.L. *supra* §a. Huile d'Œnanthe contre
Salamandre, Pl. 23.80 (de même contre Céruse, Enfle-boeuf et Cantharides). – 4) 554-556. Si le texte est sain (cf. *supra* §1), le doublet 554
= 546 s. concernant la résine peut trahir un emprunt à deux sources. –
a) 555 s. : *Férule galbanifère et œufs de Tortue*. L'emploi de la racine
de la Férule galbanifère contre venins et poisons, au lieu du Galbanum,

est particulier à N. : cf. *Th*. 938 et le comm. n. 119 §b1. Le *panax* (*panakes*) de Promotus (~ Σ 555c τῆς ῥίζης τῶν πανάκων), seul à mentionner la racine avec N., n'est autre que la Férule : p. 76.9 s. ἢ ῥίζαν πάνακος καὶ ᾠὰ χελώνης ὁμοῦ ἑψήσας μετὰ ὕδατος δίδου→ ; cf. D. *eup*. (χαλβάνη καὶ χελ. θαλασσίας ᾠὰ συνεψηθέντα καλῶς καὶ λαμβανόμενα), PAeg. = PsD. (χελώνης θαλασσίας ἢ χερσαίας ᾠὰ ἀφηψημένα), ces deux derniers sans le Galbanum, ainsi qu'Aét. l. 18 (version longue), chez qui le sang desséché de Tortue tient sa place. – Contre la S., Pl. 32.35 conseille la chair de la Tortue marine mélangée avec celle des Grenouilles, 32.38 le bouillon de Tortue. Pour le Galbanum, cf. aussi *supra* §1 ; pour la qualification de la Tortue chez D., PAeg., PsD., *infra* §b. –

[*Notes complémentaires aux v. 559-563* : V. 559-562 : l'invention de la lyre heptacorde par Hermès enfant est le thème qui ouvre h*Herm*. (24-61), auquel N. doit quelques détails (cf. 559 οὐρείης ~ h*Herm*. 42 ὀρεσκῴοιο (et 244 οὐρείην), κυτισηνόμου ~ h*Herm*. 27, 561 s. χέλειον αἰόλον ~ h*Herm*. 33 αἰόλον ὄστρακον, etc.) ; thème traité également par Soph. *Limiers* (F 314.289 ss.), évoqué par Aratos 268 s. et Ératosthène, *Hermès*. – 559 *κυτισηνόμου : *hapax* abs. – Ἀκάκητα : (Hermès) *Il*. 16.185 = *Od*. 24.10 Ἑρμείας Ἀκάκητα ~ Hés. fr. 137.1, et la variante de cette épiclèse *ap*. Call. 3.143 Ἑρμείης Ἀκακήσιος (cf. Wentzel, *RE* 1.1140) ; ἀκάκητα Προμηθεύς Hés. *Théog*. 614. Voir Chantraine *DELG* s.v. ἀκάκητα , W. Spoerri, LfgrE 403 s. La Σᴰ *Il*. 5.422.57 critique Ératosth. (= fr. 3 P.) pour son interprétation : ὁ ἀπὸ Ἀκακησίου ὄρους (montagne d'Arcadie), au lieu de : ὁ μηδενὸς κακοῦ μεταδοτικός, ἐπεὶ καὶ δοτὴρ ἐάων (cf. h*Hom*. 18.12, 29.8 δῶτορ ἐ.). – 560 : cf. Soph. F 314.300 θανὼν γὰρ ἔσχε φωνήν, ζῶν δ' ἄναυδος ἦν ὁ θήρ, et le v. 328 qui clôt le récit de Kyllènè : οὕτως ὁ παῖς θανόντι θηρὶ φθέγμ' ἐμηχανήσατ[ο. – 561 ἀπ' οὖν νόσφισσε : cf. adesp. iamb. 51.2 W. ἀπ' ὧν ἔδυσε. – χέλειον : " carapace ", notamment de Tortue (voir *Test*. et cf. Pline *NH* 6.173 *chelium testudinum*) ; exception faite de la littérature grammaticale, ce mot est attesté seulement *ap*. Arat. 494, où il désigne la carapace d'un Crabe (le Cancer), Euph. (*Thrax*) *SH* 415 col. 1.24 χελείοις et Adesp. ueteris com. (PCG VIII) 1112.5 χελείῳ (dans des passages lacuneux). – 562 αἰόλον : cf. *Th*. 155 n. – ἀγκῶνας : Hsch. π 2234 (s.v. πῆχυς) définit le mot comme étant le *bras* de la cithare (κιθάρας δὲ πῆχυς ὁ ἀγκών), mais α 585 (s.v. ἀγκών) comme le *support* du bras (καὶ τῆς κιθάρας δὲ τὰ ἀνέχοντα τοὺς πήχεις ἀγκῶνες λέγονται). Sèmos de Délos, fr. 1 (ap. Ath. 14.637b τοὺς ἀγκῶνας) emploie le même mot à propos de la lyre phénicienne appelée φοῖνιξ, alors que Hdt. 4.192 parle des πήχεες. N. a pris le mot, semble-t-il, au sens de bras. Sur la lyre et la cithare, voir « Saiteninstrumente », *RE* 1A.1761 s. – πέζαις : cf. *Th*. 67 n. – 563 *γερύνων : = γυρίνων ; cf.

Th. 620 n. (nom. pl. γέρυνοι [cf. Steph. Byz. cité *ibid.*] et non γέρυνες [Σ *Th.* l.c.]). – λαιδρούς : cf. *Th.* 689 n.]

b) 556a-559 : *Porc et Tortue.* Le déplacement, suggéré par O. Schneider, du v. 556a après 610 (voir n. critique *ad loc.*) ne peut s'appuyer sur le fait que " les chairs grasses de porc " sont mentionnées chez Aétius non contre la Salamandre, mais contre la Litharge (cf. Aét. *Annexe* §21, l. 11 s. κρέα ὕεια λιπαρὰ πάροπτα ἁρμόζει = O. *ecl.* 131 [297.28 s.]). Le vers se défend à la place qu'il occupe, non seulement stylistiquement (cf. n. de la trad. aux v. 556-556a), mais encore sur le fond. – En effet, comme il en était pour l'Ortie (§3), les deux remèdes de N. à base de Tortue se sont réduits à un seul chez les iologues récents, à l'exception de Promotus, chez qui leur distinction s'est maintenue : Pr. p. 76.10 s. ←κρέα τε λιπαρὰ ἐψήσας μετὰ θαλασσίας χελώνης ἢ χερσαίας ὁμοῦ μεθ' ὕδατος δίδου καὶ ἐμεῖν ἀνάγκαζε. Promotus, qui, précédemment, disait χελώνης sans épithète, a ici, comme N., χ. θαλασσίας [cf. 557 ἁλίοιο] et χερσαίας [559 οὐρείης] ; cf. D., PAeg., PsD., §a). L'addition finale de la version longue d'Aétius garde p.-ê. elle aussi une trace du deuxième remède de N. : l. 20 χελώνης τε ἄκρα κρέα ζωμευθέντα (ἄ. κ. ~ *Al.* 558 γυίοις). Le bouillon gras, déjà préconisé pour l'Aconit, est destiné à faire vomir, ce que suggère 565 κορέσκοις (cf. 63 κορέσαιο), ce que précise Pr. une fois de plus (cf. *supra* §3b). – **5)** 563-565 : *Grenouilles et Panicaut, Scammonée.* **(a)** Les *Grenouilles* bouillies avec des racines de *Panicaut* sont préconisées par Apollodore (fr. 11, t. II p. 289), mais contre le Toxicon. Si Pline n'a pas fait d'erreur (cf. §3a), les iologues récents ont suivi N. et non Apollodore : le témoignage de ce dernier est isolé, alors que celui de N. est appuyé par les textes iologiques : D. *eup.* (βάτραχοι μετὰ ῥίζης ἠρυγγίου ἐψηθέντες καὶ λαμβανόμενοι, d'où (p.-ê. par l'intermédiaire d'O.) Aét. l. 19 (qui dit ce bouillon " merveilleusement efficace ") ~ PAeg. = PsD. ποιεῖ δὲ ἐπ' αὐτῶν ... καὶ βατράχων ζωμὸς συγκαθηψημένης αὐτοῖς ἠρυγγίου ῥίζης. – Sur le Panicaut, cf. *Th.* 645, 849 et le comm. n. 70 §1. Outre son usage thériaque, D. *m.m.* 3.21.2 (27.3) le signale aussi comme antidote contre les poisons mortels, pris dans du vin (θηριοδήκτοις καὶ θανασίμοις ἁρμόζει σὺν οἴνῳ), cf. Pl. 22.18 *erynge est siue eryngion contra serpentes et uenena omnia nascens.* N. le mentionne seulement comme antidote de la S. – D. *m.m.* 2.26 (130.16) connaît la vertu thériaque des Grenouilles en bouillon avec du Sel et de l'huile (ἀντιφάρμακόν εἰσιν ἑρπετῶν πάντων : cf. *Th.* 620 et le comm. *ad loc.* n. 66 §a), mais il ignore leur usage comme antidote. Il ne distingue pas entre les Grenouilles fluviatiles et les G. marines (Baudroies), comme le fait Pline. Pour ce dernier (32.48), ce sont les Baudroies, cuites dans du Vin et du Vinaigre, dont le bouillon est efficace contre les poisons (*uenena* " poisons ", cf. *supra* 22.18, et non " venins ", comme le traduit à tort E. de Saint-Denis après Littré). Pline reconnaît la même efficacité aux Grenouilles de rivière contre les Salamandres (cité *infra*, n. 64 §1). – **(b)** 565 σκαμμώνιον. Sur la Scammonée, cf. D. *m.m.* 4.170 (318.1 σκαμμωνία) ~ Pl. 26.59-61 (*scammonium*), qui ignorent son usage contre les poisons. On estimait particulièrement celle de Colophon (Pl. 26.60 ~ D. p. 318.15 RV οἱ δὲ Κολοφωνία). Si N. cite la Scammonée, avec des iologues récents, dans la thérapie du Lièvre marin (484, cf. *supra* n. 52 §2), il est seul à la mentionner ici (sans doute la racine) comme alternative à celles du Panicaut. Le sel Ammoniaque de Σ 564a n'apparaît pas ailleurs, il semble issu d'une erreur de lecture (cf. la *f.l.* ἀμμωνιόν de T) ; Eut. 82.12 (σκαμμωνία) lisait la bonne leçon. – **6)** Autre remède : la Rue, Pl. 20.133 (cf. *supra* n. 12 §1h). – **7)** 565 s. : *Pronostic*. Cf. *Notice* p. xxvii s.. Le pronom οἷσι ne concerne pas seulement la dernière recette, il s'applique aussi bien à celles qui la précèdent. Le vomissement qu'elles doivent provoquer (cf., entre autres, n. 46 §1, 49 §1a) est la condition *sine qua non* du succès.

62. 567 s. : Crapauds. I. *Les espèces et le poison*. –

[*Notes complémentaires aux v. 568-574* : V. 568 (fin) sens adopté par Lobeck (*Proleg.* p. 177 n.), cf. Lingenberg 29. Geymonat 143[1] propose *λαχνειδέος, *hapax* synonyme de λαχνήεις. – ὅς τ' : pour l'éloignement de l'antécédent (φρύνοιο et non κωφοῖο), cf. 199 n. et voir comm. n. 62b3. – 569 μορόεις : le sens de *huileux* est possible (455 n.), mais la glose de Σ 569d (ὁ κακοποιός, ἤγουν ὁ μόρον ἄγων " malfaisant, *i.e.* qui amène la mort ") l'est aussi (cf. Andromach. 27 cité comm. n. 62 §c) : cf., sinon QS 4.402 (μορόεντος conjecturé au lieu de μογέοντος/μογόεντος *codd.*), du moins Maximos, imitateur avéré de N. (t. II, p. cxix s. et n. 261) : 296 μορόεντι σιδήρῳ, où μορόεντι Köchly (πυρόεντι codd. *ex* 298 *defluxum*) est une conjecture quasi assurée, et le sens de *exitiosus* plus probable que celui de *splendidus*. – 570 τῶν ἤτοι : 474, *Th.* 118, 219 ; seul exemple de cette particule employée au début d'une apodose ; d'ordinaire, en tête d'une énonciation indépendante, que ἤτοι soit précédé ou non de δ'. – *θερόεις : *hapax* absolu ; pour le sens, cf. 567 θερειομένου et la n. *ad loc.*. – χλόον : cf. 579 n. – ἠῦτε : *Th.* 259, 340, 375 ; seulement ici dans les *Al.*, jamais dans Opp. [*Cyn.*], très souvent dans les *Hal.* – 571 πίμπρησιν : cf. 438 n. – συνεχές : cf. 304 συνεχέως ; parallèles de l'épos hellénistique et tardif *ap.* Rzach 385. – 572 δύσπνοον : le sens médical *court de souffle* (Hp. Gal. Arétée, *al.*) se trouve déjà en poésie chez Soph. *Ant.* 224. – ἐχθρόν : cf. *Th.* 421. – 573 *καθεφθέον : *hapax* absolu, = κάθεφθον, cf. Diocl. fr. 139.7 W. = 153.9 vdE κάτεφθον). – 574 *μίγμενος : participe aor. épq. passif de sens actif (Dᵍ = Σ 574c trad. par μίσγων, *hapax* absolu. Σ [Opp.] *Cyn.* 3.39 (*ad* μεμορυγμένον) μίγμενον " mêlé " est sans doute une erreur pour μεμιγμένον.]

Cf. Wellmann « Frosch » *RE* 7 (1910) 113-119, notamment
116.20-117.42 ; Keller 2. 305-318. Voir Pl. 32.50 (cf. 8. 110) *rana
rubeta*, 75 (8. 227) *rana muta*, 122 *rana*/καλαμίτης, et Leitner 210,
s.v. Rana (avec bibliographie).. – **(a)** **1/** Pline n'a pas, comme les
Grecs, de terme spécifique pour désigner le Crapaud (cf. 32.50 [*ranas
rubetas*] *quas Graeci* φρύνους *uocant*) : chez lui, *rana* s'applique aux
deux batraciens. Les Grecs considèrent comme venimeux non seulement les C., mais aussi certaines Grenouilles (cf. Villon, Bibl. de la
Pléiade, p. 1185 *Raines*, crappaulx *et bestes dangereuses*). Ils confondent souvent la Grenouille (βάτραχος) et le Crapaud (φρῦνος/
φρύνη), qu'ils considèrent comme une espèce de Grenouille : ainsi le
Scholiaste (cf. Σ 567b2 φρύνου ... ὅς ἐστι βατράχου εἶδος), qui
prend le C. muet pour une Grenouille venimeuse (568a4 ὁ γὰρ κωφὸς
βάτραχός ἐστιν ἀλλ᾽ οὐ φρῦνος), et qui ajoute : δύο δὲ γένη τῶν
βατράχων, καὶ ὁ μὲν φθεγγόμενος ἀβλαβής, ὁ δὲ κωφὸς θανάσιμος (cf. 567b5-7 [où la première espèce est dite *d'été*, la seconde
d'hiver, cf. §b4] ; *contra* : 590d δύο δὲ αὐτῶν εἴδη, τὸ μὲν κρακ-
τικόν, τὸ δὲ ἄφωνον, ἀμφότερα δὲ θανάσιμα). C'est ce que disent
d'une même voix Aétius et Promotus, mais à propos du C. : Aét.
Annexe §20b(A), l.1 s. = Pr. p. 76 s. φρύνου δέ ἐστιν εἴδη δύο · ὁ
μὲν γὰρ κωφός, ὁ δὲ οὔ. ἔστι δὲ ὁ μὲν κωφὸς ἀναιρετικός. –
2/ Dans le chapitre parallèle, D. *eup.* propose des remèdes " contre le
Crapaud *et* la Grenouille muette " (πρὸς φρῦνον καὶ τὸν κωφὸν
βάτραχον) ; PAeg. = PsD. disent quant à eux (et considèrent à la
fois) : " le Crapaud *ou* la Grenouille des marais ". A cette dernière,
Aétius consacre un chap. distinct (*Annexe* §20b[B] περὶ τοῦ ἐν τοῖς
ἕλεσι βατράχου) ; ce faisant, il semble suivre Promotus, qui, après
son chapitre sur le C., en a un sur la Grenouille, mais sans déterminant
(περὶ βατράχου). Eutecnius (82.16-21), sans doute sous l'influence
des Scholies (cf. Jacques⁴ 32), confond en une seule les deux espèces
de C., ce qui ne l'empêche pas dans la suite de sa paraphrase, d'avoir,
comme N., une symptomatologie et une thérapie distinctes pour chacune d'elles. – **(b)** **1/** Les Crapauds de N. ont été identifiés, le θερειόμενος (cf. 570 θερόεις) avec *Bufo vulgaris* (Crapaud commun), le
κωφός (cf. 578 ἄφθογγος) avec *B. viridis* (C. vert), et la λιμναίη
φρύνη des v. 576 s. avec *Bombinator igneus* (C. sonore), trois des sept
espèces de Batraciens vivant encore en Grèce selon Th. Heldreich (Br.
ad loc. [n. 187 et 189], suivi par Wellmann 116.21, 36 s. [cf. 113.17 s.] ;
Keller 310 se contente de suggérer *Bombinator* pour le C. en général).
Ces identifications sont rien moins que sûres, faites à partir des rares
détails, parfois contradictoires, que donne N. avec des mots dont le
sens n'est pas toujours certain. – **2/** *α.* L'identification du κωφός avec
Bufo viridis (p.-ê. impliquée dans le fait que les Scholies confondent le
muet avec une Grenouille) repose seulement sur λαχειδέος, dont ce
n'est pas la seule interprétation possible (cf. 568 n.). La seconde explication de Σ 568b9 (ἄλλως · λαχειδέος · τοῦ δασέος, ἢ μικροῦ, ἐὰν

ἐλαχειδέος) a ses chances : au sens de δασύς, l'adj. peut s'appliquer, d'une manière générale, à la peau des Amphibiens avec son " derme spongieux " (Delsol-Le Quang Trong 9) et son épiderme ridé et pustuleux (de même, 569 λιχμώμενος ἕρσην, impliquant la propulsion de la langue, ne caractérise pas une seule espèce) ; l'interprétation par μικρός peut s'appuyer quant à elle sur 588-590, où N. complète la description du κωφός (cf. λεπτὰ ἑρπετά et voir comm. n. 66 §3). – **β.** Si la relative des v. 568 s. a pour antécédent κωφοῖο, il faut admettre que 578 ἐν δονάκεσσι et 568 ἐνὶ θάμνοις s'appliquent au même habitat, comme le fait Σ 567b14 s. (ταῖς ῥίζαις δὲ τῶν καλάμων ἢ τῶν θάμνων). C'est l'habitat que Pline indique pour sa petite Grenouille verte, " muette et sans voix " (voir *infra* §4), à usages médicaux variés (32.122 *inter harundines* fruticesque *uiuat*), mais ailleurs les *fourrés* cèdent la place aux *herbes* (32.75 *in harundinetis et* herbis *maxime uiuens*), et il ne s'agit pas d'un C. mais d'une Grenouille, le βάτραχος καλαμίτης des Grecs (§122 rana, *quam Graeci* calamiten *uocant*). – **3/** Il peut sembler moins naturel de faire de 567 φρύνοιο θερειομένου l'antécédent de la relative 568 s. (cf. toutefois 568 n.), mais l'habitat décrit convient alors à la *rubeta* (*rana*) de Pline, " pleine de maléfices ", dans laquelle il reconnaît le φρῦνος des Grecs : 32.50 *sunt quae in uepribus tantum uiuunt, ob id rubetarum nomine, ut diximus, quas Graeci* φρύνους *uocant, … plenae ueneficiorum.* L'identification que je propose par ailleurs du θερειόμενος avec la λιμναία φρύνη des v. 576 s. s'appuie sur la propriété de la rate de la *rubeta* (cf. *infra* n. 64 §3b). – **4/** Le θερειόμενος s'oppose au κωφός sous le rapport de la voix, absente chez le second : pour le θερόεις, cf. la *v.l.* πολυηχέος (et 576 n.) ; en ce qui concerne le κωφός ou ἄφθογγος (cf. Pl. 32.75, à propos de sa Grenouille verte, *muta ac sine uoce* [voir *supra* §2β]), il est permis de se demander s'il ne s'agirait pas d'un C. observé en dehors des périodes d'activité vocale (cf. Paillette 388 ss., en particulier 400). Les deux Crapauds ne s'opposent pas comme un C. d'*été* à un C. d'*hiver*, contrairement à ce que croient les Scholies qui parlent de Grenouilles (Σ 567b6 s. [~ θερειομένου · θερινοῦ Oᵍ = 567d] ; selon Σ 567c, le mot s'expliquerait par le fait que le poison était préparé en été, cf. *infra* §c), distinction acceptée à tort par Wellmann 116.36. L'*hapax* θερόεις pourrait théoriquement signifier θέρειος " d'été ", mais il doit avoir le sens de θερειόμενος, qu'il reprend et qui ne peut avoir cette valeur, malgré les Scholies. Le sens de " qui se chauffe, qui aime la chaleur " (voir 567 n.) est garanti par Apollodore (*ap.* Σ 570g = t. II p. 290, fr. 13), selon lequel « toute grenouille ne convient pas (pour préparer le poison), mais celle qui vit dans les endroits plus chauds », ce qui est différent de « en été » (Apollodore avait sans doute φρῦνος comme N., et non βάτραχος, mot du Scholiaste) ; sur la relation du venin à la chaleur, raison pour laquelle les

Venimeux sont plus redoutables l'été, cf. *Th.* 121 (et le comm. n. 15
§a). Le participe-adj. θερειόμενος, et l'habitat du v. 578 (ἐν δονάκεσσι θαμίζων), précisé 589 s. (cf. les C. traversant un lac à la nage
au cours des migrations de ponte *ap.* Delsol 352), détails caractérisant
deux Crapauds distincts chez N., pourraient convenir l'un et l'autre, si
cette espèce existait en Grèce, à *Bufo calamita*, le Crapaud des roseaux
(Grassé, *Précis* 308) qui aime à prendre des bains de soleil (cf. *R.A.*
1050). – 5/ Les v. 576 s. (cf. *supra* §3), que Gow était tenté d'athétiser,
mais qui sont défendus par Aétius (l. 3 s.), révèlent chez le θερόεις un
mode de vie ayant des traits communs avec le κωφός. En bonne
méthode, il est permis de se demander si N. (ou sa source) n'aurait pas
pris pour des représentants d'espèces différentes deux individus de la
même espèce. Tous les Amphibiens « passent au moins une partie de
leur existence dans le milieu aquatique » (Grassé, *Précis* 242). « Dans
les pays tempérés, en général, ponte, fécondation et développement
larvaire des Tritons, Salamandres, Grenouilles et Crapauds se dérou-
lent dans l'eau » (Lescure 429). Et, certaines espèces sont à pontes
multiples ; c'est ainsi qu'en Gironde on a observé que *Bufo calamita*
« pouvait pondre plusieurs fois entre mars et septembre » (Delsol
355). Tout compte fait, sauf erreur de N., et en dépit des doutes métho-
diques que suscitaient les identifications de Brenning, il n'est pas exclu
que nous ayons affaire, d'une part, à un Crapaud des buissons (φρῦ-
νος/*rubeta*), p.-ê. tout simplement le Crapaud vulgaire (*Bufo bufo* ou
vulgaris), de mœurs nocturnes et terrestres (cf. Androm. 28 φρυνὸς
ἐνὶ ξηροῖς βοσκόμενος πεδίοις), d'autre part, à un proche parent de
Bufo calamita ; s'il s'agissait de l'espèce orientale *Bufo viridis*, l'interprétation de λαχειδέος par Tzetzès (voir 568 n.), malgré nos réserves
légitimes, mériterait considération. Mais on peut partager le scepti-
cisme de Gow : la notice de N. soulève des questions qu'il fallait
poser, même si l'on ne peut leur apporter des réponses certaines. –
(c) Pour le poison administré dans un *breuvage* (567 ποτὸν ἴσχῃ, voir
Notice p. XXXI) et considéré comme mortel (Androm. 27 φέροι μόρον
(*sc.* φρῦνος) ~ *Al.* 569 μορόεις [voir n. *ad loc.*]), cf. Él. 17.12 (*de
bufonis specie*) : πιεῖν μέν (*sc.* δεινόν), εἴ τις αὐτὴν συντρίψας
εἶτα μέντοι τὸ αἷμα δοίη τῷ πιεῖν, κατ' ἐπιβουλὴν ἐμβαλὼν εἴτε
ἐς οἶνον εἴτε ἐς ἄλλα πώματα ... καὶ ποθὲν ἀπέκτεινεν οὐκ ἐς
ἀναβολὰς ἀλλὰ παραχρῆμα. Cf. D. *m.m.* 2.79.2 (161.11) φρύνου
πόσιν. Pour le mode de préparation, cf. la Salamandre de Thcr. 2.58
(*supra* n. 58 §b). Σ 567c indique une autre méthode, p.-ê. mentionnée
par Apollodore (voir *supra* §b4), qui s'est intéressé à la présentation
des poisons, notamment de la Litharge (cf. n. 67 §b et *Notice* p. XXX) :
ponctionner l'épiderme du C., recueillir l'*ichôr* et le mélanger à la
nourriture ou à la boisson. L'opération doit être faite l'été, au moment
où le venin est le plus actif. Sur la toxicité de la peau du C., voir Del-

sol 708 : « (les C.) sont particulièrement bien protégés par la toxicité notoire de leurs sécrétions cutanées ». Si 569 μορόεις signifie *à la peau huileuse* (cf. n. *ad loc.*), cet adj. pourrait y faire allusion.

63. 570-572 : II. *Symptomatologie (a) : Crapaud sonore.* – Pour Pr. Aét. PAeg. PsD., comme pour les Scholies, le seul C. venimeux est le muet (cf. n. 62 §a1). Dans leur notice sur le C., ils ont en conséquence une symptomatologie unique. Chez Aét. PAeg. PsD., on retrouve les éléments des deux symptomatologies distinctes de N., relatives au θερόεις et au κωφός (cf., pour la seconde, *e.g.* hoquet, émission involontaire de sperme) ; mais, chez Promotus, hormis la *fièvre* (p. 77.3 πυρετόν), qu'il a en commun avec Aétius (premier symptôme), la symptomatologie se limite exclusivement à ceux qui figurent (même ordre de succession) dans la symptomatologie nicandréenne du θερόεις (et non du κωφός, comme on l'attendrait), ce qui trahit un lien particulier entre Pr. et N. – (**1**) 570 : *Pâleur.* Symptôme commun aux deux Crapauds (cf. 579), la seule différence est le terme de comparaison choisi, Fustet pour le C. sonore, Buis pour le C. muet. Pour le Fustet (θάψου), cf. Σ 570g οἱ φαρμακευθέντες ὠχροὶ γίνονται, et voir *Th.* 529 (avec le comm. n. 58 §a) ; même comparaison chez Thcr. 2.88 καί μευ χρὼς μὲν ὁμοῖος ἐγίνετο πολλάκι θάψῳ. A noter que c'est le Buis qui est retenu par Aét. l. 7 = PAeg. (πυξώδους) ~ PsD. (ὡς δοκεῖν πύξῳ ἐοικέναι) ; Pr. a simplement : ἄχροιαν ποιεῖ(→). – (**2**) 571 : *Enflure des membres.* Cf. Pr. ←ἐμπί<μ>πρησι δὲ τὰ ἄκρα(→) = Aét. l. 5 (*malim* ἄρθρα) ; Aét. l. 6 (PAeg. PsD.) ont en outre : οἴδημα τοῦ σώματος (même symptôme dans la formulation de Théodore, *ap.* Aét. *Annexe* §20a, l. 13). – (**3**) 571 s. : *Gêne respiratoire.* Cf. Pr. ←πολλῷ δὲ ἄσθματι κρατούμενος εἰς δύσπνοιαν ἐκτρέπεται(→) ~ Aét. l. 5 s. ; PAeg. = PsD. ont seulement : δύσπνοια. – (**4**) 572 : *Mauvaise haleine.* Pr. ←γίνεται δὲ καὶ τὸ στόμα δυσῶδες ~ Aét. l. 7 = PAeg. PsD. στόματος δυσωδία.

64. 573-577 : III. *Thérapie (a).* Comme il en était pour la symptomatologie de leur C. unique, la thérapie des iologues récents comporte des éléments des thérapies (a) et (b) de Nicandre. A l'exception de deux remèdes, l'un omis (*infra* §1), l'autre ajouté (sang de Tortue, cf. n. 66 §5d), la thérapie du Crapaud chez Promotus combine les thérapies (a) et (b), avec leurs éléments qui se succèdent dans le même ordre. La prescription initiale d'Aét. (PAeg. PsD.) concernant le vomissement préalable est analogue à celle qui ouvre la thérapie (b) de N. – **1**) 573 s. : *Grenouilles bouillies ou rôties.* Seuls parallèles : D. *eup.* p. 315.1 s. ἰδίως δὲ (*sc.* ποιεῖ) πρὸς φρῦνον βάτραχος ἐφθὸς ἢ ὀπτὸς προσφερόμενος, Pl. 32.48 *et contra ranae rubetae uenenum et contra salamandras uel e fluuiatilibus* (sc. *ranis*) bouillon « de grenouilles fluviatiles (cuites dans le vin et le vinaigre) contre le venin de

la grenouille de buisson (*i.e.* θερόεις φρῦνος, cf. n. 62 §b3) et contre les salamandres ». – Chez D., ce remède semble avoir été ajouté après coup à la fin de la notice. Tous les remèdes de D., à part le sang de Tortue, figurent dans la thérapie (b). – **2)** 574 : *Vin et Poix* : mélange réchauffant (D. *m.m.* 5.6.5 [7.7 s.]). Seuls parallèles : Pr. p. 77.6 πίσσαν μετ' οἴνου δίδου πιεῖν (→) ~ Aét. l. 10 (en alternative au Vin pur que recommande la thérapie [b], cf. n. 66 §1). – **3)** 575-577 : *Rate du Crapaud responsable.* **(a) 1/** Φρύνη ne désigne pas une Grenouille, comme le voulait O. Schneider, ses très rares occurrences concernent toujours un C. : cf. Ar. *HA* 506a19 s. et Th. fr. 6 (*Sign. temp.*).15 (φρύνη et βάτραχος cités l'un à proximité de l'autre) ; voire un C. venimeux : Th. fr. 175, 1.4 (corne droite du Cerf, antidote contre τὰ τῆς φρύνης φάρμακα καὶ πρὸς ἄλλα πολλά), Él. 17.12. – **2/** Ces vers n'introduisent pas, comme on l'a cru (cf. n. 62 §b1), une troisième espèce de C., ils concernent le θερόεις cause du mal, qui, lui aussi, se manifeste au printemps (569). Ce qui suggère déjà cette interprétation, c'est l'adj. ὀλοοῖο qui, autrement, serait incompréhensible. C'est aussi la *v.l.* πολυαλγέος. O. Schneider et M. Wellmann lui ont donné sa valeur passive, la plus ordinaire, le premier en commentant : *ranam per hibernum tempus* multa perpessam *frigoris vi significare videtur*, le second en expliquant le sens de " Schmerzensreich " par la note " plaintive " du *Bombinator* (116.20 " die Unke ", cf. 113.16 s.), qui aurait été appelé pour cette raison ὀλολυγών (Thcr. 7.139). Double erreur, car l'ὀλολυγών de Thcr. (cf. Gow *ad loc.*) a toutes les chances d'être une Rainette verte (*Hyla arborea* L.), qui doit ce nom (cf. ὀλολύζω *crier d'une voix forte*) à ses cris d'une force extraordinaire, compte tenu de sa petite taille (Pl. 32.92 *est rana* [et non *rubeta*] *parua arborem scandens atque ex ea uociferans* " il y a une petite grenouille qui monte sur les arbres et qui de là pousse de grands cris " [et non simplement " coasse ", comme le traduit André après Littré]). L'identification de la *rubeta* avec la Rainette, admise par André (Pl. 25.123 n. 1) est douteuse. Pour la valeur active de πολυαλγέος, déjà postulée par Gow (p. 200, ad *Al.* 575 ss.), cf. la n. de la trad. au v. 576. Mais la preuve absolue de l'idée que la λιμναία φρύνη est identique au θερόεις (φρῦνος i.e. *rubeta*, cf. n. 62 §b3), c'est la partie de l'animal choisie comme antidote (cf. ci-après §b). – **(b)** Comme il le fait dans la thérapie (b) avec un remède sympathique au second degré (cf. n. 66 §3), N. en propose un au premier degré, tiré du C. lui-même : cf. *Th.* 622 (et la n. 66 §b), où N. précise que le foie du Venimeux doit être pris dans du Vin (cf. Gal. Pis. 248 s.) ; voir *e.g.* Aét. *Annexe* §3, l. 33 s. (ailes et pattes de Cantharides contre leur poison). On rapprochera l'opinion qu'Élien 17.15 attribue à Timée, à Héraclide (identifié arbitrairement par Scholfield à Héraclide de Tarente [*Theriaca* ?], malgré l'absence d'ethnique) et à un certain Néoklès que Wellmann identifiait à Dioclès (voir t. II p. 271, fr. 7 = Timée, FGrHist 566 F32.11).

D'après cette opinion, les C. auraient deux foies dont l'un servirait d'antidote à l'autre (cf. *Th.* 622 avec le comm. n. 66 §b, et supra *Notice* p. LIV). Aussi bien est-ce le foie que, seuls parmi les iologues, recommandent Promotus et Aétius : Pr. p. 77.6 ←ἧπαρ φρύνης λιμνίας δίδου φαγεῖν, ἐνεργεῖ σφόδρα(→ n. 66 §1) = Aét. l. 13 s. (addition de la version longue). Mais, une fois de plus, c'est Pline qui, dans sa note sur le φρῦνος/*rubeta*, a le parallèle absolu, confirmant du même coup l'identification du θερόεις avec la λιμναία φρύνη : *NH* 32.52 *ex isdem his ranis* (sc. *rubetis*) lien *contra uenena, quae fiant ex ipsis, auxiliatur, iocur uero etiam efficacius* « la rate de ces mêmes grenouilles est un antidote contre les poisons qu'on fait avec elles, mais leur foie est encore plus efficace » (trad. Littré modifiée).

65. 578-583 : IV. *Symptomatologie (b) : Crapaud muet.* –

[*Notes complémentaires aux v. 579-588* : V. 579 (fin) πύξοιο : cf. *Th.* 516 (Buis d'Ôrikos) ; la comparaison avec le Fustet (*supra* 570) est plus courante ; *ad rem*, cf. comm. n. 63 §1. – χλόον – γυίοις : ~ *Th.* 437 τρόμον κατεχεύατο γυίοις. – 580 *χολόεν : 12, 17, cf. *Th.* 253, 302 ; néologisme attesté seulement chez des imitateurs de N. : Androm. 35 χολόεντες, [Opp.] *Cyn.* 1.381 χολόεντος … ἰοῦ (ex *Th.* 302 χολόεντι … ἰῷ, *eadem sede*). Il est significatif que Galien, citant de mémoire *Th.* 129, ait altéré τυπῇ ψολόεντος en τυπῇν χολόεσσαν. – καί ποτε : cf. 488 n. – 581 *καρδιόωντα : *hap.* abs. = καρδιαλγοῦντα, cf. 19 *ἐπικαρδιόωντα. – *θαμειότεροι : *hapax* absolu ; cf. *Th.* 434 λυγμοῖσι … θαμέεσσιν. Aristarque rattachait le fém. hom. θαμειαί (*Il.* 1.52 [+ 8 fois], Ap.Rh. 4.524, 1723) à un masc. θαμειός, comme l'implique cette accentuation (*ap.* Hdn. *Iliac.* 22.11), non à θαμύς (comme le faisait *e.g.* Pamphilos, *ap.* Hdn. *l.c.*, cf. Ap.Soph. 86.13 θαμέες … καὶ θηλυκῶς θαμεῖαι). N. semble s'être fait l'écho de l'opinion d'Aristarque avec son compar. θαμειότεροι (et non θαμύντεροι), qui n'est pas attesté ailleurs (voir Ritter 28). La *v.l.* non hom. θαμεινό- θαμινώ- (cf. *Th.* 239 θαμιναί [*v.l.*], Call. fr. 75.36 θαμεινοί), me semble à écarter, malgré un meilleur support dans les mss. – 582 δήν : adv. hom. pris ici et en 354 au sens temporel, de même chez Call. 4.216, (*Hécalè*) *SH* 287.13, fr. 350.2 Pf. = 49.3 H., Ap.Rh. 1.516 (+ 14 fois), Euph. 9 P. = 11.8 vGr. ; sens local *supra* 396 (voir n.). – *κατικμάζων : *hapax* absolu, = καταστάζειν ποιῶν (Σ) " laissant tomber goutte à goutte ". – 583 *σκεδάων : = σκεδαννύς, néologisme attesté seulement par Greg.Naz. 1362.4. – τέλεσκε : cf. (*Géorg.*) fr. 74.10, Call. 3.123, (*Hécalè*) fr. 283 (= 16 H.) τέλεσκεν ; pour le temps, voir 271 n. – 584 ναὶ μὴν : 64 n., 178 ; emploi apparemment contraire à l'usage de N. qui utilise cette liaison exclusivement entre des éléments d'une même section (cf. *Th.* 51 n.). En fait, tout est en ordre, car la thérapie qui suit est commune aux deux Crapauds (voir comm. n. 66 début). – τοῖς : pour le plur., cf. *supra* 16 n., mais ici, il peut renvoyer plus particulièrement à φωτός et θηλυτέρης. – νέκταρ : cf. 44 n. – *ἀφυσγετὸν* : cf. 342 n.. Le mot, que N. semble avoir mis en relation avec ἀφύσσω (Chantraine *DELG*, LfgrE 1731.13 ; cf. *Th.* 603 et la n., Σ *Al.* 584c ἀφύσιμον [*lege* ἀφύξιμον]), apparaît ici comme épithète au sens de " abondant " (Σ 584 c-d) ; *hapax* absolu dans cet emploi et dans ce sens. – 585 : cf. 361. – 586 *ἐναλθέα* : *hapax* absolu, = τὸν θεραπείας ἐπιδεόμενον (Σ), τὸν χρήζοντα ἀλθήσεως (G^g), patient (Gow[1]), *undergoing medical treatment* (LSJ Rev. Suppl., *melius*). La *v.l.* ἀναλθῆ (cf. 246), bien qu'adoptée par I.G. Schneider (d'où Lehrs), ne convient pas dans ce contexte (cf. Van Brock 200 n. 5). – 587 *θερμάσσαιο* : opt. aor. Moy. de *θερμάζω*, *hapax* absolu, = θερμαίνω. – χέαι δ' ἀπὸ = ἀποχέαι δ'. – 588 *ῥίζεα* : cf. 145 n.]

Voir la remarque liminaire de la n. 63. La notice sur la Grenouille des marais, propre à Pr. Aét. (voir n. 62 §a2), comporte, parmi d'autres, des symptômes appartenant à la symptomatologie (b), cf. §2 et 3. Il s'en trouve aussi dans la notice d'Aét. περὶ φρύνου, cf. §3 et 4. – 1) 579 : *Pâleur*. Le bois de Buis est de couleur jaunâtre. Cf. n. 63 §1. – 2) 580 : *Bouche humectée de fiel*. Cf. Pr. p. 77.17 s. στόματος ἐξυγρασμός = Aét. l. 21. – 3) 580 s. : *Hoquet, cardialgie*. Cf. Aét. l. 8 λυγμός ; Pr. p. 77.18 καρδιωγμὸς ἐλαφρός ~ Aét. l. 22 κ. κουφότερος. – 4) 582 s. : *Écoulement spontané de sperme*. Cf. Aét. l. 8 = PsD. (PAeg.) ἐνίοτε δὲ καὶ σπέρματος ἀπροαίρετος ἔκκρισις (σπ. *πρόεσις μὴ βουλομένοις*). Sont soulignées les var. de PAeg. par rapport à PsD.

66. 584-593 : V. *Thérapie (b)*. – Après avoir noté des symptômes particuliers au C. muet, N. donne une liste de remèdes qui ne les visent pas tous ; certains conviennent davantage aux maux causés par le θερόεις. La thérapie (b) est la suite de la thérapie (a) comme l'indique 584 ναὶ μήν (voir n. à la traduction), et comme on le voit par certaines médications préconisées. Si le remède 3, de type sympathique (cf. n. 64 §3b), convient en propre au muet, les médications 2 et 4 sont à mettre en relation avec des symptômes du θερόεις. Hormis en ce qui concerne le Vin (§1), les remèdes échauffants cités par Aétius contre la " Grenouille des marais " diffèrent de ceux de N. : ils coïncident avec ceux que Pr. p. 19 s. signale, après le Vin, dans son chap. correspondant. – 1) 584 s. : *Vin pur abondant, vomissement*. Cf. D. *eup.* p. 314.22 ποιεῖ καὶ ἄκρατος πολὺς πινόμενος καὶ ἐξεμούμενος ~ Pr. p. 77.7 (n. 64 §3b ←) καὶ οἶνον πολὺν δίδου πιεῖν καὶ ἀνάγκασον ἐμεῖν→. Chez Aét. l. 9, le vomissement est provoqué par un mélange d'huile et d'eau (ὑδρέλαιον). PAeg. = PsD. n'ont pas ce détail ; chez eux, le Vin a un usage curatif. – 2) 586 s. : *Sauna, suda-*

tion. Pour la ξηροπυρία (thérapie des hydropiques, Σ 586a), voir Aét. *Iatrica* 16.29.7. Cf. D. *eup.* p. 315.1 καὶ λοῦε ἐν πυριατηρίοις ; Pr. ←ἢ εἰς πίθου κύτος πῦρ ἐμβάλλων καὶ πυρώσας μετρίως ἔμβαλε τὸν ἄνθρωπον ὅπως ξηρᾷ χρήσηται πυρίᾳ(→) ~ Aét. l. 14-16 (manque chez PAeg. PsD.). La ressemblance de Promotus avec N. [cf. 586 πίθου ... κύτος] et ses Scholies [cf. Σ 586b ξηρᾷ χρῆσθαι πυρίᾳ] est plus grande que celle de N. avec Eut. 83.13 τὰς δι' ὀστράκων πίθου τῷ κακοπαθοῦντι πυρίας πρόσφερε. – **3)** 588-591 : *Racines de Roseau ou de Souchet.* Seuls, Promotus et Aétius ont sauvegardé le caractère sympathique (au second degré) du remède constitué par les racines de Roseau : Pr. ←ἢ ῥίζας καλάμων λιμνίων, ὅπου αὐτοὶ οἱ φρῦνοι νέμονται, κόψας μετ' οἴνου δίδου πιεῖν, <ἢ τὴν ἐκεῖ φυομένην κύπειρον ὁμοίως μετ' οἴνου δίδου πιεῖν> = Aét. l. 10-12 (la comparaison avec Aét., et la syntaxe, exigent d'insérer à cette place, avec S. Ihm, les mots ἢ – πιεῖν, qui avaient été omis et ont été rétablis par erreur à la fin de la notice). D. *eup.* p. 314.23 a seulement : καλάμων ῥίζα σὺν οἴνῳ, κύπερος σὺν οἴνῳ (→) ~ PAeg. = PsD. καὶ καλάμου ῥίζης <β′ ἢ κυπέρου τὸ αὐτό→ (pour le dosage, cf. Aét. l. 12). La littérature parallèle ne mentionne qu'une espèce de Souchet. Selon les Scholies, les deux phytonymes voisins de N. désigneraient les deux variétés mâle et femelle. –

[*Notes complémentaires aux v. 592-600* : V. 592 (fin) *πανάπαστον : hapax* absolu ; cf. 538 πανακηδέος et la n. *ad loc.* – 593 κατατρύσαιο : κατίσχνωσον (Σ) ; de κατατρύω = κατατρύχω, attesté seulement chez Xén. *Cyr.* 5.4.6 (-τετρῦσθαι) et Hsch. ρ 555 s.v. ῥωγαλέον (-τετρυμμένον). – 594 s. σε μή τι ... l λήσειεν : cf. 279 s. – 594 *ἐχθραλέη : dans le texte de T, accepté depuis O. Schneider, l'adj. ἐχθραλέον se rapporte à un symptôme ; mais, si cette épithète convient à βάρος (cf. 27 β. ἐχθρόν ; mais β. non qualifié, 255, *Th.* 731), on s'étonne que N. l'applique au premier symptôme et non, comme il le fait constamment, au poison (249, 335, 397 [T]), ou à la boisson qui le contient (74, 158, 397 [ω]) ; d'où ma correction. Pour la double notation des caractères odieux et douloureux du poison, cf. 335, 397 s. – 596 : cf. 287 ss. – *ἀνειλίσσοντα : seul emploi intr. – ὀμφάλιον : = ὀμφαλόν, *metri causa*, cf. Arat. 207, 214 (*eodem loco*), Leonid. T. *AP* 7. 506.8 = 2366 G.-P., Epigr. app. irris. 35.2 (*alio sensu*), Call. 1.45 (nom propre). – 597 *εἰλειοῖο : *hapax* abs., = εἰλεοῖο (pour l'allongement métrique de ε, cf. t. II p. xcix). Εἰλίγγοιο, leçon de ω, adoptée par tous les édd. (même ceux qui connaissent T), ne signifie pas *disturbance of the bowels* (LSJ), sens créé pour les besoins de la cause, mais bien *vertige*, comme l'a compris Eut. (cf. n. critique), et dénature le sens de la comparaison. En revanche, la glose de Σ 597a εἰλίγγοιο ... τῆς κοιλιοστρόφου (*hapax* abs., = *colique*), tout en gardant la *f.l.*, atteste la leçon de T εἰλειοῖο, qu'elle traduit correctement. – δυσαλθέος : cf. 157 n.. – 598 ἀπροφάτοισιν : les premières occurrences sont : Arat. 424, 768, Ap.Rh. 2.268 (1.645 *sensu diverso*). – 599 τῷ : τῶν (leçon de ω) pourrait s'appliquer aux victimes (cité 474), mais voir n. critique : τῷ, garanti par Σ 599a (cf. n. critique *ad loc.*), désigne couramment *le malade* dans la thérapie et la symptomatologie (*pass*. ; pour le sg. et le pl., cf. 16 n.). – ἄνυται : seules autres occurrences de ce prés. Pass., *Il.* 10.251 (*v.l.* au lieu de ἄνεται), d'où p.-ê. Hsch. α 5579 ἄνυται· τελειοῦται, Opp. *Hal.* 3.427 (ἄνεται *corr.* J.G. Schneider). Quelle que soit la graphie de la deuxième syllabe, le α initial est long partout ailleurs, d'où la conjecture de Hermann. – ῥύσις : cf. la n. critique à 479. – 600 μολίβῳ : cf. *Th.* 256 ; c'est la forme employée à la même place par l'*Il.* 11.237 (μόλιβος), Ap.Rh. 4.1680 et Numen. *SH* 591.2 (μολίβῳ). – *εἰδήνατο : pour la constr. des verbes de ce sens avec dat. et acc. de relation, cf. 76 n.]

4) 592 s. : *Exercice, diète*. Promotus est seul à mentionner la diète : p. 77.12-14 πειρῶ δὲ γυμνάζειν αὐτὸν ἐπιμελῶς καὶ τρίψεσι καὶ περιπάτοις ἄσιτον ὄντα ἑκάστης ἡμέρας · γίνεται δὲ ἔργον (γυμνάσιον Aet. *melius*) σφοδρότατον βοήθημα, cf. Aét. l. 17 s. ~ PAeg. (= PsD.) ←δεῖ δὲ αὐτοὺς ἀναγκάζειν συντόνως περιπατεῖν καὶ τρέχειν διὰ τὸ ἐν αὐτοῖς ναρκῶδες. Aétius, Paul et le Pseudo-Dioscoride, dont il est sans doute la source ultime, incitent à faire l'addition suivante au texte de D. *eup.* : ←καὶ δίωκε <τὸ ἐν αὐτοῖς ναρκῶδες> περιπάτοις ἢ δρόμοις χρώμενος (pour le sens de δίωκε, cf. LSJ s.v. II). – 5) *Autres remèdes* : a) Plantain d'eau (*Alisma Plantago*, cf. n. 49 §6b), D. 3.152 (160.4), Pl. 25.125, 130 ; cf. D. *eup.* p. 314.20 δαμασωνίου ῥίζης. – b) Bardanette (*Lappula echinata* Gilib.), Pl. 25.81 (contre le venin des Grenouilles et des Serpents). – c) *Phrynion*, Pl. 25.123 (contre les *rubetae*) ; Pline (*l.c.*) et D. 3.15 (21.9) citent les synonymes *neuras* et *potirion* ; mais, dans leur chap. sur le *potirion* (D.*l.c.*, Pl. 27.122 s.), ils ne mentionnent pas cet usage. – d) *Sang de Tortue marine ou terrestre* : desséché, bu dans du Vin, D. *eup.* p. 314.20 ; de *T. marine* : dans du Vin, avec présure de Lièvre et Cumin, D. *m.m.* 2.79.2 (161.11) πρὸς θηριοδήγματα καὶ φρύνου πόσιν (cf. *Th.* 700-714 et le comm. n. 75 §2c), *unde* Pr. p. 77.11 s., Aét. l. 12 s.

67. LITHARGE. I. *Caractéristiques*. Sur la Litharge (lat. *spuma argenti*), cf. D. 5.87, Pl. 33.106 s. ; Orfila 1.616-618, et 620-646 pour l'action des composés du Plomb sur l'économie animale. – (a) La Litharge était fournie par les mines d'argent. C'est du protoxyde de plomb (PbO) jaune fondu et cristallisé sous forme de petite écailles jaunâtres ou rougeâtres. On l'obtenait par fusion de la matière à traiter refroidie plus ou moins brusquement. La terre argentifère du Laurion donnait la Litharge la plus estimée. Elle était utilisée en composition dans des remèdes externes (collyres, liniments, emplâtres). Prise en boisson, c'était un poison métallique mortel comme la Céruse ; cf. catalogue des poisons, *Notice* p. XXIII, et voir Pl. 34.176, cité *supra* n. 7 §a. Ni Pline ni Dioscoride (*m.m.*) ne signalent ce poison dans leur chap. sur la Litharge. Orfila 616 constate que, dans du vin de Bourgogne laissé à l'air libre un mois ou deux, elle se dissout en partie, " le vin acquiert une saveur sucrée et devient d'un rouge excessivement pâle ". D'autre part, il évoque (p. 638) les coliques saturnines éprouvées par des habitants du faubourg Saint-Germain qui avaient bu du vin dans lequel on avait fait dissoudre de la L. On en déduira, comme aussi du fait qu'il détaille les moyens de reconnaître sa présence, que le vin lithargyré était au XIXᵉ de pratique courante : cf. Hugo, *Chansons des rues et des bois* (IV 11), Bibl. de la Pléiade, *Œuvres poétiques*, t. III p. 80 : *Un verre de vin sans litharge | Vaut mieux, quand l'homme le boit pur, | Que tous ces tomes dont la charge | Ennuie énormément ton mur.* – (**b**) Apollodore (t. II, p. 290, fr. 14 οἱ περὶ Ἀπολλόδωρον ; sur le sens de cette expression, cf. S. Radt, *Mnemosyne* Suppl. 235, p. 236-246) nous apprend qu'on la donnait avec des Lentilles, des Pois, des graines de Mauve, " car elle passe ainsi inaperçue, étant de la même couleur ". Cela ne veut pas dire qu'Apollodore entrait dans le détail de la préparation des poisons, mais seulement qu'il notait, à l'occasion, les ressemblances entre telle substance et un breuvage empoisonné, comme il arrive à N. de le faire (*e.g.* 75-77, pour la Céruse).

68. 594-600 : II. *Symptomatologie.* – N. la place sous le signe de la douleur (ἀλγινόεσσα), qu'il rappelle avec les différents symptômes (cf. 595 βάρος, 598 ὀδύνῃσιν, et les parallèles iologiques des §1-2). La Litharge et la Céruse, ainsi que le Minium, entraînent, comme les sels de Plomb, des empoisonnements plus ou moins aigus selon les doses. Oribase, Aétius, Paul d'Égine, Ps.Dioscoride offrent de la symptomatologie la même image que N. – (**1**) 595-598 : *Lourdeur d'estomac, coliques.* O. *ecl.* p. 297.22 s. βάρος ἐπιφέρει στομάχου καὶ κοιλίας καὶ ἐντέρων μετὰ στρόφων ἐπιτεταμένων→, *unde* Aét., PAeg. PsD. Le supplément d'Aét. l. 2 s., (στρόφων) εἰλεωδῶν περὶ τὸν ὀμφαλὸν μάλιστα ἐρειδόντων, par rapport à O. (= PAeg. PsD.), se retrouve chez Pr. p. 75.18 : στρόφοι εἰλεώδεις κατ' ὀμφαλόν. Ainsi complété, le texte d'Aétius est un reflet fidèle de N., si toutefois on rétablit le texte de celui-ci dans sa vérité, avec la comparaison de l'*iléus* (voir la n. de la trad. à 597). Scr.L. se contente de noter : p. 86.12 *uentris infert grauitatem, inflammationem*→. – Les borborygmes, les douleurs violentes localisées au niveau de l'épigastre, *i.e.* au-dessus de l'ombilic, qu'on appelle " coliques de plomb ", sont typiques d'un empoisonnement aigu. Dans les fiches cliniques d'Orfila, à relever p. 623 : " des douleurs abdominales très

vives, ayant leur siège principal au nombril ... les douleurs étaient aiguës, sans rémission, occupaient surtout la région ombilicale " ; 624 : " ventre ... douloureux, surtout à l'épigastre " ; 628 ; " borborygmes bruyants ". – (**2**) 599 s. : *Rétention d'urine, enflure des membres*. Les deux symptômes sont liés. O. (= Aét. l. 4 ~ PAeg. [= PsD.]) ←ἐπέχει τε τὰ οὖρα μετὰ παροιδήσεως τοῦ σώματος→ ; Pr. p. 75.19 ἄρθρα πάντα πιμπράμενα, 20 δυσουρία, ἰσχουρία ; Scr.L. ←*postea dolorem cum urinae difficili exitu*→. – Cf. Orfila 629 : " les urines étaient rares ". – (**3**) 600 : *Teint plombé*. Scr.L. ←*procedente tempore coloris quidem quasi plumbei sunt, praecipue haec deformitas circa faciem deprehenditur* ; O. ←μολυβδώδους τε χρόας ἀπρεπῶς ~ PsD. μολυβδώδη ἀπρέπειαν λαμβάνον (*sc.* τὸ σῶμα) ~ PAeg. καὶ μολιβδώδεις γίνονται, ἀπρέπειαν τε λαμβάνει, cf. Pr. p. 75.19 s. πελιὸν ὅλον τὸ σῶμα καὶ μολιβδῶδες γίνεται ~ Aét. l. 5. – Cf. Orfila 624 : " figure blême ".

69. 601-610 : III. *Thérapie*. – N. précise l'excipient, le Vin, seulement pour le Poivre (608), mais il est possible qu'il vaille aussi pour les autres remèdes végétaux, comme les textes parallèles autorisent à le supposer. D. *m.m.* 5.6.10 (8.24 λιθάργυρον) [~ Pl. 23.43 (*argentum uiuum*)] mentionne la Litharge parmi les nombreux poisons combattus par le Vin pur (ἱκανῶς ποθείς), cf. *Notice* p. XLVIII. D. *eup.* 316.11 s. le prescrit en grande quantité, additionné d'Absinthe (pour l'Absinthe, cf. O., Aét., PAeg., PsD.). – Scribonius, Oribase (*et pedisequi*) font du vomissement provoqué un préalable que doit suivre l'administration des remèdes : S.L. p. 86.15 *secundum reiectionem*, O. *ecl.* 297.25 (PAeg. PsD.) μετὰ τὸν ἔμετον (Aét. l. 7 donne l'état du texte le plus complet). – **1**) 601 s. : *Myrrhe, Sauge-hormin*. (**a**) Pour la *Myrrhe*, cf. *Th.* 600 et le comm. n. 64 §g. Son dosage est parfois indiqué : D. *eup.* (½ dr.), Ascl.Ph. (sans mentionner l'excipient), Pr., O. (2 oboles, cf. Nic.), Aét. l. 8 (3 oboles, *i.e.* ½ dr.), PAeg. = PsD. p. 36.12 (8 dr. ! [< ἦ *codd.* : δραχμῆς ἥμισυ *correxerim*]). Pour Scr.L., cf. §3a. – (**b**) *Sauge-hormin* : cf. *Th.* 893 et le comm. n. 112 §3. Je ne crois plus que χύσιν soit à prendre au sens d'*infusion*, comme l'entendaient G.-S. après Br. (cf. déjà Gorraeus *pocula*) : il signifie *germes, pousses* (cf. O. Schneider *ad fr.* 74.20), plutôt que *feuilles* (φυλλάδα GᵍOᵍ = Σ 602b) ou *suc* (Grévin). Graine en boisson dans du Vin : D. *eup.*, O. *ecl.*, Aét. ; graine de l'espèce sauvage : PAeg. = PsD. – **2**) 603 s. : *Mille-pertuis, Hysope, Figuier sauvage, Ache*. (**a**) Cf. D. *m.m.* 3.154 ~ Pl. 26.85 (ne disent rien de sa vertu comme antidote). Espèce du genre *Hypericum* impossible à identifier, e.g. *H. crispum, H. Coris, H. montanum* L. Le Coris jaune est abondant sur les hauteurs subalpines. *Iologues* : seulement D. *eup.* – (**b**) *Hysope* : cf. *Th.* 872 et comm. n. 108 §4. *Iologues* : D. *eup.*, O. *ecl.* (Aét. PAeg. PsD.) ; Pr. la prescrit

avec du Poivre (p. 75.22 ὕσσωπον μετὰ πεπέρεως ; cf. *infra* §3a). –
(c) La jeune végétation du *Figuier*, notamment du F. sauvage, est
recommandée par N. contre les ἰοβόλα autres que les Serpents (*Th.*
853 et comm. n. 104). Diosc. *m.m.* 1.128.4 (118.21) connaît l'usage du
suc dans ce but, mais non celui des κράδαι (cf. p. 119.7) ; il ne parle
ni de l'un ni des autres en tant qu'antidotes. Pas de parallèle non plus
chez les iologues récents. – (d) Sur l'*Ache*, cf. Murr 171-174 ; Olck,
« Eppich », *RE* 6 (1907) 252-259 (en particulier, 256 pour les couronnes, 257 s. pour les usages médicaux). 1/ D. *m.m.* 3.64 (75 s.)
signale que la *graine* de l'Ache cultivée (κηπαῖον), *i.e.* le Céleri
(*Apium graveolens* L.), est bonne contre les morsures venimeuses et la
Litharge (p. 76.4 s.), usage médical ignoré de Pl. 20.113-4. Selon D. p.
76.8 s. (τὸ ἐλεοσέλινον ... τὰ αὐτὰ δύναται), celle de l'Ache des
marais (cf. *Th.* 597 [ἐλεόθρεπτον σέλινον (*ex Il.* 2.776) = ἐλεο-
σελίνου], 649, et le comm. nn. 64 §e, 70 §5) a les mêmes vertus. Tous
les iologues cités dans les *Sim.* recommandent l'Ache (dans du Vin) :
graine de l'espèce sauvage (D. *eup.* p. 316.13 σελίνου ἀγρίου
σπέρμα σὺν οἴνῳ) ; Ache non spécifiée (Scr.L., Pr., O. *ecl.* [Aét.
PAeg. PsD.]) ; sans mention de la partie utile et de l'excipient (Ascl.).
Pour Scr.L., cf. §3a. – 2/ L'Ache, dont on faisait des couronnes pour
les morts (Phot. 506.5 citant Douris, Περὶ τῶν ἀγώνων = fr. 74 Müller), et qu'on plantait sur leurs tombes, a orné celle que les Corinthiens
ont dédiée à Mélicerte-Palémon rejeté sur leurs côtes, et ils l'ont
honoré dans les Jeux de l'Isthme. La brève allusion des v. 605 s. ne
nous en dit pas davantage. Call. (*Aitia*) fr. 59, Euph. fr. 84 P. (= 89
vGr.) et, avant eux, Proclès (FHG 2 p. 342), disciple de Xénocrate,
cités tous les trois par Plut. *Qu. conv.* 5.3 (*Mor.* 676f-677b) nous en
apprennent plus. Selon eux, la couronne d'Ache décernée aux vain-
queurs des Jeux Néméens (cf. *Th.* 649 σπέραδος Νεμεαῖον ... σελίνου) a remplacé, aux Jeux de l'Isthme, la couronne de Pin primitive.
Sisyphe faisait porter à Corinthe le cadavre de Mélicerte rejeté par la
mer, ou apporté par un dauphin (Paus. 1.44.8, cf. Tz.Lyc. 229
[104.32]). Chez Euph. fr. 84, c'est p.-ê. Donakinos et Amphimachos
(Tz.Lyc. *l.c.*, cf. Meineke[1] 82) qui se chargeaient du transport et qui
" le déposèrent au milieu des pins en bordure du rivage " : κλαίοντες
δέ τε κοῦρον ἐν ἀγχιάλοις πιτύεσσι | κάτθεσαν †ὁκκότε δὴ
στεφάνων ἄθλοις φορέονται† ; suit, aux v. 3-5, la mention de la
couronne d'Ache, devenue la récompense du vainqueur aux Jeux Isthmiques après la victoire d'Héraclès sur le lion de Némée (ent. : après
l'institution des Jeux Néméens, cf. Call. fr. 59.5-9). Au v. 1, j'ai écrit
ἐν (ἐπ' *codd.* : ὑπ' Kaibel). De quelque façon que l'on restitue le v. 2,
il établit un lien entre le Pin et la couronne isthmique. Le Scholiaste et
Eutecnius commettent un abus d'interprétation quand ils font dire à N.,
l'un que c'est l'Ache qui a couronné avant le Pin la victoire isthmique
(Σ), l'autre que c'est dans la région de l'Isthme que l'Ache a poussé

pour la première fois (Eut. 84.2). N. n'entre pas dans ce débat, ni dans celui qui posait la question de savoir en l'honneur de qui, Poséidon ou Mélicerte, les Jeux étaient célébrés (cf. Σ 606a5). Sans doute, aux Jeux Isthmiques, Mélicerte avait-il été associé à Poséidon primitivement seul honoré, comme Archémoros le fut à Zeus aux Jeux Néméens (cf. Murr 172 s., Olck 256.21 ss.). La divergence entre Nic. et Call./Euph. n'éclaire pas leur chronologie relative (cf. t. II *Notice* n. 240). − **3)** 607-8 : *Poivre et Vélar broyés dans du Vin.* **(a)** La plupart des iologues conseillent le *Poivre*, comme les autres substances, seul dans du Vin : Ascl.Ph. (sans mentionner l'excipient), O. p. 297.26 (Aét. PAeg. PsD.) ; O. 297.27 également dans du Vin miellé ; Pr., mélangé à l'Hysope (p. 75.22, cf. *supra* §2b) ou au Vélar (l.23). Scribonius préconise un médicament composé, dans lequel le Poivre, la Myrrhe et la graine d'Ache entrent en poids égal (p. 86.16 *pipere, myrrha, apii semine pondere pari in unum mixtis*), à la dose de " 1 dr. à donner chaque jour dans 3 ou 4 cyathes de Vin (0,12 ou 0,16 l) ". − **(b)** La tradition manuscrite de N. se partage entre deux *v.l.* théoriquement possibles : ῥυσίμῳ (leçon de ω) et ῥυτῇ (T). − **1/** Sur la plante ἐρύσιμον (= ῥύσιμον, cf. n. à la trad.), voir le comm. des *Th.* 894 (n. 112 §5). Il s'agit sans doute du Vélar, ensemble de plantes du genre *Sisymbrium* L. Diosc. en parle dans le chapitre qui précède celui qu'il consacre au Poivrier : *m.m.* 2.158 (224.6) πίνεται (*sc.* τὸ ἐρύσιμον) πρὸς τὰ θανάσιμα φάρμακα ~ Pl. 22.158 *contra uenena etiam efficax potu* (sc. *erysimon*). La prescription de N. telle que la donne la classe ω, a un parallèle absolu chez Pr. p. 75.23 (après la Myrrhe, l'Hysope et la graine d'Ache)... ἢ πέπερι μετὰ ἐρυσίμου φώσας μετ' οἴνου. A propos du Poivre, Diosc. dit : *m.m.* 2.159 (225.18) φώγνυται δὲ ἐν ὀστράκῳ καινῷ ἐπ' ἀνθράκων κινούμενον " on le grille en le remuant sur des charbons dans un pot de terre qui n'a pas servi " ; *ibid.* p. 224.18, 20, il note que le Poivre blanc et le P. long sont appropriés pour les antidotes et les remèdes thériaques. − **2/** La *v.l.* ῥυτῇ de T est attestée par les Scholies (cf. la n. critique). Si j'ai choisi la première, c'est que la Rue, contrairement à l'*érysimon*, ne figure dans aucun texte iologique comme antidote spécifique de la Litharge. − **4)** 609 s. : *Henné, Grenade.* Les deux dernières prescriptions (§3, 4) se complètent l'une l'autre ; πόροις de la seconde s'applique évidemment à la première, et οἴνῳ ἐνιτρίψαιο de la première peut s'appliquer aussi à la seconde : Σ 609 τῆς κύπρου, φησί, τὰ ... βλαστεῖα καὶ τοὺς τῆς σίδης ... κυτίνους ... μετὰ οἴνου τρίψας πάρασχε αὐτῷ πιεῖν, cf. Pr. (cité *infra* sous a). − **(a)** Sur l'arbuste à fleurs blanches odorantes appelé κύπρος (cf. fr. 74.57 κύπρος τ' ὀσμηρόν τε σισύμβριον), voir D. *m.m.* 1.95 ~ Pl. 23.90 ; Lythraceae, genre Henné, *Lawsonia inermis* L. Dioscoride (y compris *eup.*) et Pline ignorèrent sa vertu d'antidote. Proches de N. : Oribase (PAeg. PsD.) p. 297.27 a seulement κύπρου ἄνθη (ἄνθος) ; mais Aét. (d'après une

version d'O. moins abrégée ?) l. 9 s. κύπρου ἄνθη ἢ βλαστούς, cf.
Pr. p. 75.24 κύπρου βλαστοὺς καὶ [....] κόψας ὁμοῦ μετ' οἴνου
δίδου (l'espace de 4 lettres du *cod*. V était probablement occupé par
ἄνθη). – **(b)** Pas de parallèle pour le κύτινος encore peu évolué, stade
intermédiaire entre la fleur et le fruit du Grenadier ; N. décrit le même
stade de développement, *Th*. 869-871 (voir comm. n. 108 §3b). D.
m.m. 1.110 ignore sa vertu d'antidote ; Pl. 23.108 signale seulement
son action contre le Lièvre marin, en composition dans un médicament
dont il donne les recettes, cf. n. 52 §6B (fin). – **5)** Remède inconnu de
N., la fiente de Pigeon sèche : voir *supra* n. 57 §B5b. – Selon
Pl. 22.31, N. considérait la graine d'Ortie comme un antidote de la
Litharge, cf. *Test*. 201 et n. 46 §3.

70. **611-615** : IF. **1)** *L'authenticité*. –

[*Notes complémentaires aux v. 613-619* : V. 613 (fin) χαλικροτέρη : cf. 59 n. – 614 *ἐπαλθήσειε : 395, *Th*. 654 (Moy.) ; cf. *supra*
156 ἐπαλθέα ; pour cet opt. sans particule modale, cf. t. II p. CIII §III 2.
– παρὰ χρέος : = παραχρῆμα (Σ), cf. Eut. 84.16 ἐκ τοῦ
παραχρῆμα ; p.-ê. emprunté à Call. fr. 43.14 (παραχρῆμ' *pro* παρὰ
χρέος *ap*. Stob.). Même sens de la loc. adv. chez Antipater de Thessalonique (cf. apparat), seule autre occurrence. – φωτός : cf. 73 n. –
615 : = 191 ; voir *Notice*, p. LXXXVI. – 616 s. τὰ ... |... φαρ-
μακόεντα : si le texte est sain, ces mots semblent pris au sens de
remèdes ; Gow (φαρμακόοντα) et O. Schneider (φάρμακ' ἐόντα) suppriment malencontreusement un de ces adj. en -όεις dont la fréquence,
chez N., a été imitée par l'interpolateur, cf. 623. – 616 ἐγκάτθετο :
l'interpolateur, ici aussi, est conforme à l'usage de N. ; ἐνικ- (cf. n. critique à *Th*. 111) peut être une correction de M, inspirée par Ap.Rh. et
[Opp.] qu'il avait copiés également. – 617 μοχθήεντα μύκητα παρ' :
expression bizarre qu'il convient de laisser à l'interpolateur sans la corriger ; il semble qu'il faille construire : παρὰ μοχθ. μύκ. (avec la prép.
en anastrophe, au même sens que dans les expressions παρ' οἴνον,
παρὰ πότον (κύλικα, δεῖπνον) rapprochées par O. Schneider. – *μύκητα : la seule autre occurrence du neutre plur. anomal de μύκης est
Agathias Schol. *AP* 5.263.1 cité par Suid. σ 1395 (s.v. μύκητα καὶ
μύκητες), mais voir la n. critique à 525. – 618 *τεῆς : cette forme
d'adj. possessif fém. de la 2ᵉ personne semble employée comme relatif
(cf. Σ 618c καὶ τὸ « τεῆς »· ἧστινος). Elle ne peut s'appuyer sur
τέων (= ὧν) *vel sim*. (cf. *supra* 2, et la n.) ; rapprocher p.-ê. τεοῖο,
employé par Homère en fonction du pron. de la 2ᵉ pers. (*Il*. 8.37 = 468,
cf. Chantraine *Gr*. I p. 265). A noter que l'interpolateur ne nomme pas
le Myrte, mais l'évoque à la manière de N. par une périphrase (cf.
Notice, p. CVII), ce qui est l'occasion d'une digression mythologique ;
pour les rapports d'Artémis et d'Hèra avec le Myrte, cf. Call. 3.201 ss.

et voir Murr 88[1]. – 619 Ἰμβρασίη : pour cette épiclèse d'Héra tirée de l'Imbrasos, fl. de Samos, cf. comm. n. 12 §1(g)1.]

La notice sur l'If, attestée par les Scholies et Eutecnius, manque dans le ms T, mais l'omission n'est sûrement pas volontaire : le texte des *Al.* s'arrête avec le v. 610, au fol. 46ᵛ (cf. *Notice*, n. 305) ; cette lacune finale, il la doit sans nul doute, comme les précédentes, à la présence de miniatures. O. Schneider, suivi par Gow, la condamnait à cause de deux anomalies apparentes : N. s' adresse à la victime éventuelle et non au médecin, et la thérapie précède la symptomatologie au lieu de la suivre comme c'est habituellement le cas. Mais, dans ce poème, d'autres injonctions sont faites à l'adresse de la victime (cf. 58 n. et *Notice* p. LXXXVI s.). Quant au bouleversement de l'ordre normal, la notice est trop courte pour qu'il puisse tirer à conséquence (pour une autre entorse à l'ordre habituel, cf. n. 42 §2). En fait, il apparaît que les arguments favorables à l'authenticité sont plus forts que les motifs inverses. Rien dans le contenu ni dans l'expression (voir les n. à la trad.) ne semble incompatible avec l'usage de Nicandre. Qui plus est, certains détails révèlent des tendances particulières à N., ainsi le goût des néologismes (voir 613 n.), et surtout l'allusion à l'Étolie, ainsi que la rencontre avec Andréas (cf. *infra* §2c et la *Notice* des *Th.*, p. XLII). – 2) Sur l'If à baies (*Taxus baccata* L.), espèce européenne des Ifs (genre unique de la famille des Taxaceae), répandue à travers toute l'Europe jusqu'aux côtes turques, cf. Th. *HP* 3.10.2, D. 4.79 (241) ~ Pl. 16.50 s. ; voir Steier, « Smilax », *RE* 3A (1927) 719-721, et, pour son action sur l'économie animale, Orfila 2. 192 s., Bruneton[1] 643, 647, [2] 74-79. Sa toxicité explique ses liens avec les puissances infernales (références *ap.* Murr 129). Diosc. n'en parle que pour mettre en garde contre lui : p. 241.8 s. ἱστορεῖται δὲ περὶ αὐτῆς χάριν τοῦ προφυλάσσεσθαι) ; car l'If est " trop toxique pour avoir été employé par la médecine " (Bruneton[2] 74). – (a) *Phytonymes* : 611 σμῖλος (voir n. à la trad.), cf. Th. *l.c.* Μῖλος, est un synonyme de σμῖλαξ *ap.* D. (*m.m.* et *eup.*) ; pour σμῖλαξ (D. et les iologues cités dans les *loca sim.*), cf. Sextius Niger *ap.* Pl. 16.51 *smilacem a Graecis uocari dicit* ; lat. *taxus* (cité comme synonyme chez D., Aét. PAeg. PsD.). – (b) *Morphologie* : ἐλατηῖδα. Seul parmi les iologues, Promotus (p. 70.21 ἔστι δὲ ὅμοιον ἐλάτῃ = Σ 611a2 ~ Eut. 84.13 s., cf. Pl. 16.50 *similis his* [i.e. *abietibus*] … *aspectu est*) note la ressemblance de l'If avec le Sapin (*Al.* 611), précisée par Th. (feuille en aiguilles mais " plus molle ") et D. (*m.m.* p. 241.2 ἐλάτῃ παραπλήσιον φύλλοις καὶ μεγέθει). – (c) *Habitat* : 612 Οἰταίην = ἐκ τῆς Οἴτης (cf. Th. ἡ δ' ἐκ τῆς Ἴδης [*sc.* μῖλος]) " de l'Oeta ", massif montagneux à la limite de l'Étolie, voisin de " la terre de Trakhis " (Steph. Byz. 487.10 Οἴτη, ὄρος περὶ Τραχῖνα), deux autres régions de Grèce centrale citées, la première par Andréas (t. II, p. 301, fr. 6 : φησὶν … περὶ Αἰτωλίαν πληθύνειν), la seconde par Call. fr. 659 (*ap.* Él. 9.27 ἐν τῇ γῇ τῇ Τραχινίᾳ), comme habitats privilégiés de l'If. C'est sans doute ἐν Οἴτῃ (*ego* : Οἰταίῃ Schn.), la région indiquée par N., qu'il faut lire au lieu de Ἐλείη chez Pr. p. 70.20 : φυτὸν ἐν τῇ Καλαυρίᾳ (Καλαβρίᾳ Rohde 284 = *Kl. Schr.* 404) φυόμενον (Rohde : ἀφώμενον *codd.*) καὶ †Ἐλείη†, ὅπου ὁ Ἡρακλῆς, ὥς φασι, περιεκάη. Les autres auteurs mentionnent diverses régions de Grèce ou d'Europe : Macédoine (Th.), Arcadie (Th., Sextius *ap.* Pl. 16.51), Italie et Narbonnaise (D. *m.m.*), Gaule et Espagne (Pl.), Corse (Virg., cf. 611 n.), etc. Selon Dioscoride, en Italie, il provoque des diarrhées, alors qu'en Narbonnaise, son ombre est capable de tuer (propriété qu'Andréas rapporte aux Ifs d'Étolie) ; cf. Plut. *Qu. conv.* 3.2, in *Mor.* 647f 5-7 (sans indication de lieu ; ajoute que cela arrive au moment où l'arbre " se gonfle le plus de sève en vue de la floraison ", ὅταν ὀργᾷ μάλιστα πρὸς τὴν ἄνθησιν). – (**d**) *Toxicité.* Orfila 193 pensait que des différences selon les lieux pouvaient expliquer en partie les opinions divergentes sur la dangerosité de l'If. Sa toxicité est indubitable, mais il faut distinguer entre le fruit et la feuille. Le fruit peut être avalé sans danger si l'on ne mâche pas la graine, qui contient, comme la feuille, les principes toxiques : protégée par son tégument, elle passe par le tube digestif sans causer de dommage. L'observation de Bulliard (Orfila 192) qui a " avalé plusieurs fois des baies d'if, à l'exemple des enfants " (attirés par la couleur rouge de l'arille, cf. *Al.* 417 ss.) sans en avoir " jamais éprouvé la moindre incommodité " ne prouve donc rien, non plus que la remarque finale de Th. sur le fruit " de saveur douce et inoffensif ", que " mangent certains " (*contra* : Pl. 16.50 " les baies, en Espagne surtout, contiennent un poison mortel "). En ce qui concerne les animaux, " aussi sensibles que l'Homme aux principes toxiques de l'if " (Bruneton[2] 77), cette toxicité " se traduit presque toujours par la mort foudroyante des animaux concernés " (Bruneton[1] 647) ; pour la rapidité de son action chez l'homme, cf. *infra* §4. La distinction entre les bêtes de somme et les Bovins (ceux-ci seraient immunisés, aux dires de certains, cf. Th. *l.c.*) ne tient pas : l'If fait des victimes chez tous les herbivores (Bovins aussi bien que Chevaux, Ovins, Caprins), et même chez les Chiens et les Poules (Bruneton[2] 77 s.). Ce qui est vrai, c'est que " la sensibilité à l'if varie selon l'espèce animale " (*ibid.* 79). – (**e**) *Mode d'administration.* α/ L'information, ignorée des iologues, selon laquelle l'If aurait été utilisé à des fins guerrières (poison de flèches) repose sur une confusion (possible seulement en latin) entre *taxica* et *toxica* (*uenena*), cf. *supra* n. 18 §b. – β/ Les anciens connaissaient bien l'usage de ses feuilles en nature ou en décoction, toujours d'actualité, pour donner ou se donner la mort. Le cas le plus anciennement connu d'un suicide par l'If semble être celui du roi des Éburons Catuvolcos (Caes. *BG* 6.31.5). N. ne nous dit pas sous quelle forme le poison était pris. La littérature parallèle parle de boisson : cf. D. *eup.* ποθέντος (*sc.* σμίλακος) ; Aét. l. 2 (PAeg. PsD.) ποθεῖσα (*sc.* σμῖλαξ) ; et, surtout, Pr. σμῖλαξ δέ ἐστι φυτὸν ... <δι᾽ > οὗ σκευάζεται πόμα ἀναιρετικόν. Cette boisson devait consister en *infusion* ou *décoction* (ἀπόζεμα). – **3)** 613 s. : *Thérapie.* Aét. PAeg. PsD. se contentent de renvoyer au traitement de l'intoxication par la Ciguë. Diosc. *eup.* le fait comme eux, mais seulement après avoir prescrit " vin en abondance et vinaigre " (p. 311.15). Cf. D. *m.m.* 5.6.10 (9.1), qui recommande le Vin (ἀμιγὴς οἶνος καὶ ἀκέραιος ... ἱκανῶς ποθείς) contre beaucoup de poisons, dont l'If (voir *Notice*, p. XLVIII) ; 5.13.3 (15.19), le Vinaigre bu chaud et vomi contre les poisons, notamment additionné de Sel contre l'If (*Notice* p. XLIX). Promotus conseille lui aussi le vomissement induit, avec raison (cf. Bruneton[2] 77) : p. 70.23 s. τὸ δὲ δραστικὸν αὐτοῦ ἀντιπαθὲς οἶνος ἄκρατος πολὺς πινόμενος καὶ ἐμούμενος. – **4)** 615 : *Symptomatologie.* Diosc. 4.79 (241.4 s.) note que le fruit de l'If d'Italie cause des diarrhées chez l'homme, mais " *étouffe* les petits oiseaux ". Symptômes (" refroidissement de tout le corps ", " suffocation ") donnés de façon identique *ap.* Aét. PAeg. PsD. Alors que N. signale seulement le caractère létal du poison (612), ils notent la rapidité de la mort, cf. Pr. p. 70.22 s. ἔστι δὲ πάντων ὀξύτατον (Rohde : πάντα ὀξύτατα *codd.*) · εὐθέως γὰρ ἀποκλείει (*sc.* πόμα ἀναιρετικόν) τὴν φάρυγγα. Ce symptôme décrit en termes voisins de N. s'explique p.-ê. par le fait que la mort peut survenir par arrêt respiratoire : cf. R. Feldman *et alii*, « Four cases of self-poisoning with yew leaves decoction », *Vet. Hum. Toxicology* 29 (1987), supp. 2.72, cité par Bruneton[2] 77.

71. 616-628 : *Complément ajouté à la notice sur les Champignons.* – A la différence de la notice précédente, nous avons dans ce passage, ignoré d'Eutecnius, une interpolation tardive qui se donne pour telle ; son but déclaré est de compléter la thérapie des Champignons vénéneux présentée par N. Le remède végétal ajouté par l'interpolateur, la *baie* du Myrte, est mentionné à propos de l'*éphèméron* par N. (*supra* 275), Scr.L. et les iologues récents (D. *eup.*, Aét. PAeg. PsD.). Mais ces derniers l'ont omis, comme N. et Scribonius, dans leur notice sur les Champignons. Pline, *NH* 23.159, est seul à nous fournir cette dernière *indication* pour la baie de Myrte prise dans du Vin : *semen eius* [sc. myrti] *medetur sanguinem excreantibus, item contra fungos in uino potum.* Gorraeus (p. 70) a été le premier à signaler ce parallèle. Même enseignement, *Geop.* 14.24.3 (extrait de Didymos [cf. M. Wellmann « Didymos Nr. 7 » *RE* 5, 1903, 445.8]) : ταῦτα (*sc.* μύρτα) δὲ καὶ ἐπὶ τῶν θανατοποιῶν μυκήτων μεγάλως ὠφελεῖ. Pl. 23.162 recommande aussi contre les Ch. les feuilles du Myrte broyées dans du Vin : *folia ipsa fungis aduersantur trita ex uino.*

72. 629 s. : SPHRAGIS. – Zeus y tient la place qu'occupait Apollon dans le *prooimion*. Il y est célébré en tant que *protecteur de l'hôte et/ou de l'étranger* (ξένος). Sur Ξενίοιο, cf. Nilsson 1.419 s., Hans Schwabl, « Zeus (Teil II) », *RE* Suppl. 15 (1995) 1028 ; nombreuses attestations littéraires (entre autres, Eschyle, *Ag.* 748 Διὸς Ξενίου ; cf. O. Weinreich, *Myth. Lex.* s.v. « Xenios ») et épigraphiques (Schwabl, « Zeus, Teil I. Epiklesen » *RE* 10A, 1972, 341 ; ajouter *SIG* 706.15 s. [Athènes] τοῦ Διὸς τοῦ Ξενίου). Cette épiclèse est une allusion discrète aux liens d'hospitalité existant entre N. et le destinataire des *Alexipharmaques* salué dans la dédicace. Voir *Notice*, p. LXXVII.

ANNEXE

LES LIEUX PARALLELES DU LIVRE XIII
DES IATRICA D'AÉTIUS

N.B. – Il n'est pas dans mon propos d'étudier le rapport qui existe entre les mss. Ces extraits sont en effet trop courts pour nourrir des conclusions qui soient entièrement convaincantes. Mais ils permettent cependant de faire quelques constatations. Si l'on examine de près les variantes, on s'apercevra que les quatre mss retenus ont les uns par rapport aux autres une certaine indépendance. C'est ainsi que A est le seul à avoir les lignes 20-27 du §17 omises dans les autres manuscrits. BCD dépendent donc d'un modèle qui avait la lacune. C est seul à omettre §21, l. 8 s. (καὶ – σπέρμα) par saut du même au même, il ne peut donc être le modèle direct de ABD. De même pour D qui omet par la même raison §7, l. 11-13. Par ailleurs, ABD sont souvent ensemble contre C, qui, en conséquence ne peut être le modèle direct d'aucun des autres. Un exemple parmi d'autres est §18, l. 11 s. où ABD ont la *vera lectio* ἐπεσθιόμεναι contre C ἐσθιόμεναι. Pour alléger l'apparat critique, quand le texte retenu s'oppose à un seul ms, l'apparat cite seulement la v.l. aberrante. Les notes à la traduction ont pour but essentiel de préciser les rapports d'Aétius avec « Aelius Promotus » d'une part, et d'autre part avec les compilations d'Oribase (pour les chap. iologiques, nous ne disposons que de l'extrait byzantin des *Eclogae* et des résumés d'Oribase lui-même [*Synopsis à Eustathe, Livres à Eunape*], qui en diffèrent), et avec celles de Paul d'Égine et du Pseudo-Dioscoride ; le texte de ces quatre auteurs se ressemble souvent à tel point que l'on dirait des recensions d'un même modèle (voir t. II, p. xxiv) ; pour les rapports particuliers d'Aét. ~ PAeg. = PsD. voir, entre autres exemples, comm. n. 28 §A5, 6, 7.

1. **L'Aconit.** – **(1)** L'Aconit, que certains appellent iris sauvage, tire son nom du lieu où il pousse. C'est une racine qui rappelle le chien-

NICANDRI ALEXIPHARMACIS SIMILIA CAPITA

Le livre XIII d'Aétius est l'un des plus complets, et, avec Pr., l'un des plus riches parmi les traités iologiques conservés. Les chapitres de ce livre relatifs aux substances vénéneuses traitées dans les *Alexipharmaca* se présentent ci-dessous dans le même ordre que chez Nicandre. Toutes les notices de N. figurent chez Aétius (y compris celle de l'If, suspectée à tort), exception faite de la notice sur le Pharicon, qui est donnée ci-dessous d'après le Ps.Dioscoride, la plupart du temps très voisin d'Aétius. Dans ce chapitre aussi, le Pseudo-Dioscoride offre à peu près le même texte que Paul d'Égine ; j'ai préféré donner celui de PsD., car il est établi sur des collations personnelles du *Vaticanus gr.* 284 (s. XI) = V et de l'*Ambrosianus gr.* L 119 sup. (s. XV) = A. – Mss d'Aétius : a) version brève : *Laur. gr.* 75.18 (s. XIV) = A ; *Vindob. Palatinus med. gr.* 6 (s. XV) = D (mais cf. *infra* §8b, trad. n. 2) ; b) version longue : *Laur. gr.* 75.21 (s. XIII) = B ; *Paris. gr.* 2191 (s. XIV) = C. Lorsqu'il n'y a aucun doute sur le texte, les mss sont corrigés tacitement ; en général, leurs fautes individuelles ne sont pas signalées, notamment les *orthographica* (innombrables dans B, très défectueux à cet égard). Les demi-crochets droits ⸢αααα⸣ indiquent les additions de la version longue, qui se rencontrent souvent avec le texte d'Aelius Promotus. Les numéros des chapitres sont ceux de A ; j'ai indiqué en note ceux de BD ; ceux de C ont disparu la plupart du temps avec les marges. – Mss d' « Aelius Promotus » : *Ambrosianus gr.* S 3 sup. (s. XVI) = A ; Vaticanus gr. 299 (s. XV) = V. – Signes et abréviations : < = δραχμή, Γ° = οὐγκία, Γρ = γράμμα.

§1.

(XIII 61) ξα′ **περὶ ἀκονίτου** :- **(1)** τὸ δὲ ἀκόνιτον ⸢ἀπὸ τοῦ τόπου †ἀκονίστομον†⸣ ὀνομάζεται⸣, ὅ τινες ἶριν ἀγρίαν καλοῦσιν. ⸢ἔστι

dent ; on le nomme aussi étouffe-panthère. On dit qu'il est nuisible pour les animaux qui l'ont goûté. (2) Il produit aussitôt, dans le temps que l'on en boit, une sensation de douceur sur la langue, accompagnée d'une certaine astringence, mais peu après une amertume dans la bouche et à la commissure des mâchoires. Il s'ensuit également cardialgie, douleur des côtés, lourdeur du thorax et des hypocondres ; car une certaine quantité de matière exerce une pression autour du nombril, et il y a trouble du ventre avec des gaz en grand nombre. La tête s'alourdit et les tempes palpitent ; les yeux deviennent troubles, s'injectent de sang et pleurent. Si le mal persiste, on note ensuite tremblement, convulsions et enflure de tout le corps. (3) Il faut secourir les malades, après vomissements et clystères, en leur faisant boire origan, rue, marrube, absinthe, roquette, aurone, olivier-nain, pin-nain dans du vin. Donne-leur aussi une drachme de suc de baumier dans du lait d'ânesse fraîchement tiré ou dans du vin, ou de la présure de cerf, de lièvre ou de chevreau dans du vinaigre, ou bien éteins dans du vin des scories de fer ou le fer lui-même, de l'or ou de l'argent ou une pierre meulière incandescents, et donne à boire le vin encore chaud, ou du lait de chaux dans du vin ; ou bien fais cuire un tendre poulet très gras, réduis-le à la cuisson jusqu'à ce qu'il ne reste plus que les os et donne le bouillon à boire seul ou dans du vin. Efficace aussi le bouillon gras de veau bu seul ou avec de la rue, et vomi. Tout particulièrement bons pour eux le pin-nain en boisson, le castoréum, l'iris et la rue. Mais certains disent qu'ils ne trouvent de secours dans aucun de ces remèdes[1].

1. Quelques éléments de la symptomatologie (l. 4 s. εὐθέως – στύψεως, 7 s. θώρακος – ὑποχονδρίων, 10 πνευμάτων πολλῶν) ont une formulation identique chez PAeg. = PsD., beaucoup plus sommaires, mais, dans ce domaine, il y a correspondance étroite entre Aét. et Pr., hormis quelques détails (*e.g.* yeux larmoyants avant désordre intestinal chez Pr. comme chez N.). Dans la thérapie, Pr. n'a pas la note initiale sur le préalable des vomissements *et* (PsD. : *ou*) des clystères, commune à Aét., PAeg. et PsD. La liste des remèdes chez ces trois derniers offre essentiellement les mêmes éléments dans le même ordre. Ils se retrouvent chez Pr., mais dans un ordre différent. Ici encore, la formulation est quasi identique chez PsD et PAeg.. L'absence chez PAeg. des mots σὺν μέλιτι – ἴσης ὁλκῆς (= PsD. p. 22.13 s.), ingrédients accompagnant l'*opobalsamon*, est sans doute accidentelle (saut du même au même). Certains d'entre eux se lisent dans le même contexte chez Pr. (*castoréum*), dans un autre chez Aét., à la fin de sa notice (*iris* au lieu du *poivre*). Il y a dans le détail des ressemblances entre Aét. et Pr., ainsi dans la recette concernant le Poulet (cf. l. 21 ~ Pr. p. 68.14 s. νεοσσὸν ὄρνιθος νεαρὸν ἑψήσας καὶ κατατήξας ἕως ἂν μηδὲν ὑποφαίνηται). Au lieu du bouillon de « viandes grasses de bœuf » (κρεῶν λιπαρῶν βοείων) *ap.* PsD. (βοείων *om.* PAeg.), Aét. l. 24 a un μόσχειος λιπαρὸς ζωμός bu avec de la rue et vomi, comme Pr. d'après Épainétès (cf. Pr. p. 68.18 s.). Les quatre auteurs terminent par une remarque sur l'efficacité particulière du pin-nain ; seul, PAeg. y rattache une note sur ses synonymes dont la source ultime est Apollodore (t. II, p. 289, fr. 10), glose passée dans le texte.

δὲ ῥιζίον ἀγρώστει ἐμφερές, ὃ καὶ παρδαλιαγχές φασιν διὰ τὸ
σίνειν τὰ ζῷα τὰ γευσάμενα αὐτοῦ¹. (2) εὐθέως ʿδὲ¹ ἐν τῷ πίνεσ-
5 θαι γλυκαίνει τὴν γλῶτταν μετά τινος στύψεως, εἶτα μικρὸν
ὕστερον πικραίνεται τὸ στόμα καὶ σύνδεσις τῶν χαλινῶν · παρακολουθεῖ καὶ καρδιωγμός, καὶ πόνος πλευρῶν, καὶ θώρακος
βάρος καὶ ὑποχονδρίων · ἐνερείδει γὰρ ὕλη τις περὶ τὸν
ὀμφαλόν, καὶ φθορὰ γίγνεται <τῆς κοιλίας ταραχθείσης> μετὰ
10 πνευμάτων πολλῶν. βαρύνεται δὲ κεφαλή, καὶ κρόταφοι πάλλονται · οἱ δὲ ὀφθαλμοὶ ταραχώδεις γίγνονται καὶ ὕφαιμοι καὶ
δακρύουσιν. ἐπιμένοντος δὲ τοῦ κακοῦ, καὶ τρόμος καὶ σπασμὸς
καὶ οἴδησις παντὸς τοῦ σώματος ἐπακολουθεῖ. (3) τούτοις οὖν
βοηθητέον, μετὰ τοὺς ἐμέτους καὶ τοὺς κλυσμούς, ποτίζοντας
15 ὀριγάνῳ, πηγάνῳ, πρασίῳ, ἀψινθίῳ, εὐζώμῳ, ἀβροτόνῳ,
χαμαιλέα καὶ χαμαιπίτυϊ μετ᾽ οἴνου. δίδου δὲ καὶ ὀποβαλσάμου
<ἇ΄ μετὰ ὀνείου γάλακτος νεοβδάλτου ἢ μετ᾽ οἴνου, ἢ πιτύαν
ἐλάφου ἢ λαγωοῦ ἢ ἐρίφου μετ᾽ ὄξους, ἢ σιδήρου σκωρίαν ἢ
αὐτὸν τὸν σίδηρον ἢ χρυσὸν ἢ ἄργυρον ἢ λίθον μυλίτην διάπυ-
20 ρον ἐν οἴνῳ σβέσας δίδου πίνειν ἔνθερμον τὸν οἶνον, ἢ κονίαν
στακτὴν σὺν οἴνῳ · ἢ νεοσσὸν ὄρνιθος τρυφερὸν λιπαρώτατον
ἑψήσας καὶ κατατήξας ἐν τῇ ἑψήσει ἄχρις ἂν τὰ ὀστᾶ μόνα
καταλειφθῇ δίδου τὸν ζωμὸν πίνειν μετ᾽ οἴνου ἢ καθ᾽ αὑτόν.
ποιεῖ δὲ καὶ ὁ μόσχειος λιπαρὸς ζωμὸς μόνος πινόμενος ʿἢ
25 καὶ μετὰ πηγάνου¹, καὶ ἐμούμενος. ἰδιαίτατα δὲ αὐτοῖς ποιεῖ ἡ
χαμαίπιτυς πινομένη καὶ τὸ καστόριον καὶ ἶρις καὶ πήγανον.
τινὲς δέ φασιν ὑπὸ μηδενὸς τούτων βοηθεῖσθαι :-

num. ξα΄ Α : ξ΄ Β ξβ΄ D ‖ 1 δὲ ABD : om. C ‖ 3 παρδαλιαγχές Β : φαρ-
μακιάδα C ‖ 6 τὸ στόμα ABC : τὴν γλῶσσαν D ‖ 8 ὕλη τις ABD : ὀδύνη τις
καὶ ὕλη C ‖ 9 τῆς – ταραχθείσης addidi ex Pr. ‖ 10 δὲ BD : τε C om. A ‖
12 κακοῦ ACD : παλμοῦ Β ‖ σπασμὸς B, cf. Pr. (codd.) : παλμὸς ACD ‖
13 ἐπακολουθεῖ ABC : om. D ‖ τούτοις ABC : -ους D ‖ οὖν C : om. ABD ‖
14 ἐμέτους καὶ τοὺς κλυσμούς AD, C (qui τοὺς om.) : κλ. καὶ ἐμ. Β ‖ ποτίζοντας ACD : -τες Β ‖ 15 s. datiuus (ὀριγάνῳ κτλ.) AB : accus. C, D ut uid. ‖
16 καὶ¹ AD : om. BC ‖ 17 ὀνείου : an ἀνείου = ἀνθρωπείου (cf. comm. n. 5
§6 a) ? ‖ πιτύαν BCD : πυτίαν A ‖ 19 διάπυρον ABCᵃᶜ : -ρα Cᵖᶜ om. D ‖
20 ἔνθερμον BC : θερμὸν AD ‖ 21 ὄρνιθος D : ὀρνίθιον ABC ‖ 24 ὁ BD :
om. AC ‖ μόνος C : om. ABD ‖ 25 ἡ ABC : om. D ‖ 26 τὸ AD : om. BC ‖
27 τούτων CD : -ους Α -οις Β.

2. La Céruse. – (**1**) La Céruse ne peut échapper quand on la donne à cause de sa couleur ; si l'on en prend, elle échauffe le palais, la langue et les gencives, où l'on découvrira même des particules de Céruse. (**2**) D'autre part, elle entraîne des hoquets, des toux, une sécheresse de langue et de gosier, un refroidissement des extrémités, avec dérangement d'esprit et difficulté de mouvement. (**3**) Il convient de donner aux malades : mélicrat, décoction de figues et de mauve, lait chaud, sésame broyé dans du vin doux, ou cendre de sarments ou huile d'iris ; à tous les produits en effet il faut mélanger de l'huile en abondance. Et qu'ils vomissent chaque fois. Efficace également la scammonée bue dans du mélicrat[1].

1. Aét. ~ PAeg. = PsD. reproduisent le même modèle avec tant de fidélité que certaines différences sont dues sans doute à des accidents de transmission : ainsi la variante θερμαίνει (Aét. l. 2) en face de λευκαίνει (PAeg. = PsD., cf. Pr. p. 74.32 οὖλα λευκά, Scr.L. p. 86.21 s.), l'absence de ἐμείτωσαν ἐφ' ἑκάστου (Aét. l. 9 = PAeg. p. 40.2) chez PsD. D'autres peuvent s'expliquer autrement. Ici comme ailleurs, Aét. semble compléter son modèle de base au moyen de Pr. : tous les deux sont seuls à noter (s'il ne s'agit pas d'une omission accidentelle chez PAeg. PsD.) la sécheresse du pharynx (Aét. l. 5 ~ Pr. *l.c.*) après celle de la langue (cf. *Al.* 80). A la fin de la symptomatologie, Aét. a fortement abrégé le modèle qu'il partage avec PAeg. PsD. Manque un certain nombre de remèdes qui figurent tous déjà chez D. *eup.* p. 316 s. : huile de marjolaine (ἀμαράκι-νον), œufs de pigeon (PsD. : *om.* PAeg.) additionnés *d'encens* (cf. *Al.* 107, PAeg. p. 39.25), gomme de prunier (*Al.* 108), humeur des follicules (PAeg. p. 40.1 θυλακίοις [D. *eup.* p. 317.2] ~ PsD. φύσκαις [*unicum*, en ce sens]) de l'orme avec de l'eau tiède. Pour les noyaux de pêche (PAeg. p. 39.25 = PsD. p. 32.10 Περσικῶν ὀστᾶ) et décoction d'*orge* (*Al.* 106), il y a p.-ê. eu confusion avec ceux du *perséa* (*Al.* 99 ~ D. *eup.* p. 316.19 περσέων [lire : περσείων ou περσίων] et voir comm. n. 9 §2f). Dans la thérapie, Aét. (PAeg. PsD.) ont un développement sans rapport avec Pr., qui, malgré quelques nuances, ressemble à une paraphrase de N.

3. Contre le breuvage aux Cantharides. – (**1**) Les Cantharides naissent des chenilles du figuier, du pin, des poiriers, de l'églantier, sous forme de vers qui mettent des ailes. (**2**) Ceux qui ont pris de la boisson aux Cantharides, une exhalaison leur monte aussitôt aux narines, une odeur semblable à la poix, et ils ont l'impression d'avoir sur la langue un goût rappelant la poix de pin ou de cèdre. Il s'ensuit également une morsure de l'œsophage, de l'estomac, des reins et surtout de la vessie. Parfois, une émission de sang par les urines et le ventre suit, également accompagnée de fortes morsures. La région de l'orifice stomacal est très douloureuse, au point que le cartilage, appelé appendice xiphoïde, est lui-même douloureux. Il y a aussi inflammation de l'hypocondre droit, et ensuite difficulté à uriner et rétention de

§2.

(XIII 79) οθ´ **περὶ ψιμυθίου** :- **(1)** ψιμύθιον δὲ λαθεῖν μὲν οὐ δύναται διδόμενον διὰ τὴν χρόαν · ληφθὲν δὲ †θερμαίνει† τὸν οὐρανίσκον καὶ τὴν γλῶσσαν καὶ τὰ οὖλα, ἔνθα καὶ μέρος τι τοῦ ψιμυθίου εὑρεθήσεται. ἐπιφέρει δὲ λυγμοὺς καὶ βῆχας, γλώσσης
5 δὲ καὶ φάρυγγος ξηρότητα καὶ ψῦξιν ἀκρωτηρίων μετὰ παρακοπῆς καὶ δυσκινησίας. **(2)** οἷς ἁρμόζει διδόναι μελίκρατον ἢ σύκων καὶ μαλάχης ἀφέψημα, ἢ γάλα θερμὸν ἢ σήσαμον λεῖον μετὰ γλυκέος, ἢ κονίαν κληματίνην ἢ ἴρινον ἔλαιον · πᾶσι γὰρ ἔλαιον δαψιλὲς παραμίσγειν χρή· ἐμείτωσαν δὲ ἐφ᾽ ἑκάστου.
10 ποιεῖ δὲ καὶ σκαμμωνία σὺν μελικράτῳ. πινομένη :-

num. οθ´ A : οη´ B π´ D ‖ tit. et l. 1 ψιμ- AB : ψιμμ- CD ‖ 2 διδόμενον AC : πινόμενον B om. D ‖ χρόαν BD : χροὰν A χροιάν C ‖ θερμαίνει codd., dubium : λευκαίνει fort. corrigendum cl. Scr.L. PAeg. PsD. ‖ 3 γλῶσσαν AC : γλῶτταν BD ‖ καὶ (post ἔνθα) ACD : om. B ‖ τοῦ ABD : τούτοις C ‖ 4 ψιμ- A per comp. B : ψιμμ- CD ‖ εὑρεθήσεται BCD : ἀνεθή- A ‖ βῆχας codd. : an βῆχα (cf. PsD. et PAeg.) ? ‖ 5 δὲ ego : τὲ C om. ABD ‖ ἀκρωτηρίων ABC : ἄκραν D ‖ 6 δυσκινησίας BCD : δυσκρασίας A ‖ ἁρμόζει διδόναι ABC : δ᾽ ὅ τῖ D ‖ 8 κονίαν κληματίνην BCD : κλ. κον. A ‖ ἢ (ante ἴρινον) BCD : καὶ A ‖ 9 παραμίσγειν BCD : -μένειν Aᵃᶜ -μήγειν (pro -μίσγειν) p.c. ‖ ἐφ᾽ A (cf. PAeg.) : ἀφ᾽ BD de C incert. ‖ 10 δὲ ABC : om. D.

§3.

(XIII 51) να´ **πρὸς τοὺς κανθαρίδας εἰληφότας** :- **(1)** ʽαἱ κανθαρίδες ἐκ τῶν καμπῶν τῶν πρὸς τῇ συκῇ καὶ πεύκῃ καὶ ἀπίοις καὶ κυνακάνθῃ γεννῶνται σκώληκες, εἶτα πτεροῦνταιʼ. **(2)** τοῖς δὲ κανθαρίδας εἰληφόσιν εὐθὺς μὲν ἀνάδοσις ἐπὶ τὰς ῥῖνας γίγνεται
5 πίσσης ἐοικυῖα ὀδμῇ, πίτυος δὲ <πίσσης> ἢ κεδρίας ἐμφέρεσθαι ποιότητι κατὰ τὴν γλῶτταν δοκεῖ. ἐπακολουθεῖ δὲ καὶ δηγμὸς στομάχου καὶ κοιλίας καὶ νεφρῶν καὶ μάλιστα κύστεως. ἐνίοτε δὲ καὶ αἵματος ἔκκρισις διά τε οὔρων καὶ κοιλίας παρέπεται μετὰ δηγμῶν ἰσχυρῶν. ὁ δὲ κατὰ τὸ στόμα τῆς κοιλίας τόπος
10 ὀδυνᾶται σφόδρα ὡς δοκεῖν αὐτὸν τὸν χόνδρον τὸν ξιφοειδῆ λεγόμενον ὀδυνᾶσθαι. φλεγμαίνει δὲ καὶ τὸ δεξιὸν ὑποχόνδριον, ἔπειτα καὶ δυσουρία καὶ ἰσχουρία παρέπεται. δαπανᾶται δὲ

l'urine. La capacité de vision des yeux s'abolit, ils délirent et se jettent d'un endroit à un autre. **(3)** Un moyen de secours est de leur donner au plus vite du vin doux avec des pignons de pin pas trop vieux, qui ont macéré dans de l'eau chaude et qui ont été bien broyés, ou pareillement de la graine de concombre mondée ; et de plus de leur donner de manière très continue du lait avec un peu de miel d'abord, ensuite seul et frais tiré. Parfois aussi de faire fondre de la graisse fraîche d'oie ou de poule et de la verser dans leurs boissons, ou de leur donner une drachme de terre de Samos avec du mélicrat, ou une drachme d'encens ; également du bouillon gras de porc, de mouton ou d'oie, ainsi que des chairs de poule, d'agneau ou de porc grasses bien cuites, des cervelles de porc ; mieux encore, fais-lui avaler leurs bouillons jusqu'à ce qu'il en vienne à vomir. Qu'il boive de plus du vin doux tempéré d'eau tiède, en quantité. Qu'il boive chacun de ces produits et vomisse, et qu'il renouvelle l'opération un très grand nombre de fois. Après les vomissements, injecter au moyen d'un clystère du lait fraîchement tiré, ou de la crème de ptisane, de riz non décortiqué ou de riz mondé, de mauve ou de graine de lin avec de la graisse d'oie ou de poule. S'il se produit évanouissement et sensation de morsure, donne-lui continuellement à boire du lait de vache frais tiré et fais-le vomir ; ou bien concasse des pousses de vigne et donne avec du vin doux tempéré. De plus, il n'y a rien de tel pour combattre le mal que les ailes et les pattes des Cantharides bues dans du vin doux, ainsi que du pouliot nouveau broyé bu dans de l'eau. La racine du *scorpiouron* broyée bue dans du vin doux fait le meilleur effet également contre l'Enfle-bœuf. Efficace dans les deux cas et dans celui des chenilles du pin, l'huile de coing avec des œufs, en boisson, à doses égales. Donne aussi un peu de la thériaque aux vipères ou de celle de Mithridate. Quand les symptômes ont cessé, il faut appliquer sur l'hypocondre un cataplasme d'orge et de mélicrat, et, après avoir frotté tout son corps avec de l'huile de moût ou de henné, le faire entrer dans le bain et l'y maintenir un temps suffisant ; de plus avoir recours pendant un certain temps à des nourritures faciles à digérer et non acides, à des vins doux et à des régimes lactés[1].

1. Le §1 a pour seul parallèle iologique Pr. p. 70.26-28 (l. 28 *lege* : τούτοις *cl.* Ar. *infra*, i.e. τοῖς φυτοῖς). Cette note zoologique vient d'Ar. *HA* 552b 1-3 αἱ δὲ κανθαρίδες ἐκ τῶν πρὸς ταῖς συκαῖς καμπῶν καὶ ταῖς ἀπίοις καὶ ταῖς πεύκαις (πρὸς πᾶσι γὰρ τούτοις γίνονται σκώληκες) καὶ ἐκ τῶν ἐν τῇ κυνακάνθῃ. Dans la symptomatologie du §2, Aét. a une rédaction distincte de PAeg. = PsD. pour les éléments qu'il partage avec eux, et des symptômes supplémentaires que l'on retrouve chez Promotus : douleur de l'orifice stomacal (l. 9 ~ Pr. p. 70.32 s., cf. *Al.* 120), de la région du cartilage xiphoïde (l. 10 s. ~ p. 71.1, cf. *Al.* 123), acuité visuelle abolie, délire et mouvements brusques (l. 12

αὐτοῖς καὶ τὸ ὁρατικὸν τῶν ὀφθαλμῶν, καὶ παραφρονοῦσι καὶ
ῥιπτάζονται ἀπὸ τόπου εἰς τόπον. (3) βοηθεῖ δὲ τούτοις ὡς ὅτι
15 τάχιστα οἶνον διδόναι γλυκὺν μετὰ στροβίλων μὴ παλαιῶν
προβραχέντων θερμῷ ὕδατι καὶ εὖ μάλα λειωθέντων, ἢ σικύου
σπέρμα λελεπισμένον ὁμοίως, καὶ γάλα δὲ συνεχέστατα διδόναι
μετὰ μέλιτος ὀλίγου τὸ πρῶτον, ὕστερον δὲ καὶ καθ᾽ αὐτὸ νεόβδαλτον · ἐνίοτε δὲ καὶ στέαρ χήνειον πρόσφατον ἢ ὀρνίθειον
20 τήξαντα ἐπιχεῖν τοῖς πινομένοις, ἢ γῆς Σαμίας <ᾱ΄ μετὰ μελικράτου ἢ λιβανωτοῦ <ᾱ΄ · διδόναι δὲ καὶ ζωμὸν λιπαρὸν χοίρειον ἢ
προβάτειον ἢ χήνειον, καὶ κρέα ὀρνίθεια ἢ ἄρνεια ἢ δελφάκια
λιπαρὰ πάνυ κάθεφθα, καὶ ἐγκεφάλους χοιρείους, ἐπὶ πλέον
δὲ τοὺς ζωμοὺς δίδου ῥοφεῖν ἄχρις ἂν πρὸς ἔμετον ὁρμήσῃ. ἐπι-
25 πινέτω δὲ καὶ οἶνον γλυκὺν χλιαρῷ κεκραμμένον πλεῖστον.
πίνων δὲ ἕκαστον ἐμείτω, καὶ πάλιν πίνων πάλιν ἐμείτω, καὶ
πλειστάκις τὸ αὐτὸ ποιείτω. μετὰ δὲ τοὺς ἐμέτους ἐνιέναι διὰ
κλυστῆρος γάλα νεόβδαλτον ἢ χυλὸν πτισάνης ἢ ἄλικος ἢ
ὀρύζης ἢ μαλάχης ἢ λινοσπέρμου μετὰ στέατος χηνείου ἢ ὀρνι-
30 θείου. ἐκλύσεων δὲ καὶ δήξεων γιγνομένων δίδου συνεχῶς γάλα
βόειον νεόβδαλτον πίνειν καὶ ἐμείτω · ἢ ἀμπέλου βλαστήματα κόψας δίδου μετὰ γλυκέος κεκραμμένου. καὶ ἀντιπαθῶς δὲ
βοηθεῖ τούτοις ὡς οὐδὲν ἕτερον τῶν κανθαρίδων τὰ πτέρα καὶ οἱ
πόδες μετὰ γλυκέος πινόμενα, ʽκαὶ γλήχων νεαρὰ λεία μετὰ ὕδα-
35 τος πινομένηʼ. καὶ ἡ τοῦ σκορπιούρου ῥίζα λεία μετὰ γλυκέος
πινομένη κάλλιστα ποιεῖ καὶ πρὸς βούπρηστιν. ʽποιεῖ δὲ ἐπ᾽
ἀμφοῖν καὶ ἐπὶ πιτυοκαμπῶν μήλινον μετὰ ὠῶν ἴσον πινόμενονʼ.
δίδου δὲ καὶ τῆς δι᾽ ἐχιδνῶν θηριακῆς βραχὺ ἢ τῆς Μιθριδατείου. παυσαμένων δὲ τῶν συμπτωμάτων καταπλάσσειν χρὴ
40 τὸ ὑποχόνδριον κριθίνῳ μετὰ μελικράτου, καὶ τὸ πᾶν σῶμα
ἐλαίῳ γλευκίνῳ ἢ κυπρίνῳ χρίσαντας εἰσάγειν ἐν τῷ λουτρῷ καὶ
μᾶλλον ἐν τῇ ἐμβάσει χρονίζειν, τροφαῖς δὲ εὐπέπτοις καὶ ἀδήκ-
τοις ἐπὶ χρόνον ἱκανὸν κεχρῆσθαι καὶ οἴνοις γλυκέσι καὶ γαλακ-
τοποσίαις :-

num. να΄ A : ν΄ B νγ΄ D ‖ 2 ἐκ B : ἀπὸ C ‖ 5 πίσσης addidi ex PAeg.‖
8 παρέπεται ABC : παραπέμπεται D ‖ 10 τὸν ξιφοειδῆ BC : τὸ ξιφοειδὲς
AD ‖ 12 δαπανᾶται codd. : πλανᾶται Pr. suspectum ‖ 14 δὲ ABD : γοῦν
D ‖ 17 σπέρμα ABC : -ματα D ‖ λελεπισμένον BC : λελεπτισμένου AD ‖
ὁμοίως καὶ γάλα δὲ BD qui post ὁμ. dist. : ὁμ. δὲ καὶ γάλα A qui ante ὁμ.
dist. δὲ om. C qui post ὁμ. dist. sed ante h.u. subdist. ‖ διδόναι ABD : διδόμενον C ‖ 21 λιβανωτοῦ ABC : λιβανώτιδος D ‖ 21 s. ἢ προβάτειον ABD :
om. C ‖ ἢ (ante ἄρνεια) AD : καὶ C om. B ‖ 24 τοὺς ζωμοὺς ego ex Pr. : τοῦ
ζωμοῦ codd. ‖ ῥοφεῖν AD : ῥοφᾶν BC ‖ 26 δὲ ABD : τὲ C ‖ καὶ¹ – ἐμείτω
AD (sed hic πάλιν² om.) : om. BC ‖ 29 λινοσπέρμου ABD : -σπέρματος C ‖

ss. δαπανᾶται [voir n. critique] – τόπον = Pr. p. 71.2 s.), symptômes ignorés de N. Dans la thérapie (§3), la plupart des remèdes ou procédés thérapeutiques de PAeg. sont chez PsD., mais PsD. est bien plus détaillé, avec des différences portant sur la place des remèdes et parfois leur identité (bouillon d'oie [PAeg., cf. Aét.], graisse d'oie [PsD.] ; terre de Samos, *astèr*, chez PsD. [cf. Aét.], terre de Kimôlos chez PAeg.). Le développement d'Aét. a la même richesse que celui du PsD. : il n'a pas tous les remèdes de ce dernier (notamment l'huile d'iris et de rose avec décoction de rue, cf. *Al.* 154-156), mais il en a qui manquent à PAeg. (PsD.), ainsi la racine de *skorpiouron* (cf. *Al.* 145) qui figure aussi chez Pr. Pour l'accord Pr. ~ Aét., voir comm. n. 12, en particulier §1b1v2° et f. Ici aussi, on note entre eux des rencontres littérales (Aét. l. 23 s. ἐπὶ πλέον κτλ. = Pr. p. 71.5 s., cité comm. n. 12, *l.c.*). Certains remèdes d'Aét., absents chez N., n'appartiennent qu'à lui, *e.g.* l'huile de coing en boisson (l. 37, cf. D.*m.m.* 1. 45 [44.17 s.] πίνεται δὲ καὶ πρὸς κανθαρίδας, βουπρήστεις, πιτυοκάμπην) ou l'huile de moût en application (l. 41, cf. Pl. 23. 91 *gleucinum oleum*) ; l. 33 s. le remède « sympathique », pattes et ailes de C. en boisson dans du vin doux vient de D. *eup.* p. 313.9-11, cf. Ascl.Ph. p. 141.16 s. (écrasées dans du miel), Pl. 11.118 (sans mode d'emploi).

4. La Coriandre. – (1) La Coriandre, si l'on en boit, donne une voix rauque, elle entraîne un délire de folie pareil à celui que cause l'ivresse, accompagné de propos obscènes de la part de gens qui jusqu'alors étaient graves de caractère ; sur toute l'étendue du corps monte l'odeur de la Coriandre. (2) Aide efficace pour les buveurs : le vomissement au moyen d'huile d'iris, le vin pur additionné d'absinthe et bu seul, les œufs avalés avec de l'eau de mer, une fois vidés et (battus) ensemble, le bouillon gras salé d'oies, de poules, et de chairs de porc, pris avec du vin doux, ainsi que l'anis bu dans du vin ou du vinaigre, et une décoction de nard, de rue, de sarriette ou de calament[1].

1. Si l'on doit corriger χλιανθέντα (PsD. [p. 24.3] cod. V, Aét.) en λειανθέντα, entre PsD. et PAeg. une seule variante porte sur des réalités : χιόνι (ici encore, il faut suivre V) au lieu de κονίᾳ. En face de Promotus, qui offre un texte très différent, Aétius se range aux côtés de PAeg. = PsD. (à noter l'omission de καὶ ἡ ἅλμη δὲ πινομένη entre la mention des *œufs* et celle du *bouillon*), mais il s'en distingue sur deux points pour se rapprocher de Pr. dans la brève notice de ce dernier πρὸς κορίανον (chap. 69) qui fait suite au chap. περὶ κορίου, comme s'il s'agissait d'un autre poison : Pr. p. 73.37 ἄνισον ἐν οἴνῳ ὀξεῖ (*legerim ex* Aet. : ἢ ὄξει) διδόναι πιεῖν ἢ ζωμὸν ὑῶν. Après le " bouillon d'oies et de poules " (cf. Scr.L., Ascl. ζωμὸς ὄρνιθος λιπαρᾶς), la mention " de la viande de porc " (Aét. l. 8 καὶ χοιρείων, *sc.* κρεῶν), absente *ap.* PAeg. (PsD.), vient de la même source, celle de l'anis également, et sans doute aussi l'addition finale de la version longue : Anis contre Dorycnion (PAeg. p. 36.3), Sarriette contre Pavot (*ib.* p. 33.1), Nard (D.*m.m.* 1. 7 p.12.19), Rue (*ib.* 3. 45 p. 57.6), Calament (PAeg. p. 26.15), antidotes connus.

5. La Ciguë. – (1) La Ciguë, si l'on en boit, entraîne vertiges et brouillard sur la vue au point de n'y voir goutte, ainsi que hoquet, éga-

30 καὶ ABD : ἢ C ‖ 32 καὶ ἀντιπαθῶς δὲ ego : καὶ ἀντ. B ἀντ. δὲ ACD ‖
34 νεαρὰ λεία B : νεαρὸς λεῖος C ‖ 35 καὶ ἡ ACD : ἢ B ‖ λεία BD : om.
AC ‖ 38 βραχὺ ABC : om. D ‖ Μιθριδατείου ego : μιθριδατίου B μιθριδά-
του AD de C incert. ‖ 43 ἱκανὸν BCD : om. A.

§4.

(XIII 63) ξγ´ **περὶ κορίου** :- (1) τὸ δὲ κόριον ποθὲν τὴν φωνὴν
δασύνει καὶ παραφροσύνην μανιώδη ἐπιφέρει τῇ ἀπὸ μέθης
ὁμοίαν σὺν τῷ αἰσχρολογεῖν ʿτοὺς σεμνοὺς τῷ ἤθει πρώην
ὄντας᾽ · καθ᾽ ὅλον δὲ τὸ σῶμα ἡ ὀσμὴ τοῦ κορίου ἐξικνεῖται. (2)
5 βοηθεῖ δὲ αὐτοῖς ἔμετος δι᾽ ἐλαίου ἰρίνου, καὶ οἶνος ἄκρατος σὺν
ἀψινθίῳ πινόμενος καὶ καθ᾽ ἑαυτόν, ὠά τε εἰς ἓν κενωθέντα καὶ
†χλιανθέντα† καὶ σὺν ἄλμῃ ῥοφούμενα, καὶ ζωμὸς λιπαρὸς
ἁλμυρὸς ἔκ τε χηνῶν καὶ ἀλεκτορίδων καὶ χοιρείων μετὰ γλυκέος, ἄνισόν τε ἐν οἴνῳ ἢ ὄξει πινόμενον ʿκαὶ ζέμα ναρ-
10 δοστάχυος ἢ πηγάνου ἢ θύμβρης ἢ καλαμίνθου᾽ :-

num. ξγ´ A : ξβ´ B ξδ´ D ‖ 1 δὲ ABD : om. C ‖ 2 δασύνει ABC : παρα-
κρατύνει D f.l. fort. pro τραχύνει ‖ 3 τῷ ἤθει C : τὸ ἴθος (i.e. ἦθος) B ‖
4 καθ᾽ ὅλον δὲ D (cf PsD.) : καθ᾽ ὅλον τε A (cf. PAeg.) καὶ καθ᾽ ὅλον BC ‖
6 ἑαυτόν AC : αὐτόν D ἑαυτοῦ B ‖ 7 χλιανθέντα B (cf. PsD. cod. V) :
χλιαθ- ACD f.l. pro λειανθέντα (cf. PAeg. et uide comm. n. 15 §3a) ‖
8 ἁλμυρὸς ABD (cf. PAeg. PsD.) : om. C ‖ μετὰ BC : καὶ AD ‖ γλυκέος
AC : γλυκέως B sine exitu D ‖ 9 s. ἄνισον – καλαμίνθου om. A ‖ 9 ἄνισόν
τε BC : καὶ ἄνισον δὲ D ‖ οἴνῳ ἢ ὄξει BC : οἴνῳ ὀξύνει D (cf. Pr. p. 73.37
οἴνῳ ὀξεῖ) ‖ πινόμενον D : ποθὲν BC ‖ 10 θύμβρης ego : θρύμβης B θρύμβ
(sine exitu) C.

§5.

(XIII 65) ξε´ **περὶ κωνείου** :- (1) κώνειον δὲ ποθὲν ἐπιφέρει
σκοτώματα καὶ ἀχλύν, ὡς μηδ᾽ ὀλίγον βλέπειν, λυγμόν τε καὶ

rement d'esprit et sensation de froid aux extrémités. Apparaissent ensuite également suffocation, engourdissement, lividité ; enfin, les malades étouffent dans des convulsions, par suite d'un arrêt de l'air dans la respiration. **(2)** Au début, donc, il faut prendre en charge la Ciguë par le moyen de vomissements avec un mélange d'eau et d'huile, et, celle qui s'est glissée dans les intestins, il faut l'évacuer en relâchant le ventre ; ensuite, il faut recourir, comme au remède le plus puissant, à l'absorption du vin doux pur en leur faisant boire, dans l'intervalle des doses de vin pur, du lait d'ânesse ou de vache frais tiré, ou de l'absinthe avec du poivre et de la rue, ou du castoréum, de la rue et de la menthe dans du vin, ou une drachme d'amome, ou une drachme de styrax, ou du poivre avec de la graine d'ortie dans du vin, ou des feuilles de laurier, ou du silphium, du lasar, du suc de Cyrénaïque, ou de la graine de rue ou d'ache, ou de la racine d'iris, ou du séséli de Marseille, tous ces produits dans du vin et du vin doux, ou du natron avec beaucoup d'eau. Et de plus, il faut réchauffer tout leur corps, surtout les hypocondres, et les forcer à faire des mouvements violents et à courir. Certains rapportent à propos des victimes qu'il est bon de leur donner une petite quantité de Cantharides dans du vin doux : il faut donc en conclure que, comme dans le cas des Cantharides, la Ciguë donnée en remède combat sa propre action. On dit aussi que, contre la Ciguë, la fiente de faucon avec du vin est bénéfique, ainsi que l'urine de chèvres ; également, de leur appliquer sur l'estomac les remèdes réchauffants dans des emplâtres moulus fin, ou encore de les en oindre, puis de laver le ventre au moyen d'un clystère[1].

1. L'accord remarquable d'Aét. avec PAeg. = PsD. au §1 en face de Pr., y compris dans l'expression, rend des plus vraisemblables l'hypothèse d'une chute accidentelle d'ἄκρων, localisant la ψῦξις (cf. *Al.* 192 et le comm.). Seule divergence, l'addition de l. 3 s. ἐπακολουθεῖ δὲ καὶ πνιγμὸς καὶ νωθρότης καὶ πελιότης, dans laquelle on ne retrouve pas le symptôme ajouté par Pr. lui-même (p. 71.15 δηγμὸς στομάχου : pour le sens, cf. comm. n. 33 §2), mais qui coïncide avec la πελίωσις τῶν χειλῶν d'Épainétès (Pr. l. 24). Les remèdes mentionnés par les Iologues récents contre la Ciguë sont plus nombreux que chez N., et nulle thérapie n'est plus riche que celle d'Aét. Il a en commun avec Pr. un certain nombre des remèdes laissés de côté par N. et qui sont également absents chez les autres Iologues, ainsi l'ache (l. 14 = Épain. *ap.* Pr. l. 25) et ceux dont fait état l'addition de la version longue et qui sont introduits de la même façon (ἱστοροῦσι δέ τινες) : Aét. l. 18 ss. ~ Pr. l. 20-23 (κανθαρίδες ὀλίγαι μετὰ γλυκέος, ἱέρακος ἀφόδευμα μετ᾽ οἴνου, οὖρον αἰγὸς ἢ τράγου). Particuliers à Aét., la racine d'iris et le séséli (l. 14) ainsi que les exercices physiques comme la course (l. 17).

6. Le Toxicon. – (1) Ce qu'on appelle Toxicon diffère selon les lieux, et il tire son nom, à ce qu'il semble, du fait que les barbares en

διανοίας παραφοράν καὶ ψῦξιν <ἄκρων>. ἐπακολουθεῖ δὲ καὶ
πνιγμὸς καὶ νωθρότης καὶ πελιότης · ἐπὶ τέλει δὲ σπώμενοι πνί-
5 γονται, στάσιν λαμβάνοντος τοῦ κατὰ τὴν ἀναπνοὴν πνεύματος.
(2) κατ᾽ ἀρχὰς μὲν οὖν δι᾽ ἐμέτων ἐξ ὑδρελαίου αὐτὸ κομιστέον,
τὸ δ᾽ εἰς τὰ ἔντερα παρωλισθηκὸς κενώσει ἐκκριτέον · εἶτα, ὡς
ἐπὶ τὸ μέγιστον βοήθημα, ἐπὶ τὴν τοῦ γλυκέος ἀκράτου πόσιν
ἐλθετέον ἐν τοῖς μεταξὺ τῶν ἀκρατοποσιῶν διαστήμασι ποτίζον-
10 τας γάλα ὄνειον ἢ βόειον νεόβδαλτον, ἢ ἀψίνθιον μετὰ πεπέρεως καὶ πηγάνου, ἢ καστόριον καὶ πήγανον καὶ ἡδύοσμον σὺν
οἴνῳ, ἢ ἀμώμου <ᾱ ἢ στύρακος <ᾱ ἢ πέπερι μετὰ κνίδης σπέρματος σὺν οἴνῳ, ἢ δάφνης φύλλα ἢ σίλφιον ἢ λάσαρ ἢ ὀπὸν Κυρηναϊκὸν ἢ πηγάνου ἢ σελίνου σπέρμα ἢ ἴρεως ῥίζαν ἢ σέσελι
15 Μασσαλεωτικόν, σὺν οἴνῳ <καὶ> γλυκεῖ πάντα, ἢ νίτρον μεθ᾽
ὕδατος πολλοῦ. καὶ θερμαίνειν δὲ <δεῖ> τὸ ὅλον σῶμα, καὶ
μάλιστα τὰ ὑποχόνδρια, καὶ κινεῖσθαι σφοδρότερον καὶ τρέχειν
ἀναγκάζειν. Ἱστοροῦσι δέ τινες ἐπὶ τούτων ὀλίγον τῶν κανθαρίδων μετὰ γλυκέος διδόμενον ὠφελεῖν · ξυμβλητέον οὖν ὡς
20 ἐπὶ κανθαρίδων τὸ κώνειον ἀντιπαθεῖν διδόμενον. φασὶ δὲ πρὸς
τὸ κώνειον καὶ τὴν τοῦ ἱέρακος κόπρον μετ᾽ οἴνου ὀνήσιμον, καὶ
τὸ τῶν αἰγῶν οὖρον, καταπλάσσειν δ᾽ ἐπὶ τῆς κοιλίας τὰ
θερμ<αντικ>ὰ σὺν λείοις ἢ καὶ χρίειν, μετακλύζειν δὲ τὴν γασ-
τέρα¹ :-

num. ξε΄ Α : ξδ΄ Β ξϛ΄ D ‖ 1 κώνειον δὲ ABD : τὸ κώνειον C ‖ 2 τε BCD :
δὲ Α ‖ 3 ἄκρων addidi ex PAeg. PsD. ‖ 3 s. ἐπακολουθεῖ – πνιγμὸς C : πν.
δὲ ἐπ. ABD ‖ 4 καὶ νωθρότης ABD : v. τε C ‖ δὲ BCD : om. Α ‖ 7 τὸ δ᾽
ABD : καὶ τὸ C ‖ τὰ ἔντερα C (cf. PAeg.PsD.) : τὸ ἔντερον ABD ‖ ἐκκριτέον Cˢˡ : συγκρ- ABCⁱᵗ συναρκτέον D ‖ 8 τὸ ABD : om. C ‖ βοήθημα
ABC : om. D ‖ γλυκέος ACD : γλυκέως Β ‖ 9 ἐλθετέον ABD (cf. Orib., Ori-
gen., Aet., al.) : ἰτέον C ‖ διαστήμασι ABD : om. C ‖ ποτίζοντας C : -τες
AD sine exitu Β ‖ 10 ὄνειον ἢ βόειον ABC : β. ἢ ὄ. D ‖ 11 καὶ¹ ABC : om.
D ‖ καὶ πήγανον ABC : om. D ‖ καὶ³ ABC : ἢ D ‖ 12 <ᾱ² ABD : ὁμοίως C ‖
σπέρματος ABC : om. D ‖ 13 ἢ σίλφιον ABC : om. D ‖ 14 ἢ πηγάνου C : ἢ
πήγανον ΑΒ om. D ‖ σελίνου C : σέλινον AD symbolum Β ‖ 15 καὶ addidi
ex PAeg. p. 32.12 ‖ 16 καὶ θερμαίνειν δὲ ABD : θ. τε C ‖ δεῖ addidi ‖ καὶ²
ACD : om. Β ‖ 17 s. καὶ τρέχειν ἀναγκάζειν ABD : ἀν. καὶ τρ. C ‖ 19 γλυκέος C : γλυκέως Β ‖ 20 κανθαρίδων C : -δος Β ‖ ἀντιπαθεῖν ego ex ἀντι-
παθ (exitus dubius) C : ἀντιπέπονθεν Β fort. f.l. pro ἀντιπεπονθέναι ‖
23 θερμὰ Β correxi : om. C ‖ λιοῖς Β correxi : λ- spatio 4/5 litt. relicto C ‖
μετακλύζειν – γαστέρα Β : om. C.

§6.

(ΧΙΙΙ 62) οβ΄ περὶ τοξικοῦ :- (1) τὸ δὲ τοξικὸν καλούμενον ʿἐν
διαφόροις διάφορόν ἐστι καὶ᾽ δοκεῖ μὲν ὀνομάζεσθαι ἐκ τοῦ τὰ

enduisent leurs pointes de flèches, autrement dit leurs armes de trait. Chez certains, c'est un poison composé. **(2)** Pour ceux qui en ont bu, il s'ensuit inflammation des lèvres et de la langue, salive sèche, crevasses des gencives ; ils ont le regard torve et ils grincent des dents ; puis une folie irrépressible les tient, qui se présente avec des imaginations variées, si bien que leur guérison en est rendue plus difficile, et c'est rarement qu'un buveur peut être sauvé. **(3)** Il faut les contenir dans des liens, les contraindre à boire du vin doux avec de l'huile de roses, et à vomir à l'aide de plumes introduites dans leur gorge ; puis leur donner à avaler un bouillon d'oison gras. Ils trouvent un secours dans la graine de navet en boisson, et, plus particulièrement, dans la racine de quintefeuille, le sang de bouc ou de chèvre, l'écorce de chêne pilée dans du lait, les coings en nourriture ou leur décoction en boisson avec du pouliot, l'amome et le fruit du baumier dans du vin. **(4)** A supposer qu'un malade échappe au péril, il reste longtemps alité, et il passe le reste de ses jours dans l'égarement et l'esprit dérangé[1].

1. Il n'y a guère plus de différence entre Paul d'Égine, le Ps.Dioscoride et Oribase, dont PAeg. et PsD. ont reproduit le texte à peu près fidèlement, qu'entre les mss d'un même auteur, et ce texte commun forme l'essentiel du chap. d'Aétius. Les variantes qu'offrent O., PAeg. et PsD., l'un par rapport aux autres, concernent seulement l'expression, elles se retrouvent parfois dans les mss d'Aét. (voir n. critiques aux l. 8, 13, 16), lequel est plus proche d'O. : cf. *e.g.* l. 12 ss. (βοηθεῖ –) ~ O. p. 297.8 s. βοηθεῖ δ' αὐτοῖς τὸ τῆς γογγυλίδος σπέρμα πινόμενον, ἰδιαίτερον δ' ἡ τῆς πενταφύλλου ῥίζα, en face de PAeg. (PsD.) p. 37.8 τό τε τῆς γογγυλίδος σπέρμα σὺν οἴνῳ πινόμενον ἰδίως ἐπ' αὐτῶν ἁρμόζει καὶ ἡ τῆς πενταφύλλου ῥίζα. A ce fonds commun Aét. ajoute, dans la thérapie, la mention du bouillon d'oie (*Al.* 228 ~ Pr. p. 68.38) ; la κάθεσις πτερῶν personnelle (l. 11 s.). Addition plus importante pour la symptomatologie dans la version longue (l. 5-7) : tous ses éléments figurent chez N. et ont des parallèles chez Pr. (l. 31, 33), si proche de N. qu'il semble le paraphraser. La note sur la nature du toxicon (poison composé) est aussi dans Pr. (l. 28).

7. L'Éphèméron.

(1) Pour ceux qui ont pris de la boisson à l'Éphèméron, appelé encore Colchique ou Oignon sauvage, il y a destruction le jour même. C'est, aux dires de certains, un poison composé, mais d'autres le prétendent simple. **(2)** Il a pour effet une irritation de toute la bouche, semblable à la démangeaison provoquée par la scille ou l'ortie. Ses victimes ont l'estomac mordu et enflammé très douloureusement ; quand le mal empire, ce sont des vomissements et le passage dans le ventre d'une matière sanguinolente mêlée de râclures. **(3)** On doit les secourir, comme on le fait pour ceux qui ont pris de la bois-

τοξεύματα Γἤγουνℸ τὰ βέλη ὑπὸ τῶν βαρβάρων αὐτῷ χρίεσθαι ·
Γἔστι δὲ σύνθετον παρ' ἐνίοιςℸ. (2) παρακολουθεῖ δὲ τοῖς πεπω-
5 κόσι χειλῶν καὶ γλώσσης φλεγμονή, Γκαὶ πτύελος ξηρὸς καὶ
ῥήξεις τῶν οὔλωνℸ · καὶ λοξὰ βλέπουσιν οὗτοι καὶ τρίζουσι τοὺς
ὀδόντας ·ℸ μανία τε ἀκατάσχετος κατέχει τούτους ποικίλαις
ἐπιβάλλουσα ταῖς φαντασίαις, ὥστε καὶ διὰ τοῦτο δυσιάτως
ἔχειν αὐτοὺς σπανίως τε σώζεσθαί τινα τῶν τοῦτο πεπωκότων.
10 (3) δεῖ τοίνυν δεσμοῖς μὲν συνέχειν αὐτούς ἀναγκάζειν τε γλυκὺν
μετὰ ῥοδίνου πίνειν καὶ ἐμεῖν πτερῶν καθέσει, ἔπειτα ζωμὸν
νεοσσοῦ χηνὸς λιπαροῦ διδόναι καταρροφεῖν. βοηθεῖ δὲ αὐτοῖς
τὸ τῆς γογγυλίδος σπέρμα πινόμενον, ἰδιώτερον δὲ ἡ τῆς πενταφύλλου ῥίζα καὶ τράγου αἷμα ἢ αἰγός, δρυός τε φλοιὸς σὺν
15 γάλακτι λεανθείς, καὶ κυδώνια μῆλα ἐσθιόμενα ἢ τὸ ἀφέψημα
αὐτῶν μετὰ γλήχωνος πινόμενον, ἄμωμόν τε καὶ βαλσάμου
καρπὸς σὺν οἴνῳ. (4) εἰ δέ τις ἐκφύγοι τὸν κίνδυνον, κλινοπετὴς
πολλῷ διαμένει χρόνῳ, ἐπτοημένος τε καὶ ἀκατάστατος τὸν
λογισμὸν τὸν λοιπὸν χρόνον διαμένει :-

num. οβ΄ Α : οα΄ Β ογ΄ D ‖ 3 αὐτῷ ΑΒ : αὐτὰ D ἐν αὐτῷ C (cf. PAeg.) ‖
5 τοῦτο post πεπωκόσι add. C ‖ γλώσσης D : γλώττης ΑΒC ‖ 6 ῥήξεις Β i.e.
ῥήξεις : ῥῆξις C ‖ οὗτοι C : om. ΑΒD ‖ 7 ἢ (i.e. ἡ ?) ante μανία habet A ‖
κατέχει τούτους C : om. ΑΒD ‖ 7 s. ποικίλαις ... ταῖς φαντασίαις ΑΒC :
ταῖς ποικίλαις ... φαντασίαις D ‖ 8 ἐπιβάλλουσα ΑΒD : ὑποβ- C ‖
δυσιάτως Β (hic -άτος) C : δυσιάτους AD (hic tum spatio rel.), quae u.l. εἶναι
postulat pro ἔχειν (cf. PAeg. PsD.) ‖ 9 ἔχειν αὐτοὺς C : αὐτοὺς ἔχειν ΑΒD ‖
τῶν τοῦτο πεπωκότων ΑΒC : τούτων D ‖ 10 γλυκὺν ΑΒ : γλυκὺ CD (hic
γλυκεῖ) ‖ 11 πτερῶν καθέσει ΑΒC : καθέσει πτερῶν D ‖ 13 ante ἡ habet
ἁρμόζει Β (cf. PAeg. PsD.), non habent ΑΒD (cf. O.) ‖ ἡ τῆς ACD : εἴ τις Β ‖
15 λεανθείς ACD : λεῖος Β ‖ 16 μετὰ ego cl. O. PAeg. PsD. : καὶ codd. ‖
πινόμενον Α : -ος BD om. C ‖ 17 ἐκφύγοι Α : -γη ΒC -γει D ‖ 18 πολλῷ δ.
χρόνῳ : δ. χρόνος C ‖ τε C, cf. Orib. : δὲ ΑΒD ‖ 18-19 ἀκατάστατος τὸν
λογισμὸν BC : ἀκατάστατα τὸν λ. Α ἀκαταστάτῳ λογισμῷ D.

§7.

(XIII 59) νθ΄ **περὶ ἐφημέρου** :- (1) τοῖς δ' ἐφήμερον λαβοῦσιν, ὃ
ἔνιοι Κολχικὸν ἢ βολβὸν ἄγριον καλοῦσιν, Γαὐθημερὸν ἡ ἀναί-
ρεσις. ἔστι δέ, ὥς φασί τινες, καὶ τόδε σύνθετον, οἱ δὲ ἁπλοῦν
λέγουσι τὸ φάρμακονℸ. (2) παρέπεται δὲ κνησμὸς ὅλου τοῦ στό-
5 ματος, ὡς ὑπὸ σκίλλης ἢ κνίδης ἠρεθισμένοις· ἀναδάκνονται δὲ
οὗτοι καὶ καυσοῦνται τὸν στόμαχον μετὰ βάρους ἱκανοῦ ·
ἐπισχύοντος δὲ τοῦ πάθους, Γκαὶ ἔμετοιℸ καὶ κατὰ κοιλίαν
φέρεται αἱματῶδές <τι> ξύσμασι μεμιγμένον. (3) τούτοις τοίνυν
βοηθητέον, καθάπερ τοῖς σαλαμάνδρας εἰληφόσι, διά τε ἐμέτων

son à la salamandre, en les faisant vomir et en leur administrant des clystères continuels. Pour empêcher le poison de se renforcer, il faut leur donner à boire dans du lait une décoction faite avec des écorces de grenades ou les feuilles du grenadier ; ou du suc de renouée, ou des vrilles de vigne hachées, ou une décoction de branches de ronce ou de baies de myrte dans du vin, ou de l'origan avec de la lessive de cendre ; ou bien broie du raisin sec onctueux et donne-le dans du lait. Merveilleux secours aussi que le lait de vache frais tiré bu à maintes reprises, et gardé dans la bouche, si bien qu'il n'est pas besoin d'autre remède. Efficace également, dans leur cas, l'intérieur des châtaignes bu dans du vin, ainsi qu'une décoction de polypode ou de cyprès[1].

1. Exception faite de la thérapie (§3) moins complète, et hormis quelques variantes mineures, Aét., en face de Pr. (plus proche des *Al.*), est la plupart du temps quasiment identique à PAeg. = PsD., et la dérivation de ces trois textes à partir d'une même source (Oribase ?) est ici prouvée de surcroît par leur commune confusion de στόμα avec σῶμα (cf. comm. n. 24 §1). Mais, aux synonymes de ἐφήμερον, Aét. (§1) a ajouté l'explication de ce nom et une remarque sur la nature du poison, tirées de Pr. ou de son modèle, beaucoup plus détaillé avec ses références anciennes (comm. n. 23 §2). Dans la thérapie, Aét. n'offre qu'un extrait du texte qu'il partage avec PAeg. (PsD.). Ces derniers ont les feuilles ou les glands de chêne, le serpolet, la moëlle de férule, ou des précisions de N. qui manquent à Aét. (cf. n. 25 §5 sur la châtaigne). En revanche, Aét. a quelques remèdes ignorés d'eux comme le raisin (l. 14, cf. D.*m.m.* 1. 25 [28.22] σταφίδος λιπαρᾶς) et, dans l'addition finale de la version longue, le polypode (cf. D. *eup.*) et le cyprès qui lui est particulier. La thérapie de Promotus, squelettique, se réduit à trois remèdes : lait (Aét. l. 15), renouée (l. 12) et vrilles de la vigne (l. 12, version longue).

8a. **Pour ceux qui ont bu de l'Ixias**. – (1) L'ixias, appelé aussi *oulophonon*, quand on en boit, a le goût et l'odeur du basilic. Il entraîne une forte inflammation de la langue, du délire, et il bloque toutes les sécrétions, amenant borborygmes et évanouissement, sans aucune évacuation. (2) Offrent un secours, après vomissement suffisant et relâchement du ventre par clystère, une infusion d'absinthe bue avec beaucoup de vin, de vinaigre ou d'oxymel ; ou la racine de rue sauvage prise pareillement ; ou une décoction d'origan-des-boucs avec l'un des liquides cités ou bien du lait ; ou de résine de térébinthe, de nard et de silphium, une obole de chaque, dans du vin ; ou de castoréum, de rue et de résine de térébinthe, une drachme de chaque[1].

8b. **Le Chaméléon**. – (1) Si l'on prend du chaméléon noir en boisson, il se produit œdème de la langue et morsure d'estomac avec borborygmes, distorsion du visage, vomissement écumeux, palpitations, spasmes de tout le corps et privation de la parole ; pour ceux qui ont

10 καὶ κλυσμῶν συνεχῶν. πρὸς δὲ τὸ μὴ ἐνισχῦσαι τὸ φάρμακον,
δοτέον αὐτοῖς ῥοιᾶς σιδίων ἢ τῶν φύλλων αὐτῆς ἀφέψημα σὺν
γάλακτι πίνειν· ἢ πολυγόνου χυλὸν ʽἢ ἀμπέλου ἕλικας κεκομμέ-
ναςʼ ἢ βάτου ἀκρεμόνων ἢ μύρτων ἀφέψημα μετʼ οἴνου, ἢ ὀρίγανον σὺν στακτῇ κονίᾳ · ἢ σταφίδα λιπαρὰν λεάνας δίδου σὺν
15 γάλακτι. θαυμασίως δὲ βοηθεῖ καὶ βόειον γάλα νεόβδαλτον
πινόμενον συνεχῶς καὶ κατεχόμενον ἐν τῷ στόματι, ὡς ἄλλου μὴ
δεῖσθαι βοηθήματος. ʽποιεῖ δὲ ἐπʼ αὐτῶν καὶ καστάνων τὸ ἐντὸς
μετʼ οἴνου ποθέν, πολύποδός τε ζέμα ἢ κυπαρίσσουʼ :-

num. νθ´ A : νη´ B ξ´ D ‖ 1 εἰ μὲν ἦν ante ὃ add. B ‖ 2 ἔνιοι ACD : om. B ‖
Κολχικὸν : κοχλικὸν codd. ‖ 4 δὲ B : οὖν C copulam non habent AD ‖ στόματος Hoffm. (teste Sprengel) cll. N. et Scr.L. : σώματος codd. et PAeg. PsD.
p. 21.4 (cod. V) ‖ 5 δὲ ABD : τε C ‖ 6 οὗτοι C : om. ABD ‖ 7 ἐπισχύοντος
ABC : ἐπισχόντος D ‖ καὶ post ἔμετοι B : om. cett. ‖ κατὰ κοιλίαν ABC :
κάτω ἡ κοιλ(ία) D ‖ 8 φέρεται ABD : φέρονται C ‖ αἱματῶδές τι ego (cf. Pr.
p. 74.12 cit. comm. n. 30 §4) : αἱματῶδες AD αἱματῶδεσι BC ‖ μεμιγμένον
ABD : μεμιγμένοι C ‖ 8 s. τούτοις τοίνυν βοηθητέον ego : β. τοίνυν τούτοις C τούτοις β. ABD ‖ 9 καθάπερ τοῖς σαλαμάνδρας (-δραν malin ex D,
cf. PAeg. PsD.) εἰληφόσι A : καθ. τοῖς λοιποῖς BC ὡς ἐπὶ σαλαμάνδραν
D ‖ τε BCD : γε A ‖ 10 συνεχῶν BCD : συνεχῶς A ‖ 11 ῥοιᾶς C (cf. Gal. 12.
497.2 σίδια ῥοᾶς) : ῥοῶν D ῥοὸς AB (cf. PsD. p. 20.9 ῥοὸς ἢ [ante δρυὸς]
V : om. A) ‖ σιδίων AC : ἢ σιδίων BD ‖ 11-13 σὺν – ἀφέψημα om. D ‖
12 κεκομμένας ego : -νους C -νου B ‖ 13 ὀρίγανον BC : -ου AD ‖ 15 καὶ C :
om. ABD ‖ βόειον ABC : om. D ‖ 17 δὲ B : τε C ‖ καστάνων B : -νου C ‖
18 πολύποδος codd. : πολυποδίου malim cl. D. eup. p. 312.7 πολυποδίου τὸ
ἀπόζεμα.

§8.

a. (XIII 73) ογ´ **πρὸς τοὺς ἰξίαν πιόντας** :- **(1)** ἰξία δέ, ἥτις καὶ
οὐλοφόνον καλεῖται, πινομένη ᾠκίμῳ τὴν γεῦσιν καὶ τὴν ὀσμὴν
ἐοικυῖαν ἔχει· ἐπιφέρει δὲ γλώσσης ἰσχυρὰν φλεγμονὴν καὶ
παρακοπὴν τὰς ἐκκρίσεις ἐπέχουσα πάσας, βορβορυγμούς τε καὶ
5 λιποθυμίαν ἐπάγουσα δίχα τοῦ ἐκκρίνειν τι. **(2)** βοηθεῖ δὲ μετὰ
τὸ ἱκανῶς ἐμέσαι καὶ ὑπαχθῆναι τὴν γαστέρα διὰ κλυστῆρος
ἀψινθίου ἀπόβρεγμα πινόμενον σὺν οἴνῳ πολλῷ ἢ ὄξει ἢ ὀξυμέλιτι, ἢ πηγάνου ἀγρίου ῥίζα ὁμοίως, ἢ τραγοριγάνου ἀφέψημα
σύν τινι τῶν προειρημένων ἢ σὺν γάλακτι, ἢ ῥητίνης τερεβιν-
10 θίνης καὶ νάρδου καὶ σιλφίου ἀνὰ ὀβολὸν ᾱ´ σὺν οἴνῳ, ἢ καστορίου καὶ πηγάνου καὶ τερεβινθίνης ἀνὰ < ᾱ´ :-

b. (XIII 74) οδ´ **περὶ χαμαιλέοντος** :- **(1)** χαμαιλέοντος δὲ μέλανος ποθέντος γίγνεται γλώσσης οἴδημα καὶ δηγμὸς τῆς κοιλίας
μετὰ βορβορυγμοῦ, διαστροφή τε τοῦ προσώπου καὶ ἀφρώδης
15 ἔμετος καὶ παλμοὶ καὶ σπασμοὶ ὅλου τοῦ σώματος καὶ ἀφωνία ·

bu du blanc, il s'ensuit lividité et suffocation. **(2)** Les remèdes sont ceux qui seront indiqués au sujet des champignons. Il faut leur donner aussi de la bourse de pasteur, du jus de bette, de l'eau de crème de froment avec du vin doux, une infusion d'absinthe, du natron avec de l'oxymel, et ils doivent vomir ; donne-leur à boire très souvent du lait frais tiré et nettoie leur ventre avec des lavements lubrifiants, tels ceux à base de fenu-grec et de mauve ; fomente les hypocondres et réchauffe-les[2].

1. Identité quasi parfaite de Paul et du Ps.Dioscoride. Seules des différences d'expression séparent Aétius de PAeg. = PsD. Contrairement à sa démarche habituelle, au lieu de faire des additions au fonds commun, qui peut provenir d'Oribase, Aét. y a pratiqué des coupures. A la fin de la thérapie, PAeg. et PsD. offrent des remèdes supplémentaires, qui sont étrangers à N. Le vinaigre chaud leur est personnel, mais les noix et le suc de thapsia (PAeg. p. 34.20 s.) figurent chez D. *eup.* (p. 311.1, 3), l'olivier-nain (l. 21) chez Scribonius (p. 89.23) et p.-ê. chez Asclépiade, où χαμαιλέοντος (p. 141.2) a pu se substituer à χαμελαίας. L'accord est en vérité si étroit entre PAeg. (PsD.) et Aét. que la seule différence de fond que l'on constate éveille un doute ; en face d'Aét. l. 8 πηγάνου ἀγρίου ῥίζα (*excerptio* brutale ?), on lit chez PAeg. l. 17 πηγάνου τε ἀγρίου σπέρμα ἢ σιλφίου ῥίζα ~ D. *eup.* p. 310.20 s. (source ultime) ὄξος σὺν πηγάνου ἀγρίου σπέρματι, σιλφίου ῥίζα σὺν ὄξει.

2. Nombreuses différences de forme et de fond entre Aét. et PAeg. (*deest* PsD.). Ici, ce n'est plus BC mais D qui fait à leur source commune des additions coïncidant avec Promotus : l. 13 ~ Pr. p. 74.2 γλώσσης οἴδημα, l. 16 ~ Pr. l. 4 s. τοῖς δὲ τὸν λευκὸν πελιώσις, †πληγμός (*lege* πνιγμός !), cf. PAeg. p. 31.1, οὗ πρὸς δὲ τὸν ποιοῦντα πνιγμὸν καὶ πελιότητα se rapporte au chaméléon *blanc*. Le modèle de D avait étudié les champignons avant le chaméléon (cf. l. 17 εἰρημένοις), c'est aussi le cas de Promotus.

9. Le sang de Taureau. – (1)

Le sang d'un Taureau que l'on vient d'égorger, si on le boit, se prend en caillots dans l'estomac et entraîne dyspnée et suffocation, comprimant l'orifice stomacal et entraînant de fortes convulsions. Les gens qui sont dans ce cas ont la langue rouge, les gencives imprégnées de sang, et on trouve des caillots entre leurs dents. **(2)** Chez eux, il faut éviter le vomissement ; car, si les caillots sont venus par avance obstruer l'orifice stomacal, ils les empêchent de vomir. Leur donner en conséquence tout ce qui peut dissoudre les caillots : c'est pourquoi donne les fruits du figuier, surtout du figuier sauvage, car ils sont pleins de suc, avec de l'oxycrat et du natron, ou le suc de la figue pareillement, ou de la lessive obtenue avec les cendres du bois de figuier principalement, ou broie les rameaux du figuier et donne-les avec de l'oxycrat et du natron. Le fruit du figuier sauvage mangé sec dissout immédiatement les caillots. On a également avantage à donner la racine de silphium dans du vinaigre, l'*amarante*

τοῖς δὲ <τὸν> λευκὸν <πιοῦσι> πελίωσις καὶ πνιγμὸς ἔπεται.

(2) θεραπεύονται δὲ τοῖς ἐπὶ μυκήτων εἰρησομένοις · δοτέον δὲ
αὐτοῖς καὶ θλάσπι καὶ σεύτλου χυλὸν καὶ πυρίνης πτισάνης
χυλὸν μετὰ γλυκέος, ἀψινθίου τε ἀπόβρεγμα καὶ νίτρον μετὰ
20 ὀξυμέλιτος, ἐμεσάντων δέ · πλειστάκις δίδου πίνειν γάλα νεόβδαλτον καὶ κλύζε τὴν κοιλίαν τοῖς ὀλισθηροῖς κλύσμασιν, οἷον
τήλεως καὶ ἀλθέας, καὶ πυρία τὰ ὑποχόνδρια καὶ θάλπε :-

1 num. ογ´ Α : οβ´ Β οδ´ D ‖ 2 οὐλοφόνον ego cl. D. m.m. 3. 9 et PAeg. :
οὔλοχον ABD οὔλουχος C, cf. οὔλοφον ap. Orib. coll. 12 χ 12 et PsD. (codd.
AV) ‖ πινομένη ABD : om. C ‖ 4 βορβορυγμούς BC : -μόν AD ‖
5 λειποθυμίαν ACD, correxi : λιποθυμίας Β ‖ 7 πολλῷ ABC : om. D ‖
8 πηγάνου – ῥίζα suspectum, uide gallicae uersionis adnotationem ‖ ῥίζα D :
ῥίζαν Α ῥίζης BC ‖ ὁμοίως ABC : om. D ‖ 10 καὶ¹ BCD : ἢ Α ‖ ὀβολὸν CD,
cf. PAeg. (PsD.) p. 34.19 ἑκάστου ὀβολός : Γ° AB ‖ 11 < (i.e. δραχμήν) BC,
cf. PAeg. (PsD.) p. 34.21 ἑκάστου < ἃ´ : ὀβολὸν D Γ° Α.
12 num. οδ´ Α : ογ´ Β οε´ D ‖ δὲ C : om. ABD ‖ μέλανος ΑΒ : om. CD ‖
καὶ γλώσσης οἴδημα post 13 κοιλίας inseruit D, correxi : om. ABC ‖ 14 βορβορυγμοῦ ΑΒ : -γμῷ D (f.l. pro -γμῶν ?) sine exitu C ‖ καὶ παλμοὶ post 15
σώματος habet Β ‖ 16 τοῖς – ἔπεται add. D ‖ τὸν et πιοῦσι addidi cl. Pr. ‖
17 δὲ¹ ABD : οὖν C qui οἱ πιόντες tum add. ‖ εἰρησομένοις ABC : εἰρημένοις D (cf. gall. adn.) ‖ δὲ² BCD : om. Α ‖ 18 αὐτοῖς C : om. ABD ‖ καὶ
(πυρ.) χυλὸν C : καὶ χυλὸν (π.π.) AD om. Β ‖ πυρίνης πτισάνης ABD :
πυρῆνος C ‖ 19 γλυκέος AC : γλυκέως Β sine exitu D ‖ τε C : om. ABD ‖
19 s. καὶ – ὀξυμέλιτος ACD : om. Β ‖ 20 post δέ dist. C ‖ 22 καὶ¹ BCD : ἢ Α.

§9.

(XIII 76) ος´ **περὶ αἵματος ταυρείου** :- (1) αἷμα δὲ ταύρου νεοσφαγοῦς ποθὲν θρομβοῦται κατὰ κοιλίαν καὶ δύσπνοιαν ἐπιφέρει
καὶ πνιγμὸν θλίβον τε τὸ στόμα τῆς γαστρὸς καὶ σπασμοὺς ἰσχυροὺς ἐπιφέρον. εὑρίσκεται δὲ τῶν τοιούτων ἡ γλῶσσα ἐρυθρὰ
5 καὶ τὰ οὖλα διαβεβρεγμένα θρόμβοι τε αἵματος μεταξὺ τῶν
ὀδόντων. (2) ἐπὶ τούτων <δὲ> τὸν ἔμετον παραιτητέον · προεσφηνωμένων γὰρ τῷ στόματι τῆς γαστρὸς τῶν θρόμβων, κωλύουσι
τὸν ἔμετον. διδόναι οὖν αὐτοῖς ὅσα διαλύειν δύναται τοὺς θρόμβους · ὀλύνθους τοιγαροῦν συκῆς μάλιστα ἀγρίας πλήρεις ὅπου
10 ὄντας μετ᾽ ὀξυκράτου καὶ νίτρου δίδου, ἢ τὸν ὀπὸν τῆς συκῆς
ὁμοίως, ἢ κονίαν στακτὴν ἐκ συκίνων ξύλων μάλιστα γεγενη-
μένην, ἢ τοὺς ἀκρεμόνας τῆς συκῆς λειώσας δίδου σὺν ὀξυκράτῳ
καὶ νίτρῳ. ὁ δὲ τῆς ἀγρίας συκῆς καρπὸς καὶ ξηρὸς ἐσθιόμενος
παραχρῆμα λύει τοὺς θρόμβους. δίδοται δὲ ὠφελίμως καὶ

(immortelle), la graine de chou, les feuilles de l'aunée avec du poivre et de la lessive ; et nettoyer le ventre au moyen de lavements gras et lubrifiants[1].

1. La seule variante que l'on observe dans le texte relatif à la symptomatologie entre PAeg. et PsD. n'est en fait qu'une *f.l.* de PAeg., attestée également chez Aét. (voir l'apparat *ad* l. 5 διαβεβρεγμένα). Le texte d'Aét. est essentiellement le même, les différences portent sur l'expression, à deux exceptions près : οὖλα y remplace avantageusement ὀδόντες et l'endroit obstrué par le sang n'est pas le *gosier*, mais le *cardia*, en liaison avec la remarque qui suit sur le vomissement. En face d'Aét. PAeg. PsD., Promotus (autre rédaction) se distingue par une ressemblance plus grande avec N. Il en va autrement pour Promotus dans la thérapie, où son développement est moins complet. Tous les remèdes de N., ou presque, se retrouvent chez les trois autres (et déjà chez D. *eup.*) avec quelques suppléments. L'avantage est à PAeg. (PsD.) qui a la ronce, absente chez Aét., où la lessive la remplace (l. 16 ; en face de *Al.* 331 s., cf. PAeg. [=PsD.] p. 38.15 κονύζης φύλλα σὺν πεπέρει καὶ βάτου χυλὸς σὺν ὄξει = D. *eup.* l. 6 s.). En revanche, Aétius a en propre l' ἀμάραντον (= ἑλίχρυσον), connue pour ses vertus thériaques, mais inconnue comme antidote (cf. *Th.* 625 et le comm. n. 67 §a).

10. **L'Enfle-bœuf.** – **(1)** L'Enfle-bœuf est une sorte de Cantharide ; il est fétide et a mauvais goût. **(2)** Pour ceux qui en ont pris, il s'ensuit une forte douleur de l'œsophage et de l'estomac, l'orifice stomacal augmente de volume ainsi que le ventre, et le corps entier se gonfle et enfle comme dans l'hydropisie, et les urines sont arrêtées. **(3)** Ils trouvent eux aussi les mêmes secours que ceux qui ont pris des Cantharides. Leur conviennent particulièrement, après les vomissements provoqués par les bouillons gras et le vin doux, et les évacuations du ventre par clystère, des figues sèches grasses en aliment et leur décoction en boisson dans du vin, et, quand le péril est à son comble, des dattes de Thèbes en aliment et leur décoction en boisson dans du vin doux. Utile aussi le lait additionné de miel ; des plus utiles également et pour ceux-ci et pour ceux qui ont pris des Cantharides, le fait de téter au sein même le lait de femme à doses répétées[1].

1. Accord notable sur les symptômes entre Aétius et Paul (Ps.Dioscoride), qui va parfois jusqu'à la similitude, voire à l'identité d'expression : cf. Aét. l. 3 s. = PsD. (PAeg.) ἄλγημά ⟨τε⟩ στομάχου καὶ κοιλίας σφοδρόν, l. 5 – ὁμοίως ὑδρωπικοῖς, l. 6 = τά τε οὖρα ἐπέχεται. Il se poursuit dans la thérapie, où les mêmes remèdes sont présentés de la même façon : figues sèches, et, si le mal empire, dattes de Thèbes. Entre Paul et le PsD., l'identité est presque parfaite comme d'habitude. De menues divergences viennent p.-ê. d'accidents de transmission, et l'on est en droit de compléter les deux auteurs l'un par l'autre pour restaurer leur modèle : PAeg. p. 28.14, après βρωμῶδει ajouter νίτρῳ (*ex* PsD.) ; PsD. p. 18.18, après πίνοντες ajouter ἢ οἰνομέλιτι (*ex* PAeg.) ; voir également comm. n. 33 §2. L'absence des poires (*Al.* 354 s. ~ PAeg. [PsD.] p. 28.22) chez Aét. est également à noter chez Pr. avec lequel Aét. offre moins de

15 σιλφίου ῥίζα μετ᾽ ὄξους καὶ ἀμάραντον καὶ κράμβης σπέρμα
καὶ κονύζης τὰ φύλλα μετὰ πεπέρεως καὶ κονίας · κλύζειν τε τὴν
κοιλίαν κλύσμασι λιπαροῖς καὶ ὀλισθηροῖς :-

num. ος´ A : οε´ B οζ´ D ‖ tit. ταυρείου ABC : ταύρου D ‖ αἷμα – νεοσφαγοῦς ABD : τὸ νεοσφαγὲς αἷμα τοῦ ταύρου C ‖ δὲ AB : om. CD ‖ 3 θλίβον τε A : θλίβον C θλίβοντα BD ‖ ἰσχυροὺς ABC : συχνοὺς D ‖ 4 ἐπιφέρον ego : ἐπιφέρει AB ἐπιφέρ D ποιεῖ C ‖ γλῶσσα ABC : γλῶττα D ‖
5 οὖλα BCD : οὖρα A ‖ διαβεβρεγμένα A : -βεβρωμένα BCD, mendum
idem PAeg. ὀδόντες βεβρώμενοι (βεβαμμένοι PsD. recte) ‖ 6 τούτων ABC :
τούτοις D ‖ δὲ addidi ‖ προεσφηνωμένων C : -μένου D προσφηνουμένων
AB ‖ 7 γὰρ ABC : om. D ‖ τῶν θρόμβων ABC : τοῦ θρόμβου D ‖ 8 διδόναι
ABC : διδόασι D ‖ οὖν AB : δὲ CD ‖ τοὺς ABC : om. D ‖ 9 καὶ ante ὀλύνθους habet A ‖ τοιγαροῦν AB : οὖν D ‖ 10 ἢ BCD : om. A ‖ 11 συκίνων
ABD : συκῆς C ‖ μάλιστα ABC : om. D ‖ 12 ἢ BCD : καὶ A ‖ 13 πίνειν post
νίτρῳ add. D ‖ καὶ (ante ξηρὸς) ACD : om. B ‖ ἐσθιόμενος ABCD^sl : πινόμενος D^it ‖ 14 δίδοται δὲ ὠφελίμως ACD : δίδου δὲ B ‖ 15 ῥίζα ACD : -αν
B ‖ 17 καὶ ante λιπαροῖς add. A ‖ κλύσμασι λιπαροῖς C : λιπ. κλ. ABD.

§10.

(XIII 52) νβ´ **περὶ βουπρήστεως** :- (1) βούπρηστις εἶδος μέν ἐστι
κανθαρίδος · βρωμῶδες δέ ἐστι κατά γε τὴν ὀσμὴν καὶ τὴν γεῦσιν. (2) τοῖς δὲ ταύτην εἰληφόσι παρέπεται ἄλγημα στομάχου καὶ
κοιλίας σφοδρόν · ὀγκοῦται δὲ τὸ τῆς κοιλίας στόμα, καὶ ἡ
5 γαστὴρ ὅλον τε τὸ σῶμα ἐπαίρεται ὡς ἐπὶ τῶν ὑδρωπικῶν ʿκαὶ
ἐμπίπραταιʾ, καὶ τά οὖρα ἐπέχεται. (3) βοηθεῖ δὲ καὶ τούτοις
ἅτινα καὶ τοῖς κανθαρίδας εἰληφόσιν. ἰδίως δὲ μετὰ τοὺς διὰ
τῶν λιπαρῶν ζωμῶν καὶ τοῦ γλυκέος ἐμέτους καὶ τὰς διὰ
κλυστῆρος κενώσεις ἁρμόζει σῦκα ξηρὰ λιπαρὰ ἐσθιόμενα καὶ
10 τὸ ἀφέψημα αὐτῶν μετ᾽ οἴνου πινόμενον · ἐν παρακμῇ δὲ ὄντος
τοῦ κινδύνου, βάλανοι Θηβαϊκαὶ ἐσθιόμεναι καὶ τὸ ἀφέψημα
αὐτῶν πινόμενον μετὰ γλυκέος. ὠφέλιμον δὲ καὶ τὸ γάλα μετὰ
μέλιτος πινόμενον · ὠφελιμώτατον δὲ καὶ τούτοις καὶ τοῖς κανθαρίδας εἰληφόσι καὶ τὸ ἐξ αὐτῶν τῶν μαζῶν θηλάζειν συνεχῶς
15 τὸ γυναικεῖον γάλα :-

num. νβ´ A : να´ B νδ´ D ‖ 1 βούπρηστις CD : βουπρήστης AB ‖ 2 καὶ
οὗτος (αὕτη corrige) ante κανθ. add. D ‖ 3 μέγα post στομάχου add. D ‖
4 ὀγκοῦται ABD : ἑλκοῦται C ‖ 5 τὸ σῶμα ABD : om. C ‖ 6 ἐμπίπραται C :
ἐμπιπλᾶται B ‖ τὰ ACD : om. B ‖ καὶ (ante τούτοις) BC : om. AD ‖ 7 κανθαρίδας ACD : -δα B ‖ 8 τῶν AD : om. BC ‖ τοῦ BCD : τοὺς A ‖ 9 κενώσεις
AD : ἐγκλύσεις B ἔλκύσεις C ‖ ξηρὰ ABD : om. C ‖ 10 τὸ ABD : om. C ‖
11 θηβαϊκαὶ ἐσθιόμεναι ACD : -κοὶ -νοι B ‖ τὸ ABD : om. C ‖ 12-13 ὠφέλιμον – πινόμενον AD (hic μετὰ μέλιτος post πινόμενον) : om. BC ‖ 13 τούτοις καὶ ABD : τοῦτο C ‖ κανθαρίδας C (cf., ad plural., PsD. p. 15.6) : τὴν
κανθαρίδα ABD (cf. ibid. PAeg. p. 27.18) ‖ 14 καὶ (ante τὸ) ABD : om. C ‖

parallèles qu'ailleurs. Il l'emporte sur Pr. en fidélité à N., lorsqu'il précise, seul entre tous, que le lait de femme (Pr. parle de lait de vache) doit être tété au sein même. Mais, sur bien d'autres points, où Aét. PAeg. PsD. sont muets, la situation est inversée : voyez chez Pr. l'action du poison sur la vessie, l'explication du nom βούπρηστις, la justification de la leçon τριπετῆ, les moyens de faire vomir le malade.

11. Le Lait qui s'est pris en caillots.

11. Le Lait qui s'est pris en caillots. – **(1)** Le Lait, caillé par la présure ou bu en masse, provoque la suffocation parfois, lorsqu'il se prend en caillots. **(2)** Ceux qui l'ont bu trouvent un secours dans toute espèce de présure, mais surtout celle du lièvre, bue dans du vin ; car la présure coagule le lait frais si on l'y jette, mais, une fois qu'il s'est pris en caillots, elle est de nature à le dissoudre. Donne aussi le suc du calament quand il est vert, ou les feuilles de la plante sèche broyées, ainsi que les substances déjà mentionnées à propos du sang coagulé. Le vomissement, dans leur cas également, doit être évité, et il ne faut leur faire prendre absolument rien de salé[1].

1. Ce chap. permet de nuancer l'hypothèse de Wellmann selon qui les resemblances d'Aét. avec PAeg. (PsD.) s'expliquent par un modèle commun, Oribase. Pour l'expression, Aét. est très proche d'O. (*ecl.* ; *Eun.* aliter), parfois identique, beaucoup plus proche que PAeg. = PsD. Orib. offre un ajout par rapport à Aét. : O. p. 297.18 (au lieu du renvoi au chap. sur le Sang de taureau) ἢ σίλφιον ἢ ὀπὸς σιλφίου μετ᾽ ὀξυκράτου ἢ θύμον σὺν οἴνῳ, cf. *Al.* 368 s., 371. PAeg. PsD. offrent le même ajout, auquel ils ajoutent encore : καὶ τὴν πιλοποιϊκὴν (PAeg. : -ποιητικὴν PsD.) κονίαν, cf. *Al.* 370. En revanche, ils altèrent O. quand ils suppriment ἢ (cf.Aét. l. 2) devant ἄθρουν (chute accidentelle ?). Aét. (l. 4 s.) a le *paradoxon* de la présure, ignoré d'O., mais qui se lit chez Promotus p. 74.17-19 : omission due à l'*excerptor* d'O. ? Plutôt addition d'Aét. d'après Pr. ou son modèle. Pr. est différent, sa thérapie ajoute à O. (et à N.) deux remèdes, panax et opoponax. La baie de genièvre (ἀρκευθίδος, addition de D, voir apparat de l. 6) est connue comme thériaque (*Th.* 584) et comme antidote : elle entre dans des antidotes célèbres (de Mithridate, Gal. *ant.* 118.8 ; aux sangs, 125.9 ; aux cent ingrédients, 155.13 ; voir encore 147.3, 207.15).

12. Le Dorycnion ou Strychnon manikon.

12. Le Dorycnion ou Strychnon manikon. – **(1)** Une drachme de la racine du *dorycnion* en boisson donne seulement des visions, elle est inoffensive pour le buveur ; deux dr. en boisson le rendent fou jusqu'à trois ou quatre jours, et <quatre> le tuent, et c'est pourquoi certains l'ont appelé *strychnon manikon*. (**Version brève** : Si l'on boit du dorycnion, que certains ont appelé *strychnon manikon*,) il se produit, pour ce qui est du goût, une impression de lait, puis viennent pour le buveur hoquet continu, sécheresse de langue, vomissement de sang abondant, agitation du corps, douleur d'estomac, colique, et, dans le ventre, passent des matières ayant comme des mucosités et des râclures. **(2)** Apportent leur secours, avant que ces symptômes soient

μαζῶν AB : μασθῶν D γυναικείων μαστῶν C ‖ 15 τὸ γυναικεῖον γάλα ABD : γάλα C..

§11.

(XIII 77) οζ´ **περὶ γάλακτος ἐνθρομβωθέντος** :- **(1)** γάλα δὲ ἐμπιτυασθὲν ἢ ἄθροον ποθὲν πνιγμὸν ἐμποιεῖ ἐνίοτε ἐνθρομβούμενον. (2) βοηθεῖ δὲ τούτοις πιτύα πᾶσα, μάλιστα δὲ λαγωοῦ, πινομένη μετ᾽ ὄξους · καὶ γὰρ τὸ πρόσφατον γάλα πήγνυσιν ἡ πιτύα
5 ἐμβληθεῖσα, τὸ δὲ ἤδη θρομβωθὲν διαλύειν πέφυκε. δίδου δὲ καὶ καλαμίνθης χλωρᾶς τὸν χυλόν, ἢ ξηρᾶς τὰ φύλλα λεῖα, καὶ τὰ προρρηθέντα ἐπὶ τοῦ θρομβωθέντος αἵματος. τὸν δὲ ἔμετον κἀπὶ τούτων παραιτητέον καὶ μηδὲν ἁλυκὸν ἐπὶ τούτων παντάπασι προσφέρειν :-

num. οζ´ A : ος´ B οη´ D ‖ tit. ἐνθρομβωθέντος D : ἐνθρομβωμένου C ἐκθρομβωθέντος A θρομβωθέντος B ‖ 1 ἐμπιτυασθὲν BCD : ἐμπιτιασθὲν A (-πιτυ- an -πυτι- [cf. O. PAeg. PsD.] incert.) ‖ 2 ἄθροον CD (cf. O.) : ἄθρουν AB (cf. PAeg. PsD.) ‖ ἐμποιεῖ ABC : προφερ(ει) D (ἐπιφ- malim) ‖ ἐνθρομβ- A : δὲ θρομβ- C θρομβούμενον BD ‖ 3 πᾶσα B : πᾶσα μὲν ACD ‖ δὲ² ABC : om. D ‖ πινομένη AC : post ὄξους transtulit D om. B ‖ 6 χλωρᾶς ABC : χλωρὸν D qui καὶ ἀρκευθίδος post χλωρὸν add. ‖ τὸν χυλόν ABD : om. C ‖ ἢ ξηρᾶς τὰ φύλλα AC : ξηρᾶς δὲ τὰ φ. B ἢ τὰ φύλλα ξηρὰ D ‖ 7 προρρηθέντα AB : προειρημένα D θρομβωθέντα C ‖ διαλύσεις post αἵματος add. C ‖ 8 κἀπὶ BCD : καὶ ἐπὶ A.

§12.

(XIII 60) ξ´ **περὶ δορυκνίου ἤτοι στρύχνου μανικοῦ** :- **(1)** ᵗδορυκνίου δὲ ῥίζης <ᾱᵗ ποθεῖσα φαντασίαν μόνην ἀποτελεῖ, ἀβλαβῆ δὲ ποιεῖ τὸν πιόντα, δραχμαὶ δὲ β´ ποθεῖσαι ἐξιστάνουσι μανιωδῶς ἄχρι ἡμερῶν τριῶν ἢ τεσσάρων, καὶ ἀναιροῦσι, καὶ διὰ
5 τοῦτο ἔνιοι στρύχνον μανικὸν ἐκάλεσαν αὐτό. γίγνεται δὲ᾽ (pro illis uerbis uersio breuis habet tantum haec :) δορυκνίου δὲ ποθέντος, ὃ ἔνιοι στρύχνον μανικὸν ἐκάλεσαν, (γίγνεται) ὥσπερ γάλακτος ποιότης ἐν τῇ γεύσει, καὶ παρακολουθοῦσι τῷ πιόντι λυγμὸς συνεχής, γλώσσης ξηρότης, αἵματος ἀναγωγὴ ἀθρόα, ᵗριπτασμός, ἄλγημα στομάχου, στρόφος᾽, καὶ κατὰ κοιλίαν μυξώδη
10 φέρεται καὶ ξυσματώδη. **(2)** βοηθεῖ δέ, πρὶν τούτων τι παρακο-

apparus, et après vomissement et lavements préalables : mélicrat, lait d'ânesse ou de chèvre frais tiré bu à doses répétées, vin doux attiédi bu avec de l'anis, amandes amères, poitrines de poule bouillies, tous les coquillages mangés crus et rôtis, langoustes, homards, et leur bouillon en boisson. Selon certains, le *dorycnion*, qui a cette caractéristique et cette thérapie, est différent ; quant au *strychnon manikon*, il tue en tout état de cause le quatrième jour le buveur qu'il a rendu fou [1].

1. La version courte d'Aétius offre à très peu de choses près le même texte que PAeg. = PsD. Dans ce texte, le *dorycnion* est présenté comme étant identique au *strychnon manikon*. Celui-ci ne serait qu'un simple synonyme ayant cours seulement chez " certains ". A l'opposé de cette thèse unitaire, d'autres auteurs, tels Dioscoride (*m.m.*, *eup.*) et Promotus (voir *Sim.* ad 376 et comm. n. 38 §b), consacrent aux deux poisons des notices distinctes. L'addition finale de la version longue (Aét. l. 17-19) fait écho à la thèse dualiste et précise, pour le *strychnon manikon*, le délai au terme duquel intervient la mort, ce que l'addition initiale (1-5) a oublié de faire (si son texte est sain, cf. l'apparat *ad* τεσσάρων). Le contenu de cette dernière est légitime dans la perspective de la thèse unitaire. Aétius l'a emprunté à Pr. (chap. 54 περὶ μανικοῦ στρύχνου, p. 68.22 ss.) ou à son modèle, sinon à D.*m.m.* 4. 73 (232.12-15), qui, en tout cas, en est la source ultime. Pour l'addition médiane (l. 9 s.), cf. Pr. chap. 58 (69.23 s.) ὑπτιασμός ... ἄλγημα στομάχου (cf. *Al.* 379)... στρόφος εἰλεώδης (cf. *Al.* 382).

13. **Le Pharicon**. – **(1)** Le poison appelé Pharicon a tout le goût du nard sauvage ; il entraîne, si l'on en boit, la paralysie avec dérangement d'esprit et fortes convulsions. **(2)** Il faut faire vomir les malades, puis leur faire boire dans du vin absinthe et cinnamome, ou myrrhe ou nard de Cilicie, appelé parfois *nèris* ; ou deux drachmes d'épi de nard, ou deux oboles de myrrhe mélangées à du vin doux ; fais prendre aussi de l'iris et de la fleur de lys dans du vin. D'autre part, il faut raser leur tête et y appliquer un emplâtre de farine d'orge additionnée de rue broyée et de vinaigre[1].

1. En l'absence d'Aétius, la confrontation se réduit à PAeg., d'une part, et, de l'autre, à Promotus. L'identité PAeg. = PsD. est ici tout à fait remarquable. Elle est même plus grande qu'il n'y paraît dans l'éd. Sprengel qui ignore le ms V : cf. PsD. l. 3 (V) = PAeg. p. 36.24 ποτίζειν μετὰ οἴνου ἀψινθίῳ καὶ κιναμώμῳ κτλ. Les variantes, peu nombreuses, sont du type de celles que l'on rencontre dans les mss d'un même auteur. Fort différente de ce texte commun, la notice de Pr. dont la moitié est consacrée à des considérations relatives à la nature et à l'origine du poison. La deuxième moitié (symptomatologie et thérapie) présente les points de contact exigés par les réalités médicales, dans une autre formulation, et, comme à son habitude, Pr. est plus proche de N., avec lequel il est seul à offrir certains parallèles (voir le comm., *pass.*).

λουθῆσαι, μετὰ τὸν ἔμετον καὶ τοὺς κλυσμούς, μελίκρατον, καὶ
ὄνειον ἢ αἴγειον γάλα νεόβδαλτον πινόμενον συνεχῶς, καὶ γλυκὺς χλιαρὸς μετὰ ἀνίσου πινόμενος, καὶ ἀμύγδαλα πικρά, στήθη
15 τε ὀρνιθίου καθηψημένα, καὶ πάντα τὰ κογχύλια ὠμὰ καὶ ὀπτὰ
ἐσθιόμενα, καὶ κάραβοι, καὶ ἀστακοί, καὶ ὁ ἐξ αὐτῶν ζωμὸς πινόμενος. ʽτινὲς δὲ ἕτερον εἶναί φασι τὸ δορύκνιον, οὗ καὶ ταύτην
εἶναι τὴν σημείωσιν καὶ τὴν θεραπείαν · τοῦ δὲ μανικοῦ στρύχνου ἀναιρεῖν πάντως τὸν πιόντα ἐκμανέντα τῇ τετάρτῃ ἡμέρᾳ :-

num. ξ' Α : νθ' Β ξα' D ‖ 2 δὲ Β : om. C ‖ <ἃ' ποθεῖσα C : ποθέντος <ἃ'
Β ‖ μόνην C : μόνον Β ‖ ἀποτελεῖ C : om. Β ‖ 3 τὸν πιόντα C : om. Β ‖
ἐξιστάνουσι Β : ἐξιστῶσι C ‖ τοῦτον post ἐξιστ. add. C ‖ 4 ἄχρι Β : om.
C ‖ τεσσάρων : post h.u. ποθεῖσαι δὲ τέσσαρες addiderim cl. D. ‖ 8 καὶ –
πιόντι C : om. ABD ‖ 9 γλώσσης BCD : γλώττης Α ‖ ξηρότης D, cf. PAeg.
(cod. F), PsD. et Al. 384 : ὑγρότης ABC, cf. PAeg. (codd. cett.) ‖ 10 μυξῶδη
ABC : ξυσμῶδη D i.e. ξυσματῶδη, cf. PsD. (cod. V) ‖ 11 ξυσματώδη ABC :
om. D spatio rel. ‖ τούτων τι ABC : τι τούτων D ‖ παρακολουθῆσαι ΑΒ :
παρακολουθήσει CD ‖ 12 καὶ² ABD : om. C ‖ 13 ἢ αἴγειον ABC : om. D ‖
καὶ ABD : om. C ‖ γλυκὺς ABC (hic addito οἶνος) : γλυκὴν D (lege γλυκὺ) ‖
14 καὶ ante χλ- add. D, cf. PsD. γλυκὺς καὶ χλιαρὸς οἶνος (cod. V : γλυκὺς
χλιαρὸς Α) ‖ χλιαρὸς ABC : -ὸν D ‖ πινόμενος ABC : -ον D ‖ καὶ ABD :
om. C ‖ γ' post πικρὰ add. D ‖ 15 post πικρὰ ὀρνίθων correxeris cl. PAeg. ‖ κατηψημένα
ABC, correxi : καθεψ- D ‖ 17 ταύτην C : τήνδε Β ‖ 18 τὴν² C : om. Β ‖
19 πάντως Β (scr. πάντος) : πάντα ‖ τὸν – ἐκμανέντα C : om. Β ‖ τετάρτῃ
ἡμέρᾳ C : τρίτῃ Β.

§13.

PsD. 19 p. 29 (29.10-30.2 Sprengel ~ PAeg. 5. 53 p. 36 Heiberg)
περὶ Φαρικοῦ :- **(1)** τὸ δὲ καλούμενον Φαρικὸν τὴν μὲν γεῦσιν
πᾶσαν νάρδῳ ἀγρίᾳ ἔοικεν, ἐπιφέρει δὲ ποθὲν παράλυσιν μετὰ
παρακοπῆς καὶ σπασμοῦ ἐπιτεταμένου. **(2)** δεῖ δὲ μετὰ τὸ ἐξερᾶσαι αὐτοὺς ποτίζειν μετ᾽ οἴνου ἀψινθίῳ καὶ κινναμώμῳ ἢ
5 σμύρνῃ ἢ νάρδῳ Κιλικίᾳ, ἣν ἔνιοι νῆριν ἐκάλεσαν, ἢ ναρ-
δοστάχυος ὁλκὰς β' καὶ σμύρνης β' ὀβόλους μεμιγμένους σὺν
γλυκεῖ, ἴριδί τε καὶ κρινίνῳ ἄνθει σὺν οἴνῳ · καταπλάσσειν δὲ
τὴν κεφαλὴν αὐτῶν ξυρήσαντας ἀλεύρῳ κριθίνῳ σὺν πηγάνῳ
λείῳ καὶ ὄξει :-

tit. π. φαρικοῦ Α : φάρμακον V ‖ 1 φαρικὸν Α : φάρμακον V ‖ 2 πᾶσαν
Α : om. V ‖ ἀγρίᾳ V : om. Α ‖ 3 ἐπιτεταμένων V, correxi : om. Α ‖ ἐξερᾶσαι
Α : ἐξεμέσαι V ‖ 4 οἴνου ἀψινθίῳ καὶ κιν- V : οἴνου ἀψινθίτην σὺν κιν-
Α ‖ κινναμώμῳ V ‖ ἢ Α : σὺν V ‖ 5 νάρδῳ Α : νάρδος V ‖ κιλικίᾳ
V : κελτικῇ Α ‖ νῆριν V (iam Sprengel) : σερίνην Α σαίτιν,
σαίτην, σαίτινες uel σέτην PAeg. codd. ‖ 6 β' ὀβόλους Α : <β' V ‖ 7 τε Α :
δὲ V ἢ (ante ἴριδι) PAeg. ‖ καὶ Α, cf. PAeg. : ἢ V ‖ κρινίνῳ V : ῥοδίνῳ Α
κροκίνῳ coni. Sprengel ex PAeg., sed cf. Al. 406 λειριόεν κάρη et Pr. κρίνου
ῥίζαν ‖ δεῖ δὲ ante καταπλάσσειν add. Α ‖ 8 ἢ ante ἀλ. add. V ‖ ἀλ. κριθ. V :
κριθ. ἀλ. Α.

14. **La Jusquiame**. – **(1)** La Jusquiame, si l'on en prend, entraîne délire pareil à celui de l'ivresse, agitation des membres accompagnée de distorsion, faiblesse semblable à l'évanouissement. Surviennent rougeur des yeux, démangeaison dans la région des parties honteuses, relâchement et tension du pouls, aliénation, irritation et démangeaison des gencives au début, ensuite douleur. Les malades déparlent, et ils ont l'impression qu'on leur fouette le corps. **(2)** On les guérit aisément en leur faisant boire du mélicrat à haute dose, et du lait, principalement d'ânesse, ou, à défaut, de chèvre ou de vache, et une décoction de figues sèches. Les pignons de pin leur conviennent également, ainsi que la graine du concombre broyée et bue dans du vin doux, du vin salé additionné de graisse fraîche de porc et de vin doux, de la graine d'ortie pareillement, ou ses feuilles bouillies dans du lait ; ou bien donne de la chicorée et du cresson à manger ou à boire dans du vin, car c'est un excellent remède. Donne-leur aussi moutarde, radis, oignons et ail, chacun de ces produits avec du vin. Il faut viser à leur faire digérer le vin qu'ils ont bu. Ils ont avantage aussi à téter du lait de femme[1].

1. Dans ce chapitre, Paul et le Ps.Dioscoride présentent exactement le même texte à deux détails près, qui touchent à l'expression, si toutefois on corrige comme il se doit l'éd. Sprengel en faisant concourir le ms V à son établissement : PAeg. p. 31.7 lie avec καὶ la décoction de figues sèches à ce qui précède, PsD. avec ἤ ; chez le PsD., ἕως remplace le ἵνα de Paul (p. 31.13). Aétius a en substance un texte identique, mais avec des additions empruntées à Promotus ou à sa source. Ces additions enrichissent leur notice non seulement dans la symptomatologie, qui se réduit chez eux au délire, mais encore dans la thérapie, de façon plus complète dans la version longue, mais déjà dans la version courte. Sauf pour l'irritation des parties sexuelles, tous les symptômes des l. 3-6, qui manquent à PAeg. (PsD.), y compris παρακοπή (doublet de παραφροσύνη) sont dans la même formulation, sinon dans le même ordre chez Pr., qui attribue à Épainétès ceux des l. 6 s. (εἰσι – σῶμα). Dans la thérapie, PAeg. p. 31.10 et PsD. ont un seul plus (νίτρον σὺν ὕδατι). Ici encore les additions d'Aétius figurent chez Promotus : Aét. l. 12 s. ἤ – γάλακτι ~ Pr. p. 73.3 ἤ κνίδης καρπὸν καὶ τὰ πέταλα ἐφθὰ ἐν γάλακτι (cf. Al. 428) ; Aét. l. 16 s. (ὠφελοῦνται –) ~ Pr. p. 73.6 s. ἤ γάλα γυναικεῖον πολὺ ἀμέλξας ; et les rapprochements s'étendent même à l'expression : Aét. l. 13 s. δίδου – βοήθημα ~ Pr. p. 73.5 s. δίδου … ἐσθίειν ἤ μετ' οἴνου ὁμοίως πίνειν · μέγιστον γὰρ βοήθημα.

15. **Le suc de Pavot**. – **(1)** Comme il a été dit au sujet de la racine de mandragore, on ne saurait donner le suc de Pavot à un homme sain d'esprit à son insu, à cause de son goût particulier, de son amertume et

§14.

(XIII 69) ξθ´ **περὶ ὑοσκυάμου** :- (1) ὑοσκύαμος δὲ ληφθεὶς παραφροσύνην ὁμοίαν τοῖς μεθύουσιν ἐπιφέρει, καὶ ῥιπτασμὸν μετὰ
διαστροφῆς, καὶ ἔκλυσιν λιποθυμιώδη · ἐπιγίνεται δὲ καὶ
ὀφθαλμῶν ἔρευθος, καὶ ʽκατὰ τὰ αἰδοῖα καὶ ταῦρον κνησμός, καὶ
5 ἔκλυσις τοῦ σφυγμοῦ καὶ διάτασις, καὶ παρακοπή, καὶ δῆξιςʼ
οὔλων καὶ κνησμὸς ἐν ἀρχῇ, εἶτα πόνος. εἰσὶ δὲ παράληροι, καὶ
δοκοῦσι μαστιγοῦσθαι ὑπό τινος τὸ σῶμα. (2) εἰσὶ δὲ εὐίατοι
μελικράτῳ πολλῷ ποτιζόμενοι καὶ γάλακτι, μάλιστα μὲν ὀνείῳ,
εἰ δὲ μή γε, αἰγείῳ ἢ βοείῳ, καὶ σύκων ξηρῶν ἀφεψήματι. καὶ
10 στρόβιλοι δὲ αὐτοῖς ἁρμόδιοι, καὶ τὸ τοῦ σικύου σπέρμα λεῖον
μετὰ γλυκέος πινόμενον, καὶ ἁλμυρὸς οἶνος σὺν πιμελῇ ὑείᾳ
προσφάτῳ καὶ γλυκεῖ, καὶ κνίδης σπέρμα ὁμοίως, ἢ τὰ φύλλα
ἑφθὰ ἐν γάλακτι · ἢ κιχόριον καὶ κάρδαμον δίδου ἐσθίειν ἢ μετ᾽
οἴνου πίνειν · μέγιστον γὰρ βοήθημα. δίδου δὲ καὶ αὐτοῖς νᾶπυ
15 καὶ ῥάφανον καὶ κρόμμυα καὶ σκόρδα [αὐτοῖς ἁρμόδια] ἕκαστον μετ᾽ οἴνου. στοχάζεσθαι δὲ χρὴ ὡς τὸν οἶνον πέψωσιν. ὠφελοῦνται δὲ καὶ γάλα γυναικεῖον θηλάζοντες :-

num. ξθ´ A : ξη´ B o´ D ‖ 1 ὑοσκύαμος CD : -κυάμου AB ‖ ληφθεὶς CD :
-εῖσα A λιφθεντ B (i.e. ληφθέντος) ‖ 3 καὶ¹ C : om. ABD ‖ ἔκλυσιν ABC :
-σις D (ante h.u. dist.) ‖ λιποθυμιώδη ego ex λειπο- C : λυπο- AB ἐπιθυμιώ-
σεως D ‖ ἐπιγίνεται ABC : γίνεται D ‖ 4 ταῦρον ego : ταύρων BC ‖ 5 καὶ¹
C : om B ‖ καὶ² C : om B ‖ παρακοπή C : παρακοπαὶ B ‖ 6 οὔλων καὶ
κνησμὸς BC : καὶ κνησμὸς ὅλων A καὶ κνησμὸς ὅλος D ‖ ἐν ἀρχῇ AB, cf.
Pr. : om. CD ‖ πόνος : τρόμος D ‖ 7 τινος C : τινων ABD ‖ 8-9 γάλακτι –
βοείῳ ABC : habet D γάλα καὶ μάλιστα ὄνειον γλυκεῖ πινόμενον, καὶ
ἁλμυρὸς οἶνος (ad γλυκεῖ – οἶνος uide ad 9-12) καί, ἐὰν μὴ παρείη ὄνειον
γάλα, δοτέον αἴγειον, εἰ δὲ μή γε, βόειον ‖ 8 μὲν B : om. AD ‖ 9-12 καὶ¹ –
γλυκεῖ ABC : om. D praeter γλυκεῖ (pro μετὰ γλυκέος) – οἶνος in falso loco
insertum, uide ad 8-9 ‖ 10 στρόβιλοι C : στροβίλια AB ‖ ἁρμόδιοι C : -δια
AB ‖ τοῦ om. C ‖ γλυκέος ACD : γλυκέως B ‖ 12 γλυκεῖ A : γλυκὺ B
γλυκείᾳ C ‖ καὶ² om. C ‖ 13 s. ἐν – αὐτοῖς ABC : om. D ‖ ἑφθὰ ἐν γάλακτι
AB : ἐν γ. ἑφθὰ C ‖ 14 ante βοήθημα add. τοῦτο B post h.u. ταῦτα C ‖ δὲ καὶ
AB : αὐτοῖς C, correxi ‖ νᾶπυ AD : πάνυ B om. C ‖ 15 καὶ¹ ACD : om. B ‖
ῥάφανον CD : ῥαφάνων AB ‖ καὶ κάρδαμον (cf. l. 13) post ῥαφ. inseruit D ‖
κρόμ(μ)υα καὶ σκόρ(ο)δα ACD : σκόρδα καὶ κρόμμα B ‖ σκόρδα ABD :
σκόροδα C ‖ αὐτοῖς ἁρμόδια ABD : non habet C ‖ ἕκαστον ABD : om. C ‖
16 ἁλμυροῦ post οἴνου add. D ‖ χρὴ C : om. ABD.

§15.

(XIII 71) οα´ **περὶ ὀποῦ μήκωνος** :- (1) ὥσπερ ἐπὶ τῆς τοῦ μανδραγόρου ῥίζης προείρηται, οὕτως οὐδὲ τὸν τῆς μήκωνος ὀπὸν
οὐδεὶς ὑγιαίνοντι διδοὺς λάθοι διὰ τὴν τῆς γεύσεως ἰδιότητα καὶ

de son odeur agressive, et aussi parce qu'il faut en donner une grande quantité pour provoquer la mort. Dans ces conditions, quand des gens qui ont bu ce poison volontairement ou bien refusent de le révéler ou bien le voulant sont incapables de le dire, on reconnaîtra qu'ils en ont pris à de tels signes. (2) De fait, il s'ensuit lourdeur de tête, sommnolence, yeux caves, paupières difficiles à lever, douleur du thorax, avec refroidissement et démangeaison assez forte pour les réveiller parfois, gêne de la langue, et une odeur de suc de pavot émane de ceux-ci répandue sur tout leur corps, ils ont la mâchoire inférieure qui se relâche et les lèvres qui se gonflent ; surviennent hoquet, distorsion du nez, teint jaune, lividité des ongles, contraction des hypocondres, respiration glacée et courte, sifflante par intervalles, et pour finir spasme. (3) Leur offrent un secours, après qu'on les aura fait vomir avec de l'huile et qu'on leur aura lavé le ventre à l'aide d'un âpre clystère, l'oxymel en boisson et le vinaigre chaud pris séparément, le vin vieux paillet bu pur en abondance additionné d'absinthe et de cassie, le natron dans de l'eau, l'origan avec la lessive de cendre, la graine de rue sauvage avec poivre et castoréum dans de l'oxymel, la sarriette et la décoction d'origan dans du vin. Il faut aussi les réveiller en faisant brûler des substances odorantes, soufre, cheveux, poix, résine de cèdre, sabine et matières semblables, et aussi à l'aide de pincements et de cris, et ne pas les laisser dormir mais les épuiser de veilles, leur faire prendre des bains chauds et des bains de vapeur, et les laver à cause de la démangeaison ou de la coagulation du sang en raison du froid, puis après le bain leur donner bouillons gras et moëlle de cerf. Et il est évident qu'il faut leur administrer la thériaque, comme à tous ceux qui ont pris un autre poison, et avant et après les vomissements[1].

1. PAeg. et PsD. offrent la plupart du temps le même texte. Les seules différences notables sont l'addition ἢ καὶ γλυκεῖ (PsD., *cod.* V), alternative à κονίᾳ (στακτῇ), qu'on ne lit ni chez Paul (p. 32.22) ni chez Aétius (l. 20), et surtout PsD. p. 28.14 ὀξύμελι σὺν ἁλὶ πινόμενον (~ Aét. l. 18) au lieu de PAeg. p. 32.19 ὀξυμέλιτι ξυναλείφειν (corruption possible !). Le texte commun à PAeg. et PsD. constitue le fonds de la notice d'Aét., un fonds qui a été emprunté presque littéralement à la même source (Oribase [?], où manque ce chap.) : cf. Aét. (version brève) l. 9-12 = PAeg. l. 15-18 ; Aét. (version brève) l. 17-29 (βοηθεῖ – ἐλάφειον) ~ PAeg. p. 32.18-33.5 (sauf le passage signalé où Aét. = PsD.). La notice sur le Pavot est un exemple admirable de la façon dont Aét. enrichit son texte de base à l'aide de Pr. (ou de sa source), surtout dans le §2, mais aussi au §3 (autre source utilisée également pour les indications sur les ὀσφραντά). Et ce travail n'est pas seulement le fait de la version longue. Le §1 [Aét. l. 2-5 (οὐδὲ – διδόμενον)] est un emprunt quasi littéral à Pr. p. 71.30-32. Quant à Pr., il a ici plus que jamais l'allure d'une paraphrase de N. : cf. la manière de faire prendre l'huile (Pr. p. 72.5-6 ~ *Al.* 452 s.), le sang fluidifié (Pr. l. 10 ~ *Al.* 464), détails qui ne se trouvent pas ailleurs (mais cf. Aét. l. 27, version longue).

πικρίαν καὶ τὴν τῆς ὀδμῆς ἀπήνειαν, καὶ ὅτι πλῆθός ἐστι τὸ πρὸς
5 τὴν ἀναίρεσιν διδόμενον. ὅταν οὖν τινες ἑκουσίως τοῦτο τὸ φάρμακον πιόντες ἤτοι μὴ βούλωνται ἐκφαίνειν ἢ καὶ βουλόμενοι
ἀδυνατῶσιν ἐξειπεῖν, διὰ τῶν τοιούτων ἐπιγνωσθήσονται.
(2) παρακολουθεῖ γὰρ τοῖς τοῦτο λαβοῦσι 'κεφαλῆς βάρος καὶ'
καταφορὰ 'ὑπνώδης, ὀφθαλμῶν κοίλωσις, δυσανάσπαστα βλέ-
10 φαρα, θώρακος πόνος' μετὰ καταψύξεως καὶ κνησμοῦ ἐπιτεταμένου, ὡς ἐνίοτε ὑπ' αὐτοῦ διεγείρεσθαι αὐτούς, 'γλώσσης ἐμποδισμός', ὀσμή τε τοῦ ὀπίου δι' ὅλου τοῦ σώματος ἐκδίδοται
τούτοις, καὶ χαλᾶται ἡ κάτω γένυς καὶ οἰδίσκεται τὰ χείλη,
λυγμὸς ἐπιπίπτει, διαστροφὴ τῆς ῥινός, ὠχρίασις, πελίωσις
15 ὀνύχων, ὑποχονδρίων ἀνασπασμός, ἀναπνοὴ ψυχρὰ καὶ μικρά,
καὶ ἐκ διαλειμμάτων ῥωχμός, ἐπὶ τέλει δὲ καὶ σπασμός.
(3) βοηθεῖ δὲ τούτοις μετὰ τὸ δι' ἐλαίου ἐξεμέσαι καὶ κλυσθῆναι
δριμεῖ κλύσματι ὀξύμελι πινόμενον καὶ ὄξος θερμὸν καθ' αὑτό,
καὶ οἶνος παλαιὸς κιρρὸς ἄκρατος πολὺς μετ' ἀψινθίου καὶ
20 κασίας, καὶ νίτρον μεθ' ὕδατος, καὶ ὀρίγανον σὺν κονίᾳ στακτῇ,
πηγάνου τε ἀγρίου σπέρμα μετὰ πεπέρεως καὶ καστορίου ἐν ὀξυμέλιτι, θύμβρα τε καὶ ὀριγάνου ἀφέψημα μετ' οἴνου. δεῖ δὲ καὶ
τούτους 'θείῳ κεκαυμένῳ καὶ θριξὶν καὶ πίττῃ καὶ κεδρίᾳ καὶ
βράθυϊ κεκαυμένῳ καὶ τοῖς ὁμοίοις' ὀσφραντοῖς διεγείρειν
25 'καὶ νυγμοῖς καὶ κραυγῇ, καὶ μὴ ἐᾶν ὑπνοῦν ἀλλὰ διαφορεῖσθαι
τῇ ἐγρηγόρσει', καὶ ἐμβιβάζειν εἰς θερμὴν ἔμβασιν καὶ πυριᾶν
'καὶ λούειν' διὰ τὸν κνησμὸν 'ἢ τὴν σύμπηξιν τοῦ αἵματος τὴν
ὑπὸ τοῦ ψύχους', μετὰ δὲ τὸ λουτρὸν διδόναι λιπαροὺς ζωμοὺς
καὶ μυελὸν ἐλάφειον. πρόδηλον δὲ ὡς καὶ τούτοις καὶ πᾶσι τοῖς
30 δηλητήριον ἕτερον εἰληφόσι δίδοσθαι ὀφείλει ἡ θηριακὴ καὶ
πρὸ τῶν ἐμέτων καὶ μετὰ τοὺς ἐμέτους :-

num. οαʹ Α : οʹ Β οβʹ D ‖ tit. π. ὀποῦ μήκωνος BCD : π. τοῦ μήκωνος
Α ‖ 3 οὐδεὶς ABD : τίς C ‖ λάθοι ACD : λάθη Β ‖ 5 τοῦτο τὸ φ. ACD : τὸ
φ. τοῦτο Β ‖ 6 πιόντες ABD : πίνοντες C ‖ ἤ om. C ‖ βουλόμενοι D :
ἐπεχόμενοι ABC ‖ 8 τοῦτο BC : τοιοῦτον Α τούτων D ‖ κεφαλῆς βάρος Β :
om. C ‖ 12 s. dist. post τούτοις BC : post ἐκδίδοται AB ‖ 13 καὶ¹ BC : om.
AD ‖ τὰ ABD : om. C ‖ 14 ἐπιπίπτει AD : ἐμπ- BC ‖ 15 ψυχρὰ καὶ μικρά
AB : μικρὰ καὶ ψυχρὰ D ψυχρὰ καὶ πυκνὴ καὶ ὑγρά C ‖ 16 ῥωχμός AB (qui
ῥοχμὸς) : ῥοχμοί D ῥωγμός C ‖ 17 ἐξεμέσαι καὶ AD : om. ἐξεμέσαι Β ἐξ.
καὶ C ‖ 18 δριμεῖ κλύσματι ABC : δριμέα κλύσματα D ‖ 19 οἶνος παλαιὸς
κιρρὸς AD : ο. κ. Β ὁ κ. ο. C ‖ 21 σπέρμα CD : σπέρματα Β i.e.σπέρμα
<με>τὰ ‖ μετὰ – καστορίου Α : πέπερι καὶ καστόριον BD π. καὶ ἀψίνθιον
ἢ καστ. C ‖ ἐν AB : σὺν CD ‖ 22 θύμβρα Β : θρύμβρα D θρύμβνα (ν add.
s.l.) C θρύμμα Α ‖ 23 τούτους C : τούτοις ABD ‖ θείῳ – καὶ² Β : om. C (cf.
ad l. 25) ‖ 24 βράθυϊ C : βράθυ Β ‖ 25 κεφαλῇ τὲ καὶ θριξὶ ante καὶ νυγμοῖς
add. C (cf. ad l. 23) ‖ 26 τῇ ἐγρηγόρσει Β : om. C ‖ 29 ἐλάφειον susp., μετ'
ἐλαίου malim cl. PAeg. (PsD.) ‖ 30 ἕτερον AD : om. BC ‖ δίδοσθαι ὀφείλει
ἡ θ. AB, D (qui διδόναι) : ὠφέλιμος ἡ θ. διδομένη C.

16. **Le lièvre marin**. – **(1)** Le Lièvre de mer se trouve généralement entre les tentacules des seiches ; c'est un petit animal d'odeur désagréable. **(2)** Ceux qui l'ont pris en boisson ont dans la bouche un goût désagréable de poisson. Peu après, l'estomac est douloureux et la couleur du corps tourne aux tons de l'ictère ; puis, les malades prennent un teint plombé avec œdème du visage. Il y a de plus enflure des chevilles et le pénis se gonfle bloquant les urines. Le mal venant à progresser, l'urine devient semblable à l'eau de mer, parfois aussi sanguinolente. Ensuite, pris de nausée, ils vomissent des matières bilieuses mêlées de sang et bigarrées, sentant la rinçure de poisson ; les chairs fondent et coulent, ils ont des sueurs malodorantes. Ils prennent en aversion et détestent toute espèce d'animaux marins, sauf le crabe et les crevettes. **(3)** Il faut leur donner du lait d'ânesse frais tiré avec du vin doux de façon continue, sinon, du lait de vache, ou bien une décoction de mauve, et les faire vomir : donner ensuite 4 dr. de racine de cyclamen pilée dans du vin mélangé d'eau, ou 1 dr. d'ellébore noir, ou 1 dr. de scammonée dans du lait de vache ou du mélicrat, ou des pépins de grenade ou des baies de genièvre pilées dans du vin ; et donne-lui à lécher un peu de poix liquide ou de résine de cèdre avec du vin doux. Donne-lui aussi du sang d'oie encore chaud à boire avec du vin doux, ou du sang de bouc ou de tortue avec du vin miellé, du poivre et du costus. Qu'ils mangent aussi des crabes en abondance et des crevettes ; ils refusent en effet le poisson, et le signe de guérison, c'est de pouvoir en manger[1].

1. PAeg. (= PsD., rares différences, et uniquement dans l'expression) n'a pas le §1 d'Aétius, qui lui est commun avec Promotus p. 77.24 s. (voir comm. n. 50 §1b1). Il s'agit là, semble-t-il, d'un contresens commis sur *Al.* 470 s. Tous les éléménts de la symptomatologie de Paul (= PsD.) se retrouvent chez Aét., §2 p.-ê. à partir de leur source commune (Oribase) ; un seul exemple : Aét. l. 3 s. = PAeg. p. 29.15 γεῦσις ὁμοία ἰχθύος (ἰχθύσι PsD. !) βρωμώδης. Les éléments absents chez Paul, à savoir teint plombé qui rappelle l'ictère, œdème du visage, enflure des chevilles et du pénis (qui bloque les urines : Paul dit seulement qu'elles sont bloquées), urine semblable à l'eau de mer, les chairs qui coulent (élément ajouté par la version longue ; il suit la mention du teint chez Pr. comme dans *Al.*) se lisent chez Pr. l. 25-32. Un élargissement du texte d'O. opéré par Aét. à partir de Pr. (ou de sa source, plus proche de N.) paraît probable. Dans la thérapie, le Ps. Dioscoride est plus complet que PAeg. qui a omis : ῥοῶν τε πυρῆνας ἢ κεδρίας λείας μετ' οἴνου (PsD. p. 38.7 s., cf. *Al.* 488 s.). C'est Aét. qui offre la thérapie la plus riche (§3). Elle comporte non seulement la résine de cèdre, absente chez Pr., mais la poix liquide, absente chez PsD. et PAeg., que Pr. recommande en son propre nom (l. 34) et au nom d'Épainétès (p. 78.3), dont il donne un extrait à la fin de sa notice. C'est également Épainétès, et non Pr. qui mentionne la grenade, non les pépins (cf. *Al.* 491 s.), mais le jus (*ibid.*, voir comm. n. 52 §6 Ab et Bb).

§16.

(XIII 55) νε΄ **περὶ λαγωοῦ θαλασσίου** :- **(1)** ὁ θαλάσσιος λαγωὸς εὑρίσκεται ὡς ἐπίπαν μεταξὺ τῶν <τριχῶν τῶν> τευθίδων, ζῷον μικρὸν βρωμώδη ὀσμὴν ἔχον. **(2)** παρέπεται δὲ τοῖς αὐτὸν εἰληφόσι γεῦσις ὁμοία ἰχθύσι βρωμώδης. μικρὸν δὲ ὕστερον κοιλία
5 ἀλγεῖ καὶ ἡ χροιὰ τοῦ σώματος ἐπὶ τὸ ἰκτερῶδες τρέπεται, εἶτα καὶ μολιβδώδεις γίγνονται μετ᾽ οἰδήματος τοῦ προσώπου. ἐμπίπραται δὲ καὶ τὰ σφυρά, καὶ τὸ αἰδοῖον ἐν οἰδήσει γιγνόμενον ἐπέχει τὰ οὖρα. προβαινούσης δὲ τῆς κακίας καὶ θαλασσίζον οὖρον οὐρεῖται, ἐνίοτε δὲ καὶ αἱματῶδες. ἔπειτα ναυτιώδεις
10 γιγνόμενοι ἐμοῦσι χολώδη αἵματι μεμιγμένα ʽκαὶ ποικίλαʼ ἰχθύος ἀποπλυμάτων ὄζοντα · ʽαἱ σάρκες τε αὐτῶν τηκόμεναι ἐκρέουσινʼ, καὶ ἱδροῦσι δυσώδη. ἀποστρέφονται δὲ καὶ μισοῦσιν ἰχθὺν ἅπαντα χωρὶς καρκίνου ʽκαὶ καρίδωνʼ. **(3)** δοτέον δὲ αὐτοῖς γάλα ὄνειον νεόβδαλτον μετὰ γλυκέος συνεχέστατα, εἰ δὲ μή,
15 βόειον, ἢ μαλάχης ἀφέψημα, καὶ ἐμείτωσαν · ἔπειτα δοτέον κυκλαμίνου ῥίζης λείας <δ΄ μετ᾽ οἴνου κεκραμμένου, ἢ ἐλλεβόρου μέλανος <ἅ΄, ἢ σκαμμωνίας <ἅ΄ μετὰ βοείου γάλακτος ἢ μελικράτου, ἢ ῥοιᾶς πυρῆνας ἢ κεδρίδας λείας μετ᾽ οἴνου, καὶ πίσσης ὑγρᾶς ἢ κεδρίας ὀλίγον μετὰ γλυκέος δίδου ἐκλείχειν.
20 δίδου δὲ καὶ χηνὸς αἷμα ἔτι ἔνθερμον πίνειν μετὰ γλυκέος, ʽἢ τράγειον ἢ χελώνης αἷμα μετ᾽ οἰνομέλιτος καὶ πεπέρεως καὶ κόστουʼ. ἐσθιέτωσαν δὲ καὶ καρκίνους συνεχῶς ʽκαὶ τὰς καρίδαςʼ · ἰχθὺν γὰρ οὐ προσίενται. σημεῖον δὲ σωτηρίας τὸ δυνηθῆναι ἰχθὺν φαγεῖν :-

num. νὲ Α : νδ΄Β νζ΄ D ‖ tit. π. λ. θ. ABD : π. θ. λ. C ‖ θαλασσίου CD : θαλαττίου Α sine exitu B ‖ 1 ὁ BCD : om. Α ‖ θαλάσσιος D : -ττιος AB per comp. C ‖ 2 ὡς ABC : om. D ‖ τριχῶν τῶν addidi cl. Pr. (uide uersionis adn.) ‖ τευθίδων AD : -ιδίων BC ‖ 3 αὐτὸν Α : τοῦτον BCD ‖ 4 κοιλία ABC : -αν D ‖ 5 ἡ χροιὰ C : ἡ χρόα BD ὁ χρὴν Α ‖ τρέπεται ABD : ἐκτρ- C ‖ 5-8 εἶτα – οὖρα om. C ‖ 6 μολιβδώδεις ego : -δης Α -δῶδες D μολιβώδεις Β (-εις pro -ης) ‖ γίγνονται D : γίγνεται AB ‖ 7 ἐν οἰδήσει D : ἐνοιδῆ Β (cf. Pr. cod. V) εἰςδήσι Α ‖ οὖρον BCD : om. Α ‖ 9 s. ναυτιώδεις γιγνόμενοι ἐμοῦσι C : ν-ης γ-ος ἐμεῖ ABC ‖ 10 χολώδη BC : -δει Α sine exitu D ‖ 13 δὲ ABC : οὖν D ‖ 14 (19, 20) γλυκέος ACD : γλυκέως Β ‖ 15 ἐμείτωσαν ABC : ἐμείτω D ‖ 17 <ἅ΄ C : γρ β΄ ABD ‖ 18 ῥοιᾶς C : ῥοᾶς Β ῥοὰς Α ῥοῶν D ‖ πυρῆνας C : πυρίνας ABD ‖ κεδρίδας ego cll. D. eup., Scr.L., Pl. (cf. comm. n. 52 §5) : κειρίδας Α κεδρίας BCD ‖ λείας ACD : om. Β ‖ 19 ἢ – ἐκλείχειν om. D ‖ κεδρίας ὀλίγον AB : κεδρίαν ὀλίγην C ‖ 20 δὲ AD : om. BC ‖ ἔτι ABC : om. D ‖ 21 αἷμα. C : τὸ α. Β ‖ καὶ πεπέρεως Β : πεπέρεως τὲ C ‖ 22 ἐσθιέτωσαν δὲ ABC : ἐσθιέτω γὰρ D ‖ 23 προσίενται ABC : -ίεται D ‖ 24 φαγεῖν C : ἐσθίειν ABD.

17. **Les Sangsues**.– **(1)** Les sangsues absorbées avec de l'eau se fixent sur le gosier ou l'œsophage, à un endroit quelconque, ou sur l'orifice de l'estomac. Tout d'abord elles sucent le sang peu à peu ; et, en s'en remplissant, elles obstruent le passage des liquides ; si elles s'en sont remplies à l'excès, elles déversent au dehors le sang qu'elles sucent, au point de donner l'impression d'un crachement de sang. La sensation qu'éprouvent leurs victimes aux endroits de la succion, qu'elle soit pour elles le signe que des sangsues ont été absorbées. **(2)** Si donc, observé au soleil, l'intérieur de la bouche est bien visible, à l'aide d'une pince pour la luette, d'une pince à épiler ou encore d'une pince pour extraire les flèches, il faut évacuer les sangsues. Les rejette également, la saumure avalée par petites gorgées continuellement, bien mieux encore, le mélange de vinaigre et de saumure additionné de suc de silphium, ou de la neige diluée dans du vinaigre et avalée continuellement ; et qu'ils se gargarisent avec du natron dans de l'eau douce ou de l'eau de mer, ou avec du sulphate de cuivre dans du vinaigre, ou de la moutarde, de l'hysope ou de l'origan. Si elles se sont fixées en bas, dans la région de l'orifice stomacal, donne à boire toutes les substances susdites sauf le sulphate de cuivre. Il faut employer aussi les remèdes capables de relâcher le ventre ou un purgatif : elles ont coutume en effet de se précipiter au dehors avec les excréments. Pour nous, nous les chassons en faisant manger beaucoup d'ail, et nous n'avons besoin d'aucune des substances susdites. A défaut d'ail : oignons, poireaux, calament vert, passerage préparée (en salaison). Si la sangsue se trouve dans les narines, nous soignerons avec des sternutatoires à base de vinaigre âcre, de nigelle, d'ellébore, de concombre d'âne et de substances semblables : et, de plus, en poussant et appuyant la tête d'une sonde vers la bouche de la bestiole. Ou bien pile des punaises, et place-les sous la narine où se trouve la sangsue. Quant à celles qui se sont attachées à la bronche (*trachée*) et sont invisibles, on doit les chasser ainsi : il faut faire entrer le malade dans une baignoire d'eau chaude, qu'il en ait jusqu'au cou, et lui donner à garder dans la bouche de l'eau très froide ; qu'il renouvelle l'opération continuellement : la sangsue sortira, poussée par l'attirance du froid[1].

1. Aétius a le développement le plus riche. Le noyau en est O. *ecl.* p. 298.17-24, que l'on retrouve d'un bout à l'autre de ce chap., parfois aux termes près : O.17 s. ~ Aét. l. 1-3 (– αἷμα), O. 18 s. ~ Aét. 6-8 (ἡ δὲ – καταπεπόσθαι), O. 20-22 = Aét. 10-15 (ἀποβάλλει – ὀριγάνῳ, avec un plus, cf. *infra*), O. 22-24 ~ Aét. 27-32 (τὰς δὲ –). Certains ajouts d'Aét. viennent p.-ê. d'un O. plus complet : l. 6 crachement de sang, cf. PAeg. p. 30.10 (*tacet* PsD.). Ils peuvent intervenir même dans les passages empruntés : *e.g.* l. 12 *oxalmè* et silphium, neige (~ *Al.* 512), cf. PAeg. (= PsD.) l. 11 s. L'usage des laxatifs (*tacent* PAeg. PsD.)

§17.

(XIII 58) νη΄ **περὶ βδελλῶν** :- (**1**) βδέλλαι καταποθεῖσαι σὺν
ὕδατι προσφύονται τῇ φάρυγγι ἢ τῷ στομάχῳ κατά τινα τόπον ἢ
τῷ στόματι τῆς κοιλίας. καὶ πρῶτον μὲν ἡσυχῇ ἐκμυζῶσι τὸ αἷμα ·
πληρούμεναι δὲ καὶ ἀποφράττουσι τὴν δίοδον τῶν καταπινο-
5 μένων · ὑπερπληρωθεῖσαι δὲ τὸ ἐκμυζώμενον αἷμα ἔξω προχέου-
σιν ὡς φαντασίαν ἀποτελεῖν αἵματος ἀναγωγῆς. ἡ δὲ γιγνομένη
αὐτοῖς αἴσθησις ⸢κατὰ τοὺς τόπους τῆς⸣ ἐκμυζήσεως σημεῖόν
σοι ἔστω τοῦ βδέλλας καταπεπόσθαι. (**2**) ⸢εἰ μὲν οὖν ἐν ἡλίῳ
κατανοοῦσι τὰ ἐνστόμια φαίνοιντο, σταφυλοκατόχῳ ἢ τριχο-
10 λάβῳ ἢ καὶ βελεάγρᾳ αὐτὰς ἐκβλητέον⸣ · ἀποβάλλει δὲ ταύτας
ἅλμη συνεχῶς κατὰ βραχὺ καταρροφουμένη, καὶ πολλῷ μᾶλλον
ὀξάλμη προσλαβοῦσα λάσαρ, ἢ χιὼν σὺν ὄξει διαλυομένη καὶ
καταρροφουμένη συνεχῶς · ἀναγαργαριζέσθωσαν δὲ νίτρῳ μετ᾽
ὕδατος γλυκέος ἢ θαλασσίου, ἢ χαλκάνθῳ μετ᾽ ὄξους, ἢ νάπυϊ ἢ
15 ὑσσώπῳ ἢ ὀριγάνῳ [ἀναγαργαριζέσθω]. εἰ δὲ κάτω περὶ τὸ
στόμα τῆς γαστρὸς ἐμπέφυνται, δίδου μὲν πίνειν τὰ προειρημένα
πάντα χωρὶς τῆς χαλκάνθου. χρηστέον δὲ καὶ τοῖς κοιλίαν λύειν
δυναμένοις ἢ καθαρτηρίῳ · συνεκτρέχειν γὰρ εἰώθασι τοῖς διαχω-
ρήμασιν. ἡμεῖς δὲ διὰ σκορόδων πολλῶν βρώσεως ἐκβάλλοντες
20 αὐτὰς οὐδενὸς τῶν προειρημένων χρήζομεν. εἰ δὲ ἀποροῦμεν
σκορόδων, κρό<μ>μυα ἢ πράσα καὶ καλαμίνθην χλωράν, λεπί-
διον δὲ τὸ[ν] <ἐ>σκευασμένον. εἰ μὲν ἐν τοῖς μυκτῆρσιν ἐντύχη-
ται ἡ βδέλλα, διὰ τῶν <ἀν>α<ρ>ρίνων θεραπεύσομεν ἅτινα
συντίθεται δι᾽ ὄξους δριμέος καὶ μελανθίου καὶ ἐ<λ>λεβόρου καὶ
25 ἐλατηρίου καὶ τῶν ὁμοίων, καὶ διὰ πυρῆνος δὲ μήλης ἐρειδομέ-
νου τε καὶ ὠθουμένου κατὰ τοῦ στόματος τοῦ θηριδίου. ἢ κόρεις
λειώσας ὑπόθες τῷ μυκτῆρι, ἔνθα ἡ βδέλλα. τὰς δὲ τῷ βρόγχῳ
προσπεφυκυίας ⸢καὶ ἀοράτους⸣ ἐκβλητέον οὕτως · ἐμβιβάσαι δεῖ
τὸν πάσχοντα εἰς θερμὴν ἔμβασιν μέχρι τοῦ τραχήλου καὶ διδό-
30 ναι διακρατεῖν ἐν τῷ στόματι ψυχρότατον ὕδωρ · καὶ ἀλλασσέτω
συνεχῶς · ἐξελεύσεται γὰρ ἡ βδέλλα τῇ ἐπὶ τὸ ψυχρὸν προθυμίᾳ :-

num. νη΄ A : νζ΄ B νθ΄ D ‖ tit. ante βδελλῶν add. καταπόσεως C ; post h.u.
βατράχου καὶ ἀσκαλαβώτου C βατράχων, πτεροῦ καταποθέντος B ‖ 2 τῇ
ABD : τῷ C ‖ 2 om. ἢ – τόπον C κατά – τόπον B ‖ 3 μὲν AD : om. BC ‖
4 καὶ AB : om. CD ‖ 6 ἀναγωγῆς ABC : ἀγωγῆς D ‖ 7 αὐτοῖς AB : αὐτῆς D
αὐτ C ‖ 8 βδέλλας C : -αν ABD ‖ 9 ἐνστόμια B : στομ C ‖ 10 ἢ καὶ ego : ἢ
B καὶ C ‖ ἐκβλητέον C (ut uoluit Schn. 243) : ἐκλιπτέον B ‖ 11 καὶ ante
ἅλμη add. BC ‖ καταροφουμένη ABD : ροφ- C ‖ 12 διαλυομένη BC : δια-
λειο- A λειομένη D ‖ καὶ AB : ἢ καὶ D om. C ‖ 13 συνεχῶς om. D ‖ ἀνα-

est également recommandé par O. *Eun*. 3. 67 (431.16 s. = Aét. l. 17 s.) avec
celui de l'ail (*Eun*. 19 s. ἡμεῖς – χρήζομεν = Aét. l. 19 s.). Pour la remarque
d'apparence personnelle sur l'ail, jumelée avec la note sur les punaises (Aét. l.
26 s.) chez Paul, ce dernier nous en livre la source (cette référence figurait p.-ê.
chez O.), mais il est moins fidèle à son texte qu'Aét. et O. *Eun*. : PAeg. l. 17 s.
(*tacet* PsD.) ἐγὼ δέ φησιν ὁ Γαληνὸς τοῖς σκορόδοις ἐπὶ τούτων χρώμενος
ἀεὶ κόρεων οὐκ ἐδεήθην (= *simpl. med. fac.* 1. 43 [363.12] ἀλλ' ἡμεῖς γε διὰ
σκορόδων ἐδωδῆς ἐκβάλλοντες αὐτὰς ἀεὶ κτλ.). Dans ses suppléments les
plus longs, Aét. peut avoir une part importante, notamment en ce qui concerne
les actes chirurgicaux qui ne sont pas mentionnés ailleurs. PAeg. et PsD., p.-ê.
moins voisins que d'ordinaire (quelques différences citées ci-dessus ; les additions appartenant à PAeg. montrent qu'il ne dépend pas du PsD.) donnent d'O.
ecl. une image plus exacte qu'Aétius. Quelques rencontres textuelles entre Promotus et Aét. dans la symptomatologie : cf. Aét. l. 3 s. ~ Pr. p. 76.28 s. καὶ
πρῶτον μὲν ἡσυχῇ ἀμέλγουσι τὸ αἷμα, ὁτὲ δὲ … ἀποφράττουσαι τὰς
ὁδοὺς τοῦ πνεύματος. Malgré des rencontres de vocabulaire entre Pr. et O. (*et
pedisequi* : Pr. l. 34 ῥοφείτωσαν καὶ ἀναγαργαριζέτωσαν [-ζέσθωσαν
malim]), la thérapie de Pr. est résolument nicandréenne.

18. Les Champignons. – (1) Parmi les Champignons, les uns sont

nocifs par nature, les autres par leur quantité, et cette nocivité entraîne
des suffocations semblables aux étouffements. **(2)** Il faut secourir les
patients aussitôt, avant qu'ils en aient été vaincus, en leur donnant à
manger beaucoup de radis ou des feuilles de rue, leur donner à boire du
natron avec de l'oxycrat tiède ou de l'oxymel en ajoutant aux liquides
une décoction d'hysope, de thym, d'origan, et en les forçant à vomir.
Ils reçoivent une aide admirable en buvant de la cendre de sarment filtrée, plus encore si la cendre provient du bois de poirier et si l'on y
ajoute du vinaigre et du natron. En effet, les poires, ou les feuilles de
poirier, bouillies avec les Champignons, leur ôtent ce qui les rend
étouffants, et, mangées après eux, elles constituent un remède. Il est
utile de boire 1 dr. d'aristoloche avec de l'absinthe dans du vin, de la
mélisse avec du natron, ou la racine du panacès dans du vin. Qu'ils
mangent du nasitort vert ou qu'ils prennent sa graine en boisson. Philagrios déclare : « Nous donnerons à boire de la fiente blanche de
poules, après l'avoir pilée sèche, avec de l'oxycrat ou de l'oxymel. Car
nous avons », dit-il, « l'expérience de son efficacité manifeste pour
ceux qui sont étouffés par des Champignons ». Il faut aussi leur vider
le ventre à l'aide d'un clystère énergique. **(3)** Quand des Champignons,
ayant été mangés ou souillés par des bêtes venimeuses, ou poussant
dans des endroits où des animaux semblables ont leur gîte, ne se
contentent pas d'amener une suffocation, mais causent des plaies aux
intestins, il faut donner à boire aux patients une décoction abondante
d'absinthe, de figues, et de l'origan avec du miel, et les faire vomir.
Ensuite, qu'ils boivent la thériaque et prennent un bain d'eau chaude[1].

γαργαριζέσθωσαν ego : -σθω C (qui post h.u. dist.) γαργαριζέσθωσαν AB -σθω D ‖ δὲ ABD : καὶ C ‖ νίτρῳ AD sine exitu BC ‖ 14 γλυκέος C : om. ABD ‖ θαλασσίου C : θαλασσίῳ ὕδατι A θαλάσσιον ὕδωρ D sine exitu B ‖ χαλκάνθῳ A χαλκανθ BCD ‖ 14 s. νάπυϊ, ὑσσώπῳ, ὀριγάνῳ AB : nomin. D praeter ὕσσωπ et ὀριγάν, genetiuus C ‖ ἀναγαργαρίζεσθω om. D : habent ABC deleui ‖ 16 ἐμπέφυνται C : -φυται ABD ‖ μὲν ABC : om. D ‖ 19 σκορόδων C : σκόρδων ABD ‖ πολλῶν ABC : -ῆς D ‖ 20 χρῄζομεν ABD, cf. O. *Eun.* : ἐδεήθημεν C, cf. Gal. ‖ 21 σκορόδων ego cl. Gal. O. : σκόρδων codd. ‖ 20-27 εἰ δὲ – ἡ βδέλλα A : om. BCD ‖ 25 διὰ πυρῆνος ego (cf. Gal. *UP* 4. 247.3 μήλης πυρῆνα) : διαπύρινος A ‖ 27 βρόγχῳ AB : βρόχῳ CD ‖ 28 ἐμβιβάσαι C : -σαντα AB -σαντες D ‖ δεῖ C : om. ABD ‖ 29 καὶ διδόναι C : δίδου ABD ‖ 30 ψυχρότατον ACD : ψυχρὸν B ‖ ἀλλασσέτω ABD : ἀλλάσσειν C ‖ 31 τὸ BCD : om. A ‖ post προθυμίᾳ de rana in BC agitur.

§18.

(XIII 75) οε′ **περὶ μυκήτων** :- (1) μυκήτων δὲ οἱ μὲν τῷ γένει βλάπτουσιν, οἱ δὲ τῷ πλήθει, καὶ βλάψαντες ἐπιφέρουσι πνιγμοὺς ἐοικότας ταῖς ἀγχόναις. (2) οἷς εὐθέως δεῖ βοηθεῖν, πρὶν κρατηθῆναι, ῥαφανίδας διδόντας πολλὰς φαγεῖν ἢ πηγάνου
5   φύλλα, διδόναι δὲ πίνειν νίτρον μετ᾽ ὀξυκράτου χλιαροῦ ἢ ὀξυμέλιτος, ἐναφέψοντας τοῖς ὑγροῖς ὕσσωπον, θύμον, ὀρίγανον, καὶ ἀναγκάζοντας ἐμεῖν. θαυμαστῶς δὲ βοηθοῦνται κονίαν κληματίνην διηθημένην πίνοντες, καὶ μᾶλλον εἰ ἐξ ἀχράδων ξύλων κεκαυμένων εἴη γεγενημένη, ὄξους προσεμβαλλομένου
10   καὶ νίτρου · καὶ γὰρ συνεψημέναι αἱ ἀχράδες ἢ τὰ φύλλα τοῦ δένδρου τοῖς μύκησιν ἀφαιροῦνται τὸ πνιγῶδες αὐτῶν, καὶ ἐπεσθιόμεναι βοηθοῦσι. πίνεται δὲ ὠφελίμως καὶ ἀριστολοχίας <ἅ σὺν ἀψινθίῳ μετ᾽ οἴνου καὶ μελισσόφυλλον μετὰ νίτρου <ἢ πάνακος ῥίζα σὺν οἴνῳ · καὶ κάρδαμον χλωρὸν ἐσθιέτωσαν ἢ τὸ
15   σπέρμα πινέτωσαν. ὁ δὲ Φιλάγριός φησι · τὴν τῶν ἀλεκτορίδων λευκὴν κόπρον ξηρὰν λειώσαντες δώσομεν πίνειν μετ᾽ ὀξυκράτου ἢ ὀξυμέλιτος · ταύτης γάρ φησι καὶ ἡμεῖς πεῖραν ἔχομεν ἐναργῶς βοηθούσης τοῖς ὑπὸ μυκήτων πνιγομένοις. δεῖ δὲ καὶ πρακτικῷ κλυστῆρι κενοῦν τὴν κοιλίαν. (3) ἐπειδὴ δέ τινες μύκη-
20   τες ὑπὸ θηρίων τινῶν ἰοβόλων βρωθέντες ἢ μολυνθέντες ἢ ἐν τόποις φυόμενοι ἔνθα φωλεύει τὰ τοιαῦτα ζῷα οὐ μόνον πνιγμὸν ἐπάγουσιν ἀλλὰ καὶ ἑλκοῦσι τὰ ἔντερα, δοτέον ἀψινθίου καὶ σύκων ἀφέψημα πίνειν δαψιλὲς καὶ ὀρίγανον μετὰ μέλιτος, καὶ ἐμείτωσαν · ἔπειτα τὴν θηριακὴν πινέτωσαν καὶ ἐμβιβαζέσ-
25   θωσαν θερμῷ ὕδατι :-

num. οε′ A : οδ′ B ος′ D ‖ 1 s. οἱ – πλήθει ABC : om. D ‖ 2 καὶ βλάψαντες C : βλ. δὲ ABD ‖ 3 εὐθέως ABC : εὐθὺς D ‖ 3 s. πρὶν κρατηθῆναι AD : om. BC ‖ 5 δὲ ABD : τε C ‖ 6 ἐναφέψοντας ego : -τες codd. ‖ ὕσσωπον

1. Ici, la confrontation doit s'étendre à Oribase. Non aux chap. d'*Eust.* et d'*Eun.* qui traitent le sujet, mais à celui des *ecl.*, une des sources d'Aét. et la source essentielle de PAeg. PsD. Ces deux derniers ont un texte pratiquement identique, à une exception : PAeg. p. 37.23 a ἀλεκτορίδων ᾠά = O. p. 298.4 s., alors que PsD. p. 33.10 s. pose l'alternative ἀλεκτορίδων ἄφοδος ἢ ᾠά (cod. V : ᾠά A), qui se lisait p.-ê. dans O.*coll.* plus complet. PAeg. ne dérive pas de PsD. disqualifié comme source par l'absence des lignes finales de PAeg. (p. 38.1-4) qu'on lit aussi chez Aét. (l. 19-23 in.) et O. p. 298.12-14, cf. Pr. p. 73.11-13. Ils dépendent tous les trois d'O., Aét. plus librement. PAeg. (PsD.) omettent le passage d'O. p. 298.9-12, mais en insèrent quelques éléments dans les lignes précédentes (natron [cf. Aét. l. 5, 10, 13 et *Al.* 532], fleur de cuivre [*Al.* 529]). De ce passage, Aét. l. 19 a retenu le clystère, négligé par eux. La fiente de poule fait chez lui l'objet d'une citation de Philagrios (l. 15-18). Il l'a p.-ê. trouvée dans les *coll.*, dont Philagrios est une des sources ordinaires. Il ajoute : l. 3-7 (πρὶν – ἐμεῖν), où l'hysope et le thym lui appartiennent en propre (pour les radis cf. O. *Eun.*). La prescription relative à la thériaque lui est aussi particulière. Promotus, dont la thérapie ressemble à une paraphrase de N., est fort différent.

19. **La Salamandre**. – **(1)** La Salamandre est un animal qui ressemble au gecko, et qui a la peau plus rugueuse (ou : qui est plus gros) que le lézard des sorcières. Il passe à travers un feu en train de brûler sans subir aucun mal, car la flamme s'ouvre en deux et s'efface devant lui. Mais, s'il reste dans le feu un certain temps, l'humeur froide et visqueuse qu'il sécrète venant à s'épuiser, il brûle. On dit que la Salamandre a du poids, ce qui en soi est susceptible d'éteindre le feu et de s'y opposer. **(2)** Pour ceux qui ont pris son breuvage, il s'ensuit inflammation de la langue, empêchement de l'esprit, tremblement accompagné d'un engourdissement et d'une faiblesse. Certaines parties de leur corps offrent une surface livide circulaire, en conséquence de quoi, souvent elles se putréfient et s'écoulent. Tout d'abord en effet les marques qui parsèment le corps ont un aspect blanc, puis rouge, puis noir, avec putréfaction et chute des poils. **(3)** Il faut aussi leur donner les remèdes mentionnés à propos des cantharides, et les faire vomir. En particulier, broie de la résine de pin dans du miel et donne à lécher ; ou bien donne du galbanum avec du miel, ou des pignons pilés dans une décoction de pin-nain, ou dans de l'huile des feuilles d'ortie bouillies avec de la farine d'orge, ou des œufs de tortue avec son sang desséché dans du mélicrat ou dans de l'huile étendue d'eau. Agit de façon étonnante dans leur cas, le bouillon de grenouilles bouillies avec des racines de panicaut ; donne les chairs des extrémités de la tortue réduites en bouillon. Il semble que le soufre et le bitume soient des antidotes, ainsi que la chaux[1].

1. Le §1 est tiré de Promotus (ou de sa source), reproduit à peu près mot pour mot aux l. 1-4 = Pr. p. 75.27-29, moins littéralement dans la suite. L. 6 μυξώ-

ABC : -ου D ‖ θύμον AB : -ου D qui post ὀριγ. transtulit ‖ καὶ ante ὀρίγ. add.
C ‖ ὀρίγανον ABC : -ου D ‖ 7 ἀναγκάζοντας ego : -τες codd. ‖ 8 εἰ in hoc
loco AB : ante εἴη transtulit C om. D (fort. per haplogr. ante εἴη) ‖ 10 συνε-
ψήμεναι B : -εψόμεναι AD -εψούμ- C ‖ 11 ἀφαιροῦνται CD : -ρεῖται AB ‖
ἐπεσθιόμεναι ABD : ἐσθιόμεναι C ‖ 13 ἤ addidi cl. PAeg. ‖ 14 καὶ C (ante
κάρδ.) : τε (post κάρδ.) D om. AB ‖ ἐσθιέτωσαν AB : ἐσθιέτω D ἐσθιόμε-
νον C ‖ τὸ BCD : om. A ‖ 15 πινέτωσαν AB : -τω D πινόμενον C ‖ 16 λευκὴν post κόπρον B om. A ‖ 17 φησι in hoc loco AB : post ἡμεῖς transtulit D
om. C ‖ 19 πρακτικῷ ABC : δριμεῖ D (scripto δριμὺ) ‖ 20 τινῶν ἰοβόλων
θηρίων C ‖ ἤ μολυνθέντες om. A ‖ 23 ὀρίγανον CD : -ου AB (O. PAeg.) ‖
μέλιτος codd. : fort. μελικράτου correxeris, cll. O. PAeg. ‖ 24 ἐμείτωσαν
ABC : -τω D ‖ πινέτωσαν ABC : -τω D ‖ ἐμβιβαζέσθωσαν ABC : -σθω D.

§19.

(XIII 54) νδ΄ **περὶ σαλαμάνδρας** :- **(1)** ἡ σαλαμάνδρα ἐστὶ ζῷον
ὅμοιον ἀσκαλαβώτῃ, τραχύτερον δὲ τῆς φαρμακίτιδος σαύρας.
διαβαίνει δὲ τὸ ζῷον διὰ πυρὸς καιομένου καὶ οὐδὲν πάσχει περι-
σχιζομένης καὶ ὑποχωρούσης αὐτῷ τῆς φλογός. εἰ δὲ ἐμμείνῃ τῷ
5 πυρὶ ἐπὶ χρόνον τινά, δαπανηθείσης τῆς ἐν αὐτῷ ψυχρᾶς ʿκαὶ
μυξώδους ἐκρεούσηςʾ ὑγρότητος καίεται. ʿφασὶν δὲ αὐτὴν καὶ
βάρος ἔχειν, ὅ ἐστιν αὐτὸ σβεστικὸν καὶ ἐναντίον πυρόςʾ.
(2) παρέπεται δὲ τοῖς λαβοῦσι τὴν σαλαμάνδραν γλώσσης φλεγμονή, διανοίας ἐμποδισμός, τρόμος μετά τινος νάρκης καὶ ἐκλύ-
10 σεως. πελιοῦται δὲ αὐτοῖς τινα μέρη τοῦ σώματος κυκλοτερῶς,
ὡς πολλάκις καὶ σηπόμενα ἀπορρεῖν · πρῶτον μὲν γὰρ οἱ σπῖλοι
λευκοὶ φαίνονται κατὰ τὸ σῶμα, εἶτα ἐρυθροί, εἶτα μέλανες, μετὰ
σήψεως καὶ ῥύσεως τριχῶν. **(3)** δοτέον δὲ καὶ τούτοις τὰ ἐπὶ τῶν
κανθαρίδων εἰρημένα, καὶ ἐμείτωσαν. ἰδίως δὲ πιτυΐνην ῥητίνην
15 λεάνας μετὰ μέλιτος δίδου ἐκλείχειν, ἢ χαλβάνην μετὰ μέλιτος, ἢ στροβίλια λεῖα μετ᾽ ἀφεψήματος χαμαιπίτυος, ἢ κνίδης
φύλλα συνεψηθέντα κρί<μ>νοις μετ᾽ ἐλαίου, ʿἤ ᾠὰ χελώνης μετὰ
καὶ τοῦ αἵματος αὐτῆς ξηροῦ δίδου μετὰ μελικράτου ἢ ὑδρε-
λαίουʾ. παραδόξως δὲ ποιεῖ ἐπ᾽ αὐτῶν βατράχων ζωμὸς συνεψη-
20 θεισῶν ἠρυγγίου ῥιζῶν · ʿχελώνης τε ἄκρα κρέα ζωμευθέντα
ποιῶν δίδου. ἔοικε δὲ θεῖον καὶ ἄσφαλτος ἀντιπεπονθέναι, καὶ
τίτανοςʾ :-

num. νδ΄ A : νγ΄ B νς΄ D ‖ 2 ἀσκαλαβώτῃ C : σκαλαβώτῃ ABD ‖ τραχύτερον ABD : ταχύ- C, et Pr. παχύ- cod. A^mg (prob. Ihm fort. recte) ‖ δὲ om. D ‖
4 αὐτῷ D : αὐτῇ C αὐτοῦ AB ‖ ἐμμείνῃ C : ἐμμείνη D ἐπιμείνη D ἐνεκεί-
νει A ‖ ὑποχωρούσης C : ἀποχ- ABD ‖ 6 αὐτὴν C : αὐτὸ ABD ‖ 7 αὐτὸ ego
cl. Pr. : τοῦτο B om. C ‖ 10 πελιοῦται BCD : πελιῶται A ‖ 11 ὡς ABD, cf.
PAeg. (PsD.) : ὥστε C ‖ καὶ C : om. cett. ‖ γὰρ om. D ‖ 13 s. τῶν κανθαρίδων
C : τῆς κανθαρίδος ABD ‖ 14 ἐμείτωσαν ABC : ἐμείτω D ‖ πιτυΐνην

δους ἐκρεούσης de la version longue dérive aussi de Pr. l. 31 ῥέουσαν
ὑγρασίαν μυξώδη. De même pour l'addition suivante, l. 6-7 (φασὶν – πυρός),
dont Pr. a indiqué la source : cf. Pr. l. 34 s. Κλέων δὲ ὁ Κυζικηνὸς λέγει
βαρὺ εἶναι τὸ ζῷον, ὃ δὴ καὶ αὐτὸ σβεστικὸν ὑπάρχει πυρός. La symptomatologie d'Aétius est identique à celle de PAeg. = PsD (λαλιᾶς PAeg. au lieu
de διανοίας [cf. *Al.* 543] est sans doute corrompu) ; l'addition d'Aét. l. 11-13
(πρῶτον – τριχῶν) vient encore de Pr. (= p. 76.3-4). Pour la thérapie (§3), Aét.
est très voisin de PAeg. = PsD.(~ D. *eup.*), mais il diffère de Pr. qui est beaucoup plus proche de N. L'addition finale (l. 20 s.) est propre à Aét. ; pour les
extrémités de la Tortue, cf. *Al.* 557 s. et voir comm. n. 61 §B4b.

20a. Philouménos, *De uenenatis animalibus*, c. 36 (p. 39.2-18 Wellmann), d'après Théodoros[1], livre 76. **Le Crapaud**. – (1) Le Crapaud
est une espèce de Grenouille ; passé de la nature de la vie aquatique à
la vie terrestre, il est appelé *phrynos*, d'une manière comparable au
Chersydre … pour le mal difficile à guérir qu'il cause à ceux qui le
rencontrent. L'animal, pour la grosseur, ne le cède en rien à la petite
tortue ; il a le dos rugueux et il s'enfle beaucoup en s'emplissant d'air.
Il ne manque pas d'audace, car il se défend de front et, par ses bonds,
il réduit la distance qui le sépare de son adversaire, usant rarement de
la morsure ; mais cet animal a la capacité naturelle de produire un fort
souffle venimeux, de manière à nuire par le seul contact de son souffle
à ceux qui s'approchent de lui. On raconte encore plus de choses sur
cet animal, mais je les laisse de côté afin de n'apporter que ce qui est
le plus utile. (2) Pour ceux à qui il a fait du mal, il s'ensuit un œdème
de tout le corps, une violente diarrhée, une mort rapide. (3) Les
remèdes qui leur conviennent sont à tirer des antidotes et emplâtres
généraux et communs, ainsi que du reste des soins.

1. Sur Théodoros (1re moitié du Ier s. ap. J.-C.), médecin de l'école pneuma-
tique, auteur d'une vaste compilation médicale, surtout pharmacologique, dont
des fragments nous ont été conservés par Philouménos, Aétius et Alexandre de
Tralles, cf. K. Deichgräber, *RE* 5A (1934) 1865 s., Wellmann, « Philumenos »,
Hermes 43 (1908) 380 n. 1. Philouménos cite en outre, en relation avec le sujet
de son propre traité, au chap. 4. 13 (p. 8.31 Wellmann), le livre 74 du même
ouvrage pour un remède contre les morsures de chien enragé ; *ibid.* §15 (p. 9.6
W.), le livre 63 pour un remède emprunté à Cratès, médecin inconnu par
ailleurs, contre les morsures de chien ; chap. 5. 7 (p. 10.11 W.), sans mentionner le livre, mais sans doute dans un contexte analogue, un emplâtre de même
indication. Alex.Tr. 1. 559.18 cite le livre 2 et 563.17 le livre 58 pour des
recettes contre l'épilepsie. – Ce chapitre de Théodore, qui appartenait à un passage concernant l'enseignement iologique, ne semble pas attesté en dehors
d'Aétius et de sa source probable, Philouménos. Il comporte les trois paragraphes traditionnels, mais c'est surtout le premier, sur les caractéristiques de
l'animal venimeux, qui est développé ; et il l'est plus que d'ordinaire. Le §3 sur
la thérapie est elliptique. La symptomatologie a un seul point commun avec celle
du ou des Crapauds des autres iologues, l'œdème généralisé (l. 13 οἴδημα ὅλου
τοῦ σώματος : cf. *infra* §20b, l. 6).

ῥητίνην ABC : -ης -ης D ‖ 16 στροβίλια λεῖα ABC : στοβίλας λείας D ‖ 17 κρίμνοις ego cl. *Al.* 552 et Pr. p. 76.7 (ὅλην τὴν κνίδην μετὰ κρίμου ... ἑψήσας) : κρίνοις et PAeg. PsD. ‖ 18 καὶ C : om. B ‖ αὐτῆς C : om. B ‖ ξηροῦ δίδου B : δίδου ξηροῦ C ‖ μετὰ B : καὶ C ‖ 19 συνεψηθεισῶν AB : -θεὶς μετὰ τῶν CD (hic om. μετὰ τῶν) ‖ 21 δίδου.C : om. B ‖ ἄσφαλτος C : -ov B.

§20a.

XIII 37 (= Philum. cap. 36 §1-4 [ex Theodoro, ἐν τῷ ὅξ´ αὐτοῦ συγγράμματι]) **περὶ φρύνου** :- **(1)** ὁ φρῦνος βατράχου εἶδός ἐστιν · ἐκ τῆς λιμνοβίου δὲ φύσεως μεταβεβ<λ>ηκὼς ἐπὶ τὸ χερσόβιον, φρῦνος προσαγορεύεται ἐμφερῶς τῷ χερσύδρῳ ... πρὸς δυσαλθῆ κάκωσιν τῶν ἐντυγχανόντων. ἔστι γὰρ τὸ ζῷον τῷ μεγέ-
5 θει ὡς μηδὲν ἐλαττοῦσθαι τῆς βραχείας χελώνης, τραχύνει τε τὰ νῶτα, καὶ πολὺ ἐπὶ τῇ τοῦ πνεύματος ἐμπλήσει διοιδεῖ · τολμηρότερόν τέ ἐστι, διαμύνεται γὰρ πρὸς τὸ ἄντικρυς καὶ τοῖς πηδήμασι τὸ μεταξὺ συναιρεῖ διάστημα, σπανίως μὲν δήγματι χρώμενος · ἆσθμα δὲ τούτου πέφυκεν ἰῶδες ἐμποιεῖν σφοδρόν,
10 ὥστε κἂν μόνον θίγῃ τῷ ἄσθματι βλάπτειν τοὺς πλησίον γιγνομένους. πλείονα δὲ περὶ τοῦ ζῴου τούτου ἱστορούμενα παραπέμπομαι ὡς μόνα τὰ χρησιμώτατα παραθέσθαι. **(2)** παρακολουθεῖ δὲ τοῖς ὑπὸ τούτου βλαβεῖσιν οἴδημα ὅλου τοῦ σώματος καὶ κατάρρηξις καὶ σύντομος ἀπώλεια. **(3)** τὰ οὖν ἁρμόζοντα τούτοις βοη-
15 θήματα παρενεκτέον ἐκ τῶν καθολικῶν καὶ κοινῶν ἀντιδότων καὶ ἐπιθεμάτων καὶ τῆς ἄλλης ἐπιμελείας :-

hoc caput ex Ph. 36 (39.2-18) excerpsit Aet. om. auctoris nomine ‖ num. λζ´ A : λζ´ B λθ´ D ‖ 1 ὁ om. D ‖ βατράχου εἶδος BD : ε. β. C ‖ 2 τῆς CD : τοῦ AB ‖ μεταβεβ<λ>ηκὼς ego ex -βεβληκὸς D, cf. Ph. : -βεβηκὼς ABC ‖ τὸ ABD : τὴν C ‖ χερσόβιον ABC : χερσαῖον D ‖ 3 lacunam statui ‖ 4 τὸ AD : om. BC ‖ 5 τὰ ἄνω καὶ post τε add. A ‖ 6 διοιδεῖ ego cl. Ph. : διοιδοῖ C διὸ δεῖ D διοίδῃ B διὸ δὴ A ‖ τὸ ante τολμ. add. D ‖ τολμηρότερον ABD : -ος C ‖ 7 τέ ἐστι C : om. ABD ‖ γὰρ BC : γοῦν AD ‖ 8 δήγματι ABC : -σι D ‖ 9 τούτου C : om. ABD ‖ ἐμποιεῖν ABD : -ποιοῦν C ‖ σφοδρόν BD : σφοδρῶς A ‖ 10 μόνον BD : μόνῳ A, de C nescio ‖ 11 ἱστορούμενα ACD : ἱστοροῦσι μὲν ἃ B ‖ παραπέμπομαι BCD : -πέμπωμεν A ‖ 12 αὐτὰ post μόνα add. D ‖ χρησιμώτατα A : χρησιμώτερα BD χρήσιμα C ‖ 13 οἴδημα BCD : οἰδήματα A ‖ κατάρρηξις BCD : κατάρρηξεις A ‖ 14 σύντομος BCD : σύντονος A ‖ 15 καὶ κοινῶν AD : om. BC.

20b. A. Le Crapaud. – **(1)** Il y a deux espèces de Crapaud : l'un est muet, l'autre non. Le muet peut causer la mort ; il vit dans les roseaux, léchant la rosée, et c'est avec lui que l'on prépare le poison. **(2)** Pour ceux qui ont pris son breuvage, il s'ensuit de la fièvre et les extrémités se gonflent ; un asthme sévère et une forte difficulté à respirer affectent le buveur, et c'est un œdème du corps avec forte lividité rappelant la couleur du buis, mauvaise odeur de la bouche, hoquet, parfois aussi sécrétion involontaire de sperme. **(3)** Ils sont aisés à guérir si, après le vomissement provoqué par de l'huile étendue d'eau, ils prennent beaucoup de vin pur ou de la poix dans du vin. Donne-leur à boire dans du vin, après les avoir hachées, des racines de roseaux venus à l'endroit où vivent précisément les crapauds, ou celles du souchet qui y pousse, à la dose de 2 drachmes dans du vin, ou bien donne-leur dans du vin le sang de la tortue de mer avec de la présure de lièvre et du cumin, ou donne-leur à manger le foie du crapaud des marais, il est efficace en effet. Fais chauffer au feu une jarre, un vaisseau de terre ou un four, et, après en avoir retiré le feu et y avoir mis une brique, fais-y descendre le patient, pour qu'il sue abondamment. Qu'on force également les malades à se promener, courir, faire des exercices de façon intense, à cause de la torpeur qui les habite ; car dans leur cas l'exercice a un effet puissant ; et qu'ils prennent un bain quotidien.

B. La Grenouille des marais. – **(1)** Pour ceux qui ont pris le poison de la Grenouille des marais, il s'ensuit perte de l'appétit, humidification de la bouche, nausée, vomissement, cardialgie modérée. **(2)** On les soigne en leur faisant boire beaucoup de vin avec toutes les substances réchauffantes telles que suc de Cyrène ou *lasarion*, silphium, cumin, poivre, et produits semblables[1].

---

1. Paul et le Ps.Dioscoride n'ont pas deux chapitres distincts comme Aétius (A et B), mais un seul, qui traite du même animal (PAeg. p. 29.26 = PsD. p. 38.13 : φρῦνος δὲ ἢ ἕλειος βάτραχος) dans les mêmes termes, sauf quelques variantes d'expression. Tous les éléments de la symptomatologie de PAeg. (PsD.) se retrouvent, entre autres, chez Aétius en termes identiques : cf. Aét. l. 6-8 = PAeg. p. 29.26-30.2. Même situation pour la thérapie : ici encore, Aét. a, parmi beaucoup d'autres, les remèdes de Paul, à savoir Vin pur, racines de Roseau et de Souchet à la dose de 2 dr. (Aét. l. 10-12), exercices soutenus et bains quotidiens (*ib.* l. 17-19). Les éléments ou les détails qui manquent chez PAeg. (PsD.) ont été empruntés par Aét. à Promotus ou à sa source. Pour la symptomatologie, cf. Aét. l. 5 s. ~ Pr. p. 77.3 s. πυρετὸν – ἐκτρέπεται. Sauf pour le Sang de Tortue (Aét. l. 12 s. = Pr. 77.11 s.), les remèdes ou précisions ajoutés par Aét. à partir de Pr. offrent des parallèles à N. : Aét. l. 10 = Pr. p. 77.6 (Poix + Vin, cf. *Al.* 574) ; Aét. l. 10 s. = Pr. l. 10 (Roseaux de l'étang où vivent les Crapauds, cf. *Al.* 590) ; Aét. l. 13 s. = Pr. l. 6 (foie du Crapaud des marais, cf. *Al.* 575). Aétius a tiré aussi de Promotus le §1 (= Pr. 76.36, 77.1-2, pas de lacune, *pace* Ihm) du développement sur le Crapaud (A) et B (= Pr. p. 77.16-20, l. 18 *corrige* ἐξυγρασμός) relatif à la Grenouille des marais.

§20b.

(ΧΙΙΙ 56) νς´ Α) **Περὶ φρύνου** :- (1) φρύνου δέ εἰσιν εἴδη δύο · ὁ μὲν γάρ ἐστι κωφός, ὁ δὲ οὔ. ἔστι δὲ ὁ κωφὸς ἀναιρετικός · οὗτος δὲ νέμεται ἐπὶ τῶν καλάμων λείχων τὴν δρόσον, δι᾽ οὗ σκευάζεται καὶ τὸ δηλητήριον. (2) παρέπεται δὲ τοῖς λαβοῦσι
5 πυρετός, ἐμπίπρησι δὲ τὰ ἄκρα, πολλῷ δὲ ἄσθματι καὶ δυσπνοίᾳ συνέχεται ὁ λαβών. οἴδημα δὲ παρέπεται τοῦ σώματος μετ᾽ ὠχρότητος ἐπιτεταμένης πυξώδους, στόματός τε δυσωδία καὶ λυγμός, ἐνίοτε δὲ καὶ σπέρματος ἀβούλητος ἔκκρισις. (3) εἰσὶ δὲ εὐβοήθητοι μετὰ τὸν διὰ τοῦ ὑδρελαίου ἔμετον λαμβάνοντες
10 ἄκρατον πολὺν ἢ πίσσαν μετ᾽ οἴνου · ῥίζας δὲ καλάμων ὅπου αὐτοὶ οἱ φρῦνοι νέμονται κόψας μετ᾽ οἴνου δίδου πίνειν, ἢ τῆς ἐκεῖ φυομένης κυπέρου ὅσον <β´ μετ᾽ οἴνου, ἢ θαλασσίας χελώνης αἷμα μετὰ πιτύας λαγωοῦ καὶ κυμίνου δίδου σὺν οἴνῳ, ᾽ἢ ἧπαρ φρύνου λιμναίας δίδου φαγεῖν · ἔστι γὰρ ἐνεργές᾽. πίθον δὲ
15 πυρώσας ἢ κρίβανον ᾽ἢ φοῦρνον᾽ καὶ ἀνασπάσας τὸ πῦρ καὶ ἐνθεὶς πλίνθον κάθιε τὸν κάμνοντα, καὶ ἱδρούτω ἐπὶ πολύ. ἀναγκαζέσθωσαν δὲ καὶ συντόνως περιπατεῖν καὶ τρέχειν καὶ γυμνάζεσθαι διὰ τὸ ἐν αὐτοῖς ναρκῶδες · ἐνεργὸν γὰρ σφόδρα ἐπ᾽ αὐτῶν τὸ γυμνάσιον · καὶ λουέσθωσαν δὲ καθ᾽ ἡμέραν :-
20 (ΧΙΙΙ 57) νζ´ Β) **Περὶ τοῦ ἐν τοῖς ἕλεσι βατράχου** :- (1) τοῖς δὲ βάτραχον ἔλειον εἰληφόσι παρέπεται ἀνορεξία, στόματος καθυγρασμός, ναυτία, ἔμετος καὶ καρδιωγμὸς κουφότερος. (2) θεραπεύονται δὲ οἴνῳ πολλῷ ποτιζόμενοι σὺν τοῖς θερμαίνουσι πᾶσιν, οἷον ὀπῷ Κυρηναϊκῷ ἢ λασαρίῳ, σιλφίῳ, κυμίνῳ, πεπέρει
25 καὶ τοῖς ὁμοίοις :-

num. νς´ Α : νε´ Β νζ´ D (in eodem cap. quam lepus marinus) ‖ tit. περὶ τοῦ πόσα εἴδη φρύνου C ‖ 1 εἰσιν C : ἐστιν Α per comp. BD ‖ 4 καὶ ACD : om. Β ‖ 5 ἐμπίπρησι δὲ ABD (cf. Pr.) : καὶ πίμπρησι C ‖ ἐμπίπρησι AD : πίμπρησι BC ‖ ἄκρα codd. (et Pr.) : an ἄρθρα scribendum ? ‖ δὲ² ABD : τε C ‖ 6 τοῦ σώματος om. C ‖ 7 στόματός τε AD : στ. δὲ Β καὶ στ. C ‖ 9 διὰ om. BC ‖ τοῦ ABC : om. D ‖ 10 ῥίζας ABC : ῥίζαν D ‖ δὲ ABD : τε C ‖ καλάμων ACD : -ου Β ‖ ὅπου ABD : ἐν οἷς C ‖ 10 s. αὐτοὶ (-ῶν D) οἱ AD, cf. Pr. : οἱ αὐτοὶ BC ‖ 11 s. τῆς ... φ-ης κ-ου C : τὴν ... φ-ην κ-ον cett. ‖ ἐκεῖ ABD : ἐκεῖσε C ‖ 12 θαλασσίας χελώνης ABD : θαλάσσιον ὕδωρ ἢ χελώνην C ‖ 13 αἷμα AD : om. BC ‖ 14 λιμναίας ABD (ad vocis φρύνος fem. cf. Babr. 28.6 ἡ δὲ φρ.) : λιμναίου C ‖ 15 κρίβανον C : κλιβ- ABD ‖ καὶ om. Β ‖ 16 ἐνθεὶς πλίνθον ABD : ἐνθεισῶν πλίνθων Β ‖ ἀναγκαζέσθω D ‖ 18 γὰρ om. Β ‖ 19 λουέσθω D.

20 num. νζ´ Α : νς´ Β νη´ D ‖ tit. περὶ τῶν εἰληφότων βάτραχον τὸν ἐν τοῖς ἕλεσι C ‖ τοῖς ACD : τὸν Β ‖ 21 ἄφνω ante εἰληφ- add. D ‖ 22 καὶ C : om. ABD ‖ 23 οἶνον πολὺν D ‖ 24 σιλφίῳ om. Α.

21. La Litharge. – **(1)** La Litharge prise en boisson entraîne une lourdeur de l'œsophage, de l'estomac et des intestins, accompagnée de coliques intenses comme dans l'iléus, exerçant leur pression surtout autour du nombril ; il y a aussi blocage des urines avec légère enflure du corps ; tout le corps devient livide et prend une couleur plombée, les membres se gonflent et, pour finir, la suffocation intervient. **(2)** Il convient, après vomissement provoqué au moyen de décoctions huileuses, de faire boire dans du vin de la semence de sauge-hormin et trois oboles de myrrhe, ou bien de l'absinthe, de la semence d'ache, de l'hysope, du poivre, des fleurs ou des pousses de henné, ou de la fiente de pigeons dans du vin ou du vin miellé et de l'huile. Si les boyaux ont été purgés à l'excès, il convient de prendre des bains chauds et de manger des chairs grasses de porc à-demi rôties, de suer abondamment et de boire de l'huile[1].

1. Paul et le Ps.Dioscoride ont un texte identique. Ils semblent y reproduire le chap. d'Oribase sur l'hydrargyre (à la fin duquel O. p. 297.30 s. note que les éléments de sa notice sont communs à l'hydrargyre et à la litharge), à l'exception de la note finale d'O. (p. 297.28 s.) sur la thérapeutique à adopter en cas de désordre intestinal. On retrouve cette note (mais sans la remarque d'O. sur la thérapie identique de la litharge et de l'hydrargyre) chez Aét. l. 11 s., qui, pour le reste, offre en substance une réplique d'O. Les suppléments qu'on observe chez lui ont des parallèles chez Promotus, plus fidèle à N. que ne l'est Oribase : Aét. l. 3 εἰλεωδῶν – ἐρειδόντων ~ Pr. p. 75.18 στρόφοι – ὀμφαλόν (cf. *Al.* 596 ss.) ; Aét. l. 5 s. τὰ ἄρθρα πίμπραται ~ Pr. l. 19 ἄρθρα πάντα πιμπράμενα (*Al.* 599 s.) ; Aét. l. 6 ~ Pr. l. 20 ἐπὶ τέλει πνιγμός (ce symptôme n'est pas sans rappeler les troubles dyspnéiques du saturnisme [asthme saturnin]) ; Aét. l. 10 ἢ βλαστούς ~ Pr. l. 24 κύπρου βλαστούς.

22. Le Smilax ou Tithymallon ou Taxos. – **(1)** Le Smilax (i.e. l'If), appelé Tithymallon, et chez les Romains *Taxus*, si l'on en boit, entraîne refroidissement de tout le corps ainsi que suffocation et mort rapide. **(2)** Les moyens de secours pour ses victimes sont les mêmes que dans le cas de la Ciguë[1].

1. Aét. PAeg. PsD. semblent la copie conforme d'un modèle proche de D. *eup.* Les synonymes leur viennent de cette source (cf. déjà D. *m.m.*, cité dans l'apparat). D. *eup.* ne se contente pas de renvoyer à la Ciguë, il mentionne le vinaigre et le vin, lequel a une place importante dans sa thérapie. De même chez Pr. p. 70. 23 s. qui fait cavalier seul : avec ses notations relatives à la description et à l'habitat de l'If, et sa symptomatologie qui fait état de l'obstruction du pharynx, il ressemble à une paraphrase de N.

§21.

(XIII 80) π′ **περὶ λιθαργύρου** :- **(1)** λιθάργυρος δὲ ποθεῖσα βάρος
ἐπιφέρει στομάχου καὶ κοιλίας καὶ ἐντέρων μετὰ στρόφων ἐπιτεταμένων εἰλεωδῶν περὶ τὸν ὀμφαλὸν μάλιστα ἐρειδόντων ·
ἐπέχεται δὲ καὶ τὰ οὖρα μετὰ παροιδήσεως τοῦ σώματος ·
5 πελιοῦται δὲ ὅλον τὸ σῶμα καὶ μολιβδῶδες γίγνεται, καὶ τὰ
ἄρθρα πίμπραται, ἐπὶ τέλει δὲ καὶ πνιγμὸς παρακολουθεῖ. **(2)**
ἁρμόζει δὲ μετὰ τὸν διὰ τῶν ὀλισθηρῶν ἀφεψημάτων ἔμετον
ποτίζειν μετ᾽ οἴνου ὁρμίνου σπέρμα καὶ σμύρνης τριόβολον, ἢ
ἀψίνθιον ἢ σελίνου σπέρμα ἢ ὕσσωπον ἢ πέπερι ἢ κύπρου ἄνθη
10 ἢ βλαστοὺς ἢ περιστερῶν κόπρον μετ᾽ οἴνου ἢ οἰνομέλιτος καὶ
ἐλαίου. εἰ δ᾽ ὑπαχθῇ ἡ κοιλία ἐπὶ πολύ, λουτρὰ θερμὰ καὶ κρέα
ὕεια λιπαρὰ παροπτὰ ἁρμόζει, ἱδρωτοποιΐα καὶ ἔλαιον πινόμενον :-

num. π′ A : οθ′ B πα′ D ‖ 1 λ-ος B^{pc}C : λ-ον AB^{ac} sine exitu D ‖ δὲ ACD :
τε B ‖ ποθεῖσα ABD : ποθεὶς C ‖ 3 εἰλεωδῶν CD : ἰλ- AB ‖ 4 δὲ D : om.
ABC ‖ 6 πίμπραται AB^{pc}C : πίπραται B^{ac} πίπρανται D ‖ δὲ ABD : τε C ‖
παρακολουθεῖ ABC : ἐπακολουθεῖ D ‖ 7 δὲ ABD : οὖν C ‖ τούτοις ante
μετὰ add. C ‖ τὸν om. D ‖ διὰ τῶν ὀλισθηρῶν C : δι᾽ ὀλ- BD δι᾽ ὀστῶν ὀλ-
A ‖ 8 s. καὶ – σπέρμα om. C ‖ 9 ἢ ὕσσωπον ἢ πέπερι ABC : ἢ πέπερι ἢ
ὕσσωπον D ‖ 9 s. ἢ⁴ – βλαστούς om. D ‖ κύπρου AC, cf. Al. 609 : κυπέρου
B ‖ 10 s. καὶ ἐλαίου post οἴνου add. ABD, non habet C ‖ 11 καὶ C : om. AB
D ‖ 12 ἁρμόζει : -σει malim cl. Orib. ‖ ἱδρωτοποιΐα BC (cf. O., PAeg.,
PsD.) : ὑδροποσία AD ‖ καὶ C : om. ABD.

§22.

(XIII 66) ξς′ **περὶ σμίλακος ἢ τιθυμάλλου ἢ τάξου** :- **(1)** σμῖλαξ
δὲ ἡ καλουμένη †θύμηλον†, παρὰ δὲ Ῥωμαίοις τάξος, ποθεῖσα
ἐπιφέρει ψῦξιν ὅλου τοῦ σώματος καὶ πνιγμὸν ὀξύν τε τὸν θάνατον. **(2)** βοηθεῖ δὲ καὶ τούτοις ἃ καὶ ἐπὶ τοῦ κωνείου :-

1 ξς′ A : ξε′ B ξζ′ D ‖ tit. περὶ σμίλακος ἢ θυμήλου ἢ δοξοῦ λεγομένης
C σμίλαξ ἢ θύμηλον (B : -μιλ- D -μιλλ- A) ἢ τάξον (A : δόξον BD) ABD :
correxi ; ad formas corruptas θύμηλον/θύμιλ(λ)ον uide uu.ll. ad σμῖλον ap. D.
m.m. 4. 79 (241.1) et cf. PAeg. p. 35.19 (= PsD. p. 25.12) θύμιον, ad u.l. τιθύ-
μαλλον cf. D.m.m. l.c., eup. p. 311.14 ‖ 2 θύμηλον C : θύμιον AB θύμαλις
D ‖ τάξος ego : τάξον A δόξον BCD ‖ 3 καθ᾽ ante ὅλου add. PAeg. = PsD. ‖
ὀξύν BCD : ὀξύ A ‖ τε AD : γε B περὶ C ‖ 4 καὶ¹ C : om. ABD ‖ τοῖς ante
ἐπὶ add. C ‖ τοῦ ABC : om. D.

INDICES

I. TESTIMONIA

Anecd. Oxon. 1.330.19 : **Th. 188**
(**426, 743**) οἶδος ‖ 3.195.26 :
Th. 3 (πόλεων —)
Anecd. Paris. 3.380.18 : **Th. 5**
(— ὀροιτύπος) ‖ 4.10.5 : **Th.**
349 ‖ 4.65.12 : *Th.* **526** s.
Anthologia Palatina 9.503b : *Th.*
741
[Aristote] *Mir. Ausc.* 164, 846b
10-17 : cf. *Th.* **145-156** ‖ 165,
846b 18-22 : cf. *Th.* **128-**
134
Athénée, *Deipnosophistes* 66e :
Th. **875-877** (— κάρδαμον) ‖
312d-e : *Th.* **823-827** (d'où
Eustath. *Iliad.* 16. 224 p.
840.21-24 : *Th.* **826** s.) ‖
366d : *Th.* **921** (*c.u.l.* ἠὲ σίνηπυ *pro* λοιγέϊ τύψει) ‖ 649d :
Th. **891** (*ad* φιττάκια *ap.* Nic.
cf. 649e)
Choeroboscos, Scholia in Theodosii *Canones* 263.31 : *Th.*
453 (citation absente) ‖ 274.
16 : *Th.* **607** (Νάρονος ὄχθαι)
Clément d'Alexandrie, *Protrept.*
4.51.3 Mondésert : *Th.* **815**
(— τε²)
Dioscoride *De materia medica*
3.29 p. 39.3 s. Wellmann :
Th. **626** s. (πανάκτειον —) ‖
4.99 p. 255.11 : *Th.* **845**
(φοινίσσον ἁλὸς ... φῦκος)

Étienne de Byzance, p. 273.9
Meineke : *Th.* **129** ψολόεντος ἐχίδνης (d'où Eust. *Iliad.*
2.443.8 Van der Valk) ‖ 375.8-
376.4 s.v. Κορόπη : Th. 613
s. (ᾗ ἐν —)
*EG*ᴮ α 89 s.v. ἀδρύνω [*EM* 18.
48], *EG*ᴬᴮ s.v. ῥάδικα [*EM*
702. 13, citation absente] : *Th.*
376-378 ‖ *EG*ᴬ α 205 s.v. αἱ-
μασιά : *Th.* **143** [*EM* 35.13] ‖
*EG*ᴬᴮ α 672 s.v. ἀμορ-
βεύοντο : *Th.* **349** [*EM*
85.29] ‖ *EG*ᴬ α 1134.3 s.v.
ἀρδηθμός : *Th.* **401** [*EM*
137.45] ‖ *EG*ᴬ α 1220.8 s.v.
ἀρπεδόεσσα : *Th.* **420** (κάρη
—) [*EM* 148.15] ‖ *EG*ᴬᴮ α
1300 s.v. ἄσπειστον : *Th.*
367 s. [*EG*ᴮ : *Th.* **367** (—
κότον) ; *EM* 157.1, citation
absente] ‖ *EG*ᴮ α 1384 s.v.
ἀτύζων : *Al.* **192-194** [*EM*
168.9 : **193-194** (ὁ δ᾽ —)] ‖
*EG*ᴬ α 1437 s.v. αὔω : *Th.*
263 [*EM* 174.37] ‖ *EG*ᴬ α
1484 s.v. ἀφόρδιον : *Th.* **692**
(καὶ —) [*EG*ᴮ et *EM* 178.24,
citation absente] ‖ *EG*ᴬ⁽ᴮ⁾ α
1532 s.v. ἀχύνετον : *Al.* **174**
[*EM* 183.10, *ESym.* 1.364.17,
Zon. 364.3] ‖ *EG*ᴬ α 1534 s.v.
ἄψεα : *Th.* **280** [*EM* 183.17] ‖
*EG*ᴬᴮ β 143 s.v. βληχρόν :

Th. 446 [*EM* 200.13, citation absente] ‖ *EG*ᴬᴮ β 204 s.v. βούκαιος : *Th.* 5 (— ὀροιτύπος) [*EM* 207. 30 s.] ‖ *EG*ᴬᴮ β 206 s.v. βούκερα : *Al.* 424 s. [*EM* 207.38] ‖ *EG*ᴬ β 275.5 s.v. βροῦχος : *Th.* 802 (— ἐναλίγκια) ‖ *EG*ᴬ s.v. γρηῦν : *Al.* 90-91 [*EG*ᴮ 90, 91 (σύ γ᾽ οὐθατόεντα < > γρηῦν)] ‖ *EG*ᴬ s.v. δάκος : *Th.* 282 [*EM* 245.37] ‖ *EG*ᴬ s.v. δερκευνέος : *Al.* 66-68 [Ps.Zonaras p. 477.14 Tittmann : 66 s. (— δερκευνέος), *EM* p. 256.55 Gaisford : 67 (ἢ — δερκευνέος) ; *EG*ᴮ n'a pas la citation] ‖ *EG*ᴬᴮ s.v. δορύκνιον : *Al.* 376 s. [*EM* 283.37 citation absente] ‖ *EG*ᴬᴮ s.v. εἰλυθμός : *Th.* 282 s., *EG*ᴬ : 284 s., *EM* 299.46 : 283-285 ‖ *EG* s.v. ἐλένειον : cf. *Th.* 312-315 ‖ *EG*ᴬ s.v. ἐσφηκωμένον : *Th.* 288 s. [*EM* 385.10 : *Th.* 289 (— ἅλις)] ‖ *EG*ᴬᴮ s.v. ἔχις : *Th.* 128-134 [*EM* 404.28-32] ‖ *EG*ᴬᴮ s.v. ζαλόωσα : *Th.* 252 ‖ *EG*ᴬᴮ s.v. ἠθμός : *Th.* 708 (οὐρὸν ἀπηθῆσαι) ‖ *EG*ᴬ s.v. ἦτρον : *Th.* 595 (ἦτρον) ‖ *EG*ᴮ s.v. ἔγχουσα : *Th.* 638 ‖ *EG*ᴬᴮ s.v. θερειτάτη : *Th.* 469 (θερειτάτη —) [*EM* 447.9] ‖ *EG*ᴬ s.v. ἰξιόεν : *Al.* 279 s. [*EG*ᴮ et *EM* 471.55 citation absente, Zon. 1112.4] ‖ *EG*ᴬᴮ s.v. κάρδοπος : *Th.* 526 s. ‖ *EG*ᴬᴮ s.v. κεγχρίνης : *Th.* 463 [*EM* 498.36 : *Th.* 463 (— τέρας)] ‖ *EG*ᴬᴮ s.v. κηκὰς ἀλώπηξ : *Al.* 185 [*EM* 510.16-18, *EGud* 319.14 et

Zon. 1202.13 n'ont pas la citation] ‖ *EG* s.v. Κηφηῖδα γαῖαν : *Al.* 100 [Zon. 1205.10, *EM* 512.14 (citation manquante)] ‖ *EG*ᴬᴮ s.v. κνυζώσω : *Th.* 70 (χαμ. κον.) [*EM* 523.6] ‖ *EG*ᴬᴮ s.v. κώληψ : *Th.* 422-424 ‖ *EG*ᴬᴮ s.v. κώνειον : *Al.* 186-188 [*EM* 551.13-15 : *Al.* 186-187 (— κεῖνο ποτὸν)] ‖ *EG*ᴬᴮ λ 13 s.v. λαιδρός : *Al.* 563 λαιδροὺς (ou *Th.* 689 λαιδρήν) [*EM* 558.36 sans la référence à Nic.] ‖ *EG*ᴬ s.v. μολουρίδας : *Th.* 416 s. [*EG*ᴮ : 416] ‖ *EG*ᴬ s.v. μύκης : *Al.* 103 [*EM* 594.12] ‖ *EG*ᴬ s.v. νη : *Th.* 33 (μαράθου —) [*EM* 602. 44] ‖ *EG*ᴬᴮ s.v. ὀλοφωῖα : *Th.* 1 [*EM* 622.37 citation absente] ‖ *EG*ᴮ s.v. ὀμβριρέα κρώζων : *Th.* 406 [*EM* 623.42, cod. V, citation absente] ‖ *EG*ᴬᴮ s.v. ὀρεσκεύει : *Th.* 413 [*EM* 630.10, citation absente] ‖ *EG*ᴬᴮ s.v. ὀσμήρεα : *Al.* 237-238 ‖ *EG*ᴬᴮ s.v. πόλιον : *Al.* 305 [*EM* 680.40 citation absente] ‖ *EG*ᴬᴮ s.v. πιτνῶ : *Th.* 362 [*EM* 673.36, citation absente] ‖ *EG*ᴬᴮ s.v. τραγορίγανον ὄρειον : *Al.* 310 [Zon. 1742.16, s.v. τραγορίγανον, *EM* 763.32 : ἀγροτέρης τραγοριγάνου] ‖ *EG*ᴮ s.v. φλιδόωσα : *Th.* 363 (— φλιδόωσα) [*EM* 796.23, citation absente] ‖ *EG*ᴮ s.v. φοινός : *Th.* 146 φοινὰ δάκη [*EM* 797.33] ‖ *EG*ᴮ s.v. ψαφαρή : *Th.* 262 (— λεπρύνεται) [*EM* 817.48, citation absente] ‖ *EG*ᴬ s.v. ψαφαρός :

Th. **179** ψαφαρός [*EM*
817.48] ‖
EGud p. 251.8 s.v. ἦτρον : *Th.*
595 (ἦτρον) ‖ 297.52 s.
Sturz : *Th.* 312 s. (— ἀθρή-
σατο) ‖ 299.6 s.v. κάρδοπος :
Th. **526** (— κύμβοιο) ‖ 309.6-
7 s.v. κεγχρίνης : *Th.* **463** ‖
585.13 s.v. δὶς καὶ τρίς : *Th.*
520 (τρίσφυλλον)
Élien *NA* 6.20 : cf. *Th.* **769-804** ‖
6.51 : cf. *Th.* **334-358** ‖ 8.8 :
cf. *Th.* **377-379** ‖ 9.20 : *Th.*
45-49 ‖ 10.4 : cf. *Th.* **231-234** ‖
15.13 : cf. *Th.* **282-317** ‖
15.18 : cf. *Th.* **320-333** ‖
16.40 : cf. *Th.* **148** s.
EM 21.25 s.v. ἀείδελον : *Th.* **19**
in.-20 ex. (τοῦ δὲ τέρας περί-
σημον < > ἀείδελον ἐστή-
ρικτο) ‖ 279.11 s.v. δὶς καὶ
τρίς : *Th.* **520** (τρίσφυλλον) ‖
313.34 s.v. ἔγχουσα : *Th.* **638** ‖
330.39-41 s.v. ἐλινός : *Al.*
181 ἐλίνοιο ‖ 404. 26 s.v.
ἔχις : *Th.* **223** (— ἔχις) ‖
404.34 : *Th.* **230** ‖ 422.39 s.v.
ἠθμός : *Th.* **708** (οὐρὸν ἀπηθῆσαι) ‖ 439.40 s.v. ἦτρον :
Th. **595** (ἦτρον) ‖ 490.50 s.v.
κάρδοπος (— ἐντρίψας) ‖
822.48 s.v. φόν : *Th.* **452**
[*EG*^B : ὤεα κτῖλα seulement]
Épiphane, *Panarion* p. 398.5 et
388.24 : cf. *Th.* **490-492**
Érotien, *Vocum Hippocraticarum*
collectio, α 145 p. 27.12, s.v.
ἄγνου : *Th.* **71** ‖ κ 63 p. 65.5,
s.v. κνήστρου : *Th.* **85** ‖ π 58
p. 73.18 s.v. πηρίνα : *Th.* **586**
(καὶ —) ‖ τ 32 p. 87.15 : *Th.*
577 ou **949** (τάμισον) ‖ χ 4 p.
93.19 s.v. χεδροπά : *Th.* **752**
‖ χ 10 p. 94.7, s.v. χαμαι-
ζήλου : *Th.* **70** ‖ χ 15 p. 95.3

Nachmanson, s.v. χηραμύδα :
Th. **55** ‖ fr. 27 p. 107.2 : *Th.*
273
Eustathe *Comm. ad Homeri Ilia-*
dem pertinentes, ad 2.248 s. p.
327.30 s. Van der Valk : **Th. 3**
κυδίστατε ‖ *ad* 6.506 p.
374.13-16 : *Al.* **106** ἀκοσταῖς
[Σ Α *Il.* 6.506*b*, Σ bT *Il.* 6.506-
508] ‖ *ad* 8.178 p. 554.29 :
Th. **446** ‖ *ad* 13. 24 p. 560.4 :
Th. 5 (βουκαῖος ὀροιτύπος) ‖
Galien *De placitis Hippocratis et*
Platonis 2.8.10 p. 158.24 s. De
Lacy : *Al.* **21** s. (ἦν — στομάχοιο) ‖ *simpl. med. fac.*
12.204.3-7 K. : *Th.* **45-9** (—
καλέουσι) ‖ *ibid.* 12.289.10-
12 : *Th.* **86** ‖ *Pison.* 14.239. 4-
10 K. : *Th.* **128-134** ‖ *ibid.*
14.265.8 s. : *Th.* **231** s. ‖ *loc.*
aff. 2.5 (8.133.3 K.) : *Th.* **474**
s. (— μαινομένου) ‖ *In Hip-*
pocratis de articulis librum
commentarii 3. 38 (18A
537.18-538.5) : *Th.* **788** s.
Grégoire de Nazianze, *carm. mor.*
(P.G. 868.2-4) : cf. *Th.* **334-342**
Hellad. *Chrest.* ap. Phot. *Bibl.*
279 p. 532b 3 s. Bekker : *Th.*
131 ἀμύξ
Hérodien, καθ. 190.5, 529.28 s.
et μον. 941.1 : *Th.* **958** ‖ καθ.
395.11 s. et μον. 922.3 : *Th.*
453 ‖ κλίσ. 734.5 : *Th.* **607**
(Νάρονος ὄχθαι)
Hésychius, *Lexicon* θ 579 s.v.
θιβρήν : *Th.* **35** (θιβρήν) ‖ ο
899 : *Al.* **56** ὀνίτιδος ‖
Hiérax ap. Stob. 3.10.77 : *Th.*
133 s.
Lexicon Patmense in : *Lex.*
Graeca minora p. 155. 1 s.
Latte-Erbse : *Th.* **31** (ἀπεδύ-
σατο γῆρας)

Lucien *Dipades* 4.8 s. : cf. *Th.*
334-342
Orion *Etymologicon* p. 23.5
Sturz : *Th.* **19** in.-**20** ex. = *EM*
21.25 (ἐστήρικται)
Paul d'Égine, p. 21.9 Heiberg :
Th. **188** (καμάτου —)
Philumenus *De venenatis animal-*
ibus, p. 19.11 : *Th.* **748** s.
(πυρόειν —) ‖ p. 22.6
Wellmann : *Th.* **188** (καμάτου —) ‖
Photios, *Lex.* 637.21 Porson :
Th. **8** φαλάγγια (ou 755 ; pas
de référence précise)
Pline *NH* 20.94 : σπέραδος
κραμβῆεν (*ap.* Nic. *aliter*) ‖
20. 258 : *Th.* **596** (ἱππείου
μαράθου) ‖ 21.183 : *Th.* **626**
(κόρκορον) ‖ 22.31 : *Al.* **201**
κνίδης σπερμεῖα, *Al.* **427**
κνίδης σπόρον (*testimonium*
de Apollodoro), *Al.* **550** σπέραδος κνίδης (*testimonium de*
Apollodoro) ‖ 22.67 : *Th.* **73**
et **534-536** ‖ 22.77 (cf.
27.57) : *Th.* **585** (σπέρματα
βουπλεύρου) ‖ 30.85 : cf. *Th.*
377-382 ‖ 32.41 : cf. *Th.* **705-**
707 ‖ 32.66 (cf. 26.103) : *Th.*
845
Plut. *Mor.* 55a 11 : *Th.* **64** ‖ 567f
2-4 : *Th.* **133** s.
Peudo-Dioscoride, p. 73.9 Sprengel : *Th.* **188** (καμάτου —)
Scholia ad Aglaïam Byzantinum,
SH 18.19 s.v. εἰαριήτης : *Al.*
314 εἶαρ (ou *Th.* **701**)
Scholia in Apollonium Rhodium
2.130/31a p. 135.13 s. Wendel : *Th.* **35** s. ‖ 4.1295 p.
312.24 : *Th.* **116** ἄκμηνος
σίτων
Scholia in Arati *Phaen.* 172 p.
166.14-16 Martin : *Th.* **122** s. ‖

254-255 p. 203.4 s. : *Th.* **122**
s. (αἴ θ' —) ‖ 636 p. 350.15 :
Th. **18** (ὀλίγῳ) ‖ 916 p.
443.11 s. : *Al.* **170** [Σ
Aristoph. *Pac.* 1067a] ‖ 946
p. 457.6-10 : cf. *Th* **414**,
416
Scholia in Dionysium Perieget.
10.19-22 : cf. *Th.* **312-315**
Scholia in Euripid. *Or.* 524 : *Th.*
128-134 ‖ 479 : *Th.* **134** ‖
479.3 s. : cf. *Th.* **135** s.
Scholia in Hom. *Iliadem* 8.178a
p. 333.3 Erbse : *Th.* **446** ‖
9.324b : *Th.* **802** (citation manquante) ‖ 13.824c p. 552.3 :
Th. **5** (— ὀροιτύπος) ‖ Σᴰ
10.335 : *Th.* **196** (—ὄρνισι)
Scholia in Hom. *Odysseam*
2.214 : *Th.* **129** ψολόεντος
ἐχίδνης ‖ 19.498 : *Th.* **33**
νήχυτος ὄρπηξ
Scholia Ioannis Tzetzae in
Lycophronis *Alexandram* 78 p.
45 s. Scheer : *Th.* **472** (—
Μοσύχλου) ‖ 675 p. 223.1
(cf. 224.5) : *Th.* **499** (ἵνα —) ‖
911 p. 293.14 (cf. p. 295.1) :
Th. **414** ‖ 912 p. 295.3 : *Th.*
463 s. ‖ 1114 p. 332.20 : *Th.*
131-134 ‖ *ibid.* 1. 21-23 : cf.
Th. **338-342** ‖ 1290 p. 365.12-
15 : cf. *Th.* **380-382** ‖ 1290 p.
365.13 : *Th.* **868** (ἔϋρρήχου
παλιούρου) ‖
Scholia in Nicandri *Alexiphar-*
maca 446e : *Th.* **741**
Scholia in Nicandri *Theriaca* p.
33.9 : *Th.* **958** (τὸν —)
Scholia in Soph. *Ant.* 126.7 : cf.
Th. **448**
Scholia in Theocritum 2. 56a p.
282.11 Wendel : *Al.* **262** (—
γλάγος) ‖ 10.38/40a p. 234.4 :
Th. **5** βουκαῖος

Strabon 17.1.39 : cf. *Th.* **192-208** ‖ 17.2.4 (ὀξυθανα-τωτέρα) : *Th.* **120** ‖ *ibid. Th.* **169** ὀργυιῇ μετρητόν
Suidas ν 295 (Adler) : *Th.* **33** νήχυτος ὄρπηξ
Tertullien, *Scorpiace* 1 p. 144.3 Reifferscheid-Wissowa : *Th.* **769-804**
J. Tzetzès, *Exegesis in Homeri Iliadem* p. 829.4 Bachmann : *Al.* **3** Πρωταγόρη ‖ *Exeg.* ibid. : *Th.* **3** Ἑρμησιάναξ et

Th. **957** s. ‖ *Historiarum variarum Chiliades* 1.299-304 : *Th.* **902-906** ‖ *ibid.* 1.359-363 Kiessling : *Al.* **301-304**
Zonaras, *Lexicon* 1181.7 s.v. κεγχρίνης : *Th.* **463** (—τέρας) ‖ Zon. 1031.6 s.v. θερειτάτη : *Th.* **469** (θερειτάτη —) ‖ 1012.1 s.v. ἦτρον : *Th.* **595** (ἦτρον) ‖ 980.25 s.v. ἠθμός : *Th.* **708** (οὐρὸν ἀπηθῆσαι)

II. DIEUX, PERSONNAGES MYTHOLOGIQUES ET AUTRES, NOMS GÉOGRAPHIQUES (PEUPLES ET TOPONYMES) CITÉS DANS LES DEUX POEMES

N.B. — Sont portés entre [crochets droits], les noms seulement suggérés au lieu d'être expressément cités.

Achaiè : épiclèse de Démètèr, *Th.* 484

Achéron (de l') : berges, *Al.* 13

Aïdôneus : Hadès, *Al.* 194

Ainélénè : *Th.* 310

Aisagéè : éperon rocheux d'Asie, *Th.* 218

Akonai : localité voisine d'Héraclée, où pousse l'aconit, *Al.* 41

Alkibios : inventeur d'une racine thériaque, *Th.* 541 ; d'une herbe thériaque, *Th.* 666

Amphitryon (fils d') : Iphiclès, *Th.* 687

Amyklai (d') : chiens de chasse, *Th.* 670 ; Eurotas, rivière d'Amyklai, *Th.* 904

Aphrodite (Ἀφρώ) : *Al.* 406

Apollon : *Th.* 613

[Artémis] : *Th.* 13

Ascréen : Hésiode, *Th.* 11

Asélénon : mt. d'Europe, *Th.* 215

Asie : *Th.* 211, 216 ; *Al.* 1

Attis : *Al.* 8

Bacchantes : *Al.* 160

Bacchos : *Al.* 328

Bien-Avisé (Εὐβουλεύς) : Hadès, *Al.* 17

Bienfaisant : Hermès, *Al.* 559

Boukartéros : mt. d'Asie, *Th.* 217

Cadmos : *Th.* 608

Callichore : *Th.* 486

Canôbos : pilote de Ménélas, Th. 312

Castanienne : terre, *Al.* 271

Caÿstre : fl. de Lydie, *Th.* 635

Céléos : roi d'Éleusis, *Th.* 486

Centaure : Chiron, *Th.* 501

Céphée : *Al.* 103

Céphée (de) : pays de C. *Al.* 100

Cestros : fl. de Cilicie, *Al.* 404

Chauve : mt. de Troade, *Th.* 668, *Al.* 40

Chésiades : Nymphes, *Al.* 151

Cheval : prairie du Ch., *Th.* 669

Chiron : Centaure, *Th.* 500, 501

Choaspe : fl. de l'Inde, *Th.* 890

Cilicien : promontoires, *Al.* 403

Clarien : trépieds, *Al.* 11

Claros : *Th.* 958

Cnôpos : fl. de Béotie, *Th.* 889

Cocyte : surnom de la vipère mâle, *Th.* 230

III. BÊTES VENIMEUSES ET POISONS, ANIMAUX, PLANTES ET SUBSTANCES ÉTRANGERS À LA MATIÈRE MÉDICALE

ἀγρώστης *chasseur* (espèce de phalange) : *Th.* 734

ἄγχουσα *orcanette* : -η *Th.* 638 (comparée à une des deux vipérines)

αἰγυπιός *gypaète* : -οί *Th.* 406

αἴξ chèvre : αἰγός *Th.* 672, (φορβάδος) 925

αἰετός *aigle* : *Th.* 449

αἱμορ(ρ)όος *hémorrhous* : -ου *Th.* 282, -ῳ 321, -οι 318

αἱμορροῖς *hémorrhoos femelle* : *Th.* 305, αἱμοροῖς (θήλεια) 315

ἄκανθα *chardon* : -ης γήρεια *Th.* 329

ἀκόνιτον *aconit* (= μυοκτόνον, παρδαλιαγχές, θηλυφόνον, κάμμορον) : *Al.* 13, 42

ἀκοντίας *javelot* (espèce de serpent) : -αι *Th.* 490

ἀλώπηξ *renard* : *Al.* 185

ἀμαρακόεις *qui ressemble à la marjolaine* : -όεσσα (χαίτη) *Th.* 503

ἀμνός catachrèse pour *bélier* : *Al.* 151 (κεράστης)

ἀμυγδαλόεις *qui ressemble à une amande* : -όεντα *Th.* 891

ἀμφίσβαινα *amphisbène* : -αν *Th.* 372, -η 384

ἀσκάλαβος *gecko* : *Th.* 484

ἀσπίς *cobra* : *Th.* 158, -ίδος 190, 359, -ίσι 201

ἀστέριον *étoilée* (espèce de phalange) : *Th.* 725

ἄσφαλτος *bitume* : -ον *Th.* 525 (odeur de la psoralée)

ἀχράς *poire* : -άδα *Th.* 512 (comparée au fruit de l'aristoloche)

βάκχη ὄχνη : espèce de *poirier*, *Th.* 513

[βασιλίσκος] *basilic* : -ον *Th.* 396 s. ὀλίγον ἑρπηστῶν βασιλῆα

βατραχίς *rainette* : -ῖδας *Th.* 416

βάτραχος *grenouille* : -οισι *Th.* 367

βδέλλα *sangsue* : *Al.* 500

βέμβιξ *bourdon* : -ικος *Th.* 806, -ικες *Al.* 183

βούπρηστις *enfle-bœuf* : -ιν *Al.* 346, -ίδος πόσις 335

βρύον *algue* : -α *Th.* 415, 792

βρωμήτωρ *animal brayant* : cf. s.v. ὄνος

βύβλος *papyrus* : -ου *Al.* 362

γάλα ἐπιτυρωθέν *lait caillé* (poison) : *Al.* 364

γέρυνος *têtard* : -ων *Th.* 620, *Al.* 563

ἴον *violette* : -α *Th.* 543
ἴουλος *iule* : *Th.* 811
ἵππος *cheval* : -ου (toponyme)
Th. 669, 740, -οι 635, 741, -ων
422
ἰχνεύμων *mangouste-ichneu-
mon* : *Th.* 190

κάμμορον (= ἀκόνιτον) : *Al.* 41
κάμπη *chenille* : *Al.* 413
κανθαρίς *cantharide* (poison) :
-ίδος (ποτόν) *Al.* 115, -ίδεσσι
Th. 755
καρκίνος *crabe* : *Th.* 787
καρκίνῳ ἐναλίγκιος *carcini-
morphe* (espèce de scorpion) :
-ον *Th.* 786 s.
κεγχρίνης *cenchrinès* : -νεω
Th. 463
κέδρος *genévrier* : -ου καρφεῖα
Al. 118
κέπφος *oiseau de mer* : *Al.* 166
κεράστης *céraste* : *Th.* 261,
276, 294, -ην 258, -αι 318
κινώπετον *serpent* : -ου *Th.*
195, -α 27, 488
κινωπηστής *serpent* : *Th.* 141,
-αῖς 141
κισσήεις *hédériforme* : -εντα
(φύλλα) *Th.* 510
κνώδαλον *serpent* : -α *Th.* 399,
760
κνώψ *serpent* : κνῶπες *Th.* 499,
-ωψίν 520, -ώπεσσι 751
κόκκυξ *coucou* : *Th.* 380
κόχλος *escargot* : *Th.* 153
κόραξ *corbeau* : *Th.* 406
κόριον *coriandre* (poison) : -οιο
ποτόν *Al.* 157
κότινος *olivier sauvage* : *Th.*
378
κράδης ὀπός *jus de figue* : -ης
ὀπῷ *Al.* 252
κυάνεον *sombre-azur* (espèce de
phalange) : *Th.* 729

[κρανοκολάπτης] espèce de
phalange : *Th.* 760 κνώδαλα
φαλλαίνη ἐναλίγκια
Κώκυτος *Cocyte*, surnom de la
vipère mâle : *Th.* 230
κώνειον *ciguë* : -ου πῶμα *Al.*
186

λαγός *lièvre de mer* (poison) :
-οῖο πόσιν *Al.* 465
λαγωός *lièvre* : -όν *Th.* 453
λέπαργος *grison* : cf. s.v. ὄνος
λευκός *blanc* (espèce de scorpion) : *Th.* 771
1 λέων *lion* : -όντων *Th.* 171
2 λέων, surnom du cenchrinès :
-οντα *Th.* 463
λίβυς *libyen* (espèce de serpent) : -υας *Th.* 490
λιθάργυρος *litharge* (poison) :
[ποτόν] *Al.* 594
λίτρον *natron* : *Al.* 337
λύκος *araignée-loup* (espèce de
phalange) : *Th.* 734
λωτός *mélilot* : -ῷ *Th.* 523

μάραθος *fenouil* : -οιο *Th.* 391
μάσταξ *sauterelle* : -ακι *Th.* 802
μέλισσα *abeille* : -ης *Th.* 806,
-αι 555, *Al.* 182, -ας *Th.* 735,
-ῶν 741, -αις 810
μελισσαῖος οὐλαμός *essaim
d'abeilles* : *Th.* 611
μελίχλωρος *jaune-miel* (espèce
de scorpion) : -ον *Th.* 797
μήκων *pavot* : -ος δάκρυ *Al.* 433
μηκωνίς *laitue* : -ίσι *Th.* 630
μῆλον *brebis* : -α *Th.* 471,
-οισιν 50
μολόθουρος *molothure* (?) : *Al.*
147
μολουρίς *sauterelle* : -ίδας *Th.*
416
μόλουρος *molure* (espèce de serpent) : -οι *Th.* 491

1 μόσχος *veau*, *vèle* : *Al.* 358,
-ου 446, -ους 344
2 μόσχος *jeune vache* : -ου *Th.*
552
μύαγρος *ratier* (espèce de serpent) : -ους *Th.* 490
μυγαλέη *musaraigne* : -ην *Th.*
816
μυῖα *mouche* : -άων *Th.* 735
μύκης *champignon* : -ητας *Al.*
525, -ητα (n. pl.) 617
μυοδόκος (= -δόχος) γρώνη
trou de souris : -οις -ησιν *Th.*
795
μυοκτόνον (= ἀκόνιτον) : *Al.*
36
μυρμήκειον *formicine* (espèce
de phalange) : *Th.* 747
μύρμηξ *fourmi* : *Th.* 747
μυρτάς ὄχνη espèce de *poirier* :
-άδος *Th.* 513
μῦς *souris* : -υός *Th.* 446
μύωψ *taon* : *Th.* 417, -ωπας
736

νάρδος *nard* : *Al.* 399

οἰωνός *oiseau* : *Th.* 405
[ὄνος] *âne* : λεπάργῳ *Th.* 349,
βρωμήτορος 357, βρωμήεν-
τος *Al.* 409, 486
ὄρνις *oiseau* : (κατοικιδίη)
oiseau domestique (i.e. *poule*)
-ισι -ησιν *Th.* 196, -ων
(τόκον) 452
ὀρταλίς *poule* : *Al.* 294
ὄσπριον *légumineuse* : -α *Th.*
753
ὄφις *serpent* : *Th.* 482, -ιος
(ὥεα) 192, -ιες 136, -ίων 35,
-ίεσσι(ν) 110, 527, 550, 636,
714
ὄχνη (= ὄγχνη) *poirier* : -ης
(μυρτάδος, βάκχης) *Th.* 513
(espèces de poirier)

παγούροις ἰσήρης *pagurimor-
phe* (espèce de scor-pion) :
ἰσήρεες *Th.* 788
πάγουρος *pagure* : -οις *Th.* 788
παρδαλιαγχές (= ἀκόνιτον) :
Al. 38
πάρνοψ *sauterelle* : *Th.* 292
πεμφρηδών *pemphrèdôn* : *Th.*
812, *Al.* 183
περικλύμενον *chèvrefeuille* :
-οιο (φύλλα) *Th.* 510
[περσείη] *perséa* : Περσῆος
πετάλοισι *Th.* 764
[πτερωτός] *ailé* (espèce de scorpion) : -οί *Th.* 801
πύξος *buis* : -οιο *Al.* 579, -ου
(Ὠρικίοιο) *Th.* 516

ῥήν *agneau* : ῥῆνα *Th.* 453 ; cf.
s.v. ἀμνός (index 3)
ῥυτή *rue* : -ῇ *Th.* 523
ῥώξ *grain de raisin* (espèce de
phalange) : *Th.* 716

σαλαμάνδρη *salamandre* : -ην
Al. 538, cf. σαύρη
σαλαμάνδρειον *de salamandre* : (δάκος) *Th.* 818
σαύρη *lézard* (poison) : -ης
φαρμακίδος (ποτόν) = σαλα-
μάνδρης *Al.* 537 s.
σαῦρος *lézard* : -οισιν *Th.* 817
σηπεδών *sépédon* : -όνος *Th.*
320, 327
σηπιάς *seiche* : -άδος *Al.* 472
1 σήψ *seps* (serpent) : *Th.* 147
2 σήψ *seps* (lézard) : σῆπα *Th.*
817
σίλφιον *silphium* : *Th.* 697
σκίλλα *scille* : -ης κόρσῃ *Al.*
254
σκολόπενδρα *scolopendre* : *Th.*
812
σκόλυμος *faux cardon* : -ῳ *Th.*
658

σκορπιόεις *de scorpion* : (τύμμα) *Th.* 654

σκορπίος *scorpion* (animal) : *Th.* 18, -ον 14, 770, -ου 654, 887, -οι 796

σκύλαξ *chien* : -άκεσσιν (Ἀμυκλαίησι) *Th.* 670

σκυτάλη *scytale* : -ην *Th.* 384, -ης 386

σμῖλος *if* (poison) : -ον *Al.* 611

σμυραίνα *murène* : -ην *Th.* 823

[συὸς κύαμος] *i.e.* ὑοσκjusquiame : -ῳ *Al.* 415

σφήκειον *guêpine* (espèce de phalange) : *Th.* 738

σφήξ *guêpe* : *Th.* 811, σφηκί 739, -κῶν 741, -κες *Al.* 183

ταῦρος *taureau* : *Th.* 340, -οι 741, -ων 171

ταύρου αἷμα *sang de taureau* (poison) : *Al.* 312

τευθίς *calmar commun* : -ίδος *Al.* 471

τεῦθος *calmar sagitté* : -ου *Al.* 471

τοξικόν *poison de flèches* : -ῳ ποτῷ *Al.* 208

τρυγών *pastenague* : *Th.* 829, -όνα 828

τυφλώψ *typhlope* (espèce de serpent) : -ῶπες *Th.* 492

1 ὕδρος *hydre* : -ῳ *Th.* 421 (comparée au dryinas)

2 ὕδρος : synonyme de dryinas, -ον *Th.* 414

ὕραξ *rat* : -ακας *Al.* 37

φαλάγγιον *araignée-phalange* : -α *Th.* 8, 755

φάλαγξ (= φαλάγγιον) : -αγγος *Th.* 654, 715

φάλλαινα *phalène* : -η *Th.* 760

Φαρικόν poison non identifié : -οῦ πόσις *Al.* 398

φηγός *vélani* : -οῦ *Th.* 418, -ῳ 439, -οῖσιν 413

φρῦνος *crapaud* (poison) : -οιο θερειομένου ποτόν (ou κωφοῖο) *Al.* 567 s.

φῦκος *algue* : *Al.* 576

φλογὶ εἴκελα γυῖα φέρων *rouge-feu* (espèce de scorpion) : *Th.* 799

χαλκός *cuivre* : *Th.* 257 -οῦ ἄνθεσιν *sulfate de cuivre*

χεδροπά *plantes à gousses* : *Th.* 753

χέλυδρος *chélydre* : syn. de dryinas, -ον *Th.* 411, 414

χέρσυδρος *chersydre* : -οιο *Th.* 359

χιλοί *plantes fourragères* : *Th.* 569

χλοάων *vert* (espèce de scorpion) : *Th.* 777

ψήν *gallinsecte* : ψῆνας *Th.* 736

ψιμύθιον *céruse* (poison) : -ου (πόσιν) *Al.* 75

ὤεον *œuf* : -α (ὀρνίθων) *Th.* 452

[ὤκιμον] *basilic* : ὠκιμοειδές *semblable au basilic*, *Al.* 280

IV. MATIÈRE MÉDICALE

N.B. — L'astérisque (*) affecte les corrections conjecturales. Le nom des substances désignées par une périphrase, ou seulement de façon implicite, est entre [crochets droits]. Les références aux substances entrant dans les remèdes externes contre les venimeux sont en *italique*, les fumigations signalées par (f), les litières par (l), les onguents par (o). Pour chacun des éléments de la matière médicale, on trouvera des réponses aux questions que l'on peut se poser au sujet de la forme de leur nom, de leur identification et des parallèles iologiques dans les notes à la traduction et les commentaires.

ἀβρότονον *aurone* : -οιο *Th. 66* (l), (ὀράμνους) *92* (o), (καυλέα) *Al.* 46, -ου (καρπόν) *Th.* 574

ἄγλις *caïeu (d'ail)* : ἀγλῖθες *Th.* 874, cf. εὐάγλις (κώδεια σκορόδοιο) *Al.* 432

ἄγνος *gattilier agneau-chaste* : -ου (βρύα) *Th. 71* (l), (σπέρμα) 530, 946

ἄγχουσα *orcanette* : -ης (χαίτην) *Th.* 838

ἀδίαντον *adiante* : *Th.* 846

αἰγίλωψ *égilope* : -οπος (πέτηλα) *Th.* 857

αἷμα *sang* : cf. s.v. χέλυς

ἄκανθος *acanthe* : -ου (ῥίζεα) *Th.* 645

ἄκνηστις *acnèstis* (?) : *Th. 52* (f)

ἀκοσταί *grains d'orge* : -αῖς *Al.* 106

ἀκτῆ *sureau* : -ῆς (καυλούς) *Th.* 615

ἄκυλος *gland* : -οισιν *Al.* 261

Ἀλκιβίοιο ποίη *herbe d'Alkibios* : -ην *Th.* 666

Ἀλκιβίου ἔχις *vipérine d'A.* : -ιος (ῥίζαν) *Th.* 541

ἅλς *eau de mer* : ἅλα *Al.* 516, -ος (ἄχνην) 518

ἅλς *sel* : ἅλα (πηκτόν) *Al.* 518, -ός (ἔμπλεα κύμβην) 164, *Th.* 693, (ἐμπληθέα κύμβην) 948

ἀμάρακος *marjolaine* : *Th.* 575, cf. 503 ἀμαρακόεσσα χαίτη (comparée au panacès de Chiron)

ἀμνός *agneau* : -οῦ (καρήατος ποτόν) *Al.* 133

ἀμπελόεις *de vigne* : ἀμπελόεις (ἕλικας) *Al.*266, -όεντα (καυλέα) 142

ἀνθέρικος *tige d'asphodèle* : -οιο *Th.* 535

ἄννησον *anis* : *Th.* 911, -οιο 650

ἀπαρίνη *gratteron* : *Th.* 850, -ινέα (χυλόν) 953

ἄποτρυξ scorie : -υγα (σιδηρήεσσαν) Al. 51

[ἄργυρος] argent : ἀργυρόεν
βάρος Al. 54

ἀριστολόχεια aristoloche : Th.
509, 937

ἄρκευθος genévrier : Th. 584

ἄρκια remèdes : (νούσων) Th.
837

*ἄρκιον bardane : Th. 840

ἄρκτιον (codd.) Inula candida
(?) : Th. 840

*ἀσκηρὸν κάρυον = châ-
taigne : -οῦ -οιο Al. 269

ἄσφαλτος bitume : -οιο Th. 44 (f)

ἀσφόδελος asphodèle : -οιο
(μόσχον) Th. 73 (I), (διανθέος ῥίζαν, σπέρμα) 534

ἀτάλυμνος prunier : -ου (δάκρυον) Al. 108

ἀφρός écume de mer : -όν
Al. 166, -οῖο 170 ; cf. s.v.
λίτρον

ἀχράς poire : -άδας Al. 354, cf.
s.v. βάκχη

ἀψίνθιον absinthe : -ου Al. 298

βάκχη poirier bacchè : ἀχράδας ἀπὸ -ης Al. 354

βάλσαμον baumier, baume : -οιο
(ὀπόν) Al. 64, -ον Th. 947

βάμμα (= ὄξος) vinaigre : βάμματι Th. 87 (o), 622, Al. 369,
414, 531

βάμμα σίμβλων (= ὀξυμέλι)
oxymel : -ατι Al. 49

βατόεις de ronce : -όεντα
(πτορθεῖα) Al. 267

βάτος ronce : -οιο (βλαστά) Al.
332, (ἄνθεα) Th. 839

βάτραχος grenouille : -οί (γερύνων τοκῆες) Th. 621, -οιο
(σάρκα) Al. 573

[βατράχους] : γερύνων τοκῆας
Al. 563

βδέλλα sangsue : -ας Th. 930
(pour sucer la plaie)

βλῆτρον (i.e. βλῆχνον = πτέ-
ρις) fougère mâle : -ου
(χαίτην) Th. 39 (f)

βολβός muscari-à-toupet : -ῶν
(σπείρεα) Th. 881

βούκερας fenugrec : -αος (κεραίας) Al. 424

βούπλευρος buplèvre : -ου
(σπέρμα) Th. 585

βοῦς bœuf : βοός (γέντα) Al. 62

βρυώνη ou βρυωνίς bryone :
-νης (ῥίζαι) Th. 939, -νίδος
(ῥίζαν) Th. 858

γαίη terre : -ης (καθαλμέα βώλακα ναιομένην) Al. 514 ;
(Παρθενίης) ocre de Samos
148 s.

γάλα lait : Al. 141, (βρωμήεντος) 486, γάλακτος (νεοβ-
δάλτοιο) Th. 606, Al. 205,
(πηγνυμένου) 310, (θηλυ-
τέρης πώλοιο) 64, γάλατος
385, γάλακτι 265, Th. 914

[γάλα] : Al. 90 s., 356 s.

γαλέη belette : -ης (σκύλακας)
Th. 689, [-ην] ibid.

γηθυλλίς oignon de printemps :
-ίδας Al. 431

γλάγος lait : Al. 262, 352, (οἰός)
139, -γεος 423

γλεῦκος vin doux : -ει Al. 299

γληχώ pouliot : Th. 877, Al.
128, 237

γλυκύς (sc. οἶνος) vin doux :
-ύν Al. 386, -εῖ 142, -έος
(πόσις) 179, (πόσιας δοιάς)
367

[γλυκύς] vin doux : ποτῷ ἐνδευκέϊ Βάκχου 328, γλυ-
κόεντι ποτῷ 444

γλυκυσίδη pivoine : -ης (ῥίζεα)
Th. 940

δάκρυον, -α *résine, gomme* ou
suc de certaines plantes : *Al.*
301, 546 (pin), 108 (noyer,
prunier, orme), 433 (pavot),
484 (scammonée), *Th.* 907
(silphium)
δαύκειον *athamante* : *Th.* 858,
-ου (ῥίζαι) 939
δαυχμός (= δάφνη) *laurier* :
-οῖο *Al.* 199, -οῦ (καρπόν) *Th.*
94 (o)
δάφνη *laurier* : -ης (Τεμπίδος)
Al. 198, -ης (ἀραιοτέρης
καρπόν) *Th.* 574 s., (σπερμεῖα) 943
δόναξ *roseau* : δονάκων (ῥίζεα) *Al.* 588
[δρακόντιον] *serpentaire* : ὁμο-
κλήτοιο δράκοντος καυ-
λεῖον *Th.* 882
δρῦς *chêne* : -υός (χαίτην) *Al.*
260

ἐγγαγίς (*pierre*) *de Gagai* : -ίδα
πέτρην *Th.* 37 (f)
ἐγκέφαλος *cervelle* : cf. s.v.
ὄρνις
εἰρύσιμον (= ἐρύσιμον) ou
ῥύσιμον *vélar* : (εἰρ-) *Th.*
894, (ῥ-) *Al.* 607 (*v.l.*)
ἐλαίη *olive* : -ης (πρημαδίης,
ὀρχάδος) *Al.* 87, (μυρτίνης)
88, 455
ἔλαιον *huile d'olive* : -ου *Th.*
105 (o), (ἀργέσταο λίπευς
ἐλαίου) 592, *Al.* 98, 204, -ῳ
(ἀτμενίῳ) 426
[ἔλαιον] : εἶαρ ἐλαίης *Al.* 87
ἔλαφος *cerf* : -οιο (κεραίην)
Th. 36 (f), (μυελοῖο) 101 (o),
(πηρῖνα θοραίην) *Th.* 586,
-ου (νηδύν, appelé ἐχῖνον et
κεκρύφαλον) 579
ἐλελίσφακος *sauge* : -ον *Th.* 84
(o)

ἐλίχρυσος *immortelle* : -οιο
(ἄνθην) *Th.* 625
ἐλλέβορος *hellébore* : -οιο
(φοινήεσσαν, *v.l.* Φωκήεσσαν, πόσιν) *Al.* 483, -ου
(μελανόχροος κάρφεα) *Th.*
941
ἐλξίνη *pariétaire* (appelée aussi
clybatis) : -ην *Th.* 537
ἐρέβινθος *pois chiche* : -ου
(ἀγροτέρου σπερμεῖα) *Th.*
894
ἐρείκη *bruyère* : -ην *Th.* 610
ἐρινάς (= ἐρινεός) *figuier sauvage* : -άδος (κόκκυγας) *Th.*
854
ἔρινος *erinos* (?) : -ου *Th.* 647
ἐρινός *figue sauvage* : -ούς *Al.*
319
ἔριφος *chevreau* : -ου (πυετίην) *Al.* 325
ἕρπυλλος *serpolet* : -ον (κεροειδέα) *Th.* 909, -οιο 67 (l),
(πέτηλα) *Al.* 274
εὔκνημον *origan* (?) : -οιο
(βότρυς) *Al.* 372, (κόμην) *Th.*
648
ἐχίειον *vipérine* : *Th.* 65 (l),
-εια (δύω) *Th.* 637 (*racines*)
1 ἐχῖνος *oursin* : -ου (δαῖτες)
Al. 394
2 ἐχῖνος *feuillet* (troisième estomac des ruminants) : -ον *Th.*
579
ἔχις (= ἔχιον) : voir *supra* sous
Ἀλκιβίου ἔχις

ζόρξ *chevreuil* : -κός (κέρας)
Th. 42 (f)

ἤϊα *farine* : (κριθάων) *Al.* 412
[ἡλιοτρόπιον] *héliotrope* : ἠε-
λίοιο τροπαῖς ἰσώνυμον ἔρνος *Th.* 678
ἧπαρ *foie* : (αὐτοῦ σίνταο) *Th.*

622 s., -ατος λοβόν (κάπρου)
559 s.

Ἡράκλειον ὀρίγανον : cf. s.v.
κονίλη

ἠρυγγίς de panicaut : -ίδας
(ῥίζας) Al. 564

ἤρυγγος panicaut : -οιο (ῥίζεα)
Th. 645, -ου (ῥίζαν) 849

θάλασσα eau de mer : -αν Al.
171

θάψος (= θαψία) : -ου (ῥίζαν)
Th. 529

θεῖον soufre : -ου Th. 43 (f)

Θρήϊσσα (pierre) de Thrace :
-αν λᾶαν Th. 45 (f)

θρῖα feuilles de figuier : -ων
(ἡμιδεὲς χειρὸς βάρος) Al.
55

θρόνον simple : -α Th. 493, 936

θρυαλλίς plantain : Th. 899

θύμβρη sarriette : -ης (βλαστόν) Th. 531, (στρομβεῖα)
628

θύμον thym : -ου (στάχυν) Al.
371

θύος huile parfumée : (ῥοδέοιο)
Al. 452, -έος (ἰρινέου) 203

ἴον giroflée : ἴα Th. 900 (i.e. les
graines)

ἵππειον μάραθον (= ἱππομάρα-
θον) fenouil-des-chevaux : -ου
ῥίζαν Th. 596

ἵππειον σέλινον (= ἱπποσέλι-
νον) ache-des-chevaux : -ου
σπερμεῖα Th. 599

ἵππειος λειχήν mousse-des-che-
vaux : -ῆνα Th. 945

ἵππος hippopotame : -ου (ὄρχιν) Th. 566

ἰρίνεον (sc. ἔλαιον) huile
d'iris : -οιο (θυόεν λίπος i.e.
ἔλαιον) Al. 241, -ου (θυέος)
203, -ῳ (λίπεϊ) 156

ἰρινόεν (sc. θύος) huile parfumée à l'iris : Al. 455

ἶρις iris : -ιδος (ῥίζαι) Th.
937, ἴριδα Al. 406, ἶριν Th.
607

καλάμινθος calament : -ον Th.
60 (l)

κάλχη murex : -ης (δαῖτες) Al.
393

κάμπη chenille : -ην Th. 87 (o)

κάμων (= σκαμμωνία) scammonée : -ωνος (δάκρυ) Al. 484 ;
cf. s.v. σκαμμώνιον

κάπρος sanglier : -ου (ἥπατος
λοβόν) Th. 559 s.

καρδαμίδες graines de cresson :
-δας Al. 429, 533

κάρδαμον cresson : -ῳ Th. 41
(f), 93 (o), (ἀπὸ Μήδων) 876
s., (Μῆδον) Al. 533, (Πέρσειον) 429

κάρη tête : (αὐτοῦ σίνταο) Th.
623, cf. s.v. ἧπαρ

κάρηαρ tête : -ατος (σιάλοιο,
ἀμνοῦ ποτόν) Al. 133 ; cf.
s.v. κορσεῖα

καρκίνος crabe fluviatile : -ον
Th. 606, (ποτάμιον) 949 s.

καρύη noyer : -ης (δάκρυον)
Al. 108

1 κάρυον noix : -οιο (ἀσκηροῦ
= châtaigne) Al. 269, 271

2 κάρυον noyau : -α ἀπὸ περσείης Al. 99

κάστωρ castor : -ορος (ὄρχιν)
Al. 307, Th. 565

καυκαλίς carotte sauvage (?) :
-ίδας (i.e. les graines) Th. 843,
892 (cf. s.v. κυκλαμίς)

καχρυόεις de libanotis κα-
χρυφόρος : -όεσσαν (ῥίζαν)
Th. 40 (f) ; cf. s.v. λιβανωτίς

κεδρίνεος de genévrier : -ης
(πίσσης) Al. 488

κεδρίς *baie de genévrier* : -ίδας
Th. 81 (o), -ίσιν *Th.* 597
κέδρος *genévrier, cèdre-sapin* :
Th. 53 (f), -οιο 583
κηραφίς *langouste* : -ίδος (δαῖτες) *Al.* 394
κηρός *cire* : -οῖο *Th. 106* (o)
κῆρυξ *buccin* : *Al.* 395
κίκαμον *kikame* (?) : -α (la
plante ou ses *graines*) *Th.* 841
κίναμον (= κιννάμωμον) *cinnamome* : -οιο *Th.* 947
κίχορον *chicorée* : *Th.* 864
(*v.l.* ; cf. s.v. κόρκορος), -α
(*graines de chicorée* ?) *Al.* 429
κλῆμα *sarment* : *Th.* 873
κληματόεις *de sarment* : -όεσσαν (τέφρην) *Al.* 95, 530
κλύβατις : cf. s.v. ἐλξίνη
κνώδαλον *serpent* : -α μεμιγμένα *Th.* 98 (o)
κνίδη *ortie* : -ην *Al.* 551, 428
(*feuillage*), -ης (σπερμεῖα)
201, (σπόρον) 427, (σπέραδος) 550, (σπέρμα) *Th.* 880
1 κόκκυξ *coucou* : *Th.* 380
2 κόκκυξ : *fruit du figuier sauvage*, cf. s.v. ἐρινάς
κόμμινα (*sc.* δάκρυα) *gomme* :
Al. 110
κονίη *lessive* : -ην *Al.* 370
κονίλη = Ἡράκλειον ὀρίγανον *Th.* 626
κόνυζα *aunée* : -ης (βρύα) *Th.*
70 (l), (φύλλα) 83 (o),
(ῥάδικα) *Al.* 331, (βλαστόν)
Th. 942, (φύλλα) 875
κονυζήεις *d'aunée* : -ῆεν φυτόν (= κόνυζα) *Th.* 615
κόριον *coriandre* : -οιο (ὀρειγενέος καρπός) *Th.* 874
κόρκορος *corette* : -ον *Th.* 626,
864 (*v.l.*, cf. s.v. κίχορον)
κορσεῖα *tête* : (χιμαίρης) *Al.*
135 ; cf. s.v. κάρηαρ

κοτυληδών *cotylédon* : -όνος
(ῥίζαν) *Th.* 681
κουλυβάτεια *colybatée* (?) : *Th.*
851, -αν 589
κράδη *branche de figuier,
figuier*, ou *jus de figue* : -ην
(ἀγριόεντα) *Al.* 604, -ης
(κορύνην) *Th.* 853, (ὀπόν)
923 (à instiller dans la plaie)
κραμβήεις *de chou* : -εν (σπέραδος) *Al.* 330
κρῆθμον *criste marine* : -ον *Th.*
909
κριθή *orge* : -άων (ἤϊα) *Al.* 412
κρίμνον *orge* : -οισι (i.e. *farine*)
Al. 552
κρόμμυον *oignon* : -ων *Al.* 431,
-οφι (ὀπόν) *Th.* 931 (pour instiller dans la plaie)
κρότων *ricin* : -ωνος (φλοιόν)
Th. 676
κρύσταλλος *glace* : -οιο (δαῖτα) *Al.* 513
κτείς *peigne de mer* : κτένες *Al.*
395
[κυδωνέα] *cognassier* : Κύδωνος φυτόν *Al.* 234 s.
κυκλάμινος *cyclamen* : -ον *Th.*
945
κυκλαμίς (= κυκλάμινος) *cyclamen* : *κυκλαμίδας *Th.* 892
(cf. s.v. καυκαλίς)
κύμινον *cumin* : -ου (θερειγενέος καρπόν) *Th.* 601, (ἀγροτέροιο) 710 s., -α (i.e. *les
graines*) 942
κυπάρισσος *cyprès* : -ου (φόβην) *Th.* 564, (Ἰδαίης σπέρματα) 585
κυπάρισσος ποίη : cf. s.v. χαμαικυπάρισσος
κύπειρις *souchet femelle* (?) :
-ιδος (ῥίζεα) *Al.* 591
κύπειρον *souchet mâle* (?) : -ου
(ῥίζεα) *Al.* 591

κύπρος *henné* : -ου (βλαστεῖα)
Al. 609

κύτινος *fleur du grenadier* :
-οιο (σίδης πρωτόγονον
καρπόν) *Al.* 609

κύτισος *luzerne en arbre* : -ον
Th. 617, 944

κῶνος *cône de pin* : -οις
(πεύκης) *Al.* 548

λαγωός *lièvre* : -οῦ (πυετίην)
Al. 325, (τάμισον) *Th.* 577,
(ἐκ ταμίσοιο) 711 ; cf. s.v.
πτώξ

[λαγωός] : σκίνακος δερκευνέος πυετίην *Al.* 67

λειριόεν *de lis* : (κάρη) *Al.* 406

λειχὴν : cf. s.v. ἵππειος λειχήν

λευκὰς ποίη *herbe impossible à
identifier* : -άδος (ῥίζαν) *Th.*
848 s.

λίβανος *encens* : -οιο (χύσιν)
Al. 107

λιβανωτίς *libanotis* (?) : -ίδι
(καχρυφόρῳ) *Th.* 850 (*libanotis porte-graines*)

Λιβυκή ῥίζα : -ας ῥίζας *Th.*
911 *racines de Libye = silphium* ; cf. s.v. σίλφιον

λίνον *lin* : -οιο (σπεράδεσσιν)
Al. 134

λίπος *huile* : (ἀτμένιον) *Al.*
178, -εϊ *Th. 83* (ο), *Al.* 460,
553, (ῥοδέῳ) 155, (ἰρινέῳ)
156, -εος 195, -ευς (ἀργέσταο ἐλαίου) *Th.* 592

λίτρον *natron* : *Al.* 532, -ου
327, (ἀφρός) *Th.* 941

λύγος *gattilier* : -ον *Th. 63* (l)

λύκαψος *sorte de vipérine* : -ον
Th. 840

λυχνίς *nielle* : *Th.* 899

μαλάχη, μολόχη *mauve* :
μολόχης (ἀγριάδος κάρφει)

Th. 89 (ο), μαλάχης (ῥαδάμους ἢ φυλλάδα) *Al.* 92,
(δράμνους) 487

μάραθον *fenouil* : -ου ὅρπηξ
Th. 33, (ἔρνος) 391, (κάρφεα)
893 ; cf. s.v. ἵππειον μάραθον

μέθυ *vin* : *Th.* 619, -υος (πο-
λιοῦ) *vin vieux* 582

μελάνθειον (= μελάνθιον)
nigelle : -ου *Th. 43* (f)

[μέλι] *miel* : κάματος μελίσσης *Al.* 71, 144, μ-ης ποτῷ
374 s., ἔργα μ-ης 445, 547,
τενθρήνης ἔργα 554

μελίζωρον *mélicrat* : -ου (πόσιν) *Al.* 205

μελικταινα = πράσιον : *Th.* 555

μελίλλωτος *mélilot* : -οιο (στέφος) *Th.* 897

μελισσόφυτον *mélisse* : -οιο
(πετάλοισι) *Th.* 677

μελίφυλλον *feuille au miel* =
πράσιον : *Al.* 47, *Th.* 554

Μῆδον [κάρδαμον] variété de
cresson ; cf. s.v. κάρδαμον

μήκων *pavot* : (θυλακὶς ἢ ἐπιτηλίς) *Th.* 851 s., -ωνος (φιαρῆς ὀπόν) 946

μηλείη (= μηλέα) *pommier* :
-ης (κάρφη) *Al.* 230

μήλειος *de pomme* : -οισι
(σπέρμασι) *Al.* 238

μῆλον *pomme* : -οις *Al.* 277

μίλτος *ocre de Lemnos* : -ου
Λημνίδος *Th.* 864 s.

μίνθα *menthe* : -ης (φυλλάδες)
Al. 374

μινυανθές *petite fleur* (syn. de
τρίσφυλλον) : *Th.* 522

μολόχη : cf. s.v. μαλάχη

μορέη *mûrier* : -ης (ῥίζεα) *Al.*
69

μύδρος *masse de métal* : -ον *Al.*
50

μυρίκη *tamaris* : -ης (θάμνον)
Th. 612

1 μυρτίνη *espèce d'olive* : -ης
(ἐλαίης) *Al.* 88

2 μυρτίνη *poirier myrtas* :
ἀχράδας ἀπὸ -νης *Al.* 355
μυρτίς = μύρτον : -ίδας *Al.* 355
μύρτον *baie de myrte* : -α *Th.*
892

μύρτος *myrte* : -ου (καρπόν) *Al.*
275, [618-622]

νάπειον (= νᾶπυ) *moutarde* : *Al.*
430 ; cf. s.v. σίνηπυς

νάρδος *nard* : -ον *Al.* 307, -ου
Th. 604, (ῥίζαι) 937, (ῥιζίδα)
Al. 402

νάρθηξ *grande férule* : -ηκος
(ἦτρον) *Th.* 595, (νηδύν) *Al.*
272

νεβρός *faon de biche* : -οῖο
(τάμισον) *Th.* 578, -οῦ (πυετίην) *Al.* 67, 324

νέκταρ *vin* : *Al.* 202, 584,
(κιρρόν) 44, -ρι 68, 94, 225,
347, 460, 667

νῆρις *laurier-rose* : -ιν *Th.* 531

νύμφαι *eau* : -αις *Th.* 623, *Al.*
65, (ποταμηῖσι) 128, 164,
266, -ας 321

οἰνάνθη *spirée* : -ης (βρύα) *Th.*
898

οἰνάς (= οἴνη) *vin* : -άδι *Al.*
355, 444

οἴνη *vin* : -ην *Th.* 603, -ῃ *Al.*
178, 372, *Th.* 563, 913,
(σχεδίη) 622 *vin ordinaire*,
(ἡδέϊ) *Al.* 574, 589, -ης 58,
195, 198, 613, *Th.* 540, 563,
655, 925, 956, (ἐξ ἐδαν-) *Al.*
162, (κιρράδος) *Th.* 519, (με-
νοεικέος) 507, (τρύγα) 931

οἶνος *vin* : -ῳ *Al.* 608, *Th.* 698,
713, (ἀργῆτι) 551 *vin blanc*,

-οιο (παλαισταγέος) 591 *vin
vieux*, -ου 624, 929

ὄϊς *brebis* : οἰὸς γλάγος *Al.* 139

ὀνῖτις *origan-aux-ânes* : -ιδος
(ῥάδικα) *Al.* 56

[ὀνῖτις] : ὄνου πετάλειον ὀριγάνου *Th.* 628

ὀνόγυρος (= ἀνάγυρος) *ana-
gyre-fétide* : *Th.* 71 (l)

[ὄνος] *âne* : βρωμήεντος *Al.*
409 (γάλα)

ὄνωνις *bugrane* : *Th.* 872

ὀξαλίς *patience sauvage* : -ίδας
(i.e. *les graines*) *Th.* 840

ὄξος *vinaigre* : *Th.* 539, -ει *Al.*
320, 330, 530, -εος *Th.* 563,
-ει 913, -ευς *Al.* 321, 366,
375, 511, (τρύγα) *Th.* 933 ; cf.
s.v. βάμμα

[ὀξύμελι] : cf. s.v. βάμμα σίμβλων

ὀπός *jus du silphium* : -οῖο *Al.*
309, 329, 369, *Th.* 907, -ῷ *Al.*
202

ὀριγανόεις *d'origan* : -όεσσα
(χαίτη) *Th.* 65 (b)

ὀρίγανον *origan* : *Th.* 559 ; cf.
s.v. εὔκνημον, κονίλη, ὀνῖτις

ὄρμινον *sauge-hormin* : -οιο
(νέην χύσιν) *Al.* 602, (κάρφεα) *Th.* 893

ὄρνις *poule* : -ιθος κατοικάδος
(ἐγκεφάλοιο) *Th.* 557 s. ;
-ιθος (σάρξ) *Al.* 387 ; -ιθος
στρουθοῖο κατοικάδος (=
poulet) *Al.* 60 (ποτόν)

ὄροβος *ers* : -οιο (παλήματι)
Al. 551

ὀρταλίς *poule* : cf. s.v. ᾠόν

ὀρταλιχεύς : cf. s.v. χήν

ὀρχάς *espèce d'olive* : -άδος
(ἐλαίης) *Al.* 87

ὄρχις *testicule* : -ιν (ἵππου) *Th.*
566, (κάστορος) *Al.* 307, *Th.*
565

πάλημα *farine* : -ατι (ὀρόβοιο)
Al. 551

παλίουρος *paliure* : -ου (καρπός) *Th.* 868

πανάκειον autre nom de la
racine de Chiron : *Th.* 508

πάνακες *panakès* : *Th.* 565,
(Φλεγυηΐον) 685, (Χείρωνος
ῥίζα, appelée πανάκειον) 500

Παρθενίη (γῆ) terre *Parthénienne* (= *de Samos*) : -ης
(γαίης) *Al.* 148 s.

παρθένιον *matricaire* : -οιο
(ὀροδάμνους) *Th.* 863

πάτος *excréments* : -ον (στρουθοῖο κατοικάδος) *Al.* 535, -ῳ
Th. 933

πενταπέτηλον (= πεντάφυλ-
λον) *quintefeuille* : *Th.* 839

πέπερι *poivre* : *Al.* 201, -ιν 332,
607, *Th.* 876

περιστερόεις de *verveine* :
-όεντα πέτηλα *Th.* 860

περσείη *perséa* : -ης (κάρυα
ἀπὸ) *Al.* 99, [Περσῆος πετά-
λοισι] *Th.* 764

Πέρσειον [κάρδαμον] variété
de *cresson* : cf. s.v. κάρδαμον

πεταλῖτις (= φυλλῖτις) *langue-
de-cerf* : -ιν *Th.* 864

πευκέδανον *peucédan* : -οιο
(καυλεῖα) *Th.* 76 (1), (φύλλα)
82 (ο)

πεύκη *pin noir* : *Al.* 549 (κώνοις), -ης (ῥητίνην) 300,
(δάκρυα) 546, -αι *Th.* 883
(στρόμβοισι)

πηγάνιον (= πήγανον) *rue* : *Al.*
49, *Th.* 531

πηγανόεις de *rue* : -όεντας
(ὀράμνους) *Al.* 154

πήγανον *rue* : -ου (φυλλάδα)
Al. 413

πίνη *pinne marine* : -ης (δαῖτες)
Al. 394

πίσσα *poix* : -αν *Th.* 574, -ης
488

πιστάκιον *pistache* : -α *Th.* 891

πίτυς *pin d'Alep* : -υος (ῥητίνην) *Al.* 301

πίτυς χαμηλή (= χαμαίπιτυς)
pin-nain : *Th.* 841 s.

πλάτανος *platane* : -οιο (σφαῖ-
ραι) *Th.* 584

ποίη *herbe (médicinale)* : -ην
παρ' ἀτραπιτοῖσι χλοάζου-
σαν (εὐπόριστον) *Th.* 917,
-ας (νεοκμῆτας) *Th.* 497

ποίη κυπάρισσος : cf. s.v.
κυπάρισσος

πόλιον *germandrée-polion* : *Th.*
64 (1), -οιο (ἄνθην) *Al.* 305,
-ου *Th.* 583

πολύκνημον *basilic sauvage* :
Th. 559, -οιο (ῥάδικα) *Al.* 57

πουλύγονον *renouée* : *Th.* 901,
-οιο (βλαστήματα) *Al.* 264

Πράμνιος de *Pramnos* : -ον (*sc.*
οἶνον) *Al.* 163

πράσιον (i.e. μελίφυλλον, με-
λίκταινα) *marrube* : (καυλέα)
Al. 47, (ἔρνος) *Th.* 550

πράσον *poireau* : *Th.* 879

[πράσον] : φύλλον ἐναλδόμενον πρασιῆσι *Al.* 532

πρημαδία *espèce d'olive* : -ης
(ἐλαίης) *Al.* 87

Προμένειος (σίδη) espèce de
grenadier : *Al.* 490

πρόξ *chevreuil* : προκός (πυετίην) *Al.* 324, (τάμισον) *Th.*
578

πτελέη *orme* : -ης (δάκρυον)
Al. 109

πτίσανον (= πτισάνη) *gruau
d'orge* : -οιο *Th.* 590

πτώξ (= λαγωός) *lièvre* : πτωκός (τάμισον) *Th.* 950

πυετίη *présure* : -ην 323 (325
ἐρίφου, λαγωοῦ), 68 (67 [λα-

γωοῦ], νεβροῦ), 323 (324 προκός, νεβροῦ) ; cf. s.v. τάμισος
πύραθοι *crottes de chèvre* : -οισι *Th.* 932
πυράκανθα *buisson-ardent* : -αν *Th.* 856
πύρεθρον *pyrèthre* : -οις (i.e. *les racines*) *Th.* 938
πυρῖτις (=πυρέθρου ou πύρεθρον) *de pyrèthre* : -ιδα (ριζάδα) *Al.* 531, -ιδος (φύλλα) *Th.* 683
1 ῥάμνος (= φιλέταιρις) *polemonion/philetairion* : -ον *Th.* 630
2 ῥάμνος *nerprun* : -ου (πτόρθους) *Th.* 861, (ἀσφαράγους) 883
1 ῥάφανος *raifort* : -ον *Al.* 430
2 ῥάφανος *chou* : -οιο (κόρσην) *Al.* 527
ῥητίνη *résine* : *Al.* 554, -ην (τερμινθίδα, πεύκης, πίτυος) 300 s.
ῥίζα *racine* : -ας παρ' ἀτραπιτοῖσι χλοαζούσας *Th.* 916 s. (εὐπόριστον)
ῥόδεον (*sc.* ἔλαιον) *huile rosat* : -ου *Th.* 103 (o), (θυόεν) *Al.* 239, -οιο (θύος) 452, -ῳ (λίπεϊ) 155
ῥόδον *rose* : *Th.* 900
ῥυτή *rue* : -ῇ *Al.* 607 (*v.l.*), -ῆς (βλάστας) 306, (σπάδικα) 528

σάμψυχον *marjolaine* : -ου (πτέρα καὶ ἄνθη) *Th.* 617
σείραιον (= σίραιον) *vin cuit* : -οιο *Al.* 153
σέλινον *ache* : -ου (σπέρματα) *Th.* 597, (σπέραδος Νεμεαῖον) 649, (σπέραδος Ἴσθμιον) *Al.* 604 ; cf. s.v. ἵππειον σέλινον

σήσαμον *sésame* : -α (i.e. *les graines*) *Al.* 94
σίαλον *salive* : -ων *Th.* 86 (o)
σίαλος *porc gras* : -οιο (καρήατος ποτόν) *Al.* 133
1 σίδη *nénuphar* : -ας (Ψαμαθηῖδας) *Th.* 887
2 σίδη *grenadier* : -ης (κλήματα) *Th.* 72 (l), (ὀρόβακχοι) *Th.* 870, (Κρησίδος, οἰνωπῆς, Προμένειον, Αἰγινῆτιν) *Al.* 489-491, (πρωτόγονον κυτίνοιο καρπόν) 609 ; cf. s.v. σιδόεις
σιδηρήεις *de fer* : -εσσαν (ἀπότρυγα) *Al.* 51
σίδηρος *fer* : -ον (θαλφθεῖσαν) *Th.* 923 (pour cautériser la plaie)
σιδόεις *de grenadier* : -όεντος (καρπείου κάλυμμα) *Al.* 276
σικύη *ventouse* (pour extraire le venin) : -ην (χαλκήρεα) *Th.* 921
σίκυος *concombre sauvage* : -οιο ἀγροτέρου (ῥίζαν) *Th.* 866 s.
σιλφιόεις *de silphium* : -όεσσαν (ῥίζαν) *Al.* 329
σίλφιον *silphium* : -ου (ῥίζαν) *Th.* 85 (o), (ῥίζας) *Al.* 309, 369, σίλφια (*racines*) 204 ; cf. s.v. Λιβυκὴ ῥίζα
σίνηπυς, σίνηπυ *moutarde* : -υν *Al.* 533, -πι *Th.* 878
σίσυμβρον *menthe sauvage* : -α *Th.* 896 (la *plante* ou ses *graines*)
σκαμμόνιον (= σκαμμωνία) *scammonée* : *Al.* 565 ; cf. s.v. κάμων
σκίλλα *scille* : -ης (κάρη) *Th.* 881
σκολοπένδρειον (i.e. -δριον) *scolopendre* : -είοιο (καυλόν) *Th.* 684

[σκορπίος] *scorpion* (plante) :
-ου (ῥίζαν) *Th.* 885-887

σκόροδον *ail* : -οιο (κώδεια)
Al. 432

σκορπιόεις *de scorpion*
(plante) : -όεντα (ῥίζεα) *Al.*
145

σκύρον (= ἄσκυρον) *mille-pertuis* : -α *Th.* 74 (l)

σμύρνα *myrrhe* : -ης *Th.* 600,
Al. 601

σμυρνεῖον (= σμύρνιον) *maceron* : *Al.* 405, *Th.* 848

σπέρμα *graine* : παρ᾽ ἀτραπιτοῖσι χλοάζον (εὐπόρισ-
τον) *Th.* 917

σταφὶς ἀγροτέρα (= ἀγρία) *staphisaigre* : -ίδος -ης (λέπος)
Th. 943

σταφυλῖνος *carotte* : -ου (σπέρματα) *Th.* 843

1 στρόμβος *strombe* : -ων
(δαῖτες) *Al.* 393

2 στρόμβος *cône de pin* : cf. s.v.
πεύκη

στρούθειον (*sc.* μῆλον) *coing* :
-εια *Al.* 234

στρουθός (i.e. *poulet*) : -οῖο
(ὄρνιθος κατοικάδος) *Al.*
60 ; (i.e. *poule*) -οῖο (κατοικάδος) 535

σῦκον ὀμφάλειον *figue à ombilic* : -ων (πόσιν ὀμφαλόεσσαν) *Al.* 347 s.

σῦς *porc* : συός (γέντα) *Al.*
556a

σφονδύλειον *berce brancur-
sine* : *Th.* 948

τάμισος *présure* : -οιο (ποτόν)
Al. 373, *Th.* 711, -ον (λαγωοῦ,
προκός, νεβροῖο) *Th.* 577 s.,
(πτωκός) 949

τενθρήνη sorte d᾽*abeille* : -ης
ἔργοις (= μέλιτι) *Al.* 547

τερμινθίς (= τερμινθίνη) *de*

térébinthe : -ίδα (ῥητίνην)
Al. 300

τέφρη *cendre* : -ην (κληματόεσσαν) *Al.* 95, 530

τῆθος (= τήθυον) *huître* : -η *Al.*
396

Τηλέφιον *herbe de Télèphe*
(espèce d᾽orpin) : -οιο (φύλλα) *Th.* 873

τιθύμαλλος *euphorbe* : -ους *Th.*
617

τίτανος *chaux vive* : -οιο
(χερὸς βάρος πιμπλαμένης)
Al. 43

*τόρδιλον (i.e. τόρδυλον) tor-
dyle* : *Th.* 841

τραγορίγανος *tragorigan* : -ου
Al. 310

τρέμιθος (i.e. τέρμινθος) *térébinthe* : -οιο (καρπόν) *Th.* 844

τριπέτηλον *psoralée* : *Th.* 522
(syn. de τρίσφυλλον), 907

τρίσφυλλον (= τρίφυλλον) *psoralée bitumineuse* : *Th.* 520 :
cf. s.v. μινυανθές, τριπέτηλον

τρύξ *lie* : τρύγα (οἰνηρήν) *Al.*
534, (οἴνης, ου ὄξευς) *Th.*
931-933

τρύχνον (= στρύχνον) *morelle
noire* : *Th.* 74 (l), 878

ὑάκινθος *hyacinthe* : -ου (καρπόν) *Th.* 902

ὕδωρ *eau* : -ατι *Al.* 95, 320, *Th.*
540, 573, 914, -ασιν *Al.* 229,
237, -άτεσσι (ποταμοῖο) *Th.*
665

ὑπέρεικος *mille-pertuis* : -όν
(οὐρείην) *Al.* 603

ὕσσωπος *hysope* : *Th.* 872, -ου
(ὀροδάμνους) *Al.* 603

φηγός *vélani* : -οῖο (χαίτην) *Al.*
261, -ου (φλοιόν) *Th.* 842

φιλέταιρις : *Th.* 632, cf. s.v.
ῥάμνος 1
φλόμος *molène* : -ου (ἄνθην)
Th. 856
φοῖνιξ *palmier-dattier* : -ικος
(καρπόν) *Al.* 353
φρύνη *crapaud* : -ης (σπλήν)
Al. 575, (λιμναίης) 576
φῦκος *algue* : (ἁλός) *Th.* 845

χαλβάνη *galbanum* (jus de la
férule galbanifère) : *Th.* 52 (f)
χαλβανίς *de férule galbanifère* :
-ίδες (ῥίζαι) *Th.* 938
χαλβανόεις *de férule galbanifère* : -όεσσα (ῥίζα) *Al.* 555
χαλκός *cuivre* : -οῖο ἄνθην *Al.*
529 (sulfate)
[χαμαικυπάρισσος] *petit-cyprès* :
ποίην κυπαρισσον *Th.* 910
χαμαίλεος (*i.e.* -λέων) *chaméléon* : ὀρφνόν, ζοφοείδελος
Th. 656 (657-660) *cardopate
corymbeux* ; αἰγλήεντα 656
(661-3) *atractyle gommifère*
χαμαίπιτυς *pin-nain* : -υος
(θρῖα, *i.e.* φύλλα) *Al.* 56,
(φύλλα) 548 ; cf. s.v. πίτυς

χαμηλή
χαμελαίη *olivier-nain* : -ης
(βλαστόν) *Al.* 48
Χείρωνος ῥίζα : cf. s.v. πάνακες
χελιδόνιον *chélidoine* : -ου
(πέτηλα) *Th.* 857
χελύνη (*i.e.* χελώνη) *tortue* :
-ης ὤεα *Al.* 555 ; ἁλίοιο
γυίοις 557 tortue marine ;
οὐρείης 559 tortue grecque
χέλυς = χελύνη ἅλιος : -υος
(εἶαρ, *i.e.* αἷμα) *Th.* 700
χήν *oie* : -νός (ποτόν *bouillon*)
Al. 136, (ὀρταλιχῆα) 228
χιμαίρη *chèvre* : -ης (κορσεῖα)
Al. 135 (*bouillon*)
χιών *neige* : -όνι *Al.* 179
χιονόεις *de neige* : -όεσσαν
(δαῖτα) *Al.* 512
χρυσός *or* : -οῖο (βάρος) *Al.* 53

ψίλωθρον *herbe dépilatoire* :
Th. 902
ὤεον *œuf* : -α (χελύνης) *Al.* 555

[ᾦον] : ὀρταλίδων ἁπαλὴν
ὠδῖνα *Al.* 165

V. PERSONNALITÉS ANCIENNES (ROIS, POÈTES, GRAMMAIRIENS, ETC.) MENTIONNÉES DANS LES NOTICES AVEC LES RÉFÉRENCES À LEURS ŒUVRES

N.B. — Les renvois aux tomes II-III utilisent des chiffres arabes en gras : **2**.XXIII = t. II, p. XXIII. Les notes sont indiquées par un exposant : **3**.XCII[236] = t. III, p. XCII, n. 236. Les noms des médecins sont en gras. Leurs références comportent soit les livres, chapitres et paragraphes des ouvrages considérés, soit les pages et les lignes des éditions qui figurent dans le *conspectus librorum*. Les iologues antérieurs à Nicandre sont cités d'après l'*Annexe* du t. II, p. 269-307. Pour Nicandre, seules sont alléguées les œuvres autres que les poèmes iologiques.

Aelius Dionysius γ 6 : **3**.XCII[236]

Aelius Promotus : **2**.XXIII, 38[63] ; **3**.XIX, XXII[33] ; Pr. et Nic. : **2**.LXIII s. (et n. 134), **3**.XXXV s., CXIX ; Pr. p. 43.5 ss. : **2**.LXXXIII[181] ; 45 ss. : **2**.LXXIII[166] ; 45.20 : **2**.XLIII ; 70.10 : **2**.XXIX[45]

Aemilius Macer : **2**.LXIII, CXVI s. (et n. 253)

Aétius : **2**.XXIII, **3**.XIX, XXII ; *Iatr.* 13.9 : **2**.XLIV ; 12 : **2**.LXXIII[166] ; 20 : **2**.XLIII[79] ; 47 : **3**.XXIII[34] ; 48 : **3**.XX[22] ; 51 : **3**.LV[132] ; 66 : **3**.XXXII[62] ; 73 : **3**.LII[122] ; 80 : **3**.XXXII[62] ; 15.27 : **3**.XXX[53] ; liste des passages concernant vomissements et clystères : **3**. XXXIX[82] ; comparaison d'Aét. avec Promotus et Nic. : **3**.LXVI, LXXXIII[214]

Agathias le Scholastique : **3**.XCIX

Aglaïas de Byzance : **3**.LXXIV[190], CXVII

Alchimistes grecs : **2**.LIX[122]

Alexandre de Myndos : **2**.LIV (et n. 103)

Amérias : **2**.XX[27]

Ammonius, *Commentarius in Aristotelis librum De interpretatione* : **2**.XCIII[194]

Amphilochos : **2**.LV (et n. 108)

Amyntas, bèmatiste : **2**.XX[27]

Andréas : **2**.XVII, **3**.XVI ; A. et Nic. : **2**.XL-XLII, LII s. ; fr. 1 et 2 : **2**.LXXXIX ; fr. 2 et 6 : **3**.XX[23]

Andréas de Carystos : **2**.XLI

Andromachos l'Ancien : **2**.XVII, LXIII, (A. et N.) CXVIII (et n. 255) ; **3**.XVI, LXXI[178], LXXII[183] ; *Galènè* : **2**.XVII, XCIV, CXVII s., **3**.LXXIII ; v. 35, 108, 128, 129, 152 : **3**.CXII s.

Archias, *AP* 5.58.1 : **2**.CVIII[234]
Archigénès : **2**.XXXIX
Arétée : **3**.CVIII[272]
Aristarque : **2**.CLXXVIII (s. ἀραιός),
3.XCIV
Aristogénès de Cnide : **2**.XVII,
XXXIII[53] ; **3**.XVI
Aristophane : **3**.XCIX ; *Ach.* 874 :
2.XCVII[202]
Aristote : **2**.LXXXV, LXXXVIII, XCVIII,
CIII. *HA* 489a 2, 493a 8, 494b 19,
495b 24 : **3**. XXXV[66] ; 607a 23 :
2.XLVIII[95] ; lib. 8, c. 29 (=
Thphr.) : **2**.XXXI ; [*mir. ausc.*] :
2.LXXXVIII (et n. 184) ; [Ar.] et
N. : **2**.LXXXIX ; *m.a.* 835b 33-
836a 6 : **3**.LXXXII[213] ; c. 27 et
147 : **2**.XXX[49] ; c. 164 et 165 :
2.LXXXIX ; *Poét.* 1447b 16-19 :
2.XCIII[193], **3**.LXIX[174] ; 1457b 1-3 :
3.C[255] ; *ibid.* 3-6 : **3**.XC[233] ; 1457b
33 : **2**.XCIV ; 1457b 35-1458a 1-
3 : **3**.C[256] ; 1458a 5-7 : **3**.C[257] ;
1458a 18, 32 : **3**.XCVII[252] ; *ibid.* l.
21 s. : **2**.XCIII[193], XCIV ; l. 19-23 :
3.XC[232] ; l. 29 : **2**. CXV[248] ; l. 30
s. : **3**.CI[258] ; l. 34-b 3 : **3**.CI[259] ;
1459a 8-10 : **2**.XCIV, **3**.XCII[241]
Arrien, *Ind.* 15.11.1-4 : **2**.XIV[4]
Artémidore : **3**.CXLVII
Asclépiade de Bithynie : **2**.LVI[113]
Asclépiade Pharmakion, extrait par
Gal. *antid.* 2.7-9 : **3**.XXIX[51], cf.
3.XXVIII[46] ; **2**.XVIII[20], XL[72], XLVI[92],
LI, LX[126] ; **3**.XV[8], XX[22], XXII[31],
LV[132], LXXXIII[214]
Asclépiade de Samos, *AP* 7.284.4 :
2.CVIII[234]
Athénée : **2**.CLXVI s., **3**.CXLVII ; *Deipn.*
5a : **2**.XLIV[83] ; 58d : **2**.XCVII[202] ;
62e-63a : **2**.XCVII ; 126b : **2**.XCVIII,
CLXXIV, **3**.XCIII[242] ; 312de : **2**.XLI ;
312b-e : **2**.CXXXI[300] ; 312e :
2.LIV[104] ; 314d : **2**.CXXXI (et n.
300) ; 650f : **2**.XCVI

Attale III Philomètor : **2**.XVIII (et n.
22, 24), XIX ; **3**.XIV s. (et n. 7 et 8)
Ausone, *Épigr.* 10 : **3**.LIV[130]

Bacchylide (et Nic.) : **2**.CXIV[246]
Basile de Césarée : **2**.CXXXIV ;
3.CXVII
Bianor, *AP* 9.272.6 : **2**.C[210]
Bion : **3**.XCVI
Boios, *Ornithogonia* : **2**.CXVII[253]
Bolos de Mendès : **2**.XXXVI[59]

Caelius Aurelianus, *M. chr.*
1.4.133 : **2**.XXIX[47] ; 3.8.101 :
2.XXXIX[67] ; *M. ac.* 3.9.98 : **2**.XLII
Callimaque : **2**.XC, XCV s., CII (et n.
218), CIX, (C. et N.) CXII (et n.
239), CXIV, CXX, CXXIII, CXXV-
CXXVII (et n. 278, 279-281, 289),
3.XCVI, XCVIII[253], CIV[263], CXI.
Hymnes, 1.22-26 : **2**.XC ; 1.84 :
3.CIV ; 2.41 : **2**.CXXVII[289] ; 3.45,
165 : **2**.CXI[239] ; 177 : **3**.CV[264] ;
4.150 : **2**.CIX ; 6 : **2**.CLXXVIII (s.
αὖος) ; 6.91 : **2**.CXXVII[289] ; *Épigr.*
27.1 : **2**.CVI (et n. 226) ; 27.3 s. :
2.LXXVIII[173] ; *Aitia* : **3**.CXIV ; fr.
43.85 et 67.5 : **3**.CV[264] ; 54 et
249 : **2**.CXI[239] ; 75.12 : **3**.CIV[262] ;
75.23 : **2**.CXXVII[290] ; 93.5 : **3**.CLV
(s. ἐπὶ πλέον) ; 193.25 et
260.52 : **2**.CLXXVIII (s. αὖος) ;
193.30 : **2**.CVIII[234] ; 407 : **2**.LXX-
VIII ; 636 : **3**.CLV (s. ἐπὶ πλέον) ;
657 : **3**.XCII[237]
Caracalla : **2**.CXXI
Carmen de herbis : **2**.CXIX s. (et n.
263)
Cassianus Bassus, *Geoponica* :
2.LXIII ; *Geop.* 6.12, 12.13 :
2.LIX[122] ; 12.16.17 s. :
3.CXXXV[315] ; 33 : **3**.CXVI[287] ;
26.3 : **2**.LIX[122]
Cassius Dionysius : **2**.LV (et n. 109)
Celse : **2**.XXI, **3**.XIX ; *De medicina*,

lib. 4, praef. 1 : **2**.XLI[75] ; 4.13.3 :
2.LX[124] ; 5.18.6 (*ex* Heracl. Tar.) :
2.XL[72] ;   27.11-12C :   **3**.XXII[29] ;
6.6.5B : **3**.XV[8]
Choeroboscos, Σ Theod. *Can.*
213.23 : **2**.CII[218]
Chrysippe de Cnide : **2**.LVI[112]
Cicéron, *De oratore* 1.69 : **2**.LXV[140],
CXV
Circé : **3**.XVI
Clément d'Alexandrie : **2**.CLXV ;
Strom. 5.8.50 : **3**.CXIV, CXLVII
Cléopatra, mère d'Antiochos VIII :
2.XVI
Clitarque : **2**.XCVI s.
Codius Tucus : **2**.LX
Columelle, 1.1.8 : **3**.XIV[7]
Conilos : **2**.XLVI

Damocratès (Servilius) : **3**.LXXI (et
n. 178)
Démétrios Chloros : **2**.CXXIX s. (et
n. 294), **3**.CXV
Denys le Périégète : **2**.CX, CXX (et n.
264), CXXXIII, **3**.CXIII ; *Orbis descriptio* 51 : **2**.CLXXX (s. παραί) ;
109-134, 226, 392, 513-532 :
2.CXX[264] ; 226 : **2**.CXXXIII
Didyme : **2**.CXXIX s.
Dioclès : **2**.XXV-XXVIII. Fr. 1-3 :
2.XXVI ; fr. 3 : **2**.XXXVII, **3**.XXI[27] ;
fr. 4 : **2**.XXVII, XXXII, XXXVIII ; fr.
5-6 : **2**.XXVI[40] ; fr. 7 : **2**.XXVI[40],
XXIX, **3**.XXI[28]
Diogène Laërce 2.17 : **2**.LXXXVIII[184]
Diogénien : **2**.CXXXII s., CLXIV
Dionysios, Βασσαρικά : **2**.CXXI (et
n. 267), **3**.CXIII
Dionysios de Phasélis : **3**.LXXVIII
Dioscoride, *eup.*, *m.m.* : **2**.XXII,
3.XIX, XCIX, CXLVII, CLIV, CLVI
(s. καυλέα) ; *eup.* 2.138, 141-
168 : **3**.XXII[32] ; 2.145, 167 :
3.XLVI[99], LII[122] ;   2.150 :
3.XLVIII[110] ;   2.156 :   **3**.LIV[132] ;

2.164 : **3**.XLVIII[110] ; comparaison
de D. *eup.* avec N. : **3**.LXVII (et n.
165, 167) ; *m.m.* 1, praef. 1, l. 6 :
2.LV[107] ; l. 9 : **2**.XLI[75] ; 1.30.2 :
3.XLVI[102] ;   1.45.2 :   **3**.XLII[87],
XLVII[104] ;   1.52.4 :   **3**.XLVII[104] ;
1.56.4 : **3**.XXXII[63], cf. **3**.XLII[86] ;
2.24 : **3**.LII[121] ; 2.25 : **3**.LIII[126] ;
2.70.5 : **3**.XLIV[93] ; *ib.* §6 : **3**.XLV
s. (et n. 94, 99) ; 2.75 : **3**.LI[120] ;
3.82 :   **3**.XXXVI[43] ;   4.78.1 :
3.XXVI[41] ;   4.79.1 :   **2**.XLII[77] ;
4.83.2 :   **3**.XXVI[41] ;   5.6.2 :
3.XLII[88] ;   5.6.4 :   **3**.XXVI[41],
XLVII[107] ;   5.6.10 :   **3**.XLVIII[108] ;
5.13.2 s. : **3**.XLIX[114] ; 5.14 :
3.XLIX[115]
Diphile de Laodicée : **2**.CXXXI,
3.CXV
Dorothéos d'Héliopolis : **2**.XLVI[92]
Dorothéos de Sidon : **2**.CXIX[261]

Élien : **2**.XXIV s., LXXXVIII, CXXXIII[306],
CLXIII. *NA* 6.51 : **2**.LXXIX s. (et n.
175) ; 8.7 : **2**.L[97] ; 10.49 : **2**.XV[9] ;
16.28 : **2**.XV[8] ; 16.42 : **2**.LIV[104] ;
17.12 :   **2**.XXVI[40] ;   17.15 :
2.XXVI[40], **3**.XXI[28], CXLVII
Empédocle : **2**.XCII, XCVI, CII, CX,
3.LXIX s. Fr. 134.2 s. : **2**.CLXXX (s.
παραί) ; 146 : **3**.LXXVII[204]
Épainétès : **2**.LVI[111], **3**.XIX
Épicharme, fr. 68 : **3**.XCI ; fr. 150 :
3.XCII
Épiphane : **2**.LXI, CLXV, **3**.CXLVII
Érasistrate, fr. 1-6 : **2**.XXXVII s. ; É.
et N. : **2**.LII (et n. 100) ; fr. 3 :
2.XXVIII, **3**.XX[20] ; fr.4 : **3**.XX[19] ; fr.
5 : **2**.XXIX, **3**.LIII[127], CXVII
Ératosthène : (É. et N.) **2**.CXII[240],
CXXV[280] ;   *Hermès* :   **2**.LXVIII,
3.LXIX. Fr. 17-19 : **2**.CXII[240]. Cf.
infra Σ Nic. *Th.* (fin)
Érotien : **2**.CXXIX s. (et n. 295),
CLXIV, **3**.CXLVII ; *voc. Hippocr.*

Hipponax : **3**.xcvii

Homère : **2**.xc, ci, (H. et N.) cvii-cix, cxix s., clxxvii (s. -αις), **3**.xcix, cii. *Iliade*, 14.183 : **3**.xciv ; 499 : **2**.cxv ; 16.159 : **3**.xciv ; 17.143 : **3**.xciv ; 250 : **3**.xciv ; 23.30 : **3**.xciv ; *Odyssée* : **2**.xcvii²⁰² ; *Od.* 5.265 : **2**.cxxiv²⁷³ ; 335 : **2**.c²¹⁰ ; 378 : **2**.cix ; 408 : **3**.xciv ; 7.295 : **3**.cx ; 9.196, 346 : **2**.cxxiv²⁷³ ; 10.161 : **2**.cxxxii ; 302-306 : **2**.lxxxvii ; 11. 125 = 23.272 : **2**.ci ; 13.435 : **2**.cxv ; 14.226 : **3**.xciv ; 18.106 : **3**.xciii ; 298 : **3**.xciv ; 22.198 : **2**.cix

Horace : **2**.cxvi (et n. 250)

Hymne homérique à Apollon, 361 s. : **3**.xciv ; *à Athéna*, 14 : **2**.cix ; *à Hermès* : **3**.xcix

Ibycos, PMG 315.11 : **2**.cxii²⁴⁰

Iollas de Bithynie : **2**.lv (et n. 107), xcvi, cxxxi, **3**.xci

Isidore de Séville : **2**.lxxxviii

Johannes Lydus, *mens*. 1.4 : **3**.cxvi²⁸⁸

Juba, θηριακὸς λόγος : **2**.cxxxi, **3**.lxx¹⁷⁵

Justin 36.4.3 s. : **3**.xiv⁴ ; 37.2.4 s. : **2**.xviii¹⁹

Kratéros : **2**.lx

Krateuas : **2**.xix, xlvi⁸⁹ ; K. et N. : **2**.lv (et n. 106)

Kratès, *AP* 11.48.3 s. : **2**.xcviii²⁰⁶

Kratippos : **2**.xli⁷⁶

Léonidas de Tarente : **2**.cviii (et n. 234), (L. et N.) **2**.cxii (et n. 241), **3**.xcvi ; *AP* 7.648.9 et 9.335.2 : **2**.cviii²³⁴

Lucain : **2**.lxii s. (et n. 129) ; (L. et N.) cxvi s. (et n. 253) ; *Phars.* 6.645 : **3**.lxxxii²¹³ ; 9.700-937 :

2.cxvi ; 766 s. : **2**.xxxii ; 923 : **2**.lix¹²¹ ; *Comm. Bern. ad* 9.701 : **2**.cxvii²⁵³

Lucien, *Lexiphane*, 25 : **2**.xcviii (et n. 206) ; *Philopseudès* : **2**.lix¹²¹

Lucrèce : **2**.lxviii, c, cxvi (et n. 250)

Lycophron : **2**.xcv, xcviii, c (et n. 211), ciii s., (L. et N.) cxi s. (et n. 240), cxx, **3**.xcv²⁴⁷, xcviii, cvi²⁶⁹, cxiv ; *Alexandra*, 51, 183, 401, 570, 1003 : **2**.civ (et n. 220) ; 77, 97 : **2**.cxii²⁴⁰ ; 451 : **2**.cii²¹⁸. Cf. *infra* Σ Nic. *Th*. (fin)

Lycurgue, roi de Thrace : **3**.cxxxv³¹⁵

Macer : voir s.v. Aemilius

Macrobe 5.22.10 : **2**.cxvii²⁵⁴

Manéthon, Ἀποτελέσματα : **2**.cxix²⁶¹, **3**.cxiii

Manilius, *Astronomica* 2.44 s. : **2**.xiv⁶

Mantias : **3**.xv⁸

Marc-Aurèle : **2**.xvii, cxxi, **3**.xvi

Marcellus de Sidé, Ἰατρικά : **2**.xc s., (M. et N.) cxviii s. (et n. 258), **3**.lxxiii ; *Iatr*. 60, 90 : **2**.cxviii²⁵⁶

Marianos : **2**.clxi (et n. 353)

Maximos, Περὶ καταρχῶν : **2**.cxix (et n. 261), **3**.cv²⁶⁴, cxiii

Médée : **3**.xvi, xvii¹³, cxvi

Mèdéios d'Olynthe : **2**.xlviii⁹⁵

Ménécrate d'Éphèse : **2**.cxiv ; fr. 3 D. : **3**.xcvi

Ménécratès : **3**.lxxi (et n. 179)

Micion : **2**.xlvi⁸⁹, lv (et n. 108)

Mithridate VI Eupator : **2**.xvi s., **3**.xiv ; *Mithrida-teion* : **2**.xviii (et n. 18), xix, xxxix

Moeris, *Lex. att.* 190.10 : **2**.xcvii²⁰² ; 192.35 : **3**.xcii

Néarque, F 10b Jac. : **2**.lix¹²¹

Néoclès : **2**.xxvi⁴⁰, **3**.xxi²⁸

Néron : **2**.xvii, **3**.xvi

Nestor de Laranda : **2**.cxxi (et n. 266), **3**.cxxxv³¹⁵

Nicandre : fr. 14 : **2**.LXXI ; fr. 19 : **2**.CII[218]. Fr. 31 : **2**.XV[9], XCIV, **3**.LXXIX ; 32 : **2**.XV[8] ; 70.13 : **3**.CIV ; 74.2, 45 : **3**.CIV ; 91 : **2**.CIX ; 104 : **2**.XIX[25], CXXXIV, **3**.XIII, LXXVII[204] ; 110 : **2**.LXX[159], CXXXIV ; *Aitôlika* : **2**.XCVI ; *Boiôtika* : **2**.XCVI (et n. 200) ; *Géorgiques* : **2**.LXXXVI (et n. 183), **3**.XV ; *Géorg.* fr. 74 : **2**.CXX ; Ἰάσεων συναγωγή : **3**.XV ; Μελισσουργικά : **2**.LXXXVI, **3**.LXXXI ; *Prognosticon* : **2**.CXIII

Nicandre de Thyatire : **2**.CXXXII

Nicias de Milet : **3**.LXX

Nicolaos Myrepsos 1.356 : **2**.XXX[48]

Nicomède : **2**.XVIII

Nicon : **2**.LVI[113]

Nonnos, *Dion.* : **2**.CIV[219], (Nonn. et N.) CXXI s. (et n. 268), **3**.XCIX, CX, CXIII ; *D.* 9.28 : **3**.CXIII ; 21.52, 236, 27.316, 35.297 : **2**.CIX[236] ; 26.106 : **3**.CXIII

Nouménios d'Héraclée : **2**.XLIV s., XC, XCVI, CXIII[243], **3**.LXX, LXXIII, CV ; Noum. et N. : **2**.LIII[102], CXIV (et n. 245). Fr. 1-2 : **2**.CXIV ; 5 : **2**.XLIII (et n. 79) ; *Halieutiques* : **2**.XC

Oppien *Hal.* et [*Cyn.*] : **2**.CIV (et n. 219), (O. et N.) CXXI (et n. 265), CXXXIV, **3**.CIV-CV[262 et 264], CXIII (et n. 281). *Hal.* 2.210 ss., 3.130 s. : **2**.CIX[235] ; [*Cyn.*] : **3**.XCIX[254], CIV-CV[262 et 265] ; [*C.*] 1.95 : **3**.CX ; 162 s. : **3**.CVI ; 3.45 : **3**.CVI[269] ; 325 : **2**.CIX[235] ; paraphr. anonyme : **3**.CXIX

Oribase : **2**.XXIII, LXIII, **3**.XIX, XXII, XCIX, CLVI (s. καυλέα), CXVII ; *Eun.* p. 430.19 s. : **3**.XXIX[50] ; 431.2-5 : **3**.XX[22] ; *Coll.* 15.1.9 : **2**.CLXXIX (s. λύκαψος) ; *Ecl.* p. 295 s. : **2**.XXVI[40], **3**.XXIII[34] ;

296.13 : **3**.LVI[138] ; 296.16 ss. : **3**.XXXVIII[77] ; 297.22 s. : **3**.XXXV[67]

Oros de Mendès le Jeune : **3**.XXIX-XXX[53]

[Orphée] (surnommé θεολόγος) fr. 322 Kern : **3**.XXIX[52] ; *Argonautiques* : **2**.CIII, CX, (O. et N.) CXXII (et n. 269), **3**.CXIII ; *Arg.* 180 : **2**.CII ; 421 : **2**.CIV[219] ; *Lithica* : **2**.LXXIX, CXIX (et n. 260), **3**.CXIII ; *Lith.* 338-761 : **2**.LIX[120], CXIX ; *Hymnes* : **3**.CXI

Ovide, *Métam.* : **2**.CXVI (et n. 250) ; *Tristes*, 4.10.43 s. : **2**.CXVI[252], CXVII[253]

Pamménès : **2**.LIV[104]

Pamphilos, Εἰς τὰ Νικάνδρου ἀνεξήγητα : **2**.CXXXII (et n. 301), **3**.CXVI

Pancratès : **2**.LXXXV[182]

Paradoxographes : **2**.XV, LVIII, LXXX-VIII

Parménide : **2**.XCII, **3**.LXIX

Paul d'Égine : **2**.XXIII, **3**.XIX, XXII, LXXXIII[214], CXLVII ; *epit.* 5.1 : **2**.LXXXIII ; 5.2 : **2**.LXXIII[165] ; 5.19 : **2**.LXIV[135] ; 5.27 : **3**.XXIX[50] ; 5.30 : **2**.XXVI[40], **3**.XXIII[34] ; 5.65 : **2**.XXVI[40] ; 7.3 : **2**.CLXXIX (s. λύκαψος)

Périmède : **3**.XVI

Péripatos : **2**.LXXXV, XCIII

Persès, frère d'Hésiode : **3**.LXXV

Pétrichos, Ὀφιακά : **3**.LXX ; P. et Nic. : **2**.LII s. Fr. 1-4 : **2**.XLV s.

Pétrone, *Satiricon* 118.4 : **2**.XCV

Pharikos : **2**.XXIX (et n. 45)

Pharis : **2**.XXIX[45]

Philétas : **2**.XCV, (Ph. et Nic.) CXII[240]. Fr. 16, 22 Powell : **2**.LXXXVIII

Philinos : **2**.LXIII ; Ph. et N. : **2**.LIII. Fr. 1-7 : **2**.XLII-XLIV

Philippe de Macédoine (?) : **2**.XVIII ; Philippe V de Macédoine : **3**.XXXIV

748 : 2.CXXIX ; 753b : 2.CXXXIV ;
760b : 2.XCVI ; 764a : 2.XXXVI[59] ;
781b : 2.CXXIX, CXXX[294] ; 795a :
2.CXXXIV s., 3.CXVII[291] ; 803b :
2.CXXXIV ; 816 : 2.XX[27] ; 823a :
2.XLI, LXXXVIII s. (et n. 184) ; 838-
845 : 2.CLXXIX (s. λύκαψος) ;
849 : 2.CXXX[294] ; 856b, 858-859,
860a, 887a, 938a : 2.LV[106] ;
875a : 2.CLXVII (et n. 365) ;
909a : 2.CXI[239]. Citations de
poètes hellénistiques in Σ Th.
(Arat. Ératosth. Euph. Lyc.,
Thcr.) : 2.CXII[240]

Scholia in Theocritum 2.59-62b :
2.XCVII ; 10.1-3b (cf. 38-40a) :
2.CXXXI

Scribonius Largus, Compositiones :
2.XXII, 3.XIX ; comp. 16, 146 :
2.LX[124] ; 163 : 2.LIX[122], LX[124],
LXXXV[182] ; 179-199 : 3.XXII[30] ;
192 : 3.LII[122] ; 194 : 3.LXV[156],
LXXXIII[214]

Sénèque, De tranqu. an. 9.6 :
2.CXXIII[271] ; Ep. mor. 15.94.41 :
2.XXVI[41]

Septime Sévère : 2.XVII, 3.XVI

Sextius Niger : 3.XLIV[92]

Silius Italicus, 13.595 s. : 3.LXXXII[213]

Simaitha : 3.XVI

Simmias : 2.XLVIII[95]

Solin : 2.LXXXVIII, CLXXIII

Sophocle : 2.XCVI, 3.46s. ; Ant.
568 : 3.CVI[269]

Soranos : 2.XXXIX[67]

Sostratos : 2.XXIV, XXXIII, CXVII[253],
CXXXI[300]. Fr. 2-4, 6-7, 10 : 2.LIV[104]

Strabon : 2.LXIII, 3.CXLVII ; Géogr.
14.2.19 : 2.XCV ; 15.1.45 :
2.LIX[121]

Straton : 3.XX, XXVIII[49]. Fr. 1-8 :
2.XXXVIII s. (et n. 63) ; fr. 1 :
2.XLIV ; fr. 6 : 2.XXXV,
3.XXVIII[47] ; fr. 8 : 2.XXIX[45],
3.XXVIII[49] ; fr. inédit : 3.XX[22],
XXXVIII[78]

Straton de Beyrouth : 2.XXXVIII[63]
Suidas : 3.CXVIII[293] ; α 3910 s. :
2.XXXIII [53] ; β 338 : 2.XCVII[202],
3.XCII[240] ; γ 287 : 2.XCVII[202] ; μ
194 : 2.CLXI ; ν 374 : 2.XCV,
3.XV ; π 142 : 2.CXXXII[301]
Συναγωγή λέξεων χρησίμων :
3.CXLVIII

Tertullien : 2. LXI, CLXV, 3.CXLVII
Théocrite : 2.XCV, (T. et N.) CXII[240],
CXIX, CXXIV, CXXV[280], CXXXI,
3.LXX ; Idyll. 1.16, 130, 2.155,
6.18, 35, 7.31, 96, 22.207,
[25].124 : 3.CV[264] ; Id. 1.52, 2.78,
5.27, 7.16 : 2.CXII[240] ; Id. 2 :
3.XVI ; 4.28 : 2.XCI[188] ; 5.27 :
3.XCI ; 7.8, 136 : 2.LXXIII[167] ;
13.35, 41 s. : 2.XCI[188] ; 17 :
2.XIX ; [20].19 : 2.CVIII[234] ;
29.20 : 2.CXXIV ; Épigr. 19.3 :
2.CVIII[234]. Cf. supra Σ Nic. Th.
(fin)

Théodose (?) : 2.CXXXII s.
Théodotos : 3.XV[8]
Théognis : 3.XCII
Théon, fils d'Artémidore : 2.CXXX
(et n. 294, 296), CLXIV, 3.LXX-
VIII[206], XCV, CXV
Théophane Nonnus : 2.XXIV, 3.XIX
Théophile ὁ Ζηνοδότειος : 2.CXXXI
Théophraste : (T. et N.) 2.LV (et n.
106) ; LXXXVIII, XCVIII ; voir
supra le témoignage sur Th., s.v.
Ammonius. Περὶ τῶν ἀθρόως
φαινομένων : 2.XXX[49] ; Π.
δακετῶν fr. 1-20 : 2.XXX-XXXIII,
LII ; fr. 4 et 9a : 2.LXXXIX ; fr. 5 :
2.XLII ; π. ὀσμῶν : 2.XXX[49] ; π.
σημείων : 2.LXI[127] ; π. τῶν κατὰ
τόπους διαφορῶν : 2.XV, XXVI,
XXXI (et n. 50) ; HP 3.9.3 :
2.LXXXV ; lib. 9 : 2.LXXXV[182] ;
9.15.2 : 2.XIV[4] ; 9.15.7 : 3.XIX[17] ;
9.16.9 : 3.XXXI[59] ; CP 1.5.5 :
2.LXXXV

VI. IOLOGUES ANTÉRIEURS À NICANDRE CITÉS DANS LES COMMENTAIRES

N.B. — Dans les références, les tomes II et III sont désignés par des chiffres arabes en gras : 2.226 = t. II, p. 226 ; 3.247 = t. III, p. 247. Sauf exception, les numéros des fragments sont ceux des éditions qui figurent dans l'*Annexe* tome II, p. 269-307.

Andréas : **2**.64 (n. 60 fin). Fr. 1 : **2**.226 s. (n. 98 §2, 4-6) ; fr. 2 : **2**.225 (n. 96 §3 fin) ; fr. 4 : **2**.190 (n. 73 §6) ; fr. 5 : **2**.190 (n. 73 §5a), p. 237 (n. 103 §7b), p. 241 (n. 105 §6) ; fr. 6 : **3**.247 s. (n. 70 §2c)

Apollodore : **2**.113 (n. 27 §1a-b), p. 116 (n. 29), p. 120 (n. 33 §1), p. 198 (n. 76 §5) ; **3**.113 (n. 16ᵃ §c), p. 235 (n. 62 §c). Fr. 1 : **2**.123 s. (n. 35 §c1 et §d), p. 132 (n. 42 §d), p. 134 (n. 43 §5) ; fr. 2 : **2**.137 (n. 46 §3), p. 145 (n. 51 début) ; fr. 3 : **2**.146 (n. 51 §6) ; fr. 5 : **2**.91 (n. 14), p. 92 (n. 15 §c), p. 211 (n. 85 §1), p. 214 (n. 88 §3), p. 218 (n. 90 §3), p. 220 (n. 91 §2) ; fr. 6 : **2**.194 (n. 75 §1), p. 167 (n. 61 §2a) ; fr. 7 : **2**.189 (n. 73 §3) ; fr. 8 : **2**.239 s. (n. 105 §5) ; fr. 10 : **3**.75 (n. 5 §4b) ; fr. 11 : **3**.131, (n. 20 §5 fin), p. 231 (n. 61 §B5a) ; fr. 12 : **3**.217 (n. 56 §5α), p. 220 (n. 57 §B1[a]β) ; fr. 13 : **2**.92 (n. 15 §a), **3**.234 (n. 62 §b4) ; fr. 14 : **3**. 242 (n. 67 §b) ; fr. 16 : **2**.251 (n. 110 §2), **3**.120 (n. 17 §B3a), p. 186 (n. 46 §3), p. 229 (n. 61 §B3a) ; fr. 17 : **2**.87 (n. 11 §3) ; fr. 19a : **2**.100 (n. 20 §e) ; fr. 19c : **2**.88 (n. 11 §7)

Apollonios de Memphis, fr. 1.13 : **2**.154 (n. 56 §b), p. 158 (n. 58 §b) : fr. 2 : **2**.83 (n. 7 §5) ; fr. 3c : **2**.116 (n. 29 début)

Apollophane de Séleucie, fr. 1 : **2**.146 (n. 51 §6) ; fr. 2 : **2**.189 (n. 73 §3)

Dioclès, fr. 1 : **2**.183 (n. 70 §3) ; fr. 2 : **2**.180 (n. 67 §c) ; fr. 3 : **2**.167 (n. 61 §1c) ; fr. 4 : **2**.145 (n. 50 §b3) ; fr. 5-6 : **2**.266 (n. 119 §d4) ; fr. 7 : **3**.237 (n. 64 §3b fin)

Érasistrate, fr. 1a : **2**.160 (n. 59 §1) ; fr. 1b : **2**.148 (n. 53 §b2),

VII. CHOIX DE MOTS DES DEUX POÈMES EXPLIQUÉS DANS LES NOTES ET LES COMMENTAIRES

N.B. — Les mots sont cités sous la forme qu'ils ont chez N., sauf quand le même mot apparaît chez lui sous deux formes différentes ; il est alors cité au nominatif singulier, si c'est un substantif, au nom. masc. sg. si c'est un adjectif, à l'ind. prés. 1ʳᵉ sg. si c'est un verbe. Les références concernent les notes de la traduction et/ou les pages du commentaire. Ex. : ὀροιτύπος *Th.* 5 n. = n. au v. 5 des *Thériaques* ; Μελισσήεντος *Th.* 11, p. 78 = p. 78 du commentaire des *Thériaques* ; Ἄρκτον ὑπ' ὀμφαλόεσσαν *Al.* 7 n., p. 59 s. = n. au v. 7 et p. 59 s. du commentaire des *Alexipharmaques*.

ἄγλαυροι : *Th.* 441, p. 137 s. (§5)
ἀγλεύκην : *Al.* 171 n.
ἀγκῶνας : *Al.* 562 n.
ἄγραυλοι : *Th.* 473 n.
ἄγρει : *Th.* 534 n.
ἀγρώστης : *Th.* 734 n.
ἄδην : *Al.* 428 n.
ἀδρανίη : *Th.* 248 n.
ἄζῃ : *Th.* 748 n.
ἀηθέσσοντος : *Al.* 378 n.
ἀήτεω : *Th.* 269 n.
ἄητος : *Th.* 783 n.
ἀθερηΐδα : *Th.* 849 n.
ἀθέσφατον : *Th.* 201 n.
αἰγλήεντα : *Th.* 656 n.
αἰγονομῆες : *Al.* 39 n.
ἀΐδηλος : *Th.* 727 n.
αἰζηοῖσι : *Th.* 343 n.
αἰθαλόεις : *Th.* 420 n.
αἴθαλος : *Th.* 659 n.
αἰθήεντος : *Al.* 394 n.

αἰθός : *Th.* 238 n.
αἷμα : *Th.* 344 n.
αἱμάσσουσα : *Al.* 480 n.
Αἰνελένη : *Th.* 310 n.
αἰόλον : *Th.* 376 n. *ad* 155
Ἀκάκητα : *Al.* 559 n.
ἀκάτῳ : *Th.* 268, p. 111 s. (n. 25 §d)
ἀκήριος : *Th.* 190 n. ; 771 n.
ἀκιρῇσι : *Al.* 558 n.
ἄκμητον : *Th.* 737 n.
Ἀκοναίοις : *Al.* 41 n., 70 s.
ἄκριτα : *Th.* 180 n.
ἄκρον (adv.) : *Al.* 477 n. ; ἄκρα (adv.) : 544 n.
ἀκρόνυχος : *Th.* 761 n.
ἀλάλυγγι : *Al.* 18 n.
ἄλγεϊ : *Al.* 121 n.
ἀλγινόεντι : *Th.* 769 n.
ἀλεξιάρης : *Th.* 861, p. 242 (n. 106 §2)

ἄλη : *Al.* 124 n.
ἄλθεα : *Al.* 423 n.
ἀλθήσῃ : *Al.* 112 n.
ἀλίαστον : *Th.* 784 n.
ἄλκαρ (*v.l.*) : *Th.* 698 n.
ἄλλοτε δέ : *Al.* 265 n.
ἁλὸς ἄχνην : *Al.* 518 (§b4)
ἀλυσθαίνοντος : *Th.* 427 n.
ἀλφοί : *Th.* 332, p. 118 (n. 30 §2)
ἀματροχιῇσι : *Th.* 263 n.
ἄμμιγα : *Th.* 850 n.
ἀμυδρήεσσαι : *Th.* 274 n.
ἀμυδρός : -ήν *Th.* 373, p. 126 (n. 38 §2-3) ; -ότατον : *Th.* 158 n., p. 101 (n. 20 §f) ; -οτέρῃσιν : 358, p. 121 s. (n. 34)
ἀμφί : *Al.* 449 n.
ἀμφιβρότην : *Al.* 216 n.
ἀμφικάρηνον : *Th.* 373 n. *ad* 372 ss., p. 125 (n. 38 §1)
ἀμφίκρηνα : *Al.* 417 n.
ἀναπλείουσιν : *Th.* 308 n.
ἀνδήροισι : *Th.* 576 n.
ἀνδρακάδα : *Th.* 643 n.
ἄνευ, ἄνις (*vv.ll.*) : *Al.* 419 n.
ἀνθήεντος : *Th.* 645 n.
ἀνόστρακα : *Al.* 296 n.
ἄντλῳ : *Th.* 546 n.
ἄνυται : *Al.* 599 n.
ἀνυδρήεντα : *Th.* 26 n.
ἀολλέα : *Al.* 236 n.
ἀπεμύξατο : *Al.* 482 n.
ἀπερεύγεται : *Th.* 525 n.
ἀπηλεγές : *Th.* 495 n.
ἀποβρέξαιο : *Al.* 276 n.
ἀπορρώξ : *Th.* 518 n.
ἀποφώλιον : *Al.* 524 n.
ἀραιήν : *Th.* 133 n.
ἀρβήλοισι : *Th.* 423 n.
ἀργέος : *Th.* 856 n.
ἀργέσταο : *Th.* 592 n.
ἀρδηθμοῖο : *Th.* 401 n.
ἄρκια : *Th.* 837 n.

ἄρκος : *Al.* 43 n.
Ἄρκτον ὑπ' ὀμφαλόεσσαν : *Al.* 7 n., p. 59 s.
ἀρπέζῃσι : *Th.* 393 n.
ἀρχαίη : *Th.* 487 n.
ἆσαι : *Th.* 676 n.
ἄσιν : *Th.* 176 n.
ἀσκελές : *Th.* 42 n. ; (adv.) 278
ἀσκηροῦ : *Al.* 269 n., p. 145 (§5a)
ἄσσα : *Al.* 443 n.
ἄστυρα : *Al.* 15 n., p. 64
ἀταρμύκτῳ : *Al.* 161 n.
ἄτη : *Th.* 304 n.
ἀτμένιον : *Al.* 178 n., p. 112 (§a)
ἀτύζει : *Al.* 193 n., p. 115 (§4)
αὐαλέης : *Al.* 310 n.
αὖλιν : *Th.* 58 n.
αὐξίδα : *Al.* 469 n.
αὐτοῦ : *Th.* 410 n.
ἄφραστον : *Th.* 776 n.
Ἀφρώ : (Aphrodite et le lis) *Al.* 406-409, p. 179 (§2c)
ἀφύξιμον : *Th.* 603 n.
ἀφυσγετόν (subst.) : *Al.* 342 n.
ἀφυσγετός (adj.) : *Al.* 342 n. ; -ον 584 n.
Ἀχαίη : *Th.* 484 n.
ἀχράδας : *Al.* 354 n., p. 165 (§b)
ἀχραές : *Th.* 846 n.
ἄψυχος : *Al.* 125 n.
Ἀχερωῖδες ὄχθαι : *Al.* 13 n., p. 63

βάκχης : *Al.* 354 n.
βάλλῃ : *Th.* 392 n. *ad* ἑρπετά
βαλσάμοιο : *Al.* 64
βαρεῖαν : *Al.* 535 n.
βαρυαέος : *Th.* 43 n.
βαρύθων : *Al.* 541 n. ; -ουσα *Th.* 248 n.
βατῆρα : *Th.* 377, p. 127 (n. 39 §2 et 3)
βατραχῖδας : *Th.* 416 n.

βάψαις : *Al.* 171 n.
βεβαρημένον : *Th.* 916 n.
βῆσσαν : *Th.* 67 n.
βιησάμενος : *Al.* 362, p. 167 (n. 35 §5)
βλαστά : *Al.* 332 n.
βορέαο : *Al.* 513 n.
βοσκαδίης : *Al.* 228 n.
βοσκάς : *Al.* 293 n.
βράσσοι : *Al.* 137 n.
βροτολοιγόν : *Th.* 703, p.
βροχθώδεῖ : *Th.* 366 n.
βρύα : *Th.* 898 n.
βρυόεις : -εντα *Al.* 371, 478 n., p. 202 (§3b) ; -εντος *Th.* 208 n.
βρυχανάαται : *Al.* 221 n.
βρωμήεντος : *Al.* 409 n.
βρωτῶν : *Al.* 286 n.
βωμίστρια : *Al.* 217 n., p. 125 (§d2)

γάλατος : *Al.* 385 n.
γέντα : *Al.* 62 n., p. 78 s. (§5b)
γενύεσσί : *Th.* 772, p. 212 (n. 86 §2)
γεραιρόμενα : *Al.* 396 n.
Γερραίης λιβάνοιο : *Al.* 107, p. 90 (§g2)
γερύνων : *Th.* 620 n.
γηθυλλίδας : *Al.* 431, p. 188 (§8)
γλήνησιν : *Th.* 373 n.
γλυκύ, γλυκύς (subst.) : *Al.* 205 n.
γογγύλοι : *Th.* 855 n.
γρώνησιν : *Th.* 794 n.
γυιαλθέα : *Th.* 529 n.
γυιοφθόρον : *Th.* 140 n.

δαῖτα : *Al.* 510 n.
δάκος : *Th.* 121 n., 336 n., 818 n.
δάκρυα : *Al.* 301 n.
δαμείς : *Al.* 384, p. 173 (§4a)

δατέομαι : δατέωνται *Al.* 345 n. ; δάσαιτο 392 n.
δαυχμός : -οῖο :*Al.* 199 n. ; -οῦ *Th.* 94, p. 87 (n. 11 §5)
δάχματι : *Th.* 119 n.
δέδηεν : *Al.* 436 n.
δεδουπότος : *Al.* 447 n.
δείδεκτο : *Th.* 487, p. 144 (n. 50 §a)
δείδιχθι : *Al.* 443 n.
δηθάκι : *Al.* 215 n.
δήμια λαβράζουσι : *Al.* 160 n.
δήν : *Al.* 396 n. ; 582 n.
δή τοι : *Al.* 470 n.
διαθρύψαιο : *Al.* 445 n.
διαμπερέως : *Th.* 495 n.
διανθέος : *Th.* 534, p. 159 (n. 58 §d)
διανίσεται : *Al.* 440 n.
διατρυφές : *Th.* 709 n.
διαψαίρουσι : *Al.* 127 n.
διέσσυτο : *Th.* 300 n., p. 115 (n. 28 §1)
διήφυσε : *Th.* 682 n.
δινήθησαν ἔπι : *Al.* 33 n.
διξόον : *Th.* 650 n.
δίψιος : *Th.* 147 n.
δολιχήρεες : *Th.* 183 n.
δολόεντα : *Th.* 258 n.
δόρπα : *Al.* 113 n.
δόρπον (masc.) : *Al.* 66 n.
δοχαίην : *Al.* 21 n.
δρακέεσσι : *Al.* 481 n.
Δρίλων : *Th.* 607, p. 175 (n. 65 §c)
δυσαλθές : *Al.* 157 n.
δυσπαίπαλος : *Th.* 105 n.
δύσπνοον : *Al.* 572 n.

ἐαρτέρου : *Th.* 380 n.
ἐγγαγίδα πέτρην : *Th.* 37, p. 83 (n. 8)
ἐγχανδέα : *Al.* 63 n.
ἐγχρίμψας : *Th.* 445 n.
ἐδανοῖο : *Al.* 162 n., 181 n.

ἐζόμενος : *Al.* 11 n.
εἶαρ : *Th.* 701 n. *ad* 701 s. ; *Al.* 314 n.
εἰ ἔτυμον (... γε) : *Th.* 309 n. ; 826 n., p. 227 (n. 98 §6)
εἰλειοῖο : *Al.* 597 n.
εἰλυόεσσαν : *Th.* 203 n.
εἰν ἑνί : *Al.* 352 n.
ἐκ : *Al.* 199 n.
ἔκπαγλα : *Th.* 445 n. ; -ον 823 n.
ἐκ ... χεύῃ : *Al.* 485 n., p. 205 (§2)
ἐκβδήλαιο : *Al.* 322 n.
ἐκρήξειε : *Th.* 342 n.,
ἐλίνοιο : *Al.* 181 n.
ἕλκος : *Th.* 687, p. 191 (n. 73 §7b)
ἔλλοψ : *Al.* 481 n.
ἐμβαρύθουσα : *Th.* 512 n.
ἐμμαπέως : *Al.* 138 n.
ἐμματέουσα : *Th.* 809 n.
ἔμμορε : *Al.* 488 n.
ἐμπελάω : -άσειε *Th.* 186 n. ; -άουσα *Al.* 498 n.
ἐμπιπίσκω : -πίσαις *Al.* 519 n. ; -σαιο *Th.* 573 n. ; -σεο *Al.* 277 n.
ἐμπλάζω : *Al.* 189 n. ; 282 n.
ἐμπλήδην : *Al.* 129 n.
ἔμπλην : *Th.* 322 n.
ἐμπρήσασα : *Th.* 824 n.
ἐμπριόεντα : *Al.* 533 n.
ἐμφέρεται : *Al.* 471 n., p. 201
ἐναλδαίνω : -δήνασα *Al.* 409 n. ; -δόμενον 532 n.
ἐναλθέα : *Al.* 586 n.
ἐν δέ : *Al.* 205 n. ; 430 n.
ἐνδέξηται : *Al.* 250 n., p. 137 (§1)
ἐνέπουσιν : *Th.* 10 n.
ἔνερθεν : *Th.* 899 n.
ἐνέσκληκεν : *Th.* 785 n.
ἐνθρύπτεο : *Al.* 266 n.
ἐνικλώθοντι : *Al.* 93 n., p. 87 (§c fin)

ἐνισκήπτουσα : *Th.* 724 n.
ἐνισκίμψῃ : *Th.* 336 n.
ἐνίσπω : *Th.* 282 n. ; -οι 522 n. *ad* τριπέτηλον
ἐννεάδεσμοι : *Th.* 781 n., p. 214 s. (n. 88 §3)
ἐνοπταλέῃσιν (ἀκοσταῖς) : *Al.* 106 n., p. 89 s. (§g1)
ἐντήξαιο : *Al.* 229 n.
ἐξ ... ἐτίναξε : *Th.* 193 n.
ἐπαιονάασθε : *Al.* 463 n.
ἐπαλθέα : *Th.* 500 n.
ἐπασσύτερος : -οι *Th.* 246 n. ; -οις 717, p. 199 (n. 77 §2)
ἐπαφρίζοντι : *Al.* 32 n.
ἐπενείματο : *Al.* 510 n.
ἐπήϊσε : *Th.* 671 n.
ἐπηέξησαν : *Al.* 606 n.
ἐπημύοντες : *Th.* 870, p. 244 (n. 108 §3a)
ἐπί : (adv.) *Th.* 236 n., 471 n. ; (prép.) *Al.* 119 n., p. 95 (§a) ; 523 n.
ἐπίκριοι : *Th.* 198 n.
ἐπίμικτα : *Th.* 528 n.
ἐπιμίξας : *Th.* 582 n.
ἐπιτυρωθῇ : *Al.* 364 n.
ἐπιστύφοντι : *Al.* 278 n.
ἐπιτηλίς : *Th.* 852, p. 237 (n. 103 §7)
ἐπισχομένοιο : *Al.* 255 n.
ἐπιτροχόωσαι : *Al.* 544 n.
ἐπιχρανθέντος : *Th.* 47 n.
ἐπρήσθη : *Al.* 540, p. 226 (n. 59 §1)
ἐργοπόνον : *Th.* 831 n.
ἐρεπτόμενον : *Al.* 256 n.
Ἑρμείης : (et la lyre) *Al.* 559-562 n.
ἔρνος : *Th.* 391 n.
ἑρπηστῶν : *Th.* 397 n.
ἐρύγοι : *Al.* 536 n.
ἐρύξας : *Al.* 263 n., p. 142 (§1b)
ἐρυτῆρα : *Al.* 363
ἐρωήσειας : *Th.* 117 n.

έτερειδέα : *Al.* 84 n.
εὐβραχέος : *Al.* 298 n.
εὐγλαγέας : *Th.* 617 n., p. 179
  (n. 65 §j)
εὐκραδέος : *Al.* 347 n.
εὐνῇ : *Th.* 313, p. 116
ἐϋρρήχου : *Th.* 868 n.
ἐχεπευκέος : *Th.* 600 n.
ἐχετλίου : *Th.* 825 n.
ἐχθραλέη : *Al.* 594 n.
ἐψητοῖσι ... ὑδάτεσσιν : *Al.*
  111 s., p. 91 (§i)
ζάγκλησι : *Al.* 180 n.
ζακόρος : *Al.* 217, p. 125 (§d1)
ζαφέλοιο : *Al.* 556 n.
ζορκός : *Th.* 42 n.
ζοφερῆς : *Al.* 501 n.

ἠλοσύνῃ : *Al.* 420 n.
ἡμερίοισι : *Th.* 346 n.
ἡμιδεές : *Al.* 55 n.
ἠνεκέεσσι : *Al.* 592 n.
ἠνεμόεντας : *Th.* 616 n.
ἤτοι : *Th.* 212
ἦτορ : *Al.* 282 n.
ἦτρον : *Th.* 595 n.

θαλάμη : -αι *Al.* 8 n. ; -ας
  449 n.
θαμειότεροι : *Al.* 581 n.
θαμνίτιδος : *Th.* 883 n.
θάμνου : *Al.* 46 n.
θάψου : *Th.* 529, p. 157 (n. 58
  §a)
θεῆς : *Th.* 16 n.
θερειγενέος : *Th.* 601 n., p. 173
  (n. 64 §h)
θερειλεχέος : *Th.* 584 n.
θερειτάτη : *Th.* 469 n.
θερείω : -μένου *Al.* 567 n. ;
  -μένοισιν *Th.* 124 n.
θέρων : *Th.* 687 n.
θηλυφόνον : *Al.* 41 n., p. 69
θιβρός : -ήν *Th.* 35 n. ; -ά : *Al.*
  555 n.

θοραίην : *Th.* 586 n., p. 170 (n.
  62 §2)
Θρήϊσσαν λᾶαν : *Th.* 45, p. 84
  (n. 8)
θρίον : *Al.* 55 n., p. 75
θρόνα : *Th.* 99 n.
θρυόεντας : *Th.* 200 n.
θρύπτειραν : *Al.* 370 n.

ἰάμνους : *Th.* 200 n.
ἱεῖσαι : *Th.* 243 n.
ἰθύν : *Th.* 398 n.
ἴλλων : *Th.* 478 n.
Ἰμβρασίη : *Al.* 619, p. 101
  (§g1)
ἰόδοκοι : *Th.* 184 n.
ἰσοαχθέα : *Th.* 44 n.
ἰσοζυγέων : *Th.* 908 n.
ἰσοφαρίζειν : *Th.* 572 n.
ἰσχνήν : *Al.* 412 n.
ἰυγήν : *Th.* 400 n.

κακοχλοίοιο : *Al.* 331 n., p. 158
  (§5)
κάκτου : *Al.* 126, p. 96
κάλχης : *Al.* 393 n.
κάλυμμα : *Th.* 906 n.
κάμμορον : *Al.* 41 n., p. 69 s.
καρδόπῳ : *Th.* 527 n.
καρφεῖα : *Al.* 118 n.
κάρφος : -η *Al.* 230 n., 491 n. ;
  -εα *Th.* 893 n.
καρχαλέης : *Th.* 691 n.
Καστανίς : *Al.* 271 n.
κατά : *Th.* 263 n.
καταψύχουσι : *Al.* 435 n.
κατεπρήνιξεν : *Th.* 824 n.
κατηβολέων : *Al.* 194 n.
καχίλοισι : *Th.* 808 n.
κεάσας : *Th.* 644 n.
κεβληγόνου : *Al.* 433 n.
κεδρίδες : *Th.* 81, p. 87 (n. 11
  §4)
κέδρου : *Al.* 118, p. 93
κεῖνο : *Al.* 105 n. ; 525 n.

κέπφου : *Al.* 166, p. 109 s. (§3b)
κεραίας : *Al.* 424 n.
κερνοφόρος : *Al.* 217 n., p. 125 (§d3)
κήδοι : *Al.* 521 n.
κηκάς : *Al.* 185 n.
κῆρας : *Th.* 540 n.
κηραφίδος : *Al.* 394 n.
κινώπετα : *Th.* 27 n.
Κισσοῖό : *Th.* 804, p. 220 (n. 91 §3)
κλοπὴν ... φωρῆς : *Al.* 273 n.
κλώθοντα : *Al.* 528 n.
κνώδαλα : *Th.* 98 n.
κνῶπες : *Th.* 499 n.
κόμμινα : *Al.* 110 n.
κοπίς : *Th.* 780, p. 214 (n. 88 §2)
κορέσαιο : *Al.* 63 n., p. 80 (§5c) ; 137 n.
κορέσκοις : *Al.* 565 n. (*ad* 566 καί)
Κοροπαῖος : *Th.* 614 n., p. 177 (n. 65 §e)
κόρση : *Th.* 750 n. ; -ῃ *Al.* 253 n.
κορύνην : *Al.* 409 n.
κοτυλήρυτον : *Th.* 539 n.
κραδίην : *Al.* 212 n. (s.v. βάλε), p. 124 (§3a)
κτίλα : *Th.* 452 n.
κύανον : *Th.* 438 n.
κυκεῶνα : *Al.* 129, p. 98
κυκωομένη : *Al.* 25 n.
κύμβεϊ : *Al.* 129 n.
κυπείριδος : *Al.* 591 n., p. 240 (§3)
κυρτίδι : *Al.* 493 n.
κώληπι : *Th.* 424 n.

Λαγγείης πόμα : *Al.* 105, p. 89 (§f3)
λαγοῖο : *Al.* 465 n.
λάζεο : *Th.* 108 n.
λαιδρήν : *Th.* 689 n.

λαιμάσσοντα : *Al.* 352 n.
λαχειδέος : *Al.* 568 n., p. 233 s. (§2a)
λεγνωταί : *Th.* 726 n.
λείρια : *Th.* 543 n.
λεπάργῳ : *Th.* 349 n.
λέπος : *Th.* 943, p. 267 (n. 119 §d8)
λεύσσων : *Al.* 84 n.
λέψαιό : *Th.* 558, p. 160 (n. 59 §1)
λιβός : *Th.* 270 n.
λιπορρίνοιο : *Al.* 537 n., p. 226 (n. 58 §a), n. ad *Th.* 818-821, p. 224 (n. 96 §1)
λίτρου : *Al.* 327 n., *Th.* 942 n.
λοβός : *Th.* 536, p. 159 (n. 58 §d)
λοιγόν : *Th.* 6 n.
λύζων : *Al.* 81 n.
λυκοσπάδες : *Th.* 742 n.
λύματα : *Al.* 259 n. ; 292 n., p. 150 (§e3)
λύσιν : *Th.* 2 n.
μάκτρῃ : *Th.* 708 n.
μάλκη : -ης *Al.* 540 n. ; -αι *Th.* 382 n.
μάντιν : *Th.* 613, p. 177 (n. 65 §e)
μάρψαις : *Al.* 611 n.
Μαρσύου : (M. et Phoibos) *Al.* 301-304 n.
μάστακι : *Th.* 802 n.
μειλίχματα : *Th.* 896 n.
μείρονται : *Th.* 402 n.
μελαινομένη : *Th.* 174 n.
μελιζώρου (subst.) : *Al.* 205 n.
μελιζώροιο (adj.) : *Al.* 351 n., p. 164 (n. 35 §1b)
Μελικέρτην : (M. et l'ache) *Al.* 605, p. 244 s. (§d2)
Μελισσήεντος : *Th.* 11 n., p. 78 (n. 3)
μελίχλωρον : *Th.* 797 n.
μεμόρηκε : *Al.* 213 n.

μεμορημένον : *Al.* 229 n.
μεμορυχμένος : *Al.* 318 n.
μέσσου : *Th.* 295 n., p. 131 (n. 42 §b4)
μετά : *Th.* 372 n.
μετεξέτεροι : *Th.* 414 n.
Μῆδον : *Al.* 533 n., p. 222 s. (§4b)
μιγάδην : *Al.* 349 n.
μίγμενος : *Al.* 574 n.
μόγις : *Th.* 281 n.
μολουρίδας : *Th.* 416 n.
μολυβρή : *Th.* 662 n.
μορόεις : *Al.* 569 n. ; -εντος 455 n.
μυδόεντες : *Th.* 308 n.
μύδῳ : *Al.* 248 n.
μυελόεν τι : *Al.* 59 n.
μυρτίδας : *Al.* 355, p. 165 (§c)
μυρτίνης (ἐλαίης) : *Al.* 88, p. 85 (§2a) ; (ἀπίου) : *Al.* 355 n.
μυχάτους : *Th.* 184, p. 100 (n. 20 §e)
μύωπος : *Th.* 417 n.
μῶλυς : *Th.* 32 n.

ναὶ μήν : *Th.* 51 n. ; *Al.* 266 n. ; 584 n., p. 239 (n. 66 début)
ναιομένην : *Al.* 515 n.
Νάρονος : *Th.* 607, p. 175 (n. 65 §c)
νέης : *Al.* 135 n.
νεμέθων : *Th.* 430 n.
νεοβλάστοιο : *Al.* 484 n.
νεοθηλέα : *Al.* 412 n.
νέος : *Al.* 151 n.
νείατα : *Al.* 120 n., 190 n.
νεοθλίπτῳ : *Al.* 299 n.
νεπόδων : *Al.* 468 n.
νηδύν : *Al.* 272, p. 145 (§6)
νήχυτος : *Th.* 33 n.
νύκτα ... σκοτόεσσαν : *Al.* 188, p. 113 s. (§1)
νύμφαις : *Th.* 623 n.

ὄγμον : *Th.* 571 n.
ὀδμήσαιτο : *Th.* 47 n.
ὄθμα : *Th.* 178 n.
οἷα : *Al.* 421 n.
οἷαι : *Th.* 790 n.
οἰνάδι : *Al.* 355 n.
οἰνοχρῶτα : *Al.* 493 n., p. 207 (§6b)
Οἰταίην : *Al.* 612 n., p. 247 s. (§2c)
ὀκταπόδην : *Th.* 605 n.
ὀλιγήρεα : *Th.* 384 n.
ὁλκός : *Th.* 226 n. *ad* 220 ὁλκαῖον ; 587 n. *ad* στειλειόν ; *Al.* 79 n.
ὀλοόν : *Th.* 880 n.
ὀλοφυδνά : *Th.* 682 n.
ὀλοφώϊα : *Th.* 1 n.
ὀλόψας : *Th.* 595 n.
ὀλύμπου : *Al.* 288 n.
ὁμαρτῇ : *Al.* 261 n. ; 378 n.
ὁμήρεα : *Al.* 70 n., p. 82 (§8 fin)
Ὁμηρείοιο : *Th.* 957 n.
ὁμιλαδόν : *Al.* 518 n., p. 214 (§b3)
ὄμπας : *Al.* 450 n.
ὀμφαλόεσσαν (σύκων πόσιν) : *Al.* 348 n.
ὀνήϊον : *Al.* 627 n.
ὀνόγυρον : *Th.* 71, p. 85 s. (n. 10 §1-2)
ὀνομάζεται : *Th.* 407 n.
ὀξυκάρηνος : *Th.* 223 n.
ὀπώρης : *Th.* 855 n.
ὀράμνους : *Al.* 420 n.
ὀρειγενέος : *Th.* 874 n.
ὀρεχθεῖ : *Al.* 340 n., p. 160 (§4)
ὀρμενόεντα : *Th.* 840 n.
ὀρόβακχοι : *Th.* 869 n.
ὀροδάμνους : *Th.* 863 n.
ὀροιτύπος : *Th.* 5 n.
ὄρρα : *Th.* 685 n.
ὀρταλίδων : *Al.* 165 n.
ὀρφνόν : *Th.* 656 n.
ὀρχάδος (ἐλαίης) : *Al.* 87, p. 85 (§2a)

τὸ δέ : *Al.* 246 n.
τόρδιλον : *Th.* 841, p. 232 s. (n. 102 §8)
τό τε : *Al.* 532 n., p. 222 (§4a)
τράμπιδος : *Th.* 268 n.
τρεμίθοιο : *Th.* 844, p. 234 (n. 102 §13)
Τρέφεια : *Th.* 887 n.
τρηχέην : *Th.* 658, p. 185 (n. 71 §1)
τρίβοις : *Al.* 592 n.
τριόδοιο : *Th.* 98 n.
τριπετῆ : *Al.* 347 n., p. 164 (n. 35 §1a)
τριπτῆρσιν : *Al.* 494 n.
τροχαλῷ : *Th.* 589 n.
τρύγη : *Th.* 368 n.
τυλόεν : *Th.* 272 n.
τῷ : *Al.* 423 n. ; 599 n.

Ὑάκινθον : *Th.* 905, p. 259 (n. 114 §3)
ὑγρῶν : *Al.* 286 n.
ὑδατόεσσα : *Th.* 300 n.
Ὕδρης ἰός : *Al.* 247 s., p. 135 (§2)
ὑπαιφοινίσσεται : *Th.* 178 n.
ὑπάρπεζον : *Th.* 284 n.
ὑπέκ : *Al.* 297 n.
ὑπερφαίνουσι : *Th.* 177 n.
ὑπηνεμίοισιν : *Al.* 425 n.
ὑπήνην : *Al.* 16 n.
ὑποσύρεό : *Al.* 367 n.
Φαλακραίοισιν : *Th.* 668, p. 187 (n. 72)
φάληρα : *Th.* 461 n.
φαλλαίνη : *Th.* 760 n.
φαρμακίδος : *Al.* 538, p. 226 (n. 58 §b)
φιλοργής : *Al.* 175 n.
φιαρῆς : *Th.* 946 n.
φιν : *Th.* 725 n.
φλιδόωσα : *Th.* 363 n.
φοινήεις : -εσσαν *Al.* 483 n., p. 205 (§1) ; -έσσης 69 n., p. 82 (§8)

φοινός : -όν *Th.* 675 n., *Al.* 187 n. ; -ά *Th.* 839 n.
φοινώδεα : *Al.* 489 n.
φορέονται : *Th.* 492 n.
φράζονται : *Th.* 491 n.
φρῖκας : *Th.* 778 n.
φρύνης : *Al.* 575, p. 237 (§3)
φυλλάδες : *Al.* 374 n.
φύλλον : *Al.* 532 n. ; -α *Th.* 555 n.
φωλειοῖσι : *Th.* 79 n.

χαδεῖν : *Al.* 58 n., *Th.* 956 n.
χαλαζήεντα : *Th.* 13 n.
χαλαίποδος : *Th.* 458 n.
χαλβανίδες : *Th.* 938, p. 266 (n. 119 §d1)
χαλινοῖς : *Al.* 117 n.
χαλκοῖο ἄνθην : *Al.* 529, p. 221 (§2a)
χαμαιευνάδος : *Th.* 532 n.
χαμαιζήλοιο : *Th.* 70 n.
χαμευνάδος : *Th.* 23 n.
χαράδρας : *Th.* 28 n.
χαράξη : *Th.* 807 n.
χέη : *Al.* 89, p. 85 (§2a2)
χειροδρόποι : *Th.* 752 n.
χέλειον : *Al.* 561 n.
χελλύσσεται : *Al.* 81 n.
χηραμά : *Th.* 55 n.
Χησιάδεσσι ... Νύμφαις : *Al.* 151, p. 102 (§2)
χήτεϊ : *Al.* 499 n.
χιόνι : *Al.* 179, p. 112 (§4b)
χλιαροῖο : *Al.* 360 n.
χλιόεντι : *Al.* 110 n.
χλοανθέος : *Th.* 550 n.
χλοεροῖς : *Th.* 895, p. 256 (n. 112 §6)
χλόον : *Al.* 579 n.
χολόεν : *Al.* 579 n.
χραισμήεις : *Th.* 576 n.
χραισμήσεις : *Th.* 551 n.
χράνας : *Al.* 202 n.
χυλός : *Al.* 389, p. 174 (§2b)
χυτόν : *Th.* 391 n.

ψιθίης : *Al.* 181, p. 107 s. (§1c)

ψύχει : *Al.* 192 n.

ὤεα : *Al.* 555 n.

Ὠρικίοιο : *Th.* 516, p. 154 (n. 56 §a1)

ὡς εἴ περ : *Al.* 494 n.

ὤσῃ : *Al.* 505 n.

ὤσχαις : *Al.* 109 n.

ADDENDA ET CORRIGENDA
DU TOME II

P. xvi, n. 11, l. 6, lire : livre

P. xviii, l. 8, n. 22, l. 1, au lieu de : ibid. 3-6, lire : p. 2.3-6

P. xxxviii, l. 23, après : *Ephéméron*, ajouter :, et le remède prophylactique édité t. III, *Notice* n. 22

P. xxxix, l. 20, au lieu de : fr. 1, lire : fr. 2

P. xli, n. 75, l. 4, au lieu de : praef. 2, lire : praef. 1, l. 9

P. xlvi, n. 92, l. 1, supprimer : ; Id., ; l. 2, supprimer : et *ibid.*

P. xlviii, n. 94, au lieu de : p. 6, lire : p. xvi

P. lv, n. 107, l. 2, au lieu de : p. 1.6, lire : 1, praef. 1, l. 6

P. cxii, n. 240, l. 15, au lieu de : fr. 89 P., lire : fr. 84 P.

P. cxxiv, n. 275, dernière l., ajouter : 947

P. cxxvi, n. 282, l. 1, au lieu de : cinq, lire : six

P. clxxvii, l. 8-9, au lieu de : tirée de la version française de Grévin, lire : d'Euricius Cordus (cf. Pinvert, p. 121)

P. cxcvii, l. 11, après : Σοφοκλέους, ajouter : ed. G. Christodoulou,

P. 2, Test(imonia), l. 2, après la parenthèse, ajouter : = Συ (φ 23) Cunningham

P. 5, trad., notes, l. 18 (*ad* v. 43), avant : [Opp.], ajouter : Opp. *Hal.* 4.317 (ὀδμὴν ...) βαρυαέα ;

P. 5, texte, à la fin du v. 42, remplacer la virgule par un point en haut

P. 6, texte, apparat, l. 20 (n. *ad* 55), après τοῖς ω, ajouter : Erot.

P. 8, trad., l. 11, au lieu de : cèdre-sapin, lire : genévrier-sapin

P. 9, trad., notes, l. 19, lire : *Notice* p. cxxvii

P. 15, texte, apparat, n. *ad* 168, au lieu de Acy, lire : AC*y*

P. 16, trad., l. 4, après : s'empourpre, ajouter : quelque peu

P. 21, trad., notes, l. 9, après : B.-G., ajouter : Pour le sens de *noir*, cf. [Opp.] *Cyn.* 3.75.

P. 23, trad., l. 5, après : plus, ajouter : aux membres

P. 25, trad., notes, l. 20 (n. *ad* 309), au lieu de : §5, lire : §6

P. 36, trad., notes, l. 10, avant : Ov., ajouter : [*Cyn.*] 3.413 (Crocodile) texte, v. 438, lire : κύανόν

P. 37, Test(imonia), l. 6, au lieu de : de B non constat, lire : ὤεα κτῖλα habet B sine Nicandri nomine

P. 44, apparat, l. 15 (n. *ad* 560), après : Klauser, ajouter : 84

P. 45, trad., l. 10 (et n. 61 §2a) : πρόξ Daim ? P.-ê doublet de ζόρξ, *Chevreuil*

P. 46, trad., notes, l. 6 (n. *ad* 586), supprimer : 593

P. 49, Test(imonia), l. 3, après : 39.3 s., ajouter :, unde Ps.Apul. *Herb.* 123.9 Howald-Sigerist

P. 52, Test(imonia), l. 3, ajouter : ‖ 663 (μελίζωρος) cf. Hsch. μ 702 μελίζωρος · γλυκεῖα

P. 56, trad., l. 10, après : s'empourprent, ajouter : quelque peu

P. 59, apparat, l. 18, supprimer : at uide *Notice* n. 218

P. 63, trad., notes, l. 15, après : ἐμματέων, ajouter : *v.l.*

P. 66, trad., dernière l., au lieu de : détache … sève, lire : du figuier, coupe la pousse bourgeonnante

P. 68, Test(imonia), l. 1, au lieu de εὐρρήχου, lire : ἐΰρρήχου

P. 72, trad., notes, l. 14, au lieu de : cf. 5, lire : cf. 6

P. 73, texte, apparat, l. 10 (n. *ad* 931), après : cett., lire : defendit Klauser 84

P. 74, trad., notes, l. 6, lire : βλαστόν ; avant-dernière l., après εὐχανδέα, ajouter : (*v.l.*)

P.75, trad. notes, l. 21, lire : *vel sim.*

P. 84, comm., l. 5, lire : *Asia*

P. 97, l. 12, au lieu de ποιφύσσουσα[2], lire : ποιφύσσοντος

P. 116, l. 6 avant la fin, au lieu de : 31 s., lire : 318 s.

P. 154, l. 33, au lieu de : fr. 1.8, lire : fr. 1.13

P. 174, à la fin de la l. 20, après : Pl. 8. 97, ajouter :, [Opp.] *Cyn.* 2.286-290

P. 195, l. 5, lire : φρύνου

P. 203, l. 28 s., au lieu de : ἐπιδόρπιον — adj., lire : défini par les mots στόμα γαστρός

P. 221, l. 8, au lieu de : ma, lire : mon adoption de la

P. 238, l. 15, avant : Pourtant, ajouter : Sur les pousses et le bourgeonnement, cf. Th. 3.5.1 ; l. 18 s., au lieu de : épithète — qualifiant, lire : en parlant d'

P. 290, fr. 14, apparat, l. 3, après : ego, ajouter : duce S.

297, fin, après le fr. 8, ajouter le fr. 9, édité t. III, *Notice* n. 22.

On consultera avec profit les C.R. du t. II signés par K. Spanoudakis (*Gnomon* 77 [2005] 402-410) et C. De Stefani (*RFIC* 134 [2006] 100-125), et aussi les articles que leur a inspiré leur travail de recension : Spanoudakis, « Notes on Nicander's *Theriaca* », ZPE 157 (2006) 50-56 ; De Stefani, « La poesia didascalica di Nicandro : un modello prosastico ? », *Incontri triestini di filologia classica*, 5 (2005-2006) 55-72.

TABLE DES MATIÈRES

COLLECTION DES UNIVERSITÉS DE FRANCE

OUVRAGES PARUS

Série grecque

dirigée par Jacques Jouanna
de l'Institut
professeur émérite à l'Université de Paris Sorbonne

Règles et recommandations pour les éditions critiques (grec). (1 vol.).

ACHILLE TATIUS.
Le Roman de Leucippé et Clitophon. (1 vol.).

AELIUS ARISTIDE (Pseudo-)
Arts rhétoriques. (2 vol.).

AELIUS THÉON.
Progymnasmata. (1 vol.).

ALCÉE.
Fragments. (2 vol.).

LES ALCHIMISTES GRECS.
(3 vol. parus).

ALCINOOS.
Les doctrines de Platon. (1 vol.).

ALEXANDRE D'APHRODISE.
Traité du destin. (1 vol.).

ANDOCIDE.
Discours. (1 vol.).

ANONYME DE SÉGUIER.
Art du discours politique (1 vol.).

ANTHOLOGIE GRECQUE.
(12 vol. parus).

ANTIGONE DE CARYSTE.
Fragments. (1 vol.).

ANTIPHON.
Discours. (1 vol.).

ANTONINUS LIBERALIS.
Métamorphoses. (1 vol.).

APOLLONIOS DE RHODES.
Argonautiques. (3 vol.).

APPIEN.
Histoire romaine. (5 vol. parus).

APSINÈS.
Art rhétorique. (1 vol.).

ARATOS.
Phénomènes. (2 vol.).

ARCHILOQUE.
Fragments. (1 vol.).

ARCHIMÈDE. (4 vol.).

ARGONAUTIQUES
ORPHIQUES. (1 vol.).

ARISTÉNÈTE. (1 vol.).

ARISTOPHANE. (5 vol.).

ARISTOTE.
De l'âme. (1 vol.).
Catégories. (1 vol.).
Constitution d'Athènes. (1 vol.).
Du ciel. (1 vol.).
Économique. (1 vol.).
Génération des animaux.
(1 vol.).
De la génération et la corruption.
Nlle éd. (1 vol.).
Histoire des animaux. (3 vol.).

Marche des animaux - Mouvement des animaux. (1 vol.).
Météorologiques. (2 vol.).
Parties des animaux. (1 vol.).
Petits traités d'histoire naturelle. (1 vol.).
Physique. (2 vol.).
Poétique. (1 vol.).
Politique. (5 vol.).
Problèmes. (3 vol.).
Rhétorique. (3 vol.).
Topiques. (2 vol.).

ARISTOTE (Pseudo-).
Rhétorique à Alexandre. (1 vol.).

ARRIEN.
L'Inde. (1 vol.).
Périple du Pont-Euxin. (1 vol.).

ASCLÉPIODOTE.
Traité de tactique. (1 vol.).

ATHÉNÉE.
Les Deipnosophistes. (1 vol. paru).

ATTICUS.
Fragments. (1 vol.).

AUTOLYCOS DE PITANE.
Levers et couchers héliaques. - La sphère en mouvement. - Testimonia. (1 vol.).

BACCHYLIDE.
Dithyrambes. Epinicies. Fragments. (1 vol.).

BASILE (Saint).
Aux jeunes gens. Sur la manière de tirer profit des lettres helléniques. (1 vol.).
Correspondance. (3 vol.).

BUCOLIQUES GRECS.
Théocrite. (1 vol.).
Pseudo-Théocrite, Moschos, Bion. (1 vol.).

CALLIMAQUE.
Hymnes. - Épigrammes. - Fragments choisis. (1 vol.).

LES CATOPTRICIENS GRECS.
Les miroirs ardents (1 vol. paru).

CHARITON.
Le roman de Chaireas et Callirhoé. (1 vol.).

COLLOUTHOS.
L'enlèvement d'Hélène. (1 vol.).

CTÉSIAS DE CNIDE.
La Perse. L'Inde. Autres fragments. (1 vol.).

DAMASCIUS.
Traité des premiers principes. (3 vol.).
Commentaire du Parménide de Platon. (4 vol.).

DÉMÉTRIOS.
Du Style. (1 vol.).

DÉMOSTHÈNE.
Œuvres complètes. (13 vol.).

DENYS D'HALICARNASSE.
Opuscules rhétoriques. (5 vol.).
Antiquités romaines. (2 vol. parus).

DINARQUE.
Discours. (1 vol.).

DIODORE DE SICILE.
Bibliothèque historique. (10 vol. parus).

DION CASSIUS.
Histoire romaine. (3 vol. parus).

DIOPHANTE.
Arithmétique. (2 vol. parus).

DU SUBLIME. (1 vol.).

ÉNÉE LE TACTICIEN.
Poliorcétique. (1 vol.).

ÉPICTÈTE.
Entretiens. (4 vol.).

ESCHINE.
Discours. (2 vol.).

ESCHYLE.
Tragédies. (2 vol.).

Série latine

dirigée par Jean-Louis Ferrary
de l'Institut
directeur d'études à l'École Pratique des Hautes Études (IVᵉ section)

Règles et recommandations pour les éditions critiques (latin). (1 vol.).

ACCIUS.
Œuvres. Fragments. (1 vol.).

AMBROISE (Saint).
Les devoirs. (2 vol.).

AMMIEN MARCELLIN.
Histoires. (7 vol.).

L. AMPÉLIUS.
Aide-mémoire. (1 vol.).

L'ANNALISTIQUE ROMAINE.
(3 vol. parus).

APICIUS.
Art culinaire. (1 vol.).

APULÉE.
Apologie. - Florides. (1 vol.).
Métamorphoses. (3 vol.).
Opuscules philosophiques. - Fragments. (1 vol.).

ARNOBE.
Contre les Gentils. (2 vol. parus)

LES ARPENTEURS ROMAINS.
(1 vol. paru)

AUGUSTIN (Saint).
Confessions. (2 vol.).

AULU-GELLE.
Nuits attiques. (4 vol.).

AURÉLIUS VICTOR.
Livre des Césars. (1 vol.).
Abrégé des Césars. (1 vol.).

AVIANUS.
Fables. (1 vol.).

AVIENUS.
Aratea. (1 vol.).

BOÈCE.
Institution arithmétique. (1 vol.).

CALPURNIUS SICULUS.
Bucoliques.

CALPURNIUS SICULUS (Pseudo).
Éloge de Pison. (1 vol.).

CASSIUS FELIX.
De la médecine. (1 vol.).

CATON.
De l'Agriculture. (1 vol.).
Les Origines. (1 vol.).

CATULLE.
Poésies. (1 vol.).

CELSE.
De la médecine. (1 vol. paru).

CÉSAR.
Guerre civile. (2 vol.).
Guerre des Gaules. (2 vol.).

CÉSAR (Pseudo-).
Guerre d'Afrique. (1 vol.).
Guerre d'Alexandrie. (1 vol.).
Guerre d'Espagne. (1 vol.).

CETIUS FAVENTINUS.
Abrégé d'architecture privée. (1 vol.).

CICÉRON.
L'Amitié. (1 vol.).
Aratea. (1 vol.).
Brutus. (1 vol.).
Caton l'ancien. De la vieillesse. (1 vol.).
Correspondance. (11 vol.).
De l'invention (1 vol.).
De l'orateur. (3 vol.).
Des termes extrêmes des Biens et des Maux. (2 vol.).

Discours. (22 vol.).
Divisions de l'Art oratoire. - Topiques. (1 vol.).
Les Devoirs. (2 vol.).
L'Orateur. (1 vol.).
Les Paradoxes des Stoïciens. (1 vol.).
De la République. (2 vol.).
Traité des Lois (1 vol.).
Traité du Destin. (1 vol.).
Tusculanes. (2 vol.).

CLAUDIEN.
Œuvres. (3 vol. parus).

COLUMELLE.
L'Agriculture, (4 vol. parus).
Les Arbres. (1 vol.).

COMŒDIA TOGATA.
Fragments. (1 vol.).

CORIPPE.
Éloge de l'Empereur Justin II. (1 vol.).

CORNÉLIUS NÉPOS.
Œuvres. (1 vol.).

CYPRIEN (Saint).
Correspondance. (2 vol.).

DOSITHÉE.
Grammaire latine. (1 vol.).

DRACONTIUS.
Œuvres. (4 vol.).

ÉLOGE FUNÈBRE D'UNE MATRONE ROMAINE. (1 vol.).

ENNODE DE PAVIE.
Lettres. (1 vol. paru).

L'ETNA. (1 vol.).

EUTROPE.
Abrégé d'Histoire romaine. (1 vol.).

FESTUS.
Abrégé des hauts faits du peuple romain. (1 vol.).

FIRMICUS MATERNUS.
L'Erreur des religions paiennes. (1 vol.).
Mathesis. (3 vol.).

FLORUS.
Œuvres. (2 vol.).

FORTUNAT (Venance). (4 vol.).

FRONTIN.
Les aqueducs de la ville de Rome. (1 vol.).

GAIUS.
Institutes. (1 vol.).

GARGILIUS MARTIALIS
Les remèdes tirés des légumes et des fruits. (1 vol.)

GERMANICUS.
Les phénomènes d'Aratos. (1 vol.).

HISTOIRE AUGUSTE.
(5 vol. parus).

HORACE.
Epitres. (1 vol.).
Odes et Epodes. (1 vol.).
Satires. (1 vol.).

HYGIN.
L'Astronomie. (1 vol.).

HYGIN (Pseudo-).
Des Fortifications du camp. (1 vol.).

JÉRÔME (Saint).
Correspondance. (8 vol.).

JUVÉNAL.
Satires. (1 vol.).

LUCAIN.
Pharsale. (2 vol.).

LUCILIUS.
Satires. (3 vol.).

LUCRÈCE.
De la Nature. (2 vol.).

MACROBE.
  Commentaire au songe
  de Scipion. (2 vol.).

MARTIAL.
  Épigrammes. (3 vol.).

MARTIANUS CAPELLA.
  Les Noces de philologie
  et Mercure. (3 vol. parus).

MINUCIUS FÉLIX.
  Octavius. (1 vol.).

PREMIER MYTHOGRAPHE
  DU VATICAN. (1 vol.).

NÉMÉSIEN.
  Œuvres. (1 vol.).

OROSE.
  Histoires (Contre les Païens).
  (3 vol.).

OVIDE.
  Les Amours. (1 vol.).
  L'Art d'aimer. (1 vol.).
  Contre Ibis. (1 vol.).
  Les Fastes. (2 vol.).
  Halieutiques. (1 vol.).
  Héroïdes. (1 vol.).
  Métamorphoses. (3 vol.).
  Pontiques. (1 vol.).
  Les Remèdes à l'Amour. (1 vol.).
  Tristes. (1 vol.).

PALLADIUS.
  Traité d'agriculture. (1 vol. paru).

PANÉGYRIQUES LATINS.
  (3 vol.).

PERSE.
  Satires. (1 vol.).

PÉTRONE.
  Le Satiricon. (1 vol.).

PHÈDRE.
  Fables. (1 vol.).

PHYSIOGNOMONIE (Traité de).
  (1 vol.).

PLAUTE.
  Théâtre complet. (7 vol.).

PLINE L'ANCIEN.
  Histoire naturelle. (36 vol. parus).

PLINE LE JEUNE.
  Lettres. (4 vol.).

POMPONIUS MELA.
  Chorographie. (1 vol.)

PROPERCE.
  Élégies. Nlle éd. (1 vol.).

PRUDENCE. (4 vol.).

QUÉROLUS. (1 vol.).

QUINTE-CURCE.
  Histoires. (2 vol.)

QUINTILIEN.
  Institution oratoire. (7 vol.)

RES GESTAE DIVI AVGVSTI.
  (1 vol.).

RHÉTORIQUE À HÉRENNIUS.
  (1 vol.).

RUTILIUS NAMATIANUS.
  Sur son retour. Nlle éd. (1 vol.).

SALLUSTE.
  Conjuration de Catilina. Guerre
  de Jugurtha. Fragments des
  Histoires. (1 vol.).

SALLUSTE (Pseudo-).
  Lettres à César. Invectives. (1 vol.).

SÉNÈQUE.
  Apocoloquintose du divin
  Claude. (1 vol.).
  Des Bienfaits. (2 vol.).
  De la Clémence. (Nlle éd. 1 vol.).
  Dialogues. (4 vol.).
  Lettres à Lucilius. (5 vol.).
  Questions naturelles. (2 vol.).
  Théâtre. Nlle éd. (3 vol.).

SIDOINE APOLLINAIRE. (3 vol.).

SILIUS ITALICUS.
  La Guerre punique. (4 vol.).

STACE.
Achilléide. (1 vol.).
Les Silves. (2 vol.).
Thébaïde. (3 vol.).

SUÉTONE.
Vie des douze Césars. (3 vol.).
Grammairiens et rhéteurs. (1 vol.).

SYMMAQUE.
Lettres. (4 vol.).

TACITE.
Annales. (4 vol.).
Dialogue des Orateurs. (1 vol.).
La Germanie. (1 vol.).
Histoires. (3 vol.).
Vie d'Agricola. (1 vol.).

TÉRENCE.
Comédies. (3 vol.).

TERTULLIEN.
Apologétique. (1 vol.).

TIBULLE.
Élégies. (1 vol.).

TITE-LIVE.
Histoire romaine. (30 vol. parus).

VALÈRE MAXIME.
Faits et dits mémorables. (2 vol.).

VALERIUS FLACCUS.
Argonautiques. (2 vol.).

VARRON.
Économie rurale. (3 vol.).
La Langue latine. (1 vol. paru).

LA VEILLÉE DE VÉNUS
(Pervigilium Veneris). (1. vol.).

VELLEIUS PATERCULUS.
Histoire romaine. (2 vol.).

VICTOR DE VITA.
Histoire de la persécution vandale
en Afrique. – La passion des sept
martyrs. – Registre des provinces
et des cités d' Afrique. (1 vol.).

VIRGILE.
Bucoliques. (1 vol.).
Énéide. (3 vol.).
Géorgiques. (1 vol.).

VITRUVE.
De l'Architecture. (9 vol. parus)

Catalogue détaillé sur demande

Ce volume,
le quatre cent cinquante-huitième
de la série grecque
de la Collection des Universités de France,
publié aux Éditions Les Belles Lettres,
a été achevé d'imprimer
en octobre 2007
dans les ateliers
de l'imprimerie Peeters s. a.
à Louvain, B-3000

N° d'édition : 6654.
Dépôt légal : novembre 2007

Imprimé en Belgique